畴盦学记

黄际遇 著
黄小安 何荫坤 编注

中山大學出版社
SUN YAT-SEN UNIVERSITY PRESS
·广州·

图书在版编目（CIP）数据

黄际遇日记类编．畴盦学记/黄际遇著；黄小安，何荫坤编注．—广州：中山大学出版社，2020.6
ISBN 978-7-306-06616-9

Ⅰ.①黄…　Ⅱ.①黄…②黄…③何…　Ⅲ.①黄际遇（1885—1945）—日记　Ⅳ.①K826.11

中国版本图书馆CIP数据核字（2019）第078954号

Huangjiyu Riji Leibian Chou'an Xueji

出 版 人：王天琪
策划编辑：嵇春霞
责任编辑：廖丽玲　林彩云
封面设计：林绵华　何　欣
封面绘图：周　桦
责任校对：潘弘斐
责任技编：何雅涛
出版发行：中山大学出版社
电　　话：编辑部 020-84110283，84111946，84111997，84110771
　　　　　发行部 020-84111998，84111981，84111160
地　　址：广州市新港西路135号
邮　　编：510275　　传　真：020-84036565
网　　址：http://www.zsup.com.cn　　E-mail:zdcbs@mail.sysu.edu.cn
印 刷 者：广州市友盛彩印有限公司
规　　格：787mm×1092mm　1/16　38.25印张　930千字
版次印次：2020年6月第1版　2020年6月第1次印刷
定　　价：98.00元

黄际遇在青岛时的留影（原载《黄任初先生文钞》）

《黄际遇先生文集》序[①]

◎黄海章[②]

际遇先生字任初，早岁沉酣经史，学养精深。值晚清政治腐烂，内忧外患，相迫而来，思有以拯溺救焚，乃东渡日本，穷探数天之学，以期施诸实际，旋赴美国，益事深研。学成归国，曾任武昌高等师范学校、河南大学、山东大学、中山大学数天（数学、天文学）系教授，作育英才，声誉卓著。暇则穷探中国古籍，以存国学之精微。在武汉时，与黄侃先生为深交。商榷古今，所治日进。黄侃先生殁，曾为文致悼，情词深挚，动人心腑。先生平昔长于骈文，仰容甫、北江之遗风，摒弃齐梁之浮丽，吐词典雅，气象雍容，当日号为作手。除在中大数天系任教外，兼任中文系教授。讲授“骈文研究”“《说文》研究”。沟通文理之邮，除先生外，校中无第二人。平昔治学甚勤，为《因树山馆日记》数十册。其中除讨论学术、文章外，象棋技艺亦在所不遗。先生棋艺甚精，与南粤诸高手角，亦互有胜负。而书法雄劲，光采照人，固不独以数天专家名焉。

一九三八年十月，日寇侵犯广州，形势危急，中大乃迁至云南澄江，后又迁回粤北坪石。而寇氛日炽，先生随理学院转移连县。抗日战争胜利后，由北江南下，不幸失足堕水，拯救无效。得年六十一岁。群情嗟悼，以为文理两院，竟丧斯人，实学术界之不幸云。

先生遗文颇多，因卷帙浩繁，势难全印，乃择其中一部分，公诸社会，存其梗概，庶几不堕斯文。

余于先生为后进，初在中大任教时，屡相过从，请益无倦。先生亦不余弃，奖掖有加。在坪石时，文理两院曾隔江相望，亦屡有晤面。先生意气豪放，谈笑风生，闻者为之倾倒。至今数十年，风采如在目前。哲嗣家教，治语言之学，于方言调查，尤所究心。在中大中文系任教三十余年，克尽厥职，门墙桃李，欣欣向荣。先生后继有人，可以无憾。

“文革”前有刊先生文集之议，余曾为作序。十年动乱，触目惊心。据家教

---

① 原载《中山大学学报》1990年第1期，第99页。

② 黄海章（1897—1989年），字挽波，号黄叶，广东省梅州市梅县区人。国立中山大学教授。中国古典文学著名学者，尤精于《文心雕龙》研究，有《中国文学批评论文集》《中国文学批评简史》《明末广东抗清诗人评传》《黄叶楼诗》等著作。

学兄云，该序已经散失。此次重编先生遗文，复请余序其端，余追惟先生之学问文章，言论风采，不辞鄙陋，复缀小言。数十年如石火电光，倏然消逝，余亦白发盈颠，皱面观河，迥殊往昔。所幸神州旭日，照耀人寰，先生有灵，亦当含笑于地下。

1982 年 12 月

《黄任初先生文集》序

黄海章撰　黄家教书

際遇先生字任初早歲沉酣經史學養深值晚清政治腐爛內憂外患相迫而來思有以拯溺救焚乃東渡日本窮探數天之學以期施諸實際旋赴美國益事深研學成歸國曾任武昌高等師範學校河南大學山東大學中山大學數學系教授作育英才譽馨卓著暇則窮探中國古籍以存國學之精微在武漢時與黃侃先生為深交商榷古今所治日進黃侃先生歿曾為文致悼情詞深摯動人心腑先生平昔長於駢文仰容甫北江之遺風擯棄齊梁之浮麗吐辭典雅氣象雍容當日號為作手除在中大數天系任教外兼任中文系教授講授駢文研究說文研究溝通文理之郵除先生外校中無第二人平昔治學甚勤有因樹山館日記數十冊其中除討論學術文章外象棋技藝亦在所不遺先生棋藝甚精與南粵諸高手角亦互有勝負而書法雄勁光采照人固不獨以數天專家名焉

一九三八年十月日寇侵犯廣州形勢危急中大乃遷至雲南澂江繼又遷回粵北坪石而寇氛日熾先生隨理學院轉移連縣抗日戰爭勝利後由北江南下不幸失足墜水拯救無效得年僅六十一歲舉[illegible]情嘆悼以為文理兩院竟喪斯人實學術界之不幸云先生遺著因卷帙浩繁勢難全印乃擇其中一部分公諸社會存其梗概庶幾不墜斯文余與先生為僚道初在中大任教時屢相過從請益無[illegible]後先生亦不余棄攜掖有加在坪石時文理兩院曾隔江相望亦屢有[illegible]由先生意氣豪放談笑風生聞者為之傾倒至今數十年風采如在目前哲嗣家教治語言之學於方言調查頗有研究在中大中文系任教三十余年克盡厥職門牆桃李欣欣向榮先生後繼有人可以無憾今年有刊先生文集之議余曾為作序十年動亂[illegible]心據家教學兄云該序已經散失此次重編先生遺文復請余序其端余追懷先生之學問文章言論風采不辭鄙陋復綴小言數十年如在不靈先生[illegible]然消逝余亦兩鬢蒼顏[illegible]河迴珠江昔而年神州旭日照耀人寰先生有靈亦當含笑於地下

黄任初先生文集序

黄海章老师撰　家教敬録

（注：黄家教是黄际遇的三儿子，本书编注者黄小安的父亲。序的手稿与原文略有不同。）

《黄际遇日记类编》序

◎黄天骥

近日，黄小安女士把即将出版的《黄际遇日记类编》（简称《类编》）交给我看，并嘱我作序。我始而惶恐，因为我早就听说，小安的祖父黄际遇教授，是近代学坛文理兼长的旷世奇才，像我这样水平浅薄的后辈，实在不敢置喙。但一想，通过阅读黄际遇教授的日记，学习前辈大学者的学术思想，了解从晚清到抗日战争时期社会的状况，体察在这一历史阶段知识分子的生活方式和心态，对提高自己对我国近现代学术思想、教育理念发展的认识，实在也是难得的机会。因此，便接过小安送来的校样，欣然从命。

我在1952年考进中山大学中文系，后来留校任教，也从詹安泰、黄海章等老师口中，约略知道中大曾经出现过无与伦比的黄际遇教授。黄老教授的哲嗣黄家教先生，师从王力教授，从中央民族学院进修回来后，在中大中文系任语言学科讲师，是我的老师辈。他和他的夫人龙婉芸先生与我过从很多，但也只从他俩的只语片言中知道黄际遇教授酷爱研究象棋，写过许多棋谱而已。总之，我知道黄际遇教授是学术界的名家，是传奇式的大学者，至于有关他的具体情况，却知之不多。这次小安把《类编》的校样和有关资料交给我看，浏览一遍，真让我眼界大开，五体投地。

黄际遇是广东省澄海县人，出身望族，诗礼传家，14岁即参加科举考试，成为同试中最年少的秀才。当时，风气渐开，清政府也开始派遣一些青年才俊到海外学习科学知识。黄际遇在18岁的时候，被广东官派到日本留学，专攻数学，成为日本著名数学家林鹤一博士的高足。可以说，他是我国早期专攻西方数学的留学生之一。回国后，他立刻从事数学、物理学科的教学科研和组织工作。1920年，他受当时教育部委派，到美国考察和进修。两年后，又获得芝加哥大学科学硕士学位。

黄际遇教授的一生，主要从事理科特别是数学、天文学科的教学科研，以及从事在全国范围内组织推动科学发展的工作。他担任过多所著名高校的理学院院长、数学系主任，出版过高质量的数学教材和译著、论著，被公认为卓越的数学家和开创我国现代高等数学教育事业的元老。最让人惊奇的是，他在国立山东大学担任理学院院长时，闻一多先生辞去文学院院长一职，他竟能双肩挑，兼任文学院院长。更令人意外的是，他在国立中山大学任教时，除了在理学院、工学院讲授主要课程以外，还常到中文系开设“骈文研究”“《说文》研究”等艰深的课程，并且受到广大学生的赞誉。今天，我看到他留下的日记手稿，全是以文言文写成，文章有时简约畅练，有时骈散兼备，有时更是全篇流丽典雅的骈文。看得出六朝辞赋、西汉文章，他均烂熟于胸，可以信手拈来，随心驱使。他还擅长书法艺术，行草篆隶俱精；对象棋艺术，也深有研究，能与当时广东棋坛的“四大天王”对弈，互有胜负，曾写就多达50册的棋谱《畴盦坐隐》。像他那样思路开阔、能够贯通文理的大师，在我国的学术史上实为罕见。

黄际遇教授有每天都写日记的习惯。在《类编》丛书中，收录有他在国立山东大学和国立中山大学工作时期的日记。此外，还有“读书札记”“读闻杂记”等多种笔记。在日记里，黄际遇教授或记事，或抒情，虽以文言写成，言简意赅，或以典故隐寓，曲笔寄怀，但都能让我们觉察到他曲折的心路历程。在早年，他参加过孙中山的同盟会，以科学救国为己任。在抗日战争时期，他看到山河破碎，悲愤不已，那一段时期的日记，贯穿着浓重的家国情怀。在日记里，他记录了许多珍贵的史料，也让我们看到民国初年和抗日战争时期学坛中许多知识分子的思想状态和生活方式。换言之，黄际遇教授的日记，虽然是文绉绉的，却又是活生生的。这是一部如诗如史的典籍，它对研究近现代历史，包括学术史、思想史、社会史的学者来说，都有很珍贵的参考价值。

研读黄际遇教授的日记，也引发我对一些问题的思考。

在许多人看来，数学与文学，是完全不同的学术领域，前者重逻辑思维，后者重形象思维，二者似乎毫不相干。其实，在人的大脑中，这两种思维能力同时存在，甚至本来就互相依存。问题在于，人们有没有把二者融会贯通的禀赋。

我在中大，曾多次听到数学教授们对某些数学论文的评价，说它们“很美”！我愕然，不知道那枯燥的数字和公式，和“美”有什么关系？后来向数学系的老师请教，才知道如果在数学论证的过程中，能发人之所未发，或鞭辟入里、一剑封喉，或奇思妙想、曲径通幽，这就是“美”。而要达到美的境界，科学家需要有丰富的想象力。如果说，推理能力与逻辑思维有关，那么，想象能力便涉及形象思维的范畴。因此，数学家之所谓“美”，和文学家之所谓“美”，实质上是相互联系的。显然，研究理工的学者，如果没有形象思维能力，缺乏人文情怀，他的成就也只能是有限的。同样，从事文学工作的人，如果只有想象力却缺乏逻辑思维能力，那么，尽管他浮想联翩，说得天花乱坠，终嫌浅薄，乃至于被人讥之为“心灵鸡汤”。

当然，要求学者们把逻辑思维能力和形象思维能力二者贯通，能够像黄际遇教授那样文理兼精、中西并具，能够任教不同的学科，能让两种思维能力水乳交融，在学术上达到发展创新的水平，谈何容易！何况，黄际遇教授曾任多所名校的校长、学院院长，说明他具有出色的行政能力；他又精于棋艺，能以“盲棋”

的方式战胜对手，说明他具有惊人的记忆力；他又是书法名家，能融合各体书艺，自成一格，更说明他具有非凡的审美能力。这一切，在他的身上，包容整合，融会贯通，成就为黄际遇“这一个”的独特风格，这绝非一般人之所能为。但是，高山仰止，景行行止，虽不能至，而心向往之，尽管黄际遇教授的学术造诣，我辈无法企及，但他治学的思想和道路给我们指出了如何有效提升学习水平的方向。

我们从有关资料上得悉，在少年时期，黄际遇教授即饱读诗书，过目不忘，特别精研《后汉书》，在中国古代文学、哲学、史学方面打下了扎实和广博的基础。在留日期间，他和章太炎、陈师曾、黄侃等学者订交，受他们的影响，对音韵学、训诂学、文字学都有深入的研究。固本培元，六艺俱精。而在清末民初，许多青年才俊已经认识到科学救国的重要性，在现代学科越分越细的情况下知道在学习上更需注重专业性。这一来，社会的学习风气，从科举时代提倡培养全才、要求“君子不器”转向“学有专攻”的方向发展。黄际遇教授多次赴日赴美留学考察，均瞄准现代数学，正是当时知识分子学习转型的表现。然而，由于中国的传统文化早就深入地渗透了他的每一个脑细胞，这就使他在现代数学、天文学方面取得辉煌业绩的同时，又在古代文学和语言学方面取得非凡的成就。在学术上，数学的美和文学的美，他各有体悟，又相互促进、相得益彰。可惜，他意外遇溺，逝世过早，他所开创的治学方向，人们还来不及研究和继承。在今天，在需要更进一步研究教育问题的时候，对黄际遇教授治学中西兼备、文理沟通的成功经验，我们应该从中得到启迪、充分发扬，为创造性地增强文化的自信力而奋进。

感谢小安让我读到《黄际遇日记类编》的初校稿。在20世纪50年代中，我初任中大助教时，常和小安、小龙、小芸、小苹四兄妹，在西大球场玩耍，他们竟把我这男青年戏称为“大家姐”。当时，小安还只有一两岁，往往要靠我抱起来，攀扯到单杠的横杠上。转眼间，60多年过去，小安已成为很优秀的摄影家，而且还有了自己的小孙女。使我感佩的是，她和何荫坤先生在退休后决心对祖父遗下的日记进行编勘注释，以便让更多的人知道黄际遇教授在学术上的卓越贡献，让更多的学者能利用这一份具有文献价值的文化遗产进行各方面的研究和探索。由于小安夫妇并非从事文史专业的工作，因此，检索史料、实地查询、注释章典，需要耗费大量的劳动。据我所知，他俩锲而不舍，辛勤地花费了长达整整10年的时间，最终才完成了这项十分繁难的工作，了却其父黄家教先生未了的心愿。现在，这部篇幅宏大的日记能获出版，我想，黄际遇教授在天之灵，定会对后人纪念之诚感到宽慰；广大的读者和学者，也将万分珍视这两位编注者为学坛做出的成果。

2019年2月23日于中山大学中文堂

祖父黄际遇事略

◎黄小安

在编注祖父黄际遇日记的过程中，不少前辈均建议应有篇“事略”或“简历”，先让读者有个大概的了解。我们以日记为主，整理的事略大体如下：

祖父黄际遇，字任初。后自号畸盦。

1885 年五月十三日（农历）出生于广东省澄海县。父黄韫石（1842—1925 年），字梦谿，清贡生，以廉干参与县政者数十年，董澄海县节孝祠事。兄黄际昌（1868—1900 年），字荪五，廪膳生（1882 年，受知广东学政、侍讲学士叶大焯）。祖父少时依兄受文章。

1898 年，应童子试，受知师张百熙（1847—1907 年）先生。入秀才，补增生。“先生以戊戌按试粤东。”

1901 年，修学于汕头同文学堂，师承温仲和、丘逢甲、姚梓芳等。姚梓芳（1871—1951 年），号秋园。两人自始为忘年交。

1902 年，考入厦门东亚同文书院，补习日文，为东游计。

1903 年，继续负笈厦门东亚同文书院。7 月 16 日，与 7 位厦门东亚同文书院的潮州籍同学，联袂由汕头乘船赴日本留学。8 月，抵达日本，入宏文学校普通科学习。其间，认识陈师曾、经亨颐等，共同赁屋而居并成为至交。

1905 年，加入孙中山领导的中国革命同盟会。

1906 年，曾习经以度支部右丞奉清廷之命往日本考币制，祖父以乡后进礼接待先生旅次，自始两人结识，并为忘年交。4 月，自宏文学校毕业，入东京高等师范学校（今东京大学）数理科，从日本数学家林鹤一博士习数理。学校假期，与陈师曾联袂回乡探亲，并到南京中正街师曾宅进见师曾尊人陈三立，并与师曾六弟陈寅恪订交，“临行，老六以《张濂亭集》为赠，并署曰：‘他年相见之券’”。

1908 年 10 月 19 日，日本政府借《民报》激扬暗杀为理由，下令禁止《民报》发行，并对《民报》编辑人兼发行人章太炎进行审讯、判决和拘留。“先生于是无所得食矣，穷蹙日京曰大冢村者，聚亡命之徒十数人，授以《毛诗》及段注《说文》，月各奉四金为先生膏火，际遇之及先生门自此始也。”其间，与黄侃、汪东、朱希祖等认识。

1910 年 5 月，获东京高等师范学校颁发毕业证书，同时获理学士学位。自日本学成归国。初，受聘于天津高等工业学堂任教。下半年，清政府按照惯例对归国留学生按科举方式进行考试。进京殿试，中格致科举人。

1911 年，在京与曾习经、罗瘿公交往。每由津入京，均住在陈师曾处。

1915 年，到华中区的国立武昌高等师范学校（今武汉大学）任教授，兼数理部主任，期间一度出任教务长。学生有曾昭安、张云、辛树帜等。寓居武昌期间，与吴我尊、欧阳予倩交往密切。

1919 年，黄侃由北京大学转教国立武昌高等师范学校。祖父与黄侃持论不同，却是终身挚友。

1920 年，游学美国芝加哥大学，师事 E. H. Moore 大师。

1922 年，获芝加哥大学科学硕士学位。学成回国，途经日本，在东北帝国大学见到陈建功，约请陈毕业后到国立武昌高等师范学校任教。从美国回来后，曾一度在国立广东高等师范学校（中山大学前身）任教。

1923 年，国立武昌高等师范学校改为国立武昌师范大学，任新成立的数学系系主任。

1924 年，陈建功如约到校（当时称国立武昌大学），学生有曾炯之、王福春等。祖父向校方推荐陈建功再次出国深造，并提及黄侃事，“与校长意见相左”，后应河南开封的中州大学（今河南大学）校长张鸿烈之邀，到该校主持数理系兼校务主任。

1926 年，奉系军阀盘踞开封，中州大学处于停顿状态。祖父应聘任广州国立中山大学教授。

1928 年，经黄敦兹介绍，河南省主席冯玉祥敦请祖父至河南省立中山大学（也称国立第五中山大学，今河南大学）任教。祖父向广州国立中山大学请假，再度北上，任该校数学教授兼校务主任。

1929 年，河南省立中山大学校长致函广州国立中山大学，请慨允黄际遇先生留河南中山大学任教。5 月，祖父任该校校长，兼河南省教育厅厅长。

1930 年 3 月，中原大战爆发。5 月，“罢官河洛”。9 月 20 日，祖父参加国立青岛大学正式成立会议，任该校数学教授兼数学系系主任、理学院院长。在国立青岛大学时，与杨振声、赵太侔、闻一多、梁实秋、陈命凡、刘本钊、方令孺并称为“酒中八仙”。

1932 年，国立青岛大学改名为国立山东大学，祖父任数学教授兼数学系系主任、文理学院院长。与文学院张怡荪、姜忠奎、游国恩、闻宥、丁山、舒舍予、萧涤非、彭啸咸、赵少侯、洪深、李茂祥、王国华、罗玉君等，理学院王恒守、任之恭、李珩、王淦昌、蒋丙然、王普、郭贻诚、汤腾汉、傅鹰、陈之霖、胡金钢、王文中、曾省、刘咸、林绍文、秦素美、沙凤护、李达、宋智斋、李先正、杨善基等，以及杜光埙、皮松云、邓初先、郝更生、高梓、宋君复等来往较频繁。其间，与罗常培互订音韵学研究。

1936 年 1 月，山东省政府借故将其每月给国立山东大学的 3 万元协款压缩为 1.5 万元，给学校带来很大的经济困难，祖父极感失望。在张云、何衍璿、邹鲁的协助下，祖父于 2 月 13 日自青岛启程南归；2 月 27 日回到广州；3 月，到国立中山大学（石牌），在理学院、工学院授“微分几何学”“连续群论”二课，在中文系授“骈文研究”“《说文》研究”二课。在中大期间，校内与黄巽、古直、龙榆生、李沧萍、黄敬思、曾运乾、李雁晴、王越、黄海章、萧锡三、胡体乾、林本侨、刘俊贤、张作人、孔一尘、邹曼支、戴淮清等，校外与陈达夫、林砺儒、杨铁夫、张荃等来往甚密。另外，经何衍璿介绍，结识了“粤东三凤”黄松轩、曾展鸿、钟珍，以及卢辉、冯敬如等当时国内象棋专业高手。

1937 年，卢沟桥事变后，日军军机肆意轰炸广州。国立中山大学各学院分散上课，除工学院依旧在五山外，文学院回旧校址（文明路），法学院就附属中学，理学院就小学。祖父因为要为理、工、文三学院授课，故在空袭警报声中于市区、郊区之间往返。

1938 年 9 月，国立中山大学西迁至云南澄江。祖父避难香港。

1940 年 9 月，国立中山大学由云南澄江迁往粤北坪石，祖父重回中大，任数学天文学系系主任，兼授中文系骈文课，又兼任校长张云秘书。

1941 年，介绍黄海章重回国立中山大学中文系任教。

1944 年 4 月，以老教授代表衔与代理校长金曾澄、教务长邓植仪欢迎盛成教授到中山大学任教。端午前夕，盛成教授赋诗贺黄际遇六十华寿。

甲申端午前夕贺黄际遇教授六十大寿

潮流往后不堪闻，声入心通请寿君。
艾壮韩汀惊岭客，蒲安坪石外溪云。
思家怕过他乡节，饮酒有孚靖塞氛。
醉后自寻仙境路，六经数理妙斯文。

是年夏，日军逼近坪石，理学院组织疏散，第一批教职员家属溯武水至湖南临武县牛头汾圩，临武人士闻知，邀祖父黄际遇到力行学校讲学，主要讲《说文》和古文。秋，李约瑟拜访盛成，盛成约黄际遇等教授一齐欢迎李约瑟。

1945 年 1 月，坪石沦陷，祖父避居临武五帝坪。5 月，他重返力行学校。8 月，日军投降，抗日战争胜利。10 月 17 日，国立中山大学连县分教处师生自连县起锚返广州。10 月 21 日，舟次清远白庙。凌晨，更衣失足落水，遂罹难。11 月，教育部特派员张云、新任校长王星拱、代理校长金曾澄、教务长邓植仪、总务长何春帆联合发起组织治丧委员会。12 月 16 日，国立中山大学在广州市区文明路附属小学礼堂为祖父黄际遇举行追悼会。同时，治丧委员会决定出版黄际遇著作并筹集专项奖学基金。12 月 23 日，国立中山大学潮籍员生联合广州城各机关潮州同乡，再假广州市区文明路附属小学礼堂，为祖父黄际遇等该校潮州籍死难员生举行追悼会。广东省政府委员詹朝阳代表省政府主席罗卓英主祭。

1947 年，中山大学呈请教育部褒扬已故教授黄际遇，经教育部呈行政院转呈国民政府。国民政府特于 2 月 8 日颁布褒扬令。褒扬令全文如下："国立中山大学教授黄际遇，志行高洁，学术渊深。生平从事教育，垂四十年，启迪有方，士林共仰。国难期间，随校播迁，辛苦备尝，讲诵不辍。胜利后，归舟返粤，不幸没水横震。良深轸惜，应予明令褒扬，以彰耆宿。此令。"

1949 年，由詹安泰教授、张作人教授等编辑的《黄任初先生文钞》出版，中有张云校长、詹安泰教授序文各一，列为中山大学丛书之一。

目　录

引　言 …… 001

《万年山中日记》第一册（1932 年 6 月 10 日—7 月 12 日） …… 002
《万年山中日记》第二册（1932 年 7 月 13 日—9 月 5 日） …… 014
《万年山中日记》第三册（1932 年 9 月 6—25 日） …… 025
《万年山中日记》第四册（1932 年 9 月 26 日—10 月 17 日） …… 037
《万年山中日记》第五册（1932 年 10 月 18 日—11 月 3 日） …… 059
《万年山中日记》第六册（1932 年 11 月 4—18 日） …… 078
《万年山中日记》第七册（1932 年 11 月 19 日—12 月 5 日） …… 099
《万年山中日记》第八册（1923 年 12 月 12 日—1933 年 1 月 4 日） …… 113
《万年山中日记》第九册（1933 年 2 月 19 日—4 月 29 日） …… 116
《万年山中日记》第十册（1933 年 5 月 3—29 日） …… 123
《万年山中日记》第十一册（1933 年 6 月 1 日—9 月 11 日） …… 138
《万年山中日记》第十二册（1933 年 9 月 25 日—11 月 3 日） …… 148
《万年山中日记》第十三册（1933 年 11 月 4—26 日） …… 161
《万年山中日记》第十四册（1933 年 11 月 29 日—12 月 21 日） …… 171
《万年山中日记》第十八册（1934 年 4 月 28 日—5 月 14 日） …… 179
《万年山中日记》第十九册（1934 年 5 月 17 日—6 月 29 日） …… 196
《万年山中日记》第二十册（1934 年 7 月 6 日—8 月 26 日） …… 206
《万年山中日记》第二十一册（1934 年 8 月 27 日—9 月 27 日） …… 210
《万年山中日记》第二十二册（1934 年 9 月 29 日—11 月 4 日） …… 221
《万年山中日记》第二十三册（1934 年 11 月 5—14 日） …… 248
《万年山中日记》第二十四册（1934 年 11 月 18 日—12 月 2 日） …… 271
《万年山中日记》第二十五册（1935 年 1 月 18 日—3 月 27 日） …… 272
《万年山中日记》第二十六册（1935 年 3 月 29 日—5 月 15 日） …… 284

引　言

黄际遇自言："伊古经生，学称曰朴。一经可遗，比玉之璞。"（按：朴学，一般指考据学，主要是对古籍加以整理、校勘、注疏、辑佚等。其研究范围以经学为中心，而延及小学、音韵、史学、天算、水地、典章制度、金石、校勘、辑佚等。）

姚梓芳在《澄海黄任初教授墓碑》中说："读君书者，皆以为君学自东游后始得之，不知先生学术道艺，接乡前辈陈东塾先生之传。"（按：陈东塾即陈澧，清代学者。曾任广州越秀山西偏之"菊坡精舍"（书院）山长，在该校前后执教数十年，提倡朴学，所造就者甚多，形成"东塾学派"。）黄际昌曾游学于菊坡精舍，黄际遇"幼从兄际昌学，未冠，已毕四书五经。"此即奠定了贯穿其一生的汉学治学方法，使其成为对天文、地理、历史、数学、诗文、乐律、文字学、书法均有造诣的文理兼通、博学多才者。初，姚梓芳与黄际昌为挚友，黄际遇是由黄际昌介绍结识姚梓芳的。

黄际遇在日本留学时，曾于东京大塚村从章太炎游。观其日记，推崇顾炎武、戴震、钱大昕、王念孙、王引之等清代朴学大师，治学由小学入门，主张音韵文字相通等，均极类其师章太炎。因此，章太炎早年对黄际遇的影响，实难以低估。

《黄际遇日记》实际是一部读书札记，本篇记录的是其读书的心得、体会，摘录喜爱的文章以及优美的词语，精彩的句子、段落等，反映了他自称"经生"，以考据辨章、音韵训诂为特色的"朴学"治学方式。

在《黄际遇日记类编》整个系列7册中，此册内容最为丰富，占篇幅较大。因而有极少章节仅保留标题作为索引，例如1934年8月31日—9月21日点勘部分。详细内容可参阅汕头大学出版社2014年出版的《黄际遇日记》影印版。

《万年山中日记》 第一册

（1932年6月10日—7月12日）

1932年6月10日

莼客[①]最取北江[②]及容甫[③]文，愧于北江文当未存有一首，当取读之。莼客日记中警句：

“午令王元回去开船，出北关，榜人焚爆鸣钲，旅情震荡，殆不自胜，既无倚侣，为谁负米，劳薪脚折，寸草心枯，衰柳河干，荒墟日景，羁魂迸碎，寒色增欷。行六十里，夜至塘西宿。”

汪容甫《自序》，文辞高艳，读之辄为酸鼻。刘孝标敬通所不逮也。季刚[④]仿其体为之，在黄文中仍非得意之作。

节录“释褎、褒、裒三字说”，《悉伯日记》第十册二十六页：

褎，即今袖字。《说文》：“褎，衣袂也，从衣采声。”（采，即禾穗之穗声字，段字以为衍文，未确）《左传释文》：“袖本作褎。”《玉篇》作裒。《汉书序传》作褏。《诗·唐风》：“羔裘豹褎。”经典用袖本字者，仅此一见。古人袂必当长，《战国策》云：“长袖善舞。”故褎之引申为长。……《邶风》：“褎如充耳。”《毛传》：“褎，盛服也。”《汉书·董仲舒传》：“褎然为举首。”……褒字本作褓，《说文》：“褓，博裾也。从衣保省声。博毛切。古文保，故隶变作褒。”……裒又褎之讹变，《尔雅释文》云：“裒，古字作褒是也。”经传本无裒字，《易·谦卦象》：“君子以裒多益寡。”……《诗·小雅》：“原隰裒矣。”……《玉篇》始有裒字，盖由唐以后人所增，非顾氏[⑤]本有者……

少诵“昔时飞箭无全目，今日垂柳生左肘”，迄今不晤[⑥]。《庄子·至乐篇》：“俄而柳生其左肘。”莼客谓：“柳者，瘤之借字。”引《列女传》“齐宿瘤女”为证，论古人字少，故得通假（又见二十二年六月日记）。

古人大祥，缟冠素纰，白履无絇。清制自百日后皆元青色巾，元青色者，古云所有玄吉礼，大祭祀之所服也。然则今之斋斩缞冠服，古之缁巾冠缁衣而已，练禫之祭不举，变除之节不讲，虽名二十七月，从王肃之说，实不过百日而已，而今之士大夫乃于名制上二十四月，称制后三月称禫，益大惑不知，其何说也。(《祥琴志日记·序语》)

今之士大夫乃于名制上二十四月称制，后三月称禫，益大惑不知其何说也。

【注释】

①莼客：指李慈铭。

②北江：指洪亮吉。

③容甫：指汪中。

④季刚：指黄侃。

⑤顾氏：指顾炎武。

⑥晤：古同悟。

1932 年 6 月 11 日

莼客颇以文章自豪。考其平生，与陈德夫之交最为密，德夫之死，哭之经年。而其所为《陈德夫墓志铭》，亦了无过人处，志文既伤萎茶，铭辞复振翮而不踔厉，文不足以克其情，辞不足以举其气。莼客好讥桐城，此亦一丘之貉也。（比已阅其全集，断定莼客之文，惟容甫、北江可以鼎足，余子则等诸自郐[1]耳。七月初六补记。）

【注释】

①郐：是“自郐而下”的省略，语出《左传》，季札在鲁观乐，郐风以下无定论。后世形容等而下之，不屑评论之作。

1932 年 6 月 12 日

“傍晚祭灶，新突甫黔，行装已戒，天涯方始，岁事将除，暂为伏腊之欢，行设犆牲之祭，契史云之釜，难卜归期，问子方之神，谁为主客，劳薪脚折，小草心枯，对烛增欷，举饧罢咽。”（录《莼客日记》句）

竟日阅《越缦堂日记》，录诗一首，藉窥胜朝[1]敢经学途轨也。

《答王子常同年（咏霓）见赠之作》：

……

【注释】

①胜朝：指已灭亡的前一朝代。此处指清朝。

1932 年 6 月 14 日

往公园散步吸纳，六时归寓读书。录莼客《致孙子九汀州书》一首（同治十一年七月）：

……

1932 年 6 月 15 日

夜与游泽丞[①]谈四声。武帝曰："何为四声？"周舍曰："'天子圣哲'是也。"此外四字成语不能举出如此之巧合者。器儿云："'青岛大学'如何？"又"王道正直"亦合，为之粲然。归翻顾氏《音论》，其中有"按反切之语，自汉已上即已有之"（卷下页六），"汉时人未有反切"（卷下页十一），二语前后互见，则亦执柯伐柯之类也。录柬泽丞。

晚阅《越缦堂日记》。

【注释】

①游泽丞：即游国恩，时任青岛大学中文系讲师。

1932 年 6 月 16 日

录《越缦日记》[①]一则：

今人称善钻营者曰尖头子，其来甚久，《魏书·郭祚传》："祚字景尚，善事权宠，世号之曰郭尖。"又《李崇传》："崇子世哲，性倾巧，善事人世，号李锥。"足见俗语皆有所本。

又《记》中《送刘缄三匱（籀文柩字）归葬南皮》有"肠回鼻酸"之句。"嫠孤孑孓，祖送瘳瘳，素旐疲羸，参差即路，风云为之惨黯，行路为之欷唏。"

前年馆广州中山大学，僦居八邑会馆小楼，读《萧选》刘峻《追答刘沼书》，私疑其非"报答"书体，然于"挽黄鹏南联"时已据为典实矣。《莼客日记》据《南史·隐逸文学传》并校《梁书·文学处士传》，卒谓刘孝标之答刘沼，刘侯既重有斯难云云，乃答书之序，非书也。自《文选》误收入书类，题为《追答刘沼书》，沿讹至今。考《梁书·文学·刘峻传》，明云"峻乃为书以序之曰"，以下所载之文与《文选》同。《南史·峻传》削去其文，但云"峻乃为书以序其事"，皆不误也。文中绝无答书之语。而人莫之察，可见读书细心之难云云。实获我心。

阅《越缦堂日记》三册，子初辍读。

【注释】

①《越缦日记》即《越缦堂日记》。

1932 年 6 月 18 日

刘蕺山梦为吏，醒乃自挞，恨其名心未死，余自问尚不至作此梦，然憧憧扰扰之杂念芟除不尽，自克之未易言也。

午为儿辈讲《蘧伯玉使人于孔子》一章："夫子欲寡其过而未能也。"此中可分数层工夫。自省是第一层，不自省不能自知其过；认过是第二层，反是则为文过；实践是第三层，不实践等于不知，实践之后，方知寡过之难。使者一语，便道出个中叹窍。所以夫子称之曰：“使乎，使乎。”

莼客记都中酒令有“于口字外加二笔各成一字”者，凡三十字：

司、台、叺（见《龙龛书镜》即呻字，又汉隶以字亦如此）、叨、召、叶（音鸡，卜，疑也）、占、兄、号（《说文》嗁号本字，今作啼号）、加，另（见《玉篇》）、叮、古、叶、只、可、叵、右、叩（古信字）、同、石（二字皆非从口，借用之）、叩、邵（本从邑，见《说文》邑部）、句、叫、口匕（见《类篇》从匕、即古化字、音化、开口貌也、亦见《集韵》去声四十祃）、叱（音昌栗反，呵也）、兊（以转切，通沇，今作兖，兖非）、叭（见《玉篇》声也）、叴（音求，高气也）。

按酒令取其诙趣，不必泥囿字学，但云“口字加两笔”，则申、田、由、甲、旦、白、叱等皆是也。莼客依篆文增衍八字（曰字打四书二句不连，“若由也，直在其中矣。”见曲园《春在堂全集》中所谓隐语，并不拘泥字学也）：司、召、吅、后、向、听（笑貌）、吒（即叱吒之吒，亦作咤）、同（此字未知所指，莼客原谱茶劣已极，日记中犹时时炫其篆书，殊为贤者之累）。

1932年6月19日

清末负笈日本东京，购得日本铜版廖柴舟（燕，粤人）《二十七松堂文集》八册，今藏于家，记其文甚萎弱，时貌为道学家言，后亦不欲观之。《莼客日记》有：“何学士如璋（大埔人，何士果先生之父，莼客误为广州人）使日还，所赠者，国初人，其文亦江湖余派”云云。可证予前所见。又云（光绪八年十月十五日戊辰日记）：

廖柴舟名燕，国初曲江布衣，集凡十六卷，其文颇疏隽，欲以幽冷取胜，自负甚高，前《题宁都魏和公》，阅文后多系评语，盖山野声气之士，而议论偏谲，读书无本，不脱明季江湖之习，其为《金圣叹传》，极口推服，称为先生（言“圣叹本名采，字若采，鼎革后更名人瑞，字圣叹”），则宗尚可知矣……

郝懿行妻王照圆，光绪八年十二月初六日谕有云：“有郝懿行所著《易说》《书说》《郑氏礼记注笺》，王照圆所著《诗说》《诗问》《列女传补注》，均著留览语。”

莼客评王益吾祭酒《续古文辞类纂》云：“此益吾所纂，专续桐城家法，取姚南青……三十八家之文，得四百五十六首，分体一依姚氏，惟无奏议、诏令、辞赋三门，及说与颂，甄别审慎，多有可观，然尺木（彭）、台山（罗）、茗柯[1]、硕洲[2]四家，实与桐城无涉，梅崖（朱）、硕士（陈）殊无足取，植之（方）尤庸妄不学，以之充数，颇病续貂，而嘉兴之钱衎石，吾邑之宗涤甫师，与桐城桴鼓应和，乃反不录，即魏默深宗恉[3]虽别，亦不菲薄桐城，文笔卓然，足为诸家生色，包慎伯虽病芜杂，亦有佳篇，似亦不得遗之，昔祭酒在都时，未及与之商榷也。”

【注释】

①茗柯：指张惠言。

②硕洲：指张穆。

③恉：同旨。

1932 年 6 月 21 日

昨日《大公报·文学副刊》载哀吴碧柳诗歌诸什，最存柳翼谋（诒徵）一首，吴碧柳未详何人。翼谋，丹徒人，前东南大学历史教授，《学衡》之主刊者，以持论与新潮搏战，踉跄北遁，今亦不知买山何所。此诗推崇碧柳，至于合《九歌》《五噫》，摆伦[①]、哥德[②]，连营七百里，尚有不足当碧柳一拳之势，则仍不脱文士张夸气习。柳君老矣，后世难诬，顾何以复有此牛溲马勃兼收并蓄之作，是亦守制不终，中以趋时之病，岂惟体格不纯而已哉，录存之者，欲以觇风尚也。

昨年陈表兄仰周之殁，记余联为：

迹先生孝友，自有千秋，惭余不学无文，表碑难传郭有道；

数同表弟昆，仅余一个，从今孑立捧奠，伤心不独柳永州。

子厚云："孑立捧奠，顾盼无后继者。"盖自仰周之殁。而余并中表兄弟亦无一人，戚党孤寒，可为涕陨。录《莼客日记》一段，以记余悲：

自宋以后，士大夫皆祭四世，今制因之，程子谓冬祭当祭始祖，其义甚精，然追远之诚，不能邃至，且唐宋以后，谱牒多不可信，得姓之祖，忘远难稽，若取诸近，以何为断，通微合漠，芒乎无徵，或合族久居，世代绵远，岁终腊祭，行之总祠，萃百十子姓之精神，冀千载鼻祖之�盻，乡庶能昭，格非[③]曰"虚文耳"。慈铭自辛未入都，岁时忌日之祭，只及曾祖，自惟无似，将敬难周，亦由泛埽寓庐，一筵之席，莫容觞豆，豚肩之祭，不敢遍承，今以季弟，又亡家无壮子，始设高祖杯棬，几前鞠𥀾，悲泫弥深。

【注释】

①摆伦：指拜伦，英国 19 世纪初浪漫主义诗人。

②哥德：指歌德，18 世纪中叶到 19 世纪初德国的作家、诗人。

③格非：李格非，北宋文学家，字文叔，李清照之父。

1932 年 6 月 22 日

半月以来，除照例讲读外，竟日阅会稽李莼客慈铭《越缦堂日记》以自遣，至今晨毕读都五十一册（商务印书馆石印本，用《曾湘乡[①]日记》例），分年为名，曰：《孟学斋日记》《受礼庐日记》《祥琹[②]室日记》《息荼庵日记》《桃花圣解庵日记》《荀学斋日记》。尚有孟学斋以前尚待编录之十三册，荀学斋以后扃诸樊山书箧之八册（据蔡元培序）。寒燠数十，不间一日，其自课之严可以想见，论其学术则以史学为精，于明清掌故在在留心。小学所造亦深，故治经不少特见之处。旁及器数之学，则不足算论。其文章以骈文为擅胜，所为散文，因心所不谓然，辄以游戏出之。论其人品自是正直守礼之君子，然时不免偏狭，陷忧忧从长之讥。至其书法，以颜公《争坐位》笔法为小行草，致可玩爱，四十以后则因久困场屋，仪心试差，局促甚矣，不能有戛造之境。综其一生，以四十前十年不入棘闱时代最见精采（彩），此后仍役役于此，所业不专，假令莼客能屏弃举业，专心学问，所造当不止此耳。然而已不失为豪杰之士矣。阅竟录平步青所为《传状》，以志诵读之鸿爪焉。

《掌西山道监察御史督理街道李慈铭传》：

……

【注释】

①曾湘乡：指曾国藩。

②栞：古同琴。

1932年6月23日

读书不可不识字，求识字之学曰“小学”，小学分三种，属儿辈识之。

曰训诂，以义为类，先读《尔雅》，以《尔雅》为准，刘熙《释名》，王氏《经传释词》属之。凡同义之语隶同条，义相类者隶同篇。

曰音韵，以音为类，先以《广韵》为准，顾亭林先生《音学五书》（先读《音论》），陈兰甫先生《东塾丛书》（先读《切韵考》）属之。凡同音之字以类从，反切相近者以次从。

曰形体，以形为类，以《说文》为准，段氏《说文解字注》，王筠《说文句读》（先读《文字蒙求》《说文释例》）属之。凡同形之字以类从，故鄦（许作鄦）君曰：“凡某之属皆从某。”

此三者先从《说文》入手，习《说文》之法有次第三焉，曰“读熟许叙”；曰“认五百四十部首”；曰“由通检翻字”。以二月为期，能背诵叙文部首翻字矣。进则圈点许叙段注，通悉部首意义（读章太炎先生《说文部首均语》），以一月为期，可知文字之概略矣。乃次第圈读《说文段注》，助以王氏、朱氏（骏声，《说文通训定声》）、桂氏（未谷，馥，《说文义证》）各书，浸淫沉渍，非累年不程功矣。

1932年6月24日

陈澧《东塾丛书》为《汉儒通义》七卷、《声律通考》十卷、《切韵考》六卷、《汉书·地理志·水道图说》七卷凡八册，附《水经注·西南诸水考》三卷、《三统术详说》四卷一册，番禺陈氏东塾刻本，咸丰六年兰甫自序刊之。书已不易得，其板又闻毁于民国十五年广州变乱，托羊城友人寻购未获。乡贤椠籑，存者几希，抚诵遗书，倍深仰止。亟录数则于下：

……

莼客最爱读稚存、容甫之书，自言其身世略相同也。今日从图书馆借得《洪北江集》（《四部丛刊》本《集部》），如《卷施阁文》中《上石经馆总裁书》有云：“老聃之守柱下，子政之居阁中，自问何人，敢同寿哲。”“赁先儒之庑，摩京兆之丛碑，从好古之家，识熹平之残字。”文情并茂。其条例有关于字学者。

一，偏旁宜急削也，暮从二日，憾有两心（遇按：蒻有二艸，亦属此类），添木为榭，加草于臧，即且之侧从虫，胡连之旁置玉，此类殊多，亦难毕数。他若本之为夲，暴之作暴，磷莞之在鲁论，餂莩之留孟子，更为别字之尤，又属全文当改。

一，同一俗字，当酌去其已甚者，拖拕皆《论语》袘绅之别字，与其从拖，不若从陆氏之拕为得，濱濵皆频之或文，与其作濵，不若从《广雅》之濱为是。

一，前代之制宜改也，秦并天下，辠乃从非，汉戒群臣，对初离口，着火德之符，改从水之洛为雒，表金刀之谶，易处者之留为刘，以迄新莽叠文之误，开元颇字之讹，字苑出而影始从彡，草书行而修讹从羽，绁之作緤，城之作圻，匡之作匩，桓之作桓之类，既事隔于数朝，悉当从乎厘正。

一，字当以《说文》为本，而从否亦当酙酌者，字书无覿字，则覿当从繫，传本作儥，旧文无哂字，则哂字当从淳，化本作弦，以及份份之在《论语》，墫墫之在《风诗》，此急宜从者也。至若文馬之为䮈馬，戚施之作䵷鼀，不妨存此异文，可不改从古字。又况菿之误䓸，麗之从籭，均后所误加，不堪依据。

1932 年 6 月 25 日

今日读《北江年谱》，知乾隆四十二年丁酉，即先生三十二岁时，屋母蒋太宜人忧，以营葬乏资，偕孙星衍赴太平，馆刘権之视学之幕，衣缟素不肯更易，值节日朔望，皆独处，在学署一载，率以为常。不孝方在母陈太宜人之忧，且日逐宴会，不以为耻，平旦自思，已非人类（在宏成发记）。

阅《北江文集》。

对客之外，以北江为伴，录其可爱者存之。

戒子书并诗：

……

答章征君天育书：

……

书三友人遗事（汪中；武亿，偃师人；汪苍霖，钱塘人；节录汪中遗事）：

……

孙季逑述仓颉篇序：

……

与孙季逑书：

……

祭保母王氏文：

……

1932 年 6 月 28 日

幽居无以自遣，以草书写《两都赋》，续昔年未竟之作也，腕力锐退，寸心自知。

晚阅《北江文集》，冣录二首。

1932 年 6 月 29 日

钱献之《九经通借字考》序：

……

出关与毕侍郎笺（此据《洪集》抄出，今“八家选本”及各本互出入者至数十字，盖又经改定者，当从之）：

……

读“汪氏遗书”中《容甫（原字庸夫，自以躁急不能容物，更字曰容甫）年谱》，及其子汪喜孙《丧服答问》，因检郑樵（宋右迪功郎夹漈）《通志略》中“凶礼篇”互订之。

按汉文帝遗制始革三年之丧，然而原涉行父丧三年名彰天下，河间惠王行母丧三年，诏书褒称以为宗室仪表，是则丧制三年，能行者贵之矣。

1932 年 7 月 4 日

读《郑玄传》：“康成，高密县人。”高密去青岛百余里耳，过郑公之乡（传云：今郑君乡宜曰郑公乡），式通德之门（传云：号为通德门）而不兴起者，非豪杰也。融[①]喟然谓门人曰：“郑生今去，吾道东[②]矣。”际遇游学芝加哥，得师事 L. E. Dickson 大师，忝受学位之日，师亦尝有“吾道西行”之谕，虔诵此传，为之悚然。郑君年七十时（传曰：入此岁来已七十矣），以书戒子益恩，有曰：“吾虽无绂冕之绪，颇有让爵之高；自乐以论赞之功，庶不遗后人之羞。末所愤愤者，徒以亡亲坟垄未成，所好群书，率皆腐败，不得于礼堂写定，传与其人。日西方莫，其可图乎！”承先启后之事亦大矣，以郑君之耆年硕学，犹复致憾于斯，后之君子，可不念哉。建安五年六月卒，年七十四。遗令薄葬，自郡守以下尝受业者缞绖赴会千余人。按《礼记》：“夫子之丧，门人疑所服。”子贡曰：“昔夫子丧颜回，若丧子而无服。请丧夫子若丧父而无服。”郑樵《通志》云：“无服者，谓无正丧之服也。”

一多[③]新得《青草堂集》，云：“为燕人赵国华作，黎选《续古文辞类纂》，直隶只此一人，顾名不显于世。”一多又谓“先生为文，奇恣闳丽，定盦[④]而后一人而已。”然集中曾无只语及定盦，殆不可解。假归读之，一多之言盖信，为扎记数则而归之。

赵国华字菁衫，直隶丰润人，同治癸亥进士，山东候补道，有《青草堂》三集（黎选《事略》），黎庶昌选其三首，曰《种蘅山馆诗序》，曰《听绿山房诗序》，曰《代阎丹初丁文诚公墓志铭》。后作尤见格律精严，气势高迈。《青草堂补集》载菁衫挽平远丁文诚公联：

霖雨起黔阳，东周青兖，西极荆梁，放怀中外之间，胜有奇情凌瀚海；

六星聚天上，左揖林胡，右招曾左，以安社稷为悦，依然灵气耿层霄。

并自跋云："丁文诚公事迹具全，所撰墓志，遵义黎莼斋庶昌选入《续古文辞类纂》。王益吾亦有续选，无直隶人。黎选只余一人。呜乎，公之传，不必托余，乃余之文必托于公，则亦愧已（丙戌）。"莼客评王选之不当，谓应删应采者若干人，在《越缦堂日记》中当再参订之。

予近以研究一文，绞脑汁者月余，曾为及门语云："读书如长旅，研究如作战"。不意菁衫已先我得之。（以上初五清晨补记）

【注释】

①融：马融，字季长。东汉时期经学家。

②吾道东：谓己之学术向东流播。后因用为感叹己之学术东流或同道东去的语典。

③一多：闻一多，时任青岛大学文学院院长兼中文系系主任。

④定盦：指龚自珍。

1932 年 7 月 5 日

晨起，专伻一多处，假《青草堂全集》读之。

《年谱》一卷，先生病中手订。先生生于道光十八年戊戌，生十日而孤，十一岁毕《春秋左氏传》，十六岁入丰润县县学二十三名，二十岁食饩，二十一岁戊午赴永平录科，李古廉（清风）学使命作《永平府文庙引》，结句有云："崇儒卫道，人尽干城，走笔申言，我惭领袖。此后两丁俎豆，永昭堂庑之尊严。他年一甲冠袍，倘作辟雍之谒拜。"是年举孝廉，二十六岁癸亥成进士，同治二年也，作令山东以经术饰吏治，殁于光绪二十年甲午，年五十七岁。

翻阅《青草堂》三集竟，录存一首。

答张野秋启：

……

1932 年 7 月 7 日

由图书馆假得《茗柯文编》（《四部丛刊》本三册），有曾[①]、阮二序，曾序有云："皋文先生编次七十家赋，评量殿最，不失铢黍。"兹先录存一首。

张皋文《七十家赋钞目录序》：

……

【注释】

①曾：指曾国藩。

1932年7月8日

卧阅《石笥山房文集》，聊以永日。

1932年7月10日

阅《后汉书·逸民传》："梁鸿妻孟光，状肥丑而黑，力举石臼。后鸿至吴，依大家皋伯通，居庑下，为人赁舂。每归，妻为具食；不敢于鸿前仰视，举案齐眉。"按"案"，"椀"也，高举食器如宗庙致祭然，非孟氏力能扛食案也。（汪中《自序篇》云："赁庑无五噫之谣，及赁舂牧豕，一饱无时。"语本此传）

韩康卖药长安，一女子怒曰："公是韩伯休邪，休要避名不成，遁入霸陵山中。"年来亦颇以载名报章为戒。又《传》："中亭长夺其牛，使者至，杀亭长，康曰：'此自老子与之。'"与《晋书》所云："老子于此，兴复不浅。"同作自称老夫用。

1932年7月12日

病后，间比次《汪氏丛书》，扬州蒋迦安[①]在坐，云："其里中尚传述容甫之妻，通文事，因争论校勘事，容甫盛气之下，以砚中之，致死非命。"（扬州百余年之间，前有王引之、汪中（1744—1794），后有刘师培（1885—1920），谅矣，广陵之不负天下也。申叔妻随居江户时，岂惟鼓钟于宫而已。容甫妻信如传述，尤可为匹妇吐气。夫妇离合之事，又末而无足数耳）。余考汪喜孙所为《容甫先生年谱》，终卷未有一语及其母氏者，亦夙疑其有难言之隐也。检《艺舟双楫》包慎伯《书学》六卷后，中有云："二世人又言容甫前妻死于非命，然孙氏被出后，予至扬州时犹存，盖人言之谬戾如此（按原书最目下注：壬午干支即系道光二年（1822）之作，在容甫殁后十八年）。"容甫自序篇，中亦仅云"孝标悍妻在室，家道轗轲（坎坷），余受诈兴公，勃溪累岁，里烦言于乞火，家构衅于蒸梨，蹀躞东西，终成沟水"。此二同也（黄季刚自序，仿其体为之亦云：三君皆遇悍妻，勃溪贻诮），则其因起于勃溪[②]，其果终于反水，较然可知，复次喜孙《孤儿篇》，《扬州汪氏家庙碑文》有云："喜孙复少孤，赖母氏朱太宜人教养至于成立。"则是朱氏于容甫为继室。又云："乃入赀为郎，覃恩赠其先世封母太宜人。"则是蒙封者止及其生母。《汪氏母行记》云："容甫先生初娶于孙，好诗，不事家人生计，邹太宜人独任井爨，有二姑相助为理。"又云："邹太宜人生时，孙太君不奉苹藻之祀，后亦未制木主，朱太宜人命喜荀祀于门外，墓不可得，使朱太宜人未竟之志，惘惘至今。"则是孙氏之大归，殁于母家，信而有征，慎伯所言"余以嘉庆辛酉至扬州，访容甫而殁已八年。"则其至扬州时犹之说存，仍有未足尽信者，谁谓以娣姒母子之亲，不能访得其墓，而以安吴包氏，一至扬州遂审其犹存乎？斯亦得诸传闻而已，不为白也妻者，是不为伋也母，祀孙氏于门外，非礼也，情也，假令死于汪氏，则栗主之祀，安得于门外行之，于喜孙亡姊《刘孺人墓志》，知孺人为孙氏所出，长于喜孙八岁，中云："先君子病厥逆，家道轗轲，门以内析产以居，勃溪果岁，孺人能持大义，左右无方。"及孙星衍所为《汪中传》（五松园文稿）云："妻有过，出之，俗人颇以为怪。"于此尤可见出妻之说为信。

包氏自述关于《容甫文集》一段因缘，今汪集刊本，不及包氏只字。精神徒寄，江山无灵，此亦事之无可如何者矣（《丁卯除岁声中》）。以上平语，存所藏《艺舟双楫》中，以见余早有此疑念，证以今所得之《汪氏丛书》亦然，中汪喜孙所为《汪氏学行记》六卷，凡容甫之师友所评骘题跋，只词必录，何于慎伯而遗蜕至是。矧慎伯自言喜孙叩门入曰："先子草稿纷纠，非吾子莫能为订定者，受其付托是之重耶。"其实慎伯已及身见而知之，谓喜孙官游入都，中间相失十数年，道光壬午九月，喜孙乃以此刻（按即《述学》六卷）来贻，悉改乱非予所定，余固意写定者之有所不满于包君也，慎伯不得已书其后而自存集中（《安吴四种》）。如"容甫少孤贫，无师而自力，成此盛业，不可谓非豪杰之士也，年三十而体势成，多可观采，四十五以后，才思亦略尽矣"云云。慎伯非不足知容甫者比，而尚致其微词，重诬后世。此忠恕之道，君子尚当终身行之者也。至其《再与杨季子书》，论列清初文家，卒不列容甫于侯朝宗、汪钝翁、魏叔子、方望溪、储书山、刘才甫、姚姬传、张皋文、恽子居九贤而十之，竟谓贵乡汪容甫颇有真解。惜其骛逐时誉，耗心饾饤。又于《齐物论》《斋文集》二序曰："容甫文得逸宕于彦升季友，系援兰台，以摩八家之壁垒，而旗鼓未足相当。"岂惟隔靴，直同反唇。容甫三十以后，绝意棘闱，颛心所业，《述学》六卷，皆可县之国门，如有排其一字，臣欲谢千金者，慎伯处及闻之世，何尚不能知定一至于此。

再以书法而论，容甫之作，世罕知者，《汪氏丛书》景存乌程蒋氏所藏篆书六帧（录唐书句），茂密潇洒，余光在壁。慎伯论列胜清书品九十一人，其中篆书二人，曰邓石如，曰张惠言，彼固未及见吴窓斋[③]，而卒遗容甫，究亦未当。

晚卧阅慎伯文谱一篇，以隐显、回互、激射说古文，以奇偶、疾徐、垫拽、繁复、顺逆、集散说行文之法，举例类列，不出童习篇什，归而求之，致有余师。

慎伯《与杨季子论文书》云："世臣从前纂《汪容甫遗集》，曾采未成互异之稿，足与完篇，笔势一如容甫。容甫故工文，体势又略与予近，犹易为力。"际遇于文章百不知一，而期期以为不可，具为不然，何云乎不可也？言为心之声，声音笑貌，各如其分，凫胫虽短，续之则忧，鹤胫虽长，断之则悲（《庄子·骈母篇》），取他人之文而删润钩乙之，斯塾师式剽窃者之所为耳，慎伯此癖致深，集中复有自删《书谱》一篇，去其意取不然者二三处，以是自入其集，知者姑以为无罪，非之者亦不过视同优伶窜改剧本，圆便登场，若必蒙以孙虔礼之名，夫谁敢谓其可也。慎伯岂不曰《史记》点窜《内外传》《战国策》诸书，遂如己出，班氏袭用前文，微有增损，而截然为两家，顾马班二君者，乃以成史汉二书，要非写定前人传策，俾后世蒙皮续貂之流，所能间执其口者。慎伯旋知所手定者，为其子弟所乱，《复李迈堂书》"予总以喜孙要不失为能读父书者耳，何言乎不然也。"汪、包二君之文，笔势无相同，体势无相近者，慎伯面壁自照照人，适得其反。容甫被狂生之名，然临文独谨饬，彼固尝自白矣，曰："一世皆欲杀中，倘笔墨更不谨，则坠世人术内矣（洪北江《书三友人遗事》）。"今观其文，外朴内茂，出显入深，字顺文从，言华语实，体势正于兰台为近，慎伯侈言吕韩，实喜纵横捭阖家言，以其术入文，时有至处，然气格低者乃类射策，趣向适与江都殊途，文章千古事，非一人之私也。（十四日晨不寐补记《汪包文异同评》）

【注释】

①蒋迦安：蒋德寿。时任青岛大学教授兼物理系主任。

②勃溪：亦作“勃豀”。吵架，争斗。

③吴窸斋：指吴大澂。

《万年山中日记》 第二册

（1932年7月13日—9月5日）

1932年7月13日

补昨日日记“考订容甫前妻孙氏死事”，其谚所谓替古人担忧者矣。

晚阅《艺舟双楫》论文诸什，评记入昨日日记。

1932年7月14日

早四时起床，为《汪包文评》一则。

冣与最不同。冣，从冖取，取亦声。段曰：“冣之为言聚也。”刘歆《与扬雄书索方言》曰：“欲得其冣目。”又曰：“颇愿与其冣目，得使入录。”最，犯取也，从曰取。锴[①]曰：“犯而取也。”

张惠言文。武进张惠言皋文《茗柯文编》，同治八年刊，曾序谓其赋：“恢闳绝丽，至其他文，则空明澄彻，不复以博奥自高。”（按“茗柯”，语出《世说》：“刘君茗柯有实理。”注：“谓如茗之枝柯，虽小，中有实理，非外博而中虚也”）今黎选《古文辞类纂》冣录其七篇，为《游黄山赋》《黄山赋》《邓石如篆势赋》《七十家赋钞序》《祭金先生文》《先府君行实》《先祖妣事略》。《七十家赋钞序》已抄存第一册。《先府君行实》以四岁失怙之孤子摭录其父，执汤、郑[②]之言为状，极义法之谨严，首段直叙世系，尤征史笔。《先祖妣事略》一首，孑孑嫠孤相依为命之景，活跃纸上，如闻空山嗥啸，荒漠箜篌，惜抱[③]之作不足专美，此种肯綮，直从史公[④]“传窦皇后”笔得来，然佳处似尚不及其《先祖妣事略》之作：“……讣至，孺人恸绝，是时文复府君年七十一，呼曰：‘天呼，儿与妇偕亡乎？’顷之，孺人苏。文复府君曰：‘我老矣，诸孤幼，新妇死耶。’孺人泣谢曰：‘不敢。’明年文复府君病，及革，顾孺人泣曰：‘吾死矣，诸孤与孺人为命，新妇存一日，诸孤亦存一日也。’良久，唏嘘曰：‘贫甚，无可倚者，吾死，新妇存耶？’孺人泣对曰：‘新妇生死与诸孤俱。’文复府君遂卒……”看似全不着力，实乃以全力博兔也。

祭文多以四言为句，致以铿锵应节，寓笙罄于杀字之间。涤生《祭汤海秋文》，力大声宏，非张廉卿《祭曾文公文》所可及也，其谋篇亦特紧，起篇便曰：“赫赫汤君，倏焉已陈。一呷之药，椓我天民。”后乃历叙行谊交迹，而以一日参商，万古永诀，放声高哭，洒其悲哀之情。余《祭雷教授（化云）文》，有其局而无其气。皋文《祭金先生[5]文》，造语独工，然起笔由“呜呼！六经同归，其指在《礼》。”缓缓叙来，究失振领提纲之法，末段乃凄清激楚矣：“……岁在己未，孟春北征。先生饯之，肴核既盈。酒酣执手，曰：‘学实难，瞢不知道，绣其帨鞶。前贤后生，气求声应，弗章弗传，孰美孰盛？挹河知源，测量知光，今我老矣，非子曷望？’畴昔之岁，殷勤与书，问：‘子所学，今则何如？勉子旧闻，告我新得，使我暮年，快睹奇特。’惶恐再拜，负惭斯言。匪敢怠荒，乃为俗牵。逝将归来，返我钜矱，庶几籍、湜，果不畔去。恭闻易箦，命简作缄，写不成章，笔绝意嗛。呜乎微言，遂绝于兹。哭寝此日，伤心曩时。具存者书，莫继者事，命我以意，曷敢以二……”振读之亦伤气弱。

读点《史记·秦本纪》，秦史独佳，有疑为转录秦史者，“纪”中固明言秦文公十三年（周平王十五年，公元前七百五十六年）初有史以纪事，则以前之谱牒，尚有赖周室邻封之史乘梼杌矣。史公自当有取本，然亦见穿插剪裁之妙，秦于七雄之中崛起西戎，获鼎代周，庸有非偶然者，史公以纵行直叙之笔，横插诸侯五霸之局，至孝公元年一段，众流奔赴，百川同归，秦王政立结段，笼罩《始皇本纪》篇局，振衣千仞岗，濯足万里流，惟其有之，是以似之。

“三百人者闻秦击晋，皆求从”（缪公[6]丧善马事），用“者”字助词，以振举笔势，而纡回意象。曾涤生《原才》如“此一二人者之心向义”中之“者”用法，累累如贯珠，篇幅虽短，秉脉特长，如此推衍只语，便以雄视千秋。

“秦以故子圉妻妻重耳，子圉妻，重耳从子妇也，重耳初谢，后乃受。”活憨如画，缪公二十五年，周王使人告难于晋秦，秦缪公将兵助晋文公入襄王，不曰“秦晋”，而曰“晋秦”，明主从也。

由余观秦宫室积聚，曰：“使鬼为之，则劳神矣。”谭友夏《游玄岳记》改为“使鬼为之，劳矣。”林畏庐指为轻儇之忌（《畏庐论文·忌轻儇篇》）。

卧阅《畏庐论文》，十二时熄灯。

【注释】

①锴：指徐锴。

②汤、郑：汤修业，字宾辂；郑环，字梦杨。

③惜抱：指姚鼐。

④史公：指《史记》作者司马迁。

⑤金先生：金榜，字蕊中，号檠斋。清代学者。

⑥缪公：秦穆公，一作秦缪公，嬴姓，赵氏，名任好。春秋时期秦国国君。

1932年7月15日

是日山谷先生[1]生日。四时不寐，兴点乙《畏庐论文》。

《史记》学。学《史记》者分三途焉，曰训诂之学，校戡之学，义法之学。余于义法之学，由《归方[2]评点史记》[3]、吴挚甫点勘《史记》入手，匆匆垂二十年矣，句逗丹铅，未竟一遍，更何他学之足言。畏庐因论文之筋脉兼及读史之款窍于《筋脉篇》，举《大宛传》为例，在他本皆将“月支”“乌孙”诸国别标以国名自为一传，震川本则毗而为一，读之果成整片文字，前半篇以张骞为筋脉，由“大宛之迹，见自张骞”起句，领脉而下，张骞中道殒谢，惧乎传脉之中断也，急以“神马当从西北来”接之，后半篇即由“宛马之事”蝉联而下。此可悟读史之法，归太仆本于此等文脉，用三角圈识之，原本用黄色笔，吴太史本则用密点笺之。

写《归方评点史记》《许学丛书》书跗二部，检定《说文通训定声》一部。

《说文通训定声》，吴郡朱骏声（丰芑）孝廉著，咸丰元年进呈，赏国子监博士衔，有道光二十八年顺德罗惇衍序。以声为经，故总目分为丰部第一，升部第二，临部第三，谦部第四，颐部第五，孚部第六，小部第七，需部第八，豫部第九，随部第十，解部第十一，履部第十二，泰部第十三，乾部第十四，屯部第十五，坤部第十六，鼎部第十七，壮部第十八，都为十八部。以形为纬，如于丰部三百二十六名，则以东同形中等领其同形之字，都为一千一百三十七声母。太炎先生有《说文部首韵语》（《章氏丛书》）四字为句，冯桂芬有《说文部首歌》（《许学丛书》）七字为句，丰芑亦仿梁周兴嗣体，依次为《声母千文》，四字为句，以便童习。自有《说文解字》，而象形指事会意形声之义明。自有《说文通训定声》，而转注假借之义明。初学者先检其末卷分部检韵，以求得部首，再由部首以求得所属之字之隶何韵，以与说文卷互读之可耳（如天字在一部坤韵）。

【注释】

①山谷先生：指黄庭坚。北宋文学家、书法家。

②归方：指归有光与方苞。

③《归方评点史记》：指《归方评点史记合笔》，清代广西桐城派古文家王拯编纂的一部研究《史记》古文笔法的理论著作。

1932年7月16日

晚卧阅畏庐文，其《赠张生厚载[①]序》数其门下，独揭阳姚君慤[②]、成孝刘洙源[③]以古文鸣，孟子之徒犹有万章，安昊[④]及门惟闻熙载[⑤]，而畏庐又何憾焉。

写书跗二时许，琳琅满架，大半唾手可检矣。拥周家禄彦升《寿恺堂集》假寐。

计偕，清人文中，常称赴科曰“计偕”。语出《史记·儒林列传》：“二千石谨察可者，当与计偕，诣太常。”考《索隐》：“计，计吏也。偕，俱也。论令与计吏俱指太常也。”

平，《说文》无评字，《班书》假平代评。《儒林传》：“乃召《五经》名儒太子太傅萧望之等，大议殿中，平《公羊》《谷梁》同异。”昨日写归评《史记》书跗，据此书为平。

点戡《汉书·儒林传》，易、书、诗、礼、春秋，经世之大原在焉，毁于秦，乱于汉（此存亡之关键也）。史公传列儒林，徒极揭曲学阿世之公孙弘，坠坏儒风之学官博士，究于经钵相承之脉，语焉不详。《自序》曰：“自孔子卒，京师莫崇庠序，惟建元元狩之间，文辞粲如也。”诋伤揶揄武帝之隐，摇笔即现。孟坚扛鼎之力，雅逊子长，而贯串典赡，坠绪在焉。读《儒林传》竟，欲撰评语，及检《叙传》，废然感先生在上，不必呕血吟诗，其词曰："犷犷亡秦，灭我圣文，汉存其业，六学析分。是综是理，是纲是纪，师徒弥散，著其终始。述《儒林传》第五十八。"且又以叹此传之次于大师扬雄之后，若纲在纲，有条不紊也。

【注释】

①张生厚载：张厚载，字缪子。长期居住天津，在各大报社任记者、编辑，专门评论戏剧。

②姚君慤：姚梓芳，字君慤，号秋园。民国藏书家、书法家。

③刘洙源：名复礼，字洙源，别号离明。历任四川高级师范学院、成都大学、四川大学文学教授。

④安吴：指包世臣。

⑤熙载：指吴熙载。

1932年7月17日

倚树诵"北江文"移晷，早粥俱忘，雨过天晴，山色自可餐也，以篆书写书跗如干种。

点校《后汉书·独行传》，曰："嗟乎，世之乱也，读书怀独行君子之德者，毁形灭名，以求与世相远而不可得，鸿飞冥冥，弋人何篡焉，卒使之婴罹网，被鸩毒，名之为害，一至是哉。"以新莽[1]之雄才大略，迄不能尽臣天下之心，彼公孙述者，乃欲举谯玄、李业辈，置法阶下，独不知尚有任永、冯信之淫妻通婢，尚羞与俱生。此节义横泱泱之会，所资以维系世教者也，然非蔚宗痛绝之深，不至并此匹夫匹妇亦表而出之。

刘咸辟李业之辞曰："贤者不避害，譬犹彀弩射市，薄命者先死。"读之令人失笑。民国某年，粤东海军行攻取汕头矣，汕商贾代表沈友士辈，诣粤政府乞命，陈词曰："打仗势必开炮，开炮势必死人。"伍廷芳捻须笑答曰："无怕，炮弹打死者是短命的。"一将功名万骨枯，何足道哉。

《李业传》："皆托青盲以避世难。"今潮人谓"瞽者"曰"青盲"，音义俱同，中土不闻此语矣。

未晡，乙读《独行传》竟，蔚宗崇节义，厉清隐，针针见血，又以见乱世自全之难焉。

阅李调元赞庵《赋话》（乾隆四十三年李自序。光绪七年瀹雅斋刊本），百衲成衣，并无穿插。即付还一多。读莼客、容甫文。夜雨。

【注释】

①新莽：王莽，字巨君。中国历史上新朝的建立者，即新太祖，也称建兴帝或新帝。

1932年7月18日

二十日来，未尝到办公室，晨往巡察一周（生物系谢冶英在）。入图书馆浏览一小时，见有孙梅《四六丛话》、蒋士铨评选《四六法海》（原选王志坚，万历庚戌进士）、《纪文达公遗书》《桐城吴先生日记》《孙渊如集》《洪北江全集》《清容居士[1]集》《巽轩[②]孔氏所著书》，皆所愿见者也，拟分别借读。

《惜抱尺牍》中论文要语（由《吴氏日记》节录）："好文字亦要持好题目。""学古文者必要放声疾读又缓读，衹久久自悟，若但然默看，即终身作外行也。""简峻之气昌黎为最，作文须见古人简质，惜墨如金。""《汉书》惟宣帝以前之传肩随，子长元成[③]以后则弥劣矣。"（以上《与陈石士[④]》）近人云："'作诗不可摹拟。'此似高而实，斯人之言也，学诗文不摹拟，何由得入，须专摹拟一家，已得似后再易一家，如是数番后，自然镕铸古人，自成一体，若初学未能逼似，先求脱化，必全无成新就，如学字而不临帖可乎。"（《与伯昂[⑤]侄孙》）"文章之精妙不出字句声色之间，舍此便无可窥寻矣，盘郁沉厚之力，澹远高妙之韵，环丽奇伟之观。"（《与石甫》）

《平准书》，事绪烦多，不易得其要领，曾文正、张舍人各有说存《桐城吴先生日记》（纂录下篇。张舍人总评云："文如神龙蜿蜒，烟云缭绕，光采倏爚，鳞甲隐见，奇妙无匹，当为史公第一篇文字。"又云："篇中妙处最在以卜式为奇兵，时时出没不常，使人不易捉摸"）。

吴挚甫冣史书文字佳者（《日记·史学》下卷）。

《晋书》：羊祜、杜预、刘琨、谢安、赵王伦、李特起事时、荀勖、温峤。

《宋书》：文帝、袁皇后、王镇恶、刘敬宣、张舆世、蔡廓、谢弘微、张畅、羊欣、王殷景仁、彭城王义康、范晔、沈攸之、朱脩之、宗慤、柳元景、沈庆之、萧惠开、袁粲、杜慧度（良吏）、王歆之、王弘之（隐逸）。

沈公撰《晋书》二十年始成，惜今已佚，其撰《宋书》一年而成，盖奉敕所撰，多因徐爰之旧也。

《齐书》：褚渊、王俭、王玄载、弟玄邈、周盘龙、张绪、庾杲之、武陵王晔、刘献、巴陵王子伦、临贺王子岳、周颙、谢瀹、始安王子遥昌、谢眺、袁彖、张冲、文学传论、魏虏传论。

《梁书》：魏徵本纪后论、曹景宗（并《后赞》）、蔡道恭（并《后赞》）、张弘策、韦睿、谢朏、康绚、王志、邵陵携王纶、陈庆之、王筠、萧子恪、江革、何敬容（并《后赞》）、朱异、羊侃、傅岐、韦粲（全卷）、王僧辨、胡僧裕、徐文盛、吉翂、儒林传序、文学传序、侯景。

《梁书》似胜于宋齐二史，姚察所著又胜于厥嗣，今所录亦稍滥。

《陈书》：魏徵所著本纪后论、后主本纪赞、魏徵后主妃嫔论、侯安都、侯瑱、吴明彻、袁宪、孙玚、岳阳王叔慎、皇太子深、顾野王、萧摩诃、张讥、何之元。

《陈书》简短似又不及《梁书》，岂陈代纪载少所依据耶。

《魏书》：任城王子顺、广陵王羽、彭城王勰、清河王怿、崔徽（附《崔玄伯传》中）、古弼、叔孙达、刘尼（卅卷以前）。

《隋书》：食货志序、地理志、经籍志、豆卢毓、虞庆则、牛弘开献书之路表、宇文庆、长孙晟、韩擒、贺若弼、史万岁、刘方、李文博、刘行本、麦铁杖、沈光、陈棱、高构、裴矩、李密（并《后赞》）、儒林传序、刘焯、文学传序、谯国夫人、突厥传赞、右都二十五篇。

《隋书》往往喜用俚语入文，李习之《韩文公碑》"若犹记得乃大好""卿直向伊为此道”等句用此体也。魏徵等所撰《隋书》止纪传，其长孙无忌等所撰《十志》本《五代史志》，非为隋一代作，后乃编第入《隋书》，可与魏郑公同修入隋史者颜师古、孔颖达、许恭宗，郑公多所损益，其《五代史志》则于志宁李淳风、韦安仁、李延寿同修。

《桐城吴先生日记》分经学、史学、文艺、考证、时政、外事、西学、教育、制行、游览、品藻、纂录凡十六卷，都十册，其子吴闿生依类编定，籍忠寅序之，莲池书社戊辰五月印行本，先生于考订之功尤深，惜割截为书，神遂不完也。（申刻浏阅竟记）

晚读任昉文，浴寝。

【注释】

①清容居士：指袁桷。

②巽轩：指孔广森。

③元成：指汉元帝和汉成帝。

④陈石士：指陈用光。

⑤伯昂：姚元之，字伯昂，号荐青，又号竹叶亭生，晚号五不翁。清代官员、书画家。

1932年7月20日

晚以李慈铭《汉书札记》《后汉书札记》，王重民《跋记》及莼客论《后汉书》语（最存所藏本第一页，原见《越缦堂日记》第七册）参互比较，以求读《汉书》之法。

读《述学》文篇至子三，王念孙《叙述学》谓“至其为文，则合汉魏晋宋作者而铸成一家之言，渊雅醇茂，无意摹放，而神与之合，盖宋以后无此作手矣。”宋者刘宋也（刘裕仕晋封宋王，受禅登位三年），范晔为宋尚书吏部郎，宋文指蔚宗《后汉书》也。

1932年7月21日

《范晔传》：

……

晔《自序》并实，故存之。蔼幼而整洁，衣服竟岁未尝有尘点，死时年二十。晔少时，兄晏常云：“此儿进利，终破门户。”终如晏言。

文章至齐梁而一变，刘宋则为之先，即“晔传”一篇之中书诏观之，其上承南汉之典瞻，下启南梁之缛丽，大可概见。

读《黄琼传》，黄琼字世英，江夏安陆人，魏郡太守，香之子也。今澄海黄氏宗祠奉黄香公为始祖。李固以书逆“遗琼”有曰：“是故俗论皆言处士纯盗虚声。愿先生弘此远谋，令众人叹服，一雪此耻耳。”读之甚为吐气。

琼“疏谏”有曰：“陛下不加清徵，审别真伪，复与忠臣并时显封，使朱紫共色，粉墨杂糅，所谓抵金玉于砂砾，碎珪璧于泥涂。四方闻之，莫不愤叹。”按“徵”与

"瀓"通，《说文》："瀓，清也。"段注："徵者，瀓之叚借字。"

点《蔡邕传》。"伯喈不死于钳扭窜流，佥壬[①]权相。而死于为汉锄卓之王司徒。"乃至以"昔武帝不杀司马迁，使作谤书，流于后世"之语，悬为爰书，宜乎？北海郑玄闻而叹曰："汉世之事，谁与正之。"蔚宗无以论定，慷慨言曰："执政乃追怨子长谤书流后，放此为戮，未或闻之典刑。"痛矣悲夫。

晚读《宋书·（沈约）自叙》。

【注释】

①佥壬：小人；奸人。佥，通憸。

1932年7月22日

粗阅《宋书·自叙传》竟，未有会心处。

点《后书·光武帝纪》。古人不剃须发，光武二十八岁举兵时，严尤笑之曰："是美须眉耶，何为乃如是。"王迹之兴，起于牛背。光武初骑牛，杀新野尉，乃得马也。

王莽末叶，天下旱，蝗，金斤易粟斛。建武纪元，甫二年耳，野榖旅生，麻叔尤盛。今天下溺矣，闾邑之间，人兽相食（十四年武昌之围，城中狗肉，斤直一金，城以外尸枕藉。时人为之语曰："城内人食狗，城外狗食人"），珠薪桂米，易子析骸，而通都大市，人兽相交，野合旅生，摩肩击毂，既竭泽而渔之，庆回光之反照，何夫子之不援，独旁搜而远绍。

晚读《萧选》[①]第九卷，颇致契合，楼居不窥园者一日勉矣，黄生庶几与古会之。

【注释】

①《萧选》：指《文选》，又称《昭明文选》。

1932年7月23日

晨起检还图书馆各书，再揭借《纪文达公遗书》《洪北江全集》《清客居士集》。

1932年7月24日

阅《北江集》。北江少失怙，随母依于外舅，有同岁外姊者，耳须斯摩，两小无猜（《外家纪闻》：姊同岁，幼时各据一席，识字读书），只语单词，时见相许之隐（《外家纪闻》：舅氏评骘极教，四人者呈兹后，必先使姊觇之，出必笑语余曰：汝又第一矣），所愿不谐，终适程氏（中次则适程氏。外姊，检讨舅氏次女也，亦慧而能诗，年及笄，适河桥程氏），北江使秦之年，其子璐已与饴孙（北江长子）同举乡试，而尚谓其有天壤王郎之恨。可见仳离非偶，旧恨犹新，终古茫茫，海枯石烂而已。

1932年7月25日

盖闻岐途万千，不当殉之以跬步，今古亿态，不当处之思议。是以立志可以入世，故万物漂动，而金石不流，无心可以贞运，故七曜改色，而风云不坏。

盖闻势盛复持以奢，必无以处时过，日午又益以火，必无以御夜寒，是以朱门矜土木之工，不能以片瓦覆末世，祖宗馔饮食之谱，不能以一饱贻子孙。（连珠二首）

1932年7月26日

莼客亦以慎伯论书，往往过为高论，轩轾未当，并以抄唐梁山舟不与为非（《艺舟双楫·历下笔谈》，《越缦堂日记》四册八十七页）。又关于慎伯论文一条，虽未惬于予心，而可资稽较。

包慎伯《论国朝九贤文》，谓侯朝宗随人俯仰，致近俳优。汪钝翁[①]简默瞻顾，仅能自守。魏叔子[②]颇有才力，而学无原本，尤伤拉杂。方望溪[③]视三子为胜，而气力寒怯。储画山[④]典实可尚，而度涉市井。刘才甫极力修饰，略无菁藻。姚姬传风度秀整，边幅急促。张皋文规形抚势，惟说经之文为善。恽子居力能自振，而破碎已甚，碑志小文，乃有完璧。其所扬抑，颇有剪裁，且九人中不数梅崖，尤见区品，然才甫陋劣，不减于朱，虽存乡曲之私，难违公论之实，朝宗画山，亦难充数，以仆论之，当去侯、储、刘三人，而补以姜西溟、毛西河、胡石笥、龚定盦为十贤。乃所举适皆浙产，毛、胡二氏，又以诗学、骈体掩其古文，恐来反唇之讥，无当折衷之指，古人已往，后世难诬，高下在心，窃所未喻。

晚为儿辈讲《北江戒子书》一遍。

【注释】

①汪钝翁：指汪琬。

②魏叔子：指魏禧。

③方望溪：指方苞。

④储画山：指储大文。

1932年7月27日

点读《后书·儒林传》。以黄香、许慎传集联曰：

天下无双黄江夏，五经第一许汝南。

录《黄香让太守疏》：

……

1932年7月28日

《洪北江全集》系授经堂刻本，计已刻目录（光绪丁丑刻，光绪己丑湖北官书处仿刻）：

《年谱》一卷。

《卷施阁文甲集》十卷，《补遗》一卷，《文乙集》八卷，《续编》一卷，《诗集》二十卷，《更生斋文甲集》四卷，《文乙集》四卷，《续集》二卷，《诗集》八卷，《诗续集》十卷。

附《鲒轩诗集》八卷。

《冰天雪窖词》一卷，《机声灯影词》一卷，《两晋南北史乐府》二卷，《唐宋小乐府》一卷，《北江诗话》六卷，《晓读书斋杂录》八卷，《传经表》二卷，《通经表》二卷，《六书转注录》十卷，《弟子职笺释》一卷（《史目表》二卷附），《春秋左传诂》二十卷，《汉魏音》四卷，《比雅》十卷，《乾隆府厅州县图志》五十卷，《补三国疆域志》二卷，《东晋疆域志》四卷，《十六国疆域志》十六卷，《伊犁日记》一卷，《天山客话》一卷，《外家纪闻》一卷。

1932年7月29日

点乙《显宗孝明帝纪》。七七丧礼，本于佛家之说，遂疑百日除麻之制，亦出乎此，明帝遗诏有曰："过百日，唯四时设奠。"可知百日以前，尚朝夕两奠举哀也。

1932年7月30日

莼客云容甫学问文章，俱可当坚卓二字，乃儒林之隼鸷也，其愤时郁遇殆与德夫相似，德夫所就固不足望，容甫要其志节刚峻，乐善急难，固当旷代相符。

阅姜湛园[①]文。湛园文章简洁纡余，多粹然有得之语。此集皆其未第时所作，穷老不遇，他人皆为搤掔，而湛园和平自处，绝不为怒骂嘻笑之辞，其加于人固数等矣。七十通籍，一与文衡，非罪牵连，身填牢户，文人之不幸，盖未有如湛园者，每读其集，辄为之悲惋不置也。

阅孔巽轩氏《礼学卮言》，共六卷。精奥通博，多出名解……巽轩卒时，年仅三十五，而经学之外，尤明律算，凡所著录，皆由心得，其《公羊通义》[②]《大戴补注》二书，谨严简洁，自成名家，真近世之颜子矣，平生颇恶宋儒……巽轩内行醇至，荐遭家难，遂以毁役，贤者之遇，可有不负所言。后嗣贵盛，岂非天之报施善人欤。德夫每言及先生，辄自感叹，论其"公羊"不可及，今人自愧期颐，岂知寿分亦在眼前，其当从先生于九原，欣然无恨乎。今日岁徐，萧然倍昔，牢漠之况，不能复与君同。枯对是编，曷胜欷悼。（五册十九页）

晚为儿辈讲《蔡琰传》。

【注释】

①姜湛园：指姜宸英。

②《公羊通义》：指《春秋公羊经传通义》。

1932年7月31日

粗阅《渊如集》竟寡会心处。阅孔巽轩骈俪文。

上座主桐城姚大夫书：

……

1932年8月2日

李莼客《致潘伯寅副宪书》（《越缦堂日记》五册二十六页，此篇不见《越缦堂日记》中，音辞清辩，旨甚酸哀）：

……

阅《孔巽轩集》，巽轩孔广森字众仲，别字巽轩，尝受书于东原[1]、姬传两君，年十七中乾隆戊子科举人，辛卯成进士，官检讨，所著书凡六十卷，《公羊经传通义》十一卷，《序》一卷，《大戴礼记补注》十三卷，《序录》一卷，《诗声类》十二卷，《分例》一卷，《礼学卮言》六卷，《经学卮言》六卷，《少广正负术内外篇》六卷，《骈俪文》三卷，乾隆丙午以居大母与父丧，竟以哀毁，卒年三十有五，袁枚尝叹其奇才，后广森敛才治朴学，枚又叹其才之不奇，以书翰相嘲，各存两家集中。

【注释】

①东原、姬传：指戴震、姚鼐。

1932年8月3日

往图书馆观书，买到新算书二部，借来张廉卿《论学手札》一部，尚有《黄氏日抄》（黄震）、《鲒埼亭集》（全祖望）均可观者。

1932年8月13日

《书目答问》载《八家四六文钞》九卷，吴鼒编，较经堂刻本，袁枚、邵齐焘（常熟人，字荀慈，号叔宀）、刘星炜（武进人，字映榆，有《思梅堂集》）、孔广森（有《正味斋集》）、吴锡祺、曾燠、孙星衍、洪亮吉。

1932年9月1日

晨补写日记，清理书札。午酌而酣，检签平济[1]所购书籍：

《论学小记》程瑶田撰，一部二册

《经籍籑诂》阮元主撰，文瑞楼景印本，二函十二册

《朱笥河年谱》一册

《缦雅堂骈体文》一部二册，山阴王诒寿眉叔著

《茗柯文编》一部二册

《国朝十家四六文钞》王先谦选，一部四册

《古韵通说》龙启瑞著，一部二册（刘开、董基诚）

《国朝骈体正宗》曾燠辑，一部六册（董祐诚、方履篯）

《八家四六文注》许贞幹注，一部八册（梅曾亮、傅桐）

《问字堂》阳湖孙星衍伯渊（周寿昌）

《卷施阁集》阳湖洪亮吉稚存（王闿运）

《仪郑堂》曲阜孔广森巽轩（赵铭）

《思补堂》武进刘星炜圃三（李慈铭）

《王芝堂》昭文邵齐焘荀慈

《西溪渔隐》南城曾燠宾谷

《小仓山房》钱塘袁枚子才

《有正味斋》钱塘吴锡骐圣徵

《戴方文钞》一函八册

《陈其年检讨四六笺注》一函八册

【注释】

①平济：指北平、济南。

1932年9月5日

《履园丛话》二十四卷，勾吴钱咏梅溪辑，道光五年孙原湘序刊之。虽于治学心得不多，而博洽旧闻，广罗野乘，乾嘉以前朝野掌故往往在焉。篝灯粗阅一遍已丑初矣。记此还诸图书阁。

《万年山中日记》 第三册

（1932年9月6—25日）

1932年9月6日

入馆检《说文解字诂林》，丁福保编集，六十六册。原预约六十元，今百元，大悔在汴时不尝预购。

郑樵《通志》评。曾涤生谓：“马端临《通考》，杜氏伯仲之间，郑志非其伦也(《圣哲画像记》)”。丁福保谓：“南宋郑樵以博洽傲睨一时，乃作《六书略》，其于儒夫皆斥为不识六书之义，其诋諆许氏为多，虚言死说，仅知象形、谐声以成‘说文’，六书已失其四（《说文解字诂林·自序》）。”比者中华书局选刊《学生国学读本》，独取“郑志”已非其伦，而由元及今，久跻《通志略》于杜君卿、马贵舆之间等为“三通”，不惟欺罔六书，抑且重诬千古。

《说文》中难检之字，徐鼎臣云：“偏旁奥密不可意知，寻求一字往往终卷。”辄感此事，为举检字之例数则如下：

牧，攴部三下十一。养牛人也，从攴牛。《诗》曰：“牧人乃梦。”

齲，禹重文，牙部二下六。齿蠹也，从牙禹形。司马彪《五行志》：“桓帝元嘉中，京都妇女作齲齿笑。”

疏，𠫓部十四下八。通也，从㐬从疋，疋亦声。

翼，篆作𩙺，飛部十一下九。飛也，从飛异声。籀文翼。

貌，篆作皃，部首八下四。

馭，御重文。

無，篆作𣞤，亾部十二下十二。亡也，从亡无声。旡，奇字無也。

渴，篆作㵣。㵣训欲饮歠也。渴训水尽也。

篤，篆作竺。竺训厚也。篤训馬行钝迟也。

德，篆作悳。悳训外得于人，内得于心也。德训升也。

傷，篆作慯。慯训忧也。傷训创也。

漸，篆作趣。趣训进也。漸训水也。

創，篆作刱。刱从井从刅。創为刅之或体，训伤也。

殘，篆作歺。歺训禽兽所食余也。殘训贼也。

童，篆作僮。僮训未冠也。童训男有辠曰奴，奴曰童，女曰妾（隶反用之）。

津，篆作𦘔。𦘔训气液也。津训水渡也。

愛，篆作炁。炁训惠也。愛训行貌也。

省，篆作渻。省训视也。渻训少减也。

奪，篆作敓。奪训手持佳失之也。敓训强取也。

畢，篆作斁。畢训田网也。斁训尽也。

典，篆作敟。典训五帝之书也。敟训主也，即典守也。

稽首之稽，篆作𩠆。稽训留止也。𩠆训下首也。

布施之施，篆作攺。施训旗貌。攺训敷也。

游览之游，篆作汓。游训旌旗之流也。汓训浮行水上也。

種植之種，篆作穜。種训先穜后熟也。穜训埶也。

苦凷之苦，篆作蓑。苦训蓋也。蓑训丧籍也。

呼唤之呼，篆作評。呼训外息也。評训召也。

庭燎之燎，篆作尞。训放火也。尞训尞柴，祭天也。

原野之原，篆作邍。邍训高平之野，人所登。原，篆作原，为厵之重文，水泉本也。

彌满之彌，篆作镾。镾训久长也。彌，彏渻，训弛弓也。

逆，迎也。屰不顺也。隶有逆无屰。

圍，守也。囗，回也。隶有圍无囗。

節，竹约也。卩，符卩。隶有節无卩。

剛，强也。犅，特牛也。隶有剛无犅。

産，生也。犍，兽犍。隶有産无犍。

遲，徐行也。徲，久也。隶有遲无徲。

神，天神。魁，鬼神。隶有神无魁。

兩，再也。兩，銖兩。隶有兩无兩。

丶，有所绝止，丶而识之也。主，灯中火主也。隶有主无丶。

俆，缓也。徐，安行也。隶有徐无俆。

獸，守备者也。嘼，獸生也。隶有獸无嘼。

移，禾相倚移也。迻，迁徙也。隶有移无迻。

庾，水漕仓也。斞，量也。隶有庾无斞。

疑，惑也。𠤕，未定也。隶有疑无𠤕。

匕，变也。化，教行也。隶有化无匕。

題，頟也。題，顯也。隶有題无題。

㪔，分离也。散，雜肉也。隶变散作散，兼分散、杂散二义，无作㪔者。

䧙，齐之䧙氏虚也。𩫏，度也，民所度居也。隶变䧙作郭，兼郭氏虚、城郭二义，无作𩫏者。

八，分也。冎，分解也。隶变冎作别，兼分别、分解二义，无作八者。

懸，擊之。懸，篆作縣。

安静之静，篆作竫。

鄉黨，黨与之黨，篆作攩。

華木之華，篆作雩。

慟哭之慟，篆作恫。

慨叹之慨，篆作愾。

水源之源，篆作驫，或渻作原。

蕩滌之蕩，篆作盪。

洗滌之洗，篆作洒。

沒亡之沒，篆作歿。

免强之强，篆作彊。

斧鉞之鉞，篆作戉。

肇始之肇，篆作肁。

蟋蟀，篆作悉蟹。

崑崙，篆作昆崙。（见水部河下泑字注）

以上节录《丁氏通检·绪言》。

论学书二通[①]

黄家澍蕴真《与章太炎先生论学书》

章炳麟太炎《答黄君蕴真书》

【注释】

①论学书二通：此处为剪报，出自何种刊物未详。

1932年9月7日

入图书馆浏览书库藏书。与丁伯弢小谈，托为定购《说文解字诂林》，并借得王先谦《骈文类纂》一部五函。

俗书误用之字：

夲，音滔，进趣也，从大从十，俗作本用。

号，痛声也。號，呼也（段本订作謼）。今以号为號之破体。

听，音引笑貌。俗作聽用。

喜，樂也。憙，說也。有在外在心之异。

圣，音窟。汝穎间谓致力于土曰圣。俗作聖字。

仝，完也（篆作全）。俗以仝为同。

湏，古文沬字。俗作須用。

虫，音卉，鳞介之名。又蝮蛇，古虺字。俗作蟲用。

辭，訟也，从𤔔辛，𤔔辛犹理辜也。以上三字今皆以辭通用，殊乖于义。

詈，意内而言外也。辤，不受也，从受辛。

寔，止也。俗作實用。（寔，正也。實，富也。《玉篇》寔，时弋切。實，时质切。

音义皆异。《说文辨字正俗》卷六。）

荐，音贱，草席也。俗作薦用。（参看李富孙《说文辨字正俗》卷一页十四。）

啚，通作鄙。俗作圖用。

邵，高也。从卩误。与邵通。

攺，音以。毅攺，大剛卯，以逐鬼鬽也。误与更改之改通。

濕，音沓，水名。误与卑溼之溼通。

研，礦也，从石，礦以石也。硯，石滑也。揅，摩也，摩以手也，三字文义俱异。

券，同倦。误与券契之券通。

耑，端始字。误与专壹之专通。

騷，扰也。慅，动也，一曰起也。今慅动亦作騷字。

辰，音真，惊也。误与口脣之唇通。

羡，与羨异。羡，音夷。江夏地。

狠，音颜，犬斗声。误与很戾之很通。

准，应作準。

泒，音孤，水名。误与流派之派通。

冷，与泠异。

炁，惠也，从心旡声。愛，行貌也，从夊炁声。今俗假爱为炁，而炁废。

歹，音櫱，残骨也。误与好歹之歹通。

盼，（《论语》美目盼兮）与盻（《孟子》使民盻盻然）异。

尻，即居字。误与尻脊之尻通。

穀，楮也，从木。误与五穀之穀通。

苟，音己力切。急与亟通，敬字从此。误与苟且之苟通。

宧，音怡，室东北隅也。误与士宦之宦通。

牠，牛无角也。

她，古之姐字（《玉篇》）。蜀谓母曰姐（《说文》。澄俗庶子谓其母曰姐）。

証，諫也。證，告也。俗以证与證通用（段氏曰：俗以证为證验字，遂改《吕览》之証为證）。

與，黨與也。予，推予也。与，赐予也。一勺为与，此與予同意，三字古皆有别。今以與代与。

豎，豎立也。俗误作竪字。

美，甘也。女色之美或美恶之美，作媄或媺。今俗皆用美字。

筭，为算之器。算为筭之用（段氏），二字音同而义别。

巨，规巨也，或从木矢作榘。俗以为巨细之巨。

《骈文类纂》四十六卷，都二十四册，长沙王先谦纂集，光绪辛丑二十七年，益吾祭酒自为序目，壬寅二十八年思贤书局刊行之，按全椒吴鼒山尊选刻《八家四六》于嘉庆戊午三年，王先谦刻《十家四六文钞》于光绪己丑十五年，自序中有云："余曩刻《类纂古文》，赓续惜抱，既念骈俪之道，作者代出，无愿古人，而标帜弗章，声音将闭。故复采余遗集，求殊时髦。不使西河侯君，失文汉代，东海何生，阙美萧选。蔚宗述造于莫知，表圣缠恨于既往。都为一集，共得十人，网罗众家，窃附全椒之例，推求正宗，或肖南城之心（南城曾燠宾谷，辑《国朝骈体正宗》十二卷，刊于嘉庆丙寅十一年）。”所甄别者局于一朝（汪中文均未选及）。祭酒慊然于心，刊行《十家四六文钞》之后十二年，乃复有《骈文类纂》，序有曰：“长游艺林，粗涉文翰，见夫姚氏《古文类纂》，兼收词赋，梅氏《古文辞略》，旁录诗歌。以为用意则深，论法为舛。骈文之选，莫善于王闻修《法海》，李申耆《文钞》。倾沥液于群言，合炉冶于千载，顾王则题目太繁，李则限断未谨。所居之代，抑又阙如。不足究古今之蕃变，究人文之终始，美犹有撼，斯之谓与。屏居多暇，旧籍盈几，辄复甄录尤异剖析条流。推宾谷《正宗》之指，更溯其原，取姬传《类纂》之名，稍广其例……凡类十五卷四十有六，间亦区其义例，第其时代，为上中下编云。”

论说类三（文论、史论、杂论），序跋类四，表奏类九，书启类四，赠序类一，诏令类四，檄移类二，碑志类四，杂记类一，箴铭类一，颂赞类二，哀吊类三，杂文类三，词赋类二。

自楚迄清，凡三百零三家，为文几千首，晋郭璞景纯文至三百十五首，后周庾信子山文至一百三十八首，明刘基伯温文至七十二首，清洪亮吉稚存文至一百三十一首。斯可以睹周鼎而目迷，不惟过屠门而大嚼矣。恧伯文录三十一首，容甫五首（《自序》《黄鹤楼铭》《汉上琴台之铭》《吊黄祖文》《经旧苑吊马守真文》）。实获我心，先后其大凡如此。

《尔雅·释虫》：“有足谓之虫，无足谓之豸（文尔反）。”然则豸如蛇蚓之类。《说文》云：“兽长脊，行豸豸然，欲有所司杀也。”《语》曰：“娟娟此豸。”《西京赋》曰：“增婵娟以此豸。”《上林赋》曰：“陂池貏豸。”即由长字引申为地逦砢娜之意。至《左传》：“庶有豸乎。”则是假豸为解廌之廌，《方言》：“廌，解也。”（参阅豸字段注）

1932 年 9 月 8 日

翳，华盖也。医，臧弓弩矢器也。“隐翳”字，古多借“医”字为之。

《左传》：“尔有母遗，繄我独无。”戟衣也（犹医也，假借为詰詈。圣叹云：繄，古兮，字连上为句）。又“王室之不坏，繄伯舅是赖。民不易物，惟德繄物。”《毛诗》：“伊可怀也。”《笺》云：“伊当作繄。”繄犹是也。圣叹不学，好说话如是。夫文典则累野，丽亦伤浮，能丽而不浮，典而不野，文质彬彬，有君子之欲，吾尝欲为之，但恨未逮耳（梁昭明太子《答湘东王求〈文集〉及〈诗苑英华书〉》）。数语道出骈文艰苦，所云《文集》，即《文选》也。

“书启”者通上下之情也，皇储贵胄，降礼达诚，体性明睿，文词雅润，飞翰染楮，咸可览诵（王先谦《书启类·序语》），有如

梁简文帝《与萧临川书》：

零雨送秋，轻寒迎节。江枫晓落，林叶初黄。登舟已积，殊足劳止。解维金阙，定在何日？八区内侍，厌直御史之庐；九棘外府，且息官曹之务。应分竹南川，剖符千

里。但黑水初旋，未甲十千之饮；桂宫既启，复乖双阙之宴。文雅纵横，即事纷阻，清夜西园，眇然未克。想征舻而结叹，望挂席而沾衿。若使弘农书疏，脱还邺下，河南口占，傥归乡里。必迟青泥之封，且觏朱明之诗。白云在天，苍波无极，瞻之歧路，眷慨良深。爱护波潮，敬勖光彩。

写竟有感，因作《致陈秘书季超[1]书》

凉风送暑，新月迎秋。仆仆征尘，萧萧落叶。每念左右，辄为秖徊。比者还自旧都，依然渡户。败书一架，独酒一尊。疗其素贫，寄其幽想而已。足下以长袖之才，扶摇碣石，亦尝于弹冠之暇，眷恋嵩云否。善护景光，敬勖勋彩。

梁简文帝《与湘东王论文书》：

比见京师文体，儒钝殊常。

《说文》："儒，柔也，叠韵为训。"

王序：

或胜诡入谗，吴繁竞进（吴，《说文》："大言也。"《诗》："不吴不敖。"《传》："吴，哗也。"），荣辱倚伏，机穽俄生，蠖屈求信，雉离增叹，斯则皇轨不一，恒必有之。

繁休伯《与魏文帝笺》：

暨其清激悲吟，杂以怨慕，咏北狄之遐征，奏胡马之长思，凄入肝脾，哀感顽艳。是时日在西隅，凉风拂衽，背山临溪，流泉东逝。同坐仰叹，观者俯听，莫不泫泣殒涕，悲怀慷慨。

【注释】

①陈季超：曾任国立青岛大学校长秘书。

1932年9月9日

赵铭桐孙《琴鹤山房骈文》有《与李悫伯同年书》一首，词意凄楚，如嫠妇夜泣，空山猿啼。观《越缦堂日记》，知悫伯为主战者，桐孙道出不能战之困难，有意为合肥[1]解脱，而确是实在情形，以骈文而掌故翔实，至此不愧用世之材。今日见《大公报》社评《日本备战美俄震惊》一文，亦非庸手。

《说文辨字正俗》八卷二册，嘉兴李富孙香子著，刊于嘉庆二十一年，虽及见"段注"之成书，而非互相重袭者，比丁氏"通检叙言"条举俗误之字，实自此掇拾而成。书为开封张生子岱所赠，原《序》虫缺几半，忽于丁氏本见其全文，苟（亟也）为补缀之，以成完璧。

秦始皇姓赵考。某女先生，予曾叩其："贵姓？"答曰："秦。"再叩以："那一个秦字。"又曰："非秦桧之秦，（袁枚挈其徒秦大士游岳墓，命作对，大士曰："人从宋后少名桧，我到坟前愧姓秦。"）而秦始皇之秦。"予曰："秦始皇并不姓秦（非嬴即吕）。"泽丞曰："姓赵。"

余所谓秦始皇姓吕之说，固无根据，不过就其血统言之而已。史迁据庄襄王见吕不韦姬，悦而取之，生始皇于邯郸，名为政，姓赵氏，则亦就其生母所生之地得姓言之，仍不脱初民不从父而从母之习，时已至周末，姓氏之制已定，史迁之云犹存刻笔。

【注释】

①合肥：指李鸿章。

1932年9月11日

《北江戒子书》有云：“穷则任昉之裔，衣葛而莫恤。”阅蒋瑞藻《小说考证续编》，据《花朝生笔记》乃知《葛衣记传奇》即演此事，《南史·梁·任昉传》及刘孝标《广绝交论》可覆按也（《文选》卷十一）。

1932年9月12日

《广绝交论》云：“及瞑目东粤，归骸洛浦。穗帐犹悬，门罕渍酒之彦；坟未宿草，野绝动轮之宾。藐尔诸孤，朝不谋夕，流离大海之南，寄命嶂疠之地。自昔把臂之英，金兰之友，曾无羊舌下泣之仁，宁慕郈成分宅之德。呜呼，世路崄巇一至于此。”

《北江戒子书》：“穷则任昉之子，衣葛而莫恤。”即指此也。

1932年9月13日

阅《四六丛话》，书为乌程孙梅所辑，乾隆五十四年己酉七月刊行，弟子阮元、程杲各有序，阮序尤为瞻丽。著录雷珥《续文选》中选骚之外，为体十八，计选一，骚二，赋三，刑敕诏册四，表五，章疏六，启七，颂八，书九，碑志十，判十一，序十二，记十三，论十四，铭箴赞十五，赋露布十六，祭诔十七，杂文十八，谈谐十九，总论二十。又列“文选”作家一，“楚词”作家二，“赋家”作家三，“三国六朝诸家”作家四，“唐四六诸家”作家五，“宋四六诸家”作家六，“元四六诸家”作家七。

四六之名始自柳州[①]《乞巧文》，云：“骈四俪六，锦心绣口。”又《樊南[②]甲乙》始以“四六”名集。

【注释】

①柳州：指柳宗元。

②樊南：指李商隐。

1932年9月14日

陈徐仆射陵，文变旧体，多有新意，九锡尤美，为一代文宗，初使于齐，齐人留之（《五代新说》）。其《致北齐杨仆射书》，议论曲折，情词相赴，气盛而物之浮者，大小毕浮，不意骈俪有此奇观，至末段声情激越，顿挫低徊，尤神来之笔（《四六丛话》）。

《书》曰："……岁月如流，人生何几。晨看旅雁，心赴江淮。昏望牵牛，情驰扬越。朝千悲而掩泣，夜万绪而回肠。不自知其为生，不自知其为死也。足下素挺词峰，兼长理窟。匡丞相解颐之说，乐令君清耳之谈。向所谘疑，谁能晓谕？若鄙言为谬，来旨必通，分请灰钉，甘从斧锧。何但规规默默，齰舌低头而已哉？若一理存焉，犹布矜眷，何必期令吾等，必死齐都。足赵魏之黄尘，加幽并之片骨。遂使东平拱树，常怀向阙之悲，西洛孤坟，恒表思乡之梦。千祈以屡，哽恸情深，徐陵叩头再拜。"

陵孝穆，以太清二使魏，魏人授馆宴宾。是日甚热，主客魏收嘲陵曰："今日之热，当由徐常侍来。"陵曰："昔王肃至此，为魏始制礼仪；今我来聘，使卿复知寒暑。"收大惭。此是北人调侃南人常有之语，然读陵书，其哀艳悱恻，不在子山《江南》之下也。

东坡岭外归，与人启云："七年远谪，不意自全，万里生还，适有天幸。"所衬字皆汉人语也。又《黄门谢复官表》："一毫以上，皆出于帝恩，累岁偷安，有惭于公议。"秋毫皆帝力也，用张敖语（《四六谈尘》）。衬字之论甚精，《雕龙》所论"言对事对反对正对，尽发其覆，用意为上，用事为下，正对为劣，反对为优。"

1932年9月16日

阅《四六丛话·谈谐》一卷，孙梅本卷自序曰："自来慧业文人，笔舌互用，顾以口吻生花，难于毫端浣露者，取辨于俄顷之间，涉趣于无方之域。自非积卷填胃，灵机脱口，思滞则失敏，才俭则鲜通。口才笔才，熊鱼不能兼嗜，世说俗说，溲勃亦所取资。匡鼎解颐，谈不废谐，季主捧腹，谐而善谈。至若抵掌善通上下，绝缨优笑之傍，聒四筵而旁若无人，喙三尺而舌不留语，有是哉谈固游扬之助，而谐亦滑稽之确乎……"

《文心雕龙》云："谐之言皆也，辞浅会俗，皆悦笑也。昔齐威酣乐，而淳于说甘酒，楚襄宴集，而宋玉赋好色，意在微讽，有足观者。及优旃之讽漆城，优孟之谏葬马，并谲辞饰说，抑止昏暴。是以子长编史，列传滑稽，以其辞虽倾回，意归义正也……"

左思赋三都，十年纸贵洛阳，以其便于捋扯也，编类缀对，贤者不免。《四六谈尘》云："唐李义山有《金钥》。宋景文有一字至十字对。司马文正亦有金桴。"窃有用事虽同，语不相袭，方为贵耳，否则不为獭祭（唐李商隐凡作文必聚书，左右检视终日，人论之獭祭鱼），则为衲被耳（宋杨大年为文用韵事，使子侄检讨出处而掇拾之。人论之衲被），故以熟事对生事，以生事对熟事，兼伐山与伐材，免雷同与奥涩。

1932年9月17日

阅《四六丛话·三国六朝诸家作家篇》，序云："案古文至魏而始变，变而为矜才侈情。六朝由此增善，而觅韵犹存，沉刻峭拔，是其所长，无襞积饾饤之迹也。如钟繇初变隶法，尚留古意。述俪者于此寻原，溯古者于此辞异。”

建安七子之外，如邯郸淳、繁钦（休伯以文才机辞少得名）、路粹、丁廙、杨修、荀绰，亦有文采，而不在七人之列。盖为山阳王粲仲宣、北海徐干伟长、广陵陈琳孔璋、陈留阮瑀元瑜、汝南应玚德琏、东平刘桢公干、子建应在其间。而文章典论，则又冠以孔融。其以集传者，仲宣、子建、孔璋而已。余家尚未有仲宣、孔璋集也。

梁武帝萧衍，小字练儿，六艺备闲，棋尚逸品（《南史》）。长子萧统昭明太子，第三子纲，简文帝，字世缵，小字六通，昭明太子母弟，六岁能属文，辞藻艳发，时号宫体。第七子绎，搏学，善属文，尤工尺椟（均见《南史》）。天子人家，极一门之盛，不让“三曹”“三苏”，专美先后矣。

昭明太子纂辑《文选》，为词宗标准。同时彦和撰著《雕龙》，抉文心妙谛。江河经天，相辅而行，下被陈隋，讫于五代，五百年间，作者宗之，呜呼盛矣。

萧统字德施，小字维摩，武帝长子也，生而聪睿，三岁受《孝经》《论语》，五岁遍通讽诵，中大通三年薨，年三十一，而著《文集》二十卷，《文选》三十卷（《南史》）。《文选》，江都李善注，北海太守邕之父也。

徐悱妻文尤清拔，所谓刘三娘也，刘孝绰之妹，其姊昆一适王叔英，一适吴郡张嵊，并有才学。三娘《报徐悱书》，哀艳尤人，突过《会真记·报张珙书》，余已别录存之。《南史》云：“悱为晋安郡，卒。丧还建邺，妻为祭文，词甚怆凄。悱父勉，本欲为哀辞，及见此文，乃阁笔。”悱祭文已见选录。

郦道元善长以淹雅之才，发摅文笔，勒为《水经注》四十卷，订以志乘，纬以掌故，刻画标致，奇幽诡胜，搜剔无遗，后来作者，罕复能继，惟柳子《永州八记》，笔力高绝，万古云霄一羽毛，非诸家所敢望耳（节《四库全书·简明目录》。

“多”“祇”二字，通用语。云：“多见其不知量也。”一本“多”作“祇”，潮谚谓“啰唆”曰“多祇”。《左氏传》：“祇见疏也。”张衡《西京赋》云：“炙庖伙，清酤多，皇恩溥，洪德施。”。何晏《景福殿赋》云：“赩如宛虹，赫如奔螭。南距阳荣，北极幽崖。任重道远，厥庸孔多。”“多”“祇”二字，古通用如此。

1932年9月18日

“陛下用人如积薪，后来居上。”世遂常以“后来居上”语句揄扬他人。李卫公《积薪赋》曰：“虽后来之高处，必居上而先焚。”不胜寒噤者耳。

赋至晚唐，格律已卑，其妍绰可诵者，如黄滔文江《明皇回驾经马嵬坡赋》，隔句云：“日惨风烈，到玉颜之死处；花愁露泣，认朱脸之啼痕。”“羽卫参差，拥翠华而不发；天颜怆恨，觉红袖以难留。” “六马归秦，却经过于此地；九泉隔越，几凄恻于平生。”

《唐律赋鸡鸣度关》云：“念秦关之百二，难逞狼心；笑齐客之三千，不如鸡口。”（见《困学纪闻》）

《风俗万世世基末均》：“东汉之季，清议扶之而有余；强秦之末，壮士守之而不足。”

杀字欲安，掷地欲响。予最喜牧之杜城《城南赋》云，亦曰：“余之思归兮，走杜陵之西道。岩曲泉深，地平木老。陇云秦树，风高霜早。周屋汉园，斜阳衰草。”

阅《四六丛话·赋篇》竟，续阅《祭诔篇》，原序云：“古人云，生死亦大矣。俯仰而忽为陈迹，瞻顾而邈若山河。虽达人高欲，但化浑忘。烈士壮怀，平生曷贵。而脱骖旧馆，至人出涕于一哀。化鹤归来，仙客含烈于千载。太上未免有情，凡夫谁能自己。是以素车白马，言怆元伯之魂。斗酒只鸡，来副桥公之约……牛羊践陇，痛可作于九原。台榭凝尘，怅余情于宿草……魏晋哀章，最尤尊潘令。晚唐奠醊，最重樊南……”

庆元六年，朱文公[①]之没，党禁犹在，不闻于朝，故旧亦莫能致哀，陆游仅以文祭云：“某有捐百身起九原之心，倾长河注东海之泪。路修齿髦，神往形留。公殁不亡，庶其歆享。”

东坡以建中靖国元年七月二十七日殁于常州，李廌为文吊之曰：“道大难名，才高众忌。皇天后土，知平生忠义之心。名山大川，还千载英灵之气。”词该而美。

【注释】

①朱文公：指朱熹。

1932年9月19日

立品至如李笠翁[①]，世上本来亦甚多，责不胜责，所难堪者口不择言，自炫自媒，不知人世有丑耻耳。然所著《十种曲》（夜阅《纳川丛话》小说考证续篇所录），实传奇中之铮铮者，后人多轻视之，最不可解，祗笠翁尤知者，为袁随园，然随园之为人，与笠翁亦不过五十步、百步之分耳。余素同此说，录之以免予之口过。

阅《四六丛话·序篇》，《自序》云：“先师韦编三绝，翼赞前经……”

今日取《十家四六文钞》《湖塘林馆骈文》与《骈文类纂》所录李悉伯文三十一首比较之，并无出入，近颇耆李慈铭文，合《越缦堂文集》观之，不足则当爬剔于《越缦堂日记》中矣。

【注释】

①李笠翁：指李渔。

1932年9月21日

北江《戒子书》云：“勤则王霸之子，蓬头而不惭。”（器儿带来《中国人名大辞典》，检得王霸有二，皆为后汉时人）《后汉书·逸民传》：“王霸少有清节，及王莽篡位，弃冠带，绝交游，连征不至，以寿终。”《列女传》：“王霸妻，亦美志行。霸曰……‘而我儿曹蓬发历齿，未知礼则，见客而有惭色。父子恩深，不觉自失耳。’妻曰：‘君少修清节，不顾荣禄。今子伯之贵，孰与君之高？奈何忘宿志，而惭儿女子乎。’霸屈起而笑曰：‘有是哉。’遂共终身隐遁。”近人每谓《二十四史》为帝王家谱，今观王霸夫妻，各列一传，所可传者，仅仅少有清节，以寿终。妻亦有志行，遂共终身隐遁。推此志也，确与日月争光可也，匹夫匹妇，砥行立名，无轩冕与市廛，即一节千古，谁论史书为一家私谱哉。

花朝生即汪喜孙。阅蒋瑞藻《小说考证》及《小说考证续编》，所征引《花朝生笔记》，几三之一，最后“红勒帛”[①]一条云：“大父前阅此书，酒间语余，先君容甫府君，尝酒错因缘院本，属稿未定，病肺遽卒，哀哉（《花朝生笔记》）。”然则花朝生者，汪容甫之子，容甫晚岁始生喜孙，则花朝生者，汪喜孙也。喜孙好学多闻，此共一端。

【注释】

①红勒帛：见宋代沈括《梦溪笔谈·人事一》。后因谓以朱笔涂抹文字为红勒帛。

1932年9月23日

象棋创于周武，既未有确征。中国皆善弈秋，而究非象戏。然《说苑》雍门周论孟尝君曰：“足下燕居斗象棋。”《楚辞·招魂》：“箟蔽象棋，有六博些。”（箟，竹名。蔽字从竹。博，箸也。《博雅》[①]云“投六箸，行六棋，故云六博也。”“言宴乐既毕，乃设六博，以箟簬作箸，象牙为棋也。”）《史记·日者[②]列传》：“旋式正棋（《索隐》：“棋者所执之子”）。”由来已久，流行复广，所谓一枭五散，握枭食散，谓之行棋，进退动静之机，符于四象，纵横捭阖之变，争于一先，盈即是输，闻道长安似弈，小可喻大，问谁治国如棋。

【注释】

①《博雅》：《广雅》，相当于《尔雅》的续篇。

②日者：古时占候卜筮的人。

1932年9月24日

《重订司马温公等韵图经述（一）》[①]

【注释】

①《重订司马温公等韵图经述（一）》：日记以剪报方式收藏了1932年9月22日星期四《北平晨报》刊登的《重订司马温公等韵图经述（一）》一文。司马温公指司马光。

1932年9月25日

沈休文《与徐勉书》见《骈文类纂》二十一卷，中云：“外观傍览，尚似全人，而形骸力用，不相综摄。”

江文通《报袁叔明书》：“……若仆之行止，已无可言矣……”情至之文，神随墨舞。

《重订司马温公等韵图经述（二）》[1]

吴山尊《卷施阁文乙集》题词（卷施，《尔雅》："草名，卷施草拔心不死。"注："宿莽也。"王逸《楚辞注》："冬生不死者，楚人名之宿莽。"王篇作卷葹。）云："朴质若中郎，遒宕若参军，肃穆若燕公。"按燕公，唐张说也，字道济，或字说之。先自范阳徙河南，更为洛阳人，玄宗召为中书令，去燕国公，谥文贞。为文精壮，长于碑志，欲仕后于家论撰国史，与苏颋号"燕许大手笔"，二人名相，而以文擅天下，盛笑哉。孙梅《四六丛话》云："燕公笔力沉雄，直追东汉，非独魏晋而下，无堪伯仲，即合唐宋诸家，自柳州而外，未有能劘其墨者。"《骈文类纂》冣录二十五首，今录其一篇，以见盛唐轨。

张道济《送严少府赴万安诗序》："时哉天启元圣，山输股肱……"

王先谦自序《骈文类纂》结论云："昭代古文，材贤踵武。格律研而愈细，风会启而弥新。参义法于古文，洗俳优之俗调。选词之妙，酌秾纤而折中；行气之工，提枢机而内转。故能汪洋自适，清新不穷，俪体如斯，可云绝境，洪李之作，无间然矣。"辜榷陈之，用贻通识。其于稚存、恧伯，推崇至矣。

孔巽轩《寄其甥朱沧湄舍人书》云："任、徐、庾三家，必须熟读。此外四杰，即当择取，须避其平实之弊。至于玉溪，已不可宗尚。"又畅论之云："第一取音节近古，庾文'落花芝盖，杨柳春旗'一联，若删却与共字，便成俗响。"陈检讨句云："四围皆王母灵禽，一片悉姮娥宝树。"此调殊恶，若在古人，宁以两"之"字易"灵""宝"二字也。今按巽轩言："易而读之，便觉灵动不滞，真是筋脉关键处，非等闲事也。"

今日学作小序一首，顺笔而下，平而不实，结篇二排，稍宿句法以杀其势。嗟嗟，卅年成世，余又过半，长揖昔贤，何嗟及矣。晚读《八家四六文钞》诸序，慨然有怀，不知漏之已尽也。

【注释】

①《重订司马温公等韵图经述（二）》：日记以剪报方式收藏了1932年9月23日星期五《北平晨报》刊登的《重订司马温公等韵图经述（二）》一文。

《万年山中日记》 第四册

（1932年9月26日—10月17日）

1932年9月26日

泽丞见本记《小序》，谓有肖“西溪渔隐”[①]及“有正味斋”[②]处。予惭未下功夫也，然受规处亦极多。

【注释】

①西溪渔隐：指曾燠。

②有正味斋：指吴锡祺。

1932年9月27日

至圣先师诞辰（莼客断为八月二十一日，据《公羊》作襄公二十一年十月庚子，是月庚辰，朔日有食之，然则庚子为二十一日无疑云云。考定详密，又云“自宋以后皆作八月二十七日，盖误从《史记》作襄公二十二年”）。

孔诞小言：

“明日为阴历（八月二十七日）孔子圣诞。孔子为吾国人所崇敬者二千余年，吾国之文化精神，寄托于孔子一身。今虽时移世异，然孔子仍为中华民族之模范代表人物，非任何人所能否认。……”

今日各报惟《大公报·文艺副刊》有孔学数文，惜皆不佳，仅夃存《孔诞小言》一则以志高山之仰。崔述（东壁）《洙泗考信录》一书，日儒某最推崇，余乙巳在江户亲受其课，乃购得一部，上海国粹学报社邓实君为崔书入中国之嚆矢，近人以疑古毁先为适意，崔学稍稍为人所知，《小言》所论当无大谬。

周作人认中国文学中“言志”“载道”两派思潮互为消长，新文学运动初非新奇，不过言志思潮之再兴，普罗文学为载道思潮之再起。亦有特到之处，至主张研究中国文学之学生，必读八股，否则不能通旧传统之极致，不能知新的传统的起源。忽然欲烧线装书，忽然致传八股文，后之人将谁适从，吾过作平行之语曰：“欲研究中国社会之学生，必再缠足，否则不能通旧传统之极致，新传统的起源，可乎？”自以一知半解炫惑后生诸君，可谓口不择言者矣。（因摭论及此，姑剪其说节存眉端。）

中国新文学的源流（昨日《大公报·文学副刊》）：

……明末之文学运动，至清季乃渐衰微，虽有金喟李渔郑燮金农袁枚诸人，而袁氏已为绝响。当时有力量者实为八股文与桐城派古文。其下第三第四讲即分论《清代文学之反动》（下）八股文（下）桐城派古文。周君尝在《骆驼草》周刊上发表《论八股文》一文，主张研究中国文学之学生必读八股。“因为八股文是中国文学史上承先启后的一个大关键，假如想要研究或了解本国文学而不先明白八股文这东西，结果将一无所得，既不能通旧传统之极致，亦遂不能知新的反动的起源。”八股之规则奇繁，流弊滋多，其引起反对乃属当然的。清季自洪杨乱后反对八股之即发动，迨及康（有为）梁（启超），始得政治上的成功，而八股势力在社会上之思想方面文学方面，则至陈（独秀）胡（适）等正式提出文学革命口号，始见动摇。桐城派自曾国藩扩大范围，吴汝纶严复林纾辈已渐与新兴起之文学运动接近。然及后新文学运动兴起时。诸人卒成反动者。则两者立于反对地位，严林之基本观念在“言道”而新文学之基本观念在“言志”也。自甲午战后，文学方面即随政治而时时动摇时时变化。此时实为上一时代之结尾，下一时代之开端，而梁启超当其冲。一俟西洋科学哲学各方面思想输入，第五讲之“文学革命运动”的新时代遂产生矣。周君认定中国文学中“言志”“载道”两派思潮互为消长。新文学运动初非新奇，不过言志思潮之再兴。殊为确当。于此不独为中国文学史的一新观点。且为中国新文学源流的一新解。即补充之谓时下新兴普罗文学为载道之再起也可。

莼客云（日记八册一十六页）：“蔚宗作传虽略依时代，而仍以类叙，故徵徵先后杂糅，自非史法（以宣秉、张湛等传一卷为例）。”

1932 年 9 月 28 日

昨日《大公报》《小公园心冷闲话》起句云：“闲来读诗读到‘聪敏反被聪敏误，我被聪敏误一生’之句。”“敏”字叠用三次，断不能托为手民之误，“敏”与“明”平侧一声之转而已，然误此一字，遂使二句之音节处皆成仄字，即此断定“心冷”为不通平侧者。陈寅恪所谓“盖其人读‘听猿实下三声泪’与‘听猿三声实下泪’皆谐和，皆不谐和，思惟路绝，言语道断也。”

余既以“花朝”“花晨”对“月旦”矣，按又可对“阳秋”（《后汉书 · 许劭传》：劭与靖（劭之从兄）俱有高名，好共核论乡党人物，每月辄处其品题，故汝南俗有“月旦评”焉。《晋书 · 孙盛传》：盛笃学不倦，自少至老，手不释卷，著《晋阳秋词》，真而理正，咸称良史焉）。吴锡麒文云：“证渡河之文，能知巳亥；定臧山之业，祸有阳秋。（谢蕴山前辈《咏史诗序》）”又：“岂独千秋废垒，兴嗟竖子之名，一抹斜阳，凭吊将军之楼而已哉。”此种句调于行文中：“三军之士，忽闻变楚之音，嚄唶英雄，亦为呜噎。”而实从子山《哀江南》衍出，不可少亦不可多，少则文气不振，其失也平弱，多则文格不纯，其失也叫嚣。介胄之士不拜，终不可强其雍容，揖让于坛坫之间也。

读至吴锡麒所为《稚存[①]同年机声灯影图序》，鲜民杯棬之痛，栩棘之思，犬犬此心，哀哀父母。未能卒读，敢矢终身。序云：“于扶翘布华之日，而念含霜负霜之辰，岂不今昔殊观，荣悴异欲哉。然而陔悲兰败，邑怆乌伤，杯棬仅存，晨昏怅触，画荻之教，尚忆乎之无，凿楹之书，能传其读若。昊天罔极，白云渺然，何及之嗟，啜其泣矣。洪子稚存，少失乾荫，爰依外家，我生不辰，母氏劳苦。粮无越宿，一瓢之饮兼充，绵定奇温，九月之衣待授。翛翛予尾，夭夭此心，共指南楼，当成宅相，漫云西塾，大得师风。盖惟太夫人茹苦训心，折蒌励志，用能染其丹采，成此英华，乃沉渊之剑将飞，而衔索之鱼已蠹。迨庚戌稚存以第二人及第，而太夫人之即世也十余年矣。每忆坏壁转悬，破窗纸裂，咿唔课读，宛转鸣机。声易凄迷，寡女千丝之泪，光何惨淡，贫家一碗之炒。权酬蝉以鸣秋，杂水声而闪夏。麻衣对母，锦字教儿，驰夕如梭，焚膏易烬。邻梦醒而残音未歇，渔讴动而微火犹明。故事流传，平生阅历，此情此景，不能忘也。于是表苦节之贞，志伤心之事，楮毫斯托，栩棘重看，清风入帏，影幢幢其欲焰，寒月在闼，声轧轧其可闻。欲寻前度黄昏，空惨今番之白日。自比卷葹之草，将废蓼莪之诗。此则五鼎之陈，三驺之驾，不如树北壁之萱也。昔有著誓墓之文，寄清襟于山水，抱守庐之志，动灵惑于飞征者，要皆高世之才，不愧终身之慕。君果忘情轶冕，雅意烟萝，习曾子之传，好由也之勇，则梅花百本，江水一湾，营异曰之菟裘，傍先大之马鬣。秋坟可唱，野坐常明，坐索死归，达哉斯旨。顾我复我，请终二老之魂，松耶柏耶，且待树十年之木。”（《八家四六文注》卷八下页三）

嗟嗟，封树虽完，陔兰可忆，独傍遗影，空望白云。邑人谢上舍炎廷尝唁不肖以联云：

长河南教育厅，奉檄为亲，喆嗣可方古毛义；

为江夏名门母，相夫训子，太君无愧今敬姜。

不肖自我母继没，读书而外，益不复有四方之志矣。盖又以重有惑于“机声灯影之图之序”也。

【注释】

①稚存：指洪亮吉。

1932年9月29日

莼客评《李养一先生文集》（李兆洛申耆。日记八册三十六页），末云：“有包世臣所作传（《艺舟双揖》不载此篇），文皆不佳，安吴自负其古文，而所作率拉杂与申耆相似，尝讥弹子敬文太破碎，然实不足为子敬作舆佁也，其不直安吴者至矣。

吴鼒（全椒人，字及之，又字山尊，号抑庵。嘉庆进士，官侍讲学士。骈体文沈博绝丽，诗以孟县皮陆为宗。归田后，主讲扬州书院最久，有《夕葵书屋集》）序其师吴锡骐（钱塘人，字圣徵，号穀人，乾隆进士，由编修官至祭酒，诗境超妙，得力于宋人者为多，兼工倚声，其骈体文清华明秀，尤名重一时，有《有正味斋集》）云：“胎息既深，神采自王。”两日粗竟其集，仍以清华明秀之评为确。

1932年10月1日

阅《小学类编》，江都李氏半亩园刊本，咸丰二年江都李祖望序刊。

阅惠氏《读说文记》，分字为条，附以己意，例如：

一：惟初太始道立于一，立于一故吾道一以贯之。一即太极，在易惟乾之初，九即乾元也。（予于十五年有《一》一文，推行“一以贯之”之义。）

祠：春祭曰祠品物小多文词也，春夏物未备故品物少。

其读十五卷亦分句为条，另行札记，例如：

会意者比类合谊以见指撝，武信是也。止戈为武，见《左传》，人言为信，见《谷梁传》。

致：孔子书六经、左邱明述春秋传皆以古文。左传古文，许叔重犹及见之，今率为杜预所改。班固亦言左氏多古字古言。

“虽叵复见远流其详，可得略说也。”叵，犹不也。不可曰叵。（曾涤生《祭汤海秋文》曰：“余乃颇”。颇即叵字，曰“余乃不可也”。遇。）

“人用己私，是非无正，巧说衰辞，使天下学者疑盖。”疑盖犹区盖，或以“盖”属下句亦通。“使天下学者疑盖”句，盖犹区盖，汉书邱盖。

“其称易孟氏、书孔氏”。孟氏易为西京之冠，其说本乎气。“书孔氏”，贾逵所传许慎用其师学，非今所谓“孔氏书”也。

《序文》。耑，古端字。贯，读为冠。越，作诚。申，作信。冥，读为宀。明，读为茫。中，读为央。五经唯春秋为汉制。

《说文校议》凡所举正三千四百四十条，编例如《惠氏读说文记》，诸君成书皆在段氏之前也，书亦分十五卷。严可均《自序》（丙寅）末有许君事迹考，许君本传寥寥不备。据考，许君生于明帝朝，因《后叙》作于永元十二年，彼时许君不得甚少，即使年未三十，亦必生于明帝朝也，许君盖卒于桓帝朝，其寿当以八十余为断。《西南夷·夜郎传》云：“桓帝时，郡人尹珍自以生于荒裔，不知礼义，乃从汝南许慎、应奉受经书图纬。”许奏上《说文》为建光元年，是年辛酉距永元庚子作《说文后叙》之年已二十二年，而桓帝元年距建光元年又已二十七年，故许君之寿当以八十余为断也。以上皆夙抱未发者因亟录之以见读书之法。

钱大昕《说文答问》一卷，分为问答如干条（如章师《小学答问》），第一条即问许叔重《说文解字》十四篇九千三百五十三文，不见经典者几十之四文多，而不意于用窃所未喻，此为人人心中必生之拟问。钱君曰：“今世所行九经乃汉魏晋儒一家之学，许慎生于东汉全盛之日，诸儒讲授师承各别，悉能通贯，故于经师异文采摭尤备。姑即予所知者言之，如‘塙’即《易》‘確乎其不可拔’之‘確’。‘昏’即‘括囊’之‘括’。‘尯’即‘跛’，能履之跛……‘彳亍’即‘踯躅’异文，‘弜’即‘节奏’之异文，‘顦顇’即‘蕉萃’之异文。今人视为隐僻之字，大率经典正文也。经师之本，互有异同，叔重取其合乎古文者，称经以显之；其文异而义可通者，虽不著书名，亦兼存以俟后人之决择。此许氏所以为命世通儒，异于专己守残，党同门而妒道真者也。(原条三千余字，三百余文，自是由分日读记得来，结论尤窥古人深处。此钱君之不愧为通儒也。雷氏[1]小学中《说文外篇》，俞樾'序'于光绪元年，系广搜此类字，依经及字书汇成之，德清[2]有《中庸》宜归《礼记》，诸经以《易》为首，《论语》《孟子》宜列于后，根据经学传统，自所应尔。)问'孟子母仉氏一条'，钱答谓：'孟母亦党氏之族，爪与党文异实同。'"

问徐鼎臣世称精于小学，其校定《说文》新附四百余字，大半浅俗，且如唤即奂，眸即牟，櫂即濯，荀即郇，藏即臧，幢即童，蹉跎即差池，逍遥即消摇，艅艎即余皇。鼎臣既已知之，而率意附益，何其自相刺谬乃尔（此条亦素所积蓄未发）。钱君曰："大徐虽疏于经学，虽能专信《说文》，固已加人一等，乃考其所增，多矮巷流传、乡壁虚造之字。至若梵刹僧塔，西域之野文，钗钏袄衫闺阁之俗号，勘办桩打，出于吏牍，抛摊赌谜，行于街谈，欲以补斯籀之遗，点苍雅之籍，虽小夫犹知其不可，矧在究心小学者乎。观其进表云：'复有经典相承传写，及时俗要用，而《说文》不载者，承诏皆附益之，乃知增入俗书，出于太宗之意，鼎臣羁孤疏远，虞猜忌之朝，不敢引古义以力争，而间于注中微见于旨，千载以下，当原其不得已之苦心也。'而张谦中辈乃据新附字以为正文，又未喻大徐之微旨矣。（遇按：段氏《说文解字注》未录新附字，据黎永椿《捡字》中注明新附字样而已，检段书者凡遇新附字不必于正文中录之。）

陈寿祺《说文经字考》一卷，乃就钱氏《潜研堂答问》而附益之者。

江征君《六书说》一篇，有艮庭先生手篆拓本（二十五行，行七十五，字径半寸），传世颇少。钱玷谓转注之说古无定解。得此足以破其的。

江沅（子兰）《说文释例》二卷，上卷释字例，下卷释音例。段玉裁《释音例》有云："东原师既没，乃得其答予论均书，书后附一条云'谐声字半主义，半主声。《说文》九千余字以义相统，今作谐声表，若尽取而列之，使以声相统，条贯而下如谱系，则亦必传之作也。'"昔云推演数语，可以雄视千秋，今云求得方针，即为论文研究。大师之言，一字可珍。

毕沅《说文旧音》一卷，秋帆自序，中谓闽人呼朝为貂等，乃舌音有舌头舌上之别，闽人众音并归于舌，故独于舌音能分深浅，亦其俗然也。（临安读周程朱张皆舌头音）

《骈体文钞》三编三十一卷，李兆洛编，中华书局聚珍本。评语整练之极，如评徐孝穆《与王僧辩书》云"吐音高亮"。又云"徐、庾出而大变六朝之体势"。比于诗家之沈、宋。又云"孝穆文鸷彩奇藻，摇笔波涌，生气远出，有不烦绳削而自合之意，书记是其所长，他未能称也。"如评《在北齐与杨仆射书》云："沾溉千载，有如创获。"又云："古人之格，自我而变；后人之法，自我而开。"文章气力至此，正不必以皮相论矣，均恰如其分。

王硕甫[3]过谈，偶谓："说文之道本非甚难，吾国士人好炫高夸异作成那样子耳。"闻之破笑，旧日算家尤深中此病。

【注释】

①雷氏：指雷浚。

②德清：指俞樾。

③王硕甫：时任青岛大学理学院讲师。

1932年10月3日

入秋文学院有目录学一科。治此者当以班固《汉书·艺文志》为嚆矢（例如入图书馆而欲寻关于“艺文志”，后人如何考订，则查第三类卡片，此亦一目录之学也。），《隋书·经籍志》、郑樵《艺文略》、《通志略》三十九卷至四十六卷，《四库全书·书目提要》，自为治斯学者必知之书。曾涤生谓往读班固《艺文志》及马氏《经籍考》，见其所列书目丛杂，畏作者姓氏至于不可胜数，所以张之洞《书目答问》二册，虽简而赅，行世数十年，今士不能外也。《四库书目》皆谓成为河间纪文达之手，河间亦以此载誉过分，然河间实总其得而已（嘉庆十年卒，年八十有二），昀于经学本流三礼之精厥出戴东原之手（积劳致疾，卒于馆所，五十有五，乾隆四十二年）。任启珊《四库全书答问》涉猎颇广（问十六及问十二）。

严可均《说文校议》，越缦堂评及之，节录其语，以见读书之法：

……自序谓：“同时钱氏坫、桂氏馥、段氏玉裁亦为此学，余仅得段氏《说文订》一卷，它皆未见。”是其致力专精可知，虽引证未博，尚多惑于俗本，不及段氏所见之博精，而依据谨严，时有独得，亦不似段氏之武断……共为三千二百廿六条，校订精密，写刻亦甚工致，世之考唐“石经”者，固莫善于此书矣。惟于字体颇参以汉隶，不纯主《说文》，如谓燥溼之溼可作濕，本末之本可借夲，诫敕之敕可作勑，修饰之修借脩，僇功之僇者作偻，皋陶之皋可作臯，鐘鼓之鐘可作鍾，垣牆之牆可作廧，柰何之柰可作奈，極至之極可作极（此下校五经文字），桑梓之桑可作桒，衡量之衡可作衞，閒暇之閒本作閑。或轻信汉碑，或拘泥古本，而于监本毛本之字又多绳以《鄦书》，进退无据，是其失也。

《段注说文解字》本附有元和徐承庆《匡缪》八卷，向尚未能卒读，莼客评之曰（九册九页）：

……段氏之学，博综深思，本休宁之精而广之，恃其独到，往往失之坚僻，其《说文》之注，宏通博奥，兼苞众经，纵横不穷，为考名物训诂者之渊薮，非仅为功于《鄦书》也。其专辄自用，动事处易，诚亦乖训注之体，当时钱氏已屡规其失，自后钮匪石[①]等著书诋之者不一，然皆未甚其辞，徐氏笃守鄦君家法，不薄视南唐二徐，义据确然，特为严瑾，凡所攻击，皆中其疵，书中屡称钱少詹事之之，盖是竹汀弟子，故说经皆有师法，惟必分立名目。类求其短，且多加以恶谑毒讥，一若讦讼切齿之辞，此吴缜纠谬陈耀文正杨之余习，著书者所宜深戒也。

此身难问百年事，残日唯消一局棋。晚课苟完，仍作壁上。

【注释】

①钮匪石：指钮树玉。

1932年10月4日

阅孔广森《仪郑堂集》。受书于河洛之间，讲学于濂伊之表（《上座主桐城姚大夫书》）。称颂姬传，步缍汉宋，陶铸成语，自具匠心，乃若子山宫体，丁廙小文（同上）。人名对中，配以干支，可谓巧对，负墙何地（《礼记》："子夏蹶然而起，负墙而立，曰：'弟子敢不承乎。'"），迪牖何年（《诗》："天之牖民。"《疏》："牖与诱通。"），墙与牖亦借对也。"世无孔子，当亦游夏者流，第之宋儒，不在程张以下（皆同上）。"句法生动，纡徐为妍。

泽丞来，留晚饭。携示其曾大父游馨藕湖先生《半舫诗》，存"赋"及"骈文"，存有黄晦闻《题诗敬浏读骈体文》一卷，多秀丽熨贴之辞，其较奇伟者。如《新修明处士王建侯先生祠堂碑》云："当昭代龙兴，群豪麕赴，抱环宇沧桑之感，廑故宫禾黍之悲，高卧空山，坚辞贡举，敲残如意，谢皋羽恸哭西台，愁绝莺花，庾子山赋哀南国。"《族从高祖文学水眉公墓表》云："呜乎，一杯归骨，叹莫起于九原，片石铭心，敬崇封于四尺，略陈梗概，未报涓埃。望松楸兮落日，何处招魂，耸㦬赑兮空山，应同堕泪。"《邱备三先生七十寿序》云："先生则柴门两极，蓬室三间，指青山作主人，看流水为过客。绕径无子猷之竹，对窗乏和靖之梅。一瓮黄齑，寒香饱我，盈箱墨帖，古色照人。韦布自尊，屐裙皆雅，鸣驺不到，鸡犬亦仙。"练句至此，不愧栗里之芳邻，远绍辋川之逸致矣。又如《家大人七十生辰征诗文启》云："而家大人以为偷百年之间，即堕半生之业，惜百年之福，先严一已之奢，可作格言书绅永佩。"其《与家星裔兄书》一首，全首四言，哀而不伤，曲而能达，直可媲美陈思自试一表矣，因全录而归之。

临川游藕湖与家星裔兄书：

卅年棣萼，一旦蓬飘，翘首乡云，愁肠欲断，弱冠读史，每感时艰，念彼仳难，掩卷三叹，不谓藐躬，今乃亲见，天之降灾，方生未已，人同一哭，我独甚焉。去岁郡城之乱，官吏脱纲，奸宄乘権，凡属士民，罗织殆尽，鳜生不辰，鸿飞不早，既痛鱼殃，实深狼踬，重九以后，杼柚一空，搔首彼苍，频呼梦梦。今正元日，迫不及别，变起仓黄，窜乘昏黑，行李无具，孑然一身，比抵玉邑，绥儿炳侄，先后痘殇，两两失珠，双双埋玉，人孰无情，何以堪此。尔乃信州震动，复移定阳，旋闻警报，又避武林，一室千里，四旬三迁，转徙流离，艰苦万状，家竟何在，梦亦舍上，长为逋客，谁是可人。伯鸾赁庑，春粟自甘，王粲离乡，登楼总怯。虽湖名西子，岭号葛仙，骚人韵士，画舫香车，自春徂夏，游者相望，仆本恨人，草草一过而已。昨浍甫侄，过杭往苏，惊悉弟叔祖母溘然奄化，日月未详，呜乎痛哉，慎终送死，人生大节，乃生未调药，殓不视含，弥留何语，窀穸谁亲，天乎人乎，一至此乎。痛此鞠凶，益怆故土，敝庐日落，谁烧兰膏，荒冢烟寒，谁陈麦饭，风雨一楼，书藏蟫蠹，烟云半舫，户网蟏蛸，生平所作，多不收拾，留异豹皮，弃同鸡肋，伊可怀也，能不悲来，尤可叹者，鸰原急难，望竟帆迟，莺本求声，别伪云散，当夫深宵岑寂，孤枕凄凉，残灯耿耿，严柝声声，念予弱弟，忆彼良朋，道之云遥，惄焉如捲。况复米盐零杂，笔砚荒芜，举目秦越，孰为谈心，满腹牢骚，翻然对酒，加以白下鸱张，闽中豕突，风鹤时惊，难言安止，湖山信美，未能勾留，实逼处此，将何为计，逃禅不得，蹈海不张，迁地谁良，卜居焉问，身世茫茫，寸心如割。回忆畴曩，与子往来，茶半香初，互相酬答，曾几何时，香如隔世，弟所抄录，致备遗忘，半生精力，托以为命，幸辱收藏，善为呵护，嗟乎，忧能伤人，命真厄我，弱妻稚子，待哺嗷嗷，地棘天荆，靡骋戚戚，羽檄交驰，几时唱凯，萍踪莫定，曷月旋归，言念及此，泪如雨注，足下闻之，毋亦太息耳。尔诉难悰，教珍道体，倘逢梅使，希惠兰笺。

1932年10月5日

《十家四六文抄选》，赵铭桐孙《琴鹤山房文》有《与李悉伯同年书》一首。阅《越缦堂日记》（九册十三页同治丙寅八月十一日），此时赵、李两君皆为诸生，悉伯称其骈体新秀，一时能手，才情横溢，夏论尤推奇作。自来成学之士，未有不于中岁以前奠定本根者也。

晚张怡荪[1]、姜叔明[2]过谈。怡荪云："佛家文章超逻辑，孔子文章不违逻辑，孟、荀文章则时时反逻辑。"因予举"不为也，非不能也。以是折枝之类也"，为喻文章特妙而推论不合范畴之事为言。张君乃有足论。予又历举"其为人也孝弟"，下不云"而好犯上者未之有矣"，而曰"而好犯上者，鲜矣"。又如，不曰"巧言令色，不仁"，而曰"巧言令色，鲜矣仁"。真无从攻其不合，至如"仁者必有勇，勇者不必有仁"，更为吻合，"求也退，故进之；由也兼人，故退之"，以及"取瑟而歌"之类，此是"教亦多术矣"之意。惟答宰我"三年之丧"一章，直以"子生三年，然后免于父母之怀"，反诘予"也有三年之爱于其父母乎？"声色俱厉，不暇鸣鼓而攻，是《论语》文字中锋芒最露处。于理虽无必然根据，于情则莫能视为不然。怡荪之言益信也。

王诒寿眉叔有《缦雅堂骈体文》，亦与悉伯为友，《悉伯日记》（六册四十一页）云："得眉叔复书约千余言，词藻殊丽，可为证也（按许增叙王集于光绪辛巳七年，眉叔已殁在悉伯之前九年）。"又考《报李悉伯书》（原集七卷）云："诒寿今年四十又九，长于悉伯十岁。"复观此书，尚非集中上乘文字。

【注释】

①张怡荪：时任国立山东大学中文系教授兼系主任。

②姜叔明：时任国立山东大学中文系教授。

1932年10月6日

阅确山刘淇撰《助字辩略》。刘淇，康熙时人，书尝刊于康熙末年，传本极少，《四库全书》未及采录，民国甲子长沙杨氏重刊之。叶德辉郎园谓"论其书之创作，高邮[1]一席且退居后觉之人。"书凡五卷，依四声分类，词约五百，约倍于《经传释词》，例如辄条：

辄，《广韵》云："专辄也。"《世说》："华歆、王朗俱乘船避难，有一人欲依附，歆辄难之。"此辄字专词，犹云"独"也，"特"也。唐高宗《述圣教序》："辄以轻尘足岳，坠露添流。"此辄字"专擅"之辞，犹云"敢"也。《汉书·董仲舒传》："凡相两国辄事骄王。"此辄字犹云"每"也，言所事者"动辄骄王"也。又《汉书·吾丘寿王传》："十贼彍弩，百吏不敢前，盗贼不辄伏辜，免脱者众。"此辄字犹"即"也。又《汉书·食货志》："地方百里之增减，辄为粟百八十万石矣。"此辄字犹"则"也。《李陵报苏武书》："故每攘臂忍辱，辄复苟活。"辄复犹云"则又"。

《捃拾助字》为三十类，其训释之例凡六。高邮王伯申尚书未见是书，而多有暗合之处，特后来居上耳。仪征刘毓崧《跋》云："同一援据旧文也，《释词》必举其最初，而此书不必尽从其朔，同一发明通假也，《释词》能穷其究竟，而此书未能尽获其原，然吴棫陈第之讲求古韵，宏通不若序林吴澄梅鷟之辩证古文，综核不若潜邱，世岂因大辂具而遂鄙椎轮，藻火兴而遽遗韦韨耶。"刘君"博闻强记，生平喜著书，性恬淡，不妄与人交，然亦以此见重于世"云。

河间苗夔先麓，尝馆于汪喜孙家，据其《建首字读·自序》云："戊子落弟，设帐汪孟慈户部家（自注云：杨州江都人，容甫先生子）。"

"戊"误读为"武"之原。予每读"戌戍"如"茂戌"，据潮音读也。世人皆读如"武"。按《金石文字记》云："按《五代史》梁开平元年，改日辰'戊'字为'武'。"《册府元龟》："言帝曾祖讳茂琳，司天监故请改之。"后人读"戊"音为"武"其误由此。苗氏《建首字读》云："《诗·吉日维戊》与祷、好、阜、丑韵。《月令》注：'戊之言茂也。'"又云："唐人白乐天诗'有树名樱桃，得地早滋茂。叶密独承日，花繁偏受露。'"茂与露韵。此实朱梁[2]读戊作务之先兆也（梁太祖姓朱名全忠，砀山人，初从黄巢，降唐封王，受禅践位七年）。

苗夔《建首字读》，系于每篇诸部首中互有叶韵字以断句，如读第一篇曰："一 丄 示 三 王 玨（古齿切）气 士 丨 屮 艸 蓐 茻（茻收集韵十姥，满补切）。"今依其韵标乙入段书冣目，此亦聊备一说而已，谓为古人精意所存，不知此者，遂为张敞杜业、秦近、爰礼诸公之灵所窃笑，亦恐尚不如徐氏谓"上下各字皆相蒙"之说之为精采也。惟《自序》"所记畬熊湘云语。"熊何以从炎省声，答炎为㷋讹，后人写丱作大，遂伪成双大，其说颇辩（冯桂芬《说文部首歌》尤便初学）。据曾国藩《苗先麓墓志铭》（见苗文《说文四种》后），谓君卒于咸丰七年五月初七日，年七十有五。其铭曰："视以多歧而懵，听以杂奏而聋。技之精者，不能两工。苦思专壹，可与天通。课形而得声，勘异而得同。黜涉百氏，惟许君是崇。胡学之旁达，而遇之不丰？抱此孤赏，永奠幽宫。"曾氏诚为通才，深人无浅语也。（曾君唐写本说文木部题辞："琅琅份份迫近石鼓歌。"见《鄦学丛书》第一册。）

溯扬子江记（馆武昌十年，上下长江何啻十次，叩舷击楫，徒寄高怀。比阅莼客日记，乃剪缀成篇，以追踪之志云尔）：

某日发装江岸，夜宿舱中，五更开船，行三十六里，过吴淞口，百五十里过狼山（属通州），百九十里过江阴县（属常州），县治依山，城郭冱雪，人家竹树，弥望增寒，百九十里过西山，日已莫矣，又行百二十里，夜半至镇江府，小住即行，六十里至仪征县，九十里过江宁府，行九十里过采石矶（属安徽太平当涂县），五十里过东西梁山，四十里至芜湖县，九十里过荻港（属繁昌县），浦溆深索，帆樯如织，九十里过大通镇（属池州铜陆县），见九华见铜陵诸山，峰岭秀发，碧隐丹纡，有绝似秦望鹅鼻诸山者，九十里过枞阳，此汉旧县，属庐江郡，今人烟一簇而已，九十里至安庆府，时夜已二更，停船炊评，不得一见龙眠诸山，又行九十里，至东流县（属池州），碇宿江中，早开船，行八十里过小孤山（属安庆宿松县，设一检司治之），直峙江中，翠竦翘削，有亭亭玉立之象，山半有庙，山颠有亭，寒竹森环，残雪鼓积，左为彭郎矶，右侧为鞋山，烟水映带，孤秀益出，舟行既转，明鬟俨然，四里至彭泽县（属江西九江），城带两山，中洼若釜，人家高下，万瓦比鳞，时直晨炊，烟树相接，九十里至湖口县，城倚石钟，山上有功臣庙，兵部侍郎彭玉麟建以祀楚中将士者也，自安庆至此，矶渚相错，滩浅溜驶，舟行多碍，六十里至九江府，见匡庐山相距，仅舍半余，而青翠隐现，如在天际，唯香炉一峰，约略可辨而已，泊舟城下，城右枕山，外有小阜，阜上有塔，停两时许，行九十里过龙坪镇（属湖北黄州广济县），天已莫，九十里过蕲州，夜见西塞山壁立江上，山侧人家，灯火数星，明灭芦苇间，其苫盖板扉，渔钓相守，檀栾稳卧，岂知门外长江客行万里乎，六十里至道士洑（属武昌大治县）碇宿，翌早行九十里至黄州府，对岸为武昌县城，九十里过叶家洲，三十里过阳逻缜（属黄冈县），金宋交兵处也，六十里至汉阳府汉口镇泊船，夜别以红船渡江入武昌府城（湖北省治），翌日大风，江声撼城，孤馆多忆。

"四六"之名，何自昉乎？古人有韵谓之文，无韵谓之笔。梁时沈诗任笔，刘氏三笔六诗是也。骈俪肇自魏晋，厥后有齐梁体、宫体、徐庾体，工绮递增，犹未以四六名也。唐重文选学，宋目为词学，而章奏之学，则令狐楚以授义山[③]，别为专门。今考樊南甲乙，始以四六名集，而柳州《乞巧文》云："骈四俪六，锦心绣口。"又在其前。《辞学指南》云："制用四六，以便宣读。"大约始于制诰，沿及表启也。（《四六丛话·凡例》一则）

【注释】

①高邮：指王引之。

②朱梁：指五代后梁。为朱温所建。

③义山：指李商隐。

1932年10月7日

《安吴四种》，泾县包世臣著，为《中衢一勺》《管情三义》《齐民要术》《艺舟双楫》。少时所爱读者，书失于壬子汕岛林陈之厄，此后每不克见其全书而耿耿不忘也。课后料理《科学丛刊》，科学院杂务竟，入馆索读之。

自屈原有《卜居》《渔父》之作，设为问答往复之辞，后之文士，喜其诙诡为工，逋峭取致，作者相踵，几类俳优。其实《孟子·有为神农之言者许行》一章，尤属此体之俶落，亦可谓"有为许行为神农之言者"孟轲耳。特以其文辞博衍，理解正大，遂把其诙谐辩给之处，轻轻掩过耳。若东方[①]答客之难，非有先生之论，子云之解嘲，孟坚之宾戏，旨趣见于标题，篇局亦无创获。昌黎送穷之文，已不如《进学解》之质厚。恐伯《答仆诮文》，已不如七居之峭峻。慎伯集中（《管情三义》即《安吴四种》卷十九）亦以《款穷》一文，求备一格，信吹竽之未工，等自郐之已下（张平子[②]《应问》，崔亭伯骃《达旨》。蔡伯喈[③]《释诲》，束广微哲《玄居释》，皇甫士安《释劝论》，夏侯孝若《抵疑》皆此类也）。慎伯作《张馆陶墓志铭》，至以其子孙梦见城隍神，及居民见鼓吹幢盖导行彩云中等事入文，迹类稗官，何以征信，正不得援。昌黎《柳池罗池庙碑》为例也（昨日阅苗先麓[④]《小学四种》，且时时自引梦中神语，以张其学，凡是精神集中之事，睡眠间常呈一种反照，思之思之，神鬼将告之，亦不出此意，必求剑于刻舟，何殊中风而狂走哉）。

慎伯《与沈小宛论礼书》，书贞珉[⑤]录后二篇，可谓征引贯串，准制酌情，中论丧服甚详。又谓《周法》“子以母贵”及《公羊》“母以子贵”之文，系汉人附益，以诬时君者。

唐自武后始改“母服为三年”，不问父之存没。至明皇时饬诸服仍遵《礼经》，故昌黎服嫂实用“母服”也（慎伯自注《与沈小宛论礼书》）。

百日曰：“释麻期”，见慎伯《书所见二生文》中（其时已逾百日释麻期，而卞君面深墨，肌瘦削）。今潮人尚守此制。大江南北，虽士大夫家亦以七七终麻矣。观于乡而知王道之易，观于市而知政教之衰也。

黄景仁仲则死后萧条之状，稚存《过关与毕侍郎笺》及诸所往来文字，可以知之。仲则子乙生，字小仲，精笔法，慎伯既于《述书》中极张其说（《艺舟双揖・述书上》），又为《黄征君传》以报之。据传自小仲以上，五世无期功，强近之亲没数年，而未有嗣。悲哉，秋之为气也。

粗阅《齐民四术》一遍，慎伯颇究心用世之学，举凡兵刑钱谷，礼乐农桑，皆有独到之处，而论文则多肆而不醇。桐城姚柬之书《安吴四种》后，谓：“倦翁之文，义本孟荀，笔得韩贾，体势则兼汉魏唐宋，而尤近兰台，窃注或具体而微。”姚氏又引倦翁言“周秦人下笔，辄成一子，以其洞澈物情，无心语皆出独造也。至汉刘子政，乃有意琢字句，炼篇幅，子变为集，斯为始事。勿论慎伯能还集为子否，而此语倒是道出政事学术文章递嬗兴替之关捩处。”论者常言蔚宗析“儒林”“文学”为二传，而学术以衰。予忽若有氍毹之感，自溺于章句之娱，而视学术与文章之分途，为秦汉之间一大枢纽，区区私见，得此可资证，而慨然于临歧亡羊，不能自决以自拔也。

包慎伯文当以《完白山人[⑥]传》为最洁净，山人故如闲云野鹤不食人间烟火者（山人有为某寺僧索鹤于某太守一书，文境高绝），故为之传者，笔下便须洗尽烟火气也。其次以《清故拣选知县道光辛巳举人包君行状》《记两笔工语》《记两棒师语》为闳茂之作，近出选本尚未见有及之者。

“乡人傩，朝服而立于阼阶。”傩，所以逐疫，周礼方相氏[⑦]掌之，当是古代农隙乐舞之一，不若女乐之曼靡也。荀子曰：“奸声感人而逆气应之，逆气成象而乱生。”又曰：“乐姚冶以险，则民流僈鄙贱矣。流僈则乱，鄙贱则争。”

《诗序》曰：“治世之声安以乐，其政和；乱世之声怨以怒，其政乖。”有清末造，上下淫荒，潢胄伶官，此蛩彼駏。慎伯计偕人海，作《都剧赋》以纪之（《管情三义》），中云：“乃有南国优贩，妙选子弟，首工京话，语柔声脆。次习酬酢，手口之态。衣香若兰，肤滑如脂。仪态万方，素女是师。读曲按歌，宫商未辨。弦吟板激，珠累喉卷。有声无辞，洞微达远。弓鞋细步，宜尔婉娈。”末云：“尔乃演完牌派，卸妆便捷。登楼访旧，窥帘劳睫。一膝初弯，两股遂叠。池人仰视，座邻面热，飞去飞来，罗浮仙蝶。泥订晚餐，不论开发。粤若请分折简，名堂高会；帘垂右楼，媚于阃内。久闲深闺，乍招侪辈；冶容尽饰，以骄优坠。压领三重，衮边五派；朝珠补服，助作娇态。剧至午后，渐及淫秽，桑中鬘鬘，柳阴解襘。垂帘忽卷，风暖声碎，互论妍媸，各矜宠爱。迨至日薄西山，寒风递荐，堂会客稀，菜园人散。骊驹在门，华毂交乱；竞赴饭庄，重申缱绻。雅座宜宾，尤珍独院，方恋藏钩，未知传箭。更有移尊优寓，为乐通宵；群居未协，剧饮方豪。履舄交错，芗泽招摇；埽炫所知，揖我称僄”云云。慎伯《自序》论物名称皆用方言纪实，文律不严，可自深求，然究不敢纵笔，如小人之无忌惮也。（今日所冣樊山八比文，前半系学明人制义，故用淡笔。后半则《江汉炳灵集》之真面目，随笔涌出，不能自制矣。然才华究竟过人，以此鏖战文坛，百发百中，樊山晚年嫁女，以“孝哉闵子骞子”，“谓公冶长可妻也”（本不联）二章为题填八比文一篇助妆奁之盛，可谓无所不用其游戏矣。此予闻之陈师曾者。）

夜阅《缦雅堂骈体文》一卷。

【注释】

①东方：指东方朔。

②张平子：指张衡。

③蔡伯喈：指蔡邕。

④苗先麓：指苗夔。

⑤贞珉：石刻碑铭的美称。

⑥完白山人：指邓石如。

⑦方相氏：旧时汉族民间普遍信仰的神祇。为驱疫避邪的神。

1932年10月8日

《昆陵集》二十卷（《四部丛刊》本）。唐独孤及撰，《新唐书》本传：“独孤及字至之，河南洛阳人，天宝末，以道举高第，代宗以左拾遗召上疏陈政。迁礼部员外郎，历濠舒二州刺史，卒年五十三，谥曰宪。及喜鉴拔后进，性孝友，其为文章明善恶，长于论议，晚嗜琴，有眼疾，不肯治，欲听之专也。”

武进赵怀玉叙其集（乾隆五十六年辛亥）曰：“有唐之兴，体凡三变，天宝而后，大历以前，燕评云徂（张说、苏颋。见日记三册四十一页）。韩柳未盛，则兰陵萧功曹、赵郡李员外与常州刺史独孤宪公，实比肩焉。”抽读数首，欲知八代之衰，末流何若，间有至处，而气殊弱，尤不宜于长篇。

博陵崔祐甫所为《独孤公神道碑铭》，乃虎虎有生气，并能传其真际，铭曰：“常州之孝行为大，蒸蒸翼翼，以敬以爱，友于兄弟，如捧如戴。常州之义笃于友，用之有恒，行之可久，扶危拯溺，尔身我手。常州之才施于政，抚柔三部，以仁为柄，龚遂国侨，千古迭映。常州之文究其本，质取其正，艳从其损，在星之纬，在衣之衮。常州之年止中身，去昭昭之盛世，与万鬼而为邻。白马江上，青乌珞滨，鹡鸰在原，嗟尔元昆，缞衽霑血，长号诉冤，纂述遗美，谓余不谖，我构之子，将二十年，相投药石，胡疾不痊，譬我于池，子为之泉，譬我于桐，子为之弦，荣不独遂，难不只全，如何淑明，摧馥碎坚，敛衣楚挽，徘徊墓田，望之不见，赴之无缘，狸首斑如，汝手拳拳，如天如天，涕泣涟涟。”又祐甫《祭孤及常州文》亦复秀挺凄艳。

扬子云侍郎《答刘歆书》云：“雄为郎之岁，自奏少不得学，而心好沈博绝丽之文，愿不受三岁之奉，且休脱直事之繇，得肆心广意，以自克就，有诏可不夺奉。”子云之志可共见也。张溥题词（汉魏六朝百三家集本），责“子云耆老清竫，王莽之世，身向日景，何爱一官，自夺玄守。”呜乎，君子观于坠楼一事而知自全之难，非身处乱世者不可共语也。

独孤及文，《骈文类纂》录其《阮公啸台颂（并序）》一首，颂曰：

“天下多故，贤人毂耻，隐于沈饮，于俟倾否，越礼逃用，晦德忘己，不知我者，为我狂且，长啸古人，咏古著书，感时而恸，非必穷途，沔彼汴水，东流无返，迹是人非，荒台可践，升高延伫，想见青眼，道乌乎在，日逝日远。”

《四六丛话》引《直斋书录解题》云：“子曰郁字古风，亦有名，韩退之志其墓。”（崔祐甫不见《四六丛话》，唐作家编《人名辞典》未称其作文）。

《国朝文录》八十二卷，道光间江西人李祖陶辑，凡四十家。四十家者：

汉阳熊伯龙次侯、崑山顾炎武宁人、新建陈宏绪士业、余姚黄宗羲大冲、商邱侯方域朝宗、南昌彭士望躬庵、南昌王猷定于一、临川傅占衡平叔、永新贺贻孙子翼、睢州汤斌孔伯、宣城施闰章尚白、泽州陈廷敬子端、丹徒张玉书素存、新城王士祯贻上、贵溪郑日奎次公、安溪李光地林卿、商邱宋荦牧仲、慈溪姜宸英西溟、广济金德嘉会公、武进邵长蘅子湘、高安朱轼若瞻、兴县孙嘉淦锡公、漳浦蔡世远闻之、鄞县全祖望绍衣、钱塘陈兆仑星斋、漳浦陈鼎元玉霖、丹棱彭端叔乐斋、广昌黄永年静山、桐城刘大槐才甫、嘉定钱大昕晓征、桐城姚鼐姬传、献县纪昀晓岚、仁和赵佑启人、铅山蒋士铨心余、长洲彭绍升允初、万载李荣陛莫基、安化淘必铨士升、宁州刘大绅寄庵、湘乡谢振定芗泉、长乐陈庚焕惕园。

祖陶字钦之，上高县举人，故所选多江右产，又别选魏叔子、汪尧峰、朱竹垞、方望溪、李穆堂、恽子居为“六家文”。莼客谓其不足与于选政，其不满者至矣（《越缦堂日记》十册三十九页）。

唐荆川文，莼客谓“其序记诸作多简雅清淡，不失大家矩矱，传志墓表诸作最为可观，其叙事谨严，确守古法，于故旧之文，尤抑扬往复情深，于词多造欧、曾深处。以有明而论，逊于震川[①]，胜于潜溪[②]，而齿于遵岩（王慎中）弇州[③]之间，其名振一代，岂非无故。”又云：“惟荆川文士近名之流，而自谓悟道，妄思以讲学名，遂过为高论，唾弃一切，此固文士之通病，而荆川尤为其拙者欤。”（同上五十二页）

乾嘉以来校戡家。据莼客阅《吕氏春秋》条下云：“乾嘉以来，诸儒专心考订，周秦古籍，粲然具明，一洗明刻之陋，其最以校戡名者：卢抱经、顾涧苹两家，盖非六朝以后人可及。它若惠松崖、江叔沄，则坚守古文，微失之拘。孙渊如、洪筠轩，则爱搜僻书，微失之杂。王石渠伯申父子，则喜为通论，微失之专，然亦百纯而一疵。戴东原之校经，邵二云、钱竹汀之校史，段茂堂、严铁桥之校说文，尤专门名家之学。其余如何义门、余仲林、沈沃田、钱十兰、任芝田、谢金圃、纪晓岚、丁小雅、金璞园、周书仓、臧在东、孙颐谷、赵味辛、黄武承（荛圃）、庄保琛、张古香、秦敦夫、汪苏潭、吴山尊、李尚之、陈简庄、吴兔床、周芚兮（松霭）、李杏邨（次白）、张月霄、何梦华、鲍以文、钱警石，诸家皆覃精此事，铅椠毕生。予尝谓古书至明季，灭裂几尽，为厄运之极，故渐兴于国朝，至乾嘉间而极盛（纯客批点国朝文录记，见'越记'十一册三十八、三十九页）。"

纯客讥评宋明作家，语尤不留余地，固派别之不同，亦实有可议者在也。今夕又因夜坐，孤负新月矣，寒灯宵竫，孤馆凉生，渺渺予怀，娟娟此豸。

【注释】

①震川：指归有光。

②潜溪：指宋濂。

③弇州：指王世贞。

1932年10月9日

午为正坤、逸峰[1]及儿辈讲国学概略。文周孔孟，班马左庄，葛陆范马，周程朱张，韩柳欧苏，李杜苏黄，许郑杜马，顾秦姚王，三十二言，为立言程序。其部类为经史子集。其分科为政事、德行、诗文、掌故、考据。其朝代为周汉唐宋清，汉唐之间为六朝，词章特盛，而不关典章文物之大要。唐宋之间为后五代，年代既促（共五十三年），元无闻于坛坫雅颂之林（孙梅《四六丛话》论列作家五卷，至元而止，元亦仅录阎复子靖、姚燧端甫、王军仲谋、袁桷伯长、虞集伯生、刘埙数人而已），独异乎宋清之间（1277—1644年），改王三朝，载祀四百，而窳敝鄙僿，凡百无称，纵或以元之词曲，明之书画，亦极神州艺术之观，然艺术之于学术，究非五雀六谦之比。君子断代以观世变，又知上下二千年余年间，一部文化史之隆替，与欧西不乏升降相若之处，虽欲不委之为运数而不可得也（三十二人中以姚之重量为最轻。涤生自言："国藩粗知文章，由姚先生启之也，故以殿焉。"已不啻声明，如"举子发科请客，例得请塾师坐首席矣。"）

莼客论宋明文家可节摭资证者（《越缦堂日记》十册五十四页），如云："宋文最高者欧、曾、王[2]三家。然已不及唐之韩氏，欧、王毗于柳子厚，曾毗于李习之，苏氏老泉[3]最胜，东坡次之，然仅毗于杜樊川（杜牧），而笔力且不逮焉，子由[4]则又次矣，遗山牧庵（元姚燧）皆学韩而不得其意，道园（元虞集，字伯生，蜀郡人，《四库全书·目录·道园学古录》条下谓：不减庐陵之在北宋）学欧而不得其神（"震川得神而忘骨，望溪得骨而遗神"二语，原删），此固气运为之，明文之病，非特时文之为害也，盖始之创为首。潜溪、华川[5]、正学[6]三家，皆起于草茅，习为迂阔之论，不知经述，其原已不能正，故其后谈道学者以语录为文，其病僿；沿馆阁者以官样为文，其病廓；夸风流者以小说为文，其病俚；习场屋者以帖括为文，其病陋。明士文章，如然犀矣。

《四六话》二卷，宋王铚撰。古无专论“四六”之书，有之自铚始（《四六丛话》三十三卷，据《四库全书·简明目录》），所论多宋人表、启之文，大抵举其工巧之联，而气格法律皆置不道，故宋之“四六”日卑。今日所寂双竹居杂话谓樊山谢聘顾问启末二排真入宋人格局，信确论也。《四六谈尘》一卷，宋谢伋撰，其论“四六”多以命意遣词分工，拙所见在王铚《四六话》上（同上）。

莼客又谓《明文授读》所选自正学，阳明[7]、圭峰[8]、荆川、遵严（王慎中）、震川、石斋[9]、牧斋[10]、天佣[11]数家外，虽间有可观，不过是议论好或小品有致，求其知古文义法者盖无一二，以此知明代文章之衰。

《双竹居杂话》：“樊山谢聘顾问启，其文生动可喜，如‘谈司马相公，无不知其贤者；见汾阳父子，恨不顶而戴之。盖谢傅棋枰，早定安危之局；道安禅诵，咸知菩萨之心。’皆佳句也。段长子时颇与闻政事，故以汾阳况之，其谢傅道安诸典，于段好佛，善棋尤切。当末云：‘方将广建万人之厦，何意先乞三老之言。在增祥颓唐老境，不争塗抹于诸少年；在明公笃念旧人，勿使饥饿于我土地。’则真入宋人格局。”

段[12]好弈，蓄弈者数辈，间有矮籍，弈则莫与相公棋高者。闽童吴[13]亦以此技进，吴未谙世故，甫举棋而段不支，则以他语或稍憩乱之，吴益着着逼人，非终局不可，段老羞成怒，呵而出之。今吴年十七八，已以四段雄于东京矣。四段，日语也，日分各种比赛，自初段至九段，为九级。

【注释】

①正坤、逸峰：指张正坤、曹逸峰，两人时均为国立青岛大学学生。

②欧、曾、王：欧阳修、曾巩、王安石。

③苏氏老泉：苏洵。

④子由：苏辙。

⑤华川：王祎，号华川。

⑥正学：蒋信，人称正学先生。

⑦阳明：指王守仁，别号阳明。

⑧圭峰：指罗玘，学者称圭峰先生，明代学者、文学家。

⑨石斋：指陈献章。

⑩牧斋：指钱谦益。

⑪天佣：指艾南英。

⑫段：段祺瑞。

⑪吴：吴清源，11岁时就成为北洋军阀段祺瑞门下的棋客，14岁东渡日本，开始其职业棋手生涯。

1932年10月10日

揚楊通，揚雄即楊雄，《三国志》楊德祖[1]云：“修家子云老不晓事”可证也。莼客云（日记十册七十四页）：“古人楊揚通用，揚州之楊本作杨，通作陽。揚雄之揚本同暘，唐以前用雄事无作揚者。”《毛诗》“续揚之水。”《隶释》引《鲁诗》作楊。《汉书·地理志》：“丹揚郡作揚，丹陽县作陽。”《汉志》“俱作陽。”《晋志》“郡作揚（或亦作陽），县作楊。”且注云：“丹陽山多，楊柳在西，盖丹揚郡属。揚州其取名之义同，其借“揚”“陽”通用之字亦同。”《春秋元命苞》云：“楊州厥土下湿而多生楊柳，楊柳之性轻揚，故通作揚。”《释名》：“揚州水波揚也，有水者下湿，而宜楊柳。其义亦相辅。”《广雅》：“楊，揚也。”

【注释】

①杨德祖：指杨修。

1932年10月11日

袯凉酒薄，初难成醉，朋来兴发，辄至废书。听谯楼打罢了二更更鼓，然后剔灯伏案，非夜分不释手。皓月当空，野旷人寂，村犬不吠，鸦雀无声，正是先生上下千古之时。逮乎早课惊心，横陈一榻，犹必以书为侣，拥简长眠，夜如何其，天方辨色，动复仓兄（或作怆怳，亦作惝怳。潘安仁《寡妇赋》“怛惊悟兮无闻超惝怳兮恸怀。”汪中《吊黄祖文》“有士失职兮独居怆怳。”），不能成寐，老冉冉其将至，行依依其何之，独迹板桥，严霜未解，月明昨夜，我本恨人。睹弥漫之烟波，怅扶苏兮木叶。感时抚事，不禁歔欷（《离骚》曾歔欷余郁邑兮）。

金坛蒋和所馔《象形字谱》，卷上为“字原象形”，卷下为“相似字形”。其剖析字形多有微悟，解析浅显，尤便启蒙。汴梁馆次曾经我目，莼客于此亦颇推许。（越记十一册七页）

《钝吟杂录》（定远著），未详何人。莼客录其议论最佳之语，时附以己见。淹洽博要，不但可秘箧中，资为谈助而已。读书必须学此种读法，方是不忘却了自己。篇长不录，可时时借镜也。（越记十一册十八页至二十页）

《韵书》上去二声，多与现代语相反，如吕、蟹、贿、俭等字皆上声，而多读为去；震（章刃切）、刃（而振切）、忿翰（侯旰切）、衵阚（苦滥切，应为去声，潮读误）等字皆去声，而多读为上声；蓄此疑者久矣。怡荪仍持“方言”之说。平声自不易混为仄声，何以入声全韵。潮人蒙诵无一字，误者经年，症结未能自解，默思自来经生专攻音韵者，莫不以分部为纲，以同声分纬，同一声也而平上去入以音之高低判焉。南朔东西本各不同，况古今异时哉，诸家似均未论及此，近人刘复半农有此研究，而能祛予之惑与否，当再取证之。

细思陈兰甫先生指示反切之法，以上字定清浊，以下字定韵母，如以刃字而言，刃而振切而浊也，而刃切任而不切轫，则震为章刃切，应读去矣，读上者俗讹也（此条待考）。上说可以《小学考》卷三十三刘氏鉴《经史正音切韵指南》之“自序”证之，如时忍切肾字，时掌切上字，同是浊音，皆当呼如去声。欲将上字呼如清音，赏字其蹇切，件字其两切，强字亦如去声。又如强字呼如清音，丘切硗字，然则亦以时忍切如哂字，其蹇切如遣字可乎？倘因碍致思而欲叩其详者，止是清浊之分也……如是误者可胜道哉云云。即可见上去二声读法之不合四声，皆是不通反切之学，不特东南一隅而五土皆然矣，不能委为方音之不同也。会以还质怡荪。（音韵之学本非绝高不可攀跻之事，古今以来治斯学者好为夸大之语，可素志未敢发。怡荪所见相同。）

交子卧阅《儒林外史》《象谱》以自遣。

1932年10月12日

曙梦不熟，上去二声问题横亘胸际。忽然悟阳上（如吕字）与两种去声之分，平素误以阳上为去，是自己之谬处。上课二小时，归假《东塾丛书》覆阅之，果然。

刘鉴能知肾、件、强三字为上声之浊，而鉴又谓当呼如去声，则平上去入各自有清浊，上声之浊仍是上声，非去声也（参《东塾丛书·切韵考》卷六页七）。

切语二字，以二字连读一音者其偶然者（如徒红切“同”，渠容切“蛩”），并非不如是不可，上字定清浊，下字定平上去入（如户公切“洪”，尺容切“冲”）。

西语阴阳，以扬音 Accent 表之，如读 Cha′racter，Cha′racteri′stic 在加扬音之节加重其声，声重即声高，声高即振动数大，振动数大即声带之振动也，如读天字与田字，旅字与吕字，世字与示字，薛字与蚀字，上阴而下阳，阴低而阳高，桐城方以智以啌嗱上去入为五声，盖上去入之清浊，方氏不能辨，方音如此，亦非口古所能争也，以潮音“天、田、旅、吕、世、示、薛、蚀”分八声，今先明三十六字母清浊发音表（空格者字母中无此音，如见，有清无浊；溪群，一清一浊，疑有浊无清）：

	牙音	舌头	舌上	重唇	轻唇	齿头	正齿	喉音	半舌	半齿
清	见溪	端透	知徹	幫滂	非敷	精清心	照穿審	影晓		
浊	群疑	定泥	澄孃	竝明	奉微	从邪	床禅	喻匣	来	日

广韵切语上字清浊表。广韵切语用陆氏体例，其切语上字所以定音之清浊者也，兰甫先生总核之凡四百五十二字，每字又取其上字而系联之，得四十类（《切韵考》卷二页一），隋以前双声之区域在是矣，今不具录，录潮音之误读者（姑以予家口传之音为准）：

清音误读浊音者（清声二十一类共二百四十四字）：

俱（举、朱）、并（府、盈）、丕（敷、悲）、雌（此、移）、台（土、来）、滂（普、郎）、畀（必、至）。

浊音误读清音者（浊声十九类共二百八字）：

佇（直、吕）、雏（仕、于）、汝（人、渚）、耳（而、止）、以（羊、已）、于（羽、俱）、羽雨（王、矩）、永（于、憬）、有（云、久）、洧（荣、美）、美（无、鄙）、武（文、甫）、靡（文、彼）、母（莫、厚）、暨（具、冀）、里（良、士）、鲁（郎、古）、乎（户、吴）、徂（昨、胡）、昨（在、各）、语（鱼、巨）、擬（鱼、纪）、五（疑古切，俗音不误，耳字同）、研（五、坚）、乃（奴亥切，俗音不误）、署（常恕切，俗音读动词时不误）、视（承、矢）、女（尼、吕）、夕（祥、易）。

即此观之，（一）清音误读者较少，浊音误读者较多，可知浊音反切较难，俗每以反切第二字为韵，且清浊亦从之，如美字，无鄙切，不知上字无为浊音，而误从下字鄙清音也。（二）因一字之误读，致凡其双声之字从而误读，如既误读王矩之羽为清声，则自然误读羽俱之于为清声也。（三）仄声误读最少，夕一字去声，亦仅一字（视），平仄自不至误读。平声误读亦不多（浊声中雏、于、乎、徂、研五字）。而上声浊误读为清者最多（三十四字），则仍是不明反切，不知切语上字定清浊之理，所以因讹传讹以至此也。至于仅分五音之地域，或平入不分之人，更无从与言上去之各有清浊二音，真有思维路绝，言语道断之感矣。

《席氏读说文记》，常熟席世昌予侃撰，未得寓目，《莼客日记》（十一册四十页）谓其"贯通古籍，深究形声古义，湛然不容一字出入，是汉学之卓绝者，所引唯惠氏说而时订正其误。此外唯引段氏校一条，盖其时金坛之注，及严氏、钱氏诸书俱尚未出，而其说多有与之暗合者，虽不及段氏之博采，而亦无其武断之病，固杰然可传者"云云。莼客非轻与人者，当亟求其书阅之。又据《书目答问》有《借月山房本》，指海本。

1932 年 10 月 13 日

晴，汉以后作暒，六朝始有晴字，古以清字作晴雨之晴。连夕或因游谯寡倖，看书稍密，胸膈频频作痛，早五时水泻一次，重温朝梦，七时方兴。见怡荪口述上声浊音之字。俗多误读，系由不明反切，不知切语上字为清浊之分，以致阳上多误读阴上，只要读错切母（二十二字），由是滋生何止数百。怡荪极以为然。

李祖陶《国朝文续录》凡四十九家：

姚端恪文然	杜于皇浚	顾黄公景星	王无异宏撰	申孚孟涵光
计甫草东	魏善伯祥	丘邦士维屏	徐巨源世溥	张篑山贞生
李维饶振裕	陆清献陇其	秦留仙松龄	徐健庵乾学	汪蛟门懋麟
赵伸符执信	俞宁世长城	赵恭毅申乔	王予中懋竑	谢霖石济世
朱斐瞻仕琇	杨勤慤锡绂	万字兆承苍	纪慎斋大奎	汪文端由敦
方文辀婺如	沈碻士德潜	沈冠云彤	陈文恭宏谋	陈黼儒之兰
袁子才枚	罗台山有高	刘东桥绂	熊玉辉璟崇	陆朗夫耀
段若膺玉裁	洪稚存吉亮	沈埴为叔埏	管缄若世铭	茹逊来敦和
李申耆兆洛	许周生宗彦	张莲涛锡穀	焦理堂循	陆祁孙继辂
沈学子大成	陈恭甫寿祺	余卿雯廷灿	姚文僖文田	

共六十七卷，附以《迈堂文略》四卷，为五十家。莼客评语较前录尤酷，略谓"祖陶陋学鄙见，妄操选政，此选犹杂不伦，较前录弥甚，如纪大奎、陈之兰、熊璟崇、张锡穀辈，直一无所知之人。临桂陈相国吉水武进两尚书，亦岂得以文章论篑山双湖，陋俗无识。端恪勤慤，皆是通畅公牍，并无意于文。陆清献之庸僿，俞宁世之促陋，万孺庐之拙滞，沈归愚之芜劣，皆此事中之下下者。韫山止水，经学既疏，文辞尤拙。即白

田、果堂、懋堂、理堂诸君子，经术精深，而文实不工，今舍其考据论辩之篇，而取其序记志传之作，是何异拔梧槚而养樲棘，屏昌阳而进豨苓耶。盖此四十九人中，小足名其家者，不过顾、王、魏、丘、徐（巨源）、方、罗、陆（祁孙）、陈（左海）等十人，其余鲜可节取。文略四卷，则尤芜俗庸劣，如市侩帐簿，邨媪家书，阅之令人呕哕。有清一代选本寥寥有志于此者可博观焉。”（《书目答问注》云。李祖陶编，共八十八家，体例未精，评语尤陋，取其各存大略。李祖陶又选元好问、姚燧、吴澂、虞集、宋濂、王守仁、唐顺之、归有光，《金元明八大家文选》五十三卷。）

《东塾丛书》（仅有初函），番禺陈澧著（前年函往羊城觅购未得），计《汉儒通义》七卷，《声律通考》十卷，《切韵考》六卷，《外篇》三卷，《汉书地理志水道图说》七卷，纯粹经生，质实不华，治音韵者尤宗之。

《汉儒通义》系采辑汉代经生之言之，尤关于义理者，以破汉学专事训诂之说，自《子夏易传》至刘熙《释名》皆分别采录，如

经典条下：《释名》曰：“《尔雅》：尔，昵也；昵，近也。雅，义也；义，正也。五方之言不同，皆以近正为主也。”

朋友条下：“郑氏《周礼注》曰：‘同师曰朋，同志曰友。’”（《大司徒》注）

丧条下：“《白虎通》曰：‘礼童子妇人不杖者，以其不能病也（丧服）。’郑氏《礼记注》：‘杂记为妻父母在不杖不稽颡。’《注》曰：‘尊者在不敢尽礼于私丧也。’”

1932 年 10 月 14 日

阅《读书纪数略》，清宫梦仁定山（泰州人）编（康熙戊戌进士），凡五十四卷，分天、地、人、物四大纲，《天部》分子目四，《地部》分子目十，《人部》分子目二十九，《物》部分子目十一。凡诸书所载有数可纪者，皆以类从，昔人有数博士之讥，此书信当之矣。例如：

《天部·历律类》五声条下：宫（最浊为君）、商（次浊为臣）、角（半清半浊为民），微（微清为事）、羽（最清为物）。欲知宫，舌居中（喉音一曰唇，音季夏土）；致知商，开口张（齿头正，齿秋金）；致知角，舌缩却（牙音，春木）；欲知齿，舌柱齿（舌音，夏火）；致知羽，撮口聚（喉音唇重，唇轻冬水）。

摭录不附徵引原书者最谬（《四库全书简明目录》谓先生已自言“毋庸为病”），宫商角徵羽之说不一，有谓四声者，有谓五方五行四时者，有谓唇喉齿舌者。兰甫虽详及而未有定说（《切韵考》卷六），若以清浊而言，则凡音皆有清浊，要之必为音调Fone 也。

《人部·经籍类》，三坟（《周礼》外史掌三皇五帝之书），伏羲神农黄帝之书（言道），天皇伏羲本山坟作易曰“连山”，人皇神农本气坟作易曰“归藏”，地皇黄帝本形坟作易曰“坤乾”。

五典（同上），少昊、颛顼、高辛、唐、虞之书（言常道）。

八索（《国语》“平八索以成人。”《注》“八体以应八卦。”《左传》“八卦之说，谓

之八索。”），乾为首，坤为腹，震为足，巽为股，离为目，兑为口，坎为耳，艮为手。

九丘[①]之说未详（汪中闻随园县“此地有崇山峻岭茂林修竹，是能读三坟五典八索九丘”一联，谓人曰：“改日到随园看看。”三坟五典八索九丘语闻于袁枚，即下此联不敢悬挂。以上解说究未足以祛后世之惑也。按刘熙《释名》卷六释典艺首释三坟等。王世贞元美《读书后》读三坟一条，亦谓三坟浅率而强为古语）。

《书目答问》列清朝骈体文家如下（注：国朝工此体者甚多，兹约举体格高而尤著者，胡、邵、汪、洪[②]为最。）：

……

总集类文之属，选本最古雅有法者推姚鼐《古文辞类纂》，李兆洛《骈体文钞》，张惠言《七十家赋钞》（《书目答问》）。

王士贞《读书后》八卷，陈继儒序，谓“先生论著大约如《吕氏读书记》及《姚氏读书志》，每终篇标其大指，以备遗忘，而精确过之”云云，诚可为涉猎之助也。如读《白虎通》条，《白虎通》者汉章帝建初四年，诏诸儒会白虎观，讲议“五经”同异，使五官中郎将魏应承刺问，侍中淳于恭奉帝亲称制临决，如孝宣甘露石渠故事，曰《白虎通》。又按《班固传》，天子会诸儒讲论五经作《白虎通》，福论令固撰集其事，然则此书为班固笔也，其论礼乐名物制度甚详……陈澧《汉儒通义》采录颇多。

弇州于书韩柳文后，不乏贬词，卒之其书具在可覆按也（莼客云：“王弇州大非李比，其才雄学富远过震川，妄庸之讥，岂为定论。”《钝吟杂录》“诋王李为妄庸，骂李秃卓吾遇孔子必遭两观之诛。”十一册十九页）

正月、七月、十月望日谓之上元、中元、下元三元日，自唐已然，据《莼客日记》（十一册四十八页）为出于佛氏。殆信。

戴氏《声韵考》、段氏《六书音韵表》其于古音皆本顾氏之旨，顾氏则本于明陈，惟后者推求递密耳。莼客谓“段氏尤多创解，然其所言合韵，殊不可信，往往有言过其通，求精反疏者。”“顾氏首开筚路，最得古今秘要，足相裨补者惟孔氏诗声类而已。”夜覆阅《越缦堂日记》十一册毕。

【注释】

①九丘：名曰陶唐之丘、有叔得之丘、孟盈之丘、昆吾之丘、黑白之丘、赤望之丘、参卫之丘、武夫之丘、神民之丘。

②胡、邵、汪、洪：指胡天游、邵齐焘、汪中、洪亮吉。

1932年10月15日

阅《徐孝穆集笺注》（《徐孝穆全集》六卷，吴江吴兆宜显令笺注，吴江徐文炳大文补辑，四部备要本）。徐陵，字孝穆，东海郯人也，八岁能属文，十二通庄老义，既长博涉史籍，纵横有口辩。梁太清二年，兼通直散骑常侍使魏，魏人授馆晏宾，是日甚热，魏收嘲陵曰：“今日之热当由徐常侍来。”陵答曰：“昔王肃至此为魏始制礼仪，今我来聘，使卿始知寒暑。”收大惭。及侯景寇京师，陵父摛光在围城之内，陵不奉家信，便蔬食布衣若居忧恤，会齐受魏禅梁元帝承制于江陵，复通使于南，陵累求复命，终拘留不遣，陵乃致书于仆射杨遵彦，遵彦竟不报书，陵器局深远，容止可观，性又清简，无所营树，禄俸与亲族共之，自有陈创业文檄军书，及禅授诏策，皆陵所制，而九锡尤美，为一代文宗，亦不以此矜物，未尝诋诃作者，其文颇变旧体，缉裁巧密，多有新意，存者三十卷，有四子俭、份、仪、僔（节《陈书本传》，有《徐孝穆集》《玉台新咏》）。

《四库全书总目》谓“笺释词藻，亦颇足备稽考，故至今与所笺《庾集》并传焉。”

《李申耆骈体文钞》所录徐陵文及评语（王先谦《骈文类纂》录四十一首）：

《陈公九锡文》。“策命。遂为台阁文字滥觞，尚有生气，后人不能。霸先崛起，功绩炳如，胪陈事实，尚非出于夸饰，文于元茂，便以晋帖唐临。”（潘元茂有《册魏公九锡文》）

《劝进元帝表》。“劝进。”

《与王僧辩书》。“吐音高亮。徐庾出而大变六朝之体势，比于诗家之沈宋。颜鲁公书力透纸背。孝穆文惊彩奇藻，摇笔波涌，生气远出，有不烦绳削而自合之意。书记是其所长，他未能称也。”

《在北齐与杨仆射书》。“沾溉千载有如创获。古人之格自我而变，后人之法自我而开，文章气力至此正不必以皮相论矣。”

《为贞阳侯重与王太尉书》。“往复数书，此最文质相宜，当于事理。”

《报尹义尚书》。“辞意相发，句法变化，皆足沾溉后来。”

《王台新咏序》。“无字不工，四六之上，驷峭蒨丽密。”

《司空徐州刺史侯安都德政碑》。“袍带气渐重，而后来燕郦方以此名家。碑志之文，以徐为正，庾为变，孝穆骨胜，子山情胜。”

《晋陵太守王励德政碑》。“章法有浅深，宾主可玩。”

《答周宏让书》。“调笑中文气排宕。”

《与李那书》。“从容抒写，神骨甚清。李那《答徐凌书》工力悉敌。”

梨洲[①]晚年，名盛虑祸，居郡城时，至有言“其烛笼上，题召试翰林者。”全谢山[②]亦言“梨洲所惜者，未除党人及文士习气。”莼客言“尝见傅青主[③]征辟博学鸿词印章，盖沧桑黎献，托名应召，以避弋人之篡，不必深求也。”国初人传云：“先生之弟宗会殁，先生为圹志曰：‘余兄弟二十年来，家道丧失，风波震撼，虽为论者所甚惜，然读书谈道，穷岩冷屋，要复人间推排所不下，则嫣然于霜落猿啼之夕香，自信不以彼而易此也。’”嗟乎，此先生实录也。

【注释】

①梨洲：指黄宗羲。

②全谢山：指全祖望。

③傅青主：指傅山。

1932年10月17日

《汉儒通义》采录《毛诗·六月·序》云：“《鹿鸣》废，则和乐缺矣。《四牡》废，则君臣缺矣。《皇皇者华》废，则忠信缺矣。《常棣》废，则兄弟缺矣。《伐木》废，则朋友缺矣。《天保》废，则福禄缺矣。《采薇》废，则征伐缺矣。《出车》废，则功力缺矣。《杕杜》废，则师众缺矣。《鱼丽》废，则法度缺矣。《南陔》废，则孝友缺矣。《白华》废，则廉耻缺矣。《华黍》废，则蓄积缺矣。《由庚》废，则阴阳失其道理矣。《南有嘉鱼》废，则贤者不安，下不得其所矣。《崇丘》废，则万物不遂矣。《南山有台》废，则为国之基坠矣。《由仪》废，则万物失其道理矣。《蓼萧》废，则恩泽乖矣。《湛露》废，则万国离矣。《彤弓》废，则诸夏衰矣。《菁菁者莪》废，则无礼仪矣。小雅尽废，则四夷交侵，中国微矣。”读此可得诗之大旨。

有清一代，朴学特盛，彬彬文质，首推汪、洪，若孙[①]、李（季仇，悉伯）亦其选也。悉伯云（日记十二册二十六页）：“国朝骈文当以两家（容甫，稚存）为冠，其说经亦皆通达博辩，无训诂饾饤之习。予性既与两家近，平生遭遇又颇似之故，每爱诵其文。”

《论衡》一书，蔡中郎[②]至据为帐中之物。以今观之，不乏理浅词复之处，莼客谓“汉人之文少有拙冗至此者”，中郎之事显出附会，然间亦有名理解颐者（其雷虚、论死、纪袄三篇最有名理，乃一书之警策）。

《国朝二十家文钞》，归安徐斐然选。莼客谓“其中如毛际可、徐廷驹、茅星来等皆滥以充数，且采及陆陇其、袁枚。而如黄梨洲、徐巨源、顾黄公、王山史、李寒文、彭躬庵、傅湘帆、毛西河、张京江、啕子师、储画山、杭堇浦、陈和叔、刘海峰、邵恩复、方朴山、全谢山、姚惜抱、钱竹汀、彭二林诸家，皆乾隆以前，文集停行，世所共知者，俱不录一字耳，目陋陕批尾萧劣”云云（日记十二册六十七页）。

写诗词不宜用《说文》字体，散文亦须择而用之，骈文则无害。鄙见竟与莼客同之。复阅《越缦堂日记》十二册毕。

【注释】

①孙：指孙星衍。

②蔡中郎：指蔡邕。

《万年山中日记》 第五册

（1932 年 10 月 18 日—11 月 3 日）

1932 年 10 月 18 日

潮音误读而说话不误诸字表。

予既考定潮音上去两声浊音误读清音，其理由三（见《日记》第四册三十六页），要为读书人不明反切所致，然其中又有一部分，俗语不误而读字反误者，燕居无俚，取陈澧《切韵考》所列《广韵》清浊字表排比之，阳去一类，此例最多，列表如下：

一东	清	东董送屋　　洞徒弄（俗音读阳去）
	浊	同动洞独

……

阳去即浊去

一先	清	先铣霰屑
	浊	

……

以上所举之三十余音，俗呼不误其为阳去，即去声之浊者，临文读下，便失本音，此类若是之多，不能率谓为偶然吻合也。礼失而求诸野，非此之谓也，潮语与中土回殊，于是诵读之士，以读正音为贵，俗曰孔子正（意曰读孔子之书，须读孔子之正音也），风此等音，一读孔子正，过半皆成阳上，余思其故，其在近古，因俗语支离过甚，士夫思有以矫正之，乃或请受师于他邑之人，或请益于来自京朝者，要皆口耳不灵，声学隔阂，又况值近古以后，北部中部方音，率已不分八声，除入声最促，不易混淆，上去二声，安得不生此僵代耶。其在中古，声韵既有如此之美备，潮州氏族由中原移民而来，与土著交通成一种混合语之后，鲜受其他之大影响（近百年来，粤语大受欧语所变化，近十年来，白话文体大受欧文所变化，即属此例），进步固少，变迁亦寡，语言如是，礼俗尤然，所以东南一隅，古音之保存者独多（潮语韵部如此发达，而声部又属不发达，复音最少，未得其故），愧于语言之学，根基太浅，聊发其凡于此，不知乡里后生，有继起者否耳。

今日作字较多，两眼遂有花之兆，悠悠黄河，吾其济乎。

1932年10月20日

丛书一类，为治学者之宝笈，可阅杨守敬惺吾《丛书举要》，凡六十卷，民国三年甲寅南昌宜秋馆排印本，李之鼎补编并序。分经部四卷，史部四卷，子部七卷，集部十一卷，丛书部十三卷，自著丛书部六卷，明代丛书部七卷，郡邑丛书部一卷，汇刊书目部一卷，释家部四卷，道家部二卷。每卷类列各书目著者年代版本，由此可以按图索骥，不徒临渊羡鱼矣。（例如丛书类下《粤雅堂丛书》条载明南海伍崇曜辑，咸丰癸丑伍氏粤雅堂校本，其书计二十集又续集一集，其第七集内有周亮工字触六卷。前在汴城见有单行本，今可由此得之。）

误读之字，归安姚文田声系，十二下母条下，有每（武、罪），拇（莫、厚），敏（眉、殒），侮（文、甫），晦或畞（莫、后）数字，皆应读浊声，而今代语皆清声。以母为声之字，固不尽读浊声（如海呼改梅，诲，荒内），然既误读母为浊声，则因之得声之字，误读自多。

文声误读之字：虔（渠、焉），闵（省、陨），紊（亡、运）。

乃声误读之字：鼐（宁、邓）。

近人专箸，书无目录者有汪中《述学》，然其子喜孙《跋》最其篇目于后。孙诒让《籀膏述林》则未有最之者。

1932年10月21日

夜阅陈氏三种，此系书贾集刊者，无足深论。临睡雠谱数局，所见较进，以麻醉为消磨，未始非萧斋冷舍伴侣相从之道，鱼书未剖，雁阵高翔，脉脉远怀，如相告语，不堪听梓，陡试下山，手卷抛书，怡然自得。

江左舌上音多读为舌头，如周程朱张皆读定母。潮语则周朱为知母，程张为定母。然江西今音读知字乃为定母也，此犹古音之遗。钱大昕曰（《声类》第四卷古读条）：专读如团（《周礼·大司徒》：“其民专而长。”注：“专圜也。”《释文》“专，徒丸切”）。

李元度次青《国朝先正事略》共六十卷：一至卷二十六为名臣卷，二十七至卷三十一为名儒卷，三十二至卷三十六为经学卷，三十七至卷四十四为文苑卷，四十五至卷四十八为遗逸卷，四十九至卷五十四为循良卷，五十五至六十为孝义。其时方在太平天国殄灭之后，号称一统专制之朝，作史私家殊非易事，然若备载学派祖祢之祧，儒林经籍之志，风兹来祀，月旦古贤，亦盛事也。莼客评骘致密（日记十四册五十三页），尤于所列经学中如段懋堂、程易畴、郝兰皋、桂未谷诸经学大师，仅仅附见他传，王引之诂训专家仅附见其祖文肃传末，它如武进庄侍郎存与及其从子述祖，仁和翟灏，宝应刘台拱、闽陈寿祺、泾胡承珙、临海洪颐煊、绩溪胡培翚、海宁陈鳣、江都凌曙、吴陈奂、安邱王筠、遵义郑珍皆汉学魁杰，著述风行，立品粹然，行事可考，而概未之及，名儒中如会稽章学诚、仁和龚自珍乃反漏逸诸条，备致不满。次青以诸生从甲数十年，屡构险屯，不废名山之业，诚有足多者，其后又忽忽数十年矣，盛业难既，写定未闻。

近浙人支伟成著《清代朴学大家列传》，经章师太炎别择颇精，伟成著书之年，仅二十有六，于其书踦，且放班书叙传格局。《自序》“支氏之先，见诸著录者，代不绝书。”文复简朴有义法。予于乙丑十四年中道出郑州，得是书于尘市中，旋踵而遭飞鲸破舟之役，仅以身免，距今忽忽六年矣，未获再儥良本而已。闻伟成娶二妻为叶氏姊妹，未发一枝双叶之花，已收双斧伐树之祸，中道陨殂，年才三十有三。此亦有志斯道者所共悼惜也。

唐元结次山，天宝进士，有《次山集》，世称其文章戛戛独造，变排偶绮靡之习，比诸韩柳。莼客谓（日记十四册三十八页）：“其命题结体时陵小说，后来晚唐五年以古文名者，往往俚率短陋，专务小趣，沿至宋明，遂为山林恶派，追原滥觞，实由次山。盖骈俪之弊，诚多芜滥而音节有之，终始必论，雕饰铺陈，不能率尔，既破耦为单，化整以散，古法尽亡，恶札日出。”

1932 年 10 月 22 日

湖州张行孚子中著《说文审音》十六卷，“卷一”古音原流考，“卷二”切字要例，“卷三”九声总括图说，“卷四”广韵古分十二部表，“卷五”同音类聚，“卷六”至“卷十六”各部同音类聚，及本证旁证或零星转入别部之字。德清俞曲园序，署光绪十六年。在此意未成之前（俞云：余衰且老，每有赵孟视荫之意，岁不我与，深盼君之早成此书，而余及见之也）。洎光绪戊戌二十四年，仪征刘富曾始为校刻跋行之。子中身名不达，仅以一鹾大使需次两淮，成此盛业，所著尚有《说文发疑》等种，不可谓非力学之士矣。身后萧条，惟有中郎之女，讵非生民之艰，文人之厄耶。夫声音不治，则小学失官，自陈季第（撰《诗古音》《屈宋古音》），始知三百篇自有本音。自顾宁人（撰《音学五书》）而古音始粲然明白。至此分别部居之说，仍有岂无畔岸之虞。顾氏考古功多，审音功浅，江慎修已有微词，深忌顾氏考古之勤，惜其未达声音之变。钱竹微非妄语者。子中独于“双声叠韵”更深入一层，不双声者不成叠韵（如东字当以通字为叠韵，皆古声也。《广韵》以喉声之红切之，则为不合云云）。分平上去入为八部，入声自分三部。曲园豫为之序以促其成，且引昔王伯申先生见焦理堂《易通释》，叹为凿破混沌。至于此书亦云：“推许之者可谓至矣。”

《古音原流考》卷一云：“双声之定例有二，一为平上去三声之字，与本字之入声为双声（如《南史・羊元保传》，以当得为双声，得为当之入声。以剧棋为双声，剧为棋之入声）。一为字之平上去三声不同，而入声相同者为双声（如《南史・羊元保传》以更广为双声，更广之入声同为革。以摇扬为双声，摇扬之入声同为叶）。”诸家所谓双声，往往似是而非，《南史・羊元保传》《北史・魏收传》从无以平上两声相同为双声者，此实唐宋人之疏略也（《广韵》所载双声法，以“章掌良两”为双声，“厅炯精井”为双声）。

子中胪列顾、江、钱、段之说综而论之曰：“顾、江二家谓古韵兼用方音。钱氏谓古韵兼用双声转音。皆知古韵有必不可强合者。其于古音之奥窔，固已阐发无遗矣。然必合顾、江、钱三家之说，知古韵之所以不能强合者，皆方音为之，方音之所以不能尽合者，双声为之，然后古韵之条理，可得而言也。”下午剃头兼阅张氏“双声审音”之说，诸多未敢尽信。

王先谦曰：“悉伯《七居》，超然意远，其七家之高致乎（李慈铭《七居》一文，见《十家四六文钞·湖塘林馆骈文》中）。”刘勰文心，杂文立类，对问连珠，鼎时而三，是曰七体，创自枚乘，篇名《七发》，发于七窍，原本七情，以七得名，聿开七祖，云仍七叶，子建《七启》，景阳《七命》，昭明《七契》，仲言《七召》，稚存《七招》，悉伯《七居》（《骈体文钞》所录者）。代有作者，何止七人，好七之徒，为辑七林，子厚《晋问》，精刻独造。悉伯自记（十四册七二十页）：“撰七卷文成，共得二千二百言，自枝叔七发后，后人踵而放之，语者口臭。近儒凌氏廷堪袭其体而变其趣，以言学问之事，名曰《七戒》。洪亮吉又变而道身世之事，名曰《七招》，皆为善拟古人。然凌氏文质而太直，洪氏文峭而太剽，俱情味有余，色泽不足。此文言卜居之事，意存炼汰，词必鲜新，恐鲍昭以下，未肯多让，后世必有论定者”云云。声尘未泯，长沙继兴，知定有人，不负悉伯呕出心血之志矣。（鲍昭即鲍照，唐人为武后讳，而改之也。照字明远，有《鲍参军集》。）

《戴东原集》共十二卷，后附戴氏年谱，及校刊札记，金坛段氏所刻也。戴君音韵考韵称卓绝，二十二岁成《策算》，二十三岁成《六书论》，二十四岁成《考工记图注》，二十五岁成《转语》二十章，二十六七岁成《尔雅文字考》，二十九岁始补宁县学生，四十岁举于乡，五十一岁始以纪文达裘文达两公言于文襄荐之，特召入四库馆充纂修，积瘁以殁，年五十五岁，时乾隆四十二年五月。所校定书十五种，皆钩纂精密。段氏年辈与戴君相若，而先戴举于乡，入都后始相见，时戴尚为诸生，段之学亦已卓然成就，而挚师事，终身北面，戴殁后，宝其遗书，事必尽力，服习师说，没齿不衰，犹有汉儒之风，可谓真师弟也。并时若姚姬传、程鱼门亦尝称弟子于戴，而身后辄有违言，鱼门至肆詈其无子，以为攻宋儒之报。盖二人实瞢于学，当日亦未深知戴之得失，徒以名盛而推附之，故致其师称，而卒亦不果（戴氏有《辞姬传称师书》，见文集）。以视段氏，人之分量相去，固甚远矣。按徐琪花农亦尝以门生帖诣莼客，莼客力辞之为友好如初。今人黄季刚于刘师培，亦年相若，先友而后师，其祭《先师刘君小祥会奠文》有云：“敬佩之深，改从北面”。季刚亦喜对人言之，然对于所受业章师，时反有微词，洙泗之间，断断如也，而师徒之道苦矣。莼客读《戴集》，日记论叙甚详（参考《越缦堂日记》十四册八十四至八十六页），信服亦至，以其名位不达，丰于学而啬于遇，所处略同，于我心有戚戚焉。戴君晚年，尚受特达之知，虽受覃溪诸老、桐城诸子所排挤，而声施崛立，大为经生吐气。莼客身后，知之者仍属寥寥，九京有知，倍增饮恨耳。

1932 年 10 月 23 日

姚春木《国朝文录》八十二卷，文千三百八十首，分十七类。始论辩，终祭文，哀诔甄录，义例大约以桐城为圭臬。略据“悉伯读记”诠录如次：“陆稼书、汪苕文、朱可亭、方望溪、刘海峰、朱止泉（泽澐）、姚姬传、张鲈江、朱梅崖、王述庵、管异之文录之聚多，全谢山、王崑绳之史论，张皋文、彭甘亭之赋，尚能持择。其于别派之胡稚威选至数十首，而于毛西河、钱竹汀、凌次仲、孔巽轩不录一字，王山史、王于一、顾黄公、孙渊如皆仅录一首，黄梨洲仅录二赋，汪容甫仅录《释三九》三篇，侯朝宗仅录三首，洪稚存仅录文二首（《征邪教疏》《乐毅颂》及《天山》等四赞），朱竹君、石君兄弟，钱新梧、阮云台等皆不挂姓名，姜西溟、李穆堂等所录亦甚少，恽子居碑志高作，张皋文诸体文概从屏置，计甫艸之《筹南三策》、魏叔子之《新乐侯传》、邵子湘之《卢公忠烈传》，皆古今有数名篇，而俱不入录，李寒枝、龚定庵为偏师巨伯，则或因未见而致遗其姓名，其姓名稍僻，即予之浅学所及见者尚不下百家，则其综录之疏，已可概见，至殇于道光三十年以后者无论矣。程鱼门之《正学论》、阎怀庭之《文士诋先儒论》，皆病狂呓语，侯朝宗之《郭老仆墓志》、袁子才之《书鲁亮侪》、端木太鹤之《论易葬》，皆小说谰言，亦污简牍，是又何耶”云云。可知选政之操，至未易言，虽用力毕生，搜罗已苦，苟学识不足以当之，仍无当也。

悉伯之文有《湖塘文馆骈体文》二卷，王先谦刻之。《十家四六文钞》中，高阳王重民又从《越缦堂日记》《越缦堂日记抄》《新古文辞类纂稿本》《续碑传集》《越缦丛稿哀录》及征求所得，成《越缦堂文集》，而无与“王选”相复者，然光绪庚午六月日记尚有下篇两书，皆未见著录（十四册九十二页）。因移写之以补二王之缺（《湖塘文馆骈体文》原有此一首，因目录漏写，故误为未录。任初翌日并志）。

《冬莫偕族兄弟夜饮梅仙寺诗序》依悉伯原圈识，据日记系翌年（同治十年辛未）八月初三日补作。自云去年十二月十四日事，将气入画阁：

晚烟衔亭，寒月出林，群季毕来，孤棹始发。沿上柴下柴之曲，绝东滩西滩之流。人语隔杝，水色浮椮，港溆折而渐暝，墟落寂而入幽，有山翼朕，卓立烟际，松栝四翳，中见寺门，佛灯射船，山僧候岸，壶榼在担，茶笙鬻铛，庭庑竫深，钟鱼俱歇。时则予弟兰如光禄，竹楼训导，以予将北行，治具言别，借行厨于香积，启明筵于夕轩。谈屑坠夶，鬓影妨烛，酒缸千斛，映星不寒，山光四围，入帘都翠，觞勺既倦，行吟圃庭，冻竹万竿，镂月满地，霜叶积尺，青鞋有声，缃梅作华，罗襟乱馥，栖禽惊噪。或移别枝，池泉暗流，时滴清响，触屏之仆，鼾闻于下方，知更之鸡，鸣促于宵漏，高兴未已，曙色忽萌，钟枰既催，肴俎始设，夫星辰旋转，行速于舟轮，亲戚宴游，每间夫离别。是以青莲达识，流连秉烛之言，元子可儿，凄怆种柳之岁。中年丝竹，易并悲欢，乱后园林，幸联花萼，今夕何夕，知后会之谁赓，东祖西祖，幸先芬之可诵，韦家花树，感概承平，谢氏乌衣，淋漓篇什，用成四韵，纪胜一时。乌呼，朝墩不温，微霰先集，天涯雁影，长怀伐木之吟，劫火鸿泥，谁征熏艾之穴，烟云可赆，暖鹤难期。白头卧庵，笑行客之万里，红萼无主，迟寻春以十年。叙情话于蒲团，諭巢痕于桑下，绿波春动，将劳江上之送行，青山岁寒，留待它年之誓墓。

莫色连遥山，乘月弄寒楫。招提富烟景，兰觞展瑶席。

明烛凝钗光，寒花堕岩滴。料应池塘梦，长眷晦堂夕。

《庚午九日曹山宴集夜饮秦氏娱园诗序》（见日记十四册九十页及《湖塘文馆骈文》，诗如下）：

佳游贵选日，兹晨尤所专。盍戢促秋驾，延谊娱清渊。曹山富奇景。栖寄多高元。

及尔共霞契，泉石相池绿。仄磴劣筇柱，窍睿穷舟穿。碎石附花落。逋峰学云仙。

灌辟几今古，余力争雕镌。舒席据经阁，水流松树颠。尘襟顿以涤，闻观心为宣。

乘高纵遐讨，层谷何芊芊。西巘隳余映，川光恋微烟。昼短继华烛，商歌发明筵。

人生多哀乐，云飞随变迁。朝菌寿旦莫，大椿岁八千。达识非有觊，荣名能自坚。

作诗谂同志，无为捐盛年。

1932年10月24日

夜因作字稍多，神经太受刺激，彻夜入睡不深，五时即醒。假寐不成，剔灯窜定晚所作联数字，弥觉惬意，文字自得之乐，聊偿搜索之勤。

王筠《说文释例》，屡引印林之说，按印林，许瀚字，日照人，曾助何文安陈硕士学使幕。

晚阅张中孚《说文审音》，钱大昕《养新录》，据古音“冲”读如“童”，“竹”读如“笃”，“猪”读如“都”，“廛”读如“坛”，遂谓古音“知”“彻”“澄”三母与“端”“透”“定”无异。张氏曰：“盖声音之变易多端，凡字叠韵而同声则变，如‘工’与‘红’叠韵，而同为喉声，故‘工’可变为‘红’（粤音此类最多，如开水开门之‘开’字，读H声，H即晓声）。凡叠音虽非同声，而声之次第相同，则变，如‘冲’与‘童’虽非同声，而冲为齿声第三，童为舌声第三，故童子或作冲子。‘竹’与‘笃’虽非同声，而竹为齿声第三，笃为舌声第一，故天竺或作天笃。”又云：“钱氏论古无轻唇声，亦然，盖字母家所论轻唇声仍为正唇声之余声，非半唇声也（按半唇声即轻唇声）。”

管子云：“凡听徵，如负猪豕觉而骇。”盖猪豕惊骇，其声离离然（按离字须读阴声）。今鄂人呼豕，其声Lele，潮人何尝不然。

张氏分广韵为十二部。

音义十八，抱蒲冒反鸡伏卵也，潮语通同古音之存此亦一例。

附七音三十六字母表[①]（参考大岛正健《韵镜新解》，大正十五年，即一九二六）

晚左腕至臂微觉酸痛，令伻以烧酒摩擦之后，入浴令血液复其循环，此亦就衰之候也。

【注释】

①所附表格省略。

1932年10月25日

山左之学，自蒿庵、宛斯谨守古学（按蒿庵张尔岐，宛斯马骕），巽轩、兰皋、未谷蔚为大师，近之文泉（按翟云升）、菉友师法不坠。栖霞牟庭默人有《雪泥屋遗书》五十一种，嘉庆戊寅举人。悉伯评其“尽屏古说，专任臆断，持论不根，以为独学，无友之戒。”（今称山东为山左，山西为山右，以其各位于太行山之左右也。）

江左谓长江以东之地，即今江苏等处，晋时温峤称王导为江左夷吾（魏禧《日录杂说》）。江东称江左，江西称江右，盖自江北视之，江东在左，江西在右耳。（《辞源》）

借题私宅曰輶轩，亦作迈轩。炁伯订正说文迈义曰：“丌部迈，当是《左传》古文遒人作迈人，此下说解，当作迈记也。”《春秋传》曰：“迈人以木铎徇于路。记诗言也。”迈，记以声为训。迈从辵，象其行巡之义。故汉书《食货志》作行人，迈从丌象其自下荐上之义，记诗言者，是评解《左传》之语。遒乃輶之借字。刘歆所谓轩车使者，扬雄所诏輶轩之使，此因采风之使有乘輶轩者，故曰遒人。以音近亦借逌字为之，伪书遂改为逌人，后人反因伪书以改《左传》，遂转以改说文，其文又有脱落，而许书始不可读矣。

苗夔《建首字读》，已记其大凡存日记（四册二十一页）。其《说文声订》皆辩正二徐之误，于近时诸家如段氏、严氏、姚氏俱多诋逆，其论声亦间有微悟，而不乏武断之谈、学究之习。“悉伯读记”（《越缦堂日记》十五册五十二页）：“其例如农当从囟，囟亦声，谓农忙时恖恖也，不当从囟。”

口部既有否，不部之否，当作衤，从不，丶声。诗鄂“不字当作衤”。郑笺之柎释文之跗。《集韵》：“十虞之不及，趺皆不字。”《汉司农刘夫人碑》有衤字。聊成一说，必欲是已而非，人乌得不成门户之见。

音为子声，韵为母声。戚学标鹤泉《汉学谐声》有曰：“顾氏之《音学五书》，江氏之《古韵要准》，皆论韵之书，不可以言音，尤不可以言经。”

悉伯评王菉友《说文句读》“剖抉极精，采证尤博，然好改原文，多所增减，至有无坚据而竟删篆者，则较金坛为甚矣。所注大概本段、桂二家，兼用严氏、王氏（煦），惜尚未能冣诸家之长”云。

《旧唐书》，后晋刘昫撰；《新唐书》，宋欧阳修撰。悉伯读两唐书“帝纪论赞”记云：“旧书间有芜辞，然大致详尽，是非颇协。新书则多事外之文，不免支离，其文亦甚散弱，固不及‘子京列传’诸论峻洁可观，即较之《新五代史》之往复抑扬亦为远逊，盖欧公于五代史全力为之，《唐书》事出分撰，精神有所不暇耳。”

“说部”之佳者，如《世说语林》《唐语林》《国史补》，宋之《春明退朝录》《挥麈录》、金之《归潜志》、元之《辍耕录》，皆足称小品与它书之偶存故事者不同。

悉伯《答陶紫轸孝廉书》，查未录入《越缦堂文集》中。（《湖塘林馆骈文》仅录书三首）

1932年10月26日

南海吴荷屋中丞《吾学录》（云溪方来函索购）。悉伯评记云："其书详于器服刑律，俾流俗易晓，颇为有意，惜其余经法大制多所漏露，既病太简，而又有不必载者，近于官书抄胥之类，以国朝纪述掌故，自会典三通数大书外，私籍甚尟，故遂风行一时耳。"即此而论尚属佳著。

李悉伯《答陶紫畛孝廉书》：

孟冬中旬得手教，备承奖饰……（又记云："得陶子珍三月廿八日书，并所撰《淮南许注叙》，考订甚密，文亦尔雅，书翰古奥尤绝，子珍追汉魏孟晋，迨群海内，少年未见其比，吾邑古学其在兹矣。"）

1932年10月27日

刘文典《三余札记》二卷（十七年商务印书馆印），据本书仅知刘系北京大学教习，所记"闲情赋"条，引《说文》"闲，阑也。从门中有木。"《春秋繁露·循天之道篇》："故君子闲欲止恶以平意。"以解渊明闲情之义。其说尚达。按《论语》："子夏曰：'大德不踰闲。'"《易经·乾卦》："闲邪存其诚。"《书·毕命》："虽收放心，闲之维艰。"诸"闲"字义并同。"标点条"引《宋史·儒林传·何基传》云："凡所读无不加标点。"

《淮南子》逸文条有"奔车之上无仲尼，覆舟之下无伯夷"句（据《御览》四百五十九引）。中郎枕篋，不无所补，惟目录页数，上卷则标明每条若干页，下卷则为每条在第若干页。区区二小册，遂自相枝牾，至此不能尽委为手民之疏也。

《初唐四杰文集》二十一卷，卷一至卷九"王勃"，卷十至卷十六"杨炯"，卷十七至卷十八"卢照邻"，卷二十至卷二十一"骆宾王"。王益吾《骈文类纂》，王子安文九首，卢照邻文一首，杨炯文四首，骆宾王文十一首。四杰之名见《唐书·王勃传》，此断代论文所不可缺也。

《弘明集》十四卷，梁释僧祐撰，万历丙戌方外司马汪道昆著序，东汉晋宋齐梁之间，儒释君臣，缁俗往来之旨大率在是矣。宿根钝下，难言彻悟，荒庑相对，聊当晨钟。

《庾开府全集》十六卷，钱塘倪璠鲁玉注释，尤便攻诵（家有木板本），倪之"庾集"题辞博赡瑰丽。《四库全书·目录》云："倪璠以吴兆宜所笺'庾信集出自众手，不免漏略'，乃重为补葺。"《四六丛话》引滕王逌"原序"云："妙善文词，尤工诗赋，穷缘情之绮靡；乐体物之浏亮，诔夺安仁之美，碑有伯喈之情，箴似扬雄，书同阮籍"云云。诚玉振金声，大成之集也。

今日尚见有《南北史》。（唐李延寿撰《南史》八十卷，《北史》一百卷，北起魏尽隋二百四十二年，南起宋尽陈一百七十年，删繁补缺，过本史远甚。司马光称为佳史，陈寿之后，惟延寿可以亚之。《四库提要》谓《北史》尤详密，自成一家之言。盖延寿家世北方，见闻较近故也。）《辞源》《水经注》《陈其年集》皆所心爱，筹得一饭之资以饱读矣。

1932年10月28日

《北史本传》："李琰之少机警，善谈论，经史百家无不悉览。朝廷疑事多所访质。尝谓人曰：'吾所以好读书者，不求身后之名，但异见异闻，心之愿也，是以孜孜搜讨，欲罢不能。岂为声名疾劳世人也？'如此读书，方是为己之学。"

《南北史》仅《北史》有叙传序，李氏之先出自帝颛高阳氏，至仲举二子大师、行师。大师幼而爽悟，神情警发，标格严峻好学，无所不窥，善缀文备，前代故事，若诣诸掌，商较当世人物，皆得其精，贺兰宽初见，言未及终，便改容加敬曰：名下故无虚士。大师少有著述之志，常以宋齐梁陈齐周隋南北分隔，南书谓北为索虏，北书指南为岛夷，又各以其本国周悉，书别国并不能备，亦往往失实，发致改正，将拟吴越春秋编年以备南北，家本多书，因编辑前所修书。贞观二年五月，终于郑州荥阳县野舍，时年五十九，既所撰未毕，以为没齿之恨焉。子庆，孙正礼、利王、延寿、安世，延寿与敬播俱在中书侍郎颜师古、给事中孔颖达下删削，既家有旧本，思欲追终先志，其齐梁陈五代旧事所未见，因于编辑之暇，昼夜抄录之，时五代史既未出，延寿不欲使人抄录，家素贫罄，又不办雇人书写，至于魏齐周隋宋齐梁正史，并手自写，本纪依司马迁体以次连缀之。又从此八代正史外，更勘杂史，于正史所无者一千余卷，皆以编入，其烦冗者即削去之。始宋修撰凡十六载，始宋凡八代，为《北史》《南史》二书，合一百八十卷，乃上表曰："臣延寿言，臣闻史官之立，其来已旧，执简记言，必资良直，是以典谟载述，唐虞之风尤著，诰誓斯陈，殷周之烈弥显，鲁书有作，鹿门贻鉴于臧孙，晋乘无隐，桃园取讥于赵孟，斯盖哲王经国，通贤垂范，惩诫之方，率由兹义，逮秦书既炀，周籍俱湮，子长创制，五三毕纪，条流且异，纲目咸张，自斯新以后，皆所取则，虽左史笔削，无乏于时，微婉所传，惟称班范，次有陈寿国志，亦曰名家，并已见重前修，无俟扬榷，洎紫气南浮，黄旗东徙，时更五代，年且三百，元熙以前，则总归诸晋，著述之士，家数虽多，泛而商略，未闻尽善，太宗文皇帝神资睿圣，天纵英灵，爰动冲襟，用纡玄览，深嗟芜秽，大存刊勒，既悬诸日月，方传不朽，然北朝自魏以还，南朝从宋以降，运行迭变，时俗污隆，代有载笔，人多好事，考之篇目，史牒不少，互陈闻见，同异甚多，而小说短书，易为湮落，脱或残灭，求勘无所，一遇王道得丧，朝市贸迁，日失德真，晦明安取，二有至人高迹，达士宏规，因此无闻，可为伤叹，三有败俗巨蠹，滔天桀恶，书法不记，孰为劝将。臣轻生多幸，运奉千龄，从贞观以来，屡叩史局，不揆愚固，私为修撰，起魏登国元年，尽隋义宁三年，凡三代，二百四十四年，兼自东魏天平元年，尽齐隆化二年，又四十四年行事，总编为本纪十二卷，列传八十八卷，谓之《北史》。又起宋永初元年，尽陈祯明三年，四代，一百七十年，为本纪十卷，列传七十卷，谓之《南史》，凡八代。合为二书，一百八十卷，以拟司马迁《史记》，就此八代。而梁陈齐周隋五书，是贞观中敕撰，以十志未奉，本犹未出，然其书及志始末，是臣所修，臣既执怀慕尚，备得寻闻，私为抄录一十六年，凡所猎略千有余卷，连缀改定，止资一手，故淹时序，迄今方就，惟鸠聚遗逸，以广异闻，编次别代，共为部秩，除其冗长，捃其精华，若文之所安，则因而不改，不敢苟以下愚，自申管见，虽则疏野，远惭先哲，于披求有得，窃谓详尽，其《南史》刊勒已定，《北史》勘校粗了，既撰自私门，不敢寝嘿，又未经闻奉，亦不敢流传，轻用陈闻，伏深战越，瑾言。”

莼客阅《竹垞文集》记云：“吾浙竹垞、西河、谢山、堇浦（按朱、毛、全，堇浦未详）四家之集，可谓理博辞富，探讨不穷者矣。”竹垞尤醇雅，不愧儒者之文。

昔人谓作谱之才须与其人相称，亭林学识绝代。莼客谓“石州作谱，专搜琐屑，于其用世本意，及沧桑时事，俱属茫如。”予在汴梁尝为周亮工栎园作年谱，未敢自信，犹存箧中。

戴望子高亦负经生之誉。莼客谓“为小人之无忌惮者，尝见其说中字，云此为男子阳物象形，则它可知矣”云云。至目之为戴附生，嘻亦过矣。今人郭沫若著□□□，说大字亦为男子阳物，象形，连千言不休，且有本。不谙文字学，耳食此事，乃就读其书者，商品、广告之术，巧妙各自不同耳，于沫若乎何诛。（同上七十五页。夜覆阅日记十六册竟。）

郑子尹《说文逸字》，所补凡一百六十五文，“儿部”补免字，曰：“子脱胞也，从二儿，上人母也，下人子也，从[illegible]省。”以为此妇人生娩之正字。《说文》自有娩字，训生子免身，不应复出，而其取义纤巧猥亵，亦已甚矣。悉伯非之是也（《越缦堂日记》十七册三页）。雷浚《说文外编》，谓“免”同“絻”（冕，重文入月部）。《说文》当于“糸部”出絻字，免为絻之重文，未可为信条。悉伯则从俞曲园说耳。许君自叙明言九千三百五十三文，重一千一百六十三，今据大徐本九千四百三十一，重文千二百七十九，菉友拟据原数以删，子君欲据它书以补，虽曰好古，难免师心。

竟日以益吾选本较点《哀江南赋》，及读倪鲁玉《注释庾集题辞》，“信本传”称其博览群书，尤善春秋左氏传，滕王逌《序》曰：“名山海上，金匮玉版之书，鲁壁魏坟，缥帙缃囊之记。”《鲁玉题辞》有云：“包胥依墙于七日，辛有感祭于百年。”自非横一卷于长头，数平生之极癖，何以得此，可谓见其深处者矣。

1932年10月29日

王先谦《续古文辞类纂》，采自乾隆迄咸丰间三十八人，自序于光绪八年。家有藏本蟫蚀之矣，补录如下，按下表著录三十九人。

桐城姚范南青（有《援鹑文集》六卷）……

嘉禾（即嘉兴）张鸣珂公束有《国朝骈体正宗续编》八卷，继曾宾谷[1]之选也。书未获见，仅于溧阳缪德棻谷叟《怡云山馆骈体文》二卷中见“序文”一首，中有云：“然而鉴裁精采尚止乾嘉以前（指曾选），搜选丛残，未逮道惑而后褒。录仅四十二家，旷隔已八十余载。明言续选之不可缓也。”又云：“夫汉魏递降，奇耦共贯，故徐庾直与贾董而联镳，唐木相承，骈散殊科，自韩柳即从燕许而夺席。”言文体之变也。馆中粗阅，钟鸣退食。

八家面目，一经选本，如塗塗附，彼徒取架空腔调，便于按腔拍合者，以为诵习之资耳（如今人家置唱盘以资弋猎，真习戏者仍非拜师学全本不可）。储选《史记菁华录》，割截襞积，尤形荒谬。如取《太史公自序》一传，而以太史公论六家要旨名篇，无非为不读书人开方便法门而已。悉伯《致贾琴岩书》（《日记》十七册五页），略言"古文之法非坏于八家，坏于茅鹿门以后之评八家者，虽方望溪之文有义味，姚姬传之学有本原，而尚陋习相沿，惑于挑剔吞吐，开合照应，以摇曳为神致，以断续为离奇，数字之文，必有针线脉络，一行之简，亦须起伏映带，此学究之蛊毒，中人最深者也"云云。近人林纾著《畏庐文谈》，尤专此道，惜悉伯不及见之耳。

悉伯极称浙之竹垞、西河、谢山、堇浦[2]（未详堇浦何人），考"日记"（十七册八十四页）知堇浦有《道古堂集》，谓"堇浦以赵清常、钱遵王为藏书，之藏书非读书之藏书，以汪钝翁为文人之说经，以高澹人之《天禄识余》为徒尝禁脔，其言皆确。至论朱竹垞亦诗人之说经，则过矣。竹垞恐非堇浦所能及也，其碑志之文拙于叙事，然徐文穆、梁文庄两'志'独严整，有体裁，其他畸人瘁士及序记小品，吐属清华似范、谢，标举冷隽似皮、陆。《待月岩记》《三殇瘗砖》两篇，尤一时之独绝"云云。据此不难考得其人以实之矣。

又云（十七册八十七页）："堇浦考据之文，多未甚覈，如《毛诗叶韵序篇》，谓'车'与'华'同在'麻韵'，车音'居'始自吴之韦昭，古无居音也，不知唐始有'麻韵'。古读'华'如'呼'，故华华声，'华'从'亏'声，凡麻韵之字，古皆在'鱼、虞、模、戈、歌'五部也。盖其学博综泛滥，强识而不审思，然每举一事，元元本本，罗列家珍，如言中书掌故，言家集，言年谱，言家谱，言朋友之服，言期功去官，皆条举数十事，真不愧博学鸿词也。惜其《续礼集说》《北齐书疏证》《金史补》三书，俱无由得见，《三国志补注》虽收入四库，民间亦未版行耳。"

晚微被酒，不堪久坐，卧阅《越缦堂日记》十七册毕。

【注释】

①曾宾谷：指曾燠。

②堇浦：指杭世骏。

1932年10月30日

徐鼒彝舟所著，有《未灰斋文集》《读书杂释》等书。悉伯记之甚详（十八册三十九页），其说如"庄公二年至六年"，经书，夫人姜氏会齐侯者三，如齐师者一，书，奸者屡焉。春秋之例，内大恶讳，君夫人禽兽之行大恶也，胡弗讳。夫春秋之讳不书者，圣人有不忍者也，春秋之书不讳者，圣人有不敢讳者也，圣人所谓知我罪我，即在此等。深心特笔，万世共见，其有功经学，非浅尠也。据其代阮文达所撰《刑部尚书赠太子太保史致俨神道碑》，知嘉庆己未，元副朱文正珪为总裁，宫保中式第一名，是科得人最盛，绩学如武进张惠言、高邮王引之、歙县鲍桂星、全椒吴鼒、闽县陈寿祺、德清许宗彦、栖霞郝懿行、武威张澍，其通显扬历中外者，则自汤相国、金钊、卢敏、肃坤以下数十人，而宫保为之冠，是年太史奏五星聚奎，文正因作《五纬联珠图》，可见嘉庆四年之榜，空前绝后，亦文达一生最得意事也。（按：应系文正最得意事）

曾文正自谓“国藩之粗解文章，由姚先生启之”，然笔势究不甚相类。悉伯阅《文正文钞》评记云：“文正初慕汉学，继慕宋儒，其古文则服膺惜抱，然笔力自可喜，性情亦真。其《江忠烈罗志节李忠李勇毅诸公神道碑》，事既可传，而又同艰共苦，周旋百战，故叙述尤觉真挚。其《大界墓表》《台州墓表》为葬其祖父两世而作，字字真实，不作一景饰。《语季公芝昌墓志铭》尤多言外之旨，虽义法未纯，固不仅藉以人传矣。末附《求阙斋经史百家杂钞》，叙目仿姚氏《古文辞类纂》之例，而并抄诸经散入之，自我作古，真它足也（十八册七十四页）。”

“殷墟文字”之考订，自吴清卿[①]辈发其凡，法人敦煌石室发见以后，近人王国维、罗振玉尤大昌其说，虽以章师[②]之素不谓然者，闻迩来持论已不若当年之坚。而悉伯盖并金石流，均在摈逆之列矣，其言曰（“日记”十七册六十二页）：“嘉庆以后之为学者，知经之注疏不能遍观也，于是讲《尔雅》，讲《说文》，知史之正杂不能遍观也，于是讲‘金石’，讲‘目录’，志已偷矣。道光以后，其风愈下，《尔雅》《说文》不能读而讲宋版矣，金石目录不能考而讲古器矣”云云。诚慨乎其言之，恐纣恶不至是耳。（悉伯与清卿颇有往来，清卿得名较盛，想亦悉伯所不满耳）

宋子京《新唐书》，尽刊“诏令表奏骈俪”之作，诚为过当。然自晋宋齐梁以下诸史，繁文浮旨，叠矩重规，饰伪崇诬，良为可厌。《隋书》稍加简择，较有体裁，其“传论”诸篇，虽承用偶俪，而辞意质直，杀而不繁，此房魏[③]诸公浮华渐扫，其功不可没也。如杨元感等传论，发挥隋氏兴亡之由，其辞甚美。又云：“隋之得失存亡，大较与秦相类，始皇并吞六国，高祖统一九州，二世虐用威刑，炀帝肆行猜毒，皆祸起于群盗，而身殒于匹夫。”原始要终若合符契矣，亦名论也（同六十四页）。

邓嶰筠《诗双声叠韵谱》序例及林月亭《跋》，以偶体之文为考据之学，此类文字清儒特佳。悉伯谓“自唐陆元朗宋郭忠恕后无能及之，拟辑为一编，题目《国朝骈俪说经文》，真希世之鸿宝”云云。悉伯不作，来者可追，然恐吾与足下不及见也。

弇州才大，实明代第一，《观袁江流》一篇，洋洋诗史立言用事，色泽音节无不入妙，自唐以后无此作也。（同九十七页）

“说部数种此外无学解喰七字并时无人”，此十六字，近日江湖才子通病（十八册四页）。

董佑诚，阳湖人，初名曾臣，字方立，嘉庆戊寅（二十二年）顺天举人。少喜文章，后更肆力于律历、数理、舆地、名物之学。道光中卒，年仅三十三。其兄基诚，字子洗，嘉庆丁丑（二十一年）进士，官户部郎中，为刻其遗书，首册曰《割圆连比例术图解》三卷，《椭圆求周术》一卷，《斜弧三边求角补术》一卷，《堆垛求绩术》一卷，《三统术衍补》一卷。次册曰《水经图注说残稿》，四卷。第三册曰《文甲集》二卷，《文乙集》二卷，《兰石词》一卷。共十六卷。前有李兆洛所撰传其《文甲集》，皆散文考据之作，《乙集》皆骈文，其友方彦闻先序而刻之。悉伯酷爱朴茂俱至之文，故于方立推许尤至，谓其文博丽警秀，足与其乡人洪北江、张茗柯[④]相抗衡。《兴平县马嵬堡唐贵妃墓碑》尤绝世之奇作。《石鼓文跋》数典之环制，小学之硕材。《华荪馆词序》艳溢香飞，徐庾不能逮也。《送洪石甫序》极言县令之难为，究悉情变，辞谐而庄。方彦闻《鹤梦归来图序》述闺房之哀乐，叙幽明之感思，结气回肠，情文尤绝云云。稽悉伯自记手录方立之作，尚有《云溪乐府序》《与方彦闻书》《答方彦闻书》等篇，而梁选（《骈文类纂》录十四首，《十家四六文钞》录十一首）尚遗《兴平唐贵妃杨氏墓碑》《华荪馆词序》《鹤梦归来图序》诸篇，今晚读其《答方彦闻书》，自云"仆生二十有一年矣，而所成就者已如此卓卓"。末有云"至乃营情弋猎，诡遇科第，牝友牡群，颉引盻望，附鳣釜中，逐臭海上，跬步偶倮，得谓登龙门之陂，援系寸失，若坠焦原之谷，驱魂役梦，朝舞莫擗，奄随大化，同腐野草"。咨嗟涕夷而道之，而董君之志可见矣。所以前云"睢睢盱盱，上穷结绳，汹汹隆隆，下究倚枰，驰骤六籍，出入百氏，成一家之言，为奕世之则，区区之诚，有慕于此，所以终日而不倦，一夜而十起也。"滔滔尘世，所遇非人，噤户读此，气力倍增。

入夜读梁刻悉伯《三山世隐图》，记误字。

【注释】

①吴清卿：指吴大澄。

②章师：指章太炎。

③房魏：指房玄龄、魏征。

④张茗柯：指张惠言。

1932 年 10 月 31 日

曾宾谷所辑《骈体正宗》，自毛西河至汪竹素（全德）凡四十二人，多有仅取一篇者。悉伯甚不慊于此选，谓（《越缦堂日记》）："乃至凌次仲[1]亦止一首，汪容甫仅至三首，而吴谷人（锡祺）多至十二首，袁子才[2]亦十二首，而《辞随园上尹制府启》及《吴桓王碑》二首为子才杰作者乃反不列（按吴山尊《八家四六文钞》录《上尹制军气病启》及《祭吴桓王庙文》，仍非悉伯所指）。曾氏此选与吴山尊《八家四六》[3]皆以当家操选事并风行于代，而两公实皆未能深辨气体格韵之间，故雅俗杂登，菁华多落。山尊自为之文，稍胜宾谷，而又以声气为进退，此刘圃三[4]与宾谷所以各占一家也。国朝此事，跨唐跂汉，论定之责，其在后人乎，其在后人乎"云云。下文应直接小子何敢让焉。悉伯卒以有志未逮，无以沾溉后人，则名心未忘，役志科场累之也。

阅《万善花室骈文》，吾尝谓曰："朴学者毕生之遐功，文章者不朽之盛事。勿谓鸿儒优于文人，而轻弃其照乘也（《兰石斋骈体文遗稿序》）。"子才对于季逑[5]，亦尝规以此意，袁孙之间，几致反唇，其间得失，当别论之。

《邓完白先生墓表》，铭辞较高，而专写叙书品，有类篆势之篇，不及《书谱》之隽。至完白成学之原，风格之高，以彦闻之自承年世相接，仍未足以传述其人。益叹慎伯所为《完白山人传》，信足以知山人者矣。

悉伯日记云（十八册二十一页）："予向见常熟重刊《清苑珠林序》，末题'万善花室女弟子吕琴姜撰'，其文高丽博奥，逼真初唐，知必名手代撰，而求近代诸家文集，俱未得之，今即在此集中乃其代妇所作也。彦闻与董方立[6]交最挚，方立有方彦闻《鹤梦归来图序》，言图为彦闻悼亡而作，悼亡者乃其原配陆孺人庭芝之曾祖桐城君，奇爱季女必欲择名士相适，因以归方君为继室。方君嘉庆戊寅科举人，官福建闽县知县，所至喜拓碑，聚古钱甚多，善八分书，年五十三卒于官。”又云：“其文博丽清缛，深于徐、庾、王、杨家法，不及董方立之警炼，而格韵超秀则过之也。”

翁覃溪恶霸都城，以完白山人不至其门，乃力诋山人耳，食者共和其说（包慎伯《完白山人传》）。悉伯谓：“覃溪实不知学，初亦依傍汉儒思以考据自见。既而硕学辈出，其陋日形，又为戴东原所讥，遂老羞成怒，逞臆妄詈，于是骂朱竹君，骂纪晓岚，骂阮芸台及陈恭甫[7]。致书直争其失，而覃溪底蕴全露，其人亦老不可复为矣”云云。覃溪体无完肤矣，此亦得盛名于生前者所食之报也。华亭董其昌名倾皇室，妇孺皆知，而其乡人几于犬彘不食（蒋瑞藻《小说考证》），吁可畏哉。

予执疑悉伯有不满于吴清卿之处，今晚见其日记（十九册四十四页），果如所料。记云：“得清卿书，属题所手拓古器款识及所缋图册，此本不烦题辞而已，有歙人鲍某之跋，自谓恶札，真不妄也。近人喜讲金石而不通文理，极为可笑，如天津之樊彬，广东之李宗岱，山东之陈介祺，吾浙之吴云、张德容。后生小子慕而效之，谓不读一书而可称名士矣。鲍某喜聚古泉居，然著书予以未见为幸也”云云。未免有伤厚道，况不旋踵，仍为之赋诗题咏，谓之何来。

【注释】

①凌次仲：指凌廷堪。

②袁子才：指袁枚。

③《八家四六》：指《八家四六文钞》。

④刘圃三：指刘星炜。

⑤季逑：指孙星衍。

⑥董方立：指董祐诚。

⑦陈恭甫：指陈寿祺。

1932年11月1日

《四六法海》，明天启（熹宗）吴郡王志坚编次，凡十二卷，其凡例自明为举业而作，至云“骚赋及诗于举业不甚切用，概从阙如。”则其选政不可知呼，然每篇皆附有史略，殊便童习。

《课子随笔节钞》六卷，附录《续编》各一卷，仪封张又渠（师载）辑（乾隆十年），选录自《马援诫兄子严敦书》至方元亮《家训》，依时代为序，如柳玭《戒子弟书》。予尝临南园[1]所书，恭悬家庙之类，小学失修，民凉其德久矣。

《扁善斋文存》，江宁邓嘉缉熙之著（光绪二十七年刊），是笃守姚氏宗派者，其《复周玉衡书》中叠呼柳哥至数十次，为之作呕。称兄为哥，不惟未见，经传即号称古文正宗者，亦未见如此称呼。又云兹撰联语抄呈□祈“购洋布托友代书洋布”云云。尚成何语，披沙练金真不易也。

《类篇》十四卷，司马光奉敕修撰。一部较《说文》多万字，次第与许书同。

《左传纪事本末》五十三卷，高士奇撰，此皇帝读本也。

《居易录》（取顾况“长安米贵居大不易”语意），三十四卷，济南王士祯著，继《池北偶谈》《皇华纪闻》而作，自比于刘歆《西京杂记》，王明清《挥尘三录》，李心传《建炎以来朝野杂记》之属，其中诗话至多，中有一则云：“康熙壬子于安肃县旅次见壁间大书云：‘一剑有如魏武帝。百身莫赎楚怀王’，字极奇伟，不著名氏，亦不知何指也。”

《困学纪闻》二十卷，宋王应麟（厚斋，伯厚）撰，凡“说经”八卷，“天道、地理、诸子”二卷，“考史”六卷，“评诗文”三卷，“杂识”一卷。首有《自序》云：“幼承义方，晚遇艰屯。炳烛之明，用志不分。困而学之，庶自别于下民。开卷有得，述为纪闻。深宁叟识（右三十八字，尚书自题）。”《四库全书总目》（子部杂家类）云：“是编乃其扎记考证之文，盖成于入元以后也。应麟博洽多闻，在宋代罕有伦比。”又云：“国朝阎若璩、何焯（义门）所校，各有详注，多足与应麟之说相发明，若璩考证之功十倍于焯，然若璩不薄应麟，焯则动以词章之学轻相诟厉，考应麟博极群书，著述至六百余卷（有《周易郑康成注》），焯所闻见，恐未能望其津涯”云云。此书在清初盛极一时可知矣。

《李文清公日记》十六册（自道光十四年至同治四年），清李棠阶撰。棠阶河内人，字树南，号文园，又号强斋，道光进士，同治间至礼部尚书军机大臣。潜心理学，融贯诸儒，无所偏主，凡问学者，皆以实做工夫勖之（节《人名辞典》）。李时灿序最佳，至称为“中兴之功，外首曾、胡②，内推倭（仁，谥文端）李”。粗读其第一册毕，觉此公于“聊斋”及“语录”之外，终年未曾致力，字虽用楷，且曰“应人索书”，而俗体满篇，去“馆阁”之能事尚远，行文多有不通之处，如“宝儒告予妻妾事亲，已当时时觉察，时时告戒，闻伯母有饮恨于心泣告他人者”云云（道光十四年五月初十日）。反复观之，方知其意所在，此公文思艰涩极矣，以外尚多此类，因浏读时亦受其记功记过所左右，不欲指摘其疵谬，自同小人则亦旋忘之，然观其续娶之日（道光十四年三月十四日）记云：“窃思夫妇交拜，取敌体之义，而男先乎女（不知阴先乎阳又作何解），雌先乎阳，牝先乎牡，则夫为妻纲之义，亦宜先为训示（涩极），虽古礼不见，余辄以义起，于分大小时亦命拜余（分大小是何等语，读此可为绝倒），则晓然知其分之所在，不得徒执敌体为词，或亦挽末俗颓敝之一端也”云云。妻之为言齐也，正不知文清公所据何经，所贯通者何儒，如此等书，信为悉伯言“以未见为幸”。世上有空疏不学，以意为之而可以称为儒者，悉伯于此等人深恶痛绝，讥弹备至，予总以为身心之学，躬行之行，亦天壤间最关紧要之事，未敢苟同，今见此书，如被邪魔，急呼书贾而还之。

【注释】

①南园：指钱沣，字东注，号南园。清代官吏、书画家。

②曾、胡：指曾国藩、胡林翼。

1932年11月2日

阅《困学纪闻·评文》一卷，节录数则。汪彦章（全云：龙溪，汪氏藻）曰："左氏屈原，始以文章自为一家，而稍与经分。"《艺文类聚·鉴诫类》，多格言法语，如曹植《矫志诗》云："道远知骥，世伪知贤。"诸葛武侯《诫子》曰："非学无以广才，非志无以成学。"颜延之庭诰曰："性明者欲简，嗜繁者气昏。"凡此皆可考治心齐家之法。若马援王昶之诫，张茂先之诗，崔子玉之铭，见于史传文选者不复纪。

《文选·安陆王碑》云："弈思之微，秋储无以竞巧。"弈秋见《孟子》，储字未详，盖亦善弈之人。注谓："储蓄精思。"非也。

李善精于《文选》，为注解，因以讲授，谓之"文选学"。少陵[①]有诗云"续儿诵文选"，又训其子精熟文选理，盖选学自成一家。江南进士试"天鸡弄和风"诗，以《尔雅》天鸡有二问之主司（何云：是张佖），其精如此，故曰"文选烂，秀才半"。熙丰以后，士以穿凿谈经，而选学废矣。

东坡得文法于《檀弓》，后山[②]得文法于《伯夷传》。杨植《许由庙碣》云："尧而许之，日而月之。"（庄子："尸而祝之，社而稷之。"《管子·小问》："五而六之，九而十之。"《吴子·治兵》有"圆而方之，坐而起之"等句）。独孤及《仙掌铭》云："月而日之，星而辰之"，同一句法。和凝为文，以多为富，有集百余卷，自镂板行于世，识者多非之，此颜之推所谓詅痴符[③]也（詅，力正反）。杨绾有论著，未始一示人，可以为法，《易》曰："白贲，无咎。"（阎云："《旧书·绾传》'每属文，耻于自白，非知己不可得而见。'"何云《癸辛杂识》有"詅粉之语，盖卖粉声也。"）。以上卷十七又卷十九亦标曰"评文"，何云："所评者应用之文，故别为一卷。"端坐办公室阅"卷十九评文""卷二十杂识"两卷竟，退食。

赵云崧《陔余丛考》言："三元，自唐至明十一人。"莼客考按"共十六人，有清二人，钱阁学棨、陈布政继昌是也（二十册十二页）。唐之李、杜科目无名，韩昌黎鸿词落第，刘去华制科被摈，杜岐公[④]、李卫公[⑤]皆任，子至今文章气节，著述勋名，震耀天壤。国朝乾隆以前状元或取才名，其策亦多取对，高宗屡有诏申饬之，故毕总督沅庄协揆有恭，皆由特简。嘉庆以后渐形波靡。自己未姚文僖[⑥]后，遂无名元，然其时犹未专取楷法也。至道光后专论字矣。自道光至今，凡开二十五科，状元通经者惟壬辰吴侍郎钟骏一人。其小有时名者，丙戌朱昌颐、辛丑龙启瑞耳。嘉道之龙首，士大夫多不能举其名氏，自姚文僖外，著作无一字流传，事业志行，虽亲爱者，绝无称述，朝廷取此等人果何用也"云云。末派如通州张謇、四川骆成章、贵州夏同龢、河间刘春霖，学行既不足称，即书法而论亦复萎陋，不值一瞥，科场之敝至此极矣。

悉伯祭其先妣冥孝，日记云："予既贫，甚不能供斋忏之资，惟饬家人洁治，食物多取执嗜，略设几筵，悬新得诰轴于上，焚香有待，上寿无期，虚滥芝泥之封，奚补风木之限，生前菽水，未尽一日之欢，今节衣冠，遂成百年之事，音容永隔，涕泣何穷，贫家风味，客里杯盘，庶几先灵，歆其清白而已。"其情既真切，文虽不极力点缀而自工。

《复古编》二卷，先以“平上去人”为次取字之，有正俗别体者，俱明辩之次以联绵字，如“劈历”不作“霹雳”之类，次以“形声相类字”，次以“形相类字”，次以“声相类字”，次以“笔迹小异字”，次以“上正下讹字”。张有字谦中，吴兴人，作此以抹正同时王介甫[7]之《字说》者。后为黄冠，盖有托而逃也，其书辨正极严，笔画小异，概以俗缪斥之，虽或失之太拘，然有功于小学甚大。郭忠恕之《佩觿》、戴侗之《六书故》远非其匹也。

吴荷屋《历代名人年谱》，凡十卷，始汉高帝元年，迄国朝道光二十三年。吴氏虽以著述名，而谱学非深，于史裁不能得其要领。吴氏不过翰林名士，封疆雅吏，实不足语于大雅宏达。观此书首称汉曰“前汉”，则其学可知矣。（同上二十页，书曰：“前汉。”遇按：《后汉书·儒林传》称“前汉”。）

《玉函山房辑佚书目小学类》，马竹吾所刻，浙章逢之（宗源）所为，五十五种，聋拾奇零，综理微密，虽多以朱竹垞《经义考》、马宛斯《绎史》、余仲林《古经解钩沈》及张介侯（澍）《二函堂丛书》为蓝本，而博稽广搜，较之王氏（谟）《汉魏丛书》，详略远判。（同上二十六页，又同三十四页云：《玉函山房》所辑小学诸书，较任氏《小学钩沈》为详，而有录无书者《八体六技》一卷，《蔡邕女戒》一卷，《索靖月仪》一卷，《李槩音谱》一卷，《颜之推训俗文字略》一卷，《开元文字音义》一卷，《义云章》一卷，《李商隐李氏字略》一卷，共八种。）

《燕子笺》，曲情事宛转，辞旨清妙，殊以读书人吐属。（同上三十页）

阅《魏书》“儒林、逸士、外戚、列女”等传，魏世诸儒谨守师授，尚有两汉遗风，不似江左六朝浮华相扇，然多失之固陋，张普惠引经据义，议论侃侃，虽不入儒朴，其所学所守，魏世一人而已。（同上三十四页）

阅《困学纪闻》，其十九卷评文多属当时流行骈体，《四六丛话》几悉数录之，兹节抄若干条，以觇风尚焉：

开禧，追贬秦桧。周南仲代草制云：“兵于五材，谁能去之？首弛边疆之禁，臣无二心，天之制也，忍忘君父之雠。”

又云：“一日纵敌，遂贻数世之忧。百年为墟，谁任陆沉之责（原作“诸人之责”，全易以陆沈借对）？”

徐渊子《上梁文》云：“林木翳然，便有濠濮间想；清风飒至，自谓羲皇上人。”

《初寮启》云：“得知千载，上赖古书，作吏一行，便废此事。”王元之表：“风摧霜败，芝兰之性终香；日远天高，葵藿之心未死。”

刘元城表云：“志存许国，如万折而必东；忠以事君，虽三已而无愠。”斯言可以立儒志。

王卿月为《澹庵制》云：“吾宁身蹈东海，独仲连不肯帝秦；至今名重泰山，微相如何以强赵。”

有郡守招士人教子辞曰：“士而托于诸侯，非其义也；师不贤于弟子，将焉用之？”

唐律赋《鸡鸣度关》云：“念秦关之百二，难逞狼心；笑齐客之三千，不如鸡口。”

属对遣词，不无巧妙，然格律至宋而益下矣。

【注释】

①少陵：杜甫，字子美，自号少陵野老。唐代现实主义诗人。

②后山：指陈师道，字履常，一字无己，号后山居士。北宋官员、诗人。

③詅痴符：原指文字拙劣而好刻书行世的人。

④杜岐公：指杜佑。

⑤李卫公：指李靖。

⑥姚文傳：指姚文田。

⑦王介甫：指王安石。

1932年11月3日

夹漈谓：“《说文》定五百四十类为字之母，然母能生，子不能生，误以子为母者，二百十类。”际遇按：“许君立一为耑，皆有深意，客有建立部首而无其隶属者，然又不能废之，而隶于他部。郑氏（樵）之说未敢遽信。归舍当检《通志》核之。”

录《说文》五百四十部仅有一字者，以难夹漈之说：

第一篇　亖，数名。

第二篇　凵，张口也，象形。

第五篇　凵，凵，盧，饭器，以柳作之，象形。

第六篇　乇，艸，叶也，垂穗，上贯一下有根，象形字。𠂹，艸木花叶垂，象形。

第七篇　彔，刻木录录也，象形。耑，物初生之题也，上象生形，下象根也。

第九篇　丏，不见也，象壅蔽之形。冄，毛冉冉也，象形。𤉡，如野牛青色，其皮坚厚可制铠，象形，𤉡头与禽离头同。易，蜥易，蝘蜓，守宫也，象形，《秘书》说曰：“日月为易，象阴阳也。”

第十篇　㲋，山羊细角者，从兔足，从苜声。能，熊属，足似鹿，从肉，以声，能兽坚中，故称贤能而强壮，称能杰也。熊，熊兽似豕，山居，冬蛰，从能，炎省声。燕，燕，燕玄鸟也，籋口布翄枝尾，象形。

第十三篇　𠦒，捕鸟毕也，象丝网上下其竿柄也。它，虫也，从虫而长，象冤曲垂尾形，上古艸居，患它故相问无它乎。

第十四篇　幵，平也，象二干对构，上平也。四，阴数也，象四分之形。五，五行也，从二阴易，在天地间交午也。六，易之数，阴变于六，正于八，从入八。七，易之正也，从一微阴，从中表出也。甲，东方之孟，易气萌动，从木戴孚，中之象，大一经曰：人头空为甲。丙，位东方，万物咸炳然，阴气初起，易气将亏，从一入门，一者易也，丙承乙，象人肩。丁，夏时万物皆丁实，象形，丁承丙象人心。庚，位西方，象秋时万物庚庚有实也，庚承巳象人斋。壬，位北方也，阴极易生，故易曰：龙战于野。战者接也，象人怀妊之形，承荄壬以子生之叙也，壬与巫同意，壬承辛，象人胫，胫任体也。癸，冬时水土平可揆度也，象水从四方流入地中之形，癸承壬，象人足。寅，髌也，正月易气动，去黄泉欲上出阴尚强也，象宀不达，髌寅于下也。卯，冒也，二月万物冒地而出，象开门之形，故二月为天门。未，味也，六月滋味也，五行木老于未，象木重枝叶也。戌，灭也，九月易气微，万物毕成，易下入地也，五行土生于戊，盛于戌，从戊一，一亦声。亥，荄也，十月微，易起接盛，阴从二，二古文上字也，一人男一人女也，从乙，象褢子咳咳之形也，《春秋传》曰：亥有二首六身。

上凡三十三字，皆为单文，无统率之字，而又不可隶属于它部之下。（第一）数目字自一至十，十字皆立部首，则虽三、四、五、六、七，五字无统率之字，亦应立部。（第二）干支二十二字皆立部首，则虽自甲至亥有十一字无统率之字，亦应立部。以不能自乱其例也。（第三）其余十七字，皆各有独立分祧之义，勉强入于它部，必至失官，形亦随之而变，如耑字，上象生形，既不可从山，下象根，而谓其能入以须，为义之而部乎。易字既非从日，燕熊既非从火，而谓能令其无可适从者而强从之乎，是诸母概为象形，不可分析其体，立为部首，佥曰可，皋陶庭坚，不祀忽诸，此亦事之无可如何者，而谓可以斩绝其馨香之祀，或祔食于异姓之庙乎。中国氏族其数二千，依见诸史传著录一千而奇，今代闻人之姓五百不足，将令空存谱牒之册，尽付秦灰，或不见苗裔之民，悉数藉没耶。为此说者，欲以伸许君之志，而明郑说之非，郑氏谓（《通志略》十一卷，《六书》五论子母条）："许氏作《说文》定五百四十类为字之母，然母能生而子不能生。今《说文》误以子为母者，二百十类。"云云。然则不能生者，莫上列单文之字若矣。不能生则不能谓之母，天下之为母者，危乎殆哉，旧例七出之条，无子者出，已震其不伦，执夹漈之说，将且谓他人父，谓他人母矣，其所废母为子者，周内之广，至二百十类，今据《通略》，举《说文》之句类生拘生钩，而令拘钩分隶手金，谓句母谓虚设。卤类生栗生粟，而令栗粟分隶木米，谓卤母为虚设。胖入肉类，叛入反类，半遂为虚设。僕入人类，蹼入足类，菐遂为虚设。句也，卤也，半也，菐也，皆子也，子不能生，是为虚设，可谓极武断之能事矣。云汉之诗曰：周余黎民，靡有孑遗。信斯言也，是周无遗民也。王伯厚据之实其《困学纪闻》，而未有是正。阎、何[1]诸氏笺辨王书，亦默焉不替一辞，唐宋风气，不知篆籀之学。义门不足责，潜邱则又何说之辞，且未论句卤半菐所生之子，改编之后，血食如何，而句卤半菐诸每，将令何属习用字书，如《康熙字典》，乃至电报号簿，原以便俗，虽以句入口部，卤入卜部，半入牛部，甚至乌入鸟部，稍识字者，不必与之争一日之短长。《说文》非字书也，便俗与否，更不在计议之列，何劳郑氏费此无用之力哉。就令生子可入他部，无出而弃，已为不义，杀其子而并弃其母，不乍哉。郑夹漈也，夹漈之患仍在不明六书之分，其相互之用，拘钩也，胖叛也，皆会意兼声，而声即在意中者，与纯体形声字者回然不同，谓为重声。毋宁重意，象形会意之字，所存已不多，夹漈亦太不知周鼎之可重矣。他日当考其全书详密条系之。

日来公务颇多，略如上记胸中未尽之蕴，良多附记之，以为再笔之券。晚为郑氏一言，挑灯夜战，已交子正，因明日尚有公务，不敢恋坐，遂告辍笔。

【注释】

①阎、何：指阎若璩、何焯。

《万年山中日记》第六册

（1932年11月4—18日）

1932年11月4日

刘熙《释名·释典艺》第二十云："三坟，坟，分也。论三才之分。天地人之治，其体有三也。五典，典，制也。制法所以镇定上下，其等有五也。八索，索，素也，著素王之法，若孔子者，圣而不王，制此法者有八也。九丘，丘，区也。区别九州土气，教化所宜施者也。此皆三王以前上古羲皇时书也。今皆亡，惟尧典存也。"熙以"双声叠韵"类如此。（参阅《万年山日记》三册四十页）

1932年11月5日

《司马相如传赞》："扬雄以为劝百而讽一。"《困学纪闻》引江氏（瑔）曰："雄后于迁[1]甚久，迁得引雄辞，何哉？盖后人以《汉书赞》附益之"。何笺云："索隐言之矣。"

悉伯阅《鲒琦亭外集》记云（二十一册四十五页）："予最喜国朝朱、毛、全、钱四家文集，所学综博，纂讨不穷，谢山[2]尤关乡邦文献，其文多言忠义，读之激发，自十八九岁时即观之忘倦。平生坎坷一无树立，惟风节二字差不颓靡，诚得力于《后汉书》及《刘蕺山集》，谢山此集耳"。其疾恶过严，避俗过甚，则于诸书受病亦不小也。其读《后汉书》记云（同上七十四页）："夜读《后汉书》，《周举左雄黄琼传论》《李固杜乔传论》《党锢传序》《李膺传论》《张俭传论》《陈蕃传论》《窦武何进传论》《儒林传论》，邵子湘《书金溪两烈妇纪略后》，汪容甫《李惇墓志》《吊马守贞文》《二林秋士先生墓志》（《述学》仅录《吊马守贞文》），慷慨激烈，有幽并豪士悲歌之风，此予平生所最喜者也。"以上二条可以见砥节砺行之方。

悉伯《桃花圣解盦日记》，终于同治十三年十月（《越缦堂日记》二十一册二十二册），正校读《晋书》之年，所记晋史事特多，它日攻错之助具在兹录，其一条云（同上九十页）："校《晋书·隐逸传》一卷，晋人此传至四十人，又附传者二人，颇不寥寂，盖以世乱方甚，又士尚清谈，玄宗多悟，故岩枯泽槁较为多耳，孙登、范粲、陶潜尤其眉目，非唐宋以下人所及也。《序》《论》皆拙劣之至，读之邑邑。按此可与《后书》独行、逸民两传并读之，大氐蔚宗所箸论在崇经学、扶名教、进处士、振清议。""闻之者兴起，读之者感慕。"（悉伯语）具斯良史之才，尤深牖民之志也。

悉伯尚有未收入《湖塘林馆》及《越缦堂日记》之文，移录如次。

《谢伯寅侍郎馈银启》：

使来渥拜朱提之赐，谊溢伦表，望逾分外，僵卧蹶起，固疾顿苏……

《谢陶文冲馈鱼鳍鱼脬笋脯乾菜启》：

远辱丰贶，备拜芬鲜……

《平阳殷君姬人郑蕙墓志铭》（同治十三年十一月三十日记云："夜为郑蕙撰墓志，以蕚庭之请甚紧，亦怜婵娟此豸，勉为作之。"末段文情高亢清淅）：

……环佩归来，永认韩陵之石，系以铭曰：

展矣邦媛，生南国兮，能知所从，心仪一兮，荃彼蕙心，协兰质兮，胡促其年，苕玉折兮，有洁期土，安弱魄兮，我彰其幽，庶不沫兮。

《古韵通说》，临桂龙启瑞翰臣箸。启瑞以道光辛丑进士第一人，历官通政司副使，江西布政使，卒于官。凡二十卷，悉伯读记（二十一册四十三页）云："前有《自序》（八月得自京师，本无自序），言自交汉阳刘菽云（名传莹，国子监学正，卒时年仅三十有一，曾文正为志墓）始为声韵之学，道光庚戌为湖北学政，乃参考姚氏《说文声系》，张氏《说文谐声谱》，苗氏《说文声读表》，折衷其说，为《音论》十篇，辛亥丁父艰归，始成此书，分'冬、东、支、脂、质、之、歌、真、谆、元、鱼、侯、幽、宵、阳、耕、蒸、侵、谈、缉'二十部，每部首列平上去入之目，先以诗韵，次群经韵，附骚韵，次说文本音，次通韵，次转音，后系以论赞。部为一卷，其'经韵'取裁于段氏，'本音'取裁于姚氏、张氏。"谓"段氏之分'之、脂、支'三部，张氏及高邮王氏之言通转流变，武进刘氏[3]之论入声同部异用及异部同用，皆至当不易。"又谓"顾氏古无入声之说不为无见，然平上去入四声，始于永明，而定于梁、陈之世，当日沈约诸人精通音律，制为四声以括天下之字，必有不可缺一者。"又谓"诗及群经用韵有龃龉不合者，段氏以为合韵，其说较顾氏、江氏以为方音者为近理。然古人之韵，既不得而见，又安知何者之为合，盖合均不外双声，双声即汉儒所谓声相近也，凡声近者皆可转，而不近者不能，故言韵则有一定之限，言声则递转而无穷，自钱竹汀氏发之，其《声类》一书实开字学音学之奥窔。"又谓"《说文谐声》往往有取诸转声者，小徐'旁纽'之说略发其端，如'曼冒声也，冒音如帽，又读如墨，帽墨皆冒双声。'……又或体中所从之，多与小篆双声递变，如暬本日也，或从刃作刱，则日与刃双声矣……"又谓"入声古所谓急语。"又"所谓短言，其字多由平声矢口而得，不经过上去二声，枢纽如'登'为'得'，'州'为'祝'之类（皆见《公羊》），即由上去转者亦然，如'趣'之为'促'，'害'之为'曷'，恶恶度度之类，皆两字相切而成。"其辨析声韵致为精确。

【注释】

①迁：指司马迁。

②谢山：指全祖望。

③武进刘氏：指刘逢禄。

1932年11月8日

杜豫造皇太子短丧之议，谓天子古无行服三年之制。高宗谅暗者，除服而不言，故不云服丧三年，而云谅暗三年，明不复寝苫枕土，以荒大政也。悉伯非之云：“夫既云百已总已听于冢宰，则固不听政矣，言且可以不言，而身不可以行服，遁辞害理，可谓无人心者也”云云。盖为晋武帝事，发之辞欲严正之。见《越缦堂日记》（二十一册七十六）。

《经苑》一部十二函，河南刻本，得之开封官舍，又为大学索到一部，钱衎石所校定。唐宋元明人经解，为通志堂所未有者，共四十一种，钱氏主讲大梁书院时，张布政日晸、王桉察简、杨兵备以增等鸠资刻之，开工于道光乙巳秋，至庚戌夏得二十五种，而衎石卒，遂辍工，今所有止二十五种也。悉伯读记（见二十二册二十六页）：“冣录其目后，谓张（根，《吴园解》九卷），徐（总干，《易传灯》四卷），黄（泽，《易学滥觞》一卷）之《易》，朱（熹，《孝经刊误》一卷），吕（维祺，明人，《孝经或问》三卷，《孝经本义》二卷，《孝经翼》一卷）亦徒灾枣梨者矣。原订目录中有朱子仪《礼经传通解》三十七卷，黄干等《续》二十九卷，黄震《读礼记日钞》十六卷，吴澄《礼记纂言》三十六卷，陈祥道《礼书》一百五十卷，陈旸《乐书》二百卷。皆未及刻，则可惜也。

《四库提要》子部类书类。节悉伯读记（三十二册三十八页）：“四库子部提要多出历城周书仓（永年）之手，书仓专精‘丙部’，而纪河间之学，亦长于诸子，故精密在史部集部之上。即以类书一门言之，钩贯淹通于极繁重之书，皆指瑕寻间得其条理，诚自古目录家所未有，然亦有失之眉睫者”云云。下举实例辨证以是知考据之难也。

吴荷屋中丞《吾学录》（上已有评记）。悉伯又谓（二十二册四十五页）：“其书虽乏体要，多略于朝廷大典制，而泛及官府常行事例，不脱公牍家言，然于品官士民祭礼丧仪及刑名例禁，独为详悉，亦教子弟者所必需也。”

欲学汉儒之治经，当先学宋儒之治心。悉伯自谓“一生不敢菲薄宋儒，良以此也。”予少时每以各种格言学案自随，以为治心之助，今者沧海曾经，浮云何慕，借兹一席，终我天年，此心尚觉泰然，可不藉嘉言猛策，三日以来，登山临水，乐尔嘉宾，日课不修，便觉憧憧，无少佳趣，虽不至名心未忘，终自知宿根太浅。

桂馥《有札朴书》，于名物训诂研析独精。悉伯云（二十二册五十六页）：“札朴者，盖取《说文》林下‘削木札璞也’之语（段注本，削木朴也），以札为简，札朴为木皮，自比于削牍所弃之余，今段氏说文已改为削木朴也，言札是衍字，而近年莫子偲所刻《唐本说文木部》，正作‘削木朴也’。”

大氐南朝自刘宋以后，不甚讲考据，范蔚宗《后汉书》，足称良史，又承武子家法，最重郑学。而《后汉书》中有三事之失，关于学术不浅，《郑君传》不举其所注《周礼》，而载其《孝经》，致历齐及唐辩论不决，此一失也。《儒林传》序称《熹平石经》为古文篆隶三体书法，致古今聚讼，此二失也。《卫宏传》言宏作《毛诗》，致宋以后人集矢“小序”，此三失也。卫宏作序之说，后人虽为辩之，谓是宏别作一书，非指“小序”，然终无以关人之口，且汉人解经亦尟有名序者（二十三册一页）。

《广韵》以“准”为“準”之俗，昔人以为赵宋避寇莱公名，又以为避刘宋顺帝讳。悉伯考之甚详（二十三册二页），卒谓“准”为“淮”之俗省，亦为“準”之俗省，古人或假“准”为“準”，后人文书便俗省“準”作“准”者，因少一点以别“淮”耳。（《说文》準平也，《广韵》準韵也）“蛩駏”说，今人喻患难相依多用蛩駏，其实本当作蟨駏或蛩蟨也。（详二十三册八页九页）

悉伯尚有三赋未录入其文集者，记云（二十三册四十五页至四十八页）：庭中紫豆一丛，作花甚繁，芭蕉展叶，绿满窗户，紫薇久花，离离散红，每晴昼晚霽徙，倚其下啸傲甚适，此亦予之三友也，各为一小赋系之。

《篱豆花赋》（以野人篱落豆花初为韵）：

有豆一丛，移来自野……

《蕉阴赋》：

愔愔院静，沉沉昼长……

《紫薇花赋》（以月钩初上紫薇花为韵）：

萼萼翠叶圆钿滑，枝头火齐迟迟发……

1932 年 11 月 9 日

北京宏远堂付来王先谦《骈文类纂》、孙梅《四六丛话》各一部，皆心所爱也，共付直十八金。

《授堂遗书》，偃师武亿虚谷所著，其子穆淳所编，道光癸卯其孙某重刻，凡《经读考异》十二卷，《群经义证》八卷，《三礼义证》十二卷，《金石三跋》十卷，《金石续跋》十四卷，《授堂文钞》十卷，《授堂诗钞》八卷。又《读书山房文钞》二卷，乃其子穆淳所作，未所辑入者，附录题词传志事实行述等共为一册。悉伯谓“虚谷经术风节世所共知（二十三册七十三页）。”又云（同上七十九页）：“其文多裨考据，笔近涩滞而简质，或如注疏家，或如金石文，其曲折层累处，亦颇有昌黎法，辞严义正，而出以平实，多可玩味，其《汉制六马考》《周礼名所由始考》（惟谓周官之称，《周礼》始于王莽，居摄以后，由刘歆之附会，近于武断）、《谏官考》《原字》（论人之以字相呼）、《广韵注义》（补注中所载人姓名）、《毁五岳寝庙议》《一切经音义跋》《巳亭记跋》（《巳亭记》王霞西所作，言‘上巳’义）、《题土壕镇壁》《与李东川论安陵书》《与朱少白论悬文》《考异书》《答黄小松》《论隶释续》《与桂未谷论说文序所言》《礼记指仪》《与李书源论竹书纪年》《书程侍御》《三礼郑注考序》。尤精确不磨也。”

《安吴四种》，泾包世臣慎伯著，悉伯读记达二千余言，如此读书方是巨眼。

晚朱乙《骈文类纂序目总论》末段，颇见原流，文云：“汉魏之间，其词古茂，其气浑灏，纵笔濡染，文无滞机，六朝以还，词丰气厚，羡文衍溢，时病烦芜。宋元以降，词瘠气清，成语联翩，祇形剽滑。明初刘宋，略仿小文，自时厥后，道益榛芜，虽七子大家，阙为斯式，华亭崛起晚末，抗志追摹，词藻既富，气体极高，明史称工，非溢美矣。昭代右文，材贤踵武，格律研而愈细，风会启而弥新，参义法于古文，洗俳优之俗调，选词之妙，酌秾纤而折中，行气之工，提枢机而内转，故能汪详自适，清新不穷，俪体如斯，可云绝境，洪李之作，无间然焉，辜榷陈之，用贻通识。（辜榷，《广雅》作嫴榷。王念孙曰：嫴推犹扬搉也，或作辜较。《孝经疏》引刘炫述义云：辜较犹梗概也，孝道既广，此才举其大略也。梗概与辜较，一声之转，略陈旨趣，谓之辜榷。）”

凡朱乙书传，原为攻读之助，贻之后人，尤为有益。密如包慎伯所云：“同人得书者，多苦句读之难，因为离句，重付梓人，诚不知以为苦者何人，然读书时，偶有意见，亦必以端书签注不可，有过分之词，怠惰之气，求其是而已矣。”此经生家法也。

1932 年 11 月 10 日

慎伯于礼服刑名致力最深，其《齐民要术》不乏切实之作。悉伯谓（二十四册二十六页）：“《艺舟双楫》，如《薛子韵墓志铭》（原作《清故文学薛君之碑》）、族兄纪三《郑本〈大学〉〈中庸〉说序》亦为杰作，然其《包君行状》《清故优贡生包君墓志铭》《翟秀才传》，殊跌宕有义法，《记两笔工语》《记两棒师语》，行议于叙，不在圬者《王承福传》之下，《完白山人传》笔势骀荡，尤能道出布衣胸臆，《安吴四种》全集中不无露才自炫，杀字未安之处，学固未醇，才亦难没，声气不相应，而訾诟随之，慎伯所以施之人者，卒亦身食其报。”言之不可不慎也。

归舍写《骈文类纂》书跗，肖屑细书，先生以此自熹也。再录悉伯文一首。（二十三册九十一页）

《致秦秋伊书》：

勉锄[①]仁兄足下，昔夏握别，倏经岁年，道远多思……

悉伯阅《阅微草堂》，谓：“文勤（应是文达）此书，专拟千令升颜黄门一流，而识议名隽过之，其字句下间附小注，原本六书雅训，一字不苟，是经生家法也（按五种者：《滦阳消夏录》六卷，《如是我闻》四卷，《槐西杂志》四卷，《姑妄听之》四卷，《滦阳续录》六卷，皆小说家言，汇刊一帙者）。”又云：“何如璋番禺人（二十五册九十二页），其人龌龊下材，戊辰进士（按如璋大埔人）。榜眼探花已属不典之辞，然尚肇于唐宋传胪，则国初以前未有此称（二十六册七页）。”

九月十五日为朱子生日，十二月十九日为东坡生日。

夜读《后汉书》马援、桓谭、冯衍、郅寿、苏竟、杨厚、光武十王诸传（二十六册三十八页）《援传》醇实似《班书》，盖全本《东观记》。《恽寿[②]传》简俊，有太史公笔意。《东平宪王传》叙述恩礼，情味浓厚，令人油然生孝友之思，魏孝文尝写此传以赐彭城王勰，朱子《诗集传》亦引之有以也。

阅《望溪集》（二十六册九十页）。其读经、读子史诸文多不可训，时文序寿序亦嫌太多，若其书后之文语无苟，作墓铭志传亦多谨严，叙述交游尤为真挚，与诸人书无不婉切有味，此实可传者也。余二十年前读之，多为浮气所中，又过信钱竹汀、汪容甫诸公之言，颇轻视之故，自后不寓目。此以知读书贵晚年也（我有先正，响往弥琛，今闻斯言，有如挟纩）。

《北齐书·儒林传序》（二十七册十八页）甚佳，其叙述学术源流，时俗兴废，言详旨简，不可不读。其《文苑传序》亦甚详，高齐累世淫凶酷暴，所不忍言，而其待民颇宽，又知重儒爱士，縻以好爵一时横经挥翰之流，类能引置讲帷擢居文馆，其隐退者亦得雍容弦诵，优养林泉，两传中人物亦颇可观，所当憎而知其善也。平生最爱鲒埼、潜研、北江三家之书。（二十七册三十九页）

【注释】

①勉锄：指秦树敏。

②恽寿：指郅恽与其儿子郅寿。

1932年11月11日

刘淇《助字辨略》、王引之《经传释词》皆根据史传之文，审其语气而释之，未为分析之功也。悉伯云："语助本无定义，古人从便书之，亦犹今之译各国音者，只取对音，不求本字，故自来承用助辞，多出假借。"此论凿然惬当，不知悉伯以前有曾道之者否，其实推悟之法，应非甚难，现代俗语笔之于书，即有许多借音之字，粤讴为尤显著之例。齐楚异言，秦越殊方，自昔为然，后亦如是。悉伯更以例实之（二十六册三十六页）。如"也"本女阴，借为乁字（也，从乁为声，以乁不便书，故借。也，秦篆又借殿）。"於"本"乌"之古文，借为"于"字。"焉"本鸟名，借为于字，曷字、也字、矣字（用在句首：如《礼记》："焉使倍之。"即於使倍之也。於即于字，《论语》："焉可诬也。"即"曷可诬也。"用在句末：重读则也字之借，轻读则矣字之借。经籍皆如是），又借为於是字（此二字合音即反切之始也。《周礼》："焉使则介之。"《左传》："晋郑焉依。"焉作爰田，焉作州兵）。"而"，本"颊毛"，借为能字、如字、若字、乃字、然字、汝字、尔字（凡用在句中作转势者，皆能字之借。"学而时习之"，学能而时习之也。"人不知而不愠"，人不知能不愠也。"直而温者"，直能温也。"宽而栗者"，宽能栗也。举此可以类推。用在句中作如字者，"且先君而有知也"，先君如有知也。《诗》："垂带而厉。"垂带如厉也。"胡然而天，胡然而帝"，胡然如天，胡然如天也。用在句末作如字者，"翩其反而，室是远而"，是也，作尔字者。"已而已而，而今之从政者殆而"，是也。用在句中作乃字者，"雍也仁而不佞""匿怨而友其人""夫子莞尔而笑""舍瑟而作"，是也。余俱详王氏《经传释词》中）。"能"，本"兽名"，借为耐字，犹本犬类，借为由字（古"犹""由"，字多通。由者从也，经传用犹字，作"取譬"义，取譬即以类相从也）。"虽"，本"虫"字，借为唯字（虽从唯为声，因以为唯字，《论语》"唯求则非邦也与""唯赤则非邦也也与"，两唯字皆虽之未借者也。凡文用"虽"字，皆有开宕义，故段氏玉裁又以"虽"为"睢"之借字，似未确）。耳，本人耳，借为尔字（耳，从尔为声，因以为尔字。凡文用语助当作"尔"，其对已称人者，或尔或汝或若，皆女字之借，称人以女，女有偶义，唯相人偶，始有尔、汝之称，故以女字为之，汝则水名，若则以手择菜也）。盍，本盖覆义，借为“曷”字。何，本负荷义，亦借为“曷”字。“它”，本虫名（即今之蛇也，隶转为佗，又变为他），借为“谁”字。“为”，本“母猴”，借为伪字（凡作为字，皆当用伪字，长言之则为诈伪）。推之旧本[illegible]，旧借为久字。常本衣常（即裳字），借为长字。帅，本佩巾（即帨字），借为𧗿字。率，本捕鸟之毕，借为逵字。音随义变，沿流忘原，日用之而不知，此类不可枚举也。

芸台[①]序《经传释词》，谓：“《说文》惟解特造之字（如亏白），而不及假借之字（如而虽），《尔雅》所释未全。”又谓：“《诗》‘鲜民之生’，《书》‘惠鲜鳏寡’，鲜皆斯之假借之字。《诗》‘绸直如发’，‘如’当解为‘而’（发乃实指其发，与笠同，非比语，《传》《笺》并误）。”又谓：“经传中实字易训，虚词难释，《颜氏家训》虽有音辞篇，于古训罕有发明。”际遇按：《尔雅》二十篇（本《汉志》，今《尔雅》十九篇盖释诂文多，旧分为二也），释诂、释言、释训几及其半，释训、释形貌也，今谓状字或曰形容词。释诂者释古言也，释言者释今言也，宜乎，代有是书始有以通古今之变，成一国之言矣，惜乎。刘熙仅有《释名》八卷，卷一释天地山水丘道，卷二释州国形体，卷三释姿容长幼亲属，卷四释言语饮食采帛首饰，卷五释衣服宫室，卷六释床帐书契典艺，卷七释用器乐器兵车船，卷八释疾病丧制。惟《扬子·方言》，足补《尔雅》之遗，而奇字奇语之所存者，未必尽合于故书。雅训子云诸赋，虽多古字，而至法言，剧秦所用者亦无几也。然犹赖有诸书之传，承学之士不至数典忘祖耳。

王引之《自序》曰：“自汉以来，说经者宗尚雅训，凡实义所在，既明著之矣，而语词之例，则略而不究，或即以实义释之，遂使其文扞格，而意亦不明。”谅哉。窃按《尔雅》如适之嫁、徂、逝、往也。而适又为词之啻，徂又为词之及，逝又为词之发声（《诗·伐木》“宁适不来？微我弗顾！”语曰：“会逢其适。”《释词》云：“逝，发声也，字或作噬。”《诗·日月》曰：“乃如之人兮，逝不古处？”言不古处也。《硕鼠》曰：“逝将去女，适彼乐土。”言将去女也。《有杕之杜》：“曰彼君子兮，噬肯适我？”言肯适我也。《桑柔》：“谁能执热，逝不以濯？”言不以濯也，逝皆发声，不为义也）。如，思念也，居处也，夷平也，一数之始也，而又皆为语助（《诗·汉广》“南有乔木，不可休思。”《泮水》曰：“思乐泮水。”《关雎》曰：“寤寐思服。”《左传》曰：“于思于思。”《诗·柏舟》：“日居月诸。”《檀弓》：“何居？我未之前闻也。”《昭二十四年左传》：“纣有亿兆夷人。”《孟子·尽心篇》：“夷考其行而不掩焉者也。”皆辞也，字里行间，或藉此充数，或以摇曳其词，纡缓其气，必求其实义，则无也凿。《大学》：“壹是皆以修身为本。”言是皆以修身为本耳。《郑注》曰：“壹是专行是也。”《朱注》曰：“壹是一切也。”均于本义未安，于辞义为远。《檀弓》曰：“子壹不知夫丧之踊也。”又曰：“子之哭也，壹似重有忧者？”而曰：“然。”《昭二十年左传》曰：“君一过。多矣，何信于谗？”并属语助。《史记·商君传》曰：“为法之敝，一至此哉。”云“乃至此哉也。”）

不论旧说之有无所谓“好学深思，心知其意”者欤（刘淇又引李义山《诗》：“王孙归路一何遥。”杜子美[②]《诗》：“一昨陪锡杖。”以明诸一字并是语辞，不为义也。其说特详）。

确山刘淇《自序》曰：“文以代言，取肖神理，抗坠之际，轩轾异情，虚字一乖，判于燕越，柳柳州所由发哂杜温夫者邪！”

《骈雅》七卷，明朱谋㙔撰，剌取古书文句，依《尔雅》体例分章训释，自释诂释训（无释言）以至虫鱼鸟兽凡二十篇，联二为一。自谓骈异为同，括殊号于同条，标微言于两字（余长章序语）。斯亦鸿烈之名书，中郎之秘笈也。《四库全书》列之于经部，小学有以也。

桂馥《说文义征》，莼客读记云：“是书以引浩博见长，若其正误发疑，远不及段氏。王菉友谓‘分肌析理，桂氏尤精者’，盖乡曲之见也。今即以‘孪’字下言之，其注引《西京杂记》‘霍将军一产二子’云云。又谯周《法训》‘一产二子者，当以后生者为兄，言其先胎也’云云。然如何休《隐元年公羊解诂》云：‘其双生也，质家据见，立先生；文家据本意，立后生。’此则眼前经注，而反不引此。阎百诗所云：‘考据不漏之难也。’”（谯周以“先胎为野人之凿语，君子不测暗，安知胎先后也?”不知此是周制何氏，非无本。）

《四六丛话》三十三卷，《选诗丛话》一卷，乌程松友孙梅辑，《自序》于乾隆五十四年，阮元自称受业，序于乾隆五十三年，计“选”二卷，“骚”一卷，“赋”二卷，“制刺诏册”四卷，“表”三卷，“章疏”一卷，“启”二卷，“颂”一卷，“书”一卷，“碑志”一卷，“判”一卷，“序、记、论”各一卷，“铭、箴、赞”一卷，“作家”五卷，剌取浩博，（断代至元而止，以明代不讲声偶，清文期诸续辑也。松友）于各卷之前冠以叙语，亦复典则裔丽，取法《文心》。

秦潮《叙》云：“唐初四杰，特推子安，万古江流，杜陵頫首，乃华盖太甲，一行未详，紫电青霜，新都偶拾，虽云佚阙，抑亦文胜矣。”王先谦亦云：“紫电青霜，王将军之武库，以电易雪，指齐为王，此绎文不当也（《骈文类纂序目》）。”晚卧阅《越缦堂日记》二十八册毕。

【注释】

①芸台：指阮元。

②杜子美：指杜甫。

1932年11月12日

朢，《说文》“月满也，与日相望，似朝君。从月，从臣，从壬。”壬，朝廷也。望，《说文》“出亡在外，望其还也。从亡，朢省声。”“望以朢为声，朢以望为义。”段注。

每月一日至十日以初字领之，自非《易经》初六初九之事。悉伯据（《越缦堂日记》二十八册十一页）沈匏庐《交翠轩笔记》引王荆公《高阳郡君齐氏墓志》有曰：“五月初三日，十月初八日，以为北宋时已然。”胡亭培《订伪杂录》引白乐天诗：“可怜九月初三夜，露似珍珠月似弓。”则唐时已然。又引汉末《焦仲卿妻诗》：“初七及下九，嬉戏莫相忘。”则其来更古。悉伯又按，此诗“初七”未必如今日所言，要以七字单辞而加之，是亦即今言之所本。胡氏此书订正俗误虽多，在耳目之前而往往为人所易犯，如云“书言皋陶①迈种德”，本训广布其德，而今人以迈种为出类之称。《公羊传》“许夷狄者，不壹而足。”本谓“不以壹事便许之”，而今人以“不壹而足”为至多之辞。《礼记》“朱弦而疏越，壹唱而三叹。”本谓“声希和寡”，而今人以“壹唱三叹”为长言之意。陆士衡《文赋》“或操觚以率尔，或含毫而邈然。”上句谓“草率速成”，下句谓“蹇涩不属”，而今人以“含毫邈然”为深远之致。《世说》“索（音色）解人亦不得。”本谓“人之意求解，亦不可得”，而今人以“索解不得，为作者自求解人”。此等皆极易晓而世人多忽之，通人名家时亦误用，至如分野之分，音问与野字对勯襄，皆去声，作急遽解。冗长之长，迳庭之庭，皆去声，俗儒亦多不察也。（按冗长之长，长物之长，皆去声，吾邑姚文登（嘉庆四年自序）初学检韵，长字下分平上去三声，庭字下分平去二声。叹钱竹汀之不虚序也。）

悉伯云（日记二十八册九十页）：“汪容甫先生《述学》（悉伯以先生称人，全日记未见他例，惟于二十九册二十五页称东原先生），余所最爱，其书包蕴宏深，隽桀帘悍，足以成一家之言。”推许之者至矣，然假使与斯人同时，正不知其能相容与否，尘海浩大，不容二流，爱才膜拜，限于异时，叹耳。旋又揭其二事用相訾议，二事者“汪氏母劳苦之碑”（《上朱侍郎书》）及“年伯弇山先生阁下”（《与巡抚毕侍郎书》）二语也，以劳苦之语见于《凯风》，遂至并断章取义而不可；以年伯之称不见经传，遂至施之时人而不能。岂非古而无死，则爽邱氏之乐非君所有乎，后者既为不典之说，前者又为数典所囿，摭其全书一二语，肆其讥评，窃谓非君子爱人之道也。又云（二十八册七十七页）：“抄汪容甫《李孝臣志铭》一首、《吊马守真文》一首，皆余所心爱，执所讽诵，故连而录之（尚有《邵青门书金溪两烈妇纪略后》一首，《彭二林秋士先生墓志铭》一首），以便三余之读。夫容甫经旧苑《吊马守真文》并序，文辞之高诚，敻乎超绝今古，而《大清故侯选》，《知县李君之铭》并序，固亦叙次简净，而究少渊穆之度，尚非汪文之至者。”悉伯特以一肚皮不合时宜，计偕被放之后，行吟歌馆，谓非斯人之徒，与而谁与，慨然于《吊马守真文》中静言身世，与斯人何以异，事有伤心，不嫌非偶数语耳。矧“李君铭文序语”中有曰：“尝与同志叹息，谓古淑人君子见于今日，然君居则受侮于家，出则不谐于乡里，客于四方，游于京师，人或始慕而终弃之，其爱而加敬者不十人焉。”此正搔着悉伯痒处，不觉为之顶礼及踵耳。高下在心，爱憎在意，评文之习，贤者不免，于悉伯又何讥焉。曾滌生非能友汤海秋，翁覃溪非不足知邓石如，而一则及其死也，方咨嗟涕洟而自萌悔心（据《祭汤海秋文》），一则及其生也，因不至其门而力诋山人（据包慎伯《完白山人传》），私意所中，真识遂蒙，平仲之交，善于久敬，悉伯并世，如湘乡勋业，彪炳环区，南皮[2]才名，凌轹侪辈，而或者以无因互前，恐为士者所笑，或者嫂溺不援，重寒故人之心，驯致移椟交讥，微词间出，我也自逃空谷，益艰觅俦，身过中年，动多追感，斯亦昌黎所谓“事有旷百世而相感者”，予不自知其何心也。

卧阅《越缦堂日记》第二十九册竟，贪夜不眠，灯月竞皓。

【注释】

①皋陶：一位贤臣，传说中生于尧帝统治的时候，曾经被舜任命为掌管刑法的“理官”，以正直闻名天下。

②南皮：指张之洞。

1932年11月13日

山上与泽丞立谈，谓："文以词章为最难，词章又以骈文为最难，抽象缀藻，于斯为至。彦和《文心》所以绝古无今也，方、姚之学诚不足比拟。顾、钱然朴学家，仅藉方法便可成文。文家则别有义法，正未易互相轩轾也。"持论尚平。

悉伯阅望溪文又记云（二十九册十九页）："望溪能知《周礼》经体之精，《仪礼》品节之妙，及《荀子》之醇处，其识自在并世诸家之上，惟任其私臆（中略举《礼记》《毛诗》数条为例），悍然不疑，往往读之失笑。又拾朱子之唾而痛诋，《诗序》尤为无识，尝谓望溪集中当删去大半，则于望溪之学（学字未安）不为无益，所以深爱望溪也。然如《读大诰》《读王风》《读周官》《读仪礼》《读经解》五首，简括宏深，必传之文，非望溪不能作也。"

《祀先供馈五簋下》（二十九册二十九页），注云（簋本盛黍稷器，古今不异，以时俗相沿，作盌字用之，此亦率尔一端，其实当作豆，今既无礼器则止当作盌，余昔年日记皆作器，亦可通也）："以见昔贤下字不苟如此。闻某先生在课堂上见一生书'體'如'体'字，披裤大骂曰：'人之本便为體，然则下體人之本也，即为人之體乎?'"此君究较《字说》为进。

段玉裁《答江晋三论均书》，悉伯节其大旨存日记中（二十九册十八页），并谓："此书备言己之得失，及诸家之是非，缕缕数千言，纲领毕举，读《六书音韵表》者尤不可不读此书也。"（此书未见，而所录大旨均见《六书音韵表·序说》中，故不骈载。

前后《鹤徵录》，悉伯读记（二十八册八十九，九十页），略谓"后鸿博之人才，自堇浦[①]、息园[②]、草庐[③]三君外，不得不屈茱园[④]，一一指盖，其余实无人，较之前鸿博，相去不啻霄壤，幸有杭齐足为朱毛后劲，而草庐亦足追配。托园六人皆浙产也，其举而不用者，震沧、果堂、位山之经学，东浦、东庄、梅史（沈清玉别号）之史学，樊榭、石笥、吾堂之词章，是九君者，足以特立。其次则不得不数绵庄之经学，鹰青之史学，亭培、浦山之杂学，随园之词章，此五君者，虽俱学无师法，而或以功力胜，或以才情胜，不特远过刘文定、于鹤泉诸人，即较之彭羡门、倪闇公、汪东川亦超数等也。其荐而未与试者则谢山一人，遥与梨洲辉映，学术相承，系东南文献之大宗，比之朱霞天半矣。其不用之最有名者，若沈归愚、刘海峰，仅胜于余子而已。取人至于考试论文，至于应制，虽极天子延揽之力，终不足以得人。"又云："以视两汉儒林传中人，无不致大官者，古今悬绝，盖汉之经学，为禄利之路，其从师传业者，无异今之举学。而国朝诸儒之学，则实与时背驰，宜其愈上而愈困也。然周清臣、潘安礼诸人，至今绝无称道；而谢山、震沧诸君，稍有识者，无不奉为山斗，著述流传，将与天地不朽。此则寻常科第，固等豪毛，即太科亦安足重哉。"

夜偕贻诚步校园，深领山高月小，空明净碧之趣。卧阅《越缦堂日记》第三十册。

【注释】

①堇浦：指杭世骏。

②息园：指齐召南。

③草庐：指诸锦。

④茮园：指沈廷芳。

1932年11月14日

云溪[1]昨函，引汉文帝《告南越王书》，直称“朕高皇帝侧室之子”，千古未闻，以此为帝，短者为词，争论归虞帖式。杭大宗《道古堂诗集》《书汉书高后纪后》一首云：“孝惠弃天位，吕氏恣傲扰。后宫美人子，一一痛孤藐。代王亦侧室，非吕焉用剿。乃知平勃谋，用意甚阴狡。专心媚长君，畏忌及黄小。济北一何愚，清宫殊草草。异哉兰台史，此义未搜讨。眇眇四皇子，阑入恩泽表（大宗与厉樊榭、全谢山同时）。”按古谓侧室犹言庶子也。《左传》：“赵有侧室曰穿。”又：“卿置侧室。”《疏》：“《文王世子》云：‘公若有出疆之政。庶子守公宫，正室守大庙。’”郑云：“正室嫡子也。”正室是嫡子。知侧室是支子，言在正室之侧也（据《辞源》）。上诗用侧室为庶子之义，尤明后世称妾之谓。悉伯云（三十册三十六页）：“侧室之子犹言庶生之子，非当作之嫡子也。”但《南史》：“陆展染白发，欲以媚侧室。”则俗称之由来，亦云古矣。

俗多以中表为婚（中表，见《后汉书》：“明公将帅，皆中表腹心。”按中表犹言内外，父之姊妹之子为外兄弟，母之兄弟姊妹之子为内兄弟，故有中表之称），不无疑父之姊妹之子血统太近，与父之兄弟之子相比拟者。按郑樵《通志・氏族篇》下云：“氏同姓不同者，婚姻可通，姓同氏不同者，婚姻不可通。”而又云：“男子称氏，妇人称姓，姓可呼为氏，氏不可呼为姓，姓所以别婚姻”云云。二说枝牾之甚。

秦始皇姓事已记如前（三册十三页），俞荫甫《湖楼笔谈》中有一条云：“秦之先伯翳赐姓为嬴，其子大廉实鸟俗氏。其后周穆王以赵城封造父又为赵氏。太史公于《始皇本纪》大书之曰：‘姓赵氏不著其为嬴姓者，以见三代以下之即以氏为姓也。’《高祖本纪》曰：‘姓刘氏。’《孔子世家》曰：‘姓孔氏。’同一书法，世乃谓‘太史公混氏姓为一。’（按郑樵《通志・氏族篇》有曰：“奈何司马子长、刘知几谓周公为姬旦、文王为姬伯乎？三代之时无此语也。”又云：“良由三代之后，姓氏合而为一，虽子长、知几二良史犹昧于此。”）果尔则直曰‘姓某足矣’，何必曰‘姓某氏’哉。”悉伯云（二十八册七十七页）：“此可谓善读书者也。”

《意林》，唐马总撰，摘录周秦以来诸家杂记，凡五卷，所采诸子多今所不传者，如老庄管列诸家，亦多与今本不同，足资考证，书在所藏三十三种丛书中（武昌刻本）。悉伯谓（三十册一页）“古人引书多以意改，即以《意林》言之，其所载书今尚存者，概删落字句，且有改属其文，隐括其意者，于《孟子》尤甚。所载书今已亡者，往往有格言可取。节录数则：‘党成于下，君孤于上，马不素养，难以追远；士不素简；难以趋急。’里语曰：‘州郡记，如霹雳，得诏书，但挂壁（崔元始《正论》）。’‘行礼若火，流教若水。让一得百，争十失九（《周生烈子》）。’谚曰：‘己是而彼非，不当与非争。彼是而己非，不当与是争。’‘镜照丑好而人不怨，法明善恶而人不恨（《魏子》）。’‘直木无阴，直士无徒（《任子》，名奕）。’‘君子居必选乡，游必择士（杜恕《体论》）。’‘远难知者天，近难知者人（秦子）。’‘刑者小人之防，礼者君子之检（顾谭《辨言》）。’‘荣辱所以化君子，赏罚所以御小人（陆景《典论》）。’其载《杨泉太元经》七条共二十二句，文亦模仿子云，刻炼可喜，更录于此：‘怒如烈冬，喜如温春。鸾雏凤子，养性高峙。隐耀深林，不食滓秽。内清外浊，敝衣裹玉。十里九坎，牛马低昂。天气左转，星辰右行。阴阳运度，报返相迎。强梁者亡，倔强者折。大健者跋，大利者缺。激气成风，涌气成雨。浊雾成雪，清露成霜。’”悉伯并为考各书著录源流。

悉伯记云（三十册九页）：“比日幽忧不堪，抄《南齐书·刘瓛陆澄传》，《北齐书·儒林传序》两首，便觉古人相对，经味油然，南齐无儒林传，故萧子显于刘陆两君传论发之，其言极醇，李重规《北齐书》以《儒林传序》为第一文字，述北学源流升降甚备。

【注释】

①云溪：黄云溪，清末秀才。澄海黄氏家塾教师。

1932年11月15日

文至寿序，可谓恶道，然如彭甘亭《钱可庐徵君六十寿序》，《胡竹邨集》中《王石臞[①]先生八十寿序》，《龚定盦先生集》中《阮尚书[②]年谱第一序》（即《文达六十寿序》），是三首者，包括群言错综六艺，实可作儒林经籍志，读此等皆奇绝之作，非古来所有者也。悉伯云（三十一册八页）。

顾广圻，清元和人，字千里，号涧苹，嘉庆诸生，受业于江声，通经学、小学，尤精校雠，尝以邢子才“日思误书更是一适”语，自号思适堂居士，有《思适斋集》。悉伯谓（三十一册八页）：“千里先生深于汉魏六朝之学，熟于周秦诸子之言，故其为文皆不假绳削而自合。”又谓：“甘亭毕力于文，骈体自为专家，然工丽虽胜，而形迹亦显，此文人学人之别焉。”顾集有《钱竹汀可庐两先生对床风雨图赋》，彭集中有《钱可庐徵君六十寿序》，皆艺苑之鸿制，合之以胡竹邨先生集中《钱竹汀先生入祀乡贤记》，而嘉定之学发挥尽矣。

南窗负日，写《四六丛话》书跗，卷目悉数以小书标出之。孙梅门人陈广宁《跋语》有云：“萧统之《文选》，刘勰之《文心雕龙》，不过备文章详体例，从未有钩元摘要……如我夫子之集大成者也，抑古扬今，过情失实，乌程有知，当为蹙然不安。”据广宁之跋已并受读，芸台所序又何以解于序中。昭明勒选，六代范此规模，彦和著书，千古传兹科律。诸语乎欲附骥尾而奔，适贻它足之憾已。

南皮《书目答问》，袛今数十年权威未减。悉伯所评（三十一册七十五页）甚惬，然不能去尽意气也。评云：“所取既博，条例复明，寔为切要之书，唯意在自炫，稍病贪多，非教中人之法。又经学诸门所注太略，甲部为读书先务，欲诱人宜最其菁华条注，书名之下，使人知涂辙所先，不可不读，至其例以低一格者为次，然如惠松崖[③]氏之《周易》，述及《易》汉学，江鳄涛[④]氏之《尚书集注音疏》，乃古训专门，桂未谷氏之《说文义证》，为古义荟泽，皆学问之渊海，考据之輨键，稍知学者，宜首从事，而皆列之低格于集部，出入尤多不确也。”

王箓友（安邱人，字贯山，道光举人，官山西宁乡知县，卒年七十有一，所著《说文句读》折段、桂之说，独辟门径。又有《说文释例》《说文系传校录》《文字蒙求》等）《文字蒙求》四卷，自序云：“为其友人陈山嵋所作《说文象形指事会意形声四类》（卷一象形分十四类凡二百六十四文，卷二指事分类凡一百二十九文，卷三会意分二十一类凡一千二百六十文，卷四形声仅收四类凡三百九十一文，补阙十四文。大旨皆本其《说文释例》，便初学也。箓友谓世之能识九千文者谅亦不少，则直取《说文》读之可矣，又无取乎区区者为也。脚步真站得稳，殊令人盛夏须御重裘也。悉伯称其说象形多解颐之论，如日月水夂自鬼鹿等字皆是，说巛字当横看，如画水纹然，尤为创发，第三卷字最多，多守许义，第四卷多出入不确）中二千四十四文，分类编纂，以教初学，俾识造字之原，为读《说文》者之纲领，其说辞务取简要，多有异于许君者，篆亦间取钟鼎体例，甚善心得为多，惟所说尚有臆决支离者。”

诗以言志，日记尤善焉，左史记言，右史记动，此天子之所为，庶民不敢僭也，无已其惟自记乎，无病而呻，不劳而歌，乡壁虚造，语等梦呓，而古人有行之者。按《说文》记雅也，雅部曰雅记，记雅转注为义。《广雅》曰：“注纪疏记学栞志识也。”君子多识，前言往行以蓄其德，记之一端而已。

悉伯《荀学斋日记·叙》亦未经采录，今录存之，君子于此观其老学之志也：

“自己巳九月至己卯三月为《桃花圣解盦日记》二十册，余年五十一矣，《史记》谓荀卿年五十始来游学于齐。《颜氏家训·勉学篇》亦言之。或以史言，荀卿下逮，李斯相秦，其年当至百三十余岁，遂谓五十当作十五，无论古人就傅入学，皆有定岁，无十五游学之理，如其言则史文何以有“始来”二字。周秦汉初之间，如窦公[5]、张苍年皆百余岁，何独疑于荀卿乎。周季大儒孟荀并称，而荀卿传经之功尤大，汉初六艺皆由卿出，即所传《荀子》三十篇，醇粹美富，无所不包，执志钻研，冀绍微绪，过时为学，希仰大龄，爰以荀学名斋，自今以后，日记遂以系之，庶厉炳烛之光，窃附假年之义，厄穷终老，亦吾志焉。光绪五年，岁在屠维单阏，日在大梁闰月，慈铭自序。”（《尔雅·释天》：“大梁，昴也。西陆，昴也。”《左昭公十一年传》云：“岁及大梁。”郝《疏》云：“昴者七星相聚，大小相系。”引《尧典》云：“日短星昴。”）

“旧”之本字为“久”，“难”之本字为“乃”，“答”之本字为“对”，“笑”之本字为“𡟃”，“薆”之本字“懋”，履“舄”之本字为昔。悉伯据张子中《说文引蒙辨疑说》，且谓为皆前人所未言（子中，为悉伯之友）。

覃溪以金石考订负一代大名，所著有《复初斋文集》共三十四卷，一至卷十五为序记、论说、书札、赠序、传赞、铭志、祭文、杂考之属，卷十六以下皆跋、书籍、碑帖、字画之文。悉伯谓（三十二册四十页）：“覃溪之学，长于簿录，其评法书，尤为专家，考求印记，辨别点昼，南宋姜岳以来一家之学也。文亦颇有真意，议论亦有佳者。惟于经学甚浅，而好诋诃，往往谬妄。又知近世经儒辈出，力不能敌，遂遁而言宋学，以程朱压人，实于宋学尤无所知也。”评论允当。

飘风怒吼，竟日不休，裹足阅书，无可告语，幸有先哲，昭然发蒙，随分读书，吾事真了。晚拥衾复阅《越缦堂日记》三十二、三十三册毕。

【注释】

①王石臞：指王念孙。

②阮尚书：指阮元。

③惠松崖：指惠栋。

④江鳄涛：指江声。

⑤窦公：指窦禹钧。

1932年11月16日

悉伯云（三十四册五十二页）："老爷之名实起南宋，而元史始见之。爷者父也，官称大人，始于《后汉书·乌桓[①]传》："其国有勇健能理决斗讼者，推为大人。"而魏晋时匈奴有南北部大人之称。

宋于廷《小尔雅训纂》（按汉《艺文志》有《小尔雅》一篇，无撰人名氏，今所传本则《孔丛子弟》十一篇内抄出别行者，疑非汉志所称旧本，其书分广诂、广言、广训、广义、广名、广服、广器、广物、广鸟、广兽十章，而益以度量衡为十三章，颇可以资考证，然时有错迕，如谓"鹄中者谓之正"，"四尺谓之仞"之类，皆与经文牴牾——《辞源》），未见其书。悉伯云（三十三册十五页）："《浮溪精舍丛书》之一也，凡六卷，其第六为序录及逸文之类，其书视王氏疏虽见精密，然王氏逐字为疏，无一遗漏，此则于习见及不可强通者略之。又在王氏之后，继起者易为功，亦犹郝氏《尔雅疏》继邵氏《尔雅正义》而作，虽视邵加精，而邵之用力为尤难，此非乡里之私言也。王氏于本书字字谨守，务申其谊。宋氏则谓此书既掇入孔丛伪书，必有窜乱，须别择言之，此其用意之少殊耳。近儒为小尔雅学者，王汾原[②]氏及此著外，胡氏承珙有《义证》，嘉定钱氏东垣有《校证》，葛氏其仁（钱氏同邑人）有《疏证》，胡氏墨庄遗书早刊行。葛氏书近日姚彦侍刻入《咫晋斋丛书》，惟钱氏书未见刻本耳。"

悉伯以光绪六年庚辰会试，出翁叔平[③]、王益吾门下，是年正考官户部尚书景廉（满州，壬子），副考工部尚书翁同龢（常熟，丙辰）、吏部左侍郎宗室麟书（癸丑）、兵部左侍郎许应骙（番禺，庚戌）、内阁侍读学士胡聘之（天门，乙丑）、右春坊右庶子王先谦、翰林院修撰陆润庠（元和，甲戌）、编修林绍年（闽县，甲戌）等，三月初九日首场，题子曰："吾与回言终日一章，柔远人则四方归之"二句，又"尚论古之人"五句。"静对琴书百虑清"，得清字实出林绍年房。据日记（三十四册十二页）："林得卷不知所谓，以问其乡人陈琇莹，陈力赞之。翁得卷大喜。王益吾见首场及三场文，即决为李作。翁素称爱士，王之选政亦无间。"记之以存科场实录。

《缦雅堂骈体文》八卷，山阴王诒寿眉叔著，光绪辛巳仁和许增为叙刊之。眉叔与悉伯邻县，中岁投答极密。据《越缦堂日记》（三十六册一页）："闻王眉叔病殁，眉叔少予一岁（按年五十二），未得乡举（许叙云：己卯榜后，眉叔益不自聊），贫悴以终，自去春得其一书，尚未作答，近方拟报之而已。遽判幽明，迟莫之年，故旧日落，如眉叔者自丙寅归里，始识之秣陵追答，无积衔之未伸，朝歌叙亡，亦清游之良简，徒以里社小集，时或流连，文字相诒，遍存篇牍，而斯人已逝，曩言莫赓，它日归田，累累宿草，莫天绝雨，浪浪在衣，总角皆隔世之人，倾盖半新鬼之录，苍茫四顾，叹怅弥襟。眉叔名诒寿，山阴廪贡生，尝署金华浦江训导，其居能昌安门外，能诗词骈文，著有《缦雅堂集》，近体小令，多有佳者，有女能诗”云云（陶心云书云：眉叔以二月十五日殁）。其《哭王眉叔》诗云：“老来朋旧尽凋残，又报王乔下玉棺。衔恤惟君勤问讯，读书无日免饥寒。清才乡里谁念继，白首名场较我难。有女传诗儿识字，此心泉下定差安。”间间写来，殊觉凄绝，悉伯既悲伯道，又愧中郎，借境放歌，亦以寄其永叹也。《缦雅堂集》中有《与李悉伯书》，悉伯里居时尚是中年以前，之作卒赤，未洗尽律赋气习，如读《葛壮节公年谱书》后起句云：“呜乎，大树飘零，何处将军之垒，灵旗风雨，长闻叱咤之声。”《与诸暨义军统领包君书》云：“进一步者死，么么之血横飞，在两山之间，髑髅之台高峙。”排律之习深矣。《七叹》一首，极力振作，气机畅行，然文章成就之何若，地位时或限之。“华门停上客之车，穷巷绝贵人之辙。”眉叔盖自言之。仁和张大昌捃集，集中句跋于卷跗，乃极可观。

【注释】

①乌桓：古代民族之一。亦作乌丸。

②王汾原：指王煦。

③翁叔平：指翁同龢。

1932 年 11 月 17 日

晚重衾中继续读悉伯日记，札录之以助攻治（《说文》“⺮部”无答字。“艸部”荅下云：“荅，小尗也，从艸，合声。”段注：“假借为酬答”）。

《说文段氏注·心部》，于惨、凄、恫、悲、恻、悯、殷，皆训痛也。段氏曰：“惨者痛之深者也；恫者痛之专者也；悲者痛之上腾者也；各从其声而得之。”悉伯申之曰（三十四册八十页）：“惨者痛之深而如惨者也；凄者痛之入微而凄其者也；恫者专达而洞洞乎者也；悲者痛之舒长而不能已者也；恻者痛之直而迫者也；惜者痛之散而可宽藉者也；悯者痛之公而漫漫然者也；殷者痛之隐而不得泄者也（段氏谓：诗之忧心殷殷，谓忧之切者也。亦此意）。”至于忧则愁心见于颜面，较痛为缓而弥久，但则惨之轻而澹澹者，怆则伤之外见而仓皇者，皆视痛为稍次也。愁者忧之结者也，痛者悲之踊者也，痛急而愁缓也，形声非尽合义，而大率如此。按刘熙《释名》俱以本字之双声叠韵释之，声近者义近，义即寓于声之中，推演一语之理，遂成颛门之学，此类是也。

《癸巳类稿》，清俞正燮理初撰，凡十五卷，皆考订经史之作，选刻在癸巳之岁，因名，以遗稿尚多，后乃续刊之，亦名《癸巳存稿》，六十五卷。悉伯喜读者。

《新唐书·隐逸》中，王绩、朱桃椎、秦系、张志和、陆羽、陆龟蒙六人传。悉伯抄记云（三十四册八十八页）：“冀以烟霞，去其痼疾，林泉疏其性灵也。景文[1]文笔峭洁，于传奇纵逸格为宜，六人旷放萧寥，轶霄脱滓，尤为可述，而旧书不载桃椎等五人，绩传亦甚简寂，景文补之，觉山水清灵，拂拂纸工，余夙所爱诵，今日因录入丛抄，小加考证，胜怀栖托，弥挹清芬。”案悉伯是年五十岁矣，著读之余不废抄写，沈麟士年八十以后神明不衰，手抄盈箧，以视今士何如。又记抄《后汉书》左雄、周举至孔融传论十二首。又记抄《后汉书》儒林传论，及《宋书》孔季恭、孔琳之等传论，并云蔚宗、休文皆良史也，诸论俱有深意。

《论语》“觚不觚，觚哉！觚哉！”（眇左目者误读“瓜戈，瓜戈。”眇右手者误读“角吉，角吉。”不良于视者误读“瓢不瓢，我瓢我。”）悉伯记云（三十六册三十六页）：“此圣人叹当时字体之不正，与‘必也正名’旨同也。觚者木简也，其形方，古人所以书（见《文选·文赋注》）。《急就章》云：‘急就奇觚与众异。’《汉书》云：‘操觚之士。’《西京杂记》云：‘傅介子弃觚而叹。’《说文》：‘幡书貌，拭觚布也。’（按段注，此条下注引师古曰：‘觚者，学书之牍，或以记事，削木为之，其形或六面或八面，皆可书。’觚者棱也，以有棱角故谓之学。觚，即孔子所叹也。段又按：‘觚以学书或记事，若今书童及贸易人所用粉版，既书可拭去再书。’扬雄《斋由素四尺》亦谓：‘素之可拭者也，拭觚之布谓之幡，亦谓之帑，反复可用之意。’）觚为书用，古之常语，春秋兵事，诈伪萌兴，书字不正，多昧古义，故夫子欲正百事之名，而叹今之觚不复成觚，即言字不复成字也。公子阳生为伯子阳，己亥为三豕渡河，当日简牍灭裂可知，觚哉之叹，并言书策之不足据也，亦与及史阙文之叹相发明也。特言觚者，觚方也，方者法也，《太元（玄）注》‘两言觚者法也。其谊盖古名法相应，叹觚之亡，即叹法之亡也。’若如汉注以礼饮受酒二升之觚言，则爵觯散角之类多矣，何独言觚？且当时礼器具存，尊壶不改，何独有不觚之叹乎？”按悉伯此解虽宏达，非发前人所未发，取“幡部”下段注而发明之，然“觚部”下不兼采注，上说宜乎？悉伯振振词费也。录此可悟贯串诵读之法。

《文中子书》凡十卷，隋王通（字仲淹，谥文中子）撰，本名《中说》，实其子所依托刻画论语，师弟亦互相标榜，自比孔颜。自汉以来，僭拟圣人自通始，聚徒讲学之风亦自通始（《辞源》）。悉伯读记云（三十四册六十三页）：“文中子谬妄可笑，前人论之已详。《四库提要》谓其书为福畤等所纂者，唐之初明君硕辅，不可以虚名动。又老师宿儒布列馆阁，不可以空谈惑，故其书不得行，唐末渐远，无征始得售其欺，后人聚徒讲学，酿为朋党，实起于此。录其书以著儒风变古之渐，尤为定论，近人俞理初（按俞著《癸巳存稿》）云：‘《中说》短书也，王凝父子（谓凝与福畤等古称叔侄，亦曰父子。《后汉书·蔡邕传》等可证）夸诞，可怜人也。’二语亦断定余谓此书所造事实之妄，不足复论，其书亦一无精实之理，其文亦十九支离可笑，宋人虽陋，何至称重是书，盖由其中如《周公篇》云：‘刘炫见子谈六经，唱其端，终日不竭。子曰：何其多也。炫曰：先儒异同，不可不述也。子曰：一以贯之可尔，尔以尼父为多学而识之者耶。’此等议论，深便空疏，不学之徒，为伊川[②]门下贱儒所深喜，故转相表彰。至阮逸之注尤陋，洪容斋谓：‘即逸所伪撰，亦未尝遍观之言（引例不备抄）。’如《周公篇》云：‘诗书盛而秦世灭，非仲尼之罪也；虚玄长而晋室乱，非老庄之罪也；斋戒修而梁国亡，而逸亦不能知妄。’注云：‘秦不用诗书致灭，则文义不可通。’尚得谓其自撰自注耶。”然容斋之识高出王厚斋辈多矣。

悉伯于阅顾维康《学诗详说·下》记云：“宋人解经，每以后人文法绳改古人，朱子之移《大学》《孝经》章句，分《中庸》章节，皆不免此病。”又云：“宋人说诗，不知言外之旨，故所作诗，亦无汉魏以来比兴讽谕之法。”

张介侯（澍）《养斋堂文集》，共两帙三十五卷。悉伯云（节三十六册四十页）：“其学极博洽，而未有家法，好刺新奇，其文之病亦在此，然渊雅实不可及也。”（介侯，乾隆举于乡，年止十四，嘉庆已未进士，由庶吉士改知县，历宰玉屏、屏山等县，皆有治声，可谓本末兼赅者矣。）

俞荫甫《春在堂随笔》五卷，其中喜述与曾、李诸公及显官酬酢之语，颇为世病，然其议论考据亦自有可观者。又《湖楼笔谈》七卷，其书甚可观，远出《随笔》之上。其《谈经》二卷，喜为新说，多不可训。《谈史汉》二卷，考证多密。《谈小学》一卷尤为精致。（节三十五册二十八、二十九页）

悉伯登第后，其无法疗贫如故，读其所记云：“医者皆劝静摄不复读书，然余舍此将何以为生，一息尚存，不能辍也（同三十页）。”“校《旧唐书·德宗纪》，入年五日，不见一人，而手不辍书，连昼达夜，盖作蝇头小字万余矣，亦可谓痴绝也（同四十一页）。”“是日（光绪七年正月二十九日）得雪可喜，而寒甚，焚香拥炉，勘弁阳老人[③]绝妙好词，时时辍笔，沦茗相对，此中静况，不可言说者也（同四十九页）。”“是日有风严寒（同二月初四日），以畏煤火，不敢拥炉，枯对一编耳，创手瘃思乡春事，已当山桃红绽，野荠青齐，水活含烟，云轻带岫，锦墙翠络，多上东郭之舡，歌管酒旗，多趁南镇之市，而羁栖十稔，笏莫一官，办装乏资，涉帑无计，清明先垄，又虚麦饭之浇，苍茫故园，日寄蓬飞之梦而已（同五十页）。”“等是有家归未得（前人句），著书还惜百年身（悉伯句），俯仰前尘，徘徊无侣，摭抄所感，而无永叹，昔人谓杜诗韩集愁来读，胜似麻姑痒处搔。非我佳人，莫之能解。”

魏源，邵阳人，字默深，道光进士，官高邮知府，文笔奥衍，熟于掌故，尤精舆地之学，治经以西汉今文为宗，与仁和龚自珍并称龚魏，有《曾子章句诗》《古微书》《古微公羊》《微春秋繁露注》《圣武记》《海国图志》《古微堂文集》《清夜斋诗集》（《辞源》）。悉伯非之而驳记之亘五千余言（三十五册七十六至八十四页），谓：“默深文字之疏，引倨之失，不可偻指，又诋諆先儒，指逆文献，尤多违戾佷愎之言。而默深之文，亦有不可磨灭者，其经世之学，议论多名通其说，理亦有精语，是集必传于后。故抉其瑕以全其美，亦爱护古人之意也。其大旨如此，分段节录之。《古微堂内集》三卷，《外集》七卷，《诗集》十卷。《内集》卷一为《默觚上》，皆分条说理，如子家语录之类，卷二为《默觚中》，分《学篇》三卷，三为《默觚下》，分《治篇》十六，亦仍条系说之。《外集》皆其杂文也，《诗集》分体编之。阅《古微堂内集》，默深为经世之学，其文笔兀奡，在并时包慎伯、张石舟之上，议论多可取，而于经学实无所解，乃大言自矜，援西汉诸儒，托于微言大义，掊击郑、许，于乾嘉诸儒，痛诋不遗余力，猖狂无忌，开口便错。其史学亦甚疏，驳之不胜驳也。自道光以来，经学之书充栋，诸儒考订之密无以复加，于是一二心思才智之士，苦其繁富，穷年莫殚，又自知必不能过之，乃创为西汉之说，谓微言大义汨于东京以后，张皇幽眇，恣臆妄言，攻击康成，土苴冲远，力诋乾隆诸大儒，以为章句饾饤，名物繁碎，敝精神于无用。（中略）而看之书不过十余部，所治之经不过三四种，较之为宋学者，尚须守五子之语录，辨朱、陆之异同，用力尤简，得名尤易，此人心学术之大忧，至今未已也（下略）。兹姑举其考据之谬，略系于左，（节三则）《说文转注释例》云：‘庚部壬部均无一字。然赓字从庚、妊、望、任、衽、饪、纴等字从壬何以不为收入此部，中字应收不收者也。’案赓乃续之古文，安得入庚部，妊、任、饪、纴皆以壬为声，默深方治钱氏塘之说，以许书钩笱入句部，纠、朻入丩部，合形从声为非，何以妊等可以声为部乎，望、聖下皆从壬，音挺不从壬，此则并未识字矣。《说文假借释例》云：‘《说文》中亦有俗体，滥收者如枭，旁加口为噪，尊旁加木为樽，嗞字加口，此与马头人为长人，持十为斗何异。’案许书并无噪字撙字，不知默深所见何本，然为火，然与嗞否，义绝不相通，必加口方别然之加口为嗞，犹不之加口为否也，嗞字经典仍假然为之，犹否字亦多假不为之也。又《说文转注释例》云：‘亝，禾麦吐穗上平也，部内只一斖字，即等齊之齊，当以亝入月部，而以斖为齊之古文，则亝部可废。朿、木芒也，部内只枣、棘两字。朿本从木，当入木部，而朿部可废。克，即克字，肩也，古文作克，并无相隶之字，应入仑部，不当别立部。木部只一枭字。麻部有䊵䌑䵝三字。林部有䊵字，当以木部麻部并入林部，不必别立部。垚，土高皃，尧字从之，当并入土部。案亝上象形，下从二，二即土也，月是何字，许书有此部乎。齊即亝也，斖谊自别，何得为齊之古文。仑是何字，许书并无仑部。朿入木部，则枣、棘二字将即附朿下乎？木是象形，单体字，不得反隶重木之林部，且枭字将即附木下乎？麻入林部，则䊵等三字从麻者，亦即将附麻下乎？垚入土部，则尧将附垚下乎？许书皆绝无此例也。”（际遇按：此条与愚所难郑谯之说相吻合，见《万年山中日记》第五册四十七页至四十九页，录此可为读书者取法。又一则见下四十六页。）

刘蕺山官行人时，梦升卫经历，心甚不乐，蘧然而觉，自知名心未尽，深自刻责。悉伯亦梦贵州知府邑邑之，甚可发一笑。

【注释】

①景文：指宋祁。

②伊川：指程颐。

③弁阳老人：指周密。晚年号弁阳老人。南宋词人、文学家。

1932 年 11 月 18 日

汪刚木（曰桢）《汪氏四声切韵表补正》，悉伯读记云（三十六册四十七页）：“汪氏酷信守温三十六字母之学，谓七音不得，稍有出入，而尚调停七音，以期古今相济。刚木则谓：‘言等韵者，不必复言古音，而谓周、沈之配合四声，天造地设，不容再出私意其中。’纠正江说甚多，且改其所表之等次及入声之等配，实自为一家之书也。”

《东塾读书记》，分孝经、论语、孟子、易书、诗、周礼、春秋、小学、诸子、三国志、朱子，各为一卷，经无《礼记》，史止《三国》，盖未成之书。其学折衷汉宋，实事求是，而独不取“荀子”，盖未知兰陵[①]之学者也。又其意实不满宋学，而故为门面之语，亦可不必（原注：朱子书后又有论西汉数页，编次颇无序。三十六册八十六页）。“春秋诸子”两卷，其言皆极平实，惟谓“左传”多后人增入，语取姚姬传、吴起辈增益之说。谓荀子所谓学者，止欲求胜前人，其非十二子中。又专攻子思、孟子，盖其失甚矣。又谓荀子诋子游氏之言，简而不枝。论《三国》一卷，《西汉》一卷，皆寥略其标题，止曰“三国”，曰“西汉”，殊非是。（同上八十九页。兰浦先生以光绪八年正月卒，年七十三。据三十八册五十七页。）

顺德黎二樵（简）《五百四峰堂诗钞》，其诗幽折瘦秀迴不犹人，二樵以缋事名家，诗中皆画境也。予十年从 E. H. Moore 师游，尝秉先君子命，赠以“二樵山水卷轴”并为之识，近慕师老矣，来书尚及此事也。

悉伯文未见选录者，读日记至三十六册止，凡十八篇另立《越缦外集》，先录存篇目。

魏源《说文转注释例》云：“初、哉、首、基可训为始，而始不可为初、哉、首、基，乌在其为考、老之互训也。推之而弘、廓、宏、溥、介、纯、夏、幠、庞、坟、嘏、丕、奕、洪、诞、戎、骏、假、京、硕、冢、簂、将、席、可训为大，而大不可训为夏、幠等十余字。赉、贡、锡、畀、予、贶可训为赐，而赐不可训为赉贡锡畀。衎、豫、妉、般、可训为乐，而乐不可训为衎、豫、妉、般。遹、遵、率、循、由、从可训为自，而自不可训为遹、遵、由、从”云云。悉伯按（三十五册七十九页）：“《尔雅》一书所以通经训，博异名，本不为六书而设，而六书中之转注一门因之以传，戴氏、段氏以转注假借为六书之用，圣人不能易也，且即以‘始’字言之，始，初也，见于《国策·秦策》：‘今日韩魏孰与始强。’高诱注：‘及《吕览·有始览》地有始。’注：‘始，首也。’见于《论语》：‘师挚之始。’郑君注：‘及皇侃《义疏》：盖初首者始之互训也哉，基者始之异名也哉，从才声，才者始也，故假哉为才，此即六书之假借也。基从土墙之始也，故引申为凡始之称，此即六书之转注也，其余可以类推，至自之训，由训从乃经籍之恒。’”训见于《诗笺》《三礼》，注者不可枚举，何并忘之耶。（昨夕抄读小学诸条，渐有悟入处，今日又录此。）

王先谦《汉书补注·司马迁传》一卷，采辑极详，悉伯云（三十七册九页）：“《司马迁传》：‘谈[②]为太史公。’案太史公自是当时官府专称，固非官名，亦非尊称（案《辞源》，录此二说），如后世之称史氏，亦未尝有此官名也，东汉称尚书曰‘大尚书’，郎曰‘郎官’。魏晋称中书令曰‘令君’，唐称御史曰‘端公’，皆不必为尊官也。”

阴阳之术大详，而众忌讳。案“详”，《史记》作“祥”，详之通假字也。《易》“视履考祥。”《释文》“本或作详”。《孟子》：“申详。”《檀弓》亦作“祥”。《说文系传》：“祥之言，详也。名家使人俭而善失真。”梁曜北《史记志疑》“以俭字为未的，引《评林》董汾说‘为检字之误。’”案董梁说是也。名家出于礼，不得云“使人俭”，且与上（案上与尚通）墨者俭义相犯，盖“检”即“敛”也。《孟子》：“狗彘食人食而不知检。”赵注：“检，敛也。”《班书·食货志》：“作不知敛，名家以绳墨检察人，使各约束于礼而不得肆，故曰：‘使人俭而善失真。’”有法无法，因时为业；有度无度，因物兴合。王怀祖氏谓：“兴当从《史记》作与，与上为字相对，是也。至舍字《史记》作合，舍之形误。此文法业为韵，度合为韵，舍古音如舒，故余、悆字皆从舍省声。《诗》何人斯，以舍与车盱韵。《易》乾文言，以舍与下韵，下古音如户也，圣人不巧时变为守，巧古音如朽与守为韵。”

《南齐书·高逸、孝义传》读记（三十七册八页）：“余最喜南北朝时两流之传，以其际暴君接踵，乱臣代出，天地睢剌，非此则人道几乎熄也。然诸史隐逸传中，亦鲜全节，萧齐世促，完美尤难。而褚伯玉、臧荣绪、刘虬、庾易、宗测诸人，绝意人寰，皭然云表。臧、刘两子，实兼孝义。荣绪丧母之后、箸适寝论，扫洒堂宇，置筵设席，朔望拜荐甘珍。灵预母亡之后，逢外祖忌日，生徒辍讲，闭门垂泣（原注：此事不载虬传中，见《梁书·孝义韩怀明传》）。此二事可以补《礼经》之未及，垂永感之恒规，正不独庚子陈经，箸尊圣之盛典，云香导磬想精梵之高踪耳。"

《四六丛话》，乾隆中乌程孙松友（梅）所辑，悉伯记云（三十七册九十七页）："采集各家之说，如宋人《苕溪渔隐丛话》例也。胡元任（仔）亦居湖州，故以'苕溪'名书，其体本之阮闳休（阅，宋人，有《郴江百咏》《诗选》）《诗话总龟》，而孙氏此书《序例》未尝及之。其论四六推重欧、苏而薄徐、庾，其序以骈行之亦不工，盖非深知此事者矣。"（原注：康熙时有归安人吴景旭字旦生者，著《历代诗话》八十卷，体例亦与此书相似，此书第三卷《论骚》，第四卷《论赋》，《吴氏乙集》六卷，《论楚词丙集》九卷，论赋而序例亦不引及吴氏。）

字有重惟、贴缪至不可诘者，今日用另字，心焉难之，引悉伯言以祛私惑（三十七册十六页）："如另字，本咼之隶也。咼，为剔人肉置其骨，音古瓦切。咼字从冎，为音。咼在口部，音若媧切，口戾不正也，即今俗歪字。《玉篇》以咼为即冎字，其谬一也。别字从冎，本作⿰冎力，隶作别，其后转写作别，从口下力，《玉篇》口部遂有另字，音骈，另，别也，其谬二也。骈，《说文》作髀，在冎部，云别也，读若罢孙愐，音府移切，《玉篇》音补解切，《龙龛手镜》遂入卑部，出髀骈二字云。髀，俗骈，正不知咼即冎之讹，另即冎之变，而强分正俗，其谬三也。（原注：骈以卑为声，智光不知偏旁、声义之义，其书出入淆乱，不胜枚举，固不足怪。）另即冎字，本无从力之另字，《玉篇》是宋人增益者谬收，其云音骈另，盖当时俗间有此语。然另字究不知何音，韵书皆不收，而今读若零，去声，不知何本，其谬四也。《龙龛手镜》一书所收芜滥讹谬，多不可训，而口部独以为另即冎字，咼即冎字，可知宋以前尚无另字，训别之说也。"（原注：其骈亦祇云音彼相分解也，并无骈另之语。）

冯登府《金石综例》四卷，悉伯阅记云（三十七册十五页）："自黄梨洲氏《金石要例》出后，文之义法，已括其凡，为碑版者，谨守不渝，即为定则。朱竹垞氏欲辑《隶释》《隶续》所载为例，以补潘、王、黄三家之缺，意在存古，实为好奇，可以取广见闻，不必定为义法。于是冯氏及梁曜北、郭频伽等皆掇拾琐碎，分缀奇零，例愈广而愈繁，采愈多而愈惑，盖汉代碑碣，不重文章，魏齐石刻，多出邨野，名字月日，信手而书，年号官称，亦间致错，至于子姓所叙，详略失宜，得民溯张柳之星，方外有公薨之号，其为鄙谬，不可胜言，冯氏等皆非能文之人，又甚不通史学。（下引例，略）

《论语》："井有仁焉。"自来说家不得其解，悉伯以为（同上三十二页）："井者法也刑也，刑字从井。'井有仁焉'者谓若明知其事干犯罪，法而中有仁道。俞荫甫欲翻汉宋旧注，乃谓'井中有仁道'。夫井中何以有仁道，更不辞矣。"

曾文正《求阙斋读书录》，分读经、读史、读子、读集共十卷，悉伯持论尚平，（三十八册七页）记云："文正通声字转借之法，故于此颇有得，其读《周礼》《仪礼》数条，亦见细心，其论《史记》专在文法，盖囿于桐城议论，虽未知史公深处，亦自有见地，论《三国志》有数篇，学《史记》处亦确，此老固可爱也。前有《合肥相国序》，不知何人所为，其首云：'札记者小说家之枝余，自王伯厚、顾亭林辈以通儒为之，于是其业始尊。'谓札记出于小说家，又曾见王伯厚前人札记，皆奇谈也。"

《广雅疏证》（按：王念孙著），恖伯谓（三十八册四十一页）："此书浩博精密，更在邵、郝二家《尔雅》之上，毕世钻研不能尽也。"（按：《广雅》，唐张揖著，在《小学汇函》中）

连夕服蓡，祈获药石之助。恖伯云："蓡字作参。《神农本草》已如此，盖始于汉朝，畺字作姜，则起于宋时。"

【注释】

①兰陵：指荀子。

②谈：指司马谈。

《万年山中日记》第七册

（1932年11月19日—12月5日）

1932年11月19日

汪容甫《狐父之盗颂》云："内意窟室。"予谓意即億，则屡中之億。悉伯云（三十八册八页）："億，安也，从悳。悳，满也，十万也。从啻，啻，快也。从言中会意。"慈铭案："啻即《论语》億，则屡中之本字也。言而皆中故快快，其引申谊也。"段茂堂氏谓："億则屡中之億，本意字，案意，志也，志识也，故引申为记意，今作憶者，意之俗也。若憶，则屡中及不億不信之億，本字皆当作啻，快者，决也，啻决而中为快，故加心作意，为满亦快，足意也。"

悉伯阅《竹初文钞》（武进钱维乔树参著）记云（三十八册十八页）："文凡六卷，笔俗识浅，惟跋臧在东《束脩说》一首，据《周书·武帝纪·诏》：'诸胄子入学，但束脩于师，不劳释奠。'以'束脩'与'释奠'对举明以物言。《唐书·礼乐志》：'释奠之礼，皇子束脩，乃束帛一篚脩一。'案分为二物。《北史》：'冯伟门徒束脩，一毫不受。'《隋书·刘炫》：'啬于财不行束脩者，未尝有所教诲'诸文，谓当从《礼记》《谷梁》、《前后汉书》以束脩为本义，郑君'束带修饰'乃古人展转借训之义，两汉以后亦多用作'检束自好'之称，皆非实称义。《王莽传》曰：'自初束脩。'《伏湛传》云："自行束脩。"犹云'自初就学。'《延笃传》云'吾自束脩以来。'犹云'吾自幼学以来。'行者行此，礼也。"曰以上者就其卑以起例也，人能束脩其躬，虽大贤不外乎此，何至言之至易，其论甚通。

室中悬梁山舟所书轴，鍾鼎建树之"鍾"字，右旁作重，古本或通用，亦未可径以此而定其真赝。悉伯阅庄述祖《毛诗考证》记云（三十八册四十一页）："其第一条'鐘鼓乐之'云：《石经》'鐘作鍾。'慈铭案：唐石经及宋刻本鐘鼓多作'鍾'，虽曰同音，古或通用，实经典相承之误也。鐘、鍾二字回别，又非有古今先后之殊，何以鐘鼓字必作'鍾'，以淆人目乎？此等说出于臧拜经、严铁桥[①]诸家乃佞宋之癖，名为好古，适以乱经。"

王先谦《续古文辞类纂》，专续桐城家法，取姚南青、朱梅崖、彭秋士、彭尺木、罗台山、姚姬传、鲁山木、吴澹泉、秦小岘、恽子居、王滨麓、张皋文、陆祁孙、陈硕士、姚硕甫、邓湘皋、周星叔、吕月沧、姚春木、毛生甫、吴仲纶、管异之、梅伯言、方植之、张石舟、朱伯韩、冯鲁川、曾文正、吴子序、龙翰臣、彭子穆、王少鹤、邵位西、鲁通甫、戴存庄、孙芝房、管小异、吴南屏三十八家之文，得四百五十六首，分体一依姚氏，惟无“奏议”“诏令”“辞赋”三门及“说”与“颂”。悉伯评云（三十九册四十五页）：“甄别审慎，多有可观，然尺木、茗柯、台山、硕洲四家实与桐城无涉，梅崖、硕士殊无足取，植之尤庸妄不学，以之充数，颇病续貂，而嘉兴之钱衎石，吾邑之宗涤甫师与桐诚桴鼓应和，乃反不录。即魏默深宗旨虽别，亦不非桐诚，文笔卓然，足为诸家生色，包慎伯虽病芜杂，亦有佳篇，似亦不得遗之。惜祭酒在都时未及与之商榷也”云云。此评不激不随，悉伯炉火老而纯青，真可爱也。按黎庶昌亦《续古文辞类纂》，其《自序》有云：“曩者余抄此编成，客有示余王先谦所撰刻本，命名与余适同，而体例甚异，王选只及方、刘以后人，文多至四百数十首。余纂加约本朝，文才二百四十余，颇有溢出王选外者，而奏议、辞赋、叙记则又王选所无，人心耆好之殊，盖难强同，要之于姚氏无异趋也。”又案：黎选二十八卷，分上中下三编，上编选经、子，中编选《史记》《汉书》《三国志》《五代史》《通鉴》，下编选方、刘。前后之文略如涤生《经史百家杂抄》例也。

【注释】

①严铁桥：指严可均。

1932年11月20日

悉伯晚学以注经校史为专，少谈文学，尚有一则可与昨记选文事相发明者（三十九册五十五页）：“姚姬传《仪郑堂记》，为其门生孔巽轩作也，其文以说经精善为末。”又谓：“虽古有贤如康成者，犹未足以限，吾撝约其言可骇（按：姬传旨意是崇宋学，德行为本，学艺次之，一经刺取，便成不辞）。《仪郑堂骈文》中有《上座主桐城姚大夫书》，即为此记而作，其词颇峻，盖巽轩学问远过其师，又服膺高密[1]之书，宜其闻之怫然也（按：《书》有‘若其溯高密之徽风，迫不其之逸躅，足使冀州畔援，折敬斯人，应劭宏通，愿为弟子。’又云：‘世无孔子，当亦游夏者流，第之宋儒，不在程张以下。’针铓相对，迹达操戈）。姬传又为金辅之[2]作《礼笺·序》，有曰：‘大丈夫宁犯天下之所不韪，而不为吾心所不安。’其治经亦若是，所言尤诞，儒者于前贤之说有所补正，公是公非，无取纷争，何至犯天下之所不韪，金氏本治‘郑礼’，其书颇有辨正，不过掇拾绪余以相发明，非显然背驰，悍然攻击也，然如阳厌阴压之义，最违康成，而其说实不然，凌晓楼[3]已驳正之，足知舍郑言，礼所失必多矣。姬传于学实无所知，恃其齿耄名高，浮游撼树，今《礼笺》刻本，皆无此序，盖辅之恶而去之也。湘人过尊桐城，贤者不免，《曾文正集》中有《复吴南屏书》，极称惜抱两作，谓义精词俊，敻绝尘表，不可解也。”

悉伯阅《复初斋集》记云（四十册九十三页）：“覃溪于汪容甫、戴东原丑辞妄讦，于惠定宇氏之《周易述》，张皋文氏之《仪礼图》亦深诋之。此由未窥门径，老羞变怒，不足深责。”（按：吴清卿亦不满于悉伯，固然道有不同，亦猎名之害也。）

夜阅《越缦堂日记》至四十五册毕。

【注释】

①高密：指郑玄。

②金辅之：指金榜。

③凌晓楼：指凌曙。

1932年11月21日

通人经说，往往解臣。悉伯云（四十五册九十一页）：“近人丁俭卿之书谨严，宋于庭之书奥衍，陈兰浦之书切实，俞荫甫之书通辩，皆有功前哲，深益后人。”又云：“阅《东塾读书记》讫，陈氏取材不多，不为新异之论，而实事求是，切理餍心，多示人以涵咏经文，寻绎义理之法，甚有功于世道，其文句于考据家中，独辟町畦，初学尤须玩味也。”按悉伯读记，往往先后评论不同，于望溪、兰浦二家尤然，此评尽去客气，字字平实，所以书贵老来读也。又如阅《困学斋纪闻》翁注，记云：“王氏此书，赅综甚博，一生读之，尚未贯澈，余辛酉日记中，颇病其细碎，尔时识力，未能坚定如是。”（六十四册四页）

《说文》目部“睸、瞎、睧”三字，悉伯云（四十四册十一页）：“皆后出俗字，非许书本有者也。冒部‘冒，冡而前也。冡冒者必氐目视书。’《君奭》：‘昭武王惟冒，丕单称德。’本与上文‘乃惟时昭文王迪见冒，闻于上帝’文义一律，冒皆懋之借，亦即勖之省借字，故《释文》引马本作勖。而《说文》乃曰：‘睸，氐目视也。引《周书》武王惟睸。’此必浅人见，书经文有作睸者，遂窜入《说文》。王氏鸣盛、段氏玉裁遂以睸为孔壁真古文，王氏谓‘武王尊礼，贤臣不敢高视。’则支离之甚矣。窅，深目貌，从穴中目。而又有瞎，曰‘目深貌也，从目窅。’取，掐目也，从目叉，此即乞字，惟乞目专用取，以爪目，会意。而又有睧，曰‘短深目貌也，从目，取声，皆音乌括切。’短深即近，不辞，且已有窅训深目，何取复沓如此。后儒以暮从两日，憾有二心，谓《说文》无此俗字，然许书中有两字同者，不可枚指，即日部之暘，亦二日也。要无有在一部中，而别出一字，即以此字为声义者。瞎训与窅无别，而曰从目窅，睧又与取同音，许书万无此体例。且瞎既音卹而从窅为义，使许果有此字，亦当如艸部，因有蓐从蓐，而别立蓐部。廴部因有延从辵，而别立辵部之例，更为窅字立部矣。”

点主[①]之事（悉伯日记四十四册三十五页）记云：“起于南宋，今自天子以下皆行之，然此宜卑幼为尊长行事，越俗必请尊行，其礼先用朱点。顾亭林以为上行下之礼，然又朝服向主行礼，则谬甚矣。”

王筠《说文句读》，分许书十四篇，依其上下共二十八卷，许君自叙、许冲上说文表，汉安帝敕为卷二十九，说文部首表、许君事迹考、说文校议毛氏节录、桂氏附录、桂氏附说、小徐系述、大徐校定说文序、大徐进说文表、中书牒总曰附录为卷三十，贯山《自序》中有云：“遂取茂堂及严铁桥、桂未谷三君子所辑，加之手集者，或增，或删，或改，以便初学诵习，故名之曰《句读》（序于道光庚戌）。”悉伯读记云：“此书综括谨严，而精微之论，多本之段氏，其勇改专辄处，则较段氏更甚，于篆体有增改者，旁加□以识之，犹可也，于说解有增改者，篆旁亦加□，则非体矣。每卷首曰‘相国寿阳祁夫子鉴定’，尤近于坊中邨学究者也。”

《宋元学案》一百卷，悉伯读记甚详（《越缦堂日记》四十四册八十一页至九十页），节存之，如闻空谷謦欬也："稿创于梨洲，而全谢山续成之，梨洲元孙稚圭（璋）父子复校补之，尚无刊本。道光间鄞人诸生王护轩（梓材）始得其稿，为之校订，而慈溪冯氏[②]刻之，其端实发之何文安（凌汉）、新城陈硕士（用光）两学使，咸丰初文安之子绍基复刻于京师，其书综核微密，多足补《宋史》所未逮。谢山于此事本为专门之学，搜遗补阙，苦心分明，宁详无略，自为考宋学者之渊薮，其节录诸书家语录文集，皆能择其精要，本末兼赅，真奇书也。梨洲原本不过十之三四，其子耒史[③]（百家）所续亦属寥寥，然起发凡大纲已具，谢山以鄮门之学极力成之，故较《明儒学案》倍为可观，盖宋儒实皆有深造，自得之学远过明人，即或意见稍偏，亦自有不可磨灭处，故精语粹言触目，即是明儒自敬斋、康斋、白沙、阳明、蕺山、石斋数公外，尠足自立，故虽以梨洲之善择，而空言枝义，大半浮游，不足以发人神智也。谢山所撰序录八十九首，犀分烛照，要言不烦，宋儒升降原流，大略皆具，学者尤不可不读。《学案》可议者亦有数事，一采取未备……一文句未纯，宋儒语录皆方言俗语，实为可厌，程朱尤甚，多出其门人传录之过，圣门言出辞气，当远鄙倍今，满纸里俗助辞，转益支离，意谓窃取禅宗，实亦下同市井，宜取其精语，悉刊酿辞，剪裁以归，简文润色，以存雅诂，示来者之正则，尤先觉之功臣。"

"南宋之儒，吾必以吕成公[④]魏文清为巨擘焉，其学经而切用，其人和而近圣。淳熙二年，东莱邀朱子及二陆[⑤]会于鹅湖讲学，此南宋道学离合之会，亦千古学术分合之机，乃相见之时，惟各以赋诗相示，此其气象，谓非近于禅学，吾不信也。"

《纪文达集》，悉伯读记云（四十六册二十九页）："文达敏捷兼人，辨才无碍，其文长于馆阁应制之作，它非所经意，多不自收拾，是集共十六卷，其孙刑部郎中树馨等所缀辑，前有阮文达、白小山、陈稽亭、刘文恪四序，惟第一卷第三卷飏颂之文最工，余多率尔。传志纪事之作，多信手而书，略无剪裁，盖敏而不能深思，易而不免入俗，人之才力，各有所限，固不可强也。"（是集尝借阅过，了不见其佳处，补录李评，凡以为读书取法）又云："其谢摺器铭多不足存，子孙不觉之过耳。"

悉伯犹及见俞荫甫也，记云（四十六册三十页）："俞荫甫二十年来不相见，已皤偻老翁矣，近岁海内如陈兰浦、张啸山等皆已零落，经学殆绝，师承益稀，始叹吾道之衰，弥动后凋之惧。荫甫所箸，虽或病其多，然实有突过古人处，世人贵远忽近，不可以理说也（一拜而博美评，虽属确论，亦可为声气之惧）。"又记云："俞荫甫《茶香室丛抄》，多可资异闻。"

《湖林塘馆骈体文》，据悉伯自记（四十六册三十六页）："系何竟得孙子宜传抄本，为刻之闽中者。"

《惜抱尺牍》，新城陈石士所辑者，共八卷，咸丰乙卯秀水高伯平手书，杨致堂所刻，悉伯阅记云（四十六册六十页）："其论文章，谓望溪不能见《史记》深处，远不如震川。又谓宋潜溪全是外道，谓《论衡》浅处极陋，深处极诞，其文全不足学，皆极有识。谓李安溪虽非真理学，其言义理亦有可取，惟好论文章，则甚可笑，亦是平情之论。至惜抱经学甚浅，为同时汉学诸儒所轻。因遁而尊宋儒，贬斥惠定宇、戴东原、朱石君[⑥]诸君子，至自夸其笔记中所论史学，谓足与钱辛楣[⑦]相匹，且以与袁简斋[⑧]素好，谓浙中可与竹垞、西河抗衡，则不识轻重之言矣。”又谓：“《凌仲子文集》一无足观，取此涂轨回别。”其是非又不足论也。

夜入浴后欹枕复阅莼客日记至四十八册，而莼客垂垂老矣（时年已五十九岁）。夜有风。

【注释】

①点主：请人用朱笔补上灵牌上“主”字一点的仪式。

②冯氏：指冯云濠。

③耒史：指黄百家。

④吕成公：指吕祖谦。

⑤二陆：指陆佃、陆传兄弟。

⑥朱石君：指朱珪。

⑦钱辛楣：指钱大昕。

⑧袁简斋：指袁枚。

1932年11月22日

庄葆琛[1]《说文古籀疏证》共六卷，悉伯读记云（四十六册八十五页）：“其书专取钟鼎古文以补《说文》，分甲至亥廿二部以统诸部，其义多不可解，如甲部先以一、二、三、三、上、王、正、示诸部是也，而示下系以衣部，是何说也。钟鼎多雁物，又传摹多失真，读者亦多以意说，庄氏条例中亦自言之，而据此致正秦篆之失，追颉史之遗，大率支离缪悠，凿空可笑，然庄氏本深通经学，思力勤邃，其引据纷纶亦往往解臣，千虑之得，未始不有裨小学也”云云。中心危者其词枝矣，兹事祇今未有定论，悉伯已呈衰去之象，不能深入其室，徒以不喜吴清卿辈，遂迁恶于钟鼎之途，然亦自知不克自圆其说，故游移其词而遁焉。

《经世文编》八十册，悉伯云（四十七册三十七页）：“魏氏此书体例扬榷，颇为尽善。惟前数卷，论学术多采程晋芳、戴祖启、阎循观等愚诬之论，而于诸经儒论学问升降，辨名物得失，极有关于世道人心者，皆不之采。盖魏氏未窥汉学涂轨，以为典物度数皆繁琐之事，声音训诂非义理之原，而不知一名物之沿讹，有极害于政道，一音诂之失，正有诒害于人心，学术不明，遂致畔经离道者。乾嘉以来，诸儒固有掇拾细碎，病其委曲繁重，无与大旨，而一物一事，推论精深，大义微言，亦往往而在，所当分别观之也。”

段氏《周礼汉读考》，悉伯读记云（四十七册三十四页）：“段氏此书义理精深，足为郑学津逮，惜其《仪礼汉读考》止得一卷。胡墨庄[2]作《仪礼古今文疏证》，虽意在补段，其考证亦甚精皙，而于郑君之义犹多游移，盖胡氏说经不主高密家法，观其《毛诗后笺》可知矣。”

钱竹汀《养新录》，悉伯谓（四十八册十七页）：“此书亦钻研靡尽，然较之《日知录》，自有大官庖与卖饼家之殊，至精绝处则红绫异味转，非天厨所及也。其音韵之学尤精，出顾氏五书之上。”

《文选体目分析》，“昔人以为病，文粹踵之于各体中，多分区门类，尤近繁猥，然古人因事类文，备人取则，盖有所自，至《宋文鉴》出，而古法顿改，此亦不可不知者也。宝臣[3]此选，虽本之《文苑英华》，而别择精严，中晚唐后，朴野诡促之作，汰除略尽。”（同四十八册四十页）

“阅恽子居《大云山房集》，其《潮州韩文公庙碑》《广州光孝寺碑》皆称奇作。而议论亦有过当处。”（四十九册二十七页）

论《说文》[illegible]、[illegible]两古文之义（悉伯自记云：“偶与子弟论[illegible][illegible]两古文之义，记之于此，足为言小学者之一助。”五十册十五页）：“‘手部’握，搤持也，从手，屋声。[illegible]，古文握，此大徐本也。小徐本作[illegible]，按此即奉字也。奉，从[illegible]，从[illegible]，从手。既从[illegible]，又从手，繁复无义，此盖后出字。[illegible]，上[illegible]即[illegible]之小变，非艸蔡之丰字。[illegible]即[illegible]字而连之，故小徐仍从[illegible]从至者，物至而搤持之，亦从屋省声。奉，轻读扶陇切，重读步奉切。俗之捧字，即奉之重读，奉屋一声之转，古以握奉为一字，而奉从至不从手也。”

民，众萌（毛本作氓）也，从古文之象。[illegible]，古文民。按[illegible]从[illegible]、从中。[illegible]者女之古文。许于女部云：娄，古文作[illegible]，其下女字正如此作。《汗简》：“女作[illegible]，母作[illegible]，母作[illegible]。”又引《说文》“妻，古文作[illegible]，是[illegible]为古女字无疑。”中者艸木生也，民从女，中犹姓，从女生。古惟天子因生以为姓，其下惟帝子及大臣有功德者得赐姓，故姓从女生，言惟神圣之母所生者始有姓也。民者众庶萌生，故从女中，犹艸木之繁芜以生也。大徐本[illegible]作[illegible]，盖从母之古文。小徐作[illegible]，笔画小变，而从母之形更显。从母者，所谓众人之母，与从女之义一也。或疑下从匕，古化字，从到人，谓母之所化生，其说亦通。小篆作[illegible]，仍从古[illegible]字，而下省作七，盖即[illegible]形而小变之，其实一也。故曰从古文之象。至民、氓实一字，后人重读之，因加亡为声而作氓。经典用民氓字无异义，氓之蚩蚩，即所谓民可使由之，不可使知之也云云。以说文解《说文》，殊可解臣。

王益吾叙论古今文词递相升降，至清代而格律逾细，风会弥新，俪体如斯，可云绝境。至谓洪、李[4]之作无间然焉，平步青为“李慈铭传状”胪述：“悉伯著作二十五种，凡百数十卷，可谓硕学鸿文，蔚为著述者也。友人仅刻其《骈体文钞》二卷，《诗初集》十卷，今所见者《湖塘林馆骈文》二卷（王先谦选），《越缦堂文集》十卷（高阳王重民抄，民国十九年刻），而所存抄《越缦堂日记》中，尚未有见甄采者，因别录为《越缦堂文集外编》，而聚其篇目于此：‘《致孙子九汀州书》《致潘伯寅副宪书》《答陶紫轸考廉书》《谢伯寅侍郎馈银启》《谢陶文冲绩鱼鳍鱼脬笋晡干菜启》《平阳殷君姬人郑蕙墓志铭》《篱花豆赋》《蕉阴赋》《紫薇花赋》《致秦秋伊书》《银烛赋》《花部三珠赞并序》《招隐辞（有序）》《曾退庵舍人明瑟山庄课读图序》《送朱肯夫侍讲视学湖南序》《潘绂庭封翁七十家庆图序》《樊云门庶常萝溪老屋图序》《王蕖涞水部绿杨梦影图序》《与张芗涛书》《送潘孺初归文昌序》《复云门书》凡二十一首。’”

【注释】

①庄葆琛：指庄述祖。

②胡墨庄：指胡承珙。

③宝臣：指柴成务。

④洪、李：指洪亮吉、李慈铭。

1932年11月23日

昨日复阅完《越缦堂日记》五十一册，其文篇一一校存之，诗词概从割爱，联话则择优移录。其论小学、经学，不少独到之处，间刺数则，俾资启发。阅书所记，尤具只眼，时并钞录，便资楷模。至于史学掌故，自愧所知太少，无从评骘。悉伯间亦略治象数，自无足论，其忧时感事，虽心存爱国，而所见实不高。吾侪以专治数学之人，处身五十年之后，持今衡古，不能谓能得其平。

要之，悉伯文章，典丽哀艳，稍逊容甫一筹而已。北江、季逑，未知或先也。若论学与识，则仍为一事。吾终以为，悉伯若能屏绝功名之念，淡泊妻孥之累，其所造，当更有不止于此者。然其所成就者，已有如此。举世诵习之徒，乃至不克举其名字。没世之称，若或靳之。斯又事之不平者矣。

悉伯阅《文苑英华》记云："其所收赋至一百五十卷，唐赋居十之七八，陈陈相因，最无足观。中书制诰四十卷，翰林制诰五十二卷，表七十四卷，皆以当时所尚而宋初尤重之，多足以考证史事。判五十卷，则唐代以此设科，其文虽寂寥而不失雅驯，最可观者。书二十七卷，论二十二卷，碑九十卷，志三十五卷，可谓考据之渊薮，册府之鸿宝也。其杂文中不收柳州《乞巧文》，昌黎《送穷文》，而收沈下贤为邯郸伎李客子所作《乞巧文》，殊不可解。"（五十册七十一页）

阅阮亭《居易录》记云："阮亭藏书颇多，一时往还皆博雅胜流，故见闻既广，议论皆有本末，其于集部致力最深，《四库提要》多取之，惟于经学太浅，又其时目录之学未盛，往往有失之眉睫，可笑者如云：'赏于慈仁寺，阅市见《孔安国尚书大传》，朱子《三礼经传通解》，吴任臣家有《唐会典开元因革礼》'之类是也。"（五十册七十五页）

阅楼大防（钥）《攻媿集》记云："其文辞尔雅，亦能原本经学，不堕南宋人空疏卤莽之习。"（五十册八十页）

阅汪梅邨（士铎）《文集》，又《外集》一卷，记云："士铎江宁人，道光庚子举人，今年八十余矣，其地理考据之学多称于时，文亦修洁。"（五十册三十二页）

阅毛西河《婚礼正辨定》《祭孔通俗谱》《丧礼吾说篇》《曾子问讲录》诸书记云："虽蔑弃先儒，不特掊击注疏，痛诋朱子，至谓《礼记》由秦汉人掇拾，多不足信，《士礼》亦战国以后俗儒所为，怪诞不经。其恣悍已甚，然博辩不穷，不可谓非博才绝出也。"（四十九册四页）

阅蒋生沐《东湖丛钞》记云："所记虽颇病凌杂，而佚书秘椠有裨学问为多，较之《爱日精庐藏书志》《拜经楼藏书跋记》，盖在吴前张后伯仲之间，其中颇载宋本序跋及今之脱失者。"（四十九册六页）

阅《西河集》中《书牍笺引题》《跋书后》《碑记》及《萧山三先生传》《越中先贤传记》云："西河纵横浩博，才气无双，而往往失于持择，其援引既广，又不检覆，多不免舛误，于掌故尤疏。集为其门人及诸子所编，校勘不精，字句多谬，又多收酬应贡谀之作，盖西河本多世俗之见，而及门诸子复不知择也。诸类中以《尺牍杂笺》两卷为最佳，寥寥短章，意态百出，多有魏晋人隽永之致，且异文创解，溢出不穷，实较胜于苏黄，而亦时有江湖小说气。碑记如《息县雷迹碑记》《旌表徐节妇贞节里碑记》《范督师（志完）祠记》《观音阁种柳记》《郡太守平贼碑记》《严禁开燔郡南诸山碑记》亦不愧名作。”（四十三册六十七页）

“阅纪文达《阅微草堂五种》，藉以遣日，其中名理湛深，多足以化导愚顽，针砭智巧，不贤内省，时觉毛骨竦然。阅纪文达《滦阳续录》，文达极恶讲学家，故于宋儒多微文刺讥，见之《四库提要》，其言有未尽者悉发之于此，五书是录成于嘉庆三年，年已七十有五矣。”（五十一册二十八页）

陈宝琛奏请以黄梨洲、顾亭林两先生从祀文庙，礼部堂司各官莫知谁何，纷纭至今（其《疏》初发抄时，一日，翰林掌院学士接见编检各员，朱蓉生往谒，闻掌院与诸学士及办事诸翰林言：“陈伯潜此疏甚奇，顾某尚有小板《日知录》一书可备后场策科，黄某何人耶？”曰：“然”）。近日尚书毕道远发愤谓诸司曰：“二人学问我所不顾，但以品行言，二人在康熙时皆不肯出仕，尚得从祀邪？”因掷还马蔚林所呈《国史儒林传》曰：“我必驳，蔚林商于余，余曰两先生不为今日从祀计，况出于福建，子之请辱已甚矣，而尚欲求山东不识字之尚书屈意议准，何以为两先生地耶。”蔚林一笑而去。（四十三册六十六页。悉伯讥吴清卿为吴下书画清客，亦如此记，尖语螫人，不留余地，亦可畏也。）

1932年11月24日

录悉伯《复云门书》一首，校读《说文》。

“一”下云：“惟初太极，道立于一，造分天地，化成万物。”《段注》仅引《汉书》曰：“元元本本，数始于一。”《王注》引《易·系辞》：“天下之动，贞夫一。”亦未得其通解。按一者单位 Unit 也，亦可谓之单元，凡物之认识，必须有一种单位，在实数为一，在虚数为 $\sqrt{-1}$，在矩阵 Matsix（日儒译为方列，亦通）为 Unit Matsix 或 Sdentical Matsix，即主对角线皆为1之矩阵 $\begin{pmatrix} 1 & & & 0 \\ & 1 & & \\ & & \ddots & \\ 0 & & & 1 \end{pmatrix}$，在《易》则言太极（大徐本作太始），谓浑然一物也，由一而生非一，如由我之认识，乃生非我之认识，如认一为天，则地与天为异物，由是孳衍，而天地分焉，万物成焉，此为别识之始，所谓数生于一者，义亦如此，夫物生而后有象，象而后有滋，滋而后有数，所谓象者即认识之始，概以一识之，由是滋生，乃以数纪之，故一为指事。

凡一之属，皆从一，以下元、天、丕、吏四文，从一则皆一之属也，凡某之属皆从某，五百四十部皆作如是云云。其立部首而无属之者三十三文（见日记第五册四十七页），亦作如是云云。《自序》所谓分别部居，不相杂厕也，假令以其无属之者，遂令配隶他部，则既非某之属，不宜令从某也，如岽字，既非山之属，不可以从山而入山部，又非而之属，不可以从而而入而之属也。

1932年11月25日

女子以朴学名者，据光绪八年十二月初六日上谕有云："据郝懿行颛意著述，阐明古义，其妻王照圆博涉经史，疏解精严等语。郝懿行所著《易说》《书说》《郑氏礼记注笺》，王照圆所著《诗说》《诗问》《列女传补注》均著留览等语。"（支伟成《清代朴学大家列传》，栖霞郝懿行传附传妻王氏，名照圆，字瑞玉，亦博涉经史，先生卒后，辑具遗书以求彰显于世，撰《诗问》七卷，《列女传补注》《列女传校正》，是不可无传，故附附著焉云云。悉伯又称之为画家，得年八十。则为圆照之误无疑，《人名辞典》又称圆照号婉佺，博涉经史，疏解精严）

夜朱乙《越缦堂文集》，其《莒肇基墓志铭》本以谀墓之文，博杖头之费，而首段转笔，忽下句云："故三代而下，乃重封君之家，两汉以还，遂有独行之传，陡为纳粟者伸眉，力善者励志，不佻不随。"通全首为之一振。《祭内子马淑人文》《祭仲弟文》，虽乏高唱入云之笔，却是孤啼巫峡之音，四言文最难工，已觉无句示弱。《仲弟百日祭文》云："今以佛事家言，设百日之奠。"余夙疑百日之制，非《礼经》所有，征此益信。其末段忽作变征之音："自项里之溪呜咽兮，柯山之叶苍凉，有西郭之旧墟兮，魂任意而翱翔，若欲依兄以止兮，则朝铺夕食来饮其香，外堂内寝来隐其藏，痛生死之异路兮，毋形影之旁皇，虽客土其犹家兮，勿寂莫而自伤。"一气呵成，而回肠百转，曼声诵之，乃有不能卒读者。

《哀傅生文》，哀所眷歌者傅芝秋四儿也，叙其肩随贵人，鹿鹿南北，而以盖其所至，"流落不偶，与余同也"二句结之作一小顿，以视容甫《吊马守真文》云"事有伤心，不嫌非偶"情事，相去远矣。中叙其语曰："君傥岁有千金入，某必从君执鞭矣。"哀词中以"一嚬笑之不自主兮，冀得奉君子之光尘"一韵写出之，文情婉丽无比。又序语结云："生未有子，其妇方娠，将以是月娩。"按许云："娩，子齐均也，从女免生。"《尔雅·释兽》："免子也杀字既谐而安。"此文实出包慎伯《都剧赋》（《安吴四种·管情三义》，节存日记四册二十五页）之上，可与《花部三珠赞》同类齐观（别存《越缦文集外编》）。《六十一岁小像自赞》以"是翁也"三字为句，一提全首十三韵，皆由此笔荡漾而出，亦即与翁为韵，不换调门，如《捉放曹》一出，陈宫帘内忽提"我悔也"三字场白，以下"悔不该"等等，叠句层系而下，奔流到底，犹觉无此转变。

《复某书》（某者浙人赵天水也。太炎有《与人书》，人者潮人蓝公武也，与此同例），在悉伯以骈丽之笔为单行之文，一经反串（都人谓改唱者曰：反串。如以须生孙菊仙去三娘是），便成滑稽偏自负，此等文，唐宋大家集中多有，兀傲极矣，然究无以难之也，如美玉精金，无施不可矣。书中有云："且恐仆不能句读，而自句读之，吾知妄人自有所归也，不知今士非用标点不可者。"视此何如今人文。刘文典《三余札记》且引《宋史·儒林传·何基传》云："凡所读无不加标点，义显意明，有不待论说而自见者"之语，以为张目，实则此等事何足深论，中国史文皆有一定句法，不易词格，能读者只觉其为自然之事，断无上下句不相离之理，但为子弟诵习计，则离句分段破声加点，以便其记诵可耳。此必曰“离句非古法也”，彼必曰“不标点非今法也”，一若人心世道之忧，惟诸公独任之者，大可不必。

《陈德夫墓志铭》铭词古简而已，而叙传则致密茂深，深得史公之秘，时恶伯年四十岁，日记中自云：“平生为朋友泫然出涕者，陈德夫为第一人，德夫殁，连日思咏追感。”又与其弟鹏续谱兄弟期年，又为诗哭之，如此友雨，死后五年方得铭墓，岂以宿草而杀其悲者，非有至情，不能至文，急管哀弦奔送，腕下行乎所不得不行，止乎所不得不止，宜其文之特工也，其叙车笠订交，蹶駏相倚之末途，插入德夫之言，曰：“吾两人皆以赀郎弃于世，皆故家中落，上有老亲，下无子，京师无可容我两人者，盍皆归读书。”语奇笔奇，必至世无可容，而后皆归以读书，果能如此，方是真读书。又述曰：“与君交五年，今益叹知君之不尽也。”淡水之交，久而弥浓，两人身份，抬得极高，病革之语，尤见肺腑，此种文字，在各集中断不易多得者。风雨潇潇，鸡鸣嘐嘐，三复此篇，为之永叹。

夜浴后阅《四六丛话》卷一、《论选》一卷。

1932 年 11 月 26 日

《四六丛话》卷一，《选篇・序》曰：“文之为言，合天人以炳曜。选之为道，从精义以入神。选而不文，非他山之瑜瑾。文而非选，岂丽制之渊林。若乃悬衡百代，扬榷群言，进退师于一心，总持及乎千载。吾于昭明氏见之矣。”开笔二排，玩弄“文选”二字，有伤纤巧。急转一笔，力大声宏，品藻亦当。揆厥所长大体有五：曰通识，曰博综，曰辨体，曰伐材，曰镕范。结论曰：“选学不亡，则词宗辈出。”信也。

颜延年作《靖节征士诔》：“徽音远矣，谁箴予阙。”王荆公用此意作《别孙少述》诗：“子今去此来何时，后有不可谁予知。”青出于蓝也（《老学庵笔记》，按陆游撰，所载多轶闻旧典，足资考证，盖其晚年所著之书也）。

夜评恶伯文，其述德夫病革之语曰：“君激直而颇喜人谀，敢绳切君者唯仆耳，仆死，君誉言日至，则德日损，而学亦不进。”写此固不愧为德夫死友，然意不外此，而文已冗矣。

渊明《归去来辞》：“或命巾车”。吕延济云：“巾，饰也”。《周礼注》云：“巾，犹衣也”。然则所谓巾车者，命仆使巾其车也，或者以为小车，非也。（《涧泉日记》）……

《清代朴学大师列传》，支伟成著，民国十三年甲子刊行，伟成时二十六（今伟成已殁二年矣，则得年仅三十一也）。首载《与章太炎先生论订书》，有曰：“文字先有声然后有形，字之创造及其孳乳皆以音衍（余素持语言先于文字之论，演述一语即成专书）。”又云：“校雠家之功罪，在清代正宜分别，清修《四库》，本藉此以禁明代书籍，为其有所刺讥也。今所传《日知录》，《天下郡国利病书》之流，已非真本，此则编纂《四库》者之罪也。其后遂有《武英殿丛书》（共一千册，已得之汴城，又失之矣，可惜），此则不为无功者耳”（以上皆摘录）等语，均切中学术源流。

其参考录《清国史传》《四库全书提要》等二十八种（内如李祖陶《国朝文录》、蒋瑞藻《新古文辞类纂》《清文汇》、梁启超《近三百年学术史》，均须觅读）。其凡例谓《清史儒林传》创于阮文达公，光绪庚辰奏请派员续修，缪荃孙拟稿，仅存目录，全书则秘藏于家。今清史虽成，尚未刊布，乃私撰此编。又一谓：“桐城派古文家多倡因文见道之言，囿于宋儒义理，未通汉学家法，与朴学异趣，故不采录。”一谓：“江藩《汉学师承记》，坚守壁垒，摈绝今文，是未免失之隘焉。”一谓：“钱林《文献征存录》，辞采达雅，有非江氏所及，唯‘儒林’与‘文苑’杂陈，则不如《师承记》之秩然就理。”一谓：“唐确慎《国朝学案小识》，宗旨侧重理学，又以经师杂出其间，体制有乖，在所不取。”一谓：“李元度《先正事略》，删繁就简，仅具大要，经学一门，几于全袭《师承记》，稍辅以《征存录》。乾嘉诸儒失载尚多，其专以历算史地名家者，率题经学，亦有未安。”一谓：“理学诸儒，殊短发明，不入斯传。”一谓：“每类之前冠以叙目，略疏学派之原委得失，而首篇先列大师列传云。”书凡二十五卷，又叙传一卷，目次节略如下：

清代朴学先导大师列传第一（顾炎武、黄宗羲、王夫之、颜元、阎若璩、刘献廷、黄生、陈启源）……

全书起顺康迄光宣，凡历三百年。分吴、皖、常、湘、浙、粤数派，区经史、小学、地理、金石、校勘、目录、诸子、治事、历算、博物各家，前列先导大师，后殿提倡显达，都凡三百七十余人。治学之士所共宝也。

1932 年 11 月 27 日

段玉裁，字若膺，号懋堂，江苏金坛人，幼颖悟，读书日竟数千言，年十三补诸生，乾隆庚辰乡试中式，客都下。得顾氏《音学五书》，惊为秘笈，钻研穷日夕弗倦。继执贽戴东原门，学益大进，作《诗经韵谱》《群经韵谱》各一卷，庚寅铨贵州玉屏知县，每处公事毕，漏三鼓篝灯撰述以为常，补巫山县引疾归养，安贫乐道者二十余年，中缘避横逆，遂徙居苏州之阊门，卒年八十一。先生谓：“许以形为主，因形以说音说义。”其所说义，与他书绝不同者，他书多假借，则字多非本义，许唯就字说其本义，知何者为本义，乃知何者为假借，则本义乃假借之权衡也。故《说文》《尔雅》互为表里，治《说文》而后《尔雅》及传注明，《说文》《尔雅》及“传注明”而后谓之通“小学”，而后可通群经之大义。先生兼擅诗文，有《经韵楼集》十二卷，亦颇雅赡。所著有《古文尚书撰异》《周礼汉读考》《仪礼汉读考》《毛诗故训传定本》《东原集声韵考》，汇刊为《经韵楼丛书》，独《说文解字注》别行。（节录《清代朴学大家列传》）

1932 年 11 月 28 日

晚读 Riccati Equation 四种书，Cohen 二种，Yoursat 一种，林鹤一师一种，林著重计算及解法可能时各种定数之条件，最易了解，Cohen 之作简而明，关于本方程式之解答特具，非调和比性质亦具备，唯不若 Yoursat 之高明且具应用之妙，至 Johnson 则自级数之立场论之，尤不可不读也。

阅《四六丛话·论骚》一卷，孙梅《自序》有曰："源乎大要，立言之旨，不越情与文而已。诗人之作情，胜于文赋家之心。文胜于情，屈子之词，其殆诗之流，赋之祖，古文之极致，俪体之先声乎。"亦颇能道出屈骚所以衣被文坛之要脉。然读彦和《辨骚》，开篇便云："自风雅寝声，莫或抽绪，奇文郁起，其离骚哉！固已轩翥诗文之后，奋飞辞家之前，岂去圣之未远，而楚人之多贤乎。"首笔一振，顶笔又一开，黄河九曲，仪态万方，情文交至，声容并茂，自郐已下可无作已。

鄂馆[①]十年，饫闻楚语，其音尾总带杀音，《梦溪笔谈》云："《楚词·招魂》尾句皆曰"些"。"今夔峡湖湘及南北江獠人，凡禁呪句尾皆称"些"，此乃楚人旧俗，即梵语"萨嚩诃"也，三字合音之即"些"字也。按周时侪楚于变其方音，亦与中土悬绝。《春秋传》曰："楚人谓乳曰谷，谓虎曰於菟。"《孟子》曰："一齐人傅之，众楚人咻之。"南蛮饫舌自有所指，今代湖广方言，惟语调稍低，余已无特异之处，此变迁之尤著者也。

欸，乃一声溪水绿之欸，乃读如袄霭，状摇橹声也。《离骚·九章》："乘鄂渚而反顾兮，欸秋冬之绪风。"《六一[②]题跋》引《说文》："欸，应也。唉，应也（《史记》范增撞破玉斗曰：'唉'），谓二字音义同。"如歎与嘆，欬与咳，实一字耳，其声则皆楚语也，故元次山有"款乃曲"，而柳[③]诗亦用此二字，皆湘楚间作。

【注释】

①鄂馆：指黄际遇在湖北武昌高等师范学校（现武汉大学前身）任教。

②六一：指欧阳修。

③柳：指柳宗元。

1932 年 11 月 29 日

Riccati Equation 类列参考书九种，此以横读为研究之法也，本方程式不过一阶一次耳，而凡或因其在历史上富于兴味，或因本方程式若其解答性负之宏富，或因其在数学的物理上应用之广，遂成重要方程式，本例其一也。今晨授课后续读 Johnson、Bateman、Fiaggeo Fowrsyth 四种（尚有一种 Wilson），综而论之：Forsyth 仅述方程式变形之方法，及解法可能之条件，略及非调和比之性质。林著则根据此方针，详密计算而分类排列之，在初学者最合口胃。Bateman 则取其变形之计算为练习题，而以答题之函数分歧点性特著于 09 页中，又取直交群（Orthogonal trajectorigs）、圆及群球之应用摘著于 100、101 页。Yoursat 则更广此应用于等角交群（Jrajcctories），而推其方程式归于 Riccati 之形，直交曲线群其特别耳。Johnson 专从级数方面论解。

同一要点，而横看各书，最足启人神智。横看成岭侧成峰，远近看山各不同。不知庐山真面目，只缘身在此山中。所以深读一书，或遍阅群书之后，既须置身其中，使我与真理融合为一，又须超然书外，俯瞰群象，有可相关之处，愚公移山，不忘畚臿，商瞿生子，可遗一经，帝力何有于我哉。

《古经解汇函》（二十三种四十五册），附《小学汇函》（十四种三十五册），《经典释文》（三十卷十六册），戊辰汴梁所得本，光绪二年湘南书局重刊本，钟谦钧原序（同治十二年）云："阮文达刻《皇清经解》，藏版于粤秀山学海堂，今谦钧重刻《十三经注疏》《通志堂经解》及此"汇函"，皆藏版于粤秀山菊坡精舍，自西汉至国朝，经部之书有此四大编同在一山之上，可谓藏之名山者矣。"兹冣其总目如下：

郑氏周易注（王应麟撰集，惠栋增补）……

1932 年 12 月 2 日

阅《畏庐论文》，闽县林纾琴南著。彦和文心，千载独步。过庭书谱，三折其肱，缅彼徽音，未闻嗣响。岂考城之才尽，亦邯郸之难学。与会稽通义，安吴艺舟，时可解颐，要非击掌，侯宦（曾祺、吴氏）晚出，倡为文谈，楼石涵芬，意追宝晋，虽非善战，亦负攻坚，摧朽之才，却好谈兵，饶具知彼知己之妙。畏庐此作，更后十年，金针度人，匠心自运，信能公文章于天下，证得失于古今，风兹将来，有裨初学，顾章包之学杂，其敝也夸，吴林之才弱，其敝也枸。吾儒有事诗书，盱衡事理，当养其气以迎艰钜之来，博其识以究天人之变，与其姝姝自悦守一先生之言，毋宁恢恢其仪克备万物于我，茬论隘与不恭，君子不为，然与不恭也宁隘，与其夸也宁枸耳，是则畏庐所论，又大有可探讨者在也。

书首述旨，文章恐终古难出艺术范围，必谓为圣贤之所心传，宇宙之所纲常，说来说去，不出文以载道之窠臼，恐论者未易以为知言耳。次流别论曰赋，谓赋者铺也，铺采摛文，体物寓志也。曰颂曰赞，谓颂者敷写似赋，而不入华侈之区，敬慎如铭，而异乎规戒之域。赞者约举以尽情，昭灼以送文。铭箴，谓箴全御过，故文资确切。铭兼褒赞，故体贵弘润，陈义必高，选言必精，赋色必古，结响必骞，如此遣词，颇具神解。曰诔曰碑，诔者累也，累其德行，旌之不朽也。碑者埤也，上古帝皇，纪号封禅，树石埤岳，故曰碑也。今人之制哀辞者，盖诔之变体也，又谓哀辞之哀，为言依也，悲实依心，故曰哀也。曰史传，谓传之为言转也，引实斋文史通义曰经礼，二戴之记，各传其说，附经而行，虽谓之传可也。其后支分派别，至于近代始以录人物区为之传，叙事迹者区为之记，实则化编年为列传，成正史之传体，其例实创自史迁，刘彦和虑其事远则同异难密，事积则起讫易疏，斯固总会之为难也。

1932 年 12 月 3 日

续读《畏庐文谈》，曰论曰说，谓论者伦也，伦理无爽，则圣意不坠，此言称《论语》者也。又曰说者悦也，故言咨悦怿，过悦必伪，此所以砭战国之说士也。曰诏策，诏者告也，敕者正也，自汉讫今，沿用勿改，然以文体言之，汉诏最为渊雅。又云孔稚珪《北山移文》，瑰迈奇古，巧不伤纤，谑不伤正。曰章曰表，章者明也，表者标也，又曰章以造阙，风矩应明，表以致禁，骨采宜耀，因盛称左雄奏议台阁为式，胡广章奏，天下第一。唐之章表，则切实取陆贽，典重取常衮。宋之章表，则雅趣横生，各擅其胜。曰书，书者舒也，舒布其言，陈陈简牍，取象于夬，贵在明决而已。姚惜抱谓书之为体，始于周公之告君奭。至于汉世，则辞气纷纭纵恣，观史迁之“报任安”，足以见矣，迁之为史，语至深严，独此书慨淋漓，荡然不复防检，极力为李陵号冤，漫无讳忌，幸任安为秘其书，迁死乃稍出。杨子云“报刘歆”则侈述作之事，措词简贵高厉，颇脱法言艰深之习，亦以刘歆绩学，雄之报书，不敢草草，故凌纸怪发，字字生棱。叔夜“绝交”，较杨子幼为直率，盖子幼功名中人，退而治田，尚挟怨望，嵇康山野之性，不嗜膴仕，故摅怀而出，语至隽妙。以上四书（并扬子幼《报孙会宗书》）皆人人传诵者。曰赠序，引惜抱曰：唐初赠人始以序名，作者亦众。而谓唐世有一昌黎，以香言咽理之文，施之赠送序中，觉唐初诸贤，对之一皆无色，欧曾临川三苏亦各有佳处。原曰杂记，谓杂记类者亦碑文之属，碑主于称颂功德，记则所纪大小事殊，取义各异。记山水则子厚为专家，昌黎不能及也，子厚之文，古丽奇峭，似六朝而实非六朝，由精于小学，每下一字，必有相据，体物既工，造语尤古，读之今人如在桂林阳朔间，奇情异采，匪特不易学，而亦不能学。欧阳力变其体，俯抑夷犹，多作吊古欢逝语，亦自成一格。曰序跋，孔子系易，诗书有序，《仪礼篇》后有记，庄子《天下篇》，荀子《末篇》皆是也。王介甫序“经义”甚精，曾子固为“目录”之序，至有条理，欧阳永尗则长于叙诗文集。综言之，序贵精实，跋贵严洁。次应知八则，曰意境，曰识度，曰气势，曰声调，曰筋脉，曰风趣，曰情韵，曰神味。次论文十六忌，忌直率，忌剽袭，忌庸絮，忌虚枵，忌险怪，忌凡猥，忌肤博，忌轻儇，忌偏执，忌狂谬，忌陈腐，忌涂饰，忌繁碎，忌糅杂，忌牵拘，忌熟烂。次用笔八则，用起笔，用伏笔，用顿笔，用顶笔，用插笔，用省笔，用绕笔，用收笔。次换守法，谓如《汉书·张安世传》，何以知其不反水，浆也，反，覆也，用覆字便无味。《杜延年传》：延年窃重将军，失此名于天下也。重，犹难也，若易去“重”字，便须说“不愿”二字矣。次拼字法，谓古文之拼字，与填词之拼字，法同而字异，词眼纤艳，古文则雅练而庄严耳。如《汉书·扬雄传》之“勒崇垂鸿”，崇，高也，鸿，大也，师古注谓：勒崇名而垂鸿业耳。又“骋耆奔欲”，“嗜欲”人所常用，一拼以“奔骋”二字，立成异观。次矣字用法，也字用法，语虽细碎，消息极微。

1932年12月5日

夜课毕抄悫伯《送朱肯夫侍学湖南序》，存《越缦堂外集》。浴罢阅《说文释例》及杂书，重衾多梦。

《万年山中日记》 第八册

（1923 年 12 月 12 日—1933 年 1 月 4 日）

1932 年 12 月 12 日

本日又检《越缦堂日记》中《孟学斋日记·序》《受礼庐日记·序》《祥琴室日记·序》，《息荼庵日记·序》《桃花圣解庵日记·序》《荀学斋日记·序》。阅《明儒学案》。记及王存征刊《越缦堂日记》启，节录存《越缦外集》中。

1932 年 12 月 14 日

阅《鲁岩所学集》，河南鲁山张宗泰鲁岩著，民国二十年其曾侄孙张钫（伯英）重校刊。鲁岩，嘉庆丁卯举人，出宝应朱文定与闽县陈编修寿祺恭甫之门，道光二年选授修武县儒学教谕，嗣迁河南府教授，以博士终其身，与偃师武亿小谷为同年。中州文化乾嘉后朴僿不振，小谷以经学名家，鲁岩以考校自任。阮芸台为之序，称其于四部之书目无不览记，自序（时已七十六岁）亦称究心《四库全书提要》，仿其样例，纠正增补，积二十年如一日，全书分十五卷，亦如其所跋。《困学纪闻·集证》（第八卷）谓王氏于学无所不窥，其书暗以四部分门目，较它说部家类例回殊，故国朝人愿倚附其门墙者亦最夥，以今观之，著者亦愿倚附其门墙者也。自卷一至卷三百，余条专考史事，始于读《资治通鉴》，终于跋《明史纪事》，本末卷四，卷五为读国语、国策、四史、五代史若干条，卷六已后为读各书，考订钩比群籍。栉剔毫厘，信经生之业也。

书《日知录》卷四后一条，谓亭林先生深明著述之体，如谓一书不当两序，然本集既阮书为序，又有自序，复有后序（光绪丁卯孙葆田）矣，此则其子孙未遵行其体例之故，且欲引阮书以增重也。跋《潜邱札记》条谓："阎氏记诵之博，考订之勤，一时鲜出其右，而诋订汪钝翁不留余地，当非友朋全交之道。"立论极允。跋周栎园《因树屋书影五条》谓："其书成于请室中，无书籍可备检察，故其字句之间不免小有出入，特为之证明如干则。"可云有心。又云："惟杨子云托身权奸，为之歌功颂德，后人久经论定，乃为之断断致辨，殊可以不必。至罗贯中之《水浒传》，高则诚之《琵琶记》，不过等诸戏玩之具，亦为之辨别其虚实，更不免自秽其书"云云。栎园于学，驳而不纯，声气广骛，尤其专嗜，何必但举此一二细言责之也。要之此书可为稽古之助，明德之后，必有达人，吾于伯英益信之矣。末附《交游记》一卷，如方彦闻履篯、洪幼怀符孙（稚存第三子）、姚春木椿、阮芸台、汪孟慈喜孙、龚定盦巩祚等二十余人，多有闻于后者，投答著述，分见记录。前辈风流，令人神往，但不及武小谷为可异也。

1932年12月15日

阅高木贞治《代数学讲义》（昭和五年共立社发行），虽非近世代数，而极与接近之代数学思潮者接触。自觉此间用 Halland knight《高等代数》为一年级教本，不胜落伍之感。本书亦为东京大学之讲义，分为三部，第一部自第一章至第七章专论方程式，前三章为多项式之函数论，尤以复素数为立论基础，后四章为代数的方程式论，可视为群 Jroup 体 Korher 最初之舞台也。第二部自第八章至第十章行列式与矩阵（东译曰行列）及其应用。第三部属于第十一章以下。别为一卷曰《初等整数论讲义》，未见。

《演习高第数学讲座》，全十二卷，已见七卷。分代数、三角几何、微积分、函数论、综合几何、画法几何，尚有力学积分方程式，确率论及最小二乘法群论、整数论、集合论及实变数函数论。未见。全书为坂井英太郎、国技元治师监修（共立社发行），发端程度甚浅，适合中学教员参考而已，唯竹内端《三函数论一卷》一卷，选材极佳。

《鲁岩所学集·书遗山集碑铭志后》谓：“《遗山先生集》四十卷，而碑铭表志之作独占十六卷，盖遗山负词坛宿望，天下求碑志之文者争赴其门，故其多至于如是也。遗山学摶而才雄，集中张万公、杨云冀、冯叔献诸碑文，皆鼓全副精神，表扬之铭词尤多，跌宕淋离，风发泉涌，行以纵横驰骋之笔，而一中乎律度，其独步一时非偶然也。”又举其“自蹈窠臼者若干处，如《范阳张公碑铭》‘我卜行营之原当置万家’，《完颜神道碑铭》‘我卜庐泉之原万家其旁’等十余条”，然《鲁岩本集》复见之笔（如其所学者然也），更不可枚举，拟议以成，变化正未可言，古来成一家言者，辞不枝出，信乎，戛戛有独造之工也。

1933年1月1日

《书目答问补正》五卷，附二卷，凡二册，（过申购于中国书局）淮阴范希曾耒研就南皮张氏本广益之者，原书成于光绪二年，出缪筱珊[①]手（据范耒研自跋语），可谓损益刘班，自成著作。但五十余年间，新见雕刻者分别附见之，亦后学者之责也，柳诒徵为之序，行于辛未十八年，体例一依原书，有新刻或同类者，则于原条下标一补字而比附焉，如：

《骈体文钞》三十一卷（原注：李兆洛编，康刻本。合类纂，合肥徐氏重刻本）下补注：“成都存古书局本。长沙王闿运《八代文粹》卷富顺考隽堂刻本。长沙王先谦《骈文类纂》下逮清末作家思贤书局刻本。”坿庸先哲，衣被后生，劬学如斯，不享中寿，与支伟成略同，亦有志吾道者所共悼叹也。如《说文提要》一卷，原注但有武昌局本四字，按此书原不足称为著述，而亦类列于小学说文之属宜，李莼客之有微辞矣，补注云："此书陈建侯编，但载部首，而许书说解多加删节，虽便初学，未为善本。张行孚《说文揭原》专释部首，有新意，胜陈书。丁福保编《说文解字诂林》所收凡一百六十余种，分类别裁，不加改削，集校释之钜观，凡无力分购原书者，得此为便，特论允当，不愧张书诤友。又李选《国朝文录》八十二卷，《续录》六十三卷，原注李祖陶编，共八十八家，体例未精，评语尤劣，取其各存大略。"莼客所评尤详，然不出此意。补注云："道光十九年瑞州凤仪书院刻本。"又云："山阴沈粹芬编《国朝文汇》二百卷，书成宣统，采录稍广，涵芬楼排印本，胜朝文献，此为实录矣。"

【注释】

①缪筱珊：指缪荃孙。

1933年1月2日

《骈体文钞》三十一卷，分上中下三编，李兆洛评选：

上编：铭刻、颂、杂飏颂、箴、谥诔哀册、诏书、策命、告祭、教令、策对、奏事、驳议、劝进、贺庆、荐达、陈谢、檄移、弹劾凡十八卷。

中编：书、论、序类、杂颂赞箴铭、碑记、墓碑、志状、诔祭凡八卷。

下编：设辞、七、连珠、笺牍、杂文凡五卷。

上编皆庙堂之制，奏进之篇；中编为指事述意之作；下编则多缘情托意之作。吴江吴育序之曰："上焉者刺作之文，中焉者冠冕之制，下焉者则齐梁之篇为多，而古人喻志之作入焉"云云。究未克举其大凡也。申耆此选，极得精要，但所录者断代自秦迄隋而止，九鼎之羹仅能染指，为遗憾耳。

1933年1月4日

《尔雅释例》五卷，盐城陈玉树惕庵著，武进顾实序，谓《尔雅》所记十干名（太岁在甲曰阏逢，在乙曰旃蒙，在丙曰柔兆，在丁曰强圉，在戊曰著雍，在己曰屠维，在庚曰上章，在辛曰重光，在壬曰玄黓，在癸曰昭阳），岁阴十二枝名（大岁在寅曰摄提格，在卯曰单阏，在辰曰执徐，在巳曰大荒落，在午曰敦牂，在未曰协洽，在申曰涒滩，在酉曰作噩，在戌曰阉茂，在亥曰大渊献，在子曰困敦，在丑曰赤奋若）。系古代撒马利亚（Samaria）语，故古人亦曰象胥，以是为雅之解，而尔训为隐，颇得明孟幽幼之旨。

《万年山中日记》第九册

（1933年2月19日—4月29日）

1933年2月19日

竟日阅《纪晓岚笔记》，遇有可辨证折角志之而已。

1933年2月21日

《因树屋书影》十卷，栎下老人笔记，豫人周亮工栎园，先世尝居历下，故自号栎下老人。是书成于请室中，不失博闻强记之士，视齐谐之志怪为胜。

《书影》云：句读当从改正者。《论语》："点（句）尔何如"孟子（原无此二字）；"至大至刚以直（句）养而无害，则塞乎天地之间。"《礼记》："男女不杂（句）坐不同（句）椸枷不同（句）巾栉不亲授。"《左传》："蔓（句）难图也，蔓（句）草犹不可除"；"晋公子骈胁欲观（句）其裸浴（句）薄而观之。"《史记·卫青传》："人奴之（句）生得无笞骂即足矣。"《帝纪》："与父老约（句）法三章耳。"只一点断，不须讲解，而古人之语意自出，信乎学者贵有师承也。"二嫂使（句）治朕栖""夏礼（句）吾能言之（句）杞（句）不足徵也，殷礼（句）吾能言之宋（句）不足徵也，文献不足（句）故也（句）足（句）则吾能徵之矣。""人皆谓我毁明堂（句）毁诸（句）已乎?""甚矣吾衰也，久矣（句）吾不复梦见周公。""予不得视犹子也（句）非我也夫（句）二三子也。""所求乎子以事父（句）未能也（句）所求乎朋友先施之（句）未能也。"皆与今本迥别。《左传》："公入而赋（句）大隧之中，其乐也融融（句）姜出而赋（句）大隧之外，其乐也泄泄。"杜注曰："赋，赋诗也，以赋字为句，则大隧四句，其所赋之诗。钟伯敬不详句读，认为《左传》叙事之文，抹之曰俗笔。殊可笑。"

1933年2月22日

广东通志馆来聘名誉纂修，此事报上早有所闻。然于史学实疏，乡邦文献又非所习，自阮芸台主修《广东通志》垂百余年，应有继起者，殊愧非其任耳。

《书目答问》列善本"省志"四，曰："《浙江通志》《广东通志》（阮元）、《广西通志》（谢启昆）、《湖北通志》（章学诚原稿）。""府志"三，曰："《汾州府志》（戴震）、《嘉兴府志》（伊汤安）、《遵义府志》（郑珍 莫友芝）。""州县志"亦不过十八。

信矣，善本之难也。兹志之修，鄙意须断代为之，至末清改玉而止，以避各种制度思想之冲突为是。改日当致书同事论之。

1933 年 2 月 27 日

《广东通志》共书二十六篇，三百三十四卷，嘉庆二十三年（1818）两广总督阮元、广东巡抚李鸿宾奏请纂修，道光二年（1822）阮元、广东巡抚嵩孚奏纂修告成。大学藏本系甲子重刊本，有重刊职名，中有陈澧，则亦已是同治三年（1864），此后文献无征不信矣，亦粤士大夫之耻也。据阮元叙云：《广西通志》乃嘉庆初谢中丞（启昆）所修，载录详明，体例雅饬。《广东通志》则犹是雍正八年郝中丞（玉麟）因环扉之中无可检阅，故取“老人读书只存影子”之语，以《书影》为名，又因囚于刑部狱因树屋中，故全称《因树屋书影》。所修，书仅六十四卷，《四库书提要》称一年竣事，体例牴牾，九十余年未经续纂，爰奏请开局纂修，以《广西通志》体例为本，有所增损，凡总纂、分纂、采访、校录，莫不富于学而肯勤其力，志三百三十四卷。

为典一曰：训典。

为表四曰：郡县沿革；曰：职官；曰：选举；曰：封建。

为略十曰：舆地；曰：山川；曰：关隘；曰：海防；曰：建置；曰：经政；曰：前事；曰：艺文；曰：金石；曰：古迹。

为录二曰：宦迹；曰：谪官。

为列传八曰：人物；曰：列女；曰：耆寿；曰：方技；曰：宦者；曰：流寓；曰：释老；曰：岭蛮；曰：杂录。

《广东通志》旧有康熙十二年刘中丞（秉权）所修之三十卷，明万历二十九年郭棐所纂之七十二卷，嘉靖三十六年黄佐所纂之七十卷，嘉靖十四年戴璟所纂之初稿四十卷。各书多就残佚，惟黄志为泰泉弟子，所分撰者体裁渊雅，廑有存本云云。据重刊本陈澧等识云：“《广东通志》三百三十四卷，嘉庆戊寅总督阮文达公所修，道光壬午刊成，阅三十六年，咸丰丁巳（1857）岛夷之乱（广东吏民争烧英绾，英人亦烧省城）其板毁焉，辛酉重建贡院，惠济义仓出资助成之，工既毕而资有余，史澄等请于官重刊《通志》，同治甲子刊成，盖去今又七十年矣。”昨日函报，海滨[①]颇以此旨将激之，不存稿。

【注释】

①海滨：邹鲁，曾任中山大学校长。

1933 年 2 月 28 日

今人每呼人为先，而不曰“先生”。《书影》云：“古者亦有单称一字为礼者，叔孙通与诸弟子共为朝议，曰：‘叔孙生圣人也。’梅福曰：‘叔孙先非不忠也。’”师古注：“先，犹先生，见《偶然录》。”今人以老先生为尊称，官者称人类无生字，三吴称人类无先字，则知此称未可尽诮矣。

1933年3月6日

《史通》二十卷，唐刘子元（玄）撰，欧阳修《新唐书·本传》云："刘子玄名知几，以玄字讳嫌故以字行，年十二父藏器为授《古文尚书》，业不进"云云。则是非早慧者。"武后证圣初，诏九品以上陈得失。子玄上书，讥每岁一赦，或一岁再赦，小人之幸，君子之不幸。"又谓："'刺史非三载以上不可徙。'后嘉其直，不能用也。"书成于景龙四年，凡《内篇》十卷三十九篇，《外篇》十卷十三篇。《四库全书总目》云："盖其官秘书监时与萧至忠、宗楚客等争论史事不合，故发愤而著书者也。"《本传》又云："子玄善持论，辩据明锐，视诸儒皆出其下，朝有论著辄豫。殁后，帝诏河南（府）就家写《史通》，读之称善。""六子：贶、餗、汇、秩、迅、迥。好学，多通解。"具附见《本传》。《史通》篇局，文笔极意仿《文心雕龙》，可诵者致多，余家藏者尚有《史通通释》二十卷，清浦起龙撰，起龙字二田，无锡人，雍正甲辰进士，官苏州府教授，其为文亦锐颖可爱，时有学子玄处，载笔之法家，著书之监史，具在焉矣。

1933年3月18日

《史通》卷二十《忤时篇》，知几《致萧至忠求退书》，移录末段以代至某书，昔有人构思悼亡文，河间纪氏曰："从夫人之相与，俯仰一世"句起，夫人二字重读，一气而下，便是至文，吾今于此书亦云然，书云：

"仆窃不自揆，敢方于鄙宗（刘炫同姓，故云），何者？求史才则千里降追，语宦途则十年不进。意者得非相期高于班、马，见侍下于兵卒呼。

又人之品藻，贵识其性。明公视仆于名利何如哉？当其坐啸洛城，非隐非吏，唯以守愚自得，宁以充诎撄心。但今者黾勉从事，挛拘就役，朝廷厚用其才，竟不薄加其礼。求诸隗始，其义安施？傥使士有谵雅若严君平，清廉如段干木，与仆易地而处，亦将弹铗告劳，积薪为恨。况仆未能免俗，能不蒂芥于心者乎？当今朝号得人，国称多士。蓬山之下，良直差肩；芸阁之中，英奇接武。仆既功亏刻鹄，笔未获麟，徒殚太官之膳，虚索长安之米。乞已本职，还其旧居，多谢简书，请避贤路。唯明公足下，哀而许之。"

当孝和皇帝时（中宗初谥孝和），韦武弄权，母媪预政，小人道长，纲纪日坏，子玄仕于其间，忽忽不乐，"书上至忠大惭，无以酬答，又惜其才，不许解史任"云。

1933年3月21日

《史通训故》二十卷，河南王惟俭训（见三月初八日记）。系手抄本（张怡荪云有刻本），都四册。惟俭，祥符人，字损仲。明万历进士，光宗立累官工部右侍郎，魏忠贤党劾之，落职闲住，资敏好学，肆力经史百家，称博物君子云。

浦起龙《史通通释》录“别本序三首”，有河南王惟俭序，抄本不及之，而有都水使者刘不息《跋》，引汉史称“郑庄年少官薄，其交游皆大父行，及天下有名之士”事以相况。其同年陈九职《跋》，称“小司马损仲，以颖异成其该博，悬车以来，谢绝尘冗，唯以闭门著书，为不朽之业。”薛永宁《跋》云：“子长下吏，故感慨于游侠货殖之间，蔚宗被出，故致意于屈伸荣辱之举。”观此可以推知，惟俭之身世多与诸史家有逼似处。起龙自序其《通释》有云：“进问春风亭本，曰是出大梁王损仲，粪除诸评，世称佳本，然其蔽善匿蒙焉，何豁讹焉，何正脱焉，何贯未见其能别彻也”云云。以今观之，浦本实根据王本而成，明人之学多疏，王本可云崇实之作，起龙不过袭其遗业为之，分段别起止，增益注释，标出所引书篇名堂构之，功自不可没，然开后来先路者惟俭也。曾谓亭林《音学五书》之作能掩季立之名哉。

1933 年 3 月 24 日

《广东通志·舆地略·七》（卷八十九），有《晷度》《分野》《气候》三编，今续志冣目缺之。《畿辅通志》（李鸿章同治十年奉修，黄彭年总纂，光绪十年雕本）凡例云：“正史不当以天文作志，《史通》论之详矣，一乘何事侈，陈星野有图无裨实用”云云。按九州分野肇自《禹贡》，谓原志已有，不必再列，则可谓一方志乘无事侈陈，则经纬高度之不同，日月躔次之差异，将于何处见之，至气候原不属天文范围，尤于各地方有特殊之点，且年代不同因有变易，废而不书，志官失职矣（《史通》卷八书志篇，极言史中天文志之非）。志书之体，周应合景定《建康志》分图表志传为四篇。《江南志》及《续河南志》分十志，《四川志》分十二志，《湖北志》分十六志，《山东通志》分十二志（宣统三年成，民国四年刊），皆师其意，谢启昆修《广西通志》分典、表、略、录、传五篇，为确守《建康志》之例，阮元修《广东通志》遵用之，《畿辅通志》用纪、表、略、录、传，今广东续志用纪、表、略、传、统类之。

方言在方志中诚为重要，《广东通志》旧缺今增，按《畿辅通志·舆地略》有《方言》一卷，用《扬子方言》例，杂采各书，真所谓状如算子。安得放下教鞭，以语音之系统排比之。

风俗志，《畿辅通志》用士、农、工、商、冠、婚、丧、祭附以岁时，颇得纲纪。鄙意欲易“风俗志”为“礼俗志”，兹事体大，未易率尔建议也。

卧阅章学诚《校雠通义》。倦极不成条理，入浴更衣，拥衾温梦。

1933 年 3 月 30 日

连夕与怡荪、叔明、泽丞诸友推论学术世变相关之理。予谓凡百学问，清人过于明人，而书事总是清人写不过明人。诸友均曰：“气节不及之也。”汉学家之治学也诚云得法，其立志也亦甚苦，究竟章句之儒难裨国是。观夫有明之亡，上有殉国之君，野遍死节之民。有清中兴，所倚为柢柱者，率多理学之儒，宇内人安，赖以斡旋者亦数十载。今世则何如哉，抚舷击棹感不绝于予心，辄忆及之，君子于此以觇世变也。

1933年4月18日

今有簿籍曰："帐目。"按《汉·武帝纪》："明堂朝诸侯受郡国计。"注："颜师古曰：'计若今诸州之计帐。'"则此字之来已古，然韵只训帱训帷，而无以簿籍为义者，俗作账，非。（账）

《寻常音误》条下谓"覆瓿废纸"，覆瓮也；瓿音蒲，误作剖。而晋竹《致赵秋舲书》有云："服末路之盐车，计身后之酱瓿。"则是仍作仄字用，亦如段君玉裁于《许冲上书》"臣冲诚惶诚恐，顿首顿首，死罪死罪。臣稽首再拜，以闻皇帝陛下"句下注云："稽首，吉拜也，头至地也。顿首，凶拜耶。稽颡也，头叩地也。"而其《寄戴东原先生书》（乙未十月）仍署曰："玉裁顿首"，亦言之未必能行者欤。考《字书》瓿字虽有平侧二音，而义实同，予之《万年山中日记·第七册序》有"留之它日，或以覆瓿，遗诸子弟，聊愈兼金"二语，可无须易读矣。

然亦有可厘正者数条：

峥嵘，山峻也。音橙宏。

冁然，大笑也。冁，音輾，误作展。

鼎铛。鼎，镬也。铛，音堂。

隽永，言有味而长也。隽，上声。

神荼、郁垒。音伸舒、郁律。

灾沴，阴阳气乱也。沴，音戾。

口吃，口不便言也。吃，音格（今江南人多格格不出诸口）。

些，宋玉《招魂》语，助词也。些，梭去声。

睚眦，目相忤也。音爱蔡。

驵侩，牙人，会两贸易者也。驵，音掌。

欃枪，慧星也。枪，音撑。误作锵。

屏营，惶恐不安也。屏，本音。

金日磾，汉人名也。日磾，音密低。

角里先生，四皓之一。角，音鹿。

冒顿，匈奴也。音墨突。误作本音。

绵蕝，叔孙通草创习礼处也。蕝，音撮。

字音假借，如"流连"可作"留联"（《琴赋》：乍留联而扶疏）。"络绎"可作"骆驿"（《后汉书·郭伋传》：骆驿不绝）。《晋竹》类举至二百词，以至较之曾氏更广博矣。此类以音为重。故假借之用尤广也。

祭酒。古礼，食必祭，先饮酒，亦然必以席中之尊者一人当祭，故称。齿德尊者曰："祭酒。"如《史记》："荀卿三为祭酒。"汉时吴王濞年长，为刘氏祭酒是也，后因以为官名。

孓孑，短也，《说文》："孑，无右臂形。孓，无左臂形。皆短之义。"孓，音厥。

1933年4月19日

昔人有谓卢绍弓学士曰："他人读书受书之益，子读书则书受子之益。"卢为怃然。曲园序孙容《札移》有曰："夫欲使我受书之益，必先使书受我之益。不然，'割申劝'为'周田观'，'而肆赦'为'内长文'，且不能得其句读，乌能得其旨趣乎?"仲容《自叙》有云："则有三代文字之通假，有秦汉篆隶之变迁，有魏晋正草之混淆，有六朝唐人俗书之流失，有宋元明校椠之羼改，逵径百出，多歧亡羊，非覃思精勘，深究本原，未易得其正也。"即此可知读书之事，不能不求甚解，但观大意为口实矣。

《读书脞录》，人和孙志祖著（嘉庆己未镌本），凡《说经》二卷，《说子史》二卷，《杂识》三卷。摭其字学数则：

字者孳也，古人字少，每多假借，后代形声相益，踵有增加，如草木虫鸟之偏旁，大氐皆后人所增也。然亦有古分两字，隶趋简易，止用一字者，今以《说文》考之，如：

两为斤两，而训再者。别为㒳。

树为树木，而训立者。别为尌。

津为水渡，而训气液者。别为𦘕。

节为竹约，而训瑞信者。别为卪。

漏为刻漏，而屋穿自作屚字。

晨为昧爽，而房星自作曟。

1933年4月25日

夜读任公[①]《清代学者整理旧学之总成绩·小学及音韵学》一节。殊觉所知之识，被任公整理一过。凡读书真要保持书味存于胸中之趣，否则是自费诵读工夫。

【注释】

①任公：指梁启超。

1933年4月27日

夜习课后卧阅任公《学术史》史学、方志学二节，于刘子玄有微词焉。

南方曰"浓茶"，北方曰"酽茶"，《说文》："本作醶。"《广韵》："酒醋味厚也。"《说部》谓泡茶曰"沏茶"。沏，按《广韵》："水声，一曰水流疾貌。"今用非其本义。

𢼛，《说文》："暴也。从攴完。"段注云："此与败贼同意。"未竟其义。（《戈部》云："贼，从戈，则声。"与此不合，故王筠云："此语乃不识字者所增。"）按"完"为完具之完，残其所完曰：“寇”。《左文七年传》：“兵作于内为乱，于外为寇。”

晚诣叔明、怡荪，谈论明、清学者致力之方，油然有兴起之思。叔明[1]之师柯劭忞凤荪（著《新元史》二百五十七卷，民国十一年刻。日本以此书赠柯博士），年八十五，不良于行，犹日危坐著书，亦孙夏峰、沈麟士之流也。

获阅姜忠奎叔明所著《转注考》，有柯叙，当别记之。

【注释】

①叔明：指姜忠奎。

1933年4月29日

现在所研究之对象，时间是无限制的，空间是无限制的，可谓整个的宇宙又假设可以相当有自由性的，因以研究之途益宽，研究之道益难。

去年八月在北平师范大学讲“怎样研究数学”一题，经吴德辉、徐玉华二君记录，刊存二十二年三月一日《师大月刊》第三期理学院专号，大旨尚能笔存。

《万年山中日记》 第十册

（1933 年 5 月 3—29 日）

1933 年 5 月 3 日

梁任公《中国近三百年学术史》十六卷，五六二页，十五年上海民志书店发行（讹字连篇，度是由某大学讲义底稿盗印者）。卷一反动与先驱；卷二、三、四清代学术变迁与政治的影响，附近三百年学术史表；卷五阳明学派之余波及其修正——黄梨州（附孙夏峰、李二曲，余姚王学家、李穆堂）；卷六清代经学之建设——顾亭林、阎百诗（附胡朏明、万充宗）；卷七两畸儒——王船山、朱舜水；卷八清初史学之建设——万季野、全谢山（附初期史学家及地理学家）；卷九程朱学派及其依附者——张杨园、陆桴亭、陆稼书、王白田（附其他）；卷十实践实用主义——颜习斋、李恕谷（附王崑绳、程绵庄、恽皋闻、戴子高）；卷十一科学之曙光——王寅旭、梅定九、陈资斋（附其他）；卷十二清初学海波澜余录；卷十三至十六清代学者整理旧学之总成绩。（1）经学、小学及音韵学；（2）校注古籍，辨伪书，辑佚书；（3）史学、方志学、传记及谱牒学；（4）历算学及其他科学。

学术史最不易作，非淹贯各科，兼有史才者不办。庄周《天下篇》，太史公《论六家要旨》，综论诸家学术思想为其滥觞。班固《艺文志》方具雏形，于今二千余年，尚未有完备之著作也。《宋元学案》《明儒学案》为性理思想学术史，谢启昆《小学考》为《艺文志》之一部，《畴人传》为天算家略传，《佩文斋书画谱》为艺术稗乘，未足为学术史。近人支伟成《清代朴学大师列传》传朴学偏重宗派，于学术思想尚少汇通，然形式粗具，实受欧史之暗示。任公此著，才气横溢，取法极正，惜体大而思未精，既怀传世之心，又急售世之利，是其所短耳。比年学风走速成之路，陈半熟之品，凡百皆然。任公亦未能免于风气也。

清儒札记之可观者："顾亭林《日知录》，阎若璩《潜邱札记》，钱大昕《十驾斋养新录》，臧琳《经义杂记》，卢文弨《钟山札记》《龙城札记》，孙志祖《读书脞录》，王鸣盛《蛾述篇》，汪中《知新记》，洪亮吉《晓读书斋四录》，赵翼《陔余丛考》，王念孙《读书杂志》，王引之《经义述闻》，俞正燮《癸巳类稿》《癸巳存稿》，宋翔凤《过庭录》，陈澧《东塾读书记》等。"

史之缩本则地志也，清之盛时各省府州县皆以修志相尚，其志多出硕学之手。其在省志：《浙江通志》《广东通志》《云南通志》之总纂则阮元也；《广西通志》则谢启昆也；《湖北通志》则章学诚原稿也；其在府县志，则《汾州府志》出戴震；《泾县志》

《淳化县志》出洪亮吉。《三水县志》出孙星衍；《朝邑县志》出钱坫；《偃师志》《安阳志》出武亿；《富顺县志》出段玉裁；《和州志》《亳州志》《永清县志》《天门县志》出章学诚；《凤台县志》出李兆洛；《长沙志》出章裕诚；《遵义府志》出郑珍、莫友芝（梁任公《清代学术概论》八十九页）。《光绪绍兴府志》《会稽新志》李慈铭主撰（《中国近三百年学术史》四八四页尤详）。以上诸志皆出学者之手，斐然可列著作之林者，《孟子》曰："晋之乘、楚之梼杌、鲁之春秋一也。"《墨子》所称："周之春秋宋之春秋燕之春秋。"《庄子》所称："百二十国宝书。"以今著附之，亦一府州县志矣。

1933年5月4日

《助字辨略》五卷，确山刘淇廉泉著（已见前评）。任公云："廉泉是素不知名的一位学者，这部书从钱警石（《曝书杂记》）、刘伯山[①]（《通义堂集》）先后表章，才渐渐有人知道，书成于康熙初年，而和王伯申暗合的极多，伯山都把它们比较列出（原注：伯申[②]断不是剽窃的人，当然是没有见过这一部书）。清初许多怪学者，南泉也算其一了。

谢山十四岁补博士弟子，康熙戊戌五十七年。余补博士弟子亦十四岁，光绪戊戌二十四年，则为先生后第三甲子，仰止高山，其则不远，力追先生以永终誉。

《鲒埼亭集》（三十八卷，《经史问答》十卷，《外编》五十卷。四部丛刊本）鄞县全祖望绍衣著。悫伯最爱读汪、全之作。任公评见《中国近三百年学术史》一四四页至一四七页，自云："古今人文集，最爱读者为《鲒埼亭集》。"引沈彤果堂云："读《鲒埼亭集》能令人傲，也令人壮，得失相半。"谢山亦深佩其言云。（按前书地理志"会稽郡鄞县有鲒埼亭"。师古注："鲒音结蚌也，长一寸，广二分，有一小蟹在其腹中。埼小岸也，其中多鲒，故以名亭。"）

夜读《鲒埼亭集·外集》二卷，流整交佳，散骈并茂，王选不及之，是可异也，兹录《祭苍水张公文》一首：

呜呼，十九年之旄节，此日全归；三百载之瓣香，一朝大去。汉皇原季布，圣朝之大度如天，柴市殪文山，异世之孤忠若一，为阁南屏深处，孤魂已为忠武忠肃之邻，试看朱鸟飞来，野祭半在重三重九之日。惟兹枌社，虽甲乙之侣无存；瞻彼蛎滩，顾萝茑之遗未替。适逢忌日，薄荐生刍。溯遗事于七十八岁之遥，若存若殁；夸丰功于三十一朝之捷，可涕可歌。固知此志之长存，更教熙朝之不讳，重歌薤露，以当平陵。（《薤露》《蒿里》，古挽歌，言人命如薤上之露，易晞灭也。）

【注释】

①刘伯山：指刘毓崧。

②伯申：指王引之。

1933年5月7日

梨洲黄氏论宋元二季人物，以为皆天地之元气。全谢山《九灵先生山房记》系曰：

“呜呼，古来丧乱，人才之盛，莫如季宋，不必有军师国邑之人，即以下僚韦布，皆能砺不仕二姓之节，然此则宋人三百年来尊贤养士之报也。元之立国甚浅，崇儒之政无闻，而其亡也，一行传中，累累相望，是岂元之有以致之，抑亦宋人之流风善俗，历五世而未斩，于以为天地扶元气欤。”实发梨洲之论而光大之。荡胸归来，清气长存，袍笏空山，古贤如见。

有业桐城派古文辞者言，以骈文名世如袁枚者，遗命尚乞姚鼐为作墓志。今观姬传所为《袁随园君墓志铭序》（黎选《续类纂》卷二十四），于袁君不无微词，如云：“君之少也，为学自成。”又云：“于为诗尤纵才力所至，既写其质美未学，漫无家法。”又足之曰：“尽其才以为文辞，歌诗以自喜其意，法纪更为荡然。”至云：“君园馆花竹水石，幽深静丽，至櫺槛器，具皆精好，所以待宾客甚盛，则是当日扬淮盐商之陋习，晚明李渔之余孽矣。”“岂惟声气结纳传食诸侯而已，弦外之音致其不慊者至矣。”泽丞偶论作传志家法，乃并记之。

1933年5月8日

彭兆荪甘亭太仓人，工诗，骈体文尤鸿博沉丽，道光初举孝廉，方正未赴卒。有《小谟觞馆集》，《骈文类纂》冣录其《与吴韵皋书》（卷二十）、《明周忠武公刘氏庙碑》（卷三十下）、《天池记》（三十四中）三首。曾宾谷《国朝骈体正宗》冣录十二首（《甘亭集》中《与姚春木书》自称佐辑此书。又云：“仆虽观成，仅司校勘，且鄙文滥厕，尤不便置喙其间。”）。再从怡荪处假得《小谟觞馆文注正续集》六卷，都一百一十二首，有长洲王芑孙序（署嘉庆十有一年，称湘涵，年未满四十），桐城方东树跋，注经钱塘孙（元培、长熙）纂辑。大云山人称甘亭之文鸿芒壮采，具中郎之骨兼开府[①]之腴。归安朱镜清最爱其柔情芳绪，纷蕤相引，比踪卷施，如骖之靳。今观其集，取精多而用物宏，其气稍弱，此则赋之于天，不能尽以人力争也。

正集四卷，以《先府君事略》散文殿焉，《事略》中称其“先府君（礼字行之，乾隆丙戌进士）年七十有六，幼子兆惠生，甫四龄。”则索男于七十三岁时也。

又续集中《答姚春木书》，讥弹作家殊中肯，如云：“盱衡当代，作者数人，迦陵[②]西河，承接几社，选学未坠，殊有宗风。然迦陵佳制，多在《湖海楼集》，世传检讨四六，本属外篇，类牵酬应。西河《平滇颂》《与秦留仙[③]书》诸首，风格远逊齐梁，而自所矜评，乃在花烛词序，可谓弃周鼎宝康瓠矣。”又云：“窃论斯道，近始大昌，略举已逝诸公成就，各判稚威，以博奥之才出，以渊茂横绝海内，无可瑕疵，稚存寓奇气于淳泊，荸新意于古音，选练既精，庶几齐鹜。若叔山[④]之学魏晋，宗之者空疏，巽轩之学初唐，习之者肥重，简齐弥满，而杂糅泥，圃三赡采铿訇，而间涉浅易，是皆并世耆硕，艺林仰镜，然其支流已多派别”云云。

【注释】

①开府：指庾信。

②迦陵：陈维崧。

③秦留仙：指秦松龄。

④叔山：指邵齐焘。

1933年5月10日

彭甘亭尝掌教吾粤端溪书院，《鲒埼外集》（卷五十）存《端溪讲堂策问》二道，一问粤中学统，一问百粤分地，既起先民可作之思，九策数典忘祖之惧，有志为学者所共仰企也。其一略云："粤中先师，如唐之赵如，宋之梁与陈，筚路蓝缕，尚未登大儒之坛也。白沙陈文恭公者出，超然自得其学，虽出于吴康斋，而别为一家，粤中学统殆莫或之先也。白沙受之甘泉，其门户益盛，受业著录四千余人，当时称为广宗，同时与阳明分讲席，当时称为浙宗，终明之世，学统未有盛于此二宗者。而河汾一辈之学，几至遏而不行。然广宗与浙宗亦极有异同，互相可否，以广人而为浙学者，薛中离、杨复所其魁也，浙宗至是始行于广中。白沙弟子，特以位望，先甘泉[①]而能得白沙之传者，当推林缉熙。甘泉弟子在粤中者，庞弼唐[②]其巨子也。实能和会浙宗，使二家异同之旨，疏通谘明而无所碍，乃若泰泉黄文裕[③]，于白沙为后出，于甘泉则同时，顾并浙宗、广宗，而皆不以为然，是又粤中别一学统也。"

按谢山为手定《明儒学案》之人，王学钜子，与李穆堂同称后劲，衣被粤士，当非细故，惜皋比未暖，不愿以讲学为市，毅然辞归（据董秉纯所为"先生年谱"，先生以雍正十七年（四十八岁）适广东，十八年病，日甚决意辞归，有《度岭集》）。士论至今惜之。

【注释】

①甘泉：指湛若水。

②庞弼唐：指庞嵩。

③黄文裕：指黄佐。

1933年5月11日

袁褧撰刻《世说新语》，序云："尝考载记所述，晋人话言，简约玄澹，尔雅有韵。"世言江左善清谈，今阅《新语》，信乎其言之也。临川[①]撰为此书，采缀综叙，明畅不繁。孝标所注，能收录诸家小史（只如晋氏一朝，史及晋诸公列传谱录，文章凡一百六十六家，皆出于正史之外——见高氏《纬略》），分释其义诂训之，尝见于高似孙《纬略》云。（署年嘉靖乙未）

【注释】

①临川：指刘义庆。

1933年5月12日

《岩波讲坐数学》，今日始获观第一、二、三、五、六各辑，其吉田耕作《连续群论》一卷之目次如下：

抽象的连续群论

第一节　预备的概念：（1）抽象群；（2）准连续体；（3）准连续群；（4）剩余群及同型定理；（5）γ元集合体及γ元连续群。

第二节　γ次元连续群论：（6）Schreir之基本定理1；（7）局部连续同型；（8）Schreir之基本定理2；（9）群型；（10）一次元连结群之型；（11）γ次元连结群之型（γ大于1）。

流派与Cohen、C. Ampbell二君所述不同，著者谓S. Lie仅就单位原素之近傍以是冠以群论之名，尚有未当，最近O. Schricr所论者以原为点集合成n次元集合体，其（群）合成之规则满足于连续性之条件，是为群之一般论云云。尚未窥全豹至微分方程式，则于福原满洲雄之常微分方程式第二章下论变换群及其应用分：

微分方程式之正则域、第一积分、变换之连续群、无限小变换、Lie之基本定理、变换连续群之不变微分方程式、Jacobi之乘式、积分不变式、变换群之接续、切触变换，凡十节论之。

胡文忠[①]教人读书，自《十三经》《二十四史》外，凡十部曰《资治通鉴》，曰《近思录》，曰《日知录》，曰《五礼通考》，曰《纪效新书》，曰《农政全书》，曰《行水金鉴》，曰《读史方舆纪要》，曰《张太岳集》，曰《皇朝经世文编》。（姚永朴《旧闻随笔》）

谢山莫年，哭子几不可支，所为《韭儿埋铭・序》，语未为至工，铭词则饶一往情深之致，铭曰："玉树凋残，香兰夭折，厥咎谁归，阿翁之孽，暮雨绵绵，杜鹃泣血。"林畏庐有《钧圹铭》，铭曰："钧汝从死母而乐耶，吾其奈何，吾衰而丁乱离，钧其奈何，人生劳劳，百年未多，夭者良安，吾其敢病，一大之苛。"一唱三叹，铭法亦深。

太原傅山者，以任侠闻于鼎革之交，谢山作《阳曲傅先生事略》，成而自怼曰："但所愧者，未必免为江南文尔（青主雅不喜欧公，以后之文曰：'是所谓江南之文也。'又尝批欧公《集古录》，曰：'吾今乃知此老，真不读书也。'语均见《事略》）。"以今观之，信能传青主者矣。敬佩之深，节移其句，以寄意焉："朱以道人者，阳曲傅山先生……家世以学行师表晋中……少读书，上口数过即成诵，顾任侠，见天下且丧乱，诸号为荐绅先生者，多腐恶不足道，愤之，乃坚持苦节，不肯少与时媕婴……先生少长晋中，得其山川雄深之气，思以济世自见而不屑为空言……甲申梦天帝赐黄冠，乃衣朱衣，居土穴以养母……又自诧曰弯强跃骏之，肯而估毕朽之，是埋吾血千年而碧不可灭者矣……先生工书，自大小篆隶以下无不精，兼工画，尝自论其书曰：'弱冠学晋唐人，楷法皆不张肖，及得松雪、香山墨迹，爱其员转，稍临之则遂乱真矣。'已而乃愧之曰：'是如学正人君子者，每觉其觚棱难近，降与匪人游，不觉其目深者，松雪曷尝不学右军，而结果浅俗，至类驹王之无骨，心术坏而手随之也，于是复学颜太师，因语人学书之法，宁拙毋巧，宁丑毋媚，宁支离毋轻滑，宁真率毋安排。'君子以为先生非止言书也，先生既绝世事，而家传故有禁方，乃资以自活，其子曰眉宇，宇寿髦能养志，每日樵于山中，置书担上，休担则取书读之。中州有吏部郎者故名士访先生，既见问曰：'郎君安往。'先生答曰：'少需之且至矣。'俄而有负薪而归者，先生呼曰：'孺子来前肃客。’吏部颇惊。抵莫，先生令伴客寝，则与叙中州之文献，滔滔不置，吏部或不能尽答也。诘朝谢先生曰：‘吾甚惭于郎君（客亦可人）。’先生故喜苦酒，自称老蘗禅，或出游，眉与子共挽车，暮宿逆旅，仍篝灯课读经、史、骚、选诸书，诘旦必成诵始行，否则予杖，故先生之家学，大河以北，莫能窥其藩者。尝批欧公《集古录》曰：‘吾今乃知此老，真不读书也’……唯亭林之称先生曰：‘萧然物外，自得天机。’予则以为是特。先生晚年之踪迹，而尚非其真性所在，卓尔堪曰：‘青主盖时时怀翟义之志者。’可谓知先生者矣……（翟义，方进子。王莽居摄，义举兵讨莽，移檄郡国三辅，豪杰多起应之，兵败死。）”

夜阅《鲒埼亭集》，悠然神会，漏尽卒尽二十六、二十七两卷。集林茧庵状语为联曰：“何以自遣，惟有冷官；苟不爱钱，原无热地。”今教授之职，在胜朝曰“教授、教谕、训导。”是亦一官然，真冷可不举火矣。又状中顿笔有曰：“盖自丧乱以来，公之所见，其可纪者只此而已，诸方既定，毫社终墟。而公年尚未四十，一腔热血，旁魄无寄，转徙山海，及归，家门破碎，乃博访国难事，上自巨公元夫，下至老兵退卒，随所闻见，折衷而论定之，斜日荒江，以此自消其磊块。”读之令人增禾黍之悲，生忠义之感，集中多传明末清初遗闻，时寄故国之思，顿足起舞，诚渔阳三挝，不知其不可也，胜清文网至密，鲒埼一集，独往来天地之间，令任公辈得之，以为戊戌前后枕中鸿宝，岂非天哉。

【注释】

①胡文忠：指胡林翼。

1933年5月13日

谢山善传晚明高节道义之士，如《庄太常[①]传》所录《上鲁王疏》有云：“陛下试念两都之毁，禾油麦秀之悲，则居处必不安；试念孝陵铜驼荆棘之惨，则对越必不安；试看青宫二王之辱，则抚王子何以为情？试念江干将士，列邦生民之困，则衣食可以俱废。”疏入，报闻而已，未几大兵东下，公狂走诸深山中，朝夕野哭，公故美须眉，顾盼落落，至是失其面目，巾服似头陀而又稍别，一日数徙，莫知所止，山中人亦不复识，忽有老妇识之曰：“是非廿四郎也耶”。廿四郎者，公小字也，叹曰：“吾晦达尚未深”。按原传极横肆，即此二节，所以传太常者，已虎虎有生气。昔韩康采药名山，卖于长安，时有女子从康买药，康守价不移，女子怒曰“公是韩伯休那，乃不二贾乎”。康叹曰“我本欲避名，今小女子昔知有我，何用药为”。乃遁入霸陵山中。曩遭乡乱，茧足走荒村，仍受人推解，心窃不以为然，卦冠肥遁者三年，已得林下之乐矣，乃尚婴情好爵哉。

《刘继庄[②]传》附记一则曰：“继庄之才极矣，顾有一大不可解者，其生平极口评可金圣叹，故吴人不甚知继庄，间有知之者，则以继庄与圣叹并称，又咄咄怪事也。圣叹小才耳，学无根柢，继庄何所取而评可之”云云。余素亦不慊于圣叹，特一夸者哗世之徒，所批《孟子》《左传》各书，信口开河，吾今乃知圣叹真不读书也，世人炫其会真记评语，架空掠调为之目眩。因附记之。

《蓬莱王孝子传》不具录录。“法司议曰：‘古律无复仇之文，然查今律，有杀擅行凶人者，予杖六十其即死，杀死者不论，是未尝不教人复仇也。恩荣父死之年，尚未成童，其后迭杀不遂，虽非即，犹即矣。况其视死如饴，激烈之气有足嘉者，相应特予开释，复其诸生，即以原贮埋葬银还给尹氏，以彰其孝。”谢山照录入传中，殊见史法，又系之曰：“东人所作恩荣诗人剧，多类拉杂，难上口翻，不如法司谳语，历落可喜。”

复卧阅《鲒埼集》三十二、三十三两卷，鸡鸣不戒，辰正方兴。

【注释】

①庄太常：指庄元辰。

②刘继庄：指刘献庭。

1933年5月14日

任公《清代学术概论》浏览再度。其要旨谓清学以经学为中坚，诸经皆有新疏，以小学为治经之途径，附庸蔚为大国。音韵学又小学之附庸也。“典章制度”一科亦为绝学。清初诸师皆治史学，欲以为经世之用（黄宗羲、万斯同以一代文献自任。唐以后官修诸史，独明史称完善。乾隆以后，传此派者全祖望最著。专研究史法者，独有章学诚之《文史通义》可比刘知几《史通》）。黄宗羲著《明儒学案》为学史之祖，史之缩本则《地志》也。顾（炎武）、刘（献廷）、戴、孔（广森）、全、陈（澧）皆酷嗜地理学。明徐光启以后士大夫，渐好治天文算学，清初王（锡阐）、梅（文鼎）最精，而大师黄、江（永）辈皆提倡之。金石学又彪然成一科学，自金文学兴，而小学起一革命（前此尊《说文》若《六经》，附孔子以许慎。至是若庄述祖《说文古籀疏证》，孙诒让《古籀疏证》等援古文、籀文以难许者纷作）。最近复有龟甲文之学（光绪己亥在河南汤阴县出土），清儒之有功古学，更一端焉则校勘也，尤有一事则曰辑佚。清儒为文，朴实说理，言无枝叶，而旨壹归于雅正，能为骈体文者，有孔广森、凌廷堪、洪亮吉、孙星衍、董佑诚，其文仍力洗浮艳，如其学风。以上为全盛期之正统派。理学与桐城派古文奋然与抗，有方东树之《汉学商兑》等。而清学分裂，则经学今古文之争也。今文学之中心在《公羊》，今文学之健者推龚、魏，今文学运动之中心曰康有为（所著《新学伪经考》之要点，一，西汉经学并无谓古文者，凡古文皆刘歆伪作。二，秦焚书并未厄及六经，汉十四博士所传皆孔门足本，并无残缺。三，孔子时所用字，即秦汉间篆书，即以文论亦绝无今古之目。四，刘歆欲弥缝其作伪之迹，故校中秘书时，于一切古书多所羼乱。五，刘歆所以作伪经之故，因欲佐莽篡汉，先谋湮乱孔子之微言大义）。在清学蜕分与衰落期中，能为正统派大张其军者，曰章炳麟，受全、章影响极深，中岁以后所得，固非清学所能限矣。然如治小学排斥钟鼎文、甲骨文，治经学排斥今文派，不免过当。对于思想解放之勇决，或不逮今文家也。晚清思想界有一伏流，曰：“佛学”，今文学家多兼治之云云。录其大凡以为子弟欲知清学者之助。

《汉隶字原校本》，淮人张函斋手定，谢山有《序》，亟称之，录如干条以其时考之，自是健者。

辭，乃辭讼之辭。若辤，受之辤，从受。文词之词又别。

麟，大牝鹿也，非西狩所获也，四灵之一，乃麐字。

和字，曰唱咊，当用咊。龢平当用龢。

彊者，弓有力也。强则蚚也，非彊也（蚚，渠希切，虫名也）。

序是者，庠序之序，是学名，非次叙之叙。

艸字乃象形，于意亦合，若草则斗櫟实也，别为一字。

千人之材曰俊，雋则肥肉也。冂乃弓之横体，引弓射隹，故曰得雋，非俊也（今加人于雋旁，通以为俊，尤谬）。

倡者乐也，唱者导也（后世反而用之，今且一之）。

黻者黑与青相次之文，巿则上古蔽前之皮，其字象形，巿之重文，曰韍非黻也，后世加艸于巿为芾，亦非也。又改韋作糸为绂，亦非也，但是皆韍之变，而非黻之变，汉人不晓妄用之，致宋之米元章名芾，而通书作黻，其误也。

季刚[①]近书云："默察时势，绝类晚明。"观谢山《钱忠介公（肃乐）神道第二碑铭》，为之悚然，公疏有云："咫尺江波，烽烟不息，而裒衣博带，满目太平，燕笑漏舟之中，回翔焚栋之下，所与托国者，强半宏光故巨，鹗音不改。"又云："今也竭小民之膏血，不足供藩镇之一吸，合藩镇之兵马，不足卫小民之一发，臣不知所税驾矣。"呜乎，何其类也。公祝发题壁云："一下猛想时，身世不知何处，数声钟磬里，归途还在这边。"识者以为非缁流也。公每入见，即流涕不止曰："朝衣拭泪，昔人所讥，臣不能禁，王亦为之黯（潸）然。"在公当日，又以为时势绝类宋末矣。总兵涂登华欲降而未决，谓人曰："岂有海上天子，舟中国公。"公贻之书谓："将军不闻宋末乎，二王不在海上，文陆不在舟中乎？后世卒以宋祚归之，而况不为宋末者乎？"公生于万历丁未，得年四十有二，学者称为止亭先生，浙之宁波府鄞县芍药沚人，公状貌最文弱，见者易之，而大义所在，守之甚刚，善得士如归庄宋龙，陆世仪盛敬其后，皆以名节树立于易代之际，公殡琅江者六年，故职方姚翼明披缁海上，乃乞地于黄蘖山僧隆琦而修埏道，隆琦亦异僧，既葬公，弃中土居日本焉。越九十载，嗣子浚恭年已七十，欲修墓黄蘖，展拜闽中，谢山赠序曰："七十孤儿，杖履无恙，犹能千里衔哀，省松楸于墓下，亦足慰先公之望，其为我问隐元独耀，碧居诸长老遗文，尚有存焉者否？"以激楚之音，传艰贞之志，由是言之，谢山何负于鄞人，鄞人何负于天下哉。虔录碑铭以寄兴感，铭曰："真人御世兮，六宇偃兵，孤臣空怀故国兮，终有所成，浙有方王兮，闽有郑天降魔君兮，莫之能争。公魂西逝兮钱江，公魂南去兮琅江，来归旧宅兮甬江，导以义旗兮堂堂，前扬波兮后重水，看寒芒兮箕尾可怜，孤儿七十兮赋大招，公归来兮听吾诔。"其《代浚恭祭忠介公大像绘成重题栗主入祠文》曰："呜乎，百年桑海，已成肮脏之肠，再世影堂，重肃清高之像。"又云："呜乎，四忠一节，偕骑箕尾以翱翔，上穆南朝，望驾云车而肸蚃，又况捧指南之集，编次甫成，招蹈海之魂，碑铭初备，血三年而已碧，恨终古以何穷，敢曰维馨，庶几不吐。"此梓里忠贞之重，实朱明文献之遗也。

《梨洲先生神道碑文》首笔大书曰："康熙三十四年，岁在乙亥七月初三日，姚江黄公卒。"郑重之极，其子百家，为之行略，以求埏道之文，四十余年乃捃摭遗书为此文，凡六千余言，抵书一卷，令节公言行之大者，以当书绅。公讳宗羲，字太冲，海内称为梨洲先生，浙江绍兴府余姚县黄竹浦人也。是时山阴刘忠介公倡道，蕺山忠端公遗命令公从之游，建续抄堂于南雷，思承东发之绪，有弟宗炎、宗绪，并负异才，公自教之，不数年皆大有声于儒林，有东浙三黄之目。公尝自谓受业蕺山，时颇喜为气节，斩斩一流，又不免牵缠科举之习，所得尚浅，患难之余，始多深造，于是胸中室碍，为之尽释，而追恨为过时之学，盖公不以少年之功自足也。公以濂洛之统，综会诸家，横渠之礼教、康节之数学、东莱之文献、艮斋止斋之经制、水心之文章，莫不旁推交通，连珠合璧，自来儒林所未有也。公虽年逾八十，著书不辍，乙亥之秋，寝疾数日而殁，遗命一被一褥，即以所服角巾深衣殓，得年八十有六，不棺而葬，公自以身遭国家之变，期于速朽而不致显言其故也。自汉唐以来，大儒唯刘向著述强半登于班史，而公于二千年后，起而继之，身后故庐，一水一火，遗书荡然，诸孙仅以耕读自给，孙千人语谢山曰："先人既没，知黄氏之学者，吾子而已。"谢山铭曰："鲁国而儒者一人，矧其为甘陵之党籍，涯海之孤臣，寒芒熠熠，南雷之村，更亿万年，吾铭不泯 。"

夜柬招泽丞来谈，曰："不见叔度，鄙吝顿生。"泽丞语可存者，曰："以宋儒精神，下汉儒方法。"

【注释】

①季刚：指黄侃。

1933 年 5 月 15 日

夜客散，读《亭林先生神道表》《二曲先生[①]窆石文》《应潜斋先生神道碑》三文，人师而不敢居名，遁世唯自求无闷，恨不十年，尚有今日，彼何人哉，吾知免夫。

千古艰难惟一死，吾于蔡邕之死，悼其未能续成汉史（其死也为天下惜）。于危素之不死，异其不能卒修元史，其不死也为危素惜。按邕本传："卓被诛，邕在司徒王允坐，殊不意言之而叹，有动于色，允即收付廷尉治罪，邕陈辞谢乞黥首刖足继成汉史，士大夫多矜救之不能得。允且曰：'武帝不杀司马迁，使作谤书流于后世也。'"呜乎痛哉，宜蔚宗有放此为戮，未或闻之典刑之论也。又按梨洲作万斯同《历代史表・序》曰："嗟乎，元之亡也，危素趋报恩寺将入井中，僧大梓云：'国史非公莫知，公死，是死国之史也。'素是以不死，后修《元史》，不闻素有一辞之赞（《南雷文约》卷四）。死生诚大矣，然终以为僧大梓之爱危素，未若屠者王五之爱曹石仓也。"（事见梁章钜《楹联丛话》）

亭林名绛（太炎原名章绛，私淑诸人也），乙酉改名炎武，少落落有大志，不与人苟同，最与里中归庄相善，共游复社，相传有"归奇顾怪"之目，晚益笃志六经，谓"古今安得别有所谓理学者，经学即理学也。"先生虽世籍江南，顾其姿禀颇不类吴会人，以是不为乡里所喜，而先生亦甚厌裙屐浮华之习（归元恭明亡后，屡次起义，晚年筑土室于丛冢间，与妻偕隐，自署门联云："妻太聪明夫太怪，人何寥落鬼何多。"），六谒思陵往返河北诸边塞者几十年，丁巳始卜居陕之华阴。初先生遍观四方，其心耿耿未下，谓秦人慕经学重处士持清议，实他邦所少，而华阴绾毂关河之口，虽足不出户，而能见天下之人，闻天下之事，一旦有警，入山守险，不过十里之遥，若志在四方，则一出关门，亦有建瓴之便，乃定居焉。华下诸生请讲学，谢之曰："近日二曲亦徒以讲学，故得名，遂招逼迫，几致凶死，虽曰威武不屈，然名之为累，则已甚矣。"徐尚书乾学兄弟甥也，累书迎先生南归，皆不至或叩之，答曰："昔岁孤生，飘摇风雨，今兹亲串，崛起云霄，思归尼父之辕，恐近伯鸾之灶，且天仍梦梦，世尚滔滔，犹吾大夫，未见君子，徘徊渭川，以毕余年足矣。"卒于华阴，年六十九，无子。徐尚书为立从孙洪慎以承其祀，门人奉丧归葬崑山之千墪。际遇于癸丑谒三先生祠于崑山，景行行止，心乡往焉。三夫子者，先生及颜习斋、朱柏庐也。谢山表先生墓又铭曰："先生兀兀，佐王之学，云雷经纶，以屯被缚，渺然高风，寥天一鹤，重泉拜母，庶无愧作。"

二曲先生清代之畸儒也，谢山为《先生窆石文略》曰："先生姓李氏讳容字中孚，其别署曰二曲、土室病夫，学者因称之为二曲先生，西安之盩厔县人也，其先世无达者，父可从崇祯壬午从军讨贼，临发抉一齿与其妇彭孺人曰：'战危，事如不捷，吾当委骨沙场，子其善教儿矣。'竟败死之时，先生甫十有六岁，孺人能言忠孝节义以督之，母子相依，或一日不再食，乃先生果能自拔于流俗，关中士子争向问学，关学自横渠[②]而后，三原[③]、泾野[④]、少墟[⑤]，累作累替，至先生而复盛，部臣以海内真儒荐，先生叹曰：'将来强我不已，不死不止，所谓生我名者杀我身，不幸而有此名，是皆平生学道不纯，洗心不密，不能自晦之所致也。'戒其子曰：'今万一见逼而死，权厝垩室三年，方可附葬母墓，万勿受吊，使我泉下更抱憾也。'自是以后，荆扉反锁，遂不复与人接，唯吴中顾宁人至则款之。天子西巡，特赐"关中大儒"四字以宠之。当是时，北方则孙夏峰先生，南方则黄先生梨洲，西方则先生，时论以为三大儒。然夏峰自明时已与杨左诸公称石交，其后高阳相国折节致敬，易代而后声名益大。梨洲为忠端之子澄人书院之高弟，其后从亡海上，故尝自言平生无责沈之恨，过泗之惭，盖其资格皆素高。先生起自孤根，上接关学六百年之统，寒饿清苦之中，守道愈严，而耿光四出，无所凭藉，拔地倚天，尤为莫及（任公推为王学后劲）。铭曰：'匡时要务，在乎讲学，当今世而闻斯言，或启人之大噱，又恶知夫世道陵夷，四维安托，架漏过日，驯将崩剥，一旦不支，发蒙振落，斯则甚于洪水猛兽之灾，其能无惊心而失魄，先生崛起，哀知后觉，苦身笃行，振彼木铎，格言灌灌，廉顽敦薄，嗟江河之日下，渺一壶之难泊，谁将西归，先民可作，试看墓门，寒芒岳岳。'"

《应潜斋先生神道碑》，略曰："应先生之没，六十年遗书烟没，门徒凋落，且尽年来杭，堇浦稍为访葺其遗书，先生讳撝谦，字嗣寅，学者称为潜斋先生[⑥]，杭之仁和县人也。先生于遗经，皆实践而力行之，不以剿说，一筵一席，罔不整肃，其倦而休，则端坐瞑目，其寤而起，则游息徐行。盖其和平养晦，深惧夫所谓名高者。晚年益以义理无穷，岁月有限，歉然常不足于心，康熙二十六年病革，尚手辑《周忠毅公传》，未竟而卒，春秋六十有九，其铭曰：'遁世无闷，隐约蓬门，其身弥高，其道弥尊，荒荒劫运，剪其后昆，不朽者学，春木长芚。'"

阅《鲒埼亭集》卷十三，息灯已交丑初矣。

【注释】

①二曲先生：指李颙。

②横渠：指张载。

③三原：指马理。

④泾野：指吕柟。

⑤少墟：指冯从吾

⑥潜斋先生：指应撝谦。

1933年5月16日

夜梦杂遝，睡既不熟，起几失时，是日课未纯之责也。无益之书，究以少读为是。(勿读无益之书，勿为无益之文。万季野告方苞语)

《沈甸华先生墓碣铭》(《鲒埼集》卷十三)，中复互见应潜斋先生事："甸华讳兰，其后更名昀，字朗思，浙之仁和人也，甲申之变，即弃诸生，其学以城敬为本，刻苦清厉以自守，尝展蕺山墓，徒步来往西陵，自是里中子弟习知先生清节。潜斋叹曰：'生平于辞受一节，自谓不苟，然先生犹愧之。'以末世丧礼不讲，重辑士丧礼说，荟萃先儒之言，定其可行者以授弟子。陆寅疾革，门人问曰：'夫子今日之事何如。'先生曰：'心中并无一物，惟知诚敬而已。'夜半卒，年六十三，无以为敛，潜斋经纪其丧，不知所出，涕泣不食，或问之曰：'吾不敢轻受赙襚以玷先生也。'谢山为诠次而系之铭，曰：'三年食薇，饿死不悔，胡奴之米，麾之户外，蕺山高弟，心传罔愧，千秋宰木，庇兹书带。'"

《蜃园先生神道表》未著姓，抑为披缁者传，应如是乎？

《施石农先生墓志铭》，铭词独高，实风骚之遗矣，其铭曰："匪风恻恻，下泉骚骚，志士梦周，亦复徒劳，花坞离离，柳泉滔滔，我歌一曲，以当大招。"

越缦先生事，夜叔明谈屑有可录者，叔明所师事之柯劭忞先生，与李慈铭同榜进士，时柯年尚少耳。蔡元培尝馆越缦家，为其嗣子蒙师。一日，越缦大骂其不通，斥之即去。忆日记中确有此事，而未著姓名。被先生骂为不通，亦非易事，予为鹤卿惜之，然先生之名不被先生之笔，事更可知矣。越缦尚有日记八册，为五十六岁以后所作，久扃樊樊山箧中，抵死不露布，世疑其中骂樊山、香涛[①]处必不少。叔明言："有见之者云，却不如此。"

夜读《姚启圣神道碑铭》(《鲒崎亭集》卷十五)，文长亘一卷，力能扛鼎，谢山真一代史才也。铭词峥鋐，声如大吕，其铭曰："有妫之后，河岳降精，其嘘为风，其唾为霆，东宁小腆，化为长鲸（指郑成功），借口故国，以希横行，涛狂雾毒，祝融厌腥，远窜未僵，终待观兵，公笑而起，不震不惊，麾以黄钺，击以朱缨，舵楼闲闲，风帆盈盈，佽飞桓桓，水犀薨薨，间使绎绎，降幡绳绳，所斗者大，岂事力征，天时地利，不爽神明，谁违公言，几丧其旌，危关失险，一夜潮平，甲螺稽首（原注：甲螺，红夷头目之名），百辈来廷，奠彼南极，浮石早徵，功成自賞，君子无争，其不朽者，三受降城，宛委山头，想见英灵。"

夜分尽阅《鲒埼亭集》十三、十四、十五、十六诸卷，终夕有剥啄者，人方倦游，予烛起舞，刍豢之悦我心，荐带之悦人口。士各有志，不可相强也。

【注释】

①香涛：指张之洞。

1933 年 5 月 17 日

湛园先生姜宸英西溟（宁波慈溪县），年七十方成进士，甫二年以已卯试事，同官不饬，簠簋牵连，下理瘐死狱中。新城（陈用光）叹曰："吾在西曹，顾使湛园以非罪死狱中，愧如何矣。"然亦以见熙朝功令之严也。谢山为表其墓，论曰："先生之文，最知名者为《明史稿·刑法志》，极言中叶厂卫之害，淋漓痛切，以为后王殷鉴。《一统志》中诸论序亦经世之文也。"其铭曰："吾鄮文雄，楼宣献公，谁其嗣之，剡源清容，易世而起，有湛园翁，白头一第，亦已儱涷（《广韵》儱涷沾渍），何辜于天，竟以凶终，茫茫黄土，冥冥太空。"（奉化县西六十里有山夹溪而出，滃然深茂，曰剡源，盖剡水之源也。《剡源九曲辞》，《鲒埼亭集》卷四。）

1933 年 5 月 18 日

《王立甫圹志铭》（《鲒埼集》第二十）有曰："立甫锐意著书，其出狱也，杭堇浦方过予，而立甫至，堇浦问曰：'患难之中，所著多少。'立甫曰：'无有也。'堇浦愠曰：'古人遭患难，正可立言，何忽忽耶。'立甫谢之。"古人责善于友朋之间者如此。

《李端孝窆石铭》（节母孝子之铭也，《鲒埼亭集》卷二十一）："凯风寒泉，实劳我心，有母圣善，不须苦吟，女贞之树，在我堂襟（其一）。""乃遭丧乱，药笼自晦，涉彼南陔，白华是溉，志洁行芳，布衣不害（其二）。""皇皇双阙，再世乌头，有母表闾，子可无尤，有子表闾，母又何求（其三）。""不见墓门，葱葱佳气，上有灵禽，爰止爰憩，下有紫芝，绕兹阶砌（其四）。"

在昔鉏麑，将晋灵公令杀赵盾，见盾盛服将朝坐而假寐，退而数曰："不忘恭敬，民之主也。贼民之主，不仁，弃君之命，不忠。"乃触槐而死。崔琦（《后书·文苑传》）作《外戚箴》，以箴梁冀，冀无以对，阴令刺客杀之，客见琦耕于陌上，怀书一卷，息辄偃而咏之，客哀其志，以实告琦曰："将军令吾要子，今见君贤者，心怀忍忍（忍忍犹不忍也），可亟自逃，吾亦从此亡矣。"冀后卒捕杀之。而客之名不传。韩非知说之难，而终死于说秦。君子以叹操翰事主之难也，而客千古矣。

1933 年 5 月 20 日

𢼜，上所施下所效也。从攴𡥈。按𡥈，放也（《段注》：教者与人以可放也，学者放而像之也），从子爻声。𦒹，善事父母者，从老省，从子，子承老也。然则孝为会意字，而非教字偏旁，隶变以来，最易入人于谬（有人援此攻诋李君[1]，李君著《孝篇》确有此误）。

【注释】

①李君：指李毓秀。

1933年5月25日

太炎先生“揭橥救学弊论”（即去夏来青时面为际遇言者），谓“今之学校先宜改制，且择其学风最劣者，悉予罢遣。而主张以史学为本，不能行其说，则不如效汉世之直授《论语》《孝经》，与近代之直授《三字经》《史鉴节要》，尤愈于今之教也”云云。李悉伯《毷氉公车》（《唐国史补》：“举子不捷而醉饱，谓之‘打毷氉’。”谓拂其烦闷也），愤其里人之不学幸进，为拟停会稽、山阴二县（今绍兴）岁科十年，聘邻县识字老儒为之师，计年程课第一年只读四书白文，末年亦以唐宋八家选本为限（见《越缦堂日记》）。乡人不学之甚，一至此哉，今庠序之间，舍本逐末，诚可隐忧，亦非先生诊方可治也。（章先生改正《三字经》附存日记第八册之末）。

吴县吴大澂《窸斋日记·自序》云：“兵戈满眼，迹等浮萍。物候惊心，春生梅点。入新年而荏苒，恐旧学之荒芜。鸿爪易陈，驹光难驻。况潘岳闲居之日，正苏公发愤之年。家富芸编，惜付楚人之一炬；胸惭茅塞，宜勤君子之九思。逝者如斯，日惟不足。偶贪嵇懒，未免边嘲。问奇书而莫借荆州，盟暗室而犹防草窃。韦弦可佩，座亦留箴。簿录有稽，珠还记事。凡见闻之所及，虽琐屑而必书。庶寻常日用之间，亦检点身心之助云尔。”先生字清卿，号恒轩，清同治进士，累官湖南巡抚，陕西学政，能文，工篆书。余在汴京尚见其除夕书颁僚属横额数方，所造渊穆深远，出石如之上，日记中有云：“展读《剑南诗选》至‘壮士凄凉闲处老，名花零落雨中看。’”不禁怆然身世之感，如此等处具见前辈襟怀。

1933年5月26日

有半月刊，标题“论语”者，已够滑稽，首列式条“自一不反革命至十不说自已的文章不好”，尤尽废话之能事，摘写数句以存风会。《白宫居摄解》曰：“白者空也，是以手无所有而成家，曰‘白手成家’。水无所有而将以解喝，曰‘喝白开水’。打麻将而遇一牌，不同、不索、不中、不发、不东、不南、不西、不北，是曰‘白板’（说了半天真是白说）。”俞平伯诗：“多难兴邦日，高腔亡国时。民生三主义，国难一名词。”警句也。“任是山中最深处，也应无计避征徭。”录前人句。潘岩《又是离骚篇》：“日月忽其不淹兮，盛与衰其代序，惟下野匆匆，恐出洋洋之迟暮，老冉冉其将至兮，正欲择地而寄居，朝饮可口可乐之香露兮，夕打东洋之海洛英。”刺司令也。窳君[1]《春假纪游》，先语体结以桐城笔法，有云：“楼下阿芙蓉，吐气如幽兰令人骨醉，有竹有雀，有如老鸹叫之宁波女人，欢笑声凄厉，中饶艳趣，令人如看一斗丑名剧。”海戈《今声律启蒙》："保定途中人络绎，石家庄上影婆娑，两百汽车装尽殃民之土，几行通电逼逃祸国之魔。"不香而艳，不丽而骈。语堂[2]《春日游杭记》："我看见一个父亲苦劝他六岁少爷去旁观瀑布，这位少爷不肯。他极力否认瀑布有什么趣味。我于是知道中国非亡不可。"又云："那末中国也就不至于中国了"。转笔益转得无理，益是好文章。聂崇恭《赋得》："妹妹我爱你一空二空，从今后万事完毕，革命成功，我是时不利兮，驻不逝刚勾上一个奈人，她又无端将我抛弃，这一气涨破肚皮，几乎呜乎哀哉，卧床不起，爸爸妈妈，玉皇上帝，从今后我只浪漫颓废，迫真元曲。"（泽丞云）无以名之，即以该册所录吴稚晖论文章价直诸语，还赠此时代民性之无聊乃至此乎。

【注释】

①窳君：指曹礼吾，曾任同济大学附中校长。

②语堂：指林语堂。

1933年5月27日

课毕稍憩，与泽丞校《章订三字经》各字，欲端楷付印，为小子读本也。"原锥股，头悬梁"今作"火粹掌，锥刺股"。按粹亦同碎，荀子《儒效篇》："力少而任重，舍粹折无适也。"（《康熙字典》《经籍籑话》均据此）。"人遗子，金满嬴"，见《汉书·韦贤传》："贤为人质朴少欲，笃志于学，兼通《礼》《尚书》，以《诗》教授，号称邹鲁大儒。贤四子，少子玄成复以明《经》历位至丞相。故邹鲁谚曰：遗子黄金满嬴，不如一经。"今本或作盈，又是盈满之义，则作嬴亦通。

1933年5月28日

读《韦贤传》，传赞，出班叔皮手，汉书直称司徒掾，班彪曰："与许冲称臣父故南阁祭酒慎"（故，犹言前任也。下文有今慎已病句可证）同一史法。读《检论清儒篇》。今日多阅杂书，权当小极一场。

《康熙字典》纰缪百出，前见《字典考证》一书，仍未能尽订正之力，奉敕为之，决无工者，其工者乃在深山草莽间也。王引之亦尝被诏修字典，缪妄如故。太炎先生云："岂虚署其名耶？"

1933年5月29日

𠦝，上出也。从乙，乙物之达也，倝声。按乾，健也。健之义生于上出。故段云："上注为乾，下注则为溼。故乾与溼相对，俗别其音，古无是也。"又按：今且别其体为乾，以为从干得声也，字书固无所见，俗人之自作聪明也如此。乾自是形声字，上达者莫若火，火就燥，故假借为乾燥之乾。朱骏声（丰芑，吴郡）之《说转注》曰："体不改造，引意相受，令长是也。于是于《乾部》乾条下特标转注之宜以说乾，凡乾燥乾没诸雅训皆归之而别说。假借曰：‘本无其意，依声托字，朋来是也。’于是乾下又标假借之旨，凡乾阳（榦陽），乾阳诸雅训皆归之宜。”吾友姜叔明讥之云：“是又以假借为转注也。”（朱氏于卷首补遗自注云：“象形指事会意形声四者，说解中屡见假借，惟韦汪言之而转注，则全书绝不一及，叙称孝老，老部亦无明文，不可解五也。”）

《说文通训定声》十八卷，《东韵》一卷，《说雅》十九篇，《古今韵准》一卷，吴县朱骏声丰芑撰，道光巳酉镂版黟县学舍，咸丰元年呈进本。学博朱君，少从钱辛楣，以举人截取知县，官黟县训导，能以朴学自终其生，又值乾嘉诸考之后，道咸丧乱之余，力辟草莱成兹铅椠，不可谓非豪杰之士矣。其书取《说文》九千余文，类而别之，以声为经，以形为纬，而训诂尤详，故谓之《说文通训定声》也，分为十八部，大抵从懋堂之说，剌目取易卦叠韵之字为部首。

段氏《六书分韵表》比较之如下：

……

《万年山中日记》 第十一册

（1933 年 6 月 1 日—9 月 11 日）

1933 年 6 月 1 日

《四部丛刊》（商务印书馆印），三百二十三种，八千五百七十三卷，二千一百十二册，凡宋本四十五金，本二元，本十九影写。宋本十三影写，元本四元写本一，明写本六，明活字本八，校本二十五，日本高丽旧刻本七，释道藏本四，此书前未及购，当别图之。

1933 年 6 月 4 日

点勘《十四篇说文》（泽丞为撰句云：“孟尝之客，居然有鱼。懿公之器，何不使鹤。”盖鹤有乘轩者矣），柬泽丞早谈为快，午逃归。点书自婴，录《僖二十二年传》奉报（初平王之东迁也，辛有适伊川，见被发而祭于野者，曰：“不及百年，此其戎乎，其礼先亡矣。”秋，秦晋迁陆浑之戎于伊川），只堪万事（季刚诗：万事只堪三太息），何待百年，翁仲铜驼，一齐下泪。遇曰：“重文之最佳者。”如仲子亦犹行古之道也，昔者文王舍伯邑考而立武王，微子舍其孙腯而立衍也，夫仲子亦犹行古之道也（《檀弓》）。伯氏不出而图吾君，伯氏苟出而图吾君，申生受赐而死（《左传》），鲁仲连曰：“吾始以君为天下之贤公子也，吾乃今然后知君非天下之贤公子也。”新垣衍曰：“吾视居此围城之中者，皆有求于平原君者也，今吾观先生之玉貌，非有求于平原君者也，曷为久居此围城之中而不去。”鲁连曰：“梁未睹秦称帝之害故耳，使梁睹秦称帝之害，则必助赵矣。”（《史记·鲁仲连传》）重言反复，不觉其词之冗，但觉其味之永。

省文之最佳者，如“三军之士争舟，舟中之指可掬也。”（《左传》）写争舟之状，不言斫指，而事自见。“卫人归之，亦请南宫万于陈以赂，陈人使妇人饮之酒，而以犀革裹之，比及宋，手足皆见，宋人皆醢之。”写南京万之膂力，不言争脱之状，而革中之事如画。《文心雕龙·镕裁篇》曰：“规范本体谓之镕，剪截浮词谓之裁。善删者字去而意留，善敷者辞殊而意显。”彦和浮词之论，彦和浮词之篇，并有游心，非同掠响。（畏庐文《谈有省笔篇》）

霓，读入声五的翻。昔沈约制《郊居赋》示王筠，筠读“雌霓连蜷”，约为之大喜。按阜部“隉”下曰：“班固说‘不安也’。”《周书》曰：“邦之杌隉。”读若虹蜺之“蜺”，则蜺之读侧声，由来久矣。

1933年6月6日

“今日垂杨生左肘”，莼客引《庄子·至乐篇》“柳生其左肘”。柳为疡之借字。孙志祖《读书脞录》引汤大奎《炙砚琐谈》谓“昔人已讥王右丞之误。”嗣见元微之诗“乞我杯中松叶酒，遮渠肘上柳枝生”为谬误相承。孙承祖则云：“《南华》[①]本寓言也”。

夜点容甫遗诗，《伤心曲》云：

“阴阴虚室光，落落疏钟节。望逐浮云远，啼共寒蛩咽。入梦尚余欢，分乎未疑诀。欲知枕上心，荧荧泪如血。”

遇断此为思弃妇而作。容甫（生于乾隆甲子九年，卒于甲寅五十九年）此诗岁在重光单阏，即乾隆辛卯三十六年，容甫年二十八岁，其前一年（庚寅）《落叶诗》有句云：

“同生一朝弃，终无相聚时（一作见）。”

《客散诗》云：

“亲老兼多病，身孤更远游。未应中宿鸟，相对尚啁啾。”

《吾生诗》第三首云：

“孤露唯依母，漂零正苦贫。劳生筋力尽，暮景笑唬真。亲戚皆他县，扶持止一身。白头空有子，终岁走（一作傍）风尘。”

断为孙氏被弃，即在是年，孤鸾之泪，离鹊之鸣，思妇劳人，因风一洒。娄疑喜孙所为《容甫先生年谱》不言前母，前母亦不及为尊者讳，理有宜然，然谱中于乾隆三十五年庚寅条下独备标此数首，尤摘录如此若干诗句，明袭掩耳盗铃之智，暗传斧声烛影之疑，其遇可悲，其心良苦矣。

庚寅尚有杂诗五首，则鼓缶而歌，纵情写哀，如第一首云：

“群居共晨夕，志如同衣衾。岂知欢爱甘，终非可恃心。”

第二首云：

“孤凤息池潢，翠羽含风弱。中逵荆枳生，露下桐华落。”

第三首云：

“寸心一不谅，枉负桑中期。”

词甚明显。

第四首云：

“鹤胫不可断，凫胫不可续。物性有自然，何为苦羁束。云泉自高下，鱼鸟翩相逐。本无百年命，安危同所欲。栖游非一途，微生各自足。”

全盘托出，比之《自君之出矣》一章更无饰词，喜孙则并此不敢征之矣，证以《寿母小记姚莹》文中引孟慈言曰：“太宜人宝应朱氏，故士族，年十八归先君子，先大母邹太宜人苦疾，吾母引邹太宜人蹲踞几上，如是者十年。”又曰：“事先君子二十有一年。”则证据俱确。容甫之殇年五十一，则朱氏来归为乾隆甲午，事当孙氏被弃之后四年也，表扬朱氏之孝，于姑立言者固应尔尔，然正因孙氏以不奉苹藻，不任井灶而被弃，故极力渲染朱氏之孝耳。刘又徐《汪容甫五十诗》云：“亲操总赖闺中妇。”特指朱氏而言之。《饮汪容甫宅诗》云："幸获饱欢娱，弥用伤别仳。"则追孙氏而伤之也。前意有未尽（二十一年七月十二日记），因再考汪孙离合之事迹如右。

【注释】

①《南华》：指《南华经》，即《庄子》。

1933年6月7日

读汪氏遗书，喜孙文字原跋（《孤儿篇》）亟称汪氏之先镐京快士先生穷究小学，引许印林之言为证（印林谓段、王之学萌芽于兹，譬诸经学之有臧玉林氏也）。窃疑容甫淹雅旷代，何以通《述学》集中，未有一语及其先德，观喜孙《与李申耆书》，亦以文予而实不予为慊，谓"乾隆年间书禁方密，从祖之不读书者，悉以家藏投之于火，今仅存旧刻书序数页，喜孙从市肆得之"云云。

焦里堂《与阮云台论儒林书》，乾嘉以前学派大率如是矣，书云：

儒林文苑，两传既分，则各隶者，不宜讹杂，盖经生非不娴辞赋，文士或亦有经训，是必权其重轻，如量而授。窃谓黄梨洲、毛大可、全谢山诗文富矣，而学实冠乎文。朱竹垞、姜西溟、汪钝翁（琬）非不说经，而文究优于学。王寅旭、梅定九、陈泗源之推步；顾亭林之音学；王交河之律吕；胡沧晓、惠定宇之易；万充宗、顾复初之春秋；胡朏明之禹贡；阎百诗之尚书；张稷若之仪礼；邵二云之尔雅；王白田之服膺；朱子、万季野之论定明；方望溪、齐息園、周书昌、陆耳山之校辑诸书；江慎修、戴东原、钱溉亭之声音、训诂、名物、象数皆于儒林为近推之。马宛斯、沈果堂、陈亦韩、应嗣寅、孔巽轩、朱笥河、金檠斋、武虚谷、王西庄、江良庭、任幼植、张皋文、汪容甫皆儒林之选也。魏赤子、尤西堂、施愚山、田古權、周栎园、吴梅邨、陈其年、吴园次、汪蛟门、冯山公、杭堇浦皆文苑之雄也。

《史记志疑》三十六卷，仁和梁玉绳曜北撰（光绪十三年广雅书局刻），钱大昕为之序，谓"自少孙补缀，正文渐淆，厥后元后之诏，扬雄班固之语，代有窜入，梁君据经传以较乖违，参班荀以究同异，凡文字之传，伪注解之，傅会一一，析而辩之，从事几二十年，为书三十六卷，名曰'志疑'也（署丁未岁梁氏自序，为乾隆四十八年癸卯）。"其子学昌记云："或问署名于字之下何义，翁曰'经史中或字在名下或名在字下，元无一定，然《左传僖三十二年疏》《襄十年疏》并云古人言名字者，皆先字后名而连言之，遂依其例。'"（瑞安李笠[1]有《史记订补》八卷，自刻本）有功史记之书，向推宋裴骃《史记集解》，唐司马贞《史记索隐》，唐张守节《史记正义》三书，故竹汀序语曰："洵足为龙门之功臣，袭《集解》《索隐》《正义》而四之者矣。"

《四六法海》十二卷，明王志坚编，《四库全书·总目》（卷一百八十九）谓为非明代选本所可及，四六之源流正变具于是编。

【注释】

①李笠：指李雁晴。

1933年6月17日

是日写定《汪容甫出妻考》一文，节刺《日记》成之，凡千五百言。

1933年6月18日

而与乃字同，用乃者难于而。《经传释词》引《文王世子》“文王九十七乃终，武王九十三而终”以明之。按《左传·僖公二十四年》“姜氏杀之，而谓公子曰”。之、而字同一用法，言杀之之后乃谓公子也。

重文之例，又如《左传》（僖二十四年）“僖负羁之妻曰：‘吾观晋公子之从者，皆足以相国。若以相，夫子必反其国。反其国，必得志于诸侯。得志于诸侯而诛无礼，曹其首也。子盍早图之”一段，每句必承上文而重言之，愈见其恣肆而不觉其烦沓。

1933年6月20日

《经典文字辨证》五卷，《音同义异》一卷，《说文解字旧音》一卷，《经训堂丛书》，中小学之作，最爱读之。其《经典文字辨证》，毕秋帆[①]《自序》略云：“自八体[②]肇兴，乳生芜秽，卅五篇故多殊观（汉书小学十家三十五篇），十三册式增逸体（扬雄《方言》十三卷），联边诡异，识者诮焉（出《文心雕龙》），至于鄙俗，常谭谶候，别释马头人[③]（马头人为长）、黄头人（王恭时谣：黄头小人为恭）；诬人滋戾十日卜（董卓时谣：千里草，何青青，十日卜，不得生）；十一口（司马元显时谣：当有十一口，当为兵所伤）；论十始茈全非，则止句屈中（苛为止句，虫为屈中）；半得则去衣负告（越纽以去为姓，得衣乃成，人负告为造）；不审则横目田斗（局缩肉，数横目。‘横目’者‘四’字。鱼羊田斗为鲜卑）；独异则神虫巧言（神虫为蚕，巧言为辨）；尔既有田（畛字，尔有田）；车偏无轴（桓温谣：车无轴，倚孤木）；成皋有白人羊之印，大亨有二月了之欢（桓元改年大亨，遐迩欢言曰：二月了）。更可哂者：昱日为翌（今人称翌日，本昱日也，误羽为日。注：应系误日为羽）；修尾为翛（诗：予尾翛翛，本修字）；𡿺变㓷形，剢成刹体；蔡中郎不识色丝（蔡中郎汉末硕学，而云：色丝为绝。刀下巴非色字。按此条见小徐《叙》）；隋文帝罔稽裂肉（隋文帝忌随字为走，乃去之，不知隋，《说文》训为裂肉，其义更不详）。或因仍而改，或卓见而离。……如此之类，虽非马豕之讹，或致究澉之谬（究字本作沇，移水于上成六。澉本泧字，因形而变），穿插故实，自行注解，学此种文，以为博闻强识之助则可。”

【注释】

①毕秋帆：指毕沅。

②八体：指秦书八体。

③马头人：古代俗儒对文字结构牵强附会的解释。

1933年6月24日

阅《史汉字类》（仿宋淳熙本），娄机自序为淳熙辛丑（1169），有洪迈《序》谓：“携李娄君采摭二史汇之，以韵旁通假借字，字取之无遗。”诸序皆劣，文不足道，而书不无可参证处，其分韵之法虽依《广韵》而已，列“冬、钟”为一韵，“支、脂”为一韵等，开平水刘氏之先河。亭林《音论》引元初黄公绍《纂目》云：“依平水刘氏壬子新刊《礼部韵略》，并通用之韵为一百七韵，按刘氏名渊，壬壬是宋理宗淳祐十二年（1252），可知平水均”云云。亦承宋时通用之旧，惟顾氏所指摘其以证嶝并入径均一事，考之娄书则尚分径与证嶝为二也，宋人字学久为世病，如斋部佉字条下曰：“《史记·孔子世家》余佉回留之不能去，云丁奚反。”即此知娄机所见之本尚作佉，佉即低字之变体，应为任，盖由篆体低递变者，并非别是一字，《说文》有伭字，隶变作伭。很也，从人弦省声（胡田切），则又是一字。

1933年6月30日

王筠所著书先后考记

《重刊正字略》道光己丑九年锓木，乙巳二十五年重刻于乡宁，一卷。

《说文新附考正》一卷，许学丛刻本，道光癸巳。

《检说文难字》道光甲午十四年，一卷。

《箓友臆说》一卷，未署年月，卷末一行“丙申仲冬侄彦佶校于武阳学署”。则为道光十六年，卷端自序云：“余自四十岁后或学而有得，或思而有得，每辄札记之，今夏检之祇得近十余年所记”云云。则是年先生应在五十以上。

《说文释例》二十卷，道光丁酉十七年。

《文字蒙求》四卷，道光戊戌十八年，撷《说文释例》纲领以便蒙诵者。

《禹贡正字》一卷，道光己酉二十九年。

《说文句读》三十卷，道光庚戌三十年，自序云：“道光辛丑（二十一年）余又以说文传写多非其人，群书所引有可补苴，遂取茂堂及严铁桥、桂未谷三君子所辑，加之手集者，或增或删或改，以便初学诵习，故名之曰‘句读’，不加疏解，犹初志也。”则是书自创始至剞劂之年先后十年。自序又云：“余于是本志变化博观约取阅月二十而毕，仍名‘句读’从其朔也。”

《夏小正》一卷，总序咸丰壬子二年，原亭道光己酉二十九年。

《弟子职》一卷。

《毛诗重言》一卷，道光庚戌三十年。

《毛诗双声叠韵》一卷，未署年月，但据咸丰二年“序”以上四种，皆在乡宁署中所刻。山西有宁乡县，今中阳县。

《说文系传校录》三十卷，咸丰七年筠子彦侗刻本。

《四书略说》四卷，自跋云："道光庚戌腊望至二日成后序。"推定在咸丰巳未九年。

《箓友蛾术篇》二卷，未署年月，卫天鹏署检为庚申，即咸丰十年，卷末子彦侗识曰："先大人尝曰子孙于祖父遗书不能继修者，即以原本发刻亦佳，此书甫属草稿，因与玉山先生校而刊之。"咸丰九年五月，则是此书之刻已在菉友殇后，未经自序者，按先生卒年七十有一，为即在咸丰九年，则生年应为乾隆巳酉五十四年，先生初刻书为《重刊正字略》，年已四十也，甲戌冬读此书，卷末记南海朱次琦事有云："索刻而未成之'句读'。"则已为先生老年之作，而卷首说后一条"句读"亦本此说而更精要，为自壮至老杂录之什也。

按王筠安邱人（胶东道），字贯山，号箓友，道光举人，官山西宁乡知县，博涉经史，尤深说文之学，所著《说文句读》折衷段玉裁、桂馥之说，独辟门径，论者称二家之劲敌。又有《说文释例》《说文系传校录》《鄂宰四稿》《禹贡正字》《礼记读》《仪礼郑注》《句读刊误》《四书略说》。卒年七十有一（《人名辞典》）。王氏著书予家旧藏《说文释例》一种，先兄苏五先生读本也，际遇知有说文之学，以此书为嚆矢，今所有者如上列十三种，其《说文系传校录》（道光十七年）坊本王氏说文三种之一也。所云《鄂宰四稿》应为夏小正《毛诗重言》《毛诗双声叠韵》《弟子职》四种，不知何以言"鄂宰""礼记读"下疑有脱字，《仪礼郑注句读刊误》未见山左朴学。巽轩、兰皋、印林、未谷后先辉映，余风流韵，犹有存者。又按《左传·隐公六年》：翼九宗、五正、顷父之子嘉父逆晋侯于随，纳诸鄂。晋人谓之鄂侯。杜注：鄂，晋别邑。则鄂宰即指山右也。

1933 年 7 月 1 日

歷，考厂部厤，治也，从厂秝声。黎永椿《说文通检》云："（歷，日部，恭避七上，新附。）段本、王本、徐本皆未见。"毕沅《经史文字辨证》云："厤，正暦，别注云'方言暦轆'，《广雅》作厤鹿，考《诗笺》作歷录，是通用言。厤、歷通用也。"吴县钮匪石为大徐（铉，鼎臣。有《骑省集》）《说文新附考》又未之及，然则厤之作歷，尚可通也。又张炳翔跋钮箸云："先生家贫嗜学，不为举业，少孤，贾齐鲁间，日以聚书为事，夜辄篝灯读床上，久之，帐尽墨，而先生之学亦成矣。年三十，始游于钱竹汀宫詹之门，其学益进。"仅二三行耳，而所传者已称人意，如腹中所欲言的是能手，宫詹序语有云："自宋儒以洒扫应对进退为小学，而书学遂废，而世固多误以《朱子小学》一书为《说文解字》也。"

1933 年 7 月 15 日

点读《宦官传》，叙及窦武、何进传，汉家之祚，一夷于党锢，再覆于阉寺，窦、何以元舅之资，辅政之重，功颓身死，无补危忘，蔚宗引传语为之论曰："天之废商久矣，君将兴之，斯宋襄公所以败于泓也。"文章至此，血随泪下。

《李固传》对曰："昔馆陶公主为子求郎（光武第三女），明帝不许，赐钱千万，所以轻厚赐，重薄位者，为官人失才，害及百姓也。”沈鸿烈比为所部冯一击几中，闻因挟功希位之，故沈厚赍之而不酬以职务，在今日不失为识大体者。

悉伯谓蔚宗传论，则讥其为学以取容，今观《桓荣传》岂不然哉，传云：“荣大会诸生，陈其车马、印绶曰：‘今日所蒙，稽古之力也，可不勉哉？’”又元卿叹曰：“我农家子，岂意学之为利乃若是哉。”假学牟利，袭为名儒，为己为人，是在学者之自勉而已。

1933年8月7日

《三国演义》“舌战群儒”一段，语几出秦宓事，按《华阳国志·刘后主志》云：“吴遣中郎将张温来聘，报邓芝也。将返命，百官饯焉。惟秦宓未往，亮累催之。温问曰：‘彼何人也？’亮曰：‘益州学士也。’及至，温问宓曰：‘君学乎？’答曰：‘五尺童子皆学，何况小人！’温曰：‘天有头乎？在何方也？’宓曰：‘《诗》云：乃眷西顾，知其在西。’又曰：‘天有耳乎？’宓曰：‘《诗》不云乎：鹤鸣九皋，声闻于天。若其无耳，何以听之？’又曰：‘天有足乎？’曰：‘《诗。不云乎：天步艰难，之子不犹。若其无足，何以步之？’又曰：‘天有姓乎？’曰：‘姓刘。’‘何以知之？’曰：‘其子姓刘。’又曰：‘日生于东乎？’曰：‘虽生于东，终没于西。’答问如响之应声，温大敬服。”

《经苑》十二函，自宋司马光《温公易说》六卷以下，凡二十六种，清道光乙巳河南原刊，本于徐氏《通志堂经解》外辑佚而成。今所藏本为民国甲子张福来重印本，十八年以四金购自汴京者，经学久荒，粗读之未有得也。

1933年8月8日

《清代学者象传》，番禺叶兰台先生手摹，摹本孙恭绰印行之，自顾亭林迄魏默深，成象一百七十，并各为一传附于象后，典型宛在，其裨于读诗论书者多矣。顾所列者，词客、杂家、艺林、显宦，皆所不弃，是宜题为“清代名人象传”，而不宜曰“学者”，以自乱其例也。学者即儒林传中人物也，昔皖人争列姚鼐于《儒林传》，其实鼐在《文苑传》断非自郐以下，必以殿之儒林，多之者亦直视为牛后而已。今观此传，不惟姚鼐，即侯方域、郑燮、姜宸英、高士奇等亦在焉。昨晤叶公超，谓原题明是“名人”字样，不知誉虏何所据而易之。

1933年9月11日

二十二年九月十一日《大公报·文学副刊》悼柯凤孙先生。

胶县柯劭忞（近各报多误印为绍忞）先生，字凤孙（各报误为凤荪），于八月三十一日上午七时四十分，在北平太仆寺街本宅逝世，享寿八十有四。先生为吾国旧学泰斗，耆年硕德，博学能文，值兹溘逝，学术界当同深哀悼。本刊已特约亲受教于先生而深悉先生之学术文章渊源及其道德行事者，撰文叙述，容当陆续刊登。

至先生履历，各报所登，间有错误。按先生早孤，幼承母教，中清同治丁卯庚午并科举人，光绪丙戌进士，授翰林院为庶吉士，散馆后改编修，擢国子监司业，提督湖南省学正，改翰林院侍讲，授贵州提学使，署学部右参议，充京师大学堂监督，改三四品京堂，升典礼院学士，授山东宣慰使，督办山东全省团练。民国成立，先生隐居不仕，以著述自娱，毕生精力悉萃于此。已出版之著作，为《新元史》《春秋谷梁传注》《蓼园诗钞》《续诗钞》《清史天文志稿》《时宪志稿》。未出版者，为《说经札记》《尔雅注》《后汉书注》《文献通考校注》《文选补注》《佚史补》《蓼园文集》等。夫人为桐城吴挚甫先生汝纶之女，遗二女三子。先生素不治家人生产，殁时家无余财。又以石刻十三经未成为恨，殊足表现儒者精神云。

按中西学术各有其一定之系统。自昔硕学名贤，率能博观约取。先之以纵横泛览，书无不读，事无不知。终之以专精独造，探获真理，发为文章。而其所以能致此者，则亦由于学术有一定系统可以遵循，故不至流荡无归或偏奇自喜。譬之河流之有堤岸，既防水患，更增水力，利用厚生，于是乎赖。学者依此系统，置身于文化之中心，陶镕浸润，人一我百，更遵从学术之正路而进行，日积月累，朝发夕至，遂能终底成大成，登峰造极，包罗万象，号称博学，克获正智。故学术之系统，为学者不可不明晓，亦不可不遵依也。欲知西洋学术系统，宜细究柏拉图亚里士多德全集，由是而下更参以基督教之规律德义，直底近世之哲学文学，及现今之政论艺术等，流变虽多，其系统要自分明也。

吾国之学术系统，可以经史子集四部之名称及其次序赅之，（一）经者，先圣先贤所传之精理，人类智慧经验之结晶，万事万物之本原，而一切学术政教之准绳规矩也。（二）史者，人类活动之实迹，智愚贤不肖内心外境生活行事之摄影，成败得失之龟鉴，而经中所言之原理之实例与确证也。经言理，史述事，理为普通永久，事乃一时一地偶然特殊之表现，理在真如观念之境界，空虚证明，固定不移，事在幻影浮象之境界，淆杂纷错，变动不居，故经必在史上，而史必次于经，盖理能成事，事仅证理，宾主显分，轻重攸别，故（一）经（二）史之次序必不可乱也（由此点言，六经皆史之说实误，至少亦有语病）。至于（三）子部之内容，为哲理，为学说，为个人思辩之记录，为某一心性对于宇宙人生自然全部之观感印象而组织成一系统者。真理为普通永久，超乎一切个人之外，个人纵敏慧通博至极，所见之真理仍只沧海一粟，且即此几微，犹是模糊影响而不能云无错误，哲学家最大之成就，仅能使彼自己之学说各部分不互相矛盾，如此"持之有故，言之成理"，便谓之"颠扑不破"而可以"立"，然亦只相对的可取耳，其绝对的可信与否，仍不能定，即此一部分可信为真理，其非真理之全部固昭昭明甚。古人"管窥蠡测"之说最妙，故知子必远在经之下。又史所记乃全社会之事迹，子所阐乃个人之思考，社会重于个人，客观易成确据，故史又必在子上。（四）最后之集部，则个人情感意志之发挥，而出之以艺术的形式规律者也，既原出于个人，其必置于经史之下，理由与子部同。然子部之材料乃个人理智之产物，而集部之文章则个人情志之表现，理性比之情感，较为固定而合于真理，在人心中，情感宜听命于理性，故在学术系统中，集部亦必在子部之下。况理智所定之法律道德等，乃全社会所必需，而诗词文章，在作者固由创造而得满足，在读者亦只境合情同者始能心领神会得获慰乐，即以功用言，艺术之本于审美观念者，究属末事，况集部常多绮靡骚愁之词旨，贪欲虚荣之表现，其当裁抑贬损更不待言。综上所言（未能尽详），则知中国学术系统之大纲，为（一）经（二）史（三）子（四）集之分类及次序，而此种分类及次序，实含有深远之至理，以普通之标准（综合中西古今，或超一时一地），评察之，可明其意义及价值，而未可慨斥为迂腐陈旧也。（附按四库全书乃应用经史子集之原理或系统而编列书籍者，此经史子集之原理或系统实不产生于四库，今兹之论，乃详究中国学术系统，与四库全书无关。）

中国学术之系统，既为（一）经（二）史（三）子（四）集，中国学术中之典型人物及伟大作者，必由此系统而产生，亦非遵此系统莫能造成。大率古今中国之硕学通儒，其学问之根据及精力之所萃，必在于经，次则治史，为经之辅，凡其所理想之政治，及平生未展之抱负，悉于所著史书中寄托发挥（司马温公为最佳之例）如一己性之所近，长于思辨推考，而欲组织个人思想之全部一己，成一家言，则为子书。集部之诗词文章。则人人能，而硕学通儒仅以余力游涉及此，或竟不为，而为之者亦有高下之分，视其经史根本学识何如焉。更有言者，中国之学术系统，并包含一种理想与精神，其所希望造成之人物，简言之，为（1）内圣外王，德行兼备，（2）诚意正心修身齐家治国平天下，（3）富贵不能淫，贫贱不能移，威武不能屈，（4）穷则独善其身，达则兼善天下。此种理想人格，乃中国学术系统应有之产物（至于实际所产生者，其去原来之标准，有合有不合，有远有近，各有有其例，自难一概而论）。而学术系统与理想人格，二者实组合一体，交相为用。惟由此系统乃能产生如此人格。亦惟产出此种人格，乃能证名此系统之成功及其存在之价值。呜呼，其在西方，学术分合流变之迹，亦既远且长矣。文艺复兴以选魁硕之士，如 Casaubon，如 Scallgr 之流，好古勤读，以博学称，后此莫能及。然此诸人者，其学虽博，行能无足称，甚或流于猥鄙，已失古代学术系统与理想人格合一并用之精意。于是弥尔顿[1]以能兼顾并全，被称为殿后之伟大人物。此后三百年中，革命迭起，学术益分，系统绵延，不绝于缕，理想人格，亦到处可寻。然而晦矣乱矣。若今世美国白璧德[2]先生、穆尔先生等，实能上承柏拉图亚里士多德之学术系统，兼具基督教德义，而又博通古今，以至理热诚，发为庄论危言，藉图启愚救世。欲求欧西之学术系统与理想人格，其任斯乎，其在斯乎。呜呼，吾中国则何如耶，中国今后百度维新，臻于隆盛，人才千万，德学并昌，固吾侪之所渴望馨祝。然中国古来之学术系统，与该系统所造成之理想人物，恐将从此而斩。今世纵有老师宿儒名贤硕学，可为代表，可作例证，然已寥如晨星，或声光未臻绝顶，至于他日纵承遗绪而昭示典型，实难有望矣。柯凤孙先生纯为中国学术系统所产生之博学通儒。况又耆年硕德，夙受海内外崇仰。今兹辞世，典型失坠，继武无人。上言中国之学术系统，与此系统所滋培之人物，今后何能再见。此吾人于柯先生之殁，深为痛悼者也。

中国近世最伟大之代表人物，实为曾文正公国藩，曾公固中国学术系统所产生之理想人物也。最近之学者中，王静安先生国维最为人所尊崇称道。王先生治西洋哲学，治词曲，治新发现之古史材料，其方法途径甚新。然王先生实亦恪遵中国学术系统而歆慕该系统所孕育之理想人格者。试细读《观堂集林》（王忠慤公遗书）中考经证史诸篇，及发明学术流变政教大义之序文等，可知王先生固亦以此自期。若其自沉于昆明湖，尤足证其心志之所在矣。至于柯凤孙先生，以论中国学术系统人格规范，则更纯乎其纯者矣。柯先生生平精力所注，厥在经学，于谷梁所得尤深。其治元史，乃由经以及史。亦以清同光间风气，治西北史地，（尤以元史）为新奇时髦之学间，然柯先生勤搜穷讨所得，不为零篇专题之贡献，而必宏大其体裁，精严其义例，醇美其文章，以撰成《新元史》二百五十七卷，与二十四史并列分席，不惮辛劳，舍易就难，亦中国学术系统之根本观念有以促之然也。往年王静安先生谈及《新元史》，颇惜柯先生不用新法，作成零篇，或作为旧元史之校勘增订本，致《新元史》更待校注。或又讥《新元史》无索引，检查不易。凡此固亦甚是。然苟知中国学术系统之重要，及古来中国学者著述之精勤不苟，历数十年如一日（例一，段玉裁之注说文。例二，司马温公之修通鉴。今不及详述），此种精神，此种愿力，惟宏伟之柯先生有之（李思纯君之《元史学》，定价八角，中华书局出版，读者可参阅）。日本东京帝国大学于十年前赠予先生文学博士，先生固不待此而荣，然亦可见异邦学者之尊仰有其道也（学衡杂志第三十期，有王桐龄君《介绍柯凤孙先生新元史》一文，并附译日本东京帝国大学教授会提出赠柯先生博士学位时之新元史论文审查报告书，读者可参阅）。至于柯先生之《蓼园诗抄》，乃民国十三年南湖居士廉泉先生（已故）为之编印，中华书局代售，每册二元。柯先生遵照中国学术系统，视诗为末艺小道。然诗亦表现柯先生之精神思想学术行事，此亦中国文学之正宗观念也。柯先生诗，宗盛唐而专学杜工部，光明俊伟，忠正和平，如其为人。王静安先生于民国十四年尝语编者，谓："今世之诗，当推柯凤老为第一，以其为正宗，且所造甚高也。"四川万具徐际恒（久成）有《读蓼园诗集》一首（去年所作）极致钦崇，然实为公论，深合吾人之私见，爰录之以当评赞云：

大雅沦胥蔓草中，筝琶细响乱丝桐。派从大历窥宗匠，体到西昆识变风。

法乳能探三昧奥，词源真障百川东。梅村不作渔洋渺，低首骚坛拜此翁。

【注释】

①弥尔顿：约翰·弥尔顿（John Milton，1608—1674），英国诗人、政论家。

②白璧德：欧文·白璧德（1865—1933），美国文学批评家。

《万年山中日记》 第十二册

（1933 年 9 月 25 日—11 月 3 日）

1933 年 9 月 25 日

柯劭忞先生字凤孙，著有《新元史》等。以八月三十一日殁，《大公报·文学副刊》（九月十一日，见日记十一册）悼柯凤孙先生文（叔明断为吴宓作）谓先生享寿八十有四。姜叔明则谓八十有六。叔明事之十年，语应可信。悉伯《越缦堂日记》同治壬申十一年初四日（十七册四十一页）有云："是日在肯夫处见山东人柯劭忞诗一册，柯为肯夫庚午所取士，年仅十八，诗皆十七岁以前作，拟古歌谣，戛戛独造，语不犹人，五七言古近体学三唐，亦皆老成。肯夫言其少孤，被母教，《史》《汉》《文选》皆全读成诵，过目不忘。著有《文选补注》，洵异才矣"云。如许少年，博得极评如此。叔明言："先生垂老虽废步，而聪明吸啖几如常人，每日危坐，不废丹铅之业，方意其九十之年分内事也。"而如悉伯所记则是庚午举乡之年，为十六岁，今年癸酉为七十九岁，客或当年科场年貌不实，然不至悬殊如是。

阅书拉集，未得条理。冥思追步，饶有领悟。深夜犹健，入梦亦酣。

1933 年 9 月 30 日

阅《史记论文》。此书殊便诵读，有圈点、分段、略注，尤重文法。据全书不加剪裁，武进吴见思齐贤评点，康熙二十五年山阴吴兴祚序刊，实贤于茅鹿门储欣辈矣。

1933 年 10 月 7 日

文章学术选录：

魏文帝《典论·论文》

陆机《文赋》

挚虞《文章流别论》

昭明太子《文选·序》

阮元《书昭明太子文选序后》《文言说》

刘勰《文心雕龙》风骨篇、定势篇、镕裁篇、声律篇、章句篇、物色篇

梁元帝《金楼子·立言篇》一则

颜之推《家训·文章篇》

《李谔传·上正文体书》(见《隋书·本传》)

刘知几《史通》言语篇、浮词篇、叙事篇、摸拟篇

韩愈《答李翊书》《答尉迟生书》

李翱《答王载言书》

欧阳修《论尹师鲁墓志》(附《尹师鲁墓志》)

王安石《答钱公辅学士书》(附《永安县蒋氏墓志铭》)

洪迈《论唐书载韩柳文》(见《容斋四笔》)

顾炎武论文辞欺人、文人摹仿之病、文章繁简、文人求古之病(见《日知录》)

侯方域《与任王论文谷书》

方苞《书〈史记〉十表后》,又《书〈货殖传〉后》《书归震川文集后》《答友论家传志铭书》《与程若翰》《答孙以宁》(附孙徵君传)

李绂《秋山论文》(摘录),《古文辞禁八条》

刘大櫆《论文偶记》

袁枚自撰《古文凡例》《答友论文第二书》

姚鼐《古文辞类纂序目》《复鲁絜非书》《与陈硕士书》《与何砚农书》《与姚鲁宾之书》

杭世骏《复梁少师书》

章学诚《文史通义》诗教上篇、黠陋篇、俗嫌篇、古文公式、古文十弊

王元启《论汪涵存墓志书》(附《汪涵存墓志铭》)

法式善《与邵二云前辈书》《与彭允初书》

恽敬《与王广信书》(附《西园记》)

刘开《与阮文台论文书》

包世臣文谱《与杨季子论文书》《再与杨季子论文书》

曾国藩《湖南文征序》《复陈右铭太守书》《与张廉卿书》《复许孝廉书》《谕子纪泽书》《论文》《书〈归震川文集〉后》

吴敏树《与筱岑论文派书》

章炳麟《文学总略》

1933年10月8日

"孝景""孝武"二纪,聚讼纷纷,要之断非史公之笔。《国志·王肃传》:"肃对魏明帝云:'武帝取孝景及已本纪,览之大怒,削而投之。'"吴挚父云:"于今此两纪有录无书,然则今之景纪,乃魏以后人所续也。"予以孝武雄才大略,威震四夷,史公原作,其可惊泣处,必不在"项纪"[①]之下。此之不传,而以赝书充数,通篇佞谀方术,全没生气,此武帝之不智,即武帝之不幸也。今日犹得于"匈奴""货殖"诸传参读互证,以想见武帝之为非常之主,不然岂非史乘之大厄乎。

案上《史记》有归方“评点本”，吴挚父“评点本”，“乾隆四年殿本”，吴思贤《史记论文》本，校雠殊便。《孝文纪》：“破济北军，虏其王。”吴思贤本独作“卤”。《杨子方言》：“卤，获也。”《前书高帝纪》：“毋得掠卤。”《卫青传》：“车辎畜产毕收为卤。”皆作“卤”。

【注释】

①项纪：《史记·项羽本纪》。

1933年10月10日

晨起步诣泽丞处小谈。架上新得《竹书纪年》，四函值五十金。一求之敝，卅年不易，心爱之书，宿膳得之，寒士酸态可掬也。借《吴挚甫古文》《读欧阳省堂（泉）〈点勘记〉》二函以归。

《点勘记》有江夏童和谦序，云：“外翰嘉庆戊辰举于乡，庚辰成进士，道光巳丑官苏州教授，越十年以老乞归，年已八十矣，犹精神康强，好学不倦，海内推耆。”夙云则是省堂之通第已在五十之年，自序有“予为童子师最久”一语，可以知君丹铅不废也。童序又云：“白首不识替（普）、朁（替）之殊，青衿亦惑𣐍（羊进切，音引《周礼》春官大师合奏鼓。𣐍，《说文》：‘击小鼓引乐声，从申柬声’）、𣐍（他東切，鼓声远闻也）之别，盖保氏[1]六书之废久矣。”点勘《孔子世家》深获知人论世之否。

勘家塾口诵误读诸字：

“学庸”[2]：咺，仄声；喧，仄声；均误平声。斫，音韵读坎者，非。

《论语》：懿，仄声。噫，平声。瑗，仄声。磷，仄声。以上多误声读。聩，从耳不从目。貌，从皃不从兒。

《孟子》：甑，仄声。墁，平声。以上多误声读。厎豫之厎，音止，从厂不从广。

《春秋左传杜林合注》，欧阳泉记云：“晋杜预《左传注》，宋林尧《注》，名为一书，至明崇祯间王道焜、赵如源合为一编，以便初学，又取永乐时《春秋大全提要》载于卷首，另作凡例以明之，今坊刻削去二人姓名，即以二人编书之凡例改题林尧叟姓名，坊刻舛误大率类此。”古文选本如《古文范》《古文笔法百篇》《古文评注》《古文观止》等，取便蒙诵，无关宏旨。林西仲《古文析义》自诩独得真解，高出诸选之上，然鄙俚杂出，打诨成趣，大雅所不道也。省堂讥其自号书颠，于眼前习见之书，实多疏忽，并为疏辩数十条存《点勘记》中，如云：“李格非书《洛阳名园记》后下云：‘格非字文叔，《宋史》有传，“析义”误作李去非。’”

再附字音平仄辨：

緇、甯、茨、泾、洵、竣、恬、闾、韦，以上并平声，俗多误读仄声，予家塾误读“甯”一字。

曰、矧、纠、倨、弛、揆、耽、殉、餍、笥、诅，以上并仄声，俗多误读平声，予家塾误读“耽”“餍”二字。

【注释】

①保氏：官名，出自《周礼·地官·大司徒》，主要负责对君主、天子的规谏，类似于后代的谏

议大夫、光禄大夫等。

②学庸：《大学》与《中庸》的简称。

1933年10月11日

王勃《秋日登洪府滕王阁饯别叙》，省堂云诸选本只作《滕王阁序》，非也。

郝兰皋著述之发现（孝孟）：

近栖霞郝氏有持其祖郝懿行书稿来平求售者，记者曾会见之。举凡郝氏手自批校之书，及已刊未刊各书原稿，共有五十余种，一百余册之多，诚为研究郝氏治学方法及其著述者最完备之材料矣。按郝懿行字兰皋，生清乾嘉间，著述极多，《尔雅义疏》一书取材宏富，阐发字借声转之义，最为世所推重。《燕子春秋》《蜂衙小记》《海错》《证俗文》诸书，尤能为人所不为，成一家之言。扬州阮元海阳赵铭彝曾刊其所著《山海经笺疏》《春秋说略》等数种。《尔雅义疏》一书，阮氏收入《学海堂经解》，中多所删节，聊城杨氏曾刊其全书，而世不多见。郝氏殁后五十余年，其孙联薇始为之次第刊布。初仅十三种，复陆续增刻至卅余种，即今传世之《郝氏遗书》也，其未刊各种，附列于遗书目录后者有十余种之多。此次求售书稿内，凡遗书目附列之未刊各种皆在其中，计有：《说文广诂》六册、《小尔雅补注》《穆天子传补注》一册、《汉书补注》四十八册、《汉纪摘考》一册、《古文考证读书记》共四册、《文心雕龙补注》二册、《偷闲集》二册、《晋文抄》十五册、《鉴略》十七册。即已刻各种原稿，亦大半皆存，且多为郝氏手自批注之本。此外，更有手批手校之书，《说文韵谱》《大戴礼》《广韵》《盐铁论》《玉篇》《世说新语》《昭明文选》《说苑》《淮南子》《韩诗外传》《急就章》等十余种，丹黄殆满。郝氏收藏书稿历百余年而无遗佚，其保存先人手泽之毅力，实堪钦佩。吾人深望其不自珍秘，让归学术机关，俾为之整理刊刻，使其先人遗泽不致散佚，日得以大显于世。则其保持先人之业，较之仅仅闭诸箧中者，其功不更钜乎！

1933年10月15日

古人锡字，多以一字行，项籍字羽，陈胜字涉，吴广字叔等是也。颜回字子渊，商赐字子贡，他如子路、子舆等窃谓厥初之字，只有一字，后乃冠以子字。如阿瞒、阿蒙等，既便口称，复寓尊之之意。

《孙渊如集》，计《问字堂集》六卷，《岱南阁集》二卷，《平津馆文稿》二卷，《五松园文稿》一卷，《嘉谷堂集》一卷，附《澄清堂诗稿》二卷，《续稿》一卷，《济上停云集》《租船咏史集》各一卷，所谓大茂山人诗录者也。王鸣盛序其《问字堂集》有曰："韩昌黎文起八代之衰，其名愈，《说文》无此字，新附亦无，然其言曰：'凡为文章，宜略识字。'又曰：'羲之俗书趁姿媚。'是亦深有意乎。识字者或曰：'君子已孤'不更名。盖昌黎幼孤故也"云云。案"愈"字已见《论语》："汝与回也孰愈。"又见《孟子》："丹之治水也愈于禹。"不可为命名之典。要乎至《说文》无愈字，殿本《篆文四书论语》作悆，《孟子》作𨖈，《说文》：“悆，忘也，嘾也，从心余声。”《周书》：“曰有疾不悆（今本作弗豫）。”悆，喜也。𨖈逑，进也，从辵俞声。《周书》曰：“无敢昏逾”，则是于义各有当，书者，取其适者人之耳（吴大澂《篆文论语》在家，未获备考）。雷浚《说文外编》（卷一）以疒部：瘉，病瘳也。为瘉之本义，为病愈之正字。引《汉书·高帝纪》“汉王疾瘉如此”作为证，亦能自圆其说。王鸣盛序文张渊如之通古，插此一段抑韩以扬孙，未免无谓。王氏又自言：“继以双瞽自分已成疾，幸七十后瞽目复开，方且贾余勇以竟残课。”老耄聪明，亦人杰也。

夜阅王祭酒《虚受堂文集》，益吾有《续古文辞类纂》，有《骈文类纂》，用力之勤，三折其肱，其文骈散具有可观，阁庋之本签年，庚戌距今二十四年矣，滋可惧也。

1933年10月16日

《汉书·地理志》、郦善长《水经注》（家藏三十三种丛书中有此本），均为承学致用者所不可缺，益吾《合校水经注·序》有云：“盖班之志水，撮举终始，所过之地从略。郦则于汉世郡县，端委并包，曲折贯串，旁引支流，以千数百计。使后之搜渠访读者，一展卷而如案古图书。班之志地根据经籍俾三代以来之要典，不致放失无稽。郦尤因地致详。元魏以上，故事旧文，皆可考求而得实。其繁简虽异，精思实同，洵乎闳览之山渊，方舆之键辖也已。”

益吾仿阳湖陆祁孙述其母《林太孺人年谱》例，成《鲍太夫人年谱》一卷：“事举而赅，寒泉之思，引为同痛，鲜民之感，此恨终天，盖亦肃肃，鸨羽之哀鸣已。”读王壬秋《鲍太夫人诔》有云：“譬犹桓山之鸟，间声而独悲，雍门之弦，未弹而先泪。”可为含凄悱恻，追怨重深者也。粗阅《虚受堂文集》竟，益吾集中，半多酬应之作，可以考时变而未足以论学，即论文亦少戛戛独造之处，只缘身渐通显，抗古无期，然其用力之勤，则遗编具在也。

录悉伯《王母鲍太夫人墓志铭》，存《越缦外集》中。

1933年10月17日

阅《求阙斋日记》，阅王选《涤生文抄》。

朱子《小学》三卷，涤生据朱子癸卯《与刘子澂书》，断为子澂之所诠次（见抄朱子《小学》书后），有明陈选注，掌书者又以之类入《说文》之书，与世之以朱柏庐《治家格言》为朱子所作，同一笑柄。（刘子澂名清之学者，称静春先生。）

涤生日记中自言其作文之艰苦，取其集读之，相互钩稽最益神智。

1933年10月18日

梁章钜（茝林）著书，世多以拉集非之。通不及王益吾，精不及周栎园[1]也。所著

《浪迹三谈》，第一卷《观弈轩杂录》尚不如谢侠逊[②]《弈乘》之博，且并未及象棋。

夜阅《望溪集》，望溪去明未远（康熙进士。康熙七年四月十五日生，乾隆十四年八月十八日卒，年八十二岁），习闻遗黎之遗，痛故老之宗风，自从万季野辈游，益治经史实用之学，所为文章，卓然有关于世教，犁然有当于人心，尤于进处士扶清议之旨，蹑踪祖望，合符蔚宗，其传白云山人[③]曰“先生则躬樵汲，口不言诗书。”又曰：“入其室，架上书数十百卷，皆所著经说及论述史事。请贰之，弗许，曰：‘吾以尽吾年耳，已市二瓮，下棺，则并藏焉。’”际遇曰：“虽曰隐君子，非怀隐痛之尤者不出此也。其于《高阳孙文正公逸事》纪公之言曰：‘念此身已不为己有，而朝廷多故，边关日骇，恐一旦肩事任，非忍饥劳，不能以身率众。自是不敢适口体，强自勖历。’诵之不冬而栗，以叹习为文者，当正其基而封其植，不必姝姝自悦，更无暇龋齿迎人也。”

【注释】

①周栎园：指周亮工。

②谢侠逊：近代中国象棋大师。

③白云山人：指张怡。

1933 年 10 月 19 日

读郦生、陆贾传。一则曰：“齐王遂亨郦生”，一则曰：“陆生竟以寿终”，举鼎拈花，相映成趣。

涤生治学门径井然，唐写本《说文·木部》题辞“文质兼施，不在石鼓一歌之下。”《诂训杂记》“则窗下织缀之作，无伤大雅。”季刚必谓：“伯元所论，涤生所抄，弇侈殊途，悉违律令（《国故论衡·序》）。”未免混训诂、音韵为一途。涤生自课之方，尽见其于《复李眉生书》中有云：“阁下读《通鉴》，司马公本精于小学，胡身之亦博极群书（身之名三省，元人，曾注《通鉴》），既就《通鉴》异诂之字，偶一抄记，或它人视为常语而已，心以为异则且抄之，或明日视为常语，而今日以为异，亦姑抄之，久之，多识雅训，不特譬喻虚实二门可通，即其他各门亦可触类而贯彻矣。”金针度人，勿高谈迂远，而反远于事情也。

曾文正嫡配欧阳夫人，尽人知之。彭啸咸[①]言：“湘中所传原配，却不如此事，缘文正已定婚某氏，合卺之日，某氏女憎其贫也，誓死不肯御轮，执冰者欧阳氏无可如何，匆卒之间以己女承乏，庙见时曾氏不知也，欧阳某仍就媒妁之位如初。翌晨，文正乃具礼拜之，终身敬礼其夫人焉。一薰一莸，岂尽肯定之分哉。”又言：“文正原名曾武城，字子居。阅卷官嫌此句下文（有寇至）不吉，乃改名国藩。”

论望溪者佥曰：“远宗八家，近宗熙甫[②]，盖亦未审其旨趣矣。”其《答申谦居书》曰：“若古文则本经术而依于事物之理，非中有所得，不可以为伪，故刘歆承父之学，议礼稽经之外，未闻奸佥污邪之人，而古文为世所传述者。”又曰：“欧阳永叔粗见诸经之大意，而未通其奥赜。苏氏父子则概乎其未有闻焉。韩、欧、苏、曾之文，气象各肖其为人，子厚则大节有亏，而余行可述。介甫则学术虽误，而内行无颇。”又曰：“八家集仆，无暇点定。”其《书归震川文集后》曰：“震川之文，乡曲应酬者十六七，而又徇请者之意，袭常缀琐，虽欲大远于俗言，其通无由。”则先生之所宗，尚可知也已。（恐伯云：“其文终有本领而义法未纯，由读书未多，情至处弥为佳耳。”又云：“阅《望溪文集》，其叙天伦悲苦处，怅触生平，时为泫然废卷，痛莫切于伤心鲜民之谓矣。”《日记》九册四十六页。）

【注释】

①彭啸咸：指彭仲铎，时任山东大学中文系讲师。

②熙甫：指归有光。

1933年10月20日

校点《史记·外戚世家》。汉邦之兴也，起于市屠，所与匹仇者，马医夏畦之子妇耳，其后子姓虽贵，而倡门编户，溷厕掖庭。史公特综传《外戚世家》，以著其刺讥焉。顾所传者，为儿女子琐杂之语，与清庙明堂之作殊科，时有缙绅先生所难言者，只今读之，兴趣横生，隽永内蕴，褚少孙它作多不称，而此篇独见力量，兹摘其尤者著于篇。

“吕太后以重亲故，欲其生子万方，终无子，诈取后宫人子为子。”蠢状可掬。

“窦姬家在清河，欲如赵近家，请其主遣宦者吏：‘必置我籍赵之伍中。’宦者忘之，误置其籍代伍中。籍奏，诏可，当行。窦姬涕泣，怨其宦者，不欲往，相强，乃肯行。”一句写一事，哀曲如见。

“少君年四五岁时，家贫，为人所略卖，其家不知其处。传十余家，至宜阳，为其主入山作炭，寒，卧岸下百余人，岸崩，尽压杀卧者，少君独得脱，不死。自卜数日当为侯，从其家之长安，闻窦皇后新立，家在观津，姓窦氏。广国去时虽小，识其县名及姓，又常与其姊采桑堕，用为符信，上书自陈。窦皇后言之于帝，召见，问之，具言其故，果是。又复问他何以为验？对曰：‘姊去我西时，与我决于传舍中，丐沐沐我，请食饭我，乃去。’于是窦后持之而泣，泣涕交横下。侍御左右皆伏地泣，助皇后悲哀。”一路写来，姊弟离合之境，绘影绘声，妙到颠末。熙甫叙家人琐事，如所最传诵之《先妣事略》等，即从善学此处得来。畏庐论文，亦每举此为叙事极则，“助皇后悲哀”句之助字，尤极烘云托月之妙。哀胡可助也，不可助而助之，更加衬出（吴劭先挽先君子联有云“事母未能忝与故人争一哭”，争字作响不在此下）。

“子夫上车，平阳君拊其背曰：‘行矣，强饭，勉之！即贵，无相忘。’”二三字为句，一句一顿。

“武帝下车泣（挚父依汉书改为立）曰：‘嚄，大姊，何藏之深也！’”惊愕之声，跃于纸上。

“太后谢曰：‘为帝费焉。’”其实乃深喜之词也。

“主与左右议长安中列侯可为夫者，皆言大将军可。”此何事也，而筑室道谋乎，盖汉时不以再嫁为辱也。

“主笑曰：‘此出吾家，常使令骑从我出入耳。奈何用为夫乎？’”此亦其辞若有憾焉而已。

“天下歌之曰：‘生男无喜，生女无怒，独不见卫子夫，霸天下。’”怒与下相协，远非“遂令天下父母心不重生男重生女”之率直矣。古之晰文律者，所载之事，必与其人之规模相称（望溪《与孙以宁书》中句），此类是也。

“也”字用法之见于《史记》者，特有深意，非仅作语助词、领起语而已。童伯章著《虚字集解》，为发蒙之作，则可为修辞一科则未也。如“蔡泽闻之，往入秦也。”有徼幸意。“及群臣有言老父，则大以为仙人也。”有讥讽意。“景高祖以太仆事孝武帝也（《夏侯婴传》）。”“无且爱我，乃以药囊提荆轲也。”有不料意。“承间白言太后有女在长陵也。”此“也”字直是赘词，然缀此也字，乃见出积怀胸中，卒得一吐之意。“上居甘泉宫，召画工画周公负成王也。”弦外之音，有不待师旷而可得其雅意者矣（《畏庐文谈》末篇语焉特详，当取《经传释词》并读之，因不具论）。王伯申先生引《礼记》《文王世子》曰：“然而众知父子之道矣。”又曰：“众著于君臣之义也。”又曰：“然知长幼之节矣。”以此为“也”，犹矣也之证。此与上举史传所用“也”字语气最相近。（《五宗世家》：“其后诸侯贫者或乘牛车也。”可作矣字训之。）

1933 年 10 月 21 日

点勘《五宗世家》……

交亥点《楚元王世家》《荆燕世家》，“吾昏，不能进于是矣。”

1933 年 10 月 22 日

点勘《绛侯周勃世家》……

点勘《梁孝王世家》……

点勘《三王世家》。评谱。

1933 年 10 月 23 日

会稽李慈铭悉伯之殁，垂四十年。高阳王重民乃从《越缦堂日记》《新古文辞类纂稿本》《续碑传集》等裒录悉伯文百三十四首，都十二卷，未别内外篇，曰《越缦堂文集》。书刊于民国庚午十九年。“我来自梁，受读欢叹如许，浊世难得清才，继又假《越缦堂日记》读之凡两遍，以爱先生之文甚，凡《越缦堂文集》所未录者，别抄存之，题《越缦外篇》，亦积三十余首，以先生日记，知尚多例不存稿之作，只今观之，吉光片羽，愈于大玉天球矣。”（《越缦外篇·序》）

独坐念昨夜叔明语，谓：“马通伯髫龄时，所为古文辞已有家数。柯凤孙年十六举于乡，史汉成诵，歌诗有唐人矩度，信如越缦所记。而二公年登耄耋，接引后进如恐不及，每为一文，必询人有未隐之处否，非貌为谦抑也，文章千古事，不俟客气为也。”久不闻师友之鞭喝矣，敬谨书之。

夜校读《汉书·东方朔传》，“朱儒饱欲死，臣朔饥欲死。拔剑割肉，归遗细君。应谐似优，以仕易农，臣朔何能，逢占射覆。”其滑稽之雄乎，未闻君子之大道也，岂知上林一谏曰：“且盛荆棘之林，而长养麋鹿，广狐兔之苑，大虎狼之虚，又坏人冢墓，发人室庐，令幼弱怀土而思，耆老泣涕而悲，是其不可二也。”仁人之言，其利溥哉。董偃侍窦公主，为主人翁，武帝置酒宣室，且使谒者引内之矣，赖朔陛戟殿下，辟戟而前，数其罪者三，天下惮之。其他奏对，类识大体，《答客难》及《非有先生》二首，虽诙达多端，而不诡乎正。前史臣曰：“是亦圣人之徒也。”独怪孟坚不厕董偃，于《佞幸传》末而于《朔传》插入，初帝姑馆陶公主号窦太主，堂邑侯陈午尚之，午死主寡居，年五十余矣。一大段，其文致佳，而殊于《朔传》，不类止为朔进谏张本而已，千载之下，使朔被不美之名者，朔之画像赞不及本传名高，故也庸非事之甚不平者乎。（传中遗蛇某迹，遗蛇即逶迤也。）

1933 年 10 月 24 日

校读《汉书》“杨王孙、胡建、朱云、梅福、云敞传”一传，杨、胡、朱云之危行，梅福、云敞之危言，言行皆不得中庸，要亦狂狷之徒也。王孙它不传独以裸葬，传曰：“吾欲裸葬，以全吾真。曰且夫死者终生之化而物之归者也，归者得至，化者得变，是物各反其真也。”于生死竭来之故，独得真诠，宜孟坚之特为之存录也。

1933 年 10 月 25 日

焦袁熹《春秋阙如编》，凡七卷，《四库全书》谓近代说春秋者以此为最。悉伯阅记云（八册七十七页）：“《四库书目》虽纪河间总其事，然为之者非一人，河间于经学本疏，今提要所论三礼极精，皆出于戴东原氏之手，余经馆臣分纂。如此书提要，盖由不学之人所为，不足为定论也”云云。比日坊间有《四库辞典》，之约彼书贾耳，何怪哉。

夜读《卷葹阁集》，真令人欲弃百事而从之游也。

1933 年 10 月 26 日

《抱朴子·外篇》，悉伯读记云：“意救衰俗，皆通正明达之言。而理浅思卑，文繁旨复，词弱而不扬，气漫而不整，盖东晋文笔之最下者。《外篇》全是养生丹诀之说，更浅陋不足观。”

阅《望溪文集》，望溪讥评唐宋诸家，于《答申谦居》一书之外，复散见于集中，虽以子厚之沉挚飙发，尚谓其多肤末支离（《书柳文后》）。庸知望溪之文，不堪入录者，乃数见而不一见乎？其《书祭裴太常文后》曰：“在唐杂家中，尚不为好而谓公为之，与二篇乃同官联祭之文意者，他人所为公名载焉。”泄沓萎尔，不可卒读，“尚不为好”字样可以入文邪？《书柳文后》曰：“子厚之斥也年长矣，乃能变旧体以进于古假。而其始学时，即知取道之原而终也，天假之年其所至可量也哉。”年长矣提不起笔，假而一转而终也，又一转转得生硬。考望溪年谱附录文目编年，《书祭裴太常文后》一首，尚在三十以前，《书柳文后》一首，则非少年之作（年三十至五十）矣，如此等文，概不存录可也。

望溪《记石斋黄公逸事》有曰：“及明亡，公挚于金陵，在狱日诵《尚书》《周易》数月，貌加丰正命之前夕，有老仆持针线向公而泣，曰：‘是我侍主之终事也。’公曰：‘吾正而毙，是为考终，汝何哀。’故人持酒肉与诀，饮啖如平时，酣寝达旦，起盥漱更衣，谓仆某曰：‘曩某以卷索书，吾既许之，言不可旷也。’和墨伸纸作小楷，次行书，书幅甚长，乃以大字，竟之加印章，始出就刑。其卷藏金陵某家”云云。虔录之以领会君子慥慥自得之象焉。记中有“顾氏妓侍寝不乱”事，事既不经，亦不足为公重，妓顾氏国色也，句法殊类裨官家言，乏庄重气象。

1933年10月29日

阅王箓友所著《蛾术篇》各种（箓友著书年次前后考，记在六月三十日日记），《毛诗双声叠韵说》一卷甚辩。

孟子答陈臻之问曰：“行者必以赆”，辞曰‘馈赆’，予何为不受。”王充《论衡》引《孟子》作“行者必以賮。”辞曰：“归賮。”箓友《四书说略》谓：“《论语》：‘归孔子豚。’”《释文》：“归，如字。郑本作馈。鲁读为归。”

“孟子去齐宿于晝。”《四书·释地》以晝为畫之讹。又有读“宰予晝寝”为“畫寝”者（未记何书）。

行夏之时，谓以寅为人正[①]，秦以后多用之。周则以子为人正，即以十一月为正月。先子口授《春秋左传》常指示此事，凡经传年月皆当减去二月，如云七月即今之五月也。箓友谓人生于寅，鸡鸣而起，古人定规鸡初鸣咸盥。敉十二支古人自寅至丑，后汉则自子至亥。莫以后世之胸读古人书云云。但未审所本。

《史记》用已字，《汉书》用目字，皆隶书以字。卢子谅赠刘琨一首并书曰：“委身之日夷险已之。”《易》曰：“文王已之。”已即以字也，未见用以字作已字解之左证。

準字俗作准，桂未谷曰：“宋顺帝名準，沈约《宋书》省作准。”又有谓准字之改，由于寇莱公为相。然颜元孙《干禄字书》“准通準”，正自唐已然。箓友《蛾术篇》云：“今存汉碑只《桐柏庙碑》一见准字，而準则不见于汉碑，将据之以为準字之俗邪。《史记》有《平準书》‘天下至者唯水’，故準字从水，隼声，盖省十则成淮，故又省一点，不复成为形声字。予掌官书日，书準字多至数百遍，未尝写一准字。”

归遗细君，亦犹夫人自称曰“小童之意”，细君系朔之称，其妻粤来已旧，箓友必谓东方朔之妻其名曰“细君”，引《越绝书》王孙雄之妻名曰“大君”以证，未敢强同，语云：“君前臣名，父前子名。”未闻君前妻名之说，内言不出于阃，女子名于传，有之者言徵不言在，言在不言徵，为孔子母名徵在之证，孟子之母仉氏以姓行而已，不知其姓，则卜之如箓友者，可谓不知其名则封之也。

《伽蓝记》云："李元谦能双声语，常经冠军将军郭文远宅，见其华美，乃曰：'是谁第宅?'遇值婢春风出曰：'郭冠军家。'元谦曰：'此婢双声。'春风曰：'儜奴慢骂。'元谦服婢之能。"今人以"几架机器"嘲闽广人之关关，以"周程朱张"嘲江右人之沓沓，以"四十四个石狮子"嘲南人之齿音不清，可为发俊。相传"屋角鹿独宿，溪西鸡齐啼"一对，为一屋八齐限韵，此即叠韵之极，则阮元可对伊尹，杜甫可对王筠，陈东（陈字读定纽）亦双声叠韵绝好之例，"间关莺语花底滑，幽咽流泉水下滩。嘈嘈切切错杂弹，大珠小珠落玉盘"，读之如闻琵琶之声，管急弦繁之状如见，要之即得双声叠韵之三昧者。

月色凄清，一尘不动，夜登乱山，悄然有思归。点《寿恺堂集》，淬伯以为母太夫人寿者也。《寿恺堂集》三十卷，计"诗编"十五卷，"文编"十卷，"文外编骈文"二卷，"简札"二卷，"禀启条陈"一卷。海门周家禄著（道光二十六年生，宣统元年卒），家禄字彦升，一字蕙修，晚号奥簃老人。海门厅优贡生，时与张謇、范当世、束畏皇等号江东才俊。謇晚以第一人及第，莫猎名自喜。当世（号伯子，亡友陈师曾妻父）与家禄俱以诸生终，述作斐然，足传于后。《南通县新志・耆老传》（似出顾锡爵手笔，实范铠作），称"家禄为人渊懿，往往畴人广座中，意有所不然，辄倚坐不语，然性善，酒醉后清辩滔滔，闲杂豪宕，偏激之辞于世无忤也。"顾锡爵所为《海门周府君墓志铭》，称"君天性简默，自为儿时，不好嬉戏，诣戚友必挟书自随，文有师法，其无韵之文，隽永如魏晋人，有韵之文，上通于骚人之情深。"张謇序君集亦称"其所倾向不规规，摹拟古人，而择于《尔雅》，文或屈郁纵宕而尽其旨，或妍丽博赡而振其华，至其为诗，若春条扬花，谷泉送响，风日会美而林壑俱深。"其殆有会于丝竹之音者多也，际遇窃以家禄无籍籍名齿于公卿士夫间，然百年之后必有知定之者，必有爱慕君文推为正始之音者，虽骨归于藏而名播于世矣。所著述达十有三种，都百有二卷云，今刺读其文集，可资记诵者如干则：

释"二嫂使治朕栖"。二婶使治为句，朕栖为句。使治者，治干戈琴弡也；栖，栖止也。通而不凿。

原养寿徐征君曰："征君徐先生读书教授，足不出里闬，名不越州巷，鸣钟在旁而味道自腴，冠盖过门而执业不辍，不游乎都市，则声色狗马之玩，好不交于视听，不与人同进取共赀财，则牙距夺攘之意气，不萦于寤寐，资于物者，寡则充然有以足其欲应乎事者，简则泰然有以适其体，庄子所谓养生者与，孟子所谓养气者与，深得达生之旨，其超旴处不在杨王孙死论之下。"

《赠步翔藻序》曰："且吾闻骈俪之源流矣，二汉之文，徵譬多而理愈显；魏晋之文，构篇促而势恒舒。设喻以豁理，理与喻并尽。齐梁之文，其失也繁积，辞以培气，气与辞俱壅；初唐之文，其失也滞，故学齐梁不成不失为四杰；而中晚之密丽，于是乎滥觞，学初唐不成一变为樊南，而赵宋之圆美变本而加厉。此亦利病之大较矣。"

《孝子范公诔》诔辞丽以则。《潘学正寿序》典而葩。《楹联》一卷，镕陶经史，自铸瑰词，屏绝陈言，庶几大雅。梁茝林之所集录（《楹联丛话》），无可比肩；俞曲园自负妙才，望而却步耳。奇文饫口，霁月照床，释卷未能，残钟已尽。

【注释】

①人正：即人元。夏历的岁首。

1933年10月31日

报载简竹居先生九月二十九日殁，年八十三。先生名朝亮，字季纪，号竹居。世居广东顺德简岸乡，其祖迁南海佛山镇，尝受学南海朱九江先生（次琦，嘉庆十一年至光绪七年），其弟子黄节晦闻称先生立身无愧，程朱理学，不分汉宋。所著述有《尚书集注述疏》三十五卷，《论语集注补正述疏》十卷，《孝经集注述疏》一卷，《礼记子思子言郑注补正》四卷，《明诗》四卷等书。最近有《续资治通鉴论》，仅致《南宋诗文集》，有《读书堂文集》十三卷，此为门人去岁请于简先生而刊者云。

报见《潮州文概》，潮安翁辉东编，都四卷，八十家一百二十八首。卷一由唐之赵德起历许申、王大宝、刘允等至陈壁娘，又元之杨宗瑞、戴希文至郭真顺共十九家。卷二自明之苏福至薛雍十六家。卷三明薛虞畿至陆卿十八家。卷四清陈衍虞、丁日昌至曾习经二十七家。书未见，究不知其以何文入录。

夜厨人以白鱓进（俗作鳝），东人谓鱓曰鳗，《说文》："鲡，鱼也。"鳗鱼吴下方言曰："鳗鲡。"

悉伯阅《明文授读》，于"南雷[①]选文学说"多所论列，中有云："宋文最高者欧、曾、王三家，然已不能及唐之韩氏，欧、王毗于柳子厚，曾毗于李习之，苏氏老泉最胜，东坡之然仅毗于杜樊川，而笔力且不逮焉，子由则又次矣。"则因品骘明文而涉及八家也。

晦翁[②]《书牍论学》诸篇，悉伯谓"其不过诋苏学，攻陆氏，《太极》《西铭》，纠缠了方言俗语，这的怎么之辞，黄茅白苇，一望而尽，固不得以文字论者。"然朱子之文，明净晓畅，文从字顺，有从容自适之致，无道学家迂腐拖沓习气，是其佳者耳。

【注释】

①南雷：指黄宗羲。

②晦翁：指朱熹。

1933年11月2日

以四金二角购《详注经史百家杂抄》二函，发叙记之属，通鉴诸篇诵之。

《曹爽之难篇》，范哭曰（桓范）："曹子丹佳人，生汝兄弟，豚犊耳。""佳人"字样，用法与"卿本佳人，奈何从贼"相同，并不指女子。"豚"句与"生子当如孙仲谋，若刘景升辈豚犬耳"命意同。

1933年11月3日

《越缦堂日记》，计《孟学斋日记》七册，《受礼庐日记》三册，《祥琴室日记》《息茶庵日记》一册，《桃花圣解盦日记》十册，《桃花圣解盦日记》第二集十册，《荀学斋日记》二十册，凡五十一册。蔡元培云："《孟学斋》以前尚待编录十三册，《荀学斋》以后稿诸樊山书箧八册。”息壤具在，汗青何期，闻人言近又印行数册，谅为中岁以前所记，尚未寓目，晚岁八册恐为樊山不肖之子付之博徒矣，仰止高山，心响往之。平步青景荪与悉伯为至友，而悉伯之于景荪犹时致微词，且谓景荪于古文之道实疏（在《评李问陶续国朝文编》条下），今观景荪所为《李慈铭传》，义法井然，亦微言之士也。传中称：“君于经学，有《十三经》《古今文义汇正说》《文举要音字古今要略》《越缦经说》；于史，有《后汉书集解》《北史补传》《历史论赞补正》《历代史剩闰史》《唐代宦制杂抄》《宋代宦制杂抄》《元代重儒考》《明谥法考》《南渡事略》《国经儒经籍考》《军兴以来忠节小传》《绍兴府志》《会稽新志》；又有《越缦读书录》《越缦笔记》《柯山漫录》《孟学斋古文》内外篇、《湖塘林馆骈体文抄》《白华绛跗阁诗初集》《杏花香雪斋诗二集》《霞以花隐词》《桃花圣解盦乐府》凡数十卷。可谓硕学鸿儒，蔚为著述者也。”其已刻者唯《骈体文抄》《诗初集》十卷，余则未之见矣。礼堂之写定，未闻通邑之传人，难必君之殇也（甲午十一月，二十四年六十有六）。去今四十年，国执陵夷，国学霾晦，益不可向，亦唯付之。百年世事有兴废，半夜钟声无是非而已。

《万年山中日记》 第十三册

（1933 年 11 月 4—26 日）

1933 年 11 月 4 日

王益吾《类纂骈文·自序》云："推宾谷《正宗》之旨，更溯其原；取姬传《类纂》之名，稍广其例。首列论说分类三，一曰文论，一曰史论，一曰杂论。谓彦和、子元冠绝伦辈，世所称为二刘者也。"又谓："彦和书宜全读，子元颇有芟取。"其于彦和可云推崇备至，故《文心雕龙》五十篇分隶文论、史论二类全行甄录。子元《史通》则录列传、书志、论赞、断限、编次、采撰、载文、补注、言语、浮词、叙事、书事、覈才、烦省、杂述、辨职诸篇，盖三之一而已。益吾以文词为区域，例固应尔，末卷《忤时》一篇，即子元《史通》全书之自序，与彦和"文心"之序志同科，然其实只是与萧至忠等一通简扎也。益吾于书启类芟去前后，仅录《上萧至忠论史书》，尤见剪裁适当。

"口无可谀之墓，腹无堪煮之书，客岂思鱼，郎难索米，敢谓先生，之馔未厌，侏儒不容，相公之门，先有饿隶。"悉伯向人借束修书中句也。吾道徒为餔啜此间，本承权舆，苜蓿栏干，可为举箸凄然尔。（权舆：草木之始。《大戴礼诰记篇》："孟春，百草权舆。"）

龚定盦（璱人）承其外王父段氏声音文字之学。悉伯称其"文章环诡，本孙樵、杜牧，参之《史》《汉》《庄》《列》《楞华》之言，近代霸才也。"

阮文达《儒林传》拟稿四十四人，附传五十余人。悉伯多所臧否，在《越缦日记中》（一册三十一页至三十五页）。此一代学术之林，为得为失所关匪少也。

1933 年 11 月 5 日

点勘《史记·五帝本纪》。

"尧辟位凡二十八年而崩。百姓悲哀，如丧父母。三年，四方莫举乐，以思尧。"当是服丧三年之最古史实。"子生三年，然后免于父母之怀。"当是服丧三年之最切理论，故曰："夫三年之丧，天下之通丧也。"

释由篇，谓《说文》无由字。自是敓误。由，盖甲字之倒文，同例子为𠫓之倒。甲，孚甲也，字象艸木枝条出地之形。由，当作𠀉，上丨象出地之枝条，下甲象根宅之字皮，艸木枝条皆以自出放。由，引申训浞训自。艮庭先生欲尽改《说文》从由声之字

为从粤省声。段丈樾堂谓："若然，则粤从由声又何说者?"颇见精义。（说并抄存悫伯日记二册二十三页）

1933 年 11 月 6 日

李越缦手稿刊行，晨课后入书库查出十月十二日《大公报·图书副刊》，谓李慈铭遗书自归北平图书馆整理，迻录成《读史札记》三十卷，《读书记》四卷，《文集》十二卷，俱已印行，其他札记若干卷待刊。按越缦著述，生前刊行者不多，今岁北平图书馆复以顾颉刚之介，购入越缦手稿，计《丧服传经节要》一册，《越缦经说·上》一册，《复社绍兴姓氏录》一册，《柯山漫录》一册，《困学楼丛抄》一册，《越缦山房丛稿》一册，《知服堂读书学略》二册，《越缦笔记》一册，《萝庵日抄》一册，《越缦堂日记》一册，《越缦堂集》二册，《湖塘林馆骈体文抄初集》一册，《越缦堂外集》一册，《庚寅病榻小草》一册，《越缦笺牍》一册，共十种十八册，其已有刊本者只三种。又《越缦堂日记》共七十三册，民九印刊者只《孟学篇》至《荀学篇》五十一册，《荀学篇》以后八册归樊樊山，樊山归道山书亦不可究诘，《孟学篇》以前手稿实存十三册半，又传录半册致印而未果，今岁由蔡孑民[1]将此十四册送北平图书馆收藏，北平图书馆遂与商务印书馆商定将手稿十三册半景印行世，传余者则用活字排印以竟全功，已于九月初订定合同，按此十四册半成咸丰四年三月十四日，迄同治二年三月三十日，正与《孟学篇日记》衔接，按咸丰四年先生年二十六，九年二月二十七日辞家入考，首六册半为在家日记，后七册半为居京师时日记，入考以后撮抄邸抄较详，先生幼年情况，岁同方代，朝事国故，洪杨[2]捻匪之消灭，英法联军入京后，当时坊巷之联卫，商人为质而请和，正史所不记，野史所未有，均可于此书一一征之云。

【注释】

①蔡孑民：指蔡元培。

②洪杨：太平天国天王洪秀全和东王杨秀清。

1933 年 11 月 7 日

《北江年谱》为吕培等编次，首曰："先生姓洪氏讳亮吉，字君直，一字稚存，号北江，晚号更生。"按北江少时原名礼吉，集中拟《两晋南北史乐序》二卷，仍署礼吉，当为北江少作。复按年谱中北江二十四岁条下云："先生少孤，未及命名，初名莲，字华峰，乾隆壬辰改名礼吉，辛丑年就试，礼部以嫌名当有所避，复改今名。"

1933 年 11 月 8 日

国初称梅文鼎《历算全书》，顾祖禹《读史方舆纪要》，李清《南北史合钞》曰三大奇书。（顾祖禹字景范，无锡人。李清字心水，号映碧，兴化人。见夏敬观清《世说新语》。)

重廉不捲，《竹部》簾，堂廉也。堂廉字不当从竹。《释名》：“簾，廉也，自障蔽为廉，耻也。”《玉篇》：“簾，编竹帷。”《广韵》：“簾廉箔义并同。”疑《说文》有误字。(北江说)

手《青鹤》杂志，以解无俚。《人部》“俚，聊也。”《苍颉篇》：“国之下邑曰俚。”是俚亦都鄙之号。《汉书》：“质而不俚。”如淳注曰：“虽质，犹不及闾野之鄙言也。”俚聊同声，故又通作聊赖之聊。其实下邑为俚，乃是本训。俚鄙古通，此悉伯所以谓“北江足为叔重功臣也。”其实《青鹤》亦下里巴人之无俚也。

1933 年 11 月 9 日

读书之法：一目十行贵乎？十目一行贵乎？一目十行炫耀夸言，十目一行校雠精业。儒者博而寡要劳而少功。吾深惧之。

《后东塾读书杂志》(无锡钱基博稿)。《庾子山集》十六卷，条下云（倪潘，字鲁玉，钱塘人，康熙乙酉举人)：“若其骈偶之文，则集六朝之大成，而导四杰之先路。”“随事著色，善于敷扬，流连篇章，感慨兴废，景自衰飒，语必清华。发愀怆之词，擅雕虫之功。组织出以流美，健笔寓于绮错。”“情兼雅怨，体被文质，粲溢今古，庶几不群。”“而赋与碑志，最多胜篇，赋如《小园赋》《哀江南赋》《枯树赋》，碑志如《齐王宪神道碑》《莫陈道生墓志铭》《吴明澈墓志》《柳遐墓志》《萧公墓铭》诸篇。”皆杜少陵所论：“凌云健笔，有纵横意者。”《拟连珠》三十六首，感慨兴废，同于《哀江南赋》，唯哀江南出以永叹愤盈，拟连珠抒以促节欷歔，一为长歌当哭，一为吞声幽咽，读之真觉麦秀之歌，犹有遗响，松柏之咏，尚未畅情，啮其泣矣。把卷欲绝，是可为子山知已矣。

1933 年 11 月 11 日

长沙陈锐《抱碧斋杂记》有云：“近今名士如俞荫甫，在翰林中其文学尚远不及朱锡鬯，乃其门人徐琪为埋《春在堂集》文于西湖山上，题曰：‘斯文在兹。’抑何可笑。”又“李户部（慈铭）亦一学者，乃观其《越缦堂骈文》，匪独不文，亦且无章”云云。徐琪（花农）之言固不足为典要，然《春在堂集》并非全属诗篇，陈锐之文则诚远不及俞樾矣。越缦之评，更不足辨。

近有石一参《六书浅说》，谓：“汉代有一个最不通文字，而强作解字的伪古文字，姓许名慎，他于六书除象形外，可算完全不通解。”世乃有此等信口开河者，则康有为之《伪经考》《改制考》为不足怪矣。(太炎师有《俞先生传》存《章氏丛书文录》第二卷。)

怡荪言丁福保《说文解字诂林》并正续二册，八十余金可得之，即托转购，今日见有《补遗自叙》，谓仍按诂林旧例依类编次，凡百七十卷云。(序文见《青鹤》一卷四

期二十一年一月）

夜读《吴书·韦曜传》，蔡邕、韦曜、范晔皆以良史之才不保首领以殁，自古才人必择主而事，身未蹋通显，动婴世主之网，俯仰之下，为之浩痛者久之。

1933 年 11 月 13 日

校读孙诒让所著书，孙诒让字仲容，浙江瑞安人。父衣言清大仆卿，性骨鲠，治永嘉之学。而诒让好文艺古文，年二十中式同治丁卯科乡试（先子亦以是年选博士弟子员），晚年清廷征主礼学馆，不起，年六十一，光绪三十四年五月病中风卒。余杭章炳麟为之传，存《章氏丛书》中，孙君之殇，章师适窜居江户，主《民报》笔政，孙君殇前一年之八月所与章师书，方辗转致达江户，今《籀庼遗文》中所载与某君书首曰："口口先生有道而不名者，盖是时文网方严也。"是年章师作《瑞安孙先生哀辞》（今集中题曰《瑞安孙先生伤辞》）谓："吴越间学者，有先师德清，俞君及定海黄以周元同与先生三，皆治朴学，承休宁戴氏之术，为白衣宗先生名最隐言，故训审慎过二师，著《周礼正遂》《墨子间诂》《古籀拾遗》《经迻》《札迻》《如目录》"云云。予之知孙君自此始，其乡李笠（雁晴）主中洲国学科，时时称道其乡先生说，笠为学复恪守家法，盖已隐然如有所谓归安学派者，询之果有籀庼学会也，今者承学之士莫不知瑞安矣。箧中所藏先生著书，丹黄蟫蛀，纷然杂陈，略条系之如下：

《札迻》十二卷，雠校古书，自《易乾凿度》至《文心雕龙》，七十七种，自《序》于光绪十九年，谓其："群经三史，说文之类，谊证繁博，别有著录，校书如扫落叶。"如此读书，不但受书之益，反使受读者之益矣。自云："年十六七，读江子屏[①]《汉学师承记》及阮文达所集《琴经解》，始窥国朝通儒治经史小学家法"云云，亦示初学者以门径也。此书取王怀祖[②]观察《读书杂志》及卢绍弓学士《群书拾补》义法以治古书，综汉唐以来校雠家之大成，光绪二十一年俞樾为之序，曰："校雠之法出于孔氏子贡，读晋史知'三豕为已亥'之误，即其一事也。汉儒以是正文字为治经之要，后人又以治经者治群书。予读西籍讹夺字句绝少，而比来国内承印之书几不敢寓目，民性之勤隋亦随世风为隆替哉。"

《籀膏遗文》二卷，民国十五年瑞安颖川书舍刻本，籀膏者籀文小屋也，凡各书所不载遗文六十余首，分寿、序、题、跋、碑、铭、祭文等，李笠序云："专箸裁篇，命名出自作者，后人整理校勘之外，无余事矣。则凡属遗文均不忍割弃，可知披览二卷之中，当以《征访温州遗书约》一首为最赡博，朱育对濮阳之问，汪中应广陵之对，谊无多让也。"

《籀膏述林》十卷，丙辰五年刊本，不序不目，襞积而成，然确为仲容皓首之作，可与《述学内篇》骖鸾先后矣。

兹叚其有关礼制学术篇目如左：

卷一 圣证论王郑论婚期异同考。

卷三 释由申玉篇义（谓由即用之异文，非古别有由字也）籀文车字说。

卷四 古籀拾遗叙，古籀余论后叙。

卷五 名原叙。

卷六 集韵考正跋。

卷七 毛公鼎释文。

卷九 温州经籍志序例。

卷十 与王子庄论假借书，与梁卓如论墨子书。

诸篇精熟训诂，通达假借，真经生之文，泽于尔雅者也。

入夜稍寒，小炉取温，卧阅《越缦堂日记》，交丑方睡。

【注释】

①江子屏：指江藩。

②王怀祖：指王念孙。

1933年11月15日

戊辰居庐，作《凤山三希堂小学书籍记》存《菜根集》中，计训诂类十五种，文字类十四种，书学类三十种，声韵类七种。己巳以来所得书分类眉加，计训诂类一种（陈玉澍《尔雅释利》），文字类十九种（顾实《中国文字学》一种，王箓友丛著四种，《许学丛书》三集十四种）而已，读书固不易，得书亦不易也，悉伯《越缦堂文集》中载《复王益吾祭酒》一书，对于《经解续编》之别择，颇有出入，其属小学一类如邵瑶圃《说文群经正字》，王汾原《说文五翼》，徐谢山《说文段注匡谬》（名承庆，长洲人，钱竹汀弟子，由举人官山西知县），王南陔《说文段注考》（名绍兰，萧山人，乾隆五十八年进士，官至福建巡抚，平生著述甚富，于说文尤精），钮匪石《说文考异》三十卷（此书为匪石一生精力所萃，匪石《说文段注订》及《新附考》两书，虽谨严而采取未博，此为胜之），毛清士《说文解字述谊》二卷、《新附述谊》二卷（名际盛，宝山人，毛申甫父），张皋文《说文谐声谱》，李子香[1]《说文正俗辨字》，沈西雝[2]《说文古本考》，王箓友《说文释例》（此书治说文者不可不读，之书实在其《说文句读》之上）。以上诸书皆宜随地访求，依类增入云云。今所藏者惟徐谢山《说文段注匡谬》附《段注》本，及张富孙《说文正俗辨字》二种（张生子岱所赠本），斯亦守缺抱残存什一于千百也。

经典所有而《说文》所无，当涂马寿龄《说文段注撰要》中辑为一卷（原卷四），凡二百九十文，诠释甚简，盖阙为多，书成于同治甲戌，筚路篮缕，导来者以先路矣。吴县雷浚为《说文外篇》十五卷，《补遗》一卷。于经字下列大学、中庸、论语、孟子、易、书、诗、春秋、礼记、周礼、仪礼、左传、公羊、谷梁，终以尔雅为卷十一。于俗字下列玉篇、广韵，益以补遗为卷五。凡得经字、俗字、说文所无者一千五百四十有四，又补遗字七十有四，阙一百六十有四，则所得者多于马君五倍矣，诠释必据史传所经见者，曲为比附而疏证之，其所成就如此卓卓，不惟为王拥彗已也。刊书无月日，德清俞氏一序署光绪元年，其时全书尚未脱稿，吴中经学者首推惠氏，惠氏传之江氏，雷深之犹亲江明经沅之门者也，俞氏谓《大学》《中庸》宜归《礼记》，诸经应以《易》为首，《论语》《孟子》宜列于后。自是正论，但卷次序列皆以不二字、不重出为序，写定之后易之匪易耳（浚自序其均府钩沈于光绪十三年，署七十有五）。又按经字虽不满七千，而《广韵》已及二万六千一百九十四字，今所列者仅有此数，《广韵》字六十有九，然则合《说文》九千余字计之，其未经论列者尚多耳。

【注释】

①李子香：指李富孙。

②沈西雝：指沈涛。

1933 年 11 月 16 日

授课后，涉观北平宏远堂送来各书首册，二三百种，可爱者甚希，有吉林奭良《野棠轩摭言》一小册，分言往、言真、言文、言粹、言魏、言包、言多、言微八卷，不著年月。而于论毛西河条下，有近人柯劭忞言“西河只是翻书”，知其未尝读《西河全集》一节，则今之时人也。又云：“西河无子，姚惜抱指为毁朱之报。”此可知其未读《毛集》也。其实此等事皆不足论，假有人指曰：“惡伯无子，为毁姚之报又将若何?”

古语曰：黡子，在頬则好，在顙则醜，言有宜也。鹤胫虽长，断之则悲，凫胫虽短，续之则忧，言不宜也。毋乃使人疑夫不以情居瘠者乎哉，孰有执亲之丧而沐浴佩玉者乎。(《檀弓》）句法之长者也。汝惟风下民，唯草华而睆，大夫之箦与。句法之短者也，而各有宜焉。

春秋之时，王道虽微，文风未殄，森罗辞翰，备括规摹，考诸左氏，摘其英华，别为八体，各系本文，一曰命，婉而当；二曰誓，谨而严；三曰盟，约而信；四曰祷，切而慤；五曰谏，和而直；六曰让，辨而正；七曰书，达而法；八曰对，美而敏。(《台州丛书文则》临海陈骙著。)

命，周灵王命齐侯。又如周襄王命重耳。

王使刘定公赐齐侯命，曰：“昔伯舅太公右我先王，股肱周室，师保万民，世祚太师，以表东海。王室之不坏，系伯舅是赖。今余命汝环，兹率舅氏之典，纂乃祖考，无忝乃旧。敬之哉，无废朕命。”

誓，晋简子誓伐郑。

曰：“范氏、中行氏，反易天明，斩艾百姓，欲擅晋国而灭其君。寡君恃郑而保焉。今郑为不道，弃君助臣，二三子顺天明，从君命，经德义，除垢耻，在此行也。克敌者，上大夫受县，下大夫受郡，士田十万，庶人工商遂，人臣隶圉免。志父无罪，君实图之。若其有罪，绞缢以戮，桐棺三寸，不设属辟，素车朴马，无入于兆，下卿之罚也。”

盟，亳城北之盟。

载书曰：“凡我同盟，毋蕴年，毋壅利，毋保奸，毋留慝，救灾患，恤祸乱，同好恶，奖王室。或间兹命，司慎司盟，名山名川，群神群祀，先王先公，七姓十二国之祖，明神殛之，俾失其民，队命亡氏，踣其国家。”

祷，卫蒯聩战祷于铁（荀偃祷河，其体亦法此）。

曰：“曾孙蒯聩，敢昭告皇祖文王、烈祖康叔、文祖襄公：‘郑胜乱从，晋午在难，不能治乱，使鞅讨之。蒯聩不敢自佚，备持矛焉。敢告，无绝筋，无折骨，无面伤，以集大事，无作三祖羞。大命不敢请，佩玉不敢爱。’”

谏，臧哀伯谏鲁威公纳郜鼎（谏文多矣，今取此为体）。

曰：“君人者，将昭德塞违，以临照百官，犹惧或失之。故昭令德，以示子孙。是以法庙茅屋，大路越席，大羹不致，粢食不凿，昭其俭也。衮冕黻珽，带裳幅舄，衡紞纮綖，昭其度也。藻率鞞鞛，鞶厉游缨，昭其数也。火龙黼黻，昭其文也。五色比象，昭其物也。锡鸾和铃，昭其声也。三辰旂旗，昭其明也。夫德，俭而有度，登降有数，文物以纪之，声明以发之，以临照百官，百官于是乎戒惧，而不敢易纪律。今灭德立违，而寘其赂器于太庙，以明示百官。百官象之，其又何诛焉。国家之败，由官邪也。官之失德，宠赂章也。郜鼎在庙，章孰甚焉。武王克商，迁九鼎于雒邑，义士犹或非之，而况将昭违乱之赂器于太庙，其若何之。”

让，周詹桓伯责晋率阴戎伐颍。

曰：“我自夏以后稷、魏、骀、芮、岐、毕，吾西土也。及武王克商，蒲姑商奄，吾东土也。巴濮、楚、邓，吾南土也。肃慎、燕、亳，吾北土也。吾何迩封之有？文武成康之建母弟，以蕃屏周，亦其废坠是为。岂如弁髦，而因以敝之！先王居梼杌于四裔，以御魑魅。故允姓之奸，居于瓜州。伯父惠公归自秦，而诱以来，使逼我诸姬，入我郊甸，则戎焉取之？戎有中国，谁之咎也？后稷封殖天下，今戎制之，不亦难乎？伯父图之。我在伯父，犹衣服之有冠冕，木水之有本原，民人之有谋主也。伯父若裂冠毁冕，拔本塞源，专弃谋主，虽戎狄，其何有余一人。”

书，晋叔向诒郑子产铸刑书（子产与范宣子书，其体可法）。

曰：“始吾有虞于子，今则已矣。昔先王议事以制，不为刑辟，惧民之有争心也。犹不可禁御，是故闲之以义，纠之以政，行之以礼，守之以信，奉之以仁，制为禄位，以劝其从，严断刑罚，以威其淫。惧其未也，故诲之以忠，耸之以行，教之以务，使之以和，临之以庄，涖之以强，断之以刚。犹求圣哲之士，明察之官，忠信之长，慈惠之师，民于是乎可任使也，而不生祸乱。民知有辟，则不忌于上，并有争心，以徵于书，而徼幸以成之，弗可为矣。夏有乱政而作《禹刑》，商有乱政而作《汤刑》，周有乱政而作《九刑》，三辟之典，皆叔世也。今吾子相郑国，作封洫，立谤政，制参辟，铸刑书，将以靖民，不亦难乎？《诗》曰：‘仪式刑文王之德，日靖四方。’又曰：‘仪刑文王，万邦作孚。’如是，何辟之有？民知争端矣，将弃礼而征于书。锥刀之末，将尽争之。乱狱滋丰，贿赂并行，终子之世，郑其败乎！肸闻之，国将亡，必多制，其此之诏乎！”

对，郑子产对晋人问陈罪（对文多矣，取此为体）。

对曰：“昔虞阏父为周陶正，以服事我先王。我先王赖其利器用也，与其神明之后也，庸以元女大姬，配胡公而封诸陈，以备三恪。则我周之自出，至于今是赖桓公之乱，蔡人欲立其出，我先君庄公奉五父而立之，蔡人杀之，我又与蔡人奉戴厉公，至于庄宣，皆我之自立，夏氏之乱，成公播荡，又我之自入，君所知也，今陈忘周之大德，蔑我大惠，弃我姻亲，介恃楚众，以冯陵我敝邑，不可亿逞，我是以有往年之告，未获成命，则有我东门之役，当陈隧者井烟木刊，敝邑大惧，不竞而耻大姬，天诱其衷，启敝邑心，陈知其罪，授手于我，用敢献功。”

录此，以见文律之严，易地则皆不然，韩子曰：“《春秋》谨严，《左氏》浮夸。”非定论也。

1933 年 11 月 21 日

夜阅孙梅《四六丛话·祭诔篇》，古人云：“死生亦大矣，俯仰而忽为陈迹，瞻顾而邈若山河。虽达人高致，怛化浑忘。烈士壮怀，凭生曷贵。而脱骖旧馆，至人出涕于一哀。化鹤归来，仙客含悲于千载。太上未免有情，凡民讵能自已。是以素车白马，言怆元伯之魂。斗酒只鸡，来赴桥公之约。作驴鸣而慷慨，断蝇翼以低徊。并各抒写性灵，感伤物故。丧则有挽，奠则有文。”其来旧矣，此吊古者所为一往而情深，式庐者所为三步而腹痛者也，牛羊践陇，痛可作于九原，台榭凝尘，怅余情于宿草。信夫。

1933 年 11 月 22 日

叔明付来《简竹居先生著刊书目》（广州文明路一四九号之二，岭南图书流通社），《尚书集注述疏》（三十五卷廿四册，十二元），《论语集注述疏》（十卷廿一册，十元），《孝经集注述疏》（一卷三册，一元六角），《礼记子思子言郑注补正》（四卷，三元），《毛诗说习传》（一卷一册，三角），《朱子大学章句粹疑》（一卷一册，二角），《朱九江先生集》十卷，《年谱》（一卷，四册，三元，此书已有），《朱九江先生讲学记》（一卷一册，二角），《读书堂集》（十三卷，附注三卷，八册，六元），《读书草堂明诗》（四卷，一册，八角），《纂修粤东简氏大同谱》十三卷（十二册，十元）《顺德简岸简氏家谱》五卷（二册三元）《景印朱九江先生礼山讲学象》（一角二分），此东南文献之遗也。是日无伏案，民亦劳止，汔可小憩。

1933 年 11 月 23 日

《景紫堂全书》，凡十七种，当涂夏炘著，炘字弢甫，又字心伯，道光五年举人，官婺源县教谕，书未获见。据《越缦堂日记》（二册二十八至三十六页）论云：“心伯自十九岁时，胡竹邨氏教以先读江氏《乡党图考》，为读注疏之地，综其梗概，自为近日经学名家，紫阳[①]之学，更推嫡嗣。自纪其道光戊子已官吴江教谕，汔今三十六年，犹秉婺铎，皋比皓首，穷经不倦，东南师儒，当为魁艾，不胜硕果之爱矣。”观所记《檀弓辨诬》，概诋为毁，圣门而作，自涉武断，惟“子上之母死”一节，所谓先君子丧生母者，自谓其所出之母也一说，已见它家著录，俟检日记考订之。见二十一年九月初五日。钱泳本《左传》“康公我之所自出”。出之为言生也。（见《履园丛话》）

【注释】

① 紫阳：指朱熹。

1933年11月26日

今日示儿辈以《越缦堂日记》第七册（十八页至二十三页），莼客所为其母《倪太恭人死丧记》及容甫为其父母《江都县学增广生员先考灵表》《先母邹孺人灵表》三文，皆属真性至情之作，《泷岗》一表不能专美于前，《先妣事略》（归有光）更无此清丽之气。盖永叔虽少而孤，其"表仟"已在两掌枢密之后，气象壮阔发为文章，自然冠冕。至震川廑能以叙述家人琐琐之事见长，已是地位使然。汪李二子，处境尤苦，均从乞命寄食生涯搏出一条生路，其克成兹绝学，断非得劳苦之母氏不为功，此种文字，值得教人多读。汪文称父曰"君"，文中凡十七见，累述先辈五代行谊，六十余言而毕，综一笔曰："自君以上数世，咸负异材，擅文艺而不显。"言简而赅，述汪生员行谊轻重得宜，容甫七岁而孤，后三十有八年乃摭遗事系之，遗著乱后散失，无可依据，以传以信，文云："尝使中握粟一溢，君以箸画，几算之即得其数（吾国度量衡均以粟为基本单位），用时宪法所逆推，凡十余年，与台官皆密合，君卒，吾母视其稿，讫于乾隆十四年四月，君实以是月卒，盖以数知之也。"一小段而好星历卜筮，皆究其微，一语为不虚着，汪君之死年月即不必赘书。又云："隶学宫二十年而卒，年四十二。"则以二十二岁补博士弟子员，复不待特笔，怀道之士，可传者亦止于此，虽孝子慈孙亦未如之何，然已非乞谀墓于贵人所能梦见矣。汪文述母世系，断自其外舅倪处士，而特明其谱系已亡之故，义法不疏。述其母授女徒为生，即见出诗书华胄，中云："再徙北城，所居止三席地，其左无壁，覆之以苫，日常使姊守舍，携中及妹傫然丐于亲，故率日不得一食，归则藉稿于地，每冬夜号寒，母子相拥，不自意全济，比见晨光，则欣然有生望焉。"一段饥寒至此，行道之人，犹或伤之。又结云："故吾母虽以中寿告终，不得谓其天年之止于是也。"攀帷慕哀，为之酸鼻。辞曰："呜乎，汪氏节母，此焉其墓，更百苦以保其后，后之人尚保其封树，信乎，食贫守志，于衰宗有再造之功也。"文亦可以形音义三法说明之，篇局，形也；立言，义也；情韵，声也。三者备以成文。母氏丧窆葬虞之属，累三千余言，彼以日记为体，无庸訾议，而文辞瑰丽，韵生于情，中插祭奠二文，亦振笔直书之作，情云至者，不假雕琢而自工，可爱之极。（比与书贾论贾，非四十五金不办，因录于此，以当大嚼。）

……

录竟，忆我父之殁，际遇所作《哀启》，承天津严修（范孙）先生挽联有："百世芬芳遗逸传；一篇沉痛告哀文"句。今者墓木已拱矣，抱恨终天。所为读汪李之遗文，而怆怀身世也。

又按容甫文之美处，如君遗书三簏，朱墨遍其上，所手书又一箧，年饥，家室流散并亡佚，遂无以知君所学。一群自二字三字四字五字六字至七字，参差为句，而八句之中，句末字仅清声平字，余皆仄字，且多浊声，读之但觉其宫商[①]协和，不知其为散文也。容父故于大清故吴县儒学教谕，《乔君墓碑序文》有曰：“中之妻于君为弥甥（《左传·哀二十三年》：以肥之得葡弥甥也。注：弥，远也。），昔操几杖，屡接音谈，委宛平生，情澜不竭，顾望崦嵫，凄然身世之托，曾不踰岁，再经君里，已在殡宫，永念久要，期亡暂负，而君之子士宗务求之达官，固不具状，仅据所知，叙而藏之。”如此种文，皆是言乎所不得不言，而非止乎所不得不止者，偶然欲书与情违，势迫之不同也。

【注释】

①宫商：古代音律中的宫音与商音，后人用其泛指音乐。

《万年山中日记》 第十四册

（1933年11月29日—12月21日）

1933年11月29日

夜重读王安邱《说文释例》第九卷，尤于列文次第、列文变例二篇深致契合。今日所阅书均凌杂无理，未得提挈之方。

1933年11月30日

授课后假《续诂林》数册读之，如饥得食，徘徊不忍去。昨日大公报有海门凌宴池《清墨说略》一篇，别存稿。

赵宧光凡夫《说文长笺》谓："中晚诗文始见'簿'字，前此无之。"亭林顾炎武《日知录》极斥其非，谓："《孟子》言：'孔子先簿正祭器。'"《史记·李广传》："急责广之幕府对簿。"《张汤传》："使使八簿辈责汤。"《孙宝传》："御史大夫张忠署宝主簿。"《后汉·舆服志》："每出太仆奉驾上卤簿。"《冯异传》："光武署异为主簿。"而刘公干诗已云："沉迷薄领书，回回自纷乱"矣。其可见于经传者如此。宧光又云"眊"字不见经。亭林举史书为证，然《孟子》："胸中不正，则眸子眊焉。"何独遗之。

嘉定钱大昭晦之（大昕弟，嘉庆初举孝廉方正）自序其《说文统释》（署乾隆五十五年），方亘二万余言（续四一页至五十五页），分俗书之失三十有四，曰：穿凿、转写、委卷、隶变、隐迷、造字、借用、随俗、避嫌、妄改、臆说、贪多、浅率、疑古、泥古、新附、新补、袭谬、颠倒、坏字、俗别、增益、减省、离析、合并、立意、语言、歧异、不学、音伪、方音、音释、声急、声缓（原注四字为句，应予改正）。分别疏明，可称渊博，世传其淹贯经史，著书满家不诬也。丁仲祜自叙其《说文诂林补遗·通检》，不过推衍其"隶变"一节，遂成汪洋大篇之作。钱书自序于乾隆庚戌五十五年，而钱大昕序段注则在二十年前之乾隆庚寅，真令人心仪乾隆文物之盛已。（据丁序，大昭此书已佚而不传）

《双研斋笔记·篆隶之变》一卷（续二一四至二二一），类列古别今混累千余文，亦与上记同类。又吴锦章《正讹》（续三二五至三二一二），则列今古字。不同之表，足资钩比。《偏旁溯原》（续三三二至三三六）亦论隶变。

1933年12月1日

《说文解字诂林》连史纸景印百衲本，无锡丁福保仲祜编纂，原集六十六册，《补遗》十六册，民国十七年出版，《补遗》则壬申十月出书，卷帙繁重，为最大凡，以资翻检。

《说文解字诂林·总目》

……

许学统系：

桂明经馥，因罗山人聘为《说文统系图》，图凡八人，许君之后继以江式、颜之推、李阳冰、徐铉、徐锴、张有吾、邱衍，此羹墙之思也。仲祜弟子周云青为《诂林》引用诸书，姓氏录大小徐二人，又明王育外，余皆清以后人物，见著录者二百五十人，斯亦才之至盛已。

丁子《自叙》，历数黄帝史臣苍颉至许君，承贾侍中《师说》为《说文》十四篇。次述晋吕忱撰《字林》，梁顾野王撰《玉篇》，北魏江式《古今文字》四十卷，未成。陆德明撰《经典释文》，孔颖达、贾公彦辈撰《五经正义》。李善《注文选》，莫不援据《说文》随诠义诂，可见六朝隋唐之间小学犹盛。

中唐而后小学浸衰，故退之有"凡作文字，宜略识字"之言。乾元间李阳冰刊定《说文》二十卷，字体故与许书违戾。追南唐徐锴撰《说文系传》，其《祛妄》一篇，斥阳冰"臆说"颇详。宋徐铉等奉诏校正《说文》，二徐行，李书遂微，稍复《说文》之旧。

宋王安石作《字说》，王昭禹《解周礼》，附会穿凿，流弊无穷。南宋郑樵以博洽傲睨一时，作《六书》略诋諆许氏。其后李焘又取《说文》而散乱之，编为《说文解字五音韵谱》十二卷。宋人藐视许书如此。赵宋一代，除徐氏而外，几无一人深通六书，王郑二氏开其端也。

元戴侗作《六书故》，尽变《说文》部次。元包希鲁撰《说文解字补义》，不仅变乱次序。杨恒撰《六书统》，妄事增改，又撰《六书统溯原》，皆录《说文》不载之字，推原作篆，不足为训。周伯琦撰《说文字原》，视同戏剧。明魏校撰《六书精蕴》，吴元满撰《六书正义》等。张自烈撰《正字通》，赵宧光撰《说文长笺》。小学至元明，诸人多改汉以来所传篆书，使就己见，几于人尽可以造字，始作俑者其李阳冰、王安石、郑樵乎？戴侗、包希鲁、周伯琦扬其波，至杨恒、魏校而横溢旁决，不可究诘。于是许氏之学旷然中绝垂千年焉。

清崇尚经术，昆山以遗民怀义，犹兼汉宋。三惠起于吴中，戴震倡于歙，王氏父子继起高邮，从此汉学别树一帜，许氏一书沉霾千载，复发光辉。若段、桂、王、朱其最杰者，四家之体大思精，迭相映蔚，足以雄视千古矣。其次若钮树玉之《说文校录》，姚文田、严可均之《说文校议》，顾广圻之《说文辨疑》，严章福之《说文校议议》，惠栋、王念孙、席世昌、许梿之《说文记》，沈涛之《说文古本考》，朱士端之《说文校定本》，莫友之《唐说文木部笺异》，许溎祥之《说文徐氏未详说》，汪宪之《系传考异》，王筠之《系传校录》，苗夔等之《系传校勘记》，戚学标之《说文补考》，田吴炤之《说文二徐笺异》等，稽核异同，启发隐滞，咸足以拾遗补阙，嘉惠来学。又有订补段注而专著一书者，又有钱坫等百数十家，虽在许书为附庸，亦足为后学之津梁矣。节仲祜《自序》观之，亦今古许学之传统也。自惭少从太炎先生受“说文学”，玄发将艾，途径未窥，当年中州约聘同人如李翘、孟楚、刘盼，遂皆有专篇以入著录、吾其终于拥彗前驱已乎。

1933 年 12 月 3 日

蔡邕，汉末硕学，而云：“色丝为绝”（徐锴《祛妄篇》：按《说文》绝，断丝也，从刀糸，卩声）。以王厚斋之博学，犹懵然于教孝之辨（俞樾《叙雷浚说文外篇》）。

1933 年 12 月 4 日

王�友类列指事字二百二十九（《文字蒙求》卷二）。吴锦章（兴山人）《类撰》三百余文（《六书类撰》见《诂林补遗》前篇一三五页）。许君界说云：“指事者，视而可识，察而见意，上丁是也。”义尽于此，后人解说各有不同，或事与形相淆，或事与意相混，纷纭聚讼久矣。先类签之以俟整理。

1933 年 12 月 6 日

《说文诂林》以民国十九年重印，增评语数则（吴稚晖、于右任、陈柱尊、汪衮甫、胡朴安），类大腹之言，寡由衷之论，助编者张目已耳，不足为重也。丁氏[①]又冠以“畴隐居士自述”，缕引前人著书，有详志祖德历叙身世例，夫既有例矣，何不用马、班自序传例（近人支伟成著《清代朴学大师列传》卷末有叙传），亦即为许书第十五篇叙目例殿其自序于全书之后，不较为得体乎？《自序》中“乌乎，先父之丧忽忽已逾大祥矣”一段系十余句，全抄袭李慈铭《祥琴室日记·自序》（《越缦堂日记》第十一册），依清例袭三句者即以雷同论斥革，丁氏亦不料世复有人举发也，要之编者廛居沪市，肯为此事，尚为斯人之徒，未可厚非耳。

【注释】

①丁氏：指丁福保。

1933 年 12 月 7 日

劦，同力也，从三力，胡颊切。段云：“此字本音戾。”可知《劦部》：協（同心之和也，从劦心）、勰（同思之和也，从劦思）、協（同众之和也，从劦十）诸文，皆以劦会意，而不以劦为声。其以为声者：《艸部》之荔，《玉部》之珕耳。有误以为三刀之刕者，然许书无刕字，《集韵》良脂切，姓也，未见从之字（月部脅下云：两膀也，从肉劦声。段氏曰："劦，本音戾"之说，未惬。）

1933 年 12 月 10 日

杝，落也，从木也声，《集韵》："邻知切，同离。"按"离"，篱也。段注："元应书谓杝、攡、篱三字同。"《齐民要术》引《仲长子》曰："椸落不完，垣墙不牢，扫除不净，笞之可也。"椸者杝之误。悉伯诣其外家倪氏马山记有句云（十二册八十六页）："社头市尾，追外氏之衣冠；捉蟀驱鸡，认儿时之杝落。"不觉喜溢所望，悲来自中，嵌用杝落，全遵许文。

1933 年 12 月 12 日

阅《左盦集》，仪征刘师培申叔著，北京修绠堂藏板，凡八卷。淮海之间多以经学世其家，刘氏其一也。《集》多精湛之作，末有《六儒颂》，有序谓"继容甫之志而作。"六儒者："昆山顾先生亭林，德清胡先生东樵，宣城梅先生定九，太原阎先生百诗，元和惠先生定宇，休宁戴先生东原也。"

1933 年 12 月 13 日

《左盦集·释数》一首，谓："先民志数均以指记，盖以左手撮右手之指，指止于五，故数亦止于五。《说文》弌，古文一，弍，古文二，弎，古文三，丣，古文四如此，乂，古文五如此，自五以上均有古文，自六以下均无古文，则古代以五为止数，故声、味、色彩均以五计，古代金文六七八九，或以丅 ㅠ Ⅲ Ⅲ代之，如莽布是元人算艸犹沿其法，即一二三四（惟四为籀文倒形）之纵形，仍古代数止于五之遗则也。《说文》爻字下云：'交也。象《易》六爻头交也。'予谓爻从两乂，即古五字，乃易系辞五位相得，各有合之义也，故爻义训交，与五训阴阳交午义合，疑爻字之象取于两乂相乘，盖两数相乘即生交互，旁通之法，此周所粤有爻词之名也"云云。其说颇有故，久有考定数词之志，姑录之以备参伍。

归安徐斐然《国朝二十四家文钞》（三百五十一首，嘉庆元年），未见。据悉伯记（十二册六十六穴）云："其中如毛际可、徐廷驹、茅星来皆滥以充数，且采及陆陇其、袁枚。而如黄梨洲、徐巨源、顾黄公、王山史、李寒支、彭躬庵、傅湘帆、毛西河、张京江、陶子师、储画山、杭堇埔、陈和叔、刘海峰、邵思復、方朴山、全谢山、姚惜抱、钱竹汀、彭二林诸家，皆乾隆以前文集停行，世所共知者，俱不录一字"云云。可以知矣。

1933年12月15日

偶见人刻一图章，曰“口口生活”，活字篆作𣲺。因即此为例，语儿辈曰：“凡字之偏旁，非从之得声，即从之得意，如活、栝、刮、聒、话、括、适等字，其以舌为声也，明甚。然若视之为舌，则去所生之声甚远，于是必须翻字书则知。”舌，《说文》作𠯑，塞口也，从口氏省声（氏即氏部氒字，氏部所隶仅此一字，《说文》氒，木，本也，从氏丁，本大于末也，读若厥），故上所举七文皆应作𠯑，隶变乃为舌耳。与之类似者有铦、餂、恬等字，则真从舌矣。实亦不尽然，恬即㤁字，《说文》㤁，安也，从心西声（西下曰：舌貌，从谷省，象形，他念切），而非舌声。惟金部銛下曰：“臿属，从金，舌声。”餂字，许书不载（《孟子》：“是以言餂之也。”）。雷浚引《赵注》：“餂，取也。”《音义》云：“本亦作铦。”案《方言》：“铦，取也。”郭璞曰：“谓挑取物。”义与《赵注》合，遂谓餂必铦之讹，朱子望文生义耳，说亦甚辩。

再举一例，如讀、櫝、匵、牘、儥（见也，动也，《广韵》音育）、黷（垢也）、讟（谤讟）、殰（殰胎）、鰿（《广韵》卵败）、遺（遺也）、瓄（圭名）、瀆、皾（滑也）、隫（《说文》曰通沟以防水）、韇（箭箙）、嬻（媟慢）、犢、覿、竇十九文，皆从賣得声，能讀为買賣之賣乎？《广韵》竇下曰：“賣也。”《说文》：“衒也。”或作儥，读若育。

谈金石者动曰汉印如此，汉隶如此，实则永元[1]以前斯邈从隶，夺朱乱真之风披靡已极，许君《说文解字》之作亦不得已也。

【注释】

①永元：东汉汉和帝刘肇的第一个年号。

1933年12月16日

久不作篆书，手生荆棘矣，今于攻治之余，以许书各字篆于段注本之眉，既可温书，又便检举。

日部文七十，重六，不违同条牵属共理相贯之，例：日，实也，太阳之精不亏，与月阙也，大阴之精，对举成文，四时阴阳之主为日，故次以旻以時，一日之内，自朝至暝，且朝则夜明，与日之本用最近，故次以早、以昒、以昧、以睹、以晢，以昭、以晤、以的、以晄、以以曠、以旭，皆以明之义类从也。明则日出而万物进，故次以晉，日真出矣，次以暘，真见日矣，次以啓（雨而昼，晴也，从日启省声）、以晹（日而复，云暂见也），日出斯温，次以昫、以晛、以晏（天清也）、以曣（星，无云也）、以景、以晧、以暤、以暀、以暉，皆以光之义相从也。日旰君劳，故次以旰，日行暆暆，故次以暆（《孟子》：“施施自外来。”皆难进之意也），晷移而昃，故次以晷以昃，是以光尽矣，故次以晚、以昏、以曫（日且昏时也）、以晻、以暗、以晦、而无光等文，皆次之如䁿（埃䁿，日无光也），如曀。又因日而义不美者：如旱，或望之不明者：如昃，望之远者：如星座，如从日之昴（白虎宿星），从日引申以纪时者，次以如曏、如曩、如昨、如暇、如暫。亦从日引伸，而义较远者如昪（喜乐貌）、如昌（美言也，一曰日光也。箓友云：昌在日部而不在部末，可疑似当入曰部。《说文释例》卷九）、如暀、如昄、如昱，此义之美者也，如暴、如暍、如暑、如暵，此义之不美者也，由日之实义以推其用，如㬎，为日中视丝，㬎以曬之暴也，晞也，以乾之其义，则次以乾肉之昔。又虽相近而义反不美者，如暱、如昵、如暬（日狎习相嫚也）、如否（不见也），至昏、晻、普，去日愈远且普下日无色也，是日失其常也，故以反对之义终焉。（此条断续四次，方知夜课之有味。）

1933年12月18日

杂阅《昭代丛书》，遣日而已，褥而无所获。《吴鳏放言》一卷，嘉定吴庄（茂含）著，其说“文”甚于卖卜者之拆字，说“贱”云：“两戈争一贝，贱孰甚焉。”说“困”云：“一口养十人，‘困’难免矣。”曰“亡心”曰忙，盖谓“人之忙者，必将丧失吾心也，悟从吾心，岂以人之大悟不出吾心乎哉”云云。谬附于苍颉创字取义为多之论，卷四有曰：“余近日文思益灵，其来也如潮，顷刻即忘，又如浪之平矣，安得一能书青衣，日久侍左右，一有佳句口授书之，使余墨浪，长存于天地间乎。”天下谬悠之论，有至于如此者，明季不学之风，至清初而未革也。

1933年12月20日

《思旧录》一卷，黄梨洲先生杂识于明文授读之内，而摘录成帙者也，先生以一身肩父仇国难之痛，负绝学斯文之重，其所交游，多一时民族兴亡文献隆替极有关系之人，观此一录不满百人，而死难者及其半焉，明士大夫气节之盛，循览兹篇，岂徒整襟致肃而已。卷首记刘念台先生（讳宗周，字起东），谓其学体认辛苦，无所不历。仅此一语，抵得一部学案。于王毓蓍（元趾）条下曰：“为人亢爽，好声色，在先师弟子中颇为逸群，及改革之际，上书请先生自裁，无为王炎午所吊。元趾亦自沉于柳桥之下。先师曰：‘吾数十年来只得此一门人。’”（王炎午，宋庐陵人，临安陷，谒文天祥作生祭文以励其死。初名应梅，后更名炎午，有集曰《吾汶录》，示不仕异代之意）则念台先生教人之旨别有在矣。文章之士阔远于学，乌足以知先生哉，末谓：“乙酉六月（甲申之翌年也），先生勺水不进者已二十日，道上行人断绝，余徒步二百余里至先生所，而先生以降城避至村中场塒，余遂翻峣门山支径入场塒，先生卧匡床，手挥羽扇，余不敢哭，泪痕承睫，自序其来，先生不应，但颔之而已，时大兵将渡，人心惶惑，余亦不能久待，复徒步而返，至今思之痛绝也，窃以念台先生之所亲炙之者，有黄宗羲；远承之者，有万斯同、全谢山等。星星之火，二百余年后乃放光明，而皋陶庭坚不祀，忽诸世运苟如此，吾未知所税驾也。”

录中记钱谦益（原刻空二格不录名）事，又换一种笔势，首曰：“□□人主文章之坛坫者五十年几，与弇州相上下”。下又曰：“阔大过于震川，而不能入情，一也。用六经之语，而不能穷经，二也。喜谈鬼神方外，而非事实，三也。所用词华，往往重出，不能谢华启秀，四也。往往以朝廷之安危、名士之陨亡，以为由己之出处，五也。”数其病状，炬火然犀，谦益疾革，于枕上叩首，托以殁后之文，寻呼孙贻，与闻斯言，其后孙贻别求于龚孝升，梨州记云：“使余得免于是非，幸也。”今即兹录观之，而所记过毕矣，吁可畏哉。

汪师韩《谈书录》云亲家公之称，见《隋书·李穆弟浑传》：“宇文述召李敏妻，宇文氏口自传授，令敏妻写表，奉李家反状，炀帝览之泣曰：‘吾宗社几倾，赖亲家公而获全耳。’”

《日知录》评赵宧光《说文长笺》眊字事，余已有评语（十一月三十日日记），今日见沈谦《学海蠡测》(《昭代丛书巳集》)云：“《班史·息夫躬传》云：‘瞶眊不知所为。谓为齐则失矣，楚亦未为得也。’”亦属过当。

1933 年 12 月 21 日

连日阅卢存心《文庙从祀弟子赞》一卷，如商子（瞿）赞云：“韦编绝学，商子是传，洁净精微，何研独专，好学有志，深思则然，梁邱京孟，一脉渊源。”（商瞿字子木，孔子弟子，受易于孔子。汪容甫自序有云：“商瞿生子，一经可遗”。）凡八十首。

黄宗羲《破邪论》一卷，南雷先生老来笔也。卢存心《蜡谈》一卷，清言翩翩，颇见才气。汪师韩《谈书录》一卷，多以旧闻考校新语。黄宗羲《匡庐游录》一卷，纪百日之游，博洽无伦。陈维崧《妇人集》一卷，诧其名之不驯。杨复吉“跋”谓焦氏《经籍志》载妇人诗集二卷，则非其年作古矣。黄宗羲《金石要例》一卷，专辨金石立言文例，为临文者所不可不知。桂馥《续三十五举》《再续三十五举》，则赓吾邱衍《三十五举》之作，前在中州已见。段玉裁《论学制备忘记》一卷，诘顾千里所论国学、乡学之制也。沈彤《释骨》一卷，《四库存目》列于医家，实有裨小学。魏象枢《庸言》一卷，汤斌《志学会约》一卷，王锬《宗谱纂要》一卷，均不失理学宗传。张尔岐《蒿庵闲话》一卷，精于礼制者。汪惟宪《寒灯絮语》一卷，有类家训。袁枚《牍外余言》一卷，人之易其言也。万光泰《说文凝锦录》一卷，视同经传辑成偶句，于创体于小学为支流，殊可喜也。刺其数条以当一脔。

云半有半无，泉一见一否。

曡日，周年。(昨曡日也，应作紫日。晬，周年也)

死火，郁烟。(灰死火余尽也。煴，郁烟也)

月初生，水半见。(霸月始生霸然也。酉绎酒生从酉，水半见于上)

星见雨除，风吹浪动。(姓，雨而夜除，星见也。飐，风吹浪动也)

回水，通街。(渊，回水也。衕，通街也)

妇持帚，男力田。

羊子，牛父。(羔，羊子也。特，朴、特，牛父也)

孝鸟，贪兽。（乌，孝鸟也。夒，猱本字，贪兽也）
六月羔羍，五月羔羜；四岁牛牭，三岁牛犙。（苏合切）
桂百药之长；虎山兽之君。（桂，江南木，百药之长）
市外门，宫中道。（阛，市外门。壸，宫中道）
檄三尺书，专六寸簿。
笑不坏颜，辛能蹙鼻。（笑不坏，颜曰弞）
动作切切，言语谵谵。（屑，动作切切也。谵汝阎切，谵多语也）
意内言外，品少文多。（词，意内而言外也。词，品物少，多文词也）
视近志远，买贱卖贵。（眈，视近而志远。贩，买贱卖贵者）

《万年山中日记》第十八册

（1934年4月28日—5月14日）

1934年4月28日

晨治群论。隅中入馆，稽考丛书著录，尝数丛书之权舆矣。四术（《礼》：乐正崇四术，立四教，谓诗书礼乐也）、三经（风雅颂）、六体（即六书，《周礼》五曰："六书疏：'书有六体，形声实多。'"）、《十翼》乃至《戴记》《管子》《吕览》、刘安诸篇，并为集录之书，非出一人之手。唐陆龟蒙之《笠泽丛书》，宋王楙之《野客丛书》，或为唐人专集，或为宋人集录。宋宁宗时太学生俞鼎孙集《石林燕语》等七种为《儒学警悟》四十卷，是为近代丛书之始。明之《百川学海》《汉魏丛书》《津逮秘书》等所搜弥广。而《永乐大典》古今图书集成，以帝王之尊，宏经儒之业，所集尤弘。有清中叶世禄之家，商盐之贾，慕风好义，括胜搜奇，淮扬百越所成者，尤非他省可比，海陬末学，乌从而睹学术之隆哉。

过午有课，斜倚一榻，阅王选宋文及杨囦道《云庄四六余话》（读画斋丛书仿宋本）。怡荪归自燕京，论文片刻，谓："容甫文得徐、庾自不必言，得之尉宗是其特点，参以永叔清淑之气以成一家。"此语未经人道。又谓"清人律赋宪过唐人"，亦为的论。傍晚思力已弱，杂检靡所获。

入夜空如萧寺，心冷于僧，止水在盘，薰香味永。

1934年4月29日

心余（《评选四六法海》）、益吾二家所选宋文均不满三十首，眉山[1]之作几及其半，所讴歌者不外此矣，如《量移汝州表》云："疾病相连，人皆相传为已死；饥寒并日，臣亦自厌其余生。"《到昌化军谢表》：云"子孙恸哭于江边，已为死别；魑魅逢迎于海上，宁计生还？累以死生作对，尚有生无还期，死有余责，罪已甘于万死，恩实出于再生"等句，远戍之苦极矣，宜公有万里远谪，不自意全，万里生还，适有天幸之感也。《分司南京到筠州谢表》云"顾惟兄弟二人，迭相须为性命；江岭异域，恐遂隔于存亡。况复坟墓阔疏，父子离散。若臣家之忧患，实今世之孤穷。静言思之，谁可告者。"率直而陈，不假雕饰矣。

蒋选不及永叔，王选四首，《亳州谢上表》云："而未乾荐祢之墨，已弯射羿之弓（修荐蒋之奇为御史，之奇劾修）。"《谢致仕表》云："虽伏枥之马悲鸣，难恋于君轩，

而曳尾之龟，涵养未离于灵沼。余生易毕，鸿造难酬。”（又二首为《南京留守谢上表》及《秋声赋》）

徐鼎臣所撰《李煜墓铭》，婉微有体，五季之朝一人而已。其《汪简公集序》云：“嗟呼！相如既往，空存封禅之书。季子云来，但有心期之剑。”又云：“人之云亡，空嗟殄瘁。死而可作，谁与同归？诗所谓胡不万年，传有云古之遗爱者也。”则流易有余，深警不足耳。

汪彦章（藻）之精切处，南宋作者未能或先，其为《隆祐太后布告天下手书》，互见各选本，中云：“缅惟艺祖之开基，实自高穹之眷命，历年二百，人不知兵；传序九君，世无失德，故举族有北辕之衅，而敷天同左袒之心。汉家之厄十世，宜光武之中兴；献公之子九人，惟重耳之尚在。兹为天意，夫岂人谋？”建炎三年十一月三日德音云：“惟八世祖宗之泽，岂汝能忘；顾一时社稷之忧，岂予获已。”蒋评云：“国家艰难之际，得一诏令，足以耸动人心，所关不小，唐之陆贽宋之汪藻皆其选也。”

【注释】

①眉山：指苏轼。

1934年4月30日

夜阅杨囦道《云庄四六余话》（四库未收），今见于《读画斋丛书》中。据云仿宋本重雕，然板本甚劣，且多阙字，几于每篇有之，所存录者大半见于它书，不足重也。

宋岳珂《桯史》十五卷，著录《四部丛刊续编》。《四库提要》（子部小说类二）谓其以“桯史”为名不甚可解，引许书：“桯，床前几。”又谓其与著书之义不合。按珂有自序一篇云：“进不得策名兰台以垂信，退不得隐几全其忘言之真。”则指其桯曰云云。其为柱下之遗，辅人之采，不难知其意也。卷七有《吴畏斋谢贽启》一则，自存上畏斋太守一书（畏斋谢启有“此则诸君子之责，而非郡守之忧”句），疏达明畅，于当时南渡残局如陈诸掌，恢弘志士之气，光海河北之筹，彰彰在焉。首段窃以“宋受天命，何啻百庚申；虏污中原，又阅一甲子”一联，海山仙馆《宋四六话》刻本径行删去，以其有“虏污中原”字样，专制之朝，畏及于难。纪昀辈主修《四库全书》，益多割截前人著作，以已意迁就之，诡更正文，以耀于世者比比也。又按赵宋兴于甲申，创元建隆（九六零年），故云：“宋受天命，何止百庚申”也。中云：“尝观古昔中兴之业，或因东南全盛之基，规模虽狭于未宏，功业亦随其所就。孙氏北无淮而西无蜀，距江尚固于周防；晋室内有寇而外有戎，渡水亦成于克捷。彼皆未尽有今日之所有，我乃为类欲为当时之不为。边草未摇，纷纷抵掌，塞尘一警，惴惴奉头。弛张以道，固曰随时，勇怯任情，料必至此。未尝有十年之生聚，但闻以千里而畏人，唯昧于天下转移之机，所以成流俗衰颓之弊。”绝类晚明，未造当国前途，言之可叹。

1934年5月1日

《云庄四六余话》，节数则。林敏功杜门不出者二十年，后以郡守举其隐德，《谢表》有云："自是难陪英隽之游，奚敢妄意高尚之事。卧牛衣而待旦，寒若之何，搔鹤发以兴怀，老其将至。"建炎四年驻跸越州，明年改元绍兴后移跸临安，张守《谢表》曰："肇新府号，久驻跸声，履勾践之故，栖厉尝胆，枕戈之志，想神禹之遗迹，服卑宫菲食之劳。"语尤合体。

本朝四六以刘筠、杨大年为体，必谨四字六字律令，故曰"四六"。然其弊类俳，欧阳公谓非脩所好，自及第遂弃不作，如公之四六有云："造谤于下者，初若含沙之射影，但期阴以中人；宣言于庭者，遂肆鸣枭之恶音，孰不闻而掩耳？"（按见《亳州谢上表》）俳语为之一变，至东坡四六曰："禹治兖州之野，十有三载乃同；汉筑宣防之宫，三十余年而定。方其决也，本吏失其防，而非天意；及其复也，盖天助有德，而非人功。"偶俪甚恶之气一除，而四六之法亡矣。又云："皇朝四六，荆公谨守法度，东坡雄深浩博，出于准绳之外，由是分为两派。近时汪浮溪（藻）、周益公（必大）诸人类荆公，孙仲益（觌）、杨诚斋（万里）诸人类东坡。大抵制诰牋表贵乎谨严，启疏杂著不妨宏肆，各自有体，非名世大手笔未易兼之。"即此，可以觇赵宋文章之流变矣。

1934年5月2日

连日疲于象数，局于四六。夜读《东皋子集》，昏昏莫气为之舒振。《东皋子集》三卷，唐王绩撰，绩字无功，太原祁人，隋大业中授秘书省正，归隐北山东皋。入唐，待诏门下，不达而退，放浪山林，怡情曲蘖。《新唐书》列之《隐逸传》无惑乎，《四库提要》云："所未喻也。然所为文，非如初唐之板滞，疏野有致，跌宕可怀，上踵彭泽[①]，下起东坡。"最传于世者有《醉乡记》一首。起云："醉之乡，去中国不知几千里也。其土旷然无涯，无丘陵阪险；其气和平一揆，无晦明寒暑；其俗大同，无邑居聚落；其人甚精，无爱憎喜怒，吸风饮露，不食五谷；其寝于于，其行徐徐，与鱼鳖鸟兽杂处，不知有舟车械器之用；昔者黄帝氏尝游其都，归而杳然丧其天下"云云。文心空灵至此，当怀斯集入深山踞危石读之。《五斗先生传》《祭杜康新庙文》诸小篇，均落落无人间烟火气。《游北山赋》长亘数千言，自序云："诗者志之所之，赋者诗之流也，式抽短思，即为赋云。"则其举笔从容，抽毫闲易之态可掬，此真以文为乐，负薪自歌，聊以陶情，不求倾听者也。贞观十八年终于家，自撰《墓志》云："王绩者，有父母，无朋友，自为之目曰无功焉。或问之，箕踞不对。盖以有道于己，无功于时也。不读书，自达理，不知荣辱，不计利害，以禄位历数职而一进阶，才高位下，免责而已。天子不知，公卿不识，四十五十，而无闻焉。于是退归，以酒德游于乡里，往往卖卜，时时著书，行若无所之，坐若无所据。乡人未有达其意也。尝耕东皋，号东皋子，身死之日。自为铭焉。曰：'有唐逸人，太原王绩。若顽若愚，似矫似激。院止三迳，堂惟四壁。不知节制，焉有亲戚？以生为附赘悬疣，以死为决疣溃痈。无思无虑，何去何从？垅头刻石，马鬣裁封，哀哀孝子，空对长松。”视五柳先生《自祭文》何如哉？“廓兮已灭，慨焉已多，不封不树，日月遂过。匪贵前誉，孰重后歌？人生实难，死如之何？”我生之初，尚无为；我生之后，逢此则那。

【注释】

①彭泽：指陶渊明。

1934年5月3日

夜酌无可与谈者，以《东皋子集》助饮，低斟潜咏，精神如接北邙，人海之中乃有一人焉，宅心相若，出处相若，所受于人者，又无不一一相若至于如此，乌得不引杯相酹欢庆，其千载上有同心之死友也。无功《答刺史杜之松书》有云：“至欲令整理簪屦，修束精神，揖让邦君之门，低昂刺史之坐，远谈糟粕，近弃醇醪，必不能矣。亦将恐刍狗贻梦，社栎见嘲。去矣君侯，无落吾事。”王君曰无功自称曰王君，所以为“有道于己，无功于时”也。《人间世》篇云：“匠石之齐，至乎曲辕，见栎社树。其大蔽牛，絜之百围；其高临山，十仞而后有枝，其可以为舟者旁十数。观者如市，匠伯不顾，遂行不辍。弟子厌观之，走及匠石，曰：‘自古执斧斤以随夫子，未尝见材如此之美也。先生不肯视，行不辍，何邪？’曰：‘已矣，勿言之矣！散木也，以为舟则沈，以为棺椁则速腐，以为器则速毁，以为门户则液樠（莫干切，黑液出也），以为柱则蠹。是不材之木也，无所可用，故能若是之寿。’嗟夫，神人以此不材。”（杜之松有答书，见五月七月读记。王选本改瞿本，罗含，晋人，字君章，弱冠州三辟不就。宅内自有幽兰数丛，孙楚庭前，空对长松一树为孙绰。按，孙绰，晋人，少有高尚之志，隐于会稽，作《遂初赋》以见志，文选有《游天台山赋》：“藉萋萋之纤草，荫落落之长松。”）

1934年5月5日

《青照堂丛书》三编（道光乙未朝邑刘廷升），《汇录五经文字》（唐张参）、《九经字样》（唐玄度）、《干禄字书》（唐颜元孙）、《俗书证误》（颜愍楚）、《金壶字考》（释适之，宋，有《金壶记》）、《字书误读》（王雰）、《分毫字辨》（隋吕忱）、《辨正通俗文字》（清李富孙），以上属字书者。《发音录》（张位）、《李氏切韵射标》《古今韵通》（李天生）、《四声纂句》（王鉴），以上属于韵书者。未由馆中假阅全书，即以上三册观之，所录各书或不著撰人姓氏，或不依年代次序，而独于汇梓评阅校录，参订人等细大不捐子姓，徒戚例得备书，上类官书，下同讣帖，有是哉其陋也。其《五经文字》《九经字样》《干禄字书》三种，均载《小学汇函》中（湘本），《辨正通俗文字》有单行本（张生子岱所贻）。

吕忱《字林》不著四库书目，殊为意外。此书唐司业《五经文字·序》中已盛称之云：“后有吕忱，又集《说文》之所漏略，著《字林》五篇以补之。今制国子监置书学博士，立《说文》《石经》《字林》之学，举其文义，岁登下之，亦古之小学也”云云，则以之与《说文》《石经》二书鼎足矣。书分：

分毫字辨，如：颈（吕颈）、颈（立而待也）、酹（音末，祭以酒沃地）、酎（音宙，三重醲酒）、嬴、赢、羸、蠃（骡同）、嬴、羸、裒（裒多益寡）、褒、襃（同上，襃衣）、褎（音右，褎然舉首）、袤（音茂，延袤南北曰袤）、衺（邪同）、袲（音侈，娜，移衣长也。又宋地音移）、褏（袖同）、褭（音鸟，騕褭）、裛（音邑，书囊）、褱（怀同）、舀（音由，凡滔蹈之类从之）、臽（音陷，小阱，啗欿从之）、泮、泮（冰解）、圮（音痞，坏也）、圯（音怡，楚谓桥为圯）等凡三百四十九文。

音同画异，如：劖（剗同）、捧（拜）、陒（隘）、閡（礙）、阜（皂）、妒（妬）、菀（鬱）、篴（笛）、碼（毁）、卟（稽同亦作乩）、旣（禍）、旅（盧）、畊晦（畎畆）、訾（愆）、凷（塊）、犕（粗）、剌（勑）、鱻（鲜）、跂（企）、涖（莅）、匄（丐）、璿（璇）、蹠（跖）、圂（溷）、蘩（叢、蔟）、孄（嬾）、彧（郁）、厝（措错同）、范（範）、勦（剽）、篹（撰）、夸（侉）、圜（圓）等凡七十条。

音义异同，如：鹵掠（虜通）、閼阻（遏通）、奚翅（啻通）、戲下（麾通）、澹用（赡通）、相稽（讥通）、行理（李通）、儋石（擔通）、谱谍（牒通）、樊然（繁通）、方皇（傍通）、枝梧（支吾通）等凡二十七条。

画同音异，如：泄泄（音曳）、漏泄（音洩）、楚些（梭去声）、些微（写平声）、绸缪（平）、紕繆（音谬）等凡四十四条。

一字数音，如：敦有九音（灰韵音谁诋也，元均音惇大也，寒均音团聚貌，萧均音雕尽弓天子弓也，準均音準布帛幅广也，阮均音遯左传浑敦，隊均音对器名周礼珠槃玉敦，願均音顿竖也又太岁在子曰困敦，号均音导覆焘一作敦），数有四音（麌均何足数，遇均分数，觉均频数，沃均数罟），缪有五音（尤韵绸缪，音樛，赵皇后传即自缪死，篠均缪绕，宥均纰缪，屋均缪公昭缪），长、共、与、屏、卷、浑、从、齐、强、那皆三音，恶、假、适、单、乐、解、参、说、圭皆三声（此二条无说解）等凡十九条。

书仅一卷，著录随书经籍志，吉光片羽，自足玩珍。张参既云补《说文》之所漏，略矣，如淚泪不见《说文》，言其通者时俗之通而已。中下云草同，则违许书之义，训此类尚多窃所未喻。音同义异下仅二十余条，此事为训诂之颛科，其时承两汉之后，经儒踵接，发明尤多，兹所录者尤极寒俭，一字数音，下篇下或曰音或曰声，自乱其例，于音及声之义未谛，吾意参所见之本，当有加于此者，此卷终疑为后人伪托也。

《俗书证误》一卷，实不足一卷，列文七十余，每一文下寥寥数语。如睢下（从且，从耳非）简而不赅，况尚有从耳之睢在乎。撰人颜愍楚不辨为何时人，则所谓俗书者究系何时何代之俗书，又列《干禄字书》之后，《字林》之前，则真不知秦与汉欤。将近代欤书名证误，应是订误《说文》证告也，订平议也，证订之不分而欲订它人之误哉，作者既不知何许人，殊不足责，编者则多由承平之时，大贾时流冒为风雅，祭獭成集，附骥名书。比日道中见马骡昂首额际，悬缨人皆以曰为装饰之具，余曰：非也，尻有尾而首无辫，若辈藉此驱蝇耳。古人往矣，殊无术使刻书诸公不为骥尾之附，然不解彼等竟公然于诸名书之前署名评阅，且居然眉批后跋如塗时文，公等真可休矣，吾辈读书不能购庋，多书又不能尽知，各尽要略势不得入图馆翻阅，于是乎时时不得不与此辈相逢狭路，加以挽近为学著书二途，益构成贩卖专术，书日益多，益不可读，野草烧不尽，春风吹又生，谓之何哉。

《金壶字考》一卷，释适之撰，适之唐人，有《金壶集》（见《人名辞典》），余不详。然去玄应远矣，篇中所举者辞也，非字也，如卿雲（卿音庆）、滇南（滇音颠）、契丹（契音乞）、落魄（魄音托）、率更（率音律）、纶巾（纶音囗）、李傕（傕音角）等七百则，中以隻语为辞者如朏（音菲，又音沛，月出也）、僢（音舛，《淮南子》分流僢驰）、粻（音张，粮也）等不过数十则。又如卅（音飒，三十也）、大耋（耋音迭，八十曰耋）等更尽人而知，不知何以不曰辞考曰字考，又不知所考者何以如是之疏且阔也。

王雰《字书误读》一百七十余则，规模释适之，而狭仄过之，撰人未详，书名（实篇名）不通，元孙《干禄字书》有此字样，而以字书为一事，不辞之甚矣。张位《发音录·自序》云：将馆阁中讲读纂修常用诸字，具列于后，则所列之范围可知。篇中二百余则，如圈发平声第一条“比”下云“音皮，比邻，皋比”。等蒙师童诵所习闻者耳。

《李氏切韵射標》，李氏元李世泽，篇末有自跋，幸存其名，

李天生《古今韵通》四篇，首篇应为汉魏六朝唐人通用古韵，刻书者佚之，遂无从见列韵异同之故非，次篇有集唐人古诗通用韵，自序无以知之矣，三篇为唐均选，四篇入声汇录，亦均有序。天生李因笃号也，字子德，亭林之畏友，亭林著《音学五书先正事略》，称先生与讨论所著《诗说》，亭林称之曰“毛郑有嗣音矣”。其《春秋说》尧峰亦心折焉云云。此篇少习诵者致可贵也。

王鉴《四声纂句》一卷，自一屋至十七洽，分韵列七百余句，何谓四声，“天子圣哲”是也，儿辈云“青岛大学”亦适合四声次第，外此不多见矣。今观鉴作，依韵相从，诚为博洽，惜经传中习语，如卑以自牧泾以渭浊尤，恐自失宗礼，缊韍（玉藻）王道四达为善，最乐雷夏既泽（书），谦乃受益诒子燕翼（诗），天九地十等，仅此数语，外此多以意造，语多斧凿痕耳。颜曰：纂句非原句者多矣，妙手偶得信不易也。

《逊敏堂丛书》，咸丰辛亥宜黄黄秩模编（一函四册三十二种）。宋洪遵景严《订正史记真本》一卷，谓：“子长所著《史记》一百三十篇，绝笔于太初、天汉间，其书未就，即遭李陵之禍，佴身蚕室，篇中阙文误句多不及正，而十篇有录无书。迨子长殁，而杨恽、褚少孙之徒以私见臆说足成之，往往篡入太始以后事。”于凡例中云：“子长自序篇云书凡百三十篇，五十二万六千五百字，计所亡十篇，应不下三万言，乃今删定《史记》真本尚存字五十一万有奇，中间不无一二添足语”云。此事已成千古公案，得遵此书，宁非史学之大幸矧。三洪（适遵迈）皆宋代通人，不应妄语，然考所订正者，自某处至某处删若干句，某篇某句下删若干字，一若藏之名山，传诸其人之真本，经千载之后，独传于世者，宜《四库书目》直指其谬，谓自宋以来不见各家著录，必为明季妄人托名伪造也，刻书者别择无方，诸多类此。

桐城刘大櫆《论文偶记》一卷，语焉不详，择焉不精，参入语录，几类谈禅，如首条云：“凡作文才有个讲究的便不是。”既欲论文，又不欲讲究，就是讲究恁地不是，此等说法不如打诨。又云：“文贵远，说出者少，不说出者多。”乃可谓之远，吾不欲观之矣，架空气习，最合腹俭者脾胃，由来已久，海峰尚未足为此道祖祢也。

1934年5月6日

益吾自序《骈文类纂》有曰："骈文之选，莫善于王闻修《法海》、李申耆《文抄》，倾沥液于群言，合炉冶于千载。顾王则题目太繁，李则限断未谨，所居之代，抑又阙如，不足综古今之蕃变，究人文之终始"云云。按《越缦堂日记》有关于益吾所选《续古文辞类纂》，语亦谓其去取未当，俟祭酒入都当面榷之之意，而未及《骈文类纂》事，今戡益吾自序于光绪二十七年辛丑，而所见悉伯日记仅止于光绪十五年（时悉伯六十一岁，后五年卒），则此选尤属祭酒晚年之稿也。

又按《四六法海》，王志坚原选（志坚字弱生，更字淑士，亦字闻修，昆山人，万历庚戌进士），蒋心余以评时文之法评之耳，然尚不落下乘，世有误为蒋选者。洪迈《容斋随笔》尚误以"八志"为范书（《八志》，司马昭统作，而刘昭注之，《四库提要》引《何氏读书记》），误者不自孙承泽始也。又按刘昭《八志·序》曰："司马续书，总为八志。"刘子玄《书志篇》曰："司马彪、臧荣绪、沈约、萧子显相承载笔，竞志五行（此笔今为纪本删去）。"则《八志》在绍统续书之中于传有征矣。

校读《史通》，依王选本，所据纪氏削繁本，今日戡其《列传》《书志》两篇，乙识于浦氏重校本中寻河间所删削者，不尽为支复之笔，如《书志》篇"自汉中兴已还，迄于宋齐至后进，所以事反精采也"一段，凡一百一十七字，悉为塗乙，以志书本职而论，续汉志及晋宋齐诸书，皆有五行之篇，不宜略而不论，即以文采而言，此段正复华实并茂，文质无惭，王选本以文辞为鹄，史书之职间亦略，诸然《史通》之作，既非论文，又非正史，愤官书之失修，史臣之溺职，退而垂诸空文，摅其伟抱，徒以不在其位之憾，时有言失其中之偏，后之君子，观过知仁，知人论世，方咨嗟爱护之不暇，又何甘削足就履，充河间之为，立乎人朝，送其己见，恣牛羊斧斤之牧伐，是真类削臼为木。《书志》篇云："斯皆不凭章句，直取胸怀，或以前为后，以虚为实，移的就箭，曲取相谐，掩耳盗钟，自云无觉，讵知后生可畏，来者难诬者邪？"子玄若有前知者，何其之言之痛也。

1934年5月7日

《东皋子集》以《答刺史杜之松》一书最为骀宕（五月三日记），王选及无功文一首，即此书也，末笔加密圈，与余阅定本适相吻合，文章遇合之事，已未而无足数，况以圈识加诸古人之文，又算得甚事，本来但为讽诵之便已耳。方、姚一派以此事为衣钵之传，寻脉探原状类舆师。今士则非标点不能离句矣，伍叔傥讥人读诗："诗既有一定字数，何必加点。"予亦云："古书文法皆有一定格律，词句皆有一定位置，更何必加点而后知句乎？"

杜之松有《答王绩书》（王选卷二十一下），亦娴于辞令者，略云：

辱书，知不降顾，叹恨何已。仆幸恃故情，庶回高躅。岂意康成道重，不许太守称官；老莱家居，羞与诸侯为伍。前因行县，实欲祇寻。诚恐炖煌孝廉。守琴书而不出；酒泉太守，列钟鼓而空还。所以迟回，遂揽辔也。仆虽不敏，颇识前言，道既知尊，荣何足恃？

桴鼓相应，杜太守所占地步不小矣。《郑玄传》："应劭自赞曰：'故太山太守应中远，北面称弟子何如？'玄笑曰：'仲尼之门考以四科，回、赐之徒不称官阀。'劭有惭色。"书意本此。

校读王选《刘子玄上萧至忠论史书》一首，纪氏删乙几及其半，并句法构造亦多更改，末段"又人之品藻，贵识其性。明公视仆于名利何如哉？"以下百余言，正全篇结穴点睛之处，文复跌荡，肖汉人买椟还珠，点金成铁。此首经点窜后，气势全非，断而小之，匠人哉纪昀也。

校读《论赞篇》，删去篇末"至若与夺乖宜，是非失中"以下一段，尚可谓余论，其指要已尽于前，且无害于篇局，若中间"必寻其得失，考其异同，子长淡泊无味，承祚懦缓不切"至"观过知仁，斯之谓矣"一大段，下方紧接"大唐修《晋书》"，历历叙来，方明脉络，去此一段，如专评唐人修史之论赞者，大非《史通》本面目也。原删者之意，多以其议论不合，或虑伤时，或滋毁古，拘挛己见，替忧古人，此现代官厅审查影片之利剪也。逝者不作，冥漠九泉，斧斤所寻，远诬千载，呜乎悕矣。

《断限篇》全录，《编次篇》删去三段，皆轻史事而重文采，《采撰篇》全录，《载文篇》全录。

1934年5月8日

实秋送来《学文月刊》第一期，闻一多《匡斋尺牍》一首，论《周南·芣苢》字本作"不以"，后来用为植物名变作芣苢，用在人身上变作胚胎。谓芣，不声，胚从丕，不丕本是一字，芣以声，胎台声，台又从以声，所以古音读芣苢与胚胎不分，声同义亦同，如后世歌谣中以莲为怜，以藕为偶，以丝为思一类。其说甚辨，文用语体以占篇幅，极是当行，至谓采采转变粲粲，不知道为什么向来没有人说破，则未免染宋人六经注我之习，自待太过，祢衡《鹦鹉赋》："采采丽容"。《文选》李注《韩诗》"采采衣服，薛君章句也。采采，盛貌也。"《曹风》："采采衣服。"传曰："采采众多也"。《秦风》："蒹葭采采"。《传》曰："采采，犹萋萋也"。而《芣苢传》亦曰："采采，非一辞也"。故训具在，正不必掩为己说耳。

1934年5月11日

嘉定钱大昕，晓征，又字竹汀，乾隆十六年召试赐举人，历进士、庶吉士、编修，充山东、湖北、浙江、河南主考，广东学政。旋丁父忧，服阕。丁母忧，病不复出。叠主钟山、娄东、苏州紫易书院。卒年七十有七。负高世之学，错综贯串，里居三十年，蔚为著述（阮元拟入《儒林传》稿），所著书多有目而未刻，如日记十卷，是馆中所庋。

《潜研堂全书》（光绪十年长沙龙氏刻本）其目为：

经《声类》四卷。

史《廿二史考异》一百卷（附《修唐书史臣表》一卷），《三史拾遗》五卷，《诸史拾遗》五卷，《元史氏族表》三卷，《元史艺文志》四卷，《四史朔闰考》四卷，《通鉴注辩正》二卷，《洪文惠年谱》一卷，《洪文敏年谱》一卷，《陆放翁年谱》一卷，《王伯厚年谱》一卷，《王弇州年谱》一卷，《天一阁碑目》一卷，《疑年录》四卷，《金石文跋》二十卷。

子《十驾斋养新录》二十卷，《馀录》三卷，《三统术衍》三卷，《钤》一卷，《风俗通义逸文》二卷，《恒言录》十卷（按实六卷）。

集《文集》五十卷，《诗集》十卷，《续集》十卷。

其未刻者亦且百卷，经儒述造之富，其衪然者矣。竹汀始以词章称名，乃研精经史，因文见道，履蹈粹然，澹于荣利，以知足怀，所为文淳古澹泊，皆经史精液，不矜张以自雄，诗清而淳，质而有法，东南俊伟，博学之士，皆钦其学高其行，阮元据各序录及见于集中者撰钱大昕传，以为国史儒林传稿。典型在堂，响往弥深。

阅《潜研堂文集》，竹汀尝为吾邑姚文登（松阴）序："初学检韵于吴门紫阳书院（嘉庆四年），有澄海姚子松阴自粤游吴。"语则姚氏非院中肄业可知，今集中无此一首，不详何故序中又云："士子所用者，大率本于平水韵，而或专属之刘囦，亦考之未审矣。"今集中有《与谢方伯论平水韵书》，略谓："南北藏书家，独吴门黄孝廉家有《平水新刊韵略》五卷，系元刊本，前载河间许古序，乃知为平水王文郁所撰，题正大六年已丑，则金哀宗年号也，渊所刊者即文郁之本，或失其序文，而读者误以为渊所作耳"云云。与序语交相发明，此序之出竹汀手，决然无疑，竹汀论文之旨具在。《与友人书》中（三十三卷）有云："夫古文之体，奇正、浓淡、详略，本无定法，要其为文之旨有四，曰明道、曰经世、曰阐幽、曰正俗（尤多刺讥灵皋不读书语）。"故其所与若膺、渊如、东原、简斋、耀北、石君、稚存、西庄、姬传、弨弓诸贤往来简椟，皆为论学篇什，关于地理、史学、音韵、律历者尤多，而绝少人事酬应之语。三十八、三十九两卷，专载严衍（永思，嘉定）、阎若璩（百诗，淮安）、胡渭（朏明，德清）、万斯同（季野，鄞）、陈祖范（亦韩，常熟）、惠士奇（仲孺，吴县）、王懋竑（与中，宝应）、惠栋（定宇士奇中子）、江永（慎修，婺源）、戴震（东原，休宁）诸传，胥先生之而不名，竹汀之自置亦儒林之伍，不甘以文苑终也。各传皆累二三千言，而缕述各人学说独到之处及其出处之大者而已，深符学术文例，与今代学术史篇同一涂辙，于以叹乾嘉两朝文物之盛已。其殿全集者为《祭亡妻王恭人文》，有云："耽思致疾，子恒戒我，放言召谤，子强谇我，我颛而固，子慧且通，我躁多悔，子静多功。"中云："我今奠酒，忽泪告子，子不复生，我未可死，我有父母，宜恋此生，我有著述，当待其成。"末云："昔子北来，不与我俱，今虽同舟，幽明路殊，灵车将行，赠子以词，悠悠逝者，云何弗思。"全属述志之语，而情自寄其中，并非有意为文而文，不落凡响，盖其泽于经述者深矣。朝课在身，辍书永叹。

1934年5月12日

比来疲精考索。日已加申。改阅《退庵随笔》（《二思堂丛书》中梁章钜著）第十九一卷，掇拾昔言为多，阮芸台说："尤连篇册，茝林此事本未深也。"其《论四六文》一则，尚可资入门者前驱，因节存之："四六文纯用六朝体格，亦恐非宜，惟有分唐四六、宋四六多派，各就所近而学之。唐四六又当分多层，有初唐之四六，王子安为之，首以雄博为宗，本朝之陈维崧似之。有中唐以后之四六，李义山为之，以流丽为胜，本朝之吴绮似之。宋四六无专家，各以新巧为工，近南昌彭文勤公[1]由所辑《宋四六》已具崖略，本朝之章藻功似之。今欲为专家，则当先读《萧选》及徐、庾二集，而参以初唐四杰集，李义山《樊南甲乙集》，彭文勤公《宋四六选》，以及《陈检讨[2]四六》《林蕙堂集》《思绮堂集》，则源流正变，自可了然于胸。若曾燠之《骈体正宗》，吴鼒之《八家四六》，虽为时流所喜，而所选体格未纯，但资博览可也"云云。所标举各家，舍陈其年外，吴绮、章藻功等俱不见，某伯（姚燮）益吾两选本采录《书目答问》《骈体文钞》亦不列，论人如此，它可知矣。（吴绮，江都人，寄居歙县，顺治拔贡，工诗及四六，有《林蕙堂集》。章藻功，钱塘人，幼承父士斐学，工骈文，以新巧胜，康熙进士，有《思绮堂集》。）

【注释】

①彭文勤公：指彭元瑞。

②陈检讨：指陈维崧。

1934年5月14日

晨端坐攻微分方程论。诸生相从四年，将毕业矣。人师有愧，诡遇未能，勉以传经，缵厥微绪云尔。念《曾子·立事》篇云："其少不讽诵，其壮不论议，其老不教诲，亦可谓无业之人矣。"又云："三十四十年之间而无艺，则无艺矣。四十五十而不以善闻，则无闻矣。"夕惕多咎，不若朝闻而行。幸桑榆之犹荫，悼椿萱之不茂，抱残守缺，媲柱下之孑遗，赐简楹书，无山中之厚贶耳。退庵通籍历官云："仕则优云学亦博，其言可行，其心可取，用存概略，以遗吾徒。"（《退庵随笔》）

读经，程伊川教人读《易》，先看王弼"注"。今之学《易》者，但先就程、朱传义，字字用心体会，再参以李资州《集解》足矣。《尚书》一经，汉以来所聚讼者。《洪范》之五行，宋以来所聚讼者。《禹贡》之山川，《洪范》以五事配庶征，本经文所有。伏生《大传》以下逮京房、刘向诸人，遽以阴阳灾异附合其文。至宋儒又流为象数之学，哓哓然图书同异之是辨，而《经》义愈不能明。惟北宋《洪范口义》所发明至为笃实。《大禹谟》之文最赅洽者无如"六府三事"，最精深者无如"危微精一"一节。《诗》有四家，毛氏独传。陆机《毛诗草木虫鱼疏》云："鲁国毛亨作《训诂传》以授赵国毛苌。"然作传者毛亨非毛苌。《十三经注疏》以诗，《毛传》《郑笺》《孔疏》为冠，包罗古义，融会群言，它部莫能也。《诗序》之作，元明以至今，为说经家第一争诟之端。《四库提要》定首二语为毛苌以前经师所传，以下续申之词，为毛苌以后弟子所附录，最为精当。孔子删诗之说起于司马子长，断不足信。叶适谓："《论语》：'《诗》三百'，本谓古人已具之诗，不应指其自删者言之。"《韩诗外传》杂引古事古语，而证以诗句，实后世诗话之权舆，惟与经义不相比附故曰"外传"，别有"内传"四卷（见《汉书》）则其亡矣。《三礼》之书浩如烟海，《钦定三礼义疏》采掇群言，分为七例。金匮秦文恭因昆山徐氏《读礼通考》惟详"丧葬"一门，《周官·大宗伯》所列五礼之目，古经散亡，鲜能寻端竟委，乃仿徐氏体例，网罗众说，成《五礼通考》一书，原原本本，历朝之制皆备焉。纪文达曰："古称议礼如聚讼，《仪礼》难读，儒者罕通，虽欲聚讼而不能。"《礼记》则辑自汉儒，某增某减，具有主名，亦无所庸其聚讼，所辨论求胜者《周礼》一书而已。《周礼》上自河间献王于诸经之中，其出最晚，故真伪之辨纷如，张横渠语录云："《周礼》是的当之书，然其间必有末世增入者云"。说《周礼》者以《郑注》《贾[1]疏》为颛门。方灵皋之《周官集注》，惠半农（士奇）之《礼说》皆简而能赅，详而有要，有裨初学。《仪礼》出残阙之馀，汉代所传凡有三本，一曰戴德本，一曰戴圣本，一曰刘向《别录》本。三礼之学至宋而微，至明殆绝。《仪礼》文古义奥，传习尤少，注释者亦代不数人，郑氏以前绝无注本，《郑注》简约，尤多古语，《贾疏》繁瞻，端绪亦不易寻，宋魏了翁之《仪礼要义》，元敖继公之《仪礼集说》，我朝张尔岐之《仪礼郑注句读》，吴廷华之《仪礼章句》，皆可称善本。历代丧服之书，大抵以《仪礼》为根据，而以徐健庵尚书之《读礼通考》为完备，其大端有八，一曰丧期，二曰丧，三曰丧仪节，四曰丧考，五曰丧具，六曰变礼，七曰丧制，八曰庙制。缕晰条分，盖历十余年，三易其稿而后成也。《礼记疏》引郑氏《六艺论》云："《戴德传记》八十五篇，则《大戴记》也，《戴圣传礼》则此《礼记》是也，《大戴礼记》宋时列为'十四经'。"见史绳祖《学斋佔毕》，二戴同源，皆先圣人，微言旧制不可不读，如《夏小正》为夏时书，所言天象与尧典合，公冠诸侯迁庙、衅庙、朝事等篇，足补《仪礼》之遗。盛德明堂之制为《考工记》所未备，《孔子三朝记》可与《论语》相辅而行。《曾子十篇》儒言纯粹，在《孟子》之上，投壶仪节，较小戴为详，哀公问字句亦较小戴为确，惟自汉至今，只有北周卢仆射一注，应以四库所校为读本，而以孔巽轩所辑"补注"参互考订之。纪文达云："说经家之有门户，自春秋三传始。其间诸儒之论，中唐以前，则左氏[2]胜。啖助、赵匡（均唐人）以逮北宋，则《公羊》《谷梁》胜。"要之，"左氏亲见国史，古人之始末具存。公羊、谷梁则前后经师，递相附益，推寻于字句之间，故徇其意见之偏，每多凭心而断，后来诸家之是非，均持此断之可矣"云。言《左传》者孔奇、孔嘉之说久佚。贾逵、服虔之说亦仅偶见它书，今世所传，惟"杜注""孔疏"为最古（朱竹垞《经义考》载林尧叟《春秋左传句解》四十卷，崇祯中杭州书坊取其书合"杜注"行之。又《左传杜林合注》五十卷，天启中杭州王道焜、赵如源同编，即今村塾通行之本，惟又削去道焜、如源之名，凡例中竟题为林尧叟所述，而中引《永乐春秋大全》，殊可喷饭。《杜注》精密，林实非其匹，特因林之明显以求，杜之深奥，于初学不为无补），"杜注"多犟经以就传，"孔疏"亦多左杜而右刘（刘炫作"规过"以攻杜，"孔疏"皆以为非）。公羊之学，据"注疏"引《戴宏序》为："子夏传与公羊高，高传其子平，平传其子地，地传其子敢，敢传其子寿。寿乃与胡母子都著于竹帛。"则今之《公羊传》为寿所撰，旧本题为公羊高者，误也。自宋以后益少专门之学，近孔巽轩以为孔氏驰骋于文辨，谷梁圈囿于词例，于圣人制作之精意，未有言焉。知春秋者其惟公羊乎，于是作《公羊通义》，诚千百来之绝业也。《谷梁传》为谷梁俶（一名赤）所述，俶亲受经于子夏，据郑氏《起废疾》以谷梁为近孔子，公羊为六国时人。又云传有先后，则谷梁实先于公羊。惟据《公羊疏》《则》《传》亦是传其学者所作，非出俶手，且非仅出一人之手。《春秋繁露》发春秋之旨，多主公羊而往往及阴易五行，《崇文总目》颇以其伪，程大昌攻之尤力，然中多根极理要之言，非后人所能依托也。《孝经》其来已古，蔡邕《明堂论》引魏文侯《孝经传》，《吕氏春秋·察微篇》引《考经·诸侯章》，则其为三代之书无疑，惟授受无绪，故后儒多疑其伪。自明《艺文志》始立四书一门，前史无是例也。《论语》《孟子》旧各为书，《大学》《中庸》则《礼记》中之二篇，其合篇为四书，自宋淳熙始，朱子四书原本首《大学》，次《论语》，次《孟子》，次《中庸》。《大戴礼·孔子三朝记》称孔子教鲁哀公学《尔雅》，则《尔雅》之由来久矣，或以为周公所作，或以为孔子所增，或言子夏所益，或言叔孙通所补，或言郙郡梁父所考（并见张揖所《上广雅表》），要之为奏汉以前之书，后人间有附益，则无可疑。郑康成驳《五经异义》有云："《尔雅》者，孔子门人所作，以释《六艺》之言。"尤为可据耳。《尔雅》不尽释经，而释经者为多，故得与十三经之数。魏张稚让因《尔雅书目》博采汉儒笺注及《三苍》《说文》诸书以增广之。明人取其书与《尔雅》《小尔雅》《广雅》《埤雅》合刻，名曰《五雅》。近得王怀祖殚精极虑，撰成《广雅疏证》二十卷，盖雅训之渊海，小学之钤键，空前绝后之书，又不但为读《尔雅》者之善本而已。唐陆元郎（德明）《经典释文》三十卷，辟经训之菑畬，导后人以涂径，洗专己守残之陋，汇博学详说之资，先儒之精蕴，赖以留俗本之讹文，赖以正实读经者不可无之书。许氏《说文》推究六书之义，分类部纵，至为精密，近本以段懋堂为最精，五经纬著录随志者八十一篇，今所存者惟《乾凿度》二书，以上隐括读经二卷，退庵深佩宋学而不废汉学家言，身膺殊思，尤崇皇制，亦所谓子为汉臣，安得不云尔乎？然而通矣。

读史须循序渐进，四部宜以次相及，如欲考典章察人物，应先读《史记》《汉书》，由古以逮今，如欲知时变究时务，则须先读宋明各史，由近以溯远。《史记》一百三十篇，缺其十篇，为褚少孙所补，其析疑辨讹，则梁晖北所传《志疑》盖详之矣。《汉书》创于班叔皮，成于其子孟坚，至"八表"、《天文志》未竟而卒，其妹班昭续成之。是书初出有惩贿鬻笔之讥，《文心雕龙》辨之；又有窃据父书之谤，颜师古注亦辨之。后汉《本纪》十卷，《列传》八十卷，其《志》三十卷，则是晋司马彪续《汉书》之文，梁刘昭注之。唐以前犹各自为书，至宋乾兴中，国子监校刊，乃取以补范书之亡，自是诸家征引，多称《后汉书》某志，皆误也。范书无表，最为后人所讥。宋熊方《补后汉书年表》十卷，经纬周密，当与范书相辅而行。翟晴江曰："陈寿《三国志》，纪魏而传蜀。习凿齿《汉晋春秋》，继汉而越魏。非其识有高下也，时也，陈撰志于晋武受禅之初，习箸《春秋》于元帝中兴之后，易地则皆然。"裴松之注《三国志》，网罗繁富，凡六朝旧籍，今所不传者，尚可见其崖略。又所引多首尾完具，不似郦道元《水经注》、李善《文选注》皆剪裁割裂之文，故考证之家，取材不竭，转相引据者反多于承祚之书焉。贞观中诏前后《晋史》十八家，未能尽善，敕史官更加纂撰，正史之中惟此书及《宋史》，后人纷纷改撰。沈约进《宋书表》称纪传合表志为七十卷，今本一百卷，有纪志传而无表，考《史通》所述，与今本同，则表之佚已久，各传文实有过繁之处，赵瓯北《陔余丛考》已详列之。梁萧子显《南齐书》本六十卷，今存五十九卷，盖自南北史行而八书愈微，诵习者少，故愈久而愈佚。唐姚思廉因其父察遗稿，成《梁书》五十六卷，持论尚多平允，排整次第犹具汉晋以来相传之史法，异乎取成，众手编次，失伦者矣。《陈书》亦因父稿而成，然姚察所撰仅二卷，余皆出思廉手，故列传体例秩然画一，不似《梁书》之参差。魏收（北齐人）《魏书》，经刘恕等校定，称其亡佚不完者二十九篇，陈振孙称《太宗纪》补以魏澹书，《天文志》补以张太素书。李延寿修《北史》，每以收书为据，其为《收传》论云："勒成魏籍，婉而有章，繁而不芜，志存实录。"其必有所见矣。今魏澹等之书具佚，而收书终列于正史，殆示恩怨并尽，而后是非乃明欤。李百药（唐人）承其父德林之业，纂成《北齐书》五十卷，其书自北宋以来已就散佚，今所行本，盖后人取《北史》以补亡，然世无别本，不能不存之，聊备一朝之纪载而已。唐贞观中修梁、陈、周、齐、隋五书，其议自令狐德棻发之，而德棻专领《周书》，今考其书，则残缺殊甚，取《北史》以补亡，又多所窜乱，令狐之原本遂不可辨。《隋书》成于众手，考《史通·古今正史篇》称太宗以梁、陈及齐、周、隋氏并未有书，乃命学士分修，仍以秘书监魏征总之其务，始以贞观三年，至十八年方就。李延寿（唐人）撰《南北史》，《南史》先成，就正于令狐德棻，宋人称为近世佳史，然延寿当日专致力于《北史》，《南史》不过因旧史之文，稍为删润，补缺者少，削繁者多，惟自宋略，齐春秋梁典诸书尽亡，其备宋、齐、梁、陈四史之参校者，独赖此书之存，则亦未可尽废也。李延寿与修《隋书十志》，又世居北土，见闻较近，参窍同异，于《北史》用力独多，征北朝之故实者，终以是书为依据，虽八书具列，而二史仍并行焉。自沈约《宋书》以下，竞标藻采，务摭异同，词每涉乎俪裁，事或取诸小说，《南北史》因仍故习，卷中字句鲜华，事迹新异者尤层见叠出。沈名孙、朱昆田之《南北史识小录》，著录四库，实仿两汉博闻之例，虽与史体无关，而赋手取裁，诗人隶事，樵苏渔猎，捃拾靡穷。刘煦[3]（后晋）所撰《旧唐书》，实承吴兢之旧，长庆以后史失其官，无复善本，煦等乃采杂说传记成之，动唐体例。欧宋新书出而此书遂废，今二书并列，正史相辅而行。欧阳修、宋祁同撰《新唐书》，本以刘书之舛误，惟自称事增于前，文省于旧，则正书新书之失。薛居正（宋人）所撰《旧五代史》，多据累朝实录及范质《五代通录》为稿本，自欧公《新五代史》出，是书遂微，而二书繁简各有体裁，不能偏废。欧阳公《新五代史》本名五代史记，世传五代史者，省其文也。唐以后所修诸史，惟是书为私撰，公没之后，诏取其书开雕，至今列为正史。欧公文章冠冕有宋，此书笔削尤其深心，譬之三传，薛史近左氏，而欧公近公、谷，惟信《史通》废表志，此书之失此为最大。托克托（元人）《宋史》大旨在于表章道学，其余姑以备致，故疏舛芜蔓，仆数难穷，柯维骐以下屡有改修，然才谢三长，亦终无以相胜。辽制书禁甚严，凡国人著述，惟听刊行于境内，有传于邻境者罪至死，盖国之虚实不以示敌，用意至深，然亦缘此不能流传及远，迨五京兵燹，遂荡然无存。托克托修史之时，又据耶律俨、陈大任二家之书，又藏功于一载之内，宜其潦草疏略也。近厉樊榭（鹗）作《辽史拾遗》，采摭群书至三百余种，自比于裴注《三国志》，殆不诬矣。金源一代典制，修明文献亦备。又有元好问、刘祁诸人私相缀辑，故《金史》有所依据，较《辽史》为详赅。又托克托进书，称张柔归金史于前，王鹗辑金事于后，是以纂修之命，见诸敷遗之谋，是元人于此书经营已久，与宋辽二史取办仓卒者不同，宜其首尾完密，条例整齐，在三史之中最为善也。宋景濂等（明人）撰《元史》二月开局，八月书成，而顺帝一朝，史犹未备，至明年二月重开局，阅六月书成，急于成书，故多舛驳。康熙间王鸿绪撰《明史稿》三百十卷，惟帝纪未成。后张廷玉等奉敕修《明史》，即因其本而增损成书。瓯北曰："明史事多而文省，最为简密，其法之尤善者莫如附书之例。史家纪事仿《尚书》，编年仿《春秋》。有历代之编年，《竹书纪年》之类是也；有一代之编年，荀悦《汉纪》之类是也。自司马温公《通鉴》，朱子《纲目》二书出，遂集编年之大成。二体之外，袁枢作《通鉴纪事本末》等，虽史家之支流，实深有裨于学者也。"读史者不可不读"三通"，自唐杜君卿佑因刘秩政典而广为之《通典》二百卷，分食货、选举、取官、礼乐、兵刑、州郡、边防八门，以类相从，皆为有用之学，与马贵与（端临）又从而析之为《文献通考》三百四十八卷，以《通典》八门析为一十有九，而增以经籍、帝系、封建、象纬、物异五门，稍逊《通典》之简严，而详赡实过之。郑渔仲（樵）之《通志》仿《通典》之例自成一书，凡纪传一百四十五卷，谱四卷，略五十一卷，观其精华惟在二十略网罗繁富，才辨纵横，遂与杜、马二家联镖艺苑，今亦莫得而废之焉。知古必兼知今，读三通续三通而不知读皇朝，亦虚生明备之世矣。以上示人以读史之要旨，信老马之识途者。

读子，梁庾仲容取周、秦以来诸家杂记，摘其要语为书，名曰《子钞》，所录一百七家，惜其书宋后失传。唐马总就庾书之例增损之，名曰《意林》，凡七十一家，今观所采诸子，多今人所未见，惟赖此书之存。今所传《孔子家语》十卷，题王肃注者，即王肃所伪撰也。韩子显学云："自孔子之死也，有颜氏之儒，则颜子固有书矣。曾子之书著录《汉志》者十八篇，《隋志》则称二卷。"《晁氏[④]读书志》所录二卷十篇，与《大戴礼》合。芸台先生以为从事孔氏之学者当自曾子始，据《大戴记》十篇为定本，并以卢辩旧注为宗。《孔丛子》亦伪书，其言颇杂，并有猥亵之语。诸子之书，多与《孟子》语相出入，盖当时有此成言，群相引用。诸子书以《鬻子[⑤]》为最古，今本虽著录四库，而提要直疑其伪，姑以流传既久存备一家了。《管子》之书厚重奥峭，在诸子中列自一格，然多后人羼入者。恽子居（敬）曰："《晏子春秋》《七略》录之儒家，柳子厚以为墨子之徒宜入墨家。"《四库提要》著录史部《崇文总目》曰："《晏子春秋》八篇，今无其书，今书后人所采辍。"其言是也。唐元宗御注《道德经》，分老子《道经卷上》，《德经卷下》，今此本已离析。《关尹子》九篇，旧本题周尹喜撰，著录《汉志》，而《隋唐志》皆不载，知原书久佚，今本盖唐以后所伪托，然颇有理致，有文采，犹解文章之方士所为也。荀子生孟子之后，最为战国时老师，故太史作传，论次诸子，独以孟、荀相提并论，其书大旨在崇礼而勤学（应为劝学），后人诟厉者莫过于《非十二子》及《性恶》二篇。杨倞[⑥]注曰："伪为也，后人昧于训诂，即《性恶》一篇，自篇章二句以外，亦未竟读矣。"杨倞《注·荀子序》，称其"立言指事根理要敷陈往口

（原缺），挈当世拨乱兴治易于反掌，真名世之士，王者之师。又其书亦所以羽翼六经，增光孔子，非徒诸子之言”云云。今考荀子所著载，在二戴记者尚多，而本书反多缺失，旧有（元刻）纂图互注本，未能是正。近谢东墅、卢抱经合为辑校，刊本以行，则荀书之最善本也。《墨子》旧题宋墨翟撰，《汉志》《隋志》皆同，今考书中多称子，《墨子》则门人之言，非所自著。梁晖北曰：“杨朱之书不著汉录，案列子有杨朱篇，此必朱所作，误合于列子尔。”《庄子·天下篇》称墨子为经，杨子无是称也。吕不韦载墨家授受特详，则当时墨尤横于杨，故其书特传耳。《吕氏春秋》旧本题秦吕不韦撰，考《史记》《文信侯列传》实其宾客之所集也。不韦人不足道，而是书裒合群言，据儒书者十之八九，参以道家、墨家之近理者十之一二，故较诸子为近醇（或称《吕览》者举八览六论十二纪之首名，汉以来皆以《吕氏春秋》为正名），为学者所必读之书。毕秋帆曰：“六经以后，九流竞兴，虽醇疵有间，要皆有为而作，其著一书，专觊世名，又不成于一人，不能名一家者，实始于吕不韦，而《淮南》内外篇次之，然淮南王后不韦几二百年，其采用诸书能详所自出者十尚四五，不韦书在秦火之前，故其采缀原书类亡，不能悉寻其所本，其书沈博绝丽，汇名法之旨，合儒墨之源，古今帝王，天地名物之故悉萃篇中，后人所由探索而靡尽，与《淮南子》《汉志》列之杂家。”作《淮南》内二十一篇，外三十三篇，颜注云：“内篇论道，外篇杂说，今所存者二十一篇，则内篇也。”《淮南》一书，以《天文训》为最奥。庄子之书，离道似远而实近，朱子言庄子才高如老子，其《天下篇》言诗以道，志书以道，事礼以道，行乐以道，和易以道，阴阳春秋以道，名分若见，不分明焉，敢如此道。《列子》先于《庄子》，而书独后出，书中列御寇以后事，故柳子厚《列子辨》谓其经后人增窜，高似孙子略，遂以为庄子寓言，并无其人。据《尔雅疏》引尸子《广泽篇》，知当日实有列子其人，特其书为门人所追记耳。此书又名《冲虚至德真经》者，天宝初诏《庄子》为《华南真经》，《文子》为《通元真经》，见《唐书·艺文志》。宋景德中加“至德”二字，见晁氏《读书志》。《文子》《汉志》亦列之道家，注云：“老子弟子，或以为计，然者误也。”柳子厚称其多窃取它书为之，要是唐代前古本，故唐代与老庄并重。慎子之学近乎释氏，而《汉志》列之法家，今考其书，大旨致皆物理之当，然各定一法以守之，不求于法之外，亦不宽于法之中，则上下可安，可以清净为治，然法有不行，势不能不以刑，齐之黄老之为，申韩此其转关乎。《公孙龙子》《汉志》列之名家，原书十四篇，今只存六篇，大旨欲综核名实而务恢诡，其说“坚白”“同异”之辨，实足以耸动一时。《鬼谷子》《汉志》不著录，《隋志》列之，纵横家旧本皆题周鬼谷子撰，《唐志》则以为苏秦撰，按道藏目录，鬼谷子姓王名诩，晋平公时人，原书十四篇，今十篇，高似孙《子略》，称其一阖一辟为易之神，一翕一张为老氏之几，出于战国诸人之表。《尸子》原书二十篇，《汉志》列之，杂家所谓十九篇陈道仁义之纪，一篇言九洲险阻，水泉所起也。《鹖冠子》，《汉志注》云：“楚人，居深山，以鹖为冠。”此鹖字恐鹬字之误，鹬鸟能知天晴雨也。今《鹖冠子》书率多谈天之语。《亢仓子》，即庄周所谓“庚桑楚书”，凡九篇，盖亦杂缀古书为之。《子华子》不见前录，其书虽稍涉蔓衍，而理致文采尚有可观。《尹文子》一卷，《汉志》列诸名家，其大旨在指陈治道欲白处于虚静，而万事万物则一一综覈其实，故立说在黄老、申韩之间。《邓析子》一卷，《列子》言：“子产作竹刑，邓析数难之，子产执而诛之。”其书大旨亦在黄老、申韩之间，而以势统于尊，事覈于实为主，于法家为近。《商子》，非鞅[7]所著，殆法家者流，掇拾鞅之绪论，以成是编矣。《韩非子》二十卷，五十五篇，其词峻厉刻深，与商子相埒，遂为法家之祖。近人多以《文中子》为伪书，遂并疑为无其人，《唐书·王绩传》“绩兄，聚徒河、汾间，仿古作《六经》，又为《中说》以拟《论语》。不为诸儒称道，故书不传，惟《中说》独传。”子书杂家最多，而有数部不可磨灭之书，必须专读者，如班固之《白虎通义》，颜之推之《家训》，王应麟之《困学纪闻》，顾亭林之《日知录》，皆当家有其书。王充《论衡》，《四库》亦列之杂家。古时无类书，故研京炼都，必多历年所而后成，而一出遂至于纸贵。今人有大制作，皆有类书可凭，惟作者转相裨贩，陈陈相因，不可不择善本而用之。类书亦子部之一门，今以唐欧阳询之《艺文类聚》，虞世南之《北堂书钞》，徐坚之《初学记》三书为最古。继此作者则以宋李昉等之《太平御览》，王钦若等之《册府元龟》，祝穆之《事文类聚》，王应麟之《玉海》为巨观。今村塾通行之本，惟知有《事类赋广》《事类赋》两书，然徐淑之书隐括简安，尚为近古。华希闵之书虽曰广淑所未备，而精博则远逊之，康熙间御定《渊鉴类函》《分类字锦》《子史精华》《佩文韵府》《骈字类编》五书出，而一切类书悉已包括无遗矣。以下述理学诸派。

学文作文之法，有已标举于经传之中者，如《易》言：“修辞立诚”，《书》言：“辞尚体要”，《诗》言：“穆如清风”，《礼》言：“达而勿多”，《左氏》言：“辞之无文，行之不远”，合而观之，作文之本末备举。作文自然以道、理、经书为主，而取材不可不富，辨体不可不精。《史记》《汉书》两家，乃文章不祧之祖，不可不熟读，其次则莫如《萧选》，熟此三部，然后再读徐、庾各集，及唐初四杰，燕、许诸公，而以韩、柳作归宿。彭文勤公（元瑞）尝言：“《萧选》行，而无奇不偶；《韩集》出，而有横皆纵。”盖古今文体，此两语足以该□□□阳对待之理，不能偏废也。继《文选》而作者为《文苑英华》，然《文选》自周秦以迄梁初，不过三十卷，而《文苑英华》自梁末以迄唐季，乃至一千卷，其富而不精，宜也后姚铉诠择约为《唐文粹》一百卷，而其中尚有《文苑英华》所未收者，所录诗文只以古体，盖欧□未出以前，能毅然矫五代之弊，而与穆修柳开相应者，实自此书，始读唐文者舍此无善本矣。以东莱之《宋文鉴》，在当时颇为人所訾议，惟朱子谓此书编次篇篇有意，南渡以后文字，□□子为一大宗。金人诗文并工者只一元遗山。苏天爵所编《元文类》七十卷，自元初迄祐正，元文极盛之日，而天爵又抄解文章，精于鉴别，故所选具有体要论者，谓可与《唐文粹》《宋文鉴》鼎立而三。厥后程敏政之《明文衡》，虽极力追之，终莫能及也。胜国古文初年只一宋文宪（濂），中叶则李文正（东阳），末季则唐荆川（顺之）、归震川、王遵岩（慎中），此数家必须读其全集，余则就选本观之可矣。明文之衰，肤滥于七子[8]，纤佻于三袁[9]，至启祯而极敝。我朝始复讲唐宋之矩薙，当时以汪钝翁、魏叔子、侯朝宗三家为最工，此外如朱竹垞之渊雅，毛西河之纵横，方灵皋之严洁，皆当涉猎及之。

凡诗文中，于古人称呼，必经古人用过者，方可用之。如乐毅称乐生，贾谊称贾生，李膺称李君，阮籍称阮公，嵇康称嵇生，山涛称山公，王导称王公，谢安石、康乐、元晖皆可称谢公，庾亮称庾公，杲之称庾郎，王凝之称王郎，袁粲称袁公，江淹称江郎，徐陵称徐君，杜甫称杜公，杜子称杜老，李白称李侯、李生，孟浩然称孟公，韩愈称韩公、韩子，韦应物称韦公，白居易称白公、白傅，元稹称元相，刘禹锡称刘郎之类各有所本，不可假借。以上节抄梁茝林《退庵随笔》中语，学之不厌，诲人不倦，退庵有之。

今日穷一日之力，试抄《梁书》，仍不及万字，信古人之不可及也。（欧阳公谓凡读史书须作方略抄记。宋景文尝自言手抄《文选》三过，方见佳处。洪景庐尝手抄《资治通鉴》三过始究其得失。张司业参年虽老，犹手写九经，以为读书不如写书。苏子容、刘贡父皆有手录本，一生作文得力多取诸本中。袁守定《佔毕丛谈》卷一。）

【注释】

①贾：指贾公彦。

②左氏：指左丘明。

③刘煦：指刘昫。

④晁氏：晁公武：字子止，人称“昭德先生”。

⑤鬻子：史称鬻熊，本名熊蚤，又称鬻熊子。楚国先祖。

⑥杨倞：唐代官员、学者。著《荀子注》一书，是现今流传《荀子》的最早注本。

⑦非鞅：见《盐铁论·非鞅》。

⑧七子：明七子有“前七子”与“后七子”之分，“前七子”包括李梦阳、何景明、徐祯卿、边贡、康海、王九思和王廷相等有名的文人。为区别后来嘉靖、隆庆年间出现的李攀龙、王世贞等七子，世称“前七子”。

⑨三袁：指袁宗道。

《万年山中日记》第十九册

（1934年5月17日—6月29日）

1934年5月17日

校读《史通削繁》，《补注篇》照录，《言语篇》删削二处，末段“苟记言则约附《五经》”以下一笔八句，原以申足上文之意，删之已不必。若中段“然自咸、洛不守，龟鼎南迁”至“华而失实，过莫大焉”一大段，于北朝诸史，掩其国语，以古辞取谩后人，自失其实之处，言之历历，此治史者所应知也，徒以中多忌讳之词。如“先王桑梓，翦为蛮貊，被发左衽，充牣神州”。“讳彼夷音，变成华语”等句耳，则勿如全首不录可也。《本篇》有云：“近有敦煌张太素、中山郎余令，并称述者，自负史才。”“其难类者，则忽而不取，料其所弃，可胜道哉。”即以此语转贻晓岚。

1934年5月18日

校《史通·浮词篇》，削繁本删去四段，盖三之一矣，必以庚周所作，皆为实录，则所褒贬非止一人，咸宜取其指归，何止采其四句而已，加减前哲，岂易言哉云云。皆本篇之词，息壤具在耳。

《叙事》削首一大段，大指言：“时风递降，则文亦随之，不知何以被删？”篇中删去四笔，尚非紧要处，末笔为“又自杂种称制，充牣神州，事异诸华，言多丑俗”四句，自在应删之列，然欲盖弥彰耳。

1934年5月19日

书贾付来各书，有袁守定《占毕丛谈》一种，撮其三则，分系十八册日记中（《礼乐记》“今之教者，呻其占毕”。注：“占，视也，毕，简也。”但吟讽所占视之简牍，不能通其蕴奥也）。

慈溪《黄氏日抄》九十五卷，宋黄震东发撰，凡读经者三十卷（《孝经》《论语》《孟子》《毛诗》《尚书》《周易》《春秋》《礼记》《周礼》），三传一卷，孔氏书一卷（《家语》《孔丛子》《阙里谱系》），读诸儒书者十三卷（《晦翁文集》《晦翁语类》，南轩、东莱、勉斋、龟山、上蔡、和靖、横浦、象山、复斋、温公、元城、延平、徂徕、安定），读史者五卷（《史记》《三国志》《南北史》《唐书》《五代史》《本朝名臣言行录》)，读杂史者四卷（《汲蒙书》《周语》《战国策》《吴越春秋》《越绝书》《春秋世纪》《春秋大臣传》《东莱大事记》)，读诸子者四卷（《老子》《庄子》《荀子》《杨子》《文中子》《曾子》《子华子》《管子》《列子》《墨子》《文子》《亢仓》《关尹子》《鹖冠子》《商子》《韩非子》《邓析子》《真子》《公孙龙子》《尹文子》《淮南子》《抱朴子》《刘子》《鳌隅子》《纪书》《子家子》，以上一卷。《吕氏春秋》《素书》《新语》《贾谊新言》《新序》《说苑》《春秋繁露》，以上一卷。《论衡》《申鉴》《乾坤凿度》《易纬稽览图》《易通卦验》《古三坟书》，以上一卷。《孙子》《吴子》《司马法》《李卫公问对》《尉缭子》《三韬大略》《阴符经》，以上一卷)，读文集者十卷（《韩文》《柳文》《欧阳文》《东坡文》《南丰文》《荆公文》《涪翁文》《浮溪文》《石湖文》《水心文》)，以上六十八卷尚论古人，务求其是，即此冣目已可见古人之为学次第矣，其《读论语弁言》中有云"今年逾六十，遗忘是惧，官所窃暇，复读而间记"云云。无分斑白，有待纯青，展卷咏歌，依稀晤对，编摩罔既，依响最深。以下二十余卷皆为自作之文，都十六册（索贾三十二金），倘果得而宝诸，何啻贫儿之暴富，且所求者书耳，可知下士之无它（即用《台州郡斋求沈寺丞印四书启》中句)。

1934年5月20日

《占毕丛谈》六卷，附录一卷，丰城袁守定易斋主豫章讲席时课士作，自《序》署乾隆十三年。粗阅其谈学问、言行、治术、诗文数卷，多属高头讲章，极意显出而无深入处。凡有所作，摊视旧本，谓之獭祭鱼；令人检讨出处，掇拾成文，谓之衲被；装头者，谓之楼上架楼；模仿前人者，谓之屋下作屋；铺叙无含蓄，谓之状体；好用金玉宝璧字，谓之至宝丹；好用古人姓名，谓之点鬼簿；好用数目字，谓之算博士；好附寒僻者，谓之鬼画符；俚拙而笨者，谓之疥骆驼；未成而镌刻者，谓之詅痴符（卷五一则)。

1934年5月22日

语云："多识于鸟兽草木之名。"予生于海隅，去海不十里而遥，昕夕皆可闻潮声，顾以受书，身同禁锢，九岁始见溪河（赴郡试)，十六岁始临大海（赴乡试)，于昆虫名物不辨，如騃痴然，餐饭所资，鱼族是赖，口之于味，少亦在百种以上，今许文《鱼部》所存者百有三文而止耳，古今人纵甚相殊，维兹鱼族，因地固有不同，因时谅无大异也，乃参读《释鱼》，比而稽之，而雷深之[①]已先获我心矣。

《尔雅》释鱼篇字，《说文》所无者：

鮰（《郝注说文》鯈，鱼鯈即鮰)、鰦、鯉、鯢、鯤（鱼子)、鱀、鮻、鱦、鮛（《释文》作叔)、魱、魛、鱴（刀鱼之讹)、鮬、鯞、黴、鮤、鰊。

《玉篇》所有而《说文》所无者：

鲃（布演切，鱼似蛇)、鱓（同上，俗作鳝)、鮺、鮓（反下切，藏鱼也)、鱍（《卫风》作發）、鯆（普乎切，一名江豚）、鮃（覆浮切）、鱟（胡遘切，今潮音如此读，《山海经》云："形如车文，青黑色，十二足，长五六尺，似蟹，雌常负雄，渔者取之必得其双，子如麻子，南人为醬。"今潮人皆云"负心莫如鱟"，言得雌则两得，得雄则雌者逃也）、鮭（古迷切）、鱷鰐（《虫部》，蝉似蜥蜴，水潜吞人即浮，出日南，从虫，逆声，五各切，即鱷鰐字）、鱸、鮴（《说文》有鮂字）、鰓（鰓为鱼类，见《潘安仁西征赋》贯鰓匀尾。《说文》无鰓字。古祇作思，顋、腮、鰓皆后出字）、鯶（乎衮切）。

按《玉篇·鱼部》凡三百二十一字（《小学汇函》据苏州张氏泽存堂本），上列二类仅三十二字，《说文外篇》所毕次固然依十三经之序字不重见，然亦只有：

鰷（《诗经·周颂》鰷鱨鰋鯉，白儵即白鰷）；鱐（内则夏宜腒鱐，《说文》鱐，干鱼尾鱐鱐也）；鰭（少仪夏右鰭，郑注：脊也，《说文》亦无鬐字）；䲣（《周礼·天官》䲣人陆，《释文》本又作鱼）。

合《说文》一百三文计之，不及一百五十文，则雷氏所未考者多矣。

《通志略》（第三十三卷"六书三"）云："谐声字《鱼部》三百二十六字，《鱼部》全部除部首鱼字外固均属谐声字，然不知何以超出《玉篇》之数也。"

【注释】

①雷深之：指雷浚。

1934年5月23日

《癸巳类稿》十五卷，黟俞正燮理初，自断其稿于道光癸巳之年（十三年），故名。其学主求是，文极典则，不事切响，更绝浮声，于朴学家数，靡不洞晰，小学所造致深，如《说文》重字考、反切证义、复语篇诸篇，于形音义之旨深造有得，小学家之文，深切著明如此，吾见亦罕矣。

1934年5月25日

《一切经音义》，唐慧琳撰（《小学考》卷五十，原玄应撰，慧琳采其书而成），百卷，《续一切经音义》十卷，辽希麟撰，皆网罗古训，博综群籍，引《韵英》《考声切韵》诸书，以释其音，引《尔雅》《说文》《字林》《玉篇》《字统》《古今正字》《文字典说》《开元文字音义》，以及诸经杂史百家之学说，以释其意。所引各条之原书，大半散佚，正可以正经史传注之讹脱，订古今音韵之得失也。医学书局据日本原本景印（附《通检》一卷，贾七番）。又《四部书目总录》一种，较沈乾一《丛书书目汇编》更为宏富，以上二种皆心所欲得者（《诂林续编》二册六六页，宦懋庸、田潜二序，关于一切经音义者可看）。

1934年5月27日

形音义三者，以诂训为最难，非经学湛深，学有家法者，不敢攘臂。越缦记（三十三册四十六页）徐彝舟（鼒）《读书杂释》“籧篨戚施”一条，谓《说文》“籧篨，粗竹席也。”**[illegible]**（即戚施正字），詹诸也（薛君韩诗章句，“戚施，蟾蜍，喻丑恶也，蟾蜍即詹诸之俗”）。此为第一义。《国语》：“籧篨不可使俯，戚施不可使仰。”韦注：“籧篨偃人，戚施偻人（毛传用国语）。”此为第二义。《尔雅》：“籧篨，口柔也；戚施，面柔也（郑笺用之）。”此为第三义。展转相生，极为明哲。按《淮南子·修务》：“齤睽哆哃，籧篨戚施，虽粉白黛绿，弗能为美也，嫫母仳倠也。”高注：“戚施，偻也。”《论衡·累害》：“戚施弥妒，籧篨多佞。”《盐铁论·非鞅》：“淑好之人，戚施之所妒也。”皆为引申之义，朱起凤《辞通》较详。

1934年5月29日

吴颖芳西林《说文理董·后编补目》：

《说文解字诂林补遗》之续三三七页至三七一页，丁本依原钞本景印，既不标作者姓氏，又不特书节目，仅以其目分见于目录中（第一页，第六页），非细心者不能见其篇第，今为补目而略说之。

理董后编卷一（说文理董前编二十四卷，复堂有“校读日记”，柳诒徵跋云：“此稿不知流落何许”）

唐校书郎徐锴《袪妄篇》。照录原文系传第三十六卷，其中加以讨论，徐氏力驳阳冰，西林多救正之。

唐校书郎徐锴疑义篇。系传第三十九卷。

附 通释卷一上字条下六书论。

卷二 宋郑樵渔仲《六书略》讨论上。

卷三四 宋郑樵渔仲《六书略》讨论中。

卷五 宋郑樵渔仲《六书略》讨论下。

卷六 宋王鲁斋正始之音六书说。（鲁斋[①]袭夹际[②]之说处甚多，西林概痛纠之）

方密之《通雅》引《说文概论》。

《日知录》论《说文》数则。

概引述各文而论正，卷末附王昶春融堂《吴西林小传》一首，《复堂日记》三则，《柳诒徵识后》一首。世所传有应童子试者，为吏所诃，遂终身不复应试，曰是“求荣反辱”也。其事即见《西林小传》（乾隆四十六年辛丑二月二十七日卒，康熙四十一年二月二日生，年八十）。据传云村居闭户，不求人知，与厉征君往还桑塍麦陇间，辨难不已，过者听之不知作何语也。《复堂日记》云：“先生尚志著书，朱霞白鹤，读兰泉撰传，如见古高士。《吹豳录》《乐经断业》，不表于世。理董遗编，若存若亡。垂莫得见此残稿十卷，乃知儒师卓尔独照开先，江、戴、王、段诸大师，其书满家，而引端开山，约略具此矣。”可谓备极推崇，自来高蹈山林，啸咏风月，鲜以研经绝学，独善其身者，詹蟠结之山川，缅伊人之宛在矣。

【注释】

①鲁斋：指王柏。

②夹际：指郑樵。

1934年5月31日

《论语》“井有仁焉”。自来注书家解说纷纭，俞荫甫翻旧说乃谓“井中有仁道”，更属不辞。悉伯云（《越缦日记》三十七册三十二页）：“井者法也，刑也，刑字从井，井有仁焉者，谓若明知其事干犯罪法而中有仁，道其从之也者，谓忘身以殉之，如尾生之信[①]，专诸[②]、聂政[③]之勇。《孟子》赵注所谓藉交报仇，后世朱家[④]、剧孟[⑤]任侠之流皆是也。”其说极通，窃考书旧文为比之。按《易系辞》：“井，德之地也。”《风俗通》：“井，法也，节也。”《广雅·释诂》：“一井，法也。”《荀子·儒效》：“井井乎其有理也。”皆足为李说之左。于鬯《说文职墨》井字条下云：“井部：井，八家一井，象构韩形，罂之象也。今隶作井。井丼盖本两字，井者，井田之井也；丼者，丼灶之丼也。如刑如刱，从井非从丼也，古人或井丼相借。”（《易》井卦之井亦井田之井。井渫之井，则借为丼。旧井之井又借为阱）又吕调阳曰：“井即古型字，则井之为法，凿然有据。”而悉伯又云：“井读如驱，而纳诸罟护陷阱之中，之中省借作井。”则井丼又混为一谈矣。

【注释】

①尾生之信：尾生，古代传说中坚守信约的人，为守约而甘心淹死。

②专诸：春秋时期用“鱼肠剑”杀吴刺王僚的勇士。

③聂政：战国时侠客，以任侠著称，为“春秋战国四大刺客”之一。

④朱家：秦汉之际的游侠。季布被刘邦追捕，他通过夏侯婴向刘邦进言，得赦免。其以助人之急而闻名于关东。

⑤剧孟：西汉游侠。吴楚叛乱时。周亚夫由京城去河南，得剧孟，十分喜悦，认为剧孟的能力可顶一个侯国。后因用其事为喻大将能威之典。

1934年6月3日

校读《史通》“核才”“烦省”二首，《史通》极诋俪词，卒自为俳体，编字不只，捶句皆双，拘时之论，自埋之而自搰之。

午馔供时鱼，遂尔恋杯多卧。阅《越缦堂日记》，其“孙梅（松友）《四六丛话》捋集各家之说，如宋人《苕溪渔隐丛话》例，胡元任（仔）亦居湖州，故以‘苕溪’名书，其体本之阮闳休（阅）《诗话总龟》，而孙氏此书《序》例未尝及之，其论（四六）推重欧、苏而薄徐、庾，其《序》以骈行之亦不工，盖非深知此书者矣”云云。持论亦有过严处。

1934年6月6日

梁章钜《退庵随笔·读经》诸卷（见二三〇五一五日记），多袭黄氏《读书日抄》语，而不标出，尤如“论经典释文”一条，抄录卢文弨《重雕经典释文缘起》序语，“此书辟经训之菑畬”以下俳语，至于八句，貌为己出，殊乖私德。此外剿袭不知几许，亦无暇为磨勘之也。

1934年6月9日

《许学丛书》三集十四种，长洲张炳翔叔鹏辑刊，光绪癸未九年张氏“仪许庐”藏板，有吴县雷深之《序》，极崇惠征君（栋）、段大令[①]为召陵之肖子，江左之争臣。自是不祧之论。而前斥李赵，后摈钟鼎两派，庸有过当处。万木山中，远钟声里，撮年来之眉记，存晚学之心仪，间亦参订群书，谬厕管见焉。

《许君年表并考》一卷，会稽陶方琦纂，断“许君生于汉明帝永平戊午元年，卒于桓帝初年，享寿八十余”云。按《诂林前编》关于许君事迹文者十余首，中有诸可宝《许君疑年录》一首，疑“许君生当在光武建武乙卯三十一年，卒于桓帝建和己丑三年。”则寿至九十五岁矣。

仿唐写本《说文解字·木部笺异》一卷，独山莫友芝撰，有湘乡题辞一首，诗笔瑰丽，如读石鼓之歌，此老真可爱也。子偲《谢诗》有云：“自从宝庆落人间，几阅劫灰换朝市。百八十篆归尚完，界宅分曹烂仍理。”亦复可诵。近传有唐写本《尔雅》出自敦煌，石室者视此不知何如。

【注释】

①段大令：指段玉裁。

1934年6月10日

《说文疑疑》二卷，江阴孔广居（千秋）稿，依韵类分十部，始东终侵，是真勇于疑古者。不但疑治许诸家，并许文本身亦时致疑问，其论省体形声一条，如羔，照省声。谓“羔字，羊下不过一火耳，何以知其是照之省。且焦、熬、熏、烎、尞、熹等，皆与羔声相近，何独照字可谐哉?”虽非发前人所未发，而寔得人心之所同。然论假借条下云：“云气之[illegible]，从二，即古上字，会云气上升意，[illegible]，象雲霞缭绕形，而小篆又加雨作雲。卜兆之[illegible]，从兆，即古别字，会分别吉凶意，[illegible]，象灼龟坼文形，而小篆又加卜作[illegible]。非即洲采之类邪（又如意旨之作恉，及然诺之作嘫，与俗书丁宁之作叮阿，那之作娜类）”云云。疑之诚是也，至云[illegible]、[illegible]、[illegible]“三字本属一义，或加月作朢，以会其意或淆，臣加亡以谐其声，皆后世之烦文”云云。指许氏为太泥，则疑之者过矣。文者物象之本，字者孳乳而生，去其蕃支，存其本根可乎哉。

《谐声补逸》十四卷，高邮宋保定之，学首录王念孙二函，有“闭门守拙眠食矗安”语，可见此事大不容易，颇堪报最也。自序谓：“凡声同，则虽形不同，而其义不甚相远。⿰馬八，八岁马也，当从八声。齔，男八月生齿，八岁而齔。女七月生齿，七岁而齔，当从七声”云云。惟既主由声以生义，则其分类何以不依声部列之意，盖补许文之逸，故仍其次第也，篆文补声三百有九，古籀重文补声八百卅有六。（各书皆作“齔从七”，《段注》及《徐笺》主“从齿匕”。）

《转注古义》一卷，嘉定曹仁虎（来殷）纂，历引古今之言，转注者二十五家，折衷为互训之说。

《说文段注撰要》九卷，当涂马寿龄（鹤船）述部分义类：“曰误字，曰讹音，曰通用字，曰说文无字，曰俗字，曰假借字，曰引经异字，曰引经异句，曰异解。”一以段义为主，殊便于治段学者。

1934年6月11日

《全上古三代秦汉三国六朝文》，乌程严可均原选，上海许学书局景印，凡六十六册，直四十金。嘉庆间开馆修全唐文，铁桥微在草茅，以不得入馆与修为憾，发愤编辑是书，肆力三十年，私家述造，不急程功，往往可贵。其冣录至三千四百九十七人，分代编次曰上古三代（十六卷二百六人），曰秦（一卷十六人），曰汉（六十三卷三百三十四人），曰后汉（一百六卷四百七十人），曰三国（七十五卷二百九十四人），曰晋（一百六十七卷八百三十人），曰宋（六十四卷二百七十八人），曰齐（二十六卷一百三十一人），曰梁（七十四卷二百四人），曰陈（十八卷六十三人），曰后魏（六十卷三百二人），曰北齐（十卷八十四人），曰周（二十四卷六十一人），曰隋（三十六卷一百六十八人），附先唐文（一卷五十四人）。夫唐以前旧集，见存今世者仅阮籍、嵇康、陆云、陶潜、鲍照、江淹六家，蔡邕集宋时得残本重加编次，余无存者见行。董仲舒、司马相如、东方朔、扬雄、孔融、曹植、刘桢、王粲、陈琳、阮瑀、徐幹、潘岳、陆机、支遁、谢灵运、颜延之、谢惠连、梁武帝、简文帝、元帝、萧统、沈约、任昉、陶宏景、何逊、徐陵、庾信等集二十七家，皆明人辑本，挂漏群越，绝无罕见之篇，得兹集之大成，宁非斯文之大幸欤。

夜馆人相聚而谈。阅《段注撰要》，早睡。

1934年6月13日

《说文字原韵表》二卷，钱塘胡鞠圃重编，以“平水韵”分列部首者，仿《梵金篆韵谱》例也。

《说文部首歌》一卷，吴县冯桂芬林一著，以上下平韵次分诠之，计十四篇，上下得二十八首绝句，又附以二首述《玉篇》及新增之异文，云与太炎先生（四言）《部首歌》，皆便于蒙诵者。

《说文校议辨疑》一卷，元和顾广圻涧苹著。

读《说文杂识》一卷，阳湖许棫梦西著。

读《说文答问疏正》六卷，甘泉薛传均子韵著。于《易》《书》《诗》、“春秋三传”、《礼记》《周礼》《仪礼》《论语》《孟子》《尔雅》群经各著若干则，谓九千三百五十三文，不见经典者几十之四。今世所行九经，乃汉魏晋儒一家之学，叔重生于东京全盛之日，诸儒讲授，师承各别，悉能通贯，故于经师异文，采摭尤备，如云：塙，即易確乎不可拔之確。昏即括囊之括。彶即跛能履之跛。捊即裒多益寡之裒。即此比附之劳，已胜许氏功狗矣。

《说文新附考》六卷，续考一卷，吴县钮树玉匪石著，即大徐新附四百余文，一一疏讴之。徐氏进表云：复有经典相承及时俗要而《说文》不载者，承诏皆附益。此何事也而可承诏附益之哉，钮氏此作可为骑省之争友矣。

《段氏说文注订》（八卷），吴县钮树玉匪石著，同郡徐承庆著《匡谬》八卷，冯桂芬著《考正》十六卷。皆段氏盛名之下，横生之戈矛，而连类观之，殊益人神智耳。

《说文声订》二卷，河间苗夔仙簏著，依许文次第考订声类，曾为二徐删改否，亦应有之举也。

夜赴席归觅俦不得，倦卧一榻，鸡既鸣矣。

1934年6月17日

校读《史通》杂述、辨职二首毕。《史通》凡二十卷，自卷一至卷十为内篇，凡三十六首，王益吾据纪昀《史通削繁》本节录列传、书志、论质、断限、编次、采撰、载文、补注、言语、浮词、叙事、书事、覈才、烦省、杂述、辨职十六首，已分别校读讫，识存王选湔本。

1934年6月18日

北江“遣戍伊犁日记”一语，悉伯讥其不词，今体文法品词各有专名，则谓之不合文法，应曰“被遣伊犁日记”矣，然又不文，吾国文句，多省去主格，故有此失也。

1934年6月21日

《晨报·隅园消闲录·微子有五只手》（吴柳隅[①]作）：“今人塑佛像，有六手者，有十八手者，有一百手者。说者谓其属于一种理想，若人类则无是也。岂知多手之人，自古有之，谓余不信，试观司马迁所记五手之微子。《史记·宋微子世家》载：武王伐纣克殷，微子乃持其祭器，造于军门，肉袒面缚（索隐云：肉袒，袒而露肉也。面缚者，缚手于背而面向前也），左牵羊，右把茅，膝行而前。由此段记事观之，微子既有两手反缚于背矣，又左有一手牵羊，右有一手把茅，并有一手持祭器。合而计之，居然五臂矣。此种生理，奇乎不奇！”

《史记·宋微子世家》：“周武王伐纣克殷，微子乃持其祭器造于军门，肉袒面缚，左牵羊，右把茅，膝行而前以告。于是武王乃释微子，复其位如故。”语至明显，无须诠释，何物隅园，肆行曲解，既欺今士，重诬古人。按“持其祭器”句在“造军门”之前，既明非“面缚”而后“持之”，且亦非必自持之不可。“牵羊”者请罪之意，《左传》“郑伯肉袒牵羊”是也。“把茅”者洁身之意，《仪礼·士相见礼》：“在野曰草茅之臣。”《左传》（定公四年）“越在草茅”是也。“面缚”者系腕及臂耳，手仍可执物。“牵羊”“把茅”请罪自洁，大义具在，侏儒奚为前记，已绝之而复及之，亦以自举予之不广也。怡荪云：“羊茅皆祭品，《左传》‘尔贡苞茅不入，王祭不共’是也。”此说为是。

【注释】

①吴柳隅：指吴贯因。

1934年6月26日

阅今人柯敦伯《宋文学史》，分宋之骈体文、宋之四六文、宋之诗、宋之词、宋之戏曲、宋之小说，宋文学作者小传七章，其四六文一章，多因孙梅《四六丛话》之说，但费排比之功而已，编者特注意宋之词曲小说，以为近代文学来源去脉所在，此所谓时代作品也。

校读《经典释文》《论语音义》，叚蒙诵之不同者如下：

令色（力呈反，原读如字）

先生馔（马云饮食也，士眷切，郑作餕，音俊，食余曰餕）

曾是以为孝乎（音增，马云则皇偘，云尝曰也）

思而不学则殆（依义当作怠，朱注谓危而不安）

缧（力追反，孔云黑索）

绁（孔云孿也，今本作絏）

由也过我无所取材（一读过字绝句）

材（才哉，二音）

伯夷叔齐（夷齐谥也，夷姓墨名允字公信，齐名智字公达）

文质彬彬（《说文》作份）

而枕（之鸩反）

子疾（皇本与郑本无病字）

诔曰（《说文》作讄，或云作讄），予有乱十人（本或作乱臣，十人非）。

《四部丛刊续编》今日邮到：

《尔雅疏》，一部二册，景宋刊本

《啸堂集古录》，一部二册，景宋刊本

《吕氏家塾读诗记》，一部十二册，景宋刊本

1934 年 6 月 27 日

早起温经。“浴乎沂”（鱼依切）。“草尚之风，必偃”（尚加也，本或作上）。“以杖叩其胫”（户定切）。

《论语音义》原序云（何晏上集解之序）：“中垒校尉刘向，大子大傅夏侯胜丞相传之，颇多琅琊胶东，坏，得太守为之注，颇为（于伪反）名曰：《论语集解》。”陆云：“何晏集孔安国、马融、包氏、周氏、郑玄、陈群、王肃、周生烈义，并下己意，故谓之‘集解’。”今按其中多有非正文之字，如《学而章》有“通称”二字，有“司马法”三字，断非陆氏所见，旧本与今本不同，至于如此。卢召弓《序》有云：“本书中如《孝经》《论语》《尔雅》，多以校者之词羼入之，今虽不遽删削，唯略为之，间嗝使有辨焉”云云。即指此也。

1934 年 6 月 29 日

假馆藏《青州府志・益都县志》，阅其大凡。《益都县志》刊于康熙十一年，板漶不可句读，《青州府志》咸丰九年重修，青州古爽鸠氏[①]之虚，《禹贡》青州潍淄之野，殷改青曰营，周改营为幽，秦置齐琅琊二郡，汉置齐郡，隋属北海郡，唐以后置青州，金元改益都府，明复青州府，清沿之，入民国隶胶东道，今皆夷为县矣。青州，清领益都、博山、临淄、博兴、高苑、乐安、寿光、昌乐、临朐、安邱诸城十一县。

【注释】

①爽鸠氏：传说为少皞氏的司寇，借指掌刑狱之官。

《万年山中日记》第二十册

（1934年7月6日—8月26日）

1934年7月6日

纪晓岚《史通削繁》，其转录于《骈文类纂》者又删去如干篇，其目如下："卷一：六家、二体、本纪、世家、序例、题目、称谓、因习、邑里。卷二：品藻、直书、曲笔、鉴识、探迹、摸拟、人物、序传、自敘。卷三、卷四属外篇。"纪氏删疑古、点烦二首，王氏概未入录。

1934年7月10日

老苏《辨奸论》，立言太过，文亦不高，且老苏卒时（治平三年），荆公尚未大用，何由知其后必误国，此修怨之辞也，昔贤以此论为伪作。

古人多假借用字，《论语》中如"孝弟也者，其为仁之本与""观过，斯知仁矣""井有仁焉"之仁，皆当作人。

"尧让天下于许由"及"尧舜让天下于子州支伯、善卷、石户之农"及"尧之师曰许由，由之师曰啮缺，缺之师曰王倪，倪之师曰被衣"皆《庄子》寓言，其人名字与子虚亡是乌有无异，而后世误信之。以上三说，见陈善《扪虱新语》，悉伯颇录其说（四十九册五十七页），而此书《四库提要》极诋之，即上数条多有名理裨经说，不为无见者也。

1934年7月11日

《四部丛刊续编》昨寄到。

经部：公是先生《七经小传》一册，景宋本，宋刘敞（原父）撰，学者称公是先生，是书皆杂论经义之语，七经者《尚书》二十二条，《毛诗》三十五条，《周礼》三十一条，《仪礼》四条，《礼记》三十一条，《公羊国语》三条，《论语》八十六条，宋儒说经最重，章旨而名物实疏。

史部：马氏《南唐书》，景明刊本，四册三十卷。

陆氏《南唐书》，景明刊本，三册十五卷。

子部：《括异志》，景宋本，张师正纂，二册十卷，晁氏《郡斋读书志》曰：师正擢甲科得太常博士，后游官十年，不得志，于是推变怪之理，参见闻之异，得二百五十编，魏泰为之序。是本无魏序，仅存一百三十三篇。

《续幽怪录》，景南宋本，李復言编，一册四卷。

集部：《韦斋集》，十二卷，宋新安朱松乔年撰。

《朱庆余诗集》一册。

《周贺诗集》。

《李丞相（建勋）诗集》一册。

1934 年 7 月 17 日

阅《南唐书》，检《四库提要》，急切不可得，因取童习本《袁了凡纲鉴》粗浏一遍，三十五年间不亲此册矣，袁本依《通鉴》例平列纲目，以南唐事与晋汉周三朝交互并行之。按南唐时为五代时十国之一，徐知诰受吴禅称帝于金陵，国号唐，史称南唐，并楚及闽，有今江苏安徽之淮南、福建、江西及广西北部，凡三主三十九年（公历九三七年至九七五年），为宋所灭。

宋宜兴马令辑《南唐书》，都三十卷，其三十卷为建国谱世系谱，传世仅三易君，统州三十有五，纵横连贯，于史书为创局焉，虽不及陆游重修之本，而世推其书法谨严不苟。

陆放翁《南唐书》，本纪三卷，列传十五卷，视马书为简核，其于《烈祖本纪》自系以论曰："昔马元康、胡恢皆尝作《南唐书》，自烈祖以下，元康谓之书，恢谓之载记。秦庄襄王而上与项羽皆未尝有天下，而史迁著于本纪，范晔《汉书》又有皇后纪，以是质之言纪者不足以别正閏，陈寿《三国志》吴、蜀不称纪，是又非可法者也"云云。是不囿正统之见者。

1934 年 7 月 18 日

读马氏《南唐书・儒者传》，韩熙载所为制诰典雅，有元和之风，宋齐丘自署碑碣，每求熙载写之，熙载以纸塞鼻，或问之，"文臭而秽"。此可入《世说新语》。马书言："熙载开宝三年病卒，年六十三。"而陆书本传云："卒年六十九"。其牴牾已如此。

周彬杜门读书，不治产业，其妻让之，彬曰："耕田不如耕道，非儿女子所知也。"闻烈祖镇金陵，献所习，得金玉缯币，陈列于庭，顾其妻曰："伯叔田亩孰愈。"妻曰："此男子之事，非妇人所能知。"此妇人可人可口。

呜乎，左衽比肩，西晋以亡，礼乐崩坏，五代之乱，独于累世好儒之南唐，存典章文物于江左之间者，垂三十年，如韩熙载之不羁，江文蔚之高才，徐铉之典赡，高越之华藻，潘佑之清逸，皆足争名天下者也。

读《隐者传》，其《序》论曰："古之所谓隐士者，道德足乎，已而时命大谬，则泊然自适于性命之真，而非违物离人以为高也，物与人莫为之累而已矣。"此真夫子所谓隐者也。

1934年7月22日

《四部丛刊续编》昨续到者：

《读四书丛说》一部，三册八卷，元许谦撰，谦字君益，吴师道序其承统谓“为得朱子之传者。”藏书家黄丕烈（荛圃）有跋无论语三卷，然则其后得者欤。黄跋有云：“余于宋元经学，不甚喜购，然遇旧刻，亦间收焉，唯此则甚乐之，为其中庸，多一下卷故也”云云。泄泄不成文，“宋元经学”一语，尤未经人道。

《切韵指掌图》一册，景宋写本，宋司马光撰，并有自序。

《清波杂志》

《青阳文集》

《萧冰崖诗集拾遗》

《北山小集》

1934年8月22日

芇，《说文》：“相当也。阙。读若宀。”梁章钜《观弈轩杂录》引《通元集》云：“围棋两无胜败曰芇。”《说文校议》云：“今人赌物相折谓之芇。”《说文》无赌字。按俗言谓之和。潮人又谓为满。

《说文》拈字云：“怪，异也，从心圣声，古坏切。”今俗作恠，非是。

《四部丛刊续编》今日收到。

《急就篇》一册，景印明抄本者，《四库提要》谓“急就章”乃其本名，或称急就篇，或但称急就。乃偶然异文也，然考此本，较《小学汇函》所据玉海附刻本，多出颜师古注叙一篇，首云：“急就篇者，其源出于小学家。”则前论，尚待写定耳。

《汉丞相诸葛忠武侯传》一卷，景宋刊本，广汉张栻撰，详于“陈志”多矣。所附传论亦云：“予每恨陈寿私且陋，凡侯经略次第，与夫烛微消患、治国用人、驭军行师之要，悉暗而不章，幸杂见于它传及裴松之所注，因哀而集之。”栻亦有心人哉，然才不足以举其笔，识不足以济其愿。正统偏统之争，固为自来史家所不能割弃之事，至以不载管乐[1]自许事，矜为卓见，意为传者之误，传成，以示新安朱元晦，元晦已不以为然，乃复著论辨之。未除学究陈习。

元城先生《尽言集》，四册十三卷，景明隆庆覆宋本。宋元城刘安世所撰，章疏[2]也入史部。

【注释】

①管乐：指管仲与乐毅。

②章疏：旧时臣下向君上进呈的言事文书。

1934年8月23日

《汉书·于定国传》曰：“定国食酒至数石不乱。”柳子厚《序饮》亦云：“吾病不能食酒。”今潮人请人酒，均曰：“能食酒。”于用语有病词焉，然《论语》曰“沽酒市脯，不食。”胡不曰：“沽酒不饮，市脯不食”。如淳曰：“食酒犹言喜酒也”。师古曰：“谓能多饮，费尽其酒。”皆未敢直解为饮酒实则。《定国传》文即紧接云：“冬月请治谳，饮酒益精明。”“益”者较上文词旨而言，食酒饮酒可互训也。

1934年8月26日

整比《四库丛刊续编》，已付到者，计经部二十三册，史部二百一十三册，子部三十三册，集部八十三册，凡三百五十一册，签记移时，聊以永日。李悉伯最喜事此，谓是亦目录之学。毛西河陈夫人诋之曰：“君等以毛大可为博学耶，渠作七言八句亦须獭祭乃成。”西河曰：“凡动笔一次，展卷一次，则典故终身不忘，日积月累自然博洽，小子识之，妇人言勿听也。”（见《秋雨盦随笔》）此古人道艰苦处。

《群经音辩》七卷，宋贾昌朝撰，昌朝字子明，事迹具宋史本传，此书其侍讲天章阁时所上。凡群经之中，一字异训，音从而异者，汇集为四门：卷一至卷五曰辩字，同音异依，许目次之。卷六曰辩字音清浊，曰辩彼此异音，曰辩字音疑混。皆即经典释文序录所举，分立名目。卷七附辩字训得失一门，唯云轻清为阳，重浊为阴，而举衣施诸身曰衣（于既切），冠加诸首曰冠（古乱切），则皆为清阴声。《淮南子》曰：“清水音小，浊水音大。”清浊之说始此。先记存之，徐考其迁变焉。

中华书局《四部备要》别有巾箱本，三十种，都二百册。以二十金约购之，今五年矣。长剑在要，行囊生色，孤灯渡夜，逆旅有俦，并札存之，以示嗣续者。

经部《四书集注》六册，《相台五经》古注：《诗经》四册，《书经》四册，《易经》三册，《礼记》八册，《春秋左传》十二册，宋岳珂刻。

史部《国语》六册，《战国策》六册，《史记》三十册，《通志二十略》十六册，《史通通释》八册。

子部《老子》一册，《庄子》四册，《尹文子》一册，《管子》八册，《荀子》六册，《韩非子》六册，《孙子》六册，《淮南子》六册，《子略》一册。

集部《古文辞类纂》十六册，黎选《续类纂》十六册，王士祯《古诗选》六册，姚鼐《今体诗》、周密《绝妙好词》（查为仁、厉鹗同笺）四册，张惠《言词选》一册，《文心雕龙》四册。

内政部近查各省市人口，见报者八都市，计上海三三七七四三六，北平一五二〇一八八，天津一三四八九〇五，汉口七七四〇九六，南京七三五〇一九，青岛四四八一八七，济南四三三八九八，兰州九六二三二人。而不及广州，虽鞭之长也。

闲居而不读书，士大夫之耻也，已读之书再见焉如陌生之客，尤吾辈之耻也。无它，读时唯恐其不速，读过于我无有焉耳。敬领无则加勉之训。

《万年山中日记》第二十一册

（1934年8月27日—9月27日）

1934年8月27日

至圣先师诞辰，今令所定也。是亦告朔饩羊之谓矣，放假。

读《后汉书·循吏传》，《序传》称："（光武）以手迹赐方国者，皆一札十行，细书成文，""余登三殿，亲见高宗手书《诗经》全部，雍容酝藉，有万几之劳，无急遽之状，盖天下已定也。"

自光武末造改元中元，至献帝建安前后一百四十年间，改元者三十四焉。谶纬兴而忌讳多也。终东汉之世，列循吏者仅卫飒、任延、王景、秦彭、王涣、许荆、孟尝、第五访、刘矩、刘宠、仇览、童恢第十二人。飒罢斥私铸，通山道，教民种植，居官如家。延十二为诸生，十九拜会稽都尉，革九真之俗，其产子者始知种姓，咸曰"使我有是子者，任君也"，多名子为任。景善治济河，十里立一水门，令更相洄注。彭以礼训人，不任刑罚，待下有恩，崇尚儒雅。涣少好侠，晚而改节，敦儒学，读律令，以平正居身，得宽猛之宜。荆善扶二弟，感化薄俗。尝力雪冤狱，清行出俗，匿景藏采，不扬华藻。访孤贫力耕，政平化行。矩少有高节，礼让化人。宠化所及至愿朴山民，白首不入市井者。览严设科罚，役以农桑，虽在宴居，以礼自整。恢执法廉平，流人归化，斯其绩用之最章章者也。

蔚宗于诸人祖德有可述者，辄首举之，以示明德之报，而系以赞曰："政畏张急，理善亨鲜，推忠以及，众瘼自蠲，一夫得情，千里鸣弦，怀我风爱，永载遗贤。"斯真精意之所存，无一字空投者（蔚宗自负语，见沈约《宋书》所载《晔与其侄及甥书》）。王先谦谓其作《后汉书》，大略自负特甚，然固不愧体大而思精也（《集解述略》）。

1934年8月28日

读《后书》"酷吏""宦者""文苑"三传，真为扼腕斗筲，伤心五百者矣。夜深人定，掩卷而悲。

足心黑痣本不多见。《酷吏·黄昌传》："昌妻为贼所略，对昌曰：'昌左足心有黑子'，常有言当为二千石（相书曰：足心有黑子者二千石）。昌乃出足示之，因相持悲泣，还为夫妇。"今北剧演《珠痧痣》，则还为父子，吁此痣所以志也。

《酷吏·董宣传》："宣征洛阳令时，洛阳公主苍头白日杀人（集解引惠栋曰：《续汉书》云‘宁平公主乳母子白昼杀人’），因格杀之。主诉帝欲箠杀之。帝使宣叩头谢主，宣不从，强使顿之，宣两手据地，终不肯俯。主曰：‘文叔为白衣时（按：文叔，光武字，见《本纪》），藏亡匿死，吏不敢至门，今为天子，威不能行一令乎?’帝笑曰：‘天子不与白衣同。’因敕‘强项令’出。”一段活写董少平倔强之状，宫闱间姊弟呢呢之景，声影并绘矣。忆宜兴童伯章《记鼎革时常州变状》一文有曰：“以堂堂司令，而令不行怜匹夫，为司令愧之。”笔势仿此。

1934 年 8 月 29 日

迁史班书，殿以《自序》《叙传》，其篇目纵非自定，后人即其序传①中历举写出之，便不失作者本意。范书②叙例即亡，编次大旨莫能尽职（范狱中书云：纪传例为举其大略）。王益吾云：“十纪八十列传，各小题皆范所自定，就其分卷分篇观之，莫不各有微意，然予观卷首目录，乃传是书者所加，多乖范书旨趣，如《宦者列传》郑众、蔡伦、孙程、曹腾、侯览、曹节、吕强诸篇，或仅传一人，或牵连附见它人，标目为篇，自无不可，若张让篇则与赵忠齐列，单超篇则并写五侯，不宜特标一人以名篇，此子目之失也。”

《汉书》贵戚近臣子弟宾客多辜榷为奸利者。《后汉书》宦者单超等传，兄弟姻戚皆宰州临郡，辜较百姓，与盗贼无异。颜③注：“榷，专也。”《后汉书》注引《汉书音义》：“辜，障也。榷，专也。”按辜榷或辜较系双声字，司马音姑角二音，合义为刻剥，不必分而释之。今潮语尚存此音。

【注释】

①序传：作者自叙的传记。序，亦写作叙。《史记》有《太史公自序》，《汉书》沿用其体，始称“叙传”。

②范书：指范晔撰写的《后汉书》。

③颜：指颜师古。

1934 年 8 月 30 日

《说文》：“壻，夫也。从士胥（宋本有声字）。”《诗》曰：“女也不爽，士贰其德”。士者夫也，读与细，同婿。壻或从女，《字典》云：“别作偦、聟、聓、壻”。今考各本无作偦者。方言：“东齐之间，谓之倩。”声之异也，疑即偦字之由来。其他各体，据顾炎武《金石文字记》：“皆为汉隶胥字之变体。”而朱氏《通训定声》谓《礼记·昏义》：“壻执雁入。”释文本作聟。《唐公房碑》：“期聟谷口山上。”聟，当为諝，偦之或体。《诗·有女同车》笺：“御轮三周。”释文本作[illegible]。[illegible]又聟之撰文。《仪礼·士昏礼》注：“壻之室也。”释文本作埍。（按：胥，有误作肙者。）《汉书》有“五壻山。”则较顾氏为核实矣。

《后书·酷吏传》：“阳球奏罢鸿都文学，有曰：‘亦有笔不点牍，辞不辩心，假手请字，妖伪百品，莫不被蒙殊恩，蝉蜕滓浊，是以有识掩口，天下嗟叹”云云。斯言未可以人废也。

1934年8月31日

汉书分称前书、后书，于原书证之，《儒林传》曰："前书鲁人申公受诗于浮丘伯是也。"……

点勘《儒林》《文苑》两传竟……

点《逸民列传》竟。

1934年9月1日

点勘《方术列传》一卷。

1934年9月2日

《方术·董扶传》，秦宓答诸葛亮问，曰："董扶褒秋毫之善，贬纤介之恶。任安记人之善，忘人之恶。"《蜀志》记宓言，曰："仆文不能尽言，言不能尽意，何文藻之有扬乎?"只各二三语耳，而意不尽于词，可玩味也。

点《方术列传》竟……必责天下事皆可以理解之者，亦腐儒之论矣。

《说文》**半**，物中分也，从牛，牛为物，大可以分也。《半部》文三，胖叛从之。叛，半也，从半反声，故入《半部》。胖，半，体肉也（段本无肉字），一曰广肉，从肉半，半亦声，义重半而轻肉，故亦入《半部》。《康熙字典》不立半为部，则应入"半"于《八部》，三画以义主割分也（八，别也，象分别相背之形），不然亦应以入《牛部》。一画以角入《用部》，一画字典自有例也，乃入半于《十部》，入乌于《火部》，愈识字愈不能急检所部，为之失笑。

1934年9月5日

点勘《郭太、符（离）、许（劭）列传》……

点勘《郑（太）、孔（融）、荀（彧）列传》……

点勘《左雄、周举、黄琼列传》《陈蕃、王允列传》《党锢列传》。薰烧膏销，为之泪下，嗟乎，名与身孰亲哉。

1934年9月6日

左雄上顺帝一疏，是一篇澄清吏治好文章。荀爽（淑子）陈便宜对策，是一篇尊重男权大根据。

《钟皓传》，“皓嫂为膺之姑，子瑾好学，与膺同年”一节，传文云：“皓兄子瑾母，膺之姑也。瑾好学慕古，有退让风，与膺同年，俱有声名。膺祖太尉脩，常言：‘瑾似我家性，邦有道不废，邦无道免于刑戮。’复以膺妹妻之。”可悟词前后安置之法，又中表为婚此为一例。

点勘《荀淑、韩韶、钟皓、陈寔列传》竟……蔚宗所为合传，皆有深意，此卷特以颍川四族言修行饬者著为篇。

点勘《吴祐、延笃、史弼、卢植、赵歧列传》……按本传，诸贤皆湛深经术，致用泽民，立于谗佞党锢之朝而能行道全身者。

点勘《皇甫规、张奂、段颎列传》……按本传，皆关西之人有平边大功者。

竟日点《后书》。夜卧阅《杨震传》以下数卷，渐有入处，鸡鸣始释卷，然入梦惝怳矣。

1934年9月7日

点《刘玄、刘盆子列传》……此篇传帝业不成者，故列传第一，如剧中配角，但写其不识字，杂处之实状，而诙闻百出者，尝见之矣。岂止来自屠狗哉。

点《王昌、刘永、张步、李宪、彭宠、卢芳列传》……按本篇传伪帝伪王者，几人称王，几人称帝，得天下如此之难哉。

点《隗嚣公孙述列传》……此传为最后灭之二王，赵佗番禺，公孙蜀汉，智与人等耳而亡也，独后叨地之利而已，可恃而不足恃也。

点《宗室四王三侯列传》……此篇传宗室之王或侯者，合传分节，若网在纲。

1934年9月8日

点《李通、王常、邓晨、来歙列传》……按本篇传外戚之尤盛者。

点校《邓禹、寇恂列传》……本篇传中兴大将。

点《冯异、岑彭、贾复列传》……本篇传诸将。

1934年9月9日

校乙《吴汉、陈俊、盖延、臧宫列传》……本篇传诸将。

校乙《耿弇列传》

校乙《铫期、王霸、祭遵列传》（窃所用以注释，多取原传文，或其他经史文，以下用单行写）……古所谓必世而后仁，岂不然哉，而一眷之故，以致感愤，惜哉，畏法之敝也（畏法犹严法也）。

校乙《任光、李忠、万修、邳彤、刘植、耿纯列传》，赞曰：“任、邳识几，严城解扉（更始二年，世祖自蓟还。”按后书自列传第十一已下称光武曰世祖。狼贝不知所向，光闻世祖至，大喜，吏民皆称万岁，即时开门。肜父吉为辽西太守，肜为和成卒正，世祖徇河北，肜举城降，闻世祖自蓟还，失军，肜缘路迎军）。委佗还旅，二守焉依（肜寻与世祖会信都，世祖得二郡之助）。纯、植义发，奉兵助威（植据昌城，闻世祖从蓟还，乃开门迎，纯与从，昆弟宾客二千余人，奉迎于育）。修忠佥同（修与信都太守任光、都尉李忠共城守，迎世祖，书，询谋佥同）。忠尤明机（忠母妻陷于信都大姓马宠，忠格杀宠弟，家属得全）。末二语际遇补赞。

《广雅丛书·史部》，有后汉书补表、补志、补注、辨疑、考证等数十卷，皆清儒治史学者之杰也，当兼及之。

1934 年 9 月 10 日

校乙《朱祐、景丹、王梁、杜茂、马成、刘隆、傅俊、坚镡、马武列传》……又按《集解》，王先谦解由趣句说，全与际遇同。

校乙《窦融列传》（弟子固、曾孙宪、玄孙章附）……

校读《马援列传》（子廖、子防、兄子严、族孙棱附）……以上叙传武功者。

点校《卓茂、鲁恭，弟丕、魏霸、刘宽列传》……此篇首传中兴吏治。”

累日闭户讽诵，绝人间事，欣然自得，不知侯问之礼。

1934 年 9 月 11 日

点《伏湛、侯霸、宋弘、蔡茂，（郭贺附）、冯勤、赵憙、牟融、韦彪（族子义）列传》第十六……按本篇传宰辅之著者。

点《宣秉、张湛、二王（丹，良）、杜林、郭丹、吴良、承宫、郑均、赵典列传》第十七……本传为四府（太尉，司徒，司空，大将军府）佐相之清才。

1934 年 9 月 12 日

点《桓潭、冯衍列传》，赞曰：“谭非谶术（有诏会议灵台所处，帝谓谭曰：‘吾欲谶决之。’谭默然良久曰：‘臣不读谶。’复极言谶之非，帝大怒，将下斩之，出为六安郡丞。意忽忽不乐，道病卒），衍晚委质（衍审知更始已殁，乃罢兵幅巾降于河内，帝怨衍等不时至，独见黜，衍引《国策》陈轸对秦王语，以嘲衍）。道不相谋，诡时同失（君山熹毁俗儒，由是多见排抵，敬通引公孙鞅语曰：‘有高人之行，负非于世，有独见之虑，见赘于人’），体兼上才，荣微下秩（谭著《新论》二十九篇，《琴道》一篇未成，肃宗使班固续成之。衍著《显志赋》等五十篇，肃宗甚重其文。遭悍妻，去两妇，居贫年老，卒于家）。”按此篇特著有经世之才，而不得于明时者。

点《申屠刚、鲍永、郅恽列传》……按，此篇传能以正道匡君者。

点校《苏竟、杨厚、郎顗、襄楷列传》……按，此篇，传能以阴阳之说匡君者。

点《郭伋、杜诗、孔奋、张堪、廉范、王堂、苏章、羊续、贾琮、陆康列传》……按此篇传太守之贤能者。

1934年9月13日

点《樊宏、阴识列传》，赞曰："权族好倾，后门多毁。樊氏世笃（樊，重子，父礼义恩德，行于乡里，宗族染其化，未尝犯法。又按：'刘伯升族兄赐女弟为宏妻'，不知何以又云：'世祖之舅也'），阴亦戒侈（识、兴兄弟，皆自以托属掖庭，无功，不肯受封爵土）。恂恂苗胤，传龟袭紫（宏子鯈，族曾孙准，皆能以道事君。阴氏侯者凡七人，腊日祀灶。见本传）。"此篇传外戚之能助文治者。

点《朱浮、冯鲂、虞延、郑弘、周章列传》……此篇传太尉司空之尤著者。

点《梁统（子松、竦，曾孙商，玄孙冀）列传》……此篇传梁氏五代兴亡。

点《张纯（子奋）、曹褒、郑玄列传》……此篇首传制礼诸儒臣。

1934年9月14日

点《郑兴、范升、陈元、贾逵、张霸（子楷，楷子棱，棱弟玄）列传》……此篇传诸经生或仕或隐者。

点《桓荣、丁鸿列传》……此篇专以经学致身者。

点《张宗、法雄、滕抚、冯绲、度尚、杨璇列传》……此篇传中兴以来平贼诸吏将。

点《刘平、赵孝、淳于恭、江革、刘般、周磐、赵咨列传》……是篇引论毛义薛包以次传诸孝义者。

1934年9月15日

校《班彪（子固）列传》……以上传武功文治经儒节士，至此以史家二班锁钥其间而伤，固身陷大戮，知及之而不能守之，后之论者殊不忍为晔伤也。

点《第五伦、钟离意、宋均、寒郎列传……本篇传正直纳谏之臣。

1934年9月16日

点校《光武十王列传》……

点《朱晖（孙穆）、乐恢、何敞列传》……

校《邓彪、张禹、徐防、张敏、胡广列传》……

点校《袁安、张酺、韩棱、周荣列传》，赞曰："袁公持重，诚单所奉。惟德不忘，延世承宠（安为人严重有威，守正不移，乃情帝室，累世隆盛）。孟侯经博，侍言帝幄（酺少从祖父充受《尚书》，能傅其业，帝幸东郡，先备弟子之仪，使酺讲《尚书》一篇，然后修君臣之礼）。棱、荣事君，志同鹯雀（棱上疏，劾宪使人刺杀都乡侯畅事，以为贼在京师，不宜舍近图远，恐为奸臣所笑。窦太后怒，以切责棱。荣为袁安具草劾窦，常敕妻子，若卒遇飞祸，无得殡敛）。”

1934年9月17日

点《郭躬（弟子镇）、陈宠（子忠）列传》，赞曰：“陈、郭主刑，人赖其平（宠掌天下狱讼，无不厌服众心。躬奏献法科，多所生存）。宠矜孤嵤（洛县城南，阴雨常有哭声，宠愧然矜叹，尽敕县收骸骨敛之，声遂绝），躬断以情（躬曰：‘君子法天刑，不可以委曲生意’）。忠用详密，损益有积（忠能承风明，慎用刑而不留狱）。施于孙子，且公且卿（论曰：‘法家之能，庆延于世，盖以此也’）。此篇传明法律诸臣。”

点《班超（子勇）、梁慬》列传……此篇传平定西域之将。

点校《杨终、李法、翟酺、应奉（子劭）、霍諝、爰延、徐璆列传》……此篇多传明于边事及敢言之臣。

点勘《王充、王符、仲长统列传》……此篇传著论时政者。

1934年9月18日

夜卧阅《汉书》，晨遂贪睡，如如所失。

点校《孝明八王列传》……

点校《李恂、陈禅、庞参、陈龟、桥玄列传》……此篇传定远之后，诸能平边患者。

点校《崔骃（子瑗，孙寔）列传》……此篇传崔氏世家。

点校《周燮、黄宪、徐穉、姜肱、申屠蟠列传》……此高士传也。

1934年9月19日

点校《杨震（子秉，孙赐，曾孙彪，玄孙修）列传》……

点校《章帝八王传》……

点校《张皓（子纲）、王龚（子畅）、种暠（子岱、拂，拂子劭）、陈球列传》……

点校《杜根、栾巴、刘陶、李云、刘瑜、谢弼列传》……此篇传永初以后极谏诸人。

周兴嗣《千字文》，世传其在狱中一夜成此。《梁书·文学传》本传谓次韵王羲之书千字而已。而《宋史·李至传》则言《千字文》乃梁武帝得钟繇书破碑千余字，命周兴嗣次韵而成。阎若璩《潜邱札记》曰：“要《梁书》近而得其真。”考王应麟《玉海》

曰："宋朝太祖谓近臣曰《千文》盖梁得钟繇破碑千余字，周兴嗣次韵而成，词无理可取"云云。王说不又较阎近乎。世又言《千文》中有重字，按即"女慕贞洁，纨扇员洁"之"洁"字。张裕书为"絜"，欲以避二字，然"潔"通作"絜"。《玉篇·水部》无潔，《冰部》有潔，注云：俗潔字。《广韵》十六屑潔下云：经典通作絜。《论语》人潔已以进。石经正作絜。不能区之为二字也。（《千字文》不止一本。详谢启昆《小学考》卷十四。）

开明书店（上海福州路二七八）用殿本《二十四史》加《新元史》《明史》，考证捃逸人名索引参考书目各种，为《二十五史》三千五百三十卷，分装九册，预贾四十金，用六号字，尚清晰，可随身备查者。但排板聚珍而成，恐不胜亥鱼鲁豕耳。

1934 年 9 月 20 日

点校《虞诩、傅燮、盖勋、臧洪列传》……此传汉末刚烈诸人。

点《张衡列传》，赞曰："三才理通，人灵多蔽。近推形算，远抽深滞。不有玄虑，孰能昭晰?"

点校《马融、蔡邕列传》……

《左雄、周举、黄琼（孙琬）列传》……

《荀淑、韩韶、钟皓、陈寔列传》，二三〇九〇六记。

《李固（子燮）、杜乔列传》……

《吴祐、延笃、史弼、卢植、赵岐列传》，二三〇九〇六记。

《皇甫规、张奂、段颎列传》，二三〇九〇六记。

《陈蕃、王允列传》……

《党锢列传》……

《郭太、符融、许劭列传》……

《窦武、何进列传》……

《郑太、孔融、荀彧列传》……

1934 年 9 月 21 日

《皇甫嵩、朱儁列传》……

《董卓列传》……

《刘虞、公孙瓒、陶谦列传》……

《袁绍（子谭）、刘表列传》……皆以偏爱丧业，覆辙相循，此合传之意也。

1934 年 9 月 22 日

《刘焉、袁术、吕布列传》，赞曰："焉作庸牧，以希后福（焉领益州牧，刘表表焉僭拟乘舆器服。李注：‘王莽改益州曰庸部’）。曷云负荷？地堕身逐（焉子璋继领益州牧，为张松所卖，降于刘备，备迁璋于公安。今荆州县，李注）。术既叨贪（术因河内张炯符命，遂果僭号，自称仲家，淫侈兹甚），布亦翻覆（操曰：‘布狼子野心，诚难久养’）。”

《循吏列传》，赞曰：“政畏张急，理善亨鲜。推忠以及，众瘼自蠲。一夫得情，千里鸣弦。怀我风爱，永载遗贤。”见二三〇八二七记。

《酷吏列传》，赞曰：“大道既往，刑礼为薄。斯人散矣，机诈萌作。去杀由仁，济宽非虐。末暴虽胜，崇本或略。”

《宦者列传》，赞曰：“任失无小，过用则违。况乃巷职，远参天机。舞文巧态，作惠作威。凶家害国，夫岂异归！”

《儒林列传》，赞曰：“斯文未陵，亦各有承。涂分流别，专门并兴。精疏殊会，通阂相征。千载不作，渊源谁澄。”

《文苑列传》，赞曰：“情志既动，篇辞为贵。抽心呈貌，非雕非蔚。殊状共体，同声异气，言观丽则，永监淫费。”

《独行列传》，赞曰：“乘方不忒，临义罔惑。惟此刚洁，果行育德。”

《方术列传》，赞曰：“幽贶罕征，明数难校。不探精远，曷感灵效？如或迁讹，实乖玄奥。”

《逸民列传》，赞曰：“江海冥灭，山林长往。远性风疏，逸情云上。道就虚全，事违尘枉。”

《列女列传》，赞曰：“端操有踪，幽闲有容。区明风烈，昭我管彤。”

1934 年 9 月 23 日

日来多坐少动，夜被酒尤觉停食。夜仍点帝后纪待漏。

1934 年 9 月 24 日

焦竑《俗书刊误》十二卷，今日读其前四卷为《四声刊误》，宋人不讲小学，诡更正文书学之敝，洎明尤甚，赵（宧光）、顾（炎武）杰出，犹多未安，焦氏（弱侯）此书审古未谛匡俗，亦多疏处，其以四声类从，已失同条系属，据理系联之旨，如示部支部，隶既作示作文，则不能指为误书，复无从逐一更正，书中叠举益彰罕漏，尤如鬒字等，未能赞同者为条析之。

鬒，从彡矣，俗更加彡作鬚，非。按《说文》无鬚字。須，面毛也，铉以下皆谓須鬚之須，俗别制鬒鬚字，然鬚已行，而鬒久废。鬚可解曰从髟須，須亦声，而鬒则音无所寄，以意会之，则首部生髮蓬蓬然而已，不能必其为須之本义也。

強，俗作强，非。《说文》从弘从虫，正讹亦然。按《说文》強，蚚也，从虫弘声。而徐锴曰：“弘与強，声不相近。”秦刻石文从口，疑从籀文省，盖籀文𧒒，从蚰从彊，然弘从弓，厶声。厶，古文肱字，K 纽母 H 纽母互相通转，由此可见弘之读为胡肱切，自南唐之前已然，故徐氏犹致疑于強之不以弘为声也。

秋，俗作烁，非。按龝，禾谷熟也，从禾龟声省，隶变作秋。左为义，所属无所谓是非，原说未谛。

勇，从角从力，俗作勇，非。按勈，气也，从力甬声，焦氏以角力会意为勇乎。

塱，俗作望，非。按塱与望二文，俗固不辨，竑亦同之。

凡此皆未经提要揭出，仅谓若丰之非丯，容不从谷是也，而遽许其愈于拘泥篆文不分字体者多矣，知作提要者亦有所提，非要揭文中一二事以塞责者。

子谓《韶》："尽美矣，又尽善也。"谓《武》："尽美矣，未尽善也。"有谓上也字，是矣字之讹。彭啸咸举"由也升堂矣，未入于室也"，及"吾闻其语矣，未见其人也""吾见其人矣，吾闻其语矣"为例以证之。

1934 年 9 月 25 日

夜酌后，点完《后书·帝纪》，征田亩租税，开西邸卖官，皆起于桓灵之世。天厌汉德久矣，山阳其何诛焉！

1934 年 9 月 26 日

点完后书后纪，《郭皇后纪》："会公卿诸侯亲家饮燕"，《章德窦太后纪》："亲家皆奇"之"亲家"，一语两见，《后书》然玩其辞意，则诸亲之意也。《桓思窦太后纪》"父讳武"一语，与它纪书法不同，多一"讳"字。王先谦校官本无此三字，且以下文有"时太后父大将军武"句，此处不须重出，比所校读者为韩江书局仿汲古阁本间有疑难处，辄取王氏集解本比雠之，因以校出误异者十而七八，晚岁读书乃稍稍有进境。自戊戌年张冶秋先生视学粤东，以此书奖其优异，忽忽三十六年间事矣，王氏自叙其前书集解亦云"通籍之后，始专读此。"我有先正，向往弥深。

朱起凤《辞通》下册，今日由开明付到，尝谓辞以骈字为主，其属于名词者，辄各有其义，而世俗多混用之，如"堪，天道也；舆，地道"而混称地师曰堪舆。行曰商，处曰贾，而通称贸易曰商贾。长洲程际盛因作《骈字分笺》（昭代丛书癸集），其属于形容词副词者则重音而不重形，故同一词而所各异。曾涤生《诂训杂记》即手录此类未晤此理。此与欧语之以声为干相近矣。朱氏竭三十年之力汇成此书，亦衍此一理而已，肯读书学作文者取资不竭矣，而以饷诸束书徒亦犹石田也。

1934 年 9 月 27 日

点《汉书·高祖本纪》。感风不快，齁嗽间作，午后一睡几至日晡，梦魂所绕，野马无羁，偶一忘怀，辄视亡女，虽禀西河离群索居之辽，犹感文先（杨彪）老牛舐犊之言，负手溯洄，刺儿恩爱已焉哉，谓之何哉。

固之才似若不及迁者，然整齐一代之书，自成一家之言，文赡事详，纲絜目举，斯亦异曲同工者，其书初成，师儒莫不传习，《曹大家[①]传》云："时《汉书》始出，多未能通者，同郡马融，伏于阁下，从昭受读。"季长[②]一代通儒，其为此学也犹不易如此。服虔、应劭以下，释者解训，等于注经，炳烛之明，弥滋无闻之愧已。

【注释】

①曹大家：指班昭。

②季长：指马融。

《万年山中日记》第二十二册

（1934年9月29日—11月4日）

1934年9月29日

治史汉者约分三途：

其一专治其文法语气者，如归震川、方望溪之《评点史记》，吴挚甫之《点勘史记》，辨其文脉之所在，句法之何若，浓批密点，角识圆圈（震川以三角圈标其文脉，望溪以蓝丹色分其文气），如州官判牒，塾师改文，前有茅坤、储欣、林西仲，后有林纾辈所为，各种句读或菁华录，皆醊其醨扬其波，便于帖括之徒诵习挦扯而已，于古人制作之意马牛风耳。

其一专论政教得失人才臧否者，如凌稚隆（万历吴兴）之《史记评林》《汉书评林》等，严正统之争，为斧烛之论，纷缜聚讼，剌剌不休，断狱何为，道谋无补，若贯历代名贤确论，王船山《史论》等，遂为后世冬烘掠空者所借口焉。

其一为校勘板本疏释音义，若裴骃之《史记集解》，颜师古之《注汉书》，深体古人立言之原，开拓后来治书之法，所参证多经史旧书，所征引多先儒旧诂，胜清之朝，斯学尤显，惠栋、钱大昭辈所为辨疑补注者类，能合乎史法，有裨后人，即以《广雅丛书》所采史部之关于史汉者无虑数十种。王先谦晚出，自量力不足以整齐腐史，乃肆志于前后汉书，踵栋之学而成《汉书补注》《后汉书集解》，其前正值经学训诂，天文历算，舆地碑板诸学之大兴，以之考两汉之制作，班、范之文章，灿然大备，信可榜诸国门者也。唯章怀以储贰之尊，策命诸儒集注《后书》，惜少知名之士，遂贻疏漏之讥。祭酒以耄耋之年，指示及门，赓其集解，犹不获及身视其杀青，世遂有微言焉。此种著书，全属述而不作，所谓不足厕于作者之林，而其成就之难也尚复如此。予生也晚，将何所致力哉。

1934年9月30日

“两指捻小儿使哭”，坊本多用拧字，然《字典》引《字汇补》“拧音狞乱也。”“说文新附”捻字云：“指捻也。”毛际盛《新附通谊》乃以“手部”厭字（一指按也），为捻之本字。按“手部”自有揤字，揤与拈互训。桂未谷《说文义证》直谓铉[①]“新附”有捻字，盖不知与揤同。王菉友《句读》并引《六书》，故揤今作捻。段氏不收新附字，于此得之青琐高谈明皇时有献牡丹者，时贵妃匀面口脂在手，印于花上，来岁花开，瓣有指印，名曰一捻红，则是铉之前确有捻字，此或为徐氏承诏比附之由来与。

丁福保《说文解字诂林》，列引用书目一百八十种，《续诂林》四十六种，采自各家专集，释某字某句者不在其列焉。谢启昆《小学考》五十卷，其存目之书未见统计，无虑千种，四库目录小学类训诂之属十三部，字书之属三十六部，韵书之属三十三部，都七十二部。臣家所有者二十九部，盖亦十之四矣。“生而不学是谓愚夫，有书不读亦曰书奴。”戌馆津门时所为书簏铭语也，以今视之岂不然哉。（长沙王启湘（时润）为《许学考目》附目王氏释词中一百八十七种）

【注释】

①铉：指徐铉。

1934年10月1日

自今日起仍用韩江书局仿汲古阁本《前汉书》点读，参以《史记》及凌稚隆《史记评林》、王先谦《汉书补注》勘校之。器儿自南来，适携来申上文瑞楼王本，直十金，犹且快意尔。

点完高帝纪第一，首数页有余十四五时所圈识，童騃之态毕现行间，乃今垂垂老矣，并此区区求古人章句间者尚未卒业，滋可愧耳。《纪》中“丙寅有罪殊死以下皆赦之”，所云丙寅，前者不包含自丙寅起之有罪者，所云殊死以下者，殊死不在内，不能赦罪，此后用以前以后以上以下语多含混，而数学上用语则规定包含在内。代相国陈豨反，“问豨将，皆故贾人”。上曰：“吾知与之矣”。《补注》集诸说而主王念孙“以犹敌也”为是，且引《白起传》“廉颇易与”，《淮阴侯传》“吾生平知韩信为人，易与耳”为证。取义自是相类，其实即《论语·可与论学》一章：“可与共学，未可与适道；可与适道，未可与立；可与立，未可与权。”诸与字用法相同，言知所以相与相对待也，下文“乃多以金购豨将，豨将多降。”则待之得法矣，此可与共金钱者。

夜以《史记》参读孝惠、吕后两纪，兔狗之喻，人彘之刑，烟阁掖庭，望之却步。

1934年10月2日

校点“孝文”“孝景”两纪，《前书》之文较《后书》难奥，佐以凌本《评林》、王本《补注》及《史记》，尚多涩不通也。

1934年10月3日

点校《武帝纪》，《史记·武帝本纪》全录《封禅书》，按太史公《自序》作《今上本纪》，其述事皆云今上，今天子。迁立武帝之朝，且死于武帝之前（据殿本《史记》，张照考订），安得有武帝之称。意者如《魏书·王肃传》所云：“武帝闻其述史记，取考景及己本纪览之，于是大怒，削而投之。”于是此两纪有录无书，或者如《迁本传》所云："十篇缺。有录无书。"则原为未成之稿也。迁被极刑时，书尚多未就，迁既死后，其书稍出，以其时考之如此，后百年固为《汉书》，间多摭迁之言，其纪武帝乃不能专纪封禅之事，于兴太学、定历数、协音律、平四夷，文治武功焕焉，可述者著之于书，而以改文、景之恭俭，惜之此史臣之曲笔也。

1934年10月5日

点校《昭纪第七》，悫伯注："'通《保傅传》《孝经》《论语》《尚书》，未云有明。'一条断傅字为句，已采入王本《补注》。"

点校《宣纪第八》。凌本《汉书评林·凡例》有云："汉书刻本前无句读，兹圈于中为读，圈于旁为句。"又按王氏"补注本"亦无句读，所据上海鸿章书石印本有圈句，似依姚鼐点定本附益之。《汉书》既称难读，此两本洵足嘉惠士林，中有显然误于书手者随笔，是正之。有两本不同而无碍大义者，或各有所见，则并存之。至如《宣纪》（页十上）诏曰："乃者，神爵五采以万数集长乐、未央、北宫、高寝、甘泉泰畤殿中及上林苑。"两本皆于北宫断句，以"高寝"二字连下读。际遇谨按应于高寝断句，《释名》释宫室寝："寝也，所以寝息也。"《周书·皇门》"予独服在寝，以自露厥。"注："天子诸侯皆有三寝，一曰高寝，二曰路寝，三曰小寝。"则是瑞鸟集于宫中之高寝，即天子卧室之处，不宜以"高寝"连下读之也。元康二年（页九上）有云："吏务平法。或擅兴繇（即徭字）役，饰厨传，称过使客，越职逾法，以取名誉。"小颜注曰："使人及宾客来者，称其意而遣之，令过去也。"按传曰（左僖公八年）："行李之往来，共其乏困。"自古苦之，乃后之为吏，盛设供应，莫非取訾（即资字）于民，以自广其声气，行人侧目，志士素欷。此诏所云"朕甚愍之"者也。

1934年10月6日

点校《元纪第九》。《元成帝纪》成于固父彪手（应劭注），不著刺讥而隐示汉业盛衰关键，深得史臣之体者。首著宣帝之语，曰"乱我家者，太子也"、曰"柔仁好儒"、曰"大臣杨恽、盖宽饶等坐刺讥辞语为罪而诛"。既尊师重傅，赐望之爵，又纪曰："中书令弘恭、石显等谮望之，令自杀。"于《赞》曰："而上牵制文义，优游不断，而孝宣之业衰焉。"于《叙传》曰："阉尹之疵，秽我明德。"其效可睹矣。

点校《成纪第十》。著西汉由盛而衰，在赵氏乱内、外家擅朝二事，内有赵飞燕，外有王凤、王音等执国命，于成帝建始以后权移王氏，国祚浸倾，《叙传》云："壸闱恣赵，朝政在王，炎炎燎火，亦允不阳。"盖深痛之也。

"令天下毋有动摇之心"（页七下），潮本动，作勳，按動重声，各本无从童者，惟毛公鼎"寧四方屄母動"之動作 [illegible] 。

"十万以上，家无出租赋三岁。万钱以上，一年。"（页八上）岁与年对举，按《尔雅》"唐虞曰载。夏曰岁、商曰祀、周曰年。"临文不拘。如《诗》云："丰年多黍多稌。”《孟子》则云：“富岁，子弟多赖；凶岁，子弟多暴。”注：“富岁，丰年也。”又《滕文公问为国》章：“乐岁，粒米狼戾；凶年，粪其田而不足。”亦年与岁对举。《尧典》：“三载。汝涉帝位。”郑作“三年”可证。

悉伯札记谓永始二年十二月诏曰：“朕以长言下闳章，公卿议者皆合长计。首建至策。”（页八上）之首字上当更有长字，言淳于长首建至策也。际遇又按：“绥和元年冬十一月，廷尉孔光使持节赐贵人许氏药，饮药死。”（页十下），使字上当有奉字，饮字上当有许氏字样，于文法方合，然恐失之泥矣。

1934 年 10 月 7 日

点校《哀纪第十一》《平纪第十二》竟。《帝纪》十二卷：“成帝亦自美其材，为加元服而遣之，时年十七矣。”（哀纪页一上）执上记李悉伯之说，不又当曰“时”字上应更有“王”（即哀帝）字乎，所谓不以辞害意也。

“太皇太后诏外家王氏田非冢茔，皆以赋贫民。”凌本、姚本皆读断田字为句，际遇按：“非也，应断氏字为句，受太皇太后诏者外家王氏，非外家王氏之田也。”

非继续读《外戚传》，无以知大权之所由移也，非继续读《王莽传》，无以明汉祚之所由倾也。班氏以此二传，殿诸全书，著一代兴废之所在，意深而事显矣。

午达晡时点《汉书・外戚传》第六十七，午梦不成，欲欧者数矣，雪茄告匮所致也。

1934 年 10 月 8 日

校读班书《外戚传》，“序传”全袭《史记》，惟删“而幽王之禽也淫于褒姒”之“于”字。“能成子姓矣”之“能”字。“恶能识夫性命哉”之“哉”字。三语助而已。以词气言，究以《史记》为顺。

“用吕后不合葬长陵。”（页五上《薄姬传》）师古注曰：“以吕后是正嫡，故薄不得合葬也。”际遇按：“颜注非也，用，以也（《苍颉篇》：‘用，以也。’王氏《释词》曰：‘用，词之以也。’），言因疾吕氏之故，不愿合葬于长陵。上文‘疾外家吕氏强暴’，下文‘故特自起陵，近文帝’可证。”

“上官安日以骄淫，受赐殿中，出对宾客言：‘与我婿饮。’”（页十二下）周寿昌曰：“汉呼女夫为婿，本书始见。”按《礼记・昏义》：“婿执雁入。”《尔雅・释亲》：“女子之夫为壻。”则呼女夫为婿不自汉始。

《孝成赵皇后（飞燕）传》：“帝素彊，无疾病，昏夜平善，乡晨傅绔韈，欲起，因失衣不能言，昼漏上十刻而崩。民间归罪赵昭仪，皇太后治状，昭仪自杀。”著成帝之死状，诚多微辞。《龙威秘书》采《汉魏丛书・汉伶玄飞燕外传》，语多不经，至云：“昭仪醉进七丸，帝昏夜拥昭仪居九成帐，笑吃吃不绝。”以下更非缙绅所道之语，此亦想当然者类也。又云：“太后使理昭仪，昭仪曰：‘吾持人主如婴儿，宠倾天下，安能敛手掖庭令争帷帐之事乎?'"词意婉而举矣。综西京之朝，后官著闻二十余人，保位全家者，文、景、武帝太后及邛成后四人而已。考一代之兴替者，读《后纪》愈于读《帝纪》也。

阅《元后传》："是时政君坐近太子。"《补注》引周寿昌说，曰："'时政君'方为后宫家人子，乃能于皇后太子前坐耶。坐，疑立字。"误，按周说"非也"。朱氏《通训定声》坐字下云："假借为自然之词。"坐近太子者因其近太子也。太子本无意于此，五人因其近也，姑强应之曰，此中一人可耳。《史记》《汉书》中作如此用者甚多，如《韩王信传》："后坐酎金失侯。"

"元寿元年，日蚀。贤良对策多讼新都侯莽者。"《说文段注》："讼，公言之也。"《吕后纪》："未敢讼言诛之。"又许文曰："一日歌讼"。段注："讼、颂古今字，古作讼，后人假颂貌字为之。"盖此言多歌颂新都侯王莽功德也。《莽传》："在国三岁，吏上书冤讼莽者百数。"又曰："深颂莽功德"。凌本仍作颂。

夜以《汉书》末册付装线，取王本粗阅《王莽传》竟，莽亘三卷与十二帝纪之半相埒，首卷多记讼莽功德之言，中卷多述莽僭礼假制，末卷述山东豪杰汹起诛莽之状，此天生王以亡汉也。世乱天昏，鬼号神哭，惟西京尚无甚失德，之后天下之归久矣。南阳之兴，岂偶然哉。

1934年10月9日

校乙《陈胜、项籍传第一》，蔚宗《后书》于列传之分合均有深意，《班书》大体以时之先后为次，然务以类相从。陈胜、项籍发难灭秦，逐鹿之功，赫赫无并。张耳、陈馀交如父子。魏豹、田儋、韩王信皆以六国之后裂土为王，享国不终。韩信、彭越、英布、卢绾群以饿隶，狗盗黥徒，乡曲之流，遭会龙飞，异姓而侯（凡八人，尚有张耳、吴芮、臧荼、韩王信），反仄不安，斧锧同伏，仅一吴芮得保令终。每于此等处窥见史臣笔法。"梁渡淮，英布、蒲将军亦以其兵属焉。"（句，页六下）服虔谓："英布起于蒲地。"固非。如淳引《史记·项羽纪》言"当阳君蒲阳君皆属项羽"，以断更有蒲将军亦不免失之交臂。下文（页九上）"羽乃遣当阳君、蒲将军。将卒二万人，渡河，求钜鹿。"可证。

校乙《张耳、陈馀传第二》，《魏豹、田儋、韩王信传第三》，《韩、彭、英、卢传第四》。

1934年10月10日

校乙《荆王贾、燕王泽、吴王濞列传第四》。按本传为宗室之藉功得王者。《泽传》："田生子请张卿临，亲脩具。"师古曰："亲父也。"凌本（姚氏亦然）："遂以亲字断句。"窃按："注、读，皆非，应断临下为句。亲字连下读为'亲脩具'，云'自治具以敬宾也'。"《补注》引周寿昌说与鄙见同。《濞传》："语有之曰：'狧糠及米。（页四下）”潮谚亦有之，糟糠着米米着粟，狧、舐义同音近。颜注：“狧，古舐字。”段注指为“大误”（狧，犬食也。舓，以舌取食也），自然不是一字。徐笺（徐灏《说文解字注笺》）谓“段氏乃大误”，谓“段合狧舓为一部，其评未当。”

校乙《楚元王传第六》（德向歆附）。诸刘传以此篇为最可传者矣。高祖兄弟四人，长兄伯蚤卒，伯子独不得侯，以太上皇言乃于七年十月封伯子信为羹颉侯。《王子侯表》仅曰：“七年中封”。师古曰：“不记月日，故云七年中封。”高后元年削爵，此师古所未校出者。次兄仲子濞自有传，高拊其背曰：“汉后五十年东南有乱，岂若邪？封四十二年而吴楚反，国灭。惟少弟子楚元王交传祚最永，至七世孙延寿地节元年谋反诛（见《诸侯王表》）。”而元王中子富，富子辟彊，辟彊子德，遂以有知略见知武帝。德子向，则圣人之徒矣。本传《赞》曰：“自孔子后，缀文之士众矣，唯孟轲、孙况、董仲舒、司马迁、刘向、扬雄，此数公者，皆博物洽闻，通达古今，其言有补于世。”《传》曰：“圣人不出，其间必有命世者焉，岂谓是乎，所以尊之者至矣。向之乃心，汉室之死，靡他直谅多闻，不必以铸金为累。惟向子歆，为莽国师，负堂构甚矣，其事不入本传而入莽传，盖伤之也。”凌本录茅坤言，谓：“向当删入名臣，断不当附诸王。”又王世贞至云：“向歆学父子而人夷夏者也。识陋言庞，盖自宋以后然矣。”悫伯曰（札记卷四）：“朱子之门，五尺之童目不识一字者皆丑。道子云姓字，遂并轻诋孙卿，子长、子政为未闻性理之道，不足言学，不足称儒。是欲以语录文字绳束大贤也。”哀哉，此论容有偏激之处，然固之赞亦曰：“仲尼称：‘材难，不其然与！’”则已豫为恕词矣。王重民抄，跋悫伯札记乃曰：“论文法则宗真西山、唐荆川、茅鹿门，或兴有所至，则又有如金圣叹之批水浒者（西山，宋真德秀字，著有《文章正宗》）。”斯真令悫伯九泉有知，矢口呼冤者。荆川、鹿门之浅薄，本不足污悫伯之笔，观《越缦堂日记》关于李氏国朝文选之评论，可以概见。又日记中有云：“金人瑞以圣叹为名，则其学可知矣。”重民不足道也。

校乙《季布、栾布、田叔传第七》。此传任侠之尤有关于汉兴时事者。

校乙《高五王传第八》。“高祖八子，二帝六王。三赵不辜，淮厉自亡，燕灵绝嗣，齐悼特昌（以上叙传语）。”绳周鉴秦，大封同姓。尾大不掉，乃不能令。吴楚一呼，南风不竞。贫者牛车，以奉朝请。传中（页三上）“章请为太后言耕田。高后儿子畜之，笑曰：‘顾乃父知田耳？’”师古注曰：“顾，念也，乃汝也，汝父谓高帝也。”（按：章，齐王肥子，于吕后为孙行。此小颜失之眉睫者。）

1934年10月11日

校乙《萧何、曹参传第九》，《张良、陈平、王陵、周勃传第十》。高帝为戚夫人歌：“横绝四海，又可奈何？虽有矰缴，尚安所施。”（并见《史记·帝高纪》）施与何为韵，与《诗·丘中有麻》章，麻、嗟、施互韵，可相引证。《孟子》：“施施自外来。”之施施应读如梭梭，朱音失之。今潮语谓：“行，委靡不进，曰：施施。”（顾云：“古音，式何切。”《广韵》正支条下详）“良愕然，欲欧之。”（按：欧，应作殴。欧，吐也。殴，击也。陈平事互见《王陵传》，不应提行。）“攻开封，先至城下为多。”（页十三上）恧伯读“至”字为句下，读去声，是也。此两传为兴国将相。

《樊哙、郦商、夏侯婴、灌婴、傅宽、靳歙、周緤列传第十一》。“午阳鼓刀（哙以屠狗为事，封舞阳侯），滕公厩驺（初，婴为滕令奉车，故号滕公。又为沛厩司御）。颍阴商贩（灌婴，睢阳贩缯者也），曲周庸夫。”（以上《叙传》语）景侯卖友（商诒吕禄出游天下，称郦况卖友，谥景侯），阳陵绝后（宽封阳陵侯，传至曾孙偃，谋反诛，国除），中涓舍人（靳歙以中涓从。周緤以舍人从），并从屠狗。

《张苍、周昌、赵尧、任敖、申屠嘉列传第十二》。述汉初诸相也，自嘉死后至武帝时，诸相皆龊龊廉谨，为丞相备员而已，无所能发明，功名著于世者一笔勾消，不暇为诸宰辅弄费笔墨矣。《江汉炳灵集》八比云：“后儒读史，亦无暇记宰相之名。”此之谓也。龊龊，师古曰：“持整之貌也，音初角反。”按《康熙字典》以齪同龊。而《玉篇》足部、齒部皆作躖（齒相近声，又谨慎貌），而无齪字正文。《说文》并无齷齪字。《汉书·司马相如传》“岂特委琐握躖，拘文牵俗。”《楚辞·九叹》作“偓促谈于廊庙兮。”《史记·郦生列传》：“闻其将皆握齱好苛礼。”又作握齱（《汉书》同）。则又重音而不拘形之证也。

《郦食其、陆贾、朱建、娄敬、叔孙通列传第十三》。“于是沛公辍洗，起衣。”（页一下）师古曰：“起衣，著衣也。”窃谓：“辍洗（逗）起（逗）衣（句），是三件事。”《史记》本作“辍洗，起摄衣”也。《补注》引念孙说，与余同。娄敬后曰刘敬，敬传：“于是上曰：‘本言都秦地者娄敬，娄者刘也。’赐姓刘氏。”（页八上）天下赐姓，何施不可必附会之曰“娄者刘也”。今吴人尚呼刘如娄。周寿昌因以《风俗通》“貙膢”，《礼仪志》“貙刘”，证古娄、刘二字一音，然究竟是二姓。此是皇帝之小学耳（吴佩孚将军谓“耶苏，李耳之后。”以耶字从二耳）。娄亦作偻，《风俗通》云：“邾娄之国，子孙或以娄为氏。”（据《通志略》氏族二）“刘出彭城、沛国等二十五望。并自陶唐氏。”（据《广韵》刘条）未闻娄刘之通家也。此传天下汹汹之时，所谓以口舌得官，曲学阿世者，通犹其贤焉者也。

1934年10月12日

校乙《衡山、淮南、济北王传第十四》。《安[①]传》：“王爱陵，多予金钱，为中诇长安。”诇有朽正、丑政二音，后者与侦同音，按《说文》无侦字（新附）。段氏于是从孟康说“诇，即侦”。

《蒯通、伍被、江充、息夫躬传第十五》。恧伯谓：“四人皆倾覆好乱，且皆有利口。故并传之。”

《万石君奋、卫绾、直不疑、周仁、张欧传第十六》。此以齪齪持整，修身立朝者。“万家，文深审谨，无他大略。绾忠直无他肠。不疑买金偿同舍，不好立名。仁以医见，垢污自甘。欧亦淑慎其身而已。”述此所以与上传便给奸幸如充躬辈对峙也，惟才与德难以两全者如是夫。

《文三王传第十七》。“孝文三王，代孝二梁，怀折亡嗣，孝乃尊光。”（《叙传》语）“即诈僵仆阳病。”（页六下）阳，详佯也。《袁盎传》：“今公阳从数骑。”（页四下）义同此。

《贾谊传》第十八。

【注释】

①安：指刘安。

1934年10月13日

校乙《爰盎[①]、晁错传第十九》。据《史记》传文，点窜数字而已。爰盎字丝，其父楚人也，故为群盗，徙安陵。《史记》作“父故为群盗，徙处安陵。”师古注曰：“群盗者，群众相随而为盗也。”其意未明。先谦补注曰：“据《史记》其父为盗也。”际遇按：“非也。史汉传盎无贬词，立朝著謇謇之节。惟家居，有与闾里浮湛相随，行斗鸡走狗事，特以起下文‘友剧孟，骂富人，存任侠之风耳。’非剽掠世家者之言行也。《史记》文尤明，盖言先为楚人，其父原为避群盗计，乃徙处安陵。安陵，《汉书・地理志》：‘属右扶风，惠帝时置县，今陕西咸阳县东。’此著其入秦之迹，故接曰：‘高后时，盎为吕禄舍人，一旦在文帝侧，即建社稷臣之论。’先谦失之远矣。”

“徙为齐相，辞行，种[②]谓盎曰：‘（中略）丝能日饮，亡何，说王毋反而已。’”《史记》作“君能日饮，无苛，时说王曰毋反而已。”按《说文序》：“苛之字止句也。”《广韵・七歌》曰：“苛止也，虎何切。”《徐笺》曰：“古通作荷。”《汉书・郦食其传》：“闻其将皆握齱好荷礼。”可证。依此，是种告盎，日饮酒无止，惟时说吴王勿反可矣。《汉书》“假何作苛。”师古遂为之注曰：“无何，言更无余事。”甚矣，古书之难读也，彼不知苛之又可以借为何也。“荷担”之荷，本作何，易“荷天之衢”。《论语》“何蒉”是也。惠栋《九经古义论》：“《说文》有说苛字条，其义湛然。”又按如淳注：“种称叔父字曰丝，则种为盎兄子。然究疑种字上有脱字。”

“今公阳从数骑。”（页四下）邓展曰：“阳，外也。”晋灼[③]曰：“阳，犹常也。”先谦《补注》引本书《田儋传》“儋阳为缚其奴”，解阳为诈佯之佯。按上卷文《三王传》“即诈强仆阳病”义同。

“盎进说，其后语塞。”（页四下）《史记・索隐》云：“以盎言不宜立弟之义，其后立梁王之语塞绝也。”“亡何”又作勿问解。《补注》引吴仁杰说，据《卫绾传》“不孰何绾。”《贾谊传》“大何之域。”颜注：“皆作何问也。”为证。啸咸言《过秦论》“陈利兵而谁何”之何字，同此要之。苛何之可通则无疑也。

《错[④]传》亦袭迁文，但添入奏事诸篇，如《贾生传》“贾生死后，错已为武帝时杰出人物，以智囊称。”然文采相度越矣，固以世哀其忠，故著论之详耳。

《张释之、冯唐、汲黯、郑当时传第二十》。释之守法，唐论将，黯正直，当时推士。文景武之名臣也，杯土之谏，积薪之喻。是语之妙天下者。

《贾山、邹阳、枚乘、路温舒传第二十一》。贾山至言，邹阳上书，枚乘谏草，温舒历数（以为汉厄三七之间，汉至平帝二百十一年）。以德谏君，著书华国，观象豫戒，亦为世符，有机有枢，君子采诸。

【注释】

①爰盎：指袁盎。

②种：指袁盎的侄子袁种。

③晋灼：晋尚书郎，著有《汉书音义》。

④错：指晁错。

1934年10月14日

校乙《窦婴、田蚡、灌夫、韩安国传第二十二》。魏其、武安，以国之亲贵，为好勇使酒之夫，致相掊击。蚡不魅死亦当族矣。虽藉福居间，无以弭其雠怨，史公为此传力可扛鼎，令读之者虎虎有生气。实则窦、田辈皆来自田间，不学无术，柄国弄权，纵被极刑，庸何足惜。安国稍有大略，所以与此三人合传者，以尝以五百金遗蚡，有结纳之迹，彼三人者，历卿相如拾芥，安国且行丞相事矣。堕车蹇足，雅非庙堂之器，陵夷忧死，虽智足以取舍，而遇合亦有命也。

《景十三王传第二十三》。孝景皇帝十四男。孝武雄才大略，享国之永，自秦迄明无与比肩，文治武功有光史册。《河间献王德传》云“实事求是”，云“好写与之”，云“造次儒者”，云“文约指明，尽千古读书、借书、修身、作文之法，学醇行美。”悉伯以比于“董江都身端行治”。谢山谓“当从祀文庙，西京礼乐之隆，洵有以也。”其下诸王阿保，深宫饱暖淫欲，宴安鸩毒，富贵亡身，高明之家，鬼瞰其室也。

《李广、苏建（子武）列传第二十四》。“不击刀斗自卫。”（页二上）《史记》及凌本皆作“刁斗”。《说文》无刁字。雷深之《说文外编》谓“竖刁之刁应作貂，刁悍之刁应作雕（《史记·货殖传》：“大与赵代俗相类，而民雕悍”），刁斗之刁应作鐎（《说文》：“鐎斗也”）。”按刁斗自为一物鐎铃也，刁斗持时铃也，亦小铃也，其音调调，然调调、刁刁，皆动摇之貌而兼声。凡以声为主之字，其字形可不深拘。

“居无何，敢从上雍，至甘泉宫猎。”师古曰：“雍之所在，地形积高，故云上也。”周寿昌曰：“言从上于雍也。”按本书《司马迁传》“仆又迫从上上雍。”（《文选》不重上字）《文选注》曰：“言又迫从天子将祠祭于雍。”无论祭与不祭，而雍地名，上为天子。周说是，颜注非也。

《武传》附《麒麟阁功臣表》，首霍光而殿苏武。又曰：“凡十一人皆有传，独系于本传，何也。”悉伯札记谓“以此尉千载读史者。用心之苦，非晋宋以后史家所知。犹是春秋微而显志而晦之旨也。”

夜以街泥裹足点书，不任久坐，乃卧阅所熹者“游侠”“佞幸”两卷，殊得甘睡。

1934年10月15日

校乙《卫青、霍去病传第二十五》（李息等九人附）。《去病传》云："其裨将，为特将者十五人，列李广等七人皆自有传。李息以下八人者附见而已，不应提行。"又最（逗）票骑将军去病亦不应提行，路博德等亦如之。卷首最目，亦不应以此十人与卫、霍并列（又不应漏荀彘）。所藏《凌氏评林》盖据监本"李息以下九人"作小字注"去病下是也"（亦无荀彘）。叶德辉亦见及此。

《董仲舒传第二十六》。"今子大夫褎然为举首。"（页一上）恐伯谓"字当为褏，从衣从釆，釆古文穗字，褏即古衣袖也（《越缦日记》更详，《补注》已采录）。"仲舒西京纯儒，善言天人，究论古今，与弘等希世用事者。殊科下帷覃思，家居论道。又复见嫉下吏几论，死士之自存难矣哉。

《司马相如传第二十七》。

《公孙弘、卜式、兒宽传第二十八》。弘对武帝论卜式曰："此非人情，不轨之臣不可以为化而乱法，愿陛下勿许。"而弘也远迹羊豕之间，置身公卿之上，以三公"为布被""食一肉""脱粟饭"，此岂人情也哉。史迁以之与主父偃合传，盖深恶之，固特以其对策推崇儒术，遂以之与仲舒、兒宽同日而语耳。《传论》特骈举孝武一代特出之人，比之版筑饭牛并登鼎辅。评林纷纷刺讥之矣。

《张汤传第二十九》（子安世，安世子延寿附）。汤自杀，汤母曰："汤为天子大臣，被恶言而死，何厚葬！"为载以牛车，有棺无椁。上闻之曰："非此母不生此子。"亦可谓知臣莫若君也。赵禹让汤曰："君所治夷灭者几何人矣？"此传所谓予杀人子多矣，能无报乎者也，而其后子孙安世、延寿辈特贤，保国至哀平世，固为之论赞，求其故而不得，乃曰："贺之阴德，亦有助云。"

《杜周传第三十》（子延年，延年子缓，缓弟钦附）。汤、周身列酷吏，以有贤子孙，故遂得独有名传，介乎儒林，董、马之间。《班书》体例，系子孙于其父祖之传，而不能以安世、杜钦见于酷吏列传之内，有固然也，固又求其故而不得，曰："自谓唐杜苗裔，岂其然乎？"反复抑扬，微显志晦，有如此者。

1934年10月16日

点校《张骞、李广利传第三十一》。迁不为博望立传，班掾乃从《大宛传》中刺取成之。"留岁余，还。并南山，欲从羌中归。"（页一下）师古注曰："并音步浪反。"恐伯札记云："并，即今傍字是也。"际遇按本书《鲍宣传》"贪吏并公，受取不已。"师古注曰："并，依也，音步浪反。"《说文》："竝，併也。"段注："古书亦多用为傍字者。傍，附也。"朱氏《通训定声》谓"为假借之义"，引《列子》"天瑞并歌并进。"《释文》谓"傍畦而行。"以证之。

《司马迁传第三十二》。"固主上所戏弄。"（页十二上）各本皆作固，惟恐伯札记独作“故主上所戏弄”。按王氏《释词》“故，本然之词也。”《襄九年左传》曰：“然故不可诬也”。或作固，则作故亦通。

“若望仆不相师用，而流俗人之言。”坊间选本及《文选》皆作“若望仆不相师，而用流俗人之言”。自便于解释，文义不知而犹如也（王氏释词卷七）。谓责怨其不相师用，一如流俗之人所言，则不敢如此也。师古“释流字为动词”，谓随俗人之言而流移其志，义亦未谛（王说亦如此）。

“退而深惟曰”以下一段（页六下），删去《史记》原文“昔西伯拘羑里”以下百余字，以免与所录《报任安书》中“且西伯，伯也，拘于羑里”一段复见，是班掾善剪裁处。

“乃欲印首信眉，论列是非”之印字，悉伯云“即今之昂字，不必读为仰。”“印亿万之师”之印字，悉伯云：“此印，即迎之省，古印、迎字通。”童而习之，皓首未通，诚恐死日而是非不定耳。“乌呼史迁，薰胥以刑！幽而发愤，乃思乃精，错综群言，古今是经，勒成一家，大略孔明。”（《叙传》）然名与身难以兼全也。

1934年10月17日

校乙《武五子传第三十二》。“毋桐好逸。”师古曰：“桐，轻脱之貌也”，未当。《法言》：“师哉！师哉！桐子之命。”桐子即童子，洞然无有所知也。孝武享年七十一岁，有六子，惟少子得立为昭帝，早死无嗣，其余多诛灭失国，而戾园以蛊事尤不幸，帝王之家，戈矛伏焉耳。

《严助、朱买臣、吾丘寿王、王父偃、徐乐传第三十四上》。《助传》：“舆轿而隃领。”（页二上）《说文》无轿字，所见以此为最古。《河渠书》：“山行即桥。”桥即今之轿字。刘攽曰：“轿者，桥也，状如桥中空离地是也。”助留侍中，张汤为廷尉，为汤所周内，买臣助助，亦因诛汤而死。本卷互见。

《助传》录淮南王安上书特详，书辞茂美。《安传》称“武帝方好艺文，以安属为诸父，辩博善为文辞，甚尊重之。每为报书及赐，常召司马相如等视草。”今于本传载帝谕，淮南语亦典雅有则。又可明史家互见之旨。复按：“助卒以淮南王反事相连坐，弃市。”则淮南王书辞详，独此篇尤微史法也。

《买臣传》“上计吏卒更乞匄之。”（页七下）“买臣乞其夫钱，令葬。”（页八下）两乞字，师古“皆音气”而不著其义。际遇按：“乞之义亦气也。”王先谦《补注本》均未之及。雷浚曰：“乞者，气之俗省。”朱骏声曰：“《广雅·释诂三》乞，求也，又予也。”张行孚释曰：“乞之正字作气。”《史记·王翦传》：“将军之乞贷，亦已甚矣。”即借贷也。本传“更乞匄之”，即糌贷之也，“乞其夫钱，令葬。”即糌其夫钱令葬也。小颜不知古文假借，两乞字但音气，而不知为糌字之假借。《评林》（凌氏本）所录明邵宝说“死而葬之。”岂不能而乞其钱而葬，出妇死后夫葬之礼也，前夫葬之非礼也，既不识乞字字义，又妄造为礼文，公然著论，居然入录。宝字国贤，累官成化提学尚书，有《左觿》《学史》等书，而其陋也如此，有明学术之僿久矣。

1934年10月18日

《吾丘寿王传》，结云："后坐事诛。"与《刘向传》，韩说谏曰："前吾丘寿王死，陛下至今恨之。"互见，而所坐何事未明。《徐乐传》："则迻其上书而无结束。"疑有阙文。周寿昌曰："据《史记》乐后迁中大夫。但本卷《主父偃传》乃拜偃、乐、安皆为郎中，其以此为互文邪。"《偃传》首著其学长短，从横术中著其谏伐匈奴，末又著其劝上筑北河之说，其自凿如此。"此上所俳忧畜之者也。"偃自云："丈夫生不五鼎食，死则五鼎享耳。""吾日莫，故倒行逆施之。"亦有自知之明者。

《严安、终军、王褒、贾捐之传第三十四下》。固于《严助传》，首著武帝"擢助为中大夫。后得买臣、寿王、相如、偃、乐、安、东方朔、枚皋、胶仓、军、严葱奇等，并在左右。"相如、朔、皋自有传，余皆收入本卷。俞樾《闵子骞》《南容》二章，末比有云："士君子高谈放论，其幸则以口舌得官，不幸则以文章贾祸。正此辈也。"论列是非于朝，骄其妻妾于家。《叙传》曰："六世耽耽（指武帝），其欲浟浟（逐逐）。"非此君不生此臣也。又本卷未收者严葱奇（补注录斋召南说），而贾捐之（字君旁，所谓君房言语妙天下者）则为时较后（元帝初即位，上疏言得失），虽亦以言事人，然谗说殄行，殊辱长沙矣（谊曾孙）。

"敢昧死竭卷卷。"师古曰："卷，读与拳同。"按《庄子》（人间世篇）："其细枝，则卷曲。"《释文》："拳，本亦作卷。"

"骆越之人，父子同川而浴（捐之对语）。"《尚书大传》则云："吴越之俗，男女同川而浴。"此与禽兽无异，本不足郡县置也。

《东方朔传第三十五》。"丞相御史知指。"师古曰："指，谓天子之意也。"（按：史汉凡旨意，意恉，字皆作指。）《说文》："指，手指也。"然则手之所指，即为意之所在。迁《报安书》"即以此指推言陵功"是也。段注曰："假借为指"。（按：《尔雅·释言》本曰"指，示也"。则义仅属转注耳。）

"武帝姑馆陶公主号窦太主，幸董偃。帝曰：'愿谒主人翁。'董君绿帻傅韝，随主前，伏殿下。"师古曰："绿帻，贱人之服也。"当是俗语绿头巾所由来处。

《公孙贺（子敬声）、刘屈氂、车千秋、王訢、杨敞（子恽）、蔡义、陈万年、郑弘传第三十六》。《朔传》之下系以此传，虽皆丞相、御史两府之士，而概非廊庙之材。《叙传》曰："葛绎内宠（贺封葛绎侯，由贺夫人君孺，为卫皇后姊而有宠），屈氂王子（武帝庶兄中山靖王子，为丞相，主治太子巫蛊事）。千秋时发（千秋上急变，讼太子冤，以一言寤意，旬月取宰相封侯，无它材能术学，单于讥之），宜春旧仕（訢以郡县吏积功，代千秋为丞相，封宜春侯）。敞、义依霍，庶几云已［敞夫人谓敞曰："此国大事（废立事），君侯不疾应，与大将军同心，犹与无决，先事诛矣。"义代敞为丞相，貌似老妪，夹乃能行，议者或言光置宰相不选贤，苟可用，颛制者］。弘惟政事，万年容己（弘为南阳太守，著治迹。万年侍丞相丙吉病，昏夜乃归，吉言于上，竟为御史大夫）。咸睡厥诲，孰为不子（咸，万年子，万年尝病，召咸教戒于床下，语至夜半，咸睡，头触屏风，万年大怒，欲杖之，曰：‘乃公教戒汝，汝反睡，不听吾言，何也。’咸叩头谢曰：‘具晓所言，大要教咸讇也。’古諂字，后省为谄)？斗筲之徒，彼哉彼哉(恽《报会宗书》：‘漂然皆有节概。’漂然，高远意。《文选》作‘凛然’。盖以形近而以意改之耳)。”

1934年10月19日

授课温课治书，已非此不乐矣。

《杨王孙、胡建、朱云、梅福、云敞传第三十七》。《叙传》曰：“王孙裸葬（病且终，令其子曰：‘吾欲裸葬，以反吾真。’并报书祁侯论之)，建乃诛将（建诡斩监军御史)。云廷讦禹（云廷奏臣愿赐尚方斩马剑，断佞臣一人，以厉其余)，福逾刺凤（上书言大将军王凤事)，是谓狂狷，敞近其衷（敞师吴章，伏莽诛，弟子皆当禁固。敞自劾吴章弟子，抱尸葬之，京师称焉，比之栾布，不得中行，则思狂狷。孟坚之意远矣)。”

《霍光、金日磾（子安上）传第三十八》。“言光出都，肄郎羽林，道上称跸。”孟康曰：“都，试也，肄，习也。”师古曰：“谓总阅试习武备也。”先谦《补注》曰：“都，大总也，肄，试习也。若今军营云大操矣。省言之则但曰都，下文云都郎属是也。孟训都为试。非。”际遇按：《后书·齐武王縯传》：“自称柱天都部。”李注曰：“都，统其众也。”本传下文即可互证。上曰：“将军无罪。”光曰：“陛下何以知之?”上曰：“将军之广明都郎，属耳。”云往广明者，为统率郎属事耳。则上文言“光之出也，统率郎属肄武。”甚明。《翟方进传》：“方进知之，候伺常大都授时。”之都字同义。师古曰：“都授，总集诸生大讲授也。”《光传》为《汉书》第一传，头绪之繁，声容之茂，《项纪》以外，无与伦比。日磾与光合传者，以托孤寄命之时，光让日磾卒为光副，又通家为婚，名位相将。日磾自陈：“臣外国人，而光藉不知有父之兄去病。”以出入禁闼，出身疏微，亦正相若。至于立身治家，则正负相反，其尤著者，日磾自惩长子弄儿。霍家则昆弟诸婿多不谨，光妻显百计内女入宫，日磾则不肯奉上命内女后宫，此其大较矣。功业如此其尊也，光死才三年，宗族诛夷，而金氏内侍七世忠孝传，胤此之合传，岂天作之合哉。

《赵充国、辛庆忌传第三十九》。此二卷述武帝诸将也，故于论赞历举山西所出将，自汉以来，如郁郅等二十人皆以勇武显闻，且曰“苏、辛父子著节”，此其可称列者也，此二十人中，惟李广、苏建（建子武)、公孙贺、甘延寿、傅介子各自有传，余则附举于此，其非西土之人而有功西域者，参以下卷著之云。《充国传》载军中奏事特详，并著其往复期日，曰：“六月戊申奏，七月甲寅玺书报从充国计焉。”往复七日，自金城至长安。据《容斋随笔》云：“一千四百五十里，而汉驿，日三易马，可传驰一千里也。”

《傅介子、常惠、郑吉、甘延寿、陈汤、段会宗传第四十卷》。《汤传》独详，核议郎耿育上书讼汤冤事，尤剀切沉痛。武夫力而斗诸原，儒生坐而议其后。自古然矣。

《隽不疑、疏广（广兄子受)、于定国、薛广德、平当、彭宣传第四十一》。此皆明哲保身者类也。金日磾与赐出宫女不敢近。隽不疑于大将军光女，固辞不肯。当匹妇倾城远之以全身也。故《叙传》曰："不疑肤敏，应变当理，辞霍不婚，逡遁致仕。疏克有终，散金娱老。定国之祚，于其仁孝。广德、当、宣，近于知耻。"深许之也。汉兴惟韦、平父子至宰相（韦贤），而平当子晏，以明经历位大司徒。所以不数周勃、亚夫父子者，悉伯云："亚夫不终故也"。

1934 年 10 月 20 日

《金日磾传》。日磾子二人，皆爱为帝弄儿，下云："恶其淫乱，遂杀弄儿。"弄儿即日磾长子也。前云二人与后文不照应，各本未及之。

校乙《王吉、贡禹、龚胜、龚舍、鲍宣传第四十二》。此清明策时之士也。吉困于贺，涅而不缁。禹既黄发，以德来仕。禹自云："犬马之齿八十一，自痛去家三千里，凡有一子年十二。"七十生子，所知者为最迟矣，凡《说文》冣，括而言也。《吉传·吉疏》引《诗》云："匪风发兮，匪车揭兮。顾瞻周道，中心怛兮。"说曰："是非古之风也，发发者是非古之车也，揭揭者盖伤也（怛，古怛字）。"盖由《毛传》"发发飘风非有道之风，偈偈疾驱非有道之车"引申之。先谦《补注》曰："《毛诗》揭作偈，怛作怛。"按《硕人篇》："鳣鲔发发。葭菼揭揭。"《笺》："发发盛貌，揭揭长也。"此作揭，与《齐风》"无田甫田，维莠桀桀"通。《毛传》："桀桀犹骄骄也。"与《匪风传》"偈偈，疾驱"义同。

"龚生竟夭，吊哭尚有故人。子都虽囚，举幡犹集大学"（龚胜不奉莽召，闭口饮食积十四日，死时七十九矣，有老父来吊哭甚哀，既而曰："龚生竟夭天年，非吾徒也。"鲍宣字子都，好学明经，上疏有云："陛下取非其官，官非其人。"后下狱，博士弟子济南王咸举幡大学下曰："欲救鲍司隶者会此下。"诸生会者千余人，丞相车不得行）。志节之高，不亦宝乎。

《韦贤子玄城传第四十三》。贤仕宣帝朝，汉兴开国至是七叶矣。"凡祖宗庙在郡国六十八，合百六十七所。陵庙并为百七十六。一岁祠，上食二万四千四百五十五。"夫"祭不欲数，数则渎，渎则不敬。"于是有"亲尽庙毁"之议，玄城所持义独多，秦亡学绝，礼文觖微，刘歆博义，并著于篇。

《魏相、丙吉传第四十四》。汉至宣帝有中兴之象，宣帝在外十八年矣，来自民间，犹知稼穑。汉之相业，亦至丙、魏而有声。然自相后，而缘饰经术，为阴阳之说者进矣。吉不问斗伤者之盈道，而垂问逐牛行已几里，亦曰："三公燮理阴阳，不亲小事。"世以为难能者，有再造之恩于孝宣，而绝口不敢自言，长安士伍尊上书，且删去其辞，归美养视皇孙者，礼让之兴，岂偶然哉。及居相位，上宽大，好礼让（页七上）。按上假借为尚，《墨子·尚贤》是也。

1934 年 10 月 21 日

校阅《眭弘、夏侯始昌（族子胜）、京房、翼奉、李寻传第四十五》。此皆以明经推阴阳说灾异者。董仲舒死后，武帝始昌甚重之。昭、宣之世，眭孟傅说“石立枯荣”之异，为光所诛。夏侯胜独膺师博之荣，经与术具显。至元成而京房、翼奉等辈出。房以幽厉事密谏，自泄其语伏诛。奉援成周，奏徙都，虽未行而后显。洎乎哀平，李寻为最，言事独多，不幸而言不中，以左道乱政，徙适敦煌。楝折榱崩，屋大柱小，躬自蹈之矣，学经不明，不如归耕，经术苟明，其取青紫，如俯拾地芥，胜所言大都教人干禄耳，出强载质，自古无讥，然依附经言，济之以术，显身灭踵，亦等探筹，学者所当自择也。

1934年10月22日

校阅《赵广汉、尹翁归、韩延寿、张敞、王尊、王章传第四十六》。此宣元间一篇贤京兆尹名传也，《叙传》曰：“广汉、尹京，克聪克明（广汉为人强力，天性精于吏职。尤善为钩距，以得事情。注说纷纭，本传下文自释之矣。钩距者，设欲知马贾，则先问狗，已问羊，又问牛，然后及马，参伍其贾，以类相准是也）。延寿作翊，既和且平（延寿入守左冯翊，满岁称职为真。二十四县，莫复以辞讼自言者。推其至诚，吏民不敢欺绐）。矜能讦上，俱陷极刑（广汉坐法要斩，吏民守阙号泣者数万人。延寿弃市，老少扶持车毂，争奉酒炙，延寿不忍距逆，人人为饮，计饮酒石余，且死属其子勿为吏）。翁归承风，帝扬厥声。（翁归入守右扶风，卒，宣帝诏赐其子黄金百斤。）敞亦平平，文雅自赞（敞代黄霸守京兆，略循广汉之迹，发伏禁奸，不如广汉，本治春秋，以经术自辅，其政颇杂儒雅）。尊实赳赳，邦家之彦（湖三老公讼，尊治京兆，功效日著。尊以京师废乱，群盗并兴，选贤征用，起家为卿，贼乱既除，豪猾伏辜，即以佞巧废黜。一尊之身，三期之间，乍贤乍佞，岂不甚哉）。章死非辜，士民所叹（章为京兆二岁，为凤所陷，死不认其罪。众庶冤纪之。）”

《尊传》：“美阳女子告假子不孝，曰：‘儿常以我为妻，妒笞我。’”宋祁曰：“妒，当作诟。”李慈铭曰：“妻下当更有一妻字。宋说句法未顺，恐不可从。”窃按：“此种事出于恒情万万，尊已谓‘律无妻母之条，圣人所不忍书’，故不必泥其文义，悉伯尤意以句法改经，亦意与必之敝也。”

1934年10月23日

《盖宽饶、诸葛丰、刘辅、郑崇、孙宝、毋将隆、何并传第四十七》。元成以降，鲠直敢言之士，能自全者益少矣。《叙传》曰：“宽饶正色，国之司直。（进有忧国之心，退有死国之义，自曰：‘无多酌我，我乃酒狂。’丞相魏侯笑曰：‘次公醒而狂，何必酒也？’）丰繄好刚（以明经为郡文学名，特立刚直），辅亦慕直（辅以河间宗室，上书切谏立赵婕妤为皇后事）。皆陷狂狷，不典不式。崇执官责（上欲封祖母傅太后从弟商，崇极谏之，愿以身命当国咎，因持诏书案起。傅太后大怒曰：‘何有为天子，乃反为一臣所颛制耶’），隆持官守（哀帝即位，以高第入为京兆尹，迁执金吾。上使中黄门发武库兵，前后十辈，送董贤及上乳母王阿舍。隆奏言“武库兵器，天下公用，缮治造作，皆度大司农钱。孔子曰：‘奚取于三家之堂！’臣请收还武库。”上不说）。宝曲定陵（宝曲桡定陵侯淳于长。邓展说），并有立志（何焯曰谓不桡于钟廷尉。钟威不入关，卒收之。非若宝之言及杜樨季而气索也）。

《萧望之（子育、咸、由）传第四十八》。《叙传》曰：“长倩懊懊，觌霍不举（《论语》：‘与与如也’），遇宣乃拔，傅元作辅，不图不虑，见蹶石、许（《小雅·雨无正》之篇：‘昊天疾威，不虑不图’）。”

《冯奉世（子野王、逡、立、参）传第四十九》。叙传曰：“子明光光，发迹西疆，列于御侮，厥子亦良。”（按：“光光亦曰晃晃。”《释名·释天》：“光，晃也，晃晃然也。亦言广也，所照广远也。”又晋阮籍《为郑冲劝晋王笺》：“元功盛勋。光光如彼。”）

1934年10月24日

《宣元六王传第五十》。惟张婕妤最幸。“而宪王壮大，好经书、法律，聪达有材，帝甚爱之。”（页一上）与下卷《张禹传》：“初元中，立皇太子，而博士郑宽中以《尚书》授太子，荐言禹善《论语》。”（页八上）两节中之“而”字，皆犹“以”也。以，亦由也（《刘向传注》）。为也（《玉篇》）。“因为宪王聪达，故帝甚爱之。”“为郑宽中在太子侧，故荐张禹。”《王氏释言》引《墨子·尚贤》篇曰：“使天下之为善者可而劝也，为暴者可而沮也”等甚悉。

“东平思王宇上疏求诸子及《太史公书》。”（页六下）蔡伦造纸以前，书之难得也如此。《史记》之名，据《王氏补注》本引清苏舆说，谓：“自晋以后，始有《史记》之称，以前皆称《太史公书》。”按：孔子因鲁史记而作春秋。《迁传·赞语》则史记之名自古有之。惟迁之自叙仅曰为“太公书”。《迁传》曰：“迁既死后，其书稍出。”《后书·蔡邕传》王允曰：“昔武帝不杀司马迁，使作谤书。”皆不曰《史记》，可证也。王凤辈已谓《太史公书》有战国纵横权谲之谋，不可予矣。

《匡衡、张禹、孔光、马宫传第五十一》。此皆以名儒居相位，而被持禄固宠之讥者。衡之追条石显旧恶也，乃在宣帝崩驭之后。禹之对成帝释灾异也，乃不敢指王氏专政之非。光之于平帝草奏也，乃承莽风太后之指。宫之代光为太师也，乃因其为王莽所厚。自叔孙通、公孙弘以下，诡经辟说，希指雷同，所由来久矣。

《王商、史丹、傅喜传》第五十二。三人皆以外戚旧恩，而可许为贤者也。商、丹皆有拥立太子之功，丹虽与定陶太后有属，终不顺指从邪，介然守节者。

1934年10月25日

夜阅王若虚《史记辨惑》，是惑也。

校阅《薛宣、朱博传第五十三》。皆以佐史起家，为能吏，及位丞相，卒被弹劾论去者。“不相敕丞化。”（页五下）王筠云：“丞，与手部承，音同义近（释例）。”按

《史记·张汤传》："于是丞上指。"可证。

《翟方进（子宣、义）传第五十四》。"辞其后母，欲西至京师受经。母怜其幼，织屦以给。方进读经博士，受《春秋》。"（页一上）宋祁曰："于母字上疑有后字。"按："上文已言后母，下句何必再言后母。"如《左氏传》曰："公入而赋：'大隧之中，其乐也融融。'姜出而赋：'大隧之中，其乐也泄泄。'"仅曰公，不曰庄公，曰姜而不曰姜氏，是也。况后母于方进既为母矣，必处处点明其为后母，亦不情之论也。又李慈铭札记云："疑此处当读'织屦以给方进读'为一句，'经'字为'从'字之误，'从博士受春秋'为一句也。"云云。不若王先谦以读字断句，释经犹历字为是。案《儒林传》："方进受《穀梁春秋》于尹更始也。候伺常大都授时。"（页一上）按与《霍光传》"光出都肄郎"之"都"字同义。师古本曰："都授，谓总集诸生大讲授也。"念孙谓："'大'字涉注义大讲授而衍。"是亦勇于疑古者。"而官媚邪臣，欲以徼幸，苟得亡耻。"（页四下）按《说文》："官吏，事君也。"此与"师"同意。"义曰：'欲令都尉自送，则如勿收邪？'"（页七下）与《左襄二十二年》言："若爱重伤，则如勿伤；爱其二毛，则如服焉。"《孔氏正义》"如犹不如古人"之语，然"犹"似敢即不敢。念孙谓与"邪"字语意不合，而谓如犹将也。《左宣十二年传》曰："有喜而忧，如有忧而喜乎？"此言汝"欲令都尉自送，则将勿收邪"说甚辩。

1934年10月26日

校阅《谷永、杜邺传第五十五》。此皆优于文事，而阿王氏以自存者。"欲末杀灾异。"（页四上）师古曰："末杀，扫灭也。"末杀之语始见本书，今为通行语。

"夫贱人当起而京师道微，二者已丑。"（页四下）此与《孟子》"地丑德齐"、《礼·学记》"比物丑类"之"丑"同义。而犹与也，言二者相比而见也。下文"六月之间，大异四发，二而同月。"（页七下）言二且同月也。《诗·甫田》："突而弁兮！"《猗嗟》："颀而长兮。"《论语》"不有祝鮀之佞，而有宋朝之美。"用法正同。

"陛下则不深察愚臣之言。"（页五上）按"则"犹"若"也。王氏《释词》曰："犹今人言'即'也。字亦作'则'。"《孔子世家》"吾即没，若必师之"是也。又《洪范》曰："女则有大疑。"《史记·高祖纪》曰"今则来。"皆应训如"若"字。

"郡国十五有余。比年丧稼。"（页十二下）补注引宋祁曰："十五，姚本作五十"。际遇按："十五，为是十五者。十之五也，字或作什。但什相什保也，可假借为十耳。'十五有余'，言郡国频年丧稼者在十五以上，是已过半，其灾甚。于上文所云"往年郡国二十一伤于水灾"也。若云五十，则以本书体例，皆言郡国灾若干，不必缀'有余'二字，致令于义皆为衍也。"

《邺传》："分职于陕，并为弼疑。"（页十三上）师古注："弼疑，谓左辅右弼前疑后承也。"按《礼记·文王世子》："有师保，有疑承。"《正义》引《尚书大传》曰："前曰疑，后曰丞。"故颜注曰："前疑后丞也。"

《何武、王嘉、师丹传第五十六》。武、嘉、丹皆能忠鲠切谏，丹几不免，而武、嘉及于难，嘉不肯自杀，愿伏刑都市以示万众，虽曰彰君之过，犹有尸谏遗风，身为大臣，括发关械，裸躬就笞，《礼》曰：“刑不上大夫。”君子是以伤汉室之寡恩也。

1934年10月27日

《扬雄传第五十七》。

《儒林传第五十八》。

《循吏传第五十九》。“此廪廪庶几君子德让之遗风矣。”（页二上）师古曰：“廪廪，言有风采也。”念孙斥其望文生义，谓：“廪廪者，渐近之意，即所谓庶几也。引《史记·孝文纪·赞》‘汉兴，至孝文四十有余，载德至盛也，廪廪乡改正服封禅矣。’”按《文选·吴质与魏太子笺》“抑亦懔懔有庶几之心”。字作“懔”。

《文翁传》：“文翁以为右职，用次察举，官有至郡守刺史者。”按：“以，用也；用，以也。用次，以次也。”释词用词之以也。以，用一声之转。《春秋公羊》《释经》皆言“何以《谷梁》。”则或言何用。

《黄霸传》：“正颇重听，何伤？”“正”犹“即”也。“即诸侯先行之。”即，犹即“今”也。

《朱邑传》：“昔陈平虽贤，须魏倩而后进。”是魏无知事。师古以“与萧公对举”遂断“倩为士之美称”，如汲黯之称“汲直”然。《酷吏传·田广明传》有“胡倩等谋反”，则倩明为人名，颜说未安。(《补注》引周寿昌说与予同)

《酷吏传第六十》。《郅都传》：“丞相条侯至贵居也。”师古曰：“居，怠傲，读与倨同。”《赵禹传》：“禹为人廉裾。”师古曰：“裾亦傲也，读与倨同。”按《说文》：“本作居，蹲也。从尸，古者居从古。踞，俗居从足。”居与踞二文，上下相连，形音如此，其近其义不相远。段注亦云：“凡今人蹲、踞字，古只作居。”又“裾，衣袍也，从衣居声，读与居同。”《朱氏通训定声》亦云：“假借为倨。”《荀子·宥坐》：“裾句必循其理。”即倨句也，以声训之。“裾，倨也，倨倨然直亦言在后常见踞也。”

“窦太后曰：‘临江王独非忠臣乎？’于是斩都也。”《补注》引宋祁曰：“传末也字当删。”此种读书最属无谓。古人之书有可校勘者，尚当阙文或存疑焉。此句既无误文，则何劳窜改，况“也”字本可作“矣”字用。《史记》：“蔡泽闻之往入秦也。”“由此观之，始未尝不肃祇，后稍怠慢也。”（《封禅书》）“无且爱我，乃以药囊提荆轲也。”(《荆轲传》）同此例者即史汉本书已不可殚举。林纾《论文》但曰：“史公每用‘也’字必有深意。”王氏《释词》则明曰：“也，犹矣也。”引经传例至夥，如“从我于陈、蔡者，皆不及门也。”不为五尺之童所共知乎。

《宁成传》：“为守，视都尉如令。为都尉，陵太守，夺之治。”此“之”字与“其”同义。《左传》：“牵牛而夺之田。”谓夺其田也。《礼记·檀弓》：“闻之死，请往。”言闻其死也。《释词》引《吕氏春秋·音初》篇注曰：“之，其也。”

《王温舒传》：“温舒多谄，善事有势者，即无势，视之如奴。”此“即”字作“或”字解。《史记·吕后纪》曰：“刘泽为大将军。太后王诸吕，恐即崩后刘将军为害。”

《释言》曰："言或崩后为害也。"

《田延年传》："光曰：'即无事，当穷竟！'""即"与"则"声近。《释词》曰："故训为若，亦训为或。"师古曰："既无实事云。"苏舆谓"训即为既。非。"

"今县官出三千万自乞之，何哉？"按"乞"，犹"与"也，"给"也，已详《朱买臣传》读记，"买臣乞其夫钱，令葬"条下（十月十七日）。"何哉"犹云"何也"。《史记·魏公子列传》："今单车来代之，何如哉？"用法正同。

《严延年传》："河南天下喉咽，二周余毙。"按毙、敝通借。据《经典释文》"毙亦作敝言之。"

1934年10月28日

点校《货殖传第六十一》。《货殖传》剌取《史记》若干则，而推本古制生财之旨，以发之衍及未流商通难得之货，工作无用之器，士设反道之行，以追时好而取世资。慨乎言之，传文特峭洁，不似《史记》之滂溢。盖固尝讥迁之述货殖，崇势利而羞贫贱，故矫而为此。

"圉夺成家者为豪桀。"（页二上）师古曰："圉，谓禁守其人也。"念孙（本刘敞说）谓："圉，读曰御也。"按"圉"，释诂本曰"垂也"。《左隐十一年》："亦聊以固我圉也"。《僖廿八年传》："谁扞牧圉？"故通训为"御"。

"周人既孅。"（页六上）《说文》："孅，兑细也。"本书《食货志》引《管子》："至孅至悉"。师古曰："细也，与纤同"。王筠谓："与俗'尖'字相似。"

《传》中曰："此其人皆与千户等。曰亦比千乘之家。曰犹复齿列，伤化败俗，大乱之道也。"虽不著论，而论过毕矣。侯服玉食，败俗伤化。激而行之，货恶其藏于己，而天下乱矣。今昔一辙，不暇为古人悲也。

竟日点书，以所学者与古人引证，释卷见贵客即满郁不自安，习与性成矣。夜深独坐如古佛，青灯有味似儿时矣。

1934年10月29日

《游侠传第六十二》。《朱家传》："然终不伐其能，饮其德。"师古曰："饮，没也，谓不称显。"（按：饮，《说文》作㱃。）段注及朱珔《说文假借义证》皆引本传，段且为之说曰："消纳无迹，谓之饮然。"《后书·蔡邕传》："趣以饮章。"（页十二下）李注："饮犹隐却告人姓名，无可对问。"且曰："俗本有不解饮字，或改为报字，或改为欽，并非也。"则饮之为隐也，早有其说。又《周礼·酒正》注："后致饮。"《正义》曰："饮是阴。"朱珔据《正字通》曰："古医方有淡阴之疾，今作淡饮，是饮为阴之假借。"颜注："仍准古义而言。"念孙指为钦之误字，正可不必。（又按："射石没羽，亦作射石饮羽。"此饮字亦作隐字用。）《史记》本作"歆其德。"可两存之。

《郭解传》："适有天幸，窘急常得脱，若遇赦。"（《史记》同）沈钦韩曰："若，及也。”际遇按：“若，犹或也。窘急时或得免脱，或遇赦而免，有一于此，则如适有天幸，不必既得脱又遇赦也。”

《萬章传》：“吾以布衣见哀于石君。”师古曰：“言为石君所哀怜。”念孙曰：“哀者，爱也。言吾以布衣之贱见爱于石君。”自是确解。按《尔雅·释诂》：“㤝、怜、惠、爱也。”郝疏曰：“以哀爱为怜，古今方俗通语。”则颜注仍通。又按本书《元后传》“太后甚哀之。”（页三下）哀之仍作爱字解，言太后甚爱安成侯之遗腹子也。

《楼护传》：“五侯兄弟争名，其客各有所厚，不得左右。”师古注曰：“不相经过也。”际遇按：“颜注非也。左右连词而用，如诗左右流之，实左右。”《商王传》笺并云：“左右助也。”《释诂》：“诏，亮、左、右、相，导也。”此云：“不得左右者，无所辅助。”于五侯兄弟不能左右其事，而护尽入其门，为五侯上客，言听计从，故长安号曰：“谷子云笔札，楼君卿唇舌。”言其见信用也。可证愚说。

《陈遵传》：“宣帝微时与有故，相随博弈。”师古曰：“博，六博，弈围棋也。”是时象棋尚未兴，凡言弈者皆围棋。《说文》：“本言奕，围棋也。”《左襄公廿五年传》：“弈者举棋不定，不胜其耦。”《正义》引沈氏云：“围棋称‘弈’者，取其落弈之义也。”棋子之数今古不殊。韦曜《博弈论》云：“一木之枰，孰与方国之封；枯棋三百，孰与万人之将。”可知自吴以前，已是三佰六十一之数。三百者，概言之也。其行列之数必为奇数，而十七之平方不及三百，故为十九之平方。至象棋之见于史书者，则后周四年有周武帝制象经事。而庾信有《象戏》及《进象经赋》云。

自萬章以下诸人传事，后于史迁，全属班椽特笔，笔势极相似。

竟日点《王莽传》，不能尽也。今日以四十金定约开明书局《二十五史》中有柯氏《新元史》及《人名索引》两种，殊系人思。杨生自长沙复函已为购邮王氏《两汉书》，贾仅二十六金有奇，每得一书喜而不寐，此终身所相与伴侣者也。

1934 年 10 月 30 日

《佞幸传第六十三》。《说文》：“佞，巧讇高材也。从女仁声。”大徐本作“从女，信省。”且为之说曰：“女子之信近于佞也。”大受指谪，小徐已改正之。《系传》曰：“有小才不以正道，近其君曰‘佞’也。”幸，吉而免凶也，从屰，从夭。夭，死之事，故死谓之不㚔。《广雅·释诂》：“一㚔淫也。”《独断》：“亲爱者皆曰幸。”《后书·桓纪》注：“倖佞也。”皆由《小尔雅》“非分而得谓之㚔。”转相疏注。

《邓通传》：“文帝尝病痈，邓通常为上嗽吮之。”（师古曰：嗽，山角切。吮，自兖切）《史记》作“唶吮之。”“上使太子齰痈（《史记》作唶癰）。太子嗽痈而色难之（《史记》作唶癰。无‘太子’二字）。已而闻通尝为上齰（《史记》作‘已而闻邓通常为帝唶吮之’）。”嗽、吮、齰、唶互用，按《说文》：“吮，欶也。从口允声。”“齰，齧也。从齒，筰声。”“齚，齰或从乍。”唶为諎之重文。諎，大声也。从言，筰声。读若笮。唶，諎或从口。《说文》无嗽字，有欶字。欶，吮也，从欠束声。是吮与欶相转注。齰（侧革切）、唶（壮革切）、欶（所角切），声近义亦相近。王鸣盛谓：“今吴中尚有山角反之音。呼嗽若束。”按潮州亦同之，且呼吮之义为所谷切，特多不知齰、唶、敕诸字耳。“人有告通盗出徼外铸钱，下吏验问，颇有，遂（师古曰：‘遂，成也，成其罪状’）竟案，尽没入之通家，尚负责数钜万。”《史记》作“人有告邓通盗出徼外铸钱。下吏验问，颇有之，遂竟案，尽没入之邓通家，尚负责数巨万。”其不同者三焉，其一《史记》直呼邓通贱之也，不然则凡在本传中例不冠姓。《汉书》“惟为上嗽吮之”及“长公主赐邓通”二句存此义法。其二遂字属下读，史文甚明（刘攽已有此说）。不知师古何以解“遂”为“成”，而令属上读。《班书》去有下一之字。颜读又缀一遂字。文义两晦矣。其三“巨”，《汉书》作“钜”是也。巨，规巨也，从工，象手持之。鉅，大，刚也，从金，巨声。是许君以巨为规矩字，而巨大，字从金，为之作钜然。《孟子》：“巨屦小屦同贾。”各本皆作巨，“吾必以仲子为巨擘焉”亦如之。《群经正字》云：“自规巨作矩。而巨只作大义用矣。”

《董贤传》：“上以贤难归，诏令贤妻得通引籍殿中，止贤庐，若吏妻子居官守舍。”先谦曰：“若，及也。因贤妻故并吏妻子皆得居官守舍。”际遇按：“王说非也。若，如也。诏贤妻得入居殿中贤庐，如官吏得自随其妻子居官舍耳。意自浅显。”下文“贤与妻旦夕上下，并侍左右。”断袖之爱如此。“其选物上弟尽在董氏。”（按：弟，次弟也。上弟，其等次之上者，即上等也。）《贤传》叙至成帝册贤代丁明为大司马卫将军已数千言，提一笔曰：“是时贤年二十二。”又“匈奴单于来朝，怪贤年少，上令译报曰：‘大司马年少，以大贤居位。’单于乃起拜，贺汉得贤臣。”又曰“贤繇是权与人主侔矣。”皆极尽冷峭之致，冷讽甚于热嘲也。彼单于来朝于中朝事知稔矣，何待宴见之时方以问译者哉。贤与妻传中言其皆自杀，传赞方言其缢死。彼何人斯？窃此富贵（《诗·小雅·巧言》之篇：“彼何人斯？居河之麋。”贱而恶之也）。营损高明，作戒后世（《叙传》语）。

1934年10月31日

长沙寄王氏《两汉》二部，下晡时到（晡后谓之下晡，见《前书·天文志》）。得一佳书，抵获笞河三百石。竟晚猎搜签志，且以《四部》次第，更置庼中所有书，此中大有经济在也。孔门六艺，按即分别部居之始，刘歆（应曰刘秀，盖歆自哀帝建平元年后已改名为秀）承哀帝命总群书为《七略》，一曰集略，二曰六艺略，三曰诸子略，四曰诗赋略，五曰兵书略，六曰术数略，七曰方技略（见《隋书·经籍志》）。故有辑略，晋荀勖最始分书为四部，其四曰丁部（王氏《汉书补注》引吴仁杰说，见《艺文志序》辑略条下）。

《后书》《三国志》，子目不见二名，事因王莽禁令也。《前书·匈奴传》：“莽奏令中国不得有二名，因使使者以风单于，宜上书慕化为一名，必加厚赏。单于从之，上书言：‘幸得备藩臣，窃乐太平圣制。臣故名囊知牙斯，今谨更名曰知。’莽大悦（九十四下页十三上）。”《莽传》亦曰：“莽念中国已平，唯四夷未有异，乃遣使者赍黄金币帛，重略匈奴单于，使上书言：‘闻中国讥二名，故名囊知牙斯今更名知，慕从圣制。’”其禁令仅于匈奴事见之。

《游侠传》云：“自哀、平间，郡国处处有豪桀，然莫足数。其名闻州郡者，霸陵杜君敖、池阳韩幼孺、马领绣君宾、西河漕中叔，皆有谦退之风。中叔子少游，复以侠闻于世云。”是诸侠者皆二名，此既明言哀、平之间，与王莽同时或稍先者，又或禁令未能尽奉行者耳。周寿昌求其说而不得，则曰：“王莽禁二名，此应皆其字。”亦聊备一说而已。至莽所以为此禁令者，其性与人殊，动好依经托古。《春秋定六年》：“季孙斯、仲孙忌帅师围运。”《公羊传》曰：“此仲孙何忌也，曷为谓之仲孙忌？讥二名。二名非礼也。”汉司空掾何休《解诂》曰：“为其难讳也，一字为名，令难言而易讳。”“《春秋》定、哀之间，文致太平，欲见王者治定，无所复为讥，惟有二名，故讥之，此《春秋》之制也。”唐徐彦《疏》有曰：“但孔子作《春秋》，欲改古礼为后王之法，是以讥其二名，故注即言此《春秋》之制也。然则传云‘二名非礼’者，谓非新王礼，不谓非古礼也。”又按《白虎通》姓名条下：“《春秋》讥二名何？所以讥者，乃谓其无常者也。若乍名，禄甫元言武庚。”未审班氏何以又存别说。如此，清王筠之说（《说文释例》卷十二双声叠韵目下）不愧通人矣。曰：“圣人正名百物，大物皆一字为名，小物乃两字为名，其尤不足道者，乃以双声叠韵为名。”

右所辑小虫之属三十，它物未尝有也，鸟属之朋（按即凤）乙乌舄焉，兽属之马牛羊犬豕鹿兔，皆为之专制象形字，且他物雌雄同名，而凤皇、麒麟雌雄各命一名，贵之也。南方草木，惟橘、柚锡贡（张氏曰：必锡名乃贡者供祭祀，燕宾客则诏之口腹之欲，则难于出令也），一字为名。至于荔枝、枇杷、橄榄、桄榔，无论美恶，皆以双声叠韵为名，则以不得圣人锡之名也。乃人之命名，或连其姓为谑语，其亦不思矣乎，独是王莽禁二名，误读《公羊》者也，我亦以一名为贵，初非煽巨君之焰也。

1934 年 11 月 1 日

读《汉书》至《货殖》《游侠》二传。椎埋龚断，相与为雄，权至使将军，家亦比千乘。此乱法之徒，班氏传此以著汉祚之将终也。祸患常起于小人，故次之以《佞幸》，《佞幸》进必有所伤，伤则夷矣，伤于外者必反于家，况知勇犹困于所溺。邦家之忧，不存颛臾而存萧墙之内。故次之以《外域》各传，又次之以《外戚》列传。燕啄皇孙，知赤帝子之将尽（《赵飞燕传》有“燕飞来啄皇孙”之童谣）。月入李怀，识卯金刀之就衰（元后母李亲任政君在身，梦月入其怀）。外戚汉之穷也，元后女之终也，别传元后以著王氏之所由兴，终以王莽以著汉室之所由亡，遥与开国创业之《高祖本纪》两大篇，旗帜鲜明，桴鼓应和。此良史家之史法，何事明著其刺讥哉。

以两月之力，抽读两书纪传，间撮存之，自备遗忘，其他表志，需功特多，未暇及也。

1934 年 11 月 2 日

王若虚（金藁城人，字从之，登承安经义进士，累官直学士。金亡，微服北归，登泰山坐石上而逝，有《慵夫集》）《史记辨惑》十一卷，《诸史辨惑》二卷，与愚见牾枝者什而六七。史，记事者也，从又持中，中正也，恶得如许之惑而辨之，既辨之矣，而其犹有惑焉者，是诚惑也，爰条系之。如按今所见《四部丛刊》中，《滹南遗老集》四十五卷（附诗一卷），自五经至诸史为《辨惑》二十四卷，《杂辨》《文辨》《诗话》十六卷，《杂文》五卷如

《史记辨惑》（十条下云）：《史记》用“而”字多不安，今略举甚者。此句已不安，意云举其甚者耳，其例如：

“郤克使于齐，齐使夫人帷中而观之。”（《齐世家》）谓多一“而”字，不知“而”犹“以”也（《宣十五年左传》：“敝邑易子而食”）。

“齐襄王时而荀卿最为祭酒。”（《荀卿传》）与上同惑同辨。

“襄公之六年，而赵衰卒。景公时而赵盾卒。平公十二年，而赵武为正卿。”（《晋世家》）“赵孝成王时，而秦王使白起破长平之军前后四十余万。”（《鲁仲连》）“吴国内空，而公子光乃令专诸袭刺吴王僚。”多上一“而”字，不知而犹“乃”也。（《释词》卷七）“乃”犹“于是”也（《释词》卷六）。《尧典》曰：“乃命羲和。”《文王世子》曰：“文王九十七乃终，武王九十三而终。”《襄七年左传》曰：“吾乃今而后知有卜筮。”“乃今而后”即“而今而后”也。《曾子·本孝篇》曰：“如此，而成于孝子也。”言如此乃成为孝子也。

“严仲子奉黄金百镒，前为聂政母寿，固进，而聂政谢曰云，又夫贤者以感愤睚眦之意，而亲信穷僻之人，而政安得嘿然而已乎。”（《聂政传》）。多中间一“而”字，不知前之“而”字犹“于是”也，中之“而”字承上之词，常词也，后之“而”字犹“然”也。

“赵尧问高帝曰：‘陛下所为不乐，非为赵王年少而戚夫人与吕氏有隙也？（监本《史纪》作耶）陛下万岁之后而赵王不能自全乎？’”多下一“而”字也，字亦剩。不知前“而”字犹“与”也，“及”也。《论语》：“不有祝鮀之佞，而有宋朝之美”是也。下“而”字犹“则”也。（均见《释词》七卷）“也，犹邪也。”（《释词》卷四）《易·象传·同人》曰：“出门同人，又谁咎也。”史文也顶非为语气而言，既自注监本作耶（应作邪）。又何惑之可辨。

同条下又云：“司马迁用于是乃遂等字，冗而不当者十有七八。”其举例如：

《赵世家》记程婴、杵臼事云：“乃二人谋取婴儿负之。”“乃是”当作“于是”，不知“乃”犹“于是”也。

《叔孙通传》云：“上见留侯所招客入见，上乃遂无易太子志。”“乃遂”二字当去其一，按《前书》作：“及上置酒，见留侯所招客从太子入见，上遂无易太子志矣。”固少一“乃”字，然“乃”犹“于是”也。

“今将军尚不得夜行，何乃故也！”“乃”字不安，不知“乃”犹“且”也。《书大诰》曰：“若考作室，既底法，厥子乃弗肯堂，矧肯构？厥父菑，厥子乃弗肯播，矧肯获？”（《释词》卷六）。

《史记辨惑》（十一）杂辨：

“郑庄公称其母为‘姜氏’，陆生、晁错父称子为‘公’，皆于义不安。殆邱明、子长之失，未必当时本语也。”按王氏可谓勇于疑古者。庄公之于姜氏，且置于城颍，而誓其不相见矣。“姜氏欲之焉避害”，气急之词耳。庸何足辨。

至《史记·陆贾传》：“无久慁公为也。”《汉书》：“毋久慁女为也。”指其子而言，自无疑义。而司马贞《索隐》曰：“公，贾自谓也。言汝诸子无久厌患公也。”竟并《汉书》而不读矣。《史记·晁错传》：“错父曰：‘刘氏安矣，而晁氏危矣，吾去公归矣！’”《汉书》少弟二“矣”字。按公，君也，见《尔雅·释亲》：“夫之兄为兄公。”条下郝疏，义本《释名》（释亲属）“夫之兄曰兄公。公，君也。君，尊称也。”此极寻常之语，且夫之姊为女公，并无深义。如“公等碌碌”，如“公无渡河”，“公竟无渡河”，“渡河而死”。如“乃公以马上得天下，安用诗书为?”皆极寻常呼谓之称。况《错传》：“于是景帝喟然而叹曰：‘公言善，吾亦恨之。’乃拜邓公为城阳中尉。”邓公成固人也，则以公为名，且出诸帝口，曾不顾忌。后人以今义臆度古人，至无可解时，则改经以就我，甚不可也。（《王章传》：“小女年可十二，夜起号哭曰：‘我君数刚，先死者必君，是以小女呼父为君。’”）

夜深卧阅王若虚杂文，肤浅不足供推敲，吾之辨史汉辨惑，自为注书之学已耳。

1934 年 11 月 3 日

《高祖纪》云：“称‘刘季’者，在当时人可也。而迁亦数称之，不惟于文体为非，而臣子之道亦不当尔也。《汉书》正之为是。按《史记自叙》：‘高祖里居族字起，至秦二世元年秋，陈胜等起蕲，皆称高祖（中间惟卒与刘季句，《汉书》曰：卒与高祖）。自乃令樊哙召刘季。刘季之众已数十百人矣。’至于‘是刘季数让，众莫敢为，乃立季为沛公’一段，皆称刘季。至‘汉二年正月，项羽更立沛公为汉王’以前，皆称沛公。至‘汉五年正月甲午，乃即皇帝位汜水之阳’以前，皆称汉王。接曰‘皇帝曰：云云’以后，皆称高祖。层次井然。《班书》惟于称刘季处改称高祖，于称沛公、汉王处一如《史记》。《班书》断代为史，不得不云尔也。《史记》所纪者，自唐虞三代以来，以史官天下，不以记私一家，故可以维持史法之处，不肯自乱其例。又‘季，高祖字也。’字之者，《公羊传》曰：‘贵之也。’”

《荆燕世家》云：“‘荆王刘贾者，诸刘，不知其何属。’诸刘字绝下不得，其曰燕王刘泽，诸刘远属则是矣。按‘绝下不得’乃宋人语录，‘余滓真下不得荆王’八字套下‘燕王刘泽者，诸刘远属也。’文法耳，然又因是而误及断句矣。原曰：‘荆王刘贾者，诸刘，不知其何属初起时。’诸刘原属下读（吴汝纶且谓‘初起时’三字属上读）。王氏盖并句读未知也，即本传而言诸吕诸刘数见不一见，不知何以言‘诸刘字绝下不得’。”

《梁孝王世家》云：“‘孝文帝凡四男：长子曰太子，是为孝景帝；次子武；次子参；次子胜。’夫上既言男则子字皆赘，太子非名，则曰字，亦不安，法当云其长，景帝也。

次曰某，次曰某，按曰犹‘为’也。《洪范》：‘一曰水，二曰火’之属是也。桓四年《谷梁传》：‘一为乾豆，二为宾客，三为充君之庖。’《公羊传》‘为’作‘曰’（《释词》卷二）。本传因下句有‘为太子’之‘为’字，故用‘曰’以避复见。”勇于改窜，益章其陋耳。

《田仁传》云：“武帝时拜为司直。数岁，坐太子事。时左丞相自将兵，令司直田仁主闭守城门，坐纵太子，下吏诛死。仁发兵，长陵令车千秋上变仁，仁族死。陉城……”始但言坐太子事，而复言坐纵太子诛死，又言因千秋上变族死，语意重叠，昏晦甚矣。迁之叙事此类尤多按仁此《传》，自有费解之处。《汉书》本言：“月余，迁司直。数岁。戾太子举兵，仁部闭城门，令太子得亡，坐纵反者族。”《史记》文当有错简者。《史记考证》载张照语，谓：“迁字疑还字之讹，盖言‘武帝东巡还，乃拜为司直’，然《班书》明作迁字。”又谓：“‘仁发兵’三句中必有讹脱。”然未若王氏之信笔乱抹也。太子事本末，分见戾太子、刘屈氂、车千秋、江充诸传。今以史事与史文比附之，“数岁，坐太子事。”“仁族死。”二句遥遥自成始末。“时左丞相以下”至“上变仁”三十七字，为“坐太子事”一语之说明文句耳。左丞相刘屈氂不即斩仁，亦坐罪。则中间之“下吏诛死”事，属丞相。文本有互见之法，章句亦有交插之法，不细心考案，未便遽指为前人之误，而王氏究不可与语读书之事。其所录史文至“泾城”二字戛然而止，不知此二字应属下读曰“泾城今在中山国”，应本传首句“田叔者赵泾城人也”而言，如王氏所录则是读“仁族死泾城”为句。武帝不治其罪于长安，而治之于数百里外之定州乎？多见其不细心也。

《儒林传·序》云：“‘孟子、荀卿之列，咸遵夫子之业而润色之。’列字不安，列等比也。”（《礼记·服问注》）何不安之有？

《子胥传》云：“公子光令专诸袭刺吴王僚。”如何下袭字，按《孟子》：“非义袭而取之。”赵岐注：“密声取敌曰袭。”何并此而疑之邪。

“田横二客自刭。高帝闻之，大惊（按殿本作乃）。以田横之客皆贤，吾闻其余尚五百人在海中，使使召之至。则闻田横死，亦皆自杀。”“予谓闻之，乃大惊”剩乃字。“吾闻其余尚五百人”剩吾字。按“乃”字或作“迺”，《尔雅》：“迺，乃也，犹然后也。”“乃犹而也”（《释词》卷六）。《汉书》作“高帝闻而大惊。”闻二客之死，然后大惊，其惊大于闻田横之死也，去一乃字，层次不明。高帝所以大惊者，心中以田横之客，口中则曰吾闻云云，见之于事者，乃使使召之耳。

“田横曰：‘吾烹人之兄（按殿本作亨），与其弟并肩而事其主，纵彼畏天子之诏，不敢动我，我不愧于心乎？’”“人”字与“弟”字相窒，当云“烹人之兄，而与之并肩而事主”，或云“烹人而与其弟并肩事主”则可矣。此呓语耳，不成文句，既云“人”“弟”二字相窒，又躬自蹈之，狐埋之而狐搰之也。

《吕后纪》云：“吕后祓，还过轵道，见物如苍犬，据高后掖。”吕后、高后似是两人，但云“据其掖”可矣。“丁公窘高祖彭城西。沛公顾曰：两贤岂相阸哉（按殿本作厄）。方言，高祖遽曰沛公，此亦同病也。”按丁公事附见《季布传》，《史记》曰：“丁公为项羽逐窘高祖彭城西，短兵接，高祖急，顾丁公曰：‘两贤岂相阸哉！’”《前书》曰：“布母弟丁公，为项羽将，逐窘高祖彭城西，短兵接，汉王急，顾谓丁公曰：‘两贤岂相阨哉！'”若虚所引文无注据，即以《汉书》一作高祖一作汉王，言之时高祖尚为汉王也。至吕后事，按《本纪》中，大致称为吕后，至高祖崩后，出其臣子口者称太后，及其病终，则称高后，“见苍犬”时后命将终矣，自此句后皆著高后，称法分明，截其首尾而议之，可乎哉。

《留侯世家》云：“留侯性多病。”多病何关姓事，按性，生也。《论语》：“夫子之言性与天道。”《皇疏》：“性，生也。”《礼记·乐记》：“则性命不同矣。”《郑注》：“性之言生也，言生多病。”“即道引不食谷，杜门不出”，自不辨《雅训》耳。

《吕后纪》：“孝惠为人仁弱，高祖曰‘为不类我’，常欲废太子，立戚姬子如意，‘如意类我’。”再言“如意类我”于文为复，且“我”字不顺，去之可也。按此条愈无俚矣。《汉书》固作“太子为人仁弱，高祖以为不类己，常欲废之而立如意，‘如意类我’。”不知《说文》“我”，施身自谓也。仅曰“不类”毋乃不词乎。又于文应为“曰如意类我”省去“曰”字也。孟子与许行、陈相辩，诘之言叠下十数“曰”字，以粟易械器者，不再著曰字，省之而仍明为孟子之言也。又“乐正子章，曰：‘昔者。’曰：‘昔者则吾出此言也，不亦宜乎？'”何重複之有。又《檀弓》：“门人问诸子思曰：‘昔者子之先君子丧出母乎？’曰：‘然（句）’‘子之不使白也丧之，何也？’子思曰”云云。“子之不使白也”句，省“门人曰”字，此类正多。

《萧何传》云（按应作《萧相国世家》）：“益封何二千户（按益上有乃字），以帝尝繇咸阳时何送我独赢奉钱二也。”“我”字悖，按《汉书》作“乃益封何二千户，以尝繇咸阳时何送我独赢钱二也。”此条尚妥。

《卫绾传》云（按绾传在《史记》一百三万石同传）：“建元年中，丞相以景帝疾时诸官囚多坐不辜者，而君不任职，免之。”君字悖，按《汉书》文同，惟“疾”字作“病”。王先谦《补注》曰：“君字盖诏书用之史駮文。”其说甚当。

《石奋传》云：“子孙胜冠者在侧，虽燕居必冠，申申如也。僮仆訢訢如也，惟谨。其执丧，哀戚甚悼。”“惟谨”“甚悼”字俱不安。按此本《论语》：“便便言，惟谨尔。”用法亦同，不知不安者何在。又“悼，伤也”。《汉书》文同，惟无“悼”字，“甚悼”字不安，哀戚甚悼，乃不安也。

《范睢传》云：“魏闻秦且东伐韩、魏，魏使须贾于秦。”多一“魏”字。又云：“穰侯为秦将（上有及字），欲越韩、魏而伐齐（上有且字），欲以广其陶封。”多一“欲”字。按“魏使须贾于秦”下文为“范睢闻之，为微行，敝衣间步之邸，见须贾。自魏使”云云。至此作一笔读，则“使”字上“魏”字不可少也。又“及穰侯”一笔三句，迻录便失，夺二字不成语气。

又“散家财物，尽以报所尝困戹者。”“所尝”字不安，按《留侯世家》：“良尝闲从容步游下邳圯上。”《索隐》“经也。”则“所尝”者所经也。

《袁盎赞》曰：“时以变易，及吴楚一说，说虽行哉，然复不遂。”上三句语意不接，亦不成语。按“人之易其言也”，莫若虚若矣以巳也。《汉书》本作“时已变易。”言已易为景帝之时，不复能以傅会骋其才。及吴楚一行说虽已行，惜如盎父所言“刘氏安而姚氏危。”谋之不臧反以亡躯也。

《韩信传》云：“此所谓‘驱市人而战之’。”“之”字不安，按既曰所谓云云，则以下“驱市人而战之”乃有所承之语。《汉书》本作“经所谓‘驱市人而战之’也。”师古曰：“经亦谓兵法也。”至句法则与《论语》“民可使由之，不可使知之”相类，“由之”“知之”者，由斯道也，知斯道也，战之者战敌也。

燕太子请荆轲曰：“日已尽矣，荆卿岂有意哉？”《范雎传》曰：“须贾问范雎曰：‘今吾事之去留在张君。孺子岂有客习于相君者哉？’”娄敬说高帝曰：“岂欲与周室比隆哉？”“哉”字皆不安，作“乎”字可也。按《孟子》：“陶冶亦以其械器易粟者，岂为厉农夫哉！”“子何尊梓匠轮舆而轻为仁义者哉！”“由是以乐尧舜之道哉？”“哉”字较乎游衍。以今语释之，“乎”字为常用疑问语助词，“哉”字为咏叹语助词。“亦将有以利吾国乎？”纯是疑问。“尚亦有利哉！”有感叹意。“公曰：‘将见孟子。’曰：‘何哉君所谓轻身以先于匹夫者！以为贤乎？’”长言不足，故嗟叹之，“哉”字之为“用”是也。

《范蠡传》（应作《越王勾践世家》）载楚王之言曰：“寡人虽不德耳，奈何以朱公之子故而施惠乎！”“耳”字不安，去之可也。（按：耳犹而已也。）《论语》：“前言戏之耳。”“曹操曰。俗语云生女耳。耳是不足之词。”（童伯章《虚字集解说》）

《荆轲传》云：“轲虽游于酒人乎（按轲字上有荆字，下文然其为人沈深好书）。”“乎”字尤乖。按“乎，故作问词，以起下也。”《孟子》：“且子食志乎？食功乎？曰：‘食志。’”

《灌夫传》云：“诸公莫弗称之。”“莫弗”字不成语。按弗，不也。莫不称道之也。

陆贾谓陈平曰：“天下虽有变，即权不分。”“即”当作“而”。按：即犹则也。《汉书》：“士豫附，天下虽有变，则权不分。”实作则，且抄书胡可抄半句也。

《赵禹传》云：“今上时，禹以刀笔吏积劳，稍迁为御史。”“时”字不安。《汉书》（九十卷）作“武帝时”。迁屡称“孝武”为“今上”耳，“时”字何不安之有。

1934 年 11 月 4 日

今日补评王若虚《史记辨惑》数则，其他牵强傅会之谈尚多，无暇辞费矣。

《万年山中日记》第二十三册

（1934年11月5—14日）

1934年11月5日

《汉书》所以难读者，以多存古字也。洪迈于淳熙甲辰叙娄机《班马字类》，已以册帙，博大许之，可知季长以后，事此者希。予以冬余，数治小学，爰依形音义之次，诠释《班书》，习见而非，今见者如下：

一　古字（暂依《汉书评林》凌稚隆字例）

𡰥　《高纪》司马𡰥将兵北定楚地。师古曰：𡰥，古夷字。《说文》𡰥，古文仁。吴大澄谓：夷，古作[illegible]。即尸字重文，作𡰥。汉人误为夷字作𡰥。见《诂林（续编）补遗》页七〇二夷字条下。

它、佗　古他字，《匈奴传》康居亦遣贵人，橐它驴马数千匹。《张良传》专备它盗。他，负何也。《赵充国传》以一马自佗负。畜产载负者皆为佗。

鼂　匽鼂，朝也，读若朝。铉曰：今俗作晁。《鼂错传》及《严助传》鼂不及夕。《春秋》王子朝。《左传》作王子鼂。

廑　少劣之居，从广堇声。《文纪》廑身从事。晋灼曰：廑，古勤字。按亦通仅。《董仲舒传》廑能勿失。《贾谊传》其次廑得舍人。《颜注》廑与僅同。劣也。

縣　系也，从系，持県。自借为州縣之縣，而加心作懸。铉曰：义无所取。《元纪》縣蛮夷邸门。

囏　土難治也，从堇艮声，籀文艱，从喜。《徐灏笺》段注云：从喜者，得食而喜也。《异姓诸侯王表》用力如此其囏難也。

蹏諕　[illegible]，足也，从足虒声，俗作蹄。《货殖传》牧马二百蹏。諕，《说文》无諕字，《韵会》《集韵》并与啼同。《严助传》孤子諕号。

䙴　舁部曰䙴，升高也。或作䙴。《郊祀志》欲䙴夏社。《地理志》卫䙴于帝邱。《律历志》周䙴其乐。《徐笺》曰：䙴，遷盖相承增偏旁。

麤　行超远也。《段注》鹿，善惊跃，故从三鹿。引申之为卤莽也，大也，疏也，皆今义，俗作麄。今用粗，而麤废。《礼乐志》麤厉猛奋之音。

翔　音羊，鸟名，家语作商羊。又音详，回飞也。（《郊祀志》）（翔）

徕、倈　《说文》无徕字。雷云：当作勑。《说文》勑，劳也。《武纪》氐、羌徕服。《董仲舒传》绥之斯倈。

犇　凡芔、焱、猋、[illegible]、麤、骉、轟三比之字，多迅疾意，按石鼓文，奔从犬不从夭。亦作犇从三牛（《通训定声》）。《昭帝纪》发犍为、蜀郡犇命。《注》言急也。

峦　《唐写本玉篇》峦。《注》引。《说文》峦字，山或在宗下也。乾一云：古本崇下有或体峦字，今本夺。《郊祀志》封峦高。《地理志》颍川郡峦高。

僊　长生僊去，从人䙴，䙴亦声。《释名》曰：老而不死曰仙。段曰：仙，遷也，遷入山也。徐曰：古无长生僊去之说，后人假借舞貌之僊为之。《郊祀志》僊人羡门之术。

蜚　重文，臭虫负蠜也。蜚，古文以为飛字。《宣纪》蜚览翱翔。《成纪》有雉蜚集于庭。《史记·周本纪》蜚鸿满野。

戡　杀也，从戈今声。《商书》曰：西伯既戡黎。《五行志》王心弗戡。孟康曰：古堪字。

栞　，槎识也，从木㚘阙夏。《书》曰：随山栞木。读若刊。篆文从幵。九山刊旅。《史记》《汉书》并作栞。

逌　　《地理志》阳鸟逌居。九州逌同。《五行志》彝伦攸叙。彝伦逌斁。《韦贤传》万国逌平。同攸字。攸，所也。

昜　开也，从日一勿。一曰飞扬，一曰长也，一曰强者，众貌。《地理志》曲昜。古阳字。

松　《地理志》武威郡苍松。

爇　然下有爇之重文。王高（翔麟，《说文字通》）谓当爕字之讹。《汗简》亦以爕为古文然。《五行志》见巢爕尽隳地。《陈汤传》爇脂火夜作。《召信臣传》爕蕴火。

雈　《字汇》古堆字。《汉书》本作雈。《沟洫志》李冰凿离雈。

耑　物初生之题也，上象生形，下象根也。《艺文志》感物造耑。

蠭　飞蟲螫人者，从䖵逢声。《项羽传》楚蠭起之将。师古曰：古蜂字。《刘向传》蠭午并起。如淳曰：犹杂沓也。《赵广汉传》专厉强壮蠭气。

甿　田民也，从田亡声。《过秦论》甿隶之人。如淳曰：古文萌，字民也。（按，《汉书》，见《项籍传·赞》）。

郊　周文王所封在右扶风美阳中水乡。从邑支声。岐或从山支声，因岐山以名之也。《地理志》大王徙郊。《匈奴传》秦襄公伐戎致郊。

叀

羈　《说文》无羈字。，马络头也，从网从马。马，马绊也，或从革作。《离骚》余虽好修姱以羈羁兮。王注：缰在口曰羈，络在头曰羁。《刑法志》是犹以羈而御駻突。桂馥谓：羈羁不同物。误。

遙　《广韵》古文遥字。然，按遥文于《说文》为新附。段本未录。逍遥原作消摇。《郊祀志》遙兴遐举。

鱷　海大鱼也，从鱼畺声。《春秋传》曰：取其鱷鯢。，鱷，或从京。《汉书》引《左传》亦作鱷。

収　，引也，从反廾。《扬雄传》累既収夫傅说兮。晋灼曰：収，慕也，古攀字。《司马相如传》仰攀橑而扪天。

謼　呼。謼也，从言虖声。而評，召也，俗作呼。《灌夫传》謼服谢罪。《贾谊传》正以謼之。师古注：謼，古呼字。

甾　《食货志》临甾、宛、成都市长。《地理志》惟甾其道。

褱襃　《地理志》褱山襃陵。《外戚许皇后传》褱诚秉忠。

譌　譌，言也，从言为声。《诗》曰：民之讹言。《史记·司马相如传》皆讹曰始皇上太山为暴风所击。《汉书·江充传》：苟为奸讹。

蟁　　蟁或从昏，以昏时出也。，俗蟁，从虫从文。《中山靖王传》聚蟁成雷。《东方朔传》臣朔愚戆，名之曰蟁。舍人辞穷，当复脱裈。

仏　《叙传》东仏虐而歼仁兮。应劭曰：东仏，纣也。师古曰：仏，古邻字也。《通训定声》云：《周礼·遂人》注：邻、里、酇、鄙、县、遂，犹郊内比、闾、族、党、州、乡也。仏字当是比之误体。《叙传》亦仏德而助信。刘德注：仏，近也。

紭　紡（功）。

鞀　遼也，从革召声。，鞀或从兆声。鞀或从鼓兆。《扬雄传》鸣鞀磬之和。古鼗字。

龏　《字汇》补古文龍字。《南粤王传》汉封摎乐子广德为龏侯。

唫　口急也，从口今声，吟之古文。《辨字正俗》云：唫、吟二字义异。《扬雄传》蔡泽虽噤唫，而笑唐举。此唫字本义，《息夫躬传》秋风为我唫。

嗛　口有所衔也，从口兼声，假借为衔字。《佞幸传》太后由此嗛韩嫣。《汉书》作衔，假借为谦。《艺文志》易之嗛嗛。《尹翁归传》温良嗛退。

龢　调也，从龠禾声，读与咊同。段曰：此言其音同而已。

颺　风所飞扬也，从风昜声。《扬雄传》何必颺累之蛾眉（古扬字）。《叙传》风颺电激。颜注：读与扬同。又，雄朔野以颺声。假借为扬。

閿　《说文》作闅。《武五子传》以湖閿乡邪里聚为戾园。颜注：旻，举目使人也。旻音许密反，闅字本从旻，其后转。讹误。

菆　《说文》作。《东方朔传》菆珍怪。师古曰：古叢字。

睂　目上毛也，从目象眉之形，谓上象頟理也。《扬雄传》何必颺累之蛾睂？《陈遵传》居井之睂。《注》井边也。《王莽传》赤麋闻之。师古曰：麋，睂也。

虖　哮虖也，从虍乎声。段注：《汉书》多假虖为乎字。《武纪》呜虖，何旋而臻此。《王贡两、龚鲍传》恶虖成其名。

諐　愆，籀文，过也，从心衍声。或从寒省。，籀文，段注：从言侃声，多言，故从言。按《诗》曰：不騫不忘。《刘辅传》元首无失道之諐。汉武帝立齐王策文：厥有僁不臧。《注》：僁与愆同。

芯　《说文》字。《地理志》芯题。段莎下注：芯题，省水从尐，尐与少同也。俗误作芯。按属清河郡。

迺　迫也，从辵酉声，迺或从酋。《功臣表》迺侯陆强。师古曰：迺，古遒字。子修反。涿郡之县。

卬　望也，欲有所庶及也，从匕卪。《诗》曰：高山卬止。《徐笺》：卬，古仰字，假借为昂。张禹低卬于五侯之前。《长门赋》意慷慨而自卬。王章妻谓章：不自激卬。

頫　低头也，从页逃省。俛，頫或从人免，俗作俯。各家皆音免。《晁错传》在俛仰之间耳。张衡《思玄赋》流目頫乎阿衡。《项籍传》俯首系颈。

墬　墬，籀文，地从隊。《答宾戏》参天地而施化。师古曰：墬，古地字。

餽　吴人谓祭曰餽，从食鬼，鬼亦声。假借为饋。《礼乐志》齐人餽鲁而孔子行。《食货志》千里负担餽饟。《高纪》给饷餽。《广陵厉王胥传》数相餽遗。《律历志》中餽之象也。师古曰：媿与饋同。

媿　惭也，从女鬼声。愧，媿或从耻省。《龚遂传》郎中令善媿人。

目　㠯，用也从反，贾侍中说已意已实也，象形。惠云：《汉书》以，皆作目。（惠栋《小学类编本》《惠氏读说文记》）

嬗禪　《汉书》用同禅。《说文》禅，祭天也。嬗，缓也，一曰传也。而无禪字，许意以嬗为嬗授正训。《贾谊传》变化而嬗。《律历志》尧嬗以天下。又见《异姓诸侯王表》畦宏盖宽饶等篇。

蚤　蚤，重文，齧人跳蟲，从虫叉声，假借为早。《豳风》四之日其蚤。《扬雄传》吾累忽焉而不蚤睹？《刘向传》不可不蚤虑。《文纪》请蚤建太子。

毄　相击，中也，古历切．假借为系。《景纪》农桑毄畜。

絫　增也，从糸厽，厽亦声。絫，十黍之重也。俗作累者。段云：乃借累为之又省之也。《景十三王传》臣闻悲者不可为絫欷。《司马相如传》絫台增成。《食货志》庶人之富者絫巨万。

褏　褏，袂也，从衣采声。袖，俗褎从由。朱云：字亦作褏。见《汉书》诸传。《董贤传》断褏而起。

盭　盭，弻戾也，从弦省，从盩。盩，了戾之也。读若戾。段注：此乖戾正字。戾，谓犬出户，下身出户下而身曲。戾其意略近，故以戾释盭。《史记》《汉书》多用盭字。《张耳、陈馀传》何乡者慕用之诚，后相背之盭也？

燧《说文》无燧字。𤑔，篆下云𤑔燧候表也，边有警则举火。

眊　眊，目少精也，从目毛声。《虞书》眊字从此。朱云：假借为耄。《息夫躬传》愦眊不知所为。《五行志》厥咎眊。《刑法志》三赦：二曰老眊。《彭宣传》年齿老眊。

睹　睹，见也，从目者声。覩，古文从见。《东京赋》仰不睹炎帝魁之美。《武纪》此子大夫之所睹闻也。

婁　婁，空也，从母从中女（谓离卜，离，中虚也），婁空之意也。按《说文》无屢字，徐氏增入。《宣纪》婁蒙嘉瑞。《食货志》婁敕有司以农为务。《元纪》婁敕公卿。

懬　懬，阔也，广大也，从心广，广亦声。一曰宽也。《诗》曰：懬彼淮夷。桂云：经典借旷字。《元纪》众僚久懬，未得其人。

濅　《说文》无浸字，《玉篇》浸同寖。《高五王传》事寖淫闻于上。《外戚传》日寖娄深。《王尊传》群盗寖强。《成纪》寖以成俗。

粤　粤，亏也。审慎之词，从审亏。《周书》曰：粤三日丁亥。假借为越。南越、东越，《汉书》作粤。

替　《说文》无替字。𣈆，废也，一偏下也，从并，白声。晉或从曾或从兟从曰。《王子侯年表》或替差失轨。师古曰：替，古僭字。惠曰：字应作朁。

柬　柬，分别简也，从束八。八，分别也。按今俗作拣。经典作简。又俗借为书柬。《汉功臣表》遴柬布章。晋灼曰：柬，古简字。简，少也。《释诂》柬，择也。

譱　从誩羊。善，篆文从言，今经典从篆文而又变作善。

攘　攘，推也。段注：推手使前也。古推讓字如此作。《礼乐志》盛揖讓之容。《艺文志》尧之克攘。《司马迁传》小子何敢攘。《萧望之传》踞慢不逊攘。皆用古字。

咏　詠之重文。歌也。

𠭖　《律历志》万物无不条𠭖。《乐志》条𠭖该成安世乐清明𠭖矣。师古曰：古暢字。

匽　匿也，从匚晏声。《王吉传》风寒之所匽薄也。师古曰：匽与偃同。《史记·鲁世家》景公名匽。

屮　艸木初生也，象丨出形，有枝茎也。古文或以为艸字。惠栋曰：《汉书》以屮为艸。《郊祀歌》屮木零落（《礼乐志》）。《鼂错传》屮木零落。

尞　尞，柴（祠）祭天也，从火昚。昚，古文慎字，祭天所以慎也。惠栋曰："《汉书》燎皆作尞，当依《说文》作尞。"《司马相如传》休之以尞。《郊祀志》尞禋有常用。

額皃　皃，颂仪也，从人，白象人面形。貌，皃，或从頁，豹省声。貌，籀文皃，从豹省。《王莽传》皃很自臧。

鬻　鬻，亯也，从䰜者声。煑，鬻或从火。《食货志》因官器作鬻盐，官与牢盆。

甽　𡿨重文，𡿨水小流也。甽古文𡿨从田巛川。畎，篆文𡿨，从田犬声，六畎为一亩。《食货志》后稷始甽田，以二耜为耦，广尺深尺曰为甽，长终晦。一晦三甽，一夫三百甽，而播种于甽中。

晦　畮，六尺为步，步百为晦。秦田二百四十步为晦，从田每声。畝，晦，或从十久。段曰：十者，阡陌之制。久声也。《食货志》建步立晦。

澹　澹，水摇也，假借为赡。《蛾术编》云：《汉书》多以澹为赡。《食货志》以劝农澹不足。《司马迁传》澹足万物。（《司马相如传》"以澹氓隶。"《于定国传》"犹恐不赡。"）

饟　饟，周人谓饷曰饟，从食襄声，式亮切。《食货志》男子力耕不足粮饟。

髓　髓，骨中脂也，从骨隓声。《徐笺》曰：《扬雄传》作髓。《郊祀志》先鬻鹤髓。

旤　旤，屰恶惊词也。段曰：假借为祸字。《汉书》多假旤为祸。《五行志》数其旤福。

仄　仄，侧，倾也，从人在厂下。《息夫躬传》众畏其口，见之仄目。《五行志》朔而月见东方谓之仄慝。《注》不进之意。

櫨譴　櫨字未见，可通为诅。，譴，娽也，假借为诅。《外戚传》为媚道祝譴后宫有身者。

讇　，谀也，从言阎声。，讇或从臽。《陈万年传》大要教儿讇也。《西域传》宛贵人以为昧蔡讇。《五行志》不知谁主为讇佞之计。

侮　之古文，，傷也。段曰：傷也，傷慢易字也。《五行志》引刘向说云：慢侮之心生。《陈平传》大王资侮人。

鬴　釜之正字。，鍑属也，从鬲甫声。，鬴，或从金父声。《五行志》衔其鬴六七枚。《匈奴传》多赍鬴金炭。

裸　，袒也，从衣羸声。，羸或从果。《王嘉传》裸躬就笞。《高五王传》或白昼使羸伏。《景十三王传》辄令羸立击鼓。《五行志》裸虫之孽。

厝　，厝，石也，从厂昔声。《诗》曰：佗山之石，可以为厝。桂云：通作错。《地理志》五方杂厝。晋灼曰：古错字。《贾谊传》抱火厝积薪之下。《寡妇赋》将迁神而安厝。

狧　，犬食也，从犬舌，他合切。《吴王濞传》狧糠及米。《史记》作舐。

惛　，吊者在门也。《汗简》作，从心昏声。又心部字下，校录云《玉篇》作惛。《刘向传》臣甚惛焉。

捄　，盛土于梩中也，一曰扰也。假借为救。《谷永传》扶服捄之。《董仲舒传》将以捄溢扶衰。

愁　，敬也之重文。，或从狄。《王商传》卒无怵惕忧。

楙　，木盛也，从林矛声。《律历志》长大楙盛。师古曰：古茂字。

壄　之重文。，古文野，从里省从林。《食货志》在壄曰庐。《司马相如传》驰逐壄兽。《五行志》远四佞而放诸壄。

莞　艸也，可以作席。凌稚隆云：古苑字。《王嘉传》诏罢菀，而以赐贤二千余顷。师古曰：菀，古苑字。

竢　，待也，从立矣声。段：俟，大也，俟行竢废。《彭宣传》竢寘沟壑。《贾谊传》竢罪长沙。

尉　《说文》无尉字，只有尉字，从上案下从尸。又，持火以尉申缯也。即俗熨字。《百官公卿表》太尉下引应劭曰：自上安下曰尉。

沬　，洒面也，从水未声。，古文沬，从水从頁。段云：汉人多用靧字，按頮为靧之重文。《律历志》王乃洮沬水。颜注：沬，洗面也。沬即頮字也。《礼乐志》沾赤汗沬流赭。李奇曰：沬音靧面之靧。颜注：沬者，言被面如頮也。《淮南厉王传》高帝蒙霜露，沬风雨。《外戚传》弟子增欷，洿沬怅兮。晋灼曰：沬音水沬面之沬，言涕泪洿集覆面下。《司马传》士无不起，躬流涕，沬血饮泣。言流血在面如盥頮。

顇　，顦顇也，从页卒声。段云：今人多用憔悴，许书无憔，篆则训忧也。《答宾戏》夕而焦瘁。《叹逝赋》戚貌瘁而鲜欢。

薉　，芜也，从艸歲声。段云：今作穢。《李寻传》荡涤浊秽。《萧望之传》以行污濊不进。以濊为之。《夏侯胜传》东定薉、貉、朝鲜。

骫 𩨨，骨端骫奊也，从骨丸声。段注：引师古说骫骳犹言屈曲也。见《枚皋传》注。《枚皋传》其文骫骳，曲随其事，皆得其意。《淮南厉王传》皇帝骫天下正法而许大王。《上林赋》崔错癹骫。《长杨赋》骫属而还。《舞赋》慢末事之骫曲。

㝵 㝵，倾覆也，从寸臼覆之，寸，人手也，臼巢省。杜林说以为贬损之贬。（巢部蒙巢下）《司马相如传·上林赋》而适足以㝵君自损也。晋灼曰：㝵，古贬字。

芔 芔，艸之总名也，从艸屮。段云：三屮即三艸也。会意，按今《经典》作卉，史汉尚作芔。《上林赋》蒳茳芔歙。又，芔然兴道而迁义。《注》犹勃也。

绔 絝，胫衣也，从糸夸声。按今所谓套裤也。段注：古亦谓之褰，亦谓之襗，见《衣部》。若今之满当。裤，则古谓之裈，亦谓之幒，见《巾部》。《景十三王传》短衣大绔。《贡禹传》："衣服履绔刀剑。《外戚传》虽宫人使令皆为穷绔，多其带。《上林赋》绔白虎。

禼 禹之重文。禹，蟲也，从厹象形。禼，古文禹。段注：见《汉书》。《艺文志》《大禼》三十七篇。传言禹所作。师古曰：禼 ，古禹字。

拲 拲，两手共同械也。从手共声。《周礼》曰：上辠梏拲而桎。𣐡，拲，或从木。《刑法志》凡囚，上辠梏拲而桎。按《手部》别有拱字，敛手也。席世昌曰：师古以梏拲之拲，即拱。非。

关咲 笑，喜也，从竹从犬。徐本作笑《字说》纷纭徐氏。段注匡谬，云：《汉书》多作咲。或作关。惟《篇》《韵》及《五经文字》从犬，《干禄字书》以笑为正字，只宜存其异体。《叙传》谈关大噱。《谷永传》罢归倡优之关。《扬雄传》樵夫咲之。《史丹传》《外戚传》字并作咲。

迬 往之古文。往之也，从之㞷声。《扬雄传·甘泉赋》迬迬离宫般以相烛兮。《注》言非一也。

呐 㕯，言之讷也，从口内。王筠云：部首㕯与言部讷同，口在内中者，以字形见字义也。今作呐，则其意不了。《李广传》呐口少言。《鲍宣传》呐钝于辞。

姗 姍，诽也，从女删省声。一曰翼便也，段云：未闻。《佞幸传》显恐天下学士姗己。颜注：姗，古讪字，讪，谤也。《异姓诸侯王表》秦自任私，智姗笑三代。一曰翼便也，桂馥《说文义证》引《子虚赋》便姗嫳屑。徐锴本有"一曰女臭也"五字，然原注：衣曳地貌。朱云：犹般旋也。

焯 焯，明也，从火卓声。《周书》曰：焯见三有俊心。段注：《立政》文，今《尚书》作灼。古义焯、灼不同，按灼，炙也，与炙互转注。《扬雄传·羽猎赋》焯烁其波。

耤 耤。帝耤千亩也。古者使民如借，故谓之藉。从耒昔声。《游侠传》以躯耤友报仇。《礼乐志》藉敛之时，掩收嘉谷。作藉。《文纪》开耤田。《留侯世家》臣请藉前箸为王筹之。

遯 惠栋云：《汉书》遁、遯两字皆作遯。高翔麟云（《说文字通》）：遁，古文又作遯。王筠亦有此说。《匈奴传》遯逃窜伏。

憜 憜，不敬也，从心㰻省声。《春秋传》曰：执玉憜。惰，憜或省𨸏，媠，古文。

《张敞传》被轻媠之名。《两龚传》媠嫚无状。《谷永传》车马媠游之具。《韦玄成传》无媠尔仪。《外戚传》妾不敢以燕媠见帝。皆作媠。惟《韦贤传》供事靡嫷。作嫷。师古曰：古惰字。

磙，陊也，从石豖声。段注：陊者落也。师古曰：磙，古坠字。《叙传》薄姬磙魏。《天文志》星磙至地。又通隧。《王莽传》不隧如发。

齅，以鼻就臭也，从鼻臭，臭亦声，读若兽牲之兽。《叙传·班嗣·报桓谭书》不絓圣人之罔，不齅骄君之饵。

咤　《说文》无咤字。《曲礼》毋咤食。《玉篇·口部》引作无吒食。，喷也。吒，怒也，从口乇声。《王吉传》口倦乎叱咤。

劗　朱云：，今隶。误。作剪，从二刀，字亦作劗。《淮南·主术》是犹以斧劗毛。《严助传》劗发文身。

怛　《说文》无怛字。《陈风》中心怛兮。《王吉传》引作怛兮。

稺，幼禾也，从禾屖声。段云：今字作稚。

欥，诠词也。从欠曰，曰亦声。《诗》曰：欥求厥寧。《叙传》欥中龢为庶几兮。师古曰：欥古聿字。

森　朱云：《释州国》益州。益，阨也。又《虞书》咨！益。《史记》作翳。《百官公卿表》以森为之。又据陈立《说文谐声孳生述》森，为籀文。

瀆《说文》无瀆字。朱云：《史记》郑悼公瀆。《索隐》一作沸，一作弗。《竹书·晋》魏公瀆。《律历志》作茀。惠云：《汉志》微公茀立。瀆。师古曰：瀆，古沸字也。

迣，迾也。晋赵曰：迣，从辵世声，读若寘。《礼乐志》迣万里。晋灼曰：迣，古迾字也。《鲍宣传》部落鼓鸣，男女遮迣。师古曰：言闻桴鼓之声，以为有盗贼，皆当遮列而追捕。《武五子传》迾宫清中。

舝（舛部），车轴端键也，两穿相背，从舛𥎦省声。𥎦，古文禼字（禼，各本作偰）。按舝辖，古今字，许君两存之也。《诗》间关车之舝兮。《天文志》衿；北一星曰舝。晋灼曰：舝，古辖字也。

僇，痴行僇僇也。从人翏声，读若戳，一曰且也。《五行志》引京房《易传》佞人禄，功臣僇，天雨血。师古曰：僇，古戳字。又，执而僇之。

跥　足下有，足下也。，楚人谓跳跃曰蹠。无跥字。沈涛云（《说文古本考》）：跖蹠，《说文》为二字，《经典》皆假蹠为跖。朱云：跖亦作跥　。段云：跥，跖之异者也。《贾谊传》又苦跥盭。颜注：古跖字。音之石反。足下曰跖，今所呼脚掌是也，言足跖反戾，不可行也。

阸，塞也，从阜乙声。段注：阸之言扼也。朱云：字亦作阨。《地理志·右扶风·汧县》下云：《诗》芮阸，雍州川也。翟义以成三阸。

㡭，之古文，象不连体绝二丝。《路温舒传》㡭者不可复属。颜注：㡭，古绝字。

遬　速之，籀文，疾也，从辵束声。，籀文，从敕。，古文速，从敕从言。惠曰：《管子》皆以遬为速。《宣纪》匈奴呼遬累单于。《曹参传》逊遬。师古曰：遬，古速字。

餉　不见《说文》。《正字通》餉字之讹。然餉，饐也。《贾山传》祝餉在前，祝鲠在后。师古曰：餉，古饐字，谓食不下也。宋祁曰：餉当作餉。按说无餉餉字。饐下云：饭伤泾也。噎下云：饭窒也。则作噎为是。

偪　《说文》无偪字，逼字亦为新附，云近也。然《隐十一年传》实偪处此。《襄十年传》晋伐偪。阳字，并从人钮，《新附考》云：逼，迫也。《释言》文，汉碑有逼。《经典》多作偪。又按《木部·楅》下云：以木有所楅束也。则逼或偪，诚为逸文矣。《贾谊传》以偪天子。

悳　，外得于人，内得于己也，从直从心，而德升也，今经皆作德。（史汉多作悳，注家但以为古德字）《地理志》平原郡有安悳县。《贾谊传》悳至渥也。正作悳。

摺　，败也，从手习声。《广雅》摺，折也。今义为摺叠。《扬雄传》范雎以折摺而危。晋灼曰：摺，古拉字，拉，摧也。又《史记·鲁世家》使公子彭生抱鲁桓公，因命彭生摺其胁。《范雎传》魏齐，使舍人笞击雎，折肋摺齿。亦可作拉释之。

栗　，木也，从木其实下垂，故从卤。，古文栗，从西从二卤。徐巡说：木至西方战栗。《叙传》郡中震栗。

殰　，胎败，从歺卖声。《乐记》胎生者不殰。《释文》云：谓怀任不成也。王筠云：《管子》作臢，《淮南子》作皾。《匈奴传》匈奴孕重堕殰，罢极苦之。颜注：殰，败也。

二　借读字

繇　，随从也，从系䍃声（今俗从䍃由，或繇字）。段注：亦用为傜役。又曰：古繇由通用。（正文无繇）读曰傜。《高纪》高祖常繇咸阳。《宣纪》擅兴繇役（从言）。《霍去病传》繇役以宽天下。《盖宽饶传》常为卫官繇使市买。曰：由。《元纪》不知所繇。《楚元王传》繇是怨嫂。《文纪》亦无繇教训其民。《武纪》厥路无繇。《爰盎传》繇此名重朝廷。

抱　捊之重文，，引取也，从手，孚声。《诗》曰：原隰捊矣。，捊，或从包，假借为孚。《天文志》抱珥虹蜺。《注》气向日也。在旁如半环，向日为抱。

顷　，头不正也，从匕页。《人部》倾，仄也。朱云：按实，顷即倾之古文，与倾转注。《五行志》妇人擅国兹谓顷。《王褒传》不单顷耳而听已聪。《文纪》顷王后。诸谥为倾者，汉书例作顷，皆读曰倾。《诗》不盈顷筐。《传》畚属，易盈之器也。斯真存古义矣。

渠　，水所居也。从水，榘省声。《集韵》讵通作渠。《史记·张仪传》且苏君在，仪宁渠能乎！《索隐》曰：渠音讵。古字少，假借耳。按讵新附字。《陆贾传》使我居中国，何渠不若汉？《索隐》注：《汉书》作遽字。《孙宝传》掾部渠有其人乎？

帑　，金币所藏也。从巾，奴声。席曰：古皆以帑为妻。帑字，此字后人所加。它家说多曰借为妻孥字。《说文》无孥字，孥自《字林》始也。《文纪》除收帑相坐律令。师古曰：帑读与帑同，假借字也。《景纪》：罪人不帑。《匈奴传》虚费府帑。

罢 [seal], 遣有辠也。从网、能。网辠网也，言有贤能而入网，即贯遣之。《周礼》曰：议能之辟，是也。假借为疲。《夏侯婴传》汉王急，马罢。《贾谊传》坐罢软不胜任者。

虚 [seal], 大北也。段云：虚者，今之墟字。按《说文》无虚字，此即墟本义引申之，乃为空虚之虚耳。《庸风》升彼虚矣。本作虚。《檀弓》墟墓之间。非旧文矣。《贾谊传》凡十三岁，而社稷为虚。《地理志》河南殷虚。

氏 [seal], 巴蜀名山，岸胁之堆，旁箸欲落堕者曰氏。氏崩，闻数百里。象形。乀声（承旨切）。《韦元成传》破东胡，禽月氏。《注》读曰支。《匈奴传》阏氏。读曰燕支。华言：后夫人也。"

彊 [seal], 弓有力也，从弓畺声。假借为疆。吴大澄（《说文古籀补》）云：[seal]。（古文以为疆字，《颂敦》疆字重文。）《相如传》封彊画界。又《史记·越世家》越王无彊。

波 [seal], 水涌流也，从水皮声。段注：假借为陂，字见《汉书》。《诸侯王表》波汉之阳。《注》读为陂汉。《江都易王传》后游雷波。《注》同。

撫 [seal], 安也，从手无声。通假规摹之摹，俗作模，《说文》各本未收此，义见《集韵》。《汉书》作橅。《韦玄成传》其规橅可见。

釐 [seal], 家福也，从里𠩺声（里之切，又音僖）。师古以"釐为禧之假借字"。（毫釐之釐应作氂。釐妇从此《西羌传》。《注》寡妇曰釐。）《文纪》诏曰：今吾闻祠官祝釐，皆归福于朕躬。如淳曰：釐福也。《贾谊传》受釐，宣室。是也。《甘泉赋》逆釐三神。《高纪》魏安釐王读曰：僖。

招 [seal], 手呼，从手召声。假借为韶。娄机云：孟子"盖祉招角招是也。"《礼乐志》陈舜之后招乐存焉。读曰韶。

讎 [seal], 犹譍也，从言雔声。《诗》云：无言不讎。引伸之乃为讎怨。《诗》：不能我慉，反以我为讎。是也。物贾之讎，后人乃作售，而徐新附之，且有据以改《易》《毛诗》之贾，用不讎者。高祖饮，酒讎数倍。

包 [seal], 妊也，象人裹妊。[seal], 在中，象子未成形也。《郊祀志》包牺氏读曰：庖。朱云：《释文》本作庖。

倍 [seal], 反也，从人咅声。或假为陪，《左传》土田倍敦。《释文》倍本作陪，陪重土也。《地理志》至于倍尾。读曰陪。

叟 [seal], 老也，从又从又灾。假借为溲。《诗》释之叟叟。《释文》涛米声也，淅声也。《地理志》析支渠叟。读曰搜。

虞 [seal], 驺虞也。白虎黑文，尾长于身。从虍吴声。《诗》曰：于嗟乎驺虞！假借为娱。《孟子》驩虞如也。是也。《王褒传》虞说耳目。《礼乐志》虞太一。虞。

累 应作纍。[seal], 缀得理也。一曰大索也。从糸畾声（力追反）。《孟子》曰：系累其子弟。《徐笺》累者，纍之省也。《玉篇》纍、累同。《宣纪》匈奴呼遬累单于。师古曰：力追反。《五行志》诸侯累累从楚围蔡。读曰纍。《袁盎传》吾不足絫公。《蛾术篇》云：当作累。

反，覆也，从又厂。通假为翻。《张安世传》反水浆。《食货志》杜周治之，狱少反者。《隽不疑传》有所平反。言奏使从轻也，音幡。《高五王传》太后恐，自起反卮。《王莽传》举目反城。并音幡。

嘔　《说文》无嘔字。师古曰（《汉书注》）：嘔读曰謳。沈钦韩曰：《淮南・泰族训》：赵王迁，思故乡，作为《山水》之嘔。嘔，古謳字。《朱买臣传》其妻亦负戴相随，数止买臣毋歌嘔道中。

頓，下首也，从页屯声。假借为钝。《贾谊传》莫邪为顿兮。又芒刃不顿。《注》顿读曰钝。

漸，水漸进也，从辵斩声。漸假借为趣。其所由来者渐矣。渗积也。东漸于海，入也。又通潜。《郊祀志》漸台：在池中，为水浸，故曰漸。《谷永传》忘湛漸之义。读曰沈潜。

敦，怒也。诋也。一曰谁何也。从攴𦎧声。训厚者。段云：假借敦为惇耳。假借为聚为屯。《扬雄传・甘泉赋》敦万骑于中营兮。《注》敦与屯同。《礼乐志》千乘敦昆仑。

被，寝衣，长一身有半，从衣皮声。假借为披。《甘泉赋》纷被丽其无鄂。《注》散貌也。又，亡春风之被离。读作披。

麗，旅行也。鹿之性，见食急则必旅行。从鹿丽声。《礼》麗皮纳聘。盖鹿皮也。朱云：《诗序》：《渭阳》文公遭麗姬之难。《释文》本作驪，又通鸝。张衡《东京赋》麗黄，嚶嚶。《注》鸝、麗古字通。《礼乐》长麗。瓒曰：灵鸟也。师古：音离。

義，己之威儀也，从我从羊。郑司农云：義读为儀，古者书儀为義。《邹阳传》義父之后。应劭注：邾儀父也。

巨，规巨也。通讵。《高纪》公巨能入乎。《注》犹岂也。

疑，惑，从子止匕，矢声。假借为儗，《释名》疑，儗也。儗于吉也。《食货志》远方之能疑者。读曰擬，僭也。《谷永传》费疑骊山。读作儗。

亶，多谷也。从㐭旦声。朱云：假借为袒。实为但（按：但，本但裼之但）。《翼奉传》臣奉亶居而改作。《贾谊传》非亶倒悬而已（《班马字类》作垂）。《扬雄传》亶费精神于此。《五行志》亶日食，则妾不见；亶地震，则后不见。

憙，说也。从心喜，喜亦声（许记切）。段云：憙与嗜义同，假借为喜。《郊祀志》天子心独喜。

殷，作乐之盛称殷，月，殳。《易》曰：殷荐之上帝。殷、隐古通。《诗》忧心殷殷。《楚词章句》作隐隐。是也。《礼乐志》殷殷钟石。鸣音，隐声盛也。

依，倚也。从人衣声。假借为扆。《周礼・司几筵》王位设黼依。《礼记・明堂位》天子负斧依。《严助传》负黼依（隐岂切，读曰扆）。

瑵，车盖玉瑵。从玉蚤声。假借为爪。《王莽传》："或言黄帝时建华盖以登仙。莽乃造华盖九重，高八丈一尺，金瑵羽葆。"《张衡赋》："葩瑵曲茎。"

並，并也，从二立。假借为傍。《史记》《汉书》傍河、滂海皆作并。《武纪》并海。又《史记・秦纪》并河以东。

艾　艾，冰台也，从艸乂声。古多借为乂字，训刈。又五十曰艾，艾，老也治也。《王褒传》俊艾将自至。《郊祀志》天下艾安。《项羽传》斩将，艾旗。《贾谊传》若艾草菅然。

结　結，缔也。从糸吉声。与系转注。系，絜束也。与髻假借。段云：古无髻字，即用此。《史记·张释之传》王生老人，谓张廷尉：为我结韈。音如字。《汉传》跪而结之。音系。《陆贾传》尉佗魋结箕踞见贾。音髻。《李陵传》两人皆胡服椎结。《西南夷传》此为椎结。《南蛮传》为仆鉴之结，着独力之衣。

雍　篆作雝，雝，渠也，从隹邕声。通壅。《诗》维尘雝矣。《笺》雝，蔽也。《地理志》四面积高曰雍。雍，翳也。

邕　邕，四方有水，自邕成池者是也。从巛邑。读若雝。通壅。《王莽传》邕河三日不流。

解　解，判也，从刀，判牛角。一曰解廌，兽也。假借为懈。《诗》夙夜匪解。《武纪》只而不解。

幾　幾，微也。殆也。从丝从戍。戍，兵守也。丝而兵守者危也。假借为覬。《左宣十二年传》庸可幾乎是也。《东方朔传》可幾而见也。《刘向传》幾得复进。《郊祀志》幾至殊庭。皆读如冀。

取　取，捕取也，从又从耳。《周礼》获者取左耳。《司马法》曰：载献聝。聝者，耳也。假借为娶，取妻如之何是也。《五行志》昭公取于吴为同姓又内取谓禽。《注》取如聚鹿之聚。

御　御，使马也，从彳卸。馭，古文御。朱云：转注为止字，亦以禦为之。《群经正字》云经典中凡扞御多作禦。如《易·蒙》利禦寇。《诗·常棣》外禦其侮。席云《五行志》引《左氏传》云：还谓其驭曰：莫嚣必败。亦从古文驭。今《传》作御，必杜预所改。

愳　愳，恐也。从心瞿声。朱云：假借为界（举目惊界然也，从夰从䀠，䀠亦声）。按经典借瞿字为之，《方言·十三》愳惊也。《王莽传》愳然祗畏。《注》自失之貌。《邹阳传》长君愳然曰《注》无守之貌。《惠帝赞》闻叔孙通之谏则愳然。《注》失守貌。

眇　眇，一目小也。从目少。段云：《说文》无妙字，眇即妙也。《史记·户说》以眇论。《易》眇万物而为言。《陆机赋》眇万物而为言。皆今之妙字也。《元帝赞》穷极幼眇。师古注：眇读为妙。谷永疏：严然总《五经》之眇论。

兄　兄，长也，从儿从口。《白虎通》兄者况也，况父法也。《尹翁归传》字子兄。师古注：兄读曰况。

能　能，熊属。足似鹿。从肉㠯声。能兽坚中，故称。贤能而强壮称能杰也。《蛾术篇》云：能字，部首从肉㠯声。铉曰：㠯非声，疑皆象形，奴登切。案㠯近台西汉先秦之书，未有能作奴登切，以㠯为声，取音近台也。《礼记》圣人耐以天下为一家。《注》耐，古能字。《晁错传》其性能寒能暑。《严助传》不能其水土。《赵充国传》汉马不能冬。《食货志》耐风与旱。

约，缠束也，从糸勺声。《周礼》万民之有约剂者藏焉。《淮南·主术》所守甚约。《注》要也，少也。《礼乐志》治本约读约要。

溺　《郦食其传》辄解其冠，溺其中。溺读曰尿。

半，物中分也。朱云：假借为判。《史记·项羽纪》汉有天下大半。《集解》凡数三分有二为大半，一为少半。又为料。《项籍传》士卒食半菽。《注》五升器名。《史记》作芋，又为片。《李陵传》一半冰。《注》读曰判。如惇：读曰片。

盟，《周礼》曰：国有疑则盟。诸侯再相与会，十二岁一盟。北面诏天之司慎司命。盟，杀牲歃血，朱盘玉敦，以立牛耳。从囧皿声（它本从血）。，篆文从朙，，古文从明（从血，则皿声自在）。朱云：假借，托名标识字。《左隐十一传》向盟州陉。即《禹贡》之孟津，即今河南怀庆府孟津县。又云《汉书·地理志》被盟猪。《禹贡》作孟，即《尔雅》之孟诸，《职方》之望诸，《史记》之明都也。在今河南归德府商邱县东北。

晕，日月气也。从日军声。钮《新附考》云：晕，即晖之异体，亦作辉、运。按《说文》无晕字，假借用运。《天文志》晕适背穴。如惇曰：晕，读若运。

殺，戮也。从殳殺声。殺弑双声，殺假为弑。《谷梁·昭十三经》殺其君，虔于干溪。《高纪》项羽无道，放殺其君。读曰弑。

魁，羹斗也。从斗鬼声。《东方朔传》魁然无徒。读曰塊。

煎，熬也。从火前声。《赵充国传》先零豪封煎。师古注：煎读曰翦。

濯，澣也。从水，翟声。假借为櫂（櫂，新附字）。《刘屈牦传》发辑濯士。《注》短曰辑，长曰櫂。《邓通传》以濯船为黄头郎。《上林赋》濯鹢牛首。《注》今棹也。

满，盈溢也。从水㒼声。假借为懑为谩。《石显传》忧满不食。《广陵王胥传》王忧满。并音懑。《谷永传》满谰诬天。《注》谓欺罔也。

挫，摧也。从手，坐声。假借为剉。剉，折伤也。《陈汤传》久挫于刀笔之前。《注》：屈折也。《王莽传》使虎贲以斩马剑挫忠（千卧反）。

炎，火光上也，从重火。假借为焰。《徐笺》炎、焰古今字。《五行志·艺文志》引《左氏庄十四年传》其气焰以取之。并作其气炎以取之。《丁姬传》开丁姬椁户，火炎出四五丈。师古曰：炎，弋赡切。

澹，水摇也。从水詹声。假借为赡。，给也，此新附字，古无赡字。《荀子·王制篇》物不能澹，则必争。杨注：澹读为赡。《汉书》多以澹为赡。《司马迁传》澹足万物。《赵充国传》以澹一隅。《食货志》犹未足以澹其欲也。师古曰：澹古赡字也。赡给也，其下并同。限民名田，以澹不足。

宵，夜也。从宀。宀，下冥也。肖声。假借为肖。《淮南要略》浸想宵类。《注》物似也。《刑法志》夫人宵天地之貇。应劭曰：宵，类也。师古曰：宵义与肖同。

適，之也。从辵啻声。假借为嫡为谪。《杜钦传》此必适妾将有争宠相害。《注》谓正后也。《文纪》适见于天。《郦食其传》令适卒分守成皋。

失　，纵也。从手乙声。逸、失也互训。段云：又假为淫佚之佚。《杜钦传》言失欲之生害也。《地理志》汉中淫失。《五行志》鲁夫人淫失于齐。《王莽传》引《书》曰：遏失前人光。今书作佚。

奥　，宛也。室之西南隅。从宀弄声。通墺，墺，四方土可居也，从土奥声（于六切）。《地理志》引《书》四隩既宅。作奥。

勺　，枓也。所以挹取也。象形，中有实，与包同意。朱云：假借为酌。按《内则》十三舞勺。（注：勺与酌同）。《礼乐志》箫勺群慝。《注》周乐也。又，勺椒浆，灵已醉。勺汋酌并通。又，周公作《勺》。勺，言能勺先王之道也。又，勺言能勺祖道。

叶　古文协。从曰十。協，同众之龢也。从劦十。古文协，从口十。叶，叶或从曰。《五行志》引《洪范》叶用五纪。应劭曰：叶，合也。颜注：叶，读叶，和也。

拂　，过击也。从手弗声。假借为弼。《广雅·释诂》拂，辅也。《盖宽饶传》匡拂天子。《东方朔传》上以拂主之邪。《王莽传》甄丰为大阿右拂。

意　，志也。从心音。察言而知意也。假借为億。《贾谊传》请对以意。师古曰：叶韵音亿。《货殖传》意则屡中。读曰亿。

三　同读字

輯　，车和辑也。段本：车舆也。席世昌曰：又通作集。《艺文志》刘歆《辑略》。师古曰：辑与集同。《高纪》得辑河北赵地。《注》与集同。《上林赋》杂袭累辑。（《注》同）。

揖　，攘也。席曰：汉碑皆以揖为辑。《史记》引《书》揖五瑞。《秦本纪》抟心揖志。义作集。《郊祀志》揖五瑞。

攘　，推也。又史汉“揖让”，字多作攘。《礼乐志》盛揖攘之容。《艺文志》道家，合于尧之克攘。《相如传》进攘之道。《萧望之传》踞慢不逊攘。《司马迁传》小子何敢攘焉。颜注：并曰攘，古让字。《汉书》犹存古字也。

愈　，病瘳也。惠曰：《汉书》皆以瘉为愈。按《许书》无愈字。《高纪》汉王疾愈。师古曰：瘉与愈同。差也。《艺文志》不犹瘉于野乎？

隃　，北陵西隃，雁门是也。假借为遥，又为逾。（《说文》无遥字，新附）《黥布传》隃谓布，何苦？隃读㴔，古㴔俞同音。《赵充国传》兵难隃度。郑氏注：遥，三辅言也。《严助传》舆轿而隃岭。《黄霸传》再隃冬。

颛　，头颛。颛，谨貌，从页端声。席云：《汉书》颛政颛权等字皆作颛。《艺文志》引《论语》不能颛对。按此假借为专。（专，小谨也）《诸侯王表》颛作威福。《食货志》又颛川泽之利。《地理志》急疾颛己。

財　，人所宝也。《徐笺》曰：《六书故》财之为言才也。凡粟米丝麻才木可用者曰才。段注：以为今之纔字。《文纪》见马遗财足。《霍光传》长财七尺三寸。《扬雄传》财足以奉郊庙。《高惠高后文功臣表》裁什二三。《杜钦传》为小冠，高广财二寸。皆注与纔同。

訞　桂引《玉篇》誤 ，《说文》訞同。訞，灾也，又巧言貌。然《说文》无誤字。

《左传》人无衅焉，妖不自作。借妖为祆。《艺文志》引作訞。《文帝纪》今法有诽谤、訞言之罪。《杨恽传》为訞恶言。颜注：并云与妖同。

篹　《说文》无篹字。《明堂位》荐用玉豆雕篹。雷浚引《郑注》篹，籩属也，以竹为之。《艺文志》《书》之所起远矣，至孔子篹焉。孟康曰：篹音撰，此为籑之异文。

籑　，具食也。《广雅·释诂》二籑，进也，食也。又为缵。司马迁仍父子相继籑其职。又为譔。《司马迁传赞》至孔氏籑之。《艺文志》籑二百章。

漫　《说文》无漫字。凌稚隆云：与慢同。按《释名释言》语：慢，漫也，漫漫心无所限忌也。（未得《汉书》例）

谩　，欺也。凌云：与嫚同。与慢同。按嫚，侮易也。与嫚同为本义。慢，惰也，与慢同为假借。《宣纪》务为欺谩，以避其课。颜注：谩，诳言也。《灌夫传》乃谩好谢蚡。颜注：谩犹诡也，诈为好言也。《薛宣传》同时陷于谩欺之辜。《匈奴传》是面谩也。《文纪》相约而后相谩。又假借为慢。《两龚传》婿谩亡状。《翟方进传》轻谩宰相。《董仲舒传》故桀纣暴谩。《外戚传》长书有誖谩。

饬　，致坚也。从人力食声。读曰敕。假借为敕，敕，诫也。《文翁传》明经饬行。《高后纪》匡饬天下。《宣纪》饬躬斋精。《礼乐志》饬五音。《杨恽传》欲令戒饬富平侯。《董贤传》故以书饬。

佚　，佚民也，从人失声。一曰佚忽也。《徐笺》曰：佚者遗佚，逸者放逸。皆假为劳逸字。《李广传》而其士亦佚乐。《司马迁传》主劳而臣佚。《匈奴传》不壹劳者不久佚。

轶　车相出也。《广雅》轶，过也。凌云：与溢同。又假借为佚。凌云：与逸同。《叙传》良乐轶能于相御。《扬雄传》机骇蠭轶。《东京赋》轶五帝之长驱。《王褒传》因奏褒有轶材。

骜　，骏马。《徐笺》云：《广韵》六豪、十七号，两收。古与傲通。《田蚡传》诸公稍自引而怠骜。《王吉传》率多骄骜。《注》并云骜与傲同。又《东平思王宇传》骜忽臣下。《匈奴传·赞》其桀骜尚如此。

傲　，倨也。按或作慠。《崔骃传》生而贵者慠。

遴　，行难也。从辵粦声。《易》曰：以往遴。　，或从人。惠曰：《汉书》吝字，皆作遴。《蒙》之初六：以往吝。或遴即吝字。或叔重所传，师异读也。《功臣表》遴柬布章。《地理志》以贪遴争讼。《鲁恭王余传》晚节遴。《注》贪啬也。《王莽传》性实遴啬。

岠　《说文》无岠字。《玉篇》大山也。《韵会》至也。《食货志》银龟二品。元龟岠冉长尺二寸。孟康曰：冉，龟甲；岠，至也。

缪　枲之十絜也。一曰绸缪也。段注：假借为缪误字。亦假借为谥法之穆。《外戚传》即自缪死。《注》缪，绞也。《韩安国传》秦缪公。作穆。

秏　，稻属。朱云：假借为眊。按《说文》无耗字。《章德窦皇后纪》家既废坏，数呼相工问息秏。《景帝纪》不事官职秏乱者。《董仲舒传》秏矣哀哉！《功臣表》靡有孑遗，秏矣！

挢 ，举手也，从手乔声，一曰挢擅也。凌云：与矫同。按挢，正字。《元纪》挢。发戊己校尉。师古曰：挢与矫同。矫，托也。诈以上命发兵，故言矫。惠曰：按挢自有矫义，不必借作矫。《高五王传》挢制以命天下。《刘屈牦传》太子亦遣使者挢制。《匈奴传》诈挢单于令。《武五子传》可挢以节收捕充等。《诸侯王表》可谓挢枉过其正矣。

灊 ，灊水。桂云：经典借潜字或借涔字。《禹贡》沱、潜既道。《地理志》作灊。《武纪》登灊天柱山。

婾 ，巧黠也。席云：《汉书》婾与偷同。婾合苟容。段云：偷盗字当此婾。《路温舒传》婾为一切。《注》苟且也。

軌 ，车辙也。按高翔麟（《说文字通》）云：通作宄。寇贼奸宄，《汉书》作奸轨。

晻 ，不明也，从日奄声。《元纪》今朕晻于王道。又云：三光晻昧。颜注：并云晻与暗同。《五行志》厥异日黑。大风起，天无云，日光晻。《董仲舒传》故圣人莫不以晻致明。《李寻传》君不修道，则日失其度，晻昧无光。《外戚传》遂晻莫而昧幽。《刘向传》而反晻昧。

訢 ，喜也。从言斤声。《万石君传》僮仆訢訢如也。晋灼引许慎曰：訢，古欣字也。《贾山传》天下皆訢訢焉。

柷 ，乐木空也，所以止音为节，从木，祝省声（昌六切）。《汉书·律历志》注：柷与俶同。按俶，始也。《释名》柷，如物始。见柷柷然也。朱云：故训柷为始以作乐。

韋 ，相背也。从舛口声。兽皮之韦（段注：此韦当作圍，谓绕也），可以束物枉。戾相韋背，故借以为皮韦。《徐笺》云：引申为凡圍绕之称。《成纪》大木十韦以上。《注》韦与围同。

郵 ，竟上行书舍，从邑垂，垂，边也。《释言》邮，过也。段注：过失亦曰邮。为尤訧之假借字。按《荀子·议兵》罪人不邮其上。《注》尤，怨也。《五行志》有失节之邮。师古曰：邮，过也，与尤同。《成纪》以显朕邮。《谷永传》咎证着邮。《贾谊传·吊屈原赋》般纷纷其离此邮兮。

轃 ，大车簀也。从车秦声。读曰臻。朱云：假借为臻。《礼乐志》四极爰轃。《王吉传》则福禄其轃。《王莽传》百蛮并轃。《甘泉赋》是时未轃夫甘泉也。

孅 ，兑细也。从女韱声。师古曰：细也，与纤同。按纖，主丝之细者，不可通作孅。《食货志》引《管子》至孅至悉。《司马相如传》妩媚孅弱。（《上林赋》）《王吉传》孅介有不具者。

匆悤 篆作 ，多遽悤悤也。从囱从心。囱亦声。《徐笺》悤，古聪字，隶省作匆。《郊祀志》匆明，上通。师古注：匆与聪同。又《吕氏春秋·下贤篇》匆匆乎其心之坚固也。韦注：匆，匆明也。

歐 ，吐也。从欠区声。假借为敺。《食货志》今欧民而归之。《梅福传》以为汉欧除。

虙　𧆛，虎貌。从虍必声。段注：古伏羲，字作虙。《五行志》虙羲氏继天而王。又，虙牺木德。《相如传》青琴虙妃之徒。师古注：虙与伏同。

卷　（卩部）𢍏，膝曲也。从卪𢍏声。假借为拳。《李陵传》士张空拳。《檀弓》执女手之卷然。（亦谓好貌）

般　𦨉，辟也。象舟之旋，从舟从殳，殳，令舟旋者也。凌云：与班同。席云：马融本《易》夷于左般。旋也，日随天左旋。按古音与班通。《易》乘马班如。郑作般如。《郊祀歌》先以雨，般裔裔。颜注：般读与班同，布也。裔裔，飞流之貌。《赵充国传》明主般师罢兵。《扬雄传》般倕弃其剞劂。与班同。《贾谊传》般纷纷其离此尤兮。苏林曰：般音盘。孟康曰：般音班。般反也。纷纷，构谗意也。师古曰：般，孟音是也。字从丹青之丹。钱大昕曰：《说文》无从丹从殳之字，小颜误也。娄机《班马字类》引此传。

啁　𠺯，啁，嘐也。段注：《仓颉篇》啁，调也。谓相戏调也。今人啁作嘲。凌云：啁读同謿。《东方朔传》诙嘲而已。《注》与謿同。

琱　琱，治玉也。一曰石似玉。从玉周声。段注：经传以雕彫为琱。按彡部曰彫琢文也。然彫作琱为假借。《郊祀志》黼黻琱戈。《东方朔传》阴奉琱琢刻镂之好。《贡禹传》墙涂而不琱。《王莽传》饰以金银琱文。《酷吏传》斫琱而为朴。朱云：皆谓刻文也。

擥　擥，撮持也。从手监声。桂云：或作擥。（俗别作揽，非）《五行志》擥仲舒别向歆。师古曰：与擥同。谓引取之。《陈汤传》擥城郭之兵。《王莽传》莽自见前颛权以得汉政，故务自擥政事。

燕　𤎩，燕，燕玄鸟也。籋口，布翄，枝尾。象形。段注：古多假燕为宴，安宴享。《蔡义传》愿赐清闲之燕。《五行志》除丧而燕。

鬲　鬲，鼎属。高氏《字通》云：通隔。《五行志》鬲闭门户。师古注：鬲与隔同。《地理志》鬲绝南羌。《戾太子传》鬲塞不通。

儀　儀，度也。从人义声。《地理志》伯益能仪百物以佐舜。师古曰：仪与宜同。宜，安也。

弢　弢，弓衣也，从弓𢻫，𢻫垂饰，与鼓同意。《艺文志》有《周史六弢》六篇。师古曰：即今六韬也。席云：弢为弓衣，韬为剑衣，故两通。

荤　荤，臭菜也。从艸军声（许云切）。段注：谓有气之菜也。《士相见礼》夜侍坐，问夜膳，荤。请退可也。《注》荤，辛物，葱薤之属，食之以止卧。又云：荤古作熏，或作焄者，殠得名熏，犹治曰乱。祭义注：焄，谓香臭也。假借为熏。《霍去病传》所获熏允之士。

呰　呰，苛也。从口此声（将此切）。桂云：或借疵字。《翟义传》王莽自作《大诰》，云故知我国有呰灾。《叙传》阉尹之呰。《注》呰与疵同。

謼　謼，呼也，从言虖声。《徐笺》云：《口部》呼，嘑。《言部》謼。皆本一字，其义相因也。《景武昭宣元成功臣表》下摩侯謼。毒尼《贾山传》一夫大謼。《叙传》

式号式謼。《贾谊传》正以謼之。《灌夫传》謼服谢罪。

識 䊸，常也。一曰知也。从言戠声。姚文田、严可均云（《说文校议》）古无幟字，識即幟字（按新附幟，旌旗之属）。《叔孙通传》张旗識。《王莽传》旌旗表識。

液 液，𦙶也。从水夜声。王筠注：又为掖。《王莽传》液门。《注》液与掖同，古字通用。《王莽传》液廷媵来充。

彌 《说文》无弥字。《长部》镾，久长也。为弥之正字。《弓部》弻，弛弓也。音同义异，是为假借。《襄公二十五年》（《左传》）自今以往，兵其少弭矣。其字作弭。弭，假借为止。《李广传》弥节白檀。《王莽传》以弥乱发奸。又曰弥躬执平。《扬雄传》望舒弥辔。

亢 亢，人颈也。从大省，象颈脉形。假借为抗，敌人相拒也。《左传》亢大国之讨。《陈项传·赞》不亢于九国之师。

院 院，塞也。凌云：读同鞠。《地理志》右扶风汧县下云：诗芮院，雍州川也。颜注：院读与鞠同。《大雅·公刘》之诗曰芮鞠之。即韩诗作芮院。

锾 鍰，锊也。从金爰声。书曰罚百锾。假借为环。《五行志》谓宫门铜锾。《注》读与环同。

蔭 蔭，草阴地。从艸阴声。王筠注：故亦借阴字为之。按《文十七年》（《左传》）鹿死不择音。杜注：音，所休荫之处。（《说文》无荫字。别作荫，非。《群经正字》）《郊祀志》灵之至，庆阴阴。颜注：言垂阴覆徧于下。《叙传》阴妻之逆。《注》谓覆蔽。

涸 《说文》无涸字。《水部》澋，尽也。《群经正字》谓此为涸渴之涸。《尔雅·释诂》涸，竭也。《释文》本作澋。《郊祀志》秋涸冻。《五行志》金铁冰滞涸坚，不成。读与冱同。

梱 梱，门橛也，从木，困声。按《曲礼》曰：内言不出于梱。王筠注：阃见经字，《说文》不收。《扬雄传》天阃决兮地垠开。《匡衡传》衰莫不始于梱内。师古注：梱与阃同。

皞 正字当作暭，皓旰也，从日皋声。假借为昦。（俗作昊）《郑崇传》皞天罔极。

扇 屚，屋穿水下也。从雨在尸下。尸者，屋也。今作漏。《水部》漏，以铜受水。义异。

殉 《说文》无殉字。《艺文志》星事殉悍。《注》与凶同。

堀 堀，突也。从土屈声。《诗》曰：蜉蝣堀阅。按俗字作窟。《邹阳传》伏死堀穴岩薮之中。《注》与窟同。

茀 茀，道多草，不可行。从艸弗声。凌云：读同孛。《谷永传》茀星耀光。师古曰：茀与孛同音。又《史记·天官书》星茀于河戍。又《古今人表》茀肸。师古注：即佛肸也。

縰 《说文》无縰字。纚，冠织也。从糸丽声。段注：亦作縰。桂云：李斐注《汉书》云：齐国旧有三服之官春献冠帻縰为首服。颜注：縰与纚同。

陗 陗，陖也。从𨸏肖声。惠云：今作峭。段注：俗作陡。古书皆作斗。《晁错传》

错为人陗直刻深。又《史记·李斯传》陗堑之势异也。

底　，山居也。一曰下也。从广氐声。通砥，砥，柔石也。《枚乘传》磨砻底厉。《注》底，柔石也。《律历志》其道如底。《晁错传》砥厉其节。《梅福传》爵禄者，天下之底石。

嚣　，声也。从气出头上。从㗊页，页亦首也。凌云：读与熬同。席云：《五行志》引《左传》曰：莫嚻必败。此真古文也，杜预改嚻作敖。《董仲舒传》嚣嚣若不足。《注》读与敖同。嚣嚣，众怨愁声。《王莽传》嚣然丧其乐生之心。《注》众口愁貌。

逌　凌云：读与迎同。未详。

闛　，闛闛，盛貌也，从门堂声。段注引《扬雄传》云：假闛为阊。《扬雄传》西驰闛阖。《相如传·上林赋》铿枪闛鞈。《注》鼓音也。

毳　，兽细毛也。从三毛。朱云：假借为臎为脆。《丙吉传》数奏甘毳食物。又《史记·聂政传》旦夕得甘毳。

洿　，浊水不流也。一曰窳下也。从水夸声。《群经正字》云：《孟子》数罟不入洿池。坏宫室以为污池。实一事也，而一作洿，一作污。《食货志》川原为黄洿。《注》一胡反，与污同。《叙传》振拔洿涂。《注》洿，停水也。

填　，塞也。从土真声。师古曰：填与镇同，安也。《律历志》土合于填星。《刑法志》萧、曹为相，填以无为。《高纪》填国家吾不如萧何。又，子房，填国家，抚百姓。

䰎　，饷也。从食贵声。凌云：读同匮。娄引《司马迁传》紬金馈石室之书。与匮同。按今本皆作"紬史记石室金馈之书"。颜注：馈与匮同，盖《金部》无鐀字。匮，匣也。段注：俗作柜。史记石室金鐀，字作鐀。朱氏引《杜钦传》注：匮尽也，又为遗，实为馈。可知娄机淳熙以前本金鐀作金馈者，且凌稚隆尚及见之，然其所辑《史记评林》仍作金鐀，不知尚有它例存焉否耳。

曶　，出气词也。从曰，　象气出形。《春秋传》曰：郑太子　。"　籀文　（从口）。一曰佩也。象形。《群经正字》云：古曶与忽通。按忽，忘也，假借乃为忽。段注引《羽猎赋》蠁曶如神。傅毅《舞赋》云转飘曶。云皆出气之意，倏奉之貌，本当用此字，不当作忽。《扬雄传》于时人皆曶之。则假借为忽。《古今人表》仲忽作中曶。许云：郑太子曶，则未识名字作何义也。《甘泉赋》翕赫曶霍。《扬雄传》神心恍曶。按赫曶用本义，恍曶假借，名字之曶应作笏义。籀文作　，一曰佩也。即笏字。

颂　，貌也。从页公声。　，籀文。惠云：籀文作额，犹存古意。《儒林传》鲁高堂生传《士礼》十七篇，而鲁徐生善为颂。又《王式传》抠衣登堂，颂礼甚严。《刑法志》当鞠系者，颂系之。《乐书》感于物而动，性之颂也。《惠纪》有罪当盗械者，当颂系。皆读同容。而"颂系"之义为宽容。

绁　，系也。从系世声。《春秋传》曰：臣负羁绁。假借为跇。跇，述也。（段注：述，逑字之误也。）《扬雄传·羽猎赋》亶观夫票禽之绁隃。师古注：绁与跇同。

旃　，旗曲柄也。所以旃表士众。假借为毡。《王吉传》细旃之上。

蛾，罗也。从虫我声。《释虫》《释文》引作蚁罗也。蛾即螘也，或作蚁。(《说文》无蚁字)《元纪传》白蛾群飞。《相如传》扶服蛾伏。

嚴，教命急也。从吅厰声。《释名》严，儼也。儼然，人惮之也。《儒林传·伏生传》:《谷永疏》严然总五经之妙论。读同儼。

阗　盛貌。通實。《游侠传》人无贤不肖阗门。师古注：阗读与實同。

落，凡艸曰零，木曰落。从艸洛声。段注：零，《尔雅音义》作苓落。亦为篱洛。缠落字。《木部》杝，落也。《糸部》缳，落也，是也。假借为络。《西域传·赞》落以随珠和璧。《李寻传》落脉通。《注》谓经脉也。《李广传》禹从落中以剑斫绝累，欲刺虎。师古曰：落与络同。谓当时繩络之而下也。累，索也。

紬，大丝缯也。从糸由声。《释名》曰：紬，抽也。抽引丝端出细绪也。《自序》紬史记石室金匮之书。《谷永传》燕见紬绎。《注》引其端绪也。《高唐赋》紬大弦而雅声流。

眩，目无常主也。从目玄声。凌云：读与幻同。《张骞传》犛靬眩人。《注》读与幻同。

佛，见不审也。从人弗声。段本：仿佛也。《注》髟部有髴。解云。髴、若似也。即佛之或字。《叙传》学微术昧，或见仿佛。《李寻传赞》仿佛一端。

鬋，女鬓垂貌也。从髟前声。假借为剪。《韦贤传》鬋茅作堂。《韦元成传》勿鬋勿伐。

員，物数也。从贝口声。通云。《诗》聊乐我员。景员维何。《释文》员，亦作云。《礼乐志》六合纷员。《郊祀志》纷云六幕浮大海。

廋　《说文》无廋字。《玉篇》：廋，隐匿也，求也，索也，亦作搜。《赵广汉传》:“廋索私屠酤。”师古曰：“廋读与搜同。”

棐，辅也。从木非声。段注：《孔光传》引《书》天棐忱辞。释之云：言有诚道，天辅之也。假借为匪。《食货志》赋入贡棐（此读与篚同）。《戾太子传》毋作棐德。《注》古匪字。

措，置也。从手昔声。席云：《文三王传》争门措指。晋灼曰：许慎云措，置字，借以为笮耳。按《竹部》笮，迫也。《王莽传》迫措青、徐盗贼。（庄客反集韵，措，追捕也。）

毓　育之重文。，养子使作善也。从去肉声。《虞书》曰：教育子。，育或从每。(《释诂》育，长也)《五行志》则孕毓根核。《叙传》：乌鱼之毓川泽。《东都赋》丰圃草以毓兽。又《琴赋》盘桓毓养。

嫷　惰之古文。，不敬也。从心㨊省声。《春秋传》曰：执玉惰。，惰或省皀。古文。《韦元成传》毋嫷尔仪。《张敞传》被轻嫷之名。《两龚传》：嫷嫚无状。《谷永传》车马嫷游之具。《外戚传》妾不敢以燕嫷见帝。皆从古文也。

崪　《说文》仅有。崒，危高也。从山卒声。假借为萃。《贾谊传》异物来崪兮。《注》：集也。《高唐赋》崪中怒而特高兮。《注》聚也。

薌，穀气也。从艸乡声（新附）。凌云：读同响。《天文志》芗之应声。

腏　𦜋，挑取骨间肉也。从肉叕声。读若《诗》曰：啜其泣矣。凌云：读同餟。𩜽，祭酹也。《郊祀志》为腏，食群神从者。以腏为之。《循吏传》作醊食。

卤　𠧪，西方咸地也。从西省，象盐形。安定有卤县，东方谓之㡿，西方谓之卤。假借为虏。《方言·十二》：卤，夺也。《吴王濞传》：卤御物。《高纪》：毋得掠卤。《卫青传》：车辎畜产毕收为卤。《汲黯传》：卤获因与之。

缗　即䋈。《律历志》距缗公七十六岁。《注》读与愍同。

賁　𧴪，饰也。从贝卉声。段注：按古假贲为奔。《百官表》虎贲。又，卫士旅贲。《注》：言为奔走之任也。

訾　𧩂，不思称意也。从言此声。《诗》曰：翕翕訿訿。假借为资为赀。《胶西王端传》遂为无訾省。《注》财也。《扬雄传》富既与地乎侔訾。《杜周》家訾累巨万矣。《盖宽饶传》用不訾之躯。《司马相如传》以訾为郎。《地理志》高訾富人。《景纪》今訾算以上得官。师古曰：读与赀同。

四　即字

䀢　𥄎，目财视也，从目𠂢声。《扬雄传》䀢隆周之大宁。师古注：䀢即覛字。（覛即觍字，视也）

薜　𦽾，牡赞也。从艸辟声。假借为僻。《扬雄传》陋三王之阸薜。

侻　他括切，音脱合也。凌云：即俯。未详。

后　𠨬，继体君也，象人之形，从口。《易》曰："后，以施令告四方。"《释名》："天子之妃曰后。"后，後也，言在後不敢以副言也。朱曰："许君云：'继体亦以後训。'假借为後，谓写当从后，解当从後也。"《陈项传赞》："然后以六合为家。"

歙　𣢟，缩鼻也。从欠翕声。丹阳有歙县。桂云：通作翕。朱云：借为翕。《扬雄传》翕肩。颜注：翕，敛也。《张衡传》我不忍以歙肩。《注》敛也。《匡衡传》歙然归仁。即翕然也。《诗》翕翕訿訿。引作"歙歙訿訿。"

蜯　《说文》无蜯字。𧉧，蜃属。从虫丰声。《玉篇》蜯与蚌同。《答宾戏》戏隋侯之珠，藏于蜯蛤。

滇　𣸍，益州池也，从水真声。桂云：滇，音颠，或借颠字。《相如传·子虚赋》文成颠歌。《史记》作滇。《索隐》曰：益州颠县，人能作西南夷歌。颠即滇字。

啖　𠻑，噍啖也。从口炎声。一曰啗。假借为啗。啗，食也。王筠云：啗、啗非一字。《王吉传》吉妇取枣以啖吉。

霣　𩃵，齐人谓靁为霣。从雨员声。一曰云转起也。读若昆，按今经典多用陨字，陨从高也，从𨸏员声。《易》曰：有陨自天。假借为陨。《相如传·上林赋》瀺霣坠。

鲠　𩪃，食骨留咽中也。从骨更声。段注云：骨骾之臣。皆作骨鲠，字从鱼。按鲠。鱼骨也。《杜钦传》：朝无骨骾之臣。师古曰：骾亦鲠字。

靓　𧡦，召也。从见青声。段注：《史记》《汉书》皆作朝请。徐锴曰：亦用为净。假借为静。实为竫。静，审也。竫，安也。《扬雄传·甘泉赋》稍暗暗而靓深。《贾谊传》澹乎若深渊之靓。《外戚传》神眇眇兮密靓处。《王莽传》清靓无尘。即静字。

稸　俞樾《儿笘录》云：蓄字艸部，训为积也。畜字田部，训为田畜也。其实一义耳。田畜者，田中所积也。《一切经音义》曰：蓄，古文稸。《货殖传》：稸足功用。

眎　古文视，，瞻也，从见示声。，古文视。眡，亦古文视。段注：古作视，汉人作示。席云：《汉书》多以视为示。朱云：假借为示。《高纪》云：亦视项羽无东意。《赵充国传》以眎羌虏。《王莽传》固当听其辞令眎事耶。

眦　即眥，，目匡也。从此目声。朱云：亦作左形右声。《杜钦传》：报睚眦怨。《相如传》：必决眦。

悊　即哲。，知也，从口折声。，哲或从心。按桂云：《洪范》明作哲。王肃本作悊。注云：智也。《刑法志》：圣人既躬明悊之性。《叙传》：或悊或谋。《谷永传》：懿厥悊妇。《王莽传》：荧惑司悊。皆以悊为之。

右依凌稚隆《汉书评林》字例之次第：

一　古字　例如縣，本训系也。后乃假借为州县之县。用本形本音本义。

二　借读字　例如渠，水所居也。借读为讵。讵，岂也。用本形而借音借义。

三　同读字　例如液，津也。借为掖，与掖同读。用本形本音而借义。

四　即字　例如稸，即蓄之古文，蓄积也。用本音本义而用古形。

窃推凌氏之意如此，然其例不纯者如：

一类中蚤之为早，乃假借字，已非啮人跳虫之本义。应入第三类。

二类中叶为协之古文，音义俱同。但用古形，应入第四类。

三类中严之读俨，音义俱借。应入第二类。

四类中后之训後，而后非即後。应入第三类。

《汉书》素称难读，治《汉书》之道又不一其途，惟此单辞只字之探求，前有娄机之《班马字类》，后有王念孙之《读书杂志》等，各自颛门，尚难遽许为绝业。但即分类次第言之，娄氏依《广韵》之序，有类韵书而择焉不精。凌氏但列字群，又语焉不详。鄙意欲题之曰《班书字说》，分为两类：

一　音义不变者曰本字，本据形系联之，则以《说文》部首为次序。

二　音或义变者曰借字，本音近义近之，则以《广韵》部居为次序。

凡诵读所得辄眉次手存，加我数年，冀有成篇之日也。

二十三年十一月十三日际遇跋①

【注释】

①此篇由1934年11月5日起，写至11月13日，历时九天。

1934年11月14日

声近者义近，于训词为尤著（今人曰状词），《尔雅·释训》累举重言，所见于经传者尚不止此，尔后引申孳乳此类尤多。王筠《毛诗重言》袖然成卷，偶举一例，为侍书者诵之。

凡物体运动迅疾者，与空气荡击即成轧轧之声，人皆夹其唇齿激音状之，知者谱为歌，圣者造字以表之如：

伐木所所。伐木许许（《诗・小雅》）。《后书・朱穆传》《颜氏家训・书证篇》引作浒浒。皆状斤木相击之声。

鸟飞几几。《说文》𠘧，鸟之短羽飞几几也。翱翱（《唐风》：“肃肃：‘鸨羽。’”《传》：“鸨，羽声也。”）

风声肃肃。（刘向《九叹・逢纷》：“秋风浏浏以萧萧。”王注：“风疾貌也。”）

潇潇（《诗・郑风・风雨》：“风雨潇潇。”《传》：“暴疾也。”）

骚骚（《后书・张衡传》：“寒风凄其永至兮，拂穹岫之骚骚。”）

飕飕（《后书・文苑・赵壹传・迅风赋》：“啾啾飕飕，吟啸相求。”）

飕飕（《广雅・释训》：“飕飕风也。”）

搜搜（魏甄后《塘上行》：“边地多悲风，树木何搜搜。”）

飏飏（《说文》：“飏，翔風也。”《九歌》：“风飒飒兮木萧萧。”与飏同）

瑟瑟、摵摵、索索、策策、霎霎、燮燮（并见各集《辞通》二七六七页。）

肃肃、萩萩、淅淅（风声也，《辞通》二二三四页。）

涛米溲溲，叟叟（《大雅・生民》章：“释之溲溲。”《传》释淅米也。叟叟声也。）

溞溞（《尔雅・释训》：“溞溞，淅也。”）

马驰馺馺（索答切。《方言・十三》：“馺，马驰也。”郭注：“馺馺，疾貌也。”）

又迟迟、绥绥、施施、徐徐、祁祁、珊珊。皆为迟貌。

治史家法尝论于日记自序（二十二册），今日见杨树达《序》，李慈铭《史记札记》，略谓治史有二派：一曰批评，二曰考证。又各有二支：批评之第一支如子元、渔仲、实斋之流，此批评史籍者。第二支如胡致堂、张天如、王船山之流，此批评史实者。考证之第一支曰考证史实，如钱竹汀、洪筠轩之所为；第二支曰钩稽史实，如赵瓯北、王西庄之所为。清儒以考证之第一支为最盛，越缦先生乃承钱、洪之流而为，清代后殿者所论尚允，然越缦于钩稽史实之途亦不为无功也。其治史各书著录，于平步青所为，“传”中写定，未闻舍杂，见《越缦堂日记》外，皆不得传诸其人。北平图书馆收得越缦所读史籍，始命王重民抄成《越缦堂读史札记》，计《史记》二卷，《汉书》七卷，《后汉书》七卷，《三国志》一卷，《晋书》五卷，宋、梁、魏、隋、南史各一卷、北史三卷。余已得读其大半，而自晋迄隋，尚不可得也，成之容易却艰辛，掇拾补苴之余，弥望前贤，卷卷不能自己耳。

《万年山中日记》第二十四册

（1934 年 11 月 18 日—12 月 2 日）

1934 年 11 月 18 日

读王筠所著《箓友蛾术篇》二卷（已见二二〇六三〇日记，按：王鸣盛有《蛾术篇说字》二十卷，杂见《丁氏诂林》中），盖贯山自少讫老，杂录所得于心者。其论抨宋孙宣公《孟子音义》一条尤多谛当，如云："班固《幽通赋》舍生取谊，李注引《孟子》则作义。是后汉时孟子本存古字，李唐时本已改也。"又云："本书恔乎下（按《孟子》'于人心独无恔乎。'朱注：'恔，快也'）引《方言》云：'快也'。《说文》云：'憭也'。案《广韵·三十六效》曰：'恔，快也，出《孟子》。'然则唐本《孟子》作'恔'，不作'恔'也。"以此为孙氏释文之疏。孙氏生陆氏后四百余年，已多不及见之本，稽古之难有如此者。至箓友所云"陆德明作《经典释文》有老子庄子而无孟子，心甚慊之。"按诸子旧各为书，《大学》《中庸》则《礼记》中之二篇，其合编为四书，自宋淳熙始也，孙氏之补作《孟子音义》，所以嘉惠艺林者多矣。

箓友又云："读《后书》以前之书，必须穷数十昼夜之力一气读之，先得其命意若何，立格若何，再读第二遍，则须一二年工夫逐篇细审其字句，庶或得其书一半。若枝枝节节读之，先与他作书时不相似，仍是他底书，不是我底书。欲把金针度与人，人病不求耳，自愧何以读一说部，辄为废寝忘食，避父师之责，匿奥隅之间而于经天纬地大文，终身求之而不能尽其半。"比日乃发此宏愿，粗点班、范之书，逐日记存，朋好间已嘉许如此，稷下之游为不虚矣。

1934 年 12 月 2 日

眾，隶作衆固误。作衆作眾，亦未达其旨。《说文》："眾，多也，从似目眾意。"皆未详从目之意。王氏《句读》云："从乑从目。目衆意。"注云："此条目纲目之目。"此亦备一说而已。按《说文韵谱》作："眾，则首笔乃起笔处。隶变作衆耳。"又有疑作臮，为囟省声者。然鼎器又有作[illegible]，作[illegible]者。

《万年山中日记》第二十五册

（1935年1月18日—3月27日）

1935年1月18日

《史通》袭晋张辅说，以“迁书叙三千年事，惟五十余万言。固叙二百年事，乃八十余万言。”以此分史汉之优劣。瓯北特云：“迁喜叙事，至于经术之文，干济之策，多不收入，故其文简。固所增载者，皆经世有用之文，不得以繁冗议之。”所言殊是，以今考之，《贾谊传》载治安策。《晁错传》教太子一疏，言兵事一疏，募民徙塞下疏，贤良策一道。《路温舒传》尚德缓刑疏。《贾山传》《至言》。《邹阳传》谏吴王濞邪谋书。《枚乘传》谏吴王书。《韩安国传》与王恢论伐匈奴事。《公孙宏传》《贤良策》等。皆《史记》所无，至武帝以后诸传，如《韦元成传》载其宗庙议礼之文。《匡衡传》载其所上封事。元帝时论教化之原，成帝时论燕私之累，皆经世之文，或有关君德之疏，不可以卷帙省繁为轩轾也。

1935年1月19日

《子史精华》自《天部》至《器物》，分部三十部，各为目，凡二百七十有九。如《天部》列天、日、月、星、风、云、雨、露、霜、雪、霞、雾、虹、汉、雷、电（《后汉书·天文志》水精为汉）为目五。按自风以下均应列之地文，气凝成露，露结为霜，虽自天时而变化，尤为地面之呴嘘，自来以为从天而降之事，一切类书皆隶于《天部》，不足深论。全书都三十册，稿成武英殿诸臣，康熙右文此为最后之编纂，张廷玉、蒋廷锡实监修之。所采撷者以子史为宗，旁及杂书，亦子类也，而群经不与焉。故篇幅在类书中为最简，而取精用宏，至今不能置也。每目之下首列子书，次国策史书，次杂记，各以时代为序，每条著其要语而节所本，子史之说，跨行注之，贤于饾饤骈语远矣。书藏黄氏家塾。

1935年1月21日

自晦庵注四书取士，以制义者成功令，然非之者辈出。王阳明诗云：“影响尚疑朱仲晦，支离羞作郑康成。”疑朱而及于郑，蹊牛而夺之田矣。俞曲园曲解正文，至为八比文以张其说，如“加我数年，五十以学易，可以无大过矣。”章“五十”字诚难索解，朱云："《史记》作'假我数年，若是，我于《易》则彬彬矣。盖是时，孔子年已几七十矣。'五十字误无疑也。"后人（刘忠定）遂谓"卒与五十字相近而误分，曲园则读五十为句：'假我数年五十。'"八比文云："老境凄凉，并失趋庭之子。即我发秃齿危之情状，亦知来日之无多。假我五年，而我意足矣；假我十年，而我意更足矣。说尚可存，父在，观其志；父没，观其行。"朱注："以两其指人子，以一然字转之。"曰然又必能"三年无改于父之道，乃见其孝。"杨循吉则作"人子之观其父解，则下句自然贯注，不待转语。""宰予昼寝"，李济翁《资暇录》作"画寝"，谓绘画其寝室也。"孟子去齐，宿于昼。"史传齐无昼地，《史记·田单传》："闻昼邑人王蠋贤。"刘熙注："昼，音获。齐西南近邑也。"后汉"耿弇讨张步进军昼中，遂攻临淄，拔之。"亦此地。晝之作画有征可信，"浴乎沂"（鱼依切，山东有沂县），昌黎注《论语》："改作沿乎沂。"

1935年1月22日

读《日知录》。

中郎之死，哀及后世。宁人[①]独谓其仕董卓无守，卓死惊叹无识，以其文采多而交游富，故后人为立佳传，节义衰而文章盛，自蔡邕始也（《两汉》风俗条）。"保国者，其君其臣肉食者谋之。保天下者，匹夫之贱与有责焉耳矣（正始条）。"读之悚然正襟，夫如是始可以读书，彼夫章句，呫哔之儒不足坑也。

说论闳识不待言矣，即以骈文论，有一段绝佳者（名教条）："岂待菑川再遣。方收牧豕之儒（公孙弘）；优孟陈言，始录负薪之胤（孙叔敖）；而扶风之子，特赐黄金（尹翁归）；涿郡之贤，常颁羊酒（韩福）。遂使名高处士，德表具僚，当时怀稽古之荣，没世仰遗清之泽，不愈于科名、爵禄劝人，使之干进而饕利者哉！"

"四明薛冈谓：'士大夫子弟不宜使读《世说》，未得其隽永，先习其简傲。'推是言之可谓善教矣。"（"重厚"条）

宁人答人馈生日书云："小弁之逐子，始说我辰。哀郢之放臣，乃言初度。"谓"生日之礼，古人所无，起于齐梁之间，盛于唐宋以后也。"（唐太宗贞观二十年十二月癸未，上以"父母劬劳之日，不为欢乐，泣数行下"）

东皋子王无功与杜太守往返两书，旗鼓相当各不示弱。赵壹与皇甫规往返两书亦如之。宁人云（"阍人"条）："观夫后汉赵壹之于皇甫规，高彪之于马融，一谒不面，终身不见。为士大夫，可不戒哉！"崇名节而进处士，犹蔚宗之志也。

《南史》孔秀之遗今曰："世俗以仆妾直灵助哭，当由丧主不能淳至，欲以多声相乱。魂而有灵，吾当笑之。"按末俗日媮，并此意而渐失，或顧（俗作雇）邻妪以助号，或召乐工以侑哭，已可令人掩口胡卢，昨日所见，则多诵佛号，视同儿戏，何止礼崩乐坏之忧哉。

"周程张朱五子之从祀，定于理宗淳祐元年；颜曾思孟四子之配享，定于度宗咸淳三年。"裂冠毁冕，则今天下之人之所不能料者也。

少时读经，《丧服》等篇，例在删节，谓童子背经，场屋之命题，不取乎此也。夫

《丧礼》为五礼之一，人伦之大节，人而无礼，相鼠贻讥，以文取士之朝，所流之弊已有如此者。《日知录》“拟题”条下云：“闻嘉靖以前，学臣命《礼记》题，有出《丧服》题以试士子之能记否者，百年以来，《丧服》等篇皆删去不读，今则并《檀弓》不读矣”云云。可见此风由来已久。

《日知录》自题积三十余年乃成一编，虽未署年号，然入清朝尚未成稿，如“生员额数”条下云：“至崇祯末，开门迎贼者生员，缚官投伪者生员，几于魏博之牙军、成都之突将矣。故十六年殿试策问，有曰：‘秀、孝间污横池。’”此之“十六年”，应纪康熙年代，而不名之也。

【注释】

①宁人：指顾炎武。

1935年1月23日

温经，阅《日知录》。

“北卷”条下云：“今南人教小学，先令属对，犹是唐宋以来相传旧法，北人全不为此”云云。前年陈寅恪主试清华大学，以对对为题，知世人必大哗，条列理由十余事以待质问，此必其所本也。（闻有“孙行者”或“韩退之”对“胡适之”，以“一事无成两鬓斑”对“少小离家老大回”者，已属冠军矣。）

“心学”条下载澄海人唐伯元仁卿（万历甲戌进士，官至吏部文选司郎中）答人一书，痛驳新学，新学者心学也，《澄海县志》谓“伯元苏湾都人，质美而好学，毅然以圣贤自期，受业永丰吕怀践履笃，实深嫉王守仁新学及守仁从祀文庙，伯元上疏争之坐，谪海州”云云。固佳传也。（记《传习录》亦及伯元之名。）

《颜氏家训》：“或问：‘一夜何故五更？’答曰：‘汉魏以来，谓为甲夜、乙夜、丙夜、丁夜、戊夜，亦云一更、二更、三更、四更、五更，皆以五为节。更，历也，经也。”

1935年3月24日

《书》：“自朝至于日中昃，不遑暇食。”遑即暇也。《诗》：“无已太康。”已即太也。“既安且宁。”安即宁也。“既庶且多。”庶即宁多也。《左传》：“一薰一莸，十年尚犹有臭。”尚即犹也。“周其有頿王亦克能修其职。”克即能也。《礼记》：“人喜则斯陶。”则即斯也。（“重名”条）按“自古在昔，先民有作。”自古即在昔也。“吾乃今而后，知皇帝之尊也。”“乃今而后”语气亦重。

1935年1月25日

《淮南子注》：“秦皇帝二十六年，初兼天下，有长人见于临洮，其高五丈，足迹六尺。放写其形，铸金人以象之，翁仲、君何是也。”宁人云：“今人但言翁仲，不言君何。”

地绕日一周为一年，四年置闰一日，百年二十四闰日（常年二月二十八日。以耶历纪年，遇年数可以四除尽者，为闰年二十九日。而于每世纪末年，即四可除尽，而一〇〇亦可除尽者。非闰年仍二十八日，如一八九六与一九〇四为闰，而一九〇〇非闰）。以月绕地一周为一月，三年一闰，五年再闰。《左文公元年传》：“于是闰三月，非礼也。先王之正时也，履端于始，举正于中，归余于终。”杜注：“于历法闰当在僖公末年，误于今年三月置闰，盖时达历者所讥。”

《汉书·高帝纪》：“书后九月者（高祖五年），汉承秦之后，以冬十月为岁首，至武帝太初元年夏五月，正历，以正月为岁首。”建元太初，是以前于每年之端，皆书冬十月。凡应置闰之年，总致之于岁末。是以在九月之后为后九月也。

《孟子》周室班爵禄。章凡数字，皆作倍数解。君十卿禄，卿禄四大夫、卿禄三大夫、卿禄二大夫等，皆作十倍、四倍、三倍、二倍解。《论语》“二，吾犹不足”之二字，亦谓倍为二也。宁人因曰（《日知录》卷二十七《史记注》条下）：“‘秦得百二’，言百倍也；‘齐得十二’，言十倍也。”说恐未安。

1935年1月26日

段《注》于𩒨文下曰：“䭫首者，稽迟其首也。顿首亦䭫顙，䭫顙者稽迟其顙也。此吉凶之大辨也。今人作名刺必曰顿首拜，是以凶礼施于宾礼，嘉礼。”云云。然今本《六书音均表》所载段氏与东原往来两札，皆署“震顿首”，“玉裁顿首”，则又无以自守其说矣。《李陵报苏武书》称顿首。晋穆嬴抱太子顿首于赵宣子。鲁季子顿首于叔孙。段说详顿文下，然亦凿矣。

《孟子》：“以君命将之，再拜稽首而受。臣之于君亦止二拜而已。”亭林：“古人未有四拜之礼。韩之战，秦获晋侯，晋大夫三拜稽首。古但有再拜稽首，无三拜也。申包胥之九顿首，晋大夫之三拜也。”

《史记·范睢传》：“秦王跽而请”，褚先生补《梁孝王世家》：“帝与梁王俱侍坐太后前。太后谓帝曰：‘吾闻殷道亲亲，周道尊尊，其义一也。’帝跪席举身曰：‘诺。’”古人席坐皆以两膝著席，有所敬，引身而起，则为长跪。今日本人尚如此，尊长之前不得箕踞，其妇女则跽坐，终日刺绣，写简不易坐，容假寐时亦如此。宁人云：“《礼记》坐皆训跪。”《三国志注》引《高士传》言：“管宁尝坐一木榻，积五十余年，未尝箕股，其上当膝处皆穿以此。”

1935年1月29日

《庄子》曰：“孔子游乎缁帷之林，休坐乎杏坛之上。”司马彪云：“缁帷，黑林名也。杏坛，泽中高处也。”宁人云：“《庄子》书凡述孔子，皆寓言。杏坛不必有其地。

即有之，亦在木上苇间、依陂旁渚之地。今之杏坛，乃宋乾兴间四十五代孙道辅增修祖庙，移大殿于后，因以讲堂旧基甃石为坛，环植以杏，取杏坛之名名之耳。”

1935 年 3 月 5 日

李易安居士与夫赵明诚以检书为茶令风雅绝伦事，并见赵明诚《金石录》，易安《跋》文中。《苕溪渔隐丛话》称易安再适张汝舟云云。遂成后人聚讼之局。予以《跋》文考之，断易安再适之非理焉，盖此篇不啻易安自传年谱也。文云：“余建中辛巳（一一〇一）始归赵氏，侯年二十一。”又“明诚卒于建炎己酉（一一二九）。”则是得年四十九岁。易安自云：“呜乎，余自少陆机作赋之二年（一一三二）。”则明言作此文时五十二岁，在明诚殇后之三年，与明诚同庚，且自署易安室题。又明在此时尚以未亡人自居，而谓其此后尚有适人之事，得无悖于常情乎。（明诚字德夫，无子。事见翟耆年《籀史》，六艺之一录卷，百九十四）（眉注：李易安再适事，郑叔问辨之特详，文载郑刻《漱玉词》卷未。铁夫注）（眉注：“陆机二十作文赋”。杜诗）

“摊”之字至俗也，而见《说文》：“开也。从手难声。”《世说》：“王戎摊书满床。”杜甫诗：“白昼摊钱高浪中。”已是汉后俗语。《广韵》摊字下云：“摊，蒲赌博。”《容斋五笔·卷一》云：“摊蒲四数也。”今人意钱赌博，皆以四数之，谓之摊。则广东盛行之摊局，由来旧矣。

书家上款，每用似某某先生字样。似，奉也。语本贾岛诗：“今日把似君，谁有不平事?”彭啸咸谓：“似，俟也，以俟君子之俟也。”俟某某先生正也，于义亦通，惜未得所本。

骞骞二字音义训释不同。骞，马腹絷也，下平声二仙。骞，飞貌，下平声二十三元。《容斋五笔》（七卷）谓：“东坡、山谷押骞字入元字，非。惟韩公《和侯协律咏笋》一联云‘得时方张王，挟势欲腾骞。’乃为得之。”周家禄《更名篇寄张季直謇》（《寿恺堂集·八》）：“謇之为文古通蹇，皆以小学为诗歌者。”

1935 年 3 月 7 日

浏览《四库珍本》之新到者。

𧮫，口上阿也，从口，上象其理，其虐切。以谷为声者郤、卻、绤、或峪。以郤为声者[illegible]，以卻为声者腳、[illegible]、[illegible]、[illegible]。谷，泉出通川为谷。从水半见，出于口。古禄切，亦音浴。以谷为声者鹆、俗、裕、欲、[illegible]、浴、铭。以欲为声者[illegible]。

峪，《说文》无此字。《集韵》余玉切。顺天府属有平峪县。汪重阆曰：“峪，即谷字之讹。”引亭林说曰：“北人读谷如裕，俗加山作峪。”按此《音学五书》言之，入声三烛。“谷”字条下云：“山谷之谷，《广韵》虽有余蜀、古禄二切，其实欲乃正音。”陆德明《音义》：“一音浴，今人读谷为穀，而加山作峪，乃音裕。”非矣，际遇按：“此乃北人无入声，所以转为去声。”

"探"字从无作侧声，读者梦秋云："检之字书而信。"然李商隐"青鸟殷勤为探看"，则不自今人误矣。

江重阆不详何代人，据《四库》倪涛录本，更无从考定。其《训子小学》一卷中，于亭林称"顾宁人先生"，于字书亟称"字汇"，则应为清初史馆中人，在《康熙字典》（四十九年）未出前时人物也。《字汇》为明梅膺祚撰，变《说文》《玉篇》部居之序，首以隶体检字，趋便陋俗者。《正字通》及《康熙字典》沿之。

1935年3月11日

《事物纪原》，家藏惜荫轩丛书本（光绪丙申长沙刻本），署宋高承撰，明李果订。然阎敬之序则云："作者逸其姓氏不可考。"李果之序又云："南平赵弼先生之所删定者，是刻书者之误题也。"书凡十卷，纪事一千八百四十有一，所引订史实断代至赵宋而止，其为宋人自属无疑，所考各条多属人人欲知之事，其不为中郎忱中秘笈者几希，著者之失名或因是之故，与《四库提要》据赵希弁《读书附志》及陈振孙《书录解题》，仍断为高承作，唯赵志云："双溪项彬之序，今本无之。"陈录云："中兴书目作十卷，高承撰元丰中人凡二百十七事，今且数倍之，则为后人所窜增，非复高著之旧也，明矣。"然可以见宋代类书之有体要者。

十二辰配以兽属，据《事始》曰："黄帝立子丑十二辰以名月，又以十二名兽属之。"《吕氏春秋》曰："黄帝师大挠。"《黄帝内传》曰："帝既斩蚩尤，命大挠造甲子。"按《尚书》久著甲子之名。则由来旧也。

鬻官卖爵起于秦汉之权利也。《通典》曰："汉文纳晁错言，令人入粟六百石，爵上造；万二千石为大庶长。汉武元朔元年国用空竭，募人入奴婢终身以为郎。"即卖官之始也。

休沐始于汉，其以旬休则始于唐。《汉律》吏得五日一沐。《唐会要》："永徽三年二月十日，以天下无虞，百司务简，每至旬假，许不视事，以宽百寮休沐。"

《春秋左氏传》曰："天子，因生以赐姓，胙之土而命之氏。"张果遂谓："姓者，统其祖考之所自出；氏者，别其子孙之所自分。"未为谛当。《通志略》曰："三代之前，姓氏分而为二，男子称氏，妇人称姓。氏所以别贵贱，贱者有名无氏。氏不可呼为姓，姓所以别婚姻。于文，女生为姓。"

今人多不明名字之分，往往自字之，而名它人。《礼记·郊特牲》曰："冠而字之，敬其名也。"至字与号之分，知之者谁邪？按《周礼·大祝》辨六号。《注》号谓尊其名，更为美称焉。（《日知录》卷二十三有"自称字"条。《亭林文集·原姓篇》最精核。）

吾乡乐器多用钹。《通典》曰："钹亦名铜盘，出西戎及南蛮，其圆数寸，隐起如浮沤，贯之以韦，相击以和乐。南蛮大者，圆数尺，或谓齐穆王素所造。"可知今之俗，犹古之俗也。

家人问玉如意于古何征？应之曰："笏也，执笏，主敬也，君亦有焉。"《礼·玉藻》："天子以球玉，诸侯以象，大夫以鱼须、文竹、士竹本、象可也。"又"笏度二尺有六寸，其中博三寸，其杀六分而去一。"据《事物纪原》云（卷八）："吴时，秣陵有掘得铜匣，开之得白玉如意。所执处皆刻螭彪蝇蝉等形。"征之所见所弆者而信。至引胡综谓："秦始皇东游埋宝，以当王气，则此也。而武断如意之始，非周之旧，当战国事尔。"是未辨古制也。

繖，古谓之盖。《家语》孔子将近行，命从者皆持盖。《战国策》暑不张盖。《礼记·檀弓》蔽盖不弃，为埋犬也。《玉篇》繖，盖也。《事物纪原》引《通俗文》曰：张帛避雨，谓之繖。《新附通谊》谓：即古縿字。《史记·五帝纪》舜乃以两笠自扞而下。两笠为两繖，始见此称盖，汉已来俗字。《晋书·王雅传》遇雨请以繖入。今字作傘。傘始见于《南史》王缙以笠傘覆面。《广韵》苏旱切。

拜扫非古也。《汉官仪》曰："古不墓祭。秦始皇起寝墓侧，汉因不改。"《光武纪》云："建武十年八月，幸长安，有事十一陵。"盖躬祭于墓也。梁节庵鼎革后句"一年一度上陵人"，盖上坟之礼，秦汉已后，天子与庶民共之者矣。

纸鸢，俗曰风筝。余于武昌高等师范《数理杂志》尝著论其理及略史古。今相传云："高祖之征陈豨也，信谋从中起，故作纸鸢放之，以量未央宫远近，欲以穿地隧入宫中也。"理或然矣。

《司马法》以六尺为步，百为亩。顾野王云："秦孝公以二百三十步为亩。"（校录各本，所引皆作二百四十步）字作"畮"或"畝"。《康熙字典》引程颐说："古者百亩，止当今之四十亩。"《说文义证》以周尺八尺为步计之，则当今百五十六亩。二十五步恐非是。

眉注：《颜氏家训》曰："古者，名以正体，字以表德。"《日知录》曰："古人敬其名，则无有不称字者。"

1935年3月17日

卧阅韩集。

世言典午[①]以后，文章唯韩、柳二家及温公《通鉴》，有需小学古训，今略举昌黎文之一二明之。《王仲舒墓志铭》（《五百家音注全集篇》卷三十三），志中叠用丐字（按：应作匄），一曰："至则奏罢榷酒钱九十万，以其利丐贫民。"再曰："又出库钱二十万，以丐贫民。"原注："丐，一作与。"按《前书·朱买臣传》："上计吏卒更乞匄之。"乞借也，丐与也。《河南卢氏墓志铭》（卷三十五）铭曰："婉婉有仪，柔静以和。命不侔身，兹其奈何！刻铭墓石，以告观者。"者与和何为均。按《诗·绸缪》三章："绸缪束楚，三星在户。今夕何夕，见此粲者？子兮子兮，如此粲者何？"者与何为韵。《唐韵》正者字条下云："古音渚，平声则音诸。"《淮南·说山训》："譬犹倮走而追狂人，盗财而予乞者，窃简而写法律，蹲踞而诵诗书。"又以者叶书，此皆古诂、古音之存也。《故贝州司法参军李君墓志铭》（卷三十四）："其刺史不悦于民，将去官，民相率欢哗，手瓦石，胥其出击之。"按《周礼·士师》："以此追胥之事。"字亦作偦。注谓借为司。

司，伺也。昌黎为《樊宗师墓铭》曰：:“文从字顺各识职。”盖自道真际矣。(《俞楼杂纂》有读《昌黎集》，专订诂训，当抽读之。)

【注释】

①典午：指晋朝。

1935年3月18日

仍素食，精气未复，难赴剧公，窗下翻字书。既念“为文须略识字”之言，复深“何不动心忍性”之戒也（张思叔诟詈仆夫，伊川曰：“何不动心忍性。”思叔惭谢。见《言行龟览》卷二）。读《亭林集》讫，夜读其诗序。

近贤著书成学之早者，亭林成《音论》三卷，在崇祯癸未（见《四库提要·小学类·三》），时三十一岁（谢山所为《先生神道表》云：“康熙庚申，其安人卒于昆山。次年卒于华阴，年六十九。无子”）。长素成《广艺舟通楫》在光绪十五年，时二十九岁。太炎先生成《訄书》年二十九岁。支伟成著《清代朴学大师列传》年二十岁。

《亭林先生神道表》有曰：“顾氏有三世仆曰陆恩，见先生日出游，家中落，叛投里豪。丁酉，先生四谒孝陵归，持之急，乃欲告先生通海，先生亟往禽之，数其罪，谌之水。仆婿复投里豪，以千金贿太守，求杀先生，不系讼曹，而即击之奴之家，危甚。狱日急，有为先生求救于□□者，□□欲先生自称门下而后许之，其人知先生必不可，而惧失□□之援，乃私自书一刺以与之，先生闻之，急索刺还，不得，列揭于通衢以自白。□□亦笑曰：‘宁人之卞也！’”按□□常熟钱牧斋也。

亭林所见《鄦书》非“始一终亥”之旧，于其《音学五书·后序》知之，序中有曰“呜呼！许叔重说文始一终亥，而更之以韵，使古人条贯不可复见”云。但所见之本除篆均谱外，不知尚有存否。

琅琊、北海、东莱，皆汉以来大儒所生之地，亭林《莱州任氏族谱序》曰：“今且千有余年，而无一学者见称于时，何古今之殊绝也?”按清代如栖霞郝兰皋夫妇之雅学，曲阜孔广森之经学，桂未谷之小学，安邱王箓友之小学，胶州柯凤孙之史学，皆自卓尔名家，一雪齐东之耻。(《汉志》言齐俗夸诈。《袁术答张沛》曰：“山东人但求禄利。”《唐书·韦云起疏》曰：“山东人，自作门户，更相谈荐，附下罔上。”)

亭林集中屡举子德或天生，皆指李因笃也。其“乞归养一疏”与“陈情一表”，同推文实交茂之作（见《先正事略》卷三十九），亭林《与李湘北书》为因笃道地，亦情文并至，然摭因笃疏中句甚多，如云“虽趋朝之义已迫于戴星，而问寝之私倍悬于爱日，况年逾七十（疏作‘哀龄七十’），久困扶床，路隔三千（疏作‘辇路三千’），难通啮指，一旦祷北辰而不验，回西景以无期，则缾罍之耻奚偿，风木之悲何及”一段，全是特前后排比有不同耳，古人事求其是，亭林尤不以文自名，不为病也。

《聊斋》记大力将军。心余九种曲记铁匄。皆潮人吴六奇将军事，涉庄氏文字之狱，以非主文，语焉不详。而详见《亭林文集》书吴、潘二子事，中述湖州庄廷鑨，双盲不甚通晓古今，而欲著书，学左邱招致宾客，辑《明书》未成。其父梓之列吴潘参阅姓名中。归安墨令吴之荣买书吓庄人，教庄讼之事发，庄父及兄弟姪列名者十八人俱论死。亭林自言“因薄其人，不列名，获免于难”云。（全谢山有《江浙两大狱记》，一记庄廷鑨史祸，一记戴名世《南山集》之祸。）

章炳麟先生原名绛，亭林先生原名亦绛。全谢山所为《神道表》云：“乙酉，改名炎武。”乙酉，甲申之翌年也。《春秋左氏·襄公三十年传》：“绛县人或年长矣，使之年。曰：‘臣小人也，不知纪年。臣生之岁，正月甲子朔，四百有四十甲子矣。其季于今，三之一也。”故亭林《谒攒宫文四》有云：“每届春秋，独泣苍梧之野；多更甲子，仍怜绛县之人。”《答徐甥公肃书》有云：“正未知绛人甲子，郯子云师，可备赵孟叔之对否耳”云云。长为率野之人，无复首丘之日，周余黎民身世之感深矣。康熙庚申元旦，亭林作一对曰：“六十年前二圣升遐之岁，三千里外孤忠未死之人。”犹是此志也。

1935 年 3 月 19 日

王选《骈文类纂》冣亭林《答原一公肃两甥书》（徐乾学兄弟）及《与王虹友书》二首。《亭林诗集》五卷，以年编次，始《大行哀诗》，署开逢涒滩（甲申），终以《詶李子德二十四韵》，署重光作噩（辛酉）。即自明亡至先生殇年也。治先生书，始知所以为人，始知所以为学，以一身系三百年来学风，番禺陈澧即遵其师法以成家者。

温韩集，凡称人或自称先爵而后称呼。今人称人如□□校长仁兄是也，《祭郴州李使君文》曰：“敬祭于故郴州李使君三兄之灵”。《祭薛公达助教文》曰：“祭于亡友国子助教薛君之灵”。《祭太常文》曰：“敬祭于太常裴二十一兄之灵”。与“太史公牛马走司马迁”同一义法。《施先生墓铭》：“贵游之子弟，时先生之说二经，来太学。”按《广雅·释言》：“时，伺也。”《论语》：“孔子时其亡也。”《庄子·齐物论》：“见卵而求时夜。”司马注：“司夜，谓鸡也。”

参读林纾《韩文研究法》。夜浴，偃卧一榻，阅《韩文》无深入处。

1935 年 3 月 20 日

副，古读如劈。《说文》副，判也，从刀畐声。《诗》不坼不副。《匡谬正俗》云：副贰之字本为福，书史假借副代之。（此说启于泽丞）

1935 年 3 月 22 日

《泷冈阡表》：“回顾乳者剑汝而立于旁。”语本《曲礼》：“负剑辟咡诏之。”郑氏注云：“负，谓置之于背；剑，谓挟之于旁；辟咡诏之，谓倾头与语。”所见字书，惟朱氏《说文通训定声》摭此转注，古训俗本皆易“剑”为“抱”，今阅容斋所记（《随笔》卷五），则宋椠已然，名家杀字之安，令人意远。

埔字不见字书，潮州有大埔县。《大清一统志》云：“嘉靖五年析饶平、海阳二县。”

置是创县，先于澄海者三十七年。澄字不见《说文》，部颁悬篆以口字代之，不知埔字作何篆也。字典成于康熙之朝，并县名而不具，疑非小失。又按埔与埠音义并近，当由埠转变欤。盖旧有大埔村，溪洞险阻，盗贼蟠结。正德六年，清远都山獠张白眉依山结营，嘉靖二年平之，五年置县治，大埔村因以为名（据《一统志》潮州府古迹条），亦名从主人之意。埔与埠，潮州音全同，皆读重唇平声。《容斋随笔》（卷八地名异音条）举例尤悉，姑以《汉书·地理志》言之：冯翊之栎阳为药阳，太原之虑虒为庐夷，南海之番禺为潘隅，鲁国之蕃为皮。颜师古以为土俗各有别称者。容斋谓："皆不可求之义训，字书亦不尽载也。"

1935 年 3 月 23 日

𠫓，《说文》："裂也，假借为支。"《诗七月》："八月剝枣。"《传》："击也。"《音义》云并日。《卜反》云："剝，同支也。"王荆公《诗新经》："八月剥枣。"解云："'剥者，剥其皮而进之，所以养老也。'后从蒋山郊步至民家，问其翁安在，曰：'去扑枣。'始悟前非。即具奏乞除十三字。"容斋注书难（《续笔》卷十五）一条，并及孔、马、颜、杜[1]等之失。

师古之叙注《汉书》也，既云"至如常用可知，不涉疑昧者，众所共晓，无烦翰墨。"不知今本何以冗，注冗者若是之多，如"行音下更反"，说读曰"悦"，饬与敕同，繇与由同，墬古地字，比曰频也等，迭见叠出。项羽一传：伯读曰"霸"，乃至四见。相国何、相国参，亦注为萧何、曹参等，每读至此等处，几欲掩卷。《容斋·汉书注·冗条》（《续笔》卷十二）已先我道之，曰："读是书者，要非童蒙小儿，夫岂不晓，何烦于屡注哉。"

柳柳州为《王叔文母刘夫人墓铭》，极口称诵谓叔文坚明直亮，有文武之用。而其《答许孟容书》云："早岁与负罪者亲善，始奇其能。"指谪叔文之党如此。有人谓孔子与阳货周旋，称之为大夫。《春秋》则书之为贼。临文接物，不妨两岐云。又梦得[2]自作传云："顺宗即位时，有寒俊王叔文，以善弈棋得通籍博望，因间隙得言及时事，上大奇之。"则叔文故以善弈进也。

十干戊字，潮人读如茂，今人如务，宋前已然。容斋（《续笔》卷六）云："与茂同音，俗辈呼为务，非也。吴中术者，又称为武"云。按《白虎通》曰："戊者茂也。"《律历志》曰："丰茂于戊。"郑康成《月令》注曰："戊之言茂也。"刘熙《释名》曰："戊，茂也，物皆茂盛也。"故孔广居《说文疑》："疑以为即古茂字。"

匡衡为平原文学，《容斋三笔》（卷一汉宣帝不用儒条）景宋本："匡作康，避匡胤讳也。"（避讳始自周，然只避之于本庙，克昌厥后，骏发尔私，不为文、武讳也）

【注释】

①孔、马、颜、杜：指孔安国、马融、颜师古、杜预。

②梦得：指刘禹锡。

1935年3月24日

《周礼》一书，前贤多云出于刘歆，从子云学奇字，渊源有自。如法为灋，柄为枋，邪为衺（内史掌王八枋之法。比长有皋，奇衺则相及），美为媺，呼为嘑，拜为𢷎，韶为磬，怪为傀，暴为虣，獨为箍，風为飌，鲜为鱻，槁为薨，螺为蠃，蜱为蠯，魚为𩵋，埋为貍，吹为歈，陔为祴，暗为諳，柝为欜，探为撢，趨为跙，摘为晢，駭为駴，擊为毄，辜为橭，掬为鞠，幂为幎，藻为璪，昃为仄，叩为敂，艱为囏，魅为鬽（《春官》以夏至日，致地示等皆物鬽。注：百物之神曰鬽），它经所鲜见者。《提要》云："歆果赝托周公为此书，又何难牵就其文，使与经传相合，以相证验"云云。然必有后人羼入者矣。

夜卧阅《五笔》。

1935年3月25日

委蛇字之变。《容斋五笔》（卷九）："记委蛇、委他（《诗·君子偕老》委委佗佗）、逶迤、倭迟（《诗》四牡騑騑，周道倭迟）、倭夷、威夷、委移、逶移、逶蛇、蜲蛇、逶池、威迟十二变。"涤生"诂训杂记"列委蛇、倭迟、逶蛇、委移、威迟、逶迤、蜲迟七变。朱起凤《辞通》（卷二）又增祎隋、逶随、委它、陚陕、猗移、委维、延维、委迟、遗蛇、逶虵、逶迁等十余变。悉素之不尽也。

《容斋五笔》（卷九）"何恙不已"条。引公孙弘为丞相，以病归印，上报曰："君不幸罹霜露之疾，何恙不已之？"颜注："恙，忧也。申之曰'何忧于疾不已'也。"且据《礼部韵略》："训忧也。"而斥世俗相承，至问人病为贵恙，根著已深，无由可改。按字书所引用者均训忧，惟《广韵》"恙"下云："忧也，病也。"则自宋前已有此说。考《贾谊新书》（《容经》）："子赣由其家来谒于孔子，孔子正颜举杖，磬折而立，曰：'子之兄弟亦得无恙乎？'曳杖倍下而行，曰：'妻子家中得毋病乎？'"则以无恙无病对举成文。李陵《答苏武书》："足下胤子无恙，勿以为念。"韩愈《岳阳楼诗》："怜我窜逐归，相见得无恙。"未可概作"忧"训之也，不知容斋何言之躁切如此。

1935年3月27日

点勘《魏书·文帝明帝纪》。

《魏书·武帝纪》建安元年以前称操（仄声，贞操、德操等，凡实字读仄声），曰太祖自封武平侯。后称公。建安二十一年天子进公爵为魏王。后讫二十六年卒，概称王（丕未篡以前仍称曰王）。陈寿遵《前书·高帝纪》例也。"高纪"始称高祖为沛令，后称沛公。羽自立为西楚霸王。沛公为汉王后称汉王，即皇帝位后称上，临崩称帝，上尊号曰"高皇帝"。末复曰："初，高祖不修文学。"袭《史记》之文也，亦古人幼名，冠字，终讳，或谥之至意。（《考证》持《书法》之论，谓有合于《春秋》。殊为陈安汉曲护。）

《礼·学记》："术有序。"山东书局（同治十一年）《十三经本注》云："术，当为州。万二千五百家为州。州之学曰序。"《周礼》"乡大夫春秋以礼会民，而射于州序"是也。此本集说而成，未详何氏之说。按"术"，《说文》："邑中道也。"《广雅》："术，道也。"《袁术传》："术字公路。少见谶书，言'代汉者当涂高'，自云名字应之。"郑注："术，当为遂声之误。"《周礼》："万二千五百家为遂。遂在远郊之外。"《孔疏》："术，遂也。于遂中立学，教党学所升者也。"并以为遂。然《管子·度地篇》："州者谓之术，不满术者谓之里。"房注云："地数充为州者谓之术。不成术而余者谓之里。"《灵台碑阴》有"州里称术"之语，则术、遂、州并通也。（《汉书·儒林传》："燔诗书杀术士。"亦作道字解。王先谦补注。周寿昌曰："经术之士称术士，犹别传中有道之士称道士也。"）

"神主"之词。史书始见于《明帝纪》："（太和三年）初，洛阳宗庙未成，神主在鄴庙。十一月，庙始成，使太常韩暨持节迎高皇帝、武帝、文帝神主于鄴，十二月己丑至，奉安神主于庙。"主，《说文》作宔，宗庙宔祏也。主，其叚借字。然《示部》祏下云："宗庙主也，一曰大夫以石为主。"则许君亦用假字。《春秋传》："许公为反祏主。"本作宔，亦假主字为之。又"明帝所祀止于亲庙四室。"则以亲尽，五世不祧也。（《通志略·吉礼篇》宗庙条下谓："（东晋）时西京神主，陷于虏廷。""神主"之词始见其，明帝时但言主字。）

魏明帝太和五年，春耕于藉田。殿本据汲古阁本并作"藉田"。《通志略》作"籍田。"引"周制天子孟春之月，乃择元辰置之车，右帅公卿诸侯大夫躬耕籍田千亩于东郊。"又"汉文帝诏曰：'农，天下之本，遂开籍田。'"唐贞观三年正月二十一日，太宗亲祭先农，籍于千亩之甸。武后改籍田坛为先农坛。按《说文》藉，祭藉也。籍，簿书也。并寸昔反，陌韵。惟慰藉读租夜反，祃韵。贾氏《群经音辨》藉，荐也，慈夜切。藉，天子田也。《礼》躬耕藉田。用籍，乃假借字。《吕览·任数》凡耳之闻也，籍于静。《注》籍，假借可证。（《汉书·义纵传》少温籍。师古曰："言无所含容也。温音于问反。籍音才夜反。"按即蕴藉。）

《万年山中日记》第二十六册

（1935 年 3 月 29 日—5 月 15 日）

1935 年 3 月 29 日

夜又感腰痛，卧阅《魏书》二十一卷，王粲、卫觊、刘廙、刘劭、傅嘏传，附见徐幹等二十七人传。即曹魏之文苑传也。

1935 年 3 月 30 日

《卫觊传》："觊疏曰：'深思句践滋民之术，由恐不及。'"又曰："汉武有求于露而由尚见非。"按由，犹也。《说文》无猷字。王引之云："猷，即由字也。"（《释词》卷一："繇、由、猷条注"）雷浚云："猷字始见《汤诰》，克绥厥猷。"《盘庚》："汝分猷念以相从。"汉《石经》作猶。《尔雅》曰："繇，於也。"《释词》云："繇、由、猷，古字通。"

《魏书·齐王芳纪》："刘整骂曰：'死狗，此何言也！'"按《后书·祢衡传》："衡更熟视曰：'死公！云等道！'祖大怒，令五百将出。"李注："死公，骂言也。等道，犹今言何勿语也是。"死公即死狗，汉魏间詈人之词。等道，亦何言之意。此古语之犹存者。李注未谛，汪中《吊黄祖文》："何死公之等道兮，乃众辱于白衣。"遣词亦有未安处。

校《魏书·三少帝纪》，子夜待浴，点书静会。

1935 年 3 月 31 日

拂晓温《左氏传》。

记金圣叹［本姓张名采，改姓金名喟，一名人瑞。悉伯日记云："其名圣叹（实字），其人可知"］，所著天下奇书，于《左氏传》"尔有母遗，繄我独无"句下有注，意云繄字为句，连上读，系曰繄古兮字，秀才不识也，明士佻剽之习至圣叹而极矣。按杜《注》："繄，语助（乌兮反）。明系发声之词。"《僖公五年左氏传》："唯德繄物。"杜《注》："繄，发声也。"又《襄公十四年传》："繄伯舅是赖。"杜《注》："与服同。"以经证经可也。《周语》："岂繄多宠？"《吴语》："繄起死人而肉白骨也。"皆同用法。唯兮字或借"殹"为之。石鼓文："汧殹沔沔。"又为翳。盖殹，击中声也，与繄别。且并不得只证，不能以意为之，依声定诂也。

1935年4月1日

侯官萧道管，今陈衍故妻也，著有《燃脂新话》四卷，辨正古今妇女轶事。衍又萅其所读书眉记，为《萧闲堂札记》二卷，载《国学论衡》（遗箸门）类。能为颛门名家语，亦挽清之一王圆照也。如记李易安云："李易安恃才凌物，南宋人忌之，造言诬以再嫁。若卢雅雨之《金石录序》，俞理初之《癸巳类稿》，吴子律之《莲子居词话》，既详且尽。余汇集易安诗文词又为作序，力辨其诬矣。然尚有确证二则，当时未及引据者，一洪适《隶释》云：'赵明诚所藏三代彝器及汉唐前后石刻，为目录十卷，辨证二十卷。绍兴中，其妻易安居士李清照表上之。'按易安表上《金石录》唯见于此。绍兴凡三十二年，曰绍兴中必在十余年，时易安已六十余岁，其时天下之乱稍定，高宗又喜文事，故'表上之'。至洪适作《隶释》，尚称易安为明诚妻，其必无再嫁，涉讼事可知。一为朱子称易安为赵令人，则更在孝宗后矣。此条适与余记（二四〇三〇四，二四〇三二四）相合，适、迈兄弟尤相符。迈《四笔》亦云：'其妻易安李居士也。'迈为绍兴十五年进士，著《四笔》时为庆元三年，年已七十，于易安事在及见闻见之间，犹曰'妻'云云，更可资确证矣。"

萧氏云："魏叔子序《梅氏历算全书》不知所云。梅伯言序郝氏《尔雅义疏》开口便错。"按今梅、郝两书，不列魏、梅二序。忆塾中藏周亮工《赖古堂文集》（栎园选本）钱牧斋序文："自《几何原本》兴，而历学亡。"其"不知所云，开口便错"更甚。

又云：许叔重著字书名《说文解字》，说文二字亦有所本，《汉书·儒林传》："山阳张无故。守小夏侯说文。恭增师法至百万言。"按此"说文"云所说之文也。师古注："言小夏侯本所说之文不多，而秦恭又更增益，故至百万言也。"盖是当时说《尚书》之文。如桓谭《新论》所云："秦延君'说曰若稽古'至二万言。"若说文之文，则与《礼记》《中庸》篇书同文之文等。郑注："书名也，若字书当时已有《尔雅》，凡将等，非此所云。"说文其上句明曰："无故善修章句。"但萧氏亦但以为《说文》二字所本而已。

金天翮《正乐篇》（《国学论衡》四期上）云："有赵君者（引《晶报》）挟国乐以游新大陆，新大陆之人赏之，问其何乐？曰：'凤阳花鼓也。四季相思也。'"并粗厉之音而不可得。《乐记》："乱世之音怨以怒，其政乖；亡国之音哀以思，其民困。"今日欲聆怨怒哀思之音而不可得，庠序之间，靡靡乎盈耳焉矣，非闭尔聪塞尔明傀焉不可终日。宜金君之慨乎言之也。

实字读平声，虚字读去声者。如衣，衣冠；乡，冠乡等。其本义为实字也。

实字读去声，虚字读声平者。如行，德行；行，行步；操，德操；操，操持；援，奥援；援，援引等。其本义为虚字也。

1935年4月2日

《隐五年春秋》："公观鱼于棠。"殿本、山东本"观"作矢。《公羊》《谷梁》二传，何①、范两家《解诂》及《校勘记》，据《释文》皆注云："左氏作'矢鱼。'"杜注云："书陈鱼，以示非礼也。"按《尔雅·释诂》（上）："矢，陈也。"郝疏引《书序》云"皋陶矢厥谟，及《诗·大明》《皇矣》'矢于牧野。'《卷阿》：'以矢其音。'《毛传》并云：'矢，陈也'"为证。朱氏《通训定声》云："陈，从申声，申矢一声之转，犹尸申一声之转也。"诸家之说如此。（太炎先生云："《左传》公矢鱼于棠。《谷梁》改矢为观。"见《国学论衡》二期今古文篇。）

【注释】

①何：指何休。

1935年4月5日

《魏书·公孙瓒传》："日南鄣气，或恐不还。"殿本作"瘴"。《考证》曰："监本误作鄣，今改正。"按字应作"障"，改作"瘴"者亦非。《说文》无瘴字，雷浚曰："郑《周礼·土训》注：'地慝，若障蛊然也。'"释曰："障，即瘴气，出于地也。"《后汉书·马援传》："出征交阯，土多障气。"《左太冲魏都赋》："封疆障疠。"皆如此。周伯琦《六书正讹》曰："障别作瘴。非。"（王氏《句读》障下注云："字亦作鄣。"引《张汤传》"居一障间"注谓"塞上要险之处，别筑为城，而为鄣蔽。"为证）

1935年4月6日

《定盦诗话》（姚安由云龙夔举，《国学论衡》第四期）有纪悉伯极相关者一则，录之如次：

冒鹤亭《小三吾亭词话》云："莼客家居，连不得志于有司。畇叔先生（周星誉字畇叔，鹤亭外祖也）怜其才，劝之纳赀为郎，为游扬于周商城、翁常熟、潘文勤，莼客之名始大。《白华绛跗集京邸冬夜读书》四首，乃并翁、潘而诋之。谓其仅争章句，孜校碑版、彝器，不能伏阙争颐和园之不修。虽立言有体，抑非莼客所宜出诸口"云云。按莼客与畇叔昆仲，凶终隙末，不悉其所由致。但据莼客日记，谓初次集赀被骗，致丧其赀，继乃罄其产，始得官，颇疾首痛心于周氏。然其日记中，关于诋斥周氏者，后皆抹去，既见其有悔心。至《冬夜读书》诗，则固讥斥赵伪叔一流人，非诋翁、潘也。其诗第三首云："其间稍才俊，大言益嚣嚣。碑摊汉魏字，器列商周朝。问以六经目，茫然坠云宵。"盖莼客平日极不满于伪叔一流，斥为庸妄钜子。谓其空疏无具，徒以碑版金石，炫世沽名。第四首云："冗官未食禄，涕泪徒沾胸。伏阙讵可效，草奏谁为通。负此读书力，仅争章句功。"系自抒所怀，有老杜关心君国之意，均与翁、潘无涉。鹤亭以周氏之故，不慊于莼客，而深文周纳之，亦过矣！

所以为莼客辩者亦太过，莼客馆于周者七年，日记中皆云"商城相国"而不名，不名者不存名也，所督教子弟几辈年几何矣，教以何术，日记中终不及，不及者不可与言也。其于翁、潘，犹时不免有微词，感恩与著录原难并为一谈耳。余杭所著书，则于翁、潘二君屡载举之，而致其批别矣，此又吴越之间一暗礁也。（字书无礁字，《辞源》云：疑即雥字之讹。）

今人无不识礁字，而字书无礁字。《萧闲堂》云：“《玉篇》女部失母字，糸部失孫字，禾部失积字，米部失糜字，酉部失醫字。”皆眼前字也，殊不可解。族弟举乚字相诘，《康熙字典》不收此字，《玉篇·了部》四文，了乚孑孑，乚下云：“丁了切。悬物貌也。”隋文帝恶“随”字为走，乃去之成“隋”字。小徐《祛妄篇》云：“隋，裂肉也，其不祥大焉。殊不知随从辵，辵，安步也。而妄去之者，岂非不学之故，将亦天夺其明乎。”《随园诗话》云：“余买小仓山废园，旧为康熙织造隨公之园。故易隋为隨，取隨之时义大矣哉之意。”《萧闲堂》云：“不知隋本应作隨。隋非隨也。”

石遗《音训篇》（《国学论衡》第二期）谓：“福建人只有七音，而每字有八音，举平字八音兵、丙、柄、必、平、秉、病、弼为例。”殊不知丙、秉二音同属阴上，《广韵》并，兵永切。可见土音之所无者，强学之，之易误也。《静居谢客杂记》之“犹贤乎尔。”

1935 年 4 月 14 日

校读《后书》及《魏书·荀彧传》，“彧去绍[1]从操。操与语大悦，曰：‘吾子房也。’”则自比何人？明于司马昭之心矣。彧为策谋阃内，多如其言，卒以阻操九锡备物之计，假“君子爱人”之言，饮药寿春。为人谋则善矣，所以自为，则吾不知也。范书明著其冤死，而陈志[2]仅曰“以忧薨”，为尊者讳而掩事实一至此哉。复系之曰：“时年五十。谥曰敬侯。明年，太祖遂为魏公矣。”为彧匡辅之心曲，传一笔犹存史法。

莼客有言，“士夫有志于古而稍有力者，无不网罗散逸，音拾丛残，几于无隐之不搜，无微之不续，而其事遂为天壤间学术之所系。前哲之心力其一二存者得以不坠，著述之未成者荟萃而可传，凡遗经佚史，流风善政，嘉言懿行，环迹异闻，皆得以考见其略。而后之人即其所聚之书，门分类别，各因其才质之所近，以得其学之所归，于是丛书之功在天下最钜。”此语可为世人说何者为丛书之法。报载商务印书馆汇印丛书，集成四千余种，用该局所印万有文库法，印成四千册品斯下矣。张香涛有云：“人自问功德不足以传世，则莫如刊刻丛书，以垂不朽。今世人萃其锐，知不克有所述造以博时名，则亦唯有反古立异。否则剽窃于旧书堆耳。”二者皆讥，而悖古者尤称于世云。（莼客语见章氏《式训堂丛书序》，日记二十八册五十二页。）

【注释】

①绍：指袁绍。

②陈志：指《三国志》。

1935 年 4 月 19 日

《后书·郑玄传》：“建安元年，自徐州还高密，道遇黄巾贼数万人，见玄皆拜，相约不敢入县境。玄后尝疾笃，以书戒子益恩”云云。又云：“玄有一子益恩，孔融在北海，举为孝廉；及融为黄巾[1]所围，益恩赴难陨身。”是益恩之死在玄年七十之后，与孔子丧鲤同科。但考之《融传》：“融为北海太守相时，黄巾复来侵暴，融乃出屯都昌，为贼管亥[2]所围。”又云：“在郡六年，刘备领青州刺史。建安元年，为袁谭所攻。”则是融为黄巾所围，在建元之前六年，玄方六十五岁，素疑与《戒子遗书》之年不合。惠栋云：“《范史》误袁谭二字作黄巾耳。”似亦勇于疑史文者。际遇按：益恩之赴难，自当在初平二年，融为贼所围之时，其后以身事融，侍侧有间，故玄于七十病笃之时遗书戒之，益恩陨身或在建元之后，不必陨于赴难之年也（续见二十一日日记）。

《说文》无陡字，亦无阧字。《广韵》四十五厚，以之类从斗字之后。古或通作斗也。《后书·窦融传》：“河西斗绝在羌胡中。”《西南夷传》：“河池，一名仇池，方百顷，四面斗绝。”《韩诗》：“吟君诗罢看双鬓，斗觉霜毛一半加。”顾炎武《〈劳山图志〉序》：“齐之东偏，三面环海，其斗入海处南劳而北盛。”均秉此义，今代语亦同，是古语之遗者。

【注释】

①黄巾：东汉末年张角所领导的农民起义军，因头包黄巾而得名。

②管亥：东汉末年黄巾起义军的将领。

1935年4月21日

前日记郑玄子益恩赴难陨身或在建元之后，不必陨于赴难之时，今以《魏书·何夔传》勘之而益信。传云：“（夔）迁长广太守，郡滨山海，黄巾未平，豪杰多背叛，袁谭就加以官位。长广县人管承，徒众三千余家，为寇害。”以本传考之，其事在建安二年之后，则孔融为袁谭所攻时，加害益恩亦固然之事，故《范书》云及融为黄巾所围，益恩赴难陨身也。惠栋以年代不合，遂意蔚宗误作袁谭二字为黄巾，观此可以撤销起诉矣。

《云溪友议》，唐五云溪人范摅纂，自比于何自然《续笑林》、刘梦得《嘉话录》，然实诗话之体也。多存旧闻往事，大率各附以篇翰吟咏，而标题一律三字，未免削足就履之嫌。其“严黄门”一则，指李白《蜀道难》之作，乃为房（琯）杜（甫）之危，所守或非人，化为狼与豺。谓严武之酷暴，记武年二十四，拥旄西蜀，累于饮筵对客骋其笔扎。杜甫拾遗乘醉而言曰：“不谓严定之有此儿也。”武恚目久之，曰：“杜审言孙子拟捋虎须？”合坐皆笑以弥缝之。武曰：“与公等饮馔，谋欢，何至于祖考矣？”武母恐害贤良，遂以小舟送甫下峡。母则可谓贤也。

然《北江诗话》（卷五）则于非唐崔涂：“曹瞒尚不能容物，黄祖何因解爱才？”诗条下引《云溪友议》：“以为武欲杀杜甫，冠钩于帘者三，其母救之，始免。”所述与今所见本（函芬楼景印明本）不同者如此。鹰鹯之侧，鹦鹉无声。曹操谓陈琳曰：“恶恶止其身，何乃上及父祖邪？”琳曰：“矢在弦上，不得不发耳。”可以愈头风者，讹也，操盖因此失其常度矣。孔融与操书：“武王伐纣，以妲己赐周公。”而曰：“以今度之，想当然耳。”士大夫负才不偶，发辞时有偏宕之处，可不惧哉，可不戒哉。

1935 年 4 月 22 日

三国人才萃于曹魏。论文学则首孔融，论经学则首王肃，论书学则首钟繇，论人品则首管宁，论清才华歆亦其选也。文举[①]被杀于移鼎之前，不登当涂之版，并辉琨玉，比质秋霜。子雍[②]善贾马之学，手定魏制，幼亦为郑学（《东塾读书记》卷十六，陈君注云：“此王肃语。”见《周礼媒氏疏》），后乃入室操戈，好发郑短，复党典午，以倾魏祚，《魏书》盖讳言之。元常[③]辅治之声，几为书名所掩，《魏书》本传终未一及，亦耆好之与人殊者。幼安[④]韬韫儒墨，嘉遁陬隅，身享大龄，末屈一拜（特聘至会宁，卒时年八十四）。志定于割席之时，名应别逸民之传，不可得而臣者也。华歆（子鱼）清纯德素，固亦一时之彦，无间承祚之评，然发壁弑后，一手难掩松之之注（特引《曹瞒传》，语具载《武纪》之中。建安十九年十一月）。

名士失身，后世亦难，为之曲谅矣。觅米千斛，为尊公作佳传，寿[⑤]亦何以间执讥弹者之口哉。今日稍堪伏案，自引数杯，浅酌低斟，陶然自会。

【注释】

①文举：指孔融。

②子雍：指王肃。

③元常：指钟繇。

④幼安：指管宁。

⑤寿：指陈寿。

1935 年 4 月 23 日

点校《魏书》第十三卷程昱等诸策士传，刘馥等诸二千石传，条剌数则。

《蒋济传》：“弊劫之民。”殿本劫作皶。按皶，去其切。《说文》嶇也。俗作崎岖。劫，居伪切。《集韵》：“疲极也。”故《考证》引《明楷说》曰“似应作劫。”又颜氏《书证篇》曰：“劫，即皶倦之皶，或者皶，其皶字之讹与。（明监本作劫）

《司马朗传》：“九岁，人有道其父字者，朗曰：‘慢人亲者，不敬其亲者也。’客谢之”云，而不著父名字。松之[①]引司马彪序传曰：“朗父防，字建公。”云云，以注之是也。朗“举宗到黎阳，避董卓之乱。父老恋旧，莫有从之，唯同县赵咨，将家属俱与朗往焉。”此不足为轻重也，而传末特著朗初与俱徙，赵咨官至太常，为世好士。一笔以回应之，具见篇法。

《梁习传》：“兵家拥众，作为寇害，更相扇动，往往棊跱。”“棊跱”二字新。

《张既传》：“是时不置凉州，自三辅拒西域，皆属雍州。”拒，殿本作距。而拒非别字也。《说文》虽无拒，然《孟子》“拒人于千里之外。”字作距。《论语》“其不可者拒之。”“人将拒我，如之何其拒人也?”字并作拒。陆释氏仍作距也。可断拒、距通用。

（明监本作距）

《贾逵传》（字梁道。东汉贾侍中字景伯）："左右义逵，多为请（于郭瑗），遂乃免。"殿本作"遂得免"，于文为顺。然乃，犹于是也。乃，难乎而也（王氏《释词》）。"文王九十七乃终，武王九十三而终。"是也，遂乃免者卒以是免也。言其难免而卒免云尔。必有难释其义，乃改为遂得免者（明监本作得）。

又《逵传》："太祖征刘备，先遣逵至斜谷观形势。道逢水衡（汉置水衡都尉，即周之林衡、川衡二官兼主税务，魏时主天下水军舟船器械），载囚人数十车，逵拟军事急，辄竟重者一人，皆放其余。"按辄，专也。段注云："凡专辄用此字者，此引申之义。凡人有所倚恃而妄为之，如人在舆之倚于輢也。"又"竟，终也。乐曲尽为竟。"言逵矫命擅戮，尤重者一人。此亦古诂之可稽者。

【注释】

①松之：指裴松之。

1935年4月25日

点校《魏书》，诸良二千石一卷（《国志》卷十六），五将一卷（卷十七）。呼晚食几至人定。

《魏书·张郃传》："迟将军到，亮得无已得陈仓乎！"按迟，俟也。《荀子·修身篇》："故学曰迟。"注："待也。"《后书·章帝纪》："朕思迟直士，侧席异闻。"又谢灵运诗："倾想迟嘉音。"亦应作"待"字解之。

《杜畿传》："阮武谓杜恕曰：'相观才性可以由公道而恃之不厉，器能可以处大官而求之不顺，才学可以述古今而志之不一，此所谓有其才而无其用。今向闲暇，可试潜思，成一家言。'"览诵斯言，感有不绝于予心者。

1935年4月27日

《陈思王传》："其年冬，诏诸王朝六年正月。其二月，以陈四县封植为陈王（页十三）。"遍校诸本皆同。终疑"六年"下有夺字，否则应读至正月为一句，"诏诸王以六月正月朝"也。

《陈思王传》两固字，"本无禁固通问之诏也（页十下）。"此"固"字假借为"锢"。《论语》："学则不固。"孔注："蔽也。""固夫忧国忘家，捐躯济难，忠臣之志也（页七下）。"殿本同此（据汲古阁本）。明监本作故。《文选》删故字。按作固是也，固亦通作故耳。王氏《释词》曰："《孟子》'仁人固如是乎。'或作故。"

任城威王彰，陈思王植，萧怀王熊，文帝丕同母弟也，别为一卷于武帝二十五男中。《班书》著《外戚传》，以孝元皇后别为一传于后。著《儒林传》，以扬雄别为一传于前。轻重体要各得其宜。

1935年4月28日

校《魏书》，抄卷目书头，便检举也。

《王粲传》（卷二十一页一下）：“粲奉觞贺曰：‘方今袁绍起河北，仗大众，志兼天下。’”仗，明监本及殿本并作“杖”是也。《说文》无仗字，雷浚云（《说文外编》）：“木部，杖，持也。”此杖之本义为仗之正字。《牧誓》：“左杖黄钺。”《襄公八年左传》：“‘杖莫如信’。完守以老楚，杖信以待晋。”皆如此作。按《汉书·李寻传》：“近臣已不足杖矣。”《高帝纪》：“杖义而西。”字仍作“杖”。陈志存之，有窜易于后人者，此可证也。

《刘廙传》（卷二十一页十上）：“殿下可高枕于广夏，潜思于治国，广农桑，事从节约。”丞伯札记以“国”字断句，谓“广”下脱一“劝”字，亦未必然。

1935年4月29日

《陈泰传》（卷二十二页七下）：“表上进军晨夜速到还。众议以经奔北，城不足自固。”按“还”，为“旋”之假借。《玉藻》“周还中规，折还中矩”是也。不过此处用于文句转折之处耳，如本卷《徐宣传》（页十下）“乃以宣为左护军，留统诸军。还为丞相东曹掾”之还字，亦应作“旋”读，意言居无何也。

《陈矫传》（卷二十二页九上）：“太祖崩洛阳。明旦，以王后令，策太子即位，大赦荡然。”校各本皆同。而考证者未见及此，终疑于“大赦”下有夺字。即曰“经大赦之后，囹圄空虚”，亦不能以“荡然”二字了之。

1935年5月1日

《赵俨传》：“今羽已孤迸（句）更宜存之。”按迸，新附字，散，走也。钮[①]《新附考》引《大学》“迸诸四夷”。《释文》皇说云：“迸，犹屏也。”

同传“一身赴之无益，可须定问”。又“太祖遗将军刘柱将二千人，当须到乃发遣”。两“须”字皆作“待”字解，盖须之假借字也。《易》：“归妹以须。”《诗》：“仰须我友。”《仪礼·士昏礼》：“某敢不敬须?”注：“待也。”并假“须”字为之。

杜袭谏太祖伐许攸语：“臣闻千钧之弩不为鼷鼠发机，万石不以莛撞起音。”一语解纷，自春秋以下至之者鲜矣。

【注释】

①钮：指钮树玉。

1935 年 5 月 2 日

点《魏书》一卷（《三国志》卷二十四）。

《韩暨传》："同县豪右陈茂，谮暨父兄，几致大辟。暨阳不以为言（页一上）。"按：阳，佯也。《说文》无佯字。古书或作详或作阳。大戴《文王官人篇》"问则不对，详为不穷。"《保傅篇》"箕子被发而阳狂"是也。又《汉书·田儋传》："儋阳为缚其奴。"注："阳，即诈耳。"（朱氏《通训定声》尤详）

又同传（页一上）："每一孰石用马百匹。"明殿本"孰"并作"熟"。按《玉篇》始有"熟"字（段注引曹宪说）。徐铉进表所谓"俗书讹谬不合六书之体者，二十八文"，熟下云："本作孰，享芽以手进之。"此其一也，明监本改从俗书者尤多，偶举例如此。

《崔林传》："文帝践阼，拜尚书，出为幽州刺史（句）北中郎将吴质统河北军事（页二上）。"所据明南监本，经内府鉴藏（有印曰鉨文之璽）者。有人于"将"字断句，不但不知吴质为中郎将事，见于本志吴传裴注（文帝征质，与车驾会洛阳。到，拜北中郎将，封列侯，使持节督幽、并诸军事），与本传互相照应，即本文下云"吴中郎将"句，紧接上文而亦失之眉睫矣。至一传中忽插入他人，冠以官职，亦史例也，章句之学已不易有如此者。

同传："犹以不事上司，左迁河间太守，清论多为林怨也。"悉伯札记云："上司两字始见于此。"

《高柔传》："校事刘慈等，自黄初初数年之间，举吏民奸罪以万数（页五下）。"《考证》云："宋本作'吏奸罪'，无'民'字。"以本传上文考之，自"民间数有诽谤妖言"以下百五十一字之间，多以民事为本，则慈等所举发应有"民"在内。况仅官吏之间而至以万数，于理亦未浃也。

《柔传》详载窦礼妻盈鞠谳问答之辞（页八下）。《左氏传》本有此法，用以作传别开生面。

1935 年 5 月 3 日

校勘《魏书·辛毗、杨阜、高堂隆传》一卷（《三国志》卷二十五），此传三儒臣也，在诸臣传中尤茂密者。

《辛毗传》："连年征伐，而战士生虮虱（页一上）。"监本、殿本并作"而甲胄生虮虱"是也。《汉书·严安传》已有"介胄生虮虱"语。《说文》："虮，虱子也。"（注：魏武帝《蒿里行》："铠甲生虮虱，万姓以死亡。"）

"今往攻邺，尚不还救，即不能自守。还救，即谭踵其后。（页一下）"两"即"字与"则"字同用。《释词》引《广雅》曰："则，即也。字或通作即。"《书·禹贡》曰："西戎即叙。"即，与则同（叙，顺也）。

“夫王者之都，当及民劳兼辦，使后世无所复增（页三下）。”辦，监本、殿本并作“辨”，从刀。而辦从力，乃新附字，《玉篇》尚无此文。《广韵》去声，《三十裥》辦下云：“具也。”引《周礼》曰“以辦民器”，重文作“辨”。注云：“俗即此一字。”又足证汲古本所存者为最旧矣。

《杨阜传》：“洪（ 曹洪 ）置酒大会，令女倡著罗縠之衣，蹋鼓（页六上）。”蹋，《说文》“践也。”俗乃作踏耳。

“阜常见明帝著裙，被缥半亵袖（页六下）。”悉伯云：“裙疑当作帽。”际遇按：“《说文》无裙字。亦无帽字（《玉篇》始有裙字）。部首冃，小儿及蛮夷头衣也。从冂，二其饰也。是即帽字，又通作冒。然则不如疑当作冒矣。”《汉书·隽不疑传》：“著黄冒。”师古曰：“冒所以覆冒其首。”本志《东夷夫余传》：“以金银饰冒。”《毛本》“字仍作冒”可证。

亵，监本作亵。《考证》云：“亵，即古袖字。”亵应作袤。悉伯云：“亵，即古袖字也。”此本用古本作亵。校者注：“袖字于旁遂连为亵袖耳。”李说殊辩，然终未为确词。北宋本据云“裙上有绣字”，然则以裙、绫、袖三物齐举，间三言为一句，李说既未可从，《考证》亦勇于改字，不如仍其原文释亵之引申为长，言半长袖也。悉伯日记“释亵、褎、哀三字”条下已及此义，何于注史时而忘之。“今守功文俗之吏，苟好烦苛，此乱民之甚者也。”苟，《说文》“自急敕也。”此用其本义。

《高堂隆传》：“青龙中大治殿舍西取长安大鐘。”鉴本作“锺”，下诸鐘字并同。鐘，乐鐘也。鍾，酒器也。席世昌《读说文记》云：“古书多与鐘通。讹也。”

“《五行志》曰：‘柏梁灾，其后有江充巫蛊也卫太子事。’如志之言越巫建章无所厌也（页十下）。”常疑“卫太子事”四言于文不顺，今校殿本此四字以小字附其旁，乃注文耳，为之涣然。悉伯于《杨阜传》疑“袖”字为上一字“亵”之注文，然文法不同科。

“簅莆嘉禾，必生此地，以报陛下虔恭之德（页十一上）。”考字书无“莆”字。监本、殿本并从艸，作“蓮莆”。《说文》艸部蓮下云：“蓮莆，瑞草也，尧时生于庖厨，扇暑而凉。”是也，自隶书兴，从艸从竹诸文淆乱于断隶者众矣，此例其著者也。

“而贾谊方之，以为天下倒悬（页十四上）。”按方，妨也。《尧典》：“方命圮族”。又“防”也，《汉书·张汤传》注：“掘地为坑，曰方”。

《周礼》：“天府掌九伐之则，以给九式之用（页十四上）。”监本同殿本。《考证》臣明楷云：“按《周礼》：‘太府掌九贡、九赋、九功之贰。以受其货贿之入。’则九赋太府职也。”此云“天府”疑误。九赋，监本误作“九伐”，今改正。遇按：《周礼》以九伐之法正邦国，与此无涉考证是也。

昔李斯谓秦二世曰：“为人主而不恣睢，命之曰天下桎梏（页十四下）。”语出《史记·李斯传》，李斯恐惧重爵禄，不知所出乃阿二世意，以书对曰，有云：“故申子曰：‘有天下而不恣睢，命之曰以天下为桎梏’者，无他焉，不能督责，而顾以其身劳于天下之民，若尧、禹然，故谓之‘桎梏’也。”

“故闵子讥原伯之不学，荀卿丑秦世之坑儒（页十六上）。”按原伯，鲁周大夫，曹平公卒及葬。往者见原伯鲁，不说学。归以告闵子马。闵子马曰：“夫学殖也。不学将落，原氏其亡乎。”又《史记·荀卿传》：“李斯尝为弟子，已而相秦。荀卿嫉浊世之政”云云。盖本此荀卿享大年，故及见其徒助秦为虐也。

“昔伏生将老，汉文帝嗣以姚错；《谷梁》寡畴，宣帝承以士郎（页十六上）。”监本作“十郎”。《考证》据宋本作“十郎”。际遇按：十郎是也。《汉书·儒林传》（页十五下）：“上善谷梁说（即宣帝）。”又“愍其学将绝，乃以千秋为郎中户将，选郎十人从受。”此汲本传写之误，无庸讳也。

1935 年 5 月 4 日

校《魏书·满宠、田豫、牵昭、郭淮传》第二十六，纪诸边将也。

《满宠传》：“刺史王凌腾布书（页二下）。”《说文》：“𦩻，傅也。”段注：“引申为弛也。”《后汉书·隗嚣传》：“因数腾书陇蜀。”

《田豫传》：“成山无藏船之处，辄便循海，按行地埶，及诸山岛（页六上）。”埶，监本并作“形”。按《汉书·高武纪》：“秦得百二，地埶便利。”作“地埶”是也，作“地形”者，乃窜文耳。

《牵招传》：“到，值峭王严，以五千骑当遣诣谭（页七下）。”按：严戒庄也。下文云“罢所严骑”可证。

《郭淮传》：“淮辄先使人推问其亲理，男女多少，年岁长幼；及见，一一知其款曲（页十上）。”按：理，即伦理之理，理分也，亲理、亲属之分也。《华佗传》：“后太祖亲理，得病笃重。”与此互见。

校《徐邈、胡质、王昶、王基传》第二十七。

《王昶传》：“三年（嘉平），昶奏：‘孙权流放良臣（页七上）。’”监本、殿本皆作“二年”。

“两岸引竹絙为桥（页七下）。”按絙（胡官切，缓也），字应作緪或縆（古邓切。急张弦也）。《说文》：“緪，大索也（《广韵》收平去二声）。”《淮南子》曰：“张瑟者小弦緪，大弦缓。”明监本袭避讳之旧书，緪字缺末笔，为絙。则不识絙、緪之分，即不识亘、亙之分，致有此失。（宋钦宗名桓。苏洵《管仲论》：“管仲相威公。”改桓为威。）

《王基传》：“随征南王昶击吴（页九上）。”际遇按：“征南”下当有“大将军”三字（或将军），本卷《王昶传》：“于是迁昶征南大将军。”史文无简略称为“征南”二字者。

1935 年 5 月 5 日

校《魏书》竟日，至于虞渊（《管辂传》：“在虞渊之际，告者至矣。”“日至于虞渊，是谓黄昏。”本《淮南子》）。

《王、毌丘、诸葛、邓、钟传》第二十八。诸为司马所诛将也，至是而“当涂高”之讖运尽矣。

《王凌传》“大严诸军”与《牵招传》“严以五千骑”，及“罢所严骑”之严同。按严，戒也。《说文》“教命急也”，《广韵》引作“严令急也”，由本义引申之耳。《孟子》：“事严，虞不敢请”。是也。

《毋丘俭传》：“诸葛诞战于东关，不利，乃令诞、俭对换。”按：“对换”始见于此，是古语之存，今用之尤广。

《诸葛诞传》“密与文钦俱来应（句）”，监本、殿本应下有诞字，此系后人所添字。

“堑垒甚峻，”监本堑作壍。按：《高纪》“入壁，深壍而守”，字亦作壍。然《说文》无壍字，堑下云：“坑也。一曰大也。从土斩声。”不必以渐为声也。毕沅《说文旧音》云：“堑作壍俗字。”本卷中诸假以为已者，监本、殿本多改作以（如《邓艾传》“使艾行陈、项已东”之已）。凡以见汲本之存古，而窜于后人者多也。

《邓艾传》：“令淮北屯二万人，淮南三万人，十二分休（句）常有四万人，且田且守。”监本同。而殿本作四千人。《考证》臣龙官云：“按淮北二万，淮南三万，共五万人。以十二分休计之，止应四千有奇，不得云四万也。今改正。”际遇按：《考证》误也，十二分休者，令五万人中十分之二更休，适得四万人。“且田且守”事词并明，改正之者妄人也。

“须来年秋冬（句）比尔吴亦足平。”按：须，待也。比尔者，比及三年之比，言及是时也（《皇疏》至也）。适见它本有以尔字断句者，故并及之。

“议郎段灼上疏理艾曰”，又“莫肯理之”。（页十五下）《广雅·释诂》：“理，治也。”《孟子》：“稽大不理于口。”赵（岐）注：“理，赖也。”孙（奭，宋人）疏云：“稽大不能治人之口。训理为治。”《说文》叙云：“知分理之可相别异也。”是理治之而分别系之也。不然，邓艾之忠，冤死一家，霶霾千载矣。

《钟会传》：“又令唐咨等作浮海大船，外为将伐吴者”。按：此假为为伪。《尔雅·释言》：“造作，为也。”太炎先生《文始》云：“母猴好爪，动作无猒，故孳乳为伪，诈也。”

“义征不譓。”用《司马相如传》与上句“仁育群生偶。”按：不譓，不顺也。《史记》作憓。

“会得书，惊呼所亲语之曰：‘但取邓艾，相国知我能独辩之。’”监本、殿本并改“辩”为辨，不知辩。《说文》：“治也”。《左昭元年传》：“主齐盟者，谁能辩焉?”杜注：“治也。”

“共举机以柱门。”机，木也。假借为几。《左昭元年传》：“围布几筵。”释文本亦作机。南监祭酒诸臣不识此字，又窜机为機。殿本仍作机。“就如卿所虑，当何所能一辨邪。”《通鉴》作“何忧其不能辦耶。”亦易古言为今言者。

《方伎传》第二十九。伎应作技。但目皆后人所加，故各本互异，不必深论。

《华佗传》：“若当鍼。”臮以下诸鍼字，监本、殿本并作针。按箴、鍼一字，针俗字。《一切经音义》卷十七鍼字下云：“古文箴、针二形。”《群经正字》云：“以俗书为古，不可为训。”

"病亦行差"，又"差不痛"。按：《方言》："差，愈也，南楚病愈者谓之差。"

"后太祖亲理，得病笃重。"按：亲理字已见《郭淮传》，云亲属中也。

"太祖累书呼，又敕州县发遣，佗恃能厌食事，犹不上道。"按：读"厌"为入声，厌足之餍亦通。《考证》云："食字疑衍。不当疑也。"

"何忍无急去药。"裴注，臣松之按："古语以藏为去。"按去，即弃也。雷浚云："《说文》无弆字，古只作去是也。"《左昭十九年传》："以度而去之。"《释文》云："去，起吕切，藏也。"裴注："得之而说。"未明特补于此。

"人体欲得劳动，但不当使极尔。"监本、殿本尔并作耳。"聊复尔耳（《世说》）"，魏晋人常语也。

《杜夔传》："今将军号不为天子合乐，而庭作之，无乃不可乎！"悉伯云："不字当衍。"际遇按：非也，正谓刘表不可合乐，而庭作之耳。

《朱建平传》："吾时啁之曰：'惟当嫁卿阿鹜耳。'"按：啁即调字之别体。徐铉别增嘲字。《汉书·东方朔传》："诙啁而已。"字本作啁也。

1935年5月6日

授教授法二小时。归途过文学室，陡见秘笈，欢喜无量，盖素闻王箓友尚有未刻之稿流落人间。而予尝见王筠所作著书，先后考记，则似有不然之处，以其所已刻著臆之也。今日见之，乌有不急欲知其内容者。（考记见二二年六月三十日日记）

王箓友手书底稿本五册，每册少者三十余页，多者不满百页，其命名由书贾以第一页作何字定之，不足为典要。书贾历城聚文斋也，索贾五百金，本是无贾之物，但时有一文不值，何消说者。作箓友手书底稿孝证，且略断其写记年代为次序焉。

第一种说文汇字，系自题之名，凡四十一页，依十四篇五百四十部为序，汇录各字如：

第一行 指事 天（从一大顺递，会意）吏（史亦声）。（依其字画临之）

末行 亥（从上从二人男女也。从乙，象裹子咳咳之形。并峙，会意）

一部下不列元字（从一兀声）丕字（从一不声），全卷不及一千行，行不及五字，共约二千余字，是不列专属形声之字，而汇录纯形声以外诸字。每字下参以己见，解析其形体者，此即《文字蒙求》之起稿也。开篇两页钩乙尤多，以下几文不加点，则入手之时，凡例未全定也。卷中无年月，予尝考箓友著书在年四十以后，并断其生于乾隆己酉五十四年（段注：成书之后三年），此卷应属四十以前自课之作，用行书写而未定者，笔法亦稚弱。又既有《文字蒙求》，则此卷非可刻之本矣。

第二种（应曰）丛稿，首八页不全（因失首页，无标题），拟标曰"古今字"。

今分（二页）释古本一字而今分为二字者，如旁雱（雨雪其雱）。

俗别（六页）如吝（悋）嗁（啼）。

因借生别（一页）如莫，不借曰莫。《正义》作暮以别之。

篆省隶否［亦疑史之类，虽后人所作，而无悖于六书之旨，自与俗别不同。仅列莜

（蓧）暂（誓）滌（浆）牆（酱）飻（餮）弦（矧）𦺇（構）耋（耋）漿（奨）懿（懿）慺（僂）淖（疑书不省，作潮）魦（鲨）蕭（蹉）蒸（聳）堇（薑）蚕（蠢又作蠚蠢）]

古雋半皆謰语也，如闠闠，即缤纷。

遗字

重文

引经同文

引经异文　分部注释此卷尤详，其说多采入《句读》中。

所引逸书

刊误　如三下云：干注反入当作倒。自注云：倒当用到𠂔，注亦然。按说已采入《说文句读》。

字辩　如苟与苟之辩（艸也），奕（大也），弈（围棋）。本卷仅二页二十余则，倉字有二三至十四等文者，明《说文》十四篇所属也。

隶失　目下自序云：《说文》凡某之属皆从某，未有类而不类者而偶则有异于今，参互各证，期少俾不究于篆，无由晓偶之旨，要亦其自相菲牾者矣。按本集以此篇为最完整，虽无创见而能自圆其说矣。此篇三千余字，殊可为初学者作叩门之专，特抄存之于卷末。

杂说　三十余杂存意见或疑义者

以上凡五十页，盖已见分类汇录《说文》诸字，为《说文句读》之底本，入著书之第二步，书法仍稚弱，断系四十以前之作，用笔已时得“争坐位”圆劲之意，亦非假它手抄之者，然多未成篇之稿，不可付刻。

附　书余秋室书《干禄字书》后一首，自署丙戌十二月，时道光六年箓友年三十六也。以上各稿汇为一帙，虽不必同属一年，要可卜其不甚相远耳，箓友所致力，本以形体为最勤也。

汲古阁《说文订》（七页），箓友弟雪堂抄，段玉裁稿俾录正諟正之者，加以朱注及总批，有曰：“茂堂细则极细，粗则极粗，能见人之所不能见，亦误人之所不肯误，分而观之，取益多矣”云云。笔法已极圆润，或系晚年补批也。

杂抄各字反切若干页，无子目，亦不足论定。

第三种正字略初稿，（首二页有段注抄，未成稿不应冠此），仅有道光九年原序，余所藏刻本有道光癸巳（十三年）周昺潢序，壬辰（道光十二年，乙巳二十五年）箓友两序，其所正字亦增改三十余事，则初稿亦但供把玩可耳。

第四种许学札记（一百八页），自题安邱王筠箓友未成稿，其子目为：

补篆（见《说文释例》卷十三）

衍篆

逡篆（卷十四）

改篆（卷十四）

变例（卷九）

非字不见于说解（卷十一，作非字者不见于说解）

捝字（卷十二，曰捝文）

误字（卷十三）

母从子（卷九）

两通

互从（卷八）

展转相从（卷九，《释例》亦大改易初稿）

指事（卷一，《释例指事》一卷，为菉友挥洒得意之作，原稿仅发其端而已）

双文（原目无，见《释例》卷六卷七，曰重文）

正徐（《释例》未见）

形声之失（卷四，第一条告本从牛，而牿又加一牛，《释例》照录。第二条嚴从吅，吅，二口也，而囒又加一口，《释例》此条下推演至二百余言）

读若引经（卷十一，如原稿睒读若白，盖谓之苫。相似条《释例》增曰：既言读若，又云相似。《唐韵》固失冉切，不用炎之本音，以此推之，或四声萌芽于汉乎等句。原稿文皆极简。）

读若直指（卷十一，《释例》，原稿本目下自注云：撮举数字未全录）

读若引谚（卷十二，原稿仅半页，《释例》特详）

存疑（卷十五至二十）

条记

说文属（自注云：部首之字，每字从其义从其声者汇集之）

仅二条，其一条云：《说文》每部下必云：凡某之属皆从某。乃凡他部也，如凡本部不须费词矣。乃它部并无从之之部首，凡八十二部，岂余改之不精耶，抑许君以此见意，即无从之者，亦以例概加之耶（际遇按：是也）。汇集于此俾览者致详焉，曰珏、蓐、犛、哭、走、廴、昍、卉、誩、備、鬥、嗀、㸚、旻、奞、萑、華、放、受、筋、箕、虤、丨、𡇒、亭、叒、稽、橐、[illegible]、晶、毋、片、香、朩、韭、瓠、㝲、网、爿、丘、臥、㐆、裘、老、履、先、兆、秃、覞、㱃、次、県、卮、色、卯、嵬、屾、廌、㹜、熊、焱、奢、夲、惢、驫、[illegible]、鹽、㐺、亅、琴、匸、曲、弜、素、卵、垚、畕、男、[illegible]、厽、嘼、了，此八十二部者，其合体字无论，其独体字如華、丨、毌、朩、韭、爿、廌、㐺、曲、卵、厽、嘼之类，亦竟无从之者矣。

按此即《说文释例》之初稿也，卷中无岁月，成之亦非一年之事，迨道光十七年成书，已变易旧文，增饰新见几什倍此卷矣，此宜藏诸家塾者也。

第五种说文韵谱校，跨行十二页，有道光十二年、十三年、十五年三序，有云：“原书仅二百余番，而余所校者过百番，则其缪误不可诘也。”可知其用力之勤，可概见矣。如属未刊本，此其可刊者也。末附抄徐铉《韵谱序系传》三十八及四十两卷全文，孙星衍（嘉庆十四年）重刊宋本《说文序》。皆已见刻本。而为箓友以行书抄者，致可宝也。又用俗楷抄武进臧琳《经义杂记》等篇，不但非箓友所著，且非箓友所抄，如兹之作，兹祭之作，祭可为左证。最后《尔雅宗族图》附说明，则箓友署名并云：“道光

巳亥（十九年）所篹者耳。”（玆者益也，兹者黑也，兹乃两字之俗体。蕖谷尝自言之）

粗校其凡如右以归，之物自可宝耳，所可宝者筚路之往轨也，而精华不必在是矣。

1935 年 5 月 7 日

授课，屏当事务，采注箓友所著稿，于各条下粗明其例而已，不能久假也。

校乌丸、鲜卑、东夷传第三十。

《乌丸传》：“绍因宠尉以安北边（页三上）。”《说文》无尉字，只有尉字。应劭曰：“自上安下曰尉。”《汉书·车千秋传》：“尉安黎庶。”师古曰：“尉安之字本无心。”席世昌云：“是尉安之尉，本取案伏之义，今俗作慰，非。”

“太祖登高望虏阵，柳军未进（页三上）。”《考正》云：“柳，疑作抑。”际遇：非也，柳乃柳之讹耳。《说文》：“𣐈，马柱，一曰坚也。”言坚军未进耳，故下文云：“观其小动，乃击破其众。”（柳字互见本志《先主传》：“解绶系其颈著马柳。”）

《东夷传》序及“汉氏遣张骞使西域”下云：“如汉氏故事（页六下）。”疑应并作“汉武”。

《夫余传》：“以金银饰其冒（页七上）。”按冒，即帽也，不须加巾。监本、殿本并作帽，改古从俗耳。《杨阜传》已详注之（二四〇五〇三日记）。“自谓‘亡人’，抑有似也（页八上）。”朱骏声云：“假借为以。”

1935 年 5 月 8 日

授课，补校《魏书》，校《蜀书》二卷。

《刘焉、刘璋（二牧）传》第一，“扶亦求为蜀郡西部属国都尉，及太仓令会巴西赵韪弃官，俱随焉。”（卷三十一页一下）。裴注引《耆旧传》详及董扶事，不及赵韪。按：太仓令应属韪官，故“会”字于文应在“太”字上。《考证》：“拟会字，衍。”亦是。

《先主传》第二，家传脱字缺页甚多，盖几经剥蚀之余矣。一一补苴，未忘结习。

1935 年 5 月 10 日

授课，校读《蜀书》七卷。

《诸葛亮传》：“蜀破之明年春，厥（董厥）、建（樊建）俱诣京都（卷三十五页十三上）。”监本、殿本无“春”字。按下文“其秋”云云，则“春”字不为衍文。

《关羽传》：“又南郡太守麋芳在江陵，将军傅士仁屯公安（卷三十六页二下）。”下文叠以芳、仁并举，则芳与仁名也。悉伯因据姚范说，谓“士”上“傅”字衍，据《杨戏传·辅臣赞》及《吴主权传》皆止作“士仁”以正之。按此说已见官本。《考证》臣浩云云所据亦同。不知悉伯何以贵近而贱远也。悉伯又引东汉无二名事以实之，然《方技传》有“朱建平不能尽为臣君张目也。”

《伊籍（机伯）传》：“使吴，孙权闻其才辩，欲折以辞。籍适入拜，权曰：‘劳事无道之君乎。’籍即对曰：‘一拜一起，未足为劳。’籍之机捷类皆如此（卷三十八页五下）。”此俗所云：“软势拳。即利用敌人之力量反攻之，自家并不费力量者，机神之需至钜，然亦御人以口给者类耳。”

《马良传》：“与亮书曰：‘尊兄应期赞世。’（卷三十九页二下）”按袁术《与袁绍书》有“神应有徵，当在尊兄”之语。以前史书未见“尊兄”之呼。

1935 年 5 月 11 日

读《蜀书》四卷，昏黄不倦，复以醇醪助之。

《刘（封）彭（羕）廖（立）李（严）刘（琰）魏（延）杨（仪）传》第十，传诸不得于蜀者也。

《刘封传》：“魏文帝善达之姿才雄观（页一下）。”雄，监本、殿本并作“容”，未分孰是。(《吕范传》：“有容观姿貌。”（卷五十六页四下）作容观）

《彭羕传》：“颇以被酒，侻失‘老’语（页四下）。”侻，简易也，又与脱通。《考证》云：“元本作脱。”

《魏延传》：“延大怒，攙仪未发，率所领径先南归（页九上）。”《考证》云：“攙字疑误。”际遇按：非也，《朱氏通训定声》引《三苍》云：攙，微见也。则此亦《陈志》古诂所在，言魏延瞷（同瞰，《论语》：“孔子时其亡也，而往拜之。”）杨仪之未发，即径自率军南归也。

《魏延传》：“仪等槎山通道，昼夜兼行（页九下）。”“槎”字不见字书，而三本皆同，得毋槎字之讹乎。《说文》：“槎，衺斫也。”《后书·马融传》：“槎棘枳。”此言“刊山木以通径道也。”

《杨仪传》：“往者丞相亡没之际，吾若举军以就魏氏，处世宁当落度如此邪！令人追悔不可复及。”玩其辞意，则落拓也，当读落铎矣。《晋书·五行志·童谣》曰：“元超兄弟太落度。”则魏晋人语如此。

《杨洪传》（卷四十一页五下）：“况吾但委噫于无俭，而君不能忍耶？”（《亮与张裔书》语）殿本改噫作意。按王玉树《说文拈字》：“噫、意、懿、抑，古皆通也。”

《费诗传》（卷四十一页七上）：“岂不空托名荣贵为华离乎？”《考证》云：“華离，《册府》作乖离。”按此亦因華菲隶变相似以意改之耳，不知此二句为偶语，華与名对举成词，何得改易。

《杜微传》：“微常称聋，闭门不出（卷四十二页一上）。”称字，监本、殿本并作“穪”。《正字通》：“穪，俗字。”此亦诡更正文之例也。

《来敏传》：“汉末大乱，敏随姊夫奔荆州（卷四十二页五上）。”“姊夫”始见此。按《尔雅·释亲》：“姊妹之夫为甥。”《郝疏》云：“姊妹之夫者，姻兄弟也。”郭注本云：“敌体，故更相为甥。”甥犹生也。然经传未有所见，今俗称姊夫。可知蜀汉已去古渐远矣。《李恢传》："姑夫爨习（卷四十三页二上）。"则姑之夫亦姑夫之矣。恧伯札记疑姊字下夫字衍。

《王平传》："平生长戎旅，手不能书，而所识不过十字，而口授作书，皆有意理（卷四十三页六上）。"殿本改作"其所识不过十字"。按此亦后改之字，原作而字并无不可。"憧无武将之体。""憧"未详（字书不见）。

《张嶷传》："昔每闻东主杀生赏罚，不牟下人（卷四十三页八上）。"《考证》据宋本牟作任。按牟可与务通。《荀子·成相篇》："卞随牟光。"则务作牟。此言"不务下人"，不以下人为当务之急也。

1935年5月12日

《蒋琬传》："先主尝因游观奄至广都（卷四十四页一上）。"《诸葛瑾传》："奄闻旗鼓来至白帝（卷五十三页八下）。"按《方言》二奄，遽也。《吴都赋》："慌罔奄欻。"此言"忽至广都，见琬治广都众事不理，时又沉醉。亮以琬非百里才。"（《三国演义》附会为庞统事）又"亮教答曰：'思惟背亲舍德，以殄百姓。'"按此假殄为腆也。《诗·新台》："蘧除不殄。"笺，善也。

可人，见《费祎传》："君信可人，必能办贼者也。"长儿，见《杨戏传》："吾等后世，终自不如此长儿也。"

承祚摭杨戏（文然）所为《季汉辅臣赞》于《蜀书》之末，以当叙传，殊得体要，至《益州耆旧杂记》以下二十六文，及王嗣等三传。钱大昕谓："皆裴松之注文误升作大字，今读其文亦不类承祚笔也。"

《孙坚传》："张角起于魏郡，自称黄天泰平，三月甲子，三十六万一旦俱发。"《考证》谓："万宜作方，想当时传写误方为万。"所据仅凭设想。《后书·皇甫嵩传》："遂置三十六方。方，犹将军号也。大方万余人，小方六七千人，各立渠帅"云云，并非僻书也。

又同传（页四上）"岂将与乃和亲邪?"按乃，为尔汝之称。《书·大禹谟》："惟乃之休。"《注》："乃，犹汝也。"

《孙权传》："诏开仓廪以赈贫穷（卷四十七页十七下）。"按史书"振救"之振作赈，始见于此。《说文》："赈，富也。"俗乃假赈为振耳。

"又人家治国舟？船城郭何得不获。（页十八下）"殿本臣龙官考证按文义当作护，亦仅据文义而已。下文云："人言若不可信"。据宋若作苦。按若，"如此"也。《孟子》："以若所为，求若所欲"是也。

箓友手稿论贾未成，将以明日归历下矣，因爱之甚，乃自录《隶失》一篇，存于卷末，可为学书之助，可为著书之法，词不必己出，而水到渠亦成也。

1935年5月13日

授课。校乙《吴书》。

《三嗣主传》："休初闻问（逗）意疑（页三下）。"按《说文》："问，讯也。"本卷（四十八页七下）"蜀主刘禅降魏问至。"两问下同用。

"其案古置学官，立五经博士，核取应选，加其宠禄（句）科见吏之中及将吏子弟有志好者，各令就业。一岁课试，差其品第，加以位赏（页五下）。"按《释名·释典艺》："科，课也。"又按"科，从禾从斗，斗者量也。"分别差等之义，由此孳生，因见有以"科"字属上句读者，故特注之。

《刘繇、太史慈、士燮传》。《魏书》列董、袁诸传于帝后之后，此与曹争帝者也，如《汉书》列传之首陈、项也。《蜀书》列焉、璋二牧传于先主备之前，明其所由嬗迹也。《吴书》列本传于三嗣主之后，明其所臣服之版土也，惟不在后传之后者，以《陈书》不帝吴，故不后诸妃嫔也。后人但辩其章法可矣，帝之与王相去几何哉。

史书多用除字，如"除下邑长（页一）。"此本自《汉书·景帝纪》："初徐之官。"《注》："凡言除者，除旧官就新官也。"

"贪秽不循（页一）。"《考证》云："《册府》作脩。"按循与脩隶体固相近，然循，《说文》："行顺也。"《释诂》："遵率循也。"《淮南原道》："循天者，与道游者也。"此言贪秽不循法度也，不须改文。

"贼于屯里缘楼上行詈，以手持楼棼，慈引弓射之，矢贯手著棼，围外万人莫不称善。"按《说文》："棼，复屋栋也。"《左氏》："犹治丝而棼之也。"借为棼乱之棼。久假不归，借义行而正义湮矣。

《妃嫔传》："故久见爱待（页二下）。"监本作侍，非。

"诸宫人伺其昬卧，共缢杀之（页三下）。"殿本、监本并作昏。昬为正字，昏为俗体。唐人以讳改之也。

《诸孙传·孙静传》："四维然火谁朗（卷五十一页一上）。"《考证》云："宋本作羅以然火。"按四维，本网之四角。《管子》："四维不张。"又堪舆家罗经二十四方向十二支八干外其四隅，乾坤巽艮曰四维，义复至浅，不识者乃缀四维为罗，又足以字凑成四言，宋人有为之者矣。

《孙瑜传》："遂立学官，临饗讲肄（页一下）。"《说文》："𩞦，乡人饮酒也。"《小戴记》："祭亯、饗燕。"字无作亯者。

陆逊本名议，魏蜀书皆称议，而《吴书》言必称逊。

《张昭传》："善隶书（卷五十二页一上）。"《锺繇传》："不及繇能书事。"《少子休传》，据监本、殿本脱"休素所忿"四字，于"弘因是谮诉"句上。

《顾邵传》："自四方庶儿，及四方人士（页六下）。"按本易"颜氏之子，其殆庶几乎？"之语，以庶几称时贤，《陈志》及晋，其例不一而足。如《张承传》："凡在庶儿之流，无不造门。"王羲之文："母兄鞠育，得渐庶几。"

“乌程吴粲（同页六下）。”监本、殿本并作吾粲。然吾粲自有传（卷五十七），皆作吾（本卷十四页亦作吾粲）。《考证》引何焯说：“吾与吴同。”

传末谭承云。它本无云字，按谭承下各附传，云字自为衍文。

1935年5月14日

校《吴书》。

“无口为天，有口为吴（薛综语，卷五十三页五上）。”“卯金失御，乱邦家毁乱（薛莹诗，页八上）。”综号敏捷，学从刘熙。莹妙史文，疏上华覈，而谬更正。文已有如此，宜南阁之有说解也。

“黄鱼一枚收稻一斛（页六上）。”即石首鱼（《尔雅》鳣下）。郭注：“大者长二三丈，今江东呼为黄鱼。”则非今所云黄花鱼矣。

“巨武夫轻悍，不为恭服（页六上下）。”“所取相怨恨。”监本作“不为恭所服”。《考证》云：“《册府》‘所’字衍。‘取’作‘辄’。”未辩孰是。

“遵乘桥之安，远履冰之险（页七下）。”按《史记·河渠书》“山行即桥。”《汉书·严助传》：“舆轿而隃领。”字并转变为轿。

《鲁肃传》：“摽卖田地，以赈穷弊（卷五十四页五下）。”《孟子》：“摽使者，出诸大门之外”是也。《说文》：“摽，击也。”王筠云：“字或作抛（新附字）。”今皆作摽卖，袭误也。

“曹公闻权以土地业备，方作书，落笔于地（卷五十四页八上）。”与“先主方食，失匕箸”事针锋相对，可谓知己，可谓敌手。又按业字，即《易·系辞》：“富有之谓大业。”然未见作动字用之例。

“又说瑜分遣三百人柴断险道。”又“行遇柴道（卷五十四页十上）。”按《诗》：“车攻助我举柴传积也。”《庄子·外物篇》：“柴生乎守。”《注》：“塞也。”

《吴书·诸将传》笔势最生动，如《甘宁传》，其佳处几夺马班之席。

《程普传》：“增兵二千骑五十四（卷五十五页一上）。”下《韩当传》：“增兵二千骑五十匹。”则此句“四”字应亦为“匹”。

《陈武传》：“料以精锐（页四下）。”《说文》：“料，量也，从米在斗中，读若辽。”《史记·孔子世家》：“料量平。”以料量并举为词。又按凡从斗之字（如科字、斞字、斟字、料字）皆涵量度之义。

《甘宁传》：“挟持弓弩，负毦带铃，民闻铃声，即知是宁（页六下）。”各本皆讹作旄。际遇按：“毦，从耳，新附字，毦下云羽毛饰也（仍史切）。”王玉树《说文拈字》云：“按此字不见经传，唯《后汉·单超传》及《西南夷传》有毦字。”又《魏略》：“刘备好结毦，有人以髦牛尾与备者，因手自结之。”俗讹从目作眊，谓玄德好结帽，尤非。可以证毛本、监本、殿本之误。

“舟船战具，顿废不修（页七上）。”舟船字每并举，按《桂氏义证》：“小曰舟，大曰船。”

"祖横两蒙冲挟守沔口（页六上）。以栟闾大绁系石为矴。"按《后书·祢衡传》："后黄祖在蒙冲船上。"李注："《释名》曰：'外狭而长曰蒙冲，以冲突敌船。'"雷浚曰："蒙冲，即艨艟（《说文》无艨艟字）。"栟闾即栟榈。《说文》："栟，栟闾（逗）椶也。"

矴，《广韵》："丁定切。锤舟石。或作碇。作磸。"窃疑应作磴。然均后起形声字，不见《说文》。唯阜部有隥字。《天台山赋》："跨穹隆之悬磴。"《注》："石桥也。"

《甘宁传》："受敕出斫敌前营。权特赐米酒众肴，宁以料赐手下百余人食（按料量也）。食毕，宁先以银碗酌酒，自饮两碗，乃酌与其都督。都督伏，不肯时持。宁引白（句）削置膝上（削，刀鞞也），呵谓之曰：'卿见知于至尊，孰与甘宁？甘宁尚不惜死，卿何以独惜死乎？'都督见宁色厉，即起拜持酒，通酌兵各一银碗"一段，奕奕有神。持酒，监本、殿本并作时酒。不可通。又传末"吕蒙呼兴霸见蒙母"一段，复极潇洒之致。

《丁奉传》："皓怒（应作晧）斩奉导军（句）三年。"《考证》云："三年下疑脱卒字。"按所疑是也。而何以当前即是之事，往往失之眉捷，仅以意臆度之乎。本志吴晧建衡三年传，明书"右大司马丁奉、司空孟仁卒（卷四十八页十一下）。"则此三年下脱卒字无疑也。

1935年5月15日

授课。校《吴书》。

《朱然传》："然长不满七尺，气候分明，内行修絜（卷五十六页三下）。"絜，监本作潔，殿本作潔。按：潔乃新附字，《玉篇》水部无潔，冰部有潔，《注》云："俗絜字。"《新附考》："古典通用絜。"此亦可明毛本最存古字。又"气候"，语本《淮南·精神训》："气志者，五藏之使候也。五藏摇动而不定，则血气滔荡而不休矣。"

《吕范传》："范遂自委昵，将私客百人归策（页五上）。"昵字疑从日为昵字之讹。

《朱桓传》："桓分兵将赴羡溪，即发，卒得仁进军拒濡须七十里间（页七上）。"拒即距也。《说文》无拒字。《论语》："其不可者拒之。"《释文》正作距。间字，《考证》："疑问字之讹。"而改本言"卒得曹仁进军音问也。"说固可通。然"卒得仁进军"五字已含有"进军音问"之意，不必非殿问字不可，此说尚可留待考若下条之改文，信夫悍矣哉。

《朱异传》："权谓异从父骠骑将军据曰：'不知季文（异字）惛定（逗）见之（句）复过所闻（页九上）。'"《考证》云："'监本讹作惛臣龙官。'按惛，训闷训恶，与语意不合。应作狯，言其狡狯也，今改正"云云。大非，是句读不明矣。原文谓"早知朱异之贤，今烦闷稍定，乃见之，其贤复过所闻耳"，全传始末不见异有狡狯处也。吾犹及史之阙文也，《考证》乃妄改正文，悍哉。

《张温传》："王靖内不忧时，外不趍事（卷五十七页九上）。"趍，监本殿本并作趋。《说文》："趍，趍赵（句），久也（通离切）。趋，走也（七逾切）。"趨或借趍字，趍与趨音训不同。

《骆统传》："臣闻君国者，以据疆土为强富（页十下）。"强，监本、殿本并作彊，下同。《说文》："𧈪，蚚也。从虫弘声。彊，弓有力也。从弓畺声。"并巨良切。李富孙《说文辨字正俗》曰："力部曰勥，迫也，古文作㢨。按彊，训弓有力，引申为凡彊力字。强即《尔雅》之强蚌，强蚚。彊是《孟子》：'彊而后可。'"字今俗多用彊、强二字，而不辨其偏旁文义之同异矣。

《陆瑁传》："及同郡徐原，爰居会稽，素不相识，临死遗书，托以孤弱，瑁为起坟立墓，收导其子（页十一下）。"按《钟离牧传》："少爰居永兴，躬自垦田（卷六十页十一上）。"《诗·击鼓》："爰居爰处？爰丧其马？"郑笺本云："爰，于也。"《说文》本义，爰，引也，于词为发语耳。后乃以"爰居"二字为词，如居诸之词竟为日月之义焉。又按《广雅》《释诂》二爰，愁也。《楚辞·九章》："曾伤爰哀。"是也。

《陆瑁传》："虽蚩尤、鬼方之乱，故当以缓急差之（页十三上）。"监本、殿本并作"政当以缓急差之"。按《襄九年左传》曰："然故不可诬也。"王氏《释词》曰："故本然之词也。"此应从毛本作故为是。

骆统《理讼张温》一表，曲而不纤，直而能婉，章奏名作也。

《万年山中日记》第二十七册

（1935 年 5 月 16 日—7 月 6 日）

1935 年 5 月 16 日

校《吴书》二卷。

《陆逊传》："今兵兴历年，见众损减（卷五十八页五下）。"见，监本、殿本并作现，下同。按史汉皆作见，"军无见粮"（《史记·项羽纪》）。"见在者六人"（《汉高五王传》）。"余见无可者"（《申屠嘉传》）。汉魏以下多作见，在陈志概作见。其作现者，改文也。"《广韵》始收现字"（徐氏灏说如此），可证予说。

"而逊外生顾谭、顾承、姚信，并以亲附太子，枉见流徙（页八上）。"按《尔雅·释亲》郭注："甥犹生也。然则外生即外甥也。"《世说新语》："王子敬兄弟见郄公，蹑履问讯，甚修外生礼（简傲类）。""桓豹奴是王丹阳外生，形似其舅，桓甚讳之（排调类）。"两见字并作生。

《陆抗传》："昔齐鲁三战，鲁人再剋而亡不旋踵（页二十上）。"剋，监本、殿本并作克，下同。按经传无作剋者。克，《说文》肩也。锴曰："肩者任也，能胜此物谓之克。"《释诂》："胜肩克也。"又云："尅肩胜也。"《郝疏》云："《释文》无剋字，知陆本俱作克。"《说文》："别有尅字，尤勮也。从力克声。"段注云："经典有克无剋，百家之书克剋不分，而尅乃废矣。"（《毛本》字多正，惟剋字俗。）

"又黄门竖宦（监本殿本并作官），开立占募，兵民怨役，逋逃入占（页十二下）。"按《后书·明帝纪》："妻子自随，便占著边县。"《注》："谓附名籍也。"《鲍照乐府》："占募到河源。"《注》："谓自隐度而应募为占募也。"

《孙和传》："敕据、晃等无事忩忩（卷五十九页五上）。""言权敕朱据、屈晃等，毋须如此匆匆，率诸将吏泥头自缚，连日诣阙为和请也。"字应作悤悤或匆匆或勿勿。《晋书·卫恒传》："下笔必为楷，则号忩忩不暇草书。"字作忩忩，属形声固不合，从心囱囱亦声，会意兼形声之旨。然监本、殿本并改为"忿忿"，因字之讹而及其义，试问君之责臣而谓其忿忿，则本传下文只于杖罚讵能了事耶。

1935 年 5 月 17 日

授课温课，校《吴书》二卷。

《贺齐传》："时王朗奔东冶（卷六十页一上）。"《毛本》冶讹为治。按东冶，两汉旧名，后置冶县，属会稽，魏晋为东侯官及侯官县（《辞源》误为后汉），今为闽侯（据《一统志》）。本传下文曰：“侯官既平（页一下）。”

《吕岱传》：“零陵、苍梧、郁林诸郡搔扰，岱自表请行（页六）。”搔不作“骚”，各本并同，下同。《说文》：“搔，括也。骚，扰也。一曰摩马。”则此借搔为骚也。而《西京杂记》：“武帝过李夫人，就取玉簪骚头。”则又借骚为搔矣。

《钟离牧传》：“少爰居永兴，躬自垦田，种稻二十余亩。临熟，县民有识认之（卷六十页十一上）。”按“识”，读去声，言志之而认为己有也，此田本无主，故下文：“牧曰：‘本以荒田，故垦之耳。’”裴注：“承宫事亦曰：‘人就认之。’惟《续汉书》不言识，而认之耳。”

《陆凯传》：“又武昌土地，实危险而埆确（卷六十一页三下）。”《广韵》：“埆，薄也。”《说文》亦无埆字。

“中常侍王蕃黄中通理，处朝忠謇（页五下）。”按《说文》：“黄地之色也。”徐笺曰：“《风俗通·皇霸篇》引《书大传》曰：‘黄者，光也，厚也，中和之色也。’”桂氏《义证》引魏高祖诏云：“夫土者，黄中之色，万物之元也。”则“黄中”不为孤文矣。

“先帝每察竟解之奏，常留心推接，是以狱无宽，囚死者吞声（页七下）。”接，监本、殿本并作按。吞声，无言也，服罪也。

《陆胤传》：“苍梧、南海。岁有旧风障气之害（页八下）。”《考证》：“疑旧风为暴风。障气当为瘴气也（臣明楷说）。”飓风与巨风、旧风是否由声转，妄断为暴风，则何如谓为大风、狂风。宜朱起凤（《词通》卷一）指“其非笃论也。至妄改障为瘴，则并《汉书》不读矣。”《马援传》：“出征交趾，土多障气。”字正作障也。《说文》无瘴字，雷氏云：“古通作障。”（障字说已见二四〇四〇五日记）

1935 年 5 月 18 日

《是仪传》：“本姓氏，初为县吏，后仕郡，郡相孔融嘲仪，言氏字民无上，可改为是，乃遂改焉（卷六十二页一上）。”裴注引徐众评谓：“教人易姓，从人改族，忘本诬祖，融仪皆讥，此腐儒之论，不知松之何取乎？”“尔氏民二字，全不相涉，此俗说也（此三句朱骏声云云）。”窃以孔北海杨班之俦（魏文帝语），纵有此语，亦戏郡吏之言耳，仪且能教诸公子书学，亦非可妄从者，皆必有所本也。《通志略》及《路史》（宋罗泌）并云：“氏氏，齐大夫之后。”《汉书·地理志》：“氏为庄公。”《注》：“氏与是同。”段玉裁注：“氏字下云：‘古经传，氏与是多通用。’”《大戴礼》：“昆吾者，卫氏也。”以下六氏字皆是之假借。而《汉书》《汉碑》假氏为是，不可枚举数。故知姓氏之字，本当作是，假借氏字为之。

“权令曰：‘孤虽非赵简子，卿安得不自屈为周舍邪？’”按：“周舍事赵简子，立简子之门，三日夜。简子使人问之曰：‘子何以教我？’舍曰：‘愿为谔谔之臣，墨笔操牍，随君之后，伺君之过而书之。’”《胡综传》（卷六十二）：“少孤，母将避难江东。”按《释言》：“将，送也，资也。”《诗》：“福履将之。”《笺》：“犹扶助也。”

“孙策为会稽太守，综年十四，为门下循行，（句）留吴与孙权共读书。”按《广雅》：“循，从也。”“言综年十四，为策门下从，策行，旋留吴”云云。

“将恢大繇，革我区夏（页三上）。”《考证》云：“大繇疑作大猷，下同。”按：非也。《尔雅·释诂》：“繇，道也。”郝疏引《诗》：“秩秩大猷。”猷、繇音义同也。

《吴范传》（卷六十三）：“数从访问，欲知其决。范秘惜其术。不以至要语权（页一下）。”《考证》云：“《太平御览》作訣。”按诀，新附字。《汉书·苏建传》：“李陵与武决去。”又“因与武决”。皆即诀字。《文选·（鲍照）东门行》：“将去还复诀。”李善注：“诀与決同。”《郑珍新附考》云：“知古止作决，盖决别即断，决义之小别，俗改从言。”

《刘惇传》（卷六十三）：“到某日当得问（页二下）。”监本、殿本并改问为闻。浅人所改也，问，讯也，本志例已不胜举。

《赵达传》（卷六十二）：“吾算讫尽某年月日，其终矣（页三下）。”算，监本作筭，亦非。筭实字，算动字，诬语然君子算役心神。它本或改算为筭。《考证》又云：“宋本算役作等役。”三豕渡河，马头人为长，何所不有。《文选·吊魏武文》：“长算屈于短日。”《注》：“计谋也。即算役心神之意。”

《诸葛恪传》（卷六十四）：“裴注引《江表传》‘恪应张昭，以鸟名鹦母对（页一下）。’”可知当日吴音武与母同音也。今日方言，惟湘、粤时尚读武如母。母，莫后切。武，文甫切。文，无分切，古读文读无，皆为明纽，今日湘粤多然。即如问字、网字、万字，今吴人仍读明母也，不知何独于武字而变之。

《与丞相陆逊书》曰（页三上）：“依文义法。”此句上当有恪字。

“若于小小宜適，私行不足，皆宜阔略，不足缕责（页三下）。”按適通讁，讁即谪。《商颂》：“勿予祸適。”《注》：“適、谪字通。”而《说文》无讁字。雷浚《孟子·离娄篇》：“人不足与适也。”注引《诗》：“室人交徧適我。”知古讁只作適。谪，正字；適，假借字；讁，俗字。

《诸葛恪与弟融书》（页四上）有曰：“是以忧惭惶惶，所虑万端。且民恶其上，动见瞻观，何时易哉?”《按魏文帝与吴质书》有“动见瞻观，何时易乎”二语，丕之作先于恪□年也。盖丕书作于三十余岁（书中自言），卒于黄初七年，年四十岁。在恪作此书之年（孙权死之年，吴太元二年）之前三十余年也。则此二语，非当时成语，可以推见。

“更作大堤，左右结山侠筑（页四下）。”假侠为夹为挾也。《汉书·叔孙通传》：“殿中郎中侠陛。”师古注：“侠与挟同。”

“诸大臣以为数出罢劳，同辞谏恪，恪不听，中散大夫蒋延或以固争扶出（页五上）。”《释词》：“或，犹又也。”《诗·宾之初筵》曰：“既立之监，或佐之史。”《礼记·檀弓》曰：“父死之谓何？或敢有他志，以辱君义?”《晋语》：“或，作又。”（上文曰：“父死之谓何？又因以为利。”）均可证也。

竟日校误书，自得邢子才之趣，其无创获者存眉而已。

1935年5月19日

校《吴书》，粗竟所臧，毛本末缺数页，用它本读过而已。

《贺邵传》（卷六十五）：“旍贤表善（页二下）。”《说文》有旌字无旍字。《五经文字》：“旌从生，作旍讹。”可见张参时，“五经”中旌字已有作旍者。

“真伪相貿（页二下）。”监本、殿本作貿。《说文》：“貿，易财也。从贝卯声。”卯头隶变乃失为貿耳，无深义也，亦非二字。

《韦曜传》（卷六十五）：“时在所承，指数言瑞应（页六下）。”监本、殿本并作所在。

“曜素饮酒不过三升（晧每飨宴，率以七升为限。本传），初见礼异时，常为裁减，或密赐茶荈以当酒（页七上）。”按《说文》既无茶字，又无荈字。荼之为茶，鼎臣之后，辨者众矣。《尔雅·释木》：“槚，苦荼。”郭注：“树小如栀子，冬生叶，可煮作羹饮。今呼早荼为荼，晚取者为茗，一名荈，蜀人名之苦荼。”（陆心源《释荼》一篇，萃《尔雅·释草》荼苦菜及此条之。郝疏：“成之而掩其名，又误引《吴志》为《蜀志》”），可知当日酒色如茶，饮量及于数升，大似今绍兴之女儿酒，信知东南之美不独竹箭也。（《两般秋雨盦笔记》有“酒价酒味”及“品酒”二则，可引与共论之。铁夫注：“今呼早荼，疑当作早采或早取。”）

“曾无芒氂有以上报（页七上）。”氂，监本作氂。氂，犛，牛尾也。从犛省。《辨字正俗》云：“以其尾毛之长者，故用为豪氂字。”

“囚昔见世间有《古历注》，其所纪载纪多虚无（《考证》云：宋本纪作既），在书籍者亦复错谬。囚寻按传记，考合异同，采摭耳目所及，以作《洞纪》（页七上）。”书今不传，其《洞纪》之名，应本于《论衡·超奇篇》：“上通下达，故曰《洞历》。”

《三国志》目录及各标题，皆非陈寿之旧，汲古阁本曰《魏书》《蜀书》《吴书》。清殿本亦然。而明监本曰《魏志》《蜀志》《吴志》。然《晋书》陈寿本传，《宋书》裴松之本传，及松之《上三国志注表》，言志不言书也。汲古阁本于《魏书》前三卷第一行有帝纪字样，亦后人所加也，书无叙传，遂令后人聚讼耳。

1935年5月20日

授课温书。

《魏明帝纪》（卷三）：“而郡国斃狱，一岁之中尚过数百（页九下）。”《考证》云：“宋本蔽作斃。”此亦宋人改为俗字之一例也。《说文》无斃字，无弊字。《礼·檀弓》：“射之，斃一人。”《释文》：“斃亦作弊。”又假蔽为弊。《康诰》：“丕蔽要囚。”是也。

“亟语其亲治，有乞恩者，便与奏当（页九下）。”按治，故也。亲治，亲故也。《尔雅·释诂》：“治，故也。”郭注云：“治未详。”郝疏引《广雅》云：“古始也，始亦治也，治亦故也。”

"（青龙二年）群臣以为大将军方与诸葛亮相持未解，车驾可西幸长安。帝曰：'权走，亮胆破，大将军以制之，吾无忧矣（页八上）。'"李慈铭案："大将军下当脱一足字。"际遇按："非也，以已也，言已有大将军制之，吾无忧也。"

"至于郊祀、迎气、礿祠、蒸尝（页十上）。"《说文》："礿，夏祭也。"《礼·王制》："天子诸侯之祭，春曰禴，夏曰禘，秋曰尝，冬曰蒸。"郑注："此盖夏殷之祭名，周则改之春曰祠，夏曰礿。"按《说文》无禴字。《诗·天保》："禴祠烝尝。"《释文》："禴，本又作礿。""烝或通作蒸（桂氏《义证》）。"

"景初元年春正月壬辰，山茌县言黄龙见（页九下）。"《考证》引《太平御览》作"太山茌县"。按《一统志》："今山东长清县东北，汉置茌县，属泰山郡。魏加山字为山茌县。"《陈志》所称是也。县名之上冠以"太山"，史法未见。

"遣侍御史循行没溺死亡及失财产者，在所开仓赈救之（页十一上）。"《韦曜传》："时在所承，指数言瑞应（卷六十五页六下）。"并言"在所"也（日语用所字如此用法者最多，袭存古语也）。监本、殿本于《曜传》则窜为"所在"，于此志则仍之，亦见其进退失据而已。

1935 年 5 月 21 日

温书习史。

《三嗣主传》（《三国志》卷四）："属到市观（页三下）。"属，犹适也。朱氏云："实为啻。"《左传·昭四年》："属有宗祧之事于武城。"《汉书·李寻传》："属者颇有变改。"《注》："谓近时也。"

"赐银千鉼（页六下）。"按《说文》无鉼字。而释钉篆云："鍊鉼黃金。"《类篇》曰："鉼，金饼。"（《恧伯日记》皆用饼字）

郑玄以丁卯岁生，小同以丁卯日生，故玄以其似已名之曰小同。小同事附见《玄传》及本卷高贵乡公"讲《尚书》业终。赐执经亲授者司空郑冲、侍中郑小同等各有差（页十下）。"又"甘露三年诏'关内侯郑小同，温恭孝友，帅礼不忒。其以祥（王祥）为三老，小同为五更。'车驾亲率群司，躬行古礼焉。"《陈志》中前后两见而已，则髦公之敬小同者至矣，越二年而公卒。至小同为司马文王酖杀事，《后书》李注，《魏书》裴注，并引《魏氏春秋》事意略同，然则所云："文王有密疏，疑小同见之者。"必豫废高贵乡公事也，寿为晋臣，安得不为典午讳之。史官之难为也如此，史官之难得也如此。

陈留王奂景元四年十一月，刘禅诣艾，降。十二月庚戌壬子癸丑，皆有诏可纪忽提行，书五年乙卯日事，其翌年方为咸熙元年春正月壬辰（应作壬戌），槛车徵邓艾。按艾平蜀不旋，踵而被诛，中间不能更过二年。又按景元纪年，各本实仅有四年，则五年二字衍文。乙卯者乃景元四年十二月癸丑之翌。宿况年日之间必书月令，五年乙卯云云，非书法也。李慈铭札记指为衍文，极是，因为详说之。又《郭皇后传》明书"景元四年十二月崩。"此一条即足证五年二字之衍，然有缀五年二字于上句读之者。

“静乱济世（页三十二上）。”《舒艺室随笔》云：“静字，古书每与靖通。”

《后妃传》：“景元四年十二月崩（郭皇后），五年二月，葬高平陵西（页八下）。”按景元仅有四年，其翌年即咸熙元年，魏祚以终，不知何以书“五年”也。按之《通鉴》：“实景元四年十二月乙卯日事（七十八卷）。”

“以后旧陵庳下（页四下）。”按《汉书·司马相如传》：“其庳湿。”《注》：“下地也。”《史记·循吏传》：“楚民好庳车。”《索隐》：“下也。”《说文》：“庳，中伏舍。从广卑声。一曰屋卑。或读若逋。”

1935年5月22日

阅今日啸咸假到《史学丛书》，参以《困学纪闻》《考史》诸篇，如饮醇醪，古人可爱，此中大有可探讨者在，恨不得屏弃百事，自营所学耳。四鼓方入梦。

1935年5月23日

温《魏书》。

《魏书》卷七，提目作《吕布、张邈、臧洪传》第七，按应作《吕布、臧洪传》第七。卷首目录七卷下作《吕布、张邈（陈登）、臧洪（陈容）》亦非也，应作《吕布（张邈、陈登）、臧洪（陈容）》，邈、登事迹俱藉《布传》附见之耳。蔚宗《后书》窜《布传》其数字，曰：“道经陈留，太守张邈遣使迎之”。接入下文“邈字孟卓，东平人”云云，枝干分明矣。又《布传》未毕，插叙邈事，方完接入布与刘备事，蔚宗以一“时”字接转之曰：“时，刘备领徐州，居下邳。”《陈志》原曰：“备东击术，布袭取下邳。”假令如各本于张邈字提行，则此处欲提行又不可不提行，则布事反为邈附传矣，已属非法，附陈登于张邈，更属不思之甚，因袭千载，何也。

《吕布传》：“吕布字奉先，五原郡九原人也。以骁武给并州。刺史丁原为骑都尉，屯河内，以布为主簿。”《后汉书》作“吕布字奉先，五原九原人也。以弓马骁武给并州。刺史丁原为骑都尉，原屯河内，以布为主簿。”《考证》引何焯说云：“‘为骑都尉’上当有一‘原’字。”际遇按：义门以“骑都尉”属丁原职，非也，参蔚宗史文自明，况据《百官志》州郡条：“每属国置都尉一人。”则属布职，附于原也。屯河内事省原字，史文常有此格，纵欲补原字，当依范文。又下卷《张杨传》（卷八页六下）：“以武勇给并州，为武猛从事。”句法正同。（并州刺史丁原字样并见《杨传》）

“布遣人求救于术，（术）自将千余骑出战（卷五页五上）。”疑衍一术字，《考证》亦云。

《臧洪传》：“凡我同盟，齐心勠力（卷五页七下）。”勠，监本、殿本并作“戮”。《说文》：“勠，并力也。戮，杀也。”从力为正。后书此句作齐心一力。

《洪答陈琳书》，蔚宗节去二段，并易数字，最入后书，愈见精采。

1935年5月24日

家中付来书八包，析视之，则《资治通鉴纲目》也，凡一百册，正编二十五卷，续编二十七卷。《四库御批通鉴纲目》条下提要云："朱子因《资治通鉴》以作《纲目》，惟《凡例》一卷出于手定。其纲皆门人依《凡例》而修，其目则全以付赵师渊。至商辂等（明成化）《续编》[①]，因朱子《凡例》，纪宋元两代之事，颇多舛漏"云。又按：前编无金履祥所作。

【注释】

①《续编》：指《通鉴纲目续编》。

1935年6月3日

嵇康，《魏书》仅言其"坐事诛"，《通鉴》及《魏氏春秋》皆明言其杀于司马昭。康箕距而锻，以待乘肥策轻之钟会。而汲县北山中，复编草为裳，被发自覆之孙登。康欲与之言，而默然不对者。卒乃曰："子才多识寡，难乎免于今之世矣。"呜乎，盗憎主人，民恶其上，子好真言，必及于难，皆以见末世自全之难也。魏舒才堪数百户长，而使守水碓（《通鉴》七十八卷），舒能不以介意，且不为皎厉之行。君子曰："其庶几乎？"

"内无甔石之储（《晋纪一》泰始二年）。"应劭曰："齐人名小甖（应作罂）曰甔，受二斛。"按即《说文》："儋，何也。俗作擔。"今约一百三十斤许容一石。徐氏笺曰："《说文》无甔字。盖缘罂字，而从瓦作甔也。"又《史记·货殖传》："酱千甔。"

1935年6月4日

"炅[①]犹骂曰：'恨不杀汝孙皓，汝父何死狗也！'"（《晋纪》二，泰始六年）死狗即《弥衡传》所云"死公"，魏晋间詈人常语，前记已及之，此又一例。

陈寿《吴志》改韦昭为韦曜，为晋讳也。《通鉴》自作韦昭。《陈志》云："或密赐茶荈以当酒。"《通鉴》作"至昭，独以茶代之。"不载荈字。

【注释】

①炅：指毛炅。西晋初年的交阯太守。

1935年6月5日

校《后书·东夷传》。《史记》东方之夷仅有《朝鲜列传》。《后书·魏志》乃有《东夷列传》，所传者广及"濊貊[①]倭韩[②]掩淲水[③]边（惠栋曰：今之鸭绿江）裸黑齿国[④]。”自建武之初，祭肜化行，二千载之声灵，万余里之朝献。久矣，日失其序，何止世为边患哉。(今日倭妇尚多以黑齿为美)

“初，北夷索离国王出行，其侍儿于后娎身（八十五卷页二下)。”娎，当即妊字异文。本书《章帝纪》：“今诸怀娎者，赐胎养谷人三斛。”《伏皇后纪》：“帝以贵人有娎。”字并作娎。《汉书·元后传》：“李亲任政君在身。”以任为之。

“不死。复徙于马蘭（页二下)。”李注：“蘭即欄也。按闌之假借已。”见于《史记·扁鹊传》：“以阳入阴，支蘭藏者。”《汉书·王莽传》：“与牛马同蘭。”

《三韩传》：“大率皆魁头露紒（页七下)。”《说文》无紒字。《士冠礼》：“将冠者，采衣（句）紒（句)”郑注：“紒，结发。”又云：“古文紒为结。”雷浚谓：“即《髟部》㚅字。㚅，簪结也。假借作结，新附乃有髻字。”

【注释】

①濊貊：中国东北南部地区和汉四郡故地的古老的地区部族，又称貉、貉貊或藏貊。

②倭韩：倭韩部落，属带方郡。

③涢水：古水名。一作涢江。

④裸黑齿国：见《山海经·海外东经》：黑齿国在其北，为人黑齿，食稻啖蛇，一赤一青，在其旁。

1935年6月8日

《说文》无袴字。字书乃无裤字（《康熙字典》)，然古必有是物，则必有是字也。升阶则必抠衣，涉水则必褰裳。《论语》：“深则厉，浅则揭。”想为古来熟语。《尔雅·释水》亦引此二句，又曰：“揭者，揭衣也。”孙炎曰：“揭衣，褰裳也，衣涉濡裈也。”按裈，为幝之重文，许文幒也，与幝转注。幒，幝也。段注：“今之满当裤。”郭云：“即犊鼻裈。《方言》裈。”《释名》：“裈，贯也，贯两脚，上系腰中也。”又《内则》：“衣不帛襦袴。”雷云：“即《糸部》绔字。绔，胫衣也。”段注：“裈字下曰：‘今之套裤，古之绔也。’”《急就篇》：“襜褕袷复褶袴裈。”史汉例多，不具举。

襪，古俗字作韈。依文应从韋作韤。韤，足衣也。《左·哀二十五年传》：“褚师声子韈而登席。”杜注：“古者臣见君，解韈。然则蔡文姬徒跣见操，亦礼也。”按《释名》：“韈，末也，在脚末也。”顾炎武曰：“古人之韈，大抵以皮为之。既解韈，则露其邪幅。《采菽》之诗所以为咏。吴贺邵为人美容止，坐常著襪希见其足。”始从衣，按《玉篇》作袜。(《潜邱札记》卷五《与傅青主书》：“即《释古礼》脱袜事。”二四一一〇二补记)

校朱《后书·西羌传》，“羌，西戎主牧羊者。故字从羊人。”

1935年6月9日

或有疑骑马始于战国者，乘字专属驾车。又习骑射始于赵武灵王也。《曲礼》曰：

“前有车骑”。《正义》曰：“古人不骑马。故经典无言骑者。今言骑。当是周末时。”按顾炎武曰：“《诗》云：‘古公亶父，来朝走马。’古者马以驾车，不可言走。曰走者，单骑之称。”又《左氏·宣公十二年传》：“赵旃以良马二济其先兄与叔父。”是单骑，春秋时已有之。《昭二十五年传》：“左师展特以公乘马归。”刘炫曰：“此单骑之渐也。”《说文》：“骑，跨马也。鞌，马鞍具也。”《公羊传》：“齐侯唁公。以鞍为几。”鞍为跨马设也。（《潜邱札记》卷一有一条及此，二四二〇二日补眉：阎百诗最疑《礼记》一书，谓其书当出于周末）

《西羌传》：“其俗氏族无定，或以父名母姓为种号，十二世后，相与婚姻，（《后书》卷八十七页一上）”父没则妻后母，兄亡则纳厘嫂，所以序西羌风俗也甚明，惟姊妹兄弟不相为婚，去禽兽一间耳，故十二世后之十字，断为一字之误，言一二世之后从父昆弟便相为匹偶，今之东夷犹如此也，然各本皆如此作。

“并、凉二州遂至虚秏（页十四上）。”秏，殿本作耗。《说文》无耗字。秏，稻属。《汉书》曰：“讫于孝武后元之年，靡有孑遗，秏矣！”孟康曰：“秏音毛。无有秏米在者也。”《群经正字》云：“《汉书》皆作秏。”

《西羌传论》曰：“发屋伐树，塞其恋土之心；燔破赀积，以防顾防之思（页二十上）。”钱大昕曰：“赀，当作赀。”李慈铭曰：“赀，当作訾。訾、赀通用字也。”按对句屋与树是二事。改赀为赀，则赀积仅为一事。不过发冢露赀，不应出之移民者耳。

1935年6月11日

校乙《后书·西域传》一卷。“贵霜翎侯兵就却攻灭四翎侯，自立为王，国号贵霜王（八十八卷页八上）。”王先谦《集解》引刘攽说曰：“案文多一王字。”际遇按：“下文云：‘月氏自此之后，最为富盛，诸国称之，皆曰贵霜王。’则王字非衍文也。且贵霜王本为国号，但译其音，不必泥其字义。”

“天竺国乘象而战（页八上）。”象战始见此。象弈仿战阵为之，其发生必在东汉之后。

“西方有神曰佛，其形长丈六尺，而黄金色，帝（明帝）于是遣使天竺，问佛道法。”是为佛法西来之渐。

1935年6月14日

朱乙《后书·南匈奴传》竟。“其敕度辽及领中郎将庞奋倍雇南部所得生口，以还北虏（卷八十九页八上）。”雇，假借为贾，通顾。汉《鼂错传》：“敛民财以顾其功。”《注》：“若今言雇赁也。俗字作僱，亦有直用雇者。”此其偶合乎古者矣。

1935年6月16日

《后书·张敏传》："夫轻侮之法，先帝一切之恩，不有成科班之律令也（建初定轻侮法，贯报父仇者死刑）。"《仲长统传》："又政之为理者，取一切而已（《昌言论·理乱篇》）。"王据惠说，皆引颜注，实之曰："一切，犹权宜也。"语出《汉书·平帝纪》："吏在二百石以上，一切满秩如真。"师古注曰："一切者，权时之事，非经常也。犹如以刀切物，苟取整齐，不顾长短纵横，故言一切。"按《史记》，已见《荆燕世家》："乃屏人说张卿曰：'臣观诸侯王邸第百余，皆高祖一切功臣也。'"《索隐》曰："此一切。犹一例。同时也非如他一切，训权时也。"此可见权时之训由来已久，但司马或亦据小颜说耳。

1935年6月17日

朱校《后书·乌桓鲜卑传》竟。《鲜卑传》："蔡邕议曰：'夫边垂之患，手足之蚧搔；中国之困，胸背之瘭疽。'"（卷九十页八下）王补曰："本集'蚧搔'作'疥瘙'。"按《说文》无蚧字。《疒部》疥下云："搔也。"段注云："蚧同疥。"然又无瘙字。《手部》搔下云："刮也。"段注云："搔疡俗作瘙疡。"则汲本仍不失于正也。

今日补朱范书九十卷竟。蔚宗作书未成，构诬而死，年未五十，冤沈千年。其书"本纪"十卷，"列传"八十卷，的然无疑，而汲本冣目首行曰九十篇一百卷。考书中实录则以九十而终，其自相出入如此。提要详说之据宋志亦作九十卷，要非蔚宗所自题也。沈约为《蔚宗传》，载其《狱中与诸甥侄始书》末句云："余竟不成就。每愧此名。"则揣其所未成者，非仅八志而已。而约私谓此书为自序云尔。殿本自《宋书》殿冣此篇于全书之后，竟题曰《自序》，如《史记·太史公自序》，《前书》之"叙传"，然后人不察，必以为"蔚宗自序"云尔。割裂成书，清之馆臣亦陋矣夫。

1935年6月18日

释物量之称以单位为准。子曰："必也正名乎！"清言所及，临文所称，从俗固非，泥古亦凿，姑就所记，略参故训尔（以名物为单位，不列如一状一几之类）。

时曰：

一纪　《魏志·管宁传》久荷渥泽，积祀一纪。

一腊　《梦粱录》生子七日名一腊，十四日名二腊，二十一日名三腊。宋吴自牧撰，记南宋事凡二十卷。《武林旧事》宫中诞育仪例略：三朝、一腊、二腊、三腊、满月、百晬、头晬。（宋周密撰，记南宋事凡十卷。）

一期　《诗》民之无辜，并其臣仆。《疏》未害人者则役诸司空。重罪惟一期而已。或曰一稘。

一稔　《晋书·挚虞传》羡一稔而三春兮，尚含英以容豫。《左传》有五稔字样。

一宿　《左·庄三年》一宿为舍。

一饷或一晌一鄬。

一更一鼓一严　《宋书》上水一刻，奏：槌一鼓。为一严。

一弹指　佛家语：二十瞬为一弹指。苏轼诗：一弹指顷去来今。

七日曰　一来复

水曰　一泓一勺一涔（黄庭坚《谢陈适赠纸诗》一涔之水容牛蹄，识字之数我自知。）一掬一滴

人曰　一丁一口一己一介一夫一力（《南史·陶潜传》送一力给其子。）一床《北齐赋》民之法："以一夫一妇为一床。""输绢一匹"见《通考》一门

屋曰　一椽一庐

词曰　一言一话《书·立政》自一话一言。我则末惟成德之彦，以乂我受民。一篇一字一首一讲一诺一辞

币曰　一金一斤一镒（秦以一镒为一金。汉以一斤为一金。镒，二十两也，俗称一两为一金）一饼（见《后书·乐羊子妻》）一锭一钱（见《高帝纪》）一缗（钱一百曰一缗）一流一铢（二十四铢为一两）

谷曰　一粟一米一糠一粃一斛一秭一粒一穗一秉一圭（《后书·律历志》注《说苑》曰：十粟重一圭，十圭重一铢，二十四铢重一两。十六两重一斤，三十斤重一钧，四钧重一石。）

饭曰　一盂一器一箪一簋（古字作朹）一鉶（器也，段曰：此礼器也。）一豆一筲一筥（饭器受五升）一瓯

帛曰　一端一缣一丝一两（"所谓匹也。二丈为一端，二端为一两。"见《昭二十六年左传》"币锦二两。"《注》）

衣曰　一衣（《诗》缟衣綦巾。《疏》故知一衣一巾，有男有女。）一袭一具一笥

帘曰　一帘曰一桁

棋曰　一棋（《淮南子》行一棋不足以见智。）一枰一子一着一角一局一副

书曰　一架一卷一案一筐一箧一部一经一籍一简一帙一札一封一轴

琴曰　一琴一弦（《淮南子》弹一弦不足以见悲。）一摩一阕一徽（《淮南子》邹忌一徽琴，而威王终夕悲。）一弄一叠

土曰　一篑一撮一坏（从土）

舟曰　一舶一舫一船一舸一艇一艘

酒曰　一杯一觞一巡一瓮一罂一瓻一壶一酌一尊一杯一卮一盏一碗一觥一卣一石一斗一升

肴曰　一鼎一盘一柈一俎一登一脔一筵

茶曰　一瓯一苞一饼

薪曰　一束一舆一把

花果曰　一株一林一莛一茎一根一本一干一萼一苞一朵一瓣一篓一簇一筐

石曰　一拳（《新论》峻极之山，非一石所成。）

禽曰　一只（《后书·徐穉传》注《谢承书》曰：“鸡一只。”）

履曰　一只（《后书·王乔传》但得一只舄焉。）

策曰　一筹一柄

矢曰　一发

程曰　一舍（《左传》：“避君三舍。”舍，三十里）

墨曰　一笏

鱻脯曰　一肩

卵曰　一枚

药量曰　一刀圭（“十分方寸匕之一。”《本草纲目》序例。）

研曰　一方

楮镪曰　一挂

度曰　一跬（《小尔雅》：“一举足也。”）一步（倍跬谓之步）一仞（四尺谓之仞）一寻（倍仞谓之寻）一常（倍寻谓之常）一墨（五尺谓之墨）一丈（倍墨谓之丈）一端（倍丈谓之端）一两（倍端谓之两）一雅（倍两谓之雅）一束（雅有谓之束）

据《小尔雅·广度》下二则：广量、广衡。

量曰　一溢（一手之盛谓之溢）一掬（两手有之掬）一豆（四掬）一区（豆四）一釜（区四）一薮（釜二有半）一缶（薮二有半）一锺（缶二）一秉（锺二）一斛（秉十六斛）

衡曰　一两（二十四铢）一捷（两有半）一举（倍捷）一锊（倍举）一锾（锊有之锾）一斤（二锾四两）一衡（斤十）一秤（衡有半）一钧（衡二）一石（钧四）一鼓（石四）

夜稍亲杯酌，阅书至悫伯惜别诸什及祭弟哀文，为之黯然，浮生多感，昔人所同也。

圬者筑抗（俗作坑），梓人�床，芦人编笮（今人谓之篷，都人谓之顶篷），潢人（表糊匠）粘房。至俗事，写以至雅字。

朢，《说文》：“月满也，与日相望，似朝君。”《释天》：“朢，月满之名也，月大十六，月小十五日。”然今概以十五日为朢。而《越缦堂日记》又有“于十七日朢者。”当别考之。

1935年6月20日

《新唐书》二百二十五卷，自七十六卷《后妃传》以下为宋祁（景文）等撰，汲本于总目概标为欧阳修撰。

《隐逸传》首系王绩，以无功之走尘绝俗，诚足以冠冕群伦。然如朱桃椎之结庐山中，为屩换米。秦系之穴石注经，弥年不出。张志和之钓不设饵，志不在鱼。陆羽之庐火门山，倪行吃口。陆龟蒙之苦饥躬畚，莍（薅字重文）刺无休。亦足称无玷名山，同流接舆者矣。游神栖托，永挹清芬，《旧唐书》不为桃椎等五人传，宜景文之有新传也。

1935年6月22日

《说文》："𠁡，密也。𠣝，船也。𠣎，帀遍也。"段注："周自其中之密言之，匊自其外之极言之。"按经典，凡匊、帀字，多以周为之。《玉篇》乃有週字。《隐十一年左传》："周麾而呼。"是借义也。又匊亦借舟为之。《王氏句读》据《汉孟郁修尧庙碑》"委曲舟帀"以注之。

幬，禅帐也。隶作幬。变乃作帱，而引申为覆帱耳。《小星》诗曰："抱衾与裯。"曹植诗曰："何必同衾幬。"知以裯为之也。

復，往来也。从彳复声。履，足所依也，从尸，服履者也。从彳夊，从舟象履形。一曰尸声（依段本），隶作履，尸下以復字为之，声义俱烟矣。

朱校《汉书·西南夷两粤朝鲜传》竟。史记本离之为四列传："曰南越、曰东越、曰朝鲜、曰西南夷。"蔚宗乃合传而赞之曰："三方之开，皆自好事之臣。"又曰："遭世富盛，能成功，然已勤矣。"犹有黩武穷兵之余，痛也。然自汉以来，此传所列，已渐为边省沐中原之化，即朝鲜亦世奉朝请，率土归臣。至于迭为边患，与历史相终始者，乃在彼不在此也。"西南夷发于唐蒙、司马相如，两粤起严助、朱买臣，朝鲜由涉何。"虽事出喜功，而威已能及远矣。

1935年6月23日

偶读《周礼》："不温燖久矣。"《说文》无燖字。《哀公十二年左传》："若可燖也，亦可寒也。"或作燅字。雷氏以为《炎部》"燅"字。于汤中爚肉。徐盐切。

1935年6月25日

霍显曰政君，其小女曰成君（江都王建女曰细君《西域传》）。东方朔曰："归遗细君。"有谓细君为朔妻之名。按《扬雄传》："东方朔割名于细君。"师古曰："割，损也。言以肉归遗细君，是损割其名。"曾宾谷《曹俪生悼亡诗跋》有云："东方朔趋朝之暇，细君割名。宋子京修史之时，侍者和墨。"（《宋史·祁本传》）语虽本此，然愈用而愈晦矣。细君为名，非只证也。

宾谷文又曰："蔗因庶出有节未长，荔是侧生厥枝不挺。"《说文》："蔗，藷柘也（王注：'字亦作柘。'《子虚赋》：'诸柘巴苴。'张揖曰：'诸柘，甘柘也'），从艸庶声。"至各家所引证义志参见上一文藷条下。而野史曰："宋神宗问吕惠卿曰：'何草不庶，独蔗字从庶，何也？'对曰：'凡草植之皆正生，此嫡出也。蔗独横生，所谓庶出也，故字从庶。'"此曾文所自出，然诸家不存此说。予所见蔗之丛生，与竹相似，拔地而起，并无横生之事，必谓蔗从艸庶，庶亦声，则取其丛生之义尚可耳。惠卿之言亦与水骨土皮，同入启颜之录而已。

1935 年 6 月 26 日

笺注悉伯《轩翠舫轩记文》一首。信乎，经生雅诂，艳夺骚人，学士赋形，思通画苑，非采撷饾饤者所可学步也。袁闳少励操行，不入彭城相府之门，土室于庭，终其深林将母之志，赗馈一无所受，黄巾不入其间，以冠独行，岂有惭色。特以祖安有传，于例应附见之耳。《翠舫轩文》中有云："俾知《解嘲》，杨子亦有草亭避世。袁闳非无土室，盖胎息于此。"

夜叩啸咸扉，重与细论文。啸咸云予文逼似《洛阳伽蓝记》，记撰于后魏抚军府司马杨炫之，列汉魏丛书中，五卷（《文南通考》作二卷）。炫之以尔朱之乱，追述斯记，故时流酸齑所之音，其自序云：[①]

其文格尚在并时萧（宝寅）、温（子升）下也。

【注释】

①此处省略《洛阳伽蓝记序》原文。

1935 年 6 月 27 日

刘武仲（淇）《助字辨略》，自经传外采及史书杂集，予癸酉日记已及之，并谓王伯申氏《经传释词》之成虽在其后，而实未见此书，悉伯说与予同（五十册六十八页）。

夜重阅《越缦堂日记》五十一册竟，自上月病齿不克正襟点校，遂取此记覆阅之，是为第三遍矣，复摘其联语及未刊行诸文录为《越缦外篇》，间并为笺注之，于以叹所以窥先生者之未尽也。即以日记言之，二十五年间都三百万言，就予所见无一笔误之字，又几无一不合六书之字，此何如精神，何如学力哉，其所驱遣之字及词，不能谓尽不相複，然铸辞用典之一见再见者，吾见亦罕矣。其于名物也，必以《尔雅》《说文》为宗，若不见于古诂者，方以后出俗字代之。今人读古人之文，疑其不知经若干，润泽而后为定本也，若夫日记，则信手而书，瞬成陈迹，而造次之际，稽古斯在，斯真文不加点，而可榜诸国门者矣。至于发为词章，珠玑交映，一洗朴学艰涩之耻，不落骈体浮滑之科，孕史事不作点鬼之簿，说名理不为凿空之谈。又以秋棘春车，艰于一掷，嵇琴向笛，凄绝九哀，孑孓奉觞，空羡马医夏畦之鬼，混混相浊，羞与朱儒陛楯为徒，叹老伤穷，悲亡悼存，文词之工，皆当低首，深谢造物，铸此奇才。至其他善，亦突古人。比稍考其世代，故论次其文辞之特异者如此。前修匪远，赞仰弥深。

1935 年 6 月 30 日

早行后补抄《越缦堂日记》二页。

三复北江《戒子书》，粹然有道之言，炉火纯青之作，真老来律细也。疗贫之术不出户庭，与悉伯所云："吾辈则以道为养。"所谓道者，读书安贫贱而已，正互相发明。琅琊王吉曰："休则俛仰诎言以利形，进退步趋以实下，吸新吐故以练臧，专意积精以适神，于以养生，岂不长哉！（《汉书》七十二卷）。"故古来儒生诗人、枯槁隐逸往往多寿也。阅北江文。

阅《卷施阁》文所不入八家选本者，子初入睡，月来以此夕为独早矣。

1935 年 7 月 1 日

笺注王褒《僮约篇》（用娄江徐本李选《骈体文抄》）。

王褒以文著者，有二人，皆字子渊。一蜀人，汉宣帝时待诏，《班书》有传，并言其辞赋大者与古诗同义，小者辩丽可喜（卷六十四下）。

一琅琊临沂人，工属文，梁国子祭酒。萧子云褒之姑夫也，名亚子，云并见重于世。入周授车骑大将军，明帝好文学，与庾信特加亲待，《周书》有传（卷四十一）。

其名汲古阁本字皆作褒，惟《周书》目录作褒。按字本作褒，衣，博裾也。从衣保省声。保，古文保，博毛切。故隶变作褒作褒。裒，又褒之讹变。《易》虽作"裒多益寡"，《群经正义》及悉伯（《越缦堂日记》第十册二十七页）皆辨其非。

《汉王褒文本传》及《萧选》并录其《圣主得贤臣颂》一首。蒋心余评明王志坚选《四六法海》本所选《与周处士书》为周人（此书亦载《周书本传》），心余附记云："褒，姓名字皆同汉王褒，近人刻《僮约》直书《北史》一段于后。"按《僮约》首句即云："蜀郡王子渊。此王褒乃琅琊人，何可混也?"际遇按：《僮约》卷文中明曰："神爵三年正月十五日为汉宣帝年号。"当时近人何至失检如此。

中夜不寐，起读范书《逸民》《列女》两传，如遇故人矣。（《少仪》："夏右鳍。"郑注："鳍脊也。"《说文》无鳍。《释文》作鬐。鬐，新附字。）

1935 年 7 月 3 日

温文，点《汉书·西域传》，格磔钩辀，仅尽半卷（梦秋尝云："一万字为一卷。"未知所据）。

冯敬通《与妇弟任武达书》（载《衍集》中，附注《后书》十八卷本传）备言牝鸡司晨之痛，《范史》并著其妻任之悍忌，衍之坎壈诸事，于篇其后。

刘孝标《自序》比迹敬通三同四异（载《梁书》五十卷《峻本传》中，诵者悲之）。汪容甫《自序》更综喻平原四同五异，其言益痛焉。黄季刚《自序》（未刻，抄存《香草集》中），窃慕三君，又陈不类者三，其文悱恻，极摹江都失群之悲，乐生之尽，世有秋士，谱此离音（杨芳灿《自序》慕似义山四同三异，文俪而艳）。三君出妇，传记可参黄君，同伤序中自隐，但云："三君皆遇悍妻，勃溪诒诮，余中年鳏寡，罔罔无聊，亲爱别离，惭魂吊影。惟此一事，仿佛前文。"实则尚有难言之隐，弦外之音，我思古人，言从之迈，高文可诵，隐覆可射，援此证彼，注脚批眉，汪文之藏，发之不尽，引检所得，悉记诸篇，冀家塾子弟，略知古典耳。至于友朋交游之私，床笫燕婉之求，自郐以下，比兴之义浸衰矣。汪文中孝标婴年失怙，藐是流离，托足桑门，栖寻刘宝（据江都《汪氏丛书》本）。

据《峻传》："父珽，宋始兴内史。峻生期月，母携还乡里。宋泰始初，青州陷魏，峻年八岁，为人所略至中山，中山富人刘实愍峻，以束帛赎之，教以书学（句）魏人闻其江南有戚属，更徙之桑乾。"据官《容甫本传》语而言，则刘宝应作刘实也（王选亦仍作宝）。然《南史》以汉鲁人孔鲋著《小尔雅》（汉魏丛书本，据龙威秘书本）校广释物量之称篇。（本册二十三页）

《陈氏三种》，番禺陈澧著，曰字体辨误，曰引书法，曰肇庆府修志章程，寥落二十页，未满万言，不足一卷。而明畅精善，粤人敬而爱之，为之专刊，不惟可贻之好事也。其签目者为修志章程，则流于不词矣。因为小子析从舀从臿诸字，特录其《二字形近相混篇》"舀臿"一条，助以许学各书而附益之，斯亦保氏教国子先以六书学僮讽籀书，乃得为史之意也。

舀，抒臼也，从爪臼。《诗》曰："或簸或舀。"（以沼切）滔、蹈、韬、稻、騊、慆（《昭二十六年传》："天道不謟之。"謟，《说文》无此字。杜注："謟，疑也。"陆释文曰："謟本又作慆。"按：《昭二十七年传》："天命不慆久矣。"杜注："慆，疑也。"）搯**[illegible]**（古器也，或作**[illegible]**）等字，从之为声者。

臽，小阱也，从人在臼上。王本又有"舂地坎可臽人"六字（户猎切）。陷、閻、啗，窞，欿，餤，惂，淊，锥，蜭，**[illegible]**，讇，或諂（与上条謟字异）爓，等之从之为声者。

1935年7月4日

补抄《桃花圣解盦日记》一页。

释底厎。《说文》："**底**，山尻也（段正山为止字之误，王从之）。一曰下也，从广氐声。"**厎**，柔石也，从厂氐声。**砥**，厎，或从石。《尔雅·释诂》替（俗作替）戾厎待也。又替戾厎厎止也。按从广之底，经典不多用，惟《昭元年左传》："勿使有所壅闭湫底。"服注："底，止也。"杜注："底，滞也。"《国语·晋语》："戾久将底。底箸滞淫。"《楚语》："夫民气纵则底，底则滞。"注曰："底，箸也。"此类之底与"厂部"厎字引申为厎平之厎。回别朱氏《通训定声》底条下引《孟子》"周道如底"，以为借义，非是。《孟子》引《大东》，此诗本应作厎，多作砥，其作底者俗误也。

1935年7月5日

校点《汉书·西域传》（九十六卷下）："因收和意、昌系琐，从尉犁槛车至长安，斩之。"（页四上）与《罽宾国传》："阴末赴锁琅当德。"（上卷页七上）两事一作琐一作锁。《说文·金部》无锁字。《玉部》瑣下云："玉声也，从玉**貨**声。"《系传》引《左思诗》："娇语若连琐。"《广雅》曰："琐，连也。"《徐笺》："盖以玉制为小连环，其声细碎，谓之连琐。系人琅珰，以铁为连环，其形相似，故亦谓之琐。其后因易金旁作锁。"说甚明晰。

"初，楚主侍者冯嫽能史书，习事，尝持汉节为公主使。赏赐于城郭诸国，敬信之，号曰冯夫人。"（页四上）上海文瑞楼本据吴挚甫所依姚姬传评点，于"国"字断句。是也。王注本载乃兄先慎说，谓当重诸国二字。非是，本卷下文"吉、憙发城郭诸国兵万余人"可证。又诸国者，诸小国也。《周礼》注曰："大曰邦，小曰国。"（太宰，以佐王治邦国）。《隐元年左传》曰："都城过百雉国之害也。"国之义从或。或，域。此言"诸方域皆信冯夫人"耳，因此故"公主敬而信之"耳。省此非句法矣。

"国中大安和翁归靡时。"（页五上）师古曰："胜于翁归靡时也。"先谦曰："依颜注：和盖加之误。"慈铭曰："和犹如也，和如一音之转，此谓如翁归靡时也。或疑即如字误。"颜注，非。际遇未检李氏札记时，亦以意得之以和为共，如我和汝，自元曲至今语皆然。《庄子·徐无鬼篇》注："与物共者和也。"则和非误矣。

1935年7月6日

上记山谷语，谓南人谓毕为笔，宋人不讲小学，往往傅而会之。《学记》："呻其占毕。"《尔雅·释器》："简谓之毕。"朱骏声云："占毕者，笘箓也。"章君《小学答问》云："本字当为箄。"《说文》："箄，藩落也。"截竹为藩与截竹为简同。《庄子》以竿牍为简牍，明竿、简同字。比竹为藩曰箄，比竹为简亦曰箄，此可证也。

《不其山馆日记》第二册

（1935年10月12日—11月18日）

1935年10月12日

读《通鉴》八十五卷、八十六卷，纪赵王伦、齐王冏，诸王兴灭始末，当与《晋书·八王传》（五十九卷）参读之。《葛藟》犹庇其本根，大封同姓以藩屏，周卜世卜年，克昌厥祚。嬴秦罢侯置守，独尊诸己。典午南风（贾后），骨肉相残，招侮坠宗，岂惟史臣之痛。期年之间，机、云兄弟，孙拯、刘沈、嵇绍辈，并以忠良见杀，而爵赏之滥，白板封官，貂蝉盈座，狗尾可以续貂，封豕啼而人立，我生之后，亦及见其盛矣。

1935年10月14日

读《通鉴》第八十六卷。昨记甚伤典午骨肉之祸，而意有未尽，此卷记刘弘表语曰："自顷兵戈纷乱，猜祸锋生，疑隙构于群王，灾难延于宗子。今日为忠，明日为逆，翩其反而，互为戎首。可谓言之痛矣。弘专督江、汉，威行南服。谋事有成者，则曰'某人之功'；如有负败，则曰'老子之罪'。所以有'得刘公一纸书，贤于十部从事'之语，某人老子"云云。六朝方言，今多存者。

又毕垣曰："王若问卿，但言尔尔。"胡注："犹言如此如此也。"今语犹然。

"导使睿乘肩舆。"胡注："平肩舆也，人以肩举之而行。""肩舆"字始见此。

1935年10月18日

抽读《隋书·隐逸传》，《序传》言："魏、晋以降，其流逾广。其大者则轻天地，细万物，其小者则安小节，甘贱贫而受命哲王，守文令主，莫不束帛交驰，蒲轮结辙，奔走岩谷，惟恐不逮者，何哉？以其道虽未弘，志不可夺，所谓无用以为用，无为而无不为者也。"然其所叙之人，止于四家（李士谦、崔廓子赜、徐则、张文诩）。所列之行，多涉禅悦无稽之言。如客问三教优劣，士谦曰："佛日也，道月也，儒五星也。"赜引"神人玉像，为应天定鼎之瑞。"则"殁于江都，柩返天台，在道多见则徒步。须臾，尸柩至，方知其灵化。"语涉夸诞，事类稗官，宜知几有。"邪说害正，虚词损实，小人以为信尔，君子知其不然之言也（《暗惑篇》）。"只以诸人皆为当路所延誉，故有传于史册耳。然则山林岩穴之间，遂无一人焉矣乎？如此等传，可以无滥厕矣。世谓自沈约《宋书》已下，竞标藻采，务摭异同，每涉夫俪裁事，或取诸小说，有以也夫。

1935 年 10 月 19 日

阅《戴东原集》，凡十二卷，《年谱》一卷，《札记》一卷。《年谱》编于段玉裁之手。卷一经说，卷二名物考，卷三论形，卷四论音均，卷五星象，卷六论水经注，卷七论勾股圜率，卷八论性，卷九书翰论学，卷十著书序，卷十一序跋碑记，卷十二传状铭词。

段序称："先生所为书或成或未成，孔氏体生梓于曲阜十余种，学者苦其不易得。文集十卷，先生之学梗概具见。"武进臧氏在东顾氏子述因增其未备，编为十二卷，然则此集之外尚有文集十卷（孔氏文波榭所刻），兹依其卷次似冠名如上。

段氏所为《年谱》，即先生之学。按支伟成据之以作列传于《清代朴学大师列传·皖派经学大师·卷下》，与江永春色平分。先生殁于乾隆四十二年，得年止五十五（丁酉五月二十七），据五月二十一与段君书，尚云："归山之志早定，八月准南旋。老亲七十有八（谓封文林公），非得一书院不可。"则尚非病殆时也。所著书子目详，《年谱》中凡十五种，而仪郑堂《戴氏遗书总序》则旨趣具在矣。没后京师同志挽联曰："孟子之功，不在禹下；明德之后，必有达人。"（《楹联丛话》尚载一联）昆山[1]而后，当此者谁哉？段君于先生称弟子（玉裁，雍正十三年生）自云："至已丑相谒，先生乃勉从之。"按是年段君已三十五岁矣，盖犹是孔门汉代之家法也。

《隋书·刘臻传》："父显。（臻）性好噉蚬，以音同父讳，呼为扁螺。"䖞，缢女也，从虫见声。许君用《尔雅》缢女原文。徐音："胡典切。"《玉篇》："户千，户典二切。"释文："下显反。"字林："下研反。"可见六朝以来，皆读蚬如显。郝注："朱声皆泥蚬之，言犹磬也。"磬，经义音俱近，指释文字林所音为失之，不知牙音之见，纽与喉音之晓，纽通转者，其例不胜更仆。今粤语犹呼开如灰，而日人反呼海如开，即如见之本字，借为见在之见（后作现），而以见为声之俔（"俔天之妹"）、苋等又皆读如显也。

【注释】

①昆山：指顾炎武。

1935 年 10 月 21 日

早课毕，循例开会，余君读效率之"率"为所律切。太侔[1]叩此"率"，应作何读？按《玉篇》本有山律、力出二切。《广韵》仅收入质韵所律切。记季刚尝云："一率二率等当读质韵。然《召旻》笺：'米之率：粝十，粺九，凿八，侍御七。'"率，音律，又音类顾氏《唐韵正》，朱氏《定声》两韵并收。章氏文始云："古音同帅帨，亦作吕戌切，齿舌二音。"又《孟子》："羿不为拙射变其彀率。"（陆注：法也）音律则两读俱是。率以形似，蒙于“丝部”之后，文曰：“捕鸟毕也。象丝罔。上下其竿柄也。”率部孤立一文无所统，亦无所属，以其上中下诸部皆象形而非字，《康熙字典》令隶“玄部”。《诂林通检》并令入“十部”，便检索而外，毋足深论。

点校《隋书·文学传》竟。《传序》曰：“暨永明、天监之际，太和、天保之间，洛阳、江左，文雅尤盛。于时作者，济阳江淹、吴郡沈约、乐安任昉、济阴温子升、河间刑子才、钜鹿魏伯起等，并学穷书圃，思极人文，缛彩郁于云霞，逸响振于金石。英华秀发，波澜浩荡，笔有余力，词无竭源。方诸张、蔡、曹、王，亦各一时之选也。闻其风者，声驰景慕，然彼此好尚，互有异同。江左官商发越，贵于清绮，河朔词义贞刚，重乎气质。气质则理胜其词，清绮则文过其意，理深者便于时用，文华者宜于咏歌，此南北词人得失之大较也。”传中论列十余人，有隋总一环宇，得人为盛，而秀异之贡，不过十数，杜正玄昆季三人预焉，籍甚三河之间，此为真秀才矣。诸葛颍、刘臻、崔儦、孙万寿、王贞、王胄诸人，并以弱冠蜚声俊才，独《王頍传》云：“少好游侠。年二十，尚不知书。而感怒激发愤，年二十二，周武帝引为露门学士。”彼天之降才尔殊也。崔儦负恃才地，忽略世人，大署其户曰：“不读五千卷书，无得入此室。”昔雅典哲人 Peato 亦题其门曰：“不知几何学者，无得入此门。”亦旷世而同符者。

【注释】

①太倅：指赵太倅。曾任山东大学校长。

1935 年 10 月 22 日

梁章钜《退庵随笔》二十卷，分躬行、交际、文学、武备、生理、官常、政事、家礼、家诫、读经、读史、读子、学文、学诗、学字十五门。予于甲戌五月十四日已节录其凡，今日复阅犹贤乎已。（此书刻于道光十六年）

清代教官，府教授一百八十余员，州学正二百一十余员，县教谕训导共二千六百余员，所谓百无一事可言教，十有九分不像官者，然实教化之源也。今天下教授讲师之数，亦无虑二千允矣，斯文之盛已，清制所袭者明制，今学校则袭欧制也。

《清通礼》：“凡丧三年者，百日剃发。”《政和礼》（宋徽宗）以百日为卒哭之期。吾乡守百日之制，至今犹严，不特行士大夫之家也。今北人多不知百日之制，此事固起于浮屠家言，而由来亦已久。魏收《魏书·外戚·胡国珍传》：“诏自始薨至七七，皆为设千僧斋，百日设万人斋。”《北齐书》：“孙灵晖为南阳王绰师，从绰死后，每至七日及百日，恒为请僧，设斋传经行道。”可以证之。

伊川程子云：“卜其宅兆，卜其地之美恶也。”五患不得不谨，须使他日不为道路，不为城郭，不为沟池，不为贵势所夺，不为耕犁所及而已。然此已不易言矣。

《退庵随笔》家礼条下云：“古昏礼有六礼，今《朱子家礼》略去问名、纳吉、请期，止用纳币、亲迎。”盖以“问名”并入“纳采”，而以“纳言”“请期”并入“纳币”，已属简省之至，然于礼并无所增减也。吾乡亲迎之礼犹缺焉，毋乃太简乎，此条与予所记（本年七月三十一日）《家礼》相同，居今之日，礼云乐云，强与兵子共语，拂衣者不在刘巴，号率诸侯攻秦，溲冠而倨见长者。野有麕而林有楸，空劳相鼠之讥，蚕则绩而范则冠，不见子皋之宰，谓之何哉。

1935年10月23日

《学古堂日记》二十六册，雷深之老年主斯堂时，吴郡诸生札记之尤者也。雷浚诸可宝并有序（光绪二十二年时诸令崑山），分周易、尚书、毛诗、周礼、仪礼、礼记、孝经、尔雅、说文、史记、汉书、通鉴、史表、文选、算学、丛抄，自来经生课士之成法如此。光绪辛丑壬寅之间，温幕柳（仲和）先生课予等于岭东同文学堂，每来复徵阅札记一次，行行如也，奚为于□之门，思之失笑。

《读书脞录》（《书·益稷》："元首丛脞哉。"释云："马云：'小也。'"《说文》无"脞"字，《目部》："睉，目小也，"雷以为"脞"字）七卷，仁和孙志祖贻谷著，嘉庆己未镌。志祖乾隆进士，自跋谓"成书于丙申陈情归里之后"，则亦二十余年间所致力者矣。凡说经二卷，说子史二卷，杂识三卷。因有感于卢学士抱经"辛苦纂集，烟飞灰尽"之语，乃诠次剞劂之云，以今观之，世称其考论经史杂家，折衷精采（《人名大辞典》），非溢美也。其记东汉"二名"一条，但列史文，不肆评论，视予昔记（二十三年十月三十一日），简赅可贵。

《援鹑堂笔记》五十卷（经部：周易、尚书、毛诗、周礼、仪礼、礼记、春秋、左传、公羊传、谷梁传、论语、孝经、尔雅。史部：史记、汉书、后汉书、三国志、晋书至唐书、五代史至明史、别史传记。子部：庄子、荀子、吕览、淮南子、杂子家。集部：文选、楚辞、文心雕龙、王阮亭古诗选、韩昌黎集、王荆公诗集、杂家集、文史谈艺杂识续编。各如干卷），桐城姚范姜坞编修著，殁后其曾子莹石甫所辑刻，阳湖方东树植之为之雠注者（道光十五年淮南刻本），曾涤生《欧阳生文集序》及《惜抱集》所称"世父编修君"者是也。其治学多遵汉儒家法，论文章亦能折衷群言。植之所注，不负争友之托，学古者之明镜也。

集中多弹及望溪，如评昌黎《赠太傅董公行状》（四十二卷）引望溪云："此韩文之最详者。而所详不过三事，其余官阶宦绩皆列，数其为人，则于序事夹带一二语。北宋而后此种义法不讲矣。"而系之曰："按此等文，何足以跨压北宋人，望溪沾沾于详略讲义法，非笃论也。"又评《望溪集》（四十二卷）十余则，其于《李刚主墓志铭》条下云："此文断续皆不连属，以不知古人神理融结之妙而求之于所谓义法，少自离局即菑瓜相诡筋脉弛散矣"云云。不以其为乡先正也而略留余地。

其诸贤生卒六十余条，后有"钱晓汀《疑年录》（嘉庆壬申）吴荣光《历代名人年谱》自如积薪居上矣。"论文章高下四十七条，文之深趣奥旨略见而习之。注又云："多闻之于刘海峰也。"（按堂名援鹑，取扬子《寡学篇》："春木之芚兮，援我手之鹑兮。"言孔子教人有以手援而醇和也）

《湖林塘馆骈文》，庞尚书《文庙祀典考序》录自《越缦堂日记》（十八册二十一页），“削大成之陋称，祛汁光之妄说。”刻本及原稿并从衣作“袪”也。许文无从示之“祛”，而于袪下云：“衣袂也，一曰袪，怀也。怀者，抱也。”分明是二义。段注曰：“藏物必去此而藏彼。故其义亦为攘却。盖至《集韵》而后有祛。唐石经：‘以车袪袪。从衣不误。’”忞伯巨笔之下，一字一笔不苟如此。

末段云：“尤当议及者，小学无洨长则仓籀之心不传，雅训无景纯则周孔之读不著。平叔忠魏而《论语》以行，邠卿[1]忠汉而《孟子》以显，厚斋[2]东发皆紫阳之适传，梨洲亭林实苏门之畏友。以应俎豆，弥韵金丝，将联奎壁之辉光，益昭国家之盛举，司寇它日，秩长寅清，雍容上议，犹愿簪笔而从其后焉。”据此，则当日（同治十一年）许慎、郭璞、何晏、赵岐、冯椅（有曰子斋易学等）、黄震、黄宗羲、顾炎武诸公尚无袝食文庙也。（苏门未详。黄宗羲宣统元年，顾炎武同上，赵岐宣统三年，许君光绪元年从祀圣庙。见二二一二〇六记。）

【注释】

①邠卿：指赵岐。

②厚斋：指冯椅。

1935年10月24日

夜粗阅《烟屿楼读书志》“史子集”诸编，同叔[1]所为文（有《柳泉诗文集》）未见，而评文甚易，骈体又主少用典句，或用之而亦使人可不数典而知其意，至举欧阳《谢知制诰表》“俯而受命，伏读训辞，则有必能复古之言，然后益知所责之重”等句，谓四六文简净如此，看似容易，到恰难也（恰，应为“却”之讹。张祜诗“却嫌脂粉污颜色，淡扫蛾眉朝至尊”。卻俗作却，或误郤耳），则其宗尚可知。论诗又不然于随园[2]“印贪三面刻，墨惯两头磨”。而于《三国演义》，仅其融化《陈志》[3]《裴注》[4]。各书言皆有所本，又不能举罗贯中之名。诸如此类，可从削稿，要不失为乡党自好之士矣。

【注释】

①同叔：指徐时栋。

②随园：指袁枚。

③《陈志》：指陈寿《三国志》。

④《裴注》：指裴松之所撰的《三国志注》。

1935年10月25日

《吾学录初编》二十四卷，南海吴荣光撰，道光十二年序刊（书名取《论语》“贤贤易色”章旨，“吾必谓之学矣”之意）。取《清会典》（千一百三十二卷），《清通礼》约录之令官民有所率，徇不为泥古之论。诚昭代右文之叔孙氏也。中分十四门，其典制、政术、风教、学校、贡举、戎政、仕进、制度、祀典、宾礼、昏礼、祭礼、律例诸大节久矣，殊风异乐，荡焉无存。惟丧礼一门，饩羊犹在，编氓僻壤，存护愈多。士夫居里，时有前席问礼者，秉彝之性，至于身丁临丧大故，尚有几希之存？而习俗流传，相承日久，亦非诸公朝夕之功所得概行芟灭之者也，然而亦危乎微矣。予昔读礼柏庐，常有本诸礼经，阐说潮民丧俗之意，以吾乡俗存古之意独多，及今不言，后更无识之者矣。《吾学》之录，启予良多，其《三父八母服图》（八母谓养母、嫡母、继母、慈母、嫁母、庶母、出母、乳母）内云："庶母，谓父有子女妾嫡子众子齐衰杖期所生子斩衰三年。"此通例也。

文昌之祀，知之者少，而列于祀典，普及齐民，二月三日之祀，至今未餒。《吾学录·祀典篇》《退庵随笔·家礼篇》皆论及之，归于二说。一以为天神（《天官书》："斗魁载匡六星六司录是为文昌宫。"），一以为人鬼（在周为张仲云云）。观致祭之文，首曰："惟神迹著西潼，枢环北极。"则两说俱存矣。（《明史·礼志》："礼部尚书周洪谟等议云：'梓潼显灵于蜀，庙食其地为宜。文昌六星与之无涉。'"）

1935 年 10 月 27 日

《史记会注考证》十册，日本泷川亀太朗著，精装大字（日金三十円），插架有光，颇有宝爱之者，且有视如秘匧（许文云：箧，匧，或从竹）鸿宝，靳不示人者。晨过泽丞，假首尾二册怀归。阅之，盖以《集解》《索隐》为底本，集抄各家评注附益之间，以翻阅所得之见，殊得獭祭家法，可助托钵叫卖者。侏儒盛业，不过尔尔，它姑弗论，仅离句一事，已足使彼邦老儒，穷老尽气而不得其门。盖同文异读，声味回殊，日人但能以文法读之耳，而此老博士似尚未足语此，如《自序》之末"太史公曰：'余述历黄帝以来至太初而讫，百三十篇'"一笔。殿本《史记》单提一行，原不足深论，《考证》本于"太初"断句，便成歇后之语，遂引日人曰中井积德者之说，于下跨行注之曰（末段似歇后而意复，无所发明，无所结束，岂下脱数句耶，不然是一段全属衍文，何妙之有，《汉书》亦无此一段）："笑死东方冠缨索绝。"《汉书》乌能有此一段。（注中所用是字，作此字解，犹言此一段也。由是观之，彼辈常作由此见之，毕生不能解）。而方苞独有说以处此曰序，既终而复出。此十六字盖举其凡，计缀于篇终，犹《卫、霍列传》特标左方，两大将军及诸裨将名目，无论结法并不相类，且亦何须值得费此议论（《石头记》第一回首句曰："此全篇第一回也。"为《红楼梦》索隐者于此句下脚注千数百言，意谓何消说得如此大书特书，不知此正作者弄神通处，不过为无聊文人过日方法），其它无暇偻指，止以太史公事历篇中所引《报任安书》言之（班书已有《司马迁传》，此全照录，而易其题焉尔）"其所摧败，功亦足下以暴于天下"。断"功"字为句。家贫失断句。"仆行事，岂不然邪？""事"字为句。"已稍陵夷"连下"至于鞭箠之间"为句。章句不明，又何必与之计是非哉。

《班书·艺文志》本云："司马迁赋八篇。"王应麟曰："《艺文类聚》有《悲士不遇赋》（三十卷）。"可见唐以前已失著录，而《类聚》一书，后人窜入者不少，虽史公此文未见各家辨证，然以今读之，终嫌其不类汉赋。

东平思王宇请《史记》事，据依《古今图书集成》转录而误为后汉（总论百十二页）。按苏舆之说，是时《史记》标名《太史公》，此称其书名，自晋以后始有《史记》之称（王先谦补注引文）。彭啸咸言始于《魏志·王肃传》。泷川氏引朱筠说曰：“至《隋籍志》云：‘《史记》《汉书》师法相传。’并有解释。”然迁书自名《太史公书》，不名《史记》，而后人特重其书，以为自黄帝以来讫楚汉，古史记之书，赖是以存，遂以《史记》之名当之，相传于世（《与贾云臣论史记书》）。下有按语曰（《史记总论》七十二页）：“愚（泷川自谓）按《史记》之名，朱氏以为出于隋书，梁氏以为出于班彪父子，后说为是。”际遇按：“梁玉绳《史记志疑》所云‘《史记》之名当起叔皮父子’，现汉《五行志》及《后书·班彪传》，可见亦仅笼统其词，竹君所引《隋书经籍传序》如此，（志中云《史记》一百三十卷）书成于唐人之手。并不足为《史记》名称之左证也。”《李氏山房藏书记》云：“苏轼云余犹及见老儒先生自言少时欲求《史记》《汉书》而不可得，幸而得之，皆手自书，日夜诵误，唯恐不及。”则《史记》之刊自北宋始矣。卷末列参考书目一百种，清人著作漏略滋多，开明本所列者二百余种，可覆按也。借书如借责，责尽一身轻以羽，即还之。

1935 年 10 月 28 日

阅《骈文类纂》二十一卷上毕。自应德琏至王壬秋，千七百年间文章之流变，略具于胸矣。

1935 年 10 月 30 日

废都宏远堂书贾以岁一至，撷书数百种之首各一册求售，晨一浏览之，有可喜者如：

姚际恒（首源，新安）《古今伪书考》（光绪十八年浙江书局刊）一册，不分卷，所及者经、史、子三类考伪。

《焦氏易林》疑是东汉以后人撰（引《日知录》说）。

《古文尚书》二十五篇，并《孔安国传》，出于东晋梅赜上之朝。伪称《孔壁周礼》，出于西汉之末。

《孝经》出后人附会。

《忠经》，托名马融作，其伪无疑。

《小尔雅》当是好事者由《孔丛子》第十一篇抄出为之。

《汉武故事》与《汉书》绝不同（晁子止曰：“唐人书洞冥记后云：‘汉武故事，王俭造。’”）。

《飞燕外传》称汉玄伶撰，陈直斋曰：“玄自言与扬雄同时，而史无见。或曰，伪书也。”

《汉杂事秘辛》言梁后明王世贞伪撰。

又有《焚椒录》言辽后事，尤秽亵不堪，皆祖述此。

《西京杂记》非葛洪作，或谓吴均依托为之。

《鬼谷子》，《汉志》无，《隋志》始列。

《纵横家》是六朝人所托。

《周髀算经》，《汉志》无。

庄子《盗跖》《渔父》《让王》《说剑》四篇，非庄子作。

《列子》，后人会粹而成之。

《尔雅》《汉志》附于《孝经》后。《隋志》附于《论语》后，皆不著撰人名。

《释文》谓《释诂》为周公作。盖本于魏张揖所《上广雅表》言“周公制礼，以安天下。”著《尔雅》一篇以释其义。此等之说固不待人，举张仲考友，而后知其诬矣。郑渔仲注《后序》曰：“《离骚》云：‘使冻雨兮洒尘。’故释风雨云：‘暴雨谓之冻。’”此句专为《离骚》释，故知《尔雅》在《离骚》后。按何止《离骚》后，古年不系干支，此系干支，殆是汉世。又案此书释经者也，后世列之为经，亦非是。

《山海经》，秦汉间人作。

《越绝书》，《隋志》始有，称子胥撰，东汉人成之。

以上皆平日积疑心中者，因撮录之以备考焉。

《字林考逸》八卷（任大椿兴化撰），《隋书·经籍志》云：“《字林》七卷，晋弦令吕忱撰。”《封演闻见记》云：“晋有吕忱，更按群典搜求异字，复撰《字林》七卷，亦五百四十部，凡一万二千八百二十四字，盖极盛于魏唐之间，而亡佚于宋元之际。”《通考》载李焘说，谓：“忱本书不可遽使散落，则南宋初时已然矣。今世传《说文》《玉篇》，而《字林》实其承绪开先者，大椿由散见于诸书者，掇拾条件而列部不及二百，则所存者泰山一箦耳。”（《说文》无箦字，《释文》作蕢，《礼乐志》《王莽传》作匮）

《古文品外录》，陈继儒（仲醇）选评，序云：“择秦汉以来之文，旨远情深者三百余篇，笺疏之，今录其第一卷篇目。”其风尚可知矣。汤若士《牡丹亭》云：“妆点山林大架子，附庸风雅小名家。”为眉公道白也。屈原《天问》（附子厚《天对》），西王母《问上元夫人》，孙武《行军篇》（附六一《醉翁亭记》），苏武《报李陵书》，卓文君《司马相如诔》，无名人《汉杂事秘辛》，戴德《武王践祚记》，扬雄《箴答刘歆书》，赵皇后《奉成帝笺》（附成帝答），汉章帝《河内诏》，明帝《养老诏》（附东坡二敕），冯衍《与妇弟任武达书》，班固《弈旨》，班昭《为兄上书》，崔瑗《河堤谒者箴》，苏竟《与刘龚书》，秦嘉《与妻徐淑书》（并《又报书》），徐淑《答夫秦嘉书》（并《又答书》），郑玄《戒子益恩书》，王符梦《列论》（见《潜夫论》），《邯郸淳后》，汉鸿胪《陈君碑文》，胡贯班《与王匡书》，黄忠《与申屠蟠书》，黄香《责髯奴文》，汉邓皇后《教邓子弟诏》，申屠蟠《奏记外黄令》，王褒《僮约》。以上四书大凡如此，而学术人心文章政教之变革隐然具焉，礼者民之坊也，可不惧哉。

校乙班书《食货志》毕，《说文》无愈字，愈作俞，民俞勤农。《礼乐志》“以汤止沸，沸俞甚”是也。又病瘳之愈作瘉。《高帝纪》“汉王疾瘉”如此作。又《心部》：“悆，忘也。嘾也。从心，余声。”《周书》曰：“有疾不悆。”悆，喜也。则与豫同义。

《史记》之称，当以陈寿《魏志》为最早。《王肃传》：“帝又问：‘司马迁以受刑之故，内怀隐切，著《史记》非贬孝武，令人切齿。'"肃对亦云："汉武帝闻其述《史记》。"则上记（十月二十七日）所述，可以定谳矣。

卧阅《四六丛话》。

1935 年 10 月 31 日

《文选古字通疏证》六卷二百四条，甘泉薛传均子韵著，子均殇于道光己丑陈硕士督学幕中。其梅花书院同舍人泾翟唯善于道光辛丑序列之，称述隋江都曹宪始以《文选》授诸生，而江都李善亦尝受业于宪，集众说为《文选注》。又命其邕补益之，以为广陵选学。又引焦理堂之言云："扬州文学如曹、李之于《文选》，二徐之于《说文》，此二书为万古之精华，而扬州泄之为天下学者之生命，系之曰是天下之学，广陵以一郡兼之，而广陵之学，子均复以一人兼之也。其唯明经术词章相关之故，与广陵不负天下，子均不负广陵之功者至矣。"后有湘乡[1]序《湖南文征》，盛推周说屈骚"创立高文。上与《诗经》《周易》同风，下而百代逸才举莫能越其范围。"皆同一杼轴也。包慎伯《清故文学薛君之碑》谓"其书十二卷，草创未卒业。"翟序谓"择其首尾完具者录出六卷。"考《包传》作于道光己丑，在刻书之前十二年，皆为称情之言（丁福保《文选类诂文》取是书及杜宗玉《文选通假字会》四百六十九条搀入之，极饾饤之能事）。书名《疏证》，不立异说也，洵非禽犊之学矣。如"頮沬"条下引《报任少卿书》："沬血饮泣。"孟康曰："沬音頮。"善曰："古沬字，言流血在面如盥頮也。"《说文》曰："颒，洗面也。"傅均案云："颜延年《赭白马赋》云：'膺门朱赭。'"注："《汉书》天马歌曰：'霑炎汗，沬流赭。'"如淳曰："沬或作颒，音悔。"按《尚书·顾命》："王乃洮颒水。"《释文》："颒音悔。"《说文》作沬，云："古文作颒。"马云："颒，颒面也。"际遇案："徐氏各本，篆皆作[illegible]。段氏正之为[illegible]，从[illegible]水从页。《内则》：'面垢，燂潘请靧。'从面贵声，汉人多用靧字，沬頮本皆古文，篆用沬，而頮专为古文，或敓其[illegible]作湏，俗又以之为頮字。"

《疏证》，又见一本有江都薛寿一序文，用骈体，明易初学。（《荀子·劝学篇》："君子之学也，以美其身；小人之学也，以为禽犊。"注："餽献之物也。"）

《薛叙》末二语云："何期彦辅之短才，勉效兴公之后序。"（《晋书》："乐广，字彦辅。广善清言而不长于笔，将让尹，请潘岳为表。岳曰：'当得君意。'广乃作二百句语，述已之志。岳因取次比，便成名笔。"又孙绰字兴公，博学善属文，有《遂初赋》后序，未详）

【注释】

①湘乡：指曾国藩。

1935年11月2日

《潜邱札记》六卷，阎若璩（百诗）撰，百诗太原人，《先正事略》云："世宗在潜邱闻其名，手书延至京师，握手赐坐，呼先生。"按《尔雅》云："晋有潜邱，在太原县地。"故百诗以名其书欤。所传者有二本，闻山阳吴玉潜所编者，较有条理，今所假观者为其孙学林所编，而门婿沈俨序之（记中言韩文公之婿李汉为文公作集序，止称门人而不称婿。朱文公之婿黄榦为文公作行状，止称门人而不称婿。古人重道统而轻私亲如此）。本为少年随笔札存，有仅述前言而无考断，惟卷三之释地、余论，卷五书函，卷六赋诗，乃稍以类从耳。百诗记诵渊博，而考核精悍，张清初诸老之军，开中叶涉山之路。其《祭南雷黄氏哀辞》云："海内读书博而能精，上下五百年，纵横三万里，仅得三人，曰钱宗伯①、顾处士②及先生而三。"盖南雷殁后，方援聂双江③师王文成④之例，奠而师拜之也。次青所为《阎百诗事略》能举其甄明学术之大者。支伟成袭之而未善。

震川《五岳山人前集·序》云："荆楚自昔多文人，左氏之传，荀卿之论，屈子之骚，庄周之篇，皆楚人也。"百诗《与石企齐书》云（《札记》卷五）："荀卿赵人，但晚为兰陵令耳。庄周，刘向曰：'宋之蒙人也。'蒙城在商邱城外，正宋地，于楚何涉。"按《史记》："屈原者，名平，楚之同姓也。"左丘明无及其生地者，卒无徵与。

"相鼠有皮"。《毛传》："相，视也。"许文："相，省视也。"并引此诗证之（息良也，释文息亮切）。闽陈第曰："相鼠，似鼠，颇大，能人立，见人则立，举其前两足，若拱揖然。愚于蓟门山寺见之，僧曰：'此相鼠也。'及检《埤雅》，已有载矣。盖见人若拱，似有礼仪，诗之所以起兴也。今注曰：'相，视也；鼠，虫之可贱恶者。'意义索然。"（《札记》卷二引言）按《尔雅》《广雅》《义疏》《疏证》于鼫鼠条下，引陆机《疏》云："今河东有大鼠，能人立，交前两脚于颈上，跳舞善鸣，食人禾苗，人逐则走入树空中。"亦有五技，或谓之雀鼠而未有相鼠之说。尚未得《埤雅》何所本也。

《先正事略汇》分名臣、名儒、经学、文苑、遗逸、循良、孝义七门，名儒与经学可划分之为二欤。秦汉之间，必邃于学古之弟子，行有余力则以学文。惟言与行乃君子之枢机，古文小学与词赋同源流（阮元语）。儒林文苑分自《陈志》，论者犹或讥之（《南史》曰"儒林文学。"《新唐书》曰"儒林文艺。"《唐书》曰"儒林文苑"）。托克托等修《宋史》，乃分为道学儒林文苑（《元史》仅有儒学），后人尚许为因时制宜，犹东汉之党锢宦者，明之土司宦官，非独立为传，无以见其与一代之治乱若是之关切也。次青所列名儒，欲明理学宗传，不与经儒错迕，然孙、黄、顾、王诸人，无从外于经学，而名儒既立一传，又甚无以为经学文苑诸人地也。（悉伯拟《宋史儒学传序》曰："自《汉书》传儒林，历史因之至而有道学之别。呜呼，谁为此名，可谓不学者矣，道者六经者也，儒者之所习无二学也"云云。予论窃与之相发耳。）

【注释】

①钱宗伯：指钱谦益。

②顾处士：指顾炎武。

③聂双江：指聂豹。

④王文成：指王守仁。

1935年11月3日

言文章流别者众矣，或失于琐，或失于固。悉伯《书凌氏廷堪校礼堂集中〈书唐文粹文后〉文后》（《越缦堂文集》卷六），可谓得其正矣。曰："纪载之作，《尚书》最古，今文所传，已多偶句。《左氏》《国语》，遂沿其原嗣，而先秦碑铭、两汉诂诰，皆于浑噩之中寓裁琢之巧。流及六朝，俞尚华藻，波靡递下，乃有风云月露之讥。西汉及隋，已矫议变之，狃于风气，卒不能革。唐代韩、柳崛起，竟成大家，河东集中尚岁偶体，限于功力，远逊散文。五季宋初，人不知学，所为骈俪，芜杂媿陋，规范莫存，厌弃者众。子京、永叔，倡言复古，大放厥辞，天下翕然矣。由是苏、曾继起，道学踵兴，人习空言，以便枵腹，伸纸纵笔，遂成文章，不以排比为功，征引为博，雌黄枚、马，毛疵庾、徐，以齐梁人为小儿，谓南北史为秽籍，谬种沿袭，大言不惭，虽亦庐陵诸公所未料，而持论太高，因噎废食，追其弊始厥咎奚辞，要之中唐以降，骈偶骫骳，谓为文章之衰，则可谓非文章之体，则不可也。范晔、沈约、魏收、姚察诸史，彣彣彧彧，蔚乎可观。《晋书》《南北史》诸篇，亦斐然美备，而谓坏纪载之法，被风流之罪，周内诋诃不已，颠乎景文，至于改撰。唐文以奇代偶，通人之蔽，意过其通。迄今八九百年，文章流别，卒莫能正，可谓也已。"

按首段论韩文，今晨雒诵，本拟节录数句而止，以胸鬲郁积，尽为所发，天涯知已，不觉班荆，虽欲节之，乌从而节之。

其论学统也（《息荼庵日记》六页，读《明儒学案》后）曰："自康成氏殁后，三国分崩，经学衰而清谈出，王韩之易，经学之旁门也。清谈盛而佛教行，达摩度江，直提心印，禅学者佛教之旁门也，禅学盛而道学兴，陈王嗣派，益标宗旨，心学盛而天主教出，今英法各夷之礼拜，粤捻各贼之忏祝，天主教之旁门也。原流远近，一线可寻。"

又曰："君子追原祸始，王何之罪，浮于桀纣，虽举宋以后语录诸书，尽投之烈火可也。"言简而赅，辞严而核。

结语容有过火处，中有云："于是粗识方圆，便迻河洛之位，能调这么可成语录之编，争辨狺狺，鼠斗牛角，至死而不悟。自谓异于禅而愈入于禅，转不如黄华翠竹，指点较真，明镜菩提，转移即是也。"

笔锋可畏，妙理天然，为诠释之，以示吾党之小子。

王、韩之易。《周易正义》十卷，魏王弼、晋韩康伯注，唐孔颖达疏。《十三经注疏》首引《四库提要》全文。

陈、王嗣派。王指阳明，陈应是陈白沙，孙奇逢《理学宗传·陈白沙献章传》云："从吴聘君康斋学，累年未得用力之方。于是舍繁求约，惟在静坐见之。见此心之体隐然呈露，曰：'作圣之功，其在兹乎？'"

王、何之罪。王仍指王弼，魏山阳人，字辅嗣，注《易》及《老子》，为尚书郎，年二十余卒，提要谓《易》本卜筮之书，未流谶纬，弼乘其极敝，排击汉儒，自标新学，《隋志·易类》称“易学浸微，今殆绝矣。”何胤字子季，点之弟也（《梁书·逸传》），师事沛国刘𤩽受《易》，注《易》于卷背，书之谓之隐义，入钟山定林，走听内典，而纵情诞节，与兄点世号大小山，高祖手诏不应，曰：“吾年已五十七，月食四斗米不尽，何容得有宦情。”又曰：“但腰脚大恶，此心不遂耳。”卒于钟山，其死日在般若寺见一僧，受以香奁并函云。然则王、何之王，又别指晋室一流人物矣。何又疑指何晏。杨铁夫云：“王、何当指王弼、何晏。”

1935年11月4日

点读《南史·孝义传·龚颖传》：“谯道福引出，将斩之。道福母即颖姑也，跣出救之，得免。”此于今为姑表兄弟。考《尔雅·释亲》：“姑之子为甥。”《丧服缌麻三月章》云：“姑之子，郑注：‘外兄弟也。’”（又云：“舅之子，郑注：‘内兄弟。’”）曰甥曰外兄弟，未有中表之名，而表犹外也。《旧唐书·崔湜》：“表兄周利贞。”吕本中诗：“表弟今何在”。而王羲之《和方帖》：“表妹委笃示致向。”则晋时已有此称。

又唐前人脱履登席而坐，故急遽时，倒屣或跣足而出也。

本传《师觉授传》：“与外兄宗少文并有素业。”以外兄别于兄，犹以外姑别于姑也。（中表见《范书·郑太传》：“明公将帅，皆中表腹心。”《魏志·管宁传》：“中表愍其孤贫。”《晋书》以下累见。梁章钜《称谓录》稽证颇博，如妗为舅母合呼。）

1935年11月8日

焦循习礼格《自序》曰：“于《仪礼》十七篇，去《丧服》《士丧礼》《既夕》《士虞礼》四篇，余十三篇，为格以习之。纸方尺五寸，如弈枰作朝庙图一，庠图一，大夫朝庙图一，若门，若曲，若阶，若堂，若室，若房，若夹室，若东西堂，若东西荣（《杂记》：‘皆升自东荣。’郑注：‘荣，屋翼也’），若坫（坫，屏也，《士虞礼》：‘馔于西坫上。’注云：‘坫在堂角’），若墙墉屏宁（宁，辨积物也。释宫。门屏之间曰宁。注：‘谓人君宁立之处也’）户牖，无不备，削木或石以为棋，若主人，若宾，若介，若僎（僎，具也，《乡饮礼》：‘僎者降席。’遵法也。或作遵），若主妇，若宰夫司马乐工之属，刻之，或以丹墨书，削木或石为棋，小于前，于诸器物，若聘之圭璋皮马锦币，若祭之簠簋（簠，黍稷圆器也。簋，黍稷方器也）鼎俎（俎，礼俎也，从半肉在且上），燕之爵（爵，礼器也，象爵之形。段本作䨿，象雀之形，中有鬯酒，又持之也。所以饮。器象爵者，取其鸣节节足足也）洗（《乡饮酒礼》：‘水在洗东。’注：‘承盥洗者，弃水器也。’），食之羹酱，乐工之瑟笙，射之弓矢楅（楅，以木有所逼束也。《乡射礼》：‘命弟子设楅。’注：‘楅犹幅也，所以承笴齐矢者。’笴，箭干也）乏（《礼》：‘受矢曰正，拒矢曰乏’）旌中（朱云：‘盛算之器即曰中’）侯（矦，春飨所射侯也。从人从厂，象张布，矢在其下）正（正，是也，从止，一以止。朱云：‘此字本训当为矦中也，象方形，从止，矢所止也’）丰（《乡射礼》：‘司射适堂西，命弟子设丰。’注：‘丰，形似豆而卑’）觯（觯，乡饮酒角也。从角，单声。《礼》曰：‘一人洗举觯，觯受四升’），冠昏之冠服，刻之，或以丹墨书，削木或石为棋，前以圆，此以椭，书若揖，若拜，若再拜，若兴，若坐，若立，若饮，若祭之类于上，或用刻，以十三篇为之谱，习时各任一人或兼之，按谱而行之，若东西左右升降之度（度，法制也。从又庶省声）不容紊也，一揖一让，不容遗也，否则为负，负者罚，子弟门人或用心于博弈，思有以易之，为此格，演之者必先读经，熟其文熟其节，可多人演之，可少人演之，可一人演之，格有定，不容争也，不容诈也，虽戏也而不诡于正，后之学或有好焉。”

呜呼，今天下溺矣，今天下之人，习为叫号，踊跃角觝蹴鞠之途，以为深目隆准者，有然我何为烛，不然矣，人食刍豢，麋鹿食荐，犹曰：“是犹行今之道也。”而有一二学礼笃古者，于此则众嫉之，以为可与弃诸四夷之外矣（此外字正用，俗人用法适得其反）。此予读此篇所以为废书而叹也。风云变色，安得壮士兮守四方（方伏案，商阛来电云：“邪马[①]艨艟压沪。”），一息尚存，不废笺注之业焉尔。

【注释】

①邪马：即邪马台国，此处指日本。

1935年11月9日

记《七修类稿》，明仁和郎瑛（仁宝）述（广州翰墨园光绪庚辰重刊本），凡五十一卷，续稿七卷。

纶巾条下云：“世人皆知纶字两音：一曰伦，一曰关，而不知其故也。盖伦巾韵同而音近，诗法所忌也，故读曰关。”所以说其故者如此，则凡叠韵骈字，皆不可入诗乎？又引皮日休有“白纶巾下发如丝”，谓“有一本注作‘关’，想始于此。”则更数典忘祖矣。《说文》：“纶，青丝绶也。从糸仑声。”徐本：“古还切。”《玉篇》“力旬公顽二切。”《广韵》收谆注云：“又音鳏。”按纶，系于腰以贯佩印。纶巾则以青丝绶为巾，音仅有“古还”一切。后人以纶属之武侯，而东坡词：“遥想公瑾当年，雄姿英发，羽扇纶巾。”则又属之周瑜。（所记不如此）《蜀书》则云：“诸葛武侯与宣王在谓滨，将战，宣王戎服涖事，使人视武侯：乘素舆，葛巾、毛扇，三军皆随其进止。宣王闻而叹曰：‘可谓名士矣。’”字作葛巾，而葛与关双声可为旁证，至经纶纷纶乃转注假借之义，音当读如伦耳。

古字条下云：“古字多矣，不及录出，但如崧、烟、针、棋、栖、笄、饥、个等字，世每以为省笔者，不知反是古字。”按文，古字应是古文之意，不然，何曰古字也？然所举八文，又皆不如所言。

崧，雷浚云：“《说文》无崧字。崧即嵩，嵩在新附，其正字当作崇说。”详钮氏《新附考》。

烟，篆作[篆]，或从因。[篆]，古文。

针，篆[篆]。臣铉云：“今俗作针，非是。”

碁，篆作[篆]。《广韵》始收碁字。《经典》作棋。（《朱氏通训》云：“今有象棋。”

桉雍门周谓："孟尝君：'足下……燕则斗象棋。'"疑战国已有之）

栖，《说文》无栖字。西，鸟在巢上，象形。日在西方而鸟棲，故因以为东西之西。或从木妻，作棲。雷云："栖，盖省并二字为一字，俗字往往有此，许所不录。"

笋，篆作笱。《广韵》"荀下附笋字。"注云："俗。"

饥，许云："飢，饿也。"经传或以饑为之，然许文："穀不孰为饑。"与饥别。

个，徐本缺"个"字，其奉诏校定上表云："左文二十八，俗书为伪谬不合六书之体。"个下云："亦不见义，无以下笔，明堂左右个者，明堂傍室也，当作介。"段乃据六书，故称说文唐本曰："箇竹枝也。或作个，半竹也。"而补之曰："并则为竹，单则为个。"而议者沓然矣。此固非郎氏所及知，而宋已前载籍具在，仁宝固未尝取而观之也。（嘉靖丙寅年八十云）

"富"字义非条下引敖方伯英曰："古人惟贵务农，故富从田，田从一口者（应从十口），有田之人，又贵食之者寡也。"此直流江湖拆字者言。周栎园字触之不若矣，而有暇斥其非乎。乃又引《说文》"富曰备也。"谓未尝以"田字"起义，适彰其陋耳（元方回《续桐江集·棣华堂记》："同田为富，分贝为贫。罗氏之后尚世永保之"云云。则更卑无足道矣）。

武后制字条下云："唐史载武后制字十二，𠀑（天）、埊（地）、曌（照）、㬰（日）、囝（月）、〇（星）、𠥱（月）、㒚（臣）、𠡦（幼）、𡕀（载）、𠡦（年）、𠙺（正），却无释文。"又天作𠀑、日作㬰，并篆文也。地字籀文亦有作埊者，星字崔希，裕纂古而然，又非武后所创可知，欲求其通，而力不胜此。按钱大昭《说文统释·自序》详分隶楷之失三十有四，其论造字之失一段有云："天作𠀑、地作埊、人作𤯔、臣作㒚、日作㬰、星作〇、正作𠙺、应作𢘑（周岱岳《观像造记》有𢘑字。顾炎武曰：疑是应字。见《金石文字记》）、载作𡕀、年作𠡦、国作圀、照作曌、生作𤯔、臣作𢘑、承作𠕐、祯作𥙿、圣作𨲢或作𨲢、君作𠁈或作𠁈、月作囝或作𠥱、初作𠡦或作𠡦、授作𥠢或作𥠢又作𥠢、证作𨚚或作𨚚又作𨚚。"自注云："自'天'至'证'，并周武后所造。"宋王钦若等《册府元龟》"文宗太和二年，诏天后所撰十二字并却，书其本字。"宋《宣和书谱》"则天出新意持臆说，增减前人笔画为十九字。"大昭案："武后时金石不经见者共有二十二字，然𠀑字本篆文，埊字已见《管子》《鶡冠子》《战国策》等书。"㒚字，《论语·先进篇》可为大臣与释文单行本作㒚云。古文臣字本今作臣。又宋板《战国策》宋使者曰："㒚请受边城。"亦作㒚。㬰字本古文𠙺字，古文作𠙺，此稍变其体。圀字，宋郭忠恕《汗简》谓"义云章以圀为国，此亦稍变。"獄字在《㹜部》司空也，复说狱司空（息兹切）。盖许君本以为司字。《广韵》亦云司字。《书·泰誓》："天佑下民，作之君。"古文《尚书》作𠁈字。此𠁈字近之，则大半已见于武后之前，特武后欲造此字而用旧文也。"而徐氏《祛妄篇》不及此，则并妄之，不足祛矣，临之，以帝后之尊不能变苍沮所造，亦既变之矣。而今不行于匹夫，后世公是公非于此焉在也，彼为简字体之言者，胡为乎来哉（近人以怕新字体一事射诗一句"畏此简书"）。

释疑字样一条辩音读也，所题辞不达意，类列诸辞，罣漏尤多，但供清李秘园《字学七种》中《异音骈字》一卷之先驱而已。

1935年11月11日

钱大昭《说文统释》，惜哉不传（或云：“未成。”诂林六十一页），即其《自序》一篇已探讨不尽，并笺注全文达三万余言，论书学之失三十有四：“曰穿凿、转写、委卷、隶变、隐谜、造字、借用、随俗、壁嫌、妄改、臆说、资多、浅率、疑古、泥古、新附、新补、袭谬、颠倒、坏字、俗别、增益、减省、离析、合并、立意、语言、歧异、不学、音伪、方音、音释、声急、声缓。”予于前记既抄其《隶变》一节（二三〇一〇八），又引其《造字》一条（二四一一〇九），其疏《不学》之之失也，曰：“朱点为母，方形为曰，杕杜读杖，弄璋书麞，唐有伏腊侍郎，宋有抵授贤良，敖主试未识麐名，辛职方欲为魓赋，自以史实跨行注之，亦此道之五岳两都也。”

《杕杜》诗有二章，《唐风》刺时也，《小雅》劳远役也。沈约诗：“今来歌《杕杜》。”杜甫诗：“赏应歌《杕杜》。”皆用《小雅》之义。《旧唐书·李林甫传》：“林甫典选部时，选人严迥判语有用‘杕杜’二字者，林甫不识‘杕’字，谓吏部侍郎韦陟曰：此云：‘杕杜’何也?”陟俯首不敢言。”

记《越缦堂日记》有一则略曰：“德宗十余龄时，有引见某以麐为名者，上指此一字目侍立大臣某，某曰：‘读如吝。’出而告引见者曰：‘上不识尊名，幸吾对之曰吝矣。’引见者‘麟’也。某大窘曰：‘然则汝祇可改名曰吝矣。’后请于部又并姓而去之（名待核）。”不知古之人有同之者，明周晖《金陵琐事》：“嘉靖己酉科主试敖铣、黄廷，用所取解元无锡唐一麐，主试不识麐字，谓其字隐僻，欲以它卷易之。方迟疑间，应天府礼房吏禀识麐字，遂定解元。”一字之讹，百世之羞，月旦乡评，吾犹及见。

1935年11月12日

读钱叙一遍，欹枕竟之。

钱叙之末自云：“为卷六十，为例十。其十曰补字，以免漏落。”自注：“如由、希、免、品、梯、犾、[illegible]、畀、[illegible]、叙、并、佐、差、[illegible]、福、焉、哥、[illegible]、[illegible]、劉、游、[illegible]、蓺、染、綷、[illegible]、[illegible]、皂、[illegible]、[illegible]、幽、[illegible]、世、霖、笠、睨、[illegible]、[illegible]、串三十九字，从此得声者甚多，而书中脱落，此字有子无母，非许例也，今酌补之，亦别为一卷于后云。”此千秋之公案也。论《说文》中字之重出者，徐氏之后有《西云札记》（《续诂林补遗》二三页），而语焉不详。

论逸字夺字者众矣。清郑珍、郑知同、李桢、张行孚、张鸣珂之书踵出，而雷浚《说文外编》颇集其成，其它未成专书以单篇散见者往往遇之，钱晦之以竹汀介弟，于乾隆末叶（自叙署乾隆五十五年）斐然有述作之志，先河后海，不可诬也。惟楚金新附四百余文，大半委巷浅俗，虽亦形声相从，实乖苍雅之正（钱大昕叙钮匪石《说文新附考》语，《诂林》一五页上），则晦之拟增三十九字，能无拇指骈枝，欲令万古长存，不废江河之流乎，区以别之，用述所学尔。

1935年11月13日

由　苗，蓨也，从艸由声，徒历切。迪、冑、笛、宙、岫、油、妯、紬、轴、袖、抽等从由得声。世有一文，小徐谓即粤字，段谓繇之古文，江子屏以为夺字，钮训鬼头之甶，郑珍谓即从大十之甴，为由本字。雷分繇邎。古今字，丁福保又谓即𠙵字。

希　段云："希者黹之古文。"雷云："当作稀。"又有训望者则当作晞。

免　《士丧礼》："众主人免于房。"郑注曰："今文免皆作絻。"雷引此而详说之。

畾　大徐云："畾不成字，凡从畾者并当从靁省。"段用其说。郑知同云："靁下云：'畾象回转形。'正是先为畾，作解其必先有畾无疑。"

梯　木阶也。《史记》曰："无为祸梯。"应是稊。按"正文"无稊，而蕛下云："从艸，稊声。"《易》："枯杨生稊。"段云"乃梯声之误。"

叡　断也，从𣦼从八。郑珍云。（六七九五）雷浚云："容是夺漏。"又云："训息之正字。"

灷　按𨔡，遣也，从辵倂省。遜，籀文不省。倂，送也，从人灷声。铉曰："灷不成字，当从朕省。"段曰："灷，许书无此字。而送倂朕，皆用为声。此亦许书夺漏之一也。"又栚下云："槌之横者也。从木灷声。直衽切。"

佐　《说文》无"左"字，亦无"佑"字。《齿部》䶡，注："从齿佐声。"《知己》有佐字，为左之重文。雷以为即"左"字。

差　《阜部》隓从，差声。大徐以隓从二左。郑珍曰："非也，必原有差字。"（六八〇四）

㡭　今本繼下云："古文繼反㡭为㡭。"郑珍曰："语不可了，许君必原作㡭。古文繼。"（六八五六）

稫　《火部》㷭下云："以火乾肉。从火稫声。"大徐云："当从𤔲省。"张鸣珂云："㷭，籀文作𤒎。"《玉篇》："稫，丕力切。稫稄满貌。"

𠷎　𠷎　大徐本曰："𠷎，古文𠷎。"按醻、籌等从𠷎声者十余文。郑珍云："《广韵·十八尤》𠷎下云：'《说文》谁也。又作𠷎。'"足明唐本有𠷎。段疑𠷎即𠷎。误也，𦒱字从𠷎，隶变作寿，作寿壽、𠷎、𠷎，并即𠷎之省。改可𠷎𠷎必两字，故篆从𠷎，隶从𠷎，详《诂林》六七八一页。

諤　𢔶下云："使也，从彳，諤声。""正文"无諤。《玉篇》諤，匹丁切。言也，因多疑。《言部》有諤字。

劉　说之者多矣，《诂林》六七九八又六八六二又六八七〇又六三四五。《补遗》一〇五二又一〇六九。多否，谓以鎦为劉之说。

洴　《庄子》曰："有洴澼絖。"造絮者也。《说文》无"洴澼"二文。段说"漂潎"即《庄子》之"洴澼"。按正文"潎于水中击絮也。"

丽　古文“丽”。

綷　辮下云：“会五采缯色。从黹綷省声。”《史记》：“綷云盖而树华旂。”《注》：“粹盖有五采也。”王廷鼎云：“綷为辮”之今字。（《补遗》一〇五四）

爿　吴大澂有《爿字说》，谓“疑斯字下当有爿字，云古文斯省。”（《补遗》一〇六九，又《正篇》六八一二）

恝　郑、雷皆以为即忦之或体。《孟子》曰：“孝子之心不若是忦。”据赵注本：“忦，作恝。云恝，无愁之貌。”王谓非佚字。

丰　曲二丰也，读若芥。郑氏云：“补云即古文丰，豐字从之。”

卌　奭郑知同谓（六七八四）《林部》霖下云：“卌，数之积也。则卌字，偏旁有之。”又见《补遗》一〇五三。

筮　《口部》噬啗也，喙也。从口筮声。《卜部》卦筮也。《手部》扐下云：“《易》筮再扐而后卦。”段曰：“《说文》有簭无筮。则筮者隶变。不当用为谐声。”

晥　大徐所增十九文之一。睍或从完。然《艸部》莀曰从晥声。又知原必有晥。《檀弓》：“华而晥。”《诗》曰：“睍晥黄鸟。”

厎　《斗部》斛下曰：“斛旁有斛，从斗厎声。”详斛字各家注及《补遗》一〇六一。

綦　綥　重文，大徐所增十九文之一。“帛苍艾色。”《诗》曰：“縞衣綦巾未嫁女所服。”（六八五七）

串　《大雅》：“串夷载路。”《毛传》：“串习也。”雷云：“俗作串者，即毋字横书之，非有二字也。”

杂　染下云：“从水杂声。”《木部》“无杂。”王廷鼎《说文逸字辑说》云：“当从王馥说，为朵之讹字。”

畀　諀下云：“从言，畀。”王云：“当从钱氏坫说，为畁之误。”

秂　栞下引书随山栞木从木。𣏟，篆文。栞则从幵者，曰篆文则𣏟为古文，可知。王说见补一〇五三。

蓺　爇下云：“从火蓺声。”王云：“即埶之俗增。”《玉篇》“蓺，种莳也。”其实从坴从丮，种莳之谊已具。俗因树蓺疏穀而又加艸耳。

杀　殺，戮也。从殳杀声。大徐曰：“《说文》无‘杀’字。”《相传》云：“音察，未知所出。”张参曰：“杀，古殺字。”段曰：“张说近是。此如本作朮或加禾为秫。”

斳　见“蕲”字下各家注。

𡿺　恼，《说文》作㛴，下云：“有所恨也。从女𡿺声。”大徐曰：“𡿺，古囟字，非声，当从𡿺省。”段本从之。而匘从匕。匕，相匕箸也。巛以象髮，则𡿺非字矣。匘，俗变为脑。

今以钱君之目先札崖略如上（只少皀、啬二文）。析薪负何，不必维桥与梓也（桥，父道也；梓，子道也。见《尚书大传》）。遵义郑珍网罗诸家，益以心得，成《说文逸字》一书，共增一百六十五文，吴锦章又著《补逸》一卷，综晵前录，间存案语，列一百七十九文，附订笔画多，讹者十七字，今据许君记十四篇，字数以徐铉本核之，文多于九千三百五十三者，七十八重文，多于一千六百三者，百一十六解说，少于十三万三千四百四十一者，万七百四十二（莫友芝《说文逸字·后叙》）是解说，夺漏而《正文》有羼附矣。经典仓雅，昭然著存之物，岂尽许君遗弃之哉，汉宋之间历祀盈千，展转抄胥任臆增减，大徐修定裁择未能，增十九文雅俗相错，承学之徒慭焉伤之。钱君亦有心人哉，因摭其意而得失略可见矣。

1935年11月14日

钱叙论借用之失曰：

次叙为序　叙次第，序东西墙。

从豙为遂　豙从意也，遂亡也。

亲栗为榛　亲，果实如小栗，榛，木也。

麒麐为麟　麐牝麟也，麟大牝鹿也。

坶野为牧　坶，朝歌南七十里地，《周书》武王与纣战于坶野。牧，养牛人也。

巽卦为顨　巽，易卦为长女为风者。顨，具也。从丌𠁧声，铉曰："庶物皆具，丌以荐之。"。

分𠔁为别　𠔁，分也。《孝经说》曰："故上下有𠔁。"别，分解也。

夾持为夾　夾，持也。从大夾二人。夾，盗窃褱物也。从亦，有所持。陜字从此。

泲湿为济　泲，沇也。东入于海。济，水之常，山房子赞皇山。

滕辥为薛　辥，辠也。薛，艸也。

𧶠贾为商　𧶠，行贾也。商，从外知内也。

童仆为僮　童，奴也。僮，未冠也。

辤受为辭　辤，不受也。辝，籀文。辭，讼也。

叚借为假　叚，借也。假，非真也。

符卪为節　卪，瑞信也。節，竹约也，竹节如缠束之状。

鐘鼓为鍾　鐘，乐也，秋水之音。鍾，酒器也。

威義为儀　義己之威儀也。儀，度也。

䄷叙为秩　䄷，爵之次第也。秩，積也。诗曰："积之秩秩"。

朔朢为望　朢，月满与日相望，臣朝君也。望，出亡在外，望其还也。

佋穆为昭　佋，庙佋穆。昭，日明也。

安寍为寧　寍，安也。宁，愿词也。

𢼸眇为微　𢼸，妙也。微，隐行也。

尻处为居　尻，处也。居，蹲也。

修齐为脩　修，饰也。脩，脯也。

晏安为晏　晏，安也。晏，天清也。

分椒为散　椒，分离也。散，杂月也。

铢两为网　两，二十四铢。网，再也。

𡚁棊为奕　𡚁，围棋也。奕，大也。

生霸为魄　霸，月始生霸也。魄，阴神也。

卟疑为稽　卟，卜以问疑也。稽，留止也。

盅虚为冲　盅，器虚也。《老子》曰："道盅而用之。"冲，涌摇也。

絜瀞为净　瀞，无垢秽也。净，鲁北城门池。

附娄为培　附，附娄，小土山也。培，培敦土田山川也。

平邍为原　邍，高平之，野人所登。原，水泉本也。

𦘔液为𣶒　𦘔液，气液也。𣶒，水液也。

气象为氣　气，云气也。氣，馈客刍米也。

嫥壹为專　嫥，壹也。專，六寸簿。

管厚为笃　管，厚也。笃，馬行顿迟。

梓桼为漆　桼，木汁可鬃物。漆，水名。

榑桑为扶　榑，榑桑神本也。扶，左也。

破瓶为碎　瓶，破也。碎，磨也。

舁敓为夺　敓，强取也。夺，手持住失之。

勉劈为彊　劈，迫也。彊，弓有力也。

欺诒为给　诒，相欺给也。一曰遗也。俗多假贻为之。《说文》无贻字。给，丝劳即给。

逹先为率　逹，先道也。率，捕鸟毕。

偁扬为稱　偁，扬也。称，诠也。

歌䚻为䍃　䚻，徒歌也。䍃，瓦器也。

钓𨾊为弋　𨾊，缴射飞鸟也。弋，橜也。

尗季为叔　尗，小豆也。叔季亦取幼小之义。叔，拾也。

罤弟为昆　罤，周人谓兄曰罤。昆，同也。

絑绿为朱　絑，纯赤也。朱，赤心木。

仁谊为义　谊，人所宜也。义，己之威仪。

刱造为创　刱，造法刱业也。创，伤也。

肁始为肇　肁始，开也。肇，击也。

敟守为典　敟，主也。典，五帝之书。

娿保为阿　娿，女师也。阿，大陵也。

寷屋为豐　寷，大屋也。《易》曰："豐其屋。"豐，豆之满者也)。

庙宔为主　宔，宗庙宔。主，镫火主。

𢾕门为杜　𢾕，闭也。杜，甘棠也。

𡩡隐为索　𡩡，入家搜也。索，绳索。

叒木为若　叒，榑桑，叒木也。若，杜若香草。

棨泭为桴　泭，编木以渡也。桴，栋也。
眈耽为耽　眈，视近而志远。《易》：“白虎视眈眈。”耽，耳大垂。
屡屡为仆　屡，行屡屡也。仆，给事者。
減媘为省　媘，減也。渻少減也，二字通用。省，视也。
积絫为累　絫，增也。力轨切。纍，大索，俗省作累。
朋憆为䆼　攩，朋𣪠也。䆼，不鲜也。
宭居为群　宭，宭居也。按朋党之群作𣪠𣪠，朋侵也。群，辈也。
金檷为柅　檷，络丝檷。柅，木也，实如梨。
玉璪为藻　璪，玉饰如水。藻，藻水藻。
稿頤为朵　稿，禾垂貌。朵，树木垂朵朵也，大昭按《易·颐卦》：“观我朵頤。”《释文》：“京房本作稿”。
䭫首为稽　䭫，下首也。稽，留止也。
三匊为周　匊，帀徧也。周，密也。
五緉为两　緉，履两枝也，从糸两，两亦声，按两应作㒳。两，二十四铢。
字之变为隶，而本字等于废置者，可推上意，言之可谓久假不归，恶知其自有也。
𥷚窮为鞠　𥷚，窮理罪人也。鞠，蹋鞠也。
竦临为莅　《说文》无莅字，亦无涖字。
媅乐为耽
䶒等为齐　齐，禾麦吐穗上平也。
雨零为落　零，雨零也。落，草木零落也。
屋扇为漏　扇，屋穿水下也。从雨在尸，尸者屋也。漏，所以受水刻节。
捍辂为格　辂，枝辂也。段注：“遮御之意。”格，木长貌。
㞫布为展　㞫，极巧视之也。段云：“凡展布字当从此。”展，转也。从尸。展布四体之意。襄省声。
填穽为塞　穽，窒也。段云：“填塞字从此。”塞，隔也，隔塞也。与穽训别。
夅服为降　夅，服也。降，下也。
察覝为视　覝，察视也。即廉问廉察之本字。
脜和为柔　脜，面和也。读若柔。柔，木曲直也。
豪嫠为釐　嫠，微画也。釐，家福也。
勼聚为鸠
中庭之廇为霤　廇，中庭。霤，屋水流也。
嬗让为禅　嬗，𧶠也。段者嬗者，蝉联之意。禅，祭天也。
娉问为聘　娉，问也。凡娉女及娉问之礼，古用此字。聘，访也。
媟嬻为亵　媟，嬻也。《方言》曰：“媟，狎也。”亵，重衣也。
过爁为滥　爁，过差也。《论语》：“小人窮斯爁矣。”滥，氾也。一曰濡上及下也。
菲盭为戾　盭，弼戾也。戾，曲也。从犬出户下。戾者身曲戾也。

坌拚攢为糞　坌，埽除也。《曲礼》作糞。《少仪》作拚。又皆作攢。𦍒，弃除也。

勢傑为豪　勢，健也。豪傑本字。“豕鬣如笔管者出”。

开启为啟　启，开也。啟，教也。

咠睦为辑　咠，词之集也。辑，车和睦也。

晨早为晨　晨，从臼从辰，早也，昧爽也。房晨之晨从日。

全葡为備　葡，具也。全具作葡。備，慎也，防备作備。

退坏为败　退，敷也。段曰：“敷，毁也。”退与败音义同。败，毁也，败行退废。

蘜华为菊　蘜，日精也。以秋华。菊，大菊蘧麦。

罿覆为罩　罿，覆鸟令不得飞走也。从网隹。读若到。罩，捕鱼器也。

腌渍为淹　腌渍肉也。段注：“肉谓之腌，鱼谓之饐。”𣵀，淹水之越嶲徼外，东入若水。

纷眃为紜　緼，物数纷眃，乱也。《说文》无“紜”字。

叀心为専

如斯之类，悉数之难遽终也，经文迻写积重久矣，心知其意已耳，不必惊世骇俗。

1935年11月15日

钱叙论袭谬之失曰：

蛇虫之虫为蟲豸

蟲豸之豸（文尔切）为獬廌（文買切）

獬廌之廌为举薦

錬鏽之錬（德红切。《说文》无錬字）为鍜錬

墮张之墮（许规切）为惰慢

兽名之獦为田猎

堤滞之堤（丁礼切。底与堤、坻字音虽别义略同）为隄坊

奔趍之趍（真知切）为进趋（七俱切）

逮及之逮（徒计切。音大非）为殆且

艸名之蓽（兵苗切）为笔札

人姓之受（都导切。姓也，出河内。《说文》无此字）为承受。

麋麃之麃为精麤

湏爛之湏（荒内切。沫重文）为斯須

蚯蚓之蚕（他典切）为蠶繭

樽櫨之開（皮变切）为關楗

聂语之咠（才入）为胥徒

雅直之雅（八分正字）为匹敌

迎這之這（鱼变切。唁同声，不见《说文》。《诂林》六七八三）为者回

刺戡之戡（竹甚切）为戓难
容貌之貌为完全
牝牡之牡为壮丽
美羊之美为美恶
僬侥之侥为儌倖
振旅之嗔（徒年）为瞋怒（充人）
美铁之鈆为铅锡
僣（他迭）侻（他活）之僣为踰僭
木栅之砦（主介）为揩擦（干曷）
航舡之舡（古容）为舟船
苽蒋之苽（古胡）为瓜果（古华）
鈇椹之椹（知林）为桑葚（石稔）
啚吝之啚（方美）为图谋
交互之互为底宿
水名之泒（古胡）为宗派
下卸之卸为邮亭
鸟鸣之咬（古肴）为齩齧（以上时俗章疏）
殴击之殴为歐逐
边徼之徼为儌倖
灶杖之栝（他念）为栝栢
水名之湿（他匝）为下溼
地名之郱（口坚）为邢侯（户丁，此条叔明）
艸名之苞（平表）为厥包
盻恨之盻为盼兮
深宓之宓为虙贱
科厄之厄（科厄，木节也）为困戹
进趋之夲为本末
三十之卉为百卉
来叚之叚为假手
校尉之校（户教）为比挍（古效）
冥昧之昧（莫佩）为见昧（莫拨切。日中不明也。《易》：“日中见昧。”）

夭折之夭（于小）为夭如（于昭。段云：“古平上无异义，后乃别之。”以上《经典》多误，自蛇虫至此并见佩觿）。

此条稍失于琐杂，当取郭忠恕《佩觿》原著校之（书凡三卷，上卷备论形声伪变之由，中下二卷辨字画疑似者之舛误卷）。

夜思世乱学废，废车覆辙，何代蔑有。检诸史阅之，如自王者之迹熄而诗亡，诗亡然后春秋作（《孟子》），孔子没而微言绝，七十子丧而大义乖（《史记》），及至秦始皇兼天下，燔诗书杀术士，六学从此缺矣（《前书・儒林传》）。昔王莽更始之际，天下散乱，礼乐分崩，典文残落。又云：“先是，四方学士多怀挟图书，遁逃林薮。”又云：“自安帝览政，薄于艺文，博士倚席不讲（惠栋曰，事见《樊准传》），朋友相视怠散，学舍颓敝，鞠为园蔬，牧儿荛竖，至于薪刈其下。”又“太初元年。自是游学增盛，至三万余生，然章句渐疏，而多以浮华相尚，儒者之风盖衰矣。”又“初，光武迁还洛阳，其经牒秘书载之二千余两，自此以后，参倍于前。及董卓移都之际，吏民扰乱，自辟雍、东观、兰台、石室、宣明、鸿都诸藏典册文章，竞共剖散，其缣帛图书，大则连为帷盖，小乃制为縢囊。及王允所收而西者，裁七十余乘，道路艰远，复弃其半矣。后长安之乱，一时焚荡，莫不泯尽焉（《后书·儒林传》）。”“洎魏正始以后更尚玄虚。公卿士庶，罕通经业。时荀顗、挚虞之徒，虽议创制，未有能移风易俗者也。自是中原横溃，衣冠道尽。逮江左草创，日不暇给，以迄宋、齐，国学时或开置，而劝课未博，建之不能十年，盖取文具而已（《南史·儒林传》）。”“齐末兵火，延烧秘阁，经籍遗散。”又云“暨于尔朱之乱，散落人间。后齐迁邺，颇更搜聚，迄于天统、武平，校写不辍，后周始基关右，外逼强邻，戎马生郊，日不暇给。保定之始，书止八千，后稍加增，方盈万卷。”又“大唐武德五年，克平伪郑，尽收其图书及古迹焉。命司农少卿宋遵贵载之以船，溯河西上，将致京师。行经底柱，多被漂没，其所存者，十不一二。其《目录》亦为所渐濡，时有残缺（《隋书·经籍志》）。”“及隋氏建邦，寰区一统，炀皇好学，喜聚逸书，而隋世简编，最为博洽。及大业之季，丧失者多。”又“禄山之乱，两都覆没，乾元旧籍，亡散殆尽。肃宗、代宗崇尚儒术，屡诏购募。文宗时，郑覃侍讲禁中，以经籍道丧，屡以为言。”“及广明初，黄巢干纪，再陷两京，宫庙寺署，焚荡殆尽，曩时遗籍，尺简无存。”又“广凌之乱，一时散失。后来省司购募，尚及二万余卷。及先朝再幸山南，尚存一万八千卷。”（又）及迁都洛阳，又丧其半，平时载籍，世莫得闻，《旧唐书·经籍志》，此亦古来儒经污隆之大略矣。若夫润泽之，则在今与子矣。思秉此意，成《不其山馆日记》下册新序。（序成后，方见《隋书》牛弘《请开献书之路》，可引相发明。见十二月四日日记。）

1935年11月18日

钱氏论新附之失曰：

梵刹僧塔，西域之野文。钗钏禨衫，闺阁之俗号。勘办椿打，出于吏牍，抛摊赌谜，行于街淡，缱绻逍遥，崑仑邂逅，皆有经典之正文（缱绻当作紧紾，《楚辞·九思》：“心紧紾兮伤怀。”紧，缠丝急也。紾，攘臂绳也。逍遥当作消摇。崑仑当作昆仑。邂逅当作解觏），芙蓉璀璨，倜傥蹉跎，悉是词章之绮语（芙蓉，《司马相如传》作“夫容”。璀璨作“萃蔡”。倜傥作俶傥。蹉跎，徐铉说《经史通》作“差池”）。

姤卦本遘

栀木本梔

蟋蟀本悉

螳螂本蟷

犝牛本童
虦貓本苗
九罭本域
八佾本溢（《汉书·郊祀志》：“千童罗舞成八溢。”《注》：“溢与佾同。”）
十笏本𠙵
九龄本聆
蔬食本疏
馂余本餕
蟪蛄本惠
蠛蠓本蔑
虚鰈本鳎
文鲋本玭
幄帟本弈
旗帜本识
魑魅本螭
么麼本謏
楚些本呰
巴歈本俞
狂狷本獧（《犬部》：“獧，疾跳也。一曰急也。”）
劬劳本趯（《走部》：“趯，走貌。读若劬。”）
謏闻本宵
謏言本當
左塾本埻
坳堂本窔
阀阅本伐（《汉书·车千秋传》：“又无伐阅功劳。”）
台榭本谢
疏篦本比
巾帼本国
琲珠本蜚
椸枷本杝
釦砌本切
塓馆本鏝
塗泥本涂
畺埸本易（《周礼》有“畺地易地”。）
绀緅本纔
馥芬本苾
犍为本楗
朐忍本朐

炮烙本格（《汉书·谷永传》："榜箠瘩于炮格。"）

砺锻本厉（"公刘取厉取锻，儒行砥厉廉隅。"《哀十六年左传》："胜自厉剑。"）

竹�本縜

露溥本团

浃洽本挟

赙助本傅

贻赠本诒

瞻给本澹

车辙本轶（《庄子·人间世》："螳螂怒臂以当车轶。"）

楫櫂本濯

柔韧本刃

主辦本辨

铭旌本名（《礼·祭统》："铭者，自名也。"）

詢謀本旬

刀鞘本削

日晕本晖

糟粕本魄（《庄子·天运》："然则君之所读者古人之糟魄已夫!"）

妃嫱本墙

称债本责

献琛本深

嫠妇本釐（《小雅·巷伯传》："邻之釐妇。"邻俗邻正。）

眸子本牟（《荀子·非相篇》："尧舜参牟子。"）

东厢本箱（《仪礼·觐礼》："俟于东箱。"）

峻岭本領（《兰亭记》作峻领。）

伺候本司（《周礼·地官·媒氏》："司男女之无夫家者而会之。"注："司，犹察也。"）

芊瞑本谸（《楚词·九怀》："远望兮仟瞑。"即俗用"芊眠"也。然《人部》不收，仟字宜假谸。谸，望山谷谸谸青也。）

蒇事本苟

迄今本汔

祖祢本昵

庙廊本郎（《汉书·董仲舒传》游于岩郎。《司马相如传》："陛下筑郎台，恐其不高。"）

荀卿本郇（徐铉说"荀氏本郇侯之后。"）

石碏本踖

皇遑本皇

琡璋本璹

搢绅本荐

阒静本窒

颠倒本到

阛阓本营（营，训市居有环音。《齐风》："子之还兮。"与闲、肩为韵。）

塘隄本唐（《周语》："陂唐污庳，以钟其美。"韦昭注："唐，隄也。"）

高门有阌本伉

远庙为祧本濯

君子屡盟本娄

艳妻煽处本傓（《人部》："傓，炽盛也。"）

遐不调矣本瑕

讵能入乎本巨（《汉书·高纪》："沛公不先破关中兵，公巨能入乎。"）

贾用不售本讎（《高纪》："高祖每酤酒饮，酒讎数倍。"《宣纪》："所买家辄大讎。"）

其容有蹙本蹴

家人嗃嗃本熇

有車辚辚本鄰

雨雪霏霏本毳（《毳部》："毳，毛纷纷也。"）

蕴隆爞爞本虫（《大雅·云汉》："蕴隆崇崇。"本不从火。惟《释训》作爞。）

山岌大山本馺

嵩高为中岳本崇（《汉书·郊祀志》："以山下石三百封崈高，为之奉邑。"《注》："崈，古崇字。"）

璧六寸瑄本宣

高八尺之駥本戎

新附字多传出于大徐，《四库·说文解字提要》云："宋雍熙三年，诏徐铉等重加刊定。凡字为《说文》注义、叙例所载，而诸部不见者，悉为补录。又有经典相承，而《说文》不载者，亦皆增加，别题之'新附字'"云。然自是而是非之说多矣，首成专箸者有清钮匪石《说文新附考》等，多病其典。郑珍《自叙》云："四百一字，钱目四百二文，而钮目四百二十三文（续考二十六文）。"钱大昕据"承诏附益"之语，谓："乃知所附实出太宗之意。大徐以羁旅之身，处猜忌之地，心知其非而不敢力争，往往于注中略见其旨。"严可均则云："非出于大徐，其新修字义仅'件借魋綦'等十九字耳。"后钱大昕确已成《说文新补新附考证》一卷，据乃昌敘（光绪十六年）钱徵士文孙师璟，以全书卷帙纷繁，先刻此卷，今存《积学斋丛书》中（并入《诂林》）。所云新补，即钱叙所云："十九文者：诏、志、件、借、魋、綦、剔、𧖴、醆、趄、顦、玓、曆、槸、緻、笑、迓、睆、峰。"新补之失如：

璠玓本与

趑趄本且

顦顇本蕉（《左传》作"蕉萃"。）

曆对本应

志记本识

刳剔本鬄（《士丧礼》：“四鬄去蹄。”《注》：“鬄，解也。”）
迎迓本訝（“经典”多用“訝”。《言部》：“訝，相迎也。”）
巧笑本芺（媄，巧也。一曰女子笑貌。引《诗》“桃之媄媄。”）
酒醆本浅
樕木本粘
綦巾本綼
睆目本睅
緻密本致
叚借本藉
尤以见“游夏之徒”一词难赞也。

《不其山馆日记》第三册

（1935 年 11 月 20 日—12 月 29 日）

1935 年 11 月 20 日

《尔雅小笺》叙目云："《尔雅》之名见于《孔子三朝记》，释诂一篇，为周公所著无疑。《释言》以下则秦汉儒生递相增益之文矣。在当昔经文皆篆书，读书望文即知形声，故但着训义而略形声也。西京变篆为隶，形声已非，其旧字体在后汉已大坏，魏晋诡更正文，变騶为駆，改悖作背，易荼为茶，别华作花。"徐鼎臣曰："《尔雅》所载草木鱼鸟之名，肆意增益，不可观矣。"此段有关史实。

《说文匡鄦》，石广权著（二十年商务石印本），实仅有第一篇。部首《匡谬》，盖望名而不敢承矣，其叙指揭橥三事，已为鄦氏既以形隶文，似六书皆为衍形之字，名为六书其实一书，所不解者一也。鄦书之例建为五百四十部首，究竟文之可为部首者，是否天然限于此数，不可解者二也。立一为端，据形系联，引而申之，毕终于亥。然则一二至十诸数名甲乙至亥诸干支名合三十二字，殆为仓帝造文起例之原始字母，乃书中除一二八十乙戊己辛及子丑辰午申酉外，余概无可隶之字，无字可隶安得建首，所不解者三也。于是书中肆其曲笔，诋諆语近咀咒，至谓不适为部首者二百七十有二，断非今文学极盛之区，无人敢张目至此，亦无暇件系之而条斥之，此书似亦无人过问者也（石字一参，有《六书浅说》，詈许尤甚。丁福保《说文诂林补遗·自叙》比之于明陈耀文纠杨录，清吴殳正钱录等。又云："近人攻许，信口开河，较之杨恒《六书统溯原》，魏校《六书精蕴》什佰倍之。"学者为之掩卷也）。

令狐德棻《周书庾传》论云："庾信奇才秀出，牢笼一代。朝廷之人，闾阎之士，莫不忘味于遗韵，眩精于末光。然子山之文，发源于宋末，盛行于梁季。其体以淫放为本，其词以轻险为宗。故能夸目侈于红紫，荡心逾于郑、卫。"则为过论矣。

1935 年 11 月 21 日

肥，多肉也。从肉从卪。䛑，徒歌，从言肉。肥，何以从卪？䛑，何以从肉？而天下嚣然矣。参比诸说，断以下说为安：卪，骨卪也。骨卪处恒无肉。今骨卪有肉，可谓肥矣（孔广居《说文疑》）。从言肉声。（段改）各本无声字，《缶部》："䍃，从缶肉声。"然则此当曰："肉声无疑"。（段注）

王筠分会意，凡一千二百六十文，为正例九，变例十一，（附）阙疑一类，共二十一类。

顺递为义者二百五十七文，始天终茜。

并峙为义者三百五十一文，始祝（从示从人口）终亥（荄也，从二从二人从乙，象怀子咳咳之形）。

即字之部位见意者七十三文，始王终𡔽𡕀。（吉凶在壶中，《易》曰："天地壹壼。"）

疊，扬雄以为古理官决罪，三日得其宜乃行之。从晶从宜。亡新以为三日太盛，而改之三田。

二成字者四十五文，始祘终辡（罪人相与讼也）。又十一文，始𣗥终所。

叠三成字者二十七文，始茻终孨（音薾，谨也）。

叠四成字四文，始㸚终亖。

兼指事者十文，始癶终亘（亘，从二从回。上下回亘以求之也）。

兼象形者四文，始牢（从牛从东省）终本（木本也。从木，从一。根在地下也）。

会意外加一形者十一文，始𤔔（女庚切。枪攘之攘之正字。寻也，从爻工。交口已象交构形）终𨳇（从廾，两手开门也。一象扃形。按𨳇为開之古文，王改之）。

从其字而变其字之形者十文，始屯（难也，从屮册，一屮曲其尾，所以会难意也）终𦍌（古悖字。从二。或而下一，或倒者两人，悖逆之状）。

就本字而少增之即足会意者四文，始廴（长行也，从彳引之，彳，小步也。引之则长行也。）终亍。

省文会意者二十七文，始𦯧（从艸从胃省）终孑（从子，而省左臂）。

反文会意者二十二文，始少（音挞蹈，从反止）终𣥠𣥠。

到文会意者九文：𦥑（倒𦥑）、𠬪（倒𠬪）、𠂤、帀、𠤎（倒人化正字）、尾（倒毛在尸后）、県（倒首枭首正字）、𠫓𠫓（倒子字）、𠄔（倒𠄔）。

意不在字中转在空白之所者四文：爾（麗、爾、猶、靡。麗从冂从㸚，其孔㸚尔声）、爽（从㸚从大。大其中缝隙光也，上二字皆取窗棂之义）、𢆶、𨳇。

所从之字不成意，转由所从之字之所从，与所从之字者以得意者五文：建、㬅（音函和也）、望、㐭、報。

会意兼声，而声即在意中者二百五十文，始吏（从一从史。史亦声）终酣。

会意之外别加声者六十八文，始碧（石之青美者。从玉石。白声）终醬（从酉从肉。爿声）。

下各字无声，不得不谓之会意，实则各自为意，不可会者十文：始君（从尹，发号，故从口）、矞（从矛从冏）、䜌、蔑（劳目无精也。从𦭝。人劳则蔑然，从戍）、㓞、秎（铦也。从刀。和然后利，从和省）㬪、㡀、思（息廉切。疾利口也。从心从册。册，所言众也）、联（从耳。耳连于颊也。从丝，丝连不绝也）、醫（《说文》云："殹，恶姿也，医之性然。"言医精小道性不和平也。又云："得酒而使，从酉。"言药往往用酒也）。

阙疑者五十八文：

闕疑者五十八文

丁山有說文闕義箋一卷多據金文釋之

（丁山有《说文阙义笺》一卷，多据金文释之）

会意字凡千二百余，盖八之一矣。惟兴山吴锦章《六书类篹·原体篇》，所列会意仅六百三十八文，但其形声兼会意者剔录五百十八文，其出入不远矣。

1935 年 11 月 22 日

读《说文》。人自嚣嚣（读如敖敖，见《诗》），我自嚣嚣（见《孟子》）。

《诂林补遗》以二书为干，曰朱珔（字玉存，泾县嘉庆进士）《说文假借义证》二十八卷。曰严章福（字秋樵，可均弟，乌程人）《经典通用考》十四卷。剌取《说文》

及经史诸子百家之中假借字，依许书次第汇集之，如元下云：《春秋繁露·重政篇》："元，犹原也。"刘熙《释名》："原，元也。"是为元之假借，又为完之省借，为一之通借（例略。《假借义证》）。

《春秋僖二十八年》："卫元咺出奔晋。"《注》："元咺，卫大夫。"《说文》作"邧"，云："郑邑也。"元，始也。义别。按《韵会·十三元》云。《左传》："卫大夫元咺。"又"后魏拓拔氏，为元氏。望出河南。"（《通用考》）并可与《经籍纂诂》互明耳。

1935年11月23日

爬，《说文》无爬字，或作把。《后书·戴就传》："以大针刺指甲中，使之把土。"嵇叔夜《绝交书》："性复多蝨，把搔无已。"又或通作杷。《汉书·贡禹传》："捽中杷土。"颜注："杷，手掊之也。其字从木。"

写声：风沨沨然，水澌澌然，火活活然、赫赫然。金铮铮然，物之中空者叩之箜箜然，崩析时析析然，破时勃然，碎时窣然，落者厦然、剨然（应作砉，篆作画作划），合者和然、霍然，相轧者轧轧然，相格者格格然，相切者切切然，相荡者汤汤然，齿之啮物齿齿然（又齿齿排石之石状也。李孝光诗："岩花既菲菲，溪石亦齿齿"），乳之受哺哺哺然，人之喜也嘻嘻然，哀也欸欸然，哭者苦酷，讶者啊呀，登堂�童然，入宫穹然，衣声蔺蔺然，履声历历然，铃令令然，铎罩罩然，钟冲冲然、箫箫然，弓声穹然，矢声弛然，枪声锵然，炮声暴然，鸡鸣喈喈然，鸭叫呷呷，驾鹅彼呼而此和，鸳鸯雌鸣而雄应，鸦呀然（呀，新附字，《班固赋》："呀周池而成渊。"钮云："古通作牙"），鹊昔昔然，鸠声钩辀，鹁鸪播谷，鼠嘘嘘然，蛙哇哇然，猫嗥苗苗然，虎行乎乎然，讴者悠悠，吟者断断，邪许者求气之舒，謦咳者达气之阂，呼者自发其伏，吼者恃气之厚。凡此皆天籁之声，造文字者肖情通德而得之。

昔年与季刚分帘典试，有题："何谓唇喉舌齿音？"一士曰："唇，唇音；喉，喉音；牙，牙音；舌，舌音；齿，齿音。"季刚据案击壶，不俟阅终卷而特擢之。（此条多取音声中有羌无故实者。）

《北江全集》，所藏者尚缺《更生斋文集》《王祭酒类纂》《骈文录》，北江文至一百三十一首，可谓极吾无间然之叹矣。晨假馆本互勘之，《更生文甲集》属说经之文，及散文自不入选。其《乙集》数十首则几悉数最录，仅遗《拟小言赋》《平生游历图叙》（并赞）、《金秀才学莲》（已入王纂卷六）、《三李斋诗序》《绣余近草序》《答胡孝廉世琦书》《姚春木万里图序》诸首而已。嗟予，苦晚同好，何人炳烛，寒窗以笺以录焉尔。

《平生游历图序》有云："是以少翁仕而百畝荒，元卿归而三径治。"按少翁，汉贡禹字禹，上书曰："臣禹年老贫穷，家訾不满万钱，妻子糠豆不赡，裋褐不完。有田百三十亩，陛下过意征臣，臣卖田百亩以供车马"云云。元卿疑指陶潜，潜一字元亮也。又云："嗟乎，以壶丘待死之年（周有壶丘子林，邹人列御寇师事之），叙高密毕生之事（当指康成《戒子益恩书》）。其达也，亦尝召对麒麟之阁持衡龙虎之方，锡谳而入承明，抗言而惊三殿。其穷也，亦尝受诬牖上之业，屡致窘里中之墨尿（《列子》：“墨尿、单至、啴咺、憋懯四人相与游于世。”注：墨尿，江淮之间谓之无赖），感异品于园蔬，泣奇温于袄絮（并见《楚书》）。”此序与《戒子书》同一机杼，文情略逊《赞》，十六首别存。

《与庄进士书》：“仆学非王阳，遣子受梁邱之《易》，才谢眭孟，甥复习嬴公之经，殊以为幸，未识儿辈能受教否？”按王阳即王吉，字子阳，《汉书·本传》云：“初，吉兼通《五经》，能为驺氏《春秋》，以《诗》《论语》教授，好梁丘贺说《易》，令子骏受焉（骏妻死，不复娶，曰：‘德非曾参，子非华元，亦何敢娶’）。”眭弘字孟，少时好侠，斗鸡走马，长乃变节，从嬴公受《春秋》。

《送舍弟南归序》（按魏文帝谢钟繇，见《与玉玦书》：“是以令舍弟子建，从容喻鄙旨”）云：“勉旃吾弟鉴豫公之薄志，无辱饥寒，念昙首之中年，当持门户，瞻望不及，伫立以泣（豫公、昙首未详）。”

“六时”两见《三李斋诗序》：“夫伤心之序，吾知之矣，于四序为秋，于六时为夜。”《送陈嵩归里省亲序》：“一月之内，面壁者乃有二旬；六时之间，据案者或过卅刻（释氏分一昼夜为六时，即晨朝、日中、日没、初夜、中夜、后夜之称）。”

《戒子书》：“夫陶令达者也，不忘于戒子（渊明诗有《命子》一首，《戒子》一首）。魏收凉德也，亦眷眷于遗言（《北齐·收传》收字伯起，小字佛助。著《魏书》，有“秽史”之称。以子侄年少，著《枕中篇》戒之）。吾上不敢望泉明，下不致同伯起（应承上，指渊明及收。言泉明者必避家讳，北江于孙渊如交厚，《集》中言孙，不曰‘孙兵备’。道星衍即曰季仇、季逑，而不言渊如可证）。”

《后魏书音义叙》，为凌教授廷堪作，谓隋唐以来之史得失参半，且卷帙浩繁，为音义者尚可缓。独沈约《宋书》、魏收《后汉书》成于一手，文既奥衍，义例亦严，尤不可无音义。

又云：“君以其暇，为伯起[①]辩诬，洵属史家不可少之书矣。”

《又书三友人遗事》，三友人者汪中、武亿、汪苍霖（钱塘）也。于《虚谷传》末云：“亿及汪明经事，吾友孙君星衍为作传，已详列之，兹特记传所无者（按《汪传》《武传》俱在渊如《五松园文稿》中）。”

《文学吕先生墓表》（汉时令郡国举贤良文学，唐州置文学以五经教授诸生）：“项橐七岁，先称阙里之师。施雠幼童，已擅专家之学（《前书·儒林传》：‘雠为童子，从田王孙受《易》），濮阳[②]之为揖客，见重公卿。槐里之斥小生，居然口实（《汲黯传》：‘夫以大将军有揖客，顾不重邪？’黯：濮阳人。大将军：卫青）。禽庆游岳之岁，嗣续乃生。薛宣罢政之年，茂才始举（禽犊，汉北海人，字子夏，以儒生去官不事王莽）。高密举小同之载，尚克传经。子坚察高第之时，犹能健饭。亮吉与先生有连，且近同里巷。闲庭扑枣，则王吉之东邻。辟径听松，则泉明之北牖（《王吉传》里中为之语曰：‘东家有树，王阳妇去；东家枣完，去妇复还。’泉明即渊明）。王微枕上，闻扪虱之谈经。伯阳灶觚，视望羊之读《易》，知先生者实最深矣。”

《从母杨孺人墓表》（《尔雅》：“母之姊妹为从母。”《释名》：“母之姊妹为姨。”）：“廉吏之室，鬻犬因而市钗。积赀之家，市脯乃能具燕（钗，新附，即叉之俗字）。积牛衣之痛，抱羊舌之悲（《汉王章传》：‘妻又止之曰：人当知足，独不念牛衣中涕泣时耶？'《左传》：'叔向曰：肸之宗十一族，惟羊舌氏在而已。'肸又无子），济南之女，不忘列宿之章。沛中之姬，永怀帝师所训。"

《从母庄孺人墓表》："咨点心之方，于郑傪之嫂，求曼首之法，于卢谌之家（《能改斋漫录》：'唐傪为江淮留后，家人备夫人晨馔，夫人顾其弟曰：治妆未毕，我未及餐，尔可先点心。'），寝门未辟，便了至而携浆，夕飡欲陈，方成来而馈肉。"

《杨君墓表》："由今忆之，月犯星之兆，虑戴逵者，翻贻会稽之凶，膏烧明之痛，哭龚生者，顾在彭城之叟（《晋书·戴逵传》在《陶潜传》上，逵字安道，谯国人，徙居会稽之剡县，性高洁，累征辞父疾不就，会稽内史谢玄虑逵远遁不反，请绝其召命），梁国戏语，念之而心伤，钟繇啁词，引之以自咎，余之交君，不谓其止于此也。他日薄宦粗就，归休里闾，访将军之巷，则大树犹存，过邘水之桥，则溪流半涸，亦足以凄怆伤心者矣。"

《死节汤君墓表》（大奎字增辂，武进人，死于台民之变）："荀息再死，永符白圭之言，臧洪复生，无踰酸枣之节（荀息事见《左传》。《后书·臧洪传》：'与诸牧守大会酸枣'）。廉吏薄俸，靡给乎饔飧，先人敝庐，或摇乎风雨。"

呜乎，楚司马之背，创之者三，晋中军之指，断而非一，遂使复衾三袭，敛温序之须，元纁数重，藏卞公之爪（《后书·独行传》："温序，为隗嚣别将苟宇所拘劫。赐以剑。序受剑，御须于口，顾左右曰：'既为贼所迫杀，无令须污土。'遂伏剑而死"）。

千秋死节，事白于弥年，翁归洁身，赏隆于没世（汉尹翁归卒，家无余财，天子怜之，赐子黄金百斤）。

康乐成童，先惊得句，孝侯临命，尚复赋诗（灵运玄孙《宋书》本传："幼便颖悟，少好学，文章之美，江左莫逮。"《晋书》："周处，字子隐，自知军必败，赋诗曰：'去去世事已，策马观西戎。藜藿甘粱黍，期之克令终。'言毕而战，自旦及暮，力战而没"）。以至时歌易水，感下泣之宾朋，不读河梁，耻生降之都尉。虽复终军之亡南粤，引重儒林，季雅之没射姑，尤增文誉（终军死于南越，年二十余，故世谓之终童），而传家积轴，未得比于牛腰，望海招魂，并欲搜于鱼腹，天之厄君者不已甚乎。（《老学庵笔记》："潘邠老《赠方回》诗云：'诗束牛腰藏旧稿，书讹马尾辩新雠。'"）

悉伯酷嗜全，洪，汪三家之集，口之于味，有同耆也。镕史之才，北江为巨擘焉，亦斯骈学之易牙，先得我口之所嗜者耳。非经笺注，难得真筌，吴选八家，仅得十首，许生贞豫，同此嗜痂，其他名篇，尚须更仆，两日以来，益厌见人，厥于此中，得少佳趣，又以携书，几悉南播，假自太学，难辄题眉，札记存之，贤于博弈，昔浦起龙以八比当家，通释《史通》，亦论文章，大惹哈笑，而注引之博雅，虽以实斋、晓岚，通才硕学，不能夺其席也。漏永无人，自发狂呓，自比太仓之鼠，蜎行之烛耳。

【注释】

①伯起：指魏收。

②濮阳：指汲黯。

1935年11月25日

北江《洪恭人墓志铭》云："又复贝齿长饥，负粮而资臣朔，鹿车远宦，质衣以奉君姑（《东方朔传》：'臣朔年二十二，长九尺三寸，目若悬珠，齿若编贝。'）。恭人则躬率侍婢，宿诣上庖，割肉必方，酿饎有术，以樊哙之彘肩，配卢谌之曼首，无王京兆之简略，有陈孺子之均平（饎，酒食也。《晋·卢谌本传》：'无曼首事'）。"

《适王氏亡姑权厝志铭》（厝，厉石也。抱火厝之积薪之下。假厝为措也）云："翛翛予羽，业鸱鸮之四章，依依降桑，均鸤鸠之七子，甑生尘而日晏，风吹箨而岁寒。周郁耽游，则流涕而私谏。乐羊废读，则正容以悟之（沛郡，周郁妻者同郡赵孝之女也，字阿。河南乐羊子之妻者，不知何氏之女也。并见《后书·列女传》）。"

《南楼赠书图记》云："仲达之简，雨急自收。高凤之书，麦漂不顾（《后书》：'凤字文通，持竿诵经，不觉潦水流麦，其后遂为名儒'）。蠹窥人而渐老，萤入简而不光。陈留丈人之语，王粲念之而觉悲。扶风大家之书，马严续之而未竟（《王粲本传》未及。马严应为马续，《后书·严本传》云：'严七子，唯续、融知名。'《曹世叔妻传》云：'兄固著《汉书》，其八表及天文志未及竟而卒。帝诏昭[1]就东观藏书阁踵而成之。'后又诏融[2]兄续继昭成之）。又况校闲庭之月旦，已无人知。搜外氏之遗闻，先无母问。泪浮斯卷，痛寄斯图。"

《题襟馆记》云："夜半之客，宁惟逸甄。日中之期，不爽前范（《后书》范式）。由庚无塞，旁午不惊（笙诗篇名《诗序》，《由庚》，万物得由其道也）。连珠盖闻尘扬席上，灰然鼎间，飞扬虽同，凉燠以异。是以灌夫骂坐，难止膝席之宾。次公酒狂，群惊仰屋之叹（字次公：汉桓宽、黄霸、盖宽饶。《宽饶传》：'无多酌我，我乃酒狂。丞相魏侯笑曰：次公醒而狂，何必酒也?'）。盖闻五簋登筵，旨者早尽。千葩攒树，艳者先摘。是以终童先慧，不臻厌次之年。龚生竟夭，乃致彭城之涕（终军死于南粤，年二十余。东方朔平原厌次人也，朔初来上书曰：'臣朔年二十二'）。"

【注释】

①昭：指班昭。

②融：指马融。

1935年11月26日

北江《伤知己赋》并叙："犬马之齿，过齐太尉之生年；羁旅之期，逾晋文公之在外（《汉书·贡禹传》：'臣犬马之齿八十有一。'《南齐书·王俭传》：'字仲宝。薨年三十八。赠太傅侍中，中书监。谥文宪'）。

嗟乎！回风美人之曲，楚臣殉之以身；钟鸣落叶之操，帝子继之以泣（《楚辞·九章》有《思美人》《悲回风》二章。《梁书·豫章王综传》：'综既不得志，作《听钟鸣》《悲落叶》辞，以申其志'）。

复沛郡丈人之魄，或尚沈酣。起鲁国男子之魂，犹应慷慨（《后书·杨彪传》：‘孔融鲁国男子，明日便当拂衣而去，不复朝矣’）。

是以元伯入梦，巨卿哦而悦然。罕生云亡，郑侨呼曰已矣（《范式传》：‘式忽梦元伯。悦然觉寤，悲叹泣下。’《左传》：‘子产闻子皮卒，哭，且曰：吾已，无为为善矣！惟夫子知我’）。

张俭至而全家倾，令伯生而慈父背（《后书·党锢传》：‘俭得亡命，因迫遁走，望门投止，莫不重其名行，破家相容’）。

仲宝婴于数丧，罂宏依于渭阳。鼪鼠一庭，归彦甫之子舍。鸡犬满栅，别公房之壻乡。隽勃海之博带，杜扶风之小冠（汉隽不疑，勃海人。暴胜之为直指使者。素闻不疑贤，请与相见。不疑褒衣博带，盛服至门上谒）。

揖贾生于江馆，值朱游于建康。荀秘监四部之目，秘而得传。阮孝绪七录之篇，闻而愿借。山巨源七辈之游，人皆有集。孟献子五人之友，半已不传。”

1935 年 11 月 27 日

北江《孙季逑仓颉篇序》：粤若龟浮效象，免泣垂文，视狗知画犬之形，伏禾制秃人之字（仓颉出见秃人伏禾中，因以制字），子夏《释物》辨丁乎鱼枕，秦医说疾测蛊于虫皿（子夏作《尔雅·释鱼》：“鱼枕谓之丁。”枕在鱼头骨中，似丁字。《昭公元年左传》：“晋侯求医于秦，秦伯使医和视。曰：‘疾不可为也。是谓近女色疾如蛊’”）。征之竹素，靡不粲然，暨乎左隶之分，遂失前人之谊。安国不以篆文存经而易之隶，古康成颇以便读传教而厘存故书（“鲁共王坏孔子旧宅，于壁中得《古文尚书》，孔安国以今文字读之。”《汉书·儒林传》）。是以白羊之印，乖谬乎六书，乌马之文，微茫乎三写，必穷其失，可得言焉。汉世诸儒，深研象数，渐忽虫文，言星者日下从生，说地者土力合乙（曐，星或省，《春秋说题辞》云：“日分为星。故其字日生为星。”《春秋元命苞》云：“地者，易也，言养物怀任，交易变化，合吐应节，故其立字土力于乙者为地。”言奉太乙也），箸衣于求而古文昧增，竹于篚而物象离（求，古文裘。段云：“后加衣为裘，如衰之加艸为蓑。”匪，器似竹筐。篚，车笭也。非匪之异体）。以曲为声，失豊形之字，恉加食为餼，违稍氣之本训（大射仪注曰：“豐，其为字，从豆曲声。”段注：“匡谬，云似郑时有曲字。氣，馈客刍米也。”重文餼。段注：“盖晚出俗字。”在假氣为气之后。稍，廪食也）。习甲乙之文，谁分钩识，作乙信卯金之谶，孰辨处者为留（畱，止也。从田，丣声。从丣不从丣也），参首从厽，能足为三（曑，参或省，《九经字样》分曑，音森。商星也。参音骖，字从厽。《群经正字》云：“此说非也，《说文》只是一字。”能，熊属。《尔雅·释鱼》：“鼈三足，能”）。犯从戊巳之形，般有丹青之义（犯，侵也，从犬㔾声。《五经文字》云：“犯从戊巳之巳谬。”般，辟也。象舟之旋，从舟。从殳，殳，所以旋也）。书狟狟而字改，字泛泛而文增（狟，犬行也，从犬，亘声。《周书》曰：“尚桓桓。”《牧誓》文今作桓桓。段云：“许用孔壁中古文也。”[illegible]，《诗·菁菁者莪》：“泛泛杨舟。”《左襄二十九年传》：“美哉沨沨乎！”）。《尔雅》变为鼋䰽，《玉篇》益其鼂鼊（《释鱼》："鼋䰽蟾诸，在水者黽。"钮树玉云："鼋，当为鼋之讹。《说文》《玉篇》作鼋。"雷浚云："奰，俗讹鼂，屓，俗讹屓，又讹鼊。"奰，壮也。屓，卧息也，作力之貌也），訇改为圁音或符夫，汉碣薛讹为萨字，始缺于儒书（訇，騃言声。从言匀，省声。段云："变为圁字。"西河郡圁、阴圁阳。《说文》无萨字。《一切经音义》卷三云："扶萨又作扶薛。"钱大昕《跋复古编》云："曩谓萨当薛自矜创获，读是篇则谦中已先我言之"）。楞以四方，切从十数（《说文》有棱字无楞字。切，刌也。从刀七声。《华严经》卷一音义曰："《说文》：一切，普也。普即遍具之义，故切字宜从十。"按：非也）。此则吕顾偶乱于前，陆孔复乖于后者矣。求其合者，则八厶子系，一士弓长（背厶为公。孙从系子。知十合一谓之士。弓长张）。草肃谣齐，木桓谶晋，委妥可通，非姜鼎而始见，近岓本一证周彝而益明（王筠《释例》谓妥为委之重文。岓，古文近），此则谣咏，合乎经文，假借通乎字例者也。至若作旅车敦，古义莫释，帝僵之裔，姓纂亡徵，梠楫不登于昔编，𠀤𠀤互殊于传注，宁非阙如之，义当同于圣者乎。夫篆之降隶，增减见于斯篇，文以括音，精博昭于许说，今召陵之书，广传于学者，而上蔡之论，半堕于梵编（《说文·自序》："斯作《仓颉篇》。"《段注艺文志》曰："仓颉一篇上七章秦丞相李斯作"）。此季逑所急为搜辑也，亮吉年逾数，杂学历五稘，别石鼓之舍志，在盍簪访仓史之台，快睹此册云尔（《易》："勿疑，朋盍簪。"《疏》："盍，合也；簪，疾也。群朋合聚而集来也"）。

按《汉书·艺文志》云："《仓颉》七章者，秦丞相李斯所作也。"又云："闾里书师合《仓颉》《爰历》《博学》三篇，断六十字以为一章，凡五十五章，并为《仓颉篇》。"又云:"仓颉多古字，俗师失其读，宣帝时征齐人能正读者，张敞从受之。（扬雄）传至外孙之子杜林，为作训故，并列焉。"《杜邺传》云："邺少孤，其母张敞女。邺壮，从敞子吉学问，得其家书。"又云："初，邺从张吉学，吉子竦又幼孤，从邺学问，亦著于世，尤长小学。邺子林，清静好古，亦有雅材，建武初历位列卿，至大司空。其正文字过于邺、竦，故世言小学者由杜公。"《后书·杜林传》云："父邺，成、哀间为凉州刺史。林少好学沈深，家既多书，又外氏张竦父子喜文采，林从竦受学，博洽多闻，时称通儒。"林子乔四叶舅甥，百年师友，传兹小学，蔚为通儒。

1935 年 11 月 28 日

北江《蒋先生（和宁，武进）别传》：其从甥洪亮吉，以为古之显于当时，名于后世者，皆有别传见于载记，自东方朔至夏统已一百十人（叙为别传之旨，《东方朔本传》末曰："凡向所录朔书具是矣。世所传他事皆非也。赞曰：'朔之诙谐，逢占射覆，其事浮浅，行于众庶，童儿牧竖莫不眩耀。而后世好事者因取奇言怪语附著之，故详录焉。'"而《晋书·夏统传》述："统操柂正橹，析旋中流。以足叩船，引声喉转，清激慷慨，大风应至。"计当时闾巷之间传闻尤夥矣）。

李元礼之仕宦，不异神仙，卫叔宝之风华，无伤道范（李膺、卫玠）。王猛鬻畚之岁，即推公辅之才，孝侯射虎之前，已卜非常之器（《晋书》载记《王猛传》："少贫贱，以鬻畚为业。”周处杀蛟射虎，改过为父老除三害《晋书本传》)。

史鱼为盗，荀况因之丛讥，颜回复生，祢衡因而陨首（郄卢令路粹构陷孔。祢语）。若夫朗月入抱，莫喻其高怀，白云在天，思成其春服，守马卿之四壁，食何曾之万钱，有柳下之阨穷，御孟尝之狐白（何曾，晋何夔子。附贾充）。

雄博如刘子骏，授太元而亦观，逸才如陆士云，见都赋而惊叹。悯康伯之陋，则辇书以贻之，伤羊昙之贫，则赌墅以乞之。他日信陵之客，张耳有堆贤之名，颍川之门，景顾成行义之实。

1935年11月29日

北江《南楼忆旧诗序》（节注)：南楼者，外王母龚太孺人所居也。余以孤童，幼蒙钟爱，年未毁齿，从母移居，姊越十龄，弟才数岁，鲁国男子，方惊毁巢，汉阳孤生，未歌穷鸟（《孔融传》《赵壹传》)，由春徂冬，衣无单复之制，以夜继日，瓶无逮晨之粮，茕茕焉，踽踽焉，盖十五年于此矣。若夫雨龙竹马，瓦狗泥车，探春燕于栋头，捉秋虫于径里，冈睹跳而将平，井投瓴而欲满，临溪咒鸭，涉渚捞虾（原作蝦，非)，既儿戏之无方，亦童蒙之求我，此一时也。随母梳头之岁，从师识字之辰，乌焉混于一篇，蚯蚓登于半纸，藏书之箧，时匿意钱（《后汉书》：“梁冀能为意钱之戏。”或云赌博也)，衣带之旁，私携面具（《宋史·狄青传》：“临敌被发、带铜面具。”《周官》有“方相氏”)，同学则谢家阿买，送餐则裴氏小奚，盼日影之不西，怨鸡声之太早，此一时也。至乃岁值元枵，门怜奇窘，仲理则厨难耗鼠，史云则釜欲生鱼，井淘麦屑，反避知亲，径拾堕薪，偏逢长者，然而天青入牖，水绿周堂，秋月塞门，春花交砌，何尝不破涕啼而四顾，拥絮以周游，此一时也。又或苏季上书，全家尽返，桓姬索米，半舫爰来。中外则双丁二到，不乏奇童，弟兄则羯末封胡，并饶道蕴（双丁：丁廙、丁仪。《梁书·到溉传》：“时以溉洽兄弟比之二陆，世祖赠诗曰：‘魏世重双丁，晋朝称二陆。何如今两到，复似凌寒竹。’洽清警才学，覩时方乱，筑室幽居。任昉访之，叹曰：‘此子日下无双。’武帝问待诏丘迟曰：‘到洽何如沆、溉？’迟对曰：‘正清过于沆，文章不减溉；加以清言，殆将难及。’”)，虚堂论史，鹊亦垂头，侧径敲诗，虫来啮踵，篙师南巷，雅乞书符，蚕妾北头，偏多问字，此亦一时也。授徒北馆，作赘东堂，卜商色养之时，贾谊秀才之日（子夏问孝。子曰：“色难。”贾谊，洛阳人也。年十八，能以诗书属文称于郡中。河南守吴公闻其秀材，召置门下。《汉书》)，会稽僚壻，动色而见严生，阳元尊嫜，改颜而亲剧子（《汉书》：“严助，会稽吴人。助侍燕从容，上问助居乡里时，对曰：‘家贫，为友婿富人所辱上问所欲，对欲为会稽太守”)，邻有束绹之馈，室无戛釜之声（《豳风》：“宵尔索绹。”《前书·楚元王传》：“嫂厌叔与客来，阳为羹尽，轑釜。”《史记》作历)，辟竹径而待宾，借柏堂而宴客，此又一时也。诗曰：维桑与梓，必恭敬止。又况螟蛉果蠃之场，与松柏茑萝之所乎（《诗》：“螟蛉有子，蜾蠃负之。”又“茑与女萝，施于松柏”)，此则明明如月，难忘在闼之辰，悠悠我思，无逾树杞之里，遗闻传于厮养，琐事得于邻童，畦栽赤苋，则湔上之苍头，穴识金镮，则羊家之故媪，失簪楚国，堕履徐方，燕知春社之人，犬识衰门之客，延陵之剑，无封树之堪悬，班惠之书，有篇题之可认，能无堕伤心之泪，镌思旧之铭乎。又况腊头社尾，上巳元宵，饼识春辰，餻名令节，杨柳半桥之月，芙容北市之镫，水增一尺，则已啮闾门，树密三重，则隐开楼扇，烛笼之首，与鸱尾竞高，彩鷁之竿，与神灯并出，贩脂鬻粥，擊钵吹箫，莫不纷至沓来，风驰雨骤，此又晏婴之宅，因近市而居奇，虞氏之楼，以临街而角胜，标孝侯之风土，记荆楚之岁时（《晋书·周处传》："处著《默语》三十篇及《风土记》，并撰集《吴书》"），差可连类而书，削笺以奏者哉。

1935年11月30日

北江《椒花吟舫图叙》：椒花吟舫者，翰林院侍读学士大兴朱先生邸第，南偏栖息之所，而亡友怀宁余君鹏飞所作图也。先生负盖代之才，具人伦之鉴，诱掖后进，奖许辈流。寝门未辟，千秋之士纷来；夕漏欲沉，问字之车未返。而先生又各竞所长，不名一艺，荀贾之学，与枚马之赋同登；后门之贤，与世家之英错列。有景伯之和易，无周朗之偏奇（《前书》："贾逵，字景伯。性恺悌。多智思。"颜注："恺，乐也。悌，易也。言有和乐简易之德也。"沈约《宋书·周朗传》："朗而好奇，雅有风气。丁母艰，有孝性，每哭必恸，其余颇不依居丧常节。诏曰：'朗悖礼利口，宜令翦戮。'传送宁州，道杀之，年三十六"）。于是海内之士，有不诣先生之居者，遂不得为闻人焉。虽夫子之门何杂，见哂叔孙，而北斗以南一人，庶几高密（应指叔孙通）。今者其室甚迩，哲人云亡，高台多风，空室易雨，薰林之花转芬盈升之实空衍，武城之薪木，今同分陕之棠，公超之故居，昔并五都之市（《后书》："张楷字公超，霸子。通《严氏春秋》《古文尚书》，隐居弘农山中。学者随之，所居成市，后华阴山南遂有公超市"），此则山邱华屋，独士以之涕流，斗酒炙鸡，三步因而腹痛者矣（谢安素重羊昙。安卒后，昙行不由西州门路，为与安所与熟游处也。一日醉后，不觉过之，以策叩扉，诵子建诗："生存华屋处，零落归山丘"），若余君之为此图也，以贾生弱冠之年，预长伯四科之列，望衡而处，执业以来，每咨经传之疑，时值笑言之宴，欣然命笔，遂作此图，昔者巨野之刻，曾闵及望羊之门，射阳之图，宣尼谒犹龙之坐，非形之于图绘，不克传圣贤心迹乎，乃伸纸未竟，风泉之声已悲，濡墨欲干，师弟之亡何遽，以视赵岐临穴，方绘延陵，刘操感亡，乃摩广戚（《后书》："赵岐，年九十余，建安六年卒。先自为寿藏，图季札、子产、晏婴、叔向四像居宾位，又自画其像居主位，皆为赞颂。"刘操未详），何以异乎。亮吉以岁辛卯谒先生于当涂学使之署，始预宾僚，继焉问业。逮已亥庚子，又从先生游于京师。刘向之校祕阁，时假异书，朱佑之学成均，屡蒙殊奖（刘向为中垒校尉。《后书·朱祐传》："祐初学长安，帝往候之，祐不时相劳苦，而先升讲舍。后车驾幸其第，帝因笑曰：'主人得无舍我讲乎？'以有旧恩，数蒙赏赉"），盖师友之际，存殁之感均有不能已于言者焉，暇日先生子孝廉锡庚出是图，属为之叙。窃以先生之门，著录弟子不下千人，咸负盛名各官内外，而孝廉独授简于余者，岂非以受先生知最深，且与余君有同堂之雅乎，夫过因树之屋，悼叹申屠，趋种柏之堂，有怀龚胜（《后书·申屠蟠传》："太学生争慕其风，以为文学将兴，处士复用。蟠独叹曰：'昔战国之世，处士横议，列国之王。至为拥彗前驱，卒有坑儒焚书之祸，今之谓矣。'乃绝迹于梁、砀之间，因树为屋，自同佣人。"《前书·龚胜传》："胜因敕以棺敛丧事：'衣周于身，棺同于衣。勿随俗动吾家，种柏，作祠堂。'语毕，遂不复开口饮食，积十四日死，死时七十九矣"）。以今视昔，其理庶符爰叙而还之俾世之观是图者，亦以知取材落实庶几于大匠之门，攀条抚枝，泫然生并世之感云尔。

听雨点书，潮声近在牖际，邻舍生口笛夷歌，胡为而在我侧也，无车子之转喉，哀感顽艳，期子春于海上，汩没崩渐，徒乱人意，能移我情，人既不贵自处，我则别有会心耳。

子山《谢赵王赉马并缰启》，仅四叠排句，而一切马一切缰，无不尽之意，有不尽之情，如云："回兹翠盖，事重刘基之恩；降此青骊，荣深李忠之赐（《吴志》：'权以盖自覆，又令覆基。'《后书》：'李忠独无所掠。世祖以所乘大骊马赐之'）。北部丹帷，更须高卷；西河竹马，即已高迎（《后书》'贾琮为冀州刺史。至州命御者褰去其帷。''郭伋治并州，童儿皆骑竹马来迎。'此用虚榇一笔）。在命之轻，鸿毛浮于弱水；知恩之重，鳌背负于灵山（《列仙传》曰：'巨鳌负蓬莱山，而抃沧海之中'）。况复惊鸿别水，但见徘徊黄鹤，去关惟知反顾栖恋之心事同于此。"正写一笔，虚榇一笔，感恩一笔，余意一笔。

缰为新附字。《檀弓》："敝盖不弃，为埋马也。"言盖言簦言笠言幔言幪言緌。又幔字亦作幔，自皇甫谧注《史帝、玉帝纪》，《晋书·王雅传》始有缰字。

1935年12月1日

以王纂签识倪注，庾集尽一日而毕，凡一百三十八首，全集自诗歌乐府外，不入选者什二而已（赋十五篇只录《哀江南赋》），可谓特标开府百世无匹者也。《四库提要》称其骈偶之文集六朝之大成，导四杰之先路，无溢誉矣。北江体格全从此集立局，而令狐撰史诋其夸。日侈于红紫，荡心逾于郑卫，宜娄东张溥《叙》有曰："夫唐人文章，去徐、庾最近，穷形写态，模范是出，而敢于毁侮，殆将讳所自来，先纵寻斧欤?"子山博极群书，不有注笺，殆难记问，《四库提要》云有清吴兆宜注本（家塾记有一部），今用倪璠（鲁玉）注本朱读。而中华书局聚珍本"乌焉亥豕"之讹甚于落叶，区区一端亦见世运之污降，为可叹耳。

1935年12月3日

閒，隙也，从门从月，会意。假借为闲暇之闲。閑，阑也。古多借为清闲字，又借为娴习字。而无从日之"间"。间，《正字通》云："俗字也。"此最易失之眉睫者。

洪文（洪齮孙《方彦闻先生隶书楹贴跋》）节笺：盖戊子春间，辱君知遇，得附末交（时道光八年，年二十四岁），先生已位隆紧赤，名满士林（方履篯大兴，卒于道光辛卯十一年，年四十二岁。则此年彦闻三十九岁也），李膺入座，望者比为神仙；退之成文，学者仰若泰岱（膺独持风义，以声名自高，士有被其容接者，名为登龙门。按入坐事应属陈遵，《班书·遵本传》云："时列侯有与遵同姓。既至而非，因号其人曰陈惊坐云"）。而齮孙戢影穷檐，侪身庸保。范巨卿之车马，空赴江干，王子猷之竹林，仅余故宅。西州之恸，太傅无闻，幽明北海之见，虎贲宛然在目（羊昙孔融传）。所幸苏瓌环有子，鲍照能文，守此零篇，绵其手泽。然而蓬蒿三径，尚僦他人，琳琅百函，未付剞氏。拜北堂之尊考，呜咽商颜，遇东郭之遗孤，凄凉秦赘（商子告伯禽、康叔以桥梓事。二子见周公，入门而趋。登堂而跪。《汉书》："秦人家富子壮则出分，家贫子壮则出赘。"言此风始于秦）。敬瞻遗楮，聊志微忱，几字空存，九原可作，庶使拜徐君之墓，孤剑同悬，答刘沼之书，神明若接耳。文情婉约，笔致艳妍，北江为有子矣。容甫之子喜孙，完白之子传密，并以孤露，绍厥家声。信乎，明德之后，必有达人也（此文当于里居时，授小子诵之）。

夜感头痛，治书底深夜，而戛然可以愈头风者，不仅孔璋一檄矣（奕经叙北江《晓读书斋杂录》，称先生幼子子龄孝廉嗜学能文，窥地理学之奥）。

1935 年 12 月 4 日

补笺小洪跋文一假："嗟乎，士感知己，物贵同情。捐荼茹蒿者，必无羡于豹胎；弃琼拾栎者，必不珍夫荆璞。般旋盛仆，或见嗤于裸俗；绳墨巧匠，每遭忌于曲株（《抱朴子·广譬》：'般旋之仪，见憎于裸踞之乡'）。故离光非燧人不炽，楚金非欧冶示剡。沈闾在握，须明砥以剑锋；珧华出岩，仰礛礑以暴采（《淮南子·说山》：'玉待礛诸而成器。'音蓝诸，攻玉之石也。《说文》无此二字，《厂部》厱。厱诸，治玉石也）。乃浮磬欲振，而铜鱼已枯；寒钟欲鸣，而元霜俄散。"人非草木，其堪此乎。

隋牛弘（里仁）为秘书监，有请开献书之路表，可补予《哀学篇》所不及者极多（《隋书本传》），略谓"自仲尼已后，迄于当今，年逾千载，数遭五厄。始皇下焚书之令，行偶语之刑。先王坟籍，扫地皆尽。此则书之一厄也。王莽之末，长安兵起，宫室图书，并从焚烬。则书之二厄也。孝献移都，吏民扰乱，图书缣帛，皆取为帷囊。所收而西，裁七十余乘。属西京大乱，一时燔荡。此则书之三厄也。属刘、石[1]凭陵，京华覆灭，朝章国典，从而失坠。此则书之四厄也。及周师入郢，绎悉焚之于外城，所收十才一二。此则书之五厄也。"全文并存"王纂"中，奏章本以明畅疏豁，为宗益老极推，此作究无特精警处。

【注释】

①刘、石：指刘曜、石勒。

1935 年 12 月 6 日

顷，头不正也。从匕从页。匕者，有所比附则不正矣。今专用倾字。《诗》："采采卷耳，不盈顷筐。”韩诗云：“顷筐，欹筐也。”朱丰芑云：“顷，假借为跬。”《礼记·祭义》：“故君子顷步而弗敢忘孝也。”《注》：“当为跬。”按：“当为蹄。蹄顷一声之转。故攲、觭、剞、觭、掎、輢等字，亦皆有偏义，又为畸。说经如此，既合声理，又入人心。”

吴锡麒《清故奉直大夫翰林院编修洪君墓碑》（节笺）：枕石漱流之语，决其将兴；凯风寒泉之思，策之自励（《晋书·孙楚传》：“楚误云：‘漱石枕流。’曰：‘所以枕流，欲洗其耳；所以漱石，欲厉其齿。’”《诗经·凯风》：“美孝子也”）。入林之约，把臂匪迟，过关之图，冲寒如见。赵和死且无恨，哀感路人；刘超衰不离身，常如丧次（赵和，后魏洛阳人，太武时官凌江将军。南讨渡淮，闻父丧，辄还，有司将置之于法，曰：“罔极之恩。死且无恨。言讫号痛，悲感旁人，主司以闻，遂宥之。”刘超，晋人）。撤省门之棘论，早无哗譁集，泮林之桑，音皆改听（《五代史·和凝传》：“凝彻棘开门，士论皆肃静无哗。”《鲁颂·泮水》：“食我桑黮，怀我好音。”《晋书·张锡传》桑葚甜甘鸱鸮革响）。君忡忡葵抱，慊慊刍私，引素食以为羞，伏青蒲而未敢（《前书·史丹传》：“丹以亲密臣得侍视疾，候上间独寝时，丹直入卧内，顿首伏青蒲上。”应劭曰：“以青规地曰青蒲，自非皇后不得至此。”），遂乃上书三府，冀达九重，致冒昧于语言，几莫全乎要领，幸赖如天之度，加之不杀之恩，俾得荷戈荷殳，远戍绝漠，经天山之口已分魂飞，度玉门之关敢期生入，乃磨盾之墨犹湿，而赐环之诏已行（《仪礼疏》：“与之环则还，与之玦则绝”）。谓狂直若朱云，词原过激；念忠爱如苏轼，心本无他（东坡《岭外归与人启》云：“七年远谪，不自意全；万里生还，适有天幸”）。于是重望衡茅，言归桑梓；遂得栖魂陇亩，偶影妻孥。激流植援，聊供小憩，经邱寻壑，时赋近游。每过徐君之墓，黄公之垆，树已苔封，草多烟积，逝者不作，余生尚存，则咨父老，以桑麻课子弟，以诵读藉荅高厚，以毕此身，二秋徂殁，延之之服，有逾千里结言，元伯之车俄及（延之，宋尤袤）。昔龙门作史，乃在涉江而还；长卿著书，已是倦游之后。余与君生，既同岁举，亦齐年契合，性真脱略，绳检颜公《乞米》之帖，互易楮毫，燕市捉酒之场，共数晨夕（真卿有《乞米帖》，王偁诗：“学写颜公乞米书”）。他日史官之笔书不朽者三，今兹有道之碑，能无愧者一而已（此文“王选”未录，又《八家四六》《有正味斋文》亦不载，仅存录《北江年谱》册下）。

吴谷人尚有《洪稚存机声灯影图》一首，而《卷葹阁文乙集续编》又有《送翰林院侍读》《吴谷人先生乞养归里序》，比类读之，益令人增友朋风义之重已（二文并入“王选”）。

下午两入图馆，手检群书。得湖北官书局翻印授经堂校刊《北江全集》（光绪丁丑）本，较家塾所藏者《年谱》一卷，多“行状表传”等九篇，《卷葹阁》甲乙集各多续编一卷。假归诵之。

1935 年 12 月 9 日

曩于《四六丛话》，屡见《四六话》及《四六谈麈》二书事，今始由《学津讨原》

（嘉庆张海鹏辑，一百九十二种，有《洪亮吉序》，见《更生斋文集续集》，但在北江为不更意之文，刘勰《新论序》曰："道象之妙，非言不津。津言之妙，非学不传。"以此命名）窥其全豹，亦诗家之句"图一代之文品也"。

《四六话》二卷，宋王铚撰，文格之卑，五代弥甚，终宋之世，惟以隶事，切合为工，观铚所推许，可以知也。兹最其尤工者元厚之《致仕表》云："少之烛武尚不如人，老矣师丹仍多忘事。"用宋元宪《晚岁诗》："老矣师丹多忘事，少之烛武不如人。"（《前书·师丹传》："丹老人，忘其前语，后从公卿议"）

四六有伐山语，有伐材语。伐材语者，如已成之柱桷，略加绳削而已；伐山语者则搜山（一作披山）开荒，自我取也。即熟事与生事也。两联皆生则奥，皆熟则无工。如夏英公《辞奉使表》略云："顷岁，先人没于行阵；春初；母氏始弃孤遗。义不戴天，难下单于之拜；哀深陟岵，忍闻禁侏之音。"不拜单于用郑众事（《后书》："郑兴子众持节使匈奴。至北庭，虏欲令拜，众不为屈。拔刀自誓"），而公羊谓夷乐曰："禁侏，此生事对熟事格也。"

丁晋公文字虽老不衰，在《朱崖答胡则侍御书》曰："梦幻泡影，知既往之本无。地水火风，悟本来之不有。"在《海外十四年及北迁道州谢表》云："心若倾葵，渐暖长安之日；身同旅雁，乍浮楚泽之春。"又《谢复秘书监表》云："炎荒万里，岁律一周，伤禽无振羽之期，病树绝沾春之望。"人亦哀之。载其父（素）《谢唐君益辟通判沅州启》云："抱璧怀沽，难免匹夫之罪；还珠自叹，空成节妇之吟（张籍《节妇吟》：'还君明珠双泪垂，何不相逢未嫁时'）。"

阎令洵仁善四六，而一字不肯妄下，求警策以过人。《谢再除陕西转运使表》曰："识道重来，端同老马；操刀却视，若宰全牛。"《谢复官表》曰："悲未见于齐羊，笑中分于郑鹿。"

元之自黄移蕲州。临终作遗表曰："岂期游岱之魂，遂协生桑之梦。"盖昔人梦生桑而占者云，"桑"字乃四十八。元之亦以四十八岁殁也。可见当日桑字书如桒。

子瞻与吉甫（吕惠卿）同在馆中，剧口相诋，吉甫贬至建州，《谢表》末曰："龙鳞凤翼，固绝望于攀援；虫臂鼠肝，一冥心于造化（《庄子》：'以汝为虫臂乎？以汝为鼠肝乎？'喻物之微细也）。以子瞻兄弟与我所争者，虫臂鼠肝而已。"子瞻见此表于邸报，笑曰："福建子难容，终会作文字。"（李悉伯以陈宝琛奏请从祀顾、黄二公，詈之为"福建子"，然语有所本）

吴正肃试贤良方正科，因论古今风俗之变，皆随上之好恶，有曰："城中大袖，外有金帛之奢；雨下垫巾，众为一角之效。"是时试策犹间用对偶句也。仁宗喜此两句，对群臣诵之。

《四六谈麈》一卷，《四库提要》据《书录解题》谓为谢伋撰，其论"四六"多以命意遣词分工，拙视王铚所见较深。又谓"四六"之工，在于翦裁，若全句对全句，何以见工，尤切中南宋之弊。如丁晋公《谢表》云："补仲山之衮，虽罄一心；调傅说之羹，难谐众口。"谢子耆宁《除职表》云："疲牛抱犊，同均丰草之甘；倦鸟将雏，不失上林之乐。"何文缜以"四六"知名，其《谢召还表》云："两曾参之是非，浮言犹在；一王尊之贤佞，更世乃明。"吴丞相元中，宣和间当外制，作《河北曲赦》云："桑麻千里，皆祖宗涵养之休；忠义百年，亦父老教训之德。”赵令人李号易安，其《祭湖州文》曰：“白日正中，叹庞翁之机捷；坚城自堕，怜杞妇之悲深。”方彦蒙《上时相启》云：“三已无怨，虽知众口之铄金；万折必东，自信臣心之如水。”下句完善。汪彦章《贺吕成公初大拜启》云：“方群臣忧杞国之天，靡遑朝夕；乃两手取虞渊之日，重正乾坤。”可摭者正无多也。

北江《卷施阁文》：甲集续编、乙集续编、更生斋续集三种。皆吾家所未有，一三两种皆散文，亦少精到之作。《乙集续编》之较佳者《东阿寻西霸王墓记》《送舍弟南归序》《送吴谷人先生乞养归里序》《游积水潭看荷花序》四首，并入王选矣。其余尚不下二十余首大可供挦撦也。《亡友林嗣基诗序》云：“方岁在乙未，太公官江左之日，贱子游勾曲之时，遇于深坐，默尔忘言，溯夫游踪，神焉以企。予又言吾友孙君之才，于是三人者眺高岭之荒寒，语幽窗之烛烬，连骑而出，一县效狂，倾醵以酬，贤妻泣谏，人事尽乃幽谭鬼神，狂交希或联群鱼鸟。于斯时也，云出岫以忘归，风行天而自适矣。”写少年文士交友之乐，如在天上。

1935年12月10日

北江《管履之先生告殡文》中云：“一楼盘盘，终日未下，俗客扰扰，十年不参。披千箱于案左，启列牖于楹南，数城隅之近堞，面晴郊之远岚。朱穆贞孤，绝尘交于车马；子云寂寞，联素识于芸蝉。”（《后书·朱穆传》：“穆感时浇薄，慕尚敦笃，作《崇厚论》。又著《绝交论》，亦矫时之作。蔡邕以为穆贞而孤，又作《正交》而广其志焉。”）

《家庆图序》：“时君令子怀玉、球玉，方以学行，与东南贤士交，于是刘表致札，首号太公。王邑上书，必称贱子。广陵陈登，见子鱼而生敬；鲁国孔融，遇元方而亦拜（华歆字子鱼。《魏志·陈群传》：‘鲁国孔融高才倨傲，年在纪、群之间，先与纪友，后与群交，更为纪拜，由是显名’）。而先生亦礼接后彦，雅隆寒素，春水浩浩，楼开名士之筵，车声殷殷，门接长者之轸。安昌侯精馔，旬日必陈；复阳国田租，岁时屡散。有处贵能降，处丰可约之致焉。世英未老，已复抱孙；文度乍归，时还登膝。”（《送吴先生乞养归里序》云：“伯始之宦既达，呼之以名；文度之年虽长，登之于膝。”）

《赠翰林院侍讲学士朱先生石君序》：于是天子悉彼卿才椎试之，吏治萧长倩之为冯翊，虽四外迁，孙子严之历数州，将储大用（《前书》：“萧望之字长倩。宣帝察望之经明持重，论议有余，材任宰相，欲详试其政事，复以为左冯翊”）。先生欲澄兹吏治，故苏绰六事皆简而不繁；欲振此廉风，故刘宠一钱亦辞而不受。何武之徵，既符素望；王俭之相，未改黑头（《前书》：“何武字君公，征为御史大夫。”《南齐》：“王俭，字仲宝。迁右仆射，领吏部，时年二十八”）。所以望先生者，未艾也不知，如淳注史，史官班丞相之前，夏侯释经，岳牧冠群僚之首，即兹中外之所历，已极古今之崇班。又况闽南代北，家总戴其恩，芸馆蓬山，世尤尊其伟著。加以作宏农之属吏，皆有清名，为东海之门生，咸思励节。亦以见审槐里之节，概尚有华阴守丞详公叔之平生，庶惟陈留中郎云尔。

北江为文，每见真性。比辞属事，遗貌取神。伐山多于伐材，事对溢于言对，不为其易而为其难。前绍古人，后兴来者，文王既没，文不在兹乎。

1935 年 12 月 11 日

霤，屋水流也。溜，溜水，出郁林郡。即今广西柳州府柳城县柳江也。久假柳为之，而假溜为霤矣。《左宣公二年传》："三进及溜。"《疏》谓"檐下水溜之处"，而非其本字也。

晨某生以其父谕来告假，见其批尾云："愈，瘉。通作癒。"非，不图人间尚有是正文字者，然病瘳作瘉。《高纪》："汉王疾瘉。"师古曰："瘉与愈同。"癒愈不见《说文》,《集韵》并曰："病瘳也。"

《怡云山馆骈体文》二卷，溧阳缪德棻（谷叟）著，较律赋体实高一筹，其《国朝骈体正宗续编·叙》有云："是则桐怀逸响，恐难免入爨之灾；竹有异声，竟不获知音之赏。"又云："挚仲洽深明流别，能定去留；刘季绪非好诋诃，善摭利病。"为张公束而作也。考《越缦堂文集·寒松阁集序》《湖塘池馆·张公束拔贡校经图序》，亦序公束之作。公束浙嘉禾人，名鸣珂（桐孙），与悉伯同岁辛酉拔贡生，悉伯序称其文树骨庾、徐，取材杨、骆，华而不诡，质而弥文，则在当日已为难能，宜有叶落钟鸣之叹也。惜此两集俱未获见。谷叟团蹴矮檐，参与戎幕，故其《上宋雪帆侍郎书》有云："加以戎服屡著，武帐频参，谬请终军之缨，久投班超之笔。人将谓名邀荐牍，究非，由于甲科；力挽强弓，未必识夫丁字。宜即束之高阁，否则抑以常阶，倘使产逾百金，家止数口，上可奉庭闱之餐膳，下可免妻孥之饥寒，则戢羽依林，藏鳞托水，诵经护文通之麦（高凤），写书截温舒之蒲，岂不翛然自适哉。"一段黄河九曲，素心一片，婉约写来，絮絮如缕。

《与宋荫之昆季书》云："倾文举座上之樽，通家累世；居公瑾道南之宅，拜母升堂。"（《周瑜传》："坚子策与瑜同年，独相友善，瑜推道南大宅以舍策，升堂拜母，有无通共。"）

1935 年 12 月 12 日

海门周家禄彦升与其乡少年范当世、张謇辈齐名，而范、周均以诸生终，贵耳贱目之世，遂少知之者。

余于前年已记论《寿恺堂集》中楹联之美，凌轹曲园，简札隽永，饶有晋贤名理。户外风横，当炉读其骈文二卷，亦略记存之，屈郁纵宕之旨，妍丽博赡之华，可藉以一二见也。

其《董母赵太宜人寿序》本无可特纪之节行，所又蚤殁，插一笔云："又况刘纲与妇，未必齐年。弄玉随夫，不闻偕老。"（刘纲，三国吴下邳人，为上虞令，为理尚清静简易而政令宣行，与妻樊云翘居四明山，同仙去。《列仙传》："弄玉，秦缪公女，嫁萧史飞升"。）

虚写其德一笔云："山巨源之品题流辈，内助居多；谢太傅之成就诸儿，母仪不少。"（《晋书·山涛本传》："涛甄拔隐屈，搜访贤才，旌命三十余人，皆显名当时。初，涛布衣家贫，谓妻韩氏曰：'忍饥寒，我后当作三公，但不知卿堪作夫人否耳！'及居荣贵，贞慎俭约，虽爵同千乘，而无嫔媵。"）

其生孝廉，本非所出也，安所得堂皇语，则曰："问苦参之滋味（苦参，山草，蜀豫多生），犹忆儿时，荷式谷之恩勤，何殊生我。盖孝廉本有妫之后裔，抱器而育于姜，慕江都之大儒，佩弦而氏为董。"则并揭明此子之出于陈矣。

文本为母子，三寿亦属创体，于是欲述子妇之亦贤也，则推一笔曰："加以枚乘少日，已置小妻。陆展中年，屡营侧室（《枚乘传》：'乘孽子皋。乘在梁时，取皋母为小妻。'）。而车武子之屏障，每挂裙衣；王茂宏之车辕，不悬麈尾。"结以联曰：

"以引以翼，阶前之玉树交荣；不后不先，海上之蟠桃齐熟。"

可谓善颂善祷者矣。

《杨母马太宜人寿序》，入手一联，即分切杨马两姓："鳣堂右姓，代积阴功；马帐大儒，世传通德。"继用旁笔衬托其贤曰："客犹问字，可知堂构之贤；婢尚知书，何况闺门之秀。然使孟家德曜，祗解赁舂。桓氏少君，惟谙行汲（孟光事。《列女传》：'桓少君鲍宣妻。拜姑礼毕，提瓮出汲，修行妇道'）。其夫贾于黔也，溪烟黯黯，竹王开国之乡，峒雨沈沈，庄蹻破荒之地。"（竹王见《水经注》。峒，音洞。峒人苗类，一曰峒蛮，见诸《苗考》。庄蹻，战国人，楚庄王苗裔，为威王将军，威王使略巴、黔中以西至滇池，以兵威定，属楚会，秦击夺楚巴黔，中郡道塞，因王滇。汉武帝时滇王始与汉通，后降汉，以其地为益州郡。）

文人之舌真如粲花（《开天遗事》："李白每与人谈论，皆成句读，如春色丽藻，粲于齿牙之下，时人号：'李白粲花之论。'"），浙江文澜阁一赋，尤极波澜之壮阔，辞采之矞皇。题择人，人亦择题也。

深夜拥衾阅《子史精华》伦常、文学诸卷，书成于雍正五年，为康熙一朝类纂诸书之殿，夫四部亦悠矣大矣，承学之士，苦其不能周览而默志也，于是而类纂之道兴焉。庾子容之《子抄》，今仅存《永乐大典》中。马总之《意林》（家藏三十三种丛书中），世犹可见。其缀之为辞，比附其事，宋吴淑（淑字正仪，丹阳人，仕南唐为内史）《事类赋》当为嚆矢（《天地事物》三十三卷，分子目一百。自有注文）。后华希闵（字豫原，无锡，康熙三十八年）为《广事类赋》四十卷，属于事者益备，其他同类不俟，偻指自是而童蒙饾饤作赋，不必十年稗贩珠玑，洛下无须纸贵矣。

《子史精华》之为书也，乃舍人人共诵之经，去家家覆瓿之集，而专取子于百家，取史于二十四，撷其脑语，释为口碑。先以春列之子，继以历代之史，而各家杂录附焉，分类三十，子目二百八十，凡名言清语，懿行异闻，大率赖之以存矣。披览于寻诵之余，既可以知新而温故，翻检于属稿之际，复可助刊木于伐山，因其所载者胥属本来之语，如玉之朴，如水之源，汲引断裁，不失本性，先大夫颇宝之，未敢携以自随，比日隆冬，经旬不出，假诸渠禄阅而善之。

1935年12月14日

悫伯《张公束校经图序》，插述公束之锄经莋史师友如干人，胥比附以史乘高贤，自来有此一种哄托之法，因注存之，中云："盖其生长鸳水，驰骤鸿都，烟思翕以益，清松格矫而逾上。填词万首，唱彻乎井泉，作赋十年，写罄乎洛纸。膺拔萃之选，竹箭重于璆琳，奏参军之功，貂蝉出于毛颖。而且安仁奉母，蓺陔南之兰，高柔玩妻，授闺中之简（三国魏人，未详）。清漳夹宅，共赵煜之精庐，瑕丘传经，受钟兴之章句（《后书·儒林传》：'兴从丁恭受《严氏春秋》。明帝诏定春秋章句。'又'瑕丘江公受《谷梁春秋》及《诗》于申公'）。佳事既萃，胜襟遂遐，暨来武林，征校经苑。时则孙期弦诵，实总丹铅，薛汉生徒，近邻绛帐（并同传。孙期习《京氏易》《古文尚书》，学者执经泷畔以追之，里落化其仁让。黄巾贼起，过期里陌，相约不犯孙先生舍。薛汉字公子，世习《韩诗》，父子以章句著名，教授常数百人。）。谈经则高凤，识字则谭长（高文通，见《范书·逸民传》。谭长未详。此指仁和谭廷献），言天则朱生，作赋则王子。张陈奋尘，则惊尘落，梁沈胡引卮，则清言倾醨"云云。斯所用以谂，我同岑视此陈迹者也。

1935年12月15日

悫伯《送高次封太守归利津叙》（节注）：况君以冯唐之年，抱焦先之疾（《班书·冯唐传》："对文帝曰：'陛下虽有廉颇、李牧不能用也。'武帝即位，求贤良，举唐。唐时年九十余，不能为官。"王勃《滕王阁序》云：冯唐易老，李广难封。焦先，见《魏志·管宁传》。裴注：引《魏略隐者》："焦先，字孝然。嘉平中，太守贾穆初之官，故过其庐。先见穆再拜，穆与语，不应；与食，不食"），故贞柯之姿，因霜雪而弥厉。香草之郁，焫膏脂而愈荒（《郊特牲》："既奠，然后焫萧合羶芗。"郑注："萧、芗，蒿也，染以脂，合黍稷烧之。"陆释文曰："焫，如悦切，与爇音义并同。"《说文》无焫字。）。

悫伯与太守先同户曹，先写郎选之衰曰："侈濮阳之酒肉，饰临汝之车牛。"又曰："人人自以为宏羊，不数刘晏复生。"（《汉书》："亨宏羊，天乃雨。"唐刘晏字士安，肃宗、代宗朝，两为户部侍郎、领度支盐铁转运铸钱租庸使。安史之乱，户口什亡七八，朝廷府库耗竭，皆倚办于晏。）

铺其治绩曰："第五之议发仓，欲因委罪；严诩之期闭阁，将以见徵。"（《后书·第五访传》："迁张掖太守。岁饥，粟石数千，访乃开仓，吏惧谴。访曰：'是弃民也。太守乐以一身救百姓。'"汉严诩为颍川太守。以孝行为官，谓掾史为师友，有过辄闭阁自责。王莽征之，据地而哭。）

许其劳于治水吏事得病曰："王尊之捍，瓠子方欲填身，刘馥之治，芍陂竟以成疾。"（《汉·王尊传》："天子以尊为东郡太守。河水盛溢，泛浸瓠子金堤，尊投沈白马，祀水神。不肯去，请以身填金堤。”《魏志·刘馥传》：“太祖表为扬州刺史。广屯田，兴治芍陂及茹坡、七门、吴塘诸堨以溉稻田。”）

懿美所纪前修曷称写曹司之恶状曰：“颐指令史，鼻鼽刺天。”（王沈《释时论》：鼻鼾鼽而刺天。见《晋书·本传》，字彦伯。）

自写落莫之宦情曰：“予抱冰子之癖，乏山郎之钱，往往箕踞以对要人，白眼以目谄客。后以太守聘长蕺山，不无知己之感，遂不觉纵声倾泻之，以祖其行矣。曰昔者陈留问士，止有子尼皇甫，迎宾惟知逢掖（《范书·皇甫嵩传》：‘折节下士，门无留客。’言汲引之速）。以予之植身颓，俗堙掌横流，许靖之忤乡评，待供马磨，吴质之抗郡品，谁作搦攒（《蜀志》：‘许靖，少与从弟劭俱知名，而私情不协。劭为郡功曹，排摈靖以马磨自给’），指原次以跖徒，目施嫱为顛丑（《史记·游侠传》：‘及若季次、原宪，闾巷人也，读书怀独行君子之德，义不苟合当世，当世亦笑之。’顛，丑也。《淮南》书视毛嫱西施犹顛丑也）。而君之匡持雅道，镇遏浮言，较之翁子下车礼故交之钱勃，长孙驰记修洒扫于龙邱，垂为佳谈。盖又远过夫会稽名郡节义所区，自官师失人礼教，不立君之施设，冀起贪顽，月计有余，岁周竟去。吴民挽邓，慨谢令之难推，颍川送黄，恐屠伯之将至（汉黄霸为颍川太守）。骊驹已奏，鹢首遄征，江上一帆，送旌旆以远去，署中孤榻，接笻屐以何期。绕城荷叶，田田去思，临路榴花，悠悠水驿（江南曲：‘江南可采莲，莲叶何田田’）。利津地接勃海，郡系乐陵。鱼赢大饶，粳稻易熟，解章组就田园，扶子携孙，强饮饱食，青山无恙，传衣冠洛社之图，惠风远来，发鼓角雷门之响。”

深得以言赠人之旨矣，荀子比之金珠，择言而进，鲁侯以侑觞酒，真可令受者沦髓，载誉而归，歌者曼声，流风不沫也。

1935年12月16日

藕湖居士《手录汇稿》，已于前年节略入记，今日又走柬泽丞，重假其《半舫骈文钞》阅之十八，依宾谷《骈体正宗》迻录之耳，不入抄十余首而已。其加抄而并不见诸选本（王先谦《骈文类纂》，雷瑨《续文选》，王文濡《清代骈文读本》）者，有沈埁《辞姚江苏先生荐举鸿博启》、严遂成（乌程，海珊）《辞吴兴唐郡守征辞启》、周大枢（山阴，元牧）《谢绍兴叶郡守启》、蒋征蔚《随园先生八十寿序》、吴钟骏《平定回疆生擒张逆贺表》、吴绂荣（善化）《诰授振威将军塔大将军诔》六家各一首。及乐钧（元淑，号莲裳，临川）《廉镇吴昙绣先生荣性堂诗集序》《曾宾谷都转赏雨茆屋诗集序》《答王痴山先生书》《答曾宾谷廉访书》《江都县学汪君暨配邹孺人合葬墓志铭》（钧，嘉庆举人，有《青芝山馆集》）四首。沈严周三首似均据杭董浦《词科余话》及《词科掌录》本。蒋、二吴、乐四家集韵未见，因节录而后归之。

沈埁字峙公，启辞荐辟，时年近七十，两耳重听，无伯道之貌，有敬通之妇。《启》中所云皆实录也（半舫原注），此《启》盛传于时，句甬全绍衣，至千里外寓书索观之（《词科余话》）。其中自写一段云：“东野凡生，西村蒉品。少丁顣頞，功夫马磨之间

(《蜀志·许靖传》)；长解咿唔，卷帙鸦锄之侧。穿床嗜古，园葵老而不窥；投斧从师，庭麦漂而勿顾。识裁十字，安知经籍之颛家；读且百回，莫析儒先之奥义。闻《南华》而色沮，将谓中枵；受《论语》而心开，居然学富。遭家多怪，却恶鸟于朋游；延客坪诗，疑野鹰于王税。"末云："曾无半面，八行荷引重之恩；请俟三生，一笑谢成终之赐。呜乎，日斜懒起，身犹落草之牛；秋尽归飞，心似衔芦之雁。"盖学宋人四六者，七十老翁犹尔谈健，其人亦可风也。

严遂成《辞启》有云："重关百二，西征则一骑红尘；远道三千，南望则两人白首。奄然孤露，藐是流离。"末云："杜甫诗吟，二句不愈头风；廉颇矢叹，三遗渐移带孔。"造句均有未脱化处。

蒋征蔚《随园寿序》："以弟颂师，祝嘏而已。至云脱稿抄书，萧奴执简以问字。采莲把钓，蔡女摇舟，而荡公则，近于佻矣，何洒潇之可言。惟杨柳身高，垂丝到地，闲云心冷，布影横天。"十六字状其宏奖风流，尚属可口。

吴钟骏拟贺表律赋俳体气息未厚，吴绂荣塔大将军诔文乃有气势，临文第一本须择题也，如云："陈平傀儡，亦是疑兵，淘侃竹兜，俱供军用。据鞍顾盼，痛伏波征蛮而不还；咯血伏弢，悲武侯代魏之尽瘁。方闻传箭，旋睹遗弓，大树云颓，一军尽哭，出师未捷，昔人所悲，此寇不除，终身之恨。羊侃所以一朝易箦，宗泽所以三呼渡河。张睢阳未睹收东京，邓士载不及入西蜀。乃有陆贾金剑，谁付诸男；亦如白傅诗篇，止遗弱女。"按《史记》《汉书·陆贾传》皆曰："宝剑直百金。"又曰："所死家，得宝剑车骑侍从者。"不曰金剑也。昔东坡属文，引典必使人检书核之。虽常用典故亦然，此类是也。

乐莲裳文以《重修朝云墓碑》最炙人口，王祭酒并录其《芳阴别业记》《白云寺读书记》，都为三首，半舫兹录，溢出五首，不无以必恭敬止之一念，稍涉阿其所好之嫌。如《江都汪君暨邹孺人墓志铭》，全依容甫所撰《灵表》铺叙而成，比而读之，方知汪文虽不用偶句，不摭史事，而音节铿锵，结体茂密。乐文去之远甚，诗序二首，致书二首，亦乏激湍逸响之句，"池塘生春草"之断句五字已传，"满城风雨近重阳"，催租而歇，有善歇者，有善传者，不必以多为贵，此类是也（重按二序及《答王痴山书》，已入曾选）。

1935年12月17日

𨚓，舍车解马也。从卩止午（大徐曰："午，马也。"段本作午声）。孔广居《说文疑疑》曰："卸从御省。彳为意，盖御之则行，不行则卸也，御字是母，卸字是子，盖车马必先御而后卸也。许氏于御字反注曰：'从卸。子母倒置不但失制字之义，亦且失作事之叙矣'"云云。亦勇于疑古者。

适见馆中《八家四六文注》（上海文瑞楼翻图书集成印书局本）有闽县陈宝琛《序》（光绪甲申十年）。有侯官陈孝廉衍叔伊《补注》一卷，《补注增订》一卷并《序》（光绪壬辰十八年），原注成于侯官许太守贞幹豫生（甲申），去吴氏选成之年

（嘉庆三年）先后殆将百载，而闽人实始终之。

故叔伊之《序》，略谓：述者之难，有过于作，弃河祭海，数典忘祖，不从其朔一也。伯喈尚存，老兵造膝，刘臻访友，儿子在门，似是而非二也。丹扆靡箴，岑鼎代证，附会之误三也。姬旦腾谤，曾参杀人，妄疑之误四也。盖瘿无领，悬赘有旒，引书误增五也。一根之莲，华实各用，断章虽取，还珠尚多，引书误节六也。江淮忽通，淄渑莫辩，道鞋僧帽，七琴三琶，两书误混七也。颠倒天吴，分葬肩髀，天梯石栈，无路钩连，引书失理八也。就树移堂，诵赋易韵，误改其字九也。皋陶之争，三宥想所当然，妲己之赐，周公出何经典，效李耳之指树，学桑苎之筮易，强派书名十也。请葛侯而同甫至，呼马卿而蔺生来，简略书名十一也。发尸于冢，云逼肖其远祖，互市而至，乃自居为土，物惠征君，不免贻玑，纪河间所难末减，引佚书不载所出十二也。

盖自松之孝标而外，王逸李善已来，弗蹈斯弊良亦寡矣。属者稍事笺注之勤，聊减墨汁之诮，因撮抄之以省吾身。昔胡身之谓小颜释班史弹射数十家无完肤，而三刘所以正小颜者正复不少。全谢山三笺《困学纪闻》，所以辨正何阎者至矣，而不知又有治其赠缴以相加者，然而涉河之误与阅市之勤，不能以此而废彼也。

1935 年 12 月 18 日

《史通赘议》六卷，《注释》一卷，署鲁南许钟璐辛盦著，有郭则澐《序》于甲戌嘉平月，用元亮[①]永初以后但书甲子例也。《序》文有“世更陵谷”之语，书中亦有“陵谷方迁”之言，则成书之年略可知矣。自注之例尚无所见，正统之论夙为陈言，而上下百家驱驰千稘，承学之勤弥可珍，书既赘议《史通》，文亦步尘少监，郭《序》云：“骋其连犿，犹彦和之雕龙；究其指归，亦窦群之鸷鸟。异代有知，固当揖此诤友，名山可贮，请以付之史官。”尚非尽徇朋游之私也，别而择之，从吾所好。

《六家篇》约为《尚书》《春秋》两家。《二体篇》宋后不出班、朱两派。《本纪篇》诂刘氏[②]谓《项羽本纪》名实乖谬云，夫都楚而据王位，岂能视若诸侯，诛秦而举义旗，安得视同群盗，当子婴受缚秦运已终，西蜀就封汉祚，五年之中，天下谁属，班氏黜于列传，侪于汉臣，此固垓下英魂所不受，亦良史寸心所未安也。

《世家篇》云：惟宣圣百世师表，本无侯伯之封；陈涉六月假王，不类桓文之霸。编入此例，论者疑之。然礼尽在鲁，谈六艺而折衷；国竟亡秦，先两雄而首义。安可侪于荀、孟之列，偶于绛、灌之班。此固不妨因人而施，自我作古也。刘氏谓吴、蜀二国宜入世家。夫琅琊东迁，犹属晋室。康王南渡，未属金朝。待以鼎分，已非公道。若吴世传霸业，奄有江东北拒魏师。任子之书，不报西迎汉使，讨贼之誓犹存。盖爵受于汉不受于魏，国亡于晋未亡于曹，此是诸侯，谁为天子。

《列传篇》：夫宣华只聚麀一事，片语能该（《隋史》宣华夫人）；寿昌皆归妹一端，肖闻何取（唐公主下嫁崔真）。张汤以肯构而尊，出于酷吏；仲舒以射策而显，别于儒林。

《序例篇》：“惟马班沈李，序近于传，唐辽元明，序寄于表（李延寿《北史》亦附

《自叙》，《唐书》等先列《进呈表》）。车虽同轨，而六辔分驰；剑虽同炉，而百纲各炼。”如《儒林传序》：“《班书》则推功于平津[③]之兴学，《范书》则归美于白虎之讲经。”《循吏传序》：“《晋书》则求弊于泰始之卖官，《唐书》则追本于贞观之举吏。”体虽滥语，词非雷同。

《编次篇》云：“康成乃建安经生，而与纯褒并列；卓茂为云台列宿，而与刘魏齐名。凡此雁行失序，鹓列无分。”又如：“刘歆已绝于炎代，尚入汉篇；管宁不屈于当涂，犹登魏志。”位置失所，编撰无名。

《采撰篇》：《陈志》最谨，《晋书》最杂，《宋史》最详，《辽史》最略。

《载言篇》：“秦尚游说，晋好清谈，唐多俪语，宋人理窟。风会所趋，质文递变。夫邓禹进谋于河北，汉业重光；武侯抉策于隆中，蜀基遂奠。”凡此类者，固应重之山丘，登之简册。

《载文篇》：至于论古之文，美不尽举，讽时之作，滥不胜收。如贾谊过秦，班彪王命，巨源启事，伯子弹文（《宋书·荀伯子》：“凡所奏劾，莫不深相诃毁，延及祖祢，示其切直。”《史通》谓“此四者与三代同风，五经齐列”）。只可寿于名山，未能垂之竹帛，史以谋政，岂选文哉。按史仅为谋政之论，未达史学真谛，司马通鉴标旨资治，文士懿行多从削除，世犹憾之。

《叙事篇》：歌闻垓下，读者亦为沾襟；夜宿霸亭，论者每称奇数（《李广传》）。至游侠本干国禁，却愿与朱家为奴。货殖弃于儒家，几欲为陶朱作宰（孔子称颜回曰：“倘尔多财，吾为尔宰”）。岂非由文能肖物，语可移人。承祚述英雄之失箸，未闻雷声。子京记羊马之出师，竟删城字（《旧唐书·李光弼传》：“命荔非元礼出羊马城以拒贼。”《新书》作“元礼战羊马”。），未免精神顿失，文理鲜通血流，至于漂杵子舆，谓非仁者之师，乘马不知牝牡。马迁无取杂家之语（《邹子》：“董仲舒勤学，乘马不知牝牡。”《史记》《汉书》不载）。败军虽多，何至淮流为断，坐客虽去，何至雀罗可张。

《书事篇》：矜乌衣之门荫，家庭之细行靡遗；尚玉尘之清谈，朋旧之私情毕录。甚至吏部持杯，马曹看竹，仲容挂裈，幼舆投梭（《晋书·毕卓传》：“卓尝语人曰：‘右手持酒杯，左手持螯蟹，便足了一生矣。’”《王徽之传》：“桓冲问：‘署何曹？’对曰：‘似是马曹。’时吴中一士大夫家有好竹，便出坐舆造竹下，讽啸良久。”《阮咸传》：“七月七日，北阮盛晒衣。咸独以竿挂大布犊鼻裈于庭”），莫不滥登简策，浪费墨楮，六代皆然，两晋加厉。干宝之家，地下竟有生婢；珠离之国，山中乃见死王（《晋书·干宝传》《晋书·刘聪载记》）。名为正史，实等稗说。

《人物篇》：万修事只迎銮，以封侯而传于范史（《后书·万修传》：“修迎世祖，拜为造义侯”）；郑五诗惟歇后，以为相而侧于唐书（《唐书·郑綮传》：“綮，诗多俳谐，世号歇后郑五。及为相，搔首曰：‘郑五为宰相，事可知矣’”）。太史公有言：“闾巷之人，欲砥行立名者，非附青云之士，恶能彰于后世哉！”

《邑里篇》：迨东里公孙虿声郑国，延陵季子腾誉吴趋，邑里之称渐入简册。刘敬赐姓，人尚称齐。陈寿葬亲，讥不返蜀。永叔实居颍上，犹署庐陵。曼卿世徙宋城，尚标幽郡（《宋史·文苑传》：“石廷年字曼卿，先世幽州人。晋以幽州遗契丹，其祖举族南走，家于宋城”）。

《品藻篇》：“陈遵近于狂流，曾无任侠可举。武陵等于策士，并无文字足传（吴武陵事具《唐书·文艺传》）。康成以诗书为业，原是经师；郭璞以占卜干时，原同术士。”游侠文艺未见其安，儒林方伎方如其量。

《言语篇》：“战国之言也辩，两汉之言也庄，魏晋之言也玄，唐宋之言也因。邓禹杖策之对，留侯借箸之谋，武乡挥扇之淡，宣公珥笔之奏。运筹帷幄，战胜朝廷，阏氏未能文书，任嚣久安夷化，然谓冒顿数语，竟若贤闺，告越佗遗言，居然伟论（《史记·匈奴传》《南越传》）。”不有润色，何以臻兹。

《直书篇》：“马迁上托春秋，作为史记，古风未远，直道菀存。如项羽先高庙而作本纪，吕雉以女主而多贬辞，张汤不以子贵而除酷吏之名，韩嫣不为君讳而出佞幸之传。朝多功臣之后，于先世侧功过毕书，人畏戚里之尊，于后家则微贱不掩，待罪蚕室，托义麟经。”亦可谓守正不阿，积威不屈矣。

《曲笔篇》：借米贻讥，受金速谤（陈寿与丁廙子觅千斛米，丁不与，竟不为廙立传。见《晋书·本传》。魏收撰《魏书》，尔朱荣子纳以金，故减荣恶。见《会要》）。齐牝鸡于高纪，未改汉历之年。降文母于新朝，独后外戚之传（王莽尊元后为新室文母）。

《补注篇》云：按尼山[4]修史，传者三家，《左传》详其事，公、谷释其义，史有补注，此其始矣。注《史记》者，向分四类，释《汉书》者，已逾二十家（小颜《序》）。

《鉴识篇》云：精博如通鉴，尚有羲仲之问疑；谨严如欧史，犹来吴缜之纠谬（宋刘羲仲《通鉴问疑》。吴缜《五代史纠谬》）。克托纂书，不三年而事竣。天宁开局，方六月而功成（元顺帝命托克托等修辽、宋、金三史，至正元年三月开局，五年十月告成。明洪武二年命宋濂等修《元史》，二月开局天宁寺，八月成）。廷诏朝颁全书夕进，故略者不加采访，《辽史》则待补于太鸿，烦者不识取裁，《宋史》则改修于周叙，居诸未远，陵谷方迁，墨翟之悲正长，子舆之时未可，然文献可徵，无闻于东观，江河不废，有待于名山。

《采赜篇》引“训诂出而经学亡，考据精而史学晦”二语，此汉宋两家丛论之点。恧伯尤深恨之。

《核才篇》：秦汉以降，首推马迁，然工于文辞，疏于政治。五代之制作未详，汉京之兴革未备，中更十一朝，年逾数百载，其最著者惟班固、荀悦、范晔、陈寿四家而已。然孟坚依附窦氏，仲豫委絖魏王，蔚宗好为乱阶，承祚贡谀新主，既非名教之完人，安为史家之遗，直有唐制科取士，史馆多才。然韩愈能文，拙于顺宗之录；韦述著史，等于谯周之流（愈修《顺宗实录》，拙于取舍，为世所非，见《本传》。又《韦述传》述《国史》一百一十二卷，萧颖士以为谯周之流），其裒然成书，延誉当代，若魏徵、姚思廉、令狐德棻、李百药、李延寿其最著者也，然徒尚姘词，绝少精诣。

《辨职篇》：龙门世业，犹近古代之天官；东观著书，遂开后来之史局。及其敝也，拜官秘省，监以重臣，珥笔词曹，视若散职，滥叨升斗之禄，有忝清秘之班。董狐见责于赵宣，齐史被杀于崔杼，韦曜受诛于吴皓，崔浩构祸于魏焘（《北史·崔浩传》：“浩撰国史，闵湛等请立石，以彰直笔。帝怒诛浩”）。噫告朔之羊，犹爱其礼，杖朝之马，惟存其仪。

《杂述篇》：庐陵著述，多资元之之遗文；金史纂修，实凭遗山之野史（王禹偁撰《五代史》。元好问构野史亭，著述其上，凡金源遗事，有所得辄以片纸，细字记之至百余言。《金史》以为稿本）。诸所云云，安得起刘氏于九原而一证之（以上《内篇》，《自叙》有云："野史亭中自裁寸稿，太守车下谁蜡笺编。"用王禹偁、刘勰故事也。）。

夜访君复，归续阅《史通赘议·外篇》，思倦早睡。

【注释】

①元亮：指陶渊明。

②刘氏：指刘知几。

③平津：指公孙弘。

④尼山：尼丘山，孔子父母"祷于尼丘得孔子"，所以孔子名丘字仲尼，后人避孔子讳称为尼山。

1935年12月20日

《明纪》六十卷（世界书局本，并《四史正续》《资治通鉴》《文选》《龚定盦集》为五种。上月来毕，为言儿置也，尚未阅记），清陈鹤撰，鹤字鹤龄，号稽亭，仁和人，嘉庆进士，官工部主事不受印结费，性廉洁，工古文辞，熟悉史事，十余年不补官，中年告归，杜门著书，以编年体为《明纪》，至崇祯元年，成五十二卷而殁，其孙克家孝廉（良叔）续成之，凡六十卷，自叙"未得备员于朝无因而献之，寻参张忠武军殉难丹阳（咸丰庚申十年），遗孤怀骥抱书侍母避海上，族人欲攫之，赖吴平斋观察济之而获存。丰顺丁中丞[①]抚于吴，奏开江苏书局遂以付印，以比之荀悦。"《汉纪》云："自官修之局成，而私史之业歇。"近贤屠敬三世伯著《蒙古史》，柯凤孙先生著《新元史》，往车来轸，涂辙可寻，要非安贫乐道之儒不为功也。

晡读献县纪晓岚《四库全书告成恭进表》，亘四千言，真瑰辞丽制也。拟圈出"焦桐漆断，重胶百衲之琴。古罍铜斑，合铸九州之鼎"等句，检王本校之，而然文章本公器也。

《容甫自序》云："踝躞东西，终成沟水。"其年[②]《王张宜人墓志》云："浮云南北，沟水东西。"又《汪季青诗序》云："倏初心之莫遂，沟水东西，俄旧雨之，长乖浮云，南北沟水。"事本文君《白头吟》。（《西京杂记》："文君《白头吟》有曰：'今日斗酒会，明日沟水头。踝躞御沟上，沟水东西流。'"）

窗前冷气入夜尤冽，掌指皲瘃，拥衾避之。阅《陈迦陵集》，有程师恭《注》，而海板之纠谬十倍麻沙，不胜落叶之扫也。（《石林燕语》谓："天下印书，以杭州为上，蜀本次之，福建最下。"即麻沙本也，今则麻沙之本，论页评贾矣。）

【注释】

①丁中丞：指丁日昌。

②其年：指陈维崧。

1935年12月21日

阅“王选”陈检讨文七首，《与芝麓先生书》《湘筌阁诗集序》《孙赤崖沈西草堂诗序》二首不见检讨集中（文瑞楼石印本），而《草堂诗序》之“顽艳苍凉，尤令人回肠荡气，无以自解，有客有客，未竟其妙也。”

1935年12月24日

阅《刘氏嘉业堂书目》（浙江南浔镇），托文玉购取《镇洋盛大士朴学斋笔记》（八卷一元一角）、《归安沈炳巽权斋老人笔记》（四卷五角）、《乌程陆长春梦花亭骈体文集》（四卷五角）、《茂名林鹤年四库全书表文笺释》（四卷一元四角）、《元和朱骏声传经室文集》十卷《赋抄》一卷（一元二角）、《四库全书告成进表文》。用宋四六体，潜气内转，取材博极，笺释之功，大裨承学者耳。

1935年12月25日

陈其年《孙赤崖沈西草堂诗序》（集中未载）：

若夫羁人关陇，思吴会以难归。质子邯郸，望长安而不见。栩阳离别，贵客唏嘘。易水悲歌，壮夫嚄唶。故人尚在，贯高则乘箯舆而前。爱妾犹存，项籍则抚乌骓而叹。（《汉书·张耳传》：“子敖。贯高为相，槛车与王诣长安。高对狱曰：‘独吾属为之，王不知也。’吏榜笞数千。上使泄公持节问之箯舆前。印视泄公。”）更若峡猿善叫，代马工嘶。鹤归华表之年，雁断衡阳之日。金环双系，将子能来。宝玦单贻，自君之出。秋风门外，非无思子之台。落日山前，不乏望夫之石。凡此无情，未尝不恨。何况才人失职，志士离家。萧综既大去其乡，符朗亦生离其国（综，梁武帝二子自洛阳北遁，为津吏所执，魏人杀之）。此则齐朝天子，未必无愁。息国夫人，定然不笑者也。友人孙旸者，江东俊士。讨逆名家，哦书于言游巷内。自尔文人，所屧于虞仲祠边。无惭逸者，寻偕计吏。爰辟孝廉，讵期买骏之荣。即罹掇蜂之惧，昆冈焰发。焚此璆琳，沧海波飞。殃其蛟蜃，西园夜市，竟连赵壹之囊，北里晨妆，妄议共姜之室（《后书·赵壹传》：“诗曰：‘文籍虽满腹，不如一囊钱。’”），群怜原宪之贫，畴白冶长之枉。伤哉亭伯，独窜辽东。哀矣幼安，长驱塞北。时则赫连台畔，明明迁客之乡。疏勒城头，窅窅流宫之路。雪经春而尚白，草入夏以先黄。于是吴明彻旧为名将，对此伤心。毛修之新作降人，逢而下涕（吴明彻，陈秦郡人，幼孤性至孝，以军功累迁安南将军与周徐总管，梁士彦相桓周遣王轨过断舩路，明彻溃于吕梁，穷蹙被执，卒于长安。毛修之，后魏阳武人，初为宋东秦州刺史刘义真司马。及赫连屈丐破义真，修之被俘，遂没统万。太武平赫连昌，获修之。以领吴兵，拜将军）。鲁般虽巧，飞木雁以何年。班椽其衰，盼玉关而无路。矧复海穷见海，山尽多山，茫茫蒿里，他乡送襄老之尸（谓刘逸民诸子）。瑟瑟河梁，绝域把少卿之袂（谓吴汉槎，按即吴兆骞，吴江人，顺治丁卯举人，谪宁古塔二十余年释归）。哀缠历劫，怆极穷尘，然而真人桑梓，大有铜街，王者枌榆，尤多铁市，杏花一树，知为唐室之晋阳，鸡犬千群，识是汉家之丰沛。金张车骑，渐染轻华，褒鄂弓刀，执矜节侠。时则汉东平礼贤下士，萧竟陵染翰驰笺，翩翩鹤盖，朱邸初开，隐隐鸾吹，绿池竞启。是则今皇之叔父，实为盛世之亲藩。从游开风月之尊，应教命山林之驾。又以金鸡屡下，珠雀频来，换此赭衣，还其白帽。孺人相对，即是梁鸿。爱子能随，居然王霸。琴鸣井上，酒过墙头。蜗涎半辟，俨然居士之庐。雁户千家，宛矣高人之宅。庾子山之著作，酸感虽多。谢康乐之诗篇，恬愉不少。属在京师，时逢摇落。朱戴校尉，携逐客以俱来。元菟将军，挈征人而暂返。用为斯序，聊赠以言。嗟乎，地老天荒，时移物换。仆将行矣，愿长吹伍相之箫。公欲归乎，幸再听渐离之筑。

1935年12月27日

开明书局本《二十五史》，九巨册已毕收，尺许插架，而数千年之史册备焉。字虽小而分明可观，与诂林二书为晨夕必亲之具矣。昨日又收到《二十五史人名索引》一册，载姓二千，列名五万，按图以四角号码索骥，不满一分余钟，省吾翻检之劳，以为捋撦之助，跂予望之有日矣。

《字典考证》十二卷（光绪二年崇文书局本），道光七年十二月，穆彰阿等奉谕校刊，道光十一年三月弈绘等奏进中列王引之名《进表》中有云："细检原书，凡字句讹误之处，皆照原文逐一校订，共更正二千五百八十条。"以今观之，伯申在当日不过备员应诺而已，太学石经，观者塞路，说文新附，事出奉诏，百世而下，犹有微词，矧以道谋，于冗散之，群僚为筑室于不刊之盛业，其罣漏牴牾，何可屡指原康熙字典之作太改。《说文》《玉篇》之部居，因袭《字汇》（梅膺祚）《正字通》（张自烈）之偶像，减部至二百四十，收字至四万有奇，每检一字或数其画，辄为失笑，至于落缨，其意欲以便初学，实为不识字者计耳。

而附巜于巛，附乌于鸟，是为合舅弟于一支。入王于玉，入市于巾，更属异姓为一族。碧从玉石，本有"玉部"可隶，何必改隶于石画。聿所以界之，本有"聿部"可隶，何必改隶于田。是为以母而从子。顾詹周道，吾谁适从，民亦劳止，劳而日拙。考而证之者，顾专在引书字句之异同，亦可谓轻重失宜，泾渭一视矣。即以考证言之，亦未完善，如"鸟部"六画鷐字条下，引《左传昭十五年》曰："晋袭鼓，以鼓子鷐鞮归。"而本传则仅有"以鼓子鷐鞮归"六字，其"晋袭鼓"三字则非左氏原文所有也。"姆，女师也。"依例当据《说文》而漏引，如此之类，条而揭之，恐三刘之后，复有辈出者，但发其凡如上。

1935年12月28日

何以卒岁，鲁酒汉书。《严延年传》："延年母从东海来，欲从延年腊。到雒阳，适见报囚。母大惊，便止都亭，不肯入府。延年因自为母御归，毕正腊。"按《说文》："冬至后三戌，腊祭百神。"《广雅》："腊，索也。盖腊，猎也。岁终猎得禽兽，以祀先祖众神。故立此日。"蔡邕《独断》："殷曰清祀，周曰蜡，秦曰嘉平，汉曰腊。"洪亮吉《释岁》曰："今人祀灶，率以月之二十四日。"吾乡皆然，然而劳农馈遗之意皆寓焉，农隙之余，百举咸宜。腊，明日谓之初岁，又谓之小岁。尽日谓之除日，又谓之岁夕，又谓之除夜。张衡《东京赋》曰："卒岁大傩。"古语遗意，田间随处可见也。

称万石者人但知石奋，而妇人亦有称万石者，《严延年传》："延年兄弟五人皆有吏材，至大官，东海号曰'万石严妪。'"

婶、妗二字，俱不见经传，《说文》有妗无婶，今人呼叔母为婶，呼舅母为妗。按婶，世母二字之合呼。妗，舅母二字之合呼也。王令诗："阋女当求婶。"周必大《归庐陵日语》有"过二十妗。二十八妗宅"语。然则乡人呼伯母为姆，又伯母二字之合呼也（《说文》姆，女师也。妗，妟妗也，一曰善笑貌）。然此皆非古义。

古语之存于今方言者岂少哉。姐，蜀谓母曰姐，淮南谓之社。六书故姐古文或从也作她，或从者作媎。北齐称生母为姊。姊，宋时呼嫡母为大姊。《正字通》云："是姐姊二字，或相承通用。"予呼我母仍是姐也，他处人闻之无能解者。

北江《晓读书斋录》云："吴中人呼人面四周为面般。如淳《汉书》注：'般读如面般之般。'"人面寡精采曰"面白醭醭"，见《玉篇》，耳中有声曰"聩聩"，手出汁曰"薺"，皆是。此数条与潮州方言全同，不为偶合也。

1935年12月29日

见报载《稷香馆丛书》（清代《说文》名著稿本，辽阳吴氏影印），三十二卷（十本一函，特贾九元）。丁氏八千卷楼旧藏《说文疑》，稿本十二卷。王念孙《说文段注签记》，清本一卷。桂馥《说文段注抄案》，手稿二卷。王筠《张穆手订说文答问疏证》，六卷。朱骏声《小学识余》，手稿五卷，《说文段注拈误》，手稿一卷。徐灏《象形文释》，手稿四卷。谢章铤《说文大小徐本录异》，稿本一卷。按以上八种，其《说文答问疏证》六卷，原属薛传均《疏证》，其师钱氏之作。本有单行本，并入《许学丛书》及散见《诂林》中，不知与此手订本有何异同，桂氏《段注抄案》亦已收入《诂林》，其《说文疑》十二卷，不知与孔广居《说文疑疑》二卷孰为河海，朱氏二种记见于所藏□□□中，其三种则未经我目，况多为名贤手稿，跂慕弥深。

有清胜代以学世其家者，数高邮王氏父子为最著，而传密、畸孙、喜孙并能继邓、洪、汪三先生之家声。夫货财尚不可必世其家，况学术与文章之重乎，故彭兆荪《赠汪孟慈序》有曰：

冬官之工三十，筑、冶、凫、栗、段、桃、韦、裘、钟、㡆（筑氏为削，冶氏为杀矢，桃氏为剑，凫氏为钟，栗氏为量，段氏阙，韦氏阙，裘氏阙，钟氏染羽，㡆氏湅丝）十者独以氏称。郑君谓人以事名氏，举世业虽在曲艺，绪必有承，语其炜赫，则伏理之于湛（《后书》："伏湛父理，为当世名儒。湛性孝友，少传父业"），曹充之于褒（曹褒父充，持庆氏礼。褒博物识古，为学者宗），王吉之于骏（《前书》："吉兼通五经，能为《驺氏春秋》，以《诗》《论语》教授，好梁丘贺说《易》，令子骏受焉，骏以孝廉为郎，左曹陈咸荐骏贤父子'经明行修，宜显以励俗'"），桓荣之于郁（《后书》："荣习《欧阳尚书》，常客佣以自给，十五年不窥家园，郁郭厚笃，学传父业，以《尚书》教授），此析经之重光也。谈之启迁，彪之启固，察之思廉，德林之启百药[1]，此研史之累徽也。乘皋掞辞，群纪敦行，庄朏标华，善邕稽古，此又文苑之门基，学林之弓治也。

可云比附之华采矣。世俗颂祷之词，浑戎峻阀，瓌颋[2]旧勋（《唐书》第八十八卷《苏瓌传》："父子同掌枢密，时以为荣"），桥梓轩貂，堂构轮囷等耳。

【注释】

①百药：指李百药。

②瓌颋：指苏瓌、苏颋。

《不其山馆日记》第四册

（1936年1月13日—2月12日）

1936年1月13日

《唐诗选》抄本，《初唐》一卷，《盛唐》一卷，《中唐》二卷，《晚唐》一卷，澄海蔡氏家藏本，纫秋得诸旧族人家，用潮产素纸（俗曰书纸），清讳概不避，故纫秋定为明人写本，每家之后必有郭正子总评，评文多以"四六"行之，则此选出于郭之奇先生。

之奇字仲尝，号正夫，揭阳人，年十一充邑庠生，二十二成崇祯戊辰进士，补福建提学参议，北都陷，力争行，哭临礼，桂王入，缅甸行，畿路绝，避地南交，结庐荒山中，自枚卜拜命，十有一载，备历艰辛，不废读著，辛丑八月（顺治十八年），交人执献于广西使臣，壬寅八月十九日临刑西向口呼高皇，神色不变，年五十五，乾隆四十一年赐谥忠节，遗著有《稽古篇》《宛在堂诗文》等。《明史》失为立传，仅散见《朱天麟传》中，而《郡邑志》亦不载其甲申后事，兹从《潮州耆旧集》，顺德冯奉初《明季视师大学士谥忠节郭之奇传》及漳浦黄道周题《序》节先生事略如上。

《耆旧集》选于冯奉初（道光二十七年）《郭忠节集》二卷。上卷奏疏十四首，卓然忠义之言，其为潮郡已恢复，《陷疏》有云："臣郡运当百六，城陷之后，囗囗不屈而死，其余士庶，难以更仆，今其存者，仅鸠形鹄面，茕独无言之残喘耳。此谁非三百年噢咻生聚之余，义不负国恩，而一旦至于此极也。"读之令人肃然正襟，岭东五百里犹存大明江山十余年，当时勤王之忠，死节之烈，诚无负于天下也。

第二卷最公文二十余首，亦能传其风义。如《九九篇·自叙》云："今之痛定思痛，而痛有深于九者，数百年生聚之邦，有朝血殷，有野燐熠，有君子而猿鹤，有小人而虫沙，有弟沟壑魂消骨化，有父奄奄逢此百罹，有琴既爨，有鹤既亨，有书万卷，祖龙一炬，余之痛可以九尽而不可以九尽也。"先哲之言，曰世事不堪逢九九，休言今日是重阳，然则公之痛至今如新也。集中有"岁较清漳，禁用古字难字，示及岁较温陵"。正文体示二首皆厘正文字之言，复可藉见当日文风，然际遇敢以文字评论忠节哉。

石斋先生《序》中亦云："乡令正夫，身坐石渠，口嚼藕汁，手弄柔翰，即日赋百诗，批敕数十道，其所成就，岂可令华容青神见之哉。"呜乎，此真公之知己也，生民无辜，子孙不肖，名节扫地，青蝇蔽天，此郭黄诸公所蒿目于九原者也。

1936年1月14日

《潮州耆旧集》三十七卷，道光二十七年诸城李方赤（璋煜）观察委任教授顺德冯奉初辑选之，凡二十集，盖文章节概并重也，谨存目如下：

……①

冯教授所选录多属有关政教之作，而此诸先达之功在明室，泽被乡邦者亦决不在文章余事也。万历诸贤，尤无惭践履，正直之士，虽不尽以死节著，而乃王室百折不回，忠节给练之气浩然长存。吏部山居者卅年，处士孑遗，于胜国并无负冠冕，增色岩阿，可以知教授集录之微志矣。诸所补传及题辞类，能见其深处。惟薛御史失录其明史本传后之重为校刻者，应附此为诤友耳。不此之图而妄弁劣序于是集，如王师愈者且明言冯君断代为书，理有不可解，不解者自不解耳。又以李太守星若捐奉金者于序中，遂备极阿谀言公者，七皆提行以旌之，惟奏章寿文有此格式，下焉者则八行笺椟耳。不辨义例，公然蔑及前人，则浅陋之过也。

【注释】

①此处省略了书目。

1936年1月15日

阅《稷香斋丛书》，昨始来自旧都者，不但巾箱精本，宝晋名藏，且昔贤治学之方，著论之迹烂然在焉，先提其要，以备钩稽，昏时乃毕。

《说本疑稿本》十二卷（丁氏八千卷楼故物），失作者姓名，其书始东终甲，则其所据者非"始一终亥"之本，故稷香斋主人辽阳吴瓯断为雍乾时人，时戴、孔诸老犹少也。《自题》云："《说文》何可疑，疑其见淆于后人也。义有未安者存之，如《风部》飆下云：'既有凉字（按应作涼，《广韵》：涼，凉俗字），何必从風作飆。'按：飆，薄也，引伸乃为寒凉之凉。飆，北风谓之凉，从风凉省声（段改云京声）。王筠云：'凉者，古文通用字也。飆者，小篆专字也。故云凉省声以关之。陆氏以飆为古，不知凉之尤古也。'颲下云：'书经烈风雷雨并不从颲。'当以监本为正。按：《诗》：'二之日栗烈。'《释文》作颲颲。是颲颲正字，栗烈借字。"

要之所疑者固不尽应疑，而此致疑之精，法后人藉之以启山林，论功不为功狗矣。卷中于俗书相沿形声讹谬戾于许说者，条系件附，论世读书亦可宝也。卷末附《汉书》古字三百文，音义异同，敦、苴、辟、齐、比、番、湛、卷、从、纯、羡、参、区、厌十四文，解虽不以类，亦征古欢。

《说文段注签记》一卷十五页（海城于氏双剑簃藏本，海城本辽之海州），高邮王石臞先生记签目曰"光禄观察公"云云，盖其裔嗣，清录段书，王批披炼，略得一卷，自传诸家非与订补札记匡谬注笺之，王绍兰、邹伯奇、二徐（承庆，灏）同科，故其书简要精核，断而不论。如"等"下注（五，当有声字）五为段注第五卷页数，"等，齐简也。从竹从寺。寺，官曹之等平也（大徐本如此）。”小徐《系传本》曰：“从竹寺。”段氏因之而注曰（会意）：“王氏断曰：‘从竹寺声也。’寺、等古音并在一部也（依《六书音均表》）。许叙俗儒，鄙夫下注（鄙字误解）。”段原注云：“啚俗作鄙。非啚者啬也。田夫谓之啬夫。”谨按《论语》：“鄙夫可与事君也与哉？”邢疏曰：“言凡鄙之人不可与之事君也。”即此鄙夫非边鄙之人，亦与啚吝有异。石臞、懋堂同为乾嘉宗师，阮氏谓先生于小学极精，以邵、段于《尔雅》《说文》已有成书，故不复为今读此卷，益叹先民只词片简皆非苟焉之作，奚必怀璧为宝哉。

桂未谷先生《说文段注抄案》二卷，丁氏《诂林》所据录为《叶氏观古阁丛书本》，叶刻有案无抄，今抄亦有不尽与段注同者，然则所抄在段书未刻以前（嘉庆癸酉），未谷抄而自案之，以为作义证张本也。未谷、篆友小行书皆出于《争坐位》，加以小学功深，汉碑摩熟，抄本原属自课之作，而涂径已立承学之规，景印之传瓣香弥永耳。书缺其三之一，据郎园原《跋》则夺于盛伯希，而毁于庚子之难云。此二《跋》成于已亥辛丑，叮氏甫过三十，尚有违舛六书数文，如纸之加点，泰之从㣺，癸之双头等，而中岁以后孟进如此，可为后学劝也。

甘泉薛子均《说文答问疏证》六卷，原有陈石士闽刻本（所藏张炳翔《许学丛书》据此），此为刘孟瞻（文淇，仪征）校改本，已徇张石舟、李月汀意，多所订改，王篆友先生又如石舟之意削简，眉驳原书之中，今并景而出之，洵书林怪例也，然芟夷蕴崇庇其本根者多矣。予去年评节篆友丛稿，断为手写之本，非墨尿者所能操觚，以今证之益信。篆友《跋》中有云：“凡依傍一书而成一书者，其心思必苟，其目光必短，虽幸而传，亦必不久，无论它书即经，亦不可依傍也。”诵之不寒而栗。

元和朱允倩先生《小学识余》五卷，《段注拈误》一卷，皆手稿家藏。《识余》全属笔记体，皆晚年精到之言，依其凡而发之，大有可供探讨者，在《段注拈误》自弁数语云：“非敢讥弹其书，盖尺璧之珍，不欲其有微刵也。”谦谦儒者之怀，蔼然仁人之语矣乎。

番禺徐子远（灏）先生《象形文释》四卷，手稿，未清本，前尝见其《说文解字注笺》，此稿之成《自序》于道光二十六年，则应在其著《注笺》之前，据东莞伦明《跋》，曾见先生与弟子深“手札”云：“兄年将四十，功名未就，只可听其自然，惟立言不朽之心是其素志，今季改定《象形文释》之后，即从事于《毛诗》，决意作疏，大约一年之内，粗为饾饤，先起一草，明年以后逐年加功，自此以往二十年可以成书矣。”又一“札”云：“今春正月无事，将所著《象形文释》又加删润一番。”至是凡三易稿矣，则定稿之年方垂四十，其后二十年官至庆远知府，《注笺》刻年手边无其本，未详，只应出其后耳，然据水字一条而辜榷之：

𣱱，准也，北方之行，象众水并流，中有微阳之气也（式轨切，隶变作水）。

《诂林》引《徐笺》曰：“《管子·水地篇》曰：‘水者，万物之准也。’《释名》曰：‘水，准也。准，平准也。’”此古篆盖作≈，象形，易横为直，以与偏旁相配也，古读若追上声，今潮州人语尚然。

象形文释曰：“《释名》云：‘水，准也。准，平物也。’”《管子·水地篇》曰：“水者，万物之准也。”段氏曰：“准，古读若追上声。此以叠韵为训。”灏案：今潮州读水如追上声。段说是也。壬癸属水，故曰北方之行，造字象众水并流，横视之作≈，与坎卦同，虞氏乾二五旁行坤阴阳会合，故曰：“中有微阳之气。”

《释名》：“准，平物也。”《注笺》误“平准”也。所言复不若象形文释之核，而当此事当再论定之。先生与兰甫先生同时同里，德不孤必有邻，芳草十步可寻而至也。而其《与弟书》尚有云：“作《毛诗述义》已成《周南》一卷，此事锐意坚心为之，总期于成，吾弟勿与人谈兄，虽兰甫亦不言及，此缘任重事艰，恐不成为笑耳。”前辈谦抑践实，不自满假如此。（悉伯尝称子远先生为硕儒，其《经说》多王氏父子所未及。《日记》一册五十八页。）

《说文大小徐录异残卷》出长乐谢章铤枚如手，中亦有漏举者，如五篇《竹部》：“等，齐简也。从竹从寺。”小徐作“从竹寺”。两从与一从亦其异也，何以异不以录之而止也。此卷特取以充数耳。

初学《说文》者究不以此为急，自有应读之书在也，唯治学者则不可不知耳。

1936年1月16日

《四库全书表文笺释》四卷，茂名林鹤年纂（吴兴刘氏求恕斋校刊），《自序》署宣统元年，黄岩喻长霖、吴兴刘承幹两《序》则署年乙卯（民周四年）。签署曰“广雅书院院长梁鼎芬题”，时广雅书院已废，以此知著者为广雅生徒，尝及节庵之门者，喻《序》称林朴山明经，又云：“其尝襄两广师范学堂校事。”则亦邻里好学之士也。《笺释》一文，至于累卷，卓然传世，于传有之，如《蔡邕班固典引注》一卷、《何承天陆玑连珠注》一卷等，《纪河间进表》不惟在《晓岚文集》中为第一篇大文字，身历清华，眼极群籍，五千年典章文物，六千箧球宝圭璋（《四库全书》三万六千册，庋贮皆用木函或二三种共函用格别之，《进表》有云：“六千阁璋分圭合延阁储珍，二百部次州居崇文列目”），予取予携，有才无碍，人尽阁笔，世号宗师，林氏此笺自云：“殚心廿年，窜易数四，采遍四部，掌故尤详。”如与作者揖壤一堂，真令读者距踊三百，邦人君子，不知克举明经之名者几何，又不知能读此全笺者几何，百年之间，风流顿歇矣。

1936年1月17日

吴挚甫平选《汉魏六朝百三家集》，十二帙不分卷（戊午七年都门书局排印本），盖取明张溥（天如）所编（一百十八卷）《本经》至“父点定”诸首，最移之而成书。其不经朱墨者如《中垒兰台之集》，亦从割弃，恐匪吴老无此著作之意也。吴老集中如《代陈伯之报邱希范书》，步趋八代，故非虚枵者所可比肩。平生致力，托之朱黄，金针度人，此老复殊可爱。所私淑之惜抱，固尝曰：“圈点启发人意，有愈于解说，而实祖祢于震川、望溪之所为，施于诵文时，有昭然发蒙之功，以之读书，不无买椟还珠之诮，其徒诵习师法，遂奉为百世不祧，摘字寻章，削足就屦，亦末流之敝也。原《百三家集》之选，《四库提要》已多抨弹，自严可均选出而上古先秦两汉百家之文，遂有定本，士论奉之如一尊矣，故于此选不悉论列”云。

偏旁不可移置之字多矣，盖常以其部位而见意也，朱允倩《小学识余》但列：

吟含（呻也。嗛也。）

句叫（曲也。嘑也，并从口丩声。）

占叶（视兆问也。卜以问拟也。）

雠唯（雔之俗字，新附。）

古叶（故也。古文協字衆之同和也。）

召叨（呼也。或饕字。）

暮嗼（古文謨字，啾嗼也，《楚词》：“嗼啾默而无声。”今俗多作寂寞。）

悉慨［爱也（重见）。忼慨。］

忠忡（敬也。忧貌。）

怠怡（慢也，从心台声。和也，从心台声。）

忿忦（恝也，忽也，《孟子》：“孝子之心，不若是忿。”今作恝。忦，忧也，五介切。）

慕慔（习也。勉也，莫故切。）

怒怓（恚也。乱也，女交切，《诗》曰：以谨惛怓。）

愚愚（戆也。懽也。琅琊朱虚有愚亭。）

恭慏（敬也。懼也，《方言》：恐慏，战栗也。）

悲悱（痛也。悱，恻俗字，新附。）

愉愈（乐也。瘉之俗字。）

意憶（志也。《说文》无。）

愁愀（息也。悄之俗字。）

悉慨（或爱字。忼慨。）

忘忙（不识也。朚之俗字，《说文》无忙字，段以朚当忙。《字说》本玄应。雷云：毕竟太远。）

栞栞（刊木。屋櫨梁上短柱，古兮切。）

杲杳（明也，从日在木上。冥也，从日在木下，乌皎切。）

旰旱（晚也。不雨也，并从日干声。）

睹署（俗作曙，旦明也。热也。）

杼柔（机持纬者。栩也，读曰杼。）

桼棸（辀束也，《诗》曰：五桼梁辀。冬桃也，读若髦。）

櫳襲（槛车也，谢惠连诗：升月照簾栊。窗牖也，以櫳为之。）

枼枻（薄也。抴之俗字。）

枷架（拂也。架之俗字。）

某柑（酸果也。今柑橙字。）

梶枲（木实如梨。蔓柄即尿。）

亲梓（辛声。宰省声。）

汨沓（治水也。语多也。）

衍洐（水朝宗貌。行水也。）

棗棘（赤心木也。小棗不实。）

諆碁（欺也。忌也，《周书》曰："上不碁于凶德。"）

蛾蝨（螘也。古蠶蝨字。）

妃改（匹也。女字也，妲改。）

齋穧（稷也。禾已刈也，在诣切。）

呰批（积也。捽也。）

拳拱（手械也。斂手也。）

美羍（味甘也。羊初生也。）

鐓鏊（矛镈也。千斤椎也。）

伐戍（击也。守边也。）

什千（十人也。十百也。）

垢垕（浊秽也。或厚字。）

眇省（微也。省之或体。）

袍袌（衣有箸者也。褱也。）

衾衿（大被也。紟之俗字。）

裹裸（缠也。蠃之或体。）

擘擗（㧑也。俗字。）

昜明（象形俗说。囧声或体。）

晖晕（俗字。）

而仅就口部：

㕣只（山间陷泥地，从口从水，败貌，读若沇州之沇。语巳词也，从口，象气下引之形。）

吪告（动也，王风尚寐无吪。古化字，太玄阴阳启告其变赤白。）

否吥（不也。普沟切，《玉篇》吸吥也。）

吅回（惊呼也。转也，从口，中象回转形，此不属口部。）

员呗（物数也，从贝口声。梵声也，《说文》无。）

叩邑（许书有扣无叩，《佚字考》云：疑佚叩触也，从卩口声，或云敂之俗。国也，先王之制尊卑有大小，从卪。）

悆悇（忘也，喜也，《周书》曰：有疾不悆。段曰悆、悇古今字。）

�

怈（《正字通》"怓"字之讹。）

忎忏（仁古文。《方言》自关而西秦晋之间呼好为忏。七典切）

恰怠（新附字。许及切，合也，《太玄经》阴阳感而合之）

怫悲（郁也。古文"弼"字。）

忍切（怒也，鱼既切，桂疑即"恝"字。《说文》无"切"字，《诗》劳心忉忉。）

悆（古恕字。如倨切，《集韵》音茹度也。）

悥（忧也。顺古作慎，据《集韵》。）

懘懘（高也，极也，一曰困劣也。《集韵》与懘同。）

1936 年 1 月 18 日

《南山文钞》六卷，有方苞《序》，首云："壬午之冬，吾友褐夫卜宅，于桐之南山而归隐焉。名世以康熙已丑成进士及第第二人，授编修，年已五十七（据徐宗亮《戴先生传》）。"则《序》于名世年五十时也。有宿松朱《序》，按即宿松朱字绿也，集中《北行日纪》《序》等屡及之，两《序》皆盛推名世之文，朱《序》尤得山川奇岸之气，名世死百余年后，桐城邑后学徐宗亮为之《传》，称"名世字田有，一字褐夫，世居桐城南山，以孝弟力田闻，少负奇气，不可一世，文章学行争与古人相后先，尤以史才自负，喜网罗明代逸事，既穷而游，多愤时嫉俗之论。"又谓"先生及第后二年。御史赵申乔追《论南山集》事，祸实发于《致余生》一书，因采入《传》中，以'明所指为悖逆者仅有永历之帝两粤'等语而已，死时六十一无子"云。按今集中所载弘光、崇祯诸纪略，以及左忠毅公杨维岳等诸传，故国之思，遗黎之痛随在而有，固不特此一书也。长存浩气，自足千秋，若论其文，则熹自揄扬，未脱江湖名士习气。而所书《震川文集》后有云："顾今之知震川者少，而今之为震川者，其孤危又百倍震川，以俟后之为震川者知之，谓子长之神，即班固且不能知。"而以《汉书》删削处失子长旨为证，谓震川独得子长之神，于百世之下，凡此高论，皆令人难以强同，读其书者，亦存而勿论可矣。（记袁子长诗云："一代文宗材力薄，望溪文集阮亭诗。"以见治矰缴者，大有人在。）

1936 年 1 月 19 日

一柘、一石、一儋、一甔、一硕，并相通用之词。《说文》："柘，百二十斤也。"据《律历志》："一龠容千二百黍，重十二铢。二十四铢而成两。十六两成斤。斤者，明也。三十斤成钧。钧者，均也。四钧为石。石者大也。"段云："古多假石为柘。"朱云："今省作石，读为担。"《汉书注》云："今江淮人谓一石一担。"《史记・货殖传》："酱千甔。"《汉书》作"儋"。又按《诗・甫田》疏引《汉书・食货志》曰："一夫治田百亩，岁收亩一硕半，为粟百五十硕。"是石古作柘，通硕。（潘弈隽《说文解字通正》亦引此条，惟漏抄疏文半字。）

姚选《古文辞类纂》：方灵皋文十一首（《书孝妇魏氏诗后》《送刘函三序》，《送左未生南归序》《送李雨苍序》《杜苍略先生墓志铭》），而中六首（《送刘箬林南归序》《白云先生传》《二贞妇传》《李抑亭墓志铭》《宣左人哀词》《武季子哀辞》）不载，所藏石印本中，当别校之。夜覆观姚选诸首，惟《白云先生传》有一笔："入其室，架上书数十百卷，皆所著经说及论述史事。请贰之，弗许，曰：'以尽吾季耳，已二瓮，下棺，则并藏焉。'" 童诵至今蔑以加也。

阅箓友、石舟（张穆，山西平定州人，优贡生，道光二十九年卒，年四十一，著有《月斋居士文集》《王纂录》《与陈颂南书》）《批校说文答问疏证》，略悟读书著书之法，见前辈治学鞭辟真际。闻道咸之际，箓友、石舟与李月汀、许印林、珊林诸先生校订善本，反复琢磨，风气蔚然，月旦无遗。观此卷而惕然，惧绎然思者久之，即石舟所《与陈颂南书》劝其发架上书而读之，择印林伯厚比者相与讨论之，度今天下更无以直言贡执事者云云。“商也日益，赐也日损。”乌所望于末流之世哉。

1936 年 1 月 20 日

入馆假《方望溪全集》（《四部丛刊》景印涵芬楼咸丰元年戴钧衡刊本）校之，戴钧衡重刻方先生全集之外，于卷目后又附识语谓：“望溪文集，世所行本前后篇数多寡不一，程崟本秉其意旨，故世传程本为先生自定，仅就所见，篇数最多之本凡三百八十四首，为分卷（十八卷）而排次”云（石印苏州本不及二百首，凌乱不足道。惟首载平江李元度《方先生事略》文长四千言，它刻未见）。则桐城之文尽在于是矣。外又搜集遗文百八十二首为十卷外，《文补遗》二卷，《苏淳元年谱》一卷，“文目编年及诸家评论”一卷，细大不捐，殊有裨于知人论世也。钧衡历为之序为之类从，删订而于杂记中，存下一条：

欧阳公《泷岗阡表》：“剑汝而立于旁。”剑当作纫，今石本模糊亦作剑，盖字形相近，文集既误“剑”，故其子孙洗碑亦承误而镌之也。

此事出《曲礼》“负剑辟咡诏之”。（郑注：“负谓置之于背，剑谓挟之于旁。”）《容斋随笔》已言之，钧衡亦已知之（戴，字存庄），不从刊落而附揭其失，此不可以师弟畔喭解之者也。存庄叙文中亦有“乾嘉时汉学考证家矜其博闻强记，往往以细故微误指斥先生并及文章之语，如此等误，细乎微乎云乎哉。”然谓望溪以经旨为文固有难言，谓望溪以经旨为立人则确不可拔。《年谱》云：“先生八十二岁（秋七月）《仪礼析疑》成。先生以此经少苦难读，七十以后晨兴必端坐诵经文，设为身履其地，即其事而求昔圣人，所以刺为此礼，设为此仪之意，虽卧病犹仰而思焉，有心得乃稍稍笔记，十余年已九治，犹自谓积疑未祛，乃十治停夜勤劬，迄今始成。八月十八日停午先生卒。”其耄学笃操如此，殊足踔厉百代也。

1936 年 1 月 21 日

语有人所共知而欲腾为口说则又不尽可解者，如诗自古在昔大学视而不见，如人不易知，知人亦不易也。望溪文（《宣左人哀词》）：“余与左人相识几三十年而不相知，如俗云年若干岁等。”古与昔、视与见、知与识、年与岁，之所由区别，有非正诂所能剖晰，用之已习，遂成共知之语耳。啸咸云：“即一语而思之，每可迹其迁变。”如汉水名也（汉，漾也，东为沧浪水）。因为地域之名：“《左传》‘汉中之国随为大，秦置汉中郡。'" 因为标识之名："刘邦都关中十二传为西汉，刘秀都洛阳十二传为东汉。" 因为氏族之名："华夏汉族，《史记》'何渠不若汉?'（《汉书·陆贾传》作何遽不若汉）。" 因为姓氏之名："《广韵》引《姓苑》云《东莞人姓氏考略》云：'汉亡，子孙以国为氏，望出东莞。'《通志略》有汉氏以国为氏。" 因为人品称名："《询刍录》：'汉自武帝征伐匈奴，二十余年。闻汉兵无不畏者，称之为汉儿。' 又曰好汉，后为男子之称。" 又《旧唐书》："武后问狄仁杰曰：'朕要一好汉任使，有乎?' 仁杰乃荐张柬之。"《老学庵笔记》："今人谓贱丈夫曰'汉子'，盖始于五胡乱华时。北齐魏恺自散骑侍迁青州刺史，固辞之。宣帝大怒，曰：'何物汉子，与官不就!'" 今语有"汉席""老汉"云云。溯源沿流，可得而说也。

呼仆曰伻，呼婢曰嫙。按伻字不见许文。而《洛诰》本有"伻来"之语。《群经音辨》于部："平，使也。"注引《书》："伻来，以图。"知伻，古作平。《说文·女部》婢上："嫙，女隶也。"而《周官》作"奚"。《天官·酒人》："奚三百人。"郑曰："奚，女奴也。"

东西南北四字，而六书居其五焉。东会意字，西象形字，南形声字（艸木至南方，有枝任也。从木羊声），北指事字（从二人相背），西又兼假借。

春夏秋冬四字皆会意也。春，从艸从日，屯声。夏，从夊，从页，从臼。秋，从禾，龟省声。冬，从仌从夂（夂，古文终字）。特有兼形声耳。

自一至十诸数词。据箓友说（《说文释例》卷一）一二三五七八九皆指事，四六十皆会意。许君惟以六十为会意，余多云象形。按此乃寓形也，不可云象，以为指事，斯无弊矣。又百千（从十从人，小徐有声字）会意字，万以后假借字（徐子远《象形文释》自一至十皆列入说多未安）。

1936年1月22日

《孟子》诗曰："畜君何尤？畜君者，好君也。"引诗而自解之，音义俱明。赵注本云："言臣说君，谓之好。何尤者，无过也。"（好字下《宋本》《岳本》《孔本》《韩本》有君字）畜音应长，言之读若好（《广韵》宥下"丑救切"）。不知朱子《集注》本何以仍取敕六反，而曲为之说曰"尤过也"。言晏子能畜止其君之欲，宜为君之所尤，然其心则何过哉？"孟子释之，以为臣能畜止其君之欲，乃是爱其君者也。"则音义俱全。段注最善，

畜与蓄义略同。畜，从田其源也。蓄，从艸，其委也。俗用畜为六嘼字（许救切），古假为好字。如《说苑》尹逸对成王曰："民善之则畜也，不善则雠也。"晏子对景公曰："畜君何尤？畜君者，好君也。"谓"畜"即"好"之同音假借也。蒙诵受之先大夫，均秉朱注读如六畜之丑六切，此语致难索解，胜代避玄烨帝讳，凡玄字明令缺末笔为玄，惟畜字不避，谓圣祖不宜与六畜较也，意极挢揉。六畜自有嘼之本字，用畜者假借耳，久假而不归，遂并一代明主之名，欲避之适以触之，当日臣工之字学疏陋若是，何有于草苑下士哉，且不遵朱注者，尚有背违功令之科，北江有请《礼记》改用郑康成

注，摺子及□□□□□皆格而不行。

梁章钜所著以《文选旁证》为善，世有疑其不类者。赵翼《瓯北全书》凌杂贪多，瑜不掩瑕。予于癸酉冬记尝论及之，其《廿二史札记》亦不如钱氏《廿二史考异》、王氏《十七史商榷》之简实。悉伯日记谓（十三册三十三页）："常州老生皆言此书及《陔余丛考》，赵君千金买之一宿儒之子，非赵自作。以《瓯北诗集》《诗话》及《檐曝杂记》观之，赵见识浅陋，全不知著书之礼。此两书较为贯串，自非赵所能为，《丛考》犹多入小说，又不如《札记》之有体要"云（又二事见下二十七日记）。

《徐霞客游记》（霞客名宏祖，字振之，江阴人，明季布衣），《四库提要》称其"山川脉络剖析详明"，悉伯讥其（日记十三册九十一页）"同于青乌之术，古今地理绝未稽求，由明季士不读书不知考据为何事。"一薰一莸，褒贬悬别，平心论之，霞客诚一异禀振奇之士，只身万里，梯远绕幽，母没而后畅遂其志，所为文亦峭拔奇岸，不负山川钟毓之秀，虽山经之外乘实游记之玮篇，名太盛者求全随之，惟四库以类于史部，地理处非其位，易招指目耳。

《玉篇》鱼部有"䲣、魰、渔"三文。许篆仅有瀏（捕鱼也），而《周礼》作䲣人（悉伯笔误作䲣，如《日记》十四册一页）。《文选·西京赋》："逞欲畋魰。"注引《说文》曰："魰，捕鱼也。"据此谓今本捝魰篆亦可。《康熙字典》支部既不收魰字，又不收䲣字，并经传之字而失之，非小失也。《一切经音义》（卷六）云："渔，古文作䲣。"段注：《周礼》（䲣人掌以时䲣）当从古作鱼人，作魰者次之，作䲣者非也。武断之极。

氈，撚毛也。《史记·匈奴传》："被旃裘。"假旃为之。今曰毛毡（传刚甫[1]有挽某联云："睹物辄思君，卅载毛毡今在御；何心经乱世，两朝英俊半凋零。"疑下联有误字），曰毡被。悉伯用毴被是也。毴，毛盛也。《虞书》曰："鸟兽毴髦。"今据宋本作鸟兽氄毛。

今宴客以鱼䎃为珍品，字作翅。按䎃，翼也（《玉篇》作翅）。《楚策》（《庄辛论幸臣》）："鼓翅奋翼。"假借乃为词之啻。《康熙字典》翅下失收。本诂至食品字应作鬐。鬐，新附字，或作鳍，许篆无鳍字。《士丧礼》："左首进鬐。"郑注："古文首为手，鬐为耆。"又《少仪》："夏右鳍。"郑注："鳍，脊也。"《释文》作鬐。自来以为美味矣，今多用鲨鱼鳍为之。许篆亦无鲨字，而《小雅》："鲿鲨"。《释鱼》："鲨。鮀。"雷氏据《释文》曰："鲨本又作魦。从鱼，沙省声。"则鲨者魦之不省。

【注释】

①刚甫：指曾习经。

1936年1月23日

清史未有定稿，其列传八十卷，民国十七年中华书局有排印本，其《儒林传》分上下编，以孙奇逢、顾炎武领衔，隐然立汉（宋）门户，凡四卷（六十六卷至六十九卷）。悉伯及见阮文达《儒林传》拟稿，凡专传四十四人，附传五十余人，而别疏其意所不然者于《越缦堂日记甲集》（一册三十一页）。今最清史之目而附识之：

《儒林传》上　注文右行为阮氏附传，左行为清史同传。[1]

孙奇逢　（容城孙徵君钟元、附魏一鳌耿介。）子博雅，魏一鼇、赵御众。

刁　苞　杜越。

沈国模　史孝成、王朝式、韩孔当、邵曾可。

张履祥　凌克贞、何汝霖、张嘉玲、祝涂、陈梓。

沈　昀　陈確、屠安世、郑宏、叶敦艮、恽日初、刘汋、汋子茂林。

陆世仪　（太仓陆布衣道威，附沈昀、张履祥、刘汋、沈国模。）陈瑚、盛敬、江士韶。

芮长恤　蔡所性、吴光、张怡、雷士俊。

李　容　盩屋李徵君颙中孚，附王心敬、李因笃。

白奂彩　党湛、李士瑸、马棫土。

王夫之　（衡阳王举人崇正壬午而农。附陈大章、刘梦鹏。）

谢文洊　（南丰谢布衣秋水，附彭仕。）甘京、封濬、黄熙、宋之盛、之盛孙士宗。

彭士望　彭任。

张自勋　张时为。

朱用纯　王喆生、陆求可。

费　密

耿　介　陈愹。

崔慰林　张湑。

马光裕　曹续祖。

范镐鼎　洪洞范进士彪西。（李生光、党成。）

胡承诺　（彭大寿、萧企昭。）

曹本荣　（黄冈曹学士欣木。）陈大章、万年茂、刘梦鹏。

张贞生　张烈、张能麟。

应撝谦　（钱塘应征君嗣寅。）姚宏任、秦云爽。

汪　佑　吴日慎、施璜、汪璲。

汤之锜　金敞、顾培。

高　愈　（无锡高布衣紫超，附顾枢、刁苞、朱用纯、吴慎、向璿、朱泽澐。）严榖、张夏、华学泉。

王宏撰　王建常、康吕赐。

李因笃　李柏。

王心敬　康乃心。

彭　珑　子定求、钱民。

陆元辅　周象明。

窦克勤　子容邃、田兰芳、徐邻、唐汤准。

冉覲祖　李经世。

李来章　刘宗泗。

刘源渌　（安邱刘布衣崑石，附阎循观。）范明徵、孙若群、刘以贵。

詹明章　郑文炳、陈九龄。

张鹏翼　林赤章、李梦箕、梦箕子图南、童能灵。

颜　元　王源。

李　塨　（蠡县李学正刚主。）恽鹤生、程廷祚。

劳　史　桑调元、茅星荣。

邵廷采　（余姚邵布衣允斯，附邵晋涵、周永年。）

沈　佳　向璿。

徐世沐　黄商衡、华希闵、张云章、王步青。

焦袁熹　杨履基。

张自超　刘齐、刘捷、姜兆锡。

陈迁鹤　子万策。

李光坡　（安溪李布衣耜卿，附李钟伦。）从弟光墺、光型、从子钟伦，钟伦子清馥。

方　迈

陈　法

李文炤　王元復。

胡方新会　陈遇夫新宁、冯成修南海、劳潼南海、冯经南海。

殷元福　夏锡畴。

胡其庆　郭善邻、王聿修。

王　植　黄叔璥、王之锐。

王懋竑　宝应王编修予中。

朱泽澐　乔漌、任瑗。

陆奎勋

汪　绂　余元遴、元遴孙龙光、洪腾蛟、董桂敷。

马翮飞　胡国鈛。

黄永年　陈道、邓元昌、宋昌图。

曾受一东安　邓纯东莞。

孙景烈　王巡泰、刘绍攽。

官献瑶

孟超然

戴祖启

阎循观　韩梦周、姜国霖、张镠。

法坤宏　梁鸿翥。

谢金銮　陈庚焕、阴承方。

卿　彬　子祖培、苏懿谐。

姚学塽　潘谘。

唐　鉴　窦垿。

胡达源　丁善庆。

朱文秋　刘传莹。
李元春　贺瑞麟、薛于瑛。
路　德　柏景伟。
方　垌　顾广誉、邵懿辰、陈寿熊。
方东树　方宗诚。
夏　炘　弟炯。
许　鼎　苏惇元、朱道文、方潜。
汪桂月　吕缉熙、杨德亨。
刘　绎　龙文彬。
吴嘉宾
苏源生　刘廷诏。
刘熙载　宗稷辰。
范泰衡
成　孺
全焕文
《儒林传》下：
顾炎武　（昆山顾徵君宁人，附张弨、吴任臣。）张弨、吴任臣。
黄宗羲　（余姚黄徵君太冲，附黄宗炎。）弟宗炎、宗会，子百家，陈赤衷。
钱澄之　（桐城钱布衣饮光，附方中通。）方中通。
朱鹤龄　（吴江朱布衣长孺，附陈启源。）陈启源、臧琳。
张尔岐　（济阳张布衣稷若，附桂馥。）马骕。
黄　生
薛凤祚　（淄川薛布衣仪甫。）
俞汝言　徐善、徐庭垣。
姚际恒　孙之騄。
梅文鼎　（宣城梅布衣定九，附王锡阐谈太。）弟文鼐、文鼏，王锡阐。
毛奇龄　（萧山毛检讨大可，附陆邦烈。）
胡　渭　（德清胡布衣渭，顾祖禹。）子彦昇，叶佩荪。
阎若璩　（山阳阎徵君百诗，附李铠、吴玉搢。）李铠、吴玉搢、宋鉴。
万斯大　（鄞县万布衣充宗，附斯同。）兄斯选、斯同，从子言子经。
惠周惕　（长洲惠知县元龙，附惠士奇、栋定宇、江声、余萧客。）子士奇、孙栋、余萧客。
陈厚耀　（太州陈谕德泗源。）
冯　景
魏荔彤　王又樸。
顾陈垿
吴廷华　盛世佐。
顾栋高　（无锡顾祭酒震沧，吴鼎、梁锡玙附。）陈祖范、吴鼎、梁锡璵、华玉淳、顾镇、蔡德晋。

诸　锦　郑江。

沈炳震

徐文靖　当塗徐检讨位山，附任启运。）赵继埒。

王文清　潘士权、余廷燦。

任啟运

全祖望　（鄞县全庶常绍衣。）

沈　彤　（吴江沈布衣冠云，附蔡德晋、盛世佐。）王士让。

龚元玠　刘斯组、陈象枢、李荣陛。

江　永　（婺源江布衣慎修，附金榜。）胡匡衷。

卢文弨　（余姚卢学士召弓，附孙志祖、丁杰。）孙志祖、邵瑛。

翁方纲

朱　筠　（大兴朱学士竹君。）李威。

王鸣盛　金曰追、吴凌云、汪照。

钱大昕　（嘉兴钱詹事晓徵，附钱塘王鸣盛。）族子塘坫。

钱大昭　子东垣、绎、侗。

范家相　姜炳璋、盛百二、翟均廉。

褚寅亮　程际盛。

翟　灏　黄模、周广业。

任大椿　（兴化任御史幼植，附刘台拱、汪中。）族弟兆麟、基振。

梁上国　张崇兰。

戴　震　（休寍戴庶常东原，附凌廷堪。）

段玉裁　钮树玉、陈树华。

凌廷堪

江　声　兄筠，孙沅、顾广圻。

崔　述

程瑶田

邵晋涵　周永年。

孔广森　（曲阜孔检讨众仲。）孔继涵。

刘台拱　刘玉麐。

臧　庸　弟礼堂。

金　榜　洪榜、江龙。

王念孙　李淳、宋绵初。

王　谟

汪　中　子喜孙、江德量、徐复、许珩、汪光爔。

梁玉绳　弟履绳，汪远孙。

庄述祖　庄绶甲、庄有可。

武　亿　（偃师武知县虚谷。）

戚学标　陈熙晋、李诚。
丁　杰　周春、吴东发。
沈梦兰　宋世荦。
孙星衍　毕亨、李贻德。
陈　鳣
王聘珍
洪亮吉　子饴孙、符孙（按饴孙、齮孙传均以支伟成著为详）。
桂　馥　许瀚。
朱　彬　姪士端
汪德钺　吕飞鹏。
张惠言　（武进张编修皋文。）子成孙，江承之、胡祥麟。
许宗彦
郝懿行　牟庭。
莫与俦　子友芝。
陈寿祺　子乔枞，谢震、何治运、孙经世、柯蘅。
马宗梿　子瑞辰。
林春溥
严可均　严元照。
焦　循　子廷琥，顾凤毛、钟怀、李钟泗。
李　锐　汪莱、张敦仁、谈泰、陈懋龄。
朱　琦　胡世琦、左暄、包世荣。
李富孙　兄超孙，弟遇孙，冯登府。
洪颐煊　兄坤煊，弟震煊。
徐养原　臧寿恭、张应昌、周中孚、凌堃。
胡承珙　胡秉虔。
沈钦韩　陈逢衡。
刘逢禄　宋翔凤、戴望。
雷学淇　王萱龄。
沈　涛
江　藩　黄承吉、黄奭。
凌　曙
朱骏声
薛传均　薛寿。
方成珪　赵坦、严杰。
刘文淇　子毓崧，孙寿曾、方申。
胡培翚　杨大堉。
迮鹤寿
丁　晏

王　筠

俞正燮　王曜南。

姚配中

罗士琳　顾观光。

曾　钊南海　林伯桐番禺、李黼平嘉应、吴懋清吴川。

魏　源　邹汉勋。

陈　澧　侯康、侯度。并番禺人。

邹伯奇南海

华长卿

柳兴恩　许桂林、钟文烝。

朱右曾

郑　珍　王崧。

刘宝楠　子恭冕，潘维城。

龙启瑞　苗夔、庞大堃。

陈　立

桂文燦南海

陈　奂　金鹗、管礼耕、陆元纶。

黄式三　子以周。

李善兰

李联琇

吴树声

刘　庠

朱一新

按阮稿尚有：

严　衍　（嘉定严布衣永思。）

潘天成　（溧阳潘布衣锡畴，附颜元。）

臧　琳　（武进臧布衣玉林，附玄孙庸。）

孔兴燮　（圣裔孔衍圣公世家，附孔继涵，颜秩宗。）

《清史》臧琳不入《儒林传》，潘、孔不列传，实皆不仕清之人也。凡称布衣某者，多为明诸生或已授爵，布衣之者示其不食清禄，史法炳然。悉伯附评云："文达此稿本未尽善，如邵二云、王西庄、凌仲子等皆宜立专传而反入附传（按邵晋涵、王鸣盛、凌廷堪，《清史》有专传）。汪容甫所著《述学》虽卷帙无多，而精卓出诸儒上。《春秋后传》《广陵通典》皆褎然巨册，《礼学》亦极淹贯，其人又气节士，工文章，亦可自立专传（《清史》有专传）。王而农说经不甚醇，高紫超、曹欣木学业不概见，然王氏著述颇多，高氏接派东林，曹氏遭逢圣祖，蔚为儒臣，为立专传犹可也。他若谢秋水、严永思、潘锡畴俱可附《孙钟光传》（《清史》严、潘无传）。李刚主可附《毛西河传》，薛仪甫可附《梅勿庵传》，钱饮光可附《王而農传》或《黄梨洲传》，以三君皆明遗臣，而钱氏学术又不足为桐城倡，刘昆石可附其乡人《张稷若传》，范彪西可附《陆桴亭传》

或《高紫超传》，以学术相近也。邵念鲁可附《黄梨洲传》，武虚谷可附《朱竹君传》，李耜卿自应附其兄《文贞传》，而文贞在大臣传中不能照覆，姑为立传以存其人，筍河所著虽不多，然提倡儒林，其功甚巨，固不得附其弟《文正传》，则两君立传固为有说，而谢严等十人皆不必专传。惠氏三世经学，愈后愈胜，松崖先生学绝千古，半農经术固自博大成家，然远逊其子，研溪更不过若敖蚡冒矣。范史于儒林立《伏叔齐传》而附其父伏稚文（伏恭父黯），立《薛公子传》而附其父薛夫子（薛汉父方丘），此史法宜然，自当为松崖立传而附其父祖，万氏亦弟胜于兄当立《季野传》而附充宗，马宛斯与张蒿庵学术迥殊，桂未谷又与张马异，而以同为东人之故牵连合传，任钧台经学远逊位嵛反以任附徐（《清史》分传），其叙次事实亦往往有采择未精，轻重失当者，然旁搜远绍，源流秩然，自为儒林首功，此本外间绝少传者，获读一过，亦近来眼福也"云云。兹更附支伟成（民国十三年）《清代朴学大师类目》：

朴学先导大师大师列传第一　（顾炎武、黄宗羲、王夫之、颜元、阎若璩、刘献廷、黄生、陈启源、臧琳。）

北派经学家列传第二　（李塨、程廷祚。）

吴派经学大师列传第三　（吴县惠氏三世，钱大昕。）

吴派经学家列传第四　（沈彤、江声、余萧客、江藩、王鸣盛、吴凌云、嘉定陈氏父子、朱右曾、孙星衍、洪亮吉、褚寅亮、金曰追、王聘珍、汪中、李惇、宋绵初、张宗泰、武进臧氏兄弟、闽县陈氏父子、李赓芸、王绍兰、赵坦、李贻德、臧寿恭、阳湖洪氏兄弟。）

皖派经学大师列传第五　（江永、戴震。）

皖派经学家列传第六

常州派经学家列传第七

湖南派古今文兼采经学家列传第八

浙粤派汉宋兼采经学家列传第九

南北怀疑派两大学家列传第十　（姚际恒、崔述。）

小学大师列传第十一　（顾炎武、江永、戴震、段玉裁附龚丽正、高邮、王氏父子、郝懿行。）

小学家列传第十二

史学大师列传第十三　（黄宗羲、万斯同、余姚邵氏祖孙、章学诚、马骕、顾栋高。）

作史学家列传第十四

考史学家列传第十五

地理学大师列传第十六　（顾炎武、阎若璩、刘献廷、胡渭、顾祖禹、戴震。）

地理学家列传第十七

金石学家列传第十八

校勘目录学家列传第十九

诸子学家列传第二十

治事学家列传第二十一

历算学大师列传第二十二　（王锡阐、黄宗羲、梅文鼎、江永、戴震、钱大昕。）

历算学家列传第二十三

博物学家列传第二十四

提倡朴学诸显达列传第二十五　（昆山徐氏兄弟、大兴朱氏兄弟、毕沅、王昶、阮元、祁寯藻、潘祖荫、王先谦。）

《清史·儒林上传》广东著录者胡方（新会），附陈遇夫（新宁）、冯成修、劳潼、冯经（并南海）、曾受一（东安）、邓纯（东莞），《下传》曾钊（南海），附林伯桐（番禺）、李黼平（嘉应）、吴懋清（吴川），陈澧附侯氏兄弟、康度（并番禺）、邹伯奇（南海）、桂文燦（南海）。

所见于传记者如此（朱次琦入《循吏传》）。

《清史稿》未获见（闻索贾四、五百金）。今所见者为《清史列传》，应承《清史稿》而定，然为未完之稿也。即以《儒林传》论上篇已收至巴州余焕文（光绪十八年卒），下篇收至义乌朱一新（光绪二十年卒），而必不可漏略者，如朴学类下之德清俞樾、番禺徐灏、瑞安孙诒让、湘潭王闿运（殁于民国）、善化皮锡瑞、无锡华氏兄弟蘅芳、世芳等。因书无序跋，莫从商榷，随记一二，以备修核。

【注释】

①以下括号内为右，其余为左。

1936年1月26日

《传经室文集》十卷，《赋抄》一卷，元和朱骏声撰，其孙师辙于民国九年（下媵双十节为日，按双十节名不见民国法令）有识跋，刘氏求恕斋（吴兴刘承乾）于十年刊行之。

近所得《说文段注拈误》一卷及此十一卷，俱未入《清史·儒林传》及支伟成《小学家列传》，本传著录，经儒片字，应共所珍弆，纵为未剖之璞，乃至已披之沙，途辙如存，瑕瑜不掩，闻声之乐，过于式庐者远矣，顾犹有言者。《朱氏通训定声》专发转注、假借二义，遂于段、钱、严、桂诸老之后崛起草茅，惟兹一编，已垂百代。今观此集，说经之文十而四五，厘然而善，有当人心，然以文集统之，究未审谛，理初类稿，籀庼述林，及身自正其名，文亦克丽其鞹，允蒨孙儿（朱子诗：老翁无物与孙儿），罔知别择，庄优齐驾，内外不分，即经说之中亦多少年应制之作。《策问》（二首）《对策》（拟江南乙未乡试《对策》），既非作者之言。《释鬼》《静天》（卷九中二首），更类谈玄之语，不忍割爱，亦当别存。其尤乖盭者，以《记剑侠》《记宋助教》二首，类从于《节孝祠记》《书院记》。之后以孔方吴妾（吴卿怜）二传冠于墓志铭，悬真文之前不类甚矣。卷八仅有四首，《孔孟纪年》《少陵年谱》，虽非创作，事关圣贤。《李白小传》《李益小传》，等于外纪，争席稗官，如斯之文，原可不作。八十年久沈枯井（朱氏殁于咸丰六年，年七十有一），诸小子奉此康瓠，瓦铄罍尊，越货阓市，胡不从其先大夫于九京而请益之也。集中分存骈文如干首，存貌遗神，未谙声律，伶人乐手，本难兼工。论其散文亦非当家，此事之疏，本不为病，因刘序经术文章之论，虑非朱君作者原意，乃妄掇拾记之，以为此中人语云。

《梦华亭骈体文集》四卷，乌程陆长春著（吴兴刘氏嘉业堂刊）。长春字箫士，号瓣香，道光副贡生，著有《绿鹦仙馆诗文集》《遁斋随笔》等书，无序跋，以其文观之，益习词章家言。毻毲秋风（《与殷谱经编修书》云："甲科中隽，误击副车，今岁再登，断布又坠"），凄凉故剑（《与陈琴斋书》云："乃自丙岁悼亡，童乌继夭，鳏居五载，破镜始合，今夏噩梦，炊臼又占，厨下少尝羹之人，室中无主馈之妇，若复远去，茕茕白发，转益凄凉，按法言育而不苗者，吾家之童乌乎九岁，而与我玄文乌扬雄子也。张瞻客外将归，梦炊臼中，就江淮王生解之曰：'臼中炊无妇也。'釜妇同音。"）时藉清响，发其离忧，高秋寒月之砧，空山啼猿之泪，柔肠百转，弱水九回，亦天下之伤心人，泽畔之独行者矣。萧士自言，制举之文，言非中出，贩龟卖鼠，丐馥沾膏，非遇试事，未尝操觚，生平所作，不及百首，于尽人入彀之日，为鸷鸟高搴之飞，翰藻斐章，超尤（侗）何（栻）而追陈袁。稍以为病者，词曲助语，驱用太多，遂觉靡调曼声，洋洋盈耳，不能自拔以跻于古人，为可惜也。倚声谐律，原本风骚，拾草撷华，无伤鞶帨，然沈水不返，风格遂低，有志之士至不敢多阅近人之集，此中得失，惟老师宿儒能道之。

阅《梦花亭文》四卷，四鼓而竟，此乐盖日月至焉而已。箫士文凡四十首，哀感顽艳，尤在赠序题记诸篇，清才可爱，小学古诂，所在而有，换骨有术，杀字极安，求之词林，实不多觏。揆之益吾所选，微有不同者，终以丽语过多，格律遂降，窃欲论定一二以赓诸家，迄未确断，至其四十首之中无重见，对语固秉工力，亦见剪裁，所《与殷谱经书》尤征匀净，惟"头脑任其冬烘，胝沫勤乎夏课"二语，大为全集之累，私欲抹去之，思崇祯间长洲陈明卿仁锡，负其多闻博学，妄好割裂古人之作（事见《朴学斋笔记》卷八），入清如河间（如《史通削繁》）、安吴（如《删定吴郡书谱序》）复同此病。予前记曾诘其续雁断凫，削足就履，于传有之，尤而效之罪尤甚焉，乃但记其语于此。

1936年1月27日

又记窃书二事。支伟成《考史学家列传·洪饴孙传》中云："李兆洛求其遗书，得所撰《世本辑补》十卷。以近世治《世本》学者虽众，然率采摭残碎约略，编次杂而不贯，为钩稽义类，厘讹补阙，期得复还旧观，故用力甚勤，至有裨于承学之士（按《世本》，汉刘向撰，二卷，记器物之始创，作者及氏姓之所自出，其书久佚，孙冯翼有辑本）。初以付江都秦氏嘉谟刻之，秦遂分为三大卷，又于序中窜入数语而冒用己名，李兆洛作跋以辩之。"又北江曾孙用懃所列《授经堂未刊书目表》，有淳则斋骈体文三十六首，注云："内多半为汤氏承彦易名借刻，何此事之多也（前记二十四日已有二事）。"窃钩者诛，窃国者侯，窃书者谓之何哉？

1936年1月29日

《清史列传存目·宗室王公传》（卷一至三，三卷），《大臣画一传档正编》（二十二卷，卷四至二十五），《大臣传次编》（十卷，卷二十六至三十五），《大臣传续编》（九卷，卷三十六至四十四），《大臣画一传档后编》（十二卷，卷四十五至五十六），《新办大臣传》（五卷，卷五十七至六十一），《已纂未进大臣传》（三卷，卷六十二至六十四），《忠义传》（一卷，卷六十五），《儒林传》（四卷，卷六十六至六十九），《文苑传》（四卷，卷七十至七十三），《循吏传》（四卷，卷七十四至七十七），《贰臣传》（二卷，卷七十八至七十九），《逆臣传》（一卷，卷八十），附《人名索引》一卷，二千八百七十五人。

1936年2月5日

读《国策》东周、西周二卷。

夫鼎者，非效醯壶酱甀耳（甀，驰伪切，小口甖也。姚本云：一作瓿），可怀挟提挈以至齐者，非效鸟集鸟飞、兔兴马逝，漓然止于齐者。（渗漓，流貌。扬雄《河东赋》："泽渗漓而下降。"）

秦令樗里疾以车百乘入周，周君迎之以卒，甚敬。刘注："百人为卒。"汉旧仪百人为卒，因百人之长始题徽识以别之。与《说文》"以染衣题识，故从衣一"之义合。

《秦策》："秦武王谓甘茂曰：'寡人欲车通三川，以窥周室，而寡人死不朽乎？'"《说文》："杇，所以涂也。"秦谓之杇，关东谓之槾。吴曾祺补注："本谓按即朽字。毫无根据。"

1936年2月12日

纫秋[1]言鲂即鳊鱼也，古无轻唇，其言可信。雷深之《说文后编》，《广韵》七之鲥字条下云："鱼名，似鲂肥美，江东四月有之。"而《释鱼》："鲂，魾。"郭注："江东呼鳊，一名魾。"则与鲥不类，馆武昌时常食之。黎元洪总统北京时，鄂人以时进鲂鱼及红山红菜苔也。《后书·马融传·广成颂》："鲂鲔鲟鳊，鲇鲤鲿魦。"注："鳊，音卑连反。鲂之类也。"

【注释】

①纫秋：蔡纫秋，潮州商人，时为宏成发商号股东。

《因树山馆日记》第一册

（1936年2月14日—5月5日）

1936年2月14日

濒行，检得湘潭王启泉所编《求阙斋日记类钞》一册（二卷，光绪丙子刊本），将携过申，付儿子家锐句诵之。因循览温故，如遇故人，得其一知，皆终身求之而不能尽者，真资人菽麦之书也。

冉冉半生，拾公绪余，以为人者，尚觉所在有之，比年常读《越缦堂日记》，亦自有受其潜移默化而不自知，昨夕读公记至其己未九月一则云：“凡人凉薄之德，约有三端最易触犯。胸苞清浊，口不臧否者，圣贤之用心也。强分黑白，遇事激扬者，文士轻薄之习，优伶风切之态也，而吾辈不察而效之，辄区别善恶，品第高下，使优者未必加劝，而劣者几无以自处，此凉德之第三端也。”余今老矣，此三者尚加戒之，此数语写出吾辈致病之由，所以与世难处，动辄寻咎者，自问非伏此病根以致此乎，念之惕息。

记中自述作文艰苦所在，不惜金针，无任拜赐，此卷已成家弦户诵之物，无事激扬，谨抄一条自资摩揣。乙丑正月记云：“尝慕古文境之美者，约有八言：阳刚之美曰雄直怪丽，阴柔之美曰茹远洁适。”蓄之数年，而余未能发为文章，略得八美之一以副斯志，是夜将此八言者各作十六字赞之，至次日辰刻作毕：

雄　划然轩昂，尽弃故常，跌宕顿挫，扪之有芒。

直　黄河千曲，其体仍直，山势如龙，转换无迹。

怪　奇趣横生，人骇鬼眩，易玄山经，张韩互见。

丽　青春大泽，万卉初葩，诗骚之韵，班杨之华。

茹　众义辐凑，吞多吐少，幽独咀含，不求共晓。

远　九天俯视，下界聚蚊，寤寐周孔，落落寡群。

洁　冗意陈言，类字尽芟，慎尔褒贬，神人共监。

适　心境两闲，无营无待，柳记欧跋，得大自在。

曾文在天下已大张桐城之军，日记多信笔而成，尽有未经琢练之处，然今人所谓文法则未可舛越也，其庚申三月一则云：“邓守之（按即传密）颇通小学，盖其父完白先生与李申耆先生皆当代名宿，濡染较深也”云云。非传抄有夺字，则此文法吾不敢知矣。记中类此者尚多，此非湘乡之大者，故不暇类举，若仅以文笔而论，无惑乎，予之低首越缦堂下有年矣。

又录“颐养”一则（辛未八月）：“养生之道，视、息、眠、食四字最为要紧。息必归海，视必垂帘，食必淡节，眠必虚恬。”海谓藏息于丹田气海也，垂帘谓半视不全开不苦用也，虚谓心虚而无营腹虚而不滞也。瑾此四字，虽无医药丹诀，而足以却病矣。

至《王氏类钞自序》，不敢有所增损，而代署曰“曾国藩随笔”，已未必得作者本意，强分为问学、省克、治道、军谋、伦理、文艺、鉴赏、品藻、颐养、游览十类，亦不免有断凫削足之嫌，况同一条而两见者至再至三，如“己巳四月途中见麦稼为旱所伤”一则，既入之于“治道”，又类之于“游览”，区区二卷，何徙宅忘妻，善忘乃尔。况此两类又皆不类，乎以见志在弋利者，无一可言也。

1936年2月16日

屠太史《国朝常州骈体文录·叙录》所以彰常州休明之微者至矣，《叙录》有云：“康熙以来，试举鸿博。于是冠带荐绅之伦，闾左解褐之士，咸吐洪辉于霄汉，采瓌宝于山渊。雅道既开，飚流益煽。乾隆、嘉庆之际，吾郡盛为文章，稚存、伯渊，齐金羁于前；彦闻、方立，驰玉驮于后。皋文特善词赋，申耆尤长碑铭，诸附丽之者，亦各抽心呈貌，流芬散条，亹亹乎文有其质焉。于是海内属翰之士，敦说其义，至乃指目‘阳湖’以为宗派”云云。凡录四十三家五百六十九首，都三十卷，今但最其目而略考之：

湖海楼文第一(陈其季检讨，迦陵。宜兴维崧。)

思补斋文第二(侍郎。武进刘星炜圃三。)

味经窝文叶征君文试畯堂文泰云堂第三(无锡秦蕙田树峰，荆溪叶耆凤，江阴王苏侪峤，金匮孙尔准平叔。)

卷施阁乙集文第四、第五，更生斋文第六(洪亮吉编修稚存。)

齐云山人文第七(阳湖洪符孙幼怀。)

淳则斋文第八(洪齮孙孝廉子龄。)

问字堂外集第九(阳湖孙星衍巽轩。)

亦有生斋文大云山房第十(武进赵怀玉味辛。阳湖恽孝廉敬子居。)

茗柯文宛邻文第十一（武进张惠言编修皋文。阳湖张琦翰风。)

端虚勉一居第十二（武进张成孙子侨。)

养一斋文守丹文第十三、第十四(武进李兆珞申耆。江阴承培元守丹。)

崇百药斋文双白燕堂文第十五（阳湖陆继辂祁生。阳湖陆耀遹劭文。)

芙蓉山馆文桐华馆文辟疆园文第十六、第十七（金匮杨芳灿蓉裳，金匮杨揆荔裳。无锡顾敏恒立方。)

尚絅堂文第十八(刘嗣绾字醇甫号芙初，嘉庆戊辰会元，授编修，尚絅堂骈体文二卷，阳湖。)

万善华室文敬业述事之室文第十九、第二十（阳湖方履篯彦闻。阳湖方骏谟元徵。)

栘华馆文第二十一（阳湖董基诚子诜。)

兰石斋文第二十二（阳湖董祐诚方立。)

齐物论斋文第二十二（武进董士锡晋卿。）

味隽斋文第二十二（荆溪周济保绪。）

麟石文申甫文汪先生文第二十五（阳湖刘承宠麟石，阳湖钱相初申甫，阳湖汪岑孙。）

菰米山房文第二十六（阳湖蒋学沂小松。）

鬘云轩文读秋水斋文第二十七（武进汪士进逸云。阳湖陆黼恩紫峰。）

枫南山馆文能惧思斋文第二十八（阳湖庄受祺卫生，武进庄士敏仲求。）

听云山馆文第二十九（阳湖汤成彦秋史。）

汀鹭文问奇堂南陔堂文游养心斋文第三十（阳湖杨传第听栌。阳湖蒋日豫侑石。江阴夏炜如永曦。江阴何栻廉昉。武进管乐才叔。）

其所不知盖阙如也。（秋月得睹全书粤馆，乃补缀之。二五〇九二二日又记。）

1936 年 2 月 17 日

刘孟涂《论骈体书》，推其盛也，则曰："自周末以讫汉初，风降为骚，经变成史，建安古诗实四始之耳。孙、左、马、雄，文乃诸家之心祖。于是枚乘抽其绪，邹阳列其绮，相如骋其辔，子云扬其波。气则孤行，辞多比合。发古情于腴色，附壮采于清标，骈体肇基，已兆其盛。东京宏丽，渐骋珠玑，南朝轻艳，兼富花月。而情致悱恻，使人一往逾深者，莫如魏文帝之杂篇。气体肃穆，使人三复靡厌者，莫如范尉宗之史论。驰骋风议，士衡之意气激扬。敷切事实，孝标之辞旨清妙。至于宏文雅裁，精理密意，美包众有，华耀九光，则刘彦和之《文心雕龙》，殆观止矣。绝轨也则曰隐深意于山阿，寄遥情于天末，《离骚》不能忽焉。三代既往，百家并兴，老氏奇古，蒙庄钩玄，御寇谲诞，关尹瑰奇，夷吾峭炼，不韦淹丽，荀卿质而文，韩非悍而泽，并皆祖述邃初，雕琢群象，周秦诸子所当效焉。文奇而理典，言古而意新，《焦氏易林》最宜法焉。炼六经而成彩，绘八幽而有形，《太玄》《法言》皆有取焉。放怀四维，纵步六合，《淮南鸿烈》亟宜焉。罗列珍异，耀神炫灵，《山海经》之博丽未可后焉。刻画纤细，模范高深，林峦何幸，得斯人之一言，山水有灵，惊知己于千古，《水经注》之体物不可少焉。奇抱别开，灵衣在御，《内篇》言修练之旨，《外篇》寄迈往之才，抱朴子之超逸亦足多焉。乌酸有叶，黄鹳吐华，郭璞《山经图赞》之古逸有可取焉。女墙婿屋，殊俗飞桥，裴氏《三国志注》之宏富，当资采焉。极其原也则曰俱出圣经，经语皆朴，《诗》《易》独华，《诗》之比物也杂，故辞婉而妍。《易》之造象也幽，故辞警而创，骈语之采色于是乎出。《尚书》严重，而体势本方。《周官》整齐，而文法多比。《戴记》工累叠之语，《系辞》开属对之门。《尔雅》释天以下，句皆珠连，《左氏》叙事之中，言多绮合。骈语之体制于是乎生。"

刘氏此篇（二千余言），可谓探六经之奇，穷八代之变者矣。苟非其人，谁道说而谁途听之。

1936年2月22日

《郑小谷全集》六种四十七卷（《四书翼注论文》十二卷，《愚一录经学》十二卷，《补学轩续刻诗集》十二卷，《补学轩文集外编》四卷，《制艺》四卷，附《杂话》一卷，《批选时文》二卷），象州郑献甫小谷著（《李少莲上舍馈先兄书》），谈制义者，十之七八一王之制，久成高头，小谷之名，腾誉两广，集中各体文篇略备，已稍窥乾嘉学派，而未脱江湖积习，纤巧者不及其八比文远甚。所《与阳朔容子良书》谓其文集有《与李秋航论四六书》，又有《与张眉叔论四六书》，今外集不载此篇，但即其所为《寿叙》诸骈文观之，多间以散笔，殊染明季佻儇之风。拟《自寿序》一首，尤信笔肆谈，直类说部，中有云："祝寿非古也，自寿尤非古也。"尤而至于误犹，似不能委为手民之失。

1936年2月27日

"夫子为卫君乎？"章自卝角年诵储中子文，为鼓吹休明之作。结比云："空山之中，蔼然孝弟，九京可作，至今如见，其心生我之爱，比于仇雠，一息尚存，此中何以自处。"朱梅崖云："不知许敬庵孚远文实出其上，此时代为之，不可强也。"后比云："假令夷也违父命，而齐也悖天伦，虽窃国为诸侯，不可一日立于臣民之上。夫惟伯遂为其子，而叔遂为其弟，故弃国如敝，蹝可以浩然存于天地之间。"只写夷齐[1]而卫事自见，云："安闲恬静则有之，悠扬激越储作或后来居上也。"

【注释】

①夷齐：伯夷、叔齐，商末孤竹君的两个儿子。

1936年3月1日

签注昨日得书，一裘未温，重裘方暖。

《癸巳类稿》十五卷，黟县俞正燮理初著。其书断自道光癸巳，故名稿，解经之文为多，其"易安居士事辑，亦以跋《金石录》，时绍兴四年，年五十三，自称为明诚妻。及绍兴十一年，谢伋自序《四六谈尘》称为赵令人李明，其必无改嫁之事。"予所记正合。

《七十家赋钞》六卷，武进张惠言乾隆五十七年叙录，自屈、荀至江、庾七十家二百六篇，有校勘圈点，光绪壬午广东载文堂重刊兴县康氏本。

《湛园未定稿》六卷，慈溪姜宸英著，有韩菼、秦松龄二序，所得为宣统庚戌石印本，去其年月讳言，原板或曰陋如之何。

《唐骈体文钞》十七卷，嘉庆二十五年海昌陈均序于两粤节署，盖受笙孝廉游阮文达幕时所刻，同治癸酉南海谭宗浚重校刊者，著录百五十人。

《骈体南鍼钞》十六卷，汉阳汪传懿（䌹庵）辑，多乾隆年间奏摺，世所鲜见之文，䌹庵死于咸丰二年粤匪之乱，其子莲生刊行之，清初台阁之文，规摹宋四六者所在而是。

《国朝骈体正宗续编》八卷，嘉兴张鸣珂公束辑，有溧阳缪德棻《序》，光绪乙未（二十一年）善化章氏校刻，凡六十家，将以踵南城曾氏之刻，故断自宾谷之文而殿以龙阳易实甫，较王祭酒之纂尚在其前六年，然所存滋广矣。如王仲瞿（日云，四首）、洪幼怀（符孙，一首）、谭玉生（莹，九首）、何廉昉（栻，二首）、洪子龄（齮孙，五首）、谭仲修（献，三首）等，皆亟欲存录者。公束与悉伯并时，又有友谊，不知何以仅最其《校经图序》一首。

《评注骈文笔法》百篇四册，民国十一年萧山王仁溥选。始《魏文帝与吴质书》，终樊增祥《西溪泛舟记》，期便初学，无足深论（西溪即五羊入荔枝湾处），荔枝湾故址传为南汉昌华园，金粉江山，有资樊作。

1936 年 3 月 5 日

散步：北京曰溜达，粤人曰行街，潮人曰踢沱。同舍生某谓即彳亍之舌头音所转变，亦言之成理者。要与踟躕、跱躇、趑趄双叠，古有其音，以状行貌也。又《诗》：“佻兮达兮。”应即达佻本音。

《说文》以“厶”为童阴，读如私。粤人倒了为⅃，⅃切，以为男阴。郑樵已有此说（《通志·六书略》象形人物之形云⅃，男子阴也），俞理初《癸巳类稿》有《⅃字异义驳》一首。

“买妾不知其姓，则卜之。”礼也，其见于史书律令者。《魏书·宗室传》：“元孝友上表请制令，居官者妻无子而不娶妾，科以不孝之罪，离遣其妻。”《明会典》刑部律例一云：“庶子四十以上无子，许娶一妾。”例四云：“民年四十以上无子者，方听娶妾，违者笞四十。”今则异于古所云矣。

1936 年 3 月 8 日

赛，报也。从贝塞省声。新附字。潮俗曰“迎神赛会”。按《说文》《长笺》本曰：“今俗报祭曰赛神，借相夸胜曰“赛”。又韩愈《城南联句》：“赛馔木盘簇。”则今义俗义之由来亦已旧矣（古通塞）。

阅梁茝林《制义丛话》略遍，七百年间斯文之敝，锢人之深，可以概见矣。后有考文学史乘者，此书遂不可废，在当日作者意以备揣摩之门，专群居之谈助已耳。予少时亦未重视其书，岂知玉改步更乃成不刊之作也。其脞词谐语殿于卷末，今为述其未及者，有作“以杖叩其胫”。“阙党童子”。中渡云：“一叩而眩，再叩而毙，三叩而阴魂渺渺。化为阙党之童子，以见当年截搭之题不可理喻。”乃有此无理取闹者。

1936年3月9日

《后书·独行传·李业传》："太守刘咸强召之，业乃载病诣门。咸怒，出教曰：'贤者不避害，譬犹彀弩射市，薄命者先死（近人伍廷芳亦发此奇论）。闻业名称，故欲与之为治，而反托疾乎？'"按"教"犹"告"也，"令"也。蔡邕独断云："诸侯言，曰教。"刘彦和云："契敷五教，故王侯称教。"王氏《骈文类纂·诏令类》最"谢元晖为东海饷诸葛处士教诸教文六首"是也。又本卷（《后书》八十一卷）《彭修传》："受教三日，初不奉行，废命不忠，岂非过邪？"此教字亦"令"也。《雷义传》："主伺义不在，默投金于承尘上。"按承尘，今之天花板也。

1936年3月10日

今俗之肇，自古昔多矣。南人好博，陶侃都督交州军事，诸参佐或以谈戏废事者，乃命取其蒱[①]（《说文》无"蒱"字，或作"蒲"）博之具，悉投之于江，吏将则加鞭朴，曰："摴蒱者，牧猪奴戏耳！《老》《庄》浮华，非先王之法言，不可行也。"

【注释】

①蒱：指古代类似掷色子的游戏。

1936年3月13日

夷，平也。从大从弓。东方之人也。《南史·吴苞传》："李撝谓江斅曰：'古人称安贫清白曰夷，涅而不缁曰白。'"此古义之犹存者。

屐，屩也。从履省，支声。经传未见。《汉书》："袁盎，屐行七十里。"《释名》："屐，搘也。两足搘，以践泥也。"其用至六朝而盛。《世说》："阮遥集好屐。"不知古人一屐之费视履舄如何。《南史·隐逸传》中"已有二人被污为窃屐来者。"《刘凝之传》："人又尝认其所著屐。"《沈麟士传》："邻人认其所著屐。"今东夷一屐贵者数十金，少亦二三金，宜乎窃屐来者之多矣。

1936年3月23日

"思以经传至言，润以科学家言。"为学海诸生说哲理纲领，未可骤定。

夜读《荀子》，"其为人也多暇日者，其出入不远矣（《劝学》）。"各本多引作"出人不远"，杨《注》固明言"出入"，谓"通道路所至也。"

"不见其事而见其功，夫是之谓神（《天论》）。"此语说FUNCTION（译曰函数），极合原义，固云："功用也，其事者函数之体。其功者函数之用。"即函数之价值，功用易知，而本体难明也。天何言哉？不见其事也。四时行焉，见其功也。此可与《中庸》：“唯天下至诚，为能尽其性。”一章参说之，其所归则天地位焉，万物育焉。

1936年4月3日

《师友渊原录》，朱蓉生《崇义祠碑》一首。蓉生名一新，义乌人（王选记有其文），著有《无邪堂答问》，此文记义乌咸丰死义乡民事，殊合史法文，亦排奡有奇气，末云：“吾乡俗尚朴厚，民老死不见儇伪之习与夫贫富相耀，机械相角之情，故其感慨而赴敌也。义不旋踵，胜无重赏，死无厚赙，惟恃此皎然之意以鼓舞之，而民亦甘蹈锋镝而不之悔。呜呼，盖逮今不三十年而风会亦少替矣。”一笔王教之衰，俗流之生，以今视昔，同慨曷胜。

廖泽群（廷相）《广雅书院藏书目录自序》《希古堂甲乙集序》《语学》三首，《语学》者也，盖馆韩山时作。

康长素《朱九江先生佚文序》一首，颇传《简竹居辑集》所未传，此《序》亦未录刻，深以得见为幸。

夏灵峰《先圣孔子像赞》《先师孟子像赞》《林文忠公颂》三首。灵峰名震武，字伯定，富阳人，京师大学堂总教习，有《云峰文集》，四言之作尤关实力，此则吾不知也。

陈石遗《丁叔雅征君行状》一首，《赵尧生诗稿叙》一首，丁、赵并叔，世畸人，传之故易工。《叔雅行状》中言：“其欲为《有清经籍志》及《寰宇访学录》诸书，移书梓芳，未成而卒。”而不及其诗，则未以诗许也。

吴澹庵《屈翁山先生墓碑》《冯君平山墓表》《小榄麦氏续修宗谱序》三首，太史素不自存其文，又不允门人为之刻集，秋老出其门下，时为拾辑而请存之，且言文集须足身自定，毋俾后人知定，阿好存私皆非定论也。学海堂书院课存王桂琦、徐琼宇、钟逸园、刘佛年、吴祖锽各一首，课题为“答友人论入院后研究所得书”，王作专述，粤志乘卓然可观，余作亦明适至好，抑夷崇中，恐蹈学究之习而非通人之言，所宜戒之耳。

1936年4月15日

此来检携书集成本如干种，先最其目如下：

《小学绀珠》十卷，宋浚仪王应麟撰，津逮秘书本。

《姓解》三卷，宋雁门邵思纂（二千五百六十八氏），古逸丛书本（以黄入草部，各字书所未见）。

《敬斋古今黈》八卷，附《拾遗》五卷，元李冶撰，聚珍板丛书本。

《焦氏笔乘》八卷，秣陵（明）焦竑弱侯辑，粤雅堂丛书本。

《履斋示儿编》二十三卷，宋孙奕撰，知不足斋丛书本。

《颜氏家藏尺牍》四卷，附《姓氏考》一卷，未信堂藏海山仙馆丛书本。

《群书拾补》三十七种，杭（东里）卢文弨著，抱经堂丛书本。

《山家语》一卷，《野人清啸》二卷　明周履靖著，夷门广牍本。

《石洲话》六卷，大兴翁方纲撰，粤雅堂丛书本。

《今世说》八卷，仁和王晫丹麓撰，粤雅堂丛书本。

《浮溪集》三十三卷，《拾遗》三卷，宋汪藻彦章撰，聚珍板丛书本。

《何北山先生遗集》，宋何基撰，金华丛书本。

《胡仲子集》，明胡翰撰，金华丛书本。

《仁山集》五卷，元金履祥撰，金华丛书本。

《画墁集》八卷，宋张舜民撰，知不足斋丛书本。

《李延平集》四卷，宋李侗撰，正谊堂全书本。

《陈克斋集》五卷，宋陈文蔚撰，正谊堂全书本。

《解春堂文钞》十二卷，《补遗》二卷，钱塘冯景山公撰，抱经堂全书本。

《抱经堂文集》三十四卷，东里卢文弨撰，抱经堂丛书本。

《秋笳集》八卷，吴江吴兆骞汉槎著，粤雅堂丛书本。

《烟霞万古楼文集》六卷，秀水王昙仲瞿著，粤雅堂丛书本。

《山静居诗话》一卷，石门方薰撰，别下斋丛书本。

《拜经楼诗话》四卷，海宁吴骞槎客纂，艺海珠尘本。

此诚沧海一瓢耳，已可供及瓜时之探讨矣，全书八期，每期五百册，思敬近函云："问之商务印书馆，则半年出书一期。"如是则须四年矣，殊与原约不符，然尚须日阅三册，四年方能尽也。昔郑耕老《劝学》云："立身以力学为先，力学以读书为本。"今取六经及《论语》《孟子》《孝经》以字计之，《毛诗》三九二二四字，《尚书》二五七百字，《周礼》四五八〇六字，《礼记》九九〇二〇字，《周易》二四二〇七字，《春秋左氏传》一九六八四五字，《论语》一二七百字，《孟子》三四六八五字，《孝经》一九〇三字，大小《九经》合四十八万四千九十五字，且以中才为率，若日诵三百字，不过四年半可毕，或以天资稍钝减中才之半，亦止九年可毕（《小学绀珠》卷之四。东方朔上书言："年十三学书。十六学诗书，诵二十二万言。十九学孙吴兵法，亦诵二十二万言。"略如此数，亦中人以下之资也。予年十岁已诵毕此数，盖日背生书一百二十八行，则二千字以上矣，至老无成，良负儿笘。

1936 年 4 月 28 日

苦蟁，夜起燃烛扑之。其字或从昏作𧍷。以昏时出也。南海卑湿，百虫之薮，有以白昼啮人者，飞而不声，针即见血。董生不下帷者三年，或为避蟁而伏帷中苦读乎。《说文·虫部》曰："秦晋谓之蜹，楚谓之蚊。"则蟁之作蚊，此俗已古。

1936 年 4 月 29 日

蠠，蠭甘饴也。一曰螟子。从䖵鼏声。蜜，乃或体字，或体行而本字废者多矣。鼏，以木横贯鼎耳举之。从鼎冂声。此扛鼎之鼏，应读扃者。又扛，横关对举也。俗于扛鼎音义两失之。

玳瑁琉璃，皆后起连语也。《汉书·地理志》粤地条下："处近海，多犀、象、毒冒（即玳瑁）、珠玑、银、铜、果布之凑。"颜注："毒，音代。冒，音莫内反。"又云："市明珠、璧流离、奇石异物。"字作"毒冒流离"也。

1936 年 5 月 3 日

朱校《班书·沟洫志》一卷（沟，水渎，广四尺，深四尺。洫，十里为成，间广八尺，深八尺，谓之洫），"久之，河东渠田废，予越人，令少府以为稍入。"颜[1]注曰："越人习于水田。又新至，未有业，故与之也。稍，渐也。其入未多，故谓之稍也。"按稍，出物有渐也。臣锴[2]曰："《周礼》谓群臣之禄食为稍食。"则稍入者，薄廪也。（李恣伯《与潘伯寅书》："一斗散稍未拜公朝。"即用古语）。

【注释】

①颜：指颜师古。

②臣锴：指徐锴。

1936 年 5 月 5 日

将，抑然之辞也。《楚辞·卜居》："吾宁悃悃款款，朴以忠乎，将送往迎来，斯无穷乎？"八叠笔，叠用"将"字者八，此为正例。李华《吊古战场文》："秦欤汉欤？将近代欤？"东人读此"将"字曰："マサニ。"意言无何则（为近代也），居然存古义。《后书·和帝纪》论曰："岂其道远三代，术长前世？将服叛去来，自有数也？"并作抑然之辞用之。

圮，毁也。从土，己声。《虞书》曰："方命圮族（符鄙切）。"圯，东楚谓桥为圯。从土巳声（与之切）。汜，水别复入水也。从水巳声。《诗》曰："江有汜（详里切）。"氾，滥也。从水㔾声。祀，祭无已也。从示巳声。妃，匹也。从女己声。配，酒色也。从酉己声。（臣铉曰："己非声。当从妃省。"）凡此皆疑似之，不可不辨也。

北窗灯下，燃香辟蚊，薰风自南，可以读书。阅陈均《唐骈体文钞》数卷，枕上犹相偎也。（《说文》无偎字。《山海经》："北海之隅，有国曰偎人。"）

宋保《谐声补逸》云："改巳声《说文》从巳声之字与从己声之字异形而同部。"（因上条有未尽，故补录于此。）

从巳得声者有祀、芑、起、𨑻、䢋、汜、𢀛、䏣、圯等字。（䢋竢同）

从己得声者有记、杞、邔、屺、忌、改、纪、酉己、㞯等字。（邔，县名。改，女字也。）

《因树山馆日记》第二册

（1936年5月8日—6月30日）

1936年5月8日

阅《解春集文钞》，凡十二卷，《补遗》二卷，钱塘冯景山公著。景，康熙国子监生，其子聋。杨傧所为《墓表》称其行高学博，文章继韩、欧。观集中所载，尚多染明季虚疏习气，外孙卢文弨校梓于曳杖之辰，八十年后而《序》中尚云："若公之文，文弨不敢赞一辞，世自当有识者。"则尚未尽以弥甥之私，蔽天下之公也。子幼祖述宣布之后，《太史公书》乃稍稍出，虽有赖乎其人，亦视名山之业所造何等耳。

读吴兆骞《秋笳集》，如闻刁斗之声，不知何处吹芦管也。所《与计甫草》（吴江人，名东，年十五补明诸生，有《改亭集》）二书，呜咽凄凉，视柳州《报许杨二京兆书》或犹过之，中云："弟形残名辱，为时戮人，垂白表亲，盛年昆季，吁嗟何罪，相率播迁，既无子幼萁豆之辞，而有文渊薏苡之痛（马援字文渊），已同崔骃辽海之窜（《后书·骃本传》：'不容于窦宪出为长岑长。'注：'长岑县在乐浪郡，其地在辽东'），而复坐李丰陇上之条（李严改名平，子丰。《蜀志》：'废平为民，徙梓潼郡'），生世不辰，遭此奇酷，身流绝域，名入丹书，虽视息犹存而已同枯骨，每一念及忽不欲生"云云。真不堪卒读也。

1936年5月11日

《香祖笔记》，因所居有兰数本，遂以名之耳，了无深义（《群芳谱》："兰幽香清远，弥旬不散，高深自如，故江南以兰为香祖"），士禛（乾隆中赐名士禛）宗匠一代之诗，而材力脆薄，工力亦多未至处，率尔之作所不免也。其谓："仅字有少、余二义（卷二），唐人多作余字用。如元微之云：'封章谏草，繁委箱笥，仅逾百轴。'白乐天《哭唐衢》诗：'著文仅千首，六义无差忒。'"至宋人始率从"少"义，迄今沿用之。按所举之例应作"纔"字或"才"字解，李陵《书》："仅乃得免。"《礼记·射义》："盖勤有存者。"《说文》本云："仅，才能也。"

"飑"字不见字书。壬戌十一年八月二日岭东大风为灾，澄海一县死者数万人，邑人作《八二风飑记》，八二既不词，"飑"字俗书，予遂不肯任书丹[①]事，至今尚为聚论公案，人举姚莹文有"飓"也，或曰飑句为口实。《香祖笔记》卷二有云："台湾风信与他海殊异（既曰殊又曰异，临文之苟如此）。风大而烈者为飓，又甚者为飑。飓倏发倏止，飑常连日夜不止。正二三四月发者为飓，五六七八发者为飑。土番识风草，草生无节则一年无飑，一节则飑一次，多节则多次。”事或如此，然何足为典要也。《尔雅·释天》：“焚轮谓之穨。”郭注：“暴风从上下，穨与飑双声。”本不必以古诂附会俗语，但不敢以方言遽著典册耳。

【注释】

①书丹：碑刻术语，指用朱砂直接将文字书写在碑石上。

1936年5月12日

《香祖笔记》云（卷八）：“沈约《宋书》凡歌字皆作哥字。赵松雪[1]家书凡哥字皆作歌字，盖古通用也。”按《说文》：“哥，声也。从二可。古文以为謌字。”謌、歌重文。哥、歌古今字。《汉书·艺文志》：“哥咏言。”诸哥字，监本改为歌（徐灏《说文解字注笺说》）。歌之作哥，本无异辞。至呼兄为哥，据（《广韵》有是说）李富孙《辨字正俗》引唐明皇《过大哥山池诗》，《酉阳杂俎》：“帝呼宁王为宁哥。”谓其始于唐时乎，古义本无见，则“哥”之作“歌”非有左证，未可安之也。

紨，布也，一曰粗紬，从糸付声。《汉书·严延年传》：“女罗紨。”又《昌邑王贺传》：“臣敞故知执金吾严延年字长孙，女罗紨，”古女子多以为名，如秦罗敷之类。

《香祖笔记》（卷十一）：“马永卿云：‘尝见李西台所书小词中，罗敷作罗紨。后读《汉书》，昌邑王贺妻十六人，其一人严罗紨，紨音敷。敷作紨。必有据依（既曰据又曰依，如今伶人所云：他说道对汝言讲，本是单音不便于唱。尤恐听者不明，故有此语病，乃临文者亦尔尔），当询之攻六书。”则往应之曰：“先生所见之者麻沙本也。”

【注释】

①赵松雪：指赵孟頫。

1936年5月13日

拖字，见《论语·乡党》：“加朝服，拖绅。”《说文》只有“拕”字（《游猎赋》两见）。

1936年5月15日

诸，辩也，别异之词也。故诸侯诸子诸母，皆以别异于天子冢子元母也。《曲礼》：“诸母不漱裳。”《内则》：“择于诸母与可者（可者，傅御之属）。”注：“庶母也。”而《汉书·蒯通传》：“臣之里妇，与里之诸母相善也。过所善诸母，语以事而谢之。里母曰：‘女安行，我今令而家追女矣。’”则诸母自释为里母，以别于妇之母耳，而非母庶母也。

1936年5月16日

汪彦章，《宋史本传》称："藻通显三十年，无屋庐以居。博极群书，老不释卷，尤喜读《春秋左氏传》及《西汉书》。工俪语，多著述，所为制词，人多传诵。"其为《隆祐太后布告天下手书》中警句："历年二百，人不知兵；传序九君，世无失德。虽举族有北辕之衅，而敷天同左袒之心。""汉家之厄十世，宜光武之中兴，献公之子九人，唯重耳之尚在"数联，《困学纪闻》《四六丛话》历举而彰之，《骈文类纂》（选宋人十二家，文三十二首）最彦章文亦只此一首。

今得聚珍本《浮溪集》阅之，明易娴雅，令人可亲，讽肄之余，摘句存之：

《徽州到任谢丞相启》云："城郭重来，疑千载去家之鹤；交游半在，或一时同队之鱼（伯厚亦选此联）。""寻童子钓游之处，虽就荒芜；望先人丘墓之墟，已宽梦寐。"

《为人谢启》云："所以林宗于汉，虽农夫堕甑以知名；韩愈在唐，或狂士攫金而附传。"

《贺李纲右丞启》云："士讼公冤，亟举幡而集阙下；帝从民望，令免胄以见国人。"

《谢徽州到任表》云："五年蓬翟之居，仅终载笔，百世枌榆之壤，猥使分符，既弹贡禹之冠，仍衣买臣之绣，即趁官守，恭布诏条，伏念臣早出寒乡，晚跨近列，释锄耰而作吏，几四十年，望旒扆以拜州，才二百里，惟今日股肱之郡，乃平生父母之邦，行道咨嗟，举家感涕，兹盖伏遇皇帝陛下，恢张治具，驾驭人材，谓臣不改岁寒，故起之散地，知臣素推月旦，故付以本州，而臣久迫衰残，颇怀静退，虽迩封之易治，惟绵力之难胜，属县前驱，初比缘于草檄，行朝在望，复何俟于移关，誓捐不肖之躯，仰服非常之赐。"

《谢泉州到任表》云："虽卖剑买牛，老犹堪于渤海；然举头见日，身益远于长安。"末云："讲求百粤之宜，参诸禹贡；奉上三年之计，对以春秋。"（《龚遂传》："使卖剑买牛，卖刀买犊。"）

《代刘相公谢给展省先茔表》云："帷幄八年，事靡秋毫之补，江山千里，恩容昼锦之归。敢图藐尔之躯，果遂浩然之志。清光渐阔，衰涕交零，许佩宠荣，归扫松楸支龚，庶缘萧散，得全蒲柳之年。"

1936年5月18日

錭，钝也。钝，錭也，互训。段云："古借顿字为之，徒困切。"字书无作平者，不知蒙诵何以误成平声。

彦章《诗》云："我家浮溪溪水头，一褐一裘聊玩世。谁教去踏晓鼓朝？也学儿童攻偶俪。"（《次均贾仲远还浮溪猥稿之什》）此浮溪所以名集也，代作制文，曲当情事。诏命所被，无不凄愤激发。（《四库提要》语）

论世至建炎绍兴以还，尤心感乎郑侨辞令之妙，如《建炎三年十一月三日德音》

云："御敌者莫如自治，动民者当以至诚。朕自缵丕图，即罹多故。昧绥怀之远略，贻播越之深忧。虽眷我中原，汉祚必期于再复，而迫于强敌，商人几至于五迁。欲睦邻休战，则卑辞厚礼以请和；欲省费恤民，则贬食损衣而从俭。惟八世祖宗之泽，岂汝能忘；顾一时社稷之忧，非予获已。于戏！王者宅中，夫岂甘心于远狩？皇天助顺，其将悔祸于交侵。惟我二三之臣，与夫亿兆之众，亟攘外侮，协济中兴。"

《建炎四年科举诏》云："朕方慨幕古人，共图今日之治，尔其各从秋赋，以待有司之公。"

《隆祐皇太后遗诰》云："于戏！生者人之暂寓，死为数之大宗。甲子一周，复奚所恨，尚赖臣民之众，永坚忠孝之心，辅翼圣明，早臻康乂，存殁之际，悁悁何言，故兹遗诰，想宜知悉。"

《恭上隆祐皇太后谥议》云："惟我太母，基迹元祐，嫔于泰陵，逮事宣仁、钦圣两宫，禀二南之规，兼四教之善，正位宫掖三十余年。含洪广大，而体坤道之常；进退存亡，而得圣人之正。及靖康初载，天割我家，二帝出郊，中原无统，列辟相视，莫知所图，我太母起于危疑之中，自任以天下之重，手援大宝，授之圣明，当方隅倾侧之时，序璇历纂承之次：虽文母以十乱兴周，不能过也。已而六飞南渡，按跸武林，元凶窥朝，宄自内作，天下之势，甚于缀旒，我太后投袂而履祸，机立谈而销逆祲坐，使天地复正，三辰复明，四方元元，悉免涂炭，虽娲皇以炼石补天，不能过也。而昊天不辰，祸结慈极，亲蚕告毕，方开盛夏之祥，隙驷难留，遽掩长秋之御。兹天子追慕，悼心失图，叹厚载之中倾，痛仙游之不返。虽遂服不可，勉从期岁之丧，而兴哀无时，每过举音之节。由是命有司考易名之典，懋饰终之仪，告于神明，节以四惠，庶几有以彰淑则而畅徽音。"

按如谥议曰："昭慈献烈皇后"。后改谥"昭慈圣献"。据《宋史本传》："崩年五十九。以所居宫名称隆祐太后也。"浮溪信不负礼馆词臣之责也已。

《遗表》云："死生犹夜旦之常，理之必至；犬马受盖帷之赐，恩则长辞。假纩息之须臾，贡刍言于咫尺，伏念臣起家，一介委贽，五朝道君，擢贰机衡，去国坐逾于一纪，渊圣收还廊庙，冒恩仅及半年。今则脉遽涩沈，气将澌尽，莫扈征辽之役，徒怀城郢之忠。伏望皇帝陛下，遽旧监新，宅中图大，克勤克俭，用祖宗可久之规，作福作威，合中外至公之论，练搜卒乘，褒礼忠良。上以迎二圣之还，下以征四夷之守。臣报恩已矣，恋阙潸然，走仲达于渭滨，虽非所及，亢杜回于辅氏，犹或可为。亦可谓生无以报，没而犹视，不能衔环，亦当结草者矣。"（死诸葛走生仲达，事见《诸葛本传》，裴注引《汉晋春秋》。杜回事见《春秋》："晋魏颗嫁其父之遗妾，不以为殉。后与秦人杜回战，见老人结草以亢回，遂获之。夜梦老人曰：'余所稼妇人之父也。'"用事恰合。）

1936年5月19日

㚔，吉而免凶。从屰，从夭。夭（逗），死之事，故死谓之不㚔。幸，所以惊人也。

从大从羊。一曰大声也。读若簕（尼辄切）。羍，小羊也，从羊大声。读若达。婞、綷，从㚔。睪、執、報、圉、盩（张流切，引击也）、籥（从羍）。達（从羍）。隶书上二者概作幸，又有误书達为逵者，報为報者。天何言哉。

1936 年 5 月 23 日

补校《班书·贾邹枚路传》。贾山《至言》首炫阿房之丽。杜牧推演之，以成《阿房宫赋》。枚乘《谏吴王书》曰："夫铢铢而称之，至石必差；寸寸而度之，至丈必过。"所以在数学有误差论，进而为最小，自乘法以驭之，如四边形四内角之和为四直角，然实地测量结果必有误差。又如下图：

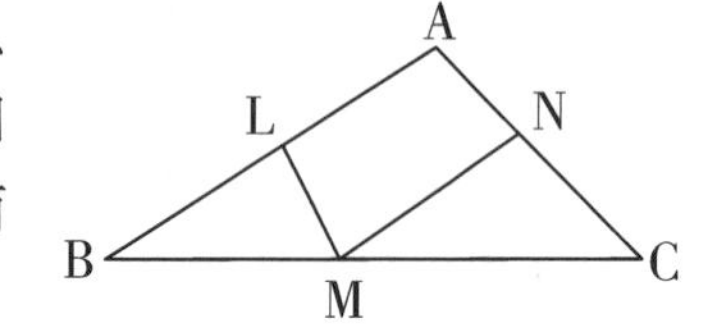

三角形两边之和大于第三边之等分，点连结之则 AL、LM、MN、NC 四线段之和大于 BC，由是推之，至于无穷回数之时似若可使其相等，故极限论又为一事，此即"寸寸而度之"之说也。

桼，木汁，可以髹物，象形。桼如水滴而下。桼部有髼字，桼也。从桼髹声（许由切）。而桼，水名也。后多以漆易之。段云："汉人多假桼为七字。"按今俗假之。然其来有自。

读王仲瞿《烟霞万古楼集》（二月舟中已阅大凡），真文中楚霸王也，虽不尽中律令，而勒马横槊，觱篥齐鸣，辽东婴婉无敢夜啼者矣。

集仅见粤雅堂丛书长沙[1]《类纂选》，亦未及霸者之民皞皞如也。张鸣珂《骈体正宗续编》最其四首（《隋萧愍后哀文》《报工侍吴先生书》《与兵侍周石芳先生书》《祭素香公文》），繁富铅华，未尽洒脱，而横肆磅礴得未曾有，满腔嗟贫伤遇之泪。三上侯门，车下之书，今此才不用，宰相之罪也，与此人同时，狗监之力也。

其最雄特之文，当推《谷城西楚霸王墓碑》《蟂矶孙夫人庙碑》二首。《王碑》曰："惟王廞马祥车（廞，陈舆服于庭也。读若歆。许今切），月矢日弓。临汝江阳之战，吴兴厅事之中。一牛酾血，百骑腾风。王何神于苏侯蒋帝，而不神于萧琛孔恭。臣知王魂安下山，死羞鲁公也。铭曰：三百里海南之墓，周一亩大王之坟。"《夫人碑》云："夫自古处女争桑，尚开边衅，焉有吕姜断髻，不启邻仇。在夫人埋璧情深，履薪怨小，谋桑不霸，就木徒甘。渐台水没，万里江长；杞国城崩，千年蜀破；娥皇无子，尧母无夫，伊可痛也。呜乎，白狐九尾，开山启母之魂；暴雨飘风，杜宇鹃禽之血。读华门宫门发表，吴太情深。恶法正盗国奸宗，蜀无人理。某窃笑君王巾帼，女子英雄。手陈承祚残书两册，牝后有名；悲裴松之补注千条，夫人无传。此天难补，断女娲神化之肠。是文若传，挂吴国宫门之眼，宜乎勾吴。"钱泳曰："斗牛之光，芒角四起，河海之水，从横万里。似战国策，亦韩非子，二千年来无此才矣。"然《夫人墓碑铭》至摭及虫，八蜀腹横目苟，身虽见陈书，终嫌杜撰耳。

其《烟霞万古楼结集自序》及《虎邱山穸室志》皆作于四十五岁时，彦和序志，宏景告逝，吊不俟青蝇之客，死自留斑豹之皮，剧可哀已。《自序》云："呜乎，未为伧父，已笑衙官。才读离骚，便称名士。刘季绪才非一世，遍能诽毁文章，徐孝穆一代传人，未尝讥轲作者。留达生二十四首文人之集，娱我余年。传枚皋数十篇必不可读之文，自伤媒诋。”《穸室志》尤极使事之能，良士左思溷上，岁岁三篇；袁虎马前，年年七纸（《与周石芳先生书》）。但不知炉火青时，陈言去后，又添几许也。

【注释】

①长沙：指王先谦。

1936年5月26日

《匑厂文稿》六卷，今人闽县黄孝纾頵士之作。假自姚氏学苑，未得上册，此册为记铭碑诔之属。祖祢魏齐息胎郦郭，缀词敷采回出恒流。榆生[1]之言不妄，叹也。所《与冯梦华中丞书》中一段，具见指归，可雒诵也。“若夫广丽制之规，绎文言之义，千金享帚，谓有其人，则又目营兔园之册耳。习阐蝇之音，金针单慧，误迦陵之谰，言绣裙诸于溺，随园之伪体，凡诸骪骳，曾何足云。纾家有赐书，少闻庭诰，治经之暇，窃好斯文，尝以六朝人士祖尚玄学，吐属清拔，高在神境，譬夫车子，啭喉有声，外不尽之悟，湘灵鼓瑟，得曲终无人之妙。以才雄者类物赋形，以情胜者言哀已叹。潘陆联镳于典午，江鲍骖靳于萧齐。道元注经，山水方滋；蔚宗史才论赞独绝。曹思王之诔碑，吴季重之笺奏。庾信多萧瑟之思，刘峻得隽上之致。各颛一体，并有千秋，求之昭代，容甫北江雅称复古，平生证向略罄斯言”云云。口之于味，固有同耆，而心所谓危，靡不以告者矣。

【注释】

①榆生：指龙榆生。曾任暨南大学、中山大学、中央大学、上海音乐学院教授。

1936年5月28日

孙奕《示儿编》二十三卷，不负方闻多识之称。末六卷为《字说》，卷十八《画讹声讹》，卷十九《字异义同，字同义异》，卷二十《字同义异（下），字异音同，字同音异》，卷二十一至二十三《集字》，今存鲍氏《知不足斋丛书》中，末有卢文弨《跋》（文并见《抱经堂文集》），谓此书辨书之形声，实可益于初学，余亦以资闻见，又为之乙改涂注，视向之舛误者可十去其八九，幸筋力尚强，故能勉而为此。

按绍弓卒于乾隆乙卯十一月二十八日，年七十有五，此《跋》自署乾隆乙卯中元后一日，则几为绝笔矣。据鲍《跋》又经孙志祖、徐鲲、钱馥、顾涧苹辈反复勘定（且书中间附辨正之语），不知何以尚遗如许漏义也。

卷十八《画讹》条下云：“效、傚皆从文，而俗从力。按作効固非，而《说文》无‘傚’字，《小雅》‘君子是则是傚’‘民胥傚矣’，《昭公七年六年左传》皆引作效也。”

“乿臣十人”之乿。乿从𠬸从乚。正音治。而俗从亂，乃音亂。按治本水名，平读。《毛氏韵增》云：“修治字借为去声。”《集韵》云：“治，古作乿（各《说文》本未收）。”而许君亂下本云：“治也。从乙。乙，治之也。”从𤔔假借乃为敽耳。《皋谟》：“亂而敬。”《盘庚》：“兹予有亂政同位。”《乐记》：“复亂以饬归，治亂以相左。”皆作治理之义，不惟“亂臣十人”一语而已，仅据“治”字古文，将以尽改经典乎。

壻、圻皆从土。而俗上从女下从手，按壻从士不从土。婿、壻或从女，不得谓为俗体。又从土之圻，本垠之或体。从手之折，本应从㪿为㪿，不知所云。

《左传》“忨岁愒日”之忨，五官切，从心。而俗从習。按忨下云：“贪也。”引《春秋传》曰：“忨岁而濊日。”各家并云：“翫、玩、忨，音义通也。”

又列声同画异者十余则如：

况、况并音贶。注云：“上矧也，下寒冰。”按《说文》无“况”字。况，寒水也。假为词之况。而况为后出字。

泮、泮并音判。注云：“上泮宫，下冰释。”按《说文》无泮字。泮，为诸侯飨射之宫，假为解冻之泮。《诗》：“迨冰未泮。”仍作泮。俗乃有作泮者。

祛、袪并音墟。注云：“上衣袂下攘却。”按古无从示之祛，段云始于《集韵》。唐石经：“以车袪。”袪从衣不误。

昏、昬并音婚。注云：“上暝也下目暗。”（广圻按：“昬常作昬字。”见《集韵·二十三魂类篇·目部》）按《广韵》《康熙字典》未收。昏原从民。

附：諡，行之迹也。从言、兮，皿声。溢，笑貌。从言益声。段谓仅有谥字，谥后人妄改，卢文弨是之。

夜复观集字诸卷，略遍多集录各家之说，而未加以排比，故重复不醇，宋人小学不修，得此已同球壁，卢氏诸贤遂不胜其爱护之勤耳。

1936 年 5 月 30 日

夜诵匑厂诸赋，泠然善也，邻无笛声，野有犬吠，录其《寒析赋》一首：

深巷数曲，荒邨几家，月如烟淡，霜有冰华，短篱眠犬，古木栖鸦。长夜将半，疏星零乱，灯闭孤帏，烛灺虚馆。搅衣衾而眠迟，拨茗铫而烟散，侧听心惊，凄然肠断，始则巷南巷北，一更二更，霜街如拭，严扉自扃。风折绵而有力，冰割履而作声。长安市上岁莫，夔府城中月明。既而河转星躔，参横林表，宵长逾静，寒浓更峭。漏将沈而未沈，天将晓而未晓。隔邻之鸡雊惊乌，深巷之犬声如豹。爰乃鱿户催愁，鸳帏破梦，烬剔缸花，香残钗凤，蹙眉茧而双颦，撼心舂而一痛。带窄犹宽，衾寒谁共，况复关河行役，江海浮踪，家遥万里，山叠千重，催来谯鼓，杂入寒钟。今夜疏星澹月，昨宵苦雨凄风，莫不荡气回肠，泪流如雨。怨遥夜之无情，惊流年之欲莫。乱曰：欹枕不成眠，收啼背华烛。析声未渠央，击碎依心曲。愁渺渺兮经年，夜复夜兮何堪。玉绳低偃银汉栏干，金鸡一鸣天下曙，杲杲红日桑树巅。（玉绳星名在玉衡之北）

此未为黄文（闽县黄孝纾頵士）之至，其最称于时为《哀时命赋》，用汉严忌篇名，趁兰成《哀江南赋》原韵，事有伤心时也。丽句玮词所得多矣。

如云：人为藏窟之逡（㕙，狡兔。从兔夋声。新附即逡之俗字。七旬切），士半乘轩之鹤。十二年中，辇毂五战。日空返于挥戈，军难销于挥扇。哀此道否，孰为祸始。虽党人之不竞，亦乱階之自起。始则铸错一时，终则流毒万祀。奉侏离为功令，侈游谈于学子。吃诟[①]以多力遗珠，浑混以凿窍而死。杞倸不耻于用夷，朝错幸逃于朝市。

末云“欲援雍门之琴，何处燕台之市。误我儒生，伊谁国士，长言当哭，属辞代史。岂直感哀时命，独有西汉严生。盖亦萧瑟，文章窃拟，江南庾子，凌晨孤雏，长夜凄箫，叔季之音哀以思，胡为而在吾则也。”

它如《近知词序》之“到门尽长者之车，置驿悉高流之侣。造公差之座，有书千卷，读子敬之文，其才一石。既悟攸之穷达之旨，弥适仲郢名教之娱。吴游片羽，序之朱鸟。异代吊碧，葬之国殇。玄鹤荒江，咽黄垆之哀笛。冒鹤亭诗，序之秋风。击筑萧骚，变徵之声，斗室弹棋，坎壈不平之局。”

《邻谷草庐图序》之“若夫歌考槃之诗，执天山之篮。耦耕终年，隐曜没齿，庚桑畏垒，拥肿与居，屈毂坚瓠，蓬累而处。斯则古人所谓贤者不得志之为，处士乃谤国之谓，匪我思存，为君不取。脂车在路，敬援孔门赠处之辞，荒翰临歧，窃附张华励志之义。”

《强邨校词图序》之：青蒲一疏，空草罪言，皀帽十年，寖成流旧。

《纯飞馆填词图序》之：幼安皀帽，苦值流离，思肖铁函，不无悲愤。

《赠梁饮侯左丞序》（代）之：珪组可却，难锱介休之衣，釜甑可尘，不乞胡奴之米。伊川被发之叹，竟以躬逢，越石绕指之柔，不无气短。川途可涉，不越南海之滨，星宿区分，俱属牵牛之野。或者攜济胜之具，为人外之游。蕉丹荔碧二老偕来，桐帽棕鞋一身足了。

诸联空灵咏叹，梁有余音，叔世当无二手矣，因挦撦数语而还之，借书本一瓻也。

【注释】

①吃诟：古代传说中的大力士。

1936年6月1日

校完《贾谊传》。

“河南守吴公闻其秀材，召置门下（页一上）。”公，其名也。《蒯通传》：“通说范阳令徐公。”公，亦名也，如刘季项伯吴叔文叔之例。

“秀”字是《汉书》中之廑存者，它皆避光武讳改为茂，秀材遂为茂才。

“抱哺其子，与公併倨（页九上）。”颜注：“以舅释公。”可知妇称君舅为公，其来已旧。

《吕览·异用篇》：“子之公不有恙乎？”以祖为公，今俗仍之。然其遗风余俗犹尚未改（页十上）。“魏其田韩传赞”尚犹颇有存者。王氏释词犹尚（卷一）。尚犹也（卷九）。此连用之。

“逐利不耳，虑非顾行也。”颜注：“作念虑解。”《补注》引刘攽曰：“虑，大率也，近是。”

“及秦而不然。其俗固非贵辞让也，所上者告讦也；固非贵礼义也，所上者刑罚也。”按：“上，尚也，与贵字对衬。”

“若此诸王，虽名为臣，实皆有布衣昆弟之心，虑亡不帝制而天子自为者（页六上）。”颜注：“即云虑大计也。”与“虑非顾行也”之虑同义。

1936年6月2日

王莽一传亘三卷，前读之而未尽也。

市，本云韠也，重文韍，俗作绂。经传借黻，或借芾为之。《仓颉篇》曰：“绂，绶也。”《莽传》叠见。“愿独受母号，还安、临印韨（九十九上页十四）。”“太后诏曰：‘可。韍如相国（页十五上）。”师古曰：“韍，亦谓组也。”按米芾字元章，其印章多假黻字为之。

传中言董贤字多作“董”。段云：“古童重通用。”然据“千里草何青青”之谣，东汉时“董”已作“董”。《六经正讹》董下云：“又姓，别作董。”字典非之，非也。

传中言“三七”者三见，“遇汉十二世三七之阸（九十七卷上二十七页上）。”“深惟汉氏三七之阸（卷中页五）。”“德祥发于汉三七九世之后（卷中页七）。”前二句无注，后一句引苏林注曰：“二百一十岁，九天子也。”《王氏补注》引何焯说，曰：“孝惠孝文为一世，哀平为一世。苏注谓九天子非也。”际遇按：“三七指哀、平、孺子婴三少主，九世指高、惠、文、景、武、昭、宣、元、成九君。苏注未得三七之说。何注又非其所是。”据王祎《洛书辨》：“三为少阳之位，七为少阳之数。故三与七对。”莽奏诏皆以指三少主，故有“受孺子之托，赤德气尽”诸语，并九君而言之为十二世，析言之为九世耳。

“赤德气尽”与“黄德当兴”语，相应即火德销尽土德当代，意火赤而土黄也。“赤气出东南，竟天。”按竟、亘，音义并近。亘为搄之古文。下云竟也，《方言》：“秦晋或曰搄或曰竟，声相近，通用也。”

1936年6月5日

《缘督庐日记钞》十六卷，长洲叶昌炽著（癸酉上海蟫隐庐印）。始同治庚午闰十月十三日，纥笔丁巳（民国六年）九月十五日，即鞠裳侍讲易箦前七日，前后四十八年（殁年六十九岁），间偶有间断，则撮其大事书之，亦属完整之记。惟遗命戒勿以全稿示人，其邑人王季烈撮录而成，谓约得原稿十之四，盖取《庄子》：“缘督以为经。”（《养生主篇》郭注：“顺中以为常也。督，中也。”）披阅之下，摘其可相印证者如干则：

钱警石先生教人读书法，以治《困学纪闻》。张孝达[1]劝人读《四库提要》。予之教小子，常令先看家书日记，告友朋则《困学纪闻》《越缦日记》也。

读《述学》云：“削肤存液。孙、洪非其劲敌，况余子乎。”真能见其深处。

古直[2]《汪容甫文笺》，辑王怀祖、刘台拱、王伯申、阮芸台、包慎伯、李审言，章太炎诸老之言以为叙录，予之推崇汪文微旨，已为此四言道尽。

读《烟霞万古楼文集》云："气格甚卑，不过明人打油腔。"又与予前记暗合，私幸私见之不诬。

【注释】

①张孝达：指张之洞。

②古直：字公愚，号层冰。曾任中山大学文学院中国语文学系主任、教授。

1936 年 6 月 9 日

许君云："同条牵属，共理相贯，任举一部，可反三隅也。"即以疒部言之（女戹切），凡疒之属，皆从疒文一百二（今增㾓，为百三）。重七自疾至瘁二十文，统言之皆病也。病起于身体而莫先于头，故受之以[illegible]。痟、疕、瘍，皆头病也。瘁蒙之头部莫先于目，故受之以瘍。瘍，目病也。次为口，故受之以㾷、瘍、疾、瘖。次为颈，故受之以瘿、瘘。血为养身之源，故受之以疢、瘀。胃为养身之府，故受之以疝、疛、㾓。脊为身之干，故受之以[illegible]（俛病也）、痀（曲脊也）。气所以运也，故受之以瘚、痵、痱。类系之为瘤、痤、疽、癧、癰等，而及尻部，故受之以痔、痳。次足部，故受之以痿、痹、𤸇、瘃、痛、瘇、㿂。其他诸杂病，则总附之自疻至瘛，二十五是也。由人而及于物，故受之以痑（马病也）、㿍（马胫伤也）。而以痼（久病也）总结诸病。病不可不治之也，故受之以𤻲（治也）、療。有治之而反受其害者，故受之以瘌、癆。与病相反之义，例隶篇末，故终之以瘥、[illegible]、瘉、瘳。又癡（不慧也）无所属，故以殿焉。

百余文舍部首为象形字外，无一非形声字。（吴锦章《六书总论》云："疒部百二文，自疴、瘣以下九十余字，皆受疾病之意为其转注，而说解不云从疾病省，而仍云从疾某声者。则以建首之文为疒，而疾病字从疒形配声。故只云从疒，不云从疾省，从病省也。此与酉部各字从酒受意而云从酉者为一例"）

1936 年 6 月 10 日

李申耆[①]《骈体文钞》。《湘乡日记》《南皮答问》（与姚选及张氏《七十家赋钞》并称古雅有法），并致微词。越缦、缘督[②]亦相引重。沾溉所被，人有其书，中华书局《四部备要》用谭校本，不其山下亦屡假诸大学与所得通行本校读之，中有李评谭注，一向鄙夷储（同人）、林（西仲）辈，横批竖抹，锢习太深。自以为文章之道当出乎好学深思，心自得之，乃日西方莫，久之而无所得，尝闻之矣，诵千赋则自得之，然徒诵不足以为学，口诵之勤尤难课，于盛年以后，总思求前人之心得，有播为口说者，资予炳烛，免其扪槃，龙子榆生以意逆而知之，隆暑叩门，笼一书至曰："读此可以上溯古人矣。"倒屣拜而受之，则数见不一见之物也。然雅意可挹，每夕倚栏专就李谭两家评语，冥悟默追，在后在前，瞻之忽焉。其无所进亦终吾身，其有所进皆友朋提挈之赐也。爰作斯记以观后效。

【注释】

①李申耆：指李兆洛。

②缘督：指叶昌炽。

1936年6月11日

《骈体文钞》李氏自序录，分为上中下三篇，庙堂奏进之作，指事述意之作，缘情托兴之作，则亦本四诗风雅颂之遗意也。披文相质典论，达旨言提，其要必钩其玄，谭氏复堂雅嗜此选，修途于役，恒在几席，寝馈之言，回殊耳食，既许李评，多精到语，予读谭注，时获金针，亦文章之机杼无多让矣。如评陆士衡[1]连珠云："熟读深思，文章扃奥尽辟。"评庾子山连珠云："与《哀江南赋》相表里。"又云："文字之用，不外事理，骈骊辞夸，不能尽理之精微事之曲折，乃为谈古文者所鄙夷，承学先习陆、庾，连珠沉思密藻，析理述事充之，海河所滞，庶有达者，识予卮言"云云。卓然知言之选。《书王子渊〈僮约〉后》云："不能有二，后世亦未见有写仿之者，间有用其句法。"按李悉伯《答仆诮文》："实以此滥觞，或复堂并时未及见之。"

【注释】

①陆士衡：指陆机。

1936年6月13日

完，全也，从宀元声，胡官切。吴人读胡如吴，因读完如王，读皇（胡光切）亦如王也。以完为声者，莞，胡官切。今转侧声读如婉。浣，胡玩切。如之燕粤读胡字，属晓纽喉音本不误，而读完字则多误，因间有不误读者，乃启予疏记之。

又以完为声，如筦（古满切）、梡（苦管切），见纽，晓纽本互通转，今粤音开门之开、孙科之科皆喉音，不读齿音可证。此类更难更仆也。

1936年6月20日

《名儒尺牍》二册，出大达公司版选，而乙之者南汇朱太忙。如北江文"日在西隅，始展黄君仲则殡于运城西寺"一句，竟于运字断之。又所以自名者如此，可不具论矣。惟以所录皆无愧于作者，中复有未经见之什，故略为诠次之：

顾亭林（炎武，《亭林文集》）、洪稚存（亮吉，《北江集》）、杨蓉裳（芳灿，无锡人，乾隆拔贡，骈文惊才绝艳，世谓盈川复生，有《吟翠轩初稿》）、陈其年（维崧，《陈检讨集》），尤西堂（侗，《鹤栖堂文集》）、刘芙初（嗣绾，《尚䌹堂集》）、李申耆（兆洛，《养一斋集》）、吴谷人（锡麒，《有正味斋集》）、管异之（同，《因寄轩诗文集》）、梅伯言（曾亮，《柏枧山房文集》）、芙蓉山馆诗友（信札如干通，杨氏兄弟）、王省叔（诒寿，《缦雅堂集》）、朱鼎甫（一新，著《无雅堂答问》《汉书管见》《佩弦斋诗文集》，号蓉生，光绪进士）、恽子居（敬，《大云山房文集》）、张廉卿（裕钊，《濂亭文集》）、孙啸山（未详）。以年序之、鼎甫应殿后，其所据本更无详文，命名亦未尽妥，儒林文苑，汉已分途，书启牍笺，未可一例，只以诸家著集，行箧不完，综录成书，弥致尚友之爱耳。

亭林一卷具见《亭林文集》中，王选冣其二首，侪诸《骈文类纂》中，词雅而味醰，远非余子可及。亭林不但不言骈文，而且不愿为文人，其与人书有云："君子之为学，以明道也，以救世也。徒以诗文而已，所谓雕虫篆刻，亦可益哉！"《与朱长孺书》云："吾辈所恃，在自家本领足以垂之后代，不必傍人篱落，亦不屑与人争名。"弟三十年来并无一字流传人间。《答李子澜书》云："君子所求者，没世之名，今人所求者，当世之名。没则已焉，其所求者，正君子之所疾也。"盖无一非立言之选矣。

1936 年 6 月 23 日

读《晋书·隐逸传》一卷，书系家藏全史之一，用仿汲古阁毛本，而毛本系仿宋刻者，如书中"恒"字作"怕"，避宋真宗讳可证。

《夏统传》："或至海边，拘蠊蜮以资养。"按蠊，海虫也。长寸而白，可食。从虫兼声。读若嗛。或即蚶字。今潮州方言曰："德含切。音如贪也。"

《越类篇》："蟚蜮似蟹而小。"今方言曰"蟚蜞。"卷中《陶潜传》文二首，自高千古，它文乃不相称，尤以鲁褒《钱神论》为下，文体颓敝，百年之间遂至于此乎。

"钱曰孔兄，去丧曰从吉。"于此卷始见之。

《郭文传》："颓然踑踞，傍若无人。"踑，《集韵》与曩同。曩，长踞也，读若杞。

《任旭传》"隐学"一语殊新。

刘輴字长鱼。按鲕，鱼子也。段注："鱼子则成细鱼矣，故字曰长鱼。"

1936 年 6 月 24 日

点《晋书·文苑传》，桓字亦以避真宗讳，恒省末笔为恒（《庾阐传》），亘（音宣），互（音沪），亙（音竟）三字，可见宋人亦鲜辨之，故混桓与恒之偏旁，而并缺其末笔也。

1936 年 6 月 25 日

《滹南遗老集》四十五卷（据《畿辅丛书》本），金稿成王若虚著，其中辩经者、辩史者、辩文者各亘十余卷，固宜为读书解题之助也。然读尽数卷，不知其何以支离破碎若此，洎终卷而得其本意曰："扬雄之经、宋祁之史、江西诸子之诗皆斯文之蠹也。散文至宋人始是真文字，诗则反是矣。"其识见如是无惑乎？予之几不克终读其书也。

卷首王鹗叙文"尤不喜四六"一语，最能括举其僻。于是凡经传史汉中古语古诂之稍异者，毛举之而笔削之，如塾师之改文。然尤于子长深致抨击，谓“司马迁之法最踈，开卷令人不乐，大类丧心者语”。

又如举“后汉张升事起，去官归乡里，与友人相抱而泣，陈留老父见而谓曰：‘网罗张天，去将安所？’朱泚败走失道，问野人，答曰：‘天网恢恢，逃将安所？’二所字不成语，谓之往可也。”按“所”，本义固为“伐木声”也。假借为处字也。若王所、行在所之类是也（段注）。《广雅释诂》：“二所居也。”书君子所其无逸，不明古义，肆意改经，人之易其言也。衣冠南度，而后北士贫窳，即此可见其论四六尤不足辩。

1936 年 6 月 27 日

治《说文》。书田不治，日就慌矣，爰摭古言之浙湮者，比而存之（余详邓廷桢《双砚斋笔记·诂林补遗》二一五页）：

苷，甘艸。甘，甘苦。

蘱，草茂。暘，不生。

嘫，应声。然，火爇。

歱，足跟。踵，追逐。徸，相迹。

徦，行至、至也，徦于上下。假，非真。

跀，断足。刖，断绝。

䆫，门户疏窗。疋，疏通。

彣，文章。文，错画。

俌，辅助。酺，颊也。辅，车辅。

優，優饶，俳優。瀀，瀀渥。

衛，将帅。達，先道。帅，佩巾。率，率循。

敓，强取。夺，失去。

攱，敷施。施，旗旖施。

凥，居处。居，蹲踞。

殠，腐气。臭，臭味。

挌，枝挌，《小园赋》枝格相交。垎，《扞格学记》扞格而不胜。挌，格斗。格，格至。

篸，参差。椮，同。曑，参商参两。

厽，叠土。絫，增益。

嫥，专一。叀，六寸簿及纺专，今俗甎字。

聿，津津乐道。盡，津液。津，津梁。

簙，局戏。博，大。

寋，窒塞。搴，充实。塞，隔塞。

猒，厭饫，厭增。懕，安静，《说文》引《诗》懕懕夜饮。厭，追迫。

貣，从人求物。貸，以物施人。

賨，行贾。商，从外知外内。
農，房星。晨，昧爽。
稘，匝年。期，期会。
敚，微眇。微，隐行。溦，小雨。
穅，饥荒。巟，水广。荒，荒芜。
椒，分散。散，杂肉。
耑，物初生之题。褍，衣正幅。端，正直。
竈，亲至。親，仁亲。
宭，群居。群，群辈。
瘺，偏枯。偏，偏颇。
倬，箸大，倬彼云汉，传。倬，大也。菿，艸大，韩诗：菿彼甫田。菿，大也。
斻，方舟。航，舟。
飤或飼，以食食物。餗，以谷饲马。秣，秣养。
祏，百二十斤。石，四钧。
瓮，凉薄。涼，薄寒薄酒。
瘇，胫气膧。腫，疡癰。
顇，憔悴。悴，忧伤。瘁，劳瘁。萃，萃聚。
瘚，厥逆。厥，发石，今训其。
竢，竢时。俟，大也，《诗》曰：伾伾俟俟。床史切。
勹，包裹。包，怀妊。胞，胎衣。
嵞，会稽山。塗，当涂。
廇，中庭。霤，屋水流暨室中央。
糜，糜烂，古作爤。糜，煮米。
雧，或体集。
熩，焦也，今北语如此。糟，酒滓。
恉，意旨。旨，甘旨。
悳，内得于己外得于人。德，升登。
悈，戒饬。戒，警备。
愻，逊顺。遜，逊遁。
裹，怀藏。懷，念思。
炁，惠爱。爱，行貌。
懝，懝騃。癡，不慧。
忨，偷贪。翫，习厌。
愓，忧伤。傷，创伤。
昷，温凉。温，水名。
罙，深浅。深，水名。
婬嬚，今作淫滥。

淜，无舟渡河。冯，马行疾。
砯濿，履石渡水。厲，厉石。
休，溺没。溺，水名。
溼，幽溼。濕，水名。
霝，雨落。零，徐雨。
霩，雨落。落，艸木零落。
㲻，霑染。染，以缯染为色。
擩，濡染。濡，霑濡。
鮏，鱼臭。胜，犬膏臭。腥。
邍，原隰。厵，水本。
愒，休息。歇，鼻息。
烕，火尽。滅，水尽。
臸，至到。至，鸟从高飞至下地。
闢，门向。向，北牖。
闟，门关下牡。龠，乐之竹管。籥，书僮竹笘。
闒，妄入宫庭掖。门阑。
巸，广巸，古文作戺。
攘，抠衣。褰，绔襦。
揗，抚摩。循，率循。
摜遺，习惯。貫，钱贝。
捝，解脱。脱，肉消。
匊，周帀。周，周密。
瞜，燕婉，又作嬿燕。
嫛，说乐。熙，火燥。
媅，喜乐。耽，耳木垂。湛，湛没。
嬻，媟嬻。瀆，沟渎。
僄嫖，轻迅。熛，火飞。
孃，扰攘。攘，敓攘。
戜，杀伐。戡，刺杀。
匧，侧陋。陋，狭隘。
繛，宽绰，绰或体。
蝨，或体蚤。
蠠，或体蜜。
緟，重复。重，厚重。
颲颲，风雨暴疾。溧冽。
鼅鼄，或作蜘蛛。
尌，树立。樹，植木。

鼘，鼓声。淵，回水。
鼞，鼓声。鏜，钟声。
豒，爵之次弟。秩，积聚。
圪，墙高。仡，勇壮。
傷，慢易，轻易，交易。易，蜥蜴，难易，变易。
墶，《西都赋》缭以周墙。繚本字。缭，缠绕。
坌，埽除。糞，弃除。拚，喜乐。
墣，《左传》传于堞杜汝女墙也。墣，堞古今字。又作堞。
坿，附益。附，培娄《说文》小土山也，引《左传》附娄无松柏。
垔，陻塞，或作陻，今作陻。
�童，阴尘起。曀，阴而风。
烝，艸木华叶下垂。垂，远边。陲，危。
畕，畜犍。畜，田畜。
勑，劳来。來，来辫。
劦，同力。協，同心。協，同众。
龤，乐和。谐，谐詥。
锽，《说文》引《诗》钟鼓锽锽。喤，《说文》引《诗》其泣喤喤。
轈，兵车高如巢以望敌。巢。
隓，城阜败。小篆作墮，变隶作堕。
隫，山阜倾仄。倾，倾仄。顷，头不正。
嬴，裸裎，或裸倮。
豄，通沟以防水。篆作隫，瀆，沟渎。
勼，鸠聚。鸠，鸟名。
刌，分寸为度。寸。
欭，铨解之词。遹，回避。
聿，所以书。
曩，长踞，史传作箕踞。箕，簸器。
屰，不顺。逆，相迎。
莤，缩酒沃酒。缩，赢缩。
鍼，有文章。㓕，水流。
㝱，梦寐。夢，不明。
遬，泣下。漣，大波。
墫，合舞。蹲，蹲踞。
㦬，牛柔谨，擾，烦扰。
嘑，呼号。評，呼召。
趩，《说文》引《论语》趋进趩如也。翼。
迻，迁徙。移，禾相倚。

徕，行平易。痍，伤。夷，东方之人。
誁，语惭，其言之不怍当如此。怍，心惭。
詍呭，多言。泄，水名。
諮，謎諮。沓，语。
讄，絫功德以求福。诔，诔词。
瀞，无垢薉也。净，鲁北城门池也。
盉，调味。龢，乐和。咊，和乐。
叉，手足甲。爪，覆手。
卟，以卜问疑。稽，留止。
智，知识，又作知。
翱，鸟翼。革，兽皮。
烖，天火，或作灾。巛，灾害。菑，菑畬。
朕，从凌，或作凌。
婐，女侍，《说文》引《孟子》二女婐。今作果。果，木实。
隶，逮及，俗作迨。
祰，告祭。告，诰言。
莓，艸莓。每，艸盛上出。
退，毁坏。毁败。
斁，既事。毕，田猎之网。
逑，逾越。越，度越。
謍，小声。營，匝居。
鬝，发多。绸，绸缪。稠，禾多。
磒，石落。陨，从高而下。
尞，柴祭。燎獠，放火。
壹壼絪缊，阴阳和。又烟熅氤氲。
意，亿万。億，安乐。
敿，烦乱。亂，不治。
偭，面向。面，颜前。
傳，妊身。身。
臮，众与。暨，相与。
壬，善事。壬，位北方。
褯，小儿夜衣。裼，袒裼。
辬，斑驳，一作斑。

1936年6月30日

《二十五史补编》，开明书局本，预约五册二十金，今日收到二巨册，史学丛书可检而不可读，此其尤善者也。

计全书所收属于《史记》者八种，《汉书》二十八种，《后汉书》二十七种，《三国志》二十种，《晋书》四十五种，《宋书》九种，《南齐书》四种，《梁书》三种，《陈书》三种，《魏书》十二种，《北齐书》三种，《周书》三种，《隋书》七种，《南北史》七种，《两唐书》十四种，《两五代史》十六种，《宋史》七种，《辽史》九种，《金史》六种，《元史》五种，《宋辽金元四史》三种，《明史》六种，《附录》一种。除宋人一二种外，全属清人之作。史事逐代而衰，史学则至清而盛也。

《因树山馆日记》 第三册

（1936年7月5日—9月22日）

1936年7月5日

夜授《进学解》，读三遍而后上口，陈言务去，文从字顺，古训是式，英含华咀。昌黎信豪杰之士矣，以比汉贤，去天犹三尺耳。锐意追之，蹊迹宛在，拜兹嘉惠，倍切仪心，乃检《五百家注本》参校之。据《年谱》，公成此文于元和七年，时四十七岁。据《唐书本传》云："再为国子博士，既才高数黜，官又下迁，乃作《进学解》以自喻。执政奇其才，改比部郎中、史馆修撰。元和八年三月二十三日也。"窃谓此文之有关古诂者，亦不多见俗本，"登崇俊良"，俊应作畯。"爬罗剔抉"，爬应作把。(《说文》无爬字。《后书・戴就传》："以大针刺指甲中，使之把土。"《文选・嵇叔夜与山巨源绝交书》："性复多虱，把搔无已。"字皆作把)。"竟死何裨"，应依《广韵》读裨为平声。"欂栌侏儒"，《说文》："欂，壁柱也。"(《广韵・麦韵》作欂。《铎韵》作欂)。"櫨，柱上附也。"侏儒或作株檽，梁上短柱也。《礼》："棁画侏儒。"（朱氏《辞通》失收此义）"椳闑扂楔"，扂，《广韵》徒玷切（仿宋本作亭砧切。砧，玷之误），《集韵》："户牡也。"或作扉。

1936年7月8日

阅《五百家音注韩文外集》。李汉公婿也，自称门人，而称公为先生，所为《公文集序》云："长庆四年冬，先生殁，门人李汉，辱知最厚且亲，遂收拾遗文，无所坠失，得如干首。"今外集著录者《顺宗实录》五卷外，尚有五卷文如干首，《潮州请置乡校牒》及《答刘秀才论史书》二首并传于时，其他半属少作，尽有未能充实光大之处，而气势已具，不掩公文之磅礴也。

其《答刘秀才书》云："孔子圣人作《春秋》，辱于鲁卫陈宋齐楚，卒不遇而死；齐太史氏兄弟几尽；左丘明纪春秋时事以失明；司马迁作《史记》刑诛；班固瘐死（瘐音愈）；陈寿起又废，卒亦无所至；王隐谤退死家；习凿齿无一足；崔浩、范晔亦族诛（浩字伯渊，后魏人，著《国书》三十卷。太武帝太平真君十一年，以罪夷其族）；魏收夭绝；宋孝王诛死；足下所称吴兢，亦不闻身贵而后有闻也。"所论史官之不利如此。

1936年7月11日

吴荷屋《吾学录》丧礼条下载："丧服总图、本宗九族五服正服之图、妻为夫族服图、妾为家长族服之图、出嫁女为本宗降服之图、外亲服图、妻亲服图、三父八母服图。"内如列舅甥互为总服等。此八图会典、通礼皆未载，荷屋中丞盖据《大清律例》例文绘之为图耳。例文本诸《通礼》，于缌麻三月条下云："为妻之父母，为女之夫，女之子若女，为女之子为人后者。"吴氏云："为妻之父母，为女之夫，女之子古今同。为女之女，唐增为女之子为人后者。今增所云今者清例也。"因有人问婿缌麻事，故举以告之《礼》云。《礼》云："能无及今不云之叹哉。"

1936年7月12日

《说文》："𧕎，以旁鸣者。"旁，古膀字也。《正义》云："蝉，鸣在胁。"小子辈述今博物家言："雄蝉胸腹部间有鳞板状物一对，为发声器。雌则无之。"童时好捕蝉，所见实如此，然则緌也。《檀弓》："范则冠而蝉有緌。"《注》谓："蜩喙长，在腹下。"潮方言仍称为緌。

單，大也。从吅𠦪。吅亦声。𠦪非字，故云阙（以前屡写作單，所失多矣）。吅亦整齐之，而然许君之说未谛。

1936年7月14日

晚膳汲水沁麦酒谋兼味，于市厨得水鸡焉，清脆芬烈，夏令上乘食品也。北人呼为田鸡，字作蛙。《说文》只有圭字，而训蚤也。又鼃，虽虾蟆属，而《汉书・武帝纪》："元鼎五年，鼃、虾蟆斗。"自古有别，于俗亦然，字又或作蟈，以其声名之也。北人少以为食品，南人酷嗜之。

1936年7月18日

莼客论清代崇祀之典："自康熙五十四年，以宋臣范仲淹从祀文庙。雍正二年以县亶、牧皮、乐正子、公都子、万章、公孙丑，汉诸葛亮、宋尹焞、魏了翁、黄干、陈淳、何基、王柏元、赵复、金履祥、许谦、陈澔，明罗钦顺、蔡清，本朝陆陇其二十人从祀。其戴圣、何休、郑众、卢植、服虔、范甯六人皆系明嘉靖时张孚敬议去者，陆贽、郑、卢、伏、范各祀于其乡。戴、何诸人悉罢绌。韩琦八人礼部皆议从祀，奉旨戴圣、何休未为纯儒，郑众、卢植、服虔、范甯谨守一家言转相传述，视郑康成之淳质深通似乎有间，至陆贽、韩琦勋业昭垂史策，自是千古名臣，著再议。"《越缦日记》一则（戊午十二月）。

1936 年 8 月 1 日

《江都汪氏丛书》十三种，号汪学者尽于是矣。卷首弁以容甫手书《唐书》二段，约六百文，开卷遇之，茂密安和，时雨满阶，褦襶裹足，对临一遍，便为儿曹口说之。

且谓完白山人篆分领里，胜清犹时被覃溪辈摭其不合六书之处，用相诋毁（见慎伯《完白山人传》）。后之人或以为过，自予观之，岂不然哉，其所篆书《西铭篆篇》，如"泰、奉"诸文同𡗗头者，率舛谬至甚，此无他，未彻六书之旨，但藉记诵，以饰操觚，洎临文时又懒检书，可以欺芸芸千百之夫，而不堪入硁硁笃好之目，世之缘窃时名者比比而是，非薄于完白也。

今日对容甫之书，低首无言，通人笔下，言之有物耳。而事乃有大谬不然者，如折篆作釿，犹曰或体然也（段氏已非之）。衰作衮，岑作奔，御作御，皆不合从冉从中从卩之本体。至书朕已悔之已为乁。臣幸得侍从之㚔为卒。徂为從，则直不通六书门户，而谓以有清硕儒为之乎，曲为之解曰"或出于少年之作欤"。所署末曰"戊午冬十月廿四日容甫汪中呵冻"，而容甫生五十一年之中，并无戊午，其生也乾隆甲子九年，其殁也乾隆甲寅五十九年，甲子前之戊午尚在其生前六年，甲寅后之戊午则又在殁后四年，事之必无，竟有如此非书时笔误，则原物为赝鼎断然无疑，重以偏旁之乖，更非其所自出矣，刻书者缘饰之术也。

1936 年 8 月 10 日

《释名·释形体篇》，喉部不及咽骨（都人曰各罗嗉），足部不及趾背。《说文》："跖，足下也。"《释亲属篇》云："祖，祚也。祚，物先也。又谓之王父王睢也。家中所归睢也。王母亦如此。"按刘氏熹以双声叠韵说解文字，不无解臣之词，终多强附之语，《尔雅》郭[1]注："加王者尊之。"与欧语 Grand father or mother 适合。加王为王父母，加大为大父母，以别于父母耳。又"姊，积也，犹日始出，积时多而明也。妹，昧也，犹日始入，历时少尚昧也。"迂曲甚矣。按耶、娘、姊、妹之称，皆小儿发音学语时最先最简之音，以之呼其所最亲者耳。

【注释】

①郭：指郭璞。

1936 年 8 月 11 日

闭口音，以珠江流域为最备，黄河流域之民则绝无，杨子江边下流亦然，湘赣则偶或有之，或以去珠江未远故欤。吾潮九邑以首邑海阳（今改潮安）为备，澄海则北连海阳之苏湾都有之，环城下外都又绝无焉，鸡犬相闻而自为风气如此。小子辈未闻何开何闭之道也，予最简一语驭之曰：平水韵平上去入，最后四韵皆闭口字，即：

侵覃盐咸　寝感琰豏　沁勘艳陷　缉合叶洽

段氏据《广韵》立《六书分类表》

第七部：二十一侵。四十七寝。五十二沁。二十六缉。

二十四盐。五十琰。　五十五艳。二十九叶。

二十五添。五十一忝。五十六㮇。三十怗。

第八部：二十二覃。四十八感。五十三勘。二十七合。

二十三谈。四十九敢。五十四阚。二十八盍。

二十六咸。五十二豏。五十七陷。三十一洽。

二十七衔。五十三槛。五十八鉴。三十二狎。

二十八严。五十四俨。五十九酽。三十三业。

二十九凡。五十五范。六十梵。三十四乏。

凡闭口音皆列在最后。诸均以今代语表之，所谓无例外者，然则不能谓为偶然适合之事。可知唐以前古音韵守此律令，迁流转变，其嫡传仍在魋结南服之民。潮人祖先大半移自福建，子子孙孙世袭勿替，其诸乐操土风不忘本者欤。

1936 年 8 月 12 日

今日堂前暴粟二十石，《说文》："柘，百二十斤也。"与今语一石一百十余斤合。段注："古多假石为柘。"今则久假之而不归矣。

1936 年 8 月 20 日

《丛书集成初编》第二期（三十包），凡五百有三种，册数八百。此亦最难风雨时之故人也，浏检至莫。

《菽园杂记》十五卷，明陆容撰（容字文量，太仓人），《明史·文苑传》称其博学，今观其书，不废谈谐，未免浅率自溺，于《说部》之体，不克自举，惟明代朝野故实，时可资考证耳，爰记足以相发者数则：

吴中讳"箸"为"快儿"，按今到处皆然，不知其来已旧，北人讳醯（俗曰醋）曰忌讳，其意可思。摺叠扇一名撒扇，作箑非箑，团扇也可以遮面，又谓之便面。鯑鱼字一作鮰，味美而子有毒，不减河鲀子，按《康熙字典》未收"鮰"字，杨子江产最美，此亦后出者欤，何不得正名也。

1936 年 8 月 22 日

柬（俗作拣。铉云："拣，本只作柬。"《说文》："从束八，八，柬之也"）别，《第二期丛书集成》六十四种百又九册，将携以行也。

《字通》一卷，宋李从周。（二五〇九〇六日记）
《说文补例》一卷，清张度（吴兴）。（二五〇九〇六日记）
《六书说》一卷，艮庭（元和）。（不盈一卷）
《说文解字索隐》一卷，张度。（即《六书易解》）
《六书转注录》十卷，洪亮吉（《自序》云八卷）。（二五〇九〇七日记）
《六书管见》三卷，清胡秉虔（织溪）。（二五〇九〇九日记）
《许印林遗著》一卷。
《春秋三传异文释》十二卷，李富孙。
《春秋四传异同辩》一卷，黄永年。
《古今事物考》八卷，明王三聘。（二五〇九一〇日记）
《询刍录》未详
《南越笔记》十六卷，李调元。
《南汉地理志》一卷，吴兰修。
《琼州杂事诗志》一卷，程秉创。
《岭南杂记》一卷，吴震方。
《罗江县志》十卷，李调元。
《圣门志》五卷，明吕元善。
《罗瑚野录》四卷，释晓莹。
《孝传》一卷，陶潜。
《古孝子传》一卷，茆泮林。
《广州人物传》二十四卷，黄佐。
《逸民传》二卷，明皇甫涍。
《贫士传》一卷，黄姬水。
《小隐书》一卷，敬虚子。
《帝王世纪》一卷，皇甫谧。
《路史》一卷，罗泌。
《晋文春秋》一卷，不详。
《楚史梼杌》一卷，不详。
《元中记》一卷，郭璞。
《续后汉书》四十二卷，萧常。
《续后汉书札记》一卷，郁松年。
《续后汉书》六十六卷，郝经。
《两汉博闻》十二卷，杨侃。
《读书敏求记》四卷，钱曾。
《知圣道斋读书跋》二卷，彭元瑞。
《经籍跋文》一卷，陈鳣。
《刊正九经三传沿革例》一卷，岳珂。
《竹汀先生日记钞》三卷。

《蠡勺编》四十卷，凌扬藻。

《游戏录》二卷，程景沂。

《辍耕录》三十卷，陶宗仪。

《菽园杂记》十五卷，明陆容。

《两山墨谈》十八卷，陈霆。

《吕锡侯笔记》一卷，明吕兆禧（据《盐邑志林》本廑五十则，其友珧士麟跋于万历辛卯。谓兆禧县诸生，庚寅年十八病疟死，是明士之能读书者）。

《遯翁随笔》二卷，祁骏佳。（翌日读记）

《义府》二卷，黄生。

《订伪杂录》十卷，胡鸣玉。（八月二十五日读记）

《勦说》四卷，李调元。

《识小编》二卷，董丰垣。

《礼记附记》六卷，翁方纲。

《狂夫之言》五卷，《太平清话》四卷，《辟寒部》四卷，《销夏部》四卷，《偃曝谈余》二卷，《珍珠船》四卷。

《读书镜》十卷，陈继儒。

《雨航杂录》二卷，冯时可。

《雕菰集》二十四卷，焦循。

《研经室集》一集十四卷，二集八卷，三集五卷，一集十一卷，清阮元著。（二五〇九一一日读记，二五〇九一四日又记）

《寒松堂诗集》

《渔洋山人秋柳诗笺》一卷。

《韩魏公集》二十卷，韩琦。

《南雷文定》十八卷，黄宗羲。（二五〇九一四日记）

《万善花室文稿》七卷，方履篯。

1936 年 8 月 25 日

《订讹杂录》十卷，青埔胡鸣玉述。鸣玉字廷佩，贡生，乾隆间举鸿博，未用。其书自题“订讹”，言必有据，不愧朴作，时治学之风已然也。自识于乾隆四年，治经之书从此辈出，此卷中不少众书俱论之条，以其时考之则可矣。

“数奇”音朔基。《汉·李广传》：“大将军阴受上指，以为李广数奇，毋令当单于，恐不得所欲。”师古：“音如此。”洪迈制词云：“李广数奇，应恨封侯之相；孟明一眚，终酬拜赐之师。”而王维诗：“卫青不败由天幸，李广无功因数奇。”则未遵《汉书》音义矣。

今之某啚，即古之某里。《日知录》云：“宋时《登科录》必书某县某乡某里人。”《萧山县志》曰：“改乡为都，改里为图，自元始。”今俗省图作啚，清末试卷尚如此（啚，啬也，与鄙同）。

《世说》：“谢仁祖谓蔡邕曰：‘卿读《尔雅》不熟，几为《劝学》死！’”刘孝标注：“《大戴礼·劝学篇》曰：‘蟹二螯八足，非蛇蟺之穴无所寄托者，用心躁也。’”坊本类书韵府并误作“勤学”。

《尔雅》：“小闺谓之阁。”史迁《答任安书》：“身为闺閤之臣。”《文翁传》：“使传教令，出入闺閤。”注：“内中小门也。”今以此二字颛属女子言，非，转作闺阁尤非。按閤、阁之辩，《日之录》已详。（即以闺阁指女子而言，可不必从门，但直书圭可矣，今尚有何门之可从也。）

《周礼》：“辨九拜之仪，一稽首、二顿首、三空首、四振动、五吉拜、六凶拜、七奇拜、八褒拜、九肃拜。”（注：“振动，以两手相击也。奇拜，一拜也。褒拜，再拜也。”）胡氏云：“平礼只是一拜，即人臣之于君亦止再拜。”《孟子》：“以君命将之，再拜稽首而受”是也。礼至末世而繁，自唐以下，即有四拜。《大明会典》：“四拜者，百官见东宫亲王之礼，见其父母亦行四拜礼。其余官长及亲戚朋友相见。止行两拜礼。”然则动书百拜，非礼也已。

骰，《广韵》度侯切。潮人读如投是也。白乐天诗：“碧筹攒米碗，红袖拂骰盘。”正作平读。《史记·蔡泽传》：“博者，或欲大投。”杨慎曰：“投即今骰子。”（胡氏用记忆不清语卷十：“此吴人俗语也，用笔一轻，遂流入而不自觉耳。亦是小病。”）

1936年8月27日

吴震方《岭南杂记》（龙威秘书本）有下一条：“潮之西北山有畲户者，男女椎髻，跣足而行，依山而处。出常挟弓矢，以射猎为生，矢傅毒药，中猛兽无不立毙。旧常设官以治之，曰畲官。”此据《广东通志》（卷三百三十《岭蛮传》）而言，畲者，輋之讹。輋字不见字书（《康熙字典》亦未收入，《词原》等始有之）。《通志》按语云：“輋，《元纪世祖本纪》作畲，或作畬，读如斜。”輋、畬皆俗字也。今澄海仅存輋歌之词，而輋遥不可见矣，或西北邻饶平山中尚存余种欤。

1936年9月6日

胡念修《纂文叙录汇编》一卷凡六首，皆津逮之言也。（《水经注》：“隐岩之中多石室焉，室中有积卷矣，而世士罕有津逮者”）尤以刘孟涂《论骈体书》、阮芸台《四六丛话后序》为翔实简要，思首举之以告学者，辅以孟涂《书文心雕龙后》一篇，不惟学文之法，即读书之道亦在于是。读竟一书，而提其要，钩其玄藻，以瑰词泽之，故诂清儒之所独步，吾党之最归心者舆。郭筠仙《十家四六文钞》一序，虽亦道出甘苦要未苦，王益吾《骈文类纂序目》之说破深处，所谓并有著书咸能自序者。

身体发肤受之父母，不敢毁伤。太平天国开科金陵，题为“蓄发檄”第一名，某警句云：“发肤受父母之遗，勿剪勿伐；须眉乃丈夫之气，全受全归。”《南史·刘勰本传》云：“遂求出家，先燔须发，自誓沙尼之谅也。”万善花室（方彦闻）《郭列妇传》：“郭母解妇缢，忸于俗说，以少壮布气，妇觉，取交刀自鑢其脣，置脣复逝。”赞曰：“脣不可存吻，不可啮母兮，天只畜我不卒，非母何爱，非脣何污，脣而受污，脣非我肤，维脣之亡，厥寒在齿，维妇之生，为母之耻，凛凛自矢，愔愔全归，景曜飞谌，懿美何微。”信能刻出发肤与名节之孰重者矣。（脣，口端也。唇，惊也。徐曰：“俗用为唇舌字。”愔愔，安和貌，《左昭十二年传》祈招诗：“祈招之愔愔。”又深静貌，嵇康《琴赋》：“愔愔琴德。”）

《字通》一卷，宋彭山李从周著，总八十九部，六百又一文，自云：“字书之大略也。”如主字类下列[illegible]、[illegible]、[illegible]、[illegible]、[illegible]、[illegible]、[illegible]、[illegible]、[illegible]、[illegible]、[illegible]、[illegible]十二文，盖欲辨俗隶之形似者。于《说文解字》然则应云：“[illegible]字形类不应云主字类，而此类之下未列[illegible]字，亦脱文也。”书体至宋破裂已极，此卷亦仅为初学执笔者言，书道本有说文之学耳，魏了翁已亟称之，不啻东山鸣凤矣。（江艮庭《六书说》曰：“爰及魏晋，其学益微，唐宋而下，无有识字者矣。”）

《说文补例》一卷，吴兴张度敦，有江标跋（光绪二十六年），知度于光绪中叶著有此卷，卷中屡引王贯山说，是正之者数条，知此卷为袭王氏《说文释例》而作。又自云：“度前作《六书易解》，所以求识字也，次作《说文补例》，所以求读《说文》也。”盖窗下自课，所谓肄业及之者，要不愧朴学家言也。

1936 年 9 月 7 日

《六书转注录》十卷，洪亮吉著。书未刊入《北江全集》，今存《粤雅堂丛书》中，南海伍崇曜、谭莹校梓者。北江自序于嘉庆十一年（殁于十四年，年六十四岁），几为获麟之笔矣。陈庆镛序于道光二十六年，在成书四十年之后。谓子龄舍人抱遗书见算，其时齮孙年丁四十，亦濒垂死之年，书遂不及刊劂而有待乎南行。据北江《自序》，以《尔雅》《说文》《小尔雅》《方言》《释名》《广雅》为纲，已共得八卷，止于《释名》《广雅》者，以汉儒训诂之书已尽于此也，旁采则迄于周隋者，以非此不足尽转注之变。又录及释文者，以陆元朗此书卒业于隋代也。今按此十卷中，卷一卷二《尔雅》为纲，卷三卷四《说文》为纲，卷五卷《小尔雅》为纲，卷六《方言》为纲，卷七《释名》为纲，卷八至十《广雅》为纲，皆以本书转注为一类，各书转注为一类，直书于各条之下，惟《说文》则本部转注为一类，别部转注为一类，为第三卷各书转注为一类，为第四卷卷数不符者，意北江作叙时《广雅》只为一卷，或《广雅》卷帙稍多，时未终卷也。博极群书，老而弥笃，前修不远，炳烛犹明。

连语中多转注为词，以国语皆单音，故连语以丽其词，转注以明其意，“不知顺帝之则”者久矣，爰举其合于《说文》于下：

祭祀（祭祀也，祀祭无巳也），芫移（芫移也，移芫也），分别（分别也，兆分也），咽嗌，噭咷，吹嘘，呻吟，趋走，是正，邂逅，逶迤（迤，衺行也。逶逶迤，衺去之貌），追逐，辽远，跌踼，蹲踞，论语，讽诵，诚信，证谏，谐詥（今语作谐叶），谰谀，诪詶（今作诅咒），欢哗，奉承（奉，承也。丞，从山，山高奉承之义），巩持，敷畋，更改，簦笠（簦，笠盖也。笠，簦无柄也），饥饿，枌榆（枌，榆也。榆，白枌），根株（根，木株也。株，木根也），枝条（枝，木别生条也。条，小枝也），枯稾，楹柱（楹，柱也。柱，楹也。俗误以椽为楹），榱桷，栈棚，柯柄，櫽栝，桥梁，桎梏，林麓 囊橐，空窾，疾病，詈骂，何儋，依倚，僵偾，丘虚（虚，大丘也。昆仑丘谓之昆仑虚），监临。

怀抱，制裁，尺寸，舟船，欷歔，歙歠，颠顶，题頟，庖厨（庖，厨也。厨，庖屋也），惊骇，驱驰（驱，马驰也。驰，大驱也），煎熬，意志，慷慨，愚戆，懈怠，忧愁，恐惧，氾滥，澄清，沟渎，灌溉，湛没，洒涤，浣濯，涕泣，原泉，仌冻，鳣鲤，拳手，排挤，拾掇，妇女，嫛婗，媟嬻，恼恨，断绝，缠绕，缔结，绸缪，销铄，险阻，障隔，陛偕，蕴酿。

珍宝，玩弄，荆楚（荆，楚木也。楚，一名荆也），瘗埋，艾刈（芟，刈草也。乂，芟草也。乂或从刀），问讯，峙踞，逃亡，逾越，器皿，谨慎，咏歌，警戒，寄托，呼号（号，呼也。謼，号也），诈欺，声音，应对，早晨（早，晨也。晨，早昧爽也），种埶，肃敬，杀戮，击支，诫敕，筮卦，瞻视，美甘，弃捐，肩膊，股髀，痈肿，刻镂，耕犁（耕，犁也。犁，耕也），枝巧，饱厌，盈满，陷阱（陷，小阱也。阱，陷也），崇高，墙垣，札牒，束缚，邦国，庆贺，市买，贪欲，卖炫，明照，芳香，完全（完，全也。全，完也），窒塞，佩巾，宴佞（佞，宴也。宴，安也），偏颇，创伤，但裼，随从，觉寤，倾仄，炮炙，囱牖（囱在墙曰牖，在屋曰囱，牖穿壁以木为交，窗也），喘息，觉悟，耻辱，惭愧，减损，门户，截断，缯帛，坡阪，型法（型铸器之法也，法型也）。

福祐，祯祥（祯，祥也，示部。祯，尤祥也《汉书·五行志》），解释，丧亡，迷惑，退却，干犯，调和，称誉，丛聚，弈棋（弈，围棋也。围棋，弈也），共同（共，同也。同，共也，《周礼郑注》），兴起，更革，反复，卑贱，假借（假，借也。借，假也。《诗毛传》），制度，职事，著书（书，著也。著，谓明书之也），将帅，寻绎，专布，导引，皮革，整齐，通彻，陈列，烦乱，毁坏，具备，朋党，幼少，幽隐，刚强（刚，强断也。强，甚于刚也），镂刻，券契，书籍，式法，肯可，喜乐，憙说，益饶，荡涤，刑罚，供养，会合，敖游，稽留，苑囿（囿，苑有垣也。苑，囿养万物者也。《御览》引《白虎通》）。

赁庸，闲暇，周旋，期会，虏获，兼并，窃盗，离散，尗豆（尗，豆也。大豆，尗也。《广雅》），安静，寄客，搜索，奸宄，亲仁，儆戒，因仍，称扬，俭约，诈伪，比例（例，比也。比，例也。高诱《吕览注》），俘获，伛偻，仇雠，众多，聚会，厚重，连属，先前，号令，坟冢，黔黎，奔走，妃匹，妊娠，斧戉，正直，继续，细微，土地，均平，壤土，存在，埃尘，茔墓，界境，功力，功劳，勉强，劝勉，动作，勤劳，增加，和协，居处，转运，官吏，堤防，治乱（乱治，治者乱之先也。《说苑》），成就。

其中双声叠韵者过半，此亦自然之理也。

1936年9月8日

沐，濯发也。沬，洒面也。漱，荡口也。浴，洒身也。澡，洒手也。洗，洒足也。自顶至踵分八部居。

又洒，涤也。滌，洒也。灑，汛也。汛，灑也。然经传已有以洒为灑，后人以洗为洒（见黄子高楹帖。罗宅亦然）。是亦觚不觚也。（即柬节若[1]）

【注释】

①节若：指罗文柏。

1936年9月11日

《研经室集》，一集十四卷"说经"之属，二集八卷"史"之属，三集五卷"子"之属，四集十一卷"诗文"，仪征阮元著，道光三年自叙刻之时芸台年六十。《序》云："自取旧帙，授儿子辈，重编写之，及身手定。"尤福泽之过人者。

其《赤壁赋》中"斯不待吴廷斫案，已决其无功，笑江波而回指，乃仅免于华容"等句，《三国志注》："未得所据。"据《吴主传》但云："是时曹公新得表众，形势甚盛。诸议者皆望风畏惧，多劝权迎之。惟瑜、肃执拒之议，意与权同。瑜、普为左右督，各领万人，与备俱进，遇于赤壁，大破曹公军。公烧其余船引退，士卒饥疫，死者大半。备、瑜等复追至南郡。曹公遂北还。"赤壁一战尽此数十言。曹、刘二传且不互见，尚俟考也。

集中文篇寥寥数首，王选最其四矣，自以《四六丛话后序》为最高，历叙文章原流，作家风尚，点鬼及百，易祀二千，累累如贯珠，洋洋乎盈耳，湘乡后作（《欧阳生文集序》）具体而微耳。《兰亭秋禊诗序》以"在昔典午中移，启江东之云岫；瑯邪南徙，持吴会之风流"一联开篇，已探骊而得珠，异胶柱之鼓瑟。"岂非神州不复，易兴陆沈之叹；中年已往，莫释哀乐之怀"一联，深得右军[1]序旨，文亦潇洒绝尘，不食人间烟火。

至《重修高密郑公庙碑》《重修会稽大禹陵庙碑》二首，则前有伯渊《防护昭陵之碑》，后有悉伯《郑司农生日集》，郑龛记阮作为未逮也。此外《廛遗重修扬州会馆碑铭》《谢苏潭咏史诗序》《叶氏庐墓诗文卷序》诸首，诚乎著纸较轻，有逊前作，良以酬世小品，未伐大材。然《叶氏庐墓诗文》一序，沥尽野茔孤孝，茕然倚柏之怀。《礼》曰："墟墓之间，未施哀于民而民哀。"每叹斯言以为肫挚，墓门投止，当有泫然流涕者矣。集中有《展母墓》诗，录之以抒吾思也：

严霜陨寸草，饕风撼长树。哀哉我慈亲，竟向此长住。

慈亲昔爱我，一日欲百顾。欲及我之冠，欲及我之娶。

教我读古书，教我练世务。哀哉皆未及，竟忍舍我去。

五年守里门，幸得依坟墓。十年为帝臣，未踏雷塘路。

年年寒食节，悲酸向谁语？今年奉命归，许祭叨异数。

蹀躞北郊外，一蹙欲十步。哀哉我慈亲，长年竟此处。

绕陇乱叫号，迷惑竟无据。真欲抉土开，呼母应而寤。

回寤终不能，白日黯已莫。简书矢靡监，料此难久驻。

更悲去家后，寒暑尚三度。北林多雨雪，西风吹雾露。

夕阳散樵牧，夜月窜狐兔。而我居官斋，锦稻杂然御。

斯志期无忝，安敢计温饫。惟有劳国事，聊以酬悲慕。

诗境从“日落狐狸眠冢上，夜归儿女笑灯前”脱胎而来，油然归于忠孝之旨。又阮氏不以散文为文者也。（今日粗阅卷四集，翌三日又记。）

【注释】

①右军：指王羲之。

1936年9月14日

《研经室集》，翻目次略竟，芸台不以无韵散行之文为文，故自编四集，中诗卷之外略无数首，凡考据传志书序诸作，各以所言何物类从于一二三集之间。如一集之《国史儒林传序》，序也，以所推论者在三曰师，四曰儒，师以德行教民，儒以六艺教民之旨，故入于经之属。凡传状皆入于史之属，立题尤备史法，如《浙儒许君积卿传》《山东粮道渊如孙君传》《循吏汪辉祖传》《次仲凌君传通儒》《杨州焦君传》《武进臧布衣传》《臧拜经别传》，读其题目已如见所传之人，亦逢有大力者负之以趋也。其余作则概隶诸子之属，所谓杂家者流矣。三集中如《文言说书》《梁昭明太子文选序后》《与友人论古文书》则阮说具在焉。其《书梁序后》曰：“然则今人所作之古文，当名之为何？曰：凡说经讲学，皆经派也；传志记事，皆史派也；立意为宗，皆子派也；惟沈思翰藻，乃可名之为文也。非文者，尚不可名为文，况名之曰古文乎？”千年坠绪，无人敢言，他人有心，予忖度之。

《南雷文定》十八卷，余姚黄宗羲著（据《粤雅堂丛书本》），盖取丁敬礼“后世谁相知定吾文者”之言，及陆士龙谓其兄曰“可因今清静，尽定昔日文”之句而自名之，先生不欲以文见者也，即以文论，其旨具见。《明文案序》及《康戌集自序》诸篇，甚不慊于有明诸君子之作，谓议者以震川为明文第一，然除去其叙事之合作，时文境界间或阑入，较之宋景濂尚不能及，谓鹿门一生仅得其转折波澜，于经史之功甚疏（《答张尔公论茅鹿门》《批评八家书》）。复改作张南垣柳敬亭二传，以正梅州弇州之所为，谓是倒却文章家架子，则先生平生所致之力，临文所守之律者，其深而严矣。然而不必以文论先生也。

1936年9月15日

续阅《南雷文定》，古文家自立戒律：“四六绮语，禅宗口语，偶搀入文，便觉不类。”柳子厚《永州新堂记》中：“迩延野绿，远混天碧。”已杂俪语，有乖记体。《南雷文定》（三集卷三）《论文管见》诸条，其于“陈言务去，言之不文”数端，不惮更仆，顾临文之际，如矢在弦，驷不及舌，诚有不得不发者。其《朱止溪墓志铭》有云：“其入蜀也，滟滪马脊，巫峡猿声，无非奇地，但恨奚囊收拾不尽耳。”《广师说》云：“将使刘峻杜口，昌黎不伤孤另也。”范之文律，何以间执人口，吾终不欲以文论先生也。（全谢山《鲒骑亭集》记有《先生神道碑》。箧中王文濡《全谢山文钞》卒从刊落。）

1936 年 9 月 16 日

《义府》二卷，清歙黄生撰，生字扶孟，明诸生。其《字诂》一卷，《四库提要》称为根据博奥，此书上卷论经，下卷论诸史子集，唐宋迄明季杂记之著，大邑纯疵互见，是尤可贵者也。

王男条云：“冯妇男子也，王男妇人也，二名相反，可为的对。”王男，顺帝乳母，见《后汉书》。按张黑女亦非女。时人萧楚女（湖北）吴弱男（湖南章士钊妻）亦不女不男。

洚水条云：“《书》（大禹谟）：‘洚水儆余，’洚有四音，当以胡江切为正，盖此音近洪。孟子云：‘洚水者，洪水也。’所以通古今之语也。”按此于洪条下云：“洚水也。”王箓友云：“古音洪、洚同声。”《史记·河渠书》作“鸿水也。”今岭南方言“开水”开门之“开”，不读见纽而读晓纽 hir。并遵牙音喉音对转通例不足为怪。

契阔条下云：“死生契阔。”言有生必有死，有契必有阔，此人事之不可保者。故下章云：“吁嗟阔兮，不我活兮。”阔，离也。虽无征而可信。

1936 年 9 月 20 日

《笺注阮芸台四六丛话序》存王选本中，眉书数百言，其一联云：“然而衣辞绵绣，布帛伤其无华；工谢雕几，簾业呈其朴凿。”按《礼·少仪》：“车不雕几。”《郊特牲》：“丹漆雕几之美，素车之乘，奠其朴也。”郑注：“几，谓漆饰沂鄂也。”孔疏：“雕，谓刻镂。几，谓沂鄂。言寻常车以丹漆雕饰之，以为沂鄂，而祭天以素车之乘者，以为朴素。”段云：“《礼记》雕几，借为圻堮之圻。”按沂鄂，即釿锷。谓器物之起线为凹凸纹者，凹处谓之釿，凸处谓之锷。

《从我游者学笺注》一文（如刘开《论骈体一书》）期月而已可也。

人生而有名有字，后世乃有号。《说文》云：“名，自命也。”《白虎通·姓名篇》：“人必有名，所以吐情、自己、尊事人者也。”《郊特牲》：“冠而字之，敬其名也。”《左传》：“少姜有宠于晋侯，晋侯谓之齐。”注：“为立别号，所以宠异之。”《史记·秦本纪》：“帝令处父，不与殷乱。”小司马索隐曰：“处父，蜚廉别号。”越缦先生讥人不知字与号之分，今人且不知名与字之分矣。（因性急，而以韦自勉，性缓，而以弦自厉。祝允明：“道号别称，古人间自寓怀。”）

1936 年 9 月 22 日

北江先生为有子矣，其《戒子书》方谓“饴孙惟编校故书，尚知条理。符孙弱冠，已过涉笔便讹。其余幼子，弱孙则尚争梨栗，但愿庶几寒宗毋坠先绪。”以今观之，二陆三张双丁两到，析薪负何，何让前贤。即以屠[1]选《常州骈体文录》而论，一州之地，著录四十余家，一门之内，复见三苏父子。

读洪子龄所为《伯兄祐甫先生遗书总叙》，称其邃其史学，著述至十余种。祐甫者饴孙也。洪幼怀《齐云山人文》三十三首，子龄《淳则斋文》十六首，不孤薪火之传，共茹《卷施》之苦。子亦有异闻乎？对曰：“未也。执柯伐柯，其则不远。”

《齐云集》中《与陈春帆书》，全窥《卷施阁·与崔礼卿书》神味，如“戒途洛川，覆辙瀍水，衣履全湿，襜帷半沉”及“函谷风黑，潼关砂黄，河流有声，日薄无色”等笔，真可谓善读父书者。《与孟荪一书》：“琴瑟在御，情文兼茂，谁与作者，有感斯文（文录后）。”《淳则斋集》中拟新乐府三首，《叙》直迫《南楼忆旧集序》意境，虽不能竭牛马之力，期无负于幽明，亦庶几乐童稚之年，以自适于魂梦，视之卷施阁中，(《与孙季逑书》）上亦冀展尺寸之效，竭志力以报先人；下庶几垂竹帛之声，传姓名以无惭生我。脱胎袭貌，不必为讳。此亦洪家文之至者耳。

以《常州文录》作者姓氏，补缀于《上海归途记》中（丙子二月十六日），前有不知，盖阙如也。书为屠丈光绪十六年梓于粤板，首页珠字二行，纸墨工料，足制钱一千二百五十文，我生之初，物阜如此。

【注释】

①屠：指屠寄。

1936 年 9 月 23 日

书非已有例，辄抄存一二，亦一瓻也。

洪幼怀《与孟荪书》：

自别深闺，皆值歧路，燕国千里，秦山百重。戒道河洛，日餐黄沙，载舟湖湘，乃饮碧浪。浩浩白水，何关心期，茫茫红尘，莫问身世。劳薪之悲，抑何能已，飞瀑之过，逝者如斯。兹来依人河东，结室河曲，素册朝启，林鸡助声。焦琴夜张，巢昔窥景，藿液入馔，以当饔飧。蓬门缉茅，不蔽风雨，欲质白纻，忽惊霜华。载瞻瑶台，乃隔云海。回忆挂帆兰陵，解缆梓里，急棹催我，支床病卿。粮难逮晨，膏不继夕，辍此织素，频经负薪。岁序倏过，言谋羹汤，儿童乍长，无缺衣履，瘁积十指，愁长一心。又复念客天末，怀人河干，鱼书不来，鸳瑟久废。渐瘦玉骨，频回锦肠，自念披沙罕金，献璧犹璞，鹤愧不舞，雁非能鸣。回首乡关，何心车毂。他日筑室三亩，移家五湖，积泥之山，叠以文石，入港之水，疏为小池。田本课秫，间载红疏，唐宜种鱼，兼莳青芰。买饧春初，甘似玉露，说饼秋末，清分银泥。脱略绳检，从横简册，密雨洒径，言调绮琴。清风入惟，可却纨扇，蓬高闭门，殊少车辙。松竹绕户，时闻机声，薄览百里，无臻异乡。清游数年，即拟同穴。斯足遂双栖之思，偕隐之乐，簦担一肩，岁越五稔。莫廑别念，恐消华颜，幸培桑麻，间理杼轴。白云在望，有怀长河，青鸾附书，无间春水。

《因树山馆日记》第四册

（1936 年 9 月 25 日—11 月 12 日）

1936 年 9 月 25 日

《蠡勺编》四十卷，清番禺凌扬藻撰（岭南遗书本）。扬藻字药洲，乾隆诸生，从朱珪学，工诗文，尤长于考证，终身著述，耄期不倦。书无序，仅伍崇曜一《跋》，然目次井然，条分件系。卷一至卷七"群经"，卷八至卷十九"诸史"，卷二十至卷二十一"诸子"，卷二十二至卷二十四"文辞"，卷二十五以下"杂记"之属。枕簟之间挦撦不尽矣（十月十六日又记）。

《三字经》者，太炎先生谓世传王伯厚所作。《蠡勺编》云（卷二十一）："南海区适子正叔撰（原注：宋人，入元不仕）。康熙间有琅琊王相字晋升号讱庵者，从而笺释之，以伯厚著述最富（凡二十三种共七百有一卷），中有《蒙训》七十五卷，《小学讽咏》四卷，遂亿度而归之，尔实区撰也。"（原注：《广州人物传》："《三字》，适子所撰也，文殊驯雅，童子多诵之，与周兴嗣《千文》并行。"按《丛书集成》有此，考之而信）

1936 年 9 月 26 日

南中食蛙引为美味。《东方朔传》："武帝为上林苑。朔谏：'以为此地，土宜姜芋，水多鼃鱼，贫者得以家给人足，无饥寒之忧。'"师古注："鼃即蛙字，人亦取而食之。"《蠡勺编》（卷四十）云："《周礼秋官蝈氏》注云：'今御所食蛙也。然则汉犹以蛙为御膳也。'《霍光传》霍山曰：'丞相擅减宗庙羔、菟、鼃，可以此罪也。'注云：'羔、菟、鼃所以供祭。'"然则汉犹以蛙为宗庙之荐也。

今祭丁之礼未废也。唐《礼仪志》："二月上丁日，释奠先圣孔子，谓释菜奠帛也。"丁取文明之义，其次丁则祭历代先贤。八月秋祭亦然。

王伯厚曰："古不墓祭。汉明帝以后始有上陵之礼。然孟子墦间之祭。"赵注："谓外家间也。"《韩诗外传》："曾子曰：'椎牛而祭墓，不如鸡豚而逮亲存也。'"《周本纪》："武王上祭于毕。"文王葬地也。《周礼冢人》："凡墓祭为尸。"可见于传记者如此。

吊客至丧家哭谢，复多以管乐助哀，所谓魂如有灵，吾当笑之。前年丁大故毅然废止。凌药洲曰："丧事鼓吹，用夷礼也。"《宋史·章频传》："频为刑部郎中。使契丹，卒。契丹遣内侍就馆奠祭，敛以银饰棺，具鼓吹羽葆，吏士卫送至白沟河。"又按东莞李用，字叔大，当宋末时，使其婿熊飞起兵勤王，而身浮海至日本，以诗书教其国人，王以鼓吹一部送柩归里，人荣之，名“过洋乐”。相传粤丧用乐由此始。

1936年9月28日

“古文”之称始于昌黎《与冯宿书》，曰“不知古文，真何用于今世也”。“四六”之名起于柳州《乞巧文》，云“骈四俪六，锦心绣口。”孙梅《四六丛话凡例》云：“唐重文选学，宋目为词学，而章奏之学，则令狐楚以授义山，别为专门。”今考《樊南甲乙》始以四六名集，其弟子阮元则云：“古人直言之言，论难之语，非言之有文也。”夏映庵（剑丞）衍此义以叙匔文稿，直无取乎骈体之名，并谓李商隐且以“四六”诬其集。清李兆洛倡言复古，汇选秦汉六朝文，树之圭臬，而不悟立名之误识，反出严可均下，其它勿论矣。际遇夙亦疑古文、四六、骈文诸称，言既无徵，名遂不正，则简之曰文不亦可乎。（可均有《先秦汉魏六朝文钞》，湖北本丁福保有翻印本。）

忆《四六丛话·谈谐篇》引《归田录》云：“石中立好谐谑。杨大年方与客棋，石自外至，坐于一隅。大年因诵贾谊《服赋》（俗书作鹏。史汉只作服。孙本误作鹤）以戏之云：‘止于坐隅，貌甚闲暇。’石遽答曰：‘口不能言，请对以意。’”按意读为臆（容甫文“内意窟室”用同此），借声为弈也。偶有一物，适从何来。时哉时哉，遽集于此。敢诵此章，以相比况。知音既无，师旷瘖结，宁为焦先耳。

1936年9月29日

播迁往教，不闻来学。辰出午归，间入图书绾，假得数种（《湘绮楼日记》《湖唐林馆文钞》《问湘楼骈文初稿》《客人骈文选外一种》），喜而不寐，《湘绮楼日记》尤求经年而未得者（湘绮辛丑记中云：“中秋兴自晚唐，非古节也。”为作二句云：“秦随不解赏轩唐庶可寻。”盖秋分夕月礼之遗耳。”《月令》：“是月也，日夜分。”）。

《湖唐林馆骈文》王选十家四六本，凡三十一首，俱存《骈文类纂》中。今所见本交有出入，其《水仙花赋》《篱豆花赋》《蕉阴赋》《紫微花赋》《银烛赋》《与孙子九书》具见《越缦堂日记》中，予已录入《越缦堂外篇》者。《游太学赋》《诘司命文》《袁郭太夫人百岁寿序》《答陶子缜书》则记为未经见者，亟诵一遍，如啖哀梨，以文格言，一筹可逊祭酒，割此敢曰不然，然不佞之偏好甚矣，尚当分别存之。

《湘绮楼日记》三十二册，湘潭王闿运壬秋著。始于同治八年，讫于民国五年（中华书局活字版本），四十五年之间成兹宏著，湘乡、常熟二相国，越缦堂、缘督庐诸[1]日记并此五矣。叶侍讲（昌炽）托始独早竟达四十八年，湘绮享世大年，才兼余子，昔在肃顺、曾国藩去而勿有，与屠沽养卒，处天下高之（太炎先生《与刘揆一书》语），耄耋之年，美新剧秦，愧涧惭林，不如自投阁矣，然高文具在，私淑年晚，覩兹篇足音空谷，日未侧竟其一册，爰札数则，以慰夙怀（中多有缺略数日处，或经删去者）。

“黄霸入钱赏官，后免。复入谷补吏。”此捐班、捐复之祖也（一册页三）。《齐书·百官志》卫尉条下云：“诸楼本施鼓，持夜者以应更唱，太祖以鼓多惊眠，改以铁磬。”此今更点之始也（一册页二十四）。阅《宋史·世系表》：“其正宗时绝时续，续者又不能昌，宋人始讲墓穴吉凶。”若此者所谓不利长房者与（一册页二十六页）。曹氏父子不幸遇赵宋学究，蒙恶数百年（一册页八）。

《后汉书》：“十二月即位时，诞育百余日。明年八月崩。”史云：“年二岁。”则古不作周晬也。

“齐家亦至难言矣。”湘绮《己巳日记》云：“梦缇（菊生号）以怒挞妾，妾横不服，欲反斗，余视之，不可呵止，遂不问也，然室中声震天，食顷止。”阅《晋书》一卷，见新燕语无伦次，而机趣横生。又云：“六云二日未见女君，亦徐听之。”按《仪礼疏》：“妾称夫为君，故称适妻为女君。”又云：“余不能谐世人，至使妻有储胥之憎，诚有过矣。”按《尚书大传》：“爱其人者，爱其屋上之乌；憎其人者，憎其储胥。”琐琐儿女事耳，而文章尔雅，醰乎其味。里人某（记是潮安余扶之）曰：“读书人好用典故，犹之乎无赖辈，竟为僻语耳。”与众乐乐不若不与众乐也，不意文词之妙，竟为此一不读书者道破。

【注释】

①湘乡、常熟二相国、越缦堂、缘督庐：分别为曾国藩、翁同和、李慈铭、叶昌炽。

1936年10月1日

人告我（胡文玉），湘绮殊简单，夫简单一语奚足以尽之也。而《湘绮记》中（同治癸酉正月）竟云：“阅曾侯日记，殊草草，不足观。”侯日记固非草草者，况不足观云乎哉。后（光绪戊寅）作《湘军志》始言“览涤公奏，其在江西时，实悲苦，令人泣下。”又言“其时有恐惧之心，信得朱学之精者。”然又言“其成就之大，不应止此。”包慎伯所云：“私意所中，真识遂诬者乎。”

记丁果臣云：“有才女嫁农人，郁郁不得志。”其父喻以诗云：“英雄自古轻离别，惟有田家守白头。”女得之释然，此可以为诗之用得三百篇之意者。

书简中吾兄字样，多于吾字上空格。予每云奏牍中“我皇上我皇太后（惟不可云我皇后）”云云，亦将于我字提行乎。《湘绮记》云（丙子九月）：“雨苍书来，问吾弟吾字提行何本。”案《龙藏寺碑》“我大隋我皇”均以我字不空，澧水桥陈叔毅《孔庙碑》亦然，北魏《敬使君碑》“今上”上字始空格，齐《西门豹碑》“我太祖”我字不空，自唐初犹然，至欧阳询《九成宫泉铭》“我后”我字空格，《张琮碑》“今上”今字空格，自此以后不可胜数云。

言下云：“真直言曰言，论难曰语。”语，论也。然则语多于言也。故“食不语，寝不言”（《乡党》）。三年之丧，言而不语。（《杂记》）

1936 年 10 月 6 日

得间尽以阅《湘绮日记》。有论日记，无事可记，遂已之者。此正不知日记之用，专防人每日无事也，无事而必记则有事矣，王翁每能以俚语道出至理。

湘绮日课，方名亦勇于疑古者。曰“知古字之简，定以无从者为象形，有对无字者为指事，余皆会意也。如牟芈非不类指事，比之上下则迥，不侔其叙。”郭见安《六书目录》有云：“许虽博访，本求理董。至其释帝从剌（应从朿），畏鬼如虎，显违经训，殆等俳诣，马头四羊，犹愈于此。”按《篆友释例》亦云：“朿篆作[illegible]。而帝字中直不上出，既无所取义，何以变形，恐字形失传，许君以意为之也。”又云：“[illegible]，篆疑作[illegible]。说解之虎省，当作虒省（虒，今作虐）。”盖畏字从田，除由则存[illegible]，虎省，谓[illegible]也。除[illegible]，则[illegible]为何字乎。湘绮殆亦疑之，而未见有说以处此。湇，羹汁也。湆，幽湿也。鸡湇误湆，雠者不识之。

1936 年 10 月 8 日

点心，语起于唐（《能改斋漫录》：“唐修为江淮留后，家人携夫人晨馔，夫人顾其弟曰：‘治妆未毕，我未及餐，尔可且点心。’”）。湘绮用䬹心字样。许文：“䬹，相谒食麦也。从食占声（奴兼切）。”《广韵》：“䬹，南楚呼食麦粥。”以古释今，殊赏通训。

古以熊掌为美味，鱼翅未见。湘绮云：“鱼翅，《唐书》谓之鲟鲊，出润州。”今镇江鱼翅是也。

《论语》：“文莫（句）吾犹人也。”犹曰“黾勉吾犹人也。”严章福《说文校议议》云：“据此知《说文》作忞慔。”《说文》：“忞，强也。慔，勉也。”湘绮辛丑五月记云：“新学使柯劭忞，《说文》所无字。忞慔，勉强就文莫加心耳。窃所未喻。”湘绮尝言“年七十经字尚未尽识。”然则吾辈何如（中国数千年，只料理得数千字，颠来倒去，极其精能，谅哉）。

1936 年 10 月 9 日

“中国数千年，只料理得数千字，颠来倒去，极其精能（湘绮记赵燮堂言）。”此言实得文明之盛。而有文无质之敝亦见矣（湘绮语）。夫何必数千也，马将牌百三十六实三十四字耳，嗜之终身，有尽期否？象棋三十二实七字，围棋仅黑白二色，有尽其妙者乎。五音六律非有万殊之声也，五味六和五色六章非有什佰之别也，而调和配合有穷其蕴者乎。符号之学至数学极矣，而数理之衍奥，超越无伦，是在其每一符号之涵义广狭何如，与他一符号之结合繁简何若。王好棋请以棋喻，马日行其涵义至简也。我马与敌马遇，我马可变动之方位八，并不动之方位计之不过九耳。敌马亦然，九与九结合得数八十一，弈者必于此八十一种变化中审择其一种而出之，忽略其一种则胜败之纽常转乎此，此尚有迹象可陈者也。数理之变化，乃至不能以符号图迹之，口说宣示之，文字错综之，赜声律之美，又岂巧历可尽，曲笔可传者，妙解在心，撞钟自应已尔。

1936年10月10日

易有无亡，书、礼有无亡，诗、论语有无亡。湘绮云："诸言亡者，大约本有而亡。凡无则直无耳，故文从无亡言多亡也。先有亡后有无，经典已分二用。"予为徒说零之符号为0，亦曰无穷小。一减一之零，与一减二分之一，又减四分之一，又减八分之一等，以至于零前者，曰绝对之零即无也；后者曰无穷小，则应释为无之。无之不易识有，如此夫。

1936年10月13日

湘绮云："曾舨庵诗，漫淫六朝，格调甚雅。湘中又一家也。"按舨庵名广钧，先兄曾及其门，今家中藏其八字联，欲学北魏人书者。

又云："八十之年不知字书无'凯'字，实为可笑，既而思之，凯即𩞄也，俗省幾为几，故遂成凯。此盖隶书改之。"按《说文》固无凯字。𢆶下云："𩞄也，讫事之乐也（巨希反）。"《玉篇》："凯或作愷。"各家未有谓𩞄为凯者，然其说似可通。

"今无所谓才不才，皆未知命尽何日，盖乱世为挫抑贤知，示造物之权也，不肖者皆宜得意，正公等扬眉时矣（甲寅十二月告其壻常）。"虽至言亦愤语，疑此时归自燕，求为叔孙通而不得也。

湘绮用字，古今杂投。忞、弑，并许文所有字，不过有疑为后人所增者，而指为不见字书。撻，至俗之字，《康熙字典》未收，亦搀用之，过雅不驯，两失之也。

"风怀之事，存而不讳，但时隐约其词，善射者乃发其覆耳。"湘绮一生不以宋学为然，遂并出处，大节亦视同儿戏，玉步之改，且可等诸演段，文词狡狯，又何足道，真不愿汝曹效之，致画虎不成狗亦不类也。惟毕生治经，柔日温史，写抄不懈，多闻而识之，即此已树百世之楷模矣。还书之后，杂记所感如上。

1936年10月14日

《问湘楼骈文》四卷，附《四家纂文叙录》一卷，《息园旧德录》一卷，建德胡念修右阶著。前已见其《纂文叙录》所殿《国朝骈体文家叙录小传叙》，冷然而善，今观其文篇所为《管仲之器》，方旭《跋》云："于古服膺鲍参军、江醴陵。于今则洪北江、彭甘亭。而其清妙处，亦时出入于朱竹垞，吴山尊诸家。盖已骎骎乎，窥建安之堂奥矣，中表之言，安得不云尔乎。"

《湖唐林馆文·游太学赋》，虑悉伯初入上邑，摅其学制之见而作，末段云："即论近代亦有数公，《易》则张（皋文）、惠（定宇）。《书》则王（西庄）、江（艮庭）。《诗》则陈（长发）、胡（景孟）、陈（硕甫）、马（元伯）。《礼》则江（昚修）、金（辅之）、胡（竹村）、凌（叶、次仲），戴（东原）、程（易畴）则名物之杰。段（若膺）、桂（未谷）则小学之雄。二钱（竹汀、可庐）则博物宗主。二王（怀祖、伯申）则诂义首功。《禹贡》则朏明第一。《春秋》则震沧无双。《尔雅》则邵（二云）、郝（兰皋）精密。《公羊传》则凌（晓楼）、孔（巽轩）恢宏。《孟子》则焦氏（里堂）为最。《论语》则刘氏（楚桢）为工，阮氏（伯元）汇汉学之派，毛氏（大可）折宋学之冲。”凡所著述比如栉墉，此可作清史儒林传序观之。（文中“虽铸蜀道之铜，稍窥兔园之册”二句，以兔园对蜀道是借对法。蜀，葵中蚕也。《诗》：“蜎蜎者蜀。”）

1936 年 10 月 15 日

录《守诂》一首并笺注数则。

《守诂》（为学通义三）：

昔虞史赞典，首曰稽古。周公制雅，先列释诂；仲尼之论，为政必正名；诗人之颂，仲山古训是式。盖训诂者所以通古今之异言，解方俗之殊语也。时有古今，犹地有南北，地远则言语不通，必藉夫翻译；时远则文字难解，必明乎训诂。有翻译则万里犹若比邻，有训诂则千年直如旦暮。王符有言：圣人天之口，贤人圣之译。群经之有训诂，所以译圣者远矣。夫圣人所以明道者经，经所以成文者辞，辞所以成句者字，是故积字而后成句，积句而后辞显。不识其字，曷离其词；不解其辞，曷明其道。然则欲通训诂，先宜识字矣。字以载声，声以达意，欲求识字，其又在声与意乎。原夫制字之始，万象初萌，神居胸臆，物沿耳目接之，则意生于心，达之则声离于口，故意以交物而构声，以象意而宣。然声之为物也，可闻于一时而不可留于后世，可听于接膝而不能传于远方，于是以其声音寄之文字，声寄于字则字有一定之声，意达于声则声有可通之意。声能达意，则同声者可以通借，而假借以生，字有定声，则每字各有本音，而本义斯在，故不通声音之本不能识假借，不通假借之例不能明训诂。约而论之大端有三：一曰识字形，二曰识字义，三曰识字音。此三者折衷古籍，有溯流而穷原，勿乡壁而虚造。保氏之教国子，先明六书之文；汉律之试学僮，定讽九千之字。孔子对哀公之语，乐其辨言；孟坚发古文之读，先应《尔雅》。是以毛公述传，独标故训；子春注礼，惟正声读。高密经神，有读如读曰读为当为之例；邵公学海，著长言短言内言外言之殊。咸藉声音以定文字，至于汝南解字，子云方言，野王玉篇，稚让广雅，又无论已。良以古语与今语不同，亦犹齐言与楚言有异。地相近则语言易晓，时相接则声音未离。学齐语必师齐人，岂曰求之于楚。读古书必守古训，安可混之于今。颜氏家训曰：云为品物，未考书记，不敢辄名。况可解经，不遵古典，若妄逞臆见，不知而作，将如八月剥枣之剥（《毛传》：“剥，击也。”许文本此。段注：“《豳风》假剥为攴，‘八月剥枣’，毛曰：‘剥，击也。’”《音义》云：“普卜反。故知剥同攴也”）。荆公则解为剥皮，吉士诱之之诱（《毛传》：“诱，道也。”《郑笺》：“吉士使媒人道成之”），永叔竟解为挑诱，岂徒呼人，苋作荇莱，指马苋当荔挺，为颜之推所芙已哉（荇，为莕之重文，《颜氏家训·书证篇》：“《诗》云：‘参差荇莱。'《尔雅》云：'荇，荽余也。'字或为莕。先儒解释皆云：'水草，圆叶细茎，随水浅深。今是水悉有之，黄花似莼，江南俗或呼为猪莼，或呼为荇莱。'刘芳具有注释。而河北俗人多不识之，博士皆以参差者是苋菜，呼人苋为人荇，亦可笑之甚。"又云："月令：'荔挺出。'"郑注："荔挺，马薤也。"误矣）。

1936年10月16日

读《礼记》，《隋书·经籍志》曰："汉初，河间献王得仲尼弟子及后学者所记一百三十一篇献之（孔颖达《礼记正义后序》曰："其礼记之作出自孔氏，但正《礼》残缺，无复能明，故范武子不识殽烝，赵鞅及鲁君谓《仪》为《礼》。至孔子没后，七十二之徒共撰所闻，以为此《记》。或录旧礼之义，或录变礼所由，或兼记体履，或杂序得失，故编而录之，以为《记》也。《中庸》是子思伋所作，《缁衣》公孙尼子所撰。郑康成云：'《月令》，吕不韦所修。'庐植云：'《王制》，谓汉文时博士所录。'其余众篇，皆如此例，但未能尽知所记之人也。"按此序，见注疏本，无撰人），时无传之者。至刘向考校经籍检得一百三十篇第而叙之。又得《明堂阴阳记》三十三篇、《孔子三朝记》七篇、《王史氏记》二十一篇、《乐记》二十三篇，凡五种，合二百十四篇。戴德删其繁重，合而记之，为八十五篇，谓之《大戴记》。而戴圣又删大戴之书，为四十六篇，谓之《小戴记》。汉末，马融遂传小戴之学。融又益《月令》一篇、《明堂位》一篇、《乐记》一篇，合四十九篇"云云。《四库提要》引全段文附云："其说不知所本。而考订今四十九篇实戴圣之原书，谓《隋志》为误。"此戴传一段公案也。凌扬藻《蠡勺编》卷六引此一段而指为傅莫庵之言，可谓数典忘祖者。

《礼记纂言》，元临川吴澄（幼清）所序次，取《小戴记》三十六篇：

曰《通礼》者九，《曲礼》《内则》《少仪》《玉藻》通记大小仪文，而《深衣》附焉；《月令》《王制》专记国家制度，而《文王世子》《明堂位》附焉。

曰丧礼者十有一，《丧大记》《杂记》《丧服小记》《服问》《檀弓》《曾子问》六篇记丧，而《大傅》《间传》《问丧》《三年问》《丧服四制》五篇，则丧之义也。

曰《祭礼者》四，《祭法》一篇记祭，而《郊特牲》《祭义》《祭统》三篇，则祭之义也。

曰《通论》者十有二，《礼运》《礼器》《经解》一类，《哀公问》《仲尼燕居》，《孔子间居》一类，《坊记》《表记》《缁衣》一类，《儒行》自为一类，《学记》《乐记》，其文雅驯，非诸篇比，则以为是书之终。

吴氏盖以为《大学》《中庸》列于四书，不容厕之。《礼篇》投壶奔丧，礼之正经，亦不可杂之于记。其《冠义》《昏礼昏义》《乡饮酒义》《射义》《燕义》《聘义》六篇，正释仪礼别辑为传，以附经后。此乃承紫阳[1]、东莱之说而推演之耳。

【注释】

①紫阳：指朱熹。

1936年10月17日

梁茝林《退庵随笔》，前年已记之，今晨馆中复翻其《读经》一卷，中述《礼记》者六则一论四十篇，实戴圣之原书，《隋志》所言误也。一论元延祐科举，定用郑注。明永乐敕修《礼记大全》，废郑，改用陈澔《集说》（澔字可大，元人，宋季隐居教授），礼学遂荒。一论卫湜《礼记集说》一百六十卷，赅博精采（湜，宋人，字正叔）。一论钦定《礼记义疏》，退澔说于诸家之中。一论吴澄分为三十六篇，以类相从。任启运《礼记章句》十卷，定为四十二篇。《大学》《中庸》冠首，《明伦》《敬身》《立政》次之，《五礼》《乐》《通论》又次之，镕铸剪裁，津梁后学。一论《大戴礼记》，宋时列为十四经。然其书古不立博士，今不列学官，故肄业之者鲜。其实二戴同源，皆先圣人微言旧制。其《夏小正》一篇，尤为古籍不可不读（孔巽轩补注）。一二两则全袭《四库提要》之言，灭其徵引之迹，其他数则亦尽人共知者。自累其书，尚未足以语此，宜乎。李越缦谓《文选旁证》一书之缜密，不类梁中丞其他之作也。

1936年10月19日

纫，《广韵》女邻切，《集韵》而邻切，无仄声。俗多读偏旁刃字，固不足道。《内则》："纫针请补缀。"陆[1]《释文》："女陈反。"今潮语正如此，编氓不知其字作纫，而书生又不知其音。可笑也。

《内则》："左右佩用：左佩纷帨（拭物之巾）、刀、砺、小觿（解小结也。觿，貌如锥）、金燧；右佩玦捍、管、遰（刀鞞也）、大觿、木燧。"今之出也，必携泉币、锖、帨、笔、剌、小册、燐寸、钥、小刀、杖、菸、管（烟嘴）、钤记，悉数之十三事不能终也，一物不备，君固不出。物役于人乎，人役于物乎，思之失笑。

【注释】

①陆：指陆德明。

1936年10月21日

读《礼记注疏》略尽《曲礼篇》，"天子不言出，诸侯不生名。君子不亲恶。"注："天子之言出，诸侯之生名，皆有大恶。出名，以绝之。引《春秋传》曰，天王出居于郑，卫侯朔入于卫，是也。"按天王狩于河阳，不言出也。庄公元年，冬十月乙亥，陈侯林卒。卒乃名也。

《曲礼篇》不见《说文》字。"君子恭敬、撙节（句）退让以明礼。"（何胤云："在貌为恭，在心为敬。"按《论语》"居处恭，执事敬。"）郑注："撙，越也。"《楚词》："总总、撙撙。"王逸注："束聚貌。"雷云："刀部，劕，减也，此撙之正字。"按此说本于段、王两氏并云："劕，撙，古今字。"

“负剑辟咡诏之”。注：“谓倾头与语。口旁曰咡。”《淮南·览冥训》：“蚕咡丝而商弦绝。”高诱注：“咡或作珥。”按《文选·求通亲亲表》：“执鞭珥笔。”注：“载笔也。”是即吮笔也。

“葱渫处末”。注：“渫，烝葱也（以制反）。”阮氏《十三经注疏校勘记》云：“释文出葱渫。案渫，本字渫。唐人避讳字（太宗），石经中凡偏旁涉‘世’字者多改从‘云’。如棄作弃，勩作勚。”雷氏据此云：“《玉篇》亦无此字。”

“毋嚃羹”。注：“嚃，为不嚼菜。亦嫌欲疾也。”舌部舚，歠也（他合切）。段云：“嚃，即舚。羹之无菜者，不用梜。直歠之而已。”（《答问疏正》云：“狧，犬食。”即俗所云狼吞是也）

“左手承弣。”注：“弣，把中。”（音抚。把音霸。手执处也）《正义》解左手甚辨。如今人以水烟袋让客，例易右手反送之，便于客用左手接而吸之也。弣，后人曰弓把。《少仪》：“屈韣执拊。”《正义》曰：“弣，弓把也。字作拊。”

“受珠玉者以掬。”注：“慎也。掬，手中。勹部：匊，在手曰匊。从勹、米。”臣铉等曰今俗作掬。非是。按《唐风》：“蕃衍盈匊。”《小雅》：“不盈一匊。”字并作匊。《左传·宣十二年传》：“舟中之指可掬也。”则作掬。后人加之手耳。

“前有挚兽，则载貔貅。”经传“貅”字无二见。《史记·五帝纪》：“教熊罴貔貅貙虎，以与炎帝战于阪泉之轩。”注：“此六者猛兽，可以教战。”雷氏疑古只作休，然无可证。《类篇》或省作貅。

“介者不拜，为其拜而蓌拜。”注：“蓌则失容节。蓌犹诈也。”《释文》：“子卧反。挫也。”虑本作蹲。

“素簚。”郑注：“簚，覆笭也。”陆《释文》：“簚，本又作幭。”《说文》：“从巾蔑声。”然则讹艹为竹，隶变乱之。

“庶人僬僬（子妙反）。”《正义》曰：“尊者体盘，穆穆皇皇，卑者体蹙，跄跄僬僬。”按《鲁语》：“僬侥氏长三尺，短之至也。”《人部》侥下云：“南方有焦侥人，长三尺，短之极。”字只作焦。

“鲜鱼曰脡祭。”注：“脡，直也。”雷云：“《士虞礼》：‘脯四脡。’”《乡饮酒记》：“荐脯五挺。”依义当作挺。

“妇人之挚，椇榛脯脩枣栗。”注：“椇，枳也，有实，今邳、郯之东食之。”《正义》：“椇，即今之白石李也，形如珊瑚，味甜美。”雷云：“《明堂位》俎，殷以椇。”注：“椇之言枳椇也，谓曲桡之也。”许作枳椇。

1936年10月23日

《礼记授读》十一卷，终于《玉藻》。高安（江西）熊松之（字子安）自序于光绪四年，手稿石印于民国十九年。名曰“授读”，度其袭梨洲《明文授读》之意也。柯凤孙《序》称其“以郑学为标准，以陆《释文》、孔《疏》为津逮，意有未洽，则取卫氏湜、陈氏澔《集说》以补之，于解释文义尤加采察焉。盖先生之意，欲使学者由浅入深，由训诂而推之名物度数，由名物度数而返之义理，虽曰家塾读本，而治经之门径莫备于此，所以推崇之者至矣（尚有徐、薛二序，郭跋及其孙某跋，并不足道）。观其例言如柯序，柯氏撮其意而序之耳。

昨日卒读其《曲礼》一卷，大率依郑《注》、陆《释》、孔《疏》之次序，节抄其要，附以卫、吴（澄，《礼记纂言》）、陈（澔，云庄）诸说，折衷《礼记义疏》，以威其书（未成而卒）。礼说浩繁，谓此为纲要可也名物度数云云。吾见亦罕矣，终此一卷。

首于"毋不敬"句下，案明毋与母之分，此尽人共知之字也。中于"乡长者而屦"至"俯而纳屦"节下（原稿鄉作郷，屨作屦，虽俗书如是，然陋矣），录御案（即《钦定礼记义疏》）"古人无所谓袜"云云。或谓"履字从舟，袜字从伐，皆取载义"云云。虽非出自高氏，要之作者非能通字诂者也。谨案《说文》不收袜字。《左传·哀公二十五年》："褚声子韈而登席。"字从韋。杜注："古者见古解韈。"《说文》："韈，足衣也，从韋蔑声。"段注："谓燕礼宜跣也。"窃意韈字既从韋，如今之履，古人席地而坐，或例不以此登席（"户外有二屦。"则屦之内又施韈乎）。臣铉等曰："今俗作韈，非是。"《一切经音义》："三袜，古文韈，足衣也。"《释名》："袜，末也，在脚末也。则从革从衣者，虽后起，其来亦已旧，而未闻从伐之云。"蔑其声也，蔑从戌亦不从伐，更非从伐省。就令蔑有伐声，亦不能立指为从伐，伐亦声。类于荆公"坡者土之皮也。""然则滑者水之骨乎"之笑柄。柯氏之序不足信也，礼崩乐坏之朝，闻足音而喜之耳。

卫正叔云："他人著书，惟恐不出于己，湜此书，惟恐不出于人。"此与"他人读书，受书之益，子读一书，则书受子之益。"（记是某谓卢抱经语）"人有云一目十行，我则十目一行"之语，皆隽永，可入《世说新语》者。

1936 年 10 月 25 日

《四六丛话》，阮序末笔："妄执丹管而西行（《文心雕龙·序》：'予齿在逾立，尝夜梦执丹漆之礼器，随仲尼西行'），顾附驥尾而千里"句，王选本作"顾"，各本（《四六丛话》《文选楼丛书》《清代骈文评注本》）并作"愿"。二字字体本涉似，而义俱可通。门人叩"顾"字之用，曰："顾犹反也。"《史记·萧相国世家》曰："萧何未尝有汗马之劳，顾反居臣等上"是也。检王氏《释词》而然。

《曲礼》："君子虽贫，不粥祭器；虽寒，不衣祭服；为宫室，不斩于丘木。"《释词》云："於，于也。常语也。"於，犹在也（於外曰公，於其国曰君）。於，犹之也（《昭左四年传》："亡於不暇，又何能济。"《十年传》曰："王贪而无信，惟蔡於憾"）。於，犹为也（为如字。《郊特牲》曰："扫地而祭，於其质也"）。於，犹为也（为，去声）。於，犹如也（《昭三年传》曰："今嬖宠之丧，不敢择位，而数於守适。"《秦策》曰："君危於累卵而不寿於朝生"）。於，语助也。而未得此"於"字作何释。

1936年10月27日

假得大字本《十三经注疏》读之（乾隆四年校刊，同治十年重刊），此广州书局覆刻武英殿本也，原所藏者为上海脉望仙馆（光绪丁亥）石印，阮氏附《校勘记》本，字小如蝇头，肄业及之，加朱为难，少年不肯下此功夫，信乃时为之也，夜毕《檀弓》，亦观其大略，未有深入。

《檀弓篇》不见《说文》字，“南宫縚之妻之姑之丧。”《说文》无縚字。郑注：“南宫縚，孟僖子之子南宫阅也，字子容。”按“韦部”：“韜，剑衣也。”古人名字，义多相应，则韜，所以容之也。《广韵》縚同韜。

“及葬，毁宗躐行。”《说文》无躐字。《尔雅・释言》：“跋，躐也。”《说文》：“跙，行步獵，跋也。”雷据此谓獵即躐。又据《荀子・议兵篇》：“不獵禾稼。”杨倞：“獵即躐之。”注：“然邋之言折也。”朱云：“疑即躐字逾越也。”

“有钟磬而无簨虡。”（闽本鐘作鍾，毛本虡作簴）郑注：“不悬之。横曰簨，直曰虡。”按《说文》无“簨”字。《考工记・梓人为筍虡》。《释名・释乐器》：“所以悬鐘鼓者，横曰筍（今潮语如此）。”筍，峻也，在上高峻也。朱云：“字亦作簨。作箕。”

“天子之哭诸侯也，爵弁绖紂衣。”注：“周礼王哭诸侯弁絰緦衰也。”《释文》：“紂，本又作缁。又作纯。同侧其反。”又云：“紂，依字糸旁才，后人遂以才为屯。因作纯，非。”《诗・召南》：“传昏礼屯帛不过五两。”本有此文也。

“菆涂龙輴以椁。”陆《释文》曰：“楯。一本作輴，同。”按“孺子䵋之丧节”，輴字三见。

“墟墓之间，未施哀于民而民哀。”《释本》：“虚本亦作墟。”按《说文》无墟字。丘部：“虚，大丘也。”则“虚墓”其本义引申之乃为空虚之虚耳。

“狸首之斑然。”《说文》无斑字。文部：“辬，驳文也。从文辡声。”臣锴曰：“今作斑也。”

潮俗“虞祭用吉服，礼也。”《檀弓》曰：“是日也，以吉祭易丧祭。”然变本加厉，觞乐侑客。谬矣。

1936年10月28日

读《礼记注疏》，夕尽《王制篇》。《王制篇》，《说文》所无字。“名山大泽不以朌”。郑注：“朌读为班。”按“班（逗）分瑞玉”。即朌之正字。

“诸侯曰頖宫。”注：“頖之言班也。所以班政教也。音泮。”按泮下云：“诸侯乡射之宫。”而无頖字。段注：“许书无頖字。盖礼家制頖字，许不取也。小戴三云頖宫。”

“祭用数之仂。”又“丧用三年之仂。”注：“筭今年一岁经用之数，用其什一。丧，大事，用三岁之什一。”按《易》：“筭，再扐而后卦。”《手部》扐。即据以《释文》盖归于扐，数之余也。段云：“仂、扐盖同字。”

"天子犆礿。"注："犆犹一也。凡祫之岁，春一礿而已。"雷云："犆即特。古假直字为之。"《郊特牲》："首也者，直也。"注："直或为犆也。"郑不废犆字，许不录者，正字有特，通字有直也。

"刑者侀也，侀者成也，一成而不可变。"《周礼·小司寇》注引《王制》："刑者侀也，侀者成也。"《释》曰："上刑为法，下侀为著，谓行法著人身体。"按《说文》："刀部刑，刭也，从刀并声。"刑，㓝字从之。《井部》刑，罚辠也。从井从刀。《易》"井，法也。"井亦声。刑罚、典刑、仪刑等字从之。郭庆藩《经字正谊》云："隶变溷刑刑为一字，故加偏旁以别之。"《书·大传》："百志成故礼俗刑。"《学记》："教之不刑。"郑注并云："刑犹成也。无偏旁。"(按郭袭雷说，而不注明)

"瘖聋、跛躃。"《止部》壁，人不能行也。《群经正字》云："《说文》无躃字。作壁为正。"然小徐引《史记》有壁者，"盘跚行汲"，知其时所见者已从足。

"断者(句)侏儒"。《说文》亦无朱字。《襄公四年左传》："朱儒是使。"只作朱。

"方伯为朝天子，皆有汤沐之邑。"郑注："给齐戒自洁清(如字)之用。浴用汤，沐用潘。"按潘字见于《仪礼·士丧礼》："受潘，煮于垼。"(同《说文》坄，音役。陶灶窻也)《礼记·内则》："燂潘请靧。"《左哀十四年传》："使疾，而遗之潘沐。"《说文》："淅米汁也。"俗体潘。《广韵》并收入元韵。《说文》潘下云："灡，潘也。"本《内则》。郑注："潘，米澜也。"又《周礼》："稾人。"注："言其共至尊。虽其潘灡戋馀，不可亵也(亦作澜)。"今寒家仍以米汁荡涤。

1936年10月29日

校点《礼记注疏·月令篇》。

"春之月其音角，夏之月其音徵，中央土其音宫，秋之月其音商，冬之月其音羽。"据《疏》："宫数八十一，商七十二，角六十四，徵五十四，羽数四十八。"若今言振动数 Number of Vibrations 矣。康成注："其音角云：'春气和则角声调。'"《乐记》曰："角乱则忧，其民怨。凡声尊卑，取象五行。数多者浊，数少者清。大不过宫，细不过羽。"近人刘半农实用发音器，验各处土音，轻重清浊疾徐，画成曲线，古亦不异今所云也。

"乃命大史守典奉法，司天日月星辰之行，宿离不贷，毋失经纪，以初为常节。"郑注："离，读为俪偶之俪，宿丽谓其属。冯相氏保章氏掌天文者，相与宿偶，当审候伺，不得过差也。""郑君必有所承而言，然窃所未喻"齐召南云(《十三经注疏》附考证)。按注"误宿离"即承上句而言。日月星辰，所止曰宿，所行曰离，不贷言占验不可差忒也。亦望文生义云尔。

1936年10月30日

《隋书·经籍志》云："汉末，马融遂传小戴之学。融又益《月令》一篇。"《四库提要》云“其说未知所据”。而《礼记正义》据郑康成云：“《月令》吕不韦所修”。际遇按《月令》所纪，行夏之时，决非周制孟夏之月命太尉赞俊杰。郑注：“三王之官有司马，无太尉。秦官则有太尉。今俗人皆云：周公作《月令》。未通于古。”孔《注》云：“俗人谓贾逵、马融之徒，皆云《月令》周公所作，故王肃用焉。”此等未通职于古，可见马郑之时虽去古未远，而兹事已聚讼棼然，季夏之月，命妇官染桌。孔疏又云：“必以此月染之者，以其盛暑湿，染帛为宜。”此是秦法也。要非周制明甚。

《月令篇》不见《说文》字，“掩骼埋胔”。《说文》无胔字。逸文有骴字。“骨部”骴下云：“骴或从肉。”《释文》引蔡云亦作骴。

“田鼠化为鴽。”《尔雅·释鸟》：“鴽，鴾母。”“隹部”雓，牟母。从隹，奴声。或从鸟作鴑。《校勘记》引孙星衍《夏小正经文正字》云：“鴽，当为鴑。今从如，误。”而孙所据者亦《许文》只证而止。

“调竽笙篪簧。”按《龠部》鯱，管乐也，或体篪。《古本考》云：“《诗》仲氏吹篪。”元应两引作篪，并云：“又作鯱笹。二体形同。”盖古本尚有重文“笹”篆。

“腐草为萤。”《尔雅·释虫》：“荧火即萤火。”《释文》云：“荧本又作萤。”

“其虫倮。”《羸部》羸，但也或体裸。《大戴记·曾子天圆》：“唯人为倮匈而后生也。”字作倮。

“谨壅塞。”《土部》“壅，塞也，障也，隔也。”《周礼》“雍”字不从土。

1936年10月31日

《曾子问篇》“主出庙入庙必蹕。”《说文》只有从走之趩，止行也。《后汉书·铫期传》：“光武趋驾出，百姓聚观，諠呼满道，遮路不得行，期骑马奋戟，瞋目大呼左右曰趩。”李注云：“《说文》趩与蹕同。《玉篇》《广韵》亦然。”则唐前人所见《说文》本有蹕篆，今夺之矣。

“其祭也，尸入，三饭不侑，酳（逗）不酢而已矣。”《说文》有酌无酳。《广韵》有酳无酌。《说文》“酌，少少饮也。从酉匀声（余忍切）。”《玉篇》云：“酳同。经传多误酌为酌。”《汉书·贾山传》：“执爵而酳。”颜注：“酳，少少饮。谓食已而荡口也。”此证最确。

“祭殇不举，无肵俎。”《释文》：“肵，音其。敬也。”盖《郊特牲》云：“肵之为言，敬也。”《说文》无肵字（《广韵》亦未见）。雷深之《说文外篇》释“肵俎”为“折俎”。未见它家说。

“葬引至于堩。”注：“堩，道也。音古邓反。”《说文》无从土之堩字。《木部》“栢，竟也。或体亙。古邓切。”朱骏声曰：“栢，亘也。即《仪礼》之堩。”雷引陈寿祺说“栢，即‘至于堩’之堩。”寿祺嘉庆进士（朱，道光举人）。

北江《与毕侍郎笺》云：“抚其吟案，阿婺之遗笺尚存；披其繐帷，城东之小史已去。门人问小史。”按《文王世子篇》：“问内竖之御者。”郑注：“内竖，小臣之属，掌内外之通命者。御（逗）如今小史直日矣。”

北江《戒子书》："上不敢同泉明，下不致同伯起。"伯起，魏收字。泉明，断为渊明避讳而易称之耳，而未获避何讳之说。王士略曰："避唐高祖（渊）讳也。"

1936年11月1日

敻，营求也。从旻，从人在穴上。《商书》曰："高宗梦得说，使百工敻求得之傅岩。岩（逗）穴也。"（据《大徐本》）字隶变作夐，讹而为夐，下似夂。《康熙字典》从入"夂部"，既违书指而变，下从支，俗亦作攵。既入"支部"，则夐不应独异，自乱其例如此。段氏勇于改古，改"使百工敻求"句之"敻"为"营"，反指铉本改"营求"为"敻求"，李颖李锦为论纠之，此段氏匡谬之所为作也。

《文王世子篇》："遂设三老、五更之席位焉。"郑注："三老五更各一人也，皆年老更事致仕者也。天子以父兄养之，示天下之孝悌也。名以三五者，取象三辰五星，天所因以照明天下者。"后汉以桓荣为三老，李躬为五更。《明帝纪注》亦云："三公一人为三老，次卿一人为五更。"孔疏云："蔡邕以为更字为叟。叟，老称。又以三老为三人，五更为五人。非郑义也。今所不取。"齐召南《考证》云："郑注自确疏引蔡邕说，非也。"齐词不达意，其非蔡说乎？则孔疏已非也，其不非孔疏所引乎。

"狱成，有司讞于公。"注："讞之言白也。"《音义》"讞徐鱼列反言也。"《说文》无讞字。《玉篇》曰讞。《说文》作瀛。议罪也。诸小学家无异词，惟王玉树《说文拈字》云："今俗作讞。非是。"恐属武断之言。

1936年11月3日

莼客三十以后植根致固，癸亥正月所记"精室庋书"一段，可见其致力之方，录示吾徒，归而求之，记云：

"今以段氏《说文》、孙刻仿宋本《说文》，任氏《小学钩沈》为前列；次以邵氏、郝氏《尔雅》、王氏《小尔雅》、卢刻《经典释文》、翟氏《四书考异》、王氏《经传释词》，皆训诂之法海，读经之首桄也（桄，《类篇》：舟前木也）。又次以《汉书·儒林传》、《艺文志》、《隋书·经籍志》、陈氏《书录解题》、晁氏《郡斋读书志》《四库全书简明目录》，皆读书之纲领也。又次以顾氏《日知录》、钱氏《养新录》、翁注《困学纪闻》、卢氏《钟山札记》《龙城札记》，考古之禁脔也。又次以王氏《经义述闻》、王氏《读书杂志》、臧氏《经义杂记》、洪氏《读书丛录》、梁氏《瞥记》及《人表考》、陈氏《五经异义疏证》，穷经之宝藏也。又次以"两汉书"，经史之分源也。又次以凌氏《礼经释例》、金氏《仪礼正讹》、金氏《礼笺》、胡氏《仪礼释官》、程氏《通艺录》、焦氏《群经宫室图》，言礼之渊薮也。"

然后略以经史子集比而继之，俭岁玉粱，政足一生咀嚼耳。

1936年11月5日

课如程。因授微分方程式 Singular Solutions，随口设例，屡引哄堂，此语译为奇解至当。《说文》：“奇，异也。一曰不耦。”“畸，残田也。”段云：“凡奇零字，皆应于畸，引申用之。”盖字中有奇字，人中有畸人。

因奇解而思奇字。诸子中，荀与管最多奇字（�伯庚申四月日记语）。荀道醇学博，文尤巉绝，摘其奇字畸语，习老师之言也（用杨倞注本，卢抱经校勘本）。

木直中绳，輮以为轮，其曲中规。虽有槁暴，不复挺者，輮使之然也。兰槐之根是为芷，其渐之滫（杨注：“滫，溺也。”卢氏文弨曰：“案《说文》《广韵》皆言‘滫，久泔也。’”谨案《荀子·大略篇》：“曾子食鱼。有余，曰：‘泔之。’”注：“泔者，烹和之名”）。醯酸，而蜹聚焉。蟹六跪而二螯，非蛇蟺之穴无可寄托者，用心躁也（跪，足也。六拟八讹。《说文》：“蟹六足二螯”）。故不问而告谓之傲（傲，喧噪也。或曰：读如嗷），闻一而告二谓之囋（囋即讚字，谓以言强讚助之）。傲，非也，囋，非也；君子如嚮矣（嚮与響同）。若挈裘领，诎五指而顿之，顺者不可胜数也。不道礼宪，以诗书为之，譬之犹以指测河也，以戈舂黍也，以锥飡壶也（飡同餐）。问楛者，勿告也（楛与苦同，恶也。问楛，有所问非礼义也）；告楛者，勿问也；说楛者，勿听也。

以上《劝学篇》。

善在身，介然必以自好也（介然，坚固貌。《易》曰：介如石焉）；不善在身也，菑然必以自恶也（菑然，灾害在身之貌）。多见曰闲，少见曰陋。难退曰偍（偍与提、媞皆同，谓弛缓也），易忘曰漏。庸众驽散，则刦之以师友；怠慢僄弃，则炤之以祸灾。故良农不为水旱不耕，良贾不为折阅不市（折，损也。阅，卖也。卢氏曰：按《说文》云：“阅具数于门中也。”《史记》：“积日曰阅。”此当为计数岁月之所得有折损耳），士君子不为贫穷怠乎道。行而供冀，非渍淖也；行而俯项，非击戾也（击戾，谓项曲戾不能仰者也）；跬步而不休，跛鳖千里；累土而不辍，丘山崇成。

以上《修身篇》。

山渊平，天地比（比有齐等），齐秦袭（袭，合也），入乎耳、出乎口（注：未详），钩有须，卵有毛，是说之难持者也，而惠施、邓析能之；盗跖吟口（吟口，吟咏常在人口），名声若日月。与时屈伸，柔从若蒲苇，非慑怯也。见由则兑而倨（兑，说也。言喜于徼幸而倨傲也。谨按“由，用也。”《小弁》：“无易由言”笺），见闭则怨而险，喜则轻而翾，忧则挫而慑；通则骄而偏，穷则弃而儑（儑当为濕。《方言》云：“濕，忧也。”字书无儑字）。其谁能以己之潐潐，受人之掝掝者哉（潐潐，明察之貌。掝，当为惑。掝掝，惛也）！盗名不如盗货，田仲、史䲡不如盗也。

以上《不苟篇》。

鯈䱁者，浮阳之鱼也，胠于沙而思水，则无逮矣（胠与祛同。《方言》：“祛，去也”）。孝弟原悫，軥录疾力（軥与拘同。拘录有自检束也。疾力谓速力而作也），陶诞突盗，惕悍憍暴（陶，当为梼杌之梼。突，凌突不顺也。惕荡同）。呥呥而噍，乡乡而饱（呥呥，噍貌。如盐切。噍，嚼也。才笑切。乡乡，趋饮食貌）。今使人生而未尝睹刍豢稻粱也，惟菽藿糟糠之为睹，则以至足为在此也；俄而粲然有秉刍豢稻粱而至者，则瞲然视之曰："此何怪也?"（粲然，精洁貌。瞲然，惊视貌。与獝同）彼臭之而无嗛于鼻（嗛，当为慊厌也），尝之而甘于口，食之而安于体，则莫不弃此而取彼矣。仁者好告示人。告之示之，靡之儇之，鈆之重之（鈆，与沿同，循也。抚循之申重之也）。余刀布，有囷窌（刀布，皆钱也。刀取其利，布取其广。窌，窖也。地藏曰窖。窌，匹貌反）。斩而齐，枉而顺。

以上《荣辱篇》。

突秃长左，轩较之下，而以楚霸（谓孙叔敖）。且徐偃王之状，目可瞻马。仲尼之状，面如蒙倛（倛，方相也。其首蒙茸然）。周公之状，身如断菑。皋陶之状，色如削瓜（如削皮之瓜，青绿色）。闳夭之状，面无见肤。傅说之状，身如植鳍。伊尹之状，面无须麋（麋与眉同）。禹跳汤偏，尧舜参牟子（当时传言，今书传亦难详究所出也）。今世俗之乱君，乡曲之儇子，莫不美丽姚冶，奇衣妇饰。故君子之度已则以绳，接人则用枻。

以上《非相篇》。

欺惑愚众。矞宇嵬琐（矞与谲同。嵬，高不平也）。忍情性，綦溪利跂。终日言成文典，及紃察之（紃与循同），则倜然无所归宿（倜然，疏远貌）。犹然而材剧志大，闻见杂博（犹然，舒迟貌。《礼记》："君子盖犹犹尔"）。世俗之沟犹瞀儒，嚾嚾然不知其所非也（沟，读为怐。怐。愚也，音寇。犹，犹豫也，不定之貌。瞀，闇也）。以不俗为俗，离纵而跂訾者也（离俗，放纵。自高，毁人）。士君子之容：其冠进，其衣逢（逢，大也，有逢掖也），其容良；俨然，壮然，祺然，蕼然（或曰当为"肆"，谓宽舒之貌），恢恢然，广广然，昭昭然，荡荡然，是父兄之容也。其冠进，其衣逢，其容悫；俭然，恀然（《尔雅》曰："恀，恃也。"恀然，恃尊长之貌），辅然，端然，訾然，洞然（茶敬之貌。《礼记》曰：'洞洞乎其敬也'），缀缀然（不乖离之貌，谓相连缀也），瞀瞀然（不敢正视之貌），是子弟之容也。吾语汝学者之嵬容：其冠絻（絻当为俛），其缨禁缓，其容简连；填填然（满足之貌），狄狄然（狄读为趯。跳躍之貌），莫莫然（静也，不言之貌），瞡瞡然，瞿瞿然（瞪视之貌），尽尽然（极视尽物之貌），盱盱然（张目之貌）；酒食声色之中，则瞒瞒然（闭目之貌），瞑瞑然（视不审之貌）；礼节之中，则疾疾然，訾訾然；劳苦事业之中，则儢儢然（不勉强之貌。音吕），离离然（不亲事之貌），偷儒而罔，无廉耻而忍謑訽（《汉书·贾谊传》："奊诟亡命。"奊音洁），是学者之嵬也。弟佗其冠，衶禫其辞（冲澹），禹行而舜趋，是子张氏之贱儒也。

以上《非十二子篇》。

可炊而僓也（炊与吹同。僓当为僵）。辟之，是犹伏而咶天（咶与舐同。愈益远也），救经而引其足也。

以上《仲尼篇》。

《荀子》三十二篇为卷二十，唐杨倞注，卢氏文弨谢氏墉校证本，悉伯谓最为精细（《日记补》第八册四十六页）。今日挥汗，粗及其三卷而止。章句小儒，请事斯语。

1936年11月6日

悉伯日记在当日已有酷好之者，吴县潘绂翁摘其日记及《东鸥日记》，手录两书，曰：“莼记摘隽，云记摘艳（见庚申六月十八日记）。”前辈嗜学虚怀，即此可见。昨日吴宗慈（南丰）言近人金梁集翁（常熟）、李王（湘潭）、叶（长洲）四家日记中，朝政时事，录而成书，治国闻者，或资乎是，书虽未见，大约射利者为之。即以兹记而言，悉伯自署为《越缦堂日记》，自是以后为《孟学斋日记》《桃华圣解盦日记》《祥琴室日记》，终于《荀学斋日记》，亘三十年得五十一册，统名之为《越缦堂日记》，尚无不可，此十三册名之曰《越缦堂日记补》，意以补已出版者之未备也，然名之不正，又伤不辞，今之学者真荪卿所谓“小人之学，以为禽犊”者矣。

明王志坚《四六法海》，《四库提要》称其能溯骈偶之本始，其随事考证，亦皆典核，四六中第一善本（家藏有蒋心余评本）。至王勃作《滕王阁序》时，勃已以罪废父福坐，勃左迁交阯令，勃往省父，道经南昌，遂有此作，旋渡南海，坠水而卒。《旧唐书》云时年二十八，《新唐书》云二十九，俗因序中有“家君作宰，路出名区；童子何知，躬逢胜饯”句，以有十四岁之妄说，志坚仍之而未能正。悉伯谓是误始于王定保《摭言》（五代人，记唐代贡举之制特详，书凡十有五卷），而《法海》所收颇多不常见之篇云（庚申六月日记）。

河间《史通削繁》，予癸亥得自青州，经详校所削之处而论其不可，然王祭酒《骈文类纂》全依《削繁》录之。悉伯（庚申十二月）日记眉端有一段曰（似是周叔云手迹）：“河间批点《史通》原本，所取者记以朱笔，其纰谬者则以绿笔点之，冗漫者则以紫笔点之，然皆有纠正语。涿州卢敏肃（坤）仅以朱笔，所取者付梓改成节删之本。”悉伯记云：“古书即极有疵病，必须存其真面目。文之佳恶，作者自有之，读者亦可自知之。况子元学识冠绝史家，其议论间有偏戾，乃恐以讥毁国史获罪，故托于譠言，遍诋经籍（按此论亦未圆到），诚不得已而言，昔贤论之甚详。河间博洽，北方之学者无出其右，而亦为此卤莽，踵明人之恶习，殊不可解（复案周氏眉批，语应移于此段下）。”窃喜拙见有同昔贤。

比年于《越缦堂日记》反复数匝，自以为可以意得先生矣，而仍以不见其中年以前之记为憾。盖一生学问之成否，关键厥在此时，其如何以成学也，尤以此时日记为最可参镜，吾补读此记毕，自负可以窥先生矣。

先生书学，三十以前犹乎人耳，三十以后卓然成家，深得《争坐位》圆劲润健之旨。四十以后，小学以精，遂无一字不合六书。五十以往弥归平正，其他造诣胥视是矣。此十三册中所存诗词较多，惊艳绝才，地灵人杰。中岁治史深于研经，遭时陷崩，思以经济自效者，筵前尊侧未尝忘也。浙东沦没，木兰晚出，奉檄无自，借著陈言。辛酉十二月所为御史朱潮代摺三千余言，出于至诚，洞识时证，当日行军运饷，地势人物瞭然，如数掌纹，此才而令流落，宰相之罪也，岂惟一雪处士虚声之耻而已哉。

补读粗竟，景仰弥深，撮笺数则，但广见闻，其与平日肄业有相印证者，分条注入各书或拙记眉端，其尚须细核之，则乙识之，以待寻讨，至第十三册（壬戌九月至癸亥三月）尤先生壮年功力最为孟晋之时。如因阅《援鹑堂笔记》而论及各家文派，因排比用书而论及为学先后（此条已录于上），因读《经世文编》而论及为汉宋学者之得失，因翁批《戴氏遗书》而发挥近儒升沉显晦之原，成《国朝儒林论》，因阅《惜抱文集》而详校一代之掌故诸篇。莫非取精用宏，眼巨心细，即令所传止于此册，已足睥睨千人，鞭笞余子，况乎此后尚有三十许年之名山盛业乎，浪得浮名者，胥时而靡耳，微武子，吾谁与归。

1936 年 11 月 7 日

授奇解理论一课，偶文二课。雠正字，及于“群”，应为“羣”，尔须从示。吾徒怪之，意谓作群从衣何必苛求。此今之学士也。按《五经文字》（三卷，唐张参撰，凡三千二百二十五字，依偏旁为百六十部。初书于屋壁，后易木板易石刻，后周雕印成书，吾国印板之最早者。《辞源》）云：“羣，俗作群。”则其俗也亦已古。记宋科举时，因群字罣黜一卷有争之者，主司曰：“不能令人言有羊君并肩之也（俟检所出）。”

又《说文》无“禰”字。小徐新附之讼系盈廷。钱竹汀《廿二史考异》论《史记》中“祖禰”一条，谓“禰，即爾字。盖言父于我最近，故曰爾也，后人加示旁。”又按张行孚《逸字识误》云：“考禰之正字，当作昵。《商书》‘典祀无丰于昵。’《释文》马注云：‘昵，考也，谓禰庙也。’”又云：“其作禰者，盖其先借爾为昵。后因事属祭祀，故加示作禰。要之禰衡且以为姓。”则汉时早有此字。

1936 年 11 月 8 日

点校《荀子》（荀卿又称孙卿，按又曰荪卿，汉宣帝名询，刘向编录故以荀卿为孙卿。谢墉本书序不然之，谓如后汉诸荀皆不避）三卷。

《荀子·儒效篇》

鲁之粥牛马者不豫贾（杨注：“豫贾，定为高價也。”此贾读为價。下“君子不如贾人。”注：“贾与估同。”按《说文》：“贾，贾市也。从贝襾声。”襾，呼讶切。一曰坐卖售也。价，新附字。估则俗字。贾本商贾字，賨贾所市之物值，亦同曰贾。本无二事，后人别其字并别其音耳。雷深之云：“估，古通用辜”）。不恤是非然不然之情，以相荐撙，以相耻怍，君子不若惠施、邓析（荐，藉也。谓相蹈藉撙抑，皆谓相陵驾也。怍，惭也。）。是杅杅亦富人已（杅杅，即于于也。自足之貌。庄子曰：“听居居视于于也。”）。故外阖不闭，跨天下而无蕲（跨，越也。蕲，求也）。逢衣浅带，解果其冠。億然若终身之虏，而不敢有他志：是俗儒者也（億，字书无所见，盖环绕囚拘之貌。庄子曰：“睆然在纆缴之中矣。”）。倚物怪变（倚，奇也。）。无所儗㤰。（儗读为疑。㤰，与怍同。）故人无师无法，而知则必为盗，勇则必为贼，云能则必为乱，察则必为怪，辩则必为诞。宇中六指谓之极（六指，上下四方也。）。积反货而为商贾（反读贩）。愚陋沟瞀（《非十二子篇》云：“世俗之沟犹瞀儒。”）礼者，人主之所以为群臣寸尺寻丈检式也。人伦尽矣（按本节之首人伦二字为句。此伦当读为论。）。

《王制篇》

请问为政？曰：贤能不待次而举，罢不能不待须而废（注："须臾也。"按须之正字为顉。顉，待也。从立须声。《群经正字》云："《乐记》礼乐不可斯须去身。《中庸》不可须臾离也。"并当作此顉字）。财万物（财与裁同）。以类行杂，以一行万。始则终，终则始，若环环无端也。审诗商（诗商，当为"诛赏"。或曰：诗歌谣。商声哀音）。辨功苦（韦昭曰："功坚。苦脆也。"）。修采清。平室律（不使容奸人）。岂渠得免夫累乎（卢案："渠与遽同。"瑾按《史记·陆贾传》："使我居中国，何渠不若汉？"索隐注："《汉书》作遽字。"《汉书·孙宝传》："掾部渠有人乎？"）？

《富国篇》

贪利纠譑（譑，发人罪也）。故天子袾裷、衣冕（袾，古朱字。裷与衮同，"画龙于衣"谓之衮。谨按《说文》："袾下引《诗》'静女其袾。'"），诸侯玄裷、衣冕，大夫裨、冕（裨之言卑也），士皮弁、服。不然而已矣（不唯如此而已），有掎挈伺诈（有，读为又），权谋倾覆，以相颠倒，以靡敝之。百姓晓然皆知其污漫暴乱而将大危亡也。掩地表亩，刺屮植谷。人善治之，则亩数盆（盖当时以盆为量。引墨子曰："待子以千盆，授我五百盆。"）。然后瓜桃枣李一本数以盆鼓（鼓，量也）；然后荤菜百疏以泽量（言满泽也）。天下敖然，若烧若焦（敖，读为熬）；墨子虽为之衣褐带索，嚽菽饮水（嚽与啜同），恶能足之乎？皆知己之所愿欲之举在是于也，故其赏行（是于，犹言于是也）。垂事养民（垂，下也。谓施小惠也），拊循之，唲呕之。（呕与讴同）冬日则为之饘粥，夏日则与之瓜麮（麮，煮麦饭也。丘举切），以偷取少顷之誉焉。僡然要时务民（僡然，尽人力貌。《说文》云："僡，终也。要时趋时也。"僡，子劳反）。使民夏不宛暍（宛，读为蕴。暑气也。诗曰："蕴隆崇崇。"暍，伤暑也），冬不冻寒，急不伤力，缓不后时。观国之治乱臧否，至于疆易而端已见矣。其候缴支缭（候，斥候。徼，巡也），其竟关之政尽察：是乱国已。其礼义节奏也，芒轫僈楛：是辱国已（轫，柔也。怠惰之义。僈与慢同）。仁人之用国，将修意志，正身行，伉隆高（伉，举也。举隆高，远大之事），致忠信，期文理。布衣紃屦之士诚是（紃，絛也。谓编麻为之麤绳之屦也。或读为穿），则虽在穷阎漏屋，而王公不能与之争名。境内之聚也保固，视可（视其可进。谓观衅而动也），午其军（午，读为迕。遇也），取其将，若拨麷。则国安于盘石，寿于旗、翼（旗，读为箕。卢氏曰："《天官书》亦有旗星"）。虽为之逢蒙视，诗要、桡腘（腘曲脚中），君卢屋妾（卢当为庐），由将不足以免也（由与犹同）。

1936年11月9日

按汉始以《易》《诗》《书》《礼》《春秋》立于学官，五经之名始定。唐以《周礼》《仪礼》《公羊》《谷梁》分而习之，析为九经，列于学官，开成刻石国子学。又有《孝经》《论语》《尔雅》，是为十二经。观宋岳珂《相台书塾刊正九经三传沿革例》（粤雅堂丛书本。一曰书本、二曰字画、三曰注文、四曰音释、五曰句读、六曰脱简、七曰考异。其论字学曰："字学不讲久矣。今文非古，讹以传讹。魏晋以来，则又厌朴拙，耆姿媚（六语道尽通病）。随意迁改，义训混淆，漫不可考。重以避就名讳，如操之为掺，昭之为佋，此类不可胜举。唐人统承西魏，尤为谬乱。至开元所书五经，往往以俗字易旧文，如以颇为陂，以便为平之类。五季而后，镂版传印，经籍之传虽广，而点画义训讹舛自若。"酌古准今，通人之论），则离春秋三传而言之。而唐陆《经典释文》（珂书于字画条下举《说文》"至毛晃增韵，各书不及陆释。"不知何故），跻《老》《庄》于经典，未列《孟子》。德明生于陈代，仍沿六朝习尚也。宋列《孟子》经部，十三经之名始立，有明毛晋汲古阁本，明北监本，乾隆四年武英殿仿毛刻本附考证本，同治十年广州书局覆刻殿本，阮文达依宋刻本附《校勘记》，世以为最有益学者（张孝达《书目答问》），列《周易正义》十卷（魏王弼、韩康伯注，唐孔颖达等《正义》）、《尚书正义》二十卷（《汉·孔安国传》孔义）、《毛诗正义》七十卷（汉毛公传、郑玄笺、孔义）、《周礼注疏》四十二卷（汉郑玄注，唐贾公彦疏）、《仪礼注疏》五十卷（汉郑玄注，唐贾公彦疏）、《礼记正义》六十三卷（郑玄，孔义）、《春秋左传正义》六十卷（晋杜预注，孔义）、《春秋公羊传注疏》二十八卷（汉何休注，唐徐彦疏）、《春秋谷梁注疏》二十卷（晋范宁注疏）、《论语注疏》二十卷（魏何晏等注，宋邢昺疏）、《孝经注疏》九卷（唐玄宗明皇帝御注，宋邢昺疏）、《尔雅注疏》十卷（晋郭璞注，宋邢昺疏）、《孟子注疏》十四卷（汉赵岐注，宋孙奭疏），万物之大，原在于是矣。《大学》《中庸》为《小戴记》四十九篇之二篇，宋朱熹列之四子书，俗儒又以其章帙较少，首以课蒙，皆失程序。清雷浚著《说文外编》（考《说文》所无，经典所有字），以《大学》《中庸》《论语》《孟子》《易》《书》《诗》《礼记》《周礼》《仪礼》《左传》《公羊传》《谷梁传》为次，甚矣其陋也。虽经俞樾序揭，而其书以不二字为律，既写定矣，未及厘正，大为疵累耳。

1936年11月10日

岳珂（字肃之，号亦齐，汤阴人，鄂忠武王孙。家藏其《愧郯录》《桯史》二书）《刊正九经三传》，印本久已不传（伍崇曜云），即其《刊正沿革例》一卷，观之思深辨洽，匪直以校本夸多而已。《音释》条下云："有音重复而徒乱人意者。如尧典，光被四表，被，皮寄反，而徐又音扶义反，以扶字切之，则为音吠。盖徐以吴音为字母，遂以扶为蒲。以蒲切之，无异于皮寄反，法应删。又如曲礼，负剑辟咡诏之，辟，匹亦反，是音僻矣，而徐又音芳益反，沈氏又音扶亦反。以芳与扶切之，实不成字。盖吴音以芳为滂，以扶为蒲，二切皆音僻，又何必音此一字为哉。"如此者甚多。

又云："有用吴音为字母而反切难者。沈氏、徐氏、陆氏皆吴人，故多用吴音。如以丁丈切长字，丁仲切中字，是切作吴音也。以至蒲之为扶，补之为甫，邦之为方，旁之为房，征之为丁，铺之为孚，步之为布，惕之为饬，领之为冷，茫之为亡，姥之为武，敌之为直，是以吴音为切也。此类不可胜纪，但欲知此则以吴音切之可也。"

观此二则，宋前吴音所赖以流留者至多，今此音大半尚伏在吴越赣湘之间，尤以潮音为特。伙舍征不为丁铺不为孚外，今方言无一不然，即临文已多变音。而俗言不可易也，如长读如潜，而俗言仍丁郎反。芳读孚光反，而俗言仍普冈反。吾又以知南渡衣冠，远徒南陬，海田屡更，血胤犹在。此亦有不可得而变革者也。

1936年11月11日

加朱毕校《礼运篇》，助以翁方钢《礼记附记》。

《礼运篇》："故君者所明也，非明人者也。故君明人则有过。"郑注："'明'犹'尊'也。"下文"故百姓则君以自治也。"注："则，当为明。"《释文》："则君则，音明。""大夫死社稷谓之变。"注："变，当为辩声之误也。辩，犹正也。"《释文》之变，音辩。此种处容有未安者在，据之以改经，固嫌失据，因之以非。郑亦属浅尝，翁覃溪《礼记附记》六卷（据畿辅丛书本），极口讥弹，出言失检，如此治经，窃所未喻（中至有如此作注，何赖注为之语）。

"故事大积焉而不苑。"《释文》："苑，于粉反，积也。"朱骏声谓"假借为郁为薀"，引《管子·地员篇》"其叶若苑"。注谓"蕴结"。按《诗》"我心蕴结"，《笺》："读如郁。"

"污尊而抔饮。"注："污尊，凿地为尊也。抔饮，手掬之也。"《说文》无杯字。瑾按下文"人情以为田。"注："田人所捊治也。"字作捊。孔《正义》云："捊，谓以手捊聚。"《说文》："捊，引取也，步侯切。"声同义近。

"夏则居橧巢。"陆《释文》云："橧，本又作增（殿本阮本同），又作曾，同，则登反。"据此则假借为层也。雷氏引《释文》"增本作竲。"《说文》固无从木之"橧"，而"立部"竲下云："北地高楼无屋者。"段注亦云："《礼运》本又作竲。"

"疏布以幂。"注："幂覆奠也。"《说文》无幂字。阮记云："石经作幂。"又曰："依《说文》当作幎。"雷云："《周礼·幂人》'以疏布巾幂八尊，以画布巾幂六彝。"其字皆作幂。

"凤以为畜，故鸟不獝。"注："獝，飞之貌。"《释文》："矞，字又作獝。况必反。"《说文》无"獝"字。钱氏大昕"以獝为鸟飞，不应从犬旁"。《走部》有趫字，训狂走。矞本有狂义，因矞狂连文并矞字亦加犬旁，犹展转之展作辗。铁质之质作锧也。谨按矞狂双声并属见纽，矞狘亦然。《释文》况必、况越二切。阮本并作泥必切、泥越切。此二音俱不入泥纽，形涉泥而讹也。

1936年11月12日

夜读《荀子·王霸篇》：

及其綦也，索为匹夫不可得也（綦，谓穷极之时）。夫人之情，目欲綦色，耳欲綦声，口欲綦味，鼻欲綦臭，心欲綦佚（綦，极也，綦或为甚。传写误耳）。綦之而亡。非綦文理也。綦大而王，綦小而亡。如是，则下仰上以义矣，是綦定也。綦定而国定

（綦当为基，基本也。又按《非十二子篇》：“綦溪利跂。”注：“綦溪盖与跂义同。”并假借篆文綥），栎然扶持心国（栎，读为落。石貌也。落然如石之固也）。鰼然上下相信，而天下莫之敢当（鰼，齿相迎也。鰼然上下相向之貌。鰼，士角切。按《唐均》侧鸠切。《说文》齿挤也。《管子》：“车毂鰼骑”）。罣牢天下而制之（罣牢未详，或作毕）。潢然兼覆之（潢与滉同。大水貌也）。是故百姓贱之如觛（字书无觛字，盖当为尪。《礼记》：“吾欲暴尪，而奚若?”），恶之如鬼，口欲司间，而相与投藉之，去逐之（藉，践也）。啖啖常欲人之有，是伤国（啖啖，并吞之貌）。百工将时斩伐，佻其期日，而和其巧任（佻与傜同，缓也。巧任，巧者之任）。

《君道篇》：

有乱君，无乱国；有治人，无治法。斗斛敦概者，所以为啧也（啧，当作情实解）。故君子恭而不难，敬而不巩，狂生者不胥时而落。如四胑之从心（四胑宋支作四支。按胑或体，肢下云：胑或从支）。倜然乃举太公于州人而用之（按倜傥俱新附字，《庄子》：“傥然不受”）。齫然而齿堕矣（齫，当作齫。与齳同。按：《说文》作齳。下之无齿也）。天下之变，境内之事，有弛易齵差者矣（按：《说文》齵，齿不正也）。应薄扞患（按：薄，迫也。《易》：“雷风相薄。”）。

《臣道篇》：

齐急如响（齐，疾也。按《尔雅·释诂》齐，疾也。《修身篇》：“齐给便利。”《尚书大传》：“多文而齐给”）。喘而言，臑而动，而一可以为法则（臑与《劝学篇》蝡同。喘，微言也。一皆也）。

《致士篇》：

隐忌雍蔽之人，君子不近；货财禽犊之请，君子不许。程者，物之准也；礼者，节之准也。程以立数，礼以定伦。师术有四，而博习不与焉。水深则回，树落粪本（谓木叶落，粪其根也）。

《议兵篇》：

善用兵者，感忽悠闇，莫知其所出（谓倏忽之间）。滑然有离德者也（滑，乱也）。案角鹿埵陇种东笼而退耳（皆摧败披靡之貌）。是其去赁市佣而战之几矣。冠軸带剑（軸，与胄同）。鰌之以刑罚（鰌，藉也。《庄子》：“风谓蛇曰，鰌我亦胜我。”李注同）。掎契司诈，权谋倾覆，未免盗兵也（掎契，犹言掎摭也）。有功如幸（不务骄矜），敬谋无圹（无圹，言不敢须臾不敬也。圹与旷同）。服者不禽，格者不舍，犇命者不获。以故顺刃者生，苏刃者死，犇命者贡（苏读为傃。傃，向也。谓相向格斗者）。楚人鲛革、犀兕以为甲，鞈如金石（鞈，坚貌。按《说文》鞈，防汗也。段注：“据此谓应作防捍也”）；宛钜铁釶（宛，地名，属南阳。大刚曰：“钜釶与鍦同。”矛也。篆作鉈），惨如蜂虿；轻利僄遫（僄，亦轻也，匹妙反。遫与速同。按为速重文），卒如飘风。城郭不辨（辨，治也），沟池不柦（柦，古掘字。或曰当作扣。卢氏非前说，是后说），固塞不树，机变不张。罪人不邮其上（邮，怨也。朱氏云假借为訧。《尔雅·释言》：“邮，过也。”《王制》：“邮罚丽于事”）。焉虑率用赏庆、刑罚、埶诈（焉虑，无虑。犹言大凡也）。霍焉离耳（霍焉，犹涣焉也）。雕雕焉县贵爵重赏于其前（雕雕，章明之貌）。矜纠收缭之属，为之化而调（矜，夸汰。纠，发摘。收，掠美。缭，委曲）。

《强国篇》：

刑范正（杨注："刑与形同。范，法也。"谨按刑应作荆，从井。《说文》："荆，罚辠也。从井从刀。"《易》曰："井，法也。井亦声。"《礼运》："刑仁讲让"），金锡美，工冶巧，火齐得（注："谓生孰齐和得宜。"《考工记》云："金有六齐。"才细反。按朱氏《通训》云："或曰亦借为剂也"），剖刑而莫邪已。劙盘盂，刎牛马，忽然耳。百姓劫则致畏，嬴则敖上（稍嬴缓之则敖谩）。黭然（乌感反。卒至貌）。倜然（高举貌）。反然（翻然，改变貌。谨按《孟子》："既而幡然改曰。"注："幡然，变动貌。"字作幡）。大燕鰌吾后（鰌，蹴也，藉也。按《议兵篇》"鰌之以刑罚"）。今已有数万之众也，陶诞、比周以争与（陶当为梼杌之梼）；已有数百里之国者也，污漫、突盗以争地。辟之是犹伏而咶天，救经而引其足也（咶与舐同。按《说文》无咶字，亦无舐字，《舌部》䑛，以舌取食也。或从也作弛）。是渠冲入穴而求利也（渠冲，攻城之大车也。《诗》曰："临冲闲闲。"）。

《天道篇》（文从字顺，行笔如天马御空）：

怪星之黨见。（杨注："黨见，频见也。言如朋黨之多见。"谨按朋黨字作攩，隶变固不尽然。许文本义黨，不鲜也，假借为鄙或作倘。《释言》曰："五百家为黨。此谓黨同尚。"《庄子·缮性》："物之黨来寄也。"杨注："失之矣。"）

《正论篇》：

治古无肉刑，而有象刑、墨鲸、慅婴（郑云："凶冠之饰，令罪人服之"）。共，艾毕（共，或衍。艾，苍白色。毕与韠同，罪服）；菲，对屦；（菲，草。屦，当为紨。方孔切。枲也），杀，赭衣而不纯（纯，缘也，音准。杀之所以异于常人之服也）。是规磨之说也（差错之说），沟中之瘠也。血气筋力则有衰，若夫智虑取舍则无衰。备珍怪，期臭味（期当为綦。极也），曼而馈（曼当为万。列万舞而进食。际遇按：曼，引也。臣锴曰："古云乐有曼声，是长之声也。"则不必为万也），代睾而食（或曰当为泽。泽兰也）。侧载睪芷以养鼻（睪芷，香草也）。三公奉軶持纳（軶，辕前也。纳与軜同。軜谓骖马内辔系轼前者。《诗》曰："鋈以觼軜"）。朱、象者天下之嵬，一时之琐也。衣衾三领（三领，三称也。按潮方言尚存此语）。孔子曰："天下有道，盗其先变乎！"加之以丹矸（丹，砂也），重之以会青（铜之精形如珠者）。今人或入其央渎（中渎也，如今人家出水沟也）。金舌弊口（以喻不言），犹将无益也。将以为有益于人？则与无益于人也（与读为预。本谓有益于人，反预为无益于人之论也。按与，犹如也。《子虚赋》："楚王之猎，孰与寡人乎?"）。詈侮捽搏（捽，持头也。搏，手击也），捶笞、膑脚（刖其膝骨），斩、断、枯、磔（枯，弃市暴屍也。《周礼》："以疈辜祭四方百物"）、藉、靡、舌缚，是辱之由外至者也。譬之，是犹以塼涂塞江海也（以涂垒塼），以焦侥而戴太山也，蹎跌碎折，不待顷矣。

《礼论篇》：

椒兰芬苾，所以养鼻也（按《诗》曰："苾苾芬芬。"《说文》："苾，馨香也"）。疏房檖貊（疏，通也。通，明之房也。須，貌重文。檖或为邃），越席床笫几筵，所以养体也（笫床，栈也。越席，蒯蒲席也。按《说文》笫，床箦也。从竹朿声）。寝兕持虎，蛟韅（韅，马服之革。按《说文》无韅字。《左僖廿八年传》："韅靷鞅靽"）、丝末、弥龙，所以养威也。孰知夫出死要节之所以养生也（孰，甚也）！利爵之不醮也（醮，尽也。利成之时，其爵不卒奠于筵前也），成事之俎不尝也（成事谓尸既饱，礼成不尝其俎），三臭之不食也，一也（臭，谓歆其气。一谓一于古也）。三年之丧，哭之不文也，《清庙》之歌，一唱而三叹也，县一钟，尚拊之鬲，朱弦而通越也，一也。凡礼，始乎棁（《史记》作脱），成乎文，终乎悦校（《史记》："始乎脱，成乎文，终乎税。"《礼记》："礼主其减。"校未详）。礼之理诚深矣，"坚白""同异"之察入焉而溺；其理诚大矣，擅作典制僻陋之说，入焉而丧，其理诚高矣。暴慢恣睢轻俗以为高之属，入焉而队。方皇周挟（读仿偟。挟读浃。匝也），曲得其次序，是圣人也。君子以倍叛之心接臧榖，犹且羞之，而况以事其隆亲乎（庄子曰："臧与榖，相与牧羊"）！皆有翣蒌文章之等以敬饰之（当为蒌翣。郑曰："棺之墙饰之"）。刑余罪人之丧，以昏殣，凡缘而往埋之（凡，常也。缘，因也。言其妻子如常日所服而埋之，不更加绖杖也。）。紸纩听息之时（紸，读为注。注纩即属纩也。），则夫忠臣孝子亦知其闵已。故殡，久不过七十日，速不损五十日。丧礼之凡（凡，谓常道）：变而饰，动而远，久而平。故变而饰，所以灭恶也；动而远，所以遂敬也；久而平，所以优生也。故其立文饰也，不至于窕冶（窕，读为姚。姚，妖美也。）。故说豫娩择，忧戚萃恶，是吉凶忧愉之情，发于颜色者也（娩，媚也，音晚。萃顇同。按《说文》无娩字。《内则》："姆教婉娩听从。"郑注："娩之言媚也，谓容貌也。"《说文》："㝃，生子齐均也。"娩，兔子也。或作嬔。薛传均曰：娩即㝃之省）。歌谣謸笑，哭泣谛号，是吉凶忧愉之情发于声音者也（謸与傲同，戏谑也。《说文》云："謸，悲声。"与此义不同。谛读为啼。《管子》曰："豕人立而啼。"古字通用。按《说文》字作謷。《释训》曰："嚣嚣，傲也。"段云："嚣嚣，即謷謷之假借"）。刍豢、稻粱、酒醴，餰（鬻重文）鬻、鱼肉、菽藿、酒浆，是吉凶忧愉之情发于食饮者也。卑絻、黼黻、文织，资麤、衰绖、菲繐、菅屦，是吉凶忧愉之情发于衣服者也（卑絻与裨冕同。衣裨衣而服冕也。资斋同。即齐衰也。菲，草衣盖如蓑然。繐，繐衰也）。疏房、檖貌、越席、床笫、几筵，属茨、倚庐、席薪、枕块，是吉凶忧愉之情发于居处者也（茨，盖屋草也。属茨，令茨相连属而已。至疏漏也。倚庐，郑云："倚木为庐，有一边著地如倚物者。"既葬，柱楣涂庐也）。非顺孰修为之君子，莫之能知也（顺，从也。孰，精也。修，治也。为，作也）。始卒，沐浴、鬠体、饭唅，象生执也（《仪礼》："鬠用组。束发也。"）。不沐则濡栉，三律而止。不沐则濡巾，三浴而止（律，理发也。今秦俗犹以枇发为栗。按潮方言尚存此语）。充耳而设瑱，饭以生稻，唅以槁骨，反生术矣。说亵衣袭三称，缙绅而无钩带矣。设掩面儇目（儇与还同。绕也），鬠而不冠笄矣。书其名，置于其重，则名不见而柩独明矣。铅过故乡（铅与沿同。循也），则必徘徊焉，鸣号焉，踯躅焉，踟蹰焉，然后能去之也。是以繇其期足之日也（繇，读为由。从也）。祭者，志意思慕之情也。憆诡唈僾，而不能无时至焉（憆，变也；诡，异也，皆谓变异感动之貌。言人感动或愤郁有待而至也）。案屈然已，则其于至意之情者，惆然不嗛，其于礼节者，阙然不具（屈，竭也。屈然，空然也。惆然，怅然也。嗛，足也）。故钟鼓管磬，琴瑟竽笙，韶夏护武，汋桓箾简象，是君子之所以为憆诡其所喜乐之文也（箾，音朔。贾逵曰："舞曲名武汋。"桓、皆，《周颂篇》名。简未详。象，周武王伐纣之乐也）。齐衰、苴杖、居庐、食粥、席薪、枕块，是君子之所以为憆诡其所哀痛之文也。师旅有制，刑法有等，莫不称罪，是君子之所以为憆诡其所敦恶之文也。

《因树山馆日记》第五册

（1936 年 11 月 14 日—12 月 31 日）

1936 年 11 月 14 日

日校《礼记》，夜读《荀子》。

加朱《礼器篇》，郑《注》云：“礼器，言礼使人成器，如耒耜之为用也。”“耜”字累见经传，《说文》“耒下云：‘手耕曲木也。从木推丯。古者垂作耒梠以振民也。’”小徐改梠作耜。段改作枱，正文无耜字。

“君尊瓦甒。”《注》：“凡觞一升曰爵，二升曰觚，三升曰觯，四升曰角，五升曰散。壶大一石，瓦甒五斗。”《说文》无“甒”字。《士冠礼》：“侧尊一甒醴。”郑《注》：“古文甒作庑。”

“大夫士棜禁。”《注》：“棜，斯禁也，谓之棜者，无足有似于棜，或因名云耳。大夫用斯禁，士用棜禁。如今方案，隋长局足，高三寸。”（隋，他果切。按今作椭）《说文》无“棜”字。孔注：“棜，今之轝也。”

“有撕而播也。”《注》：“撕之言芟也。”雷云：“芟即撕之正字。古或假斲字为之。”

“稾鞂之设。”《注》：“穗去实曰鞂。”《禹贡》：“三百里纳鞂服。”今《禹贡》作秸。

1936 年 11 月 15 日

“卑，贱也，执事者，从左甲。”“單，大也。从吅𠀠，吅亦声。阙。”阙者谓𠀠形，未闻也。𠀠，非字。钟鼎或为[illegible]，或[illegible][illegible][illegible][illegible]。小篆已整齐之，不待分隶之变（予前记有写作[illegible]。又戰字作[illegible]者，不学之甚）。有（王严二家）谓“𠀠从败車之形。”章氏文始谓[illegible]于六书为指事转变乃作[illegible]，诗言“三單”（三辰之旗），犹《史记》言“三嬗”。又范蠡释單篆，非。段、王、严、朱[①]诸家之说，仍云單作𠀠形，本无一定。许云：“阙者不能定其为何字也。”以此叹补阙之匪易。

不夷不惠，不狭隘不流，吾闻其语矣。然褦襶缠人，胸襟顿塞。虽支吾接待，而意趣皆乖，既不及取瑟而歌，又未敢隐几而卧，幸而告退，兴言回车，而气宇黯尘，鬲次作恶，展卷无味，引痪不甘，我之大贤与我之不贤与无计自知，惟自伤其不广而已。夜杂览无得。

【注释】

①段、王、严、朱：分别指段玉裁、王筠、严可均、朱俊声。

1936年11月20日

读荀子《礼论》《乐论》二卷二遍，日方出。皆与三礼互相发明，扶翼圣经，其功何在禹下。历周洎汉，孟、荀并称，宋儒右孟以左荀，明张（孚敬）请黜于文庙，“国有颜子[①]，秦无绕朝[②]”（《左文·十三年传》），眉山[③]之论，未闻大道，昌黎之说，谬为折衷，猥使千载，頖林束其书而吠其影，事之不平，宁有过此，予亦晚学，心仪耆儒，“生于今而志乎古，则是其在我者也（二语出《天论篇》）。”

谢侍郎[④]《序》言：“《小戴》所传《三年问》全出《礼论篇》，《乐记》《乡饮酒义》所引俱出《乐论篇》，《聘义》‘子贡问贵玉贱珉’亦与《德行篇》大同，《大戴》所传《礼三本篇》亦出《礼论篇》。《劝学篇》即《荀子》首篇，而以《宥坐篇》末‘见大水’一则附之，‘哀公问五义’出《哀公篇》之首。则知荀子所著，载在二《戴记》者尚多，而本书或反阙佚。”“愚窃尝读其全书，而知荀子之学之醇正，文之博达，自四子以下，洵足冠冕群儒，非一切名、法诸家所可同类共观也。”

斯言至矣，杨[⑤]注卢[⑥]校，又古义异诂所赖以保存者。授徒归，朱校“礼”“乐”二论，而摘记笺释，仍殿上卷日记，而发其凡于此篇。

【注释】

①颜子：指孔子弟子颜回。

②绕朝：春秋时期秦国大夫。

③眉山：指苏东坡。

④谢侍郎：指谢墉。

⑤杨：指杨倞。

⑥卢：指卢文弨。

1936年11月21日

《荀子集解》二十卷，王先谦《集解自序》于光绪十七年，长沙王氏印本中据杨《注》、卢《本》（即谢所序本）、郝氏《荀子补注》、王氏（念孙）《杂志》校荀。俞氏《平议》附以近儒诸说及己说，以刘向《叙录》殿焉，而冠以《考证》二卷（涵芬楼景印本六册，列《考证》为第六册，然原刻明标曰卷首也），采录汉、隋及旧新唐书、《宋史·艺文志》、宋刻曾公亮唐仲友原《序》、宋晁公武《郡斋读书志》、陈振孙《直斋书录解题》所论注、王应麟《汉·艺文志考证》及《困学纪闻》三则、《四库提要》二则、各家书目存录语五则，并谢《序》、钱（大昕）《跋》、郝书二（懿《与王引之论孙卿书》《与李璋煜论杨倞书》）、王（念孙）黎（庶昌）诸《序》及《荀子》佚文为上卷。汪中《荀卿通论》、胡元仪（湘潭人，字子威，有《毛诗谱》）《郇卿别传》及《考异二十二事》（有非容甫之说）为下卷。自是而荀学灿然大备矣。

容甫之论曰："曲台之《礼》，荀卿之支与余裔也。盖自七十二子之徒既殁，汉诸儒未兴，中经战国、暴秦之乱，六艺之传，赖以不绝者，荀卿也。周公作之，孔子述之，荀卿传之，其揆一也。"益吾之《序》曰："余因以悲荀子遭世大乱，民胥泯棼，感激而出此也（按指性恶论）。荀子论学论治，皆以礼为宗，反复推详，务明其指趣，为千古脩道立教所莫能外。其曰：伦类不通，不足为善学；又曰一物失称，乱之端也。探圣门一贯之精，洞古今成败之故，论议不越几席，而思虑浃于无垠，身未尝一日加民，而行事可信。其放推而皆准，而刻核之徒，诋諆横生，摈之不得与于斯道。余又以悲荀子术不用于当时，而名灭裂于后世流俗人之口，为重屈也。"

窃惟至道之是非有历千祀而未定，晚周之诂训有俟近贤而后明。尤于卿学，验证而信，孟荀合传，夙无轩轾，而孟学汉代尝立博士，邠卿章句，其旨弥明，荀学之传，历至评事，补掇之劳，功半事倍，世以斯非，为老师病，倞之注解，多或臼词，然昼寝铺啜，何玷日月之明，盖阙武城，取其二三而已。仲尼之门，荀卿张之而益大；兰陵楚学，诸儒传授而益彰。祭酒[①]晚清瓣香明德，南风所竞，介被奚穷，挹大德大年之流光，何时尚时评之足云哉。

并二文或叠二文为字，多会意字（箓友云："会意正例"）。列之如下：

（茻，众艸也，从四屮。不从二艸）（分也，从重八）（吅，从四口）（㢴，乖也，从二臣相违。不从二臣。居况切）（二爻也）（竹，象形，不从二个）（声也。段注此义未见用者。今呼兄为哥。际遇按：吾潮仿毛本《汉书·艺文志》引《书》"哥永言。"下曰："咏其声谓之哥。"师古注："哥所以长言之字，并作哥。"监本改为歌耳。故段下又注云："汉书多用哥为歌。"《旧唐书·邠王守礼传》："帝呼宁王为阿哥。"）（众生并立之貌。《诗》："甡甡其鹿。"所臻切。或作诜诜、駪駪、侁侁、莘莘。）（古文，囗中象回转之形。不从二囗。）（緟也，从二夕。𡖈，古文。）（艸木𢎘盛也。从二𢎘。胡先切。大徐引《诗》曰："鄂不韡韡。"韡韡，照也。徐灏曰："《系传》[②]汪马本俱无此篆。故段氏删之。今祁氏刻顾千里影钞宋本《系传》，则有之。"按《玉篇》亦有之。）（葩之总名也。象形。段云："当作从二木。"）（本不胜末，微微弱也。从二瓜。）（二人。为从反。从为比，不从二匕。）（兢也。从二兄。二兄兢意从丰声。读若矜，一曰兢，不从二克。兢亦不从二竞。竞非字。）（兟。兟锐意也。从二先。）（并，视也。从二见。）（选具也。从二页。）（二卩也。巽从此阙。）（二山也。阙。）（二豕。山豳从此阙。）（希属。从二希。息至切。《虞书》曰："𧰨类于上帝。"）（并行也。从二夫。辇字从此。读若伴侣之伴。）（二水也。阙。）（不从二𡿨。）（立，象形。）（二鱼也。语居切。）（飞龙也。从二龍。读若沓。）（到也。从二至。）（闻也。从二户。象形。此是正例。）（安也。从二耳。）（讼也。从二女。女还切。）（贼也。从二戈。《周书》曰："'戋戋巧言'也。"）（强也。重也。从二弓。阙。）（虫之总名也。从二虫。）（瑞玉也。从重土。古文：珪。）（比田也。从二田。阙。）（平也。象二干对冓，上平也。）（二斤也。阙。）（两阜之间也。从二阜。按此与门同类。）（罪人相与讼也。从二辛。）（二入也。㒳从此阙。）（二余也。读与余同。）（二东。曹从此阙。音隐。《玉篇》作遭切。）

要之，舍如从、幵、回等之象形（并兼象形）及阙者阙音之外，皆属会意字，其声与原母相近者，仌、卄、叒、㚘、㚔与所训之字音相近，誩（競）、弜（强）、畕（畺）、絫义近音近亦理之常。而无有从之为义且以之为声者也。

【注释】

①祭酒：指王先谦。

②《系传》：《说文系传》，四十卷，南唐徐锴撰。

1936年11月24日

潮州方言“量斗者所执横木”呼之曰“盖”。《荀·宥坐篇》孔子答子贡之问观水也，曰：“盈不求概，似正。”杨注：“概，平斗斛之木也。”《考工记》曰：“概而不棁。言水盈满则不待概而自平。”按《君道篇》又云：“斗斛敦槩者，所以为啧也。”（卢注：“敦槩即准槩。啧，情也”）故《说文》云：“槩，杚斗斛（段本所以杚斗斛也）。从木，既声（工代切）。”古语之存于方言者，此为最确，不能指为偶合矣。

又见于经籍者，《月令》：“正权概。”郑、高皆云“槩，平斗斛者。是为许君所本。”《曲礼》：“食飨不为槩。”《韩非·外储说》：“槩者，平量也。”《楚词·惜誓》：“同权槩而就衡。”《九章》：“同糅玉石兮，一槩而相量。”《越绝书》：“妻操斗，身操概。”如《楚词》已暂引申其义而用之，至如“凛然皆有节槩。”（《杨恽传》）“我何独能无槩然，”（《庄子·至乐》）“不少槩见。”（《伯夷列传》）“未可一概论之”等义，皆由之引申以出，假义行而本义晦，反以本义为奇诂者多矣，岂独文字也哉。

1936年11月25日

《荀子·解蔽篇》：“背而走，比至其家，失气而死。”杨注：“背，弃去也。”谨按“背而走”者，反背而却走也，上文俯视其影，以为伏鬼也，不欲自见其影，乃出于背走之一途，故下文云“至其家，失气而死。”盖气逆甚矣。（铁夫钺云：背而走，此背字似与兵败北之北同。）

1936年11月27日

《说文》：“喁，鱼口上见。从口禺声。”《新附》：“噞，噞喁，鱼口上见也。从口僉声（鱼检切）。”均据《淮南书》（主术训）：“水浊则鱼噞喁。”高[①]注：“鱼短气出口，喘息之谕也。”以疑许文脱漏，窃以许文既有“喁”字，不需音近义同之噞字。此或当日语言有之，临文者取为连语以便声读耳。《吴都赋》：“泝洄顺流，噞喁沈浮。”庾肩吾“江鱏乍噞喁。”“鱼口出水上。”今吾潮方言犹谓鱼失水口见者曰噞。人口渴而齿见亦曰噞。音存而不知其字者众矣。洪北江《泛舟白云溪诗序》云：“噞喁啾唧，声不得歇。”状鱼也。

《乐记篇》不见《说文》诸字，“五者不乱，则无怗懘之音矣。”《说文》无怗字，懘亦新附。下云：“怗懘，烦声也。”郑注云：“怗懘，敝败，不和貌。”徐笺云：“按此后出之字。”

“礼乐偩天地之情。”《注》：“偩，犹依象也。”雷云：“《正义》两言负依，其字皆作负。”按阮本如此，仿毛本并作偩。《校勘记》未及此字。《史记·乐书》作“礼乐顺天地之情。”梅调鼎有《释偩篇》，谓《乐记》为刘向校定，《史记》为马迁著述，而其文有曰：“栗姬偩贵。”《淮南子》为刘安辑录，而其文有曰：“自偩而辞助。”则“偩”字由来旧矣（高注：“自偩，自恃也。”《诠言训》）

“胎生者不殰，而卵生者不殈。”《注》：“内败曰殰。殈裂也。音呼阒反。”《说文》：“殰，胎败也。殟，胎败也（乌没切）。”无殈字，或以殟为瘟疫字。

“獶杂子女。”《注》：“獶，猕猴也。音乃刀反。依字亦作猱。”雷氏以为即獿之变，正字作夒。

“车甲衅而藏之府库。”《注》：“衅，釁字也。”

“然后圣人作为鞉鼓椌楬壎篪。”仿毛本篪误箎。注并同。

【注释】

①高：指高诱。

1936年11月29日

尽蔚宗《方术传》一卷。

《李南传》：“向度宛陵浦里航。”《注》：“航，以舟济水也。”毛本殿本字并作斻。《说文》：“斻，方舟也。从方，亢声。”臣铉曰：“今俗别作航，非是。”

《华佗传》两见“它”字。毛本“立吐一蛇。”作虵。“顾视壁北，悬虵以十数。”作虵。殿本皆作“蛇”。《说文》：“它，虫也。从虫引长之而已。”隶变为它，又变为也，加虫其旁为蛇为虵，又变为虵。此可知殿本窜易字体之处较多。又它、也本为一字，误析为二之说所从起矣。

《郭宪传》：“帝曰：‘常闻关中觥觥郭子横，竟不虚也。’”觥同觵。《注》：“古横切。”其实角黄角光已自为反切。（即以“角部”而言，觓，渠幽切。实角丩切。[illegible]，士角切。爿角切。觖，居月切。角厥切。觡，古百切。角各切。觚，古乎切。角瓜切可也。皆形声字之自相反切者也。）则即以“郭子横”急读之为古横以切。觥也。东汉人此类语尚多，亭林《音论》已及之。

1936年11月30日

《内则篇》字尤富方名①，《说文》所未收者，亦较它篇为多。灯下翻而记之：

“栉縰笄总。”《注》：“縰，韬发者也。”《说文》无“縰”字。《玉篇》縰同缅。《士昏礼》：“缅笄宵衣。”郑注：“缅，縚发（《释名》同）。”《说文》：“纚，冠织也。

谓以缁帛韬发（六字，段据《集韵》引补）。盖縰而后冠也，如今之发网矣。

“右佩玦，捍。”《注》：“捍，谓拾也，言可以捍弦也。”吴语“百夫决拾。”注：“捍也。”《说文》无“捍”字。《手部》捍，忮也。《庄子·大宗师》释文引作“抵”也。段云：“忮当作枝。”是即捍之义。《祭法》：“能捍大患则祀之。”《释文》本作扞也。

“施縏袠。”注：“縏，小囊也。”《音义》字又作槃。下文“男鞶革，女鞶丝。”注：“鞶，小囊。”然《说文》“鞶，大带也。”段云：郑知非大带也。

“疾痛苛痒。”《释文》：“養本又作癢。”《荀子·荣辱篇》：“骨体肤理辨寒暑疾养。”字正作“养”。杨注：“养与痒同。”雷云：“痒，疡也。”以痒为癢亦假借字。

“堇、荁、枌榆，免薧。”《注》②：“堇，荁类也。冬用堇夏用荁。”陆《释文》：“音丸，似堇而叶大也。”雷云：“疑萱俗省。”

“滫瀡以滑之。”《注》：“秦人溲曰滫，齐人滑曰瀡也。”《说文》无瀡字。《史记·三王世家》：“兰根与白芷，渐之滫中。”《索隐》引《内则》此文作“滫溲”。下文“糔溲之以为酏”。《说文》亦无糔字。《注》：“糔，读与滫瀡之滫同。”

“敦牟卮匜，非餕莫敢用。”《注》：“馂乃用之。卮匜，酒浆器。敦牟，黍稷器也。”“与恒饮食，非馂莫之敢饮食。”《注》：“馂乃食之。恒，常也。旦夕之常食。”“父母在，朝夕恒食，子妇佐馂，既食恒馂，父没母存，冢子御食，群子妇佐馂如初。”《注》：“御，侍也，谓长子侍母食也。侍食者不馂，其妇犹皆馂也。”“旨甘柔滑，孺子馂”。孔《疏》曰：“非因馂时莫敢馂食。”此节叠见馂字。《说文》未收。新附曰馂，食之余也，本从郑训。《论语》：“先生馔。”《释文》郑作“馂”。今文古文之异也。席氏云：“《曲礼》馂余不祭。”《注》：“食人之余曰‘馂’。”《玉藻》曰：“中而馂。”《注》：“食朝之余也。”据此则馂乃食其余之名，非食之余之名。按《玉藻》：“日中而馂，奏而食。”《注》：“食朝之余也。”其义甚明。

“衣裳绽裂。”《注》：“绽，犹解也。”《释文》绽字或作袒。并不见《说文》，“衣部”：“袒，衣缝解也（但裼作但，字不作袒）。”段注：“此即绽字也。绽尚未解而近于解。故曰犹。”按今俗语曰“破绽”。

“燂潘请靧（音悔，洗面）。”《玉篇》“靧与頮同。”两不见许文。《司马迁传》：“沬血饮泣。”师古曰：“沬，古頮字（沬重文頮）。”“不共湢浴。”《注》：“浴，浴室也。”《释文》本又作偪。并不见《说文》。《畐部》畐，满也。朱云：“《内则》‘不共湢浴。’亦迫近之意。”

“饭（《注》：目诸饭也）：黍、稷、稻、粱、白黍、黄粱、稰、穛。”《注》：“孰获曰稰，生获曰穛。”《说文·米部》：“稰，粮也。糕，早取谷也（侧角切）。”段注：“穛即糕字。”雷云：“稰亦即糈。”按糈，粮也，谷也。雷说是也。

“膳膷臐。”陆《释文》：“牛臛也，羊臛也。”雷云：“《公食大夫礼》：‘膷以东，臐、膮、牛炙。’”郑注：“古文膷作香。臐作熏。”（臛，肉羹也）

“雉、兔、鹑、鷃。”《注》：“又以鷃为鴽也。”“鸟部”：“鴳，雇也。”桂云：“雇下云老雇，鷃也。鷃当为鴳（雀也）。”

醷。《注》：“梅浆。”《周礼·酒正》：“辨四饮之物，二曰医。”郑引《内则》作臆。

“夏宜腒鱐。”《注》：“腒，乾雉也。鱐，乾鱼也。”《释文》：“鱐本又作臃。所求反。”《说文》：“臃，乾鱼尾。臃 臃也。

“三牲用藙。”《注》：“藙，煎茱萸也。”《说文》：“蘱，煎茱萸也。”《玉篇》藙蘱同。

“豚去脑。”《说文》作匘，头髓也，从匕。匕，相匕箸也，巛以象发，囟象匘形。

“柤梨曰攒之。”《释文》：“攒，再官反。本又作钻。”《说文》：“钻，所以穿也。”

“乌皫色而沙鸣郁。”《注》：“皫色，毛变色也。”《释文》作麃。《周礼·内饔》：“乌皫色而沙鸣，狸。”郑注：“皫，失色不泽美也。”《释文》作犥，牛黄白色。雷云：“此皫色正字。麃假借字。”

“豕望视而交睫，腥。”《玉篇》睫同睞。《说文》：“睞，目旁毛也。”《史记·扁鹊传》：“流涕长潸，忽忽承睞。”

“去其皽。”《注》：“皽，谓皮肉之上薄膜也。”《说文》：“膻，肉膻也。”

“取牛羊麋鹿麕之肉，必脄。”《注》：“脄，脊侧肉也（音每）。”《说文》：“脢，背肉也。”《易》曰：“咸其脢。”脄其异体。

“小切狼臅膏。”《注》：“臆中膏也。”《说文》无臅字。

“衣不帛襦袴。”“糸部”：“绔，胫衣也。”《玉篇》袴亦作绔。《汉书·贡禹传》：“衣服履绔刀剑乱于主上。”师古曰：“绔，古袴字。”《孝昭上官皇后传》：“皆为穷绔。”师古注同。

“姆教婉娩听从。”《注》：“娩之言媚也，媚谓容貌也。”“女部”：“娩，生子齐均也。从女从生，免声。芳万切。”薛传均曰：“娩即此字之省。”

【注释】

①方名：四方之名。指辨识方向。

②《注》：皆指郑玄注。

1936年12月2日

释柑橘椑柹。“木部”四百余文，部首木下首蒙以橘。思许君例，凡部中有上讳[①]者，则首列之。“艸部”之首蒙以莊（汉明帝名）。“示部”之蒙以祜也。其次则蒙以与部首之义最切近之字，以明所从也。序文所谓共理相贯也。如“一部”之元。元，始也，惟初太极，道立于一。是为元始也。“二部”之帝。帝，谛也，王天下之最上者也。“示部”之礼。礼，履，所以事神致福。示之事莫重于礼也。“木部”首蒙以橘，何也？王筠曰：“《禹贡》：‘橘、柚锡贡。’则其字作自唐虞之世，许君尊经故列于首也。”柹，赤实果。从木市声。《内则》曰：“枣果榛柹。”隶字应作柹，今俗作柿。《字通》曰：“少一画。椑，圆榼也（部迷切）。无木实之义。”《康熙字典》引《唐韵》云：“木名似柹。则后起之义也。”《说文》无柑字（北人多不能辨柑橘），汉时只作甘。《司马相如·上林赋》：“黄甘橙榛。”柑为后起字。贾谧《赠陆玑诗》：“在南称柑，在北称橙。”谧北人，未辨柑、橙。至胡道安有《柑赋》：“曰江阳巨橘，曰襄阴大橙。”比而类之，区以别矣。

【注释】

①上讳：古时称死去的皇帝或尊长的名字。

1936年12月4日

加朱《玉藻郑注》一篇，郑云："以其记服冕之事也。冕之旒以藻紃，贯玉为饰。因以名之。"《正义》引郑语"服冕"字上多"天子"二字。然篇中并及诸侯大夫士之冠服制度也，亦如《曲礼》篇名以句首二字名篇。翁方纲云："当与《曲礼》同属制度，盖非孔疏。"此于别录属通论之言也，其未见许文者。

进禨①之禨，郑未注。《释文》"其既反"。《孔疏》："禨谓酒也。故《少仪》注云：'沐而饮酒曰禨。'是沐毕必进禨酒。"《说文・口部》："嘰，小食也（居衣切）。"段注："《大人赋》曰：'嘰琼华。'"按"皀部"有既字，云小食也。嘰与既音义皆同而各字。《玉藻》："进禨。"《少仪》注曰："已沐饮曰禨。"皆当作此嘰。朱云："字亦作啜。"又云："以魕为之。"雷浚引此两说而未称其自出，附一段曰："《鬼部》魕，鬼俗也。"引《淮南传》："吴人鬼，越人魕。"今《淮南・人间训》作"荆人鬼，越人禨。"许所据作魕。《汉书・景十三王传》："彭祖不好治宫室、禨祥。"师古曰："禨字或作魕。"按此禨祥之正字云，则别为一义（俗有"扶箕"之事，谓据《夷坚志》，箕姑仙之名，今吾潮犹谓之沙箕姑也，字多作扶乩，乩者卟之变。《说文》바，以问疑也。予以为可作扶魕，然已有卟字，不能附会）。

"唯水浆不祭，若祭，为已偞卑。"《释文》："偞，虚涉反。"按《说文》偞，宋卫之间谓华偞偞。从人叶声（与涉切）。《广韵》："偞偞轻薄美好貌。"偞，即偞即偞。隶变又避宋讳，几不成字。

"帛为褶。"《注》："有表里而无著。"《释文》"褶音牒夹也。"雷云："《士丧礼》：'襚者以褶。'"注："帛为褶，无絮。"《说文》别有褺字，袷字。褺，重衣也。此重衣之正字。袷，衣无絮。此衣有表里而无絮之正字。

"士禒衣。"《注》："禒，或作税。"《释文》："吐乱反。"《注》作税，音同。郑注："《士丧礼》禒之言缘。黑衣裳以赤缘之。"按《说文》缘，衣纯（唇）也。段注："缘，音沿。其边而饰之也（以绢切）。"雷云："此禒之正字。去声本音，平声俗音。"

"士佩瓀玟，而缊组绶。"《释文》："瓀，而兖切。"徐又作瑌同。《正义》曰："瓀玟，石次玉者。"《说文》无瓀字，亦无瑌字。"石部"碝，石次玉者（而沇切）。各注并以为即瑌字。《史记》载《子虚赋》："瑌石武夫。"《文选》字作碝石。

"亲瘠，色容不盛。此孝子之疏节也。"《注》："瘠，病也。"雷云："《庄公十二年公羊传》：'大灾者何大瘠也。'"何休注："瘠，病也。"《释文》："瘠本或作瘠。"据此瘠即瘠字，《说文》作膌。

《玉藻篇》字义附考。"闰"。《说文》云："余分之月，五岁再闰，告朔之礼，天子居宗庙，闰月居门中。从王在门中。"《周礼》曰："闰月，王居门中，终月也。"许君

《说文解字》言本经训许叙称礼不言谁氏。段注："许《周礼》学无所主，此文即据《戴记》解之。"《玉藻》："玄端而朝日于东门之外，听朔于南门之外。闰月则阖门左扉，立于其中是也。"

"客飧，主人辞以疏。"飧，餔也。从夕食。《列子·说符篇》云："见而下壶飧以餔之。"《群经正字》云："此夕食之义也。今经典多作飱，误矣。"李文仲云："《增韵》[2]作飱。今文皆用之何也（仿殿本亦如之，僅正其一字）。"又按有不必夕食时者。《左传》："僖负羁'馈盘飧'，赵衰'以壶飱从。'"司仪注曰："小礼曰飧，大礼曰飧。"《玉藻》："孔子食于季氏，不辞，不食肉而飧。君未覆手，不敢飧。"则劝食也。

"瓜祭上环。"《注》："上环，头忖也。"《正义》曰："祭时谓上环祭之也。上环是疐间，下环是脱华处也。"按：近疐处美甘。今吾家例犹知以之敬先尊长。

【注释】

①进禨：犹饮酒。

②《增韵》：指《增修互注礼部韵略》，五卷，南宋毛晃编。

1936年12月7日

《明堂位》一篇，郑君《目录》云："以其记诸侯朝周公于明堂所陈列之位。"篇中记鲁祀周公用天子之仪礼特详，宜乎。齐召南《考证》云："《明堂位》本出鲁之陋儒。但记文物典章，灿然可观。不知鲁人郊禘，原属僭礼。其用以尊周公者，所以诬周公也。"按《四库提要》虽非认《隋书·经籍志》"融[1]又益《月令》《明堂位》《乐记》三篇之说。"而此篇之末节，《郑注》引《春秋》时鲁事以诘之，终以亦近诬矣。齐召南云："按'诬'字足以括《明堂位》。"此言是也。翁方纲《礼记附记》所考证《明堂位》一段，言之綦详。记此复疏（与疑通）其《说文》未收诸文。

"荐用玉豆雕篹。"《注》："篹，笾属也。以竹为之。"（《正义》："以玉饰豆，故曰玉豆。"笾，形似筥）《说文》无"篹"字（《释文》息缓切）。《丧大记》："食于篹者。"《注》："篹，竹筥也。"《释文》："篹，本又作匴，又作算。"按《说文》"匴，渌米籔也。"段注："古文匴为篹。"

"俎用梡嶡。"《注》："梡有四足也。嶡为之距。"《释文》"梡，若管切。"虞俎名嶡，居卫切。又作撅，音同（橛从木，阮刻）。《说文》无嶡亦无橛字（"木部"有橜字，义别）。《说文·手部》撅，从手有所把也（段本从作目，从小徐也）。雷疑即此字之讹。

"揩击。"《注》："即柷敔，所以节乐者也。"《释文》："揩，居八反。"然则即《皋陶谟》之"戛击"矣。

"夏后氏之鼓足，殷楹鼓，周县鼓。"《注》："引《周颂》曰：'应朄县鼓。'"按《说文》申部："朄，击小鼓，引乐声也。从申柬声（羊晋切）。"故《释文》"朄音胤。"《正义》曰："经云：'应田县鼓。'"《毛传》云："田大鼓。"郑云："田当为朄。朄，小鼓，在大鼓之旁。引之者，证周之县鼓。"段注："应鼙之属也，声转字误，变而作田。”𩋘误作𩋘，从東。仿殿本、阮校本如此作，“相台岳氏家塾本”不误。

【注释】

①融：指马融。

1936年12月8日

《丧服小记》：“斩衰。”节《正义》引《士丧礼》“男女奉尸侇于堂讫。”按《士丧礼注》：“侇之言尸也。”《说文》无侇字。“彳部”徲，行平易也。夷徲古今字，夷行[1]也，故侇应即徲。平其尸置于堂也。

男子称名，妇人书姓与伯仲，如不知姓则书氏。即今之铭旌[2]也。《正义》曰：“殷无世系，六世而婚，故妇人有不知姓者。周则不然，有宗伯掌定系世。百世婚姻不通，故必知姓也。若妾有不知姓者，当称氏矣。”按郑樵《氏族志序》云：“三代之后姓氏合而为一，虽子长、知几二良史犹昧于此。”谓其称周公为姬旦，文王为姬伯也，盖姬为姓，于文，女生为姓，故姓之字多从女。三代之前姓氏分而二，妇人称姓，男子则称氏。姓氏之说尤详于《大传篇》“同姓从宗合族属”。（节《正义》）

《大传》：“郑《目录》云：‘以其记祖宗人亲之大义，故以《大传》名篇。’”（《正义》曰：“此于别录属通论。”）翁方纲曰：“《丧服》小记、大传二篇，皆因《仪礼·丧服传》作注。”

“殊徽号。”《注》：“徽号，旌旗之名也。徽或作祎。”按《尔雅·释诂》“祎，美也。”《说文》有从衣之褘，无从示之禕。雷云：“不必别为一字。”

【注释】

①夷行：陈夷行，字周道。唐代宰相。

②铭旌：竖在灵柩前标志死者官职和姓名的旗幡。

1936年12月9日

《少仪篇》：“郑《目录》云：‘以其记相见及荐羞之小威仪。’”《正义》曰：“此于《别录》属制度。”按亦《曲礼》之类。少非幼少之少。盖《注》：“疏，小威仪。”故曰：“经礼三百，威仪三千。”资而习之，正名为先。

“罕见曰闻名。”《正义》：“飜曰：‘闻名者，亦奖之使不疏也。’”阮校本飜作翻。按《新附》：“翻，飞也，从羽番声，或从飞。”《新附考》通作幡。按《孟子》“既而幡然改曰。”如此作。《荀子·大略篇》：“君子之学如脱，幡然迁之。”杨注：“幡与翻同。”虞仲翔名作“翻”。则翻亦非俗字。

“氾埽曰埽，埽席前曰拚，拚席不以鬣，执箕膺擖。”氾，《释文》“芳剑反。”《音义》[1]：“广也。”毛本、阮本并作“汜”，从巳。按《说文》“氾，滥也。从水㔾声（孚梵切）。”字应作氾。《汉书·王褒传》：“忽若慧氾画涂。”《注》：“氾，氾洒地也。”埽，从土是也。经典文字已多。从手者帚本从“又持巾埽门内”，又即手也。复变土从手，于义为赘。

“撟。”《注》：“舌也。”《正义》曰：“当持箕舌自向胸前。”按《说文》：“撟，刮也。一曰挞也。”各“注”未采。箕舌也之义未知，可解为执箕当刮挞之处否？

“仆者右带剑。”《正义》：“带剑之法在左，以右手抽之便也。”右手，仿殿本误作左手，阮校本不误。

“言语之美。”节《注》：“美，皆当读为仪。”引《周礼》“教国子六仪。”翁[2]云：“此改经耳，何云注经耳（《礼记附记》卷四）。”悍而犷哉。

“问国君之子长幼。”节《正义》注：“郑兴道讽诵言语句曰：‘发端曰言，答述曰语。”用许文言下曰：“直言曰言。论难曰语。”（《正义》）

“加夫襓与剑焉。”《注》：“夫襓，剑衣也。”《释文》“如遥切。”《正义》引熊氏云：“依《广雅》：‘夫襓，木剑衣。’谓以木为剑衣者，若今刀榼云。”然则“襓”之一字，是衣之正名，襓字从衣，当以缯锦为之。熊衣用《广雅》以木为之，其义未善也。按《说文》无襓字。吴锦章《补逸》襓下云：“从衣尧声。”郑氏（珍）据《初学记》卷二十二、《太平御览》卷三百四十二引《说文补》则明为“漏夺之字”。雷氏引“韦部”：“韬，剑衣也。”遽曰襓即韬之异文，而缺例证。窃意：剑衣以革为之者曰韬，以缯锦为之者曰襓。

“夏右鳍。”《注》：“鳍，脊也。”雷云：“《释文》作鬐。”然各本仍多引作鳍。《士丧礼》：“鱼左首进鬐。”《注》：“古文鬐为耆。”郑珍《逸字》云：“系通假著为逸字云。鬐，马鬣也。从髟耆声。”

“君子不食圂腴。”《注》：“《周礼》圂作豢。”《释文》遂云：“圂与豢同，音患。”按《说文》：“圂，厕也。从口，象豕在口中，会意（胡困切）。”段注引《少仪注》并云：“《周礼》作豢者。《稾人》‘掌豢祭祀之犬者也。’豢，从豕弈声。圂，从囗豕。会意。据许说本非一字。”豢以人之萎养而言，圂以牢中溷浊而言。《少仪》圂腴不烦改字。

“其礼：大牢则以牛左肩、臂臑、折九个。”《正义》：“臂、臑，谓肩脚也。‘九个’者，取肩自上断折之，至蹄为九段，以献之也。”《说文》：“臑，臂，羊矢也。”段本“臂（句）羊豕曰臑。”（那到切。今潮语尚存此音）

【注释】

①《音义》：指《一切经音义》。

②翁：指翁方纲。

1936年12月11日

温《学记篇》，少时读“大学之教也（句）时教必有正业（句）退息必有居学（句）”从朱子改句也。陈云庄[1]《集说》云：“退而燕息，必有燕居之学。”而旧注：“读大学之教也时（句）教必有正业（句）退息必有居（句）学（句）”。郑注：“有居，有常居也。”《疏》：“各依文解之。”翁氏《附记》谓“必不可从，而以陈解为当。”

记之以俟参订。

“今之教者，呻其占毕，多其讯（句）言及于数”蒙诵（断）言字为句。旧注“言”字联下为句。《注》：“占视也。”《释文》：“敕沾反视也。”案《檀弓》：“我丧也斯沾。”《注》：“沾，读曰觇。觇也，是假沾为觇。”雷疑此占字为沾之讹。本节孔《疏》两用“皢”字从白。阮刻仍从日。徐灏、俞樾两家并以皢为晓之异文。许文原分隶“白部”“日部”。

“教之不刑，其此之由乎！”《注》：“刑犹成也。”《疏》：“言师教弟子不成，由此在上诸事。”按此刑字应从井作荆。于文刀井为荆，井法也，成法也。《礼运》：“荆仁讲让。”《注》：“荆犹则也。”此言教之所以不足为法，由乎上五者。

“发然后禁，则扞格而不胜。”《注》：“教不能胜其情欲。格，读如冻洛之洛。扞，坚不可入之貌。”《释文》：“洛，胡客反。”《说文》无洛字。有垎字，水乾，一曰坚也。从土各声（胡格切）。

【注释】

①陈云庄：指陈澔。

1936年12月12日

柳子厚云：“长来觉日月益促，岁岁更甚，大都不过数十寒暑。是非荣辱，都不足道！”炁伯《与平景荪》曰：“每诵其言，未尝不尽然流涕。”子厚之为此言，年未满四十，炁伯亦未及五十，今之视昔，感慨系之。惟有一事，窃自慰藉，屏迹胶，始办修途，当几展书，每苦著手，东翻西阅，北辙南轘，日记限人，钞胥了事，笈簦南播，函席未温，放心之求，间藉弈局。纵未如鸿鹄之将至，而时感羝羊之触藩。月日以来，乃渐开朗，但有暇日，容我优游，不患佳书，尚待彷徨。以识途之老马，追突苙之放豚，逝水如斯，夕阳虽好。

剔灯夜读，加朱越缦丽文至三更。其《书启》一卷，中二王（益吾，重民）刻集所未收者，笺校丹铅，端眉胼手，庶有亢宗，凿而读之，凡所朱者三十五首，略以时代次之，始于《戏拟六朝人与妇书》，讫于《复陈书卿书》。一则方在春华绮年，桃叶之迎，荡子之别，千帆越水，百尺秦楼，固亦事甚画眉，不禁眙目。一则已届岁寒莫景，帷空衾冷，惆怅前尘，薪尽灰残，苍茫去日，几欲自焚吟稿，比于溺人，澒洞卅年，酸辛一世，韦孟一经，难期莫黟（雉子莫子为黟），善和千卷，遂乏传人（此四语，炁伯《复羊辛楣书—辞柳子厚报许京兆书》云：“书在善和里旧宅，宅今已三易主，书存亡不可知”云云），览省斯言，伤逾白傅[1]，宜其自云：“下惭妻妾惨极人伦者也。”即论文辞，老来弥细，只一振笔，无语不工，歌啸空山，嫣然独秀，猿啼霜落，应节助哀，今日适以其《答沈晓湖长笺》，传抄南学，语及门曰：“前半篇，但记其所谓‘道者，读书守贫贱而已’一语。后半篇，但记其五十五儒焚香酌醴，平生严事，所谓‘读其书思其人也’一语。”东南经儒，此焉其选，敢仅以文辞服膺先生哉。

【注释】

①白傅：指白居易。

1936年12月13日

《杂记》[①]："其輤有裧。"《注》："輤，载柩将殡之车饰也。"《释文》："輤，千见反。"《注》："与蒨同。蒨，染赤色者也。"《说文》无輤字，亦无蒨字。《尔雅·释草》："茅蒐。"郭[②]注："今之蒨也，可以染绛。"《说文》："茜，茅蒐也。"《尔雅·释文》曰："蒨本或作茜。"而《糸部》"綪，赤缯也。以茜染，故谓之綪。"则依义輤当作綪。裧，《注》"谓鳖甲边缘。缁布裳帷，围棺者也。"《玉篇》："裧，同襜。"王勃《滕王阁序》："襜帷暂驻。"作襜。

"载以輲车。"《注》："輲读为辁。"《说文解字》曰："有辐曰轮，无辐曰辁。"郑君引《说文解字》为辁。

"畅（句，谓郁鬯也）臼以椈，杵以梧。"《注》："所以椿郁也。椈柏也。"《说文》无椈字。《木部》"柏，鞠也。"段曰："椈者鞠之俗。"（《系传》引本文注曰："鬯臼以椈也。"《校录》曰："鬯、畅通用。"）

"实见间。"《注》："谓藏于见外椁内也。"《释文》："见音间厕之间，棺衣也。"《疏注》："见，棺饰也。"朱引《仪礼》"藏器，于旁加见。"又云"按以荒为帾，形误。作见，《注》：'棺饰也。'"更谓之"见"者如此，则棺柩不复见矣。

"瓮、甒、筲、衡，实见间而后折入。"《注》："衡当为桁，所以庪瓮甒之属。"《释文》："庪，九委反。又九伪反。徐：居绮反。字亦作庋，同。"按庪，新附字，庪庋皆俗字（拈字说）。钮氏曰："《释名》几，屐也。所以屐物也。"与庋阁义正合，则庪庋并屐之俗字矣。

"繐衻为一。"《释文》："衻，而占反。"引王肃云："妇人蔽膝也。"《说文》无衻字。雷以为即襜字，引《尔雅·释器》"衣蔽前谓之襜"。郭注："今蔽膝也。"彼《释文》曰："《方言》作衻。同。"

"公七踊。"节《注》："踊必拾。"《说文》："拾，掇也。"徐灏笺曰："掇拾，皆次第取之之义，故引申为更迭之称。如《射礼》之拾发；《丧礼》之拾踊；及《曲礼》之拾级聚足。皆是也。"此解最畅，俗云"收拾"，亦由此引申之。

"使一介老某相执綍。"《释文》："綍，音弗。"《说文》无"綍"字。应即绋。《缁衣》："王言如纶，其出如绋。"郑《注》："綍，引棺索也。"彼《释文》作绋。《玉篇》綍同绋。

"如三年之丧，则既颖。"《注》："颖，草名。无葛之乡，去麻则用颖。"《释文》"口迥反。"《说文》无"颖"字。《诗》曰："衣锦檾衣。"《中庸》引作"衣锦尚絅。"彼《释文》曰："絅，本又作颖。"则颖当作檾。

"见轮人以其杖关毂而輠轮。"《正义》曰："輠，迴也。"《说文》无輠字。《木部》楇，盛膏器。即輠字。《史记·孟子荀卿列传》："炙毂过髡（毂字衍。过作輠）。"輠者，车之盛膏器（段注详之）。今义亦合。潮方言呼如敢。

"童子哭不偯。"按《间传》："大功之哭，三曲而偯。"《释文》曰偯。《说文》作悠。悠，痛声也。从心依声。《孝经》曰："哭不悠。"段注曰："此许所学孔氏古文也。作偯者俗字。"

"凶年则乘驽马。"《说文》无驽字。《朱氏通训》奴下云："凡下贱之称皆为奴。"木之类近根者奴。今妻帑、鸟帑，字以帑为之。驽马字别作驽。

"雍人拭羊。"《说文》无拭字。《巾部》饰，㕞也。饰之本义为㕞，为拭。雷云："又通式。引《管子·轻重篇》'桓公使入使者式璧而聘之。'"《荀子·礼论篇》："不浴则濡巾，三式而止。"按彼杨注云："式与拭同。"

"其衈皆于屋下。"《注》："衈谓将刲割牲以衅，先灭耳旁毛荐之。"《周礼》："有刉衈（刉篆作刏）。"案：刏衈，见《秋官·士师》。然经文实作"刏珥"。

【注释】

①《杂记》：指《礼记·杂记》。

②郭：指郭璞。

1936年12月14日

《越缦堂骈体文》四卷、《散体文》一卷，曾之撰刻本，入室未一旬，丹铅过半矣，卷中原有龙榆生评点数处，今已杂糅不可辨，为录出之以志雅意：

《九哀赋》结段："呜呼，五君咏后，八哀诗起，思旧山阳，永逝蒿里，我叙九哀，以年为次，其先我生，四人而已，余皆兄我，或称弟子，莫景几何，独立谁俟，投笔泫然，以当哀诔。"真不下"黄河远上白云间"一唱也，榆生云："器局浑成，是邃于古者。"

《四十自序》，榆生于结段"章服偶披，告渔樵以曾仕；著书傥就，俟朝廷之下"录一笔加圈评云："从无聊说起，归结处兴会飚举，令人一唱三叹。鄙见则以首段'桐棺三寸，久积曼卿之丧；齑瓮百品，遂瞑介推之母。'中段'至使垂白临终，齐恨雨风之庇；先灵求食，不知馈啜之方。'又云'辱江公于坐上，见轻昨莫之见；处黄祖之腹中，难望俳优之养。'则又楚客浙潮声，容皆泪。"时莼客客香涛[①]督学楚幕，捉刀笺牍，期月告归。又值圣善甫终，祥琴方始，所谓且使清明麦饭，目断游子之魂，练祭縓冠（《檀弓》："练衣黄里縓缘"），行变旅人之节。此即当日"萧萧一肩，晨渡汉水，匆匆拆简，莫谢香涛"之语。刘汪比迹，愚知同悲，后同不及前同，后异必甚前异（用沈休文《陈情书与徐勉》"后差不及前差，后剧必甚前剧"语法）。彻宵鹃血，两岸猿声，君子犹或悲之。只论文辞，江都绝唱矣。

《送谢麐伯编修督学山西序》，榆生眉云："丑诋仍史公传货殖意。"指其开篇所云："太行之西，并州之域，地迫边塞，俗务商贾，山谷阻深，风气褊急，弦歌之声，少于筹算，衣冠之族，习为侩驵"数语言之也。

《花部三珠赞序》结云："是则传彼伶官，当改题以一行师乎？颜子宜易位以三公，春秋贵贱不嫌同辞。"榆生评云："叙明作意，方免轻亵。"按汪容甫《吊马守真文序》结云："江上之歌，怜以同病；秋风鸣鸟，闻者生哀。事有伤心，不嫌非偶。"则质言之而直承之矣，兹所以弥工也。

《梦故庐记》，思亡宅也，思之者不可得之词也，故其结段云："于是追旧社之桑，柘理儿时之钓游，竹马场空，渔樵席败，池塘半曲，想若瀛洲，杨柳一株，视同交让。鸡栖豚栅，恍拔宅于淮南，厨炊井桲，拟华胥之钧乐。不其悲欤？列子有言，尹氏大豪，梦为人仆，役夫苦力，梦为国君，有想有因，随之颠倒，若余之所梦，则求故时之鼠穴，寻既失之鹿隍。"其情尤可悲也。文附长沙周寿昌注语有云："入后又似与魏晋人语，真绝世奇文。"榆生评云："实一日记，体裁与前篇（《轩翠舫记》）同一杼机，真弥满大气，浑含交推之者至矣。"

《外妹薛宜人权厝志》为炁伯华年之作（同治乙丑时炁伯年三十四岁），篇中佳语无过"殡宫寒食，冷倚棠梨，秋坟夜深，酸吟芍药"十六字。

其《殷君郑姬墓志铭》则又在十年之后（同治甲戌），所题较泛而语焉弥工，工力浅深，此尤可见，炁伯自记云："题稍涉轻艳，唐人此等文字每落纤俗，其高者则又同嚼蜡矣。文用初唐体格，其气韵则自非徐、庾以下也，世人无能辨者，聊识之耳。"其文具在，要非溢言，榆生评语亦成定论，其评曰："惊才绝艳，与前篇同一机轴。先生自言气韵非徐、庾下，信然。今于此篇摘录有加，然佳者仍在结篇追忆诸笔也，如云：'阿耶痛诀，空忆崔护之题诗；小妹悲思，欲制令娴之哀诔。'笔端空灵极矣，写其爱读屈、杜二家，复至'寻常事耳，楚蜀瓯越，马牛其风'，急接一笔曰：'盖湘江香草，已伤饮泣之心；蜀道啼鹃，遂有断浪之恨。'分咏骚杜，彰彼媠嫿，玉盘珠走，旷野鬼啉。信文情之尤荡漾者，是则必如院本所云，有诗为证矣。忽转云：'平生作诗至数百首，临殁悉命焚之。斯又优芸已空，靳留其香色，卷施既拔，欲绝其缠绵，不求语言之工，耻入妇人之集者也。'自埋自扣，收纵无碍，弄文心之狡狯，有逾于此者乎。收笔云：'在昔太府钟情，表广陵之外妇，明经追色，铭河内之夫人。遣彼悲怀，非无恒例，蘼芜可采，莫樵齐女之坟，环佩归来，永认韩陵之石，吴山立马，系楫江头绕梁之音。'洛钟远应，文之佳妙，一至斯乎。"

【注释】

①香涛：指张之洞。

1936年12月15日

俗书从广之字多书为从厂，我亦同，然我亦俗人也，自秦隶而已，然本云："初有隶书，以趣约。"便于官狱职务，即便于五百皁徒（皁，俗作皂。许文亦无皁字。《小雅》："既方既皁。"《毛传》："实未坚者曰皁。"《周礼·大司徒》："其植物宜早物。"假早晚字为之。《左昭七年传》："士臣皁，皁臣舆，舆臣隶。"《疏》："皁，造也。造，成事也。从白从十。或从白从七，并无意义"），秦欤汉欤，亦不免俗也。

按：文"厂，山石之崖岩，人可居。象形。""广，因广为屋，象对刺高屋之形。"厂，呼旱切，古音在十四部。广，鱼俭切，八部。音义回殊，通借无自，蒙习既舛，老又奚闻，辜榷而言，更仆可数。

“廬，寄也。汉隶有作廬者（或作𢊍）。”“廡，堂下周屋。有作廡。”“廚，庖屋也。从广尌声。误作厨。”“廁，作厕（清也）。”“廛，一亩半一家之居。从广里八土。误作𡒉。”“龐，高屋也。厖，误。”“底，山居也。一曰下也。”“底，训即止义之。引申别为一字。”“座，碍止也。有盩厔县。厔，误。”“廑，少劣之居。以仅为训。作厪，误。”“廈，屋通作夏，厦，误。”“廳，只作聽。作廳不合。”（又以厂代廳，更不足道）

1936年12月16日

朱加《丧大记》注，二卷。《正义》曰：“此于《别录》属《丧服》。”“何云乎大？言其委曲、详备、繁多也。”刘元说。篇中不见许文者仅一“坄”字。“甸人为坄于西墙下。”《释文》：“坄音役。”引《仪礼》郑注云：“块，灶也。”《土部》坄，陶灶窻也。惠、段并以为“坄”字。雷云：“亦通作役。据《既夕礼》坄用块。”郑注：“古文坄为役也。”

“禫而从御，吉祭而复寝。”《注》：“从御，御妇人也。复寝，不复宿殡宫也。”杜预以为“禫而从御”谓从政御职事。然以下文证之郑说不可易。方苞谓“禫后使妇人从，而御事吉祭，然后始复内寝。‘孟献子禫，比御而不入’即此义，禫即吉祭，盖已卒哭矣。”孔《疏》“谓为四时吉祭亭非已非之。”

李炁伯《答仆诮文》“规模王子渊《僮约》，诙谐辨谲，内苞外溢，曲随其事，皆得其意，枚皋小赋，或不可读，昌黎《送穷》，尚非其至。”笺注：“永夕亦好事者为之也。”眉间已不胜书，特存记中：

先生客居，作文守岁。呼仆瀹研，仆倚屏睡。先生叱之，仆起而谇。官穷至此，官文是祟。谁使官幼？识字不忒。（此通作贷。《月令》：“无或差贷。”《释文》：“音吐得反。”而字作贷。《诗·瞻卬》：“叶忒背。”此亦叶背）哦诗上口，听经能背。谁使官长，作文无害。镂膺周秦，胝手汉魏。不今是逢（如《孟子》“逢君之恶”之逢。赵注：“逢，迎也”），而古为媚。思涩（《说文》歰，本“从四止。”《拈字》云：“俗作澁。非”）若痴，意迷若醉。官今已壮，所得者累。官之西家，佻兮崽子（《杨子·方言》：“江湘间凡言是子谓之崽。崽，子也”）。颠倒杕杖（《旧唐书·李林甫传》：“时选人，严迥判语有用‘杕杜’二字者。林甫不识‘杕’字，谓吏部侍郎韦陟曰：‘此云杖杜，何也？’陟俯首不敢言。”杕杜，杜之特生者。《唐风》迎贤者诗），乳臭青紫。官之东邻，乌瓛家儿（瓛，桓圭。公所执。胡官切）。丹豉布算，猗裸埒赀（《汉书·食货志》：“长安樊少翁卖豉，号‘豉樊。’”豉，篆从尗作枝。重文豉。丹，丹砂也。《货殖传》：“巴寡妇清，其先得丹穴，而擅其利数世。”猗顿用盐，盐起与王者埒富。乌氏裸畜牧，秦始皇令裸比封君。《史记》作“乌氏倮”。雷浚云：“倮者，裸之别体。为臝之重文。”《豳风》：“果臝。”雷云：“臝之讹”）。官有薄田，岁丰以蓼，三载不治（《杨恽传》：“芜秽不治。”平声），责税荒草。官应诏科，字必俗矫。六上不收，三十发皓。官既世赘，眥㓕即休（㓕与灭通绝也。《道德经》：“五色令人目盲眥㓕”）。以专而壑，以首而邱（《朱氏通训》：“专假为转。”引《释言》：“专，转也。”《论语》：“自转于沟渎而莫之知也。”《礼记》:“古之人有言曰:‘狐死正首邱,仁也。’”《注》:“丘是狐窟穴根本之处,虽狼狈而死,意犹向此丘。”两“而”字读上声。而,汝也)。云胡是歆,而仕之求。云胡是衒,而都之游。鹰春则鸠,橘淮则枳(《月令》:“二月鹰化为鸠。”鹰,雁之重文。《考工记》:“橘逾淮而化为枳。”《说文》:“枳木似橘”)。谓官此来,当殊厥趾。讵今匿景,畏昼于市。结舌四坐,侈臣百氏。刺毛已鞹,径艾绝轨。上车秘书,平头绿鞲(平头,巾名。《唐书·车服志》:“隋文官有平头小样巾,百官常服同于庶人。”鞲应作韝。《东方朔传》:“董君绿帻傅韝”)而我于官,互更褐裘。五陵驺卒,锦障大马。而我于官,薄笨骖驾(笨,《说文》竹里也),官穷至此,官犹有家。乐和旧坊,面城背涯。堂庋织具,门停钓车。养亲课稻,娱宾治华。官今墨屎(《方言》:“小儿多诈而狯有之嚜屎。”《列子·力命篇》:“墨屎单至啴咺憋懯四人相与游于世。”屎,丑利切。篗柄也,收丝具),进退何择?局瘃瘥赏(瘃为膪之重文,俗作瘠。《说文》无瘥字。《释诂》嗟咨瘥也),以至今夕。而犹文为,文将奚适!官固耐穷,我且自绝。先生闻言,輾然而笑。谓仆且退,尔无我嬲。(篠均)我心太虚,白云在天。尔蕲速改,请以来年。因濡笔以为之文曰:吾拙吾力,吾默吾识。吾饥吾寒。匪吾文是职,乃天之所以全吾真而养吾逸。

1936 年 12 月 17 日

《祭义篇》:“君子致其济济漆漆,夫何慌惚之有乎?”下文云:“于是谕其志意,以其慌惚以与神明交,庶或飨之。”《注》:“慌惚,思念益深之时也。”《释文》:“惚,音忽。本又作忽。”下节注云:“言想见其彷佛来。”《释文》:“彷,孚往反。佛,孚味反。”(仿殿本“孚往”误“手往反”。岳本、阮本并作仿佛。《说文》无从“彳”者)《说文》无“恍惚”字。《史记·秦始皇本纪》:“莫不悦忽失守。”《司马相如传》“芒芒恍忽。”《庄子·至乐篇》:“芒乎忽乎。”《汉书·孝武李夫人传》:“遂荒忽而辞去。”《王莽传》:“安颇荒忽。”形况字,本无不必有定体,故随时多变易。

“焄蒿悽怆。”《注》:“焄谓香臭也。”《内则》注引《春秋传》曰:“一薰一莸。”彼《释文》曰:“薰或作焄。”《玉藻》:“膳于君有荤。”《注》:“荤,或作焄。”雷云:“据此则焄者,薰、荤之别体说不可易。”《说文》:“薰,香艸也。葷,臭菜也。”故《正义》云:“此香臭烝而上出,其气蒿然也。”《注》《疏》并合。

1936 年 12 月 20 日

温经《中庸篇》,属戴第三十一篇,郑云:“以其记中和之为用也。庸,用也。孔子之孙子思作之,以昭明圣祖之德也。”《正义》曰:“此于《别录》属《通论》。”兹先学奇字如下:

“人犹有所憾。”《注》:“憾,恨也。”《释文》:“憾本又作感。胡暗反。”《说文》无“憾”字。《心部》感,动人心也。段注:“《左传》《汉书》:憾多作感。盖憾浅于怨，怨才有动于心而已。”按《左昭十一年传》：“王贪而无信，唯蔡于感。”杜注：“蔡近楚之大国，故楚常恨其不服顺。”《襄二十九年传》：“美哉，犹有憾!”《史记·吴世家》作“犹有感”。《隐三年传》：“降而不憾。”《文十四年传》：“尔不可使多蓄憾。”《注》：“不为君则恨多。”《宣二年传》：“以其私憾。”《宣十二年传》：“二憾往矣。”《襄十六年传》：“以齐人之朝夕释憾于敝邑之地。”《哀十七年传》：“今尹有憾于陈。”《释文》并云：“憾，本又作感。”《汉书·张安传》：“何感而上书归卫将军富平侯印?”师古曰：“感，恨也。”盖感，训为动人心，承之则为感动，恚之则为感恨。正负二义兼备，加心为之以训感恨，后出也，感已从心，何加心为，若然刍之加火加艸，皆添足者类也，习焉既久，以为固然耳。

《中庸》引《诗》“鸢飞戾天。”《释文》：“字又作鳶。”《说文》无鸢字，亦无鳶字。大徐以鳶字当之，各家无然之者，而不衷一是。徐子远以鸢字见于《小雅》《大雅》《周官》《曲礼》《中庸》《尔雅》，不应《说文》不载，直断为“鸟部”有此字，而传写者脱之。据《小雅·四月篇》：“《正义》引《说文》云：‘鸢，鸷鸟也。’”证许书原有鸢篆也。

慥字古只作造。《大戴礼·保傅篇》：“灵公造然失容。”《韩非·难一》：“景公造然变色。”《淮南·道应训》：“孔子造然革容。”雷氏云：“此诸‘造’字皆‘慽’之假借字，后加心旁别为‘慥’字（未见它家说）。”“君子胡不慥慥尔。”《注》：“慥慥，守实言行相顾之貌。”于急遽之义不合。

“矧可射思。”《注》：“矧，况也。”《说文》：“矤，况，词也。从矢，引省声。”作矧，则不省矣。

“保佑命之。”古文左右作𠂇又，佐佑作左右。作佐佑者俗书。

“行前定，则不疚。”《注》：“疚，病也。”《说文》无疚字。《大雅》：“疚哉冢宰。”《释文》：“疚，本或作宊。维今之疚不如兹。”《释文》同《说文》：“宊，贫病也。”引《诗》：“茕茕在宊。”即《周颂》之“嬛嬛在疚。”

“必有妖孽。”《释文》：“《左传》云：‘地反物为妖。’”《说文》作祆。按《女部》“媄，巧也。一曰女子笑貌。”此妖媚之正字。

“振河海而不洩。”《说文》有泄字无洩字。阮氏《校勘记》云：“《释文》洩作泄。然仿殿本已改为洩。”

“施及蛮貊。”《释文》：“貊，本作貉。”引《说文》云：“北方人也。”今《说文》作“北方豸种。”此蛮貊之正字。

“的然而日亡。”《说文》：“旳，明也（都历切）。”的，俗字。

“不怒而民威于鈇鉞。”《说文》无鉞字。今有之者鉞之，讹也。辨见段注：“部首戉。斧也，从戈乚声。”《司马法》曰：“夏执玄戉，殷执白戚，周左杖黄戉、右秉白旄。”为鉞之正字。《汉书·天文志》：“伏斧戉谢罪。”

1936年12月21日

《皇清经解》录目，以人之先后为序：……[①]

凡千四百卷书，百八十余种，七十余家，沅仪征督粤时聚一朝解经之书以继《十三经注疏》者，庋板学海堂则之文澜阁，夏修恕记，署道光九年。又据劳崇光《后序》："仪征实以道光六年移节滇黔，道光九年方告成。"书末附严厚民上舍《经义丛抄》，尤非经解专书，滥厕失类，迨咸丰十一年补刊，总校者郑献甫、潭莹、陈澧、孔广镛诸君。信一代之盛矣，所得者曾、李[②]二子指为初刻本云。

【注释】

①此处省略，可参阅原文。

②曾、李：曾星笠、李雁晴。当时皆为国立中山大学教授。

1936年12月23日

莅字，见于《论语》（庄以涖之）《孟子》（涖中国）《诗》（方叔涖止）《僖二年经》（公子友如齐莅盟）《老子》（以道莅天下），不可更仆。惟《礼记·祭义》："涖官不敬。"陆《释文》曰："莅，音利。"又"音类"本又作涖。而《老子》"以道莅天下"。陆曰："古无此文。《说文》作'竦。'"按许文无莅、涖、蒞三文。"立部"竦，临也。从立从隶（段本作隶声。力至切）。周伯琦《六书正伪》云："俗作涖，非。"薛传均《说文答问疑证》云："竦是正体。因涖而讹为莅。"如公、谷[①]"僖三年经文七年经"是也。复因莅而讹为蒞。如《尔雅·释诂疏》引《文王世子》"成王幼，不能蒞阼"是也。（忆岁辛亥，外舅蔡梦阶丈明经命际遇榜书时，用蒞字体，舅家诸秀才佥非之，舅曰："任初必有所本，不苟作也。"因作此则。）

《大学篇》在《戴记》第四十二篇，郑君云："《大学》者，以其记博学可以为政也。"《正义》曰："此于目录属通论。"李慈铭曰："《大学》之出曾子。宋以前无此说也（《答沈晓湖书》）。"作异文考。

《大学》引《诗》曰："如切如磋，如琢如磨。"摩本亦作磨。引《尔雅》云："骨曰切，象曰磋，玉曰琢，石曰磨。"（阮氏《校勘记》云："《释文》磋作瑳。"）《荀子·大略篇》引《诗》作"如瑳。"《玉部》瑳，玉色鲜白。《石部》无磋字。然小徐本亦无瑳字。段从之，王云："非。"《石部》亦不收磨字。《手部》摩，研也。《考工记》记"刮摩之工"如此作。《玉篇》："磨同礳。"

"赫兮喧兮。"《说文》无"喧"字。《释文》亦作咺。《口部》"咺，从口，宣省声。"于是有曰："喧者，从宣不省也。"然亘自音宣，以亘为声者。烜从亘，觛亘声，宣亘声。依例而推，"咺亘声"何必曰"宣省声。"则喧真当作咺。

"终不可諠兮。"《释文》云："《诗》作谖，或作喧。"《说文》有谖无諠。雷浚云："凡经典异文，《说文》录一则废一。如咺、喧、谖、諠是也。"甚望斯语不生异例。

“身有所忿懥。”《注》：“懥，怒貌也。或作懫，或作疐。”《说文》无懥无懫。疐，碍不行也。懥，忿戾也。《大戴礼·武王践阼篇》：“恶乎危（句）于忿疐。”雷云：“后人加偏旁作‘懥’。而‘懥’字废矣。”

“而能喻诸人者，未之有也。”《说文》：“諭，告也。譬谕也。”字皆作谕。《群经正字》云：“今经典告谕作谕。谕晓作喻。”比方以晓人亦作喻。其实只是死活之分，无二义也。

洁矩。郑注：“矩或作巨。”《释文》：“巨，音拒。本亦作矩。”仿殿本作矩之矩误拒。雷氏所据者误本。

无他技。按《说文》“他，应作它。”然“杝”篆云：“落也。从木，也声。读若他。”“厝”篆下云：“诗曰‘他山之石，可以为厝。’”《说文》所无解字。又见之只可曰“隶变”。

【注释】

①公、谷：分别指《公羊传》《谷梁传》。

1936年12月24日

《经解篇》。郑云：“《经解》者，以其记政教得失。”《正义》云：“此于目录属通论。”又曰：“《经解》一篇总是孔子之言，记者录之以为《经解》者。”（齐召南《考证》云：“以六籍为经其名目始于此。”）

“规矩之于方圜也。”《释文》：“圜，音圆。”《孟子》：“规矩，方员之至也。”以为方员平直，字并作员。按《说文》“員，物数也。从贝囗声。”假借为均。《诗·商颂》：“景员维何。”与《长发》“幅陨”同。《笺》则谓“借为圆”。其本字皆在囗部。圜，天体也（王权切）。圓，规也（似讼切）。圓，圜（句）全也（王问切）。以欧语译之：圜，Circumference。今曰圆周。圆，Compass。今曰圆规。圆，Circle。今仅曰圆。言圜则其圜界 $2\pi r$。言圆则总圜内一切，故 πr^2 曰圆之面积。《吕氏春秋》曰：“何以说天道之圜也，精气一上一下，圜周复杂（高曰：杂犹匝），无所稽留，故曰天道圜。”圓即周旋中规之旋字。《庄子》：“旋而盖矩。”《注》：“旋圆也。古文苑。”《篆势》篇：“为学艺为范圓。”《注》：“圓，音旋。规也，所以为圆。”《释器》：“环谓之捐，借捐为圓。俗又以圈为之。”圆，圜也。而圜非圆也。故文又申说之曰全也。幅员即幅圆也。段注言“天当作圜。言平圓当作圓。言浑圆当作圆。”朱氏《通训》按“浑圆为圜。平圆为圆。圆之规为圓。”吴曾祺谓“圓圆即圜之或体字。小徐强分之于前，段、朱扬之于后。并皆进退失据，通不逮意。”浑圆今用球 Sphere 字。球，玉也。固非本义（捄，新附字）。而《尚书》：“天球、河图在东序。”（《顾命篇》）孔《疏》但言“色如天者，形之浑似。”不更自然乎。

“夫礼，禁乱之所由生，犹坊止水之所自来也。故以旧坊为无所用而坏之者，必有水败；以旧礼为无所用而去之者，必有乱患”一节，章法开后人连珠体，无数文章所谓“创调制普者”，此也。

《经解篇》引《易》曰："差若豪牦。"《释文》："豪，依字作毫。牦，本又作厘。"按毫，许文从希。高声。作豪重文，引籀文作豪，从豕。隶作豪。又从高省之为豪。又从毛鬣之义。俗变而为毫。实一字也（豪，俊，字应作勢。今废）。氂，牛尾也。釐，家福也。段氏曰："今豪釐，字当作斄（微画也，从文㸚声）。"氂假借字则作釐，于义无从。《群经正字》于豪字条下直云："《释文》直云依字作毫。"则元朗未免不识字之讥，然则氂本又作釐。更何说哉。

比日稍治经说，但记名物各家异同。敬谨闻命而已。于《礼经》每篇校后，辄助以翁方纲《礼记附记》，惊其"犷犷不可附"也。覃溪记中有云："不知诸君是诂经乎？是撰经乎？（卷六）"又谓"郑君是改经而非诂经。"而又往往自犯此病。于我心中有戚戚焉。越缦先生《与顾河之孝廉书》中一段语"他人有心，予忖度之，夫子之谓也。"《书》云："说经之家，昭代为盛，乾嘉之际，硕儒辈兴，间已前无古人，后无来者。"然至刘申甫、臧在东、陈硕甫诸先生出，拾遗补阙，其学愈密，而尊奉西京，藉薄东汉，颇诋康成，以信其说，故孙伯渊氏谓："近来学者好攻郑氏，其患不细。"盖孙氏同时，若程易田氏、焦里堂氏皆喜与郑为难，而段懋堂承其师傅之说，亦有违言卒之，姚姬传、陈硕士辈借端排毁，经学遂微，不及卅年，澌灭殆尽，好高之过，其弊至此，弟尝谓郑君遍注六经数百万言，既繁且博，自难并绝小疵。又时习纤纬，朝廷所尊，狃于闻见，间一援引以晓愚蒙不得为过，著述既多，门徒益盛，复不免假托师说，杂糅其间，故或先后不同，从违不一，后儒挟私寻衅，譬于江河之大，求泥沙之微，固无有不得者也。庄珍艺有言："汉学之存于今者，苟有一字一句之异同，要当珍若拱璧，弟常心佩，以为名言，至如孙氏之注书酷信纬学。"刘氏之说《春秋》尊之《公羊》，力申黜周王鲁三统之义，谓夫子借以行天下事。庄氏谓"《夏小正》即《连山易》，改其名为《夏时明堂阴阳经》，此皆意过其通，惊世骇俗，反为宋学助之攻矣"云云。事非待辨，道自常光，创痏之生，何代蔑有，久不闻通儒之论，卫道之言，秦火汉薪，同归消歇，吾为此惧耳。

1936年12月25日

《哀公问》："有成事，然后治其雕镂文章黼黻以嗣。"《释文》："雕，本作雕。"按《说文》"雕，鷻也。从隹周声。"彫，琢，文从彡周声。或假雕为之。《孟子》："则必使玉人雕琢之。"又通作錭。《荀子·富国篇》："必将雕琢刻镂。"又或作琱。《汉书·郊祀志》："黼黻琱戈。"

"孔子愀然作色而对。"《注》："愀然，变动貌也。"《释文》："上平二读。"《说文》无"愀"字。《水部》湫，隘。下也。大徐本子了即由二切。《左·昭十二年传》："湫乎攸乎。"杜注："湫，愁隘。"《春秋繁露·阳尊阴卑》："湫者悲忧之状也。"《吕览·重言篇》："湫然清静者，衰绖之色。"然则"愀然"即"湫然"。

《孔子闲居篇》引《诗》云："凯弟君子，民之父母。"《注》："凯弟，乐易也。"《释文》："凯，本又作愷。又作豈。丘在反。弟，本又作悌。徒礼反。"《说文》无凯字。《尔雅·释天》：“天南风谓之愷风。”《说文·心部》：“愷，乐也。”《豈部》愷，康也（重出字）。雷云：“此凱风之正字。”而《毛诗》“豈弟、豈乐”为假借字。《心部》悌，善兄弟也。小徐新附。钮氏曰：“悌，盖涉愷，后人并加心。汉碑已有悌。”

“凡民有丧，匍匐救之。”孔《疏》云：“往赒救之之。”赒不见《说文》。按《论语》“君子周急不继富”之周，孔《疏》云：“周，救人之穷急。字作周，即赒也。”赒字始见《周礼》“五党为州，使之相赒。”及后文云：“赒万民艰阨。”司农注云：“赒，读为周急之周。”凡云读为则并易其字，是赒当作周。

《仲尼燕居篇》：“虽在畎亩之中事之，圣人已。”翁方纲云：“事之，言能几此精微之蕴也。圣人已者，归本于圣人以见此义不易知也。”说尚可存，至其引《注》《疏》之词，而辟之给夺慈仁越席者屡矣。

1936年12月26日

《坊记篇》。郑云：“以其记六艺之义，所以坊人之失也。”经云：“辟则坊与。”《正义》曰：“但言‘坊’字，或土旁为之，或阜旁为之。古字通用也。”按大徐本云：“坊，邑里之名。从土方声（古通用埅。府良切）。”然经典中无作埅者。惟《吕氏春秋》“季春之月，命有司修利隄埅。”别本仍作防。席氏云：“惠字又以方为坊。失之，坊乃俗字。”即古书或有以方为坊者，乃省母之例，与疆易彊竞字殊。

“故圣人之制富贵也，使民富不足以骄，贫不至于约，贵不慊于上，故乱益亡。”与下文“君子辞贵不辞贱，辞富不辞贫，则乱益亡。”两亡字义同。司农于下节注曰：“亡，无也。”上节未注。

“利禄先死者而后生者，则民不偝。”《说文》无“偝”字。雷云：“偝之，背之别体。如负之作偩。”注：“言不愉于死亡。”《释文》：“愉，本亦作偷。”按《说文》愉，薄也。引《论语》曰：“私觌，愉愉如也（羊朱切）。”《说文》无偷字。段云：“偷非古字，然自《山有枢》。”郑笺云：“偷，取也。”则不可不谓其字不古矣。

《坊记篇》引《君陈》曰：“尔有嘉谋嘉猷，入告尔君于内，女乃顺之于外，曰：‘此谋此猷，惟我君之德。’于乎是惟良显哉！”引《诗》曰：“至于已斯亡。”阮氏《校勘记》曰：“毛本二‘于’并误于。”按《说文》於，为烏之重文。于，于也。王氏《经传释词》曰：“于与于古字通。故两字皆可训为为。亦皆可训为如。”此指训为训如，言之非谓无所不通也。段曰：“凡《诗》《书》用于字，凡《论语》用于字。盖于、于二字在周时为古今字。”王筠氏《说文释例》“于”条尤精采，中云：“《诗》自《葛覃》有于字，而直至《采蘩》乃释为于。”知非于字概释为于也。例证各就文考之不悉具。

“微谏不倦。”《注》曰：“子于父母尚和顺，不用鄂鄂。”按《大戴礼》《曾子立事篇》君子出言以鄂鄂。卢注：“鄂鄂辨厉也。”《史记·赵世家》：“诸大夫朝徒闻唯唯不闻周舍之鄂鄂。”又作谔。《史记》赵良谓商君曰：“千人之诺诺不如一士之谔谔。”又或作愕。《盐铁论·国病篇》：“今辨讼愕愕然。”但《说文》不收谔、愕字。篆文作鄂。江夏县也。从邑咢声。乃假借为惊咢。咢，哗讼也。从吅屰声。汉隶变而作咢。又作噩。

甚且作罕。徐笺：“噩字从㗊，屰声。篆当作𡃮。其屰字曲画，隶皆变作直画而为丰。又省而为王。亦犹𦊆之省作罕也。然则噩即𦊆之或体，非俗书也。”先达之言，曲而通哉。

引《易》曰：“东邻之杀牛，不如西邻之禴祭。寔受其福。”《释文》：“寔，时力反。《易》作实。”则经文字明作“寔”，仿殿本误作“实”（阮本、岳本作“寔”。不误）。寔，止也。段改正也（市职反。十六部）。實，富也（神质切。十二部）。孔《疏》此条下“寔，实也者。”段“寔”下注云：“由赵魏之间，实、寔同声，故相假借耳。”按今东鲁方言仍同声。

1936年12月27日

朱校《表记注疏》一卷，郑云：“以其记君子之德，见于仪表者也。”“子曰狎伤，死焉而不畏也。”《注》：“忕，于无敬心也。”《释文》：“忕，时世反。又时设反。”下文“其民之敝。荡而不静，胜而无耻。”《注》：“以本忕于鬼神虚无之事。”孔《疏》：“忕，串也，习也。”仿殿本及阮校（据惠栋校宋本）本，字并作𢾾（《校勘记》不及忕字）。《康熙字典》无忕字，而于“忕”字下云：“亦书作忲。”录《广韵》“徒盖”，《正均》“他盖”二切，远不如澄海姚文登氏《初学检韵》于“忕”下云：“去声。八霁忕习。《后汉书》忸忕少利。”又云：“去声。九泰奢也。与忲同之，为安寀也。况《广韵》泰字下类附忕字下云：‘逝大二音。’明明两存之，康熙官修臣工不之审耳。”《说文》㤜，习也（余制切）。段氏据狃下云：“犬性忕也。”许文删㤜篆而增忕篆。钮氏《段注订》谓“忕即㤜之俗体字，从犬非从大。”又于“狃”字下云：“《释文》忕，引张揖杂字曳云：忸忕过度。然则忕乃㤜之俗体，从犬非从大。”而王氏《释例》云：“《集韵》始有忕、忲二字。忲、忕皆忕之讹。”其言未可遽信。阮氏所校勘本皆作忕。《校勘记》不及之者无异词也。（曾星笠[1]不以钮说为然，说存下页。）

“无礼不相见也。”《注》：“礼谓挚也。”《释文》：“挚，音至。本又作贽。”按《说文》贝部无贽字。𢪘，握持也。假以为贽。《孟子》“出疆必载质”，亦假借。女部自有𡠗，至也。段注引康成说“贽之言至，所以自致。”

引《易》曰“再三渎。”《注》：“渎之言亵也。”按此假为嬻也。《女部》嬻，媟，嬻也。段云：“渎行嬻废（仿殿本下又误作瀆。不成字）。”

引《诗》曰“德輶如毛。”《注》：“輶，轻也。”按《说文》輶，轻车也。从车，酋声。《诗》曰：“輶车銮镳。”此引申之义也。徐子远[2]《笺》曰：“輶为轻车名，故使者乘之。谓之輶轩。”

“天子亲耕，粢盛秬鬯以事上帝。”《释文》：“秬，音巨。黑黍。”按《鬯部》𪏰，黑黍也。一稃二米以酿也。从鬯矩声。重文秬。（《说文》无矩字。《校议》云：“当作榘省声。”）

“其民之敝：惷而愚。”《释文》：“惷，伤容反。”阮《勘记》云：“惷，误惷。”按仿殿本亦误。《心部》惷，愚也（丑江切）。从心，舂声。蠢，乱也，从心，春声。《春秋传》曰：“王室日惷惷焉。”一曰厚也（尺允切）。按今作蠢蠢二字，形音义俱异，经典文尚涉形近而误。《哀公问》："寡人惷愚冥顽。"亦误惷。

"事君远而谏，则讇也。"《释文》讇，本亦作谄。按谄，讇之或省体。

曾星笠不以"伏字从犬非从大"之钮氏为然，则经本之诸伏字，应作伏而误作伏。其言曰："若使为从犬，其能谓为从心犬，或从犬心之会意字乎？必不能也。不能，则为形声字，必曰从心犬声矣。而《霁韵》《泰韵》皆无所属'时世''徒盖'二切，无所而得，故终以从大得声为是。"

星笠又云："后人敢于造字者，舍李、武氏外，无敢造会意、象形字。故后出之字，十九形声字也。"予曰："其有之，则不识字者之徒为之也。如不正之为歪，有中去点以为冇，合图书馆三字以为圕等。子其谓之何，真可令鬼夜哭也。"

儿子家熹，称适母曰"阿奶"。儿辈大似吾乡秀才家终年不翻字典，以为子之呼母曰"奶"，他人尊之言"奶奶"（北人呼祖母曰"奶奶"），人人所同，临文何待再计。而《康熙字典》却不收"奶"字，为谕之曰"'奶'字从'妳'字所变。妳从嬭，嬭从镾也。"《说文》髟部𩬻，发貌，从髟尔声。读若江南谓酢母为。镾（奴礼切）。段注："《广雅》嬭，母也。音与镾同。"按《广韵》只收嬭字（蟹韵），下云"乳也，奴蟹切。妳上同佘，词之必然也，后世多以爾字为之（佘字下段氏语）。"而爾字又简以佘字为之，瀰之作弥，又其变也。妳字见《晋书·桓玄传》"玄，小名灵宝。妳媪每抱诣温，辄易人而后至，云其重兼常儿。"字作妳，即妳。至柳耆卿[3]词："愿奶奶，兰心蕙性。"可见唐宋人称乳妪称主妇已用"妳"字，俗本变而作"奶"耳。变革之迹如此。

【注释】

①曾星笠：曾运干，字星笠。历任东北大学、中山大学、湖南大学教授。

②徐子远：指徐灏。

③柳耆卿：指柳永。

1936年12月28日

校《缁衣篇》，子曰："王言如丝，其出如纶；王言如纶，其出如綍。"《注》："言言出弥大也。纶，今有秩，啬夫所佩也。綍，引棺索也。"《释文》："纶音伦，又古顽反，绶也。如綍音弗，大索。"按《说文》綸，青丝绶也。从糸仑声。大徐本仅收，古还切。各本从之，《广韵》收入。真韵下注云"又音鳏。"姚氏[1]《检韵》（遵《佩文韵书》）以丝纶之纶入"真韵"。青紫绶及纶巾之纶入"删韵"。徐《笺》曰："'古还'非其本音。"《释名》曰："纶，伦也。作之有伦理也。"是本读与伦，同《广韵》亦谆山两收，其"古还"一音，未知起于何时。谨按扬雄《长杨赋》"顺斗极运，天关横钜，海漂昆仑。"仑与关均则从仑得声者，之韵山亦非后出也。《说文》无"綍"字。窃疑即𣎵字，后人乃加糸旁。𣎵篆与上文𣎵同条相贯。《谷梁》曰："孛之为言犹茀也。"

"章善瘅恶。"下文引《诗》"下民卒瘅。"《注》并云："瘅，病也"《释文》："亶，丁但反。本亦作瘅。"《说文》无瘅字。依《诗》当作"瘅"。瘅，劳病也（丁干、丁贺二切）。

引《君陈》[2]曰："若已弗克。"见《释文》曰："音纪。"《尚书》无已字。阮《校》谓："闽监、毛本等已误巳。谨陆元朗所见本亦误巳。故特注之。"今本之误，亦遵古而不妄易其字也。

引《易》曰："恒其德侦。"《注》："侦，问也。问正为侦。"《释文》："侦，音贞。《周易》作贞。"按：《说文》𧸇，问也。新附字。《周礼·天府》："季冬，以贞来岁之媺恶。"郑《注》："问事之正曰贞。知古只作贞。"又据上《注》："知汉时已加人旁。"

【注释】

①姚氏：指姚觐元。

②《君陈》：《尚书·周书》篇名。

1936年12月29日

读经。

《奔丧篇》，司农注文"不袒，不踊，不以为数。"《释文》云："不以数也，色主反。本作'不以为数'。数，色具反。"按《说文》"數，计也。"大徐本"所矩切"。《广韵》"九麌"引《说文》"十遇"："数，所据切。"云《筭数》不引《说文》。王毌山氏谓古盖无此分别。此亦长言短言之分，既定四声，区以别矣。陆氏《音义》如此，知唐以前已以"上去"分其动静矣。

"哭父之党于庙，母妻之党于寝。"按《周礼·宫人·隶仆》："掌五寝之埽徐粪洒之事。"《注》："五庙之寝也。前曰庙，后曰寝。"故李炁伯《答沈晓湖书》中云："左二间通为一，不隔以墙，以为庙寝。前为庙，中设四龛，遵会典之制，奉四世桌宝。后为寝，藏遗象及祭品。"皆原本礼经泽，躬《尔雅》之言也。

《问丧篇》："亲始死，鸡斯徒跣。"《注》："鸡斯当为笄纚，声之误也。"此汉前平侧不分之一例。

"故乡里为之糜粥以饮食之。"《释文》："餥，武皮反。本亦作糜同。"按《月令》："行糜粥饮食。"此正字。《复古篇》云："糜别作餥。非。"又作饝，作餥，并不见《说文》《经传》。盖糜之为言糜也（《释名》：糜，煮米史靡烂也），潮方音独存。语云："何不食肉糜。"

《服问篇》，郑注"伸君也"。《释文》："伸，音申。"疑伸后出字，检段注已先言之。《说文》"伸，屈伸，从人申声。"然《易》《诗》"信相感而利生焉。""尺蠖之屈，以求信也。"字并作信。许书叙目曰："近而申之，以究万原。"字作申。"申部"曰："申，神也。"又曰"申旦政也。""又部"："㬰，神也。与申同义。"《支部》："敒，理也。"申㬰申敒四字，音义如一。故"伸"下段君曰："宋毛晃曰：'古惟申字，后加立人以别之。"王筠氏以为从之者。有敒字未可轻议，然从以为声之字而不见篆，如由、免等者，又大有例在。

讽越缦文，时笺注文雅诂典章真可爱也，炁伯则自道之矣。记其五十病后所为《轩翠舫记》有云："或快雨初过（按此字平读），夕阳欲出，高柳弄色，余映在霄。每诵郑君柳为诸色所聚之言（按《周礼·缝人》司农注：‘柳之言聚，诸色之所聚’），又叹尚书之雅诂，艳夺诗人，经师之赋，形思通画苑。”真知言者也，岂惟一洗贾许无文之耻哉，间有使典未合所本，如去夏记其稚季一条，误弟为兄，今见其纽回去宅，移孝于父，原语云：“则又顾欢诵诗，蓼莪都废，纽回去宅，槐树皆枯。”按《隋书·孝义传·纽回传》：“回性至孝，周武帝表其间，开皇初卒。子士雄，少质直孝友，丧父，复庐于墓侧，负土成坟，其庭前有一槐树，先甚郁茂，及士雄居丧，树遂枯死。服阕还宅，死树复荣。高祖闻之，叹其父子至孝，下诏褒扬，号其所居为累德里”云云。则事属回子士雄也。此亦不足为烝伯病。昔阮文达序《毛西河集》有曰：“其引证间有讹误，则以检讨强记博闻，不事翻检之故，恐后人欲订其误，毕世不能也。”吾于越缦之作亦云然。曾星笠见予笺注一条，即为见齿且从曳。予从事越缦文集，但恐如予辈数十人不足以尽之也。

1936 年 12 月 30 日

雨夜读经，《间传篇》，郑云：“名《间传》者，以其记丧服之间轻重所宜也。”未见它说。

“齐衰貌若枲。”《注》：“枲，或为似。”《释文》：“枲，思里反。”按《说文·木部》：“枲，麻也。从木，台声。”俗字书以枲字入《木部》，五画是其穷也。

“有醯酱。”《释文》：“醯，本作醓。”按《说文》“䀋，酸也。作醯。”以𩱛以酒（𩱛者，鬻之重文），从𩱛酒并省从皿。《群经正字》云：“其有作醓者。则俗字也。”

本篇“以哀之发于容体者也。”以下“声音、言语、饮食、居处、衣服”凡六叠笔。与《荀子·礼论篇》中笔法相同，此演其《曲礼》耳。

《三年问篇》全与《荀子·礼论篇》“三年之丧”一段相同，所异者字句少有出入耳。如首节云：“三年之丧，何也？曰：称情而立文，因以饰群，别亲疏贵贱之节，而弗可损益也。”“故曰无易之道也，荀子作而不可损益也。故曰无适不易之术也。其他概损益数字而止。”此记者衍荀卿之论，而荀卿本深探周孔制礼之精意者也。汪中氏《荀卿子通论》有曰：“荀卿所学本长于礼。”《儒林传》云：“东海兰陵孟卿善为《礼》《春秋》，授后苍、疏广。”刘向《叙》云：“兰陵多善为学，盖荀卿也，长老至今称之，曰：兰陵人喜字为卿，盖以法荀卿。”“又二戴礼并传自孟卿，《大戴礼·曾子立事》篇载《修身》《大略》二篇文。《小戴》《乐记》《三年问》《乡饮酒义》篇，载《礼论》《乐论》篇文。由是言之，曲台之礼，荀卿之支与余裔也。”

“故先王焉为之立中制节，壹使足以成文理，则释之矣。”多断焉字为句。孔《疏》云：“故先王焉者，焉是语辞。”各本依《疏》读之也。然荀子作“故先王圣人安为之立中制节，一使足以成文理，则舍之矣。”明以焉字属下读也。杨倞注云：“《礼记》作‘焉为之立中制节。’郑云：‘焉，犹然。’”句读甚明。所引郑注见下节云：“然则何以三年也？曰加隆焉尔也（句）焉使倍之，故再期也。”孔《疏》云：“焉犹然也。子既加隆于父母，故然使倍之。然，犹如是。”前后之不同如此。要之，《礼记》原文并以焉字属下读为是。

1936年12月31日

《三年问篇》："则必反巡，过其故乡，翔回焉，鸣号焉。蹢躅焉、踟蹰焉，然后乃能去之。"《荀子·礼论篇》作"则必反铅，过故乡（杨注：铅与沿同）。"蹢躅，字作踯躅。《说文》足部："[illegible]，住足也。从足，适省声。或曰蹢躅。"贾侍中说"足垢也。"下文[illegible]："蹢躅也。"沈涛《说文古本考》云："踯[illegible]躅与蹢躅同。今本传写互易耳。"（侍中说"足垢也"。垢，为跔之讹。跼，天寒足跔也。句曲不伸之意。不知各本何以皆袭讹不改）阮《校》云："各本同，石经阙。"

《深衣篇》属制度稍难读。江岁贡有《深衣考误》一卷（《经解》第二，五一卷），附有图。

"袼之高下，可以运肘。"《注》："肘不能不出入。袼，衣袂当掖之缝也。"《释文》："袼，亦本作胳。音各。腋也。"按《说文》从月。[illegible]，亦下也。亦腋古今字。骼胳古今字。袼，俗字。今北人尚云"胳膊"。潮人曰"胳肩（俗字作企肩）"。声音字亡通义也。

《因树山馆日记》 第七册

（1937年3月29日—5月8日）

1937年3月29日

校《左传注疏》卷二十六。

“齐侯曰：‘服改矣。’（《成三年传》）”孔《疏》：“《春秋传》曰：‘晋却至衣韎韦之跗注’是也。”阮《校》[1]云：“监本注作註，非也。”按《说文》无註字。许《叙》“保氏教国子，先以六书：五曰转注（𣶒，灌也）。”其字作注。段曰：“里俗作註字。”自明至今刊本尽改旧文，其可嘆矣。（古歎与嘆义别。歎，吟也。《乐记》一唱三歎有遗音者矣。《论语》喟然歎曰。段注：“皆是歎字。”）

“于是乎有沈溺重腿之疾。”（《成六年》[2]）《注》：“重腿，足腫。”《释文》：“腿，治伪反。”《说文》无腿字。雷浚云：“疑古只作追。然无可证。”按《孟子》：“以追蠡。”朱骏声云：“字借为縋。”窃谓重腿重坠也。声近。古假追为之。后人依声作“腿”字。又按俗用腿字，《集韵》本作脮。《说文》亦无骽字。俞樾曰：“咸九三：咸其股，执其随。艮六二‘艮其腓，不拯其随’。”两“随”字即古“骽”字。随声妥声相近，古假随为之，后世依其声制骽字。

“范文子、韩献子谏曰：‘不可。吾来救郑，楚师去我。吾遂至于此。’（《成七年》）”“吾我”二字用法最明，《韩集·送董邵南序》四用吾字皆合，惟《祭十二郎文》“嫂尝抚汝指吾而言曰”“东野与吾书”，两“吾”字依义法应作“我”字，今人谓之主格、宾格，主格“吾”“我”多通用。《孟子》“伊尹以割烹要汤”一章尤明，“我何以汤之聘币为哉”二叠句，“吾岂若使是君为尧舜之君哉”三叠句是也，宾格少用吾字，“与我处畎亩之中”是也。又如《论语》“始吾于人也”，“何有于我哉”，下之“我”字不可易。

“吴子寿梦说之，乃通吴于晋。”（《成七年》）寿梦一名乘。曾星笠云：“乘之闭口音，即寿梦二音说。”亦解臣。然终疑“乘”古音在第六部，无闭口音恐未圆也。（旋阅襄公十年孔《疏》，知曾说本自服氏虔，然孔氏已致其疑，谓当是名字之异声小相涉耳。）

“对曰：‘泠人也。’”《注》：“泠人，乐官。”《释文》：“泠，依字作伶。”阮《校》引《五经文字》云：“泠，乐官或作伶。讹。”然依《说文》：“伶，弄也。”伶正字。

校《左传注疏》卷二十七。

“声伯之母不聘。”（《成十一年传》）。《释文》：“聘，本亦作娉。”按：《说文》：

“娉，访也。娉，问也。”凡娉女及聘问之礼，古用娉字。“娉则为妻”，明所以从女之故也。故段云：“娉者，专词也。聘者，氾词也。”

“戮力同心。”阮《校》云：“《石经》宋本戮作勠。《说文》亦作勠。”按：《说文》戮，杀也。勠，并力也。小徐本引《春秋传》曰：“勠力一心，作勠。”段云：“古书多有误作戮者。”

“迭我成淆地。”阮《校》云：“迭者，轶之假借，凡浸突而过曰：‘軼’。语本《左传》‘惧其侵軼我也。’”《注》：“突也。”《说文》本训軼，車相出也。

“芟夷，我边陲。”《释文》：“夷，本亦作痍。”《说文》痍，伤也。正字。段云：“《左传》‘察夷伤’，皆假夷字为之。”又阮《校》云：“《石经》各本陲作垂是也。”《说文》垂，远边也。陲，危也。其义各别。

“迓晋侯于新楚。”《释文》：“迓，本又作讶。”阮《校》：“《石经》诸本皆作讶。”《说文》“訝，相迎也。从言，牙声。”重文訝。或从辵。此徐铉所增十九文之一也。段云：“迓，俗字。出于许后。卫包无识，用以改经，不必增也。”

“秋，负刍杀其大子而自立也。”按也，犹矣也。龙门学之而善。蔡泽闻之往入秦也。彼乡者乃以我为非人也。皆是。

“《诗》曰：‘兕觵其觩，旨酒思柔。’”（《成十四传》）阮据本作“觥”。《说文》觵下云：“觥，俗觵。从光。”

“尽而不汙。”《注》：“无所汙曲。”按此假为纡也。未见二例。

“大夫闻之，无不聳惧。”《说文·耳部》无聳字。聳，生而聋曰聳。《方言》“十聳，悚也。”是假借字。《心部》愯，惧也。引《春秋传》“驷氏愯。”今《昭公十九年传》作“驷氏耸。”雷云：“许所见古本也。”又《昭公六年传》“耸之以行。”《汉书·刑法志》引作雙，为愯之不省者。是愯为聳惧之正字也。晋灼曰：“古悚字。”

校《左传注疏》卷二十八。

“败诸勺陂。（《成十六年》）”阮《校》云：“汋，各本作勺。《释文》同。按勺，中作一小画，一，象有所盛也，故作勺正。”

“德、刑、详、义、礼、信，战之器也。详以事神。”孔《疏》：“详者，祥也。古字同耳。”按假详为祥。如《周书》“皇门。以昏求臣，作威不详。”《注》：“善也。”《张耳传》：“反天不详。”字作详。下文“渎齐盟。”杜《注》：“不详事神，云不善事神也。”

“渎齐盟，而食话言。”王氏《句读》云：“崔憬曰：渎，古黷字。言渎者古假借字。”“沟渎之中尽浊垢也。”黷，后起之专字矣。

“人恤所底，其谁致死。”阮《校》云：“宋本、岳[3]本‘底’作厎。与《石经》合。”

“范匄趋进曰。”《释文》本又作丐。应为丐字之讹（仿殿本，阮本并引作丐）。依文亡人为匄，俗作丐。《群经正字》云：“晋士匄。”孔《疏》尝言“士文伯是范氏之族，不应与范宣子同名。作丐为是。”

“王卒以旧。”下文“以犯天之忌。”两“以”字皆犹“已”也。

“在陈而嚣。”阮据本作“䣪”。《释文》《尔雅》如之王氏（箓友）欲于嚣下补或体。䣪，其说曰《艸部》蘬，《㽙部》䰞，四口在左右，虽由地狭而迻置之，然枣从重朿，棘从并朿，即不可通用矣。至于斦字从斤，断艸则变形以会意，且艸必并生不得重叠，即无芹字，亦不可变斦为芹，而艸之不可作𡴀明矣。

“南国蹴。”《说文》无蹴字，新附有蹙。雷云：“新附不足据，古通用戚。”

“识见不穀而趋，无乃伤乎?”阮《校》引惠栋云：“识，当为适。《外传》作属，训为适。”

“苗賁皇狥曰。”阮《校》云：“闽本、监本‘徇’误‘狗’。”按《康熙字典》亦云狥字。各书不载，当为“徇”字之讹。(《说文》作㣔)

“国子谪我。(《成十七年传》)”《释文》作讁。《说文》“谪，罚也。”而无讁字。《孟子》：“人不足与適也。”《注》引《诗》“室人交遍適我”，而今诗作讁，知谪正字。適，假借字。讁，后出，俗字。《桓公十八年左传》：“公谪之。”亦作谪。

“一朝而尸三卿。”阮《校》引惠栋云：“韩子载厉公语曰：‘吾一朝而夷三卿。’”郑《注》：“周礼凌人云‘夷之言尸也’，是夷与尸古字通。”又古“夷”字作𡰥，与尸相近，故或从尸，或从𡰥也。

“大国无厭。(《成十八年传》)”《释文》作猒。按：猒，饱也。从甘从肰。段注：“猒与厭音同而义异。雒诰万年猒于乃德。此古字当存者也。”猒厭古今字。猒餍正俗字。

校《左传注疏》卷二十九。

“襄公二年，春郑伯侵宋楚令也。”按经云：“郑师侵宋。”知《传》文“伯”字为“师”字之误。阮《校》云：“纂图本、闽本、监本、毛本并误此字。”

“穆姜使择美檟，以自为榇与颂琴。”孔《疏》引郭璞曰：“大而皵楸，小而皵檟。”樊光云：“大，老也。皵，棤皮也。”按《说文》无棤，无皵。孔引《尔雅·释木》文《疏》云：“木皮甲粗错者名棤。亦名皵。”雷云：“《考工记》云：‘老牛之角紾而昔。’”郑云：“昔，读为交错之错。谓牛角牲理错也。”《尔雅》：“皵字当亦作错或省。借作昔。后人加皮。”又《疏》引《礼记》郑注：“杝，椴也。所谓椴棺也。”《说文》无椴字。阮《校》云：“宋本椴作柙。”

校《左传注疏》卷三十。

《襄公五年》，杜注：“戎陵虣周室。”《释文》陵作凌。按陵，大阜也。淩，水在临淮。并夌字之假借。《夊部》夌，越也。从夊从㚘。㚘，高也。(借㚘为陆。篆应作㚘。)一曰夌，徲也。然则夌正字而不行。

《襄公六年》，孔《疏》：“狎是相亵慢、相贯习之名也。”《说文》无惯字。遦，习也。㬊，习也。(段云：音义同)《宣六年左传》：“以盈其贯。”《孟子》：“我不贯与小人乘。”皆如此作，而训习。

“甲寅，堙之。(《襄六年传》)”阮《校》云：“《玉篇》垔字下引杜注云：‘土山也。’”又堙字注同垔。杜注作垔。传文可知盖顾野王所见本，作垔也。《说文·土部》无堙。垔，塞也。从土。则不须又加土旁，而俗赘之。

“公族穆子有癈疾。”阮《校》：“石经、宋本、岳本廢作癈是也。”按：《说文》癈，固病也。𤺺，屋顿，引申为癈兴字区以别矣。

《八年》，杜注："晋悼复脩霸业。"《释文》本作"伯业，音霸。"又如字本亦作霸。各本窜杜文为霸。又傎倒《释文》。依阮《校》"足利本作伯。盖伯，长也。此为本义。"徐氏《笺》④云："因与月霸字同声，通用久之，遂为霸所专。"

"'杖莫如信。'完守以老楚，杖信以待晋，不亦可乎。"《说文》杖，持也。《汉书·高纪》："杖义而西。"

"悉索敝赋。"《注》："索，尽也。"按索者，索之假借。训尽者，索之引申。陆粲云："盖言尽取以行也。"（阮《校》所引）

"亦不使一介行李告于寡君。"《释文》作个。按个，为大徐所云"俗书二十八文之一。"

"表火道（《襄九年》）。"《注》："火起，则从其所趣摽表之。"《释文》："摽，必遥反。"摽字从手旁。所见各本并同。窃疑为木旁之讹。从手之摽，击也，落也。杜以之释表字，当作標。依《说文系传》標，木標末也。卑杪反。臣锴曰："又平声，人多言標置，若树杪之高置也，標之言表也。"《春秋左传》"谓路旁树为道表，谓远望其標以知其道也。"

"命校正出马。（《襄九年传》）"阮《校》云："毛本作挍，避所讳。"按明熹宗名由校，故阮云尔。

"弃位而姣。"《注》："姣，淫之别名，"《释文》："户交反。"嵇叔夜音效。《正义》曰："今时俗语谓淫为效。故以姣为淫之别名。"按：《说文》本云："姣，好也。"《玉篇》："婬也。"今潮语习用姣字，此古义古音之最确者。

"盛餱粮。"阮《校》云："葉抄《释文》餱作糇。按通志堂本作餱。"王玉树《说文拈字》："今俗作糇。非是。"

"晋侯问公年，季武子对曰：'会于沙随之岁，寡君以生。'晋侯曰：'十二年矣。'（《襄公九年》）"按成公凡十八年，沙随在成十六年，至是襄公九年曰十二年，是并始讫之年而计之，与今计年之法无异。下十年传文"诸侯之师久于偪阳。"《注》云："从丙寅至庚寅二十五日，故曰久。是计日之法，亦并始讫而计之。"

"明神不蠲要盟。"《注》："蠲，潔也。"阮《校》云："宋本作絜。"按潔，新附字。

【注释】

①阮《校》：指《十三经注疏校勘记》，阮元撰。

②《成六年》：指《左传·成公·成公六年》。

③岳：指岳珂。

④徐氏《笺》：指《说文解字注笺》，清人徐灏编撰。

1937年3月30日

"郰人纥抉之，以出门者（《襄十年传》）。"惠栋："郦元引作鄹人。《论语》同。"按《说文》无鄹有郰。郰，取声。阮《校》云："古或省文从之。"

"狄虒彌建大车之轮。"《释文》："彌，徐音。彌，一音。武脾反。"按弥即彌之俗体。音以本字不可通。盖《说文》本无彌字。《长部》镾，久长也。武夷切。《弓部》彌，弛弓也。斯氏切。俗并作彌。而此为人名，无义可依，故两音之。然《左传》彌子瑕，《大戴》作迷也。

"投之以机。"《释文》："机本又作几。同。"《说文》𣏟，木也。𠘨，踞几也。假机为之。

《襄十年传》注："亦兼受楚之勑命也。"阮《校》云："毛本勑作勅。非。"按即《孟子》"劳之来之"之来。

"姜氏问繇曰：'兆如山陵，有夫出征，而丧其雄。'"孔《疏》云："古人读雄与陵为韵。"《诗》：《无羊》《正月》，皆以雄韵蒸韵陵。按今湘人读东韵之字，概与蒸韵之字如叶韵，古音每存于方言，是其事也。

"刼郑伯以如北宫。"依《说文》应从力作劫。《字鉴》云："劫，从力从去。俗作刼、刧。"

"筚门闺窦之人。"即《儒行》之"筚门圭窬。"郑《注》："圭窬，门旁窬也，穿墙为之如圭矣。"阮云："窬、窦，古音同部。"

"其能来东底乎。"底，《释文》作厎，音旨，为正字。宋本同。(《四部丛刊》景玉田蒋氏所藏杜氏《春秋经传集解》本)

"右还次于琐。"杜注："北行而西为右还，言西居北之右也。"

《襄十一年左传》："凡我同盟，毋蕴年。"《注》："蕴积年谷而不分灾。"《释文》亦作薀。《说文》薀，积也。引《春秋传》曰："薀利生孽（《昭十年》文）。"蒋氏宋文此改为蕴，非也。《说文》无"蕴"字。

"郑人使良霄、太宰石㚟如楚。"《说文》无㚟字。《玉篇》㚟，丑略切。犬似兔，亦作㲋。(宋本作㲋。仿殿本同。从大或板漶耳。)

孔《疏》"是经谬。"阮《校》云："监本、毛本繆误谬。（石印本作缪改谬）"据《说文》谬，为疵谬。缪，为绸缪。段注云："古差繆多用从糸之字。"然《群经正字》云："竟以繆为疵繆正字，则是非倒置矣。"

"乐旨君子。"按《诗·小雅》旨作只。宋本亦作只。然《正义》曰："旨，美也。"则孔所见本作旨。(《襄二十四年传》引此《诗》作只。)

"经十有二年。"仿殿本"十有"误"有十"。

"师于扬梁。"阮《校》："《石经》、宋本杨作扬。"《广雅》"杨，扬也。"《诗·王风·扬之水》，《释文》云："或作杨，二字古多通用。"

1937 年 3 月 31 日

校《左传注疏》卷三十二。

《襄公十三年传》："而應受多福。"按《说文》"𤸰，当也。"此用本义，故杜不注，陆不音。而它处屡曰："應对之應，盖假應以为譍。"譍已废，不行。故详释之。（如《襄二十一年传》"叔向弗應。"条《释文》）

“盖言语漏洩。”阮《校》云：“淳熙本洩作泄是也。”蒋氏宋本作洩，曳加点，更俗。《说文》有泄无洩。

“狐狸所居，豺狼所嗥。”依《说文》字应作貍，作嗥。宋本实作貍。

“先君有冡卿，以为师保而蔑之二罪也。”冡，冢之讹。阮本亦误，未校出。宋本、岳本作冢，不误。

《襄十五年传》：“郑人醢之三人也。”几上仿殿本岳本，不知谁何并于之断句下三字三人也为句，亦不词之甚矣。孔《疏》明云“故言之三人，以之三人三字连文之，犹是也。”阮《校》云：“宋本无‘之’字，则以‘郑人醢三人也’六字为句。”尤明。

1937 年 4 月 1 日

校《左传注疏》卷三十三（起襄公十六年尽十八年）。

《十六年》“三月，公会于溴梁。”《释文》作湨，古阒反。徐：“公壁反。”按湨、阒皆以狊为声，与臭声县殊，形太近，而狊又不习见，遂滋讹耳。（宋本同误）

“秋，齐侯伐我北鄙，围郕。”《释文》“郕，音成。”按传文作成。宋本如之。知邑旁后出也。

“孟孺子速徼之。”《释文》“速，本亦作遬（仿殿本作邀，非）。”按遬，为速之籀文，从敕。《管子》皆作遬。

“比执事之間（应作閒，《说文》无从日之間），恐无及也。”《释文》“閒，音閑。”按借音兼借义也。孔《疏》亦以閑守解之，此圻父之诗所为赋也。《僖二十八年传》：“愿以閒执谗慝之口。”《注》：“‘閒执’犹塞也。”亦假为閑。

“赋《鸿雁》之卒章。”《注》引《诗》“哀鸣嗸嗸。”《释文》“宋本并口在敖下。”《说文》：“惟小徐本（段注）如此作。余概作嗷。”循左义右声例，段曰：“今《说文》作嗷。后人所妄改。”（阮《校》同）

“以杙抉其伤而死。”依《说文》“杙，劉。劉（句）杙（句）是木名（《吴都赋》作榴。《上林赋》留落）。”此以为橜弋字。《周礼·牛人》注“樴谓之杙。可以系牛。”又《释文》云：“伤一本作瘍。则别为一字。”所见本异而并存之耳。

“贼六人以铍杀诸卢门（句）合左师之后。”《说文》“鈹，大针也。一曰剑，如刀装者。”《左传昭二十七年》：“夹之铍。”均用或义。（妆，正字。庄，通字。装，俗字。各家注不知何以略而不论。）

“左师为己短策，苛过华氏之门，必骋。”《释文》“骋，勑领反。”此勑字应作敕。（蒙诵误读骋如聘。）

“国人逐瘈狗，瘈狗入于华臣氏。”《释文》云：“《字林》作狾。”桉《说文》无瘈。《犬部》狾，狂犬也。从犬，折声。《春秋传》曰：“狾犬入华臣氏之门。”又《左传·哀十二年》：“国狗之瘈，无不噬也。”段云：“许所见作狾。”

“泽门之晳实兴我役。”晳，《释文》作晳。下从白是也。各本引而误之。

“宋国区区，而有诅有祝，祸之本也。”《释文》“祝，之又反。”此与诅相转注也，俗作呪字。

“唯卿为大夫。”《注》：“故孙辞略荅家老。”孔《疏》：“字又作答。”（仿殿本如此。阮据本仍作“荅”）《说文》本无答字。

1937年4月2日

校《左传注疏》卷三十四（起襄公十九年尽二十一年）。

《十九年传》：“子然、子孔，宋子之子也；士子孔，圭妫之子也。圭妫之班亚宋子，而相亲也；士子孔亦相亲也。”宋本作“二子孔亦相亲也。”上句言二姬相亲。下句言所出。“二子亦相亲”若作“士子孔亦相亲也”。则“相亲”为不词，故阮《校》云：“《石经》宋本作‘二’，不误。”

《襄二十年传》注：“能为国光輝。”阮据本作“煇”。宋本作“暉”（岳本同）。依《说文》煇，光也。正字。俗作輝。又《说文》无暈字（暈，《新附》乃有之）。故惠氏以暉训光为非。盖疑暉即古暈字也。

《二十一年》“衣裳剑带。”阮《校》云：“纂图本、毛本劒作剑。按劒，籀文劒从刀。”

“方暑，阙地下冰而床焉。重繭衣裘，鲜食而寝。（疑应于‘下’字逗而读之）”按《说文》襺，袍衣也。从衣，繭声。以絮曰襺，以缊曰袍。《春秋传》曰：“盛夏重襺。”段曰“繭字之假借。”孔《疏》引《玉藻》“纩为繭，缊为袍。”郑《注》：“纩为今之新緜，缊谓今之纩及旧絮也。”（緜，作绵。俗字。阮《校》云：“淳熙本如此作。”）

“乘馹而见宣子。”《释文》“馹，人实反，传也。（仿殿本误入实）”按：置，驿也。邮，馹也。置缓邮速，驿迟馹疾。此言不及驾车也。故下文“宣子说与之乘”。此亦可为春秋时已有乘马之证，但非常耳。

“妬叔虎之母美。”阮《校》云：“毛本妬作妒。《说文》妒字，注：“妇妒夫也。《干禄字书》以妒为正，非也。今石经及诸本并作妬，然户声实兼义。段氏径改妒篆为妬，各注家众非之。”

“识其枚数。”《释文》“枚，本亦作版。”阮《校》云：“淳熙本、岳本版作板。”按《说文》无板字，只作版。

卷三十五（起襄公二十二年尽二十四年）。

《二十二年》注：“念各将罢还。”宋本“念作今。”又传文“雨，过御叔。在其邑，将饮酒。”宋本御叔下又重御叔二字。阮《校》“皆是之。”

“郑游眅将如晋。”宋本：“眅作販。”与《说文》合，《目部》眅，多白眼也。引《春秋传》曰：“郑游眅，字子明。”

《二十三年》注：“栾槐车擽槐而覆。”《释文》作轢（仿殿本引作攊）。宋本同。《说文》轢，车所践也。此为正字。

“新樽絜之。”《释文》本亦作尊。阮云“是也。”《五经文字》有尊无樽。《左传》凡作樽者皆为后人所加，惟《昭九年》“请佐公使尊”不误。按《礼运》“污尊而抔饮”

作尊。《说文》无从木之樽。

“非鼠何如。”宋本、岳本作“如何”。阮云：“如何，即而何是也。”

“皆踞转而鼓琴。”《注》：“转，衣装。”惠栋云：“踞，当作居。”（《说文》居，蹲也。重文踞，俗居。《足部》踞篆，段、王皆云“重出，删之。”）傅氏（逊）《辨误》云：“转字从车，与衣装何与？此必轸字之讹（详阮《校》本）。”阮谓杜意假转为缚也。《二十五年传》：“申鲜虞。以帷缚其妻。”缚。直转反。即衣装之义也。按阮语当更详之。（[illegible]，白鲜色也。《广雅》“缚，束也。”为别义。）

1937 年 4 月 3 日

校《春秋左传注疏》卷三十六。

《襄公二十五年传》：“偃曰：‘男女辨姓。’”《注》：“辨，别也。”《释文》作辩。彼列反。（仿殿本引作辨。宋本误，引为别字）按古只作辧，从刀。俗作辨，从力之辦。《新附字》辩之为辧，假借字。（《易·象上传》：君子以辩上下。）

“嫠也何害。”《释文》本又作釐。按嫠，新附字。然釐训家福，亦是假借字。（古无正字，如“孀妇”之只作霜。）

“陪臣干掫有淫者。”阮《校》引陈树华云：“干，扞本字也。掫、趣古字通。”按《说文》扞，忮也。扞，扞也。二篆相连，依转注正例，忮字当为抗字之讹。掫，夜戒守有所击，从手取声。《春秋传》曰：“宾将掫。”（昭二十年传）段注：“周礼镈师、掌固皆云：夜三鼜。”杜子春云：“谓击鼓行夜戒守也。趣与鼜声相近。”（《周礼注》引作趣）

“陈侯扶其大子偃奔墓。”《注》：“欲逃冢间。”仿殿本冢误冢。阮本且误作家。宋本不误。

“子疆。”宋本作“子彊。”阮《校》云：“闽本、监本、毛本彊作疆。非也。”

“以备三恪。”按《说文》愙，敬也。从心，客声。《春秋传》曰：“以陈备三愙。”小徐曰：“今作恪。”（亡友陈师曾衡恪，署名必用“愙”字。）

“井堙木刊。”阮《校》云：“《洪范》《正义》引并作‘井陻’。”《周礼·稻人》《正义》作“井闉。”按正字作垔。加土为堙。加𨸏为陻。皆俗赘也。闉，城内重门也，假之为垔。

“且昔天子之地一圻。”阮《校》云：“《周礼》郑《注》引《传》‘圻作畿’，古字同。”按：圻，为垠之重文。地垠也。一曰岸也。段注：“古斤声，与几声合韵最近，故《周礼》故书畿为近。”《田部》曰：“以远近言之则言畿也。”郑曰：“畿犹限也。”

1937 年 4 月 4 日

校《春秋左传注疏》卷三十七：

《襄公二十六年》：“拂衣从之。”《注》：“拂衣，褰裳也。”《释文》作搴，起虔反。

本或作褰，音虽同义非也。《说文》："褰，袴也。"（各本并作褰）阮《校》云："按依《说文》𧝄，抠衣也。此为正字。骞、褰皆假借字。"（骞，马腹絷也。骞，音掀，飞貌。《拈字》云："文人相承以骞为掀，举之义押入先韵，非是。"）

"逆于门者，颔之而已。"《释文》本又作颌。五感切。摇头也。（仿殿本引作本又作颔，版误）阮《校》云："毛本颔作頷，误。叶抄《释文》云：'作颔，本又作顉。'"陈瑑（《说文引经考证》）云："顉、颔、颌之并为一字久矣。"按顉，低头也。从页，金声。《春秋传》曰："迎于门，顉之而已（五感切）。"而颌，顄也。颔，面黄也。并胡感切。段云："依许，则颔、颌皆非也。杜注'摇头'亦非。首肯而已，不至摇头也。"可见叶抄《释文》本又作顉，不误。

"降杀以两。"宋本作"隆杀以两"。阮据本同按"隆杀"，即《正义》所云"进退也。"（席云：今人考核古书称按，从手者，非。此字本于董仲舒《五行志》载"高园便殿火。对曰：'按《春秋》鲁定公、哀公时。'"盖据前人成按以考证其拟，所谓天下有物，视《春秋》所举与同此者比法比也，比有成按，故一定不可移易也。）

"赤而毛，弃诸堤下。"《释文》作隄。《汉书·五行志》引作"弃之隄下。"依《说文》"隄从𨸏，正。"

"寺人惠墙。"《释文》作廧，下云"或作墙。"按《成公三年》"伐廧咎如。"《说文》无廧。《谷梁》作墙。

"聒而与之语。"《注》："聒，讙也。"阮《校》云："李注《文选·嵇叔夜绝交书》引作喧，諠也。"按《说文》本云，聒，讙语也。《字林》作喧语也。《说文》无喧字。王煦（《说文五翼》）云："喧，疑即讙字之或体。拟补《言部》，然部首本有吅字。"

1937年4月5日

《春秋左传注疏》卷三十八（起襄公二十七年尽二十八年）。

"祇成恶名，止也。"《释文》作衹，音支。宋本作衹。《注》"衹，适也。"阮《校》云："唐人衹，适也。其字衣旁。《广韵》《玉篇》皆然。"按：𥿍，为緹篆重文。段氏详注之，早有定论矣。

"纳我者死。"《释文》作内，音纳。本又作纳。《说文》："内，入也。从冂。自外而入也。纳，丝湿纳纳。"《论语》："出内之吝。"《孟子》："若已推而内之沟中。"内为出，纳之正字。

"不鄉卫国而坐鄉。"《释文》本亦作嚮。按经传《汉书》多假鄉为向。《说文》本云："𨞠，民所封鄉也。"段注："所封谓民域其中。所鄉谓归往也。"《辨字正俗》云："嚮，俗字。"

"欲弭诸侯之兵以为名。"阮《校》云："《周礼·男巫》：'春招弭。'杜子春读为'彌兵'之彌。《传》作'弭兵。'段玉裁云：'古文假借也。'"按：弭，弓无缘，可以解辔纷者。《僖二十三传》："其左执鞭弭。"此为本义。重文作𢏽。段云："亦作彌。"然则应作璽。𢏏，弛弓也（斯氏切）。彌，远之。彌，本作镾也。

“财用之蠹。”《释文》作蠹。下云：“本又作蠹。”阮《校》引叶抄《释文》作蠹。按《蚰部》蠹，木中蟲。从蚰，槖声。螙，或从木，象蟲在木中形。是蠹正蠹省螙或体。蠹，又其后出变体，不从蚰，而从虫。如蟸之作蚤。

“吾左还入于。”宋前已有“右还”。

“夫以信召人，而以僭济之。”《释文》僭，不信也。《昭八年传》：“君子之言，信而有征。小人之言，僭而无征。”亦以僭与信对举成文。《说文》：僭，假也。引申之义然尔。

“且晋楚狎主诸侯之盟也久矣。”《注》：“狎，更也。”按《昭二十一年传》“不狎鄙。”《注》同《正义》引服虔曰：“狎，更也。”

“其祝史陈信于鬼神无愧辞。”愧，《释文》本作媿。《说文》媿，惭也。愧，或从耻省。

《襄公二十八年传》：“吾将使驿奔问诸晋而以告。”驿，宋本作驲。阮《校》云：“闽本、毛本、监本驲作驿。非也。”按驲，急于驿。文云：“奔问是急也。”故阮云云。

“跋涉山川。”阮案：《聘礼》仪礼注云：“诗传曰：‘軷道祭也。谓祭道路之神。’《春秋传》曰：‘軷涉山川。’”按段注：“軷字下云：草行曰跋，水行曰涉，山行曰軷。凡言跋涉者皆字之同音假借。郑所引《春秋传》本作‘軷涉山川。’今人辄改之。按《释文》作跋。”下云：“草行曰跋。（各本不引）”则陆氏所见本已作跋。

“则去其肉，而以其洎馈。”《释文》“洎，肉汁也。”引《说文》云：“灌釜也。”按习用为及，乃臮字之假借。

“车甚泽，人必瘁，宜其亡也。”《释文》“瘁，本或作萃。”按卒篆下读若瘁。《说文》无瘁，可惜也。（《传》：“无弃蕉萃。”）

“伯有迋劳于黄崖，不敬。”《释文》本又作涯。按涯，新附字。郑以为佚也。

“饑寒之不恤。”宋本作饥。阮《校》云：“监本饥作饑。非。”按饥饿与饑荒本截然二文也。（《二十九年传》：“宋亦饑。宋无饥人。”不误。）

1937 年 4 月 7 日

《春秋左传注疏》卷三十九：

《襄公二十九年传》：“乃使巫以桃茢先祓殡。”《注》：“茢黍穰。”《释文》引郑注《周礼》云：“茢，苕帚。”仿殿本引作幕。阮据本作箒。依《说文》，帚，粪也。从又，持巾埽冂。《内则》[①]手已有所持。后出字乃加之“艸”，加之竹。《玉篇》：“菷同帚。”《广韵》：“箒，箕箒也。古之萑苕，今之苕帚（唐语，今存）。或用蘺穗，或用黍穰，萑艻黍裂，民并用之。”

《正义》引《周礼·冢人》：“掌公墓之地，辨其兆域。”阮《校》云：“闽本、监本、毛本卞作下。宋本作辨。是其据本作卞。按作‘下’固非。作‘卞’又何也。”辩，从辡。古文作釆，读若辨。而釆，古文作乎。与亓形近，辩通作丂。《经字正谊》[②]云：“丂之古文作釆。与乎亓相似，故辩又误为卞也。”（俞曲园曰：“《顾命》‘率循大卞’之卞，疑辩之假字。辩，治也。故引申之大卞，训大法。”）

“季文子取卞。”《释文》作弁。下云：“本又作卞，卞不成字。”《檀弓》：“弁人有其母死。”字作弁。

“使公冶问。公冶，季氏属大夫也。”不知使问襄公何事，杜注：“问公起居。”《孔疏》注曰：“季武子使公冶问玺书。”注之而不衷所注，然传旨曲达公冶之苦心，曰欺其君何必使予，则所使问者，路人皆知矣。杜注失之。

“欲之而言叛也，衹见疏也。”杜注：“言益疏我，似未尽合襄公口气。”惠定宇《左传补注》云：“疏当为謊字之误也（按《说文》謊，㝱言也。从言，巟声）。”《吕览·知接篇》云：“无由接而言见謊。”高诱曰：“謊，读诬妄之诬。”下云：“欺其君何必使予余明疏为诬，欲之而言叛非诬乎。”阮《校》引陈树华曰：“杜氏好改古文，故古文古义存者少矣。”引《诗》云：“不遑启处。”《注》：“启，跪也。”孔《疏》云：“启，小跪也。言王事无有不坚固，己当牢固之，故不得间暇而跪处也。”按《采薇》章“不遑启居。”启训跪，即坐也。《定公四年传》：“秦哀公为之赋，无衣九顿首而坐。”桂云：“坐即跪也。”

“坚事晋楚，以蕃王室也。”《释文》作藩。按《艸部》藩，屏也。蕃，茂也。《群经正字》云：“今经典藩盛少，通作藩。而藩屏多，通作蕃。”《昭二十六年传》正字当作藩。而今作蕃，声同，假借。陆氏[3]总未加剖析。

“其弃诸姬，亦可知也已。诸姬是弃，其谁归之？吉也闻之，弃同即异，是谓离德。”诸弃字通志堂宋本并作棄。依《说文》棄，捐也。从廾。推華弃之，从𠫓（段改从㐬是也）。𠫓，逆子也。弃，古文棄。棄，籀文棄。棄变应作棄而作棄者。有籀文在，取其省也。段云：“中体似世，唐人讳世，故开成石经及凡碑板皆作弃。近人乃谓经典多用古文矣。”下引《诗》曰：“协比其邻，昏姻孔云。晋不邻矣，其谁云之。”杜注：“云，犹旋。旋归之。”按云，为雲之重文。云，象回转之形，本有转旋之义。又《口部》有囩字，回也。声义两合。

“险而易行”。《注》：“险，当为俭字之误也。”阮《校》引惠氏父子（士奇，栋）说“险，《史记》作俭，古文也。”（《校勘记》详）

“曲而不屈。”《注》：“屈，挠。”阮《校》云：“《史记》屈作诎。作诎是正字。古人言诘詘，犹今人言屈曲也。”又云：“《释文》作橈，宋本作憢，闽本、监本、毛本作“撓”。并非。”按《说文》橈，曲木也。撓，扰也。一曰抹也。《心部》无“憢”字。

“如天之无不帱也。”《注》：“帱，覆也。”阮《校》云：“《后汉书·宋穆传》引作‘如天之无不焘。’《史记》是二字，古多通用。”按《说文》帱，襌帐也。焘，溥覆照也。焘，正字。帱，假借字。

“乃犹可以戾。”《注》：“定也。”按《注》本、《尔雅》《释诂》“美哉沨沨乎。”《注》：“中庸之声。”《说文》无之。《玉篇》沨泛同。（《说文》泛，浮貌。孚梵切。朱云：“泛，别字。亦作沨。”）

【注释】

①《内则》：《礼记》的一部分，是家庭主要遵循的礼则。

②《经字正谊》：指《说文经字正谊》，清人郭庆藩撰。

③陆氏：指陆德明。

今谓之秧，古谓之莳。夫粟生于禾，禾基于粟，凡禾之属，皆从禾。《禾部》八十七文，始于禾秀，终于秳稘。秧依今义，实禾之先而反居穭穅之后，与梨穰系联其谊，思过半矣。依文秧，禾若秧穰也，黍穰可以为帚，秧穰厥生自禾。故段注言：“今俗谓稻之初生者曰秧，凡艸木之幼可移栽者皆曰秧。”此与古义别，然则古作何字乎？《虞书》：“舜命后稷播时百谷。”郑《注》：“时，读曰莳。是时之与莳古今字也。”《艸部》蒔，更别穜。从艸，时声。时吏切。王鸣盛《蛾术篇》曰：“郑必破为莳者。春末下稻种，出秧，至仲夏雨至，田中有水，乃拔取秧，分科段，更复插之，俗名莳秧。今吴下犹然。”正许所谓“更别穜”也。故曰今谓之秧，古谓之莳。惟耕时因地而异，粤南春早，春耕先者播清明，后者播谷雨。今甫过清明，莳苗已青青盈寸矣。

校《春秋左传注疏》卷四十：

《襄公三十年》“经宋災故。”宋本字作烖。阮据本作灾。按《说文》作烖。天火曰烖。从火𢦏声。灾、𡿧，皆其重文，经传通用烖。《周礼》《尚》作裁。亦或借菑字为之。

《传》：“伯有侈而愎。”《注》：“愎，狠也。”宋本杜注及《释文》狠字并作“很”，从彳。阮《校》云：“闽本、监本、毛本‘很’作‘狠’。非也。”按《说文》很，不听从也。一曰行难也。一曰盭也。胡恳切。狠，吠斗声，五还切。音义俱别。

“三月癸未，晋悼夫人云云。”三月者，二月之讹也。下文孔《疏》云：“此年之二月癸未是夏之十二月。”可证。宋本三作二，不误。士文伯曰：“然则，二万二千六百有六旬也。”二千者，六千之讹也。孔《疏》云“已得二万六千六百四十五日也”可证。宋本作六千，与《疏》合。

“或叫于宋大庙曰，譆譆出出。”《注》：“叫，呼也。”宋文字亦作叫，误字。《释文》实作叫。《说文・口部》叫，嘑也。从口丩声。然“言部”又有訆，大呼也。从言，丩声。引《春秋传》此文则祭酒所见本，从言，作訆也。又《同部》誒，可恶之辞。从言，矣声。一曰誒然。引《春秋传》曰“誒誒出出。”《释文》云：“郑注《周礼》引此作詘。”詘，惠栋云：“盖许意，谓左作誒。誒即譆譆之假借字也。”

“伯有汰侈，故不免。”《释文》、宋本，汰并作汏，《说文》有汏无汰。

“子产斂伯有氏之死者而殡之。”《释文》、宋本并作斂。阮《校》云：“各本多作歛。按《说文》无“歛”字。《群经正字》云：‘《玉篇》《广韵》《类篇》《集韵》等字书始有之，并训为欲，音亦与斂异，是别一字。惟《类篇》于歛字下并引《说文》斂字之训，又曰聚也。直以歛与斂为一字。则疏矣。’”

“乃受策入拜。”宋本同。《释文》作筴。依篆文作莢。策马箠也，莢草实也。并假借为册耳。

“取我衣冠而褚之。”《注》：“褚，畜也。”畜，《释文》作蓄。按《说文》褚，卒也。一曰制衣。即《成三年传》所云“郑贾人将寘荀罃褚中以出之。”褚也，阮云：

"《吕览·乐成篇》作贮之。"卢文弨曰:"《周礼》廛人,注储藏。《释文》储,本作贮。又作褚。"又按《说文》无褚字。

"岁在娵訾之口。"《说文》无娵字。(《月令》"孟春之月。"郑《注》:"孟春者,日月会于诹訾,而斗建寅之月也。字作诹。"陆《释文》作陬。本又作娵,同。)

1937年4月9日

《襄公三十一年传》:"且年未盈五十,而谆谆焉如八九十者,弗能久矣。"按《说文》䜌,告晓之孰也。即《大雅》所云"诲尔谆谆。"此当是耄老謰謱(謰,语相反,謱也。謱,謰謱也,潮方言犹然)之意。《汉书·五行志》注本云:"重顿之貌也。"《尔雅·释训》:"訰訰,乱也。"《释文》或作諄。盖《说文》无訰字。

"年均择贤,义均则卜。"宋本"均"字作"钧"。阮《校》云:"闽、监、毛本钧误均。按古多假钧为均。《泰誓》"厥罪维钧"是也。"《成公六年左传》:"善钧从众。"《注》:"钧,等也。字作钧。"(《昭元年传》:"子产曰:直钧。")

"非嫡嗣,何必娣之子。"字作嫡。《注》:"言子野非適嗣。字又作適。"宋本并作適(嫡,本训孎也。孎,谨也。然不见经传用例。)。

"比及葬,三易衰,衰衽如故衰。"《释文》衰,本又作缞。亦作縗。按《襄十七年传》"晏婴麤斩缞。"字从糸,与《说文》合。阮云:"缞,正字。衰,假借字。縗,俗字也。"际遇按:《集韵》始有从衣之縗。《康熙字典》以《说文》缞篆下"服衣长六寸博四寸直心"十字,嫁为縗字。说文真成目眯。

"缮完葺墙。""无观台榭(榭,古假谢为之)。"两句以三类字重叠为句。段云:"安可以今人文法绳之。"(险阻艰难。四叠字。)

"其暴露之则恐燥溼之不时而朽蠹。"宋本作濕。依《说文》溼,幽溼也。从水一所以覆也。覆而有土,故溼也。㬎省声。臣锴曰:"今人不知有此字,以濕为此字。濕,它匝反。水名。非此也。"

"圬人以时塓馆宫室。"《释文》作污人。下云:"本又作圬。"盖《说文》无圬字。《木部》杇,所以涂也。秦谓之杇,关东谓之槾。《正义》引《释宫》曰:"镘谓之杇。"知从土之圬,后出。塓,《新附》有之。阮《校》云:"张载《魏都赋》注引塓作幂。"《广雅》作摸。而塓、摸、幂皆《说文》所无。《说文》只有幎字。"圬人塗墍"义出于此。(塗,亦新附。)

《诗》曰:"辞之辑矣,民之协矣;辞之绎矣,民之莫矣。"协,宋本作恊。《说文·劦部》"恊,同心之和。从劦,从心。""協,众之同和也。从劦,从十。"经典多作協。亦或作叶(協之重文)。然自是二字。绎,《诗》作怿。(怿,新附。阮云俗字。)

"夫人朝夕退而游焉。"阮《校》云:"纂图本'游'作'遊'。"按游,旌旗之流也。从㫃汓声。逰,古文游。段云:"俗作遊者。合二篆为一字。"妙解也。

"仲尼闻是语也。"《注》:"仲尼以二十二年生,于是十岁,长而后闻之。"《正义》曰:"《公羊传》于二十一年下云:'十有一月庚子,孔子生。'《谷梁传》于二十一年十月之下云：‘庚子孔子生。’”二传日同而月歧出。阮《校》引孙志祖云：“《公羊》经上文云：‘十月庚辰朔。’（按《二十一年春秋》云：‘九月庚戌朔。十月庚辰朔。’）则庚子为十月二十一日，十一月不得有庚子也。”阮云：“《公羊传》‘十有一月’四字，后人妄增。盖孔子以周之十月夏正八月二十一日生，此作十有一月。孔冲远所据本已误。”按宣圣生日祭，相承皆以八月二十七日。李炁伯日记详辨之，断为八月二十一日。据此则未为创见也。其所为《郑司农生日记》有云：“既综述作之，原遂有庚子之拜。”又云：“此龙征梦，见告于至人，而河岳降灵，相差以提月，斤斤言之。”（曾星笠云：“《南齐书·臧荣绪传》：‘常以宣尼生庚子日，陈五经拜之。’”）

“栋析榱崩，侨将厭焉。”宋本字作厭。《释文》如之。下云：“本又作壓。”未加正辨，依文壓，坏也。即此传文之义，厭，笮也。猒，饱也。㱘，《说文》无此字。懕，安也。义绝不同，学人所宜明辨之也。

“令君似君矣。”孔引《服虔》说“言令尹动作以君仪，故云以君矣。”《疏》中仿殿本前三“以”字误为“似”字，后二“似”字又误为“以”。真三豕渡河也。

“《注》：‘富而闲也。’”阮《校》云：“毛本闲作閒。按閒即嫺字之假借。《说文》嫺，雅也。”

1937年4月10日

校《春秋左传注疏》四十一卷。

《昭公元年》：“伍举为介。”阮《校》云：“《石经》此伍字系原刻，已下伍字皆初刻作五。”惠栋云：“《孙叔敖碑》作‘五举’。”际遇按：“五伍字，古多通用之。”《广韵·姥韵》五下云：“数也。又姓。”《左传》有“五奢”。又云：“楚昭王时有五参。”伍之可作五，此尤明证。五举，参之子也。

“而无乃包藏祸心以图之。”阮谓“宜作苞”。以李注《文选》“阮瑀《为曹公作书与孙权》引《传》包作苞，证之。‘尔贡包茅不入’应从艸作苞。”谓“《史记·乐书》‘苞之以虎皮’字从艸。自《石经》始去艸头云。”（各家注说详）

“譬如农夫，是穮是蓘。”《说文》无“蓘”字。穮下云：“耕禾闲也，从禾，麃声。”引《传》“此文字作衮。”（孔云：“以土壅苗根为蓘。”）王氏《句读》云：“藨，张华诗：‘藨蓘致功，必有丰殷。’于衮加艸，后起之专字也。”段云：“吴下俗语说用鉏曰暴。即此字（穮）也。”按北人通用语皆然。常语曰“刨一刨”，以刨字为之（《集韵》收入此字削也）。

孔《疏》“后稷始甽田（甽字，宋本作畎。畎，耕古文），以二耜为耦，广尺、深尺曰畎。”按：乚，水小流也。甽古文。畎篆文。又云：“因壝其土以附苗根。”阮《校》云：“据本作僓。宋本作隤。闽本作溃。按毛本作壝字。按《说文》未收此字。《周礼·掌舍》‘为坛壝宫，棘门。’《地官》‘封人掌设王之社壝（以水切）。’潘岳《藉田赋》‘封人壝宫’本此。”

“吾代二子愍矣。”阮云：“《汉书·五行志》引作闵。桂、王二氏引《字诂》云：

‘古文慜，今作闵。’”

《诗》曰：“赫赫宗周，姒滅之。”《释文》云：“《诗》作威。”《说文》烕，滅，从火戌。火死于戌，阳气至戌而尽。引《诗》曰：“褒姒威之。”（大徐本作滅）下文：“杜注为十二年楚弑灵王传。”宋本作“十三年”是也。

“厖也可使无吠。”杜注引《诗》“无使厖也吠。”两“厖”字皆“尨”字之误。宋本不误。（据阮《校》纂图本、闽本、监本、毛本皆误。异哉。）

“周公杀管叔而蔡蔡叔。”《释文》：“上蔡字，音素葛反。放也。”《说文》作𥝢。阮氏案：“《禹贡》‘二百里蔡。’郑氏云：‘蔡之言杀，减杀其赋。’古音蔡同杀。”

孔《疏》：“秦伯不豫教戒其弟。”阮《校》云：“毛本戒作誡。按戒，警也。誡，敕也。”徐《笺》曰：“今通用戒。”

又《疏》：“比其舩而渡也。”《广韵》：“舩与船同。㕣之偏旁，隶变为公。”

“归取酬币。”杜注：“始礼自齎其一。《释文》本又作赍同。”按齎，持遗也，从贝齐声。徐《笺》：“俗书作赍。”

“子皮赋《野有死麕》之卒章。”《释文》：“亦作麏。”按《公羊传·哀十四年》有“麏而角”者，俗字。

“主民，翫岁而愒日。”《释文》引《说文》云：“习，厌也。又作玩。云贪也。”阮《校》据葉抄《释文》作“忨”是也。忨下云：“贪也。从心元声。”《春秋传》曰：“忨岁而濊日。”段注：“忨、玩、翫，义皆略同。许所据《左传》如是。”

“彼徒我车，所遇尤阨。”《注》：“地险不便车。”《释文》：“阨，本又作隘。”按《𨸏部》阸，塞也。《𨽿部》𨺹，陋也。籀文𨼂。段注：“陋者，阸陕也。阸者，塞也。陕者，隘也。然则四字相为转注。”

“是谓：‘近女室，疾如蛊。’”王念孙曰：“室，乃生之误。近女为句。生疾如蛊为句。女蛊为韵。”（下文食志祐为韵。）

“梁其踁曰。”《说文》无从足之踁。有从月之脛。《庄子》：“凫脛虽短。”《释文》：“又作踁。”（《说文》：脛，胻也。）

1937年4月11日

校《春秋左传注疏》卷四十二。

《昭公二年传》：“有嘉树焉，宣子誉之。”杜注：“誉，其好也（音余）。”孔引服说：“誉，游也。宣子游于树下。夏谚曰：‘一游一誉，为诸侯度。’”而非之曰所引夏谚，《孟子》文也。若是游于其下，宣子本自无言，武子何以辄对。阮《校》引惠栋曰：“今《孟子》作豫。赵岐《章句》曰‘豫亦游也。’”《春秋传》曰：“鲁季氏有嘉树，宣子豫焉。”《周易·序卦》曰：“豫，必有随。”郑注引《孟子》“吾君不豫”以为证。《孙子兵法》曰：“人効死而上能用之，虽优游暇誉，令犹行也。”外《传》作“暇豫”。李善曰：“誉与豫古字通。”可谓说经精善者矣。又按《诗》“是以有誉处兮”。苏氏曰：“誉豫通。凡《诗》之誉，皆言乐也。”

《昭公三年传》："少姜有宠而死。"宋本作"少齐"。传本云："少姜有宠于晋侯，晋侯谓之少齐也。"

"早世陨命。"（宋本同）《释文》："字作殒。"按《说文》无殒字。《孟子》："亦不殒厥问。"雷云："毛本作陨。《诗》作陨。而宋本（阮氏重刊本）《孟子》作殒者。《孟子》一书为俗字之渊薮，作殒是旧本。后人据《诗》正作陨也。"

"则犹有先君之适及遗姑姊妹若而人。"杜注："言如常人，不敢誉。"按《襄公十二年传》云："天子求后于诸侯，诸侯对曰：'夫妇所生若而人。妾妇之子若而人。'无女而有姊妹及姑姊妹，则曰：'先守某公之遗女若而人。'"晏桓子据先王之礼辞对齐侯以对周灵王也。杜注亦云"不敢誉亦不敢毁，故曰'若而人'。"谨按若而人者，以子女之数若干人对之以备采择也。《曲礼》曰："问天子之年。对曰：闻之始服衣若干尺矣。"齐侯使晏婴请继室于晋，以对天子之辞致之，畏大国也。

下云："君若不弃敝邑，而辱使董振择之，以备嫔嫱，寡人之望也。"《说文》无"嫱"字。《释文》作廧。阮云："廧即墙之或体。嫔妇叙列如墙也。"按嫱，新附字。章君《小学答》问谓"阳鱼对转，墙声转则为序，故声转亦为伃（伃与序同，予声）。"妇官曰："伃精墙为之。毛嫱王嫱，亦本以墙精为嬩字。所谓女字者矣。"

"君日不悛，以乐慆忧。"《注》："慆，藏也。"仿殿本注文改"慆"字为"韬"。是注韬而非注慆矣。

"肸之宗十一族，唯羊舌氏在而已。"孔《疏》："不敢不受而埋之。"阮《校》云："宋本重受字是也。"

"余发如此種種。"《释文》："徐本作董董（章勇反）。"贾氏《群经音辨》引同，今本作"種"。

灯下朱注疏一卷，未敢恋夜，息肩嫌早。

1937年4月13日

《春秋左传注疏》卷四十二。

《昭公四年》："固阴沍寒。"《注》："沍，闭也。"《释文》字作冱。按《说文》无沍，亦无冱。《正义》："《周礼》鼈人掌互物。"郑云："互物谓龟鳖，有甲蛃。"胡注："龟鳖蜃蛤甲殻交合也，是互为闭。"《左传》作沍。《周礼》作互。《说文》互，在《竹部》，为笠之重文。阮《校》云："古只作互者此也。"

"春无凄风。"宋本《春秋经传集解》及《释文》字并作"凄"。阮云："从冫者，俗字。"

《注》引《诗》"二之日凿冰冲冲。"宋本、岳文、《释文》字并作沖沖。正字。

《注》："二月春分，蚤开冰室，以荐宗庙。"阮《校》云："闽本、监本、毛本分作'风'是也。春分不限二月。"

"《注》：'经所以更叙诸侯也。'"阮《校》云："淳熙本'叙'作'序'。按：《说文》：敘，次第也。序，东西墙也。次叙字作序者，声同，假借。"《群经正字》云："凡次序，义与易序、卦书序、诗序，并当作叙。”（经典往往作叙，亦未正。）

“播于诸侯，焉用之?”《释文》“播，波佐反。”徐云：“字或作幡。”徐者，陆氏序所云：“徐邈音三卷也。”（各注家未采此说）

“士袒。”《释文》“袒，音但”。按此假袒为但也。袒，衣缝解也。但，裼也。假之而不归久矣。

“《注》：‘给徭役。’”阮《校》云：“宋本徭作傜是也。按《说文》无徭字。《人部》傜，喜也。《玉篇》�（逗）傜役也。朱云：‘字亦作傜作徭。古作繇役。傜者傜之别体。繇者䌛之别体。’”

“君子作法于凉，其敝犹贪。”宋本、《释文》凉并作涼。从水。《说文》无从冫之凉。《玉篇》示凉俗字。

“深目而豭喙。”《释文》字作“猳”。此字《传》中四见（《隐十一年》：“使卒出豭。”《定十四年》：“盖归吾艾豭。”《哀五年》：“舆豭从之牡豕也。”）。桂氏云：“《韩非·内储说》‘釁之以鸡豭豕亥。’形近，误俗又作猳。”《说苑》：“釁之以猳。”《易林》：“牝牛牡猳。”

“‘牛谓叔孙见仲而何’注：‘而何，如何。’”《正义》：“而、如，同是语辞。”仿殿本同，字误为何字而断句之。

“使寘馈于个而退。”《注》：“寘，置也。个，东西厢。”《释文》：“寘，之豉反。本或作奠。个，古贺反。谓厢屋，厢本作箱。”按《说文》寘，新附字。经传屡见。《传》中不一见（《隐元年》：“遂寘姜氏于城颍。”《十一年》：“凡而器用，财贿，无寘于许”）。段曰：“寘者窴之误。凡寘彼周行、寘诸河之干皆当作窴。”阮《校》云：“李注《文选·思元赋·运命论》引《传》‘个作介。非。’然郑、钮诸氏并云“‘个为介之俗体。’”厢，新附字。《竹部》箱，大车牝服也。埤苍箱序也。”

1937年4月14日

校《春秋左传注疏》卷四十三。

《昭公五年传》：“受其书而投之。”《注》：“投，掷也。”《释文》作“掷，地。掷，直亦反。”阮《校》云：“宋本、淳熙本、足利本也作‘地’。陆所见本如是。后人易之矣。”（掷字，潮人呼如淡字，作去声。误读。各省皆不误。）

“竖牛祸叔孙氏，使乱大从。”《注》：“使从于乱。”《释文》“从，如字。”服云：“使乱大和顺之道也。”窃疑“从”读如“纵”。检段本“从”下引《传》“此文曰：《左传》‘使乱大从’，王肃曰‘从顺也’。盖古诂然矣。”

“享覜有璋。”《注》：“覜，见也。”按《说文》覜，诸侯三年大相见曰覜。覜，视也。

“求诸侯而麇至。”李注《文选》颜延年《应诏燕曲水诗》，《注》引作“麕至”。按麕，麇之重文。囷之不省者。

“滋敝邑休怠。”宋本同。阮据本作“殆”。按：怠，慢也。殆，其假借字。

《昭公六年传》引《诗》曰："仪式荆文王之德。"又曰："仪荆文王荆法也。"《说文·井部》荆，罚罪也。从刀井。假借为典型字。郑人铸刑书，不为刑辟，以及禹刑，汤刑，九刑之刑。在"刀部"刑，刭也。从刀开声。两字之义与"形"截然不同。宋本概作"刑"。所谓隶书以趣约易。仿殿本概作荆，则益不可为训，宜亟辨之。

《叔向诒子产书》开后来书启之体。彦和《文心雕龙·书记篇》云："三代政暇，文翰颇疏。春秋聘繁，书介弥盛。绕朝赠士会以策，子家与赵宣以书，巫臣之遗子反，子产之谏韩宣。详观四书，辞若对面。又子服敬叔进吊书于滕君，固知行人挚辞，多被翰墨矣。"所举不及《叔向书》，而列"绕朝赠策"为四书之一，且从而详观之，彦和之疏乃至于此。纪晓岚评本一则云："可证解作鞭策之谬。"再则云："解作鞭策不谬。杜氏误解为书策耳。"并皆奇谈也。杜注明曰"策马梲"，何诸公惮烦于检书。后先辉映，无独有偶一至此乎。

"寡君以为驩也。"《昭五年传》："君若驩焉，好逆使臣。"依《说文》驩，马名。古多假以为欢。《孟子》："驩虞如也。"《荀子》："夫妇不得不驩。"阮《校》引惠栋云："《左传》懽字皆作驩。此古文之异者。"高诱注："《战国策》云：'懽犹合也。'"

"禁刍牧採樵，不入田。"《释文》作采樵。按从手之採非古也。《说文》只作采，捋取也。从木从爪。

"不樵树，不采蓺。"《注》："蓺，种也。"阮据本作蓺。宋本、淳熙本、岳本作蓺。《石经》作藝。按藝，为大徐所谓俗书二十八文之一。彼注云："本只作埶，后人加艸云。义无所取。"《艸部》蓺，艸木不生也。一曰茅根。钮氏《校录》云："不字，疑衍。"桂氏云："篆文当从埶。"又《丮部》埶，种也。从坴，丮持亟种之。《诗》曰："我埶黍稷。"此为正字。

1937 年 4 月 15 日

校《春秋左传注疏》卷四十四。

《昭公七年传》："先君之敝器。"《注》："敝器，瑶瓮、玉椟之属，所以知之者。"下文云："赂以瑶瓮、玉椟、斝耳也。"阮《校》云："《石经》初刻瓮从瓦，后改从缶。按《说文》缶部'罋，汲缾也。'瓦部'瓮，罂也（并乌贡切）。'"徐灏《笺》"古二字通用"。（《群经正字》谓"二字音义俱同，盖一字也"。其说未安。）

"故《诗》曰：'普天之下，莫非王土；率土之滨，莫非王臣。'"普，《释文》作溥，下云"音普"。《毛传》云："大也。"今之《左氏传》本或作"普"。则陆氏所据《毛诗》及《左传》字作"溥"也。《说文》溥，大也。普，日无色也。段注："今《诗》'溥天之下。'"《孟子》及汉人引《诗》皆作"普"。赵岐曰："普，遍也。古义之不行久矣。"滨，依文作頻。变文作濒。省文作频。至滨，俗矣。《汉书·地理志》："海濒广舄。"《宋书·何尚之传》引《毛传》"南涧之濒"。古字之遗也。

"士臣皁，皁臣舆。"《正义》引服虔曰："皁，造也，造成事也。舆，众也，佐皁举众事也。"《说文》无皁字。《小雅》"既方既皁"。《毛传》"实未坚者曰皁"。雷氏云："栎实，为草。俗变作皁，作皂或假早字为之。"孔《疏》："公者五等诸侯之摠名。"𦃇，束也。从糸，悤声。臣铉曰："今俗作摠。非是。"

"传序相授，于今四世。"序，正字应作叙。然此类假字行之如此，其多且久也。不可更仆矣。

"社稷之不皇，况能怀思君德?"况能，不能之词也。况字，宋本作況。《说文·仌部》无况。(下文"其况能任大国之赐"同。)

"公将往，梦襄公祖。"《正义》引《周礼》郑注云："既祭以车，栎之而去。"阮《校》云："监本、毛本'轹'作'栎'。非。按《疏》注下文此字四五见，皆从车作轹。《说文》轢，所践也。櫟，木也。践轹作栎，假借字。"

"楚子享公于新台，使长鬣者相。"《注》："鬣，须也。𣳾先夸鲁侯。"《说文》儠，长壮儠儠也。从人巤声。《春秋传》曰："长儠者相之。"小徐云："许慎在杜预《左传》注'长鬣'前，故义或与今注有异。"韦昭云："杜误。"《注文》："𣳾，不成字。欲字之讹也。"

"先夸"，阮《校》云："淳熙本'先'作'光'。页抄《释文》亦作光。于文顺。"(鲁侯未解)

"并走群望，有加而无瘳。今梦黄熊入于寝门，其何厉鬼也?"《注》云："晋所望祀山川，皆走往祈祷。"臧琳云："当作'并趣群望'，字之坏也。"《诗·棫朴》："左右趣之。"《传》"趣，趋也。"《玉篇》趣下引《诗》"来朝趣马"，今《诗》作"走马"。是"趣"讹"走"之一证也。

"黄熊"，《释文》作"黄能"。殛，《释文》云："本又作極。音义同。"段玉裁云："極，穷也。《孟子》言'極之于其所往'是也。(阮《校》夺其字)凡作殛者，皆極之假借。"

"其父析薪，其子不克负荷。"《释文》本亦作"何"。《注》："荷，担也。"按《说文》本云："何，儋也。从人可声。"臣铉曰："儋何，即负荷也。借为谁何之何。今俗别作擔荷，非是。"阮《校》云："宋本作檐。盖古又假檐为儋。"

《正义》云："杜既注传，无容不妥。"《说文》无妥之，偏旁有之，诸家各为一说。姚文田据《汉书·燕王旦传》"北州以妥。"孟康曰："妥，古绥字。"谓"妥"即"绥"之古文。今本《说文》绥下夺古文。而段氏则据补之曰"妥，安也。从爪女。'妥'与'安'同意(他果切)。"于众说中存其较有力者二说如上。

"抑谚曰'蕞尔国'。"《注》："蕞，小貌。"《说文》无蕞字。雷浚疑即《手部》撮字。丁福保据《慧琳音义》(九十七卷九页)"蕞尔，注引《说文》'小国貌也。从艸最声。'证许书原本有蕞篆云。"又《史记》《汉书·叔孙通传》皆有緜蕞字。师古曰"蕞与蕝同"。("起朝仪。与弟子为緜蕞野外。习之。"韦昭曰："引绳为緜，立表为蕞也。")

《诗》曰："鹡鸰在原，兄弟急难。"《释文》本又作"即令"。《说文·鸟部》无鹡鸰。《小雅》作"脊令"。

"三命滋益共。"《注》："命，上卿也。言位高益共。"《后汉书·马援传》注引作"三命滋益恭"。依《说文》玈，黑也。从二玄。茲，艸木多益也。从艸兹省声。滋，益也。从水兹声。一曰滋水。隶变为兹（或兹）为兹为滋。此《传》文用滋。益，义作兹作滋，无异词。惟字作兹，则差以豪厘矣。兹字如传文（《哀八年》）“何故使吾水兹?”为古诂也。宋本亦字作兹，无校出之者。

“孟縶之足不良，弱行。”阮据本作“不良能行”，下云“犹言不善于能行也。”《正义》欲于“不良”断句，非也。按《春秋经传集解》、宋本亦作“不良能行”。”

1937 年 4 月 16 日

《昭公八年传》：“哀公有廢疾。”北宋刻《释文》作癈。阮《校》云：“按癈，固疾也。正字而不行耳。”

“楚子执陈行人干征师杀之。”宋本作“楚人”。阮《校》云：“作楚子，误。（监本、毛本）盖经文可据。”

“子大叔曰：‘若何吊也？其非惟我贺，将天下实贺。’”《释文》云：“本或作‘若可吊也’，上年《传》‘嗣吉（句）何建?’”《释文》亦云：“本或作‘可建’。”阮《校》屡引陈树华云：“可，乃古何字。”按席世昌《读说文记》云：“谁何之何，本作可。何字别为儋何之何。”际遇按：石鼓“其鱼维何”之何，本作可也。

《周书》曰：“惠不惠，茂不茂。”《注》：“茂，勉也（《正义》曰：释诂文）。”阮《校》云：“陈树华曰：‘茂，书作懋。’”按（阮）“茂、懋字异，而音义并同也。今依《说文》[篆]，艸丰盛。[篆]，勉也。古通茂耳。”《皋陶谟》“懋哉懋哉”。《大誓》“茂哉茂哉”。阮云：“二字异，音义并同。”语本尽之。

《昭公九年传》：“岂如弁髦，而因以敝之。”《释文》作卞。俗字也。《皃部》[篆]，冕也。周曰覍，殷曰吁，夏曰收。从皃，象形（皮变切）。[篆]，籀文覍从廾，上象形。[篆]，或覍字，或字弁行，正字覍废。俗且谬为卞也。

“木水之有本原。”阮《校》云：“纂图本‘原’改‘源’。依《说文》原野之原作邍。原泉之原作[篆]，从灥，出厂下。或体作[篆]，加水为源。本无其字，既从泉矣，奚取于水也，而积重难返矣。”（《孟子》：“源源而来。”《学记》：“或源也，或委也。皆是。”）

“自文以来，世有衰德，而暴滅宗周，以宣示其侈。”阮《校》云：“《石经》滅作蔑。《苜部》[篆]，劳目无精也。从苜从戍。人劳则蔑然也。（依段）”《字通》云：“通滅。”

“饍宰屠蒯趋入。”宋本字作“膳”。《月部》[篆]，具食也。从肉善声。饍，俗字。

1937 年 4 月 20 日

《昭公十年》：“夏齐栾施来奔。”《注》：“嗜酒好肉。”《释文》、宋本“嗜”字并作“耆”。段于[篆]篆下注云：“经传多假‘耆’为‘嗜’。”徐子远先生《笺》[篆]下云：“耆，从旨。即有嗜义。故古字以耆为嗜。后乃加口旁耳。旨哉言乎。”

“公卜使王黑以灵姑銔率。”《说文》无銔字。依《注》《疏》知是旗名而已。雷浚云：“未详。”

“蕴利生孽。”宋本“蕴”作“薀”（已详前记）。《释文》孽作蘖（岳本作孼，依篆）。《说文》无蘖字。《虫部》䘒，衣服。歌谣艸木之怪谓之祅。禽兽虫蝗之怪谓之䘒。从虫，辥声。段注：“诸书多作孽。俗作蘖。按𤔲，庶子也。祅、䘒为正字。”《礼运》《释文》“孽”本亦作“䘒”。是唐以前本古字尚有存者。

“《注》‘行之周徧。’”《释文》音遍。《说文》无“遍”字。“彳部”徧，帀也。从彳扁声。俗或作“遍”耳。

《诗》曰：“德音孔昭。视民不恌。”《释文》视如“示”字。《诗》作“示”字。按视、示，周汉古今字。是亦古字之廲存者也。段注：“視，瞻也。从见。‘示’条下曰：‘古作视。汉人作示是也。’”据小徐本改许文为“从见，示声。”则何不改为“从见示，示亦声”乎。

“郑子皮将以幣行。”《注》：“见新君之贄。”《说文》无“贄”字。《女部》作婺。严可均曰：“经典皆作摯。”雷云：“《尚书》作贄。《周礼·礼记》作摯。《仪礼》作贄，亦作摯。《左传》作贄，或作质。《孟子》作质。摯、质，皆假借字。”

《昭公十一年》：“秋，会于厥憖。”《释文》：“鱼靳反。”徐：“‘五巾反’。一音‘五辖反’。”按《十二年经》：“公子憖出奔齐。”《释文》：“‘鱼觐反’。一读为整。‘正领反’。”其歧异如此。惠栋按《公羊》作屈银，使憖读为银（阮《校》引文）。又栋所著《九经古义》云：“《公羊》本口授，故以‘厥’为‘屈’，‘憖’为‘银’，字异而音同。”按古无平侧之分，上数音不出双声叠韵。

“蔡大夫曰：‘王贪而无信，唯蔡于感。’”《汉书·张安世传》：“何感而上书，归将军富平侯印。”师古曰：“感恨也，感既从心，然不加心作憾者，不多见矣。”

“五月丙申，楚子伏甲而飨蔡侯于申，醉而执之。夏四月丁巳，杀之。”宋本作“三月丙申”是也。

“天之假助不善，非祚之也。”《释文》作胙。下云：“本又作祚。”阮《校》引陈树华云：“当作胙为正。按祚，新附字。”下云：“福也。”然《肉部》胙，祭福肉也。段注：“《周礼》‘以脤膰之礼，亲兄弟之国。’”《注》曰：“同福禄也。引申之凡福皆言胙。如《左传》言天胙明德、无克胙国。《国语》胙以天下，胙四岳国是也。”

“《注》：‘拯犹救助也。’”《释文》作“捄”。下云：“本又作捄。”按救，止也。捄，盛土于梩中也。一曰扰也，或假为救。陆《释文》辄曰：“某本亦作某。《汉书》多假用‘捄’字。”颜注径曰：“古救字。”则不可不亟依许文正之。

“僖子使助，薳氏之簉。”《注》：“簉，副倅也。”《释文》：“本又作造。初又反。副倅也。”《说文》：“簉，从廾。”按“艸部”䔏，艸貌。小徐曰：“草相次也。本有一曰簉杂也。”《说文》又无倅字，《周礼·车仆》：“之萃”。郑注：“萃，犹副也。”作造，未详。

“晋之不能，亦可知也（句）己！为盟主而不恤亡国，将焉用之？”阮《校》云：“陈树华云：‘宋本及明刻诸本己字并作巳，止之巳。惜《释文》无音，《石经》又缺。以文义论之，当作巳。惠栋读本以巳字属上也。’”

“《注》‘不书救蔡不果救蔡’。”按宋本作“不果救”，无下“蔡”字。

"衣有禬，带有结。"《注》："禬，领会。结，带结也。"《释文》："禬，古外反。"《说文》云："带所结也。"阮《校》云："闽本误禬。监本误繪。《礼记》作袷。《注》云'交领也。'此《传》云'视不过结禬之中。'即《曲礼》'天子视不上于袷，不下于带也。'然则杜释'禬'为'领会'。可正许氏之误。"按段注言'同许合。禬、结二者为一。似误。'"不知阮本何以不言所自出。

"《注》：'则不为祖考所归祐。'"阮《校》云："岳本'祐'作'佑'。按：'示部'祐，助也。今经典多作佑。然《说文》无佑字。佑，俗字也。左右本作𠂇又。佐佑本作左右。"

"末大必折，尾大不掉，君所知也。"《正义》引《楚语》云："譬之如牛马，处暑之既至，虻蠪之既多，而不能掉其尾，臣惧之。"阮《校》云："楚语蠪作䗪，当考。按虻，即《蚰部》䖟字之俗省。楚语注'小曰蝱，大曰䗪。"

1937年4月21日

《昭公十二年传》："子大叔使其除徒执用以立。"《注》："用毁庙具。"《疏》："用谓毁庙之具，若今锹、䦆之类也。"按《说文》钁，大鉏也。无锹字。《玉篇》有鍫字，下云："臿也。"《广韵》："鍫亦作斛（土雕切）。"陆释《尔雅》曰"古鍫字。"

"毁之则朝而塴。"《注》："塴，下棺。"《释文》："礼家作窆。"《疏》："《周礼》作窆。《礼记》作封。此作塴。声近。篆隶转易耳。"按孔据许文疏之也。《土部》堋，丧葬下土也。从土朋声。《春秋传》曰："朝而堋，《礼》谓之封，《周官》谓之窆。"《虞书》曰："堋淫于家。字本作堋，既从土又加从山，所谓后出也。"

"齐侯举矢，曰：'有酒如渑，有肉如陵。'"渑，《释文》"音绳"。《说文》无"渑"字。《水经》"淄水。"《注》引《左传》"此文作绳。"又《广韵》蒸、轸二韵兼收入《轸韵》者。同黾。即《赵策》入朝澠。池字。《齐策》作黾。

"公孙傁趋进曰：'日旰君勤，可以出矣。'"按傁，即叜之重文傁。《宣十二年传》："赵傁在后。"此字已见。

"乡人或歌之曰：'我有圃，生之杞乎。'"《注》："杞，世所谓枸杞也。"《释文》本又作"狗"。阮《校》云："各本多作'拘'。按《尔雅》释本作'枸'。继《玉篇》梋，梋杞也。根为地骨皮。《本草》云：'又名仙人杖，味甘，服之轻身益气。'同声通假孳多矣。"

"司马督。"《释文》作司马裻。下云："本亦作督。"惠栋云："裻与督通。"《说文》云："督，背缝（裻，新衣声。一曰背缝。冬毒切）。"《庄子·养生主》云："缘督以为经。"亦谓背缝也。

"执鞭以出。"《释文》："必绵反。"或"革旁"作"更"者。五孟反。非也。（《玉篇》"鞕，坚也。"）

"筚路蓝缕。"阮《校》云："纂图本、毛本、足利本'蓝'作'篮'。"《史记》作"筚路蓝蒌。"徐广曰："案服虔云：'筚路，柴车素大路也。蓝蒌，言衣敝坏，其蒌蓝蓝然也。'"是徐广所见服氏本亦作"蓝"。

"君王命剥圭以为鏚柲。"《注》:"鏚,斧也。柲,柄也。破圭玉以饰斧柄。"《说文》无鏚字。戚,戉也。戉,斧也。故雷浚云:"鏚,即戚字之别体。"然阮《校》已早为之辞。

"今与王言如響,国其若之何。"《释文》:"本又作嚮。音同(许丈切)。"《说文》无"嚮"字。

"《注》:'摩厉,以斩王之淫慝。'"《释文》"斩"作"断"。阮《校》云:"足利本作断。"

"八索。"《释文》本或作素。《释名·释典艺》:"八索,素也。著素王之法。若孔子者圣而不王,制此法者有八也。"又《中庸》:"素隐行怪。"朱注:"素,按《汉书》当作索字之误也(郑《注》:'素,读为攻城攻其所傃之傃')。"可知古索、素通假。朱注云:"字之误未谛。"

"王是以获没于祇宫。"《释文》作殁。按𣦸,沈也。假为殁字。亦应作溲。从殳。于义无取。

"祈招之愔愔。式昭德音。"《注》:"愔愔,安和貌。"《说文》无愔字。《心部》懕,安也。雷竣云:"《诗》曰:'懕懕夜饮。'"即《小雅》之"厭厭夜饮。"韩诗作"愔愔"。愔,俗字厭,假借字。懕,正字。

"形民之力,而无醉饱之心。"阮《校》云:"家语'形'作'刑'。"惠栋云:"古'刑'字皆作'形'。"段云:"形同型,法也。谓为之程法,以用民之力而不太过也。"杜注:"得之型,古通作刑,亦作形。"《正义》云:"作器而制其模。谓之为形。"正谓刑即型也。

1937 年 4 月 22 日

校《春秋左传注疏》卷四十六。

《昭公十三年传》:"朝吴曰:'二三子若能死亡,则如违之,以待所济。若求安定,则如与之,以济所欲。'"依王氏父子释《僖二十二年》"若爱重伤,则如勿伤;爱其二毛,则如服焉"词例,并应云:'如犹当也。'"杜注本云:"则可违蔡公之命。"又云:"则可得安定。"亦王说所本。

"《注》:'欲筑壁垒。'"《释文》本作"辟"。下云:"音壁。本又作壁耳。"辟,假借为壁,见《尔雅·释天》"营室东辟也。"

"乃藩为军。"《注》:"藩,篱也。"《释文》本作离也。下云:"依字应作篱,今作离。假借也。"阮《校》云:"《说文》无篱字。当作离。后人据陆氏加竹,非也。"按楚语为之"关籥藩离。"《注》:"壁落也。古假此作杝。"

"小人老而无子,知擠于沟壑矣。"《说文》:"擠,排也。"《商书·微子篇》《正义》引《传》作隮。《说文》无隮字。段注:"隮者,躋之俗。"阮云:"躋,登也。训登亦训坠,义之相反而相成者也。"

“王沿夏将欲入鄢。”《注》：“顺流为沿。”《说文》：“㳂，云缘水而下也。从水㕣声。”引《传》此文公非声，作沿者，隶之变。《注》：“又栢举之役。”阮《校》云：“栢，宋本等作‘柏’。按柏，白声。经典相承亦多作栢。非。”

“投龟诟天而呼。”《释文》诟，本作詬。按诟，重文詬，已注。（《襄十七年》：“重邱人闭门而詬之。”《哀八年》：“曹人诟之不行。”）

“为羁终世，可谓无民。”阮《校》本作“羇”。下云：“淳熙本、纂图本、毛本‘羇’作‘羁’。非。”不知所云，终疑此校不出芸台之笔，门生属吏为之耳。《网部》网之重文罔，隶用或体变网为四为西。又易马为奇。以为可寄其声，字遂作“羁”“羇”等。《康熙字典》分羇旅、羁绊为二字，已属奇谈。羇下引《传》语“羇旅之臣（《庄二十三年》）。”羁下引本《传》语“为羁终世。”其言不经，一至于此。甚矣，官修之无好书也，阮氏又若之何。

“苛慝不作。”《释文》：“音何。本或作‘荷’。音同。”按“见纽”与“晓纽”二类，音多相通转。今粤语存者尤多（开门曰呵衣门。孙科曰孙禍）。惠栋云：“古苛字，本作荷。”《檀弓·泰山妇人》曰：“无苛政。”《释文》：“苛，本亦作荷。”《毛诗序》云：“哀刑政之荷，今本作苛。”汉《张表碑》亦以“荷”为“苛”。

“《注》：‘托用命以拒晋。’”按《言部》託，寄也。《人部》侂，寄也。段氏曰：“侂与讬音义皆同。俗作托。非也。”

“及盟，子产争承。”《注》：“承，贡赋之次。”陈树华曰：“《礼记》《经解》《正义》引作‘丞’。按徐《笺》引戴氏侗曰：‘经传无用丞字者。秦汉始有丞相及守令丞之称。当以承为正。承、丞，特一字耳。’”

“奉壶饮冰，以蒲伏焉。”陆《释文》又作匍匐。今人朱起凤《辞通》列蒲服（《史记》范睢传、苏秦传）、扶服（《昭二十一年传》“扶服而击之”）、匍伏（《秦策》）、箳伏（《越绝书》“今越王箳伏约辞”）、槃伏（《春秋繁露》“槃伏拜谒”）、俯伏（《万石君传》“俯伏而食之”）、虏伏（《后书·邳彤传》“虏伏请降”）、匍百（《秦和钟铭》）、⿺走甫⿺走复（《类篇·走部》）、匔匐（《广韵》匔下）、蒲望（汉崔骃《博徒论》“蒲望陇亩，汗出调泥”）、委服（《吕览·行论》“委服告病”）。可见音之通转，不拘字形。

1937年4月23日

校《春秋左传注疏》卷四十七。

《昭公十四年传》：“三数叔鱼之恶，不为末减。曰义也夫，可谓直矣。”《正义》曰：“服虔读‘减’为‘咸’。下属为句。不为末者，不为末榝隐蔽之也。”按今人曰“未杀”或曰“抹煞”，语本乎此。又阮《校》引王引之说曰：“字当为由字之脱，误。”下文：“犹义也，夫犹读为由之假借也。”

《昭公十五年传》：“以鼓子䳒鞮归。”《释文》：“本又作鸢（宋本作鸢。下又引《释文》本又作鸢。枝牾如此）。”《五经文字》云：“鸢，俗或作䳒。”阮云：“是也。”按《中庸》引《诗》云：“鸢飞戾天。”《说文》无䳒字，亦无鸢字。大徐以鳶字当之。戴、段诸家并云："鸢通弋。"《夏小正》："十有二月鸣弋是也。"

"樽以鲁壶。"《释文》："本或作'尊'，又作'罇'。并同。"《说文》："𨗨，酒器也。从酋廾以奉之。"《群经正字》云："盖后人以尊为尊卑之尊，故又加木旁也。"《广韵》云："尊，从土从缶。从木后人所加。"

"《注》：'犹静嘿。'"《释文》："本作默。"下云："与嘿同。"《说文》："默，犬暂逐人也。从犬黑声。读若黑。"《汉书》或作嘿（《孔光传》："光嘿不应。"《史丹传》："丹嘿然而笑。"）。《口部》不收。私疑何以从犬也。徐《笺》曰："盖犬以吠为常，不吠则觉其默耳。"疑"嘿"乃静穆本字，通作"默"。

《昭公十六年传》："韩子买诸贾人，既成贾矣。"《释文》："本或作價。"按價，新附字，汉时有之。

"子齹赋《野有蔓草》。"《释文》云："才何反。"《字林》"才可士知二反。"《说文》作鹾。云"齿差，跌也。"在何干多二反。按大徐本并收𪘨、鹾二篆。鹾下引《传》此语证以陆所见，言鹾不言齹。则段氏不收𪘨篆是也。又有疑许书无佐字，因疑鹾不成字（引经考）。然许书此类多矣，从由之字二十有余也（子鹾即婴齐，名字之义相反）。

"竖柎。"《释文》："本作豎字，从臤豆声。作竪俗体。"

1937 年 4 月 27 日

校《春秋左传注疏》卷四十八。

《昭公十七年传》："冬，有星孛于大辰西（句）及汉。"旧读于"辰"字为句，"西及汉"三字为句。齐召南曰："非也，当于'西'字句，注疏甚明。"下文："星孛天汉，汉，水祥也。"《注》："天汉，水也。"宋本、岳本皆作"星孛及汉"。阮云"是也"。按"是也"者秉上《传》文言之也，然不解杜注何以云"天汉"也，所见本原作"天汉"乎？

"《注》：'欲以禳火。'"《释文》："本作攘。"宋本字作攘，从手。按禳，祭名。假攘为之。小徐曰："禳之为言攘也。"

"获其乘舟餘皇。"阮《校》云："李注《文选·江赋》引《传》文及《注》，并作'艅艎'，用俗字。"按艅艎，新附字。《广雅》作"艅䑟"。《抱朴子》（《博喻篇》）作"餘艎"。《说文长笺》作"俞皇"。

"使长鬣者三人。"《注》："长鬣，多髭须。"阮《校》云："宋本宋残本'髭'作'頾'。'鬚'作'须'是也。"按《说文》无髭字。《须部》頾，口上须也。亦无鬚字。须，面毛也。《易》："贲，九三贲其须。"《周礼·冥氏》："献其皮革齿须。"字如此作。

《昭公八年传》："行火所焮。"《注》："焮，炙也。"《释文》："许靳反。"《说文》无焮字。徐锴《系传》曰："昕，犹焮也。日炙物之貌。"今潮州方言犹谓以火炙物曰焮。（呼如翕）

"今执事撊然授兵登陴。"《注》："撊然，劲忿貌。"《说文》无撊字。阮《校》引钱大昕云："撊，当为僩字之讹。"按此说已发自徐锴"僩，武貌。"下引《传》语云：

“撊，当作此僩字。”

《昭公十九年传》：“郹阳封人之女奔之。”宋本、《释文》郹，并作郹。与《说文》“从邑臭声”合。仿殿本字改作“郹”，并改《释文》“郹，古闃切”为“古闃切”，閴不成字。

“而楚辟陋，故弗能与争。”辟，《释文》作僻。

“莒子奔纪障。”宋本、《释文》字并作“鄣”。《说文》“鄣纪邑也”。下《传》文“托于纪鄣”。及孔《疏》曰：“此纪即上纪鄣也。从邑。”

“初，莒有妇人，莒子杀其夫，已为嫠妇。”岳本“已”作“己”。阮云“不误，是也。”嫠，《释文》作釐。下云：“依字作嫠，是元朗见本。有作嫠者，有作釐者。”嫠，新附字。钮考云：“《毛诗·巷伯传》及《韩诗外传》并作‘釐妇’。”

“《注》：‘缒绳登城。’”宋本、岳本并作“缘绳登城”。阮《校》云：“缘，不误。”

“札瘥夭昏。”《释文》《字林》札作𣧑，瘥作𣨼。按𣧑𣨼，并后出字。𣧑字，亦应作死。

1937 年 4 月 28 日

校《春秋左传注疏》卷四十九。

《昭公二十年传》：“君若惠顾先君之好，昭临敝邑。”宋本、岳本“昭”作“照”。阮《校》引毛谊父《六经正误》云：“照作昭，误。”

“宾将掫。”《注》：“掫，行夜。”《说文》𩓡，夜戒守，有所击。引《传》：“此文《周礼·掌固》杜注：‘引作趣。’《鎛师注》：‘引作趋。’”阮《校》引段云：“古音同在尤侯类也。”惠栋云：“子春受学于刘歆，歆《左氏春秋》以‘趣’为‘诹’，必有依据。”

“郧申”《释文》作“郧甲”。阮云：“甲，不误。”《注》：“辟难去。”宋本“去”作“出”。阮云：“监本‘出’误‘去’。”

“斩刈民力。”《释文》作艾。下云：“本又作刈。”按“丿部”乂，芟，艸也。从丿㇏相交。重文𠂭。（王筠云：“经多借‘艾’为之。”）

“齐侯至自田。”《释文》作佃。下云：“本亦作田。”音同，则义不同矣。当假借为“畋”字。

“以烹鱼肉。”《释文》作亨。《说文》无“烹”亦无“亨”。古皆以“亯”字为之。重文作亯。享、亨、烹三读俱通。

“若琴瑟之専壹。”《释文》云：“董遇本作‘抟’。音同。”段注：“抟，俗字作团。古亦借为専壹字。”（《女部》作嫥壹。）

“取人于萑苻之泽。”《释文》：“苻，音蒲。”《说文》无苻字。汉隶艸竹头多混，或以为即“符”字。

1937年4月29日

校《春秋左传注疏》卷五十。

《昭公二十一年传》："槬则不容（上文大者不槬）。"《注》："槬，横大不入。"《说文》无槬字。阮《校》云："《汉书·五行志》引作摦。摦，在新附。《说文》只作瓠。《庄子》：'瓠落无所容。'"

"今钟槬矣，王心弗堪，其能久乎?"惠栋云："《汉书》作𢦟。"孟康云："古堪字。"《尚书·西伯戡黎》。《说文》引作𢦟。郭璞《尔雅注》又作"堪黎"。古字𢦟堪通。

"乃狗曰：'扬徽者公徒也。众从之公自杨门见之。'"《释文》："狗作徇，为正字。"上"扬"字阮本作"杨"。与《释文》各本不合。下"杨门"字，宋本作"扬"。岳本同《注》亦并从手作"扬"。阮《校》云："是也。"

"《注》：'徽識也。'"《释文》云："《说文》作'微'。識，本又作幟。"按：《巾部》㡟，识也。"以绛微帛，著于背。"下引《传》："此语帜，新附字，通识。古多作志。"

"《注》：'不呰小忿。'"《释文》作"訾"。下云："本又作'呰'耳。"按訾，不思称意也。訾毁，字作呰。呰，苛也。义为盖与"疵"同。

"豹则关矣。"《注》云："关，引弓。"《释文》"乌还切。本又作'弯'。"按《孟子》："关弓而射之。"同"弯"，本字通"关"，遂改读音。此汉人注经通例也。

1937年4月30日

《昭公二十二年传》："无亢不衷，以奨乱人。"宋本"奨"字作"獘"。依《说文》应作獎。《犬部》獎，嗾犬厉之也。从犬，将省声。经典多不省，亦应作"奨"。

《昭公二十三年传》注"鄩罗周大夫鄩盼之子。"依宋本作"鄩肸"。阮《校》云："是也。"

《昭公二十三年传》注"鄩罗周大夫鄩盼之子。"依宋本作"鄩肸"。阮《校》云："是也。"

"胡沈之君幼而狂。"《注》："狂，无常。"宋本作"性无常。"（所见宋本仍作"性无常。"此据阮《校》而言。）

1937年5月1日

《春秋左传注疏》卷五十一。

《昭公二十四年传》："太誓曰。"宋本作"大誓"。阮《校》云："《石经》初刻'大'误'泰'。"

“嫠不恤其纬。”《释文》：“字本作‘釐’。古假‘釐’为之。”陆见本犹然“嫠”，新附也。（见前记）

“今王室实蠢蠢焉。”惠栋云：“《说文》引作‘惷惷’。《三体石经》作‘𢧵’。《尚书》‘蠢’字，《说文》引作‘𢧵’。古蠢皆作‘𢧵’。俗作‘蠢’。”按《心部》惷，乱也。引本《传》语曰：“王室日惷惷焉。”即杜注：“训扰貌。”本字又《蚰部》蠢，虫动也。𢧵，古文蠢。从𢦏。《周书》曰：“我有𢧵于西。”今文《尚书》作“蠢”。此又假为“惷”。

《诗》曰：“缾之罄矣。”《释文》作“瓶”。下云：“本又作缾。”按：《缶部》缾，罋也。重文瓶。经典两用。

“吴踵楚。”《注》：“蹑楚踵迹。”惠栋云：“依《说文》当作‘歱’。歱，相迹也。按今经典无用‘歱’者。《足部》踵，追也。小徐云‘犹言继踵也。’朱云与歱略同。又《止部》歱，跟也。义异。”

1937年5月2日

校经。

《昭公二十五年》：“春叔孙婼。”如宋“婼”，不顺也。又《文公五年》经：“秦人入鄀。”《说文》无“鄀”字。《汉书·地理志》南郡：“‘若’下云：‘楚昭王畏吴，自郢徙此。’”师古曰：“《春秋传》作若。其音同。”

“有鸜鹆来巢。”《释文》云：“嵇康音权。本又作鸲，音劬。”《公羊传》作鸛。音权。郭璞《山海经注》云：“鸜、鹆、鸲，鹆也。”按《说文》无鸜。《鸟部》鸲，鸲，鹆也。段注：“今之八哥也。”鹆，鸲鹆也。古者鸲鹆不踰泲。

“昭子赋车辖。”《释文》：“本又作舝。”《毛传》：“实作舝。”王筠疑《车部》“辖”篆后人加也。《舛部》舝，车轮耑键也。两穿相背。从舛𢍰省声。段注：“许意谓舝辖同也。”《群经正字》云：“舝辖，古今字是也。”

杜注：“坐宋公右以相近。”《释文》：“近，附近之近。”此释不一见，本常语也，何必释之。又释“依陆例远近之近，上声。近之去声。”段云：“古无此分别。”

“天地之经，而民实则之。”阮《校》：“惠栋云：‘古文《孝经》实作是。是，即古寔字。见《尚书·秦誓》及诅楚文。’”郑氏《诗笺》云：“赵魏之东，寔、实同声，故此《传》又作寔。”

五牲注：“麇鹿麏狼兔。”《释文》：“本亦作麇。”麇，麞，从鹿囷省声。麕，籀文，不省。《周南》：“野有死麕。”《内则》：“麕脯皆不省也。又有作麏者。”《公羊哀十四年传》有“麏而角者。”《说文》无麏字。《玉篇》已收。

《注》：“華，若草華。”阮《校》云：“闽本、监本、毛本下華字误華。”按華字，为宋后俗華字。（家庙忌日牌“盛華公”字作華。）

“为父子、兄弟、姑姊、甥舅、昏媾、姻亚，以象天明。”《释文》：“本亦作‘娅’。两婿相谓曰‘亚’。”《说文》无“娅”字。

“往饋之马。”《注》：“饋，遗也。按说饋，饷也。”餽，吴人谓祭曰“餽”。以

“餽”为“饋”，假借也。《孟子》：“餽孔子豚。”由来旧矣。

“鸜鹆跦跦，公在乾侯。”《注》：“跦跦，跳行貌。”《说文》无“跦”字。李善《魏都赋》注引作“株株”。此假借字。

1937 年 5 月 4 日

续校《昭公二十五年传》“征褰与襦。”《释文》：“褰，袴也。襦，本或作[illegible]，袴也。”袴，《说文》作“绔”。按《衣部》褰，绔也。引《传》此语。《说文》无从衣之“袴”。《糸部》絝，胫衣也。襦之作[illegible]，俗体。《群经正字》云：“行之经典之中，陆之《疏》也。”

“远哉遥遥。”阮《校》云：“《汉书·五行志》作‘远哉摇摇’。臧琳曰：‘遥为俗字。’逍遥字，《说文》新附。今《诗·黍离》‘中心摇摇’，不作遥遥。”按《说苑》：“姚姚者乎。”《郊祀志》：“雅声远姚。”《荀子·荣辱篇》：“其功盛姚远矣。”并通。

“稠父丧劳。”岳本作“裯父”。阮《校》云：“与《汉书·五行志》引《传》合。”

“又诉于公甫。”《释文》作“愬”。下云：“又作诉。”按《言部》訴，告也。从言厈省声（当作㡿声）。《论语》曰：“诉子路于季孙。”[illegible]，诉，或从言朔。愬，诉，或从朔心。然今《论语》字作“愬”。用重文。

“平子使竪勿内。”宋本、岳本字并作“豎”。“豎”正“竪”俗。

“众怒不可蓄也。”《释文》作“畜”。下云：“本亦作蓄。”按：畜，田畜也。蓄，积也。段注：“畜蓄，义略同。畜，从田，其源也。蓄，从艸，其委也。”（俗用畜，为六兽字）

“陷西北隅以入。”《释文》：“隅，本或作堣。按隅，陬也。《大雅》‘惟德之隅。’《传》曰‘隅，廉也。’”段云：“今人谓‘边’为‘廉’，角为‘隅’。古不别其字。亦作‘嵎’作‘湡’。”（粤最盛之博局，为一二三四之压宝，孤注之外，有对线与掎角之压法。博徒谓之“廉角”。用词雅绝，黉门之士，不知“廉隅”之义者正多也。）

“左师展将以公乘马而归。”世有因经典无“骑”字，谓春秋前无骑马者。《曲礼》云：“前有车骑者。”《正义》曰：“《礼记》，汉世书耳。”刘炫谓“此‘左师展将以公乘马而归’，欲共公单骑而归。”此骑马之渐也。

“计于季氏。”《注》：“送计簿于季氏。”《说文》无簿字。《孟子·万章篇》：“孔子先簿正祭器。”宋孙奭《音义》：“簿，本多作薄。误。”其误是孙氏之言其“本多作薄”，则亦赖孙氏之稽存也。段玉裁曰：“《说文》无‘簿’有‘薄’。盖后人易艸为竹，以分别其字耳。”此指《寸部》專篆云“六寸簿也，《竹部》籍，篆簿书也”而言。又曰：“许书无簿字。篰，盖即今之簿字也。”

1937 年 5 月 5 日

校《春秋左传注疏》卷五十二。

《昭公二十六年传》，《注》引《考工记》“旊人”。阮《校》云：“宋本作旐。非也。《说文》旊，从瓦方声。”

“不知天之弃鲁耶，抑鲁君有罪于鬼神，故及此也。”各本同。阮《校》云：“《石经》‘耶’作‘邪’是也。”

“繇朐汰辀，匕入者三寸。”《释文》：“朐，本又作軥。同车軛。”按《襄十四年传》：“射两軥而还。”《正义》云：“朐、軥，字通用。”《说文》軥，軶下曲者。从车，句声。朐，假借字也。軶正，汏正。作軛，作汰，俗。

《正义》：“今人犹谓箭镞薄而长濶者为匕。”濶，从门，㴑声。字宜作阔。匕，化也。字宜作匕，从反人。

“鏨而乘于他车以归。”《注》：“鏨，一足行。”《说文·金部》鏨，金声也。从金轻声。读若《春秋传》曰：“𨅯而乘于它车。”然《足部》无𨅯字。惠栋据此云：“则《传》本作𨅯。若从金轻声。与断足无涉。必传写之误。《正义》失考。”又按《足部》无“𨅯”字。盖即“胫”字之异者。

“刘人败王城之师于尸氏。”《注》：“尸在巩县西南偃师城。宋本‘尸’下有‘氏’字。”阮《校》云：“是也。”

“王次于萑谷。”《释文》作“雚”。音丸。又古乱反。按：萑，草多貌（职追切）。雈，蓷也（胡官切）。为萑苇字，俗省“萑”为“萑”，遂不辨萑、萑矣。雚，小爵也。从萑吅声（工奂切）。

“使汝宽守關塞。”宋本作“守闕塞。”阮《校》云：“是也。”陈树华云：“《水经注》云：‘昔大禹疏伊门以通水，两山相对，望之若闕。’伊水历其间北流，故谓之伊闕矣。《春秋》之‘闕塞’也。”

“国有外援，不可渎也。”《注》：“渎，僈也。”宋本作“慢”。《释文》作“嫚”。《说文》无“僈”字。《心部》慢，惰也。《女部》嫚，侮傷也。段注：“凡嫚人当用此字。”桂氏《义证》云：“字或作僈。”《荀子·修身篇》：“不由礼则勃乱提僈。”

“并建母弟，以蕃屏周。”《释文》作“藩”。下云：“又作蕃。”阮《校》云：“是也。”所是者何也，阮意不明。陆例不加剖析。按：藩，屏也。蕃，艸茂也。是藩正字。蕃，假借字。《群经正字》云：“今经典蕃盛少通作藩。而藩屏多通作蕃。如《书》：‘以蕃王室。’《诗》：‘四国于蕃。’”《释文》征引异文，总未加剖析。

“生颓祸心。”阮《校》云：“石经、宋本、小字宋本作‘穨’是也。”按穨，秃貌。从秃贵声。段：“俗作‘颓’，失其声矣。”

“则有晋郑，咸黜不端。”《正义》曰：“诸本‘咸’作‘减’。”惠栋云：“《吕览》‘仲冬纪泉减竭今月。’作‘咸竭’。是‘咸’为古文‘减’字。”按汉《昭帝纪赞》：“户口减半。”师古曰：“减，读为减省之减。”可知原字必不作“减”，不然小颜“读为”一语岂非蛇足。又《万石君传》“九卿咸宣。”《百官表》“御史中丞咸宣”。颜注：“并同。”此亦“咸”通于“减”之明证。

“在定王六年，秦人降妖。”《释文》：“本又作訞。”引《说文》云：“衣服謌谣草木之怪谓之妖。”按《说文》无“妖”亦无“訞”。字并当作祅。《示部》祅，地反物为祅也。从示芺声。用《宣十五年传》文陆所引《说文》，在《虫部》䘈篆下“衣服歌谣艸木之怪谓之�。禽兽虫蝗之怪谓之蠥。”即祅、蠥正字。

“贯渎鬼神。”《注》：“贯，习也。”《说文·手部》摜，习也。下引《传》“此语古或借贯，为俗加竖心。”

“傲狠威仪。”《释文》作“佷”。阮据本作“很”。很，正字。《彳部》很，不听从也。俗作“狠”。如《孟子》“好勇斗狠”之类，从犬非。狠，犬斗声（五还切）。音义俱异。佷，后出字。《后书·蔡邕传》：“董卓自佷用。”（《集韵》：“胡登切。音恒。”）

“兹不谷震盪播越。”《释文》云：“本又作蕩。”按《皿部》盪，涤器也。从皿汤声。段注：“《易》曰‘八卦相盪’，《左传》‘震盪播越’，皆引伸之义。”《郊特牲》曰：“涤蕩其声。”《注》：“涤蕩犹摇动也。蕩者，盪之假借。”（蕩，从水，蓩声。蓩，艸也。吞匡反。）

“无助狡猾。”《释文》作“狡滑”。下云：“又作猾。”按《舜典》“蛮夷猾夏”如此作。《说文》无“猾”字。《汉书·酷吏传》：“猾贼任威（《宁成传》）。”《史记》作“滑贼。”

“天道不謟。”《释文》：“本又作慆。”杜注：“謟，疑也。”《说文》无“謟”字。《下二十七年传》：“天命不慆久矣。”即从心作慆。阮《校》云：“监本、毛本‘謟’作‘谄’。”陈树华云：“《论衡·变虚篇》引作不闇。按依《论衡》，则闇与谄媚字同韵。或《左传》古有作謟之本。”（謟为讇之重文。《下二十七年传》：“天命不慆久矣。”仿殿本“慆”字误为“惂”，不成字。）

“后世若少惰。”《释文》：“本亦作憜，同。”按：憜，不敬也。重文惰。媠，王玉树《说文拈字》云：“今《左传》《论语》《曲礼》皆作‘惰’。无有作憜、媠者。惟《汉书·韦元成诗》‘无媠尔仪’，《两龚传》‘媠嫚亡状’，从古文也。”

1937 年 5 月 6 日

《昭公二十七年传》：“光伏甲于堀室而享王。”《释文》：“本又作窟，同。”按《说文·土部》有堀有㟮。一从屈省。一从屈不省。曰突也，曰兔堀也。《群经正字》云：“‘光伏甲于堀室’当作㟮。《诗·曹风》‘蜉蝣掘阅’当作堀。”段氏合二篆为一是也。《说文》无“窟”字。“㟮”乃“窟”之本字。

“铍交于胷。”宋本、岳本作“胸”。阮《校》云：“《石经》初刻合于《说文》，此本作胷。《说文》之或体也。”

“或取一秉秆焉。”《注》：“秆，稾也。”阮《校》云：“稾，正字也。俗作稿作藁。”

“鸣呼！为无望也夫。”阮《校》云：“《石经》淳熙本‘鸣’作‘乌’是也。古乌呼，字不作鸣。按鸣，为俗书二十八文之一。”

《昭公二十八年传》：“昔有仍氏生女，黰黑。”《汉书·古今人表》“仍”作“扔”。师古曰：“扔音仍。”王筠云：“扔者，仍之分别字。”《说文》无“黰”字。《释文》云：“《说文》作㐱，又作鬒。（仿殿本《说文》作㐱误作黟）”按：“彡部”㐱，稠发也。从彡从人。《诗》曰：“㐱发如云。”或从髟真声。作鬒。

"忿纇无期。"《注》:"纇,戾也。"《释文》本又作"類"。服作"類"。按《糸部》纇,丝,节也。从糸頪声。按《昭公十六年传》:"刑之颇纇。"字并以作"纇"为正。

"食前方尺,横议骚然,具晓所言,大都导人娆耳,忽蜂论覃姓之音。"读若"谈"若"寻",予例不置可不乃折衷于不佞者,则告之曰皆是也。湘鄂人读"覃"姓若"寻"。王玉树《说文拈字》云:"粤西人有姓'覃'者,多读若'寻'。"按《说文·㫗部》覃,长味也。从㫗咸省声。徒含切。字书固无有作"寻"音者。然"艸部"蕈下,大徐"音慈衽切(寻上声)。"故王玉树以为本有"寻"音也。鹽侵古音皆在七部,同部通转,亦属恒例。

1937年5月7日

《春秋左传注疏》卷五十三。

《昭公二十九年》,经《注》:"以乾侯至"。宋本、岳本并作"以乾侯致"。按《正义》云:"'以乾侯致',告于庙者,为不得见晋侯。故则作'致'是也。"(阮《校》同)

"乃以帏裹之。"《注》:"《礼》曰:'敝帏不弃,为埋马也。'"《正义》作"帷"。《释文》、岳本、宋本亦作"帷"。《礼记》本作"帷"也。帷,囊也。或假借为帷。《七发》:"如素车白马帏盖之张。"《注》:"帐也。"

"物乃坻伏。"《注》:"坻,止也。"《释文》:"坻,音旨。又丁礼反。"按《说文》坻,小渚也。《诗》曰:"宛在水中坻。"从土氐声(直尼切)。坁,箸也。从土氏声(诸氏切)。故阮《校》云:"则此《传》当作坁也。氏氐之淆乱久矣。段云:'盖唐初已有误坻者。'"

"在乾之姤。"《释文》:"乾。其连反。本亦作乹。"按《说文》乾,上出也。从乙。乙,物之达也。倝声。作"乹",于义无取。

《正义》曰:"守其旧法,民不豫知。"阮《校》云:"毛本'豫'作'预'。按豫预古今字。按预,新附字。"

《昭公三十年传》:"先君有所助执绋矣。"《注》:"绋,輓索也。"《释文》:"輓,本又作挽。"《正义》:"绋,《礼》或作綍。"《六书正伪》云:"輓别作挽,非。绋别作綍,非。"《说文》无挽字。无綍字。《玉篇》綍同绋。

《注》谓:"不与吴搆怨。"各本同。惟岳本作"構"字,从木。《释文》不及此说。《说文》有"構"无"搆"。《孟子》"吾闻秦楚搆兵"字从手。"構怨于诸侯"字从木。十三经独《孟子》无,《释文》无可依据。雷浚《说文外编》:"或曰搆是南宋人避讳字,故贾昌朝《群经音辨·手部》尚无搆字。"(按:宋高宗名構)

"若好吴边疆,使柔服焉,犹惧其至。"宋本、岳本"吴"作"吾"。《释文》作"吾好"云云。

"若为三师以肄焉。"《注》:"肄,犹劳也。"《释文》:"本又作肆。以制反。"《说文·聿部》𦘔,习也。从聿,𢑚声(羊至切)。重文𦘹,通肄。《玉藻》:"肆,束及带。"《注》:"肆,读为肄。"

《昭公三十一年传》："不为义疚。"《注》："疚，病也。"《说文》无"疚"字。《说文》宊，贫病也。引《诗》"茕茕在宊。"即《周颂》"嬛嬛在疚。"

"赵简子梦童子羸而转以歌。"《释文》："本又作裸。"阮《校》云："北宋刻《释文》云：'本又作羸。'郑氏《周礼·占梦》注引作'倮'。《说文》作𧞈，袒也。段改为但也。从衣，𣎆声。裸，𧞈或从果。"《群经正字》："此字经典最无一定，有从或体者，有作'倮'者（《月令》：其虫倮），有作'羸'者（《王制》：羸股肱。《哀七年》：羸以为饰），有作'果'者（《周礼·龟人》：东龟曰果属）。惟'羸'字最无理，其字既无所从，且𣎆本声也，而又加果声。真俗儒不解六书者所为也。"倮，《说文》所无。果，假借。

《昭公三十二年传》："卫彪傒曰。"《释文》、岳本亦作"徯"，音兮。宋本作"傒"。按《说文》有"徯"无"傒"。《孟子》："徯我后。"徯，胡礼反。音不合。《庄公二十二年》："及齐高傒盟于防。"字作"傒"。雷浚云："《左传》'祁奚'，《晋世家》作'祁傒'。《孟子》'百里奚'，《秦本纪》作'傒'。"潘锡爵曰："《左传》卫彪傒，《吕览》注作彪奚。知'傒'即'奚'字。"

"仞沟洫。"《注》："度深曰刃。"《释文》云："本又作刃。"阮《校》云："刃者，古文假借字也。"按此义无可引证。

《史记》曰："《春秋》文成数万。"段玉裁《春秋左氏古经题辞》云（《经韵楼集》卷四）："张晏云：'万八千字。'李氏仁甫云：'细数之尚减一千四百二十八字。'与王氏学林云：'万六千五百余字者。云马氏端临疑三家或妄有增益者。非也。"

阮《校》屡引陈树华说云云，前记云未详（《人名辞典》亦未收），昨阅《经韵楼集》（《春秋左传校勘记目录序》）忽焉遇之，段曰："国朝乾隆中，元和陈芳林树华有左僻，既得此善本（孔颖达等依杜注经传，为《正义》三十六卷。庆元间，吴兴沈作宾分系诸经注本合刻之），乃弃官杜门，遍考他经传记子史别集与左氏经传及注，有异同可参考者，成《春秋内传考证》一书，往者戴东原、卢弨弓氏、金辅之氏、王怀祖氏皆服其该洽"云。亦既觏止，我心则降。

1937年5月8日

记最轩县之义。语出《周礼·小胥》"诸侯轩县。"司农《注》："轩县三面其形曲，以似轩车而名之也。轩，犹轩举也。"记又曰："陕长如舫。"王祭酒刊本"陕"作"狭"。按《𨸏部》陜，隘也。从𨸏夹声（侯夾切）。作"峡"固非。作"陿"，作"狭"亦俗。《广韵》以"狭"为本字。陕、陿为异文失之字。从夾，从二人。与陕异。陝，弘农陕也，从𨸏，夾声（失冉切）。从二入。此分毫之不可不辨者也。

《因树山馆日记》第八册

（1937 年 5 月 9 日—6 月 4 日）

1937 年 5 月 9 日

《春秋左传注疏》卷五十四。

"《定公元年》：'冬十月，陨霜杀菽。'"《释文》作"叔"。下云："本或作菽。音同。"《说文》无"菽"字。依文即部首之"尗"。尗，豆也。徐笺："古盖作'尗'，象形。钟鼎文作尗。尗，又作叔，从又者采撷之意。因为伯叔字所专，故别作'菽'。"按叔，本训拾也。《诗》"九月叔苴"本义，《叔于田》假义。

"晋魏舒合诸侯之大夫于狄泉。"陈树华云："《汉书·五行志》作'翟'。"阮《校》云："《水经注·谷水篇》引《同僖二十九年》亦作'翟'。翟、狄二字古多通用。"按"狄"（从犬亦省声），正字"翟"（山雉尾长者，从羽从佳）。段云："翟羽，经传多假狄为之。狄人字经传多假翟为之。"

"非義也。大事奸義，必有大咎。"陈树华云："《汉书》'義'并作'谊'。"谊，人所宜也。正字恩谊字，乃野说也。

"孟懿子会城成周庚寅栽。"《注》："栽，设版筑。本许文所云𢧵，筑墙长板也。此义见于《传》云。"《庄二十九年》："水昏正而栽。"《哀元年》："楚围蔡里而栽。"引申为凡莳植之称，假借也。

"凡从公出而可以入者。"宋本、岳本并作"凡从君出"。阮《校》云："闽本、监本、毛本'君'作'公'。非也。按下文云：'若从君者，则貌而出者，入可也。'可据。"

《正义》曰："《王制》云：'天子十日而殡，诸侯五日而殡。'"宋本"十日"作"七日"，与《王制》文合。

"荣駕鵞曰。"宋本"駕"作"驾"。阮《校》云："与叶抄《释文》合。《说文》无'駕'字。"钱大昕云："依正文当用'鳴'，假借，同音则'驾'亦通也。"雷云："《汉书·古今人表》作'荣驾鵞'，驾，音加。《唐石经》亦作'驾'。"《襄二十八年》杜注作"驾"。段曰："《释文》宋刻皆作'驾'，通志堂乃于《定元年》改作'駕'，信。"然《玉篇》"駕"同"駉"。钱本此。

《定公二年》："夺之杖以敲之。"《释文》作"敲"。下云："苦孝反。《说文》作'敲'，击头也。又一曰击声也，口交反，又口卓反。"阮《校》云："叶抄《释文》'敲'作'毃'。又或作'茅'，或作'㓡'。"按《攴部》敲，横擿也。口交切。《殳部》毃，击头也。口卓切。《群经正字》："据义是'毃'字。陆氏游移无定，故两引之。杜云：‘以杖敲阍头。’或杜见本本作‘敲’也。”钱坫云（《说文解字斠诠》）：“《吕氏春秋》‘下见六王五伯，将敲其头矣’，今吴人语犹读如鞹。”按今潮人语，亦然。

1937 年 5 月 10 日

《定公三年传》：“庄公卞急而好洁。”《注》：“卞躁，疾也。卞不成字。”《隐公元年》经注：“鲁国卞县。”《释文》或作“弁”。《顾命》：“率循大弁。”江氏《尚书集注音疏》：“作大覍。”此之卞字，惠、段各注家以“辩”字牵附之。《心部》辩，忧也。一曰急也。王筠云：“憥乃褊急之正字也。按是假借作‘弁’，而讹为‘卞’矣。”潔字，阮《校》云：“《石经》‘潔’作‘絜’是也。”按“潔”，新附字。《广韵》：“经典通用絜。”《桓六年传》：“絜粢丰盛。”潔乃近字，汉已有之。（《祝睦后碑》：“躬潔冰雪。”）

“《注》：‘自誓言若复渡汉。’”阮据本作“度”。按此《注》传文“济汉”也。与《说文》“渡，济也”合。段云：“假借多作‘度’。”

《定公四年传》，《注》：“以血塗鼓鼙。”《释文》作“鼓鞞”。按鞞，刀室也（并顶切，又毗移切。《玉篇》《广韵》两收）。《桓二年传》“藻率鞞鞛”，或假借为“鼙”。《藉田赋》：“鼓鞞硡隐以砰磕。”“鼓”从攴，应作“鼓”。又部首之鼓，从屮。又六书故曰“鼓”，不应有二字。徐氏《笺》亦主此说。“分鲁公以大路、大旂。”《释文》“路”作“辂”，本亦作“路”。阮《校》云：“经传多作‘路’，无作‘辂’者。辂，路俗字。”按《论语》：“乘殷之辂。”字作“辂”。惟《注》引《左传》“大辂越席”，而《传》本作“路”。《说文拈字》云：“辂，训车铃前横木。则辂是车上一物，何得为天子之车乎。”《春官》“巾车典路”，及《明堂位》《礼器·郊特牲》皆作“路”。其作“辂”者，非也。

“分之土田陪敦。”《注》：“陪，增也。”《释文》作“倍”，云“本亦陪。”陈树华云：“《说文》培字注云：‘培敦。土田山川也。从土，音声。’则‘培’乃‘陪’本字。作‘倍’非也。按作‘倍’者，假借也。”《僖三十年传》：“焉用亡郑以倍邻。”《注》：“益也。”《庄子·养生主》：“是遁天倍情。”《释文》：“加也。”陈云：“非也。未谛。”

“备物典策。”《释文》作“筞”，下云“本又作‘册’。亦作‘策’。或作‘箣’。”按册，符命也。箣，古文冊，从竹。段注者：“筞者，策之俗也。冊者，正字也。策者，假借字也。箣者，冊之古文也。左氏述《春秋传》以古文，然则箣其是欤。”

《正义》引《周礼·遂人》云“洫上有塗。”阮《校》云：“宋本‘塗’作‘涂’。按“塗”，新附字。古只作‘涂’字。‘途’，弥俗也。”

“《注》：‘王东巡守。’”阮《校》云：“宋本‘守’作‘狩’。按狩，犬田也。古多假‘守’为之。”

《正义》引《王制》云：“寒煖燥濕。”阮《校》云：“毛本‘煖’作‘暖’，‘濕’作‘溼’。”按作“溼”是也。溼，幽溼。从水。一所以覆也。覆而有土故濕也。㬎省声。俗遂以濕为溼。然濕，兖州水名，他合切，自为一字。煖，温也，况袁切，寒暄正字。《易》作晅。《乐记》：“煖之以日月（徐邈。许袁反）。”此本义之仅见者。暖，不见于《说文》，以为饱煖字，则《火部》自有㬉字，下云“温也（乃管切）。”则“煖”

之作“暖”，大非。

“疆以周索。”《注》：“索，法也。”《正义》曰：“索之为法，相传训耳。”《考工记·量器铭》曰：“时文思索，允臻其极。”郑亦以“索”为“法”。按“索”，依《说文》应作𡩁，探赜𡩁隐之字也。经典多假“索”为之耳。《释名·释典艺篇》云：“八索。索，素也。著素王之法若孔子者，圣而不王，制此法者有八也。”《昭二年传》：“八索九邱。”贾注本云：“三王之法也。故陆云：‘相传训耳。’其字并当从宀作𡩁。”

“曹文之昭也。”《释文》“上饶反”。《说文》作“绍”。各本所引并同。阮《校》亦不及此。按应为《说文》作“佋”之误，《人部》佋，庙佋穆。父为佋南面，子为穆北面。从人召声（市招反）。作“绍”者，误也。

“夫子语我九言。”王应麟曰：“古以一句为一言。（子太叔。）”《论语》：“一言以蔽之，曰：‘思无邪是也。’”按《论语》“一言兴邦，一言丧邦”之一言，并为一句“片言折狱”亦然。《正义》曰：“《易》云：伏羲作十言之教，曰乾、坤、震、巽、坎、离、艮、兑、消息。乾坤虽是二字，亦一出口乃得言之，故谓之一言。张照考证疑疏语有舛讹，彼读乾坤虽是二字为句，予谓应读乾坤八字八句，消息乾坤又一句，但孔所称《易》云张氏亦未知之，莫可决也。”

“史皇以其乘广死。”《注》：“以死战。”宋本作“以战死”。阮《校》云：“闽本、监本、毛本‘战死’误倒。”

“王使执燧象以奔吴师。”此为象战之始。

1937年5月11日

校《春秋左传注疏》卷五十五。

《定公五年传》：“卒于房。”顾炎武云：“房，疑即防字。”说甚详。

“阳虎将以玙璠敛。”《释文》：“本又作與，音余。”按玙，为徐氏所羼十九文之一。陆《释文》：“尤可信也。”

“袒而示之背。”蒋氏臧作“袒而视之背。”阮《校》云：“示，古皆作视。按视、示，古今字。”《曲礼》：“童子常视毋诳。”《注》曰：“视，今之示字。”《小雅》：“视民不恌。”《笺》云：“古示字也。”

“子西曰不能如辞。”《注》：“以‘如’作‘当’字解。曰‘言自知不能，当辞勿行。’”《正义》曰：“敢为不敢，如为不如，古人之语然也。”引《僖二十二年》传文此类多矣。《定公八年传》：“贾曰：‘然则如叛之。’”曰如与不如，即为不当与当，并为权其可者之辞。注疏异文其义一也。高邮王氏必释其词为“当”字，亦泥，且又不言所本，何也？

《定公六年传》：“定之鞶鉴。”《释文》字作“盘”。下又：“本又作盤。”依《说文》作𩎟，大带也。《庄二十一年传》：“后之鞶鉴。”王筠曰：“即《内则》‘女鞶丝，而以鉴饰之也’，与此《传》注曰‘鞶带而以镜为饰也’合。字或借‘槃’为之‘盘’者，‘槃’之重文。”

《定公八年传》：“主人焚衝。”《注》：“衝，战车。”《释文》引云：“《说文》作幢，陷阵车也。”按衝，《说文》作𧗴，从行童声。假借为“𨏥”者。《诗·皇矣》：“与尔临衝。”《传》：“衝车也。”𨏥，陷𨏥车也（阵，俗字）。

“晋师将盟卫侯于鄟泽。”《释文》：“本亦作䡣。”宋本引《释文》云：“亦作剸，音专。同。”《说文》无从邑之鄟字，亦无从阜之䡣字。《成公六年》：“经取鄟。”《襄公九年传》：“门于鄟门。”《释文》：“本亦作専，地名，多无义，存音而已。”惟仿殿本传文作“鄟”。《音义》又云：“本亦作鄟。属误字。”

“卫人请执牛耳。”《正义》曰：“盟用牛耳，卑者执之，尊者涖之。世有误用‘执牛耳’之义为尊者事。”

“涉佗捘卫侯之手，及捥。”《注》：“捘，挤也。血至捥。”《说文》“捘、推二文，互为转注，子寸切。”今潮州方言正存此音，有用力转之之义。与吴人、粤人读转字之音相似。《手部》无捥字。《汉书·游侠传》“搤擥而游谈”之擥是也（从手取声。䀢，捾目也。从目叉。乌括切）。惠栋云：“《史记》‘樊于期偏袒搤捥。”《索隐》曰：“捥，古腕字。”（《史记》多古文云）

“桓子咋谓林楚。”《注》：“咋，暂也。”《说文》无“乍”字。《孟子》：“今人乍见孺子。”赵岐训“乍”为“暂”。钱大昕曰：“乍、暂，声相近，疑经注皆无口旁，后人妄增。”梁履绳曰：“咋字，经典罕见。《左传》果有此字，《五经文字》何以不收。”

1937年5月14日

《定公九年传》

“《诗》云：蔽芾甘棠。”《说文》无“芾”字。《群经正字》以为即部首之“𣎵”字。雷氏从之。段注𣎵下云：“玉裁谓：毛诗蔽市字，恐是用蔽厀之市字。经传韨多作芾、作茀，可证也。”按韍，为市之重文。绂为韨之异体。三希堂法帖米芾钤记作韨。段大令说“是也”。

“《注》：‘若麟为田获。’”《释文》：“本又作驎。”《说文》无“驎”字。《尔雅·释畜》“青骊驎（逗）驒。”郭注作“粼”。陆《释文》作“粼”。按《南史》沈麟士（字云禎）《南齐书》作“驎士”。即“麟”本又作“驎”之例证。

“兹阳虎所欲傾覆也。”《释文》作“頃”。下云：“本文又作傾。”按《匕部》頃，不正也。《人部》傾，仄也。《𨸏部》陾，仄也。朱骏声云：“頃即傾之古文。”王筠云：“傾、陾，皆頃之分别文。”

“载葱灵，寝于其中而逃。”《注》：“葱灵，辎车名。”《正义》曰：“今人犹名葱木为灵子。”阮《校》云：“毛本‘葱’作‘蔥’。按《传》之‘葱’字，即《说文》之‘囱’字。在墙曰牖，在屋曰囱，或作窗，此假蔥为之。”际遇按：“《正义》‘葱中竖木谓之灵。’知即櫺也。”《木部》櫺，楯间子也。段曰“亦其意也。”

“卫侯将如五氏，卜过之，龟焦。”阮《校》云：“《说文》‘焦’作‘𤏕’（𤏕，火所伤也，从火雥声。焦或省。𤐫，灼龜不兆也，从火从龜。《春秋传》曰龜，𤐫不兆。读若焦）。按《九经字样》收𤏕焦二字，上《说文》下省。今《传》作焦，盖省文也。”

际遇按："此说未安，《说文》明为二字，并无焦为𪚰省文之说。且𪚰下明曰'读若焦。'明为异文。王筠云：'盖许君所据《左传》亦有作焦者，故言此以关之见，其为同音借字也。'此言得之。"

"晳帻而衣狸制。"晳字应作晳，从白。宋本如此作。帻，《释文》音策。又音责，齿上下相值也。《说文》作齰，音义同。阮《校》云："晳，宋本从白是也。齰，正字。帻，假借字。"按帻字起于汉时，段、王并云："《传》作帻者，讹字。"

"与之犀轩与直盖。"《正义》曰："轩，曲旃也。"阮《校》云："宋本'旃'作'輈'是也。"按《说文》轩下云："曲輈，藩车也。"

1937年5月18日

《春秋左传注疏》卷五十六

《定公十年传》："若其不具，用秕稗也。"《注》："秕，谷不成者。"《释文》："秕，音鄙。"《字林》："音匕。又作粃。诸本并作秕。"阮《校》引段玉裁曰："当作粃。即《说文》粊字，恶米也。今《说文》讹作粜（从北者，承《唐韵》之旧也，今正）。"按《禾部》秕，不成粟也。《米部》粊，恶米也。今俗呼谷之不充者曰"瘪"（补结切。潮方言读阴去），即"秕"之俗音俗字也。

"臣之义，在《扬水》卒章之四言矣。"《注》："《扬水》，《诗·唐风》。卒章四言曰'我闻有命'。"按此一字为一言也。《定公四年传》："夫子语我九言曰。"《考证》引王应麟曰："古以一句为一言。秦汉以来，乃有句称。今以一字为一言，如五言、六言、七言诗之类，非也"云云，非也。

《定公十二年传》："子伪不知。"《释文》作"为不知。"释云一本"为"作"伪"。《注》："佯不知。"《释文》作"阳不知"也。释云"'阳'本亦作'佯'，音同。"此可以观古本之旧矣。《说文》本无"佯"，古书多假"阳"或"详"为之。至为之读"伪"。如《成公九年传》："为将改立君者。"《昭公二十五年传》："臧昭伯之从弟会为谗于臧氏，而逃于季氏。"《定公八年传》："以为公期筑室于门外。"并应读为"伪"。陈树华云："此处《传》文作'为'，故杜注云：'阳不知，若本作伪，则无烦再注矣。'"阮《校》云"陈说是也"云云是也。《荀子·性恶篇》："人之性恶，其善者伪也。"伪与为，古字通，各家论之纷然。以上数条可为通读之证。

"我将不堕。"阮据本作"墜"。按墜，新附字。《说文》亦无堕字（地之重文。墬，隶变应作墬，少一画而作墜者，讹也，非其声也）。墜只作队，若假堕为之，则只作陏。

《定公十四年传》："越子句践御之。"阮据本作"勾"。云各本作"句"。《释文》同。按勾，俗体，不足为异文。

"属劍于颈。"《释文》"劍"作"劒"。按《刃部》劍，人所带兵也。劒，籀文劍，从刀。

"遂自刭也。"《释文》："本又作刎。"按《刀部》刎，刭也。新附。刭，刭也。（刭，刭也。刭，刭相转注。）

“野人歌之曰：‘既定尔娄豬，盍归吾艾豭。’”《释文》：“娄，《字林》作𧰵。艾，五盖反。老也。《字林》作豥，音艾，三毛聚居者。豭，音加。牡豕也。豥乃豥字之讹。”《释文》并误刻，所见惟通志堂、宋本不误。《说文》无豥字，豬下云：“豕而三毛丛居者。”王筠云：“当是豥字训错入豬下而脱。豥，纂文也。豭与豬韵如家之读姑也。”

《定公十五年经》：“公薨于高寝。”《注》：“高寝，宫名。不于露寝，失其所。”宋本、岳本并作“路寝”是也。

“戊午日下昃乃克葬。”《释文》字作“吳”。岳本同。宋本作“昗”。据阮《校》：“纂图本、监本、毛本并作‘昃’（闽本误昃。淳熙本误昊）。”按《日部》厢，日在西方时侧也。从日仄声。《易》曰：“日厢之离。”大徐曰：“今俗别作吳。非是。”段注曰：“此举形声包会意。隶作昃，亦作矢。小徐本《夨部》又出吳字，则复矣。然郑珍等以𣅞为逸字也。”

《十五年传》：“子贡观焉。”阮《校》云：“《汉书·五行志》载古文《左传》作‘子赣’，臧琳云：‘按《说文·贝部》贡，献功也。从贝工声。赣，赐也。从贝竷省声。’是贡、赣不同，依《说文》当为‘赣’。赣即贑之讹体。”子贡名赐，故字子贑。作贡者，字之省借耳。按汉《石经论语》残碑并作“子赣”，今惟《乐记》作“子赣”。《水经注·赣水》云：“刘澄之曰：‘赣县东南有章水，西有贡水，县治二水之间，二水合赣字，因以名县焉（按此是后事）。’”

1937 年 5 月 19 日

《春秋左传注疏》卷五十七

《哀公元年传》：“里而栽。”《注》：“栽，设板筑为围垒，周匝。”《释文》引《说文》云：“筑墙长版。”《说文》说栽字文也。又《片部》版，判也。段注：“凡施于宫室器用者皆曰版，今字作板（《木部》无板字）。”匝，宋本、岳本、《释文》并作“帀”。部首帀，周也。从反之而帀也。俗作匝。《檀弓》《释文》又作迊。迊，又匝之变也。

“后缗方娠。”阮《校》云：“《诗·生民》。《正义》引《昭元年传》‘邑姜方震大叔’及此‘后缗方震’，皆谓有身为震。《尔雅》《释诂》、邢昺《疏》引同，是所据本不同也。”

“虞思于是妻之以二姚而邑诸纶。”宋本、岳本同。仿殿本脱“而”字。纶字，《释文》特释为音伦。盖纶巾以绳贯巾，读如綸。丝纶读如伦，大徐本只有古还一音，故特及之。

“姬之衰也，日可俟也。”《释文》作“竢”。下云：“本又作俟。”按竢，待也。俟，大也。段曰：“废‘竢’而用‘俟’。则竢、俟为古今字矣。《汉书·地理志》‘竢我于著乎’，而《贾谊传》‘竢罪长沙’，字作‘竢’。”

《正义》：“与之毉。”阮《校》本作“毉”。下云：“宋本‘毉’作‘醫’。按醫之字从殹从酒省。酒所以治病，药非酒，不散。疑古以巫治病之说，附会之者。”张文虎云（《舒艺室随笔》）：“《玉篇·酉部》失毉字。《类篇》醫下有重文毉。《广韵》《集韵》平声七之醫下并有毉字，疑许书本有之，此解‘古者巫彭初作醫’（当作毉）七字当系毉字下（《逸周书·大毉解》：‘乡立巫醫，具百药以备疾灾。’亦以巫醫连文。《广雅·释诂》：‘醫，巫也’）乃毉之本字，后世假借行，而本字废，并许书重文而失之，犹赖此七字未删，得以考见也。”所说翔实，为各注家所未及。

《正义》：“孺子游者，必餔歠之也。”按《孟子》“徒餔啜也。”依《说文》歠，歠也。从歠省叕声。啜，尝也。从口叕声，一曰喙声。是啜为啜食，歠为歠饮。《檀弓》“啜菽饮水。”《孟子》“歠粥。”所用为正，啜歠二字，经典并用，而义各别，其不合《说文》者“徒餔啜”应作“歠”。《六书正讹》谓“歠，俗作啜。非。”亦失之不考矣。

《正义》：“非手所种，夫人所织不用。”仿殿本、阮据本并同（它未考），“夫人”疑“非人”之误。

“逢滑当公而进。”《释文》：“滑，于八切。”大徐本“户八切。”《玉篇》“古忽切。”此喉齿音对转之一例。阮《校》云：“足利本‘滑’作‘猾’。《说文》本无‘猾’字（足利本者，《春秋经传集解》原本也）。”

“器不彤镂。”《注》：“彤，丹也。镂，刻也。”阮《校》云：“陆粲《附注》后录云：‘彤，当作彫。’文相近而讹也。惠栋云：‘彤，古彫字。（未得其证）’”

1937年5月20日

《哀公二年传》：“阳虎曰：‘吾车少，以兵车之旆，与罕、驷兵车先陈。’”《注》：“旆，先驱车也。”按《说文》旆，继旐之旗也，沛然而生。从㫃宋声（普活切之宋，非匹刃切之宋）。经典作“旆”。其从巿、从市、从朩者讹。此《注》义，未见它经。

“人臣隶圉免。”《注》：“去厮役。”《释文》作“斯役。”下云：“如字，字又作厮。音同。”引韦昭云：“析薪曰厮。”阮《校》云：“《说文》无‘厮’字。作‘斯’乃古本也。”按：《说文》斯，析也。从斤其声。引《诗》曰：“斧以斯之。”今俗呼“手析物”，犹曰“撕”，但字加手旁耳。

“登铁上，望见郑师众。”阮《校》云：“郦道元注水经《河水篇》，李善注《文选·长笛赋》引‘上’作‘丘’。（杜注本云：铁丘名）”

“死于牖下。”《正义》引《檀弓》云：“饭于牖下，小敛于户内，大敛于阼，殡于客位，祖于庭，葬于墓。所以即远也。”则礼之正法死于牖下。私疑先儒解“伯牛有疾，子问之，自牖执其手，曰：‘亡之命矣。’”夫章有未惬之处，此盖伯牛绵蕞之顷，陈尸牖下，不必为北牖南面。诸说以迁就之也。

“罗无勇麇之。”《注》：“麇，束缚也。”《释文》“丘陨反。”阮《校》引段云：“《广韵》‘十八吻麇，邱粉反。’引《左传》‘无勇麇之束缚也。’盖《传》本作‘麇’。所谓本无其字，依声托事也。‘麇’，则后人所制，俗字。十七準又有‘麇’字，邱尹切，则更俗矣。”按《孟子》“捆屦织席”，字作“捆”。《禾部》“稛，豢束也。”为正字。《齐语》“垂橐而入，稛载而归”如此作。段注：“古亦假麇为之。《哀公八年》‘及

潞麇之以入’是也。”（捆、裍、捆，并后起字）

“无折骨，无面伤。”惠栋云：“郑司农注《周礼·大祝》云：‘无破骨，无面夷。’”

“斃于车中。”《释文》：“本亦作弊。”按《说文》獘，顿仆也。从犬敝声。斃，或从死，隶变作弊。与獘作弊正同。

“公孙龍税焉。”《释文》、宋本并作“公孙龙。音武江反。”闽本、监本改字为龍，仍音武江反。而亦安之。

“简子曰：‘吾伏弢嘔血，鼓音不衰，今日我上也。’”《释文》：“嘔，本又作歐。乌口反。吐也。”阮《校》云：“与外传合。按《说文》无‘嘔’字，当作‘歐’。《汉书·丙吉传》‘醉歐丞相车上’如此作。又‘啗’，依《说文》当作‘欲’。《欠部》𣢧，蹴鼻也。（于纠切）”

1937年5月21日

《哀公三年传》：“子服景伯至，命宰人出礼书。”《注》：“宰人，冢宰之属。”所见仿殿本、岳本、足利本、阮据本并同。阮《校》云：“宋人‘冢’作‘家’。以文义考之作‘家宰’为是。然只证难遽定耳。”

“校人乘马，巾车脂辖。”《释文》：“辖，本又作鎋同。”《说文》轄，车声也。一曰辖键也，此用或义。而“金部”无鎋字。赵岐《〈孟子〉题辞》：“《论语》者，五经之錧鎋。”《正义》曰：“錧鎋，车轴头铁也。”《说文》云：“车键也。”则是“鎋”即“辖”也。

“于是乎去表之稾。”通志堂《释文》作“稾”字，从禾。阮《校》本作“稾”，云：“从禾是也。”按《说文》无从木从艸之“稾”。及“稾”又作“稿”者，亦后起之变体。

“则有疾疢。”《释文》云：“疢，本或作疹。”按疢，热病也。胗，脣瘍也。重文疹。《群经正字》云：“《诗·小弁》：‘疢如疾首。’”《成六年传》注：“恶疾疹。”《释文》并云：“疹同，实别为一字。”陆徒征引异文，不加辨正。

《哀公六年传》：“王曰：‘然则死也！再败楚师，不如死。’”《注》：“前已败于柏人。”宋本“柏人”作“柏举”是也。

“五辭而后许。”《释文》：“本又作辤。”《说文》：“辭，不受也。受辛宜辭也。”辝，籀文。所引《说文》两“辭”字皆“辤”字之讹（仿殿本引《释文》不误）。《世说新语》：“黄绢幼妇，外孙齑臼。”解之曰“齑臼，所以受辛，辤字也。”段注云“按此正当作辭”可证。汉人“辤”“辭”不别耳。（段本辭字疑误刻。《杨修传》作“绝妙好辤。”假以通辭。）

“以齐国之困，困又有忧。”《注》：“内有飢荒之困，外有兵革之忧。”毛本“飢”作“饑”是也。

《哀公七年传》：“鲁击柝闻于邾。”《释文》：“字又作檯同。”按《说文》作𣞇，其作“柝”者，㯞之隶变。

《八年传》："问于叔孙輒。"《注》："问可伐否。"宋本"否"作"不"。阮《校》云："古书之'不'，后人多改为'否'。"

"拘鄫人之漚菅者，曰：'何故使吾水滋?'"惠栋云："郑注《考工记》引作渥菅。"《释文》云："渥，乌豆反。与漚同。"按漚，久清也。渥，霑也。漚正，渥假借字。水滋，《释文》云："音玄，本亦作兹，子丝反，浊也。"《字林》云："黑也。"阮《校》云："按依《说文》则滋，乃水名。《左传》字不从水。"

"囚诸楼台，栫之以棘。"《注》："栫，拥也。"《释文》作"荐"。下云："本又作栫。"惠栋云："《说文》云：'以柴木壅也，从木存声。本又作洊。'"按荐，薦蓆也。假借为栫。又《说文》无洊字。坎《象辞》水洊至。《释文》曰："洊，干宝作荐。"

《十一年传》："有子曰：'就用命焉。'"《注》："有子，冉求也。"阮《校》引刘原父《春秋权衡》云："案有子，当作子有。子有者，冉求字也，仲尼门人字多云子某者，不得云有子也。"

"公为与其嬖僮汪錡乘。"《释文》："僮作童。"云："本亦作僮。"阮《校》云："《说文》童子字作僮。《礼记》作'与邻重汪踦'。"郑《注》云："重，当为童。"《春秋传》曰："童汪踦。"

"宗子阳与闾丘明相厲也。"《注》："相劝厲致死。"按厲，旱石也。从厂蠆省声。《禹贡》："厲砥砮丹。"《大雅》："取厲取锻。"《论语》："必先厲其器。"有作"勵"作"勱"者。又"礪"在新附。

"公使大史固归国子之元，寘之新箧，褽之以玄纁。"《注》："褽，薦也。"《释文》："纁，本亦作勳。"

1937年5月22日

《春秋左传注疏》卷五十九

《哀公十二年传》："今吾子曰：'必尋盟。'若可尋也，亦可寒也。"阮《校》云："诸本作'尋'。《仪礼·有司徹篇》郑《注》引作'燖'，俗字（《仪礼·有司徹》'乃爇尸俎'，郑《注》'爇，温也。'古文作尋记或作燖）。"按：段燅下注云："古文《礼》假'尋'为'爇'，俗本《礼注》作'燖'。误。"又按《说文》无'燖'字。《内则》："燂汤请浴。"《释文》："燂，温也。燂，亦即燖。"《玉篇》本之以收"燂""燖"二字。（炙，烂也。火热也。"似廉""似林"二切。大徐本燂，火热也。从火，覃声。大甘切。又徐鹽切。此亦覃读侵、覃二音之证。）

"国狗之瘈，无不噬也。"《注》："瘈，狂也。噬，齧也。"按"瘈"字，并见于《襄公十七年传》"国人逐瘈狗，瘈狗入于华臣氏。"《说文》无"瘈"字。《犬部》狾，狂犬也。引《传》文作"狾"。齧，《释文》："本或作嚙。"按《说文》齧，噬也。故杜本以解噬为齧。而《口部》无嚙字。《集韵》始收之。《史记·蔡泽传》："吾持粱刺齿肥。"误分齒为刺、齒二字。

《哀公十三年》经注："故使承而书之。"宋、岳本"使"字并作"史"。阮《校》

云："是也。"

《传》："越子伐吴为二隧。"《注》："隧道也。"阮《校》："顾炎武云：'隧即古队字。'"按《传》文"隧"，多训为"道"。队，乃古之墜字，绝不相涉。今俗语谓"众若干为一队"，则非古人语言。《说文》无"隧"字。《考工记·匠人》："广二尺，深二尺，谓之遂。"《释文》作"隧"。云："本又作遂。"

《十四年经》："西狩获麟。"《正义》："按此时去汉三百七十有余年矣。"阮《校》云："监本、毛本'二'作'三'。非也。"《续汉志》云："获麟，至汉二百七十五岁。"李锐云："下三百余岁。亦二百之误。"

"《经》：'莒子狂卒。'"《释文》："其廷切。"宋本、岳本"狂"作"狂"。钱大昕云："考古字书无'狂'字。"

《正义》："季氏之羵羊。"阮据本作"墳"。按《鲁语》(《辨物篇》)："土之怪曰墳羊。"《注》："雌雄不成者。"《后书·马融传》注："其形似羊字。亦作羵。"《说文》无"羵"字。

"使疾，而遗之潘沐。"《注》："潘，米汁。可以沐头。"按字应作"潘"。《说文》𣸼，淅，米汁也。一曰水名，从水番声（作潘。潘，非。）

《注》："知其矫命夺车遂使东。"《释文》"矫"作"桥"。又云："本又作矫。"阮氏《释文校勘记》云："卢文弨本作挢，命是也。按挢，正字。矫，借字。矫之为桥，亦非。误字。"𣔻，小徐本臣锴曰："桥之言矫也。矫，然也。"《吕览·离谓篇》："其与桥言无择。"《注》："戾也。"《荀子·荣辱篇》："桥泄者，人之殃也。"王先谦《集解》："本作挢。谢本从卢校作桥。""遂使东"之"遂"，岳本作"逐"。阮《校》云："是也。"

1937年5月25日

是日点毕《左传注疏》六十卷。

《哀公十五年传》："大命陨墜。"宋本作"队"。按作"墜"，俗字。

"迫孔悝于厕，强盟之。"《注》："孔氏专政，故刼孔悝。"宋本"厕"作"廁"(从广)，"刼"作"劫"(从力)，并正字。

《十六年传》："茕茕予在疚。"阮《校》云："郑司农注《周礼·大祝》引作'嬛嬛予在疚。'《说文》引作'嬛嬛在疚。'盖古字通也（疚，《说文》作？）。"按字亦作"茕茕"(《后书·东平宪王苍传》："俾予一人，夙夜茕茕")，作"惸惸"(《小雅·正月》："忧心惸惸")。《说文》有"훙"字，惊辞也。或从心作"㥯"。变而为"惸"。又作"睘睘"(《唐风》："独行睘睘")。字本作"赹"，《说文》："赹，独行也。"

"嗚呼哀哉，尼父！无自律。"阮《校》诸本作"嗚"。足利本作"烏"。《石经》此处缺，前后皆作"烏"是也。按"嗚"，为大徐校勘俗书二十八文之一，云："本只作烏。烏，盱呼也。以其名自呼，故曰烏呼。"后人加口。

"许公为反祏。"《释文》作"返"。云："本亦作反。"《说文》𨒵，还也。下出

"彶"篆云："《春秋传》返，从彳。"段注谓"《左氏传》也，《汉书》曰'左氏多古字古言。'"许亦云"左丘明述《春秋传》以古文"。今左氏无"彶"字者，转写改易尽矣。（阮《校》语同。未言自出。）

"得祏于橐中。"宋本、《释文》并作"橐"，不误。橐，橐也，从橐省，石声。

"晋人使諜于子木。"諜，谍，之由避所讳而变。《释文》仍作"谍"。

"日月以幾。"《注》："冀君来。"阮《校》云："纂图本下'日'字作'月'。按毛谊父《六经正误》云'日日'作'日月'，误。"《释文》："幾，本或作'冀'。按'觊'之假借也。"

1937年5月26日

《哀公十七年传》："不然寡君其曰：'志父之为也。'"《注》："恐晋君为志父教使不一。"阮《校》云："宋本、纂图本亦误'为'，淳熙本作'请'亦非，岳本、足利本作'谓'是也。"际遇按："阮《校》未得其通也。所见蒋氏藏宋本《春秋经传集解》仍作'为'，岳本作'谓'，疑是后人窜改。经史中以'为'作'谓'者多矣。"《宣二年谷梁传》曰："赵盾曰：'天乎！天乎！予无罪，孰为盾而臣弑其君者乎？'"《孟子》："管仲，曾西之所不为也，而子为我愿之乎？（《公孙丑篇》）""为是其智弗若与？曰：'非然也'（《告子篇》）。"《书》曰："享多仪，仪不及物曰不享，惟不役志于享。'为其不成享也'（同上）。"《礼记·文王世子》曰："父在斯为子，君在斯谓之臣。""为"与"谓"对举成文。《庄公二十二年左传》："是谓观国之光。"《史记·陈杞世家》"谓"作"为"。《庄子·天地篇》曰："四海之内其利之之为悦，共给之之谓安。"《让王篇》曰："君子通于道之谓通，穷于道之谓穷。今某抱仁义之道以遭乱世之患，其何穷之为？"王引之称父怀祖说曰："'之为'，犹'之谓'也。故'其何穷之为'，《吕氏春秋·慎人篇》作'何穷之谓'。皆'为'与'谓'互通之明证也。'不一'，岳本、宋本作'不来'，是也。"

"国子实执齐柄。"阮《校》引陈树华云："《史记·蔡泽传》索隐引'柄'作'秉'。"又引服虔云："秉，权柄也。"是服本作"秉"，按段氏、王氏"柄"字下，朱氏"秉"字下，皆引《左传》"国子实执齐秉"文，未知其所据何本也。

1937年5月27日

《哀公十七年传》："子高曰：'率贱民慢之惧不用命焉。'"《释文》："率，所类反。本又作帅。"按：率，捕鸟毕也。帅，佩巾也。本义不行，而借以为将帅字。衛，训将衛也。逹，训先道也。自有本字而不行久矣。

"子高曰：天命不慆。"《注》："慆，疑也。"宋本作"不謟。"《释文》同，云："本亦作滔。他刀反。"阮《校》云："张衡《西京赋》云：'天命不滔。'李善注云：'滔与謟，音义同。'"

"卫侯贞卜，其繇曰：'如鱼竀尾。'"《释文》："繇，直又切。"《说文》无"繇"字。

段云："即繇之讹体。"按"䌛"，训随从也。此假为籀字"籒"，读书也。从竹擂声（直又切）。《春秋传》曰：卜籀云。今左氏无此语，而直又切与《释文》合。竀，正视也。从穴中正见也，正亦声。此假作"赪"字，故杜注云："竀，赤色鱼。劳，则尾赤。"

"裔焉。"阮《校》云："宋本'裔'作'褎'。按：裔，从衣冏声。字应作'裔'。其作'裔'已非。作'褎'尤非。"

1937年5月28日

校经，校《春秋左传注疏》，三易月今日略遍。

《哀公十七年传》："皇缓奔晋，召之。"宋本、岳本并作"皇瑗"。阮《校》云："是也。"

《十八年传》，《正义》："杜虽不见古人，其解亦与孔合。""古人"者，"古文"之讹字。阮据本不误。

《二十年传》："三年之丧，亲暱之极也。"宋本、岳本暱作"暱"是也。阮《校》云："《释文》同。然通志堂本字作'昵'。"依《说文》暱，日近也。从日匿声。重文昵，或从尼。

"唯恐君之志不从。"宋本、岳本作"志之"，阮《校》云："不误。"

《二十三年传》："非敢耀武也。"宋武岳本字作"燿"，是也。《说文》无"耀"字。《群经正字》统当作"燿"为正。

《二十四年传》："是德言也。"《注》："德，过也。"《释文》作"躛"云。《字林》作"德"。按：《说文》讏，梦言不慧也。衛，卫也。段注："按：《左传》作'躛'。是假借字。"陈树华云："《说文》引《春秋传》噧言。疑即此'躛言'。"

《二十五年传》："若见之，君将嗀之。"《注》："嗀，呕吐也。"阮据本作"嗀"。按《说文》嗀，欧貌。从口㱿声。引《传》此语作"嗀"，作"㱿"，皆"嗀"之误。又"呕"，应作"欧"。

"公戟其手。"《注》："抵，徙手屈肘如戟形。"抵，音**紙**，一行之中误书叠出，抵、**紙**，皆多一点。"徙"，应作"徒"。《说文》扺，侧击也。从手氏声（诸氏切）。《秦策》："抵掌而谈。"梁到溉见《广绝交论》"抵几于地。"《东京赋》"抵璧于谷。"《解嘲》"介泾阳抵穰侯。"《汉书·朱博传》"奋髯抵几。"数见不一，见今多讹作"抵"。段云："《国策》'秦无且以药囊提荆轲。'《史记》'薄太后以冒絮提文帝。''提'，皆'抵'之假借字也。"又《后书·李充传》："抵肉于地。"字亦应作"抵"。

"以鉤越。"《释文》："古侯切。本或作'拘'同。"按：《说文·句部》拘、笱、鉤，同类系联。潘奕隽（《说文解字通正》）云："《周礼·巾车》'金路，鉤。'《注》故书'鉤'作'拘'。杜子春读为'鉤'。《礼》'以袂拘而退。'是'鉤''拘'通。诗敦弓既句，句省字。"

《二十六年传》："后庸。"阮《校》云："《石经》、宋本作'舌'。"《二十七年》："越子使舌庸来聘。"古字同。段云："当依《国语》作'舌'。"

"掘褚师定子之墓。"《释文》云："本或作'搰'。"阮《校》云："《玉篇》'搰'字，《注》引作'掘'。按：《说文·手部》搰、掘，连文转注。"

"文子使之而问焉。"宋本作"文子致众而问焉。"阮《校》云："是也。"

"令君无疾而死。"宋本、岳本"令"作"今"。阮《校》云："与《石经》合。"

"已为鸟而集于其上。"宋本"鸟"作"乌"。阮《校》云："此处《石经》残缺。"

"成子衣製杖戈。"《注》："製，雨衣也。"《释文》："音制，雨衣也。是为畸义。"王筠（《说文句读补正》）曰："《东京赋》之言大傩也。曰'丹首园（玄）製。'《注》[1]曰：'玄製，皁衣也。'李氏引《续汉书》'赤帻皁製。'按即方相氏之玄衣也。岂以古人礼服多玄衣，故命为製，以改之乎。折製，即衣之别名乎。又或《左传》成子衣製。製即是玄衣。杜因《传》上文言雨，遂谓之'雨衣'乎。"

【注释】

①《注》：为薛综注。

1937 年 6 月 1 日

《经韵楼集》十二卷，金坛段玉裁著。先生于小学、经学颛门撰著之外，平生述造大约在是矣。李元度《先正事略》称为《经韵楼文集》，据镇海张寿荣所序，戴、段合刻本及例言称《经韵楼集》，而不曰"文集"是也。集中十九"解经说字"之作，属于文辞之封域者，仅矣札籀数则，资我餱粮。

六经，汉谓之六艺，乐经亡散在五经中。《礼经》，《周礼》之辅。《小戴记》也，《春秋》之辅。左、公羊、谷梁三传也，《孝经》《论语》《孟子》五经之木铎也。《尔雅》，五经之鼓吹也。昔人併《左氏》于经，合集为十三经，其意善矣。愚谓当广之为二十一经，礼益以《大戴礼》，春秋益以《国记》《史记》《汉书》《资治通鉴》《周礼》六艺之书数，《尔雅》未足当之也，取《说文解字》《九章算经》《周髀算经》以益之（十经齐记）。窃谓清儒之崇算学者至矣，张之洞《书目答问》为诸家姓名略。骈体文家勤举体格高而尤著者，胡、邵、汪、洪以下二十家（毛奇龄、胡天游、胡浚、邵齐焘、王太岳、刘星炜、朱珪、孔广森、杨芳燦、汪中、曾燠、孙星衍、阮元、洪亮吉、凌廷堪、彭兆荪、吴鼒、刘嗣琯、董祐诚、谭莹）。而算学子弟列至一百二十余家，一卷成书，皆所不弃，盖风会然矣，即以段君所言："二种算经，胡可与尔雅絜较也。"又尚论古之人，是以论其世也。

汉人作注，于字发疑，《正读》其例有三：一曰读如读若，二曰读为读曰，三曰当为。读如读若者拟其音也，古无反语，故为比方之词。读为读曰者易其字也，易之以音相近之字，故为变化之词，比方主乎音，变化主乎义，比方不易字，变化字已易。当为者，定为字之误、声之误而改其字也。（《周礼汉读考序》）

1937 年 6 月 2 日

订《说文显然误字说》（《经韵楼集》卷五），条件之可以省，览为正文正名之例。

“龠部”龢，调也。故“言部”调，龢也。今本作调和也。而“口部”和，训相麿也。为今唱和字。

“珏部”寒，窒也。故“穴部”窒，窫也。今本作窒塞也。實塞也。而“土部”塞，隔也。为今边塞字。

“人部”但，裼也。故“衣部”裼，但也。嬴，但也。裎，但也。今本作袒也。袒，训衣缝解。为今锭裂字。

“勹部”匊，帀徧也。故“帀部”曰，匊也。今本作周也。“口部”周，训密。与帀异。

“厶部”厶，姦衺也。引《韩非》自营为厶。故“女部”姦下曰厶也。今本作私也。“禾部”私，训禾名。又北道名禾，主人曰私，而失其义矣。

“巾部”饰，㕞也。故“又部”㕞，饰也。今本作拭也。“手部”无拭字。古义文饰、拂拭，皆作饰字。

“尸部”居，蹲也。故“足部”蹲，居也。今本作踞也。许书本无踞字。

“人部”位，立也。故“立部”曰位也。今本立下曰住也。许书本无住字。

“米部”糜，碎也。故“石部”碎，糜也。今本作礦也。礦，训石磑，非其义。

“网部”罿，绾也。故“糸部”绾下一曰罿也。今本作绢也。而绢训缯。

“心部”悟，觉也。故“见部”觉，悟也。今本作寤也。而寤训觉而有言。

“土部”塞，隔也。故“𨸏部”隔，塞也。今本作障也。义虽通而失其真。

以上“异部”。

“火部”灸，灼也。故灼，灸也。今本灼下灼灸讹炙。而炙训炮肉。

“心部”惪，愁也。故愁，惪也。而寈、恤、辩、悁、惕、忦、恙、惴、悤、怲、惔、惙、愓、㥏、慆、悠、悴、慁、慦、忏、忡、悄、慽、患，下亦皆训惪。今本皆作憂也。而憂训行和，非其义。

“手部”揅，摩也。故摩，揅也。今本作研也。而研训礦。

“人部”俠，甹也。故甹，俠也。今本作使也。而非其义。

以上“同部”。

《经韵楼集》中韵文，惟《祭东原先生文》一首，以格调论之，则如：“云胡丁年，起起悼惊。足疾而陨，庸医可到。”又如“负土九江，仰惭桓荣。”又如“无恋陔兰孔馨”数韵而已（时段君方官巫山。东原死，有母在也）。其挽王朴庄联句云：

古道照人清似镜；遗书训俗重于金。

自称引于王朴庄遗书序中。朴学丽文，其难兼长如此。

1937 年 6 月 3 日

段茂堂于《怀人馆词》序自述庭训曰：“‘是有害于治经史之性情，为之愈工，去道愈远。’遂锐意经史，谢勿谈者五十年、今见自珍词，乃见猎心喜焉、昔伊川于晏叔原‘梦踏杨花’之句，徘徊赏之”云云。

自珍者，仁和龚丽正之子。而懋堂女子子之子也。集中有《与外孙札》引万季野诚方灵皋语曰："勿读无益之书，勿作无益之文。"申之曰："何谓有用之书，经史是也。"此自是教子弟植足立身要语义。至于如何研经以充其神，如何绎史以养其识，如何涵濡名言精理以饫其稽古之情，人病不求耳，子归而求之，此外更有何说。

夜粗阅《经韵楼集》竟。

1937年6月4日

阅《东原集》凡十二卷，戴君所著，于孙星衍《戴氏遗书总序》略尽之矣。兹集有段《序》一首，称诵师说，以求尽天地民物之理为依归。其言不著边际，无以使初学者知其依归为何事，其实则"实事求是"一语道破之。东原论学之旨，则在所《与是仲明》一书（乾隆癸酉时年三十有一）为最深切著明，亦言戴学者之所祖也。中有曰：

"从友人假《十三经注疏》读之，则知一字之义，当贯群经，本六书，然后为定。至若经之难明，尚有若干事：诵《尧典》数行，至'乃命羲和'，不知恒星七政所以运行，则掩卷不能卒业。诵《周南》《召南》，自《关雎》而往，不知古音，徒强以协韵，则龃龉失读。诵古《礼经》，先《士冠礼》，不知古者宫室、衣服等制，则迷于其方，莫辨其用。不知古今地名沿革，则《禹贡》职方失其处所。不知少广旁要，则《考工》之器不能因文而推其制。不知鸟兽虫鱼草木之状类名号，则比兴之意乖然。"则所从以致力者可知矣。其《与姚孝廉（姬传）书（乙亥）》有云："古之所谓友，固分师之半。仆与足下，无妨交相师，而参互以求十分之见。昨辱简，自谦太过。称夫子，非所敢当之。敬奉缴。"此一段遂亦成后来汉宋争断之公案也。

《序剑》（为方友璜）一首，古义湛然，信夫经生之文矣。曰："奚志于剑也，余闻剑之说，其握茎，茎者固，固者信。其后镡，镡者文，文者让。其前首，首者止，止者礼。其中脊脊者，鲠鲠者，廉其厢。腊腊者，平平者，法其刃。锷锷者，断断者，义其末。鍣鍣者，锐锐者，勇其内之也。袭之以夫襓而深诸椟中，似乎智之藏，其出之也，以备君子之德威而不尚其猛，似乎仁之发，乃信、乃让、乃礼、乃廉、乃法、乃义、乃勇、乃和、乃仁，是故剑有九德焉。"

按《庄子·说剑》凡五事，曰锋、曰锷、曰脊、曰镡、曰夹。段注（镡篆，下）："锋者其耑，许书之鏠字，左传所谓剑末也。锷者其刃，许之剽字。脊者其身中隆处，记因之有两从腊广之称也。镡者其鼻，玉部所谓设璏处也。夹者其柄，镡在其前，记所谓茎，许刀部所谓釗也。"又按《考工记》云："桃氏为剑，腊广二寸有半寸。以其腊广之茎围，长倍之，中其茎，设其后。"朱云："假腊为鬣。"又按"首者止盖。"假首为韬。言之"稽留，止也。""襓，剑衣也。"郑以为逸字。

《因树山馆日记》 第九册

（1937 年 8 月 4 日—9 月 18 日）

1937 年 8 月 4 日

《左传》：“卜楚邱，曰：日之数十，故有十时。”是言一日衹十时也。而杜元凯注则曰：“夜半、鸡鸣、平旦、日出、食时、偶中、日中、日昳、晡时、日入、黄昏、人定，是虽不立十二支之名，而一日分为十二，始见于此。”赵翼《陔余丛考》以为十二时之分，盖自太初改正朔之后，历家之术益精，故定此法。如《五行志》“日加辰巳”之类，皆汉法也。

《太公六韬》有“开牙门，常背建向破”之语（见《通典》所引，乃《六韬》逸文），其“建除满平定执破危成收开闭”十二字，全见于《淮南 · 天文训》：“寅为建，卯为除，辰为满，巳为平，主生；午为定，未为执，主陷；申为破，主衡；酉为危，主杓；戌为成，主少德；亥为收，主大德；子为开，主太岁；丑为闭，主太阴。”（今历书有不尽符合者）

1937 年 8 月 17 日

《笥河文集》（十六卷，畿辅丛书本）有《请䞍封庶祖母李》摺子，及“谢摺”。据《释亲》云：“父之妾为庶母。”则祖之妾为庶祖母，俗称如此，而礼无征，尚待考也（《尧峰文钞》《丧服》或《问篇》有“庶祖母”一则曰：“《礼》‘大夫以上为庶母无服’，何庶祖母服之有?”然则律文服庶母期矣。顾立无庶祖母服者，何与曰疏也，无恩也。是则为之袒。免可也。）

1937 年 8 月 19 日

《游宦纪闻》云：“‘褪’字亦常用者，遍检字书皆无之。‘尖’字，韵中亦不载。”卢文弨《跋》曰：“盖‘褪’，古但作‘退’。‘尖’，古但作‘纖’也。《广韵》自有‘尖’字，光叔未细检耳。”又言“馒头当用槾字，见束皙《饼赋》。今考束《赋》中自作‘曼’字，即字书中亦不见有‘槾’字也。”然此又卢弨弓学士之未细检也，《广韵》桓韵下槾，母官切，音瞒。槾头饼也。下又云：“馒，俗。”

1937 年 8 月 21 日

明钱希言《戏瑕》三卷，自序有云：“刘勰尝云尹敏戏其深瑕，犹之唐人著刊误辩疑也。”语出《正纬篇》，朱谋㙔等校本以为“诋”字之讹。《四库提要》云：“戏字颇无义理，朱说不为无见。希言以其新异，采以名书，亦好奇而不顾其安矣。”世称希言恃才负气，人争避之，以穷死。今观其自序，复颇以博闻强识自负，而言失典要者亦多矣。《四库提要》揭辨如干则之外，又如：

《左传》“行李之往来。”杜注“行李，使人也。”原非僻书，钱氏于“行李”及“沿误”二条下两言之。赘矣。

“字义”条下云：“𧢲字从角，言角力也。俗作勇者非。”其武断至此。（勇，气也。从力甬声。㦷，或从戈用。恿，古文从心。）

“凡杨字从木。惟扬州、扬子云二字从手”云云。腹俭可想。

“人执圭为佳。”按《人部》佳，善也。从人圭声。

“点水成冰。不从二。”按冰，从水仌。

“舫”条下云：“两舟相并曰舫。故其字从方舟。”按舫，船也。从舟，方声。

1937 年 9 月 1 日

靖康初，陈莹中赠大谏词云：“汲黯何为，坐致淮南之惧（黯本传：淮南王谋反，惮黯，曰：‘黯好直谏，守节死义；至说公孙弘等，如发蒙耳。’）；魏公若在，必辍辽东之行。”盖谭勉翁词也。其后勉翁赠官，汪彦章为之词曰：“虽甄济佯瘖，终逃天宝之难（济察禄山有反谋，不可谏。密置羊血左右，至夜，若呕血状，阳不支，舁归旧庐）；而龚胜已死，不见南阳之兴。”吴丞相元中谕燕山云：“桑麻千里，皆祖宗涵养之休；忠义百年，系父老训诲之力。”又宣和末，为徽庙罪己诏云：“重念累圣仁厚之德，涵养天下百年之余。岂无四方忠义之人，来徇国家一日之急。”谢表云：“流年往矣，渐知蘧瑗之非；此道茫然，未愿漆雕之仕。”人皆传诵。

1937 年 9 月 7 日

阅《丹铅杂录》《丹铅续录》十八卷，亦升庵所著，考其著书，目录中以丹铅题录者十余种，按韩愈诗：“不如觑文字，丹铅事点勘。”丹铅命名或无深义，李调元《序》：“谓中古犯罪者以丹书其罪，《魏律》：缘坐为工乐杂户者，皆用赤纸为籍，以铅为卷轴。升庵名在赤籍，故寄意于此。然则是书之作，其在先生入滇以后乎。考明世宗立，慎充经筵讲官。大礼议起，慎与同列伏左顺门力谏。帝怒，下诏狱廷杖之，削籍，遣戍云南永昌卫（卒年七十二，妻黄氏，有才情，慎久戍滇中，黄氏两寄诗词，读者伤之。惜未见）。慎之自序亦天假我以暮龄，逸我以投荒，洛诵之与居，而副墨之为使。蕲以解俗悬而逃疑网耳”云云。亦良苦矣。

阅竟斯录，殊有说诗解臣之妙，然失之琐碎，牵强者亦时不免焉。论文之说雅所欲闻，而先生自作之篇，记事之笔，复不能无矫今太过食古未化之处。在明士空踈灭裂之时，矫然自立，读书得闻者，升庵洵为第一人，而风会所囿，不能尽拔者，亦毋庸为讳也，分而述之，亦以申遥为师友之志云尔。

八分书⺀字，据令狐世弼书《酒官碑》云：“南由市入为阛，北抵湖出为⺀。”慎云：“⺀字不知何。”《音义》下注云：“唐韵‘⺀’，即‘亦’字。然则假为‘掖’也。阁即掖门也。”

所，《说文》云：“二斤也。阙。𣝋，二东。曹从此。阙。”慎云：“所，铁砧也。从两斤。别作锧，赘矣。𣝋，同帀也。自东而复于东，故从两东，官曹之曹从𣝋，其音义可知。今别作曹，赘矣。”按《说文》既云阙，则音义之不阙者皆属后出，未可遽以为断。又锧字古只作质，曹字乃隶变，非《说文》之赘也。

“榜”字有四音，平音作邦，船鬣也。又并船也。《江赋》：“宇宙澄寂，八风不翔。舟子于是搦棹，涉人于是议榜。”又“江湖中两船相倚曰挨榜（今潮人存此音）。”又音彭，所以转正弓弩，见柳文注。又音绑，笞也。又音谤，进船也。

俗谓“异日”曰“另日”。“另”字，音命令之令。然其字《说文》《玉篇》未有也，只当作“令日”。《战国策》“赵燕拜赵武灵王胡服之赐曰：‘敬循衣服，以待令日。’”“令日”即“异日”也。注谓“令”为“善”，非。云按“另”字乃“别”字之简，俗以其偏旁冎字代之而讹其音，又制上口下刀以别之。俗不足论，升庵期期为之文护，殊属无谓。

《文选》不收《兰亭记》，议者谓“丝竹管弦”，四言两意，非也（语法未晰）。“丝竹管弦”本《汉书》语。古人文辞，故自不厌郑重，如《易》曰“明辨晰也”。《庄子》云“周遍咸”，《诗》云“昭明有融，高明令终”，宋玉赋“旦为朝云”，古乐府云“暮不夜归”，《左传》云“远哉遥遥”，邯郸淳碑云：“邱墓起坟”，古诗云“被服罗衣裳”，《庄子》“吾无粮，我无食”，《后汉书》“食不充粮”。在今人则以为复矣。(《诗》：“自古在昔，先民有作。”《史记·鲁仲连传》：“吾乃今然后知君非天下之贤公子也。”)

1937 年 9 月 9 日

睢，仰目也，从目佳声（许惟切）。《五行志》：“万众睢睢。”《庄子·寓言篇》：“而睢睢盱盱，而谁与居？”是也（段注：“又恣睢读去声，暴戾也”）。

鴡，王鴡也。从鸟且声（七余切）。与鹰，白鹰，王雎也。连文篆文无从且佳之“雎”字。注文有之。《周南》：“关关雎鸠。”《毛传》：“雎鸠，王雎也。”《尔雅·释鸟》“鴡鸠，王鴡。”是。《说文》用《尔雅》不用。《毛诗》、殿本“五经”篆文字仍作“雎”，亦未可遽非。清胡鸣玉《订讹杂录》谓“关雎之雎，从且从隹，音追。恣睢、睢阳、睢睢之睢，三音为字，则一并从日从佳（音佳）。”不知何所据而云，然从佳之字，百思未得。

合口音："平声侵，覃盐咸。上声寝，感琰豏。去声沁，勘艳陷。入声缉，合叶洽。"皆是予于去夏已为小子辈言而记之。明关西胡侍《真珠船》（王徽之云："观书每得一义，如得一真珠船"）卷四有此一条，理有固然，言之者无今古也。周德清《中原音韵》谓"入声独无合口音"。其论殊偏。

1937 年 9 月 12 日

读《资治通鉴·魏纪》一卷。典章、制度、名物、训诂，粲然具备，体大思精，以一十九载橐橐之勤（治平二年至元丰七年），成千四百年编年之史（始于东周威烈王，讫于后周世宗），凡十六代二百九十四卷，苏卿云："欲观圣人之迹，则于其粲然者矣。"兹其尤粲然者也。元天台胡三省宋亡隐居不仕，则亦宋人也。袁桷称其释《通鉴》三十年，兵难，稿三失，乙酉岁留袁氏家塾日手钞定注，己丑寇作，以书藏窖中，得免（《提要》引《清容集》所载《先友渊源录》）。呜乎，苟吾君与吾父免矣，可若何。

1937 年 9 月 13 日

唐李肇（元和翰林学士）《翰林志》云："凡太清宫道观荐告词文用青藤纸，朱字，谓之青词。"其后遂为文体也。一《水心文集》有青词六首，如《代子设醮青词》云："身婴降割，已无可赎之愆；教许追亡，尚有自投之路。伏念臣母令人高氏"云云。又《大祥设醮青词》云（按应亦为代子作）："伏念臣妣令人高氏，不登中寿，轻捨幼孤，速甚须臾，宛已二年之隔，索于罔象，曾无一日之还，敢上觊于超升，乞下招其离散，获留家宇，长奉昏晨"云云。所为体者可以概见，而文格流俗，弃捐勿道可耳。（罔象，水怪名。《史记》"水之怪龙罔象。"）

1937 年 9 月 14 日

亘日阅《大云山房文稿》，子居自言其学非汉非宋，不主故常，治古文得力于韩非、李斯，与苏明允相上下，近法家言，世称阳湖派。其论各家之文，出于何家，衍成何派，文稿二集，自序之言，要惜在是矣。集中论文之言，视它集特多，所与其婿（来卿）诸札，尤谆谆诲之，如述欧阳文忠言曰"多读书多作文耳"。如曰欧公每作文，读《日者传》一遍，欧文与《日者传》何啻千里，此得读文三昧矣。曰"字字有本，句句自造，篇篇变局，事事搜根，古人不传秘密法也。"曰："作文之法，不过理实气充，理实须先致知之功，气充须先寡欲之功。致知非枝枝节节为之，不过其心渊然，于万物之差别一一不放过，故古人之文无一意一字苟且也。寡欲非扫净斩绝为之，不过其心超然，于万事之攻取一一不黏著，故古人之文无一字一句尘俗也。其尺度则《文心雕龙》《史通》文章宗旨等书，先涉猎数过，可以得典型焉。"

《与纫文论文书》曰："孔子曰：'辞达而已矣'，圣人之所谓达者，何哉？其心严而慎者，其辞端；其神暇而愉者，其辞和；其气灏然而行者，其辞大；其知通于微者，其辞无不至。”又曰：“若其从入之途则有要焉：曰其气澄而无滓也，积之则无滓而能厚也；其质整而无裂也，驯之则无裂而能变也。”按此数语直入周秦人之室，虽在汉人，能道之者寡矣，岂但桐城诸老辈，穷老尽气，望焉而结舌已哉。

又其所《上曹俪笙侍郎书》《与舒白香》，事并宏畅，谭风不吝鍼度，信乎，悟入之有独至矣。然披集纵观佳篇之存，亦日月至焉而已矣。子居不尝自道乎：“是故旨近端而有时而岐，辞近醇而有时而窳。近日朱梅崖等于望溪有不足之辞，而梅崖所得，视望溪益庳隘，文人之见，日胜一日，其力则日逊焉。是亦可虞者也。”然则今之视昔，又将何如哉。

1937 年 9 月 15 日

读《大云山房文》，子居又自言（《与黄香石书》）：“敬古文法尽出子长，其孟坚以下，时参笔势而已。”又云（《与舒白石书》）：“文章之事，工部所谓天成，著力雕镌，便觌面千里。俪体尚然，何况散行。”则其所崇尚者显有上下手之异矣，故集中文以俪体行之者绝少，惟《答董牧唐》一书，间以排笔，故自明畅可喜，如云：“葬事未毕，旋至悼亡，骨肉戚好，亡丧相继，乞米百家之聚，求衣五都之库。兄弟奔走，不救饥寒，半廛之屋，以推叔氏十亩之田，归之小宗，了然三人，糊此百口。先生观之，敬岂羡九卿之荣，冀封君之富者乎，不得已耳”云云。涉笔为之，了无奥旨，至书末数言，则卓然有所见矣，曰“大抵敬自服官以来，并非作意与世相午，不过率性行之。以古人之所能，望之今人，以士夫之所能，望之市井，至数四龃龉之后，即不必龃龉之事，而亦格不入矣。事势至此，百举皆废，驯至乌喙之毒，发于绕根鹰视之愤，浊于侧翅奴隶之所，瑜擲禽兽之所，蹈藉岂一日故哉”云云。合乎古者，必悖乎今，吾夙闻诸韩子矣。要未若此言之深切著明也。

集中韵语仅《祭张皋文》一首（姚某伯选入《骈文类苑》。王益吾《续古文辞》未选入），亦从容作者之言，中幅纪交游离合之迹，令人增友朋之重。又以南人写北地景俗，入木三分，文曰：

单阏之举，子罢予解。北上折冀，嗷于中野。岁舍四迁，厥宫巨蟹。子偕邑计，卸车都下。逆旅相值，比戟交弓。秦齐一驰，屹乎西东。志合心齐，如金在熔。澄沙汰砾，以精为同。聚散之迹，垂载十五。遇蓼求甘，得荼虑苦。春官駮放，归途载阻。共职四门，艰屯可数。籧篨构屋，月僦半千。土坐炎炎，以炭亲然。其尘刺鼻，涨地熇天（按北京谚云：有风三尺土，无雨一街泥）。潴水横堂，败壁临筵。鸡栖有车，驾𩦣以俟（昌黎《祭张署文》无敢惊逐以我𩦣去）。伸指论值，计钱当里。均茵而乘，敛衣覆履。摇摇凌淖，艅艎在水。待假而裘，待质而炊。不肥斯臞，毋觊于危。簸今而友，扬古而师。一语脱唇，万目睽睽。

与吾子辱在泥途，殊尤可使，尝亲此境者，费百思量也已。

坐字不见字书，意为“垂”字之讹。《说文》𡋣，坚土也。读若朵。《玉篇》云：

"确也"。今北人谓之泥把，贫者團土杂炭屑，然之以取暖。潮语曰火炭團。而读"團"字如"完"，一音之转。

夜授读何栻《齐姜晋公子赋》，前于青岛得其《悔余庵全集》时已记及之，此篇以"新人燕笑，故国乌啼"二语开局，顽艳极矣，格律所限，不能高于此也。至中段"想从者云龙风虎，安能墨墨为怀；慨寓公春燕秋鸿，不觉苍苍在鬓。"行笔如玉珠走盘，使腔如啼猿过峡，作者当掷笔时踌躇满志可知也。然集中已数此等为铮铮之作，则其它更邻于靡靡之音，斯其所以为律赋欤。李元度《赋学正鹄》选本略窜数字，允称匀善，第三韵删去"饱看于菱花影里，真夸秀色可餐；酣眠于萱草香中，浑忘忧心如醉"一联，信当削稿者以"醉"字为官韵，改填"绮阁花浓，羽觞月醉"八字，求合律令而已。

1937 年 9 月 16 日

阅《大云山房文》，以《王选类纂》参校之，《东路记》一首劣六百余言，记南昌至瑞金东路八百九十里间路程，凡十四日闲事，而水道山脉晴雨关津驿馆之大要在焉，曰简而赅，此记有之。

《姜太孺人墓志铭》云："本朝之制，命妇不得以节旌门，所以教士大夫之家守礼明让也。"按记清例年未满三十守节及三十年者，得请旌节。其一命以上者不准。吴氏《吾学录·风教》卷下引《会典》云："守节之妇不论妻妾，自三十岁以前守节至五十岁或年未五十身故，其守节已及十五年（后改为十年），果系孝义兼全阨穷堪悯者，俱准旌表。"又云："妇人因子受封，准与旌表；因夫受封守节者，不准旌表"云。凡所以教忠教孝也，守礼明让四言极有斟酌，但姜氏为张惠言母，惠言四岁而孤，不知何以不合旌表。

《新喻县文昌宫碑铭》（王纂未及）碑铭并美，吏牒卜祝之言，运以史笔，泽以经义，遂成如许文章，非章句之士所易几及也。文昌宫碑阴录附载各家纪说辞而辟之，如云："本朝朱锡鬯氏求其说而不得，谓文昌祀蜀之文，翁何其益诞耶（吾乡騃童相戏，谓孔明是孔子裔孙，观音是关爷令妹，将毋同）。"碑文略云："文昌帝君之祀，不知所自始。崔鸿《后秦录》：姚苌随杨安伐蜀至梓潼岭，见一神人谓之曰：'君早还秦，秦无主，其在君乎？'苌请其姓氏，曰：'张恶子也'。"后据秦称帝，即其地立张相公庙祀之。唐封顺济王。宋改封英显王。元以道士之说，封辅元开化文昌司禄宏仁帝君云。

1937 年 9 月 17 日

恽子居云（《与卫海峰同年书》）："且今之寿序，不经之甚者有二：一曰名称，《白虎通》云：'伯者，长也。仲者，中也。叔者，少也。季者，幼也。兄弟长幼之义也。'父之昆弟，《尔雅》曰：'世父叔父至汉尚沿之。疏广、疏受父子并为师傅是也，晋人始去父称叔。'王济曰：'始得一叔是也，于义为不可通，侄者女子对姑之称，唐人始称侄男，于义亦为不可通。’今天下于父之友，皆从而伯之、叔之、侄之；同岁者年之；同官者寅之；同学者世之。士大夫之口嘈嘈如市侩之相呼，不可训已。”按《日知录》云：“古人于父之昆弟，必称伯父、叔父，未有但呼伯、叔者。若不言父而但曰伯。叔，则是字之而已。《诗》所谓‘叔兮伯兮’‘伯兮朅兮’‘叔于田’之类，皆字也（按《毛笺》云：‘伯，君子字也’）。”又按《大云文房文稿补编》冣目即为《与卫海峰同年书》，但书中称海峰大兄足下，则目录容非子居所自定，不然则又自掘之矣。

1937年9月18日

阅《茗柯文》，《世说》云：“刘尹茗柯有实理。”《注》谓“如茗之枝柯虽小，中有实理，非外博而中虚也。”皋文取之以名其斋。《茗柯文》凡四编，前三卷凡文九十一首，皋文所自编定者，第四卷凡文十四首，其甥董士锡于遗稿中编录者，依自编之例，凡为它人作及寿言率不录。仁和陈善（道光十四年）搜集遗余为补编外编，上下可四卷，内编并经大云山人评点，世士之津逮也，阮仪征序而刻之（嘉庆十四年），谓其文“不遁于虚无，不溺于华藻，不伤于支离。”斯为知言者也，惜乎编修之不究其用而遽没也（据恽敬《张皋文墓志铭》嘉庆七年卒，年四十二），温习之次，札记数则：

《送钱鲁斯序》云：“一日方与客语，有䙺然而来者，则鲁斯也。”按：《说文·见部》䙺，暂见也。引《春秋公羊传》曰：“䙺然公子阳生（失冉切）。”今《公羊传》本作“开之，则闯然公子阳生也。”朱氏《通训定声》云：“闯，䙺。音隔。疑闯为闪之误字。”《苍颉篇》“䙺䙺，视貌。”

《书墨子经后》云：“今正其句投，通其旨要。”按《文选·马融·长笛赋》：“察度于句投。”李注：“投句之所止也。亦曰句读（去声，宥韵），出何休《公羊传解诂序》（援引他经，失其句读），曰句断（《长笛赋》：‘节解句断’），曰句度（《晋书·乐志》：汉《巴渝舞》歌曲‘其辞既古，莫能晓其句度’），曰属读（《伏生传》颜注：‘略以其意属读而已’），皆一声之转也。”

《庄君墓表》：“君配吴儒人。”应系孺人之误，按《礼记》“大夫之妻曰孺人。”“宋政和中，改县君号为室人、安人、孺人。”清《会典》：“命妇之号九，曰一品夫人、夫人（二品）、淑人（三品）、恭人（四品）、宜人（五品）、安人（六品）、孺人（七品、八品、九品）。”《表》曰：“君性狷洁，无弃言，无责诺，闻人是非，若出在己。又盛气，与偶及不平事，立发愤，大恚，变色，气上逆，久之，乃已。喜读史，至其感慨，往往盛怒，投卷起，左右皆卒愕。其得噎疾。”以此一段全用短句，几尽二字三字为句，此刻意学马班处，与袁君家传一段同一机杼。文云：“其后女弟之夫死，子幼。春耕，君持酒食，驱牛，率徒役，往为殷氏耕，毕耕，乃返。秋当获，君又持酒食，率徒役，往为之获，毕，致之，然后返。其耘耨亦如之。”

其善学史汉处，如《先祖妣事略》“天乎，儿与妇偕亡乎”一段，《先祖妣事略》“惠言泣先妣亦泣”一段，写贫贱骨肉茹苦之状，丝丝入扣，回气诵之辄为吞声。予于丙子（二五〇六一九日记）已尝及之。其《书左仲甫》亦用极俗之字，写极俗之事，而成独至之文，其开篇云（依原刻本点识）：

霍丘知县阳湖左君，治霍丘既一载，其冬有年。父老数十人，来自下乡，盛米于筐，有稻有秔，豚蹄鸭鸡，伛偻提携，造于县门。君呼之入，曰："父老良苦，曷为来哉?"顿首曰："边界之乡，尤扰益偷。自耶之至，吾民无事，得耕种吾田。吾田幸熟，有此新谷，皆耶之赐，以为耶尝。"君曰："天降吾民丰年，乐与父老食之；且彼家畜，胡以来?"则又顿首曰："往耶未来，吾民之猪鸡鹅鸭，率用供吏，余者盗又取之。今视吾圈栅，数吾所育，终岁不一失，是耶为吾民畜也，是耶物非民物也。"君笑而受之，赏以酒食。皆欢舞而去，曰："本以奉耶，反为耶费焉。"

《因树山馆日记》第十册

（1937 年 9 月 20 日—11 月 30 日）

1937 年 9 月 20 日

昨夜以《鲁仲连邹阳传》授读，“赵孝成王时，而秦王使白起破赵长平之军前后四十余万。”长句也，此“而”字犹“以”也，“以白起破赵军”，与下句“秦兵遂东围邯郸”之“遂”字互为呼应。《宣十五年左传》：“敝邑易子而食，析骸以爨。”“而”与“以”互用。

“邹之群臣曰：‘必若此，吾将伏剑而死。’固不敢入于邹。”此“固”字犹“乃”也。《孟子·万章篇》：“仁人固如是乎。”言“乃如是乎”也。

“世以鲍焦为无从颂而死者，皆非也。众人不知，则为一身”云云。是鲁仲答衍开口数语，衍一则曰：“有求于平原君。”再则曰：“非有求于平原君。”胸际龌龊已极，亦太甚矣，轻量天下之士，故鲁连应口直攻其隐，举鲍焦其人隐，自况喻君子之所为，众人固不识也，谓其仅为一身之事。则“为一身”之“为”字，犹“谓”也与。《孟子》“而子为我愿之乎”之“为”字同例语法。邹阳合传《狱中书》词有云：“使不羁之士与牛骥同皂，此鲍焦所以忿于世而不留富贵之乐也。”正互相发明处。

“人无不按剑相眄者（《文选》‘人’字作‘众’，句末无‘者’字。‘无’作‘莫’）。”又云：“则人主必有按剑相眄之迹（《文选》作‘则人主必袭按剑相眄之迹矣’）。”眄字，《六臣注》本：“字作眄”，《史记集解》本同长洲本，《文选》“字作盻”，瑾按“盻”是误字，眄是俗书，不成字，正字作“眄”。《目部》眄，目偏合也。从目丏声。一曰衺视也。秦语方言“矖睇晞略眄”也，自关而西，秦晋之间曰“眄”。《苍颉篇》“眄，旁视也（薛综曰：‘流眄，转眼貌也’）。”

以《文选·邹阳上书》校《史记》，其字句有出入者几五十起，并眉存长洲本上，其义大同，不别记。

《目部》百十三文，大小徐本已不尽同王氏《句读》，又稍迻置之段注本，更大更次第，勇于疑古，悍然改弦，为过为功，论定何人哉。

“曹子以一剑之任，枝桓公之心于壇坫之上。”司马贞《索隐》“枝”犹“拟”也（今语犹描准也），此解未收入字书（如《康熙字典》、朱氏《说文通训定声》等）。

《邹阳狱中上梁孝王书》，《文选》而外，骈散二家选本并以入选，如姚氏《古文辞类纂》、李氏《骈体文钞》是也，交相推崇亦无不至，李评本云：“迫切之情，出以微婉，呜咽之响，流为激亮。此言情之善者也。”谭仲修加评云：“晚周、先秦之文，绝似《离骚》。”又云：“邹以婉，枚以壮。”又云：“断处仍连，正言若谲，文章至此，乃尽危苦之能，其实只是效战国策士口吻，比物连类，顿宕出之遂立文章之则耳，各选皆从萧选迻录，一篇之中与《史记》录文有不同处至数十起，皆字句稍异而意指并同，则有修润之者矣。”

恽子居《读鲁仲连邹阳传后》一首，并录附存：

太史公以邹阳附鲁仲连传，自《索隐》疑其时代悬隔，后人不得附传之故，遂疑《汉书》邹阳说王美人兄以解梁孝王之难，与鲁仲连解邯郸之戹同。夫王美人之事，宵人田窦者所为，岂足以辱仲连先生。敬盖读是传而知太史公之伤之也。夫翕訿者据高位，愚贱者服先亩，天下之士，不能待死牖下，又不能通籍于天子之庭，则挟技以游于诸侯间耳。而诸侯者方且曰：“是吾故豢之，是吾故不妨辱之杀之。”是故如仲连者飘然远举，不受羁绁为可耳。不然，能不如邹阳之受祸哉？今去太史公之时二千年矣，凡客游者，不如仲连以策干，即如邹阳以艺进。轻爵禄，则如仲连之高；怀恩私，则如邹阳之辱。由是言之，彼四公子之门，其扰攘何如，当有不可以意推者矣。故君子之就也，择地而不违于义；去也，审几而不伤于仁。

1937 年 9 月 21 日

朝起授读《左氏传》，阅《尧峰文钞》。

《成公二年传》：“司马、司空、舆帅、侯正、亚旅皆受一命之服。”坊本字并作“侯”。鲁刻十三经作“候”，未可信以为正（各善本皆存羊校）。按“矦”本可假借为“候”，《书·禹贡》：“五百里矦服。”《传》“候”也。《周礼·大司马》：“矦畿。”《职方氏》：“矦服。”《疏》：“矦之言候也。”《孝经》：“疏引旧解，矦者候也。言斥候而服事。”《广雅·释言》：“矦，候也（朱氏《通训定声》俱引及此）。”知《经》正字本作“矦”。

1937 年 9 月 22 日

夜授读《左氏传》（定公十年），“齐人加于载书曰：‘齐师出境，而不以兵车三百乘从我者，有如此盟。’孔丘使兹无还揖对，曰：‘而不返我汶阳之田，吾以共命者，亦如之。’”两“而”字各本无注解，意云：“如字也。”俗本（过珙《古文评注》）有作“而’汝也”，解者于义于法皆非。审其语气，此两“而”字犹“若”也，与《襄公传》“且先君而有知也（二十九年）”，“子产而死（三十年）”，并训如“若”字。

1937 年 9 月 29 日

季刚文中“莫不庆悆”。悆字用许文或诂。按《心部》悆，忘也。嘾也。从心余声。《周书》曰：“有疾不悆。”悆，喜也。金縢文。今本作弗豫，是悆之训，喜悦为或诂。《广韵》九御，悆，悦也。别于悇。下云：“忧惧。”《康熙字典》等因之。其实悆、悇古今字耳，非二字也。

又许书无“愈”字。《论语》：“女与回也孰愈。”殿本篆文以“悆”字为之，《孟子》：“丹之治水也愈于禹。”以“[illegible]”字为之。吴大澄《篆书论语》以“[illegible]”字为之，未知清卿所本。考毕弘述《六书通》“愈”条下，列[illegible]（《说文》）、[illegible]（古《老子》）、[illegible]（《同文集小异》）、[illegible]（杨桓《书学》）。段氏、雷氏俱以病瘳之愈引伸之为胜。《汉书·艺文志》又“彼九家者，不犹瘉于野乎？”师古曰：“瘉与愈同，胜也。”雷云：“即《论语》‘女与回也孰愈’之愈。然则殿本以悆为愈，未可信也。”

1937 年 10 月 5 日

复古篇联绵字

復古篇聯緜字

髫齔 别作齠齓非

纍紲 别作縲絏非

千秋 詞人高無際作鞦韆賦序云漢武帝後庭之戲也本云千秋祝壽之詞也倒轉之不从革

空侯 别作箜篌非

虙羲 古帝号 别作伏犧非

昆侖 别用崑崙非

目宿 别作苜蓿非

族絫 小腫病一曰痤也 别作瘯蠡非

車渠 石次玉大貝如車渠字魧屬也 别作硨磲非

流離 珠也 别作琉璃非

餘皇 别作艅艎非 左傳昭十七年獲其乘舟餘皇

[illegible]苢 羊止切 别作薏苡 音意以非

枇杷 木也 胡樂胡人馬上所鼓 别作琵琶非

[illegible] 艸上蟲也一曰船名 别作舴艋非

詹諸 其鳴詹諸 别作蟾蜍非

[illegible] 毒蟲也 别用班貓非

脊令 雝渠也 别作鶺鴒非 按經本字作脊令 如宋本小雅傳脊令雝渠也 下行則搖不能自舍耳今雅作鶺鴒漢書作鶺鴒東方朔傳

爰居 楚鳥也 别作鶢鶋非

[illegible] 水鳥也 别作鸂鶒非

罔兩 山川之精物也 别作魍魎非

夗蟺 龍皃 别作蜿蜒非

解廌 獸也似山牛一角古者決訟令觸不直 别作獬豸非

橐佗 史記匈奴奇畜也 今作駱駝非

奰屓 [illegible]也一曰[illegible]壯大也从三大三目平祕切 屓从尸自虛器切又許介切臥息也 别作贔屭非

蘆菔 似蕪菁實如小未根似[illegible]著 别作蘿蔔非 本草或作萊菔

[illegible] [illegible]不能行為人所引也 今經傳有[illegible]無[illegible] 部首 [illegible]大步也 俗用提攜二字

加沙 梵云加沙此言不正色 葛洪字苑别作袈裟非

1937年10月8日

省文之字亦有合于古者，如：

啟之作启启，开也。从户口。不入《户部》者，以口户为开户也。啟，教也。

廟之作庿庿，古文。

無之作无《易经》概作无。

禮之作礼 𠙹，古文。

寂之作宋 𡧘，无人声也。段注：今字作寂。

繫之作係 係，絜束也。《孟子》：係累其父兄。段云：俗通作繫。

閻之与闫《五音集韵》云：俗用《正字通》闫，姓也。《康熙字典》云：今《姓谱》分为二。

爾之与尒 尒，词之必然也。段云：尒，之言如此也。后世多以爾字为之。

貌之与皃 皃，颂仪也。貌，为貌之籀文。

氣之与气 气，云气也。段云：气氣古今字。

糴之作籴《集韵》：籴，糴字省文。《庄子·天下篇》：鸠籴天下之川。糴省为粜，不见字书。

殺之作杀铉等曰：《说文》无“杀”字，相传音察。段按张参曰：杀，古“殺”字。

箇之与个 箇，竹枝也。个，箇或作个，半竹也。大徐所云：俗书二十八文之一。

邇之作迩 迩，古文邇。

處之作处 処，止也，从夂几。夂得几而止也。處，或从虍声。

舁之与与 與，从舁与。𠀤，古文舁，党與也。与，赐予也。一勺为与。此与、予同意。

歌之与哥 歌，咏也，或体謌。哥，声也，从二可。古文以为歌字。

離之与离 离，山神也。段注：离、離古通用。

萬之与万 萬，虫也。段云：唐人十千作万。

流之与㳅《林部》㳅，水行也。从林㐬。㐬，突忽也。流，篆文从水㳅。《玉篇》古文流字。《荀子·王制篇》：其㳅长矣。草作㳅。

棄之作弃棄，捐也。从廾推華，棄也，从㐬。㐬，逆子也。弃，古文棄。

1937 年 10 月 9 日

简体字合于古者，思昨日所列未尽者猥多，如：

從之与从 從，随行也。从部。从，相听也。今之從字。從而从废矣。凡云“从某”，大徐作“从”，小徐作“從”。江氏声曰：作“从”者是也，以类相与曰“从”。

瑴之为珏二玉相合为一珏。瑴，或从㱿。

坰之为同 冋，古文冂。从囗，象国邑。坰，或从土。

鹤之与隺 隺，高至也。从隹，上欲出冂。《易》曰：“夫干隺。”然《字汇》：“俗用为鹤字。非。”此条不合例，删。

嗜之与耆老也。古多假为嗜字。

歸之为 帰 歸，女嫁也。从止婦省。𠂤，籀文省。

得之与 㝵 得，行有所得也。㝵，古文省彳。又部首㝵也。段云：在古文则同，在小篆则训取也。

備之与葡 備，慎也。葡，具也。音同本义异。

顧之与雇《汉书·晁错传》：敛民财以顧其功。注：顧，雠也。若今言雇赁也。并假借字。今作僱，后起，俗字字典未收。

頤之为𦣝，顄也。，篆文𦣝。段云：此为篆文，则知𦣝为古文也。

採之为采，捋取也。从木从爪。后人复加手为採。赘。

時之与旹，古文時。从日之作。

僮之与童，未冠也。，男有辠，曰奴。奴曰童，女曰妾。今易而用之，自汉以后然矣。

僊之与仙，长生，僊去。，人在山上貌。

袛之为衽，衣袊也。《说文》无袛字。《篇海》云：同衽。

懷之与褱，思也。，侠也。常作夹。从衣眔声。

裘之为求，皮衣也。，古文裘。

蓑之为衰蓑，后起字。，草雨衣。从衣，象形。

麗之为丽，旅行也。从鹿丽。，古文。《北史》：裴安祖闻讲鹿鸣，而兄弟同食。

窗之与囱，在墙曰牖，在屋曰囱。，或从穴。段氏删之于穴部，入窻篆。

掛之为挂，画也。从手圭声。俗制掛字，礼注：古文掛作卦。

堙之为垔，塞也。从土西声。，或从阜。“堙”字见《左昭十二年传》，但不宜又从土。

堯之与垚，高也。从垚，在兀上，高远也。垚，土高貌。从三土。

疆之为畺，比田也。从二田。，从畕，三其介画也。，或从土，彊声。

埀之与㫚，远边也。㫚，艸木華叶㫚。象形。）

陲之与陊，危也。从𠂤垂声。是为切。，磊陊也。从𠂤垂声。洛猥切。

樽之为尊，酒器也。从酋廾以奉之。，或从寸。箓友云：《说文》从尊之字，十无一从尊者。樽、罇，皆后制字。

辭之与辤，说也。从𤔔辛。，不受也。从受辛。

协之为叶，同众之和也。从劦十。，古文协。从口十。

雲之为云，古文省雨。

霒陰会，云覆日也。，古文霒省。，闇也。水之南，山之北也。从𠂤。

癈之与廢，固病也。，屋顿也。

载籍中，行省文者亦多矣，如：

靁之为雷，霒昜薄动生物者也。从雨畾，象回转形。

麤之为塵，鹿行扬土也。从鹿土。

爨之为焦，火所伤也。从火雥声。

雧之为集，从雥木。，或省。

㳅之为流，重文𣲡。

畮之与畝，六尺为步，步百为畮。从田每声。，或从十久。

戇之与贡，愚也。贡，献功也。经借贡为子戇字。

鼅鼄为蜘蛛，或从虫。

蠹之为蜚，臭虫负蠜也。，或从虫。

㝱之与夢，寐而觉者也。，不明也。从夕瞢省声。此字应属上例。

譱之为善，吉也。从誩羊。

瀺之为渔，搏鱼也。，篆文从鱼。

彊勥彊强 𤔿，迫也。从力强声。𤔿，古文从强。彊，弓有力也。强，蚚也。从虫弘声。

1937 年 10 月 12 日

字之義有生於音者有生於形者形之位置不同字義因之而異者為常如

棗 杲 明也从日在木上 二 高也此古文上 友人南翔姚明煇說曰一水

棘 杳 冥也从日在木下 一 平線也（水在）水平線上曰上下者曰下姑存之

旰 晚也从日干聲 暉 日光也从日軍聲 晏 天清也从日安聲

旱 不雨也从日干聲 暈 新附 段以為日光之煇 宴 安也从宀晏聲

𡵂 入山之深也从山从入闕 音岑 柑 說文以甘字為亨之 棋 俗因棊又音基史記律書萬物根棋

仚 人在山上从人从山 某 酸果也从木甘闕 棊

椊 楸也从木卒省聲 椊 或不省 垢 濁也从土后聲 襲 左衽袍从衣龖省聲

亲 果實如小栗从木辛聲 垕 古文厚从后土 襱 絝踦也从衣龍聲

袍 襺也从衣包聲 古 卟 卜以問疑也从口卜

袌 褱也从衣包聲 叶 協或字 占 視兆問也从卜口

含 嗛也从口今聲 售 賣去手也从口雔省聲 細 微也从糸囟聲

吟 呻也从口今聲 唯 諾也从口隹聲 思 古文緦从思省

紟 玉篇綾紟也說文無紟字 腑 肉部無腑字 膀下曰連肝之府 胃下曰穀府也 字作府 漢書作附 劉向傳臣幸得肺附

紊 亂也从糸文聲 腐 爛也从肉府聲

脤 說文作祳 左閔二年傳以脤膰之禮親兄弟之國

脣 口耑也从肉辰聲 唇 驚也俗以為脣字非字彙

1937年10月13日

阅方以智《通雅》。以智字密之，孔照子，号明季四公子之一。入清为僧，名弘智，字无可。所著《通雅》一书，论者谓在杨慎、陈耀文、焦竑三家之上，要其考据精核，视赵宧光《说文长笺》故当过之，卷中亦屡致其不满，如云：《长笺》也“必”作“毖”，《注》“必”作“丶”，“好”作“毌”，“像”作“襐”，“畢”作“縪”，“重”作“緟”，“方”作“匚”，“入”作“鵛”。姑论其一二：“乇，籀为为。乜，本匜器（音移），因用助词，加匜别之。匚，本是筐。古方作口，太简，故借方，今不借。数千年所当用之也，与方而乃新借，毖与匚乎。按襐，饰也，《诗》：‘象服是宜。’《传》云：‘象服，奠者所以为饰。’縪，止也。緟，增益也。𡉈，到也（人质切）。凡夫所主张者，并六经注我而不可得，宁人亦已辞而辟之。”

1937年10月15日

“餪博雅餫馈也。”《说文》有“餫”无“餪”。《左氏成五年传》：“晋荀首如齐逆女，宣伯餫诸谷。”《玉篇》始云“馈女也。”《邵氏（博）闻见后录》云：“宋景文音训尤邃，所著书多用奇字。以子妇家馈食物书白，怒曰：‘吾薄他人错字，汝亦尔耶。’以笔涂暖女字曰：‘从食从而从大子退检《博雅》。’”注云：“女嫁三日，饷食为餪女”云。（《博雅》即《广雅》。）

1937年10月18日

哺，授《史记·汲黯传》，传曰：“上曰：‘君薄淮阳邪？吾今召君矣。’”此“今”字与日本语用法全同，是“未来”不是“现在”，不过为最近之“未来”耳。孙炎注：“《尔雅·释诂》曰：‘即犹今也’，故王氏《释词》曰：‘今亦可训为即’，引例十余则，《史记》同此用法者，《项羽纪》‘吾属今为之虏矣’，《郑世家》‘晋兵今至矣’，《五子胥传》‘不来今杀奢也’。并与‘即’同义。”

1937年10月19日

学记毕，然后课读《郑当时传》，“然其馈遗人，不过算器食。”徐广云：“算，竹器。”吴汝纶《评点本》云：“钱云：‘算与匴同。’《士冠礼》：‘爵弁、皮弁、缁布冠、各一匴。’”注：“匴，竹器名。古文匴为篹。”《说文》“匴，渌米籔也。”段注：“所谓‘漉淅’也。”按如今邑方言谓之饭捞矣。《说文》固无捞字，《集韵》三十七号以捞撩为一字。《扬子方言》“撩，取也。”郭璞注谓：“钓，捞也（郎刀、郎到二切）。”

《秦始皇本纪》："地南至北向户。"裴骃案："《吴都赋》曰：'开北户以向日。'刘逵曰：'日南之北户，犹日北之南户也。'"与今世科学解释相合，盖太阳以北纬二十三度半为回归线，吾邑纬度适在此线上，夏至之日日光自顶直射周不见景，其在北之南户向日，在南之北户向日。郁林、交址、南海、苍梧纬度又出潮澄之南，秦之置郡，吴之胙封，东渐于海，暨于朔南，正混一车书极盛时也。

1937年10月20日

"机闻秀至，释戎服，着白帢。"胡《音注》："帢，苦洽翻，帽也。弁缺四隅谓之帢。"按《说文·巾部》无帢，《市部》有韐。许君云："士无市有韐。制如榼，缺四角。爵弁服，其色韎。贱不得与裳同。从市合声。"韐帢或从韦。

1937年10月22日

日昃读《通鉴》纲目，炳烛继之，不然尚有月光可随也。

两晋诸帝统系图（起武帝庚子，尽恭帝庚申。凡十五帝，一百五十四年。清万斯同旧有此图，兹复详之①）：

顾涧澜有《两晋总论篇》（了凡《纲鉴》，采自《历朝捷录》），终之云："不一传而骨肉相残，不二传而羁魂沙漠（怀、愍），不数传而疆臣胁侮，以至倾祀剪宗靡靡焉。销刚为柔，屏气局蹐（陆机论），惕惕怵怵，伣伣伈伈为之，后者又何备也"云云。此自老生常谈耳。晋武之臣，何曾早见及之矣。曰："主上开创大业，吾每宴见，未尝闻经国远图，惟说平生常事，非贻厥孙谋之道也，及身而已，后嗣其殆乎！"惟微惟危，诵之耸然。

【注释】

①清万斯同旧有此图，兹复详之：此图省略。

1937年10月23日

"王坦之与谢安尝共诣郄超，日旰未得前，坦之欲去，安曰：'独不能为性命忽须臾邪？'""朞年之间，桓温来朝，诏安、坦之迎于新亭。时都下恟恟，或云欲诛王、谢，坦之流汗沾衣，倒执手版。安从容就席。"史臣连纪之，二人之度量自见。

恟恟，史汉多作匈匈，亦作汹汹，作兇兇（《翟方进传》："群下兇兇，更相嫉妒"），作凶凶（《蔡邕传》："争讼怨恨，凶凶道路"），作恟恟（《文帝纪》："京师恟恟"），《三国志》作讻讻（《赵云传》："天下讻讻，未知孰是"），《五代史》作詾詾（《四夷传》："聚而谋者讻讻"）。《荀子·解蔽篇》："掩耳而听者，听漠漠而以为哅哅。"字从口匈声。以声状声，字形出入可也。

晋人好屐，岂惟阮生，史家亦喜言之，郄超曰："吾尝与玄共在桓公府，见其使才，虽履屐间未尝不得其任。”然则安过户限，屐齿之折，亦为得其任者矣。

1937年10月31日

读《尔雅》。“隶书行，而古字渐亡。六朝以后之韵书出，而古言渐亡。《尔雅》二十篇，则训故之渊海，五经之梯航也（宋翔凤《叙》，郝《疏》语）。”陆德明《经典释文》：“此经为最详。若夫《尔雅》经文之字，有不与经典合者，转写多岐之故也。有不与《说文解字》合者，《说文》于形得义，皆本字本义。《尔雅》释经，则假借特多，其用本义少也（阮元自叙，《尔雅注疏校勘记》语）。”

年荒时难，负书难行，罄室中所庋，只有仿殿本《十三经注疏》及《皇清经解》中阮、邵、郝三家专本耳，比而读之，夕阳西下，恶浪东来，夜不敢灯，身其余几，悲夫，然景纯自知，命尽今日，日中辄复拥篲清道，企望尘躅，敢以余日，负此饱食哉。

《郭序》：“夫《尔雅》者，《释文》雅字亦作雅。按雅，《说文》足也，古文以为《诗·大雅》字，一曰：雅，记也。”

“诚九流之津涉，六艺之钤键。”《释文》：“键字又作楗。”《小尔雅》云：“键，谓之钥。”按《说文》“鍵，铉也。引申之为门户之键。”又楗，限门也（段本歫门也）。邢《疏》言“此书为六艺之鏁钥。”《说文》无“鏁”字。

“搴其萧稂。”《释文》“稂音郎。稂，童粱，稂禾草也。”《诗》云：“不稂不莠。”按《艸部》蓈，禾粟之采生而不成者。谓之董蓈。稂，或从禾。

1937年11月26日

杨慎字用修，新都人，少师廷和子也（《明史》本传：“新都县，汉置隋废。明清属成都府。今在广汉县治”），馆中阅其全集二百四十卷，都一百册（新都王鸿文堂本）。有明三百年间，著述之富，度无过之者。前于函海中已读其《丹铅录》十余种，说诗解臣，往往而有，才大心细，尚未敢言也。

左太冲《赋蜀都》云：“蔚若相如，皭若君平，王褒韡韡而秀发，扬雄含章而挺生。”升庵据之以叙《全蜀艺文志》。又张之曰：“若夫陈子昂悬文章之正鹄，李太白曜风雅之绝麟，东坡雄辩则孟氏之锋距，邵庵（元，虞集）诗律比汉廷之老吏。况子安、少陵薄游遍乎三巴，石湖（宋，范成大）、放翁篇咏洎于百濮。其原本山川，极命草木，亦楚材晋用，秦渠韩利矣。”末有“食时而成，既愧刘安之捷；悬金以市，又乏《吕览》之精”云云。遣事如己出，而属辞常出于太易，然西南齐鲁，岷峨洙泗，文翁礼殿以还，乃有待乎汉族西迁之后乎。（《周受庵诗选序》一首，亦缕述西蜀文献）

盛弘之《荆州记》载鹿门事云：“庞德公居汉之阴，司马德操定州之阳。望衡对宇，欢情自接。泛舟褰裳。率尔休畅。”记沮水幽胜云：“稠木傍生，凌空交合，危嵝倾岳（按《玉篇》云：峋嵝。古后切。力后切。衡山也。《说文》无峋无嵝字），恒有落势。风泉传响于青林之下，崖猿流声于白云之上。游者常苦目不周玩，情不给赏。”升庵云

(论文卷)：“若此二段，读之使人神游八极，信奇笔也。”按《水经注》《华阳国志》(常璩) 记述美景尤多美句。

杨文安公戒谕诸将铭云：“金人败好，率先兴戎，朝廷应兵，实非得已，惟诸大将，皆吾爪牙，忠愤慨然，谁不思奋，上为社稷，下为生灵，声援相闻，如手足之捍头目，缓急相救，如子弟之卫父兄，追廉蔺之遗风，思寇贾之高谊，叶成掎角之势，用济同舟之安。诸将读之，无不感奋。”当时谓可与陆宣公奉天一诏同。杨公名椿省，元眉山人。升庵云：“朱子取二句入孟子注，则此文脍炙当代久矣”云云。不知舛误所由，朱注当指手足子弟二句，何得曰取之杨铭也。又按此谕语亦取其剀切易晓已耳，何比于奉天改元大赦一制也(《翰苑集》)。

制中首云：“朕嗣守丕构，君临万方，失守宗祧，辱在草莽。不念率德，诚莫追于既往；永言思咎，期有复于将来。”

中云：“犹昧省己，遂用兴戎，征师四方，转饷千里。赋车籍马，远近骚然。行赍居送，众庶劳止。或一日屡交锋刃，或连年不解甲胄。祀奠乏主，室家靡依，生死流离，怨气凝结，力役不息，田莱多荒。暴命峻于诛求，疲甿空于杼轴。转死沟壑，离去乡闾。邑里丘墟，人烟断绝。”

末云：“尚德者，教化之所先，求贤者，邦家之大本，永言兹道，梦想劳怀。而浇薄之风，趋竞不息，幽栖之士，寂寞无闻，盖诚所未孚，故求之未至。天下有隐居行义，才德高远，晦迹邱园，不求闻达者，委所在长吏具姓名闻奏，当备礼邀致。”

全诏二千余言，字字切实，丧乱之余(平朱泚后)，所赖以收拾人心，挽回戹运者，彦章有其雅而无其达，此外未敢知也。

1937 年 11 月 28 日

读《尔雅》。“仪、若、祥、淑、鲜、省、臧、嘉、令、类、綝、彀、攻、谷、介、徽，善也”。按《孟子》引《尚书·逸篇》“瞽瞍亦允若。”赵注云：“瞍亦信知舜之大孝，若是为父不得而子也。”宋孙奭《疏》引孙安国《注》云：“若，顺也。”邵、郝二家具未引此。郭注省“綝彀”，未详其义，言未详，其何以训“善也”。省者，《大雅·皇矣》云：“帝省其山。”郑《笺》“省，善也”。《礼记·大传》云：“省于其君。”郑注以为“善于其君”也。按《说文》：“𥄕，视也。”段注引《释诂》曰：“省，善也。此引伸之义。”《大传》曰：“大夫有大事省于其君，谓君察之而得其大善也。”邵《正义》云：“綝者，《类篇》云：‘綝，缮也。’”《叔于田》郑《笺》云：“缮之言善也。”按《校议》云：“《韵会》十二侵引林声下有一曰：‘善也。’”《玉篇》：“善也。”《广韵》：“缮也。善与缮通。”彀者，邵《疏》云：“《行苇》。”《释文》云：“句。”《说文》作“彀。”上文云：“敦弓既坚，坚好也，则彀当为善也。”《朱氏通训》云：“彀，假借为穀。”皆未有正证。

範，常也，範，法也。《释文》：“範，音犯。字或作范同。”郝《疏》云：“範者，笵之假音也。”《说文》云：“笵，法也。从竹，竹，简书也。古法有竹刑，通作範。”

《一切经音义》二引《通俗文》云："规模曰範。"《易》："範，围天之化。"郑注："範，法也。又通作范。"《礼运》云："范金合土。"郑注："范铸作器。"《荀子·强国篇》云："刑范正。"杨倞注："范，法也。刑范，铸剑规模之器也。"《尔雅》《释文》"範"字或作"范"，不知范、範皆假借耳。按《说文》"𥰕，範，軷也。𦮒，艸也。"笵法之笵，以笵为正。

1937年11月29日

"允、孚、亶、展、谌、诚、亮、询，信也。"郝《疏》："孚者，《说文》云：'卵，孚也。一曰信也。'《系传》：'鸟之孚卵，皆如其期不失信也。'《方言》云：'北燕朝鲜洌水之间，谓伏鸡曰抱。'抱即孚也。孚有抱音，故古文孚作𤔿，从禾。禾即古文保字。"按《集韵·十遇》："孚，芳遇切。育也。"引《方言》"鸡伏卵而未孚。或作孵。"今潮人读"孵"字如"逋"（清，去）。依古无轻唇之说，呼为重唇正合。

"欱合盖翕仇偶妃匹会，合也。"郝《疏》："欱者，《说文》云'合，会也'，《玉篇》'欱，公荅切。'今人同爨共居谓之欱火。本于《尔雅》也。王氏《句读》云'字与《人部》佮同。'俗语合药，合伙，当用此两字。"朱氏《通训》云："今竹木器物斗榫，苏俗谓之合缝，是此敆字。"按潮语亦同。漳、泉州人谓同行曰"三结去"。欱音适，与结同。特不知本字。

1937年11月30日

授课，读《尔雅》，伺间为之而已。

"忥、谧、溢、蛰、慎、貉、谧、顗、頠、密、宁，静也。"郭注："忥、顗、頠，未闻其义。"郝《疏》云："《说文》'忥，训痴貌'，《尔雅》'训静'，经典遂无其文，竟不知为何字之假借也。"按邵《正义》云："忥，《说文》作𤸰。云静也。"又邵瑛《群经正字》引《汉书·外戚传》"为人婉𤸰有节操。"师古注："𤸰，静也。"正用《尔雅》《说文》《方言》卷六"𤸰，审也，惟静故审。"义亦相承，今作忥。

顗，邵云："顗者，《说文》云顗，谨庄貌。本或作寏，《说文》云寏，静也。"钱坫《说文解字斠诠》亦云："《仓颉篇》寏，安也。"《尔雅》"顗，静也。"本或作此字。

頠者，《说文》云："头闲习也。"段注："頠，与《女部》之'姽'义略同。"按《文选·神女赋》云："既姽婳于幽静兮。"李善注引《说文》曰："姽，靖好貌。"郝《疏》云："靖，即静矣。"

"命、令、禧、畛、祈、请、谒、讯、诰，告也。"郭注云："禧，未闻。郝《疏》云：'禧者，《说文》云礼吉也。'邵氏晋涵《正义》据徐锴本'礼吉'作'礼告'，与此义合也。通作厘。《汉书·文帝纪》'祠官祝厘'，谓礼告也"云云。各家是非参半，陆尧春《辨尔雅》《禧告也之误》一文中云："诸通人校《说文》，改'礼吉'为'礼告'，并无他证，及读许氏'祰，告，祭也'之训，始悟训'告之禧，当为祰'，以形近致讹。故《广雅》祰与禳祷连文，同训为‘谢’，与‘告’义相近也。”按可两存之。

“矢、雉、引、延、顺、荐、刘、绎、尸、旅，陈也。”郭注曰：“雉、顺、刘，皆未详。邢《疏》亦未及之。”《方言》六：“雉，理也。”邵、郝并引服虔说“雉夷，声相近。则夷陈亦声转。”

邵《正义》释顺字最安。坊记引《君陈》曰：“尔有嘉谋嘉猷，入告尔君于内，女乃顺之外，曰：‘此谋此猷，惟我君之德。’”顺者陈叙也，“此谋此猷”即其陈叙之词也。旧说以顺为将顺，失其义矣。刘者，《淮南·原道训》云：“刘览遍照。”谓陈览也。按此即浏清字。《说文》：“瀏，流清貌。从水刘声。”《诗》曰：“浏其清矣（力久切。《广韵》有平声）。”《说文》既无“刘”而有“浏”。惠氏疑后人乱之。

《因树山馆日记》第十一册

（1937年12月20日—1938年2月15日）

1937年12月20日

几上有《辞海》上册（中华书局二十五年十二月），仿《辞源》（商务印书馆，民国初年）之作扩大之耳，博采新辞，以今代科学言之，虽百科全书，亦所不任上数祖典，如《初学记》《太平御览》等类书，非民家恒有，《渊鉴类函》《骈字类编》复充栋汗牛，猎检者有难色，《事物纪原》《数字类编》见者弥罕，《佩文韵府》较晚出，所收以词赋为宗，亦非全豹，官修之失也冗，今亦非时，商办之失也陋（如《歹部》收“莪曷切”及“朵海切”。按前据《集韵》，后为俗音。《说文》本作𣦵，徐本“五割切”，不收本音，非也），徒以哗众，皆不胥时而落者耳。

近出惟朱起凤《辞通》体例称善，顾可资稽古，艰于趋时，合于古者必悖乎，今乎昌黎之言，信也。

其下册豫约今夏，岁聿云莫，中原鼎沸，杀青恐无日矣。前年订购《丛书集成》，册数四千，出版及半，吾乙亥《哀学篇》所私虑者，竟不幸而言中也，世乃不能使“赐也多言，天下岂有无书之国哉”，吾何行如之。

1938年1月18日

《柳集》中记山水一卷，凡十一首，子厚晚作。姚纂《古文辞》，全数入录，推崇备至，早成公言。盖台阁文章经生帖，括少此一体，罕能兼习。《考工》《禹贡》，斯为正则，善长以后，邓禹笑人，欧苏记游，夹以论议，久湮正脉，徒衍支流，检而攻之，亦资小子诵讽尔。

《游黄溪记》：“黄神之上，揭水八十步。”《注》：“揭，音憩。揭衣也。”按即《论语》“浅则揭”之揭。苞氏曰：“揭，摺衣是也。”今邻县揭阳，读从“基竭切”。《汉书·地理志》，师古曰“音竭。”然韦昭：“本音‘其逝反。’”

其写黄溪之水也，曰“黛蓄膏渟。来若白虹，沉沉无声，有鱼数百尾，方来会石下。”恰是溪水而非江水，非河水，非海水（虞集诗：“昼漏沉沉鼓，晨尊滟滟杯”），北方学者，未至南方，无从神解。子厚本河东人（今河南，山西黄河以东地，《孟子》：“河内凶，则移其民于河东”），父镇，天宝乱，徙吴。元本注云：“楚越之人数鱼以尾不以头。”按吾潮今犹然，数兽禽以只，数鱼以头。只，本为鸟一枚用之未谛。而头，为飞走所同，尾则游泳者，所独以尾者是也。

“石皆巍然，临峻流，若颏颔龂齶。”《注》：“颏，胡来切。颐下也。”按韩愈诗：“我手承颏肘拄座。”今潮语正同，要皆非许义，《说文》頦，醜也。

《始得西山宴游记》：“其高下之势，岈然洼然，若垤若穴，尺寸千里，攒蹙累积，莫得遯隐。”洼，姚本“字作窪。”桉《说文》“洼，深池也。从水圭声。窪，清水也。从水窐声。一曰窊也。”《庄子·齐物论》“似洼者”。字作洼。

《钴鉧潭西小丘记》[5]：“铲刈秽草。”《注》：“铲，音产。”潘云：“铲，诸韵《玉篇》皆无此字，义当作剗，平也。”按“铲”字、“刬”字俱不见《说文》。《战国策》云：“刬而类，破吾家。”《玉篇》云：“削也。”

1938年1月19日

《柳集·至小丘西小石潭记》：“伐竹取道，下见小潭，水尤清冽。全石以为底，近岸，卷石底以出，为坻，为屿，为嵁，为岩。”按《说文》“坻，小渚也。”《左传》：“有肉如坻。”段注：“坻者，水中可居之最小者也。”又《庄子·在宥篇》：“大山嵁岩之下。”不平貌也。

诸记以此首为最幽远。末笔云：“坐潭上，四面竹树环合，寂寥无人，凄神寒骨，悄怆幽邃。以其境过清，不可久居，乃记之而去。”所谓“秋水为神玉为骨”，此之神骨尤出乎物象之外矣。

1938年1月21日

柳子厚《袁家渴记》：“永中幽丽奇处也。楚、越之间方言，谓水之反流者为渴，音若衣褐之褐。”此著方言于记载中最善之例，惜吾邑壬戌年《八二风台记》一文不辨此例，徒使予不肯落笔也。（又按此义，与竭字、涸字音义并近。）

《石渠记》：“民桥其上。”《石涧记》：“民又桥焉。”桥实字也，而活用之。《左氏传》：“子欲吴王我乎。”本有此法，行文偶一见之，自爽然夺目，至于再至于三渎矣。子厚此诸首中未多见之，明人喜小品文，尤喜如此用法，至于连句皆是，若矜为独得之秘者，然其可陋也。

被之，书之，求之，被书求等皆实字，已成习语，不在此例。复按虚字，几无不由实义引伸而孳衍者，明乎此则，更不足为奇。

《袁家渴记》：“舟行若穷，忽又无际。”古文辞家所口炙为警句者也。

《石渠记》亦自放之“睨若无穷，然卒入于渴。”放其句法也。“视之既静，其听始远。”放其意境也。《石涧记》：“其上深山幽林逾峭险，道狭不可穷也。”放之而反，其意也极。意求勿自相重袭，而斧凿之痕，粲然具在，谓子厚造句乎。则渊明《桃花源记》云：“缘溪行，忘路之远近。忽逢桃花林，夹岸数百步，中无杂树，芳草鲜美，落英缤纷，渔人甚异之。复前行，欲穷其林。林尽水源，便得一山，山有小口，仿佛若有光。便舍船，从口入。初极狭，才通人。复行数十步，豁然开朗。土地平旷，屋舍俨然”一段之中，三用斯法，令读者可卧而游之，层层幻想，跃跃目前，眉舞色飞，抛书忘睡。子厚施以敦琢，发为文章，劣得“舟行若穷，忽又无际”八言，所以为工耳。后陆游《游山西村》诗：“山重水复疑无路，柳暗花明又一村。”演为十四言，亦不失为羊枣之美者。兹事适有正例，如《尚书》云：“尔惟风，下民惟草”七言而足，《论语》“君子之德风，小人之德草，草尚之风，必偃”十六言矣，《国策》演为三十二言。（文待记）

《石涧记》“若牀若堂”及“可罗胡牀”，两“牀”字，姚本：“如此作，是也。”仿元本字作“床”，俗字。

灋之作法，譱之作善，即汉后之简字，习而不思之耳，实亦不值一思，所以便徒隶辈也。（埶，執声。自来作熱，大误。）

1938年1月22日

屈平有《天问》，柳州以有《天对》。天本不可问，不必问，问焉亦不可对，不必对，必令对之乎，则问者自对，对者自问可矣（彼方人本有“You answer your questions yourself”一语），否则问者自问，对者自对耳。

《西厢记》云：“是何时，孟光接了梁鸿案。”《石头记》云：“究竟是何时，闻之者云他已问得离奇，你又问其所得，真竟离奇了（语意如此）。”绝妙机锋，以不对对之。《天问》所问，非无今世天文学所能对者，如“日月安属？列星安陈？”如“自明及晦，所行几里？”如“角宿未旦，曜灵安藏？”如“东流不溢，孰知其故？”如“东西南北，其修孰多？”在问者信能问得到而不必责人，对得到亦不料人对得到，子厚之对，志在文辞，意本淮南。肄业及之，学步为工而已。检录旧作一首于此（《武昌高等师范学校数理杂志》）：

天文学讲义弁言（丙辰）

大矣哉，宇宙之文章也。广大悉备，有天文焉，有地文焉，有人文焉。日月星辰，运行不息，是为大块之文章。风云雨露，变化无穷，是为大地之文章。子臣弟友，礼义廉耻，所以相维相系于人道者，乃至与天地参，宇宙间奇文壮观，莫或过是矣。知也无涯，生也有涯。吾侪不敏，不敢以有涯逐无涯。吾侪畴人子弟，职兼天官。聊以耳目心思所可及者，侈事谈天，天不可知乎？顾徵诸古今魁儒硕彦之所研几，则天之可知者荦荦具在，天果可知乎？则以一蝶一菌之微，今日犹未可知其究竟。东海有虫，巢于蚊睫，命曰焦冥之睫。又有巢者，在昔人或且以为庄周之寓言，在今日乃骎骎乎浸成科学之实事。夫以蠡测有涯之海，世已相传为笑谈。矧以管窥无涯之天，其可大笑而冠缨索绝者当又奚若。抑尝闻之，昔泰西某天文家，夜行郊外，失足沟中，一老妪过之曰：“先生何乃若是？”曰：“吾仰观天文也。”老妪笑曰““先生近不能见跬步之内，远乃能见千里外乎？先生欺予哉。”不揣谫陋，辄著兹篇，宁受老妪之揶揄，而不甘居于寓言之列，览者自得之。

蚤岁卮言，亦资谈助，《蜀志·秦宓传》宓所与张温答辩一段。

温问曰：“君学乎？”宓曰：“五尺童子皆学，何必小人！”温复问曰：“天有头乎？”宓曰：“有之。”温曰：“在何方也？”宓曰：“在西方。诗曰：‘乃眷西顾。’以此推之，头在西方。”温曰：“天有耳乎？”宓曰：“天处高而听卑，诗云：‘鹤鸣于九皋，声闻于天。’若其无耳，何以听之？”温曰：“天有足乎？”宓曰：“有。诗云：‘天步艰难，之子不犹。’若其无足，何以步之？”温曰：“天有姓乎？”宓曰：“有。”温曰：“何姓？”宓曰：“姓刘。”温曰：“何以知之？”答曰：“天子姓刘，故以此知之。”温曰：“日生於东乎？”宓曰：“虽生于东而没於西。”答问如响，应声而出，於是温大敬服。宓之文辩，皆此类也。

罗贯中《三国演义》“乃资而略广之耳（第八十六回难张温秦宓逞天辨），温亦无言可对也。”

1938年1月25日

晨偶涉韵书，因与小子辈言之。

平声，鱼、虞二韵。吾潮人无u母之曲音ü。以致读鱼韵字皆如虞韵，诏小子曰：

鱼韵凡u母之曲音入之而有例外者：胪、庐、驴（并力居切），如（人诸切）。今北人读驴与卢异音，读如亦不曲音。

虞韵凡o母之长音入之而有例外者：于（羽俱切，与于字异。于，央居切），衢（其俱切），须、需（相俞切），逾、俞（羊朱切），区（岂俱切）等，多读入鱼韵。

夫同韵之字，韵母相同，互相叠韵，互相反切。以理言之，不宜生不同韵之音之字，其有之者，后代语言之变迁，否则方音或误读也。然古时则又不然，顾氏《唐韵正》云：“十虞，古与九鱼通为一韵。”是则古音亦无曲音，不又于钱氏“古无轻唇音”之外得一创见乎，如《豳风》：“九月叔苴（鱼），采荼薪樗（鱼），食我农夫（虞）。”是也。

1938年1月27日

《毛诗古音谐读》五卷，嘉应杨恭桓（穆吾）纂，自序于丙辰五年，有云：“明陈季立《古音考》出，谓叶为非，而直指为古音，发前人所未发，而未能冞同母以为音者亦伙，顾宁人则曰：‘本音与季立之说初无二致，然不明字母，率多牵强’云云，未免以今绳古之习气，然荟列诸音条，引许文引诗异字，亦便讽诵也。”

《说文》：“鸠，鹘鸼也。”鹘鸼为鸠，即后人之反切，与“不可为叵”“奈何为那”同例。

《尔雅·释诂》：“言，我也。”郭注：“言，见诗。”按即“言告。”师氏，言告言归。“朱骏声云：“凡六十七见。”（朱注仍训为“辞”也。）

1938年1月30日

“寔命不同。”“寔命不犹。”朱注：“寔与实同。”按㝵，正也。毛传本曰：“寔，是也。”段注：“按许云，正者是也。正与是互训。”又云：“实、寔音义皆殊，由赵魏之间实寔同声，故相假借耳。”

“嘒彼小星，维参与昴。”昴与裯，犹韵。故注云：“叶，力求切。”按昴，白虎宿星，从日，卯声（莫饱切）。《毛传》：“固，曰昴留也。”私疑“留”从“卯”声，与刘、聊、柳、珋、駠、鄩、茆、窌为同纽之例。段注云：“惠氏栋因《毛传》之语，谓昴必当从卯。其说似是而非。谨按顾君《诗》本音云‘昴字从寅卯之卯，以为力求切，而从卯者非也。’故以裯入六豪韵。”

“虺虺其雷。”虺虺，雷将发而未震之声。今潮语犹存此音。

“之死矢靡慝。”《说文》无“慝”字。古通作匿。《论语》：“攻其恶，无攻人之恶，非脩慝与？”朱注：“专于治己，而不责人，则己之恶，无所匿矣。”按《管子·七法篇》“百匿伤上威。”《明法篇》“比周以相为匿。”匿即慝也。

1938 年 2 月 2 日

梦秋将别，来赓快谈，示我佳书（涮本《苏诗编注集成》《石遗室诗集》），弥资印证。令儿子（家锐）摹存松雪、苏文忠公遗像。又《石遗集》中有《东坡生日，陶斋尚书招集宝华庵，成长句七百字》一首，中云：“偶从纱縠数甲子，疑年绛县同茫然。或言已踰九百载，十五丙子相推迁。岂知建隆迄宣统，二三百载凡三嬗。至元至正八十八，合九百载而强焉。更除景佑溯建淦，七十七载中绵延。公生八百七五岁，公卒八百有十年。犹令后人此景仰，菜羹羊肉非浪传。”

又云：“我公未见靖康耻，建中靖国归奎躔。熙丰新法今日倍，岂数差役青苗钱。四夷交侵小雅废，谁复新义生疏笺。”

石遗自云平生作诗厌苦语，是于束缚中求解脱者。

集中有《怀丁叔雅部郎》云：“手挥目送嵇中散，四异三同冯敬通。寥落遗诗文百首，千秋魏晋想高风。”按叔雅有千金市琴事，乡人多笑之。《石遗集》中叔雅出千金所购古琴为弹，索诗云：“不买蛾眉与玉骢，千金解橐为丝桐。题诗恐误筝琶语，齿冷庐陵六一翁。”哭叔雅二首之一云：“入春哭啸桐，入夏哭叔雅。毅豹乃同归，各自发症瘕。造物汝何仇？友朋不我假。意行或临水，看花每适野。长安尘垛中，似此人盖寡。吹笙弹鸣琴，聊复我心写。风月不用钱，方谓恣陶冶。愁人秋夜长，遽遣灯烛灺。联翩录新诗，蛀纸足挥洒。似知生有涯，贻我动盈把。行当印千本，祭告诗穷者。性灵化烟云，知识空般若。”

于是陈师曾死十九年矣，《石遗集》陈师曾寄示诗十数首，逼肖乃翁，喜而有赠，并约过谈，云：“诗是吾家事，因君父子吟。似曾缘绮靡，终拟入精深。篆刻镂肝意，云山动操音（原注：君工刻印及画）。寂寥三益径，相望一开襟。”（闻石遗老人去岁殁于苏州。纫秋云。）

夜阅仁和王文诰（见大）《苏诗编注集成》首卷，序、例、铭、传等，富哉，言乎见大自序，尤深诗人之旨，江藩许其镕经铸史，地负海涵，犹是皮相之论。阅至三更，烛见跋矣，明朝须还人书也。

1938 年 2 月 8 日

衣食饭饮，一用为动，字则读破其声以别之。“解衣衣我，推食食我”，人所共知，饭破上声，饮破去声，则少时虽知之，而读焉不正者久矣。如振、震二字，并去声，而误为上（它省人不误）。

迟，待也。七意切。音稚是去声也。稚，直利切。而俗读稚为上声，则迟之破读亦从之矣，正之不可胜正也。

1938 年 2 月 15 日

《汉魏丛书》（家塾旧有木刻本，今亡之矣），明新安程荣校刊，凡录三十八种，何鏜广之为七十六种，分经翼、别史、子余、载籍四类，清王谟又广之为九十六种，按丛书百部集成提要，引何氏原跋云：“往见纬真，别本分典雅、奇古、闳肆、藻艳四家，以类相从，殊为鉅观。”纬真者，原序明东海（鄞县）屠隆字也。又云：“此即王本，屠本今不可见。”今惟屠本尚存，其前亦有屠序，颇疑程本即覆刻屠本，要之皆一本也，旧所藏者既失之矣。旋得商务丛书本，今又得乙丑年上海涵芬楼景印本（四函四十册）。流沙坠简，犹在人间。先录其目，庶有传习者，復按四库类书未列存目。而何氏原跋有云：“《明史·艺文志》类书门载有屠隆《汉魏丛书》六十卷，则必隶类书无疑，其不列者以各种已散见《四部》中也。”

《京房易传》三卷，汉京房著，吴陆续注。

《周易略例》一卷，晋王弼著，唐邢璹注。

《三坟画》卷，明新安程荣校。后序《传》曰：《河图》隐于周初，《三坟》亡于幽厉，《洛书》火于亡秦。余隐于青城之西，因风雨石裂，中有石匣，得古文三篇，皮断简脱，皆篆字，乃上古三皇之书也。

《诗说》一卷，汉鲁人申培著。

《韩诗外传》十卷，汉燕人韩婴著。《艺文志》云：《韩内传》四卷。王氏补注曰：“《儒林传》婴推诗人之意，而作《内外传》数万言，其语颇与齐、鲁间殊，然归一也。”则《内外传》皆韩氏依经推演之词。

《大戴礼记》十三卷，汉梁人戴德著。

《春秋繁露》十七卷，汉广川董仲舒著。

《白虎通·德论》汉扶风班固著。

《独断》二卷，汉陈留班固著。

《忠经》一卷，汉马融撰，郑玄注。

《辅轩使者绝代语释别国方言》十三卷，汉成都扬雄纪，晋河东郭璞解。

（右经籍）

《元经薛氏传》十卷，隋龙门王通经，唐河东薛收传，宋阮逸注。（《元经》始晋惠帝，终陈亡。凡三百年。薛氏曰：《元经》天下之书也。）

《汲冢周书》十卷，晋孔晁著。（原称《逸周书》，七十一篇，赵凤光序谓："《班史·艺文志》已有之，而汲冢发自晋太康二年，得书七十五篇，其目具在，无所谓《周书》。此书当仍旧名不得系之，汲冢其文辞湛深质古，出《左氏》上。"按王氏《汉书补注》云：《隋志》系之，汲冢非是。）

《穆天子传》六卷，晋郭璞注。

《西京杂记》六卷，晋丹阳葛洪集。

（右史籍）

《素书》一卷，汉黄石公著，宋张商英注。（张序云：晋乱，有盗发子房塚，于玉枕中获此书，凡一千三百三十六言，上有秘戒。）

《新语》二卷，汉楚人陆贾著。

《孔丛子》三卷，汉鲁人孔鲋著。

《新序》十卷，汉沛郡刘向著。

《说苑》二十卷，汉沛郡刘向著。

《新书》十卷，汉雒阳陆贾著。

《法言》十卷，汉扬雄著。

《潜夫论》十卷，汉安定王符著。

《申鉴》五卷，汉颍川荀悦著，明吴郡黄省曾注。

《中论》二卷，汉北海徐幹著。

《颜氏家训》二卷，北齐琅琊颜之推著。

《商子》五卷，秦卫人公孙鞅著。

《人物志》三卷，魏广平刘邵著，凉燉煌刘昞注。

《风俗通义》十卷，汉汝南应劭撰。

《刘子新论》梁东莞刘勰著，播州袁孝政注。

《神异经》一卷，汉平原东方朔著。

《别国洞冥记》一卷，汉汝南郭宪著。

《述异记》二卷，梁乐安任昉著。

《王子年拾遗记》十卷，晋陇西王嘉著，梁兰陵萧绮录。

《通占大象历星经》二卷，汉甘公石申著。

《飞燕外传》一卷，汉潞水伶玄著。

《古今刀剑录》一卷，梁丹阳陶弘景著。

《论衡》三十卷，汉会稽王充著。

（右子籍）

原目集籍，仅存一行，下无书名，丛书提要云："颇疑程序即覆刻屠本，其集籍一门，尚未付刊，戛然中止，故行世者仅存三十八种，要无可考矣。"（屠隆，字长卿，一字纬真。鄞县人，有异才，举万历进士，官礼部主事。归，贫，卖文为活，有《鸿包》《考槃》《余事》等书。）

《因树山馆日记》第十二册

（1938年3月10日—5月5日）

1938年3月10日

《说文测议》四卷，安康董诏朴园著（记为诂林未收本），自序于嘉庆元年，越华书院掌教刘编修彬华之《序》，称受业王玉树（松亭，著有《说文拈字》七卷）之《跋》并署道光二年则刻书，已在段注之后（高邮王氏序段《注》于嘉庆戊辰），而成书实在其前，据松亭《跋》朴园以未见赵凡夫《说文长笺》，恐坠其云雾，不敢问世（所得本序跋有烂字），信西土笃实之士也。松亭生较晚，及见乾嘉诸老之书，所著《说文拈字》已与师说不必尽同矣。此书未知交好中有副本否，今存其大凡如左：

卷一订经上，参经考异。如[篆]，敬惕也。《易》曰：夕惕若寅夤。按定本作厉。以厉为夤，许或别据。今按段本径改作厉。

卷二订经下，拠经审误。如[篆]，《易》："履虎尾虩虩。"按履："九四，履虎尾，愬愬，终吉。"马融："《易》作虩虩。注：'恐惧也。'"许盖从马而误并其注引之。今按段注"马、郑用费《易》、许用孟《易》。而字同义同也。"《绎经存疑》如[篆]，省视也。《易》曰：地可观者莫可观于木。按经典无其文，疑出观卦注也。段注："许盖引《易·观卦》说也。"《检经补遗》如[篆]，《易》屯："六二，屯如邅如。"

卷三存古上，古逸如[篆]，社肉盛之以蜃，故谓之祳。《周礼》《左传》作脤，从肉。而从示之祳遂逸。

卷四存古下，古通如[篆]，祭祀也。古通作祭（祭公祭叔是）。《说文》有郑。古繁如[篆]，桓圭公所执通省作桓。古省如[篆]，云气也。隶用气为乞求之乞。

卷五通变上，篆同义异，如[篆]，溥也。[篆]，籀文。按《易》旁通情也。《尔雅·释宫》二达谓之岐旁则义不训溥。《诗·北风》雨雪其雱。《毛传》雪盛貌。篆分义通如[篆]，[篆]，祇，古作示。

卷六通变下，篆异义同，如[篆]，天神，引出万物者也。[篆]，神也。[篆]，神也。按从人之鳀。许意盖谓鳀，仙也。从鬼之魋，鬼魋也。《易》与鬼神合其吉凶。《史记·封禅书》海上燕齐之间，莫不自言有禁方能神仙矣。但作神。例入重文，如[篆]，祭天也。[篆]，缓也。按《史记》号令三嬗。《汉书·律历》尧嬗以天下。师古曰：嬗，古禅让字也。

卷七惜逸，逸字如[篆]，《玉篇》揩《说文》云："摩拭也。"今刻《手部》"逸"。有见于注而逸者如[篆]，《玉部》瑬，璳玉也。本部无有见于形声而逸者如[篆]，瓃、藟、櫑、儡皆从畾声。《田部》无逸。注如[篆]，郑康成《考工记》冶氏重三锊。注云：锊量名读若刷。亢谓许云锊，鍰也，今逸。又如曰，皇侃，《论语义疏》子曰疏。《说文》开口吐舌为曰今逸。

疑字如𤎅，《火部》然字，下有蘸。注或从艸难。鼎臣曰：《艸部》有难。疑注云艸也。𤎅，《淮南子》槁竹有火弗钻不𤎅。《汉书·陈汤传》：“𤎅脂火夜。”作疑，即此字讹从艸也。

疑，注如无，《易》干九三无咎云，《说文》无通于元者虚无道也，王述说天屈西北为无。今注通于元作通于无，王述作王育。

二徐《说文同异附考》如禰，鼎臣本系新附。注曰：“亲庙也，从示，尔声，泥米切。”楚金本不分。注曰：“猎者，所为宗庙之事也。故从示，息浅切。”按《犬部》有獮，叔重注“秋田也。”鼎臣注“息浅切。”《系传》似混而一之。附跋云：“楚金《系传》谈理盖寡，逞巧实多，乃文人之戏笔也。”

1938 年 3 月 28 日

已垂午未进食，得𩞄充之（𩞄字见《通鉴》八十六卷“惠帝食𩞄中毒。”胡注云：“𩞄，必郢翻。面餈也。”《释名》“𩞄，并也。溲面使合并也。蒸𩞄、汤𩞄之属，随形而名”）。《康熙字典》引《玉篇》：“索饼也。”未据《释名》“是疏也（𩞄字，亦见《世说新语》）。”然《说文》本有饼字。许本云：“面餈也。”

阅报，屡隳名城，自焦其土，浩浩万劫，不堪卒读。

记晋张方劫惠帝迁都长安，军人妻略后宫，分争府藏，割流苏、武帐为马幭（毛晃曰：“流苏盘线绘绣之毬。”苏犹须也。又散貌）。魏晋以来，蓄积扫地无遗，方将焚宗庙宫室，以绝人返顾之心。卢志曰：“董卓无道，焚烧洛阳，怨毒之声，百年犹存，何为袭之。”以方之愆戾，犹钠其言。天既厌周德矣乎。

1938 年 3 月 30 日

读《通鉴》（五卷），“勒升其聽事[①]（八十九卷）。”胡[②]注：“中庭曰聽事，言受事察讼于是。汉晋皆作聽事，六朝以来乃始加‘厂’作‘廳’。”按应作“加‘广’。”此盖省聽事曰聽，故加广，以示其为堂屋也。

【注释】

①聽事：指听事、厅堂。官府治事之所。后亦指私宅大厅。

②胡：指胡三省。

1938 年 4 月 20 日

五胡十六国者：匈奴、鲜卑、羯氐、羌五种。东汉以来五胡先后移于塞内。西晋末先后占据北方及西蜀，始于晋永兴元年，讫宋元嘉十六年，历百三十年而始灭亡。列国十六：五凉、二赵、三秦、四燕、夏、成汉是也（冉魏及西燕不在列）。南北朝者：东晋之后据有南方之地者为宋、齐、梁、陈四朝，皆汉族，是为南朝。据有北方者为后魏，后分东西二魏，东魏为北齐所篡，西魏为北周所篡，北周又灭北齐，后魏北周皆鲜卑族，北齐为汉族而同化于鲜卑，是为北朝隋文帝代周灭陈而一统之，附表如下：

五胡十六国国名、始祖、种族、所据地及灭其国者

前凉	张茂	汉人	姑臧	前秦	成汉	李雄	氐	成都	东晋
后凉	吕光	氐	姑臧	后秦	前燕	慕容皝	鲜卑	邺都	前秦
南凉	秃发乌孤	鲜卑	乐都	西秦	后燕	慕容垂	鲜卑	中山	北燕
北凉	沮渠蒙逊	匈奴	张掖	北魏	南燕	慕容德	鲜卑	广固	东晋
西凉	李暠	汉人	酒泉	北凉	北燕	冯跋	汉人	昌黎	北魏
前赵	刘渊	匈奴	平阳	后赵	前秦	苻健	氐	长安	西秦
后赵	石勒	羯	临漳	前燕	后秦	姚苌	羌	长安	东晋
夏	赫连勃勃	匈奴	统万	北魏	西秦	乞伏国仁	鲜卑	金城	夏

南北朝表（南朝起民国前一四九二年终一三二三年，北朝起民国前一五一六年终一三三一年）

宋，　刘裕　建康　南齐　北魏，拓跋珪，（盛乐后迁洛阳后分东西，东魏亡于北齐，西魏亡于北周）

南齐　萧道成　建康　梁

梁　萧衍　建康　陈　北齐　高洋　邺　北周

陈　陈霸先　建康　隋　北周　宇文觉　长安　隋

1938年4月26日

温《文心雕龙》一卷。

《文心雕龙·颂赞篇》曰："夫民各有心，勿壅惟口。晋舆之称原田，鲁民之刺裘鞸，直言不咏，短辞以讽，丘明子高，并谍为诵，斯则野诵之变体，浸被乎人事矣。"黄注引《孔丛子》：子顺曰："先君初相鲁，鲁人谤，颂之曰：'麛裘而芾，投之无戾，芾之麛裘，投之无邮。'"黄按《吕氏春秋》同，芾作韠。高诱注："韠，小貌，此子顺述孔子之事，非子高也。子高，孔穿之子。"

谨按《说文》无芾字（有以元章手墨炫予者，云："得自宣南，直五百金。"黔章"芾"作"巿"）。《三希堂》米帖十余事，黔篆概作"黻"字，不知何以不径用"市"字。《说文》"巿，韠也。上古衣蔽前而已，市以象之。韍篆文，市俗作绂。又韠，韨也，所以蔽前者。段云："许意'卑者称韠，尊者称韨'说，与郑少异。"

1938年4月30日

《通鉴》云："魏罢寒食飨（一百三十七卷）。"魏罢五月五日、七月七日飨祖考。魏孝文主颇有用夏变夷之志，丧祭大节视江左尤为守礼，故胡注云："魏端午、七夕之

飨，犹寒食之飨，皆夷礼也。”其上条注云：“魏先以寒食飨祖宗，今以其非礼，罢之。”按古者四时之祭以二分二至行之。《释天》曰：“春祭曰祠，夏祭曰礿（段注：礿，亦作禴），秋祭曰尝，冬祭曰烝。”今上元、清明、端午、七夕、中元、中秋各节，皆起于后代，或来自佛教。惟寒食其来已旧。胡注亦引《后书·周举传》“《周礼·司烜氏》：‘仲春以木铎徇火禁于国中’”断为周制，而《御览》引刘向《别录》“寒食蹋蹴，黄帝所作，兵势也。”则周前已有寒食之名欤。

1938年5月1日

鸡鸭鹅鸽之属，其胃韧而脆，庖人呼之为肫，字如此作。字书“肫”字下未及此义。《通鉴·齐纪》（八）：“妃索煮肫。”胡注：“肫，之春翻；鸟藏曰肫。又徒浑翻，豕也。”按冯妃所索之肫，应以鸟胃之美为味，不为食豕而言。下文刘暄曰：“旦已煮鹅，不烦复此。可知已杀鹅矣。又身之以鸟藏。”释肫洵为雅诂，藏即臟也。《汉书》通用“臧”字，新附乃有“藏”字。《周礼·天官·医师》：“参之以九藏之动。”注：“正藏五又有胃膀胱大肠小肠，盖并心肝脾肺肾为九藏者。动物所共有。肫者，鸟属所独有。故肫，胃也。而胃非肫也。”

《通鉴》“况以昏主役刀敕之徒哉（齐纪九）。”“东昏素好军陈，与黄门、刀敕及宫人于华光殿前习战斗，诈作被创势，使人以板搁去，用为厌胜。（齐纪十）”“刀敕”字，两见坊本如此作，疑当“刀敕”之讹。

搁，《集韵》“举也。”《说文》本有“扛字，横关对举也。”段注引《字林》“捎、搁、舁也。”《匡谬正俗》曰：“音讹，故谓扛为刚。有造搁字者，故为穿凿也。”

“取庭中树挼服之（齐纪十）。”胡注：“挼，奴禾翻，两手相切摩也。今俗语云‘挼莎’。”按《说文·手部》有捼字，推也。段改正为“挼，摧也。”胡注：“义本《曲礼》‘共饭不泽手。’”《注》：“泽，谓挼莎。”《晋书·刘毅传》：“东府聚摴蒲大掷，刘裕挼五木，久之即成卢焉。”今潮人犹行此语，音读如锐，平声。

1938年5月2日

秀孝[①]之名，久失其实，编检之馆，帽貌同讥，湘绮所为《郭新楷传》，言之辨矣，曰：“自乾嘉以来，文儒分古今之学。耽志坟典者，非薄制举，其高第诸生，未窥六经，已入翰林，咸丰中常妙选编检，入直内廷，试拟鲍照数诗均，莫知所出，或遂赋律体而出，时人因之，有汉学宋学清学之目。按清学之语由清客而来。资诗书为羔雁，以文辞为禽犊，达官昵为小友，流俗许为名流，何也？其言论滋味，适称心而可口也，今世则并此而不可多得矣。”《郭传》中传新楷断句云：“洲犹鹦鹉旧，人再祢衡来。”音情顿挫，逸气浩然，可与《集》中《严咸传》并厕独行之选也。梁天监四年《诏》曰：“二汉登贤，莫非经术，服膺雅道，名立行成。魏晋浮荡，儒教沦歇，风节罔树，抑此之由。”梁祚虽促，武帝享国垂五十年，开国宏规，昭然若揭。

【注释】

①秀孝：秀才与孝廉的并称。

1938 年 5 月 5 日

《通鉴》“免乳”作“挽乳”（一百五十四卷）。“会荣请入朝，欲视皇后挽乳。”胡注：“挽与免同。按许文无免字有挽字。《子部》㝃，生子免身也。从子免。”

北魏胡太后抱女孙为“储贰”，谓之“储两”，是为创例。元天穆曰：“又以皇女为储两。”胡注：“太子谓之储君。易曰：明两作离，大人以继明照四方。故称储两。”

《因树山馆日记》第十三册

（1938 年 5 月 23 日—8 月 2 日）

1938 年 5 月 23 日

《颜氏学记》十卷（《清代学术丛书》第一集），戴望辑述，其序云："赵撝叔闻望言。乃求颜李书于京师，不可得。则使人如博野求之，亦不可得。京师大姓鬻书三十乘于乔氏，撝叔按薄稽之得书归，驰传达金陵。"因为条次之云：

卷一处士颜先生元本传（生崇祯八年乙亥三月，卒于康熙四十三年九月二日）。望所述也，依次录习斋言行，记凡三卷。

卷四至卷七录学正李先生塨（字刚主，别字恕谷。保定蠡县）言行记。有传（雍正十一月正月朔，卒于家，年七十五），得颜学嫡传者也。

卷八为王源（昆绳，大兴）言行录。本传云：介恕谷往博执贽颜门，年五十六矣。

卷九程廷祚（启生，上元）言行录。有传，恕谷弟子也。

卷十颜李弟子录。录王之佐（蠡）至恽鹤生（武进），颜氏弟子一百八人，私淑二人，齐爋（高阳）至叶新（金华），李氏弟子九十七人。《传》云：颜先生年三十，即与法乾（王养粹，蠡人）共立日记，凡言行善否，意念之欺慊，逐时自勘注之。生平不欺暗室，勇于改过，以圣人为必可师。恕谷作日记，凡例云："一以习六艺为学，日有常功，不必书。一身之过恶，直书。一孝之难也，日求孝道，往往悖妄得罪，必书。一记不书人过。若他人言行有可法，则书之。一言行纤，悉不书。有关得失者，必书。"孝慤书日记额曰："须庄敬不息表里如一。"

又恕谷《书昆绳》，《省身录》曰："日记考察有三：心之存密否，身之视听言动中礼否，时觉其进否，一也。礼乐兵农、射御书数之学，或诸艺，或衹一艺，月考年计有加否，二也。身心就范，学问不懈，则日有所阅历，果变动日新乎？抑仍旧乎？此甚可以验吾学之消长，三也。"吁此亦三代教学之成法也。

夜诵文篇，洪氏棣萼（符孙、齮孙）所存《齐云山人文》及《淳则斋文》（王祭酒只选子龄《方彦闻先生隶书楹帖跋》一首），笑貌声音不止，酷似其父，惟功力所至，胎息所存，自有不可诬者在耳。幼怀文云（《燕台话别图叙》）："符孙少生通门，未竟家学。"子龄文云（《陆湘川先生墓表》）："齮孙自幼孤露，不克奉先人庭训，其风木栝棬之思，时时见于篇什。"斯即北江先生《戒子书》中所云："符孙弱冠已过，涉笔便讹，其余幼子弱孙，尚争梨栗者是也。卒其所造，卓然可传，承志之大，莫大于此（家庙正额匾曰：承志堂）。"

1938年7月22日

凭几对《曹子桓集》，子桓自言“光武‘在兵中十岁，所更非一。’我德未及之，年与之齐矣。席储贰之尊，三分天下有其二。”文采烂然，满门师友而亦伤逝，嗟莫追亡悼存，何一往而情深也。《槐赋》《柳赋》，一盛一衰，指桑望梅，以人喻物，《柳赋》并序云：“昔建安五年，上与袁绍战于官渡，是时余始植新柳。得彼迄今，十有五载矣，左右仆御已多亡。感物伤怀，乃作斯赋”云云。此孔文举所谓“武王伐纣得妲己以赐周公者”，虽不见经传，而想当然耳。不然则白云远间金华，即黄土长埋玉树，不能不令读者曲为追溯也。《魏武本纪》纪官渡之战卒云：“绍众大溃，绍及谭弃军走，渡河。追之不及，尽收其辎重图书珍宝，虏其众。”所虏者固有《柳赋》中所云“伊中域之伟木兮，瑰姿妙其可珍。”不然，上与袁绍战于官渡与新柳乎可与哉。又《莺赋》序云：“堂前有笼莺，晨夜哀鸣，凄若有怀，怜而赋之。”亦此志也。

《赐桓阶诏》云：“栋有之大臣，而有蔬食，非吾所以礼贤之意也。其赐射鹿师二人，并给媒。”文据《御览》二百六十二引《桓阶别传》，又引本注：齐人谓麹糵为媒。按《司马迁传》：“随而媒孽其短。”孟康曰：“媒，酒酵也。孽，麹也。谓酿成其罪也。”

《改雒为洛诏》云：“汉火行也。火忌水，故洛去水而加隹。魏于行次为为土，土，水之牡也，水得土而流，土得水而柔，故除隹加水，变雒为洛”云。魏黄初以前伊雒，字皆作雒，与雍州谓洛字回别。段注辨之悉矣。此《诏》或王肃辈为之。

1938年7月23日

看《魏武帝集》，武帝父嵩本纪云：“桓帝世，曹腾封费亭侯。养子嵩嗣官至太尉，莫能审其生出本末。”言不知所自出也，较孔璋[①]之檄已含蓄多矣。墨尿、单至、啴咺、悠懃，强聒不休，时就右师之位，虽有佳书，拒人千里。

铁夫《摸角儿词》云：“银瓶，永辞珠掌，先后委尘土。”借用《孔融传》语。蔚宗虽传之，不啻辞而避之也，积毁销雪，君子修其在于己者以祟之。《武帝集》中且见《宣示孔融罪状令》云：“太中大夫孔融既伏其罪矣，然世人多采其虚名，失于核实，见融浮艳，好作变异，眩其诳诈，不复察其乱俗也。此州人说平原祢衡受传融论，以为父母与人无亲，譬若缶器，寄盛其中，又言若遭饥馑，而父不肖，宁赡活余人。融违天反道，败伦乱理，虽肆市朝，犹恨其晚。更以此事列上，宣示诸军将军将校掾属，皆使闻见”云。此令犹存《魏志·崔琰传》注中也。

【注释】

①孔璋：指陈琳。

1938年7月24日

《意林》引《魏文帝·太子篇序》云：“余蒙隆宠，忝当上嗣。忧惶踧踖，上书自陈。欲繁辞博称，则父子之间不文也。欲略言直说，则喜惧之心不达也。里语曰：‘汝无自誉，观汝作家书。’言其难也。”

1938年7月25日

看六朝人集。有见几上《子桓文集》者，卒然问曰：“是谁为之捉刀也？尝闻乃父使崔季珪代，见匈奴使，未闻反，令捉刀于人也。”《魏文本纪》本言：“初，帝好文学，以著述为务，自所勒成垂百篇。又使诸儒撰集经传，随类相从，凡千余篇。”盖已别而言之。《萧选》中“与吴质”二书，词高调雅，八代寡俦，同乘并载七子，亦具体而微耳，是之谓此中人语云。

呼镊人，对《左太冲集》，此陆士衡“与弟士龙书”，“此间有伧父[1]者是也，闻而笑之”，固所甘心。又思安仁[2]三十有二，已见二毛，太冲藩溷十年，庸伤白发，《白发赋》云：“将拔将镊，好爵是縻。虽有二毛，河清难俟。昔临玉颜，今从飞蓬。发肤至昵，尚不克终。”则知镊发取容者，由来已旧。近惟洪军红军，须发毕具，欲以全受者全归之也。

讲别幸（[illegible]）、幸（[illegible]，尼辄切）、幸（[illegible]，读如達）三字。[illegible]、[illegible]、[illegible]、[illegible]、[illegible]、[illegible]六字之同异。

【注释】

①伧父：晋南北朝时，南人讥北人粗鄙，蔑称之为“伧父”。

②安仁：指潘安。

1938年7月30日

声音之道，号以万殊。蚁螘之属，乃以角触。件而系之，字母尚焉。拉丁希腊各二十六，孳为今代英、法、意，各有自出也。佛徒西来，而后我国亦有字母之说，九音（牙、舌头、舌上、重唇、轻唇、齿头、正齿、喉音、半齿音），三十六母（见溪郡疑等），为经十七部（用段氏《六书音韵表》分古音为十七部说），为纬九倍，十七得一百五十三，又四倍之得六百一十二，是国音种类之大较也。

予思近代各流域之方言，递嬗累经，繁简各异。江淮之间多轻以清，盐卤之民多重以浊。潮语具清浊八音，而无轻唇，无半舌（齿头音不备说见下条）。黄河流域只有五音，而无八音（上去入无清浊阴阳之分）。故居恒每云：“南音之发达在韵，北音之发达在声。”

《康熙字典》数过四方，而各处方音不过六百，外人李佳白[1]久居北京，尝言北京话发音只有四百余种。理当如此也。动物之中鸟语最清，猴音最杂。据动物学家言，猴音七十余种，然则日常求食觅偶远祸等事，所需者略备矣，无惑乎，其为兽属之最狡者也。

一生所见，朝野士庶，发言盈廷，发言盈野，综其发音数所遣字，似皆未盈百数。然而其他生物詎詎唧唧，以之呼群处世，亦自裕如。丘蚓（蚓，螾之重文，却行者）螘羶，仅以角触肉感，则亦言内意外耦俱无猜，殊叹名家词人徒滋多事。

又今世行兵航海，广用旗语，万国言语，皆以声行振旗，传言字母而足，若于吾国，仅传数目（自〇至九），如电报然，重译乃通，岂无注音字母，如片假名而字异音同，辄增舛谬，六书至此，竟有穷时，世不乏相斯下杜人之才，当有为之同文左书，佐助篆所不逮，以便于徒隶者，予日望之。

精（ts）清（ts`）从（dz）心（s）邪（z）。齿头音。潮音有心邪单音，无 ts ts` dz 复音，南方数省皆然。惟北方独备，如青岛山东大学之青字以 ts 发音，山字以 sh 发音，南人多概以 s 单音发之（设备之设，九十之十，皆从 sh）。“青是山，绿是水，花花世界”唱词，南人不悉心声学者，唱之无一字是也。

来日，半舌半齿音，即 R 与 L 二音之分，吾辈心知其意而已。Line 与 Rhine，听之如一音也（潮州之潮从 ch，曹州之曹从 ts。何思源曹州人，山东分此二音甚明，予并耳觉，不能别之）。

日字，方音有七八种，惟京剧皆读如里（如《琼林宴》之“昨日喝酒酒不醉。”《春香闹学》之“不是今日是昨日”），特传正始之音（《广韵》日，人质切）。

【注释】

①李佳白：美国传教士，字启东。

1938 年 8 月 2 日

前记《吴志·陆胤传》：“苍梧南海，岁有旧风障气之害。”考证臣明楷“疑旧风为暴风（二四〇五一八日记）”。飓风与巨风旧是否一声之转，妄断暴风，则何如谓为大风狂风，宜朱起风指其非笃论也。（《辞通》卷一）

《因树山馆日记》第十四册

（1938年8月17日—10月30日）

1938年8月17日

读香山杨铁夫《二徐说文音义勘补其例》曰："本书以二徐说文为主，小徐本则《说文解字系传》也，大徐本则《说文解字》也。二书互异处必折衷于至当为归，故曰'勘'，二徐说有未尽善者，又旁采诸家说，以补充之，故曰'补'。"今摘铁夫所折衷者如干则于此，取互见之义云尔：

祚，福也。从示乍声。大徐本附也，从示乍声。臣铉等曰："凡祭，必受胙，胙即福也。"此字后人所加。钮玉树曰："《左·隐八》众仲曰：'因生以赐姓，胙之土而命之氏。'是古通作胙。"铁夫按："鼎臣谓此字后人所加，愈知新附字之尽出大徐手矣。"

"三，天地人之道也。从三数。"铁夫按："天当指上画，地指下画，人指中画。"

"璑：三采玉也。从玉无声。"臣锴按《周礼注》："璑，亦恶玉也。三彩有三色也（武夫反）。"惠栋曰："《周礼》'瑉玉三彩'，故书瑉作璑。"铁夫按："小徐以武夫反，璑，殆即所谓似玉之碔砆欤。"徐灏曰："璑，从无声。言芜杂也。"承培元曰："恶玉，亞玉也，当作璑，恶玉也，从玉无声。"铁夫按："后人得周亞夫印，作恶夫。此即古恶、亞通用之证。"

1938年8月18日

"瑗，大孔璧。人君上除陛以相引。从玉爰声。"《尔雅》曰："好倍肉谓之瑗，肉好倍谓之璧。"臣锴曰："瑗之言援也，故曰以相引也。"《义证》曰："《续汉书·文士传》'应劭字仲援'，《刘宽碑阴故吏名》。"《文心雕龙·议对篇》作"仲瑗"。瑗，孔大于边者，取容手以便开闭。铁夫按："《荀子》'召人以瑗'，亦相援引之意。张文虎谓《注》之人君二字，即召人二字之误。倒真是梦呓。"

"环，璧也。肉好若一谓之环。从玉瞏声。"铁夫按："璧，肉大好小。瑗，肉小孔大。环，肉好若一。三者制度如揭《古籀补》之谓，古环字，象形。此又连环之环矣。"

"珑，祷旱玉龙。文从玉龙声。"臣锴按："《太玄》曰'亡彼玲珑。'玲珑又玉之声也。大徐作从龙，龙亦声。"铁夫按："此玉（应作龙）声亦为旁义，与璆等同。"孙诒让曰："祷旱之玉为龙文。"《三礼经注》："咸无是义。与琥之为虎文同。"疑据《吕览》佚文为释。

“琬，圭有琬者。从玉宛声。”铁夫按：“当作从玉，从宛。宛亦声。”

“璹，玉器。从玉𠷎声。读若淑。”臣锴按：“《尔雅》璋大八寸谓之琡。”《说文》有璹，无琡。谓宜同也。王筠曰：“《广韵》璹，作瓙。与淑皆在一屋。”王怀祖先生以“一屋为十九矦之入声。”按：“大徐《新附》复出琡字，误。”

“玼，玉色鲜也。从玉此声。”《诗》曰：“新台有玼。”臣锴按：“今《诗》新台有泚。其字从水（《注》泚，水清也）。与许慎说别。许慎虽言《诗》引毛氏，然毛氏言约，不如安国之备，学者说之多异，若郑玄本笺，毛氏而其小，义多与毛苌不同。故许氏引《诗》多与毛苌不同，不得如引安国《尚书》，玄尽合也。”铁夫按：“许氏引《诗》亦有用三家义者，且引古不独证字，亦有证其声者。故动有异同也。”

“於，旌旗杠貌。从丨从㫃亦声。”臣锴曰：“㫃，音偃。象旌旗偃蹇，飞扬之貌。丨，橦，干也。杠即橦也。”田吴照曰：“大徐本作从丨从㫃，㫃亦声。小徐脱从㫃二字。”铁夫按：“止脱一从字。凡大徐从某从某者，小徐多作从某某，此丨㫃二字连文，未必有两从字（际遇按：《王氏释例》于此事言之加详）。”徐灏曰：“当从㫃，象形。㫃为连类，丨为形也。”

中条下云：“按屮，即艸之一半，正谓草之莩甲，萌牙木则有插枝者，口种寄生者未见，俱为初生拆甲也。疑小徐是。”际遇按：“此说与王氏未合。”

“蔁，艸也。从艸章声。”铁夫按：“今人搭棚之葵曰茭蔁。盖即此物。”

“苛，小草也。从艸可声。”臣锴曰：“以细艸喻细，故犹言米盐也。”沈涛曰：“《后书·宣秉传》引‘苛，细草也。’盖古本如是，惟苛为细草，故引伸之为凡事之琐碎者，皆谓之苛细，今本作小艸。误。”铁夫按：“锴语有曰：‘以细草喻细政’，然则小草本是细草，后人以细为俗称，故改为小，不知其与喻细政之旨不合也，大徐未考而误依之，过矣。”

“莼，蒲丛也。从艸专声。”段注：“《本草图经》引《西京杂记》曰：‘太液池边，皆是雕胡、紫箨、绿节、蒲丛之类。’”《义证》曰：“《广雅》‘蒲穗谓之莼。’《类篇》‘莼，艸丛生。’”铁夫按：“张翰所忆之莼菜亦作莼。生池水是另一物（另，是别之俗字。不成字）。”

1938年8月19日

“葆，艸盛貌，从艸，保声。”孙炎曰：“物丛生曰苞。”铁夫按：“包、保同音。吾粤谓包管者，即保管也。”

“菁，艸貌，从艸，青声。”惠栋曰：“《集韵》曰：‘艸貌。’”《诗》：“菁菁者莪。”李舟说桂馥曰：“舟所见本，有引《诗》之文，今阙。”王筠曰：“盖即《彤弓》之菁菁者莪也。”铁夫按：“李丹或以此为《诗》菁菁者莪，非必古本有此文也。”

“各，异辞也。从口、夂。夂者，有行而止之，不相听意。”臣锴曰：“夂，音竹几反。象人足欲行从后踬之，故各字从之也。会意。”大徐作“不相听也。”小徐长苗夔曰：“当从建首字声例作从口夂，口亦声。口古音苦。《足部》路从各声。可证。”铁夫按：“从各孳生之赂、辂、璐、鹭、簬、簵、潞、露诸字，声皆从此。”

1938年8月28日

林有光列举从蒦字得声诸字。惟護字，读胡故切，去声。其他如獲、蠖、镬、臒、韄（佩刀系也。乙白切）、嚄、擭（乙虢切。见《中庸篇》字）、濩、穫、矱。又如臒（善肉也）、䨼、䉟，皆读如獲，入声。

按治此事者，有江、孔诸家之《声类》及《说文声系》等书。既有韵书，则应有声书，不得见已成之书，而克类列一声之字，亦可贵也。十四文由蒦得声。蒦，从萑得声。篗，规蒦（逗）商从。又持雈，一曰视遽貌，一曰蒦（逗）度也。彟，蒦，或从寻，寻亦度也。《楚辞》曰：“求矩矱之所同。”从矢之矱，始见《集韵》。从肉从鸟从食三文不见许书。至从言之护，古亦叶“黄郭切”。庾阐《吊贾谊文》：“虽有惠音，莫过韶护。虽有腾蛇，终仆一壑。”不能径指为例外也。

1938年8月29日

坐思今日篆书犹误书数文，[illegible]、[illegible]、[illegible]，书有不正，自举劾之，小学不修，是吾忧也。昔柯劭忞督学湖湘，王湘绮自记时尚不辨“忞”字，比校许文，乃知《周书》“在受德暋”，许君所见字却作“忞”，乃自叹垂老尚有不识之经字，而今而后，恐卒无知免之一日也乎。

寄禄官某（宋以秘书为寄禄官无职守）问陈兰甫之名，或曰澧，或曰澧。孰是有误乎？钱澧者尚未闻讹呼，陈澧者，澧兰沅芷，并非僻书，“澧水东注”载在《大雅》，南园字曰“东注”，东塾字曰“兰甫”，惟名与字必也正名乎。惟许文无澧字，《书》“澧水攸同”字从氵，《诗·大雅》字作豐。

1938年9月2日

有问戥[1]字，新字书乃有之，读如“等”。然则潮人呼“称物”曰“等物”，亦合于古也。《孟子》“等百世之王。”自是等齐之义。䓁，齐简也。从竹寺。寺，官曹之等平也。《寸部》：“寺，廷也，有法度者也。”引申之为衡量之义。

【注释】

①戥：用小铜点做刻度标记的微型秤。用来称贵重物品，如金银、药品，最大单位是两。

1938年9月8日

阅《二徐说文声义勘补》，“适，疾也。从辵昏声。读与括同。”王筠曰：“书君南宫括，《古今人表》作适。”铁夫按：“适，名韬。足征括囊之谊。”

蹉跎，并新附字。臣铉等案：“经史通用‘差池’。”郑知同曰：“《楚辞·九怀》‘骥垂两耳，中坂蹉跎。’《文选·西京赋》注引《广雅》‘失足，此本义也，故字从足。’因用为失时。《诗·燕燕》云‘差池其羽’，所以状燕飞之横斜，其义本参差而出。”铁夫按：“二义不同，且经史无‘差池’为‘蹉跎’者，大徐说不知何据。”

“誉，稱也。从言与声。”严可均曰：“稱当作偁。《人部》偁，扬也。”惠栋曰：“誉，古皆读平声。魏文帝《典论》谚云：‘女毋自誉，观女作家书。’”铁夫按：偁誉之誉，今亦作平声，不独古也。

1938年10月14日

杨铁老来，属篆擘窠书，转贻医生。某术者言其病在脑，予云：“能三月不阅书乎？”曰：“虽三日不能也。”“然则子之患不已深矣乎。”释卷不欢，非古不乐，正未知古人复读何书也。

《说文》无脑字，《匕部》[篆]，头髓也。从匕，匕，相匕着也。巛以象发。段注：“《考工记》‘作𠟭，乃讹体。’俗作脑，又无恼字，《女部》[篆]，有所恨，痛也。从女𡿺省声。今汝南人有所恨，痛言大嫍（乐府作懊侬）。”

1938年10月21日

今活字印刷，所分字模之小大为六号，一号字模方径四分，六号方径劣一分，欲大书特书者则临时铸之刻之，此事仿自宋毕昇之胶泥刻字法，于是有瓦字、木字、铜字、锡字，乾隆三十八年诏儒臣辑《永乐大典》散见之书世所罕见者，镌木通行之时，金简管武英殿事，奏以木活字排，即是为《武英殿丛书》（前六年在汴京得一部千余册，系闽省仿丰顺丁氏藏板者，今亦沦没矣）。

晚见市报刻一必字，必为“必”字也，点曲失官，想见今日写官之苦，因思《乡党篇》：“虽蔬食菜羹，瓜祭。”记集注本有以“瓜祭”为“必祭”字，误者可见古人书“瓜”之字犹画瓜也（徐锴曰：“外象其蔓，中象其实”）。

[篆]，从八弋。蒙童书心字加丿为之，无成形者。《康熙字典》以“必”字入《心部》，一画于孩提乎？何说。忆《唐书》“贺知章有子请名于上，上笑曰：‘可名之曰孚’，知章久乃悟上谑之，以不慧故破‘孚’字为‘瓜子’也（《仁恕堂笔记》：‘甘州人谓不慧之子曰：瓜子’）。”今北京呼南人曰：“豆腐皮。”则诮其嫩皱如所状也。又李群玉诗：“瓜字初分碧玉年。”言瓜字破之为二八，如斯隐语，并乖字例之条。

“‘有山鞠穷乎？’登山以呼‘庚癸[1]乎！’”军中不敢正言涉水乞粮，故假为芎藭谷水之喻，左氏夸诞浮于质矣。《圣哲画像》一记尚存𢀖词“东方廋辞[2]”，“中郎幼妇”，古人有作已不知其意云何。荆舒《字说》，栎园《字触》，刓方削圆，更无足取。等而下之，拆字而射其覆，求籤缘饰其繇，缙绅先生，翕然从之，真难与不识字者共席耳。

【注释】

①庚癸：古代军中隐语。谓告贷粮食。典出《左传·哀公十三年》。

②廋辞：古时对谜语的一种叫法。

1938年10月24日

门人问“檄”字音读，以今人读如“激”，俗。《字书》有“音亦也，于文从木，敫声。”《唐韵》“胡狄切”，与覈、薂音近。音亦者，度为吴人喉音不明者之误。读如激者，以不明反切，涉激字而误。然见母与晓母即牙音与喉音对转之字，多不胜举，从“敫”字得声者有：檄、覈、薂、激、徼、皦、邀七文。前三文喉音，后前三文牙音。邀字音别属影母，许文无“邀”字，按《孟子》“王使人要于路”，假“要”为之。《中庸》“小人行险以徼倖。”借“徼”为之。“敫”字，《广韵》以灼切、古吊切，二音本牙、喉两收。(《康熙字典》引《说文》“光景流也。从白从放。”不知何以不得所部。)

1938年10月30日

粤人嗜蠔醬为油，每饭不忘。蠔字后出，《本草纲目》本曰牡蛎，晋安人呼为蠔，南海人以蛎房砌墙。《本草》所载郡县有后汉地名，已非汉初人作。昌黎诗“蠔相黏为山，百十各自生。”则径用“蠔”字矣。潮人呼蠔一转如阿之浊声，亦犹读荷如阿，晓母转为影母（Ostrea talienwahnensis，拉丁语首亦呼之如阿，此偶合耳）。

《因树山馆日记》第十五册

（1939年3月8日）

1939年3月8日

书律或张或弛，吾生之内，亦数易矣。昔年见人致楹帖，其祭字作祭，而大笑之。自后颇读书，所见仿宋椠板本凡祭字，几无一不作祭者（或作祭）。近得《四库全书》珍本景印本，乾嘉时之写手，俗写满纸，先大夫尝云：“当日功令未若后此之密也。”即家中所存吾祖吾父行卷手泽观之（李商隐《与陶进士书》云：“文尚不复作，况复能学人行卷耶?”），“于”作“扵”，“若”作“若”之类，在所不禁。乾嘉经术之兴，蔚其余风，谨庠序之教，督学使者来自辇下，坠渊升膝，易俗移风，乡曲塾师，亦遂奉行唯谨，丱角童子误书偏旁，乙识扑责，立随其后，圭臬所尸，厥在字学，举隅下一书临桂龙启瑞（道光进士）仿《干禄字书》之例，依照功令，略据《说文》，以正俗讹之书也。

予少时涂鸦，动受呵斥，时有生晚难为之感。十一岁时背经校卷“曰若稽古。帝尧”（时督学武进恽某）偏旁作“禾”不作“禾”，致受罢黜。己亥张冶秋试粤，林鹤皋与予同受科试，题为“教亦多术矣”一章，鹤皋教字偏旁作“孝”，冶老珠批“至有荒谬字样”，纠俗之严，一斑可见，而亦遂成尾声矣。记之以见一时之风尚，尔友人彭啸咸尝云：“今日何日，已回至沈约以前时代，猗欤盛哉。”

《因树山馆日记》 第十六册

（1939 年 3 月 13 日—6 月 5 日）

1939 年 3 月 13 日

报上有属《音韵疑问一则》附存卷末。

近人李审言（详）《选学拾沈》（见《制言》四十九期）云：“陈琳檄文注《魏志》：‘琳谢罪曰：矢在弦上，不得不发。’”详案：“《魏志·王粲传》附陈琳，无此二语。《后汉书·袁绍传》章怀注引《魏志》亦无之。”又云：“流俗本下有陈琳之辞者。非也。”此二语虽流俗之本，然相承至今，未可竟废，文人犹习用之。

1939 年 3 月 23 日

潮读“蠹”误如“注”，“妒”误如“姤”，“杳”误如“渺”，“幽”误如“休”，不可更仆，尤难户晓。

幽，《说文》隐也。幽隐双声，解其义而声寓焉，《唐韵》《集韵》于虬切。《韵会》幺虬切。《正韵》于尤切。本从幺得声也。坊本有作“衣樛切”者，所切之音未尝不同，而樛字，记未有用为反切字母者，东塾列《广韵》所用字母四百有奇，并非凡字皆可用以反切它字也。（坊本指《辞海》言）

日字、人字，方言最杂，《唐韵》日，人质切。国音字母（日）罗马字拼为 Ryh，字母切韵分九音法，云来日半舌半齿音（《康熙字典》）。今北人多读如 Zi，吴人如 Sih，粤人如 Gah，蜀人如 yih，潮人如 zih，惟北派伶人读如 Ryh（如《庆顶珠》之：“我昨日喝酒酒不醉。”《春香闹学》之：“不是今日是往日”），以南人听之，几如裂也，是亦礼失而求诸野欤。

1939 年 4 月 11 日

省反切之字母四百为四十，功人功狗，并不在禹下，较诸某声，读若诸例，差准悬殊矣。然以之分清浊辩八声，则与用罗马字拼音同有所憾，若以之判尖团明开齐，则又兼切韵等韵之长而有之，尖团云者，语出长公诗“九月团脐十月尖，雌蟹腹圆雄则尖”也。

乐人伶工，咬字独真，以舌抵齿者其音尖，以舌抵颚者其音团，以声母别之，不以韵也。此烟为千，此由为秋，尖字也。出翁为冲，出湾为川，团字也。思攸为修，熙攸为休，修尖而熙团也。吴语尖多（友人昆山朱造五常读 he 如 shi，当日教师 swigt 忿然曰：no，no，he ys a man，not woman），北语团多（鲁人读道不行之行，用颚者如潮人也），惟河南语尖团最清晰，故操声者必以中州为正鹄焉。等韵或等呼者，宋元人以韵之音节第为一等（开）二等（齐）三等（合）四等（撮）之次序，如《康熙字典·等韵表》是也。明清人则以发音时唇之形状辨别之，据潘耒说：

初出于喉平舌舒唇谓之开口，即自然唇韵如ㄚ母ㄜ母。

举舌对齿声在舌颚之间谓之齐齿，即不圆唇韵之ㄧ母。

敛唇而蓄之声在颐辅之合口，即内圆唇韵之ㄨ母。

蹙唇而成声谓之撮口，即外圆唇韵之ㄩ母。

五方之音各有所短，北人声苦尖团韵苦清浊。湘鄂之交泥来不分（nine 与 line 不分），喉唇多混（黄王不分），半舌半齿，来日之淆（如 line 与 Rnine）更无论矣。滇黔名区，不鱼不雨（呼鱼如夷，呼雨如倚）。越中五百，敌国汪汪（浙人某在青岛大学宣讲，语及敌国外患者十余次，闻之者以为敌国 one one 也，即狺狺声），斯又颐唇之间艰于合撮，平水可作，欲通鱼虞者矣。吾粤方言牙喉特多对转（开门曰呵衣门。坏则读如瓌），潮属土语轻重同一唇音（夫乎不别，会费同声），不知者以为鴃舌南蛮，其知者谓合旧音古语，平情而论，所长者在韵，所短者在声，一潮之间，首邑吐音最称曰密，吾县治特号不完，所缕五方之短，几皆举而有之，其尤特有者则阳韵与先韵为甚，呼湘如仙，读羊如延，吾童习之，长而难返，虽知其意，狃于积重也（湘ㄒㄧㄤ仙ㄒㄧㄢshiang，shian，羊ㄧㄤ延ㄧㄢ'，yang，yan），是亦此中人语，所以裁之，敢云："加我数年"，亦曰聊以永日尔。非但能言人不可得，正索解人，亦不可得矣（《世说新语》阮裕语）。

1939 年 5 月 6 日

潮语呼丝缕成束曰"一柳"，即"一绺"。《说文》："纬十缕为绺。"《集韵》："丝十为纶，纶十为绺（音柳）。"《通俗篇·杂字》云："世每误书绺为柳。"如《水南翰》纪载唐皋诗："争奈京城翦柳多。"

1939 年 5 月 10 日

饼字见《急就篇》"饼饵麦饭甘豆羹。"《汉书·宣帝纪》："每买饼，所从买家辄大雠。"《新语》云（雅量篇）："伧父欲食𩜾否。"字作𩜾。《玉篇》云："索饼也。"然则为今北人所云"花捲与饼异物"。《南史·褚彦回传》："有人求官，密袖中将一饼金。"今人多未见银饼矣。

1939 年 6 月 2 日

《说文》无疮字而有痍字。然《左氏成十六年传》"命军吏察夷伤。"字正作夷。疮则只作创，今以创为刱，久假而不归也。（杜句：“井屋有烟起，疮痍无血流。”又：“必若去疮痍，先应去蝥贼。”字如此作。）

1939年6月4日

根非生下土，叶不坠秋风。是以字音借对法。工部集中不可更仆，如“次第寻书札，呼儿检赠诗（《哭李常侍峄》）。”依文次第之第，本只作弟也。“白首中原上，清秋大海隅。”白首清秋，音声自对（《哭台州郑司广苏少监》）。“卢绾须征日，楼兰要斩时（《莫冬送苏四郎徯兵曹适桂州》）。”须征要斩，借音本义，扣字相对，工而不纤。

连语如“纳纳乾坤大，行行郡国遥。”《楚辞·九歌·逢纷》：“衣纳纳而掩露。”注：“濡湿貌。”“江市戎戎暗，山云淰淰寒（《放船》）。”按《何彼秾矣》，《毛传》：“秾，犹戎戎也。”《陈奂传》疏：“戎戎犹茸茸也，盛也，厚也。”淰淰，据《九家注》言“寒云凝聚如不波之水。”

1939年6月5日

谕赐祭文有：“值皇华之载赋，闻风木而遄归。忽乡邻有斗之频惊，潢池盗弄；懔战阵无勇之非孝，墨絰师兴。”斯亦《梅亭四六》之遗，可厕[1]《容斋续笔》之选者矣。

【注释】

①厕：参与，混杂在里面。

《山林之牢日记》

（1945 年 3 月 25 日—4 月 16 日）

1945 年 3 月 25 日

齐衰之丧，百日卒哭脱衰麻。潮俗守之最笃，予生辙辕半南北，寡见能守此制者。久疑其来本于佛氏，按《通鉴》（一百七十卷）“北齐胡太后欲留士开过百日。”胡注：“古者葬日虞，既三虞，用刚日卒哭（潮人谓之奇日），后人百日而卒哭。至今犹然。”又《北史·胡国珍传》：“诏自始薨至七七，皆为设千人斋，百日设万人斋。”可见此百日之礼，脱于北朝，正彼教极盛之时之地也，唐宋洎今因之。《开元礼卒哭篇》注云：“古之祔，在卒哭，今之百日也。”《淳化五年》：“太宗谓近臣曰（阮史十八卷）：‘然有不俟百日复与朝集者，朕每覩之，中心不忍。’遂诏：‘因父兄亡殁叙用，未经百日，不得辄赴公参，令御史台专知纠察，并有冒哀求仕，释服从吉者，并以名闻。’”复次胜清礼俗，沿宋制者綦多，如未终丧而应试若出仕者，谓之匿丧，百日以内者处罚尤重，缙绅服天子之丧，亦百日不剃发。岭海去京师八千，虽时已行电报，但仍以黄尘（记先大夫口示，不知其字）到日，始集万寿宫大临，百日卒哭，卒哭者卒无时之哭也。清《通礼》云：“百日卒哭著为今典矣，世俗多用七七，甚矣，其不典也。”

1945 年 3 月 28 日

《宋史》“孟知祥据蜀，李顺起为盗，岁皆在甲午，皇祐四年。或言明年甲午，蜀且有变。”天子失官，守在四夷，扶得西来东又倒，空头为甲，阴弃为午，何此之流年之不利也。

1945 年 3 月 30 日

浏览《宋纪》十四卷（讫元佑三年），终神宗之世，一代大纪，几成王临川家传，如《班书·王莽传》占全书十六册之一也（潮板仿汲阁本），祖宗法意变坏几尽，虽以关中濂洛四子适生其时，垂说论于将来，而不能挽狂澜之东下，元祐锐意救时，诸贤躬承其敝，而洛蜀自分党驯，至酿成建康之北祸，读史至“司马十二丈卒”一段（安石弟安礼以邸吏状示安石，安石曰：“司马十二丈作相矣。”怅然久之。即年元祐元年安石、光并卒，齐年六十有六岁）：“百姓闻其卒，罢市而往吊，鬻衣而至奠，巷哭而过，车盖以万千数。京师民画其像。刻印鬻之，家致一本，饮食必祝焉。四方来会者数万人，为之黯然雪涕者久之。方苏轼自登州召还也，缘道人相聚号呼曰：‘寄谢司马相公，毋去朝廷，厚自爱以活我。’”其生荣也如此。洎金人之破汴京也，尽涉其帑以北迁，曰：“爱护贤者之后。”则其死，哀也又如彼，如可赎兮，谓之何哉。复次光甫卒时，明堂降诏，臣僚称贺讫，两省官欲往奠光，程颐不可，曰：“子于是日哭则不歌。”难之者曰：“孔子言哭则不歌，不言歌则不哭。”苏轼曰：“此乃枉死市叔孙通所制礼也。”众皆大笑，遂成嫌隙。夫自是而洛蜀之党分矣。一语之不相能，反手不共戴天，此君子之所以疾，夫御人以口给也。

1945年4月6日

孟子曰：“仁言不如仁声之入人深也。”赵注：“仁言，政教法度之言也。仁声，乐声雅颂也。言不如雅颂感人心之深也。”朱注：“仁言，谓以仁厚之言加于民。仁声，谓仁闻。”谨按考亭[1]未采邠卿之说者，以程说浅显，自天子以至于庶人，不烦诘费得其同，然赵说是正论，而高艰于户喻也，然武城弦歌，证以学道，朱注武城，虽小亦必教以礼乐，无异词也。非此却亦不解得复次汉学家言，以理为的，不乐迁就其词，与科学家无二致，宋贤立言，切于实用性，无不善人，尽可能坐而言者，未尝须臾恝然于起而言也，并存之可也。又癸亥十年，江浙兵兴，孙传芳通电有“年来好话为公说尽，恶事为公做尽”之句，亦可为孟子此句注脚，文出余杭章君手。

【注释】

①考亭：指朱熹。

1945年4月8日

读沅史六卷《宋纪》毕。

伯夷辟纣一节，《孟子》两见北海、东海，地之不同，伯夷太公截然异揆，一则不餐周粟，一则协创周基，孟子并举之，虽异于易地则皆然，而彼则立人伦之大，经此则成隆周之郅治，仍是后先两圣，其揆一也。揆度也，道也，泽民之道无二致也，《离娄篇》接言是天下之民归之也。《尽心篇》接则仁人以为已归矣。此句朱注已解为己，谓己之所归。赵注：“仁人呼复归之矣（阮校呼作託）。”绎两篇语旨，应是已归。朱注：“总以易晓者诏人耳。”

“易其田畴。”朱注：“畴，耕治之田也。”赵注：“畴，一井也。”孙疑《说文》云：“为耕治之田也，不知一井何据。”段注引贾逵注：“《国语》一井为畴。”阮《校》云：“邠卿所本也。”（《风俗通》曰：“古者二十里为一井。”今俗云：“一井者一方丈也”）

“故观于海者难为水，游于圣人之门者难为言。”孙疏引杨子云：“视日月而知众星之蔑。”如仰天庭而知天下之居卑，亦与此同意，以“五岳归来不看山，游夏不能赞一词”二语释之，不愈谛乎。予友滕县孔繁霱（卿云）云：“不读书不知智识之破产，吾人捧手通人，为日弥久，弥有荡荡乎，民莫能名之感。”孟子二语，赵氏未注，本不烦注也。朱注：“难为水，难为言，犹仁不可为众之意。”不愈晦乎，且又不限于天下不能当之义。

“无为其所不为，无欲其所不欲。”依朱注是以“忠”字释之。依赵注是以“恕”字释之。皆夫子之道也。

1945年4月10日

阅《元纪》八卷。

数字四读：其一上声（所矩切。动词），《易》“数往知来”。其二去声（色句切。名词），《论语》“天之历数在尔躬”。其三入声（色角切。副词），《论语》“事君数，斯辱矣”。其四入声（趋玉切。形容词），《孟子》“数罟不入洿池”。唐人九经未列《孟子》，陆德明音义无《孟子》，然皆常读也，蒙诵于第一第四两读法多忽之。

《朱注》于《孟子》“不挟长，不挟贵。”曰：“挟者，兼有而恃之之称。”《赵注》于“挟贵而问，挟贤而问。”曰：“挟，接也。”按《说文》“挟，俾持也。”《曲礼》“接下承弣。”注：“接客手下也。”《史记·平准书》：“汉兴，接秦之弊。”并训持也，受也，承也。

1945年4月11日

阅《元纪》八卷，补篆。

《孟子》：“二女果，若固有之自。”赵注：“果，侍也。”《唐韵》以下字书采列为一义。朱注沿之。孙疏驳曰：“桉许慎谓‘女侍曰倮’，今释果为侍，谓二女之侍舜，是以有惑于许慎之说，而遂误欤。”盖木实曰“果”，云果者取其实而言也，则是读二女为句，果字连下读之，亦即《万章篇》“二女女焉”一句之省文，不言侍而词外意内矣，顾今许书《人部》无倮字，全书亦不记有“女侍曰倮”之诘，或孙氏所见本不同。涤老题唐本《木部》残字云“此书劣存二百。”传写云“自元和时，清儒多以《淮南子》高注，及众经《音义》等书，所引洨长之说，与今二徐本有出入处。”资为博证，此疑亦其一端也。

言女检出《女部》婐篆下曰：“婐，妮也。一曰女侍曰婐。”段注：“依此妄，果当女旁。”

《元纪》（大德九年）陕西儒学萧𣂏读书南山者三十年，于是博极群书。

自来五地坪，劣三月耳。

1945年4月12日

阅《元纪》十卷。

宋辽金三史，成于元顺帝至正五年，托克托领修之，史言其于论、赞、表、奏，皆欧阳元属笔。右丞相阿噜图进之，鼓吹导从，自史馆进至宣文阁，顺帝具礼服接之。自此以后，史事遂废。

至正元年纪云："时国子监蒙古、回回、汉人生员凡千馀，然祭酒、司业、博士多非其人，惟粉饰章句，补葺时务，以应故事。在监诸生，日啖笼炊粉羹，一人之食，为钞五两。而十百为群，恬嬉玩愒，以嫚侮嘲谑相尚；或入茶酒肆，则施屏风以隔市人，饮罢不偿直，掉臂而出，莫敢谁何。"此一幅流民图也，不知为谁写照，今岂异于古所云耶。

香山《琵琶行》"间关""幽咽"一韵，正写琵琶声，移之他乐器不可也。"间关""幽咽"（入声）并双声字。《毛诗》"关关雎鸠"，《传》"关关"和声也，《释诂》"关关""雍雍"，音，声和也，"间关"正同。琵琶本作"枇杷"，《释名·释乐器》："枇杷，本出于胡中，马上鼓也。推手前曰枇，引手却曰杷。"

1945 年 4 月 13 日

"孟子之滕章"，"夫子之设科也"五句。赵注："明曰：'夫我设教授之科。'"夫读为扶，子释我也。阮据乾隆曲阜孔本、安邱韩本"子作予"，盖字形相涉而讹，依文解字，毋须矫揉。朱注："读夫子，如字，旧读为扶余者非。"是以夫子以下五句，并系为或人之言是否，未敢遽断，然可见扶余之读，由来旧矣（世传纪晓岚把《兰亭诗集序》夫子以下一大段夫字重读，便是一篇绝好悼亡文字。在潮语反为轻读）。

1945 年 4 月 14 日

读毕沅《续资治通鉴》，凡二百二十卷，起宋太祖建隆元年，迄元顺帝至正二十八年七月，都二十六主，四百一十一年。嘉庆六年，桐乡冯集梧刻行，尝请序于钱詹事，竹汀复书以"古来纪传编年之书只有本人自序，如史汉休文、延寿之例，未有它人为之序者，温公《通鉴》则神宗御制序，李氏（焘）长编孝宗欲赐序，未徐东海书亦未闻有序，盖史以寓褒贬，其意所在，唯著书人可以自言之，不欲创古人所未有"云，卷首全录答书，所以引为重者至矣（予邑人姚文登先辈著《检韵》殊精核，有钱大昕序，今城东姚氏尚保存木版）。

自古纪元但称元年，汉武帝始以建武为年号。元顺帝即位二年，以世祖在位长久，天人协和，袭用至元年号七载，亦属特例。

1945 年 4 月 16 日

阅《明纪》五卷。

《孟子》："虎负嵎，莫之敢攖。"朱注："攖，触也（《韩非子》：'婴人主之逆鳞。'

字作婴。注：‘婴，触也’）。”赵注：“撄，迫也。”依情势言，迫先于触，释“迫”字较合情理。《说文·手部》无“撄”字。《女部》“婴，绕也。”如“史屡言婴城自守”是也，绕之自有迫之之义，殿板《篆文四书》（家藏本），《孟子》此句字作婴是也。

《明纪》六十卷（每卷约万五千字），元和陈鹤稽亭（嘉庆进士）撰，起元至正十一年（朱元璋从郭元兴起兵濠州），绝笔于庄烈帝崇祯元年，其后八卷厥，孙克家续成之。同治十年吴县冯桂芬有序，仍但志剞劂，始末不言撰述之旨，亦援钱詹事以为辞者。温公纪事，间夹论议，或摭掇时论，以见史志。如《左氏传》辄曰，君子曰，谓之左丘明曰亦可也。阮氏书议论较少，陈氏书尤稀见，只存是非得失，于笔法属词ㄙ事春秋教也。

“我，施身自谓也。吾，自称也。”按《女部》“姎，女人自称。姎，我也。”今汴鲁女子常语。吴人自称“阿侬”，由此音转。宋元后，北人自称多用同声“俺”字（《广韵》于验切）。元曲《东坡梦》“小官屡次移书谏阻。因此王安石与俺为雠。”（潮人读此音转成泥纽）我、吾两字，论语二句，我、吾互用。毛诗一句，卬、我杂称。段云：“盖同一我义，而语音轻重缓急不同耳。”《史记·刺客列传》：“曩者吾叱之，彼乃以我为非人也。”昌黎《送董邵南序》“吾”字五用，“我”字二用，如今文法，主格宾格，然画嗻不紊，此偶一见例，韩集他篇并未严守此格（《祭十二郎文》：“嫂尝抚汝指吾而言曰。”又“孰谓汝遽去吾而殁乎。”应科目时与人书，摇尾而乞怜者，非我之志也）。

《明纪》（洪武八年）：词臣撰南郊祝文用“予”“我”字。帝以为不敬。桂彦良曰：“成汤祭上帝曰：‘予小子履’；武王祀文王之诗也‘我将我享’。古有此言。”帝曰：“正字言是也。”

《左桓五年》：“我张吾三军，而被吾甲兵。”“我”与“吾”交用。

后　　记

◎ 黄小安

记得小时候家中有一排书架，架前通道是我夏天午睡的地方。每次放学回家，把凉席往地上一铺，此处便是我的天地。书架上放满了书，都是父母常用的，无甚特别。但是，其中一层摆放着一包包用牛皮纸封存的东西。这是些什么？因为历史的种种原因，我父亲黄家教从未很清晰地告诉我们，只有在他打开晾晒一番时，我们才从旁悟到点滴。原来这些就是我的祖父黄际遇（字任初）的遗物，包括其个人日记及中国象棋谱等手迹原稿。

20世纪60年代及80年代，父亲与祖父的好友均有编辑出版《黄际遇先生文集》（以下简称《文集》）之议。中山大学中文系黄海章教授两次均预为之作序，父亲亦积极参与其中。由于种种原因，《文集》未能出版。父亲将黄海章教授1982年写的《〈黄际遇先生文集〉序》送载于《中山大学学报》1990年第1期，而使此序得以保存。他还将此序恭敬地誊写了一遍。1995年，父亲将祖父日记手稿赠予潮汕历史文化研究中心永久保存。然而，我们已隐隐感觉到父亲对此事的萦怀。

2007年，我和我的先生何荫坤先后面临退休后日子如何度过的问题。先生提出凭我们之力整理祖父日记的建议，我亦有尝试一下的念头。于是，我们便开始有意识地收集资料，做前期准备。2009年8月，我有幸受邀到汕头做摄影交流。不知是心血来潮，还是实有牵挂，在当地摄影界朋友的陪同下，我走访了潮汕历史文化研究中心，寻视曾伴儿时午梦、既熟悉又陌生的“伴侣”。时光荏苒，原50册棋谱《畴盦坐隐》已佚，日记亦只余《万年山中日记》24册（共27册，佚第15、16、17册）、《不其山馆日记》3册（共4册，佚第1册）、《因树山馆日记》15册（佚第6册以及第16册以后各册）、《山林之牢日记》1册等共43册在此落户安家。翻开日记，桃花依旧，人面已非，这更暗暗坚定了我抹抹尘埃的决心。

2008年6月，由陈景熙、林伦伦两位学者编著的《黄际遇先生纪念文集》出版。2014年7月，潮汕历史文化研究中心将日记合编名为《黄际遇日记》（以下简称《日记》）交汕头大学出版社影印出版。此二事对我们来说，除具先导及鞭策意义外，在资料的征集、整理、编注等方面均给我们提供了较大的方便。在此，感谢他们为此做出的努力。

然而，影印本毕竟是手写的，虽说撰写日记时间离今不算太久远（80 年左右），但读写差异之大超出想象。日记大多为毛笔楷书，亦不乏篆书、行书及章草，文字大量使用古体，有得即记，文不加点，不假排比，多为治学心得，包括历史、文学、数学、楹联、书信、棋谱（中国象棋）等内容，是祖父在工作之余用以自我鞭策的个人流水簿。因此，杨方笙教授认为，“（《日记》）给人的印象就像一座知识迷宫，万户千门，不知从何而入也不知从何而出……是部很难读的日记，除内容广博外，还由于它全部用的是文言文，有些还是华丽富赡、用典很多的骈体文，文章里用了许多古今字或通假字，而且绝大部分没有断句、不加标点。如果读者不具备一定的文字学知识，几乎触目皆是荆棘，无从下手”。蔡元培先生曾云：“任初教授日记，如付梨枣，须请多种专门学者担任校对，始能完善。”要将如此卷帙浩繁的《日记》译为简体字，整理归类，便于今人阅读，以我们夫妻二人“业余爱好者”的身份，应无可能。这十年间，应验了杨教授之语“触目皆是荆棘”，我们也曾有放弃之念头。但是，常有人为了修订整理各类史料“打扰”我，尽管祖父日记影印本已经出版，他们依然很难查找到各自所需。这让我想起中山大学中文系陈永正教授对我说的一句话：“小安，你作为后人，有责任将文物变为文献。”祖父的日记不仅有上述之亮点，更有其重要的写实性与记录性。作为后人，我明白了我的“试错”，才能让更多的人有机会去完善。正是长辈、专家、朋友们的关爱与鼓励，使“无知无畏”的我有了“舍我其谁”的胆量，“不够完美”也许正是这套丛书的特点。

我们将《黄际遇日记》分类编为七部分，即“国立山东大学时期”“国立中山大学时期”“师友乡谊录”“畴盦坐隐”“畴盦联话”“畴盦学记”“畴盦杂记”。这七部分既是一个整体（用“黄际遇日记类编”作为其丛书名），又可独立成篇。其中的注释部分，本是我们在整理《日记》的过程中作为辅助的一道工序，资料来源除了《辞海》外，主要还是以网络资料为主，然总感觉把这些资料藏于书箧有点可惜，因此将其简化后作为注释一并刊出，希望对大众能有一定的参考价值。

基于本类编的特殊性，特此说明以下几点：

1. 本类编为日记体，根据祖父日记手稿影印本整理而成。由于手稿中存在一些看不清楚、看不明白的字词句，难免导致整理时出现与原文不一致或者语义较含糊的情况。

2. 祖父的手稿，为其日常记录的随笔，故日记中出现的有关书名、学校名、机构名、人名、地名以及英文名称、数理化公式等内容难免存在错漏和前后不统一的问题，为了尊重作者的原稿，在此保留日记原貌不做更改。

3. 本类编中的日记撰写时间距今 80 年左右，日记手稿多为毛笔楷书，亦不乏篆书、行书及章草，且多为繁体字，兼用通假字、异体字，现全文改为规范简体字，但无对应简体字及简化后有可能导致歧义的繁体字、异体字则保留原字（包括人名、地名），以不损日记原意。

4. 关于节选的说明。本丛书为类编，会将同一天的日记内容按照类别进行拆分或做相应删减，因此书中篇目多为节选。为了简洁，在目录与正文中不一一标注“节选”二字。

转瞬间，距黄海章教授作《〈黄际遇先生文集〉序》又过去了30多年，当年曾参与编辑策划《文集》者大多已作古，健在者亦到耄耋之年。我们在此用此序作为本书的“序”之一，部分缘于黄（海章）公公与我家的世谊，但更多的是缘于我们对先辈们言行文章的崇敬。在此，要感谢的人很多。首先是今年已96岁高龄的母亲龙婉芸，她是我能将此事坚持到底的最大支持；同时告慰父亲：您一直萦怀于心的事情，我们尽力了，如今，我们特别能理解您为什么一直不敢将此重任寄托在我们肩上。其次是我的哥哥与两位姐姐，多亏他们分担了照顾母亲等许多家务琐事，让我能够专心致志。再次是在康乐园看着我们成长的中山大学中文系黄天骥、曾宪通、陈焕良教授，他们都已年过八旬，黄叔叔主动为此书作序，曾叔叔、陈叔叔不厌其烦地解答我的问题。还有就是我的小学同学钟似璇，她不仅帮忙查找资料，还在数学及英文方面给予指导与校正。最后是中山大学出版社的领导与编辑，因他们的敬业与“宽容”，才让此书顺利付梓。另外，我的先生何荫坤，为了编注此丛书，自修了许多课程，留下了十几本笔记、上百支空笔芯和三块写坏了的电脑手写板。虽然他去年因病离世，未能等到本套丛书付梓的一刻，但他是相信会有这么一天的。他那副一步一步验证祖父日记中棋谱所用的中国象棋，我将永久珍藏。

黄小安
2019年4月20日

2009年8月，黄小安在潮汕历史文化研究中心查阅资料